한국어 문법론

한국어 문법론

양정석 지음

한국문화사

한국어 문법론

1판 1쇄 발행 2025년 2월 20일

지 은 이 | 양정석
펴 낸 이 | 김진수
펴 낸 곳 | 한국문화사
등   록 | 제1994-9호
주   소 | 서울시 성동구 아차산로49, 404호(성수동1가, 서울숲코오롱디지털타워3차)
전   화 | 02-464-7708
팩   스 | 02-499-0846
이 메 일 | hkm7708@daum.net
홈페이지 | http://hph.co.kr

ISBN 979-11-6919-293-4 93710

· 이 책의 내용은 저작권법에 따라 보호받고 있습니다.
· 잘못된 책은 구매처에서 바꾸어 드립니다.
· 책값은 뒤표지에 있습니다.

오류를 발견하셨다면 이메일이나 홈페이지를 통해 제보해 주세요.
소중한 의견을 모아 더 좋은 책을 만들겠습니다.

서 문

한국어 문법에 대한 본격적인 연구가 주시경(1910), 『국어문법』으로부터 시작된다는 점은 이 분야의 연구자들이 동의하는 것이다. 이 책에서는 『국어문법』 이후의 한국어 문법 기술의 방법론을 분류론적 문법과 표준이론의 생성문법과 원리매개변인 이론의 문법과 최소주의 기획의 문법의 네 가지로 나누어, 각각의 대표적 이론적 시도들을 선별하여 비판적 검토를 보이고, 그 결과로 필자 자신의 한국어 문법 체계를 이끌어 내었다.

이 책에서 전개하는 내용은 기본적으로 현대 한국어 문법의 기술로서, 필자가 가지고 있는 한국어 문법에 대한 관점을 드러내는 것이지만, 이와 함께 한국어학의 후속 세대에게 한국어 문법 연구의 주요 문제들을 가려내어, 정리하여 보여주고, 문법론의 논증 방법을 제시하는 것도 그 중요한 목표로 유의하고 있다. 과학의 연구는 항상 제기된 이론에 대한 비판 작업을 주요 작업으로 가진다. 과학적 연구로서의 한국어 문법론 연구에서 항시 비판의 도구로 삼아야 할 사항들, 즉 계열관계와 통합관계의 질서에 관한 점검, 구성성분됨의 요건, 구조보존 원리의 요건, 그리고 관찰의 충족성 요건, 기술의 충족성 요건, 설명의 충족성 요건을 점검하는 일을 구체적으로 보임으로써 이 분야 연구의 초보자가 스스로 실행가능한 이론을 전개하는 힘을 쌓을 수 있도록 배려하였다.

이 책의 독자로 상정하는 사람들로는 기성의 연구자들도 있다. 특히 외국에서 한국어 문법을 연구한, 또는 연구하고 있는 사람들에게는 전통문법서를 포함하는 한국어 문법서들을 비교적 짧은 시간 안에 검토할 수 있는 요약과 비판의 저술이 절실하게 요구된다는 것을 필자는 오래전부터 느껴 왔다. 기존 한국어 문법론의 연구서들 중에도 이전의 전통문법, 생성문법의 이론들을 개관한 사례가 많이 있었다. 그러나 전통문법의 대표적 이론들을 이 책만큼 포괄적으로, 상세하게 요약하여 비판한 예는 찾을 수 없다. 생성문법의 이론들도 표준이론, 원리매개변인 이론, 심지어 최소주의 통사론까지 포괄하여 각각의 대표적 이론들을 일관된 관점에서 요약·비판한 예는 역시 찾을 수 없다. 선행 연구에 대한 비판적 검토는 모든 이론적 검토에서의 필수 사항이기는 하지만, 이러한 점들이 이전과 다른 이 책의 특징이라고 말할 수 있다.

한국어 문법론의 기술에 있어서 필자가 특별히 강조하는 점은 통사구조의 기술이 의미 또는 의미구조와의 구체적 연결을 고려하여 실행되어야 한다는 점이다. 이는 '합성성 원리'라는 이름 아래, 최근에 와서 생성문법 이론가들에게 더욱 분명히 인식되어 가는 관점이라고 판단한다. 통사구조와 의미구조가 대응되는 과정에 규칙들의 체계가 존재하며, 이들은 문법의 일부이다. 필자는 문법의 일부로서의 의미 해석 규칙들의 체계를 수립하고 상론하여 2023년 말에 『한국어 형식문법』이란 제목으로 출판한 바 있다. 그곳에서의 의미 해석 규칙들은 이 책에서 구체적인 문장 유형의 통사구조를 논할 때에 의미론적 근거로서 활용되기도 한다.

부정하든, 긍정하든, 우리는 현재 한국어의 음운론적 체계의 전모와 통사론 체계의 전모와 함께 의미론 체계의 전모를 보면서 판단할 수 있는, 행복한 위치에 와 있다. 이것은 110여 년 전에 과학적 연구의 열의에 차 있던 (그러나 불운한) 청년 주시경이 갖지 못한 상황이다. 필자는 주시경이 '늣씨', '씨', '모', '드', '미'와 같은 기호 단위들의 체계를 과학적으로 기술해야 한다는 전망을 가지고 있었다고 판단한다. '미'는 담화 단위에 상당하는 것인데, 담화 단위에 대한 과학적 연구는 현재 '담화표상이론'이라는 이름으로 세계 언어학자들의 연구 주제의 목록 안에 포함되고 있다.

이 책의 한국어 통사론에 대한 기술과 그것의 의미와의 연관성에 대한 전망이 초보자는 물론, 동료 학자들에게도, 완전한 한국어 문법의 기술이라는 목표 달성을 위한 유용한 자료가 되기를 바라 마지않는다.

2024년 12월

양 정 석

차 례

서문 5

┃제1장┃
서론: 분류론적 문법과 가설연역적 문법 ·········· 11

1.1. 언어학의 하위 영역과 문법론 ·········· 12
1.2. 소쉬르 언어학의 기초 개념들: 기호, 기표/기의, 통합관계/계열관계,
    공시태/통시태, 랑그/파롤, 구조 ·········· 13
1.3. 분류론적 문법과 가설연역적 문법 ·········· 16
1.4. 논의의 순서와 이 책의 대안으로서의 문법의 조직 ·········· 21

┃제2장┃
분류론적 문법 ·········· 23

2.1. 문법의 기초 개념들: 문법단위, 문법범주, 문법기능 ·········· 23
    2.1.1. 문법단위 ·········· 23
    2.1.2. 문법범주 ·········· 25
    2.1.3. 문법기능 ·········· 27
    2.1.4. 분류론적 문법에서의 문법적 분석 ·········· 28
    2.1.5. 한국어학의 기초 논증①: 조음소 '으'에 관한 문제 ·········· 29
2.2. 한국어 전통문법과 구조문법 ·········· 36
    2.2.1. 한국어 전통문법, 구조문법의 3대 문법 체계 ·········· 36
        2.2.1.1. 분석적 체계 ·········· 37
        2.2.1.2. 준종합적 체계 ·········· 39
        2.2.1.3. 종합적 체계 ·········· 41
        2.2.1.4. 한국어학의 기초 논증②: 계사 '이'의 문제 ·········· 43

2.2.2. 최현배(1937)의 준종합적 체계 ········· 52
2.2.3. 기타 준종합적 체계의 문법 ········· 82
 2.2.3.1. 이희승(1949)의 준종합적 체계 ········· 82
 2.2.3.2. 정인승(1949)의 준종합적 체계 ········· 90
 2.2.3.3. 문교부(1985)의 준종합적 체계 ········· 97
 2.2.3.4. 허웅(1995, 1999)의 한국어 구조문법 ········· 106
2.2.4. 종합적 체계의 문법 ········· 116
 2.2.4.1. 정렬모(1946)의 종합적 체계 ········· 116
 2.2.4.2. 이숭녕(1956)의 종합적 체계 ········· 146
 2.2.4.3. 조선문화어문법(1979)의 종합적 체계 ········· 153
2.2.5. 분석적 체계의 문법 ········· 169
 2.2.5.1. 주시경(1910)의 분석적 체계 ········· 169
 2.2.5.2. 김두봉(1916)의 분석적 체계 ········· 179
 2.2.5.3. 김윤경(1948)의 분석적 체계 ········· 189
 2.2.5.4. 홍기문(1947)의 분석적 체계 ········· 200

2.3. 대안적 준종합적 체계와 대안적 분석적 체계 ········· 208
 2.3.1. 대안적 준종합적 체계 ········· 208
 2.3.2. 대안적 분석적 체계 ········· 212

제3장
가설연역적 문법 I: 표준이론, 원리매개변인 이론, 최소주의 ········· 217

3.1. 분류론적 문법에서 가설연역적 문법으로 ········· 218
3.2. 문법 이론에의 요건과 한국어 생성문법의 기술 ········· 226
 3.2.1. 문법 이론에 주어지는 요건 ········· 226
 3.2.2. 한국어 생성문법 기술의 첫 번째 시도 ········· 229
 3.2.3. 한국어학의 기초 논증③: '느' 분석론과 '있다', '없다'의 문제 ········· 246
  3.2.3.1. '느' 분석론의 문제와 '있다', '없다' ········· 247
  3.2.3.2. '느' 계통 어미들이 참여하는 구조 ········· 260
3.3. 표준이론의 문법 ········· 271
 3.3.1. 송석중(1967)의 한국어 생성문법 ········· 271
 3.3.2. 이홍배(1970)의 한국어 생성문법 ········· 294
 3.3.3. 양인석(1972)의 한국어 생성문법 ········· 313

3.3.4. 남기심(1973)의 한국어 생성문법 345
3.3.5. 박승윤(1981)의 한국어 생성문법 365
3.4. 원리매개변인 이론의 문법 375
3.4.1. 원리매개변인 이론의 개요 376
3.4.2. 한학성(1987)의 한국어 생성문법 395
3.4.3. 윤종열(1990)의 한국어 생성문법 410
3.4.4. 김영주(1990)의 한국어 생성문법 423
3.4.5. 최현숙(1988)의 한국어 생성문법 433
3.4.6. 임홍빈(1987, 1995, 1997), 서정목(1993, 1998), 유동석(1995)의
      한국어 생성문법 447
3.5. 최소주의 통사론의 개요와 비판: 실험적 연구 기획 462
3.5.1. 최소주의 통사론의 개요 463
3.5.2. 김용하(1998)의 한국어 최소주의 통사론 476
3.5.3. 쿠프먼(2005)의 한국어 최소주의 통사론 489

제4장
가설연역적 문법 II: 대안으로서의 한국어 생성문법 501

4.1. 통사 부문의 단원 이론들 502
4.1.1. 핵계층 이론 503
4.1.2. 격 이론 508
4.1.3. 의미역 이론 513
4.1.4. 결속 이론 516
4.1.5. 한계 이론 521
4.1.6. 서술화 이론 523
4.1.7. 재구조화 이론 528
4.2. 한국어의 단순문 구조 531
4.3. 한국어의 내포문 구조 547
4.3.1. 명사절 내포문 547
4.3.2. 관형절 내포문 549
4.3.3. 인용절 내포문 555
4.3.3.1. 복합 보문소로서의 '-다고' 557
4.3.3.2. 간접인용절과 직접인용절 559

- 4.3.3.3. 인용관형절의 구조 ... 565
- 4.3.3.4. 외치 구문: 서술화 원리의 적용을 받는 구문 ... 570
- 4.3.3.5. 유형 판단 구문 ... 572
- 4.3.4. 연결어미 절 내포문 ... 575
  - 4.3.4.1. 이른바 보조동사 구문의 통사구조 ... 575
  - 4.3.4.2. 연결어미 절 내포문의 그 외 부류 ... 602
- 4.4. 한국어의 접속문 구조 ... 604
  - 4.4.1. 명시어 구조 접속문과 부가어 구조 접속문 ... 606
  - 4.4.2. 시간적 선후관계 해석의 특징 ... 610
  - 4.4.3. 연결어미가 가지는 선택제약의 특성 ... 615
  - 4.4.4. 부정의 영향권과 관련한 특성 ... 618
  - 4.4.5. 선행절 주어의 생략과 이차 서술어로서의 특성 ... 621
  - 4.4.6. 선행절 옮기기의 의의 ... 627
  - 4.4.7. 재귀대명사 조응의 의의 ... 630
  - 4.4.8. 동일 연결어미의 반복 가능성과 '-는' 주제어 ... 635
  - 4.4.9. 통사·의미적 특성들의 종합 ... 638
  - 4.4.10. 비우기 구문의 통사구조 ... 640

제5장
결론 ... 645

참고문헌 649
찾아보기 667

제1장

서론: 분류론적 문법과 가설연역적 문법

언어를 과학적으로 연구하는 학문을 언어학이라고 한다. 여기에서 '언어'는 그 연구 대상을 가리키고, '과학적'이라는 것은 그 연구 방법을 가리킨다.[1] 한국어학/국어학은 언어학의 하나로서, 개별 언어인 한국어를 대상으로, 과학적 방법으로 연구하는 학문이다.[2] 중국어를 대상으로 연구하는 중국어학, 영어를 대상으로 연구하는 영어학이 있는 것처럼, 한국어를 대상으로 연구하는 한국어학이 독자적인 학문으로 존재하는 것인데, 그 방법은 중국어학, 영어학과 같이 과학적인 방법을 추구한다. 한국어학, 중국어학, 영어학을 '개별언어학'이라고 지칭하여, 언어 일반의 원리나 보편적 문법 체계를 밝히는 연구인 '일반언어학/이론언어학'과 구별하기도 한다. 모든 개별언어학은 언어학의 기초 개념들을 가지고, 언어학의 표준적 방법론에 따라 연구한다는 점에서 다를 바가 없다.

---

1   과학적 방법으로 연구하는 학문이라는 점을 강조하기 위해 언어학을 '언어과학'이라고 지칭하기도 한다. 어떤 이론이 과학의 이론이기 위해서는 명시성의 요건과 체계성의 요건과 객관성의 요건을 충족해야 한다. 3.2.1절을 참고하기 바람.

2   한국어학과 국어학은 같은 연구 분야를 가리키는 용어들이다. 국어학은 한국인들이 자신들의 관점에서 한국어학을 지칭하는 용어이다. 이 책은 한국인이든 비한국인이든 한국어를 이해하는 이들을 독자로 상정하므로, 앞으로 '한국어학'이란 용어를 일관되게 사용할 것이다.

1.1. 언어학의 하위 영역과 문법론

언어학의 연구 대상은 언어이다. 언어는 그 내부적으로 세 가지의 다른 차원, 다른 수준의 체계로 구성되어 있다. 언어는 첫째로 음성들의 체계로 되어 있고, 둘째로 의미의 체계로 되어 있고, 셋째로 이 둘을 연결하고 관계 짓는 형식적 체계, 즉 문법으로 되어 있다. 이 세 수준의 체계를 각각 음운론(phonology), 의미론(semantics), 문법(grammar)이라고 한다 (이 세 수준의 체계에 대한 연구도 각각 음운론(phonology), 의미론(semantics), 문법론 (grammar)으로 불린다). 음운론적 체계와 의미 체계와 문법 체계(통사론과 형태론의 체계) 가 언어 체계를 이룬다.

(1) 언어학의 하위 영역

```
                 음운론
                ↗
   문법론(통사론, 형태론)
                ↘
                 의미론
```

'ㄱ'과 'ㅏ'와 'ㅁ'의 세 음소들의 연결체인 /감/으로 그 음운론적 표상을 나타내고, '감'('감 어깻점', 또는 의미를 한자로 나타내어 '柿')으로 그 의미 표상을 나타낸다면, 기호의 하나로 서의 단어 '감'은 그 음운론적 표상과 그 의미 표상을 연결하는, 또는 관계 짓는 형식이다. 음운론적 표상들의 체계를 연구하는 분야를 음운론이라고 하고, 의미 표상들의 체계를 연구 하는 분야를 의미론이라고 한다. 좁은 의미의 문법론은 이 둘을 연결하는, 또는 관계 짓는 형식에 대해 연구하는 분야이다. 음운론, 의미론, 문법론이 언어학을 이룬다. 이들을 언어학 의 세 하위 영역이라고 한다.

언어학의 세 하위 영역은 각기 그 단위들의 집합과, 단위들이 결합하는 방식의 체계를 가진다. 음운론은 음소와 음소 결합의 방식을 연구하는 언어학의 하위 영역이다. 문법론은 문법단위와 그 단위들의 결합 방식을 연구하는 언어학의 하위 영역이다. 문법론은 다시 단어 내부의 단위와 그 단위들의 결합 방식을 연구하는 형태론과, 단어 이상의 단위들과 그 단위들의 결합, 즉 구나 절이나 문장의 구성을 연구하는 통사론으로 나누어진다. 형태소와 단어를 형태론적 구성이라고 하고, 구와 절과 문장을 통사적 구성이라고 하여 구별한다.

(2) 음운론(phonology): 음소와 음소 결합의 방식
   - 음소계열론(phonemics)
   - 음소통합론(phonotactics)
(3) 문법론(grammar): 문법단위와 그 단위들의 결합 방식
   - 형태론(morphology)
     - 형태소계열론(morphemics)
     - 형태소통합론(morphotactics)
       - 굴절론(inflection)
       - 조어론(단어형성론)(word formation)
         - 파생론(derivation)
         - 합성론(compounding)
   - 통사론(syntax)
     - 단어계열론(품사분류론), 구 분류론, 절 분류론
     - 문장구성론(단어, 구, 절의 통합론)
(4) 의미론(semantics): 의미 단위와, 그 단위들의 결합(의미 합성)에 관한 이론

위와 같이 언어학의 세 하위 영역을 나누고, 각각을 다시 더 하위 영역으로 나누는 데에 있어서 구조주의 언어학의 창시자인 소쉬르(Ferdinand de Saussure: 1857-1913)의 '기호(signe)', '기호학(sémiotique)'의 개념이 기본 원리로 작용한다는 점을 유의할 필요가 있다. 언어학자인 소쉬르는 언어학을 기호학의 하나로 파악한다.

1.2. 소쉬르 언어학의 기초 개념들:
   기호, 기표/기의, 통합관계/계열관계, 공시태/통시태, 랑그/파롤, 구조

인간의 언어는 기호체계(code)로서, 이 기호체계의 단위인 기호(signe)는 기표(signifiant)와 기의(signifié)의 두 측면으로 이루어져 있다. 소쉬르에 따르면 기호는 기표와 기의를 관계 짓는 형식(form)으로 정의된다. 심리적 청각 영상인 기표와 역시 심리적 영상인 기의는 실체(substance)인 데에 반해서, 이 둘을 관계 짓는 기호는 형식(form)이라는 것이 소쉬르의 생각이다. 이런 의미에서 기호들의 체계인 자연언어에 대한 연구인 언어학은 형식 과학이다. 위에 제시한 언어학의 하위 영역들 중에서, 음운론은 기표에 대한 연구로 특성화할 수 있다. 의미론은 기의에 대한 연구이다. 문법론은 언어학의 본령으로서, 기표와 기의를 관계 짓는 형식인 기호 자체에 대한 연구의 영역이 된다.

언어학의 세 하위 영역을 내적으로 하위 구분하는 원리는 계열관계에 대한 연구냐, 통합관계에 대한 연구냐 하는 점이다. 계열관계와 통합관계도 소쉬르의 언어학, 기호학의 주요

개념들이다. 위 (2)의 음운론의 두 하위 영역은 음소계열론과 음소통합론인데, 전자는 음소들의 계열관계에 있어서의 질서를 탐구하는 분야이며, 후자는 시간적 순서에 따른 음소들의 결합(통합)에서 주어지는, 통합관계의 질서를 탐구하는 분야이다. 위 (3)의 형태론의 두 하위 영역도 형태소계열론과 형태소통합론으로 나누어지는데, 이러한 구분에도 소쉬르의 계열/통합의 개념이 기준이 됨은 물론이다. 통사론(3)과 의미론(4)의 하위 영역을 나누는 개념적 기준도 역시 소쉬르의 계열/통합의 구분임을 이해하기는 어렵지 않다.[3]

계열관계와 통합관계는 기호학과 구조주의 언어학의 방법론적 기초가 되는 개념이다. 소쉬르는 기호를 연구함에 있어서 항상 계열관계를 가지는 기호들이 이루는 구조를 발견할 것, 통합관계를 가지는 기호들이 이루는 구조를 발견할 것을 촉구하였다. 구조주의 언어학의 관점에서의 문법은 언어 기호들이 이루는 계열적 구조들과 통합적 구조들의 총체라고 할 수 있다.

소쉬르 구조언어학의 기본 개념들에 대하여 조금 더 알아보자. '기호', '기표', '기의', '계열관계', '통합관계' 외에, 소쉬르의 주요 개념들 몇 가지를 더 소개한다. '구조'의 개념, '공시태'와 '통시태', '랑그와 파롤', 그리고 앞에서도 잠깐 언급한 '실체'와 '형식'이 그것이다.

'구조(structure)'는 '체계(system영/systéme불)'와 대략 같은 의미를 가지고 쓰인다. 이는 한국어만이 아니고, 영어나 불어와 같은 유럽어에서도 그러하다. 사실상 소쉬르는 그의 불어판 저서 『일반언어학 강의』(1916)에서 '구조(structure)'란 용어를 쓰지 않고, '체계(systéme)'라는 용어를 쓰고 있다. '구조'와 '구조주의'라는 말은 소쉬르 이후의 구조주의자들에 의해 널리 통용되어 온 용어인 것이다.

구조는 개별적인 것, 다른 것과 관련되지 않는 파편적인 것과 대립되는 개념이다. 우선 구조는 전체를 가리킨다. 전체는 그 부분들을 가지는데, 그 부분들이 특정의 계층성을 가지면서 전체를 이룬다고 간주될 때 이 전체를 구조라고 하는 것이다. 특히 소쉬르의 구조주의의 관점에서 말하는 구조는 전체를 이루는 부분인 단위들이 그 단위들 간의 특정의 변별적 대립에 의해 그 가치(의미 또는 기능)를 갖게 된다는 점을 내포한다. 이러한 관점에서 파악된 전체가 구조인 것이다.

---

3   그러나 엄밀히 말하면 음운론적 단위들이나 문법단위들에서처럼 의미 단위들이 통합관계를 이룬다고 할 수는 없다. 소쉬르의 개념의 하나로서의 통합관계는 시간적으로 앞선 것과 뒤에 오는 것 사이의 관계를 가리키는 것이기 때문이다. 우리가 말을 할 때 기호들에 대응되는 의미 단위들이 선후로 배열된다고 말할 수는 있겠지만 그 경우에도 시간적 선후 관계를 결정하는 것은 기호들, 즉 문법단위들이라고 보아야 한다.

이 외에도, 구조주의적 관점의 '구조' 개념이 가지는 또 다른 특성은, 이것이 비역사적 개념이라는 것이다. 어떤 언어 단위들이 구조를 이룬다고 할 때 이 구조는 시간적으로 변화/변천하기 전의 단위와 변화/변천한 뒤의 단위 사이에 성립되는 것이 아니다. 관찰의 대상이 되는 것이 시간적으로(역사적으로) 변화하는 사물들/사실들이라면 이 변화를 방법론적으로 사상(捨象)하고, 정지된 한 단면을 살펴야만 그 구조를 파악할 수 있는 것이다. 시간적으로 흘러가는 역사에는 구조가 있을 수 없다는 것, 이것이 구조주의적 관점이다. 한국어의 역사를 서술하는 경우에도, 우선 언어 변천의 각 시대를 잘라서 그 단면(이것을 '공시태'라고 한다)을 관찰하고 서술해야 하는 것이다. 15세기 한국어의 공시태, 16세기 한국어의 공시태, …, 20세기 한국어의 공시태를 각각 기술한 다음 이들을 비교함으로써 한국어의 역사적 변천의 사실을 논할 수 있다. 그러므로 구조주의 언어학의 언어사 기술은 각 공시태에 대한 '공시적 기술'이 끝난 다음에라야 본격적으로 이루어질 수 있다. 이런 점에서 구조주의 언어학의 연구는 '공시태 우선의 원리'를 가진다고 말한다.

'구조'의 개념을 설명하는 과정에서 '공시태(共時態 synchrony)'의 개념이 도입되었다. 공시태에 대립되는 개념이 '통시태(通時態 diachrony)'이다. 언어의 공시태란 '15세기 한국어의 구조'와 같이 변천되는 역사적 흐름을 방법론적으로 사상한, 그 단면을 뜻하는 것이다. 언어의 공시태를 기술하는 언어학을 공시언어학(synchronic linguistics)이라고 하고, 공시태들을 비교하여 그 역사적 변천의 사실들을 서술하는 언어학을 통시 언어학(diachronic linguistics: 또는 역사 언어학 historical linguistics)이라고 한다.

'랑그(langue)'와 '파롤(parole)'은 둘 다 '언어'를 뜻하는 불어 단어이다. 구조로서의 언어를 랑그라 하고, 구체적으로 발화되는, 현실의 언어, 언어 표현을 파롤이라고 한다. 언어학자가 언어를 연구할 때 분석의 대상으로 삼는 언어 자료, 즉 구체적 문장이나 단어는 파롤이다. 그러나 연구의 결과를 책이나 논문에 서술할 때에 "이것이 언어 사실이다."라고 서술하는, 그 언어 사실은 개별 언어 자료들에서 일반화된 구조적 사실인 것이다. 말하자면, 계열관계에 있는 음소들의 체계, 계열관계에 있는 형태소들의 체계는 구조적 사실이다. 또, 통합관계에 놓이는 음소들 역시 통합적 구조를 이룬다. 통합관계에 놓이는 형태소들도 통합적 구조를 이룬다. 한국어에 대한 연구 결과를 보고하는 책이나 논문에서 "이것이 한국어다."라고 하면서 제시하는 것은 한국어의 구조적 사실인 것이다. 이러한, 한국어에 내재하는 구조들의 총체를 '언어'라고 부르는 것은 당연한 일이다. 이러한 구조로서의 언어를 '랑그'라고 하는 것이다.

부연할 점은, '랑그'는 한국어나 영어나 불어 같은, 음성언어의 체계를 한정적으로 가리킨다는 것이다. 수화/수어도 그 안에 정교한 체계/구조를 가진다. 음성('청각 영상')을 매개로 하는 언어, 동작 영상을 매개로 하는 언어 외에도 시각, 촉각, 혹은 후각을 매개로 하는 언어가 생각될 수 있다. 이렇게 랑그보다 상위의 언어 개념을 상정할 때, 이를 '기호체계(code: 한국어로도 흔히 '코드'라고 지칭)'라고 지칭한다. 기호체계에 대한 연구를 기호학(sémiotique, semiotics, 또는 semiology)이라고 하는 것이다.

'실체(substance)'와 '형식(form)'은 소쉬르가 창안한 개념이 아니고, 서양 전통 철학에서 논의에 도입되는 어떤 새 개념을 밝히려고 할 때 분석의 도구로 사용해 오던 개념이다. '랑그'는 기호체계(code)의 하나라고 하였다. 음성 기호들의 체계인 것이다. 소쉬르는 '기호'와 '랑그'라는 새 개념을 도입하면서 이 개념들을 명확히 밝히기 위한 방편으로 이들이 '실체'와 '형식' 중 어느 것에 속하느냐를 논의하였다. 그의 판단은, 기표와 기의가 심리적 실체임에 반해서, 기호는 형식이라는 것이다. 기호들의 체계인 랑그도 형식이다. 즉 형식체계이다.

'심리적'이라는 말은 우리 머리(뇌)에 어떤 흔적을 남기는 사실이라는 뜻으로 쓰이고, 소쉬르도 대체로 같은 뜻으로 썼다. 지금의 과학 지식을 가졌다면 '뇌를 구성하는 세포(뉴런)들의 특정한 결합 방식'이라는 식으로 설명했을 터인데, 소쉬르는 그저 심리적 청각 영상(기표/시니피앙), 심리적 영상으로서의 개념(기의/시니피에)이라고 표현한 것이다. 그러나 그 의도하는 바는 분명하다. 형식이 아니라 실체로서 지각되는 어떤 것이라는 뜻에서 기표와 기의를 설명하였다는 것이다. 그에 비해서 '기호'는 청각 영상이나, 개념적 영상과 같은 심리적 실체가 아니라, 형식이라고 구별한 것이다.

1.3. 분류론적 문법과 가설연역적 문법

문법을 기술(記述)하는 방법에 두 가지가 있다. 분류론적 방법과 가설연역적 방법이 그것이다. 분류론적 방법은 문법을 분류 체계로 간주한다. 한 언어에서 문법단위들의 예를 가능한 한 많이 수집하여 이들을 특정 기준에 따라 분류한다. 그 분류의 결과, 즉 단어 분류 체계는 문법범주들의 체계가 된다. 가설연역적 방법은 문법을 한 언어의 모든 문장을 만들어 내는 규칙들의 체계로 간주한다. 문법은 문장 생성 규칙들의 체계이다. 가설연역적 문법에 따른 문법적 분석은 한 언어의 모든 구체적 문장들이 가설로서 세워진 생성 규칙들에 의하여 도출된다는 점을 증명하는 작업이 된다.

이 책의 제2장에서는 분류론적 방법에 따라 기술된 한국어 문법의 이론들을 검토하고 비판한다. 제3장에서는 가설연역적 방법, 즉 생성문법의 방법에 따라 기술된 한국어 문법의 이론들을 검토하고 비판한다. 제4장에서는 대안으로서의 한국어 문법 체계를 제시한다. 제2장, 제3장, 제4장의 본격적인 논의로 나아가기 전에 분류론적 문법과 가설연역적 문법의 차이를 알아보고, 이전의 한국어 문법 연구에서의 대표적 사례들을 개관하기로 한다.

문법을 기술하는 방법의 하나로서의 분류론적 방법은 한국어를 이루는 가능한 모든 단위들을 상정하고 이들의 분류 체계를 제시하는 것이다. 형태소와 단어와 구와 절과 문장의 문법단위의 층위를 구분하고, 각 층위에서의 문법단위들의 분류 체계, 즉 형태소의 분류 체계, 단어의 분류 체계, 구의 분류 체계, 절의 분류 체계, 문장의 분류 체계를 제시하는 것이 분류론적 문법 이론의 방법이다. 분류론적 문법에서의 문법적 분석은, 구체적 문장을 이루는 모든 단어들의 경계를 나누고, 각 단어의 문법범주를 분류 체계에서 찾아 지정하는 일을 하는 것이다. 분류론적 방법에 입각한 문법적 분석의 구체적인 예를 2.1.4절에서 살펴볼 것이다.

가설연역적 방법은 이것보다 발전된 방법이다. 가설연역적 방법은 문장을 형성하는 데에 규칙들이 작용한다고 가정하고, 작은 단위들이 결합하여 구, 절, 문장의 큰 단위들을 형성하는 절차를 설명한다. 작은 단위들을 결합하여 큰 단위를 형성할 수 있게 하는 규칙들의 체계가 문법이다. 일정수의 규칙들이 실제 문장을 만들어내는 과정을 증명하여 보이는 것이 가설연역적 문법에서의 문법적 분석이다.

전통문법과 구조문법의 문법 기술 방법은 분류론적 방법이다. 이에 비해 1950년대 이후의 생성문법 연구는 가설연역적 방법으로 특징지어진다.

1937년의 최현배의 저서 『우리말본』에서 한국어 분류론적 문법의 전형을 볼 수 있다. 단어('낱말'), 구('이은말'), 절('마디'), 문장('월')의 문법단위들을 확정하고, 각 문법단위들의 분류 체계를 세우는 일을 문법 서술의 기본 방법으로 삼았다. 이러한 방식으로 『우리말본』의 모든 부분의 서술이 분류 체계를 세우는 목표를 향해서 진행되고 있다. 『우리말본』 이후로 1960년대 생성문법적 연구가 있기까지, 한국어 문법을 기술하는 이들은 모두 『우리말본』의 예를 모범으로 삼아 분류론적 기술 작업에 몰두해 왔다. 1950년대와 1960년대에 미국의 기술언어학을 중심으로 하는 구조언어학의 방법론이 한국에 도입되었는데, 구조언어학의 방법은 궁극적으로 분류론적 방법이었다. 한국어 문법을 구조언어학의 방법으로 기술하는 일은 『우리말본』의 분류론적 기술과 방법론적으로 다르지 않은 것이었다.

분류론적 문법과 그 방법

디오뉘시우스 트락스(Dionysius Thrax: 기원전 2세기)의 그리스어 문법으로부터 라틴어 문법, 르네쌍스 시대의 이탈리아어, 프랑스어, 영어, 독일어 문법, 그리고 서양의 선교사들을 통하여 형성된 개화기의 한국어 문법과 이들을 토대로 성립된 주시경 문법, 최현배 문법은 모두 분류론적 문법이다. 분류론적 문법은 형태소, 단어, 구, 절, 문장의 문법단위를 나누어서 각각에 대해 분류 체계를 제시하는 것을 기본적인 방법으로 가지고 있다. 각 문법단위들의 분류 체계는 각 문법단위들의 문법범주 체계이다. 이 책에서는 한국어 문법의 분류론적 문법 기술의 실제 사례들을 3가지 유형으로 나누어서 비판적으로 검토한다. 비판의 주요 요점은 다음과 같은 것들이다.

첫째, 한국어의 어떠한 문장에 대해서도 완전한 문법적 분석을 제공할 수 있는 분류 체계를 제시하는지 여부를 검토한다.[4] 구의 분류 체계가 있는지, 절의 분류 체계가 있는지, 문장의 분류 체계가 있는지를 점검하는 것이 이 검토의 일환이다.

둘째, 해당 문법의 분류 체계에 따라 비문법적 문장을 배제할 수 있는지 여부를 검토한다. 이 점은 문법이 가설연역적 문법일 때에 명시적인 판단이 가능하나, 대응되는 가설연역적 문법의 규칙을 상정하여 간접적으로 판단하는 것이 가능할 것이다.

셋째, 문법단위로서의 구와 절의 개념을 혼동하지는 않는지, 단어, 구, 절, 문장 등 문법단위들의 층위 구별을 실행하고 있는지를 검토한다. 실제로 거의 모든 분류론적 문법서들에서 이 문제점이 지적된다. 이 문제점을 단적으로 보여주는 문법서는 정렬모(1946)이다. 정렬모는 구와 절의 개념을 혼동하고 있으며, 그의 기본 통사 단위 개념에 해당하는 '감말'은 문법단위들의 층위 구별을 무시한 모호한 개념이다. 그의 '덧감말'은 구와 절을 혼동한 개념이다. 그의 '감말'은 기본적으로 단어 단위를 그 예로 갖지만, 때로 구, 절, 문장 단위를 가리키기도 한다.

최현배(1937)에서도 구와 절 개념을 혼동하는 문제가 발견된다. 최현배(1937)에서 구와 절이 혼동됨을 드러내는 예는 언제나 절의 주어가 생략된 단위를 구로 처리하는 경우이다. 주어의 생략을 인정하지 않고서는 한국어의 문장 구조에 대한 일관된, 완전한 분석을 할 수 없다.

넷째, 구성성분됨(constituency) 개념에 대한 분명한 이해에 기초한 문장 구조 분석은

---

[4] 문법 이론이 해당 언어의 모든 문법적 문장을 누락됨이 없이 생성할 때 이 이론은 '완전성 요건'을 만족한다고 한다. 다른 방향에서, 문법 이론이 해당 언어의 모어 화자들에게 비문법적 문장으로 판단되는 것을 생성하지 않을 때 이 이론은 '건전성 요건'을 만족한다고 한다.

현대 언어학의 기본적 요구 사항이다. 단적인 예로, 김두봉(1916)에서는 관형절 내포문에서 관형절('붙음마디')을 잘라낸 나머지 부분을 '등걸마디'라는 이름으로 절 단위의 분류 체계에 포함하였다. 가령 문장 구성 '눈이 오는 벌판이 눈앞에 펼쳐졌다.'에서 관형절 '눈이 오는'과 이를 잘라낸 나머지 부분 '벌판이 눈앞에 펼쳐졌다'는 직접구성성분들이 아니다. '등걸마디'는 구성성분을 이루지 않는다. 다른 예로 '토끼가 앞발이 짧다.'에서 '토끼가 앞발이'는 구성성분을 이루지 않는다. 이 문장의 생성문법적 도출 과정에서 이를 구성성분으로 취급하는 이론들이 발견된다.[5] 이들은 위 요구 사항을 위반하는 것이다.

다섯째, 분류론적 문법의 궁극의 문제점은 생성적 관점을 갖지 못하는 데에 있다. 작은 단위들이 결합하여 큰 단위를 이루는 절차는 규칙이 적용되는 절차이다. 단어가 결합하여 구를 이루고, 문장을 이루는 절차를 생성적 규칙의 적용 절차로 보는 관점이 필요하다. 특히 생성적 규칙의 핵심은 결합의 결과로 얻어진 복합 단위의 범주가 다시 그 규칙에 의해 결합되는 구성성분의 범주가 된다는 점에 있다. 이 성질이 귀환성(recursiveness, recursion)이다. 분류론적 문법서의 서술에서 생성적 관점을 시사하는 서술을 발견하는 경우가 있다. 주시경(1910)과 정렬모(1946)이 그러한 예라고 본다. 이러한 경우에는 생성문법으로 발전하는 데에 결핍된 요소들이 어떤 것인가를 지적하여 완전한 한국어 문법 기술로 나아가는 방법을 제시하도록 하겠다.

가설연역적 문법과 그 방법

1957년 촘스키(Noam Chomsky)에 의해 시작된 생성언어학 혁명은 언어 연구의 패러다임을 근본적으로 바꾸었다.[6] 이 패러다임은 촘스키(Chomsky 1981, 1986a, b)의 원리매개변인 이론에서도 계속되었고, 촘스키(Chomsky 1995, 2000)의 최소주의 기획(Minimalist Program)에서도 계속하여 구현되고 있다.

생성문법의 언어 기술 방법이 이전의 전통문법이나 구조문법과 다른 점은 가설연역적 방법이라는 점이다. 한국어 문법은 한국어를 말하는 화자의 머릿속에서 문장을 생성하기

---

[5] 3.3.3절의 양인석(1972)와 3.5.2절의 김용하(1998)이 그 예들이다.
[6] '생성언어학 혁명'이란 용어는 쿤(Thomas Kuhn)의 '과학혁명' 개념에 입각한 것이다(Kuhn 1962). 촘스키에 의하여 구조언어학의 패러다임이 생성언어학 패러다임으로 전환된 것은 과학혁명의 하나이다. 1957년이라는 연대는 촘스키의 저서 『통사구조론』(Chomsky 1957, *Syntactic Structures*)를 기준으로 한 것이다. 생성문법의 방법론을 영어에 최초로 적용한 생성문법의 저작은 1955년에 등사본으로 나온 Chomsky(1955), *The Logical Structure of Linguistic Theory*이다. Chomsky(1957)은 Chomsky(1955)를 MIT 학부 학생들에게 강의하기 위하여 요약한 책이라고 하는데, 전세계 언어학자들에게 생성문법을 널리 알린 것은 이 책이다.

위하여 작동하는 온갖 규칙들의 체계이다. 머릿속에서 작동하는 규칙들의 체계는 이론으로서, 가설로서 제시될 수밖에 없다. 언어학자의 작업은 가설을 제시하고 이 가설을 현실의 한국어 문장들을 통해 검증하는 일이다.

생성문법의 방법으로 한국어 문법을 기술한 본격적인 문법서의 시초는 송석중(1967)이다. 촘스키에 의해 제시된 초기의 생성문법 이론은 기저 부문의 규칙, 즉 구 구조 규칙에 비해 변형의 역할을 앞세운다. 송석중(1967)의 한국어 생성문법도 한국어에서 작용하는 변형규칙들을 발견하여 기술하려고 하는 열의를 보이고 있다. 기본 절 구조를 형성하는 구 구조 규칙들을 제시하기는 하였지만 30개 정도의 변형규칙들이 송석중(1967)의 주요 기술 과제이다. 기본 절 구조를 형성하는 데에도 변형규칙들이 활용되고, 이중주어문과 같은 특수한 구문 구조를 포착하는 데에도 여러 종류의 변형규칙들이 활용된다. 이홍배(1970)는 단순문을 중심으로 하는 기본 한국어 문장들의 생성을 위한 구 구조 규칙들과 변형규칙들을 제시하였는데, 그가 집중적으로 기술한 구문 현상은 주관성 형용사 구문('싫다, 좋다'의 구문)이다. 양인석(1972)는 단순문을 넘어서서 관계관형절 내포문과 여러 종류의 보문 내포문들을 생성하는 구 구조 규칙과 변형규칙의 체계를 제시하였다. 그의 집중적인 관심은 한국어의 격조사들이 필모어(C. Follmore)의 격 문법(Case Grammar) 이론에서 주어지는 심층격(deep case: 의미역 thematic role)들의 체계로부터 생성 규칙들의 작용에 따라 실현되는 것들이라는 점을 증명하는 데에 있었다. 남기심(1973)은 관형절 내포문 및 인용절 내포문에 집중하여 표준이론의 정신에 입각한 한국어 생성문법의 체계를 제시하고자 하였다.

원리매개변인 이론에 따른 한국어 문법 기술의 대표적 사례로 이 책에서는 한학성(1987), 윤종열(1990), 김영주(1990), 최현숙(1988), 임홍빈(1987), 서정목(1993), 유동석(1995)을 집중적으로 검토한다.

1990년대 초에 시작된 생성문법 연구의 새로운 흐름인 최소주의 기획(Minimalist Program)은 현재에 이르기까지 완성된 이론 체계를 내놓지 못한, 실험적 연구 기획이다. 이 책에서는 최소주의 통사론에 입각한 한국어 문법 기술의 대표적 사례로 김용하(1998)과 쿠프먼(2005)를 검토한다. 이 책의 제4장에서 대안으로 제시하는 한국어 생성문법의 체계는 기본적으로 원리매개변인 이론의 체계를 바탕으로 한 것이고, 최소주의 통사론의 특정 관점과 일부 장치를 수용한 것이다.

이 책에서는 분류론적 문법서들에 대한 비판 작업과 함께 생성문법 이론들에 대한 평가 작업도 수행한다. 생성문법의 문법서들을 평가하는 데에는 분류론적 문법을 평가하는 데에서도 사용하는 위 '첫째'와 '둘째'의 기준이 가장 효과적인 평가 기준이 된다. 문법 이론은 한국어의 어떠한 문장에 대해서도 완전한 문법적 분석을 제공할 수 있어야 하는데, 이를 '완전성 요건'이라고 한다. 문법 이론은 한국어 모어 화자들이 비문법적 문장('비문')이라고 판정하는 문장을 생성해서는 안 되는데, 이를 '건전성 요건'이라고 한다. 완전성 요건과 건전성 요건은 분류론적 문법 이론보다 가설연역적 문법 이론에서 그 요건의 충족 여부를 분명히 판단할 수 있다.

분류론적 문법을 평가하는 데에 사용하는 기준으로 제시했던 문법단위들의 층위 구별의 요구, 구성성분됨(constituency)의 요구, 그리고 귀환성은 가설연역적 문법의 평가를 위해서도 중요한 기준이 된다. 특히 귀환성의 성질은 인간 언어가 가지는 본질적 성질이고, 생성문법은 이 점에 대한 발견으로부터 출발한 것이기 때문에, 이 귀환성을 가장 적합하게 포착하여 기술하는지 여부를 판단하는 것이야말로 생성문법 이론을 평가하는 데에 기본적 기준이 된다.

이 외에, 구조보존 원리(3.3절), 복원가능성 원리(3.3절), 의미보존 원리(3.3절), 구 구조의 동심성 원리(3.4.1절), 구 구조의 범주중립성 원리(3.4.1절) 등이 생성문법 이론들 사이의 우열을 가리는 기준들로 활용될 것이다.

1.4. 논의의 순서와 이 책의 대안으로서의 문법의 조직

이 책의 제2장은 선행 한국어 연구의 분류론적 문법서들에 대한 비판과 분류론적 방법의 한도 내에서의 대안 제시이고, 제3장은 가설연역적 방법에 따른 한국어 문법 연구들에 대한 비판이다. 가설연역적 문법의 연구들을 크게 표준이론, 원리매개변인 이론, 최소주의 통사론의 세 가지 흐름으로 구별하여 비판한다. 제4장은 가설연역적 방법에 입각한 필자 자신의 대안을 제시한다.

제4장에서 기술하는 한국어 문법 체계에서는 통사구조로 원리매개변인 이론의 S-구조에 해당하는 것만을 인정하고, 이것이 의미구조와 독립적으로, 그리고 병렬적으로 존재하면서 서로 제약을 가하는 문법의 조직을 상정한다.[7] (5)의 문법의 조직은 언어학의 하위 영역을

---

[7] 다음 그림으로 나타낸 체계는 양정석(2002, 2010, 2023나)에서 제시한 것이다. 양정석(2023나)에서는 의미구조가 지시 층렬(referential tier)과 기술 층렬(descriptive tier)이라는, 형식적으로 상이한 의미 표상들로 이루어지며, 지시 층렬은 생성문법의 통상적 관점에 따른, 통사구조를 바탕으로 한 의미 해석

나타낸 (1)의 그림을 구체화한 것이다.

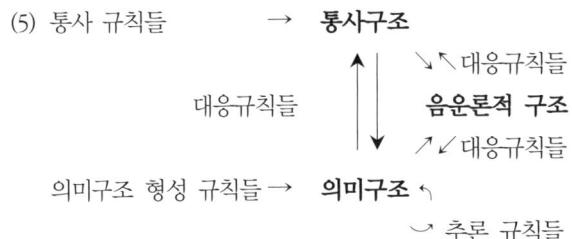

통사구조와 의미구조, 음운론적 구조는 각각의 형성 규칙과, 내부 구성성분들 간의 선택에 관한 제약들을 가지고 있지만, 두 구조를 서로 제약·허가하는 규칙들의 체계가 또한 존재한다. 통사구조와 의미구조의 대응의 한 방향으로, 논항연결원리(4.1.2절 참조)를 중심으로 하는 대응규칙들의 체계가 존재한다.[8] 위 그림에서 의미구조로부터 통사구조로 향하는 화살표는 이 방향의 통사-의미 대응을 나타내는 것이다. 논항연결원리는 동사를 비롯한 술어 어휘항목들이 가지는 어휘의미적 논항구조를 통사구조의 논항구조와 대응시킨다. 반대 방향에서, 통사구조를 바탕으로 적용되어 구와 문장의 의미 표상을 만들어 내는 의미 해석 규칙들의 체계가 존재한다. 통사구조로부터 의미구조로 향하는 화살표는 통사-의미 대응의 이 방향을 나타내는 것이다.

제4장에서 보이는 필자의 대안적 문법은 통사구조의 형성과 그 제약에 관한 체계이다. 의미구조가 통사구조의 형성에 제약을 가하는 구체적 부문은 논항연결원리에 따라 주어진 동지표를 이용하여 격 표시가 이루어지는 격 이론이고, 또 어휘의미구조의 형상성에 바탕을 둔 논항구조를 가지고 운용하는 의미역 이론이다. 통사구조로부터 의미구조로 가는 대응의 체계는 형식의미론적으로 기술되는 의미 해석 규칙들의 체계이다.[9] 필자의 대안적 통사론 체계는 합성성 원리를 효과적으로 구현하는 체계를 이상으로 하여 고안되고 설계된다.

규칙들의 적용 결과로 얻어지는 의미구조의 층렬이고, 기술 층렬은 어휘부의 어휘의미구조를 바탕으로 통사적 구 구조의 형성과 발맞추어 형성되는 의미구조의 층렬이라는 점을 상론한 바 있다. 양정석(2023나)는 의미 표상을 다른 의미 표상으로 전이시키는 담화화용론적 추론 규칙들에 대해서도 주의 깊게 논의하고 있다.

8 논항연결원리는 개념의미론의 어휘개념구조(=어휘의미구조)를 바탕으로 한 의미적 논항구조와 통사적 논항구조의 대응의 체계이다. 개념의미론은 Jackendoff(1983, 1990, 2002)에서 발전시켜 온 의미 기술의 체계이다. 개념구조 기술의 방법은 양정석(2023나)의 부록으로 해설한 바 있다.

9 생성문법의 통사 체계를 바탕으로 하는 형식의미론적 의미 해석 규칙들의 체계를 집대성한 Heim & Kratzer(1998)이 이 방면에서 표준적 체계로 자리잡고 있다.

| 제2장 |

분류론적 문법

2.1. 문법의 기초 개념들: 문법단위, 문법범주, 문법기능

문법은 체계이다. 문법 체계는 문법단위(grammatical unit)의 개념과 문법범주(grammatical category)의 개념과 문법기능(grammatical funtion. 문법적 관세)의 개념을 기초로 하여 세워진다. 분류론적 체계를 기술하는 것을 궁극의 목적으로 설정하는 전통문법과 구조문법의 학자들은 단어와 형태소, 구와 절과 문장의 문법단위로 갈라서 각 문법단위의 범주 체계를 수립하는 작업을 수행하여 왔다. 그러므로 분류론적 문법의 문법서들을 이해하기 위해서는 먼저 문법단위와 문법범주, 그리고 문법기능의 개념을 주의 깊게 따져 보아서 정리해 두어야 한다.

2.1.1. 문법단위

문법단위는 단어와 형태소, 구, 절, 문장으로 이루어진다. 앞 장에서 소개한 소쉬르의 개념 체계에서 '문법단위'에 가까운 것은 '기호(signe 불, symbol 영)'이다. 소쉬르의 기호는 문법단위를 포함하고, 더욱이 음성언어 기호 외에도 다른 감각기관에 의한, 다른 매체(media)에 의한 기호들을 통칭하는 개념인 것이다. 우리가 이 책에서 다루는 정통적 언어학은 음성언어 기호를 연구 대상으로 삼는다. 음성언어 기호 중에서도, 문장을 넘어서는 기호 단위 '담화(discourse)'는 그 본격적인 연구 대상에 포함하지 않는다. 이러한 관점에서, 음성언

어의 기호 단위인 형태소, 구, 절, 문장만이 정통적 언어학의 문법단위로 한정되는 것이다.[10]

서양의 전통문법에서나 한국어의 전통문법에서나 모두 문법단위로서의 단어(word: 낱말) 개념을 상정하고, 이를 기반으로 문법을 서술해 왔지만, 구체적인 문장의 예에서 단어의 경계를 어떤 기준에서 가르느냐 하는 문제는 생각만큼 간단한 문제가 아니다. 이는 한국어의 전통문법적 연구 초기부터 논란이 되어 온 문제다. 뒤에서 말할 '한국어 전통문법의 3대 체계'가 이와 관련한 견해 차이에 따라 나누어지는 것이다. 제3장에서는 이 점을 중심으로 해서 한국어의 전통문법적 연구들을 검토해 볼 것이다.

형태소(morpheme)는 '의미를 가지는 최소의 음성적 단위'와 같은 분명한 정의가 주어져 있으므로 단어에 비해서는 객관적인 확인이 가능하다. 의미를 가지는 음성적 단위이면 곧 문법단위라는 뜻이 되므로, 이 정의는 형태소가 문법단위 중에서 가장 작은 단위라고 말하는 것과 같은 것이다. 위에서 설명한 소쉬르의 개념을 가지고 바꾸어 표현하면, 음성언어 체계인 랑그를 이루는 최소의 기호 단위가 형태소라고 할 수 있다.

형태소 단위를 확인하는 기본적인 방법은 위와 같은 정의에 입각해서, 형태소라고 추정되는 단위를 가지고 그 통합관계와 계열관계의 질서를 따져 보는 것이다. 가령 '먹었다'와 같은 예에서 '먹-'이 형태소라는 것은 그 요소들이 이것과 동질적 통합관계를 가지는 '믿었다'와 같은 예를 비교해 보면 안다. 두 예에서 '먹-'과 '믿-'은 계열적으로 대립한다. 즉 '먹-'과 '믿-' 때문에 '먹었다'와 '믿었다'의 의미가 달라지므로, 이 단어들의 쌍은 문법적 최소변별쌍(minimal pair)이 되는 것이다. '갑'과 '삽'이 음성적 단위 'ㄱ'과 'ㅅ' 때문에 서로 다른 단어로 구별(음운론적 최소변별쌍)되는 것을 근거로 'ㄱ'과 'ㅅ'을 한국어 음운론적 체계에서 계열적으로 대립하는 두 음소로 확인한다.[11] 마찬가지 방법으로, '먹-'과 '믿-'을 문법 체계의 낮은 수준, 즉 형태론에서 형태소 단위로 확인하는 것이다.

다른 견지에서 '먹었다'와 최소변별쌍을 이루는 형식을 더 생각해 보면 '먹었소', '먹었고', '먹었음', '먹었던', … 등이 있다. 이렇게, 변별적 대립 관계를 하나하나 검사하면 '먹-, 믿-, …'과 같은 어근 형태소들의 목록, '-다, -소, -고, -음, -던, …'과 같은 굴절접사 형태소들의

---

10   언어학자들보다는 문학 연구자들이 기호 단위로서의 담화를 더 많이 연구해 왔다. 언어학자들이 담화를 연구하지 않은 것은 이를 분석·기술할 과학적 방법론이 아직 주어지지 않았다고 판단했기 때문이다. 과학적 방법론이란 '명시성', '객관성', '체계성'의 요건에 부합하는 연구 방법론을 말한다(3.2.1절 참조). 근래에는 언어학자들 중에서 담화 분석의 과학적 방법론을 제안하는 사람들이 나타나고 있다. Kamp(1981), Kamp & Ryle(1993), Heim(1982)이 그 대표적 연구이다.

11   최소변별쌍(minimal pair)은 원래 음운론의 용어이다. 최소변별쌍을 찾아내는 방법은 한 언어의 음소를 확인하는 가장 기본적 방법으로 사용되는 것이다. 이 개념을 형태론이나 통사론의 영역에서 유추적으로 사용하는 것은 현대 언어학자들에게 흔한 일이다.

목록을 이끌어낼 수 있다.

　이상의 예들은 형태소들의 체계가 그 단위들의 변별적 대립에 의해서 형성되는 체계, 즉 구조를 이루고 있음을 보여준다. 언어에 대한 구조주의적 관점이 왜 필요한지를 예시해 주는 것이다.

　앞에서 '최소변별쌍'의 형식을 통하여 구별해 냈던 음운론적 단위 '음소'와 형태론적 단위 '형태소'는 궁극적으로 그 수가 유한하다는 것을 증명할 수 있다. 음소는 자음 음소, 모음 음소를 다 합쳐 보아도 현대 한국어에서 31개 정도이다('표준어 규정'에 근거함). 형태소의 수는 이보다는 많지만, 결국에는 유한수임을 증명할 수 있다. 단어도 그렇다. 한글학회의 『우리말큰사전』이나 국립국어원의 『표준국어대사전』에는 50만 개 이상의 표제어가 등재되어 있다. 많은 수이기는 하지만 유한수임에 틀림없다. 이에 비해서 '구'는 그 예를 무한히 만들어낼 수 있다. 절도 그렇고, 문장도 그렇다.

　단어와 형태소는 문법 체계의 낮은 수준, 즉 형태론의 영역에 속하는 단위들이다. 이들을 '형태론적 구성'이라고 한다. 문법 체계에서 형태론보다 높은 수준의 영역을 통사론이라고 한다. 통사론적 구성(통사적 구성)으로는 구와 절과 문장이 있다.

　'나의 자식이 중요하다'와 '철수의 생각이 중요하다'는 '나의 자식'과 '철수의 생각'의 계열적 대립에 의해 그 의미가 변별되는, 통사론적 변별쌍이다. 이 변별쌍을 근거로 '나의 자식'과 '철수의 생각'을 각각 문법단위로 확인할 수 있다. 그런데 이들은 둘 이상의 단어로 이루어져 있으므로 단어가 아니다. 이러한 문법단위가 '구(phrase: 이은말)'이다. 위의 '나의 자식'과 '철수의 생각'에 대치될 수 있는 다른 구를 '철수의 자식의 자식', '철수의 자식의 자식의 자식', … 등과 같이, 원리적으로 무한수로 만들어낼 수 있다.

　같은 방법으로 '절(clause: 마디)'이라는 문법단위를 확인할 수 있다. 절은 두 개 이상의 단어가 주술관계를 가지고 결합되는 단위이다. 절 단위도 원리적으로 무한수의 예를 만들어낼 수 있다. 이러한 점이 통사론적 구성(통사적 구성)의 본질이고, 이 점이 문법 체계를 형태론과 통사론의 두 하위 영역으로 구분하는 이유인 것이다.

2.1.2. 문법범주

　문법범주는 특정 문법단위의 예들 모두를 몇 개의 부류로 나누었을 때 각 부류가 가지는 공통된 의미/기능을 나타내는 명칭이다. 단어라는 문법단위를 예로 들면, 한 언어의 단어들은 명사, 동사, 관형사, 부사 등의 부류로 나눌 수 있는데, 이 경우의 '명사', '동사', '관형사',

'부사' 등이 품사, 즉 단어 단위의 문법범주인 것이다. 최현배(1937), 『우리말본』에 의하면, 한국어의 어떤 단어이든지 '명사', '대명사', '수사', '동사', '형용사', '지정사', '관형사', '부사', '감동사', '조사'의 10가지 부류 중 한 부류에 귀속된다. 최현배의 문법을 '10품사 체계'라고 하는 것은 한국어의 단어 범주를 이 10가지로 하위 구분한다는 뜻이다.

문법범주는 본질적으로 계열관계를 이루는 일단의 단위들이 공통으로 가지는 문법적 의미/기능을 나타내는 것이다. '철수가 뛰었다'와 '철수가 걸었다', '철수가 잤다',… 등에서 단어 단위들인 '뛰었다, 걸었다, 잤다, …'는 계열적으로 대립되며, 이들이 공통으로 가지는 의미/기능을 '동사'라는 명칭으로 나타내는 것이다. 이러한 단어 단위의 문법범주를 전통문법에서 '품사'라고 지칭하여 왔다. 단어 단위 외의 문법단위들, 형태소, 구, 절, 문장도 각각의 문법범주들의 체계를 가진다.

문법범주는 다시 형태론적 범주와 통사 범주의 둘로 나눌 수 있다. 형태소의 하위 부류의 명칭인 어근, 굴절접사, 파생접사, 그리고 굴절접사의 하위 부류의 명칭인 선어말어미, 어말어미, 또한 어말어미의 하위 부류의 명칭인 종결어미, 연결어미, 전성어미는 모두 형태론적 범주의 하위 문법범주들인 것이다. 선어말어미가 표시하는 높임법(-으시-), 시제 또는 상('-었-'과 '-었었-'), 서법('-겠-') 등은 가장 널리 알려진 문법범주의 예이다.[12] 보통 좁은 의미로 문법범주란 용어를 쓸 때에는 이러한 굴절접사가 나타내는 문법범주를 가리키는데, 이를 특히 굴절범주(굴곡의 범주)라고 부른다.

이 외에, 구의 하위 분류 개념인 명사구, 관형사구, 부사구, 용언구 들(최현배 1937의 개념)은 구 단위의 문법범주들이다. 절의 하위 분류 개념인 명사절, 관형사절, 부사절, 용언절 들(최현배 1937의 개념)은 절 단위의 문법범주들이다. 문장을 단순문과 내포문과 접속문으로 분류할 때 이 '단순문', '내포문', '접속문'은 문장 단위의 문법범주의 개념으로 쓰인 것이다. 내포문은 '명사절내포문', '관형절내포문', '부사절내포문', '용언절내포문'으로 하위 구분되고, 접속문은 대등접속문과 종속접속문으로 하위 구분되는데, 이들 각각은 문장의 하위 문법범주가 된다.

문법범주는 계열관계를 이루는 단위들이 공통으로 가지는 문법적 의미/기능이라고 하였다. 계열적으로 대립되는 단위들의 전체를 계열체(paradigm)라고 지칭할 수 있다. 주격조사

---

12 '-다, -니, -어라, -자'가 나타내는 문법범주도 '서법'이라는 명칭으로 거론되어 왔다. 선어말어미 '-겠-'의 서법은 '양상 서법', 종결어미의 서법은 '의향 서법'으로 구별할 수 있다. 이 책 제4장의 필자의 대안적 한국어 문법 체계에서는 '-겠-'을 비롯한 선어말어미들에 굴절소(I) 범주를 부여하고 '-다, -니, -어라, -자'에 보문소(C) 범주를 부여한다.

'-이/가' 앞에 나타나는 단어들의 계열체는 {사람, 개, 우정, 사랑, 것, …}와 같이 집합으로 표시할 수도 있는데, 이 집합에 '명사'라는 명칭을 붙인 것이 '명사'라는 문법범주의 근원이다. 이 집합은 한국어 모어 화자들에게 자연적인 집합이 된다. 이 집합은 문법적 자연집합, 또는 문법적 자연군이다.[13] 격조사 앞에 실현된다는 구조적인 특징을 근거로 형성된 이 집합은 문법적 규칙을 기술하는 근거로 사용된다. 규칙이란 항상 특정의 조건 하에서 작용하는 것인데, 문법적 규칙이 의의 있는 규칙이려면 그 조건이 자연군으로 표현되어야 한다.[14]

2.1.3. 문법기능

문법기능은 특정 통사적 구성을 이루는 하위 단위가 그 통사적 구성 속에서 어떤 기능/용도를 가지고 쓰이는지를 가리키는 개념이다. 전통적으로 주어, 서술어, 목적어, 보어, 부사어, 관형어, 독립어의 7가지 문법기능('문장성분')을 가지고 운용하여 왔다. 『우리말본』을 비롯한 전통문법서들에서는 한국어의 어떠한 문장이든, 그 문장을 위 7가지 문법기능을 가지는 단위들의 결합으로 설명할 수 있다고 생각해 왔다. 물론 접속문과 접속구는 제외된다. 접속문을 구성하는 접속절도 다시 위 7가지 문법기능을 가지는 단위들의 결합으로 설명할 수 있다.

전통문법의 학자들이 7가지 문법기능, 즉 '문장성분'을 논의한 것은 이들 문장성분들의 결합이 모종의 규칙성을 가진다고 생각했기 때문이다. '나의 아들이 중요하다'에서 관형어 '나의'는 피수식어 '아들'과 결합하여 주어가 되고, 주어인 '나의 아들이'는 서술어 '중요하다'와 결합하여 문장을 완성한다. 접속문을 제외한 모든 문장은 '주술관계'라는 결합상의 규칙성을 가지며, 타동사 문장은 목적어와 타동사의 관계('목술관계')라는 결합상의 규칙성을 가진다고 본 것이다. 그러나 이러한 규칙성이 구체적으로 어떠한 것인지는 명시적으로 제시된 바 없다. 지금의 주류 언어학 이론인 생성언어학에 와서야 문법기능과 관련한 규칙성이 명시적 이론으로 기술되기에 이른다.

---

[13] 자연 집합, 자연군은 'natural class'의 역어이다. 영어에서는 집합을 지칭하는 용어로 'set' 외에 'class'를 사용하기도 한다. 자연군은 집합 개념을 바탕으로 형성된 개념임에 주의할 필요가 있다.

[14] 언어 규칙에는 문법 규칙 외에도 음운론적 규칙, 의미론적 규칙이 있다. 음운론적 규칙의 조건은 음운론적 자연군으로 표현될 수 있어야 한다. 한 예를 들면, 다음 '비음 동화 규칙'은 자연군 {ㄴ, ㅁ, ㅇ}을 그 조건으로 가지고 있다. 집합 {ㄴ, ㅁ, ㅇ}을 생성언어학의 음운론 학자들이 사용하는 변별적 자질로 표시한 것이 [+비음성]이다.
   a. [C, -비음성] → [C, +비음성] / ___[+비음성]

1980년대 이후의 생성문법 이론에서는 문법기능으로 머리성분(head: 핵어)과 보충어와 명시어와 부가어의 4가지 종류만을 상정하고, 이들을 서로 결합하는 소수의 규칙들이 구를 형성하고 문장을 형성한다고 설명한다(3.4절 참조).

2.1.4. 분류론적 문법에서의 문법적 분석

전통문법적 연구에서의 문법적 분석은 주어진 언어 표현을 대상으로, 형태소나 단어나 구, 절 단위로 갈라서, 각 단위가 어느 문법범주에 속하는지를 지정해 주는 일이다. 그 단위에 따라 형태소 분석, 단어 분석, 구 분석, 절 분석, 문장 분석 등으로 지칭할 수 있다.

먼저 형태소 분석의 실례를 보이기로 한다. 형태소 분석은 주어진 발화를 형태소 단위로 경계를 나누는 일과 나누어진 형태소 단위들에 대해서 그 문법범주를 지정하는 일로 이루어진다. 실례로 윤동주 '서시'의 일부인 "나한테 주어진 길을 걸어가야겠다."와 같은 예를 형태소 분석해 보이기로 한다.

(1) "나한테 주어진 길을 걸어가야겠다."의 형태소 분석
   가. 형태소 단위 경계 나누기:
      나/한테/주/어/지/ㄴ/길/을/걷/어/가/아야/하/겠/다
   나. 각 형태소 단위에 문법범주 지정하기:
      나/   한테/   주/   어/   지/   ㄴ/
      대명사어근/조사어근/동사어근/부사형어미/보조동사어근/관형형어미
      길/   을/   걷/   어/   가/   아야/
      명사어근/조사어근/동사어근/부사형어미/동사어근/접속어미/
      하/   겠/   다
      동사어근/보조어간/어말어미

(1나)와 같이 각 형태소의 문법범주를 지적하기 위해서는 한국어 형태소들의 문법범주 체계가 하나의 이론으로 전제되어 있어야 함을 알 수 있다. 형태소 분석 작업은 주어진 문법 이론에 입각한 분석 작업이다. 위 형태소 분석은 최현배(1937), 『우리말본』의 이론적 견해에 바탕을 두고 실행한 것이다. 단어들의 문법범주 체계인 품사분류론뿐만 아니라, 한국어의 모든 형태소들에 대해, 나아가 모든 '구', '절'에 대해, 그 범주를 지정해 줄 수 있을 만큼 완전한 체계를 갖추고 있다는 점이 최현배 문법의 장점 중 하나이다.

다음으로, 같은 문장에 대해서 단어 층위, 구 층위, 절 층위, 문장 층위의 분석을 보이기로 한다. 이들은 모두 최현배(1937)의 문법 체계에 입각한 분석이다.

(2) "나한테 주어진 길을 걸어가야겠다."의 단어 분석
  가. 단어 단위 경계 나누기:
    나/한테/주어/진/길/을/걸어가야/하겠다
  나. 각 단어 단위에 문법범주 지정하기:
    나/ 한테/주어/진/ 길/ 을/ 걸어가야/하겠다
    대명사/조사/동사/동사/명사/조사/동사/   동사
(3) "나한테 주어진 길을 걸어가야겠다."의 구 단위 분리와 문법범주 지정하기:
    [[[[나한테]부사구 [주어 진]용언구]관형구 길]명사구 을]명사구 [걸어가야 하겠다]동사구]

위 예는 최현배(1937)의 개념에 따른 '절'의 예를 포함하지 않는다. 절 단위를 포함하는 예를 보이면 다음과 같다.

(4) "그대가 있음에 내가 있네."의 절 단위 분리와 문법범주 지정하기:
    [[[[그대가]명사구 있음]명사절 에]부사구 [[내가]명사구 있네]주절]

이 문장에 대한 문장 층위의 문법적 분석은 이 문장이 단순문('홑월') 아닌 복합문('겹월')이며, 복합문 중에서 체언절포유문('임자마디 가진월')의 하위 범주에 속하는 단위임을 결정하는 일이다.

완전한 문법 이론은 한국어의 모든 문장에 대해서 형태소 분석, 단어 분석, 구 분석, 절 분석, 문장 분석을 실행할 수 있는 문법범주들의 체계를 갖추어야 한다. 이것이 전통문법 이론, 구조언어학 이론의 궁극의 목적이다.

2.1.5. 한국어학의 기초 논증①: 조음소 '으'에 관한 문제

한국어에 대한 전통문법적 연구, 구조언어학적 연구에서 하위 연구 영역들의 상대적 위치는 다음 도표와 같이 파악되어 왔다. 1.1절의 (1)-(4)에 있던 의미론은 공시언어학의 하위 영역으로 인정되지 않았다. 이는 미국의 구조언어학, 즉 기술언어학(Descriptive Linguistics: 구조·기술언어학)에서 널리 받아들여져 온 하위 영역 구분법을 따른 것이다.[15]

(4) 구조·기술언어학의 하위 영역('의미론'이 없다는 점에 주의)

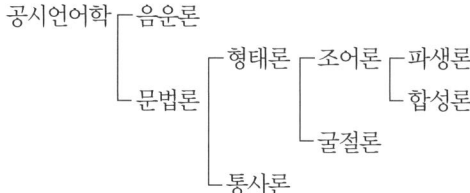

구조·기술언어학의 관점에서 음운론과 문법론은 공시언어학의 하위 체계를 이루는 두 영역이다. 문법론은 음운론을 제외한 공시적 기술의 체계라는, 좁은 의미로서 파악되는 것이다. 문법론의 하위 영역으로 형태론과 통사론이 있다. 형태론은 다시 조어론(단어형성론)과 굴절론으로 나뉜다. 조어론은 형태소들이 결합하여 파생이나 합성어를 만드는 방식인 '파생'과 '합성'으로 다시 갈라진다.

전통문법과 구조언어학의 연구는 기본적으로 분류론적 연구이기 때문에 위와 같은 분류의 체계가 궁극적으로 중요한 의미를 가진다. 다음에서는 한국어학 연구의 방법을 보여주는 구체적인 사례로서, 조음소 '으'의 언어학적 지위에 대한 논증을 살펴보기로 한다. 문법단위인가, 음운론적 단위인가를 판단하고, 그것이 결정되면 그 범주(문법범주, 음운론적 범주)에 대한 판단으로 나아가는 것이 분류론적 언어학 연구의 전형적 방법이다. 궁극적으로는 한 언어에 대해서 (4)와 같은 전체 분류 체계를 기술하는 것이 이러한 연구의 목적이다.

조음소 '으'에 관한 논증[16]

어느 학문 분야나 그 학문의 방법론적 성격을 모범적으로 제시해 주는 논저를 찾을 수 있는 법이다. 한국어학 분야에서 이러한 요건에 부합하는 초기의 논문 한 편을 찾는다면, 용언 내부의 한 요소 '으'의 성격을 결정하는 논증인 최현배(1935: "풀이씨의 줄기 잡기에 관한 문제")가 가장 합당한 것이라고 판단된다. 짤막한 논문인 최현배(1935)는 최현배(1937)의 한 부분으로 포함되었다.[17]

전통문법적 연구에서 현대 한국어 문법 기술의 가장 뛰어난 업적으로 최현배(1937), 『우리말본』을 드는 데에 이의를 제기할 사람은 없을 것이다. 다른 여러 가지 측면에서 그

---

15 이러한 하위 영역 구분법의 대표적 전거는 Bloomfield(1933), 『Language』이다. 블룸필드(Leonard Bloomfield: 1887-1949)는 미국 구조언어학(구조·기술언어학)의 대표적 이론가이다.
16 조음소는 '고룸소리', '매개모음', '조성모음', '연결모음' 등의 이름으로도 불린다.
17 최현배(1937/1971), 168-173쪽.

가치를 평가하는 일이 가능하겠지만, 전통문법적 연구, 구조·기술언어학적 연구, 생성문법적 연구의 전반적 흐름과 관련하여 주목할 부분은 그 문법단위에 대한 관점이다. 그는 어휘적 요소와 문법적 요소의 경계를 가르는 문제에 있어서 그 이전의 연구자는 물론, 그 이후의 숱한 연구에서도 보기 드문 정확한 인식을 보여주었고, 한국어 연구의 방법론적 전범을 제시하였다.

'으'에 관한 논증을 담은 최현배(1935)는 최현배 문법의 성격을 압축해서 보여주며, 이를 바탕으로 해서 발전해 온 한국어학의 논증의 대표적 방법을 알려 준다. 가령, '믿어서'와 같은 형태를 '믿-'과 '-어서'로 가르고, '믿으면'을 '믿-'과 '-으면'으로 가르는 관점은 한국어 문장의 구조에서 기초 통사 단위를 정립하는 문제와 관련하여 극히 중요성을 가지는 것이다. 이들 예를 '미더-서', '미드-면'으로 분석하는 관점이 가능하다. 전통문법적 연구의 하나인 박승빈(1931, 1935)이 실제로 그와 같은 관점의 실례이다. 최현배(1935)에서는 박승빈(1931)이나 그 외 유사한 관점의 가능성을 인식하고, 이 문제를 본격적으로 검토함으로써 한국어 문법 연구의 기초를 제공하는 데에 성공하였다. 이제 최현배(1935)의 논리의 전개 과정을 따라서 논증을 재현해 보고, 이 문제가 한국어 문법 체계 전반에 있어서 가지는 의의를 음미해 보기로 한다.

'잡으니, 잡으면, 잡으시고' 등에서 보이는 '으'가 '가니, 가면, 가시고' 등에서는 나타나지 않는다. 잘 살펴보면 '으'의 문제를 정확히 이해하는 것이 한국어 활용 체계에 대한 이해에 있어 아주 중요하다는 것을 알게 된다. 또, '으'의 언어학적인 지위가 어떤 것인가를 밝혀 가는 과정은 언어학적 논증의 한 표본으로서 더없이 흥미로운 예이기도 하다.

(5) 가. 잡으니　　가니
　　나. 잡으면　　가면
　　다. 잡으시고　가시고

이와 같은 예에서 나타나는 '으'의 언어학적인 지위는 무엇인가? 맨 먼저 물어야 할 것은 이것이 음운론적 단위냐, 또는 문법적 단위냐 하는 점이다. 어느 영역에 드는 요소인지를 명백히 해 놓고서야 그에 해당하는 적절한 범주 부여를 할 수 있게 된다.

1) 먼저, '으'가 문법적 단위, 즉 문법단위라고 가정해 보자. 이는 곧 '으'를 하나의 형태소로 인정한다는 뜻이 된다. 형태소는 의미를 가지는 최소의 음성 단위라고 정의되는데, 여기서의 '의미'는 어휘적인 의미와 함께 문법적인 의미도 고려되는 것이다. '으'가 문법단위이고

하나의 형태소라고 하는 것은 이것이 어휘적인, 또는 문법적인 의미를 가지는 것으로 보는 것이다.

'으'는 의미를 가지는가? 성급히 단정을 내리는 태도는 좋지 않은 것이지만, 이 문제에 관한 한 누구도 긍정적인 대답을 하지는 못할 것이다. 만약 '으'가 어떤 의미를 가진다고 한다면, 단어 내부에서 '으'의 분포가 동사 어간을 기준으로 그 뒤쪽에 나타나는 것이므로, 굴절접미사의 하나로 볼 수밖에 없을 것이다. 그렇다면 '으'는 학교문법의 개념으로 '선어말어미'(최현배 1937의 개념으로는 '보조어간')가 될 수밖에 없다. '잡으니'와 같은 예에서 '으'는 어간 '잡'과 어미 '니'의 사이에 분포하기 때문이다. 그러나 한국어 선어말어미들이 가지는 중요한 특징 중의 하나는 단어 내에서 일정한 순서를 가지며, 단어 내에서 한 번만 나타난다는 것이다('*' 표시는 비문법적 표현이라는 뜻).

(6) 가. 잡으시겠습디다
    나. *잡겠으십디다, *잡으십겠디다, *잡으십겠으신다

여기에서 나타나듯이, '-시-', '-겠-', '-습-', '-디-'의 단어 내에서의 순서는 엄격한 바 있다.
그런데, '으'의 경우는 그 위치가 일정치 않다. '잡으시겠다'에서는 '-겠-' 앞에 나타나지만, '잡겠으니'에서는 '-겠-'의 뒤에 나타난다. 또, '잡으시겠으니'에서는 두 군데에나 나타나는 것이다. 이들은 '으'가 문법적 단위라는 가정에 반례가 되는 것이다.

(7) 가. 잡으시겠다
    나. 잡겠으니
    다. 잡으시겠으니

직관적으로 '으'의 의미를 인정하기 어렵다는 점과 함께, 이러한 분포상의 증거는 '으'를 독립된 형태소로 처리할 수 없게 한다.

2) 따라서 '으'의 언어학적인 지위는 문법적 단위, 즉 형태소라기보다는 음운론적 단위라고 보는 것이 옳다. 문법의 영역에서보다 음운론의 영역에서 이를 더 잘 처리할 수 있다는 것을 보일 수 있다면 '으'가 음운론적 단위라는 우리의 논점이 확증되는 것이다. '으'를 음운론적 단위로 보는 경우에도 '잡으니'와 같은 동사가 어간과 어미로 되어 있다고 보는 통상적인 관점(학교문법의 관점)에서 다음 두 가지 처리법이 가능하다.[18]

첫째, '으'를 어간의 일부로 보는 처리법이다. 이에 따르면 '잡'과 '잡으'(또는 '자브')는 한 형태소의 서로 다른 변이형태(allomorph)들이 된다. '잡고, 잡더라' 등에서는 변이형태 '잡'이 나타나고, '잡으면, 잡으신다' 같은 데에서는 변이형태 '잡으'가 나타나는 것이다. 이렇게 볼 경우에도 그 음운론적 처리를 생각해 보면 다시 두 가지 설명법이 가능함을 알 수 있다. ① 어간의 두 변이형태 중에서 '잡으'(또는 '자브')가 기본형태(basic allomorph)[19]가 되고 또 다른 변이형태 '잡'은 이 '잡으'로부터 '으'가 탈락된 형태라고 볼 가능성이다. ② 반대로, '잡'을 기본형태로 보고 '잡으'는 '으' 모음이 삽입된 것으로 볼 가능성이 있다.

①로 보든, ②로 보든, 이러한 처리법에서는 그 음운론적 환경(조건)을 뒤에 이어지는 어미의 첫소리에 따라 잡아 주어야만 한다. 따라서 '으'가 탈락되거나 삽입될 경우 어미들의 첫소리가 일정한 음운론적 조건을 형성하는지가 관건이 될 것이다. 그것이 가능하다는 것은 '잡'과 '잡으'가 한 형태소로서 서로 다른 변이형태로 실현되는 것이 음운론적인 조건에 의한다는 뜻이 되고, 결국 '으'가 어간의 일부라고 보는 것이 정당화되게 된다.

①의 가능성은 옳지 않다는 것이 드러난다. '잡으니, 잡으면, 잡으시고' 등에서 'ㄴ, ㅁ, ㅅ' 등 자음 앞에 나타나던 '으'가 '잡고, 잡더라' 등에서 역시 자음('ㄱ, ㄷ) 앞에서 탈락되므로 둘의 음운론적 환경에 있어 차이를 발견하기 어려운 것은 물론이고, '(그 사람이 물고기를) 잡소' 같은 예에서는 'ㅅ' 앞에서도 이른바 '으' 탈락의 헌싱이 나타난다고 할 수 있겠기 때문이다. 더군다나 '잡아'와 같은 예에서는 모음 앞에서도 '으'가 탈락되는바, 자음과 모음

---

18 두 가지 처리법이 가능하고, 두 가지 처리법만이 가능하다.
   동사와 형용사가 어간과 어미 부분으로 나누어진다는 학교문법의 관점('준종합적 체계': 2.2.2절, 2.2.3절에서 후술)은 최현배(1937)로부터 물려받은 것이다. 어간과 어미 부분이 각각 단어 단위라는 주시경(1910)의 관점('분석적 체계': 2.2.5절에서 후술)에서도 다음 '첫째'와 '둘째'의 두 가지 처리법만이 가능하다는 점에 유의해야 한다. 최현배(1935)에서는 (5가다)에서 실현되거나 사라지는 '으'의 존재에 집중함으로써 성공적 논증을 이루어 냈다.
   박승빈(1935)은 어간의 기본형이 '잡'이 아니고 '으'를 포함하는 '자브'라고 상정하여 '자브, 잡, 자바'의 세 가지 형태로 실현된다고 하는 '어간활용'의 방식을 주장하였다. 이는 일본어에서 뒤의 문법 요소들의 유형(미연형, 연용형, 종지형, 기연형, 명령형 등)에 따라 앞의 어간이나 문법 요소의 모음이 'a, i, u, e, o'의 다섯 가지 중의 하나로 바뀌는 '5단활용'의 방식을 모방하여, 한국어에도 어간 말음이 3가지로 바뀐다고 설명하는 것이다. 일본어에서 5가지로 분류되는 문법 요소들의 유형은 나름대로 문법적 공통성을 가지는, 문법적 자연군으로 인정될 수 있으나, 한국어에서 '자브'와 '잡'과 '자바'의 뒤에 나타나는 '면, 니까, ㅁ, ㄴ, ㄹ, 시, …'와 '고, 지, 네, 더, 게쓰…'와 '서, 쓰, …'는 결코 문법적 공통성을 가지는 자연군들이 아니다. 이 점은 박승빈의 어간활용설이 근본적으로 오류임을 증명한다. 이 점을 최현배(1935)에서는 정확하게 인식하고 있다. 최현배(1935, 1937)에서 이 문제를 명확히 정리한 이후에도 정렬모(1946)에서 박승빈의 어간활용의 방식이 나타나는 것은 애석한 일이다(2.2.4.1절 참조).

19 기본형태를 달리 '대표 변이형태'라고도 한다. 보통 '형태소의 원형', '형태소의 으뜸꼴'이라고 말하는 것이 바로 이것이다.

모두를 음운론적 환경으로 가지는 규칙은 무의미한 것이다. 어떤 언어 규칙이 규칙으로서 의의를 가지려면 그 조건이 되는 요소들의 집합이 '자연군(natural class)'을 이루어야 한다는 일반적인 요구 조건이 있다.[20] {ㄱ, ㄷ, ㅅ, ㅏ}와 같은 집합은 음성적으로 자연군을 이루지 못하므로, 이 규칙은 음운론적 규칙으로 인정될 수 없다.

②의 가능성도 마찬가지의 고려에 따라 부정된다. '잡'이 '으' 삽입 규칙에 의하여 '잡으'라는 변이형태로 나타난다고 설명하려면 역시 뒤에 이어지는 어미의 첫소리가 정당한 음운론적 환경을 이루어 주는 것이 바람직하다. 하지만 '잡고, 잡지, 잡아' 등의 '잡'이 '잡으니, 잡으면, 잡으시고' 등에서 '으'를 동반한 변이형태 '잡으'로 나타나는 데에 타당한 음운론적인 조건을 잡아 주기는 어렵다. 반례로서 들 수 있는 것은 "참 결심도 굳으이."와 같은 예에서 보이는 '굳으이'와 같은 형태이다. '굳'이 '굳으'로 변이할 경우 '으'가 삽입된다고 할 수 있을 것이다. 이 경우 '으'는 모음인 '이' 앞에서도 삽입되는 것으로, 자음 'ㄴ, ㅁ, ㅅ'과 모음 'ㅣ'가 하나의 음운론적 환경을 이룬다고 해야 할 위험에 처하게 된다. 이 경우에도 집합 {ㄴ, ㅁ, ㅅ, ㅣ}이 음성적으로 자연군을 이루지 못하므로, 이 규칙은 음운론적 규칙으로 인정될 수 없다.

이상과 같이 고찰해 볼 때, '으'를 어간의 일부로 간주하는 일은 타당성을 결한 것임을 알 수 있다.

둘째, '으'를 어미의 일부로 보는 처리법이 있다. 만약, 이 처리법도 첫번째 처리법과 마찬가지의 결함을 가지고 있다면 이 문제는 예외적인 것으로 남겨 두거나, 아니면 어떤 아주 새로운 설명 방법을 모색해 보는 것이 필요할 것이다. 이도 역시 다시 두 가지로 나누어 살펴보기로 하자. 먼저, ① '잡으니, 죽으니, 품으니' 등에서 '으니'가 기본형태인데 '가니, 보니, 주니' 등에서 '으'가 탈락된 변이형태 '니'가 나타났다고 보는 방법이 가능하다. 또한, ② '가니, 보니, 주니' 등에서의 기본형태 '니'로부터 '으'가 삽입되어 '잡으니, 죽으니, 품으니'의 변이형태 '으니'로 나타났다고 볼 가능성도 있다.

①의 가능성은 엄격히 음운론적으로 규칙화가 되는 것으로서, 그 타당성이 충분히 인정된다. '가니, 보니, 주니'에서 보는 것처럼, 어간의 끝소리는 모두 모음이다. 모음 뒤라는 환경은 음운론적인 환경으로서 훌륭하다. 다만, '줄다, 늘다' 등에서 어간이 자음 'ㄹ'로 끝나므로 다소 문젯거리가 된다. 그러나 일반음성학에서는 유음 'ㄹ' 소리가 변별적 자질 [+모음

---

[20] 자연군은 달리 '자연부류', '자연류', '자연집합'이라고 부르기도 한다. 수학의 집합 개념을 영어에서 'set'와 함께 'class'로도 표현하는 데에서 이런 지칭들이 나오게 되었다.

성과 [+자음성]을 아울러 가진다고 하는 것이 보통이다. 물론 모음들은 [+모음성]을 가진다. 즉, 집합 {ㅏ, ㅓ, ㅗ, ㅜ, ㅡ, ㅣ, ㅔ, ㅐ, }는 음성적 자연군인 것이다. 따라서 어간의 말음이 [+모음성]을 가지는 경우에 '으니'를 비롯한 '으'를 가지는 어미들에서 '으'가 탈락된다고 규칙화할 수 있는 것이니, 이러한 처리는 완벽한 것이라고 할 만하다.

②의 가능성도 역시 음운론적으로 규칙화될 수 있다. 다만, 앞에서와는 달리 어미의 기본형태가 '니'와 같은 것이었다가 '으' 삽입 규칙에 의해서 '으니'와 같은 변이형태로 실현된다고 보는 것이다. 이러한 규칙의 조건은 '잡으니, 굳으니, 찍으니, 잃으니, 좋으니'처럼 어간의 말음이 'ㄹ'을 제외한 자음이라는 점이다. 이를 일반화하면 자음 중에서 [-모음성]의 자질을 가지는 소리들이 음운론적 환경을 이룬다. 이 역시 음운론적 규칙으로서 정당화된다.

이 두 가지 가능성 중에서 어느 것이 더 옳은 것인가를 간단히 결정하기는 어렵다. 그러나 체계적인 음운론 이론에 따라 엄밀하게 검토해 보면 후자, 즉 ②의 가능성은 문제를 지니고 있다. 삽입에 의한 처리법은 왜 하필 '으'가 관련 어미들의 일부로 첨가되어야 하는지 그 이유를 설명해야 하는 부담을 진다고 할 수 있다. 그러나 탈락에 의한 처리법에서는 이에 대한 설명의 부담을 지지 않는다. 더욱이, 삽입의 방법을 택할 경우, 어간 말음의 성질뿐만 아니라 '으'를 취하는 어미들의 종류 또한 규칙의 일부로서 언급되어야 한다는 점을 난점으로 지적될 수 있다. 즉, '으'가 삽입되는 조건은 어간 말음이 'ㄹ' 아닌 사음일 때이시만, 동시에, 이어지는 단위가 어미인 '면, 나, 니(까), ㄴ, ㄹ, 시', 나아가 조사인 '로'이어야 한다고 규정해야 한다는 것이다. '탈락'의 방법을 택할 때에는 이런 문제가 발생하지 않는다. '으'를 첫 소리로 가지는 어미나 조사('으면, 으나, 으니(까), 은, 을, 으시; 으로')이면 무엇이든지, 이것이 어간이나 명사에 이어질 때 그 말음의 [+모음성]을 확인하여 '으'가 탈락된다고 하면 그뿐이다.[21]

이러한 견지에서 '탈락'에 의한 ①의 처리법이 가장 바람직하다고 말할 수 있다.[22]

이상의 논증은 '으'가 그 스스로 의미를 갖지 않는, 음운론적 단위이며, '으니, 으면, 으나, 은; 으시' 등에서 어미의 일부로 취급되어야만 한다는 점을 명백히 해 준다. 나아가서는

---

21 '줄면'에서는 'ㄹ'이 탈락되지 않는 데에 반해 '주니까'에서는 'ㄹ'이 탈락된다. '니까' 외에 'ㅂ', '오', '시' 등의 형태소 앞에서 이 같은 현상이 나타난다. 이는 조음소 '으' 탈락 규칙이 적용된 후에 이들 특정 형태소 앞에서 'ㄹ'이 탈락되는 별도의 규칙이 다시 적용되어 그리 된 것이다.

22 현행 학교문법(문교부 1985 및 교육부 2002)은 ②의 처리법, 즉 삽입에 의한 설명을 택하고 있다. 원래 최현배(1935)에서 이처럼 삽입에 의한 설명 방법을 전개하고 있다. 다만, 최현배(1935, 1937)에서 말한 '으'의 삽입의 환경은 [+모음성]이 아니라 어간 말미에 '받침을 가진' 경우라는 것이어서, "ㄹ'을 제외한 받침을 가진 경우', 더 엄밀하게는 "ㄹ'을 제외한 자음으로 끝나는 경우'로 수정해야 완전해진다.

조사 '으로' 등에서도 동일한 현상이 나타남을 관찰할 수 있고, 이러한 규칙이 한국어를 말하는 화자들의 머리 속에, 비록 무의식적인 것이기는 하지만, 자동적인 메커니즘으로 존재하고 있음을 말해 준다.

언어학 논증은 이와 같이, 무의식적인 메커니즘으로서의 문법적 과정을 경험적 증거를 통해서, 논리적인 절차를 거쳐서 드러내는 과정이다. '으'의 정체를 밝혀가는 이상의 과정은 언어학적 논증의 전형이다. 이상에서 재현한 3단계의 논증 절차는 최현배(1935)에서 전개한 것과 본질적으로 같은 것이다. 어느 학문 분야든지 그 학문의 성격을 특징짓는 논증들이 있기 마련이다. 최현배(1935)에서 제시한 이와 같은 논증의 방법은 한국어학의 연구 방법론의 한 전범을 수립하였다는 점에서 의미가 깊다. 뒤에서 보일 계사 '이-'에 관한 논증(2.2.1.4절), '느' 분석론에 대한 부정 논증(3.2.3절) 등을 통해서 '으'에 관한 최현배(1935)의 논증의 논리적 형식이 되풀이 활용되고 있다는 것을 확인해 보기 바란다.

2.2. 한국어 전통문법과 구조문법

2.2.1. 한국어 전통문법, 구조문법의 3대 문법 체계

전통문법의 이론들은 문법단위들의 분류 체계를 수립하는 일이 그 궁극의 목표인, 분류론적 방법론을 기본 방법으로 가지고 있었다. 문법단위들 중에서 전통문법 연구자들에게 가장 주목을 받은 것은 단어였다. 단어들의 분류 체계를 품사 분류 체계, 또는 품사분류론이라고 한다. 품사는 단어 단위의 문법범주를 가리키는 구식 용어이다.

앞의 2.1.4절에서는 '문법적 분석'의 실례를 보였다. 형태소 분석에 있어서, 형태소 단위의 경계를 나누는 데에는 학자들 간에 그다지 큰 견해의 차이가 발생하지 않는다. 그러나 단어 분석에 있어서는 그 단위의 경계를 나누는 것 자체가 학자들 간의 큰 차이를 유발하는 요인이 된다. 단어 단위의 경계를 나누는 데에 있어서의 차이에 따라 크게 세 가지의 상이한 견해가 발생하는데, 이를 한국어 전통문법의 3대 체계라고 한다.

한국어 전통문법의 3대 체계로 주시경(1910), 『국어문법』을 대표로 하는 분석적 체계와 최현배(1937), 『우리말본』을 대표로 하는 준종합적 체계, 정렬모(1946), 『신편고등국어문법』을 대표로 하는 종합적 체계가 있다.[23] 이러한 구분은 문법단위로서의 단어의 경계 설정에 대한 관점의 차이를 기준으로 한 것이다. 특히 현행 학교문법의 용어 '조사'와 '어미'로 지칭되는 문법적 요소와 '체언' 및 '용언 어간'으로 지칭되는 어휘적 요소를 단어로 인정하는 지가 이러한 세 유형의 체계를 구분하는 주요 기준이 된다. 분석적 체계는 어휘적 요소와 문법적 요소를 모두 단어 단위로 인정하는 체계이다. 종합적 체계는 어휘적 요소와 문법적 요소의 결합체만을 단어로 인정하고, 문법적 요소는 단어로 인정하지 않는 체계이다. 준종합적 체계는 '조사'의 경우에는 문법적 요소도 단어로 인정하지만, 문법적 요소의 다른 부류인 '어미'는 단어로 인정하지 않는 특징을 가진다.

2.2.1.1. 분석적 체계

전통문법에서 분석적 체계의 대표적 문법서는 주시경(1910), 『국어문법』이며, 이를 따르는 다른 주요 문법서로는 김두봉(1916), 『조선말본』, 김두봉(1924), 『깁더조선말본』과 김윤경(1948), 『나라말본』이 있다. 이들의 문법에서는 '-이/가, -을/를, -에, -으로/로; -은/는, -도, -만' 등의 조사는 물론 '-다, -자, -느냐' 등의 종결어미, '-고, -어서' 등의 연결어미가 독립된 단어의 자격을 가지는 것으로 인정된다. '춥다, 믿고'와 같은, 이른바 어간과 어미의 결합은 이들의 문법에서는 두 단어의 결합으로 간주되는 것이다.

주시경(1910), 『국어문법』의 문법 체계에 따른 문법적 분석, 즉 단어 분석을 실행해 보면 나음과 같다.

(1) "눈이 오고 바람이 불었다."의 단어 분석
   가. 단어 단위 경계 나누기:
      눈/이/오/고/바람/이/불/었다
   나. 각 단어 단위에 문법범주 지정하기:
      눈/이/오/고/바람/이/불/었다
      임/겻/움/잇/임   /겻/움/끗

'임'은 명사(명사, 대명사, 수사를 아우르는 개념), '겻'은 조사, '움'은 동사 어간, '잇'은 접속사(접속어미를 가리킴), '끗'은 종결사(또는 종지사: 종결어미를 가리킴)에 해당하는 주

---

[23] 이러한 용어는 김석득(1983), 『우리말 연구사』(정음문화사)에서 사용한 것을 따라서 쓴다. 원래 최현배(1930), '조선어의 품사분류론'(『연희전문 문과논문집』 1집), 최현배(1937)에서 주시경의 분석적 체계와 대립시켜 자신의 문법적 분석의 태도를 '종합적'이라고 지칭한 것이 처음이고, 김윤경(1963), 『새로 지은 국어학사』(을유문화사)에서 정렬모의 문법을 '종합적 체계'라고 지칭하여, 주시경의 분석적 체계, 최현배의 '절충적 체계'와 함께 3대 문법 체계를 일컬을 것이 이후의 논의에서 보편화된 것이다. 분석적 체계를 제1유형 체계, 준종합적 체계를 제2유형 체계, 종합적 체계를 제3유형 체계라 지칭하는 사람들도 있다.

시경의 고유한 문법 용어이다.[24] 위에서 사용된 것 외의 품사로는 형용사 어간에 해당하는 '엇', 관형사에 해당하는 '언', 부사에 해당하는 '억', 감탄사에 해당하는 '놀'이 있다. 모두 9개의 단어 범주를 가지는 9품사 체계이다.

그런데 주시경(1910), 『국어문법』에는 분석적 체계의 본뜻과는 거리가 먼 분석의 예가 발견된다. 현행 학교문법에서 용언의 관형사형으로 분석하는 '믿은', '믿는', '믿던'과 같은 예는, '믿는다', '믿고'를 단어 '믿'과 단어 '는다', '고'로 분석한 것과 같은 맥락에서, 단어 '믿'과 단어 '은', '는', '던'으로 분석해야 옳겠지만, 주시경(1910), 『국어문법』에서는 이들 '믿은', '믿는', '믿던'을 각각 한 단어로 보아 '언'(관형사)이라는 범주에 귀속시키고 말았다. 또한 '믿게'와 같은 예는 단어 '믿'과 단어 '게'로 분석해야 옳겠지만 기대와 달리 '믿게'를 한 단어로 보아 '억'(부사)이라는 범주에 귀속시켰다. 더욱이, '믿음', '믿기'와 같은 예는 단어 '믿'과 단어 '음', '기'의 두 단어 결합으로 분석하지 않고, '믿음', '믿기'를 각각 한 단어인 '임'으로 분석하였다. 이는 불합리한 것이다. '믿는다', '믿고'의 어휘적 요소 '믿'과 문법적 요소 '는다', '고'를 모두 단어로 분석하는 것이 주시경(1910), 『국어문법』의 기본 정신이므로, 논리적으로 일관된 분석을 하려면 관형사형 '믿는', 부사형 '믿게', 명사형 '믿음'도 모두 '믿'과 '는', '믿'과 '게', '믿'과 '음'을 각각 단어로 분석해야 한다. '믿고'와 '믿는'과 '믿게'와 '믿음'은 모두 동일한 어휘적 요소 '믿'과, 계열적으로 대립하는 문법적 요소들 '고', '는', '게', '음'의 결합으로서, 동일한 통합적 구조를 이루고 있기 때문이다. 이들 예는 주시경(1910), 『국어문법』의 가장 큰 문제점을 지적하는 것이다.

음운론에 관한 저서인 주시경(1914), 『말의 소리』의 책 말미에는 이전의 품사 분류 체계와는 다른 품사 분류 체계가 제시되었다. 여기에서는 위에서 문제로 지적한 관형사형('믿는'), 부사형('믿게')은 움씨 '믿'과 겻씨 '는', 움씨 '믿'과 겻씨 '게'로 분석하여, 한결 진전된 처리를 보여준다. 그러나 명사형('믿음', '믿기')의 경우는 여전히 '믿음', '믿기'를 한 단어로 취급하여, '임'(명사)으로 분석하고 있다. 위에서 지적한 주시경(1910)의 문제가 아직 해결되지 않은 것이다.

계열적으로 대립되는 일단의 요소들이 가지는 문법적 의미 또는 기능이 문법범주라고 하였다. '고', '는', '게', '음', '기'는 한 문법범주에 속하는 요소들로 기술되어야 한다. 그 방법은 두 가지인데, 이들이 단어 단위로서 일정한 단어 범주(품사)에 속한다고 기술하거나, 이들이

---

[24] 품사 명칭인 '임'을 지적할 때는 품사라는 뜻의 '씨(또는 기)'를 붙여서 '임씨'(또는 '임기')라고 불렀다. 나머지 품사들도 이와 같은 방법으로 '겻씨', '움씨', '잇씨', '끗씨', '엇씨', '언씨', '억씨', '놀씨'라고 불렀다.

형태소 단위로서 일정한 굴절 범주에 속한다고 기술하는 방법이다. 주시경의 단어관에 충실한 기술 방법은 전자, 즉 이들을 하나의 단어 범주로 기술하는 것인데, '고', '는', '게'는 단어로 처리하면서 '음', '기'는 단독의 단어로 인정하지 않음으로써 자신의 본래의 단어관에 충실하지 못한, 일관성 없는 기술을 하고 만 것이다. 후자의 방법은 최현배(1937)의 방법이다. '믿고', '믿는', '믿게', '믿음', '믿기'는 모두 한 단어의 활용형으로서, '고', '는', '게', '음', '기'는 단어 구조 내부의 형태소 단위로서 계열적으로 대립하는 요소들인 것이다. 이것이 '어미'(씨끝)라는 용어로 지칭되는 문법범주이다. 이들 요소에 대한 일관성을 잃지 않는 처리야말로 최현배 문법이 가지는 우수성이다.

위에서는 분석적 체계의 문법을 보이는 예로 김두봉, 김윤경의 문법을 들었다. 단어 분석에 있어서 김윤경의 문법은 주시경의 말년의 문법(주시경 1914)과 거의 차이가 없다. 그러나 김두봉의 문법은 상당한 차이점을 가진다. 단적인 예는 선어말어미(보조어간)를 포함한 '믿었다'와 같은 예의 분석인데, 주시경, 김윤경이 이를 움씨인 '믿'과 끗씨인 '었다'로 가르는 데에 반해서, 김두봉은 이를 움씨인 '믿었'과 끗씨(그의 용어로는 '맺')인 '다'로 나눈다. 그에 따르면 '믿었', '믿겠', '믿으시'는 각각 한 단어로서, 그 문법적 의미에 있어서만 변이하는 단위들인 것이다.

선어말어미 '었', '겠', '으시' 등은 각각이 독립된 문법적 의미를 가지는 요소들로서, 이 점에서 '다', '고', '는', '게', '음' 등의 어말어미와 다를 바 없다. 그러므로 '다, 고, 는'을 단어로 보았으면 '었, 겠, 으시'도 단어로 보는 것이 분석적 체계의 정신에 부합되는 처리이다. 주시경, 김윤경과 김두봉 모두, 선어말어미를 앞의 어간의 일부로 붙이거나 뒤의 어미(끗씨나 잇씨)의 일부로 붙임으로써 이들이 독립된 단어임을 부정하였는데, 이는 전통문법적 연구의 한계에 갇혀서 문법단위들의 문장 내에서의 지위를 바로 파악하지 못한 것이라고 평가할 수 있다.

2.2.1.2. 준종합적 체계

최현배(1937)를 대표로 하고 이희승(1949), 『초급국어문법』 정인승(1949), 『표준중등말본』 등의 문법서를 한 묶음으로 포함하는 준종합적 체계는 체언에 결합되는 문법 요소인 조사는 그대로 단어로 인정하되, 용언에 결합되는 문법 요소, 즉 어미는 단어로 인정하지 않는다. 예를 들어서 '사람-이, 사람-에게, 사람-도'는 두 단어의 결합으로 간주되지만 '춥-다, 믿-고, 믿-어서'는 두 단어의 결합이 아니라, 한 단어로서, 어간과 어미의 결합으로 간주되는 것이다. '단어'의 개념을 이렇게 파악하는 것은 우리에게 친숙한 관점이다. 친숙한 이유는 이것이 현행 학교문법의 관점이기 때문이다. 이런 점에서 최현배(1937)의 준종합적 체계가 현행 학교문법의 근간이 된다고 말할 수 있다.

최현배(1937)은 2.2.2절에서 자세히 분석할 문법서이다. 준종합적 체계의 다른 문법서인 이희승(1949)와 정인승(1949)는 각기 독특한 문법적 기술을 포함하고 있다. 이에 대해 간단히 지적하기로 한다.

이희승(1949)의 단어 분류 체계를 준종합적 체계라고 평가하는 것은 이 체계가 조사라는 단어 범주를 설정한다는 점과 어미를 독립된 단어로 인정하지 않는다는 점에 근거한 것이다. 이희승 문법은 기본적으로 체언의 활용을 인정하지 않는다. 그러나 체언이 서술어로 쓰이는 경우, 즉 '학생이다, 학생이고, 학생인, 학생임, …'과 같은 경우는 모두 '학생'이라는 명사가 활용한 활용형이라고 기술한다. 이들은 모두 한 단어인 것이다. 그러므로 이희승 문법은 기본적으로 준종합적 체계이지만, 특별히 계사 '이'가 관계되는 예와 관련해서는 체언의 활용을 인정하는, 종합적 체계의 일면을 가지는 것이다.

이 점은 궁극적으로 일관성이 결여된 문법 기술이라고 평가할 수 있다. 위 계사와 관계되는 예들의 문제성을 좀더 깊이 따져 보자. 이희승(1949)에서는 '학생임'과 같은 예를 한 단어로 취급하는데, 이에 따르면 다음 (2)의 형식들도 모두 단일한 단어로 분석된다.

(2) 학생이었음, 학생이겠음, 학생이시었음, 학생이시었겠음, …

그럴 경우, 다음 예에서 '의심하였음이었다'는 한 단어로 분석할 수밖에 없다. 동사의 어간인 '의심하'에 이어지는 요소들은 모두 보조어간(선어말어미)과 어미일 뿐이기 때문이다. 특히, 이희승(1949)에서는 계사 '이'를 의미 없는 요소, 음운론적 요소로 간주하기 때문에, 다음 예의 '이었'은 한 형태소인 (시제) 보조어간으로 분석할 수밖에 없다. 이에 따르면 다음 예는 '의심하였음이었다'를 하나의 서술어로 가지는 단순문으로 분석된다.

(3) 그것은 필시 나를 의심하였음이었다.
    cf. 그가 고개를 갸웃거린 것은 필시 나를 의심하였음이었다.

그러나 이 문장은 주어가 생략된 '필시 나를 의심하였음'이라는 절을 내포하는 복합문으로 분석되어야 한다. 주어 '그것은'의 서술어는 '이었다'일 수밖에 없다. 그러므로 명사절 '필시 나를 의심하였음'은 이 서술어의 보어로 안긴 내포절인 것이다. 이희승(1949)에 따르면 이러한 예를 바르게 분석할 수 없다.

위와 같은 예에 대한 이희승(1949)의 처리의 궁극적인 문제는 계사 '이'를 의미 없는 음운론적 요소로 간주한 데에 있다. 이는 '이'를 '믿으면, 믿으시고, …' 등의 '으'와 같이 조음소로 취급한 것인데, '으'가 음운론적 요인에 따라 탈락 가능한 요소임에 반해, '이'는 당당한 문법단위임을 증명할 수 있다(다음에서 별표('*')는 비문법적인 예를 표시한다).

(4) 가. 학자임/*학잠, 학자인/*학잔, 학자이던/*학자던
  나. 학자였다/학자이었다/*학자었다
  다. 학자여서/학자이어서/*학자어서

'이'가 조음소라면 모음 뒤에서 탈락되는 다른 예('학자고, 학잔데, …')에서처럼 위 예들에서도 탈락될 수 있어야 하나, 위 예들은 정반대의 결과를 보여주는 것이다. 이는 '이'가 의미 없는 음운론적 단위(조음소)라는 이희승(1949)의 판단을 부정하는 결정적 반례인 것이다.

정인승(1949)도 준종합적 체계의 중요한 문법서로 알려져 왔다. 최현배(1937)과 다른 정인승 문법의 주요 특징은 역시 '이'에 대한 처리에 있다. 그는 '이'를 음운론적 단위 아닌 문법단위, 즉 형태소로 파악함으로써 위 (4)와 관련한 이희승(1949)의 잘못을 범하지 않는다. 그는 '이'를 활용하는 단어의 어간으로 처리한다. 그런데 이 활용하는 단어의 범주를 조사라고 규정함으로써 또 다른 문제로 빠져들고 만다.

정인승(1949)는 조사를 단어 범주의 하나로 설정한다(이 점이 그 문법을 준종합적 체계로 분류하는 주요 근거이다). 기본적으로 조사의 예는 '이/가, 을/를, 에, 에게, 으로, 와/과, 은/는, 도, …'와 같은 것들이다. 그러나 이들은 활용하지 않는 것들이다. 그러니까 그의 조사 범주는 기본적으로 활용하지 않는 단어들을 그 예로 가지는데, 여기에 활용하는 단어 '이다'를 추가적으로 포함하는 것이다. 활용어와 비활용어(변화사와 불변화사)의 구분은 서양 전통문법에서 품사 분류의 기본적 기준이 되어 온 것이다. 활용어와 비활용어를 한 단어 범주(품사)에 포함하는 문법범주의 체계는 문법범주가 한 통합체에서 계열적으로 대립하는 단위들의 공통적 의미/기능을 나타내는 것이라는, 그 본래의 의의를 파악하지 못한 것이다.

2.2.1.3. 종합적 체계

종합적 체계의 대표적인 문법서는 정렬모(1946), 『신편고등국어문법』이다. 이 밖에 이숭

녕(1956), 『고등국어문법』과, 북한의 문법 교과서인 『조선문화어문법』(1979)도 이 계열에 드는 것으로 취급된다. 이들의 문법에서는 용언의 어간과 어미가 한 단어의 결합을 이루는 것으로 간주됨은 물론, 체언과 조사의 결합도 한 단어의 결합으로 간주된다. 예를 들어, '춥-다, 믿-고'가 각각 한 단어로 이해되는 것은 준종합적 체계에서와 같지만, '사람-이, 사람-에게, 사람-도'도 각각 하나의 단어 단위로 간주된다는 점은 이들의 체계만이 가지는 특징이 된다. 이렇게 '어미'에 해당하는 요소들을, 그 자체가 단어가 아닌, 단어의 일부로 처리하고, 나아가 '조사'들도 독립된 단어가 아닌 체언의 일부로 처리함에 따라, 단어 범주의 수가 줄어드는 결과가 된다. 특히 정렬모(1946)에서는 명사, 대명사, 수사를 한 범주 '명사'로 통합하고, 동사와 형용사를 한 범주 '동사'로 통합함으로써('이다'도 '지정동사'라는 동사의 하위 범주로 규정된다), 결국 5개의 단어 범주를 가지는, 한국어학사상 가장 적은 수의 단어 범주 체계(5품사론)를 이끌어내었다.

정렬모(1946)의 문법 체계는 남한에서는 이숭녕(1956)에서, 그리고 북한에서는 그들의 학교문법 교과서에 해당하는 『조선문화어문법』(1979)에서 계승되었다고 평가할 수 있다. 이 둘은 정렬모(1946)과 달리 명사, 대명사, 수사를 하나로 통합하지 않고, 또 동사, 형용사를 하나로 통합하지 않는다. 그러나 이 점이 이들의 문법 체계의 본질적 차이라고 말할 수는 없다. 이숭녕의 문법은 체언에 조사가 결합하여 문법범주 '격'의 변화를 만드는 현상을 용언의 어미 활용과 동일한 '굴절' 수준의 현상으로 보아 '곡용'이라고 지칭하는 반면, 정렬모(1946)과 조선문화어문법(1979)는 이러한 '굴절', '곡용'의 개념을 부정하고 있는데, 이 점도 본질적 차이점이라고 말할 수 없다. 이러한 차이점보다는 조사를 체언의 일부로 취급하는 이들의 공통적 관점이 더 의의가 있다.

정렬모(1946)의 관점에 따른 단어 단위 분석을 실행하면 다음과 같다. "눈이 오고 바람이 불었다."와 같은 문장은 (5가)에서와 같이 4개의 단어로 분석된다. 이를 4개의 단어로 분석한다는 점에서는 이숭녕(1956)과 조선문화어문법(1979)도 같다.

(5) "눈이 오고 바람이 불었다."의 단어 분석
  가. 단어 단위 경계 나누기:
    눈이/오고/바람이/불었다
  나. 각 단어 단위에 문법범주 지정하기:
    눈이/오고/바람이/불었다
    명사/동사/명사 /동사

앞에서 준종합적 체계의 이희승(1949)를 비판하면서 들었던 다음 예는 이숭녕(1956)과 조선문화어문법(1979)의 '이'에 대한 처리의 반례로 제시할 수 있다. 이 두 문법서의 설명에 따르면 다음 예에서 '의심하였음이었다'는 한 단어일 수밖에 없고, 이에 따라 다음 예는 단순문으로 분석되어야 한다. 이미 위에서 말한 것처럼, (6) 문장은 복합문 구조이므로, 이들의 '이'에 대한 처리는 오류임이 증명된다.

(6) 그것은 필시 나를 의심하였음이었다. (=(3))

이숭녕(1956)에서는 이희승(1949)과 마찬가지로 이 예의 '이'를 의미 없는 음운론적 단위로 취급하는데, 이러한 주장은 역시 위 (4)의 예들을 결정적 반례로 가진다. 이와 달리 조선문화어문법(1979)에서는 '이'를, 의미를 가지는 형태소 단위로 기술한다. '이'를 '토'라 지칭되는, 다른 어미들과 같은 수준의 단위로 처리하는 점이 이 문법서의 큰 특징이다. 그러나 바로 위에 지적한 문제점으로 말미암아 이 주장은 부정된다.

2.2.1.4. 한국어학의 기초 논증②: 계사 '이'의 문제[25]

앞 장의 논의에서 부분적으로 다룬 것처럼, '이'를 다루는 방법은 기의 모든 문법가들이 서로 다르므로, '이-'에 대한 처리를 기준으로 문법가들의 주요 견해 차이를 정리할 수도 있다. 이에 대한 논의는 문법단위로서의 형태소 단위의 확정과, 그 문법범주의 결정을 얻어가는 과정을 보여준다는 점에서, 한국어 문법의 수많은 유사한 문제들에 접근해가는 방법론적 틀을 제공하는 의의를 가질 수 있다. 다음과 같은 예의 '이'를 언어학적으로 무엇으로 규정해야 할 것인가가 우리의 논제이다.

(7) 그는 회사원이다.

앞에서 조음소 '으'의 처리에 관한 문제를 해결하기 위하여, 이를 음운론적 단위로 규정할 가능성, 문법단위로 규정할 가능성을 점검해 보았다. '이-'에 대해서도 같은 점검 작업을 실행해 볼 수 있다.

'으'가 문법적 존재가 아닌 음운론적 존재라는 사실은 이해하기 어려운 것이 아니다.

---

[25] '계사'란 용어는 한국어 문법 연구자들이 그 범주적 성격이 확정되지 않은 상태에서 '이-'를 가리키기 위하여 사용하는 용어이다.

학교문법에서 서술격조사라고 부르는 '이다'의 '이-'에 대해서도 이와 똑같은 처리를 할 가능성을 고려해 볼 수 있다.[26] 결론부터 말한다면, '이-'는 '으'와 같은 음운론적 요소로 취급할 수 없고, 의미를 가진 요소로서, 어근 형태소이며, 그 문법범주는 동사(V: 또는 용언 어간)로 규정되어야 한다.

'으'에 대한 앞서의 논증의 단계를 다시금 밟아가 보기로 한다. 그러나 여기에서의 결론은 '이-'가 음운론적 요소가 아닌, 문법적 요소, 즉 형태소라는 것이므로, 앞의 '으'에 관한 논증과는 반대의 방향으로 전개해 가야 한다.

1) '이-'는 문법단위 아닌 음운론적 단위인가? 과거 전통문법가들의 처리법 중에 실지로 이와 같이 생각한 예가 있다. 주시경, 이숭녕, 이희승 등이 그 장본인이다. 주시경은 1910년의 『국어문법』에서 '이다'를 끗씨(終結詞), '이고'를 잇씨(接續詞)로 처리하는 등, 이른바 '분석적 체계' 하에서 이를 처리하였다. 이에 따르면 '이-'는 독립된 의미를 지니지 못하고 그저 '-다'나 '-고'에 들러붙어 있는 음운론적 단위로 파악되었던 것이다. 이런 점에서 '이-'의 지위는 앞에서 말한 '으'와 다를 바 없다. 이숭녕은 1956년의 『고등국어문법』의 '종합적 체계' 내에서, '이다'를 체언의 격 활용(곡용)의 하나로서 서술격 어미로 실현된 것이라고 하였는데, 이 경우에도 '이-'는 독립된 문법적 요소가 되지 못하고 '으'와 마찬가지의 지위를 가지는 것으로 파악된 것이다. 이희승의 『초급국어문법』(1949)는 기본적으로 『우리말본』과 같은 '준종합적 체계'이지만, '이다'의 경우만큼은 특별하게 체언의 서술격 활용으로서 처리하고 있다. '이-'는 역시 조음소 정도의 지위를 가지는 것으로 파악된다.

이런 관점의 문제점은 곧바로 드러난다. 우선, '이-'는 '으'와는 달리 선행하는 체언의 말음이 모음인 경우라도 언제나 나타날 수 있다.

(8) 가. 사자다
    나. 사자이다
(9) 가. 배지만
    나. 배이지만

더욱이 다음과 같은 경우는 반드시 실현되어야 한다.[27] '이'를 생략할 수 없다.

---

26 학교문법이란 문교부(1985), 교육부(2002) 등의 체계를 널리 지칭하는 것이다.
27 '*'와 같은 표시는 비문법적 문장이나 비문법적 표현을 나타낸다. 다음 (10)과 같은 예를 증거로 하여 '이-'가 단순한 음운론적 요소일 수 없음을 증명한 최초의 연구는 최현배(1937)이며, 정인승(1959)에서도 이러한 증거들이 명시적으로 제시되었다.

(10) 가. 학자임/*학잠, 학자인/*학잔, 학자일/*학잘
    나. 학자였다/*학자었다
    다. 학자이어서/학자여서/*학자어서, 학자이나/*학자나('역접'의 뜻으로)
    라. 바보이기도/*바보기도

따라서 (8가), (9가)의 경우는 원래 있던 '이-'가 '생략'된 것으로 보아야 한다. (10)의 예들은 '이-'가 음운론적 단위라고 가정하는 이론들에 대한 결정적인 반례이다.

2) 그러므로 '이-'는 조음소일 수 없다. 이는 곧 '이-'가 문법적 요소로서 독립된 형태소라는 뜻이 된다. 형태소는 접사와 어근으로 구분된다. 접사는 다시 파생접사와 굴절접사로 구분된다.

(11) 형태소 ┬ 접사 ┬ 파생접사
              │   └ 굴절접사
              └ 어근

그러므로 형태소인 '이-'는 파생접사나 굴절접사나 어근 중의 하나일 수밖에 없으며, 전통적인 개념 체계 하에서 그 외의 다른 가능성은 없다. 이 세 가지 가능성을 하나하나 검토함으로써 가장 논리적인 해결 방안에 이를 수 있다.

이전의 연구에서 '이-'를 명시적으로 파생접사로 처리한 예는 찾아볼 수 없고, 굴절접사나 어근으로 파악한 예는 있다. 굴절접사에 상당하는 개념으로 파악한 연구로는 이길록(1969)가 있다.[28] 어근으로 처리한 연구들은 '이-'를 조사의 어간을 이루는 어근으로 보거나, 활용 개념을 가정한 용언의 어간, 또는 활용 개념을 가정하지 않은 동사 단어의 어근으로 보아 왔다. 조사의 어간으로서의 어근으로 다룬 예로는 정인승(1949)와 현행 학교문법(문교부 1985, 교육부 2002)이 있고, 용언 또는 동사의 어근으로 다룬 예로는 최현배(1930, 1937), 박승빈(1935), 정렬모(1946) 등이 있다.[29]

① '이-'를 접사로 처리하는 경우, 원리적으로 파생접사로 처리하는 방안과 굴절접사로

---

[28] 북한의 문법 교과서인 『조선문화어문법』(평양: 과학 백과사전 출판사, 1979)에서도 '이-'를 '체언의 용언형토'라고 지칭하여 굴절접미사적인 요소로 취급하였다. 뒤의 2.2.4.3절을 참고 바람.

[29] 최현배(1930, 1937)은 준종합적 체계의 문법에서 '이-'를 용언의 하위 범주인 지정사의 어간으로 다룬 예이며, 박승빈(1935)는 활용의 개념을 갖지 않는 분석적 체계의 문법에서 '이-'를 단일 단어로서의 동사로 다룬 예이고, 정렬모(1946)은 종합적 체계 하에서 '이-'를 포함한 단위 '이다'를 단어로서 동사로 다룬 예이다.

처리하는 방안의 두 가지를 생각할 수 있다. 먼저 '이-'가 파생접사라고 가정해보자. 이러한 가능성은 쉽게 반증할 수 있다. '이-'가 파생접사라면 '학생이-'는 새롭게 파생된 용언의 어간이 될 것이다. 그렇게 볼 경우, 다음과 같은 한국어 문장의 예는 관형어 '우수한'이 파생된 용언을 수식하는 모순을 드러내게 된다.

(12) 그는 우수한 학생이다.

이 예가 드러내는 모순을 피하기 위해서는 '이-'가 파생접사라는 가정을 취소할 수밖에 없다. 즉, '이-'는 파생접사가 아니다.

과거의 연구에서 '이-'를 접사로 취급하는 견해를 표명한 연구로는 이길록(1969)가 있다. 그는 '이-'를 '체언서술태 접요사'로 보아야 한다고 주장하고, 이것이 '파생접사'는 아니며, '체언에 용언적인 기능을 매개시키는 문법소'라고 하였다. '이-'의 통사적 지위에 대한 견해는 분명히 드러나 있지 않으나, 이것이 파생접사 아닌 접사라고 주장하는 것은 결국 굴절적 성격의 접사, 굴절접사로 파악한다는 뜻이다.[30]

그러나 단어의 어휘적 성격을 명사에서 동사로 바꾸는 것은 본질적으로 파생접사의 특성인 것이다. 그는 '-음', '-기'가 용언을 체언으로 바꾸는 것과 반대의 작용이 한국어에 굴절적 기능으로 존재하는 것으로 보고 싶었던 듯하지만, '-음', '-기'는 용언의 굴절접사의 하나로서 한국어 활용어미의 일반적 성격을 보이는 일례이고, 언어-보편적으로도 자연스러운 현상임에 반하여, 체언의 용언화는 한국어에만 특유한 문법적 작용을 설정하는 무리를 초래한다는 점에서, 결국 임시방편적 처리라 비판받을 수밖에 없다.[31]

전통적 개념 체계 하에서 굴절접미사는 어간에 결합되는 어미 이외의 다른 것이 아니다. '이-'를 굴절접미사로 규정하는 연구자들은 다음 예들의 '의심하였음이었다', '괴롭히기였다', '더워서였다'에 포함된 어미들이 구조 내에서 어떤 지위를 가지는지를 차분히 검토했어야 한다. 위 (3), (6) 예문과 관련하여 이미 지적한 것처럼, 다음 문장들은 복합문 구조를 이루고, 이 복합문 구조에서 '이었다'는 주절 서술어로서의 용언으로 분석되어야만 한다.

---

[30] 한국어에 접요사는 존재하지 않으므로, 그의 '체언서술태 접요사'란 용어도 기초적인 사실 인식의 문제를 드러낸다.
[31] '체언의 용언형토'라고 지칭하면서 '이-'를 굴절접미사적인 요소로 취급하는 북한의 문법 교과서『조선문화어문법』(평양: 과학 백과사전 출판사, 1979)에 대해서도 같은 비판을 가할 수 있다.

(13) 가. 그것은 필시 나를 의심하였음이었다.[32]
　　　나. 이들이 잘 하는 일은 약한 사람을 괴롭히기이었다.
　　　다. 내가 밖으로 나온 것은 집안이 더워서이었다.

'이-'를 어미라고 규정하는 것은 필연적으로 '의심하였음이었다'와 같은 단위가 한 단어이고, 어간 '의심하-'에 어미 '-였-', '-음', '이-', '-었-', '-다'가 이어지는 구조라고 분석한다는 것을 뜻한다. 즉, 선어말어미 '-였-' 다음에 어말어미 '-음'이 이어지고, 다시 어미 '이-', '-었-', '-다'가 이어진다. 더군다나 시간 선어말어미 '-었-'이 한 단어에 두 차례나 실현된다. 이 같은 분석이 한국어의 용언 단어 내부에서 형태소들이 이루는 통합 구조의 사실과 정면으로 모순된다는 것을 이해하기는 어렵지 않다. 이러한 모순에서 벗어나는 길은 '이-'가 굴절접미사라는 가정을 폐기하는 것뿐이다.[33]

②'이-'가 접사가 아니라는 점은 이상에서 증명되었다. 이제 이를 어근으로 규정할 가능성을 검토해야 할 차례다. 이 가능성은 다시 '이-'를 어근으로서 조사 범주를 형성한다고 규정할 가능성과, 용언 어간을 이루는 어근으로 규정할 가능성의 두 가지로 나눌 수 있다.

'이-'가 조사의 어간을 이룬다고 설명하는 현행 학교문법의 처리는 정인승의 『표준중등말본』(1949)에 연원을 두고 있다. 이 처리법의 큰 문제는, 다른 조사들과는 달리 '이다'만이 활용을 하는 것으로 보아야 한다는 점에 있다. 이는 일반성이 결여된 것이다. 조사가 가지는 고유한 성질은 무엇인가? 종래의 조사라는 개념에는 격조사, 보조사, 접속조사, 또는 감탄조사

32　이 문장의 자연스러움에 의문을 가지는 독자는 다음 문장을 고려해 보기 바란다. 그 구조는 같다.
　　 a. 그가 고개를 갸웃거린 것은 필시 나를 의심하였음이었다.

33　(12)와 (13)의 예들은 '이-'가 구를 자매항(sister)으로 가지는 것으로 분석하지 않고는 다른 방법이 없다는 것을 잘 보여준다. 근래의 연구 중에는 '이-'가 접사이면서 그 앞의 구를 취하는 '통사적 파생접사'라는 설명 방안이 제시된 바 있다(고창수 1985, 1992, 시정곤 1993, 1994, 1995, 안명철 1995). 이 중 안명철(1995)은 양정석(1986)에서 '접사적 성격'을 가지는 것으로 구별한 '이-'의 일부 예('세계적이다, 최고이다,…' 등의 '이-')만을 통사적 파생접사라고 주장한다(그러나 양정석 1986의 '접사적 성격'이란 표현은 이 경우의 '이-'가 진정한 접사라는 주장이 아니다. 이 경우의 '이다' 구문이 여타의 '이다' 구문과 통사적으로 구별되어야 함을 강조한 것뿐이다. 이들은 속성적 명사와 동사 '이-'가 결합하여 새로운 동사 단위를 이루는, '재구조화' 절차에 따라 설명된다. 양정석 1986, 2001을 참고하기 바람).
'통사적 접사'설에 대한 비판으로 양정석(1996나, 2001)을 참고할 수 있다. '이-' 앞에 격조사가 나타나지 않는다는 특징과 '이-'의 음운론적 의존성이 '통사적 접사설'을 제기하는 주요 근거인데, '통사적 접사'라는 새로운 개념을 도입함으로써 얻을 수 있는 이득은 거의 없으며, 오히려 새로운 문제점들을 불러들인다. 특히 (13)의 예문들은 이들에게 여전히 난제로 제기된다. '이-'가 음운론적으로 의존적 성격을 가지는 것은 사실이나 이는 접사로서의 성격이라기보다는 의존사(clitic: 접어)로서의 성격일 뿐이다.
의존사는 단어이면서 음운론적으로 의존적인 단위를 가리키는 용어이다. '이다'가 이러한 의존사로서의 성격을 가진다는 점을 김석득(1967)에서 지적한 바 있다.

라는 다양한 성질의 요소들이 포함되어 있었지만, 이들은 그나마 불변화사라는 공통의 성질을 가지고 있다. 그런데 '서술격조사'는 용언처럼 어미활용을 하는 요소로서, 불변화사에 대립되는 변화사인 것이다. 전통문법적 연구에서 불변화사와 변화사를 구별하는 일은 품사 분류 작업의 기본이다. 불변화사인 조사 단어들의 집합에 변화사인 '이다'를 더한다는 것은 전통문법적인 기준에서도 용납될 수 없는 것이다. 이러한 문제를 피하는 방법은 활용하는 단어인 '이다'를 용언의 범주에 포함하는 것이다. 이렇게 해야 정인승(1949)나 현행 학교문법이 받아들이고 있는 준종합적 체계에서의 균형이 유지된다.[34]

또한, '이다'가 '아니다'와 그 활용의 방식에서 동일하다는 점이 주의 깊게 고려되어야 한다. 최현배(1937/1971: 549-573)에서 자세히 베풀어 놓은 지정사의 어미 분류 체계에 의하면 '이다'와 '아니다'는 그 결합되는 어미들의 종류, 어미 결합 시의 어미들의 형태음운론적 변이에 있어서 완전히 일치하며, 이 점에서 이 둘은 다른 동사 및 형용사와 구별된다. 이는 '이다'와 '아니다'가 용언 내부의 동일 하위 범주를 구성하고 있음을 증명하는 것이다. 그러므로 '이다'는 서술격조사로, '아니다'는 형용사로, 서로 다른 범주에 귀속시키는 정인승(1949)나 현행 학교문법의 처리는 초보적인 수준의 분류의 오류를 범하고 있는 것이다. '이다'와 '아니다'는 동일 범주에 귀속되어야 하고, 이들의 문장 구조 내적 지위는 동일한 것으로 취급되어야 한다.

'이-'가 문장 구조에서 차지하는 지위와 관련하여 또 한 가지 문제점을 지적할 수 있다. 한국어 문장 구조에서 서술어는 동사나 형용사, 즉 용언에 의해서 구성된다고 보는 것이 가장 자연스럽다. "그는 학생이다"의 경우, 그 자체가 용언이 아닌 '학생이다'를 서술어라고 설명해야 하는 것이 정인승(1949)나 현행 학교문법의 처리법이다. "그는 똑똑한 학생이다."에서는 '똑똑한 학생이다'가 서술어이며, '학생이다'만으로는 서술어라고 할 수 없다. 왜냐하면 관형어인 '똑똑한'이 서술어를 수식한다고 할 수 없기 때문이다. 또, "그는 매우 똑똑한 학생이다"에서는 '매우 똑똑한 학생이다'가 서술어이고, "그는 심성이 매우 착한 학생이다."에서는 '심성이 매우 착한 학생이다'가 서술어일 뿐, 그 외 다른 부분은 서술어일 수 없다. 용언이나 용언들의 결합에 의해서 생긴 구가 서술어가 된다고 하는 것보다는 분명 일반성이 결여된 설명법이다.

---

[34] 최기용(1993, 2001), 우순조(2001)에서는 '이-'를 주격조사로 간주하는 분석 방법을 제시하였다. 이에 대한 비판으로 양정석(2003)을 참고하기 바람.

(14) 가. 그는 학생이다.
    나. 그는 똑똑한 학생이다.
    다. 그는 심성이 매우 착한 학생이다.

더욱이, '매우 착한 학생이다'에서 '매우'는 '착한'을 수식하고, '매우 착한'은 '학생'을 수식한다. 직접구성성분(IC: immediate constituent) 분석에 의하면 '매우 착한 학생'과 '이다'(또는 '이-')가 직접구성성분이 된다고 할 수밖에 없다. 또, "그는 학생이다"는 부정문 "그는 학생이 아니다"와 구조적으로 동질적이며, 이와 같은 구조적 동질성을 위에서 말한 '이다'와 '아니다'의 형태론적 동질성이 지지하고 있다.

앞에서 제시한 (13)의 예들은 '이-'를 조사의 어간으로 파악하는 관점에 대해서도 심각한 반례가 된다.

(13) 가. 그것은 필시 나를 의심하였음이었다.
    나. 이들의 장기는 약한 사람을 괴롭히기이었다.
    다. 그것은 집안이 더워서이었다.

(13가, 나)는 명사형어미 '-음'과 '-기'에 이끌리는 내포절을 가지는 복합문이고, (13나)는 연결어미 '-어서'에 이끌리는 내포절을 가지는 복합문이다. 정인승(1949)나 문교부(1985), 교육부(2002)와 같은 문법의 관점에서는 (13)의 세 문장이 모두 서술어를 하나만 가지는 단순문으로 분석할 수밖에 없다. 일례로, (13가)에서 '이었다'는 조사로서 서술어가 될 수 없으므로 '의심하였음이었다' 또는 '나를 의심하였음이었다'를 서술어로 볼 수밖에 없다. 이는 사실과 모순되는 분석인 것이다.[35] 이러한 모순은 '이-'를 조사의 어간으로 가정한 그 가정으로부터 비롯된 것이므로, 이를 벗어나기 위해서는 그 가정을 폐기해야만 한다.

③이상에서 '이-'가 접사로도, 조사 단어를 구성하는 어근으로도 규정될 수 없다는 점을 증명하였다. 남아 있는 가능성은 '이-'를 동사 단어(또는 용언 어간)를 이루는 어근으로 취급하는 것이다.

다음은 '이-'를 동사로 간주해야만 하는 적극적 증거가 된다. 비우기(gapping) 구문에서 생략되는 요소는 어느 언어에서나 동사이다. (15나)의 비우기 구문에서 생략된 요소는 동사

---

[35] (13가), (13나)에서 '나를 의심하였음', '약한 사람을 괴롭히기'가 명사절이라는 점은 문교부(1985), 교육부(2002)의 관점에서도 명백한 것이다. 이에 따르더라도 (13가), (13나)는 명사절을 내포한 복합문이므로, '이다'가 조사라는 그 원래의 가정과 모순된다.

'되다'인 것처럼, (15가)의 비우기 구문에서도 생략된 요소는 동사 '이다'이다.

(15) 가. 철수는 교사이고 인호는 회사원이다. → 철수는 교사, 인호는 회사원이다.
     나. 철수는 교사가 되었고 인호는 회사원이 되었다. → 철수는 교사가, 인호는 회사원이 되었다.

이상에서 보인 것과 같은 증거들이 있음에도 불구하고 '이다'를 용언의 하나로 간주하지 않는 연구들을 현재의 시점에도 발견할 수 있다. 이들이 드는 이유를 살펴보면, '이다'가 보이는 음운론적인 의존성과, 선행 체언에 격조사가 붙지 않는다는 점이다. 이와 관련해서는 다음과 같은 예가 좋은 참고가 되리라 본다.

(16) 가. 그는 참 바보 같다. (cf. ?그는 참 바보와 같다.)
     나. 비가 올 것 같다.
     다. 그는 한국의 국회의원 답다.[36]

이들 예에서 '같다', '답다'와 그 직전 명사의 사이에는 음운론적인 쉼(휴지: pause)이 놓이지 않으며, 격조사가 놓일 수 없다. 특히 (16다)의 '답-'을 최현배(1937) 이래로 현행 학교문법에 이르기까지 '파생접미사'로 규정해 왔지만, 그것은 '국회의원답다'가 파생어로서 '한국의'라는 관형어의 수식을 받는다는 모순적 설명을 초래한다. 그러므로 '답다'는 '같다'와 마찬가지로 구 단위를 그 자매항으로 가지는 용언으로 간주해야 한다. 이러한 용언들의 존재는 또 다시 '이다'의 용언(동사)으로서의 성질을 증명하는 것이다.

음운론적인 의존성 및 선행 체언에 격을 나타내는 격조사가 붙지 않는다는 특징은, 가령 교사의 입장에서, 현행 학교문법의 설명법을 학생들에게 납득시키기 위한 문법 교육의 목적에서는 편리한 점이 있다고 할 수 있다. 그러나 이는 언어학적 기술은 아닌 것이다. 또, 문법 교육도 그처럼 임시방편적 합리화에 지나지 않는 것을 교육의 내용으로 삼아서는 곤란할 것이다.

이 밖에, '이-'가 생략 가능하다는 사실도 '이-'가 용언 어간(동사)이라는 우리의 주장에 대한 반대 논거의 한 가지로 들 수 있겠다. 생략되는 요소가 어떻게 주어나 보어를 선택제약 하는가 하는 의문이 들 수 있기 때문이다.

---

[36] 현행 학교문법(문교부 1985, 교육부 2002)의 규정에 따르면 '답'은 파생접미사이므로 '국회의원답다'처럼 붙여 써야 하나, 곧 설명하는 것처럼 이 경우의 '답'을 파생접미사로 규정하는 것은 학교문법의 잘못된 서술 중의 한 예일 뿐이다.

그러나, "철수는 영희가 제일 먼저 도착했단다."와 같은 예에서 그 줄어들기 전의 문장 형태를 가정하지 않고서는 문법적인 설명을 제대로 해 주기 곤란하다. 즉, "철수는 영희가 제일 먼저 도착했다[고] [해ㄴ다]."에서 동사 '하-'의 존재를 확인할 수 있다. 여기서 '하다'를 용언의 하나로 보지 않을 수 없다. 이는 한국어에서 용언 어간이 생략될 수 있음을 보이는 분명한 증거인 것이다.

'이다'의 '이-'나 '하다'의 '하-'가 과연 주어나 목적어, 보어 등의 논항을 선택제약할 수 있느냐가 문제로 제기될 수는 있다. 그러한 의미적인 역할에 있어서 '이-' 및 '하-'가 다른 용언들에 비해서 매우 미약하다는 것을 부정할 수는 없다. 이들 용언의 의미는 어휘적인 의미를 가지는 수많은 용언들과 비교해 볼 때 상당히 주변적인 위치에 있는 것이라 생각된다.[37] 하지만 이들 말고 다른 용언들 중에서도 본래의 뚜렷한 어휘적 의미가 약화되거나 거의 찾아보기 힘든 경우는 흔하다. 그리고 '이-' 및 '하-'가 어떠한 어휘적 의미를 가진다고 하는 것이 한국어 화자의 직관으로 볼 때에도 자연스러운 판단이라고 할 수 있다.[38] 무엇보다도, '이다'의 문장 구조상의 위치에 관한 위에서의 논의는 '이-'의 통사 범주를 동사(V)로 처리하는 것이 구 구조의 이론을 간결하게 하는 것임을 보이는 것이다.

이상에서와 같이 그 형태론적인 행태나 통사론적인 행태, 의미적 특징을 엄밀히 살펴볼 때, '이-'를 용언 어간(동사)으로 처리하는 것이 가장 합리적인 설명법이라고 결론 내릴 수 있다.[39]

---

[37] 어휘적인 의미와 비어휘적인 의미를 구분할 경우, 이 두 동사가 어휘적 의미의 중심으로부터 멀어진 '주변적' 의미를 가진다는 뜻이다. 김영희(1984가)에서는 동사 어휘의미들의 계층 구조를 상정할 경우 이들 동사가 오히려 상위 의미, 포괄적 의미를 가지는 것이라고 설명하고, 특히 '하-'를 포괄 동사라고 지칭한 바 있다. 이들 동사의 의미에 대한 이와 같은 해석이 언어 사실을 정확히 포착한 것이라고 본다.

[38] '이다'의 '이-'가 어휘적 의미를 가진다는 주장에 대해서는 양정석(1986, 2001)을 참고하기 바람.

[39] 다음 (a)의 예들에서의 '이'는 이상의 논증에서 확립한 형태소 '이-'와는 구별되어야 한다. 이들 경우의 '이'는 조음소와 다름없는 것이다. (b), (c)처럼 선행 명사의 말음이 모음인 경우 '이'가 반드시 생략되어야 한다.
  a. 이랑, 이며, 이고, 이나, 이든지, 이라도, 이나마, 이야, 이야말로
  b. 그는 동물원에서 사자랑/*사자이랑 코끼리랑 함께 생활하는 사람이다.
  c. 동물원에는 사자며/*사자이며 코끼리며, 많은 동물이 있다. (열거의 '-이며)
  다음은 이상의 논증에서 다룬 형태소 '이-'의 예이다. 이 경우의 '이'는 수의적으로 생략 가능하다.
  d. 그는 사자다/사자이다.
  e. 초원의 왕은 사자며/사자이며, 산중의 왕은 호랑이이다. (문장 접속의 '-이며)

2.2.2. 최현배(1937)의 준종합적 체계

최현배의『우리말본』은 출판된 직후부터 한국어학의 고전으로서의 지위를 지켜 왔다. 이 책의 기술 내용을 파악하는 일은 한국어 문법 연구자들이 항시 연구의 기본으로 삼는 일이었고, 새로운 문법 이론을 제시하는 경우에는 이것과 비교해야 할 기존의, 표준적 이론으로 간주하던 것이었다. 또한『우리말본』은 '한국어 교육'이나 '외국어로서의 한국어 교육', '국어 정책'의 기초적 참조 자료로 여겨 온 문법서였다.

『우리말본』은 1편 '말소리갈'(음성학/음운론), 2편 '씨갈'(품사론/형태론), 3편 '월갈'(구문론/통사론)의 세 부분으로 되어 있다. 여기에서는 '소리갈'은 제외하고, '씨갈'과 '월갈'만을 검토 대상으로 삼아, 문법단위들의 분류 체계를 요약하고 그 비판을 보이기로 한다.

A. 최현배(1937)의 현대 한국어 형태소 분류 체계

최현배(1937)에서는 '형태소'에 해당하는 단위들을 다음과 같이 분류하고 있다.[40] 그러나 최현배(1937)의 '씨끝'(어미)에는 '-지마는'(방임형접속어미), '-을것같으면'(구속형접속어미)과 같이 단일 형태소로 간주할 수 없는 예들이 포함되어 있으므로 주의할 필요가 있다.

(1)『우리말본』의 형태소 분류 체계

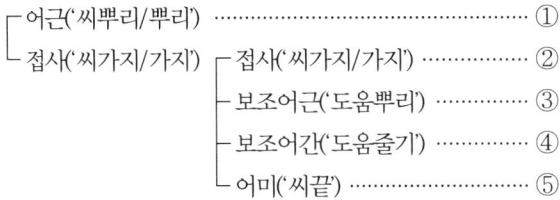

① 어근: 다리, 말, 먹-, 춥-, 이-, 그, 매우, 참, -를, -에, -는, -도, -만, …
② 접사: -이(먹이), 엇-(엇나가다), 시-(시뻘겋다), …
③ 보조어근: -지-(시건방지다), -하-(첫사랑하다), …
④ 보조어간: i) -시-, -었-, -겠-, -습-, -더-, -는-(믿는다), …
              ii) **-뜨리-, -이/히/리/기-**
⑤ 어미: i) 종지법어미('마침법씨끝'): -다, -느냐, …

---

40 『우리말본』의 어디에서도 형태소나 형태소에 해당하는 용어를 찾을 수가 없다. 그러나 이에 해당하는 문법단위의 존재를 상정하고 있었다는 것을 '뿌리'(어근)와 '가지'(접사)라는 분명한 용어를 사용하여 분석한 것으로부터 추론할 수 있다. 최현배의 스승인 주시경은 형태소에 상응하는 단위를 지칭하는 용어로 '늣씨'를 사용한 바 있다.

ii) 접속법어미('이음법씨끝'): -고, -어서, …
　　iii) 자격법어미('감목법씨끝'): -음, -기, -는, -은, -을, -게, …

④의 보조어간은 두 가지 부류를 구별해야 한다. '-시-, -었-, -겠-, -습-, -더-, -는-' 등의 보조어간은 그 앞에 어떤 용언 어간도 실현될 수 있다. 그러나 강세 보조어간 '-뜨리-', 사동 보조어간 '-이/히/리/기-', 그리고 피동 보조어간 '-이/히/리/기-'는 한정된 용언 어간 과만 결합할 수 있다. 이는 전자가 어미, 즉 굴절접사의 한 종류이고 후자가 어미 아닌 파생접사에 지나지 않음을 뜻하는 것이다.

5가지 형태소 단위들의 분류 체계에서 가장 주목해야 할 부분은 ⑤의 어미이다. 어미들의 분류는 한국어 문장의 구조적 분류와 대응된다는 점에서 중요한 의의를 가진다. 위 ⑤에서 보인 것처럼 『우리말본』에서 어미의 하위 범주는 종지법, 접속법, 자격법의 셋으로 구분된다. 이러한 형태소 단위의 분류 체계에서의 접속법과 자격법은 문장 단위의 분류 체계에서 각각 접속문(병렬문('벌린월')과 연합문('이은월'))과 내포문(포유문('가진월'))에 대응되는 것이다. 접속법 어미와 자격법 어미는 접속문과 내포문이라는 복합문을 형성하는 데에 매개가 되는 요소로 파악되고 있음을 알 수 있다.

(2) 『우리말본』의 어미 분류 체계

종지법	서술형 ('베풂꼴')	다, 니라/으니라, 라1('더라, 리라'의 '라')/러라(잡음씨에만), 마/으마, 느니라, 나니라, 노라, 구나/고나, 도다/로다(잡음씨에만)/로라(잡음씨에만), 로구나(잡음씨에만), 거든1, 네, 데, 오/으오/소, 지요, 아요/어요1, 구려, 니다('읍니다'의 '니다'), 이다('-오이다', '-더이다'의 '-이다'), 아/어1, 지1(이 꽃 참 예쁘지), 음세(동사에만: '장차 하겠음'), 느이다(동사에만), 나이다(동사에만), 노이다(동사에만), 아라/어라(형용사에만: 경치도 좋음도 좋아라/애그 가엾어라!), 매라/으매라(형용사에만), 이/으이(형용사에만: 그것 참 좋으이/이것 좀 크이), 라2('이다'의 활용), 더니라/러니라(잡음씨에만), ㄹ세(잡음씨에만), 올시다(잡음씨에만), 로소이다(잡음씨에만), 나이다(잡음씨에만)
	의문형 ('물음꼴')	나1, (더)냐, 느냐/냐/으냐, 느뇨/뇨/으뇨, 느니(재 너머 사래긴 밭을 언제 갈려 하느니?), 니/으니(너도 가니?), 랴/으랴(누운들 잠이 오며, 기다린들 임이 오랴?), ㄹ소냐/을소냐, 는가/ㄴ가/은가, ㄹ가/을가, (던)가(그 사람이 그런 소리를 하던가?)/(런)가(잡음씨에만), (는, 을, ㄴ/은, 던)고, ㄹ손가/을손가; 오/으오/소, 아요/어요2, 지요, 리오/으리오, ㅂ니가/읍니가, 오니가(잡음씨에만), 느이가/늬가, 나이가, (오)이가(형용사에만), 아/어2, 지2
	명령형 ('시킴꼴')	라/으라(부지런히 일하라), 아라/어라/너라/거라/여라, 려무나/으려무나/렴/으렴, 게, 구려, 오/으오/소, 아요/어요3, 소서/으소서, 아/어3 ▶ 동사에만 결합 가능
	청유형 ('꾀임꼴')	자1, 세, ㅂ시다(ㅂ세다)/읍시다(읍세다), 십시다(십세다)/으십시다(으십세다), 아/어4 ▶ 동사에만 결합 가능

자격법	명사형 ('이름꼴')		제1명사형('첫째 이름꼴'): ㅁ/음 ('가리킴이름꼴(指示명사형)'이라고도 함)
			제2명사형('두째 이름꼴'): 기 ('나아감이름꼴(進行性 명사형)'이라고도 함)
	관형사형 ('매김꼴')	동사	현재관형사형('이적의 매김꼴'): ㄹ/을1(봄이 올 적에는, 꽃이 피는 법이오, 우리는 해돋을 적에 왔습니다) 현재계속관형사형('이적 나아감의 매김꼴'): 는 미래관형사형('올적의 매김꼴'): ㄹ/을2(제 생명을 아끼는 사람은 잃어버릴 터이요…, 막을 수가 없었소) 과거관형사형('지난적의 매김꼴'): ㄴ/은1
		형용사	현재관형사형('이적의 매김꼴'): ㄹ/을1(사람은 젊을 적에 부지런히 일하여야 한다, 강물이 적을 적에는 조개를 줏소) ㄴ/은2(푸른 것은 버들이요, 누른 것은 꾀꼬리라. 철령 높은 고개쉬어 넘는 저 구름아) 미래관형사형('올적의 매김꼴'): ㄹ/을2(그 신이 나에게 적을 것 같네) ▶ 현재계속관형사형과 과거관형사형은 없음
		잡음씨	현재관형사형('이적의 매김꼴'): ㄹ1(사람은 소년 일 적부터 공부를 부지런히 하여야 한다) ㄴ2(자네 인 줄 몰랐네, 옥저의 옛 땅인 함경남도) 미래관형사형('올적의 매김꼴'): ㄹ2(이 근처가 서울의 중심일 날이 온다 오, 흥, 돈이 제일 일 터 이지)
	부사형 ('어찌꼴')		제1부사형('첫째어찌꼴'): 아/어5 합동적 용법(기어 가다, 들어 가다)과 완성적용법(먹어 보다)의 두 가지가 있음. ▶ 합동적 용법 중에서 '나가다, 들어가다, 넘어가다' 따위는 한 단어로서 합성어라고 함. ▶ 잡음씨의 예: 이것은 실로 인류의 가장 명예스러운 싸움 이어 왔으며 가장 고상한 이상 이어 왔다.
			제2부사형('두째어찌꼴': 동사와 형용사에만): 동사의 경우: 게1--장연(將然)부사형('될모양어찌꼴')이라고도 함. 형용사의 경우('모양꼴'): 게2, 이(형용사에만 있는 어미: '있이, 없이, 같이, 듯이' 등에만 쓰임)
			제3부사형('세째어찌꼴': 동사와 형용사에만) 지3--부정부사형('지움어찌꼴')이라고도 함.
			제4부사형('네째어찌꼴--동사에만): 고1--소원(所願)의 뜻(돌아가고 싶다, 보고 지고), '나아감'의 뜻(심고 있다, 놀고 있다) ▶ 형용사와 지정사에는 제4부사형이 없다(*깨끗하고 싶다, *나는 선생님이고 싶다)
접속법	구속형 ('매는꼴')		가정구속형('거짓잡기 매는꼴'): 면/으면, ㄹ것같으면/을것같으면, ㄹ진대/을진대(댄), 거든2/어든(잡음씨에만), (더)ㄴ들/(러)ㄴ들(잡음씨에만)
			사실구속형('참일 매는꼴'): 니/으니, 니까/으니까, ㄴ즉/은즉, 아/어6, 아서/어서, 나니, 매/으매, 므로/으므로, ㄴ지라/는지라, 을지라(동사에만), 거늘/어늘(잡음씨에만), 기에, 길래, 기로, 거든3/어든('거든/어든' 모두 형용사에는 안 쓰임: 형용사의 예 "나는 이것이 좋거든."은 잘못 분석된 것), 거니/어니(잡음씨에만), 건대, 관대/완대, 라(잡음씨에만)
			필요구속형('꼭소용 매는꼴'): 어야/아야, 어야만/아야만, 라야(잡음씨에만), 라야만(잡음씨에만)

방임형 ('놓는꼴')	가정방임형('거짓잡기 놓는꼴'): 더라도, ㄹ지라도/을지라도, ㄴ들/은들, 라도(잡음씨에만), 양보방임형('접어주기 놓는꼴'): ㄹ망정/을망정, ㄹ지언정/을지언정, 사실방임형('참일 놓는꼴'): 지마는(지만), 건마는/건만/언마는/언만(잡음씨에만), 거니와, 아도, 나/으나, 나마/으나마, 거늘(잡음씨에만)/어늘(잡음씨에만), 거니와(잡음씨에만)/어니와(잡음씨에만), 되/으되(형용사에만) 추정방임형('미뤄잡기 놓는꼴'): 려니와/으려니와, 으련마는/련마는/으련만/련만
나열형 ('벌림꼴')	시간적나열형('때 벌림꼴'--동사에만): 동시나열형('한때 벌림꼴'): 면서/으면서, 며/으며1 순차나열형('차례벌림'): 고2(고서: 끝남完了, 수方法), 아/어7(아서: 가짐持續, 수方法) 공간적나열형('얼안 벌림꼴'): 며/으며2, 고3, 거니(동사에만), 시고/을시고(형용사에만), 요(잡음씨에만)
설명형 ('풀이꼴')	는데/ㄴ데/은데, (더)ㄴ바, 되/으되, 니/으니, 노니, 나니, 는바(동사에만), 을새(동사에만), (더)니/(러)니(잡음씨에만), 거든(형용사와 잡음씨에만: 옛날에 한 사람이 있거든: 그 아버지는 그가 어려서 죽고, 그 어머니 한 분만 모시고 지냈다./그 사람이 아들이 둘 이거든, 하나는 갯가로 장가 들이고, 하나는 산골로 장가 들이었다/저 역시 딸 이거든 딸 이라고 죽이다니?)
비교형 ('견줌꼴')	거든3/어든(잡음씨에만), 거온
선택형 ('가림꼴')	거나, 든지, 나2/으나(동사와 형용사에만)
연발형 ('잇달음꼴')	자2
중단형 ('그침꼴')	다가/다('다'는 "'다가'의 '준 것'"이라고 함)
첨가형 ('더보탬꼴')	ㄹ뿐더러/을뿐더러
익심형 ('더해감꼴')	ㄹ수록/을수록
의도형 ('뜻함꼴')	려/으려, 고자(고저), 자3('고자'의 준 것) ▶ 동사와 형용사에만 결합 가능 ▶ 의도형은 형용사에도 있으나 "잘 쓰이지 아니함"이라고 함.
목적형 ('목적꼴')	러/으러 ▶ 동사에만 결합 가능
도급형 ('미침꼴')	도록 ▶ 동사("날이 새도록 이야기를 나누었다.")와 형용사("옷이 보얗도록 잘 빨아라.")에만 결합 가능
반복형 ('되풀이꼴')	락/으락(동사(닿을락 말락 한다)와 형용사(얼굴이 붉으락 희락 부끄러워한다)에만)
강세형 ('힘줌꼴')	나3/으나(형용사에만: 기나 긴 가을 밤), 디(형용사에만: 뜨겁디 뜨겁다), 고4(형용사에만: 멀고 멀다)

위 어미들의 분류 체계는 최현배(1937)에서는 동사와 형용사와 지정사를 별도의 장으로 나누어 따로따로 서술하였던 것을 하나의 분류 체계로 묶어서 서술하고, 세 범주 중 특정 범주와만 결합하는 특수한 예를 특별히 지적하였다.

B. 최현배(1937)의 현대 한국어 단어 분류 체계

전통문법의 문법서에서 필수적으로 다루어진 영역이 단어의 분류, 즉 품사분류론이다. 품사 분류의 체계를 수립하기 위해서는 그 전에 분류의 대상이 되는 단어 단위를 확정해야 한다. 구체적인 한국어의 예들을 분석해 보면 단어 단위를 정하는 일이 그리 수월한 일이 아니라는 것을 알게 된다. 이러한 작업과 관련하여 세 가지 상이한 관점이 있어 왔다는 것을 앞에서 설명하였다. 즉, 분석적 체계, 준종합적 체계, 종합적 체계의 3대 문법 체계는 단어 단위를 정하는 데에 있어서의 관점의 차이에 따라 구별되는 것이다.

다음은 준종합적 체계의 효시인 『우리말본』의 단어 단위에 대한 관점을 보여준다. '준종합적 체계'의 특징을 단적으로 보이는 것은 움직씨, 그림씨, 잡음씨의 단어 예들과 토씨의 예들이다.

(3) 『우리말본』의 단어 분류 체계

품사명칭	분류 기준	첫째 하위구분	둘째 하위구분	셋째 하위구분
명사 '이름씨'	의미상	보통명사('두루이름씨'): 사람, 집, 밤, 동, 서, 뜻, 일		
		고유명사('홀로이름씨'): 단군, 세종 대왕, 이 순신, 조선, 평양, 논어		
	형식상	완전명사('옹근이름씨')		
		불완전명사 ('안옹근이름씨')	보통불완전명사: 것, 바, 줄, 터, 따름, 나름, 뿐, 때문	
			부사성불완전명사: 양, 척, 대로, 채, 둥	
			수단위불완전명사: 자, 치, 섬, 냥, 사람, 채, 자루	
대명사 '대이름씨'	사람/사물	인대명사('사람대이름씨'): 나, 너, 당신, 우리, 우리들, 우리네, 그이들, 그이네		
		물대명사('몬대이름씨'): 이것, 그것, 저것, 무엇, 어느것, 여기, 저기, 이리, 저리		
	칭격	제일칭격대명사('첫째가리킴대이름씨'): 나, 저, 우리, 우리들, 우리네		
		제이칭격대명사('둘째가리킴대이름씨'): 너, 자네, 그대, 당신		
		제삼칭격대명사 ('셋째가리킴대이름씨')	정삼인칭(定三人稱: '잡힌셋째가리킴의 사람대이름씨')	근칭('가까움'): 당신, 이분, 이이, 이, 이애
				중칭('떨어짐'): 당신, 그분, 그이, 그, 그애
				원칭('멀음'): 당신, 저분, 저이, 저, 저애
			부정제삼인칭('안잡힌셋째가리킴의 사람대이름씨'): 누구, 아무, 어떤이, 어느분, 어떤분	
		공통칭격대명사 ('두루가리킴대이름씨')	인대명사('사람대이름씨'): 저, 남, 자기, 다른이, 당신	
			물대명사('몬대이름씨': 각각 정(定)/부정, 불명/미지의 구별이 있음)	
			사물('일몬'): 이것, 그것, 저것, 무엇, 어느것, 아무것, 어떤	

			것
			처소('곳'): 여기, 거기, 저기, 어데, 아무데, 어떤데
			방향('쪽'): 이리, 그리, 저리, 어느쪽, 아무쪽, 어떤쪽
수사 '셈씨'	의미상	원수사 ('으뜸셈씨')	정수(定數: '잡힌 셈'): 하나, 일, 이, 삼십
			부정수(不定數: '안잡힌셈'): 한둘, 두셋, 너더댓, 여럿, 모두, 다수, 소수
		서수사 ('차례셈씨')	정수('잡힌셈'): 첫째, 마흔째, 백째, 제1, 제2, 제100
			부정수('안잡힌셈'): 한두째, 두세째, 여남은째, 여러째, 몇째
동사 '움직씨'	자타구분	자동사('제움직씨')	
		타동사('남움직씨')	
	주/보조	주동사('으뜸움직씨')	
		보조동사 ('도움움직씨')	부정보조동사('지움도움움직씨'): 아니하다, 못하다, 말다
			사동보조동사('하임도움움직씨'): 하다, 만들다
			피동보조동사('입음도움움직씨'): 지다, 되다
			진행보조동사('나아감도움움직씨'): 오다, 가다
			종결보조동사('끝남도움움직씨'): 나다, 내다, 버리다, 말다
			봉사보조동사('섬김도움움직씨'): 주다, 드리다, 바치다
			시행보조동사('해보기도움움직씨'): 보다
			강세보조동사('힘줌도움움직씨'): 쌓다, 대다
			당위보조동사('마땅함도움움직씨'): 하다
			시인적대용보조동사('그리여김도움움직씨'): 하다
			가식보조동사('거짓부리도움움직씨'): 체하다, 척하다, 양하다
			과기보조동사('지나간기회도움움직씨'): 뻔하다
			보유보조동사('지님도움움직씨'): 놓다, 두다, 가지고, 닥아
형용사 '그림씨'	의미상	성상형용사('속겉그림씨'): 검다, 달다, 시끄럽다, 지리다, 비리다, 미끄럽다, 새롭다	
		존재형용사('있음그림씨'): 있다, 계시다, 없다	
		비교형용사('견줌그림씨'): 다르다, 같다, 낫다, 못하다	
		수량형용사('셈그림씨'): 적다, 수적다, 많다, 수많다, 작다, 크다, 많다	
		지시형용사('가리킴그림씨'): 이러하다, 저러하다, 어떠하다	
	주/보조	주형용사('으뜸그림씨'): 검다, 있다	
		보조형용사 ('도움그림씨')	희망보조형용사('바람도움그림씨'): 싶다, 지다
			부정보조형용사('지움도움그림씨'): 아니하다, 못하다
			추측보조형용사('미룸도움그림씨'): 듯하다, 듯싶다, 법하다, 보다, 싶다
			시인보조형용사('그리여김도움그림씨'): 하다
			가치보조형용사('값어치도움그림씨'): 만하다, 직하다

					상태보조형용사('모양도움그림씨'): 있다(상태), 있다(진행)		
지정사 '잡음씨'		긍정지정사('여김잡음씨'): **이다**					
		부정지정사('안여김잡음씨'): **아니다**					
관형사 '매김씨'	의미상	성상관형사('그림매김씨'): 새, 헌, 외(외 딸, 외 아들, 외 기러기)					
		수량관형사('셈매김씨'): 한, 두, 두서너, 일이, 이삼, 두어, 여러, 모든, 온, 반, 숱한					
		지시관형사('가리킴매김씨'): 이, 그, 저, 요, 고, 조, 다른, 아무, 어느, 웬, 모, 당, 귀					
부사 '어찌씨'	의미상	시간부사('때어찌씨'): 일찍, 이미, 이제, 인제, 내일, 늘, 먼저, 같이, 나중, 가끔					
		처소부사('곳어찌씨'): 여기, 저기, 곳곳이, 이리, 저리, 멀리, 가까이					
		상태부사('모양어찌씨'): 잘, 못, 각중에, 삼가, 가만히					
		정도부사('정도어찌씨'): 매우, 훨씬, 대단히, 전혀, 조금, 좀, 약간, 거의					
		진술부사('말재어찌씨'): 꼭, 결코, 과연, 단연코, 마치, 천연, 똑, 조금도, 왜, 아마					
		접속부사('이음어찌씨'): 및, 또는, 곧, 그러나, 그러니, 그뿐아니라, 그러하니까					
감동사 '느낌씨'		감정적감동사('감정적느낌씨'): 허, 허허, 원, 애고, 아차, 얼씨구나, 용용					
		의지적감동사('의지적느낌씨'): 에라, 앗아라, 쉬, 자, 응, 그래, 이놈, 여보					
조사 '토씨'	기능상	격조사 ('자리토씨')	주격조사('임자자리토'): 이/가, 은/는, 께서, 께옵서, 에서				
			관형격조사('매김자리토'): 의				
			부사격 조사 ('어찌자리토')	처소격 ('곳자리')	낙착점('닿는데'): 에, 에게, 한테, 더러, 께		
					움직임되는데: 에서, 서, 에게서, 한테서		
					출발점('떠난데'): 에서, 서, 에게서, 한테서		
					방향('안한쪽'): 로/으로, 에게로, 한테로, 께로		
					한계선('금줄'): 안에, 안으로, 가운데, 중에, 속에, 밖에, 우에, 아래에, 넘어, 앞에, 뒤에		
				기구격('연장자리'): 로/으로, 로써/으로써			
				자격격('감목자리'): 로/으로, 로서/으로서, 치고, 치고서 (술치고서 이렇게 나쁜 것은..)			
				비교격 ('견줌자리')	모양: 와/과, 하고(두루異同通用), 처럼, 대로, 같이(같음同樣)		
					정도: 만큼(만치), 만(비등함比等), 보다, 에서(差等), 시피("특별한, 견줌 토의 하나")		
				변성격('바꾸힘자리'): 이/가, 로/으로			
				여동격('함께자리'): 와/과, 하고			
				인용격('따옴자리'): 라고, 라, 이라고, 이라, 고			
			목적격조사('부림자리토'): 을/를/ㄹ				

			호격조사('부름자리토'): 아/야, 이여/여, 이시여/시여
			보격조사('기움자리토'): 이/가
		보조사 ('도움토씨')	상이('다름'): 은/는
			동일('한가지'): 도
			단독('홀로'): 만, 뿐
			일양('한결'): 마다, 씩
			시작('비롯함'): 부터
			도급('미침'): 까지
			특별('특별함'): 이야/야, 이야말로/야말로
			역동('마찬가지'): 인들/ㄴ들, 이라도/라도
			선택('가림'): 이나/나, 이든지/든지
			개산('어림'): 이나/나
			첨가('더함'): 조차
			종결('끝남'): 마저
			불만('덜참'): 이나마
			고사(姑捨: '그만두기'): 커녕
			혼동('섞음'): 서껀 ("그 사람서껀 왔다.")
		접속조사 ('이음토씨')	단어접속조사: 와/과, 이고/고, 이며/며, 이랑/랑, 하고, 하며, 에 ('낱말이음토씨')
			문접속조사('월이음토씨'): 마는, 시피
		감동조사('느낌토씨'): 도, 이나/나, 그려, 요, 말이야	

위 단어 범주 분류 체계에서 '이다'와 '아니다'가 지정사 범주의 단 두 개의 예로 제시된 점은 주목해야 마땅한 점이다. 이를 강조하기 위하여 이 두 단어 형태를 굵은 글씨로 나타냈다.

C. 최현배(1937)의 현대 한국어 이은말(구: phrase) 분류

'이은말'은 최현배(1937)에서 구(phrase)의 문법단위를 의도하는 용어이다. 그러나 다음에서 보이는 그의 '이은말'의 용례들은 그의 구 개념이 분류론적 문법의 기준에서도 문제성 있는 것임을 드러내 준다.

(4) 『우리말본』의 구 분류 체계
① 임자이은말(체언연어, 체언구): <u>자유를 사랑함</u>은 사람의 본질이다/<u>하로 두 번씩 먹기</u>도 어렵다오/<u>좋은 것</u>은 가지고, <u>나쁜 것</u>은 버리라/<u>저기 보히는 허연 것</u>이 무엇이오?/<u>따뜻한 봄철</u>이 돌아왔도다.

② 풀이이은말(용언구): 그가 그 일을 잊어 버렸다/너도 우리말을 연구해 보아라. 나는 청탁을 가리지 아니한다/그도 가고 싶어 한다/그 꽃이 별로 아름답지 아니하다/비가 올 듯합니다.
③ 매김이은말(관형구): 부지런히 일하는 사람은 많이 거둔다/백두산에 오르는 사람이 해마다 늘어 가오/꾀꼬리는 재미나게 재재거리는 새이다/그의 어머니인 사람은 나의 숙모이다/주색을 좋아하는 자는 망하느니라/열심으로 차림을 하는 이는 이김을 얻으리라.
④ 어찌이은말(부사구): 나는 금강산에 가 보고서 천하의 기(奇)를 알았다/그 여자의 마음은 철석(鐵石)보다 더 단단하였다/그는 제 생각을 고집하여 굴하지 아니한다/한강은 금강산에서 황해로 흘러가오/사람은 편할 적에 어려울 적의 일을 생각하여야 한다.

그의 구('이은말') 개념이 가지는 문제점은 '비판'에서 자세히 지적하기로 한다.

D. 최현배(1937)의 현대 한국어 마디(절: clause) 분류

다음이 최현배(1937)에서 제시한 절('마디')의 모든 종류들이다. 단어나 형태소는 그 완전한 분류 체계를 나열할 수 있는 단위들이다. 그러나 절은 그렇지 않다. 가령 다음 '임자마디'의 예 중 명사절인 '그 맛이 달기'를 제외한 나머지 부분은 하나의 절 단위를 이루는 것인가? 그렇다면 그 절의 범주는 무엇인가? 또, '매김마디'의 예에서 '꽃이 피는'을 제외한 나머지 부분은 하나의 절 단위를 이루는 것인가? 그렇다면 그 절의 범주는 무엇인가?

(5) 『우리말본』의 절 분류 체계
① 임자마디(체언절): 내가 무궁화를 좋아함은 그 꽃이 무궁무진으로 피는 때문이다/그 맛이 달기가 꿀보다 더하다.
② 풀이마디(용언절): 오늘 밤은 달이 밝다/한강은 물이 맑다/토끼는 앞발이 짧다/소귀(牛耳洞)는 벚꽃이 많다/모란꽃은 향기가 없다.
③ 매김마디(관형절): 기러기는, 꽃이 피는 봄을 버리고 돌아가누나!
④ 어찌마디(부사절): 그 사람이, 낯이 뜨뜻하게, 그런 소리를 잘 해요/한바다가, 우리의 눈힘이 모자라게 넓어 있다/나무잎이, 소리도 없이, 하나 둘씩 떨어진다/그 사람이, 아무도 못 말리게 야단법석을 하오.
⑤ 맞선마디(대립절): 꽃은 웃고, 새는 노래한다/서리가 내리면, 나뭇잎이 빨갛게 물든다.

이 문제들은 전통문법가들을 곤란케 한 질문이었다. 김두봉(1916)에는 뒤의 문제에 대한 그의 답이 제시되어 있다. 매김마디(그의 '붙은마디')를 제외한 나머지 부분은 절 단위이며, 그 범주는 '등걸마디'라는 것이다. 이 답은 잘못된 것이다. 붙은마디와 그 나머지 부분인 등걸마디는 각각 직접구성성분을 이루지 않기 때문이다. 최현배(1937)에는 구성성분됨에 대한 현대적 개념이 철저히 자리잡고 있다. 이에 따라 '등걸마디'와 같은 용어는 나타나지 않는다. 그러나 최현배(1937) 역시 분류론적 문법으로서의 한계를 가지고 있었다. 문장의 구조가 생성적으로 도출되는 것이라는 생성문법의 인식이 결핍되어 있다는 점이 그의 문제점이다. 이에 대해서 '비판'에서 논하기로 한다.

그의 절 개념도 그의 구 개념과 맞물리는 문제성을 가진다. 이에 대하여 '비판'에서 자세히 지적하기로 한다.

E. 최현배(1937)의 현대 한국어 월(문장: sentence) 분류

첫째, 서법을 기준으로 한 문장 분류 체계는 다음과 같다.

(6) 서법을 기준으로 한 문장 분류
  ① 서술문('베풂월') — 서술형('베풂꼴'): 아이가 물고기를 잡는<u>다</u>.
  ② 의문문('물음월') — 의문형('물음꼴'): 아이가 물고기를 잡<u>느냐</u>?
  ③ 명령문('시킴월') — 명령형('시킴꼴'): 저 물고기를 잡<u>아라</u>.
  ④ 청유문('꾀임월') — 청유형('꾀임꼴'): 저 물고기를 잡<u>자</u>.

둘째, 내부 구조의 차이를 기준으로 한 문장 분류 체계는 다음과 같다.

(7) 내부 구조에 따른 문장 분류
  ┌ 단순문(單文: '홑월') ·· ①
  └ 복합문(複文: '겹월') ┌ 포유문('가진월') ················ ②
                        ├ 병렬문('벌린월') ················ ③
                        └ 연합문('이은월') ················ ④

내부 구조의 차이에 따른 문장의 범주들인 ①-④를 예시하기로 한다.

① 단순문(單文: '홑월'): 아이가 물고기를 잡는다.
② 포유문('가진월')
  가. 체언절포유문(임자마디가진월): 내가 무궁화를 좋아<u>함</u>은 그 꽃이 무궁무진으로 피는 때문이다/그 맛이 달<u>기</u>가 꿀보다 더하다.
  나. 용언절포유문(풀이마디가진월): 오늘 밤은 달이 밝다/한강은 물이 맑다/토끼는 앞발이 짧다/소귀(牛耳洞)는 벚꽃이 많다/모란꽃은 향기가 없다.

다. 관형절포유문(매김마디가진월): 기러기는, 꽃이 피는 봄을 버리고 돌아가누나!
라. 부사절포유문(어찌마디가진월): 그 사람이, 낯이 뜨뜻하게, 그런 소리를 잘 해요/한바다가, 우리의 눈힘이 모자라게 넓어 있다/모래벌이, 눈이 부시게, 희다/그 사람이, 아무도 못 말리게 야단법석을 하오/큰 물머리가, 사람이 견디지 못하게, 밀어왔다/나무잎이, 소리도 없이, 하나 둘씩 떨어진다.

③ 병렬문('벌린월'): 겨울은 춥고, 여름은 덥다/범은 가죽을 쓰고, 사람은 마음을 쓴다/순(舜)은 누구이며, 나는 누구이냐?/청년은 인생의 봄이요, 노년(老年)은 인생의 가을이다.

④ 연합문('이은월'):
1) 구속형('매는꼴'): 봄이 오면, 꽃이 핀다/내가 갔던들, 그 일이 되었겠다/가을이 되니, 물빛이 누르다/어느 날 내가 ㄱ의 집에 간즉, ㄴ이 와서 놀더라/그 사람은 재주가 있으므로, 우리가 미칠 수가 없어요/바람이 불어, 날씨가 춥다/장마가 오래 져서, 농사가 잘못 되었다/비가 자주 와야, 농사가 잘 되겠소/잠을 자야, 꿈을 꾸지.⁴¹
2) 방임형('놓는꼴'): 언니는 부지런하지마는, 아우는 게으르다/심기는 괴롭지마는, 거두기는 즐겁다/건설은 어렵되, 파괴는 쉬우니라/얼굴은 나쁘되, 맘씨는 좋다/봄은 되었으나, 꽃은 피지 아니하였다/밤은 새었으나, 해는 아직 뜨지 아니하였다/그것은 그러하려니와, 이것은 또 어떻게 될 모양이오?/네가 간들, 일이 되냐?/닭의 입이 될지언정, 소의 귀는 되지 아니한다.
3) 설명형('풀이꼴'): 그애가 내 동생인데, 나이가 열 두 살이다/비가 오는데, 당신은 어디로 가시오?/비가 오되, 썩 많이 온다.
4) 비교형('견줌꼴'): 새도 양육(養育)의 은혜를 알거든, 사람이 부모의 은혜를 모를소냐?
5) 선택형('가림꼴'): 비가 오거나, 바람이 불거나, 그것이 나에게 무슨 상관이냐?
6) 연발형('잇달음꼴'): 까마귀 날자, 배 떨어진다/네 말을 하자, 네가 오는구나!/해가 지자, 나는 집으로 돌아왔다/
7) 중단형('그침꼴'): 비가 오다가, 눈이 온다/처음에는 내가 하다가, 나중에는 그 사람이 했다.
8) 첨가형('더보탬꼴'): 비가 올뿐더러, 바람조차 분다.
9) 익심형('더해감꼴'): 비가 올수록, 보리가 잘 자라오.
10) 도급형('미침꼴'): 밤이 새도록, 나는 공부를 했다.

『우리말본』에서 접속어미의 하위범주 중 '연합문'의 예로 제시되지 않은 것은 나열형('벌림꼴'), 의도형('뜻함꼴'), 목적형('목적꼴'), 반복형('되풀이꼴'), 강세형('힘줌꼴')이다. 나열형은 기본적으로 병렬문을 형성하는 어미이므로 연합문의 예에 나열형어미에 의해 형성된 접속문을 포함하지 않은 것으로 보인다. 나열형 외의 접속어미들을 가지는 문장의 예는 다음과 같다.

---

41 이 문장을 연합문의 한 예로 든 것은 오류이다. '잠을 자야는 표면적인 주어를 갖지 않으므로 절('마디') 아닌 구('이은말')이고, 전체 문장 '잠을 자야 꿈을 꾸지.'는 복합문('겹월) 아닌 단순문('홑월')이기 때문이다.

- 의도형: 떠나려고 하였더니, 뜻밖에 일이 생겨서 못 떠났소/나는 명년 봄에 서양으로 가<u>고자</u> 하오/두문동으로 가<u>자</u> 면, 이리로 갑니까?(⇐ 가고자 하면)/죽<u>자</u> 하니, 청춘이요; 살<u>자</u> 하니, 고생이라(⇐ 죽고자, 살고자)
- 목적형: 나는 꽃 구경하<u>러</u> 갑니다.
- 반복형: 날마다 그 사람이 집으로 가<u>락</u> 오<u>락</u> 합니다/얼굴이 붉<u>으락</u> 희<u>락</u> 부끄러워 한다.
- 강세형: 높<u>으나</u> 높은 나무…/차<u>디</u> 찬 가슴…/갈 길이 멀<u>고</u> 멀다/이쁘<u>고</u> 이쁘다, 나의 동생.

반복형과 강세형의 접속어미는 아예 어미로서의 자격이 없는 것이다. 이들은 파생접미사로 처리해야 한다. 의도형과 목적형의 접속어미는 당당히 접속절(대립절)을 이끄는 어미이다. 이 접속절의 주어가 생략된 것뿐이다.

F. 구성성분의 확대에 관한 최현배(1937: 747-797)의 견해

문법 이론을 구성하는 문법단위, 문법범주, 문법기능의 세 가지 기본 개념 중에서 문법기능은 큰 문법단위를 이루는 구성성분인 작은 문법단위가 큰 문법단위 내에서 어떤 관계 기능을 가지는지를 지칭하는 개념이다. 『우리말본』에서 설정하는 문법기능은 주어, 서술어, 목적어, 보어, 관형어, 부사어, 독립어의 일곱 가지이다.

선동문법의 개념 중에서 무한히 긴 문장의 생성 가능성이라는 인간 언어 문법의 본질을 표현할 수 있는 개념이 문법기능, 즉 '문장성분'의 개념이다. 1980년대 이후의 생성문법의 이론인 원리매개변인 이론에서는 인간 언어의 모든 구와 문장이 보충어(complement)와 명시어(specifier)와 부가어(adjunct)의 추가에 의해서 확대되는 생성적 절차를 상정하는데,[42] 이는 문법기능이 문법단위의 확대에 작용하는 규칙성을 포착하는 개념이라는 점을 보여준다. 어떤 문법 이론이 생성적 절차의 규칙성을 기술하고 있는지의 여부는 이 이론이 현대적인 언어 과학 이론으로 발전할 잠재력을 가지고 있었는지를 판정하는 시금석이 될 수 있다. 결론적으로, 『우리말본』에서 문법기능 개념들은 주어진 문장의 내부 구조를 해석하는 데 사용되었을 뿐, 작은 단위들이 결합하여 큰 단위를 구성하는 데에 작용하는 규칙성을 표현하는 개념으로 파악되지는 않았다.

'월의 조각의 되기(成立)'라는 제목의 소절(760-785쪽)에서는 다음 7가지 문장성분이 어떤 문법범주의 어떤 문법단위들을 재료로 하여 성립되는지를 서술하고 있다.

---

[42] 이 생성적 절차에 관여하는 원리를 핵계층 원리 또는 핵계층 이론(X-bar theory)이라고 한다. 핵계층 이론에 대해서는 뒤의 3.4절에서 자세히 설명할 것이다.

(8) 문장성분의 성립('월의 조각의 되기')
　① 주어의 성립: 체언구, 체언절, 온갖 종류의 인용항이 주어가 된다.
　② 서술어의 성립: 단어인 용언, 용언구가 서술어가 된다.[43]
　③ 목적어의 성립: 체언구, 체언절, 온갖 종류의 인용항이 목적어가 된다.
　④ 보어의 성립: 체언구, 체언절, 온갖 종류의 인용항이 보어가 된다.
　⑤ 관형어의 성립: 단어인 관형사, 체언, 용언의 관형사형, 관형구, 체언구, 관형절이 관형어가 된다.[44]
　⑥ 부사어의 성립: 단어인 부사, 수사, 용언의 부사형, 부사구, 부사절이 부사어가 된다.[45]
　⑦ 독립어의 성립: 단어인 감동사, 체언, 접속부사, 체언구가 독립어가 된다.

　이 소절에서는 각 문장성분의 가능한 문법단위의 종류, 가능한 문법범주의 종류를 예시하고 있다. 문장성분이 단어, 구, 절로 이루어짐을 보이는 것은 이렇게 이루어진 문장이 다시 특정 문장성분이 되어 더 큰 문장을 이루는 귀환적 성질을 의도한 것이라고 가정해 볼 수 있다. 그러나 명시적으로 이러한 사고가 서술되어 있지는 않다.
　문장성분이 여러 종류의 문법단위로 성립됨을 보이는 것은 구성성분의 확대의 다양한 유형을 점검하는 의의가 있다. 그러나 구성성분의 확대의 방법으로 '문장성분'의 확대를 통한 방법만 있는 것은 아니다. 『우리말본』의 '월갈'에는 구성성분이 확대되는 다른 방법으로 동위병치에 의한 확대를 예시하고 있다(790-797쪽).

(9) 문장성분의 동위병치('월의 조각의 같은 자리 잡기')
　① 동위 주어의 동위병치에 의한 확대: 거위, 황새, 비둘기, 해오리, 오리가 모두 나와서 논다/떡과 과실이 많이 있더라/이름도 성도 없더라.
　② 동위 서술어의 동위병치에 의한 확대: 가을 하늘이 맑고 높다/아이가 가면서 노래한다.
　③ 동위 목적어의 동위병치에 의한 확대: 덕수가 종이, 붓, 벼루를 가지고 온다/덕수가 종이와 붓과 벼루를 가지고 온다.
　④ 동위 보어의 동위병치에 의한 확대: 나의 좋아하는 것은 얼음지치기, 공차기, 활쏘기 이다/

---

[43] 본용언과 보조용언이 결합되는 예를 서술어의 성립의 주요 용례로 들고 있다. 용언절이 서술어로 쓰인 예는 들고 있지 않다.
[44] 체언이 관형어로 쓰인 예로 '가정 교육'이 있다. 체언구가 관형어로 쓰인 예로 '한 잔 술'이 있다. '사람이 여기서 저 산 올라가기의 어려움'처럼 체언절에 '의'가 결합한 관형어의 예도 들고 있다. '외아들'의 '외'를 관형어의 예로 드는 오류를 범하기도 한다(771쪽).
[45] '매화는, 향기가 높기로, 유명하다'처럼 체언절에 부사격조사가 결합한 예(776쪽), '그 사람이 저도 가겠다고 합데다'처럼 종지법의 문장에 '고'가 결합한 예를 부사어의 예로 들고 있다. 두 경우는 모두 『우리말본』의 체계에서 부사구로 분석된다.

저 사람이 즐기는 것은 담배와 술이다.
⑤ 동위 관형어의 동위병치에 의한 확대: 저 새 집이 누구의 집이오?/그의 말본의 저서
⑥ 동위 부사어의 동위병치에 의한 확대: 물이 쾅쾅, 급히 흐르는데/그는 서로, 동으로 헤매었다/아이가 예쁘고 튼튼하게 생겼다.
⑦ 동위 독립어의 동위병치에 의한 확대: 아, 참, 달도 밝다/돈, 이름, 나는 다 싫어/선애야, 혜숙아, 다 나오너라.

명사나 명사구가 접속조사를 가지고, 또는 접속조사 없이 접속되는 경우, 관형사나 관형격 명사구의 연결, 부사나 부사구의 연결, 독립어의 연결, 그리고 용언의 접속형에 의한 용언의 연결을 '동위병치'의 예로 들고 있다.

구성성분의 확대의 방법으로는 '문장성분'의 확대를 통한 방법과 동위병치를 통한 방법 외에도 절 접속의 방법이 더 있다. 『우리말본』의 '월갈'에서는 접속어미에 의해 두 절을 결합하여 만들어지는 문장인 접속문을 병렬문('벌린월')과 연합문('이은월')으로 나누고 있는데, 이들 접속문이 형성되는 방법은 문장성분의 확대와도 다르고, 동위병치에 의한 확대와도 다른 것으로 서술되고 있다.

『우리말본』에서 구성성분의 확대는 문장성분 내부에서의 확대(임자말의 되기, 풀이말의 되기, 부림말의 되기, …), 동위병치에 의한 확대, 병렬문과 연합문의 형성에 의한 확대의 세 가지 상이한 방법으로 이루어지는 것으로 기술된다. 구성성분의 확대에 있어서 어떤 규칙성이 존재한다거나, 더욱이 귀환성이 작용한다거나 하는 발견을 『우리말본』에서 확인할 수는 없다.

특히, 동위병치에 의한 확대와 병렬문, 연합문의 형성에 의한 확대의 예 중에는 동일 현상을 무관한 것으로 설명한 예도 있다. ②의 "가을 하늘이 맑고 높다."나 "아이가 가면서 노래한다."나 ⑥의 "아이가 예쁘고 튼튼하게 생겼다."는 '비판'에서 논의하는 『우리말본』의 문제성 있는 구, 절 개념에 따라 단어로서의 용언과 용언이 동위병치되는 예로 다루어지고 있지만, 공범주 주어를 가지는 접속문(병렬문과 연합문)으로 분석하는 것이 타당하다(후술). 이 점을 인식하고 병렬과 연합의 접속문 형성을 동위병치에 의한 확대의 예로 포함하였다면 규칙성, 귀환성의 기술로 접근할 수 있었을 것이다.

구성성분의 확대에 관한 『우리말본』의 인식에는 몇 가지 수정과 보완이 필요하다. 우선, '동위병치'에는 문장 접속도 포함해야 한다.[46] 본동사와 보조동사의 연결도 '동위병치'의 한

---

[46] 『우리말본』에서 문장 접속은 병렬문('벌린월') 만들기와 연합문('이은월') 만들기의 두 가지 방법이 있다.

작용으로 포함할 수 있겠다.[47] 또, '철수와 인호가'처럼 명사구 '철수와 인호'에 조사 '가'가 결합하는 것도 '확대'의 한 절차로 인정해야 한다.[48]

최현배(1937) 비판

최현배(1937)의 문법 체계의 주요 문제점을 하나하나 지적해 보기로 한다.

1. 준종합적 체계로서의 특징과 그 문제 최현배(1937)은 준종합적 체계의 문법서이다. 용언인 동사, 형용사, 지정사의 처리와 체언인 명사, 대명사, 수사, 관계언인 조사의 처리를 살펴보면 이 점을 알 수 있다.

어미 분류 체계는 한국어 문법의 핵심을 이룬다. 어미 분류 체계는 절이나 문장의 분류 체계의 근거가 된다. 현대 한국어 어미들의 확정과 그 완성된 분류 체계를 제시한 것이야말로 최현배 문법의 독창성이며, 한국어 연구의 역사에서 으뜸가는 공을 이룬 것이다. 동사와 형용사와 지정사가 어간과 어미로 분석되는, 어미활용하는 단어로 분석된다는 관점이 '준종합적 체계'의 기본적인 특징이다.

주시경의 분석적 체계와 비교한 최현배의 준종합적 체계의 특징을 품사분류론을 중심으로 음미해 보기로 한다. 단어에 대한 관점을 기준으로 비교하여 주시경 문법을 분석적 체계, 최현배 문법을 준종합적 체계라고 한다. 최현배 자신은 자신의 문법을 '종합적'이라고 지칭하였다. 준종합적 체계라는 점이야말로 주시경 문법과 비교한 최현배 문법의 가장 뚜렷한 차이점이다.

『우리말본』의 제2편('씨갈')의 첫째 가름 '씨의 가름'에서 최현배는 자신의 문법 체계를 전개하면서 이전의 대표적 문법 체계인 주시경 문법과 비교하고 있다. 분석적 체계인 주시경 문법과 비교한 자신의 준종합적 체계('종합적 풀이법')가 왜 필요한지를 정당화하는 것이 '씨의 가름'의 집필 목적이라고 할 수 있다. 이러한 비교 작업의 기준이 되는 주시경 문법, 특히 그 품사 분류 체계는 다음과 같다.

이러한 문장 접속을 동위병치의 하나로 포함하지 않았다는 것은 분명하다.

[47] 『우리말본』에서 본용언과 보조용언의 결합의 예들은 '서술어의 성립'의 예로 들고 있다. 이들을 동위병치의 하나로 포함하지 않는다는 점은 분명하다.

[48] 명사구에 부사격조사 외의 조사가 결합한 단위를 명사구로 간주하는 것이 『우리말본』의 관점이라고 할 수 있다. 명사구에 부사격조사가 결합한 단위는 부사구로 본다. 그러나 『우리말본』에서 이 절차를 확대의 한 방법이라고 명시적으로 서술한 것은 아니다.

(10) 주시경 문법의 품사 분류 체계(최현배 1937/1971: 152쪽)
① 임(명사): 사람, 개, 나무, …
② 엇(형용사): 히(희-), 크, 단단하, …
③ 움(동사): 가, 날, 자, …
④ 겻(조사): 가, 를, 에, …
⑤ 잇(접속사): 와, 고, 며, 면, …
⑥ 언(관형사): 이, 저, 큰, 두, …
⑦ 억(부사): 잘, 이리, 착하게, …
⑧ 놀(감탄사): 아, 하, 참, …
⑨ 끗(종결사): 다, 이다, 냐, …

이들 중 최현배의 관점에서 용인할 수 없는 것은 어미를 갖지 않은 어간 단위에 지나지 않는 '히, 크, 단단하'와 '가, 날, 자'를 각각 '엇'과 '움'이라는 범주의 단어 단위로 보았다는 점과, 홀로 설 수 없는 '고, 면'을 단어 범주 '잇'으로, 홀로 설 수 없는 '다, 냐'를 단어 범주 '끗'으로 보았다는 점이다.

주시경 문법의 품사 분류 체계를 제시한 주시경(1910)이나 주시경(1914)를 검토해 보면 체계적이지 못한 점들이 발견되는데, 이들은 최현배 문법의 '혁신'이 정당함을 증명한다.

주시경(1910), 『국어문법』에는 분석적 체계의 본뜻과는 거리가 먼 분석의 예가 발견된다. '믿은', '믿는', '믿던'과 같은 예는, '믿는다', '믿고'를 단어 '믿'과 단어 '는다', '고'로 분석한 것과 같은 맥락에서, 단어 '믿'과 단어 '은', '는', '던'으로 분석해야 옳겠지만, 주시경(1910), 『국어문법』에서는 이들 '믿은', '믿는', '믿던'을 각각 한 단어로 보아 '언'(관형사)이라는 범주에 귀속시키고 말았다. 또한 '믿게'와 같은 예는 단어 '믿'과 단어 '게'로 분석해야 옳겠지만 기대와 달리 '믿게'를 한 단어로 보아 '억'(부사)이라는 범주에 귀속시켰다. 더욱이, '믿음', '믿기'와 같은 예는 단어 '믿'과 단어 '음', '기'의 두 단어 결합으로 분석하지 않고, '믿음', '믿기'를 각각 한 단어인 '임'으로 분석하였다. 이는 불합리한 것이다. '믿는다', '믿고'의 어휘적 요소 '믿'과 문법적 요소 '는다', '고'를 모두 단어로 분석하는 것이 주시경(1910), 『국어문법』의 기본 정신이므로, 관형사형 '믿는', 부사형 '믿게', 명사형 '믿음'의 경우에도 '믿'과 '는', '믿'과 '게', '믿'과 '음'을 각각 단어로 분석해야 논리적으로 일관된다. '믿고'와 '믿는'과 '믿게'와 '믿음'은 모두 동일한 어휘적 요소 '믿'과, 계열적으로 대립하는 문법적 요소들 '고', '는', '게', '음'의 결합이기 때문이다. 이들 예는 주시경(1910), 『국어문법』의 결정적인 문제점을 보이는 것이다.

주시경(1914)에 포함된 품사 분류 체계에서는 '믿는, 믿던'을 움씨 '믿'과 겻씨 '는, 던'으로 분석하고, '믿게'를 움씨 '믿'과 겻씨 '게'로 분석함으로써 이전보다 진전된 인식을 보여준다. 그러나 '믿음, 믿기'는 끝끝내 분석하지 않고 이들을 각각 임씨로 간주하고 말았다. 이들에서 '음'과 '기'는 '는다, 냐, 고, 며, 는, 던, 게'와 계열적으로 대립하는 요소들이므로, '는다, 냐, 고, 며, 는, 던, 게'를 각각 단어로 간주하였으면 '음'과 '기'도 단어로 간주하는 것이 옳다.

최현배는 이 점을 주시경 문법 체계 내에서는 해결할 수 없는 문제점이라고 파악한 것으로 보인다. 최현배(1937)의 해결 방안은 '음'과 '기'를 '는다, 냐, 고, 며, 는, 던, 게'와 같은 지위의 '어미'로 설정하고, 독립된 단어 단위가 아닌, 단어 내부의 형태소 단위의 지위를 부여하는 것이다. 이리하여 계열적으로 대립하는 요소들 '음, 기; 는다, 냐, 고, 며, 는, 던, 게'가 단어 단위로서 대립하는 것이 아니라, 단어 내부의 어미 단위로서 대립하는 것이라고 특성화하게 된다.

이로써 최현배(1937)의 어미활용 체계가 성립하게 된다. 이들 어미는 종지법, 자격법, 접속법의 세 가지 하위 범주로 나누어지고, 종지법에는 서술형, 의문형, 명령형, 청유형의 4가지 하위 범주, 자격법에는 명사형, 관형사형, 부사형의 3가지 하위 범주, 접속법에는 구속형, 방임형, 나열형, 설명형, … 등 14가지(동사의 경우) 하위 범주가 설정되기에 이른다.

어미활용 체계를 갖게 됨으로써 최현배 문법의 품사 분류 체계는 활용하는 단어 범주 '용언'을 새로 갖게 된다. 위에서 말한 '혁신'의 결과는 품사 분류 체계에 '용언'을 포함하게 되었다는 것으로 집약된다.

최현배(1937)의 품사 분류 체계는 다음과 같이 요약된다.

(11) 최현배(1937)의 품사 분류 체계 일람표

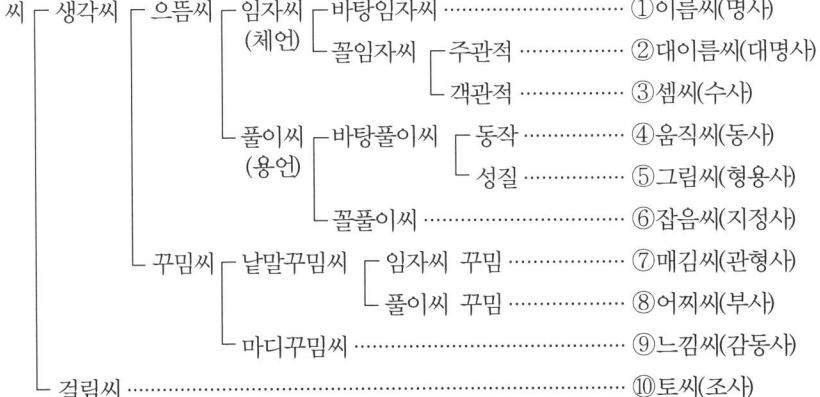

위 (10)과 비교한 (11)의 핵심적 차이점은 계열적으로 대립하는 단위들 '음, 기; 다, 냐, 고, 며, 면; 는, 던, 게'를 단어 아닌 어미로 취급하였다는 점이다. 주시경 문법에서 두 단어의 연결로 취급하였던 '먹는다, 먹냐, 먹고, 먹으며, 먹는, 먹던, 먹게'는 모두 한 단어 '먹다'의 활용형들로 취급된다. 주시경 문법에서 한 단어로서 명사 범주에 포함되었던 '먹음, 먹기'는 최현배 문법에서는 역시 동사 '먹다'의 활용형(자격법-명사형)으로 취급된다.

이 외에도 (10)에서 '임'으로 묶었던 단어들 중에서 '사람, 개, 나무' 등은 이름씨(명사)로, '나, 너' 등은 대이름씨(대명사)로, '하나, 둘, 일, 이, 삼' 등은 셈씨(수사)로 갈라 독립된 품사의 자격을 부여한 것이 주시경 문법과의 눈에 띄는 차이점 중 하나이다. 그러나 이러한 세분된 품사 설정은 이론적으로 바람직하지 않은 것이다. 명사, 대명사, 수사는 관형사의 수식을 받는 단어라는 점, 격조사의 앞에 위치하는 단어라는 점에서, 형식적으로 전혀 차이가 없으므로 한 품사로 묶는 것이 이론적으로 더 타당한 것이다.

'와/과'는 주시경 문법에서도, 최현배 문법에서도, 단어 단위로 인정되는 것이지만, 그 문법범주는 다르다. 주시경 문법에서는 '와/과'를 '고, 며, 면' 등과 같이 잇씨(접속사)로 분류하였는데, 최현배 문법에서는 이를 조사('토씨')의 하위 범주로서의 접속조사('이음토씨')로 분류한다. '와/과'는 체언 뒤에 실현되고 '고, 며, 면'은 용언 어간 뒤에 실현됨으로써, 서로 계열석 대립을 하시 않는다. 계열석으로 대립하지 않는 것들을 한 분법범수로 묶는 것은 잘못이므로, 이 점에 있어서는 최현배 문법의 처리가 타당하다고 평가할 수 있다.

2. 보조어간 개념의 근본적 문제 최현배(1937)의 보조어간 범주에는 파생접사와 굴절접사가 혼재되어 있다. 위에서는 보조어간의 예를 두 부류로 나누어 제시한 바 있다. 즉 (1)④(i)의 '-시-, -었-, -겠-, -습-, -더-, -는-(믿는다), …'는 굴절접사이고, (1)④(ii)의 강세 보조어간 '-뜨리-', 피동 보조어간 '-이/히/리/기-', 사동 보조어간 '-이/히/리/기-'는 파생접사이다.

이 점은 생산성 검증을 통해 확인할 수 있다. (1)④(i)의 보조어간들은 어느 동사 어간과도 결합할 수 있으므로 생산성에 제약이 없다. 반면 (1)④(ii)의 보조어간들은 생산성에 제약이 있다. '-뜨리-'와 결합할 수 있는 동사 어간은 '깨-, 치-' 외에 극히 소수의 예밖에 찾을 수 없다. 피동 보조어간과 결합할 수 있는 예들은 상당히 많은 것 같지만 엄밀하게 조사해 보면 역시 제한된 수의 동사 어간과만 결합 가능하다는 점을 확인할 수 있다. 타동사와의 결합으로 한정되는 피동 보조어간에 비해서 사동 보조어간은 보다 많은 동사 어간, 그리고 형용사 어간과 결합할 수 있지만, 이 경우도 전체 동사, 형용사 중 매우 한정된 수와만 결합이 가능한 것이다.

생산성에 제약이 있는 강세 보조어간 '-뜨리-', 피동 보조어간 '-이/히/리/기-', 사동 보조어간 '-이/히/리/기-'은 파생접사로서 어간의 일부를 이루는 것으로 분석해야 한다. 생산성에 제약이 없는 보조어간들은 어미의 일부로 분석해야 한다. 현행 학교문법(문교부 1985, 교육부 2002)에서는 이들을 '선어말어미'로, 최현배(1937)의 '어미'를 '어말어미'로 지칭하여 어미의 하위 범주를 이루는 것으로 처리하였는데, 이것이 보조어간의 문제를 바르게 해결한 것이다.

3. 최현배(1937)의 시제 체계의 문제 최현배(1937)의 시제 체계는 보조어간을 중심으로 하여 세워진다. 직접시제 12가지와 회상시제 12가지로 모두 24개의 하위범주를 가지는 것으로 기술된다. 다음은 직접시제 12가지, 회상시제 12가지를 표로 제시한 것이다. 회상시제는 보조어간 '-더-'를 가지는 경우이다.

(12) 가. 직접시제('바로때매김')

	으뜸때	나아감때	끝남때	나아가기끝남때
이적	-다	-고 있다/-는다	-앗다	-고 있었다
지난적	-앗다	-고 있었다	-앗었다	-고 있었었다
올적	-겟다	-고 있겠다	-앗겠다	'-고 있었겠다

나. 회상시제('도로생각때매김')

	으뜸때	나아감때	끝남때	나아가기끝남때
이적	-더라	-고 있더라	-앗더라	-고 있었더라
지난적	-앗더라	-고 있었더라	-앗었더라	-고 있었었더라
올적	-겟더라	-고 있겠더라	-앗겠더라	-고 있었겠더라

이 시제 체계의 두드러지는 문제점은, 형태론적 구성과 통사적 구성을 구별하지 않았다는 것이다. 시제 범주를 표시하는 단위들은 하나의 계열체(paradigm)를 이루지 않는다. 한 예로, '-앗-'과 '-고 있-'은 계열적으로 대립하는 단위가 아니다. 그러므로 이들은 한 시제 범주에 속하는 단위가 될 수 없다.

최소 통사 단위로 분석할 수 없는 것을 분석한 예도 있다. 현재진행시제 보조어간 '-는-', 회상시제 보조어간 '-더-'를 분석한 것은 오류이다. 현대국어에서 '-는-'은 시제 또는 상 또는 법을 표시하는 형태소로 분석할 수 없다. '-다/는다/ㄴ다, -구나/는구나, -도다/는도다'를 각각 한 어미로 분석해야 한다.[49] '-더-'도 독립된 문법범주를 나타내는 요소로 분석할

---

[49] 자세한 논증은 뒤의 3.2.3절을 참고하기 바람. 3.2.3절은 양정석(2012)의 서술을 다듬어서 수록한 것이다.

수 없다. '-더라, -더냐, -더구나, -데, -던, -더니, -던데, -던지, -었더라면, -었던들'을 각각 한 어미로 분석해야 한다.⁵⁰ '-는'과 '-더-'는 보조어간의 목록에서 제외해야 한다.⁵¹

시제('때매김법')와 피동법('입음법')에 대한 처리는 최현배 자신이 '정연치 못한 것'이라 말한 바 있다(최현배 1971: 464). 이는 경험적 사실에서 근거를 찾기보다 시제 의미가 존재한다는 관념적 믿음에 따라 문법을 서술한 것이다. 이는 비과학적 태도이다.

4. 구와 절 구별의 문제 구('이은말')와 절('마디')의 구별에 문제가 있다. 이는 "표면구조 중심의 문장 분석"으로부터 비롯되는 문제점이다.

최현배(1937)은 구 개념과 절 개념의 구별에 있어서 오류를 범하고 있다. 최현배(1937)에서는 동사, 형용사, 지정사의 이음법으로 15가지를 제시하였는데 나열형('벌림꼴')과 반복형('되풀이꼴'), 강세형('힘줌꼴'), 의도형('뜻함꼴'), 목적형('목적꼴')의 경우는 연합문의 예로 제시되지 않았다. 먼저 나열형은 기본적으로 병렬문을 형성하는 어미들이어서 이들을 연합문을 형성하는 예로 들지 않은 것이다. 반복형과 강세형은 그 어미 '-락', '-디'가 결코 복합문 내부의 절을 형성하지 못하므로 연합문의 예로 들지 않은 것은 타당하다.

(13) 반복형과 강세형
    가. 가을비가 <u>오락</u> <u>가락</u> 한다.
    나. 방바닥이 차<u>디</u> 차다.
(14) 의도형
    가. 나는 너를 <u>보려</u>고 거기를 갔었노라.
    나. 두문동으로 가고<u>자</u> 하면, 이리로 갑니까?
(15) 목적형
    가. 너는 무엇<u>하러</u> 서울로 가느냐?
    나. 그는 장사<u>하러</u> 강원도로 갔습니다.

그러나 (14), (15)의 의도형과 목적형 어미의 문장들은 복합문의 예들이므로 이들을 제외한 것은 잘못이다. 최현배(1937)에서는 주어의 생략이라는 문법적 절차를 인정하지 않고, 표면적으로 드러나는 문장의 형식만 가지고 그 구조에 대한 판단을 함으로써 이러한 오류에

---

50 이 점에 관한 자세한 논증은 양정석(2023가)에 제시되어 있다.
51 겹비보조어간으로 분석한 '-습-', '-ㅂ-', '-사오-'도 보조어간의 목록에서 제외해야 한다. '-습니다/ㅂ니까, -습니까/ㅂ니까'를 각각 어미로 분석해야 한다. '-사오니, -사옵니다'도 각각 문어체의 어미로 분석해야 한다.

빠지게 되었다. 최현배(1937)에서는 (14), (15)의 문장들을 단순문 구조로 판단하지만, 이들은 모두 주어가 생략된 내포절을 가지는, 복합문의 구조로 보아야 한다.

위와 같은 단순문/복합문의 구별과 관련한 최현배(1937)의 처리의 문제는 그의 절 개념과 구 개념 구별의 문제에서 연유한다.

(16) 우리가 자유를 사랑함은 우리의 천성이다.
(17) 자유를 사랑함은 우리의 천성이다.

최현배(1937)에 따르면 예문 (16)은 체언절포유문이다. 그러나 체언절의 주어를 생략한 (17)은 복합문으로서의 포유문이 아니고, 단지 '자유를 사랑함'을 구 단위로 가지는 단순문일 뿐이다. 그러나 두 문장은 구조적으로 동일하다. (17)에서는 내포절의 주어 명사구가 생략된 것뿐이다.

관형절에서도, 부사절에서도, 연합문과 병렬문의 구성성분이 되는 대립절에서도, 이와 같이 절의 주어가 생략된 단위를 구로 판단해야 하는 예를 찾을 수 있다. 위 (16), (17)의 예들에 더하여, 최현배(1937)에서 체언구, 관형구, 부사구의 예로 들고 있는 다음 예들이 그와 같은 것이다.

(18) 가. 체언구: <u>자유를 사랑함</u>은 사람의 본질이다/<u>하로 두 번씩 먹기</u>도 어렵다오.
나. 관형구: <u>부지런히 일하는</u> 사람은 많이 거둔다/<u>백두산에 오르는</u> 사람이 해마다 늘어 가오/꾀꼬리는 <u>재미나게 재재거리는</u> 새이다/<u>그의 어머니인</u> 사람은 나의 숙모이다/<u>주색을 좋아하는</u> 자는 망하느니라/<u>열심으로 차림을 하는</u> 이는 이김을 얻으리라.
다. 부사구: 나는 <u>금강산에 가 보고서</u> 천하의 기(奇)를 알았다/그는 <u>제 생각을 고집하여</u> 굴하지 아니한다.

최현배(1937)의 복합문 처리는 이처럼 절을 내포하는 문장과 구를 내포하는 문장의 구조적 동일성을 포착하지 못하는 오류를 범하고 있다.

최현배(1937)에서 언제나 주어의 생략을 인정하지 않는 것은 아니다. 최현배(1937/1971: 797-800)에는 '월의 조각의 줄임(문장성분의 생략)'이라는 항목 아래 주어가 생략되는 다음과 같은 예를 들고 있다. '언제 왔니?'는 주어가 생략된 문장인 것이다.

(19) (네가) 언제 왔니? (최현배 1937/1971: 798)

그러므로 자격법어미와 접속법어미에 이끌리는 절에서 주어가 생략되는 경우에 한하여 주어의 생략을 인정하지 않는 것이 최현배(1937)의 방침이라고 할 수 있다. 이것은 절 개념과 구 개념이 일관된 기준에 따라 구별되지 못하였음을 보이는 것이다. 이러한 절 개념과 구 개념은 더 이상 유지될 수 없다.

5. 이중주어문 구조 판단의 문제 포유문의 하위 분류 중 '토끼가 앞발이 짧다.'와 같은 이중주어문을 '풀이마디를 내포한 가진월'(용언절포유문)이라 하여 복합문의 하위 범주로 설정한 것은 문제이다.

명사절, 관형절, 부사절을 가지는 다른 포유문의 경우는 제각기 절 표지를 가지는 것이다. 즉, 체언절포유문의 경우에는 한 문장이 명사절이 되기 위하여 어미 '-음/-기'를, 관형절포유문의 경우에는 관형절이 되기 위하여 어미 '-는, -은, -을'을, 부사절포유문의 경우에는 부사절이 되기 위하여 어미 '-이,-게'를 절 표지로 취하는데, 용언절포유문의 경우에는 용언절을 나타내는 절 표지가 실현되지 않는다. 이는 용언절이 한국어의 내포절의 하나로 존재하지 않음을 보이는 것이다.

용언절포유문은 여타의 포유문들과 다른 통사적 특징을 가지고 있다. 일반적으로 포유문에서는 주절의 어떤 요소도 내포된 절 속으로 자리를 옮기는 것이 불가능한데, (20나)에서 볼 수 있듯이, 용언절포유문에서는 주절의 주어인 '코끼리'가 내포된 '코가 길다'의 성분 안으로 자리옮김을 할 수 있다. (21)-(23)는 명사절 포유문, 관형절 포유문, 부사절 포유문에서는 주절의 주어가 내포된 절 안으로 자리를 옮기면 비문이 된다는 일반적 성질을 보이는 것이다.

(20) 가. 코끼리는 코가 길다.
　　 나. 코가 코끼리는 길다.
(21) 가. 나는 그가 작가임을 모르고 있었다.
　　 나. *그가 나는 작가임을 모르고 있었다.
(22) 가. 영민은 민수가 결혼한 사실을 모르고 있다.
　　 나. *민수가 영민은 결혼한 사실을 모르고 있다.
(23) 가. 그 부부는 아이가 미국으로 유학갈 수 있게 돈을 열심히 모았다.
　　 나. *아이가 그 부부는 미국으로 유학갈 수 있게 돈을 열심히 모았다.

이는 (20가)의 '코가 길다' 부분이 내포절이 아님을 증명한다. 따라서 용언절포유문을 내포문의 한 하위 범주로 설정한 최현배(1937)의 복합문 하위 분류 체계는 오류이다.

또한, (20가)와 같은 문장을 용언절포유문으로 처리하는 것은 그 서술어의 선택제약 (selectional restriction)을 기술하는 데에 있어서 문제를 초래한다. '길다'는 1자리 서술어로서, 이것이 선택제약하는 명사구는 내포절의 주어인 '코'이다. 주어는 서술어가 선택제약을 가하는 문장성분이다. 문제는, 복합문의 주어인 '코끼리는'은 그 서술어인 '코가 길다'가 선택제약하는 것으로 기술할 수 없다는 것이다. 선택제약의 사실은 어휘부의 단어의 어휘기재항(lexical entry)에 기재되는 어휘적 정보이다. 주어와 서술어를 갖춘 단위 '코가 길다'는 문장이지, 어휘적 단위가 아니다. 그 선택제약의 사실을 기술할 방도가 없다.[52]

참고로, (24) 문장에서 '물이'와 '얼음이'는 모두 '되다'에 의해 선택제약을 받는 명사구라고 기술해야 한다. '되다'는 2자리 서술어로서, '물이'와 '얼음이'는 모두 '되다'가 취하는 논항인 것이다. 최현배(1937)에서는 둘을 각각 주어와 부사어, 문교부(1985), 교육부(2002)에서는 둘을 각각 주어와 보어라고 규정한다. 그 격에 관한 세부 사항을 어떻게 결정하는지와는 상관없이, (24)를 동사 '되다'가 두 개의 논항을 취해서 이루어지는 단순문으로 본 것은 타당한 결정이다. 그러나 (20가)에서 '길다'는 1자리 서술어일 뿐이므로, (20가)와 (24)를 같은 구조로 분석해서는 안 된다.

(24) 물이 얼음이 되었다.

6. 간접인용절 내포문 처리의 문제 최현배(1937)에서 포유문의 예로 기술하지 않은, 포유문의 예가 더 있다. 최현배(1937)에서는 (25가)와 같은 간접인용문을 복합문의 한 하위범주로 인정하지 않았으나 이는 오류이다.

(25) 가. 나는 철수가 똑똑하다고 생각한다.
     나. 나는 철수가 똑똑하다 생각한다.

최현배(1937)에 의하면, '철수가 똑똑하다'가 인용의 부사격조사 '-고'와 결합하여 '철수가 똑똑하다고'라는 부사구를 이루었다고 보고 이를 내포절의 한 유형으로 취급하지 않았다. 그러나 최현배(1937)에 따르면 다음과 같이 체언절에 부사격조사 '-에'가 결합한 문장들을 체언절포유문으로 판단할 수밖에 없다. 따라서, (26가, 나)를 포유문의 예로 처리하는 것처

---

[52] 이상의 서술은 남기심(1986)의 논증에 바탕을 둔 것이다.

럼, (25가)도 포유문의 한 하위 범주로 설정하는 것이 타당하다.

(26) 가. 그대가 있음에 내가 있네.
　　　나. 다섯 사람이 타기에는 차가 너무 좁다.

(25나)에서 볼 수 있듯이 '-고'는 생략될 수 있다. '-다고'가 복합적 어미라고 상정하고 간접인용절을 이루는 복합적 어미에서 '-고'가 수의적으로 생략되는 형태음운론적 현상으로 설명할 수 있다.

7. 부사절포유문 분석의 한 문제 '부사절포유문'의 예로 든 다음 문장의 분석은 문제를 제기한다.

(27) 나뭇잎이 소리가 없이 떨어진다.

최현배(1937)에 따르면 (27)은 부사절 포유문으로 분석된다. 이는 '소리가 없이' 부분이 절이어야 한다는 뜻이 된다. 최현배(1937)의 분석은 다음과 같은 것이다.

(28) [문장 [체언구 나뭇잎이] [용언구 [부사절[체언구 소리가][형용사 없이]] [동사 떨어진다]]]

그러나 '없이'는 단어 범주로서 부사이고, '소리가'는 주어가 아닌 필수적 성분으로 보아야 가장 합리적인 분석이 된다.

(29) 가. 나뭇잎이 소리가 없다.
　　　나. 나는 돈이 없다.

(29)는 '없다'의 어휘적 특성에 따라 두 논항이 요구되는 구문이므로, (27)의 '소리가'도 (29)의 '소리가'와 다름없이 주어가 아닌 성분으로 처리하는 것이 타당하다. (27)에서 '없이'의 '이'는 굴절접미사가 아니고 형용사 어간에 결합하여 파생어를 만드는 파생접미사일 뿐이다. '없이'는 부사로서 다음과 같은 예의 '함께', '같이'처럼 선행 성분을 필수적 성분으로 취하여 부사구를 형성하는 것이다.

(30) 가. 나는 <u>친구와</u> 함께 도서관에 갔다.
　　　나. 고향은 <u>어머니의 품과</u> 같이 편안한 곳이다.

대안적 분석은 다음과 같다. '소리가 없이'는 부사구로 분석되어야 한다.[53]

(31) [문장 [체언구 나뭇잎이] [용언구 [부사구[체언구 소리가][부사 없이]] [동사 떨어진다]]]

8. 보조용언 구문의 구조 판단의 문제 보조용언('도움풀이씨')이라는 용언의 하위 범주를 설정하는 것과, 보조용언을 포함하는 문장의 구조를 단순문으로 파악하는 것은 최현배(1937)에서 비롯되어 이후의 연구에 많은 영향을 준 주장이다. 필자는 보조용언 구문을 단순문 구조로 파악하는 그의 주장이 오류이고, 기본적으로 복합문 구조로 파악해야 한다고 판단한다.

보조용언 구문의 구조에 대한 최현배의 견해가 가지는 문제점을 네 가지로 나누어 지적하기로 한다.

첫째, 최현배(1937)에서 사동보조동사로 규정한 '하다'의 문장은 보조동사 구문이 단순문 구조로 파악되어서는 안 됨을 보여주는 단적인 예이다.

(32) 벤투 감독은 손흥민을 뛰게 했다.
(33) 벤투 감독은 손흥민이 뛰게 했다.

(32)에서 '했다(하였다)'는 보조동사로서, 앞의 주동사 '뛰게'와 결합하여 구('이은말')을 이룬다는 것이 최현배의 판단이다. 이에 따르면 (32) 문장은 단일한 서술어 '뛰게 했다'를 가지는 단순문의 구조를 취하는 것이다. 즉, '뛰게 했다'가 단일 서술어로서, 그 앞의 '손흥민을'을 목적어로 취하고, 다시 '벤투 감독은'을 주어로 취하는, 단순문의 구조인 것이다.

그러나 기본적으로 동일한 의미를 나타내는 (33) 문장은 결코 이와 같이 분석할 수 없다. 이 경우에도 '뛰게 했다'가 단일 서술어로 분석된다면(이것이 『우리말본』의 판단이다), 이 문장은 두 개의 주어 '손흥민이'와 '벤투 감독은'을 가지는 구조가 될 것이다. 그러나 (33) 문장은 논리적으로 '손흥민'이 '뛰게'의 주어이고 '벤투 감독은'이 전체 문장의 서술어 '했다'의 주어라고 분석해야만 한다. 같은 논리적 관계를 나타내는 (32) 문장에서도 '뛰게'의 논리적 주어는 '손흥민'으로서, 다음과 같은 구조에서 타동사 '했다'의 목적어 '손흥민을' 때문에 내포절의 주어가 생략된 구조로 분석해야 한다.

---

[53] 양정석(1995/1997: 293)에서는 '소리가 없이'와 같은 단위를 부사절로 처리하는 최현배의 견해를 비판하여 '소리가'를 보충어를 취하는 부사구로 처리한 바 있다.

(32)′ [s 벤투 감독은 [vp 손흥민을 [s Ø 뛰게] 했다]]

둘째, 사동보조동사 구문 외에도 '인호는 철수를 믿어 보았다.'와 같은 보조용언 구문을 『우리말본』에서는 단순문 구조로 파악하고 있다. 그러나 이는 복합문 구조로 분석해야 한다. 합성동사를 서술어로 가지는 명백한 단순문 구조 (35)와 비교함으로써 이 점을 증명할 수 있다.

(34) 가. 철수는 동전을 던져 보았다.
　　　나. 철수는 경애에게 라면을 끓여 주었다.
　　　다. 철수는 자기 아이들을 돌보지 않았다(아니하였다).
(35) 가. 철수는 도서관으로 뛰어갔다.
　　　나. 호랑이는 토끼를 잡아먹는다.
(34)′ 가. 철수는 동전을 던져 보았고, 인호도 그래 보았다.
　　　나. 철수는 경애에게 라면을 끓여 주었고, 인호도 순희에게 그래 주었다.
　　　다. 철수는 자기 아이들을 돌보지 않았고(아니하였고), 인호도 그러지 않았다(아니하였다).
(35)′ 가. *철수도 도서관으로 뛰어갔고, 인호도 그래갔다.
　　　나. *호랑이도 토끼를 잡아먹고, 여우도 그래먹는다.

대동사(조응 동사) '그리하다(그러다), 그러하다(그렇다)'가 조응하는 단위는 구 단위이다. (34)′에서 '그리하-(그래-)'에 의해 조응되는 '동전을 던지-', '라면을 끓이-', '자기 아이들을 돌보-'는 동사구 단위이다. 이 점이 두 동사가 결합하여 복합적 단어 단위를 이루는 (35)′의 '뛰어가다', '잡아먹다'와의 구조적 차이점인 것이다.

(34)와 (34)′, (35)과 (35)′의 문장 구조의 대비가 증명하는 점은, (34가)′의 선행절이 (36가) 또는 (36나)와 같은 통사구조를 가진다는 것이다. (36가)는 내부의 'S' 단위인 '동전을 던지어' 가 주어 명사구를 갖지 않은 것으로 분석되었다. 그러나 문장(S)은 필수적으로 주어 명사구를 가진다는 보편적 규칙 (37)에 따라,[54] (36가)는 (36나)와 같이 내포된 S에 공범주 주어를 포함하는 구조가 될 수밖에 없다.

---

[54] (36가)의 통사구조 표시 방법과 (37)의 구 구조 규칙 표시 방법에 대해서는 3.2.2절을 참고하기 바람. (37)은 구 구조 규칙의 형식으로 문장(S)이 주어 명사구(NP)와 동사구(VP)를 필수적인 구성성분으로 포함해야 함을 명시한다. 3.4.1절에서 설명하는 원리매개변인 이론에서는 (37)이 나타내는 바를 확대 투사 원리(Extended Projection Principle) 또는 서술화 원리(Predication Principle)라는 원리가 나타낸다.

(36) 가. [s [NP 철수는] [VP [s [VP [NP 동전을] [V 던지-]][Infl -에]]
　　　　 [V 보-]] [Infl -았고]], …
　　나. [s [NP 철수는] [VP [s [NP e] [VP [NP 동전을] [V 던지-]][Infl -에]]
　　　　 [V 보-]] [Infl -았고]], …
(37) S → NP VP Infl

　　셋째, 형태론적 구조를 잘못 분석한 것이 있다. 최현배(1937)에서는 "개구리를 잡아 가지고 집으로 왔다.", "개구리를 잡아 닥아 닭에게 먹인다."와 같은 예에서 '가지고', '닥아'를 보유보조동사로 규정한다. 그러나 이들은 동사 활용형 '잡아가지고', '잡아다가'에서 접속어미 '-아가지고', '-아다가'의 일부를 이루는 요소들일 뿐이다. 즉, '잡아가지고', '잡아다가'의 형태론적 구조는 어간과 어미로 이루어지는 한 동사의 활용형으로 분석되어야 한다. 두 가지 예만 더 들어 본다.

(38) 그 물건을 들어다가 방안에 놓았다.
(39) 옷에 풀을 먹여가지고 빳빳하게 해서 입고 다녔다.

　　넷째, 다음도 최현배(1937)에서 그 형태론적 구조를 잘못 분석한 예들이다.

(40) 가. 체하다: 그가 제법 어른인 체한다/돈이 많은 체한다.
　　나. 척하다: 그는 그저 못 들은 척했다.
　　다. 양하다: 안 먹어도 먹은 양하고만 있으면 배가 부른가?/너는 그저 그런 양 하고 있어/사람은 각각 제가 제일인 양한다.
　　라. 뻔하다: 하마터면 속을 뻔하였다/이번에도 빈탕일 뻔하였다.
　　마. 만하다: 나도 갈 만하다/그렇다고 할 만하다.
　　바. 법하다: 그가 자백을 할 법하다/인제 정신을 차릴 법하다.
　　사. 듯하다: 비가 오는 듯하다/비가 올 듯하다.
　　아. 듯싶다: 그는 불만인 듯싶다/이 점에는 그 사람도 동의할 듯싶다.

　　이들은 모두 의존명사 '양, 체, 척, 뻔, 만, 법, 듯'이 이끄는 구(명사구)가 이어지는 '하-'의 보충어 위치에 놓이는 구조를 취하고 있다. 이들도 둘로 더 갈라진다. '양', '체', '척'에 이어지는 '하-'는 동사로서의 성질을 가진다. 이에 비해 '만', '법', '듯' 뒤의 '하-'나 '싶-'은 형용사로서의 성질을 가진다. 'S'는 문장(sentence), 'NP'는 명사구(noun phrase), 'VP'는 동사구(verb phrase:

용언구)를 나타내는 약호이다. 'Ø'는 주어나 목적어가 생략된 부분을 표시한 것이다.

(41) 그가 [VP [NP [S Ø 제법 어른인] 체]] 한다]
(42) 그가 [VP [NP [S Ø Ø 해낼] 맨]] 하다]

이와 유사한 다른 예로 '직하다'가 있다. 이는 최현배(1937)에서 보조형용사의 하나로 처리되었으나, 일반 형용사로서의 '하다'가 실현된 문장으로 판단하는 것이 타당하다. 허웅 (1995: 384)에서는 이 예들에서 '-음직'을 접속어미로 분석하였는데, 이것이 온당한 처리법이라 하겠다.

(43) 가. 그 사과가 먹음직 하다.
　　　나. 그 여자를 한번 만나 봄직(도) 하다.

9. 병렬문과 연합문 구분의 문제 병렬문('벌린월')과 연합문('이은월')의 분명한 구분 기준이 없다는 점을 지적할 수 있다. 최현배(1937)에서는 접속법 어미에 의해 매개되는 복합문을 병렬문과 연합문으로 나누는데, 이 구분이 어떤 통사적인 기준에 의한 것인지를 밝히지는 못하였다. 이를 밝히는 일은 이후의 한국어 문법 연구의 주요 과제가 되어 왔다.

문제의 예는 다음과 같은 것이다. 다음과 같이 연합문의 선행절을 아주 부사절처럼 후행절의 가운데에 끼워 넣어서 말하는 경우가 있다고 지적하였다(843쪽).

(44) 가. 나는, 비가 와도, 학교에 가겠다.
　　　나. 제비는, 봄이 되면, 온다.
　　　다. 그는, 해가 돋자, 길을 떠났다.

그러나 이 예들에 대한 『우리말본』의 결론은 연합문 선행절의 한 특별한 변칙적 용법이라는 것이다. 이들은 둘 다 연합문으로 분석된다.

최현배(1937) 이후 이 문제에 대한 대안이 여러 가지 방식으로 제시되었다. 한 예로, 남기심(1985)에서는 (44)의 예들과 이들에 대응되는 원래의 어순의 예들이 부사절포유문이라는 해법을 제시하였다. '-어도', '-면', '-자' 등의 연결어미 외의 '-고', '-며' 등의 연결어미를 가지는 복합문은 여전히 접속문으로 귀속시킨다.

그러나 한국어의 접속문을 병렬문과 연합문, 또는 접속문과 부사절내포문으로 구분하는 엄격한 통사적 기준은 존재하지 않는다. 사실이 그러하다면 이 둘을 동일한 통사구조로 기술하는 것도 가능할 것이다. 이는 현재의 생성문법적 연구에서는 흔한 해결 방안이다. 전통문법의 문법서인 정렬모(1947)에서도 '-고'나 '-며'에 의해 이끌리는 선행절이 후행절에 대해서 부사어의 기능을 가진다고 서술한 바 있다. 필자의 대안으로 제시되는 제4장의 생성문법 체계에서는 기본적으로 이와 같은 관점에서 핵계층 이론(X-bar theory)의 안목을 더한 새로운 접속문 기술 방안을 제시할 것이다.

10. 잘못된 접속어미 분석 접속어미 분석과 관련한 다음 문제점들도 아울러 지적해야 한다.

(45) 가. '-거온', '-관대', '-완대', 비교형의 '-거든' 등은 현대 한국어의 요소들이 아니므로 현대 한국어 문법의 기술에서 제외해야 한다.
나. 조건 의미를 표현하는 접속어미 '-거든'이 언급되어 있지 않은 것은 잘못이다. '-듯이', '-자마자', '-을락말락'('못 미침')을 현대 한국어 접속어미의 예로 추가해야 한다. '-다시피' ('너도 알다시피 나는 매운 것을 못 먹는다.')도 현대 한국어 접속어미의 예로 추가해야 한다.[55]
다. '오락가락하다'의 '-락', '쓰디쓴'의 '-디', '크나큰'의 '-나'를 접속어미로 판단한 것은 초보적인 분석 오류의 예이다. 이들은 파생접미사로 분석해야 한다.
라. '믿습니다마는, 믿으오마는, 믿지요마는, …'에서의 '-습니다마는, -으오마는, -지요마는, …' 등을 접속어미로 보거나, 또는 분석적 체계의 관점을 받아들여 접속사 단어로 보아야 한다. 최현배(1937)에서 이러한 형식의 예 중 접속어미로 간주한 것은 '-지마는(지만)'뿐이다. 위 예들에서는 '-마는'을 종결어미로 끝난 문장에 결합된 접속조사로 규정하고 있으나, 이는 종결어미에 의해 맺어진 절이 접속절이 되어 접속문을 구성한다고 하는 극히 임시방편적(ad hoc)인 기술을 불러들이는 일이 된다. 이 예들은 '준종합적 체계'의 근본적 문제점을 보이는 예들이다.[56]

11. 구성성분의 확대에 관한 최현배(1937)의 견해 비판 『우리말본』에는 각 문장성분의 성립에 관한 서술, 문장성분의 '동위병치'에 관한 서술이 주어졌지만, 이 둘이 구성성분의 확대의 기제로서 일정한 원리에 지배된다는 생각을 발전시키지는 못하였다. 구성성분의 확대에

---

55 최현배(1971: 650)에서는 이 경우의 '시피'가 접속조사로서 종결어미로 끝난 용언에 이어지는 단어라고 규정하고 있으나 이는 오류이다.
 a. 너도 알다 시피, 내가 한 번도 거기에 간 일이 없지 아니하냐?
 b. 어른께서도 아시다 시피, 저 애가 본래 착합니다.
56 양정석(2010: 69, 120)에서는 '-지요마는' 등의 예가 어미활용 개념을 기반으로 하는 '준종합적 체계'에 근본적 문제를 제기한다는 점을 지적하고, 이들을 재구조화에 의해 복합 형식의 '보문소' 범주를 형성하는 것으로 처리한 바 있다.

관한 최현배(1937)의 견해를 구체적으로 살펴보자.

최현배(1937)의 '월갈'(제3편)에는 주어의 성립, 서술어의 성립, … 등의 표제 하에 각 문장성분이 단어로, 구로, 절로 형성되는 양상을 예를 들어 설명하고 있다. 가령, 명사절로 이루어진 목적어는 타동사와 결합하여 더 큰 구성을 이루고, 이것이 다시 주어와 결합하여 더 큰 구성인 문장을 이룬다고 생각했을 것이다. 최현배(1937)의 문장성분론을 따르면 한국어 문장은 다음과 같은 방법으로 확대된다고 정리할 수 있다.

(46) 구성성분 확대의 방법
① 주어에 의한 확대
② 서술어에 의한 확대
③ 목적어에 의한 확대
④ 보어에 의한 확대
⑤ 부사어에 의한 확대
⑥ 관형어에 의한 확대
⑦ 독립어에 의한 확대
⑧ 동위병치에 의한 확대
⑨ 대립절의 병렬에 의한 확대
⑩ 대립절의 연합에 의한 확대

그러면, (46)에 제시한 확대의 방법으로 한국어의 모든 문장을 생성할 수 있을까? 필자는 지금 '생성'이란 용어를 사용하였다. 이는 『우리말본』의 체계 안에 무한수의 한국어 문장을 생성하는 방법이 갖추어져 있다면 『우리말본』이 생성문법 이론으로 발전할 잠재성을 가지고 있다고 해석할 수도 있으므로, 그러한 가능성을 점검해 보고자 하는 것이다. 결론적으로, (46)의 10가지 방법 그대로는 모든 한국어 문장을 생성할 수 없다.

이러한 확대 방법의 문제점은, 병렬과 연합에 의한 확대를 문장성분에 의한 확대(부사어에 의한 확대) 또는 동위병치에 의한 확대의 하나로 파악하지 못하였다는 점이다.

가장 궁극의 문제점은 귀환성을 포착하지 못하였다는 점이다. 이러한 문제점은 전통문법 이론들이 공통으로 가지는 한계이며, 심지어 이후의 구조주의 언어학 이론들이 가지는 한계이기도 하다. 한국어 문법의 기술은 인간 언어의 문법이 가지는 근본 원리인 귀환성을 포착할 수 있어야 한다. 생성언어학에 와서야 이러한 생각이 이론으로 실행되기에 이른다. 표준이론적 생성문법 이론에서는 구 구조 규칙들이 구성성분 확대의 수단이 된다(3.3절 참조). 원리매개변인 이론에서는 단원 이론(module theories)의 하나인 핵계층 이론(X-bar theory)이 구성성분 확대의 수단이 된다. '보충어 규칙', '명시어 규칙', '부가어 규칙'이 다름 아닌 구성성분 확대의 방법인 것이다(3.4절 참조). 최소주의 통사론에서는 단일한 연산인 '병합(Merge)'이 구성성분 확대의 수단이 된다(3.5절 참조).

2.2.3. 기타 준종합적 체계의 문법

최현배(1937) 이외의 준종합적 체계의 주요 문법서로 이희승(1949), 『초급국어문법』, 정인승(1949), 『표준중등말본』과 학교문법서인 문교부(1985), 『고등학교 문법』을 검토해 보자.

2.2.3.1. 이희승(1949)의 준종합적 체계

A. 이희승(1949)의 단어 분류 체계

이희승(1949)의 단어 분류 체계는 10개의 단어 범주(품사)로 이루어진다. 즉, 10품사 체계이다. 다음과 같이 표로 요약하기로 한다.

명사	보통/고유	보통명사: 나라, 강, 산, 사람		
		고유명사: 고구려, 금강산, 두만강, 이순신		
	자립성 여부	실질명사: 강, 산, 나무, 돌, 마음, 봄		
		형식명사: 이, 분, 데, 바, 터, 줄, 체, 것		
대명사	사람/사물/수량	인대명사: 나, 너, 그, 아무, 누구		
		사물대명사: 이것, 저것, 무엇, 여기, 저기		
		수량대명사	수대명사: 하나, 둘, 셋, 넷, 첫째, 둘째, 셋째, 제일(第一), 제이, 제삼, 제사	
			양대명사: 자, 치, 분, 명, 장, 자, 권, 길, 돈	
	인칭	제일인칭대명사: 나, 우리		
		제이인칭대명사: 너, 너희		
		제삼인칭대명사: 이, 그, 저, 이들, 그들, 저들		
		근칭대명사: 이것, 여기		
		중칭대명사: 그것, 거기		
		원칭대명사: 저것, 저기		
		미지칭대명사	미지칭인대명사: 누구, 누구들	

			미지칭사물대명사: 무엇, 어느것, 어디
		부정칭대명사	부정칭인대명사: 아무, 아무들
			부정칭사물대명사: 아무것, 아무데
조사	기능	격조사	주격조사: 이/가
			호격조사: 아, 야
			목적격조사: 을, 를
			여격조사: 에게, 께, 헌테,
			소유격조사: 의
			상대격조사: 에게, 헌테
			탈격조사: 에게서, 헌테서
			처소격조사: 에, 에서
			향진격조사: 에, 를, 로
			유래격조사: 서, 으로부터, 서부터
			사용격조사: 로
			변성격조사: 로
			원인격조사: 에, 으로
			자격격조사: 로, 으로서
			비교격조사: 보다, 만큼
			동류격조사: 처럼, 과
			동반격조사: 와, 허고
			열거격조사: 와, 과, 에, 허고, 며, 이랑, 랑
		특수조사: 은/는, 도, 만, 마다, 부터, 까지, 야, ㄴ들, 라도, 나, 든지, 나마	
		감탄조사: 도, 나/이나, 만	
동사	자타 구분	자동사: 오다, 가다, 자다, 날다	
		타동사: 먹는다, 신는다, 잡는다, 읽는다	
	주/ 보조	본동사: 잡다, …	
		조동사: 보다, 버리다, 가다, 나다, 대다	
	활용의 완전성	완전동사: 먹다, 믿다, 잡다, …	
		불완전동사: 달다, 더불다, 가로다	
형용사	자립성 여부	자립형용사: 굳다, 좋다, …	
		의존형용사	'-지' 뒤에 위치하는 형용사: 아니하다, 못하다
			'-고' 뒤에 위치하는 형용사: 싶다
			'-는가/은가/ㄴ가' 뒤에 위치하는 형용사: 싶다

존재사: 있다, 없다, 계시다, 안계시다
관형사: 높다, 낮다, 새, 헛, 옛, 이, 그, 저
부사: 늘, 먼저, 꽤, 퍽, 꼭, 아마, 좀, 더, 가장, 일찍, 벌써, 이미
접속사: 및, 혹은, 또, 그러나, 그러니, 단
감탄사: 아, 허허, 아이구, 애, 여보, 오냐

위 표에는 드러나지 않는 이희승 문법의 특이한 점이 있다. 명사 '나라'의 경우, '나라가, 나라를, 나라에, 나라도'는 각각 명사와 조사의 결합이지만, '나라이다, 나라이고, 나라이어서, 나라인, 나라임'은 각각 활용하는 하나의 단어인 것이다. 대명사로 분류되는 '나', '하나'의 경우에도 같은 방식으로 해석된다. 계사 '이-'를 조음소의 일종으로 간주하기 때문이다. 이러한 관점이 근본적으로 오류라는 점을 이후에 말하기로 한다.

문법 이론으로서 이희승(1949)의 새로운 견해가 있다면 그것은 격의 개념에 대한 그의 견해와 그에 따른 격조사의 분류이다. 그는 격을 '다른 말과의 의미적 관계'로 정의한다. 이에 따라 위에서 보인 18개의 격조사의 하위 범주가 나타나게 된다.

이 중 가장 문제성 있는 부분은 '와, 과, 에, 허고, 며, 이랑, 랑' 등이 격조사의 하나인 '열거격조사'로 분류되었다는 점이다. 서술어와의 관계 개념으로 격을 정의한다면 이 조사들은 결코 격조사가 될 수 없다. 다른 말과의 의미적 관계라는 다소 막연한 정의에 따라 '열거격'을 격의 한 하위 범주로 포함할 수 있게 된다.

또한 다른 말과의 의미적 관계라는 정의에 따라 '에', '로' 등의 격조사가 그 결합되는 명사구의 의미에 따라 둘 이상의 하위 격 범주로 분류된다는 점도 문제점이다. 이들에 대하여 뒤의 '비판'에서 논하기로 한다.

B. 이희승(1949)의 형태소 분류 체계

이희승(1949), 『초급국어문법』에는 형태소의 분류 체계가 명시적으로 제시되어 있지 않다. 그러나 형태소 단위인 어근과 접사에 대한 인식을 가지고 있음을 추정할 수 있다. 그는 다음과 같은 형태소의 분류 체계를 상정하고 있다.

(1) 형태소 ┌ (어근): 명사 어근('책'), 동사 어근('먹-'), 형용사 어근('길-'), …
         ├ 접착어 ┌ 일반 파생접사: '먹이'의 '-이' 등
         │   └ 보조어간: '-시-', '-었-', '-었었-', '-겠-', '-이/히/리/기-'
         └ 어미 ┌ 종결어미: 7개의 하위 범주 ①
               ├ 전성어미: 3개의 하위 범주 ②
               └ 연결어미: 자세한 하위 범주 구분을 제시하지 않음 ③

① 종결어미 ─┬─ 설명법 어미: -ㄴ다/는다
('문체법어미') ├─ 의문법 어미: -느냐
 ├─ 명령법 어미: -어라/아라
 ├─ 공동법 어미: -자
 ├─ 약속법 어미: -으마, -음세, -을게
 ├─ 허락법 어미: -으려무나, -으렴
 └─ 감탄법 어미: -구나, -군
② 전성어미 ─┬─ 명사형 어미: -음, -기
 ├─ 관형사형 어미: -은, -는, -을
 └─ 부사형 어미: -게, -어, -지, -고
③ 연결어미: -고, -으며, -어서/아서, … .

이희승(1949)의 문법적 처리 중에서 특이한 것은 '그는 학생이다'와 같은 예의 '이-'를 형태소 단위로 보지 않고, 조음소와 같은 음운론적 단위로 파악했다는 점이다. 위 세 종류의 어미, 즉 종결어미, 전성어미, 연결어미는 기본적으로 동사와 형용사와 존재사라는 용언의 어간에 결합되는 것인데, 특이하게도 체언('명사'와 '대명사')이 서술어로 쓰일 때에는 조음소 '이-'를 매개로 하여 이들 어미들이 결합된다고 설명한다. '학생이다, 학생이고, 학생임, 학생인'에서 '이다'는 체언 서술형 어미로서 설명법 어미, '이고'는 체언 서술형의 연결어미, '임'은 체언 서술형의 명사형 어미, '인'은 체언 서술형의 관형사형 어미로 규정되는 것이다.

동사, 형용사, 존재사라는 용언 외에도 체언이 '특례'로 활용을 한다고 처리하는 점, 이것이 이희승(1949)의 문법적 처리 중 가장 특이한 점이다. 그러나 이것이 그의 문법을 일관된 문법 이론으로 유지할 수 없도록 하는 모순적 가정이라는 점을 '비판'에서 논할 것이다.

C. 이희승(1949)의 구, 절, 문장 분류

이희승(1949), 『초급국어문법』에는 구의 분류 체계가 제시되어 있지 않다. 또한 절의 분류 체계도 제시되어 있지 않다. 문장은 서법(그의 용어로 '문체법')에 따른 분류 체계가 제시되어 있으나, 내부 구조의 차이에 따른 분류 체계는 제시되어 있지 않다.

서법에 따른 문장의 분류는 다음과 같다. 이는 형태론적 단위인 '문체법 어미'의 분류 체계와 대응된다.

(2) 서법을 기준으로 한 문장 분류: 동사 문장과 존재사 문장의 경우
   1) 설명문: 일남이가 그림을 그린다.
   2) 의문문: 일남이가 그림을 그리느냐?
   3) 명령문: 일남아 그림을 그리어라.
   4) 공동문: 우리, 그림을 그리자.
   5) 약속문: 오냐, 그림을 그리마.
   6) 허락문: 그래, 그림을 그리렴.
   7) 감탄문: 일남이가 그림을 그리는구나.
(3) 서법을 기준으로 한 문장 분류: 형용사 문장과 체언 문장의 경우
   1) 설명문: 바다가 넓다./저것이 범이다.
   2) 의문문: 바다가 넓으냐?/저것이 범이냐?
   3) 감탄문: 바다가 넓구나./저것이 범이로구나.

설명문은 최현배(1937)의 서술문에 상당하는 것이다. 공동문은 최현배(1937)의 청유문에 상당하는 것이다. 최현배(1937)에는 없는 3가지 하위 문장 범주, 즉 약속문, 감탄문, 허락문을 추가하였는데, 이들 중 약속문과 감탄문은 최현배(1937)의 서술문, 허락문은 최현배(1937)의 명령문에 해당한다.

이희승(1949) 비판

1. 준종합적 체계의 문법서 이희승(1949)는 기본적으로 준종합적 체계이나, 부분적으로 종합적 체계의 특성도 포함하고 있다.

준종합적 체계라고 판단하는 것은 용언 어간과 어미의 결합을 한 단어 단위로 간주하며, 체언에 결합되는 문법 요소인 '조사'는 독립된 단어 단위로 간주하기 때문이다. '이/가, 을/를, 만, 도' 등은 독립된 단어로서, 그 범주는 조사이다.

그러나 '그는 학생이고 나는 회사원이다.'와 같은 예의 '이고', '이다'는 한 단어 단위가 아니고, '학생이고', '회사원이다'를 각각 한 단어 단위라고 처리한다. 이는 체언도 일부의 예에서는 '활용'을 한다고 보는 것으로서, 종합적 체계의 일면을 보이는 것이다.

2. 계사 '이' 처리의 문제 '나라, 나라이다, 나라이고, 나라이어서, 나라인, 나라임'을 명사 '나라'의 활용형으로서 한 단어로 간주하고, 대명사로 분류되는 '나', '하나'의 경우에도 같은 방식으로 간주하는 것이 이희승(1949)의 특이한 설명이고, 이것이 오류라는 것을 앞에서 말하였다. 이렇게 판단하는 이유를 제시하기로 한다.

이희승(1949)에서는 '그는 학생이다'와 같은 예에서 '이'를 문법단위로 인정하지 않고, 음운론적 요소로 처리하고 있다. 즉 '이'를 조음소로 보는 것이다. 이에 대한 분명한 반례는 2.2.1.4절에서 제시한 다음과 같은 예들이다.

(4) 가. 학자임/*학잠, 학자인/*학잔, 학자일/*학잘
  나. 학자였다/*학자었다
  다. 학자이어서/학자여서/*학자어서, 학자이나/*학자나('역접'의 뜻으로)
  라. 바보이기도/*바보기도

이들 예는 '이'가 조음소 아닌, 문법단위, 즉 형태소임을 보이는 증거들이다.
계사 '이'를 어휘적, 문법적 의미를 갖지 않는 음운론적 단위로 보았기 때문에 동사, 형용사, 존재사 등의 용언 외에 체언도 '특례로' 활용한다는 문법적 처리를 하게 되었다. 형태소 분류 체계를 요약한 위 'B'에서 '학생이다, 학생이고, 학생인, 학생일, 학생이던' 등의 예는 '이다', '이고', '인', '일', '이던'이 각각 어미가 되어 체언 어간 '학생'에 결합하는 '어미 활용'의 예로 파악되는 것이다.
위 (4가-라)의 반례들이 보여 주는 바는 '이'를 음운론적 단위 아닌 문법단위, 즉 형태소로 처리해야 한다는 점이다. '이'가 형태소로서, 서술어의 의미 기능을 함을 인정해야 위와 같은 예들을 합리적으로 설명할 수 있다.
'이다' 문장의 구조 분석과 관련하여서도 모순적인 예를 지적할 수 있다. 이희승(1949)에서는 '학생임'과 같은 예를 한 단어로 취급하는데, 이 관점에 따르면 다음 (5)의 형식들도 모두 단일한 단어로 분석된다.

(5) 학생이었음, 학생이겠음, 학생이시었음, 학생이시었겠음, …

그럴 경우, 다음 예에서 '의심하였음이었다'는 한 단어로 분석할 수밖에 없다. 동사의 어간인 '의심하'에 이어지는 요소들은 모두 보조어간(선어말어미)과 어미일 뿐이기 때문이다. 특히, 이희승(1949)에서는 계사 '이'를 의미 없는 요소, 음운론적 요소로 간주하기 때문에, 다음 예의 '이었'은 한 형태소인 (시제) 보조어간으로 분석할 수밖에 없다. 이에 따르면 다음 예는 '의심하였음이었다'를 하나의 서술어로 가지는 단순문으로 분석된다.

(6) 그것은 필시 나를 의심하였음이었다.

그러나 이 문장은 주어가 생략된 '필시 나를 의심하였음'이라는 절을 내포하는 복합문으로 분석되어야 한다. 주어 '그것은'의 서술어는 '이었다'일 수밖에 없다. 그러므로 명사절 '필시 나를 의심하였음'은 이 서술어의 보어로 안긴 내포절인 것이다. 이희승(1949)에 따르면 이러한 문장의 구조를 바르게 분석할 수 없다.

이희승의 나중의 문법서인 이희승(1968), 『새문법』(일조각)에서는 학교문법 통일안의 정신에 따라 '이다'를 서술격조사로 설정하였는데, 조사 '이다'가 여러 모양으로 바뀌는 것을 활용이라 하지 않고, '변형'이라고 일컫고 있다. 그 이유로 첫째, 조사는 문법적 기능을 표시하는 말인데 그런 기능을 가진 말이 활용한다는 것은 이론상 모순에 부닥치게 되며, 둘째, '이것은 소다/개다'와 같이 '이-'가 빠져 버리는 것이 한국어의 사실인데, 어간이 빠져 버리고 어미만이 남는다는 것은 도저히 있을 수 없는 사실이기 때문이라는 것이다(48-49쪽).[57]

그러나 위에서 요약한 체언 활용 체계가 수정되거나, '이-'를 문법단위 아닌 조음소와 같은 것으로 간주하는 그의 견해가 바뀐 것은 아니다. '변형'이라는 용어를 사용한다고 해서 '이다' 문장의 구조에 대한 판단이 달라지는 것은 없다.[58]

3. **존재사 설정의 문제** 존재사를 독립 단어 범주(품사)로 처리한 것은 타당하지 않다. 첫째, '안계시다'는 한 단어가 아니고, 부사 '안'과 용언 '계시다'의 결합이다. 둘째, 이희승(1949)에서 존재사의 예로 든 세 개의 단어 '있다'와 '없다'와 '계시다'는 그 활용 방식이 서로 일치하지 않는다. 다음 동사와 형용사의 활용 방식과 존재사의 활용 방식을 비교해 보자.

(7) 동사 ── 먹다: 먹는다　　　먹는구나　　　먹는　　　먹는데
　　　　　　가다: 간다　　　　가는구나　　　가는　　　가는데
　형용사 ── 차다: 차다　　　　차구나　　　　찬　　　　찬데
　존재사 ── 있다: 있다/있는다　있구나/있는구나　있는(cf. 있은)　있는데
　　　　　　없다: 없다/*없는다　없구나/*없는구나　없는　　없는데
　　　　　　계시다: 계시다/계신다　계시구나/계시는구나　계신/계시는　계신데/계시는데

용언 중에는 동음이의어로서 위에서 보인 동사와 형용사의 두 가지 활용 방식을 가지는

57　'간단다'에서 어간인 '하-'가 생략되는 사실은 여전히 깨닫지 못하고 있다(2.2.1.4절을 참고하기 바람).
58　또한 이 책에서도 구, 절, 문장의 분류 체계는 제시되지 않는다.

예들이 있다. '맑다'는 그 대표적인 예이다.

(8) 맑다: 맑다/맑는다   맑구나/맑는구나   맑은/맑는   맑은데/맑는데

'계시다'는 '맑다'와 같이 동사와 형용사의 두 가지 활용 방식을 가지는 예인 것이다. '있다'도 기본적으로 이와 같은 특성을 가지는 예이다. 다만, 형용사로서의 '있다'는 형용사로만 쓰이는 '없다'처럼 특정 어미들과 결합할 때 불규칙 활용을 하는 특징이 있다.

뒤의 3.2.3절에서는 이상의 현상들에 대한 완전한 설명 방법을 제시할 것이다.[59] '계시다'는 동사 '계시다^1'과 형용사 '계시다^2'의 두 동음이의어로 나누어서 처리해야 한다. '있다'도 동사 '있다^1'과 형용사 '있다^2'의 두 동음이의어로 나누어서 처리해야 한다. '없다'는 언제나 형용사이다. 형용사인 '있다^2', '없다'는 일반적인 형용사의 활용 방식을 따른다. 다만 다음 13가지의 어미가 결합할 때에는 다음에 주어지는 형식으로 불규칙 활용을 한다. 이것은 영어에서 'talk'가 'talked'로 과거형 활용을 하지만 'take'의 경우에는 'took'로 불규칙 활용을 하는 것과 유사한 것이다.

(9) 형용사 '있다^2', '없다'의 불규칙형들:

있-는, 있-는데, 있-는바, 있-느냐, 있-느니라, 있-는가, 있-는감, 있-는고, 있-는지, 있-는지라, 있-는지고, 있-는걸, 있-느니(13개)
없-는, 없-는데, 없-는바, 없-느냐, 없-느니라, 없-는가, 없-는감, 없-는고, 없-는지, 없-는지라, 없-는지고, 없-는걸, 없-느니(13개)

4. 격에 관한 특이한 관점과 격조사의 분류 남기심(1987)에서는 전통문법, 구조문법에서의 격 개념이 문법기능과 대응되는 것으로 파악하는 최현배(1937), 서술어와의 문법적 관계로 파악하는 허웅(1983), 다른 말과의 의미론적 관계로 파악하는 이희승(1949)의 세 가지 유형으로 나누어짐을 보인 바 있다.

이에 따른 격조사의 분류에 있어서도, 최현배(1937), 허웅(1983)은 통사적 개념에 입각하여 격조사를 분류한다. 이에 반하여 이희승(1949)의 격조사 분류는 의미론적 분류라고 할 수 있다. 이희승(1949)에서는 격조사를 의미에 따라 '주격, 호격, 목적격, 여격, 소유격, 상대

---

59 3.2.3절('한국어학의 기초 논증③')은 양정석(2012)를 가져온 것인데, 이는 선행 한국어 문법 기술의 적부를 판정하는 데에 잣대로 삼을 기초적 논증의 하나로 제시하는 것이다.

격, 탈격, 처소격, 향진격, 유래격, 사용격, 변성격, 원인격, 자격격, 비교격, 동류격, 동반격, 열거격'의 18가지로 분류하였다. 그 의미론적 분류의 방침에 따라, 가령 '-에'는 '처소격', '향진격', '원인격', 심지어 '열거격' 등으로 나누어지기도 한다. 즉 '-에'는 4개의 동음이의어로 나누어지는 것이다.

격 범주를 잘게 하위분류하더라도 궁극적으로 포착하지 못하는 격조사의 용법이 언제나 발견될 수 있다는 것은 이러한 격의 정의가 가지는 근본적인 문제점이 된다.[60]

5. 접속사 설정의 문제, 접요사 개념의 문제 '그리고' 등의 접속사를 독립된 단어 범주(품사)로 처리한 것도 문제이다. 한국어에서 접속문을 형성하는 기능은 '-고, -으며, -어서'와 같은 접속어미가 가지는 기능이지 '그리고, 그래서'와 같은 요소가 가지는 기능이 아니다. '-고, -으며, -어서'와 같은 접속어미 없이는 접속문이 형성될 수 없지만, '그리고, 그래서'는 접속문의 형성에 필수적인 요소가 아니다. 이들을 접속부사로 처리하는 최현배(1937)의 견해가 타당한 것이다.

이희승(1949)의 '삽요어'는 접요사(infix)를 가리키는 용어이다. 접요사는 단일한 어근의 내부에 위치하는 접사 형태소이다. 한국어에는 이러한 의미의 접요사가 존재하지 않는다. 그러므로 이희승(1949)은 접요사의 본뜻을 인식하지 못한 것이다.

결론적으로, 이희승 문법은 준종합적 체계의 문법이지만, 이전의 최현배(1937)보다 발전된 견해를 제시한 바 없고, 이전과 다른 설명들은 오히려 대부분 한국어의 사실에 부합되지 않는, 오류로 판명되는 것들이다.

2.2.3.2. 정인승(1949)의 준종합적 체계

A. 정인승(1949)의 단어 분류 체계

정인승(1949)의 단어 분류 체계는 7개의 단어 범주(품사)로 이루어진다. 즉, 7품사 체계이다. 다음과 같이 표로 요약하기로 한다.

(1) 정인승(1949)의 단어 분류 체계

이름씨 (명사)	제 이 름 씨 (본대명사)	두루이름씨(보통명사): 사람, 봄, 소리, 점잔
		홀이름씨(고유명사):이순신, 백두산, 신라

---

[60] 남기심(1987) 자신은 격에 관한 3가지 견해 중 이희승의 의미론적 견해를 옹호하는 것으로 결론짓고 있다. 이희승(1949)에 가해지는 비판은 그대로 남기심(1987)에도 가해진다.

		매인이름씨(불완전명사): 것, 데, 줄, 모금, 적, 냥		
	대이름씨 (대명사)	사람대이름씨(인대명사): 나, 너, 저, 우리, 누구		
		물건대이름씨(물대명사): 이것, 그것, 여기, 저기		
	셈이름씨 (수명사)	으뜸셈이름씨(기본수명사): 하나, 둘, 셋, 넷, 다섯 …		
		차례셈이름씨(순서수명사): 첫째, 둘째, 세째, 네째, …		
움직씨 (동사)	으뜸움직 씨(본동사)	제움직씨 (자동사)	완전한 움직씨: 앉다, 늙다, 흐르다	
			불완전한 움직씨: 되다	
			입음움직씨(피동사): 쓰이다, 먹히다, 몰리다	
		남움직씨 (타동사)	남움직씨(타동사): 먹다, 읽다, 짓다, 부르다, 기르다	
			하임움직씨 (사동사)	제움직씨에서 온 것: 죽이다, 늙히다, 살리다
				남움직씨에서 온 것: 먹이다, 읽히다
				그림씨에서 온 것: 밝히다, 비우다
	도움움직 씨(조동사)	움직씨나 그림씨를 돕는 것: 아니하다, 되다, 말다		
		이름씨를 돕는 것: 체하다, 하다, 되다		
그림씨 (형용사)	으뜸그림 씨(본형용 사)	제그림씨(본질형용사): 착하다, 모질다, 길다, 짧다, 이르다, 늦다, 적다, 부실하다		
		불완전한 그림씨: 같다, 비슷하다, 아니다		
		가리킴그림씨(지시형용사): 이러하다, 저러하다, 그러하다, 어떠하다		
	도움그림 씨(조형용 사)	움직씨나 그림씨를 돕는 것: 아니하다, 싶다, 듯하다, 보다		
		이름씨를 돕는 것: 듯하다, 보다		
매김씨 (관형사)	제매김씨(본질관형사): 새, 헌, 헛, 옛, 윗, 뒷			
	가리킴매김씨(지시관형사): 이, 그, 저, 어느, 무슨			
	셈매김씨(수관형사): 한, 두, 세, 네, 닷, 엿, 스무, 여러			
어찌씨 (부사)	제어찌씨(본질부사): 잘, 좀, 퍽, 몹시, 꽤, 더, 매우, 벌써, 멀리, 높이, 똑똑히			
	가리킴어찌씨(지시부사): 이리, 그리, 저리, 어찌			
	지움어찌씨(부정부사): 아니, 못			
	이음어찌씨(접속부사): 또, 곧, 혹, 및			
느낌씨 (감탄사)	감정만 나타내는 것: 아, 아차, 아하, 허허, 아이고, 아뿔싸, 응, 흥			
	생각을 나타내는 것: 여보, 예, 자, 옳지, 아무렴, 워리, 오요요, 이러			
토씨 (조사)	자리토 씨(격 조사)	임자자리토씨(주격조사): 이, 가, 께서		
		풀이자리토씨(서술격조사): 이다		
		부림자리토씨(목적격조사): 을, 를		
		기움자리토씨(보어격조사): 이, 가, 과, 와		
		매김자리토씨(관형격조사): 의		
		어찌자리토씨(부사격조사): 에, 로, 보다, 에게		
		이음자리토씨(접속격조사): 과, 와		
	도움토 씨(보 조조사)	두루도움토씨(통용보조조사): 은, 는, 만, 도, (이)나, 든지		
		마침도움토씨(종지보조조사): 마, 요, 그려		
		부름도움토씨(호칭보조조사): 아, 야, 여, 시여		

정인승(1949)의 위 단어 분류 체계에서 드러나는 주요 특징은, 명사 안에 대명사와 수사가 포함되어 있다는 점과, '이다'를 조사의 하위 범주로서의 서술격조사(풀이자리토씨)로 규정했다는 점이다. 이전에 격조사와는 다른 접속조사로 처리해 오던 '-와/과'를 격조사의 하나로서의 접속격조사로 처리하는 것도 특이한 점이라고 할 수 있다.

B. 정인승(1949)의 형태소 분류 체계

정인승(1949), 『표준중등말본』에서 다음과 같은 형태소의 분류 체계를 재구성해 낼 수 있다.

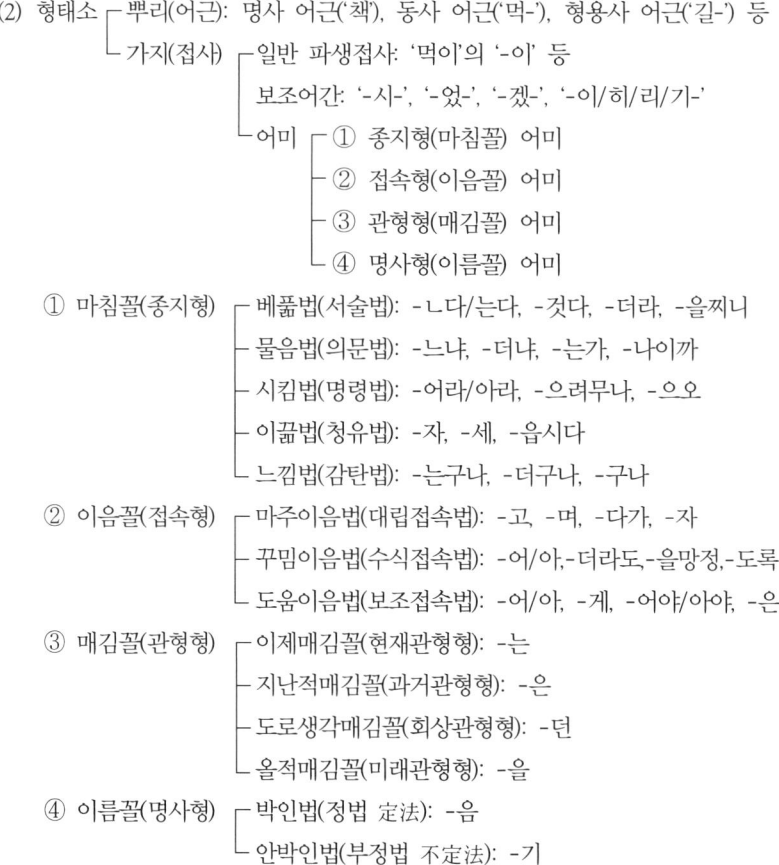

C. 정인승(1949)의 구 단위 분류 체계

정인승(1949)에는 '구'를 뜻하는 '이은말'이란 용어가 사용되고 있으나 그 구체적인 분류 체계는 제시되어 있지 않다. 그의 '구(이은말)' 개념은 최현배(1937)의 개념과 같다.

D. 정인승(1949)의 절 분류 체계

정인승(1949)의 절 단위 분류 체계는 다음과 같다.

(3) 정인승(1949)의 절 분류 체계

절 (마디)	나열절 (벌임마디)	대등절 (나란히마디)	나비는 춤추고, 벌은 노래한다.
		앞선마디와 맺음마디	봄이 오니, 꽃이 핀다.
	성분절 (조각마디)	주어절 (임자마디)	달이 밝기가 낮과 같다.
		술어절 (풀이마디)	그 꽃이 향기가 좋다.
		관형절 (매김마디)	향기가 좋은 꽃이 피었다.
		부사절 (어찌마디)	무궁화가 빛이 곱게 피었다.
		목적절 (부림마디)	농부들이 비가 오기를 기다린다.
		보어절 (기움마디)	푹한 날씨가 봄이 옴과 같다.

E. 정인승(1949)의 문장 분류 체계

정인승(1949)의 문장 단위에 대한 분류 체계는 다음과 같다.

① 단문('홑월')
   꽃이 곱다(한 임자말+한 풀이말)/꽃과 잎이 곱다(두 임자말+한 풀이말)/꽃이 곱고 아름답다(한 임자말+두 풀이말)/꽃과 잎이 곱고 아름답다(두 임자말+두 풀이말)
② 중문('거듭월')
   나비가 꽃밭에서 춤추고, 벌이 공중에서 노래한다/비는 오고, 바람은 불고, 날씨는 춥다/돌쇠와 순이는 글을 읽고, 나와 언니는 글씨를 씁니다/산은 높고 아름다우며, 물은 깊고 맑다.
③ 복문('겹월')
   (i) 접속복문('이음겹월')
      봄이 오니, 꽃이 핀다/봄은 왔지마는, 꽃이 아직 피지 아니한다/봄은 벌써 왔는데, 왜 꽃이 아니 피나?/봄이 오자, 곧 꽃이 피기를 시작한다/봄이 와도, 추위가 안 풀리면, 꽃이 잘 피지 아니한다/봄이 와서, 추위가 풀리면, 꽃이 곧 피겠지요.
   (ii) 성분복문('조각겹월')

달이 밝기가 낮과 같다(임자조각)/그 꽃이 향기가 좋다(풀이조각)/향기가 좋은 꽃이 피었다(매김조각)/미련한 사람은 지혜 있는 사람의 말을 잘 듣지 아니 한다(매김조각)/무궁화가 빛이 곱게 피었다(어찌조각)/농부들이 비가 오기를 기다린다(부림조각)/푹한 날씨가 봄이 옴과 같다(기움조각).

④ 혼문('섞임월')

 (i) 겹겹월

　보기 좋은 떡이 먹기도 좋다/말 많은 집에는 장맛도 쓰다는 속담이 있다/오늘 날씨는 비가 오기가 쉽다/동해물과 백두산이 마르고 닳도록 하느님이 보호하사 우리나라 만세!

 (ii) 거듭거듭월

　봄에는 버들이 푸르고 꽃이 붉으며, 가을에는 벼가 누르고 단풍이 곱다/키가 크고 힘이 센 사람도 있고, 뜻이 굳고 지혜 많은 사람도 있다.

 (iii) 겹거듭월

　김군은 향기가 좋은 난초를 좋아하고, 박군은 빛이 고운 매화를 사랑한다/하늘이 높으매 해와 달이 밝고, 땅이 두터우매 풀과 나무가 난다.

 (iv) 거듭겹월

　문화가 발달되고 국민이 잘살기가 우리의 희망이다/군자는 남이 자기를 알지 못함을 걱정하지 아니하고, 자기가 남을 알지 못함을 걱정한다/몸도 튼튼하고, 머리도 좋고, 품행도 얌전한 청년이 한 사람이 있으니, 그 사람을 써 보시/너의 꽃다운 이름은 하늘이 무너지고 땅이 꺼질 때까지 영원히 사라지지 아니하리라/세상은 바다와 같고, 몸은 배와 같고, 정신은 키와 같은 줄을 자네가 아는가?

 (v) 겹거듭겹월

　그는 날이 새면 들에 나가 밭을 갈고, 해가 지면 집에 들어 글을 읽는다/나는 키가 크기와 힘이 세기가 소원이 아니고 학식이 풍부하여지기가 소원입니다.

정인승(1949) 비판

1. **준종합적 체계** 정인승(1949)는 준종합적 체계의 문법서이다. 준종합적 체계라고 판단하는 것은 용언 어간과 어미의 결합을 한 단어 단위로 간주하며, 체언에 결합되는 문법 요소인 '조사'는 독립된 단어 단위로 간주하기 때문이다. '-이/가, -을/를, -만, -도' 등은 독립된 단어로서, 그 범주는 조사이다.

대명사와 수사를 독립된 단어 범주로 분리하지 않고 명사 범주로 묶은 것은 타당한 처리라고 평가할 수 있다. 한국어에서 명사, 대명사, 수사는 기능상, 형태상 구분할 근거가 없다.

2. **계사 '이' 처리의 문제** 정인승(1949)에서는 '그는 학생이다'와 같은 예의 '이-'를 조음소 아닌 문법단위로 인정하고 있다. 이는 '이-'를 조음소로 가정할 경우 다음과 같은 반례들을

만난다는 점을 그가 분명히 인식했기 때문이다(정인승 1959 참조).

(4) 학자임/*학잠, 학자인/*학잔, 학자일/*학잘, 학자였다/*학자었다, 학자이어서/학자여서/*학자어서, 학자이나/*학자나, 바보이기도/*바보기도

이들 예는 '이-'가 조음소 아닌, 문법단위, 즉 형태소임을 보이는 증거들이다. 그러므로 정인승(1949)는 '이-'를 조음소로 처리한 이전의 문법가들에 비해서는 훨씬 앞선 인식을 보여준다고 평가할 수 있다.

문법단위로서의 '이-'가 가지는 문법범주는 용언 어간이 아니라 조사의 어간이라는 것이 그의 판단이다. 이는 개념적으로 모순을 안고 있다.

정인승(1949)는 조사를 단어 범주의 하나로 설정한다(이 점이 그 문법을 준종합적 체계로 분류하는 주요 근거이다). 기본적으로 조사의 예는 '-이/가, -을/를, -에, -에게, -으로, -와/과, -은/는, -도, …'와 같은 것들이다. 그러나 이들은 활용하지 않는 것들이다. 그러니까 그의 조사 범주는 기본적으로 활용하지 않는 단어들을 그 예로 가지는데, 여기에 활용하는 단어 '이다'를 추가적으로 포함하는 것이다. 활용어와 비활용어(변화사와 불변화사)의 구분은 서양 전통문법에서 품사 분류의 기본적 기준이 되어 온 것이다. 활용어와 비활용어를 한 단어 범주(품사)에 포함하는 문법범주의 체계는 문법범주가 한 통합체 내에서 계열적으로 대립하는 단위들의 공통적 의미/기능을 나타내는 것이라는, 그 본래의 의의를 파악하지 못한 것이다.

그는 '이다'는 조사로 분류하지만 '아니다'는 형용사로 분류한다. 그런데 '이다'와 '아니다'는 활용의 방식이 완전히 일치한다. 동사와 형용사를 서로 다른 범주로 나누는 것은 그 활용의 방식이 다르기 때문이다. 동사 내의 단어들은 그 활용의 방식이 일치한다. 형용사 내의 단어들은 그 활용의 방식이 일치한다. '이다'와 '아니다'의 활용 방식이 완전히 일치한다는 사실은 한국어 모어 화자의 머릿속에 있는 자연적인 한국어 문법 체계에서 이 둘이 한 단어 범주 안에 소속됨을 증명하는 것이다.

그의 서술격조사설은 문장 구조 분석에 있어서도 문제를 초래한다. 그에 따르면 다음 예는 주어를 제외한 '필시 나를 의심하였음이었다'를 하나의 복합적인 서술어로 가진다고 분석해야 한다. '나를 의심하였음'은 주어가 생략된 명사절로 분석할 수 있다.[61] 조사 '이었다'

---

[61] 정인승(1949)의 공식적 견해는 표면적으로 주어가 나타나지 않은 '나를 의심하였음'과 같은 단위를 절 아닌 구 단위로 파악한다는 것이다. 이 점에서 최현배(1937)의 견해를 따르고 있다.

가 서술어라는 분석을 그는 받아들이지 않는다.

(5) 그것은 필시 나를 의심하였음이었다.

그러나 이 문장은 주어가 생략된 '필시 나를 의심하였음'이라는 절(명사절)을 내포하고 전체 문장의 주어는 '그것은', 전체 문장의 서술어는 '이었다'인 복합문 구조로 분석해야 한다. 그는 '이다'가 조사로서 서술어가 되지 못한다고 규정함으로써 이러한 문장의 구조를 있는 그대로 분석할 수 없게 된다.

'이다'는 용언의 하나로 규정되어야 한다. 용언의 하위 범주로 동사와 형용사를 가지는 체계에서는 형용사로 규정하는 것이 타당하다.

3. **구와 절 구별에서의 오류, 절 분류의 문제** 최현배(1937)와 마찬가지로 구와 절의 구별에 있어 문제를 보이고 있다. 최현배(1937)에서처럼 문장 내부의 절 단위에서 표면적으로 주어가 실현되지 않는 경우 구 단위로 파악하고 있는데, 이는 완전한 문장 구조 분석을 불가능하게 한다. 최현배(1937)에 대한 비판이 그대로 되풀이되어야 한다.

절의 하위 분류로 주어절, 술어절, 관형절, 부사절, 목적절, 보어절의 6가지 하위 범주를 나누었으나, 이는 타당한 하위 범주 체계가 아니다. 가령 '철수가 왔음이 우리를 기쁘게 했다.'에서는 '철수가 왔음'이 주어절이지만 '나는 철수가 왔음을 뒤늦게 알았다.'에서는 목적절이다. 주어절, 목적절 등의 문법기능에 의한 절의 하위 구분은 무의미하다. '-음, -기'에 의해 이끌리는 절은 명사절로서 '-은, -는, -을, -던'에 의해 이끌리는 관형절, '-게'에 의해 이끌리는 부사절과 함께 어미에 의해 표시되는 한국어 절의 하위 범주를 이루는 것이다.

4. **보조용언 처리의 문제** 최현배(1937)와 마찬가지로 용언의 하위 범주로 보조용언('조동사'와 '조형용사')이라고 하는 범주를 설정하고 있는데, 이것도 문제점의 하나로 지적되어야 한다. 보조용언을 가지는 문장(보조용언 구문)의 구조를 단순문 구조로 파악하는 것도 최현배 문법의 견해를 그대로 따르는 것이다. 최현배 문법에 대한 비판에서 말한 것처럼, 보조용언 구문은 복합문 구조로 파악해야 한다.

5. **종결어미의 분류** 종결어미를 최현배(1937)와 달리 5가지로 하위 분류하였는데, 이는 타당하지 않다. 최현배(1937)에서 '-구나' 등의 감탄형어미를 서술형어미로 묶은 것은 다음과 같이 직접인용문을 간접인용문으로 전환할 때에 서술형의 간접인용화에서처럼 '-다고'의 형식을 갖기 때문이다.

(6) 가. 철수는 "비가 온다."라고 말했다. → 철수는 비가 온다고 말했다.
　　나. 철수는 "비가 오는구나!"라고 말했다. → 철수는 비가 온다고 말했다.
　　　cf. 철수는 "네가 먹어라."라고 말했다. → 철수는 내가 먹으라고 말했다.
　　　　 철수는 "같이 먹읍시다."라고 말했다. → 철수는 같이 먹자고 말했다.
　　　　 철수는 "비가 옵니까?"라고 물었다. → 철수는 비가 오느냐고 물었다.

6. **접속격조사의 문제** '-와/과'를 격조사의 하나로서의 '접속격조사'로 규정하였다. 격은 서술어를 기준으로 그 문법적 관계를 표시하는 것이다. 접속은 명사구와 명사구를, 문장과 문장을 결합하는 확대의 기능으로서 본질적으로 격과는 다른 개념이다. '-와/과'를 접속조사로 분류하여 격과는 다른 조사의 하위 범주로 처리한 최현배(1937)의 견해가 더 타당하다.

2.2.3.3. 문교부(1985)의 준종합적 체계

A. 문교부(1985)의 단어 분류 체계

문교부(1985)는 학교문법 교과서이다. 문교부(1985)의 단어 분류 체계는 9개의 단어 범주(품사)로 이루어진다. 즉, 9품사 체계이다. 다음과 같이 표로 요약하기로 한다.

(1) 문교부(1985)의 단어 분류 체계

명사	의미	보통명사: 지하철, 개, 그림자, 빛, 노을	
		고유명사: 인수, 동대문	
	자립성 여부	자립명사: 산수유, 꽃, 그림자, 빛	
		의존명사: 대로, 것, 개, 켤레, 분, 원, 킬로그램	
대명사	의미	지시대명사	사물을 가리키는 것: 이것, 그것, 저것, 아무것, 무엇
			장소를 가리키는 것: 여기, 거기, 저기
		인칭대명사	1인칭: 나, 저, 우리, 저희, 소인, 짐(朕)
			2인칭: 너, 자네, 그대, 당신, 너희, 여러분
			3인칭: 그, 이분, 그분, 저분, 이이, 그이, 저이
			부정(不定)의 대명사: 누구의 얼굴이 떠오르느냐?/ 아무라도 응시할 수 있다.
수사	의미	양수사: 하나, 둘, 셋, 다섯, 이, 삼, 오	
		서수사: 첫째, 둘째, 제일, 제이	
조사	기능	격조사	주격 조사: 이/가
			목적격 조사: 을/를
			관형격 조사: 의
			부사격 조사: 에, 에서, 에게, 와/과, 한테서, 하고

		보격 조사: 이	
		호격 조사: 야	
		서술격 조사: 이다	
		접속 조사: 와/과, 랑, 하고	
		보조사	만, 도, 은/는, 요
동사	자/타구분	자동사: 뛰다, 걷다, 가다, 놀다, 살다	
		타동사: 잡다, 누르다, 건지다, 태우다	
	본/보조	본동사: 뛰다, 걷다, 집다, 누르다	
		보조동사: 보아라, 두었다	
형용사	의미	성상 형용사: 넓다, 달다, 고프다, 예쁘다, 아니다	
		지시 형용사: 이러하다, 그러하다, 저러하다	
	본/보조	본형용사: 넓다, 달다, 이러하다, 그러하다, 아니다	
		보조형용사: 싶다, 아니하다(않다)	
관형사	가리킴 여부	지시 관형사: 그	
		성상 관형사: 새	
		수 관형사: 세, 다섯, 석, 넉, 일곱째, 제삼	
부사	문장 내 역할	성분 부사: 참, 많이, 너무, 못, 바로, 특히, 간절히	
		문장 부사	과연, 설마, 제발
		접속 부사	그러나, 또는, 및
	의미	성상 부사	잘, 매우, 바로
			의성 부사: 철썩철썩
			의태 부사: 데굴데굴, 사뿐사뿐
		지시 부사: 이리, 그리, 저리, 내일	
		부정 부사: 못, 아니(안)	
감탄사	어머나, 흥, 여보게, 어, 네, 예, 아니요, 아니		

문교부(1985)의 단어 분류 체계에서 드러나는 주요 특징은 '이다'를 조사의 하위 범주로서의 서술격조사로 규정하고, '이다'의 부정 표현인 '아니다'는 형용사의 하나로 처리했다는 점이다.

B. 문교부(1985)의 형태소 분류 체계

문교부(1985)에서 다음과 같은 형태소의 분류 체계를 재구성해 낼 수 있다. 최현배(1937) 이래로 보조어간 범주로 다루던 '-뜨리-', 피동의 '-이/히/리/기-', 사동의 '-이/히/리/기-'는 선어말어미 아닌 파생접사로 처리되었는데, 이는 바르게 정리된 것이다.

(2) 형태소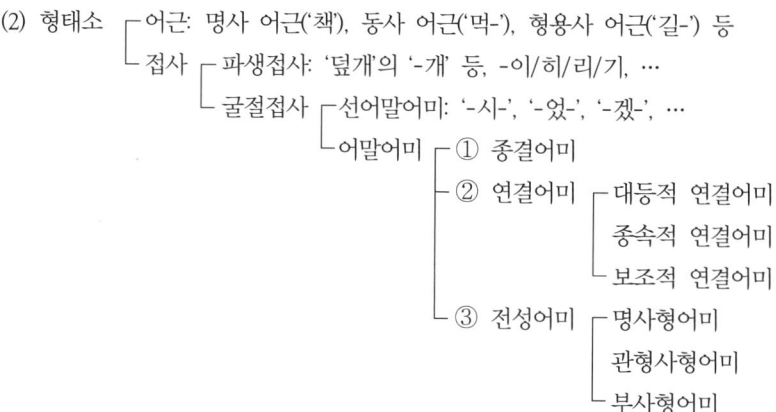

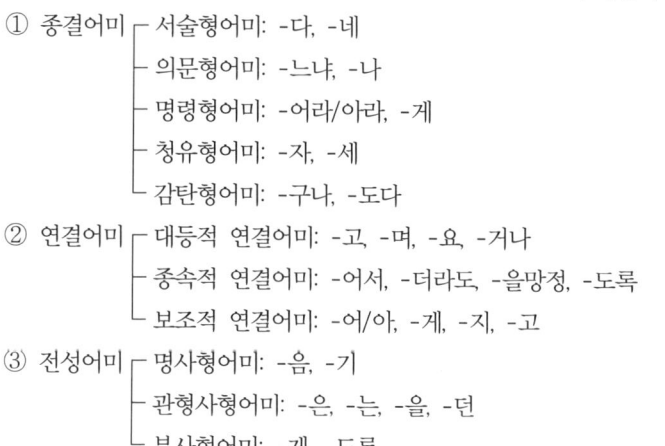

관형사형어미에 '-던'을 포함한 것도 진전된 처리의 예라고 생각된다('-더-'가 통사 단위로서의 어미의 하나로 설정될 수 없다는 점에 대해서는 양정석 2023가 참조).

C. 문교부(1985)의 구 단위 분류 체계

'구'와 '절'의 개념을 구별하여 설명하고 있으나, 구체적인 분류 체계는 제시되어 있지 않다.

문교부(1985)의 '구', '절' 개념은 최현배(1937), 정인승(1949)의 개념과 같지 않다. 다음과 같은 예에서 '자유를 사랑함'은 최현배(1937), 정인승(1949)에 따르면 절이 아닌 구일 뿐이지만, 문교부(1985)에서는 생략된 주어의 존재를 가정하여 절(명사절)로 간주한다.

(3) 자유를 사랑함은 우리의 천성이다.

이는 이전보다 발전된 인식을 보여주는 것이다.

D. 문교부(1985)의 절 분류 체계

문교부(1985)의 절 단위 분류 체계는 다음과 같다.

(4) ┌ 명사절: 달이 밝기가 낮과 같다.
    ├ 관형사절: 향기가 좋은 꽃이 피었다/이 책은 내가 읽는/읽은/읽을 책이다/
    │   이 책은 내가 읽던 책이다.
    ├ 부사절: 산 그림자가 소리도 없이 다가온다/
    │   우리가 남의 도움 없이 그 일을 할 수 있을까?
    ├ 서술절: 정아가 얼굴이 예쁘다/그 꽃이 향기가 좋다.
    ├ 인용절: 그는 나에게 철수를 아느냐고 물었다. (간접인용절)
    │   어떤 청년이 "이 근처에 혹시 절이 있습니까?"라고 물었다. (직접인용절)
    └ 접속절('선행절'과 '후행절'): 나비는 춤추고, 벌은 노래한다.
                                    선행절   후행절

E. 문교부(1985)의 문장 분류 체계

문교부(1985)의 문장 단위 분류 체계는 다음과 같다. 다음은 내부 구조를 기준으로 한 문장 분류 체계이다.

(5) ┌ 홑문장: 꽃이 예쁘다./그 집에서 오늘 돌잔치가 있어.
    └ 겹문장
      (i) 이어진 문장
        ① 대등하게 이어진 문장
           낮말은 새가 듣고, 밤말은 쥐가 듣는다/호랑이는 죽어서 가죽을 남기지만, 사람은 죽어서 이름을 남긴다.
        ② 종속적으로 이어진 문장
           비가 와서, 길이 질다/기업이 없으면, 근로자도 없다/한라산 등반을 하려고, 우리는 아침 일찍 일어났다/내가 집에 가는데, 저쪽에서 누군가 달려 왔다/설령 비가 올지라도, 우리는 어김없이 출발한다.
      (ii) 안은 문장
        ① 명사절을 안은 문장
           우리는 그가 정당했음을 깨달았다/지금은 집에 가기에 이른 시간이다.

② 관형절을 안은 문장
　　이 책은 <u>내가 읽을</u> 책이다/이 책은 <u>내가 읽던</u> 책이다/<u>넓은</u> 밭에는 보리가 누렇게 익어 가고 있었다.
③ 부사절을 안은 문장
　　산 그림자가 <u>소리도 없이</u> 다가온다/우리가 <u>남의 도움 없이</u> 그 일을 할 수 있을까?
④ 서술절을 안은 문장: 할아버지께서는 <u>인정이 많으시다.</u>
⑤ 인용절을 안은 문장
　　i) 직접 인용절을 안은 문장
　　　기환은 당황한 어조로 "<u>무슨 일이지?</u>"라고 말하였다.
　　ii) 간접 인용절을 안은 문장
　　　우리는 <u>인간이 누구나 존귀하다고</u> 믿는다/그 사람은 <u>자기가 학생이라고</u> 주장하였다.

다음은 서법을 기준으로 한 문장 분류 체계이다.

(6) ① 평서문: 비가 온다./날씨가 좋다./철수는 국문과 학생이다.
　　② 의문문: 이 식물의 특성은 무엇이지요?/오늘 오후에 시간 있으세요?/내가 언제 그랬니?(반어 의문문/수사 의문문)
　　③ 명령문: 날씨가 추울 테니 옷을 많이 입어라.
　　④ 청유문: 자, 함께 집에 가자.
　　⑤ 감탄문: 꽃이 참 아름답구나.

이전의 문법서와 다른 점은 어미들의 분류에 부사형어미가 포함되지 않는다는 것이다. 부사절을 표시하는 요소는 (5)ii③의 예에서 보이는 것처럼, 파생접미사로서의 '-이'뿐이라고 할 수 있다. 또한 보조적 연결어미를 제외한 연결어미는 모두 접속문을 형성하는 기능을 가진다고 판단하는 것을 알 수 있다.

문교부(1985) 비판

1. **준종합적 체계의 문법서** 문교부(1985)는 준종합적 체계의 문법서이다. 준종합적 체계라고 판단하는 것은 용언 어간과 어미의 결합을 한 단어 단위로 간주하며, 체언에 결합되는 문법 요소인 조사는 독립된 단어 단위로 간주하기 때문이다. '이/가, 을/를, 만, 도' 등은 독립된 단어로서, 그 범주는 조사이다.

용언의 활용을 인정하는 준종합적 체계에서 중요한 부분인 보조어간을 처리하는 데에 있어서 문교부(1985)는 최현배(1937)보다 발전된 면모를 보여준다. 최현배는 '-으시-, -었-, -겠-' 등의 굴절적 요소들과 피동, 사동의 '-이/히/리/기-', 강세의 '-뜨리/트리-' 등의 파생적 요소들을 구별하지 못하였다. 그러나 전자는 생산성에 제약이 없는 접미사인 반면 후자는 생산성에 제약이 있는 접미사이다.[62] 문교부(1985)는 전자를 '선어말어미'로, 후자를 파생접미사로 규정함으로써 한국어의 형태소 단위들의 질서를 정확하게 기술하였다.

문교부(1985)가 이전의 분류론적 문법서들보다 진전된 점을 한 가지 더 들면, 구와 절의 구분을 분명히 하였다는 것이다. 최현배(1937), 정인승(1949) 등에서는 문장 내부의 절 단위에서 표면적으로 주어가 실현되지 않는 경우를 구 단위로 파악하는 문제를 범하고 있는데, 문교부(1985)에서는 이러한 문제를 범하지 않는다. 절 내부의 주어의 생략을 인정하는 것이다. 관형절을 안은 문장의 예 중에는 다음과 같이 한 단어로 절을 이루는 예도 있다.

(7) <u>넓은</u> 밭에는 보리가 누렇게 익어 가고 있었다. (128쪽)

밑줄 친 부분은 표면적으로는 한 단어일 뿐이지만 주어가 생략된 절로 분석된다는 것이 현대 언어학의 일치된 관점이다. 최현배(1937)에서는 절의 주어가 표면적으로 실현되는 경우만 절로서의 자격을 인정함으로써 일관성 있는 절과 구의 구별을 불가능하게 만들었다. 이 불합리성을 해소한 점은 현대 언어학의 한국어 문장 구조에 대한 발전된 인식을 반영한 것으로서, 긍정적으로 평가할 점이다.

그러나 다음에 다섯 항목으로 나누어 지적할 점들은 문교부(1985)의 문제점들이다.

2. **'이다'의 처리에 관한 문제** 문교부(1985)에서도 '그는 학생이다'와 같은 예의 '이'를 조음소 아닌 문법단위, 즉 형태소로 인정하고 있다. '이'를 조음소로 가정할 경우 다음과 같은 반례들을 만난다는 점은 널리 기본적인 인식으로 굳어져 있는 것이다.

(8) 가. 학자임/*학잠, 학자인/*학잔, 학자일/*학잘
    나. 학자였다/*학자었다
    다. 학자이어서/학자여서/*학자어서, 학자이나/*학자나('역접'의 뜻으로)
    라. 바보이기도/*바보기도

---

62 피동 접미사 '-이/히/리/기-'와 사동 접미사 '-이/히/리/기-'가 생산성에 제약을 가진다는 점은 양정석(1995/1997)에서 한국어의 모든 동사/형용사의 예들을 대상으로 검증한 바 있다.

이들은 최현배(1937), 정인승(1959) 등에서 제시한 예로서, '이'가 조음소 아닌 문법단위, 즉 형태소임을 보이는 결정적 증거들이다.

그러나 문법단위로서의 '이'가 가지는 문법범주는 용언 어간이 아니라 조사의 어간이라는 것이 문교부(1985)의 판단이다.[63] 이는 정인승(1949, 1956)에서 유래하는 판단인데, 개념적으로나 경험적으로나 모순을 안고 있다.

문교부(1985)는 조사를 단어 범주의 하나로 설정한다(이 점이 이 문법을 준종합적 체계로 분류하는 주요 근거이다). 기본적으로 조사의 예는 '-이/가, -을/를, -에, -에게, -으로, -와/과, -은/는, -도, …'와 같은 것들이다. 그러나 이들은 활용하지 않는 것들이다. 그러니까 그의 조사 범주는 기본적으로 활용하지 않는 단어들을 그 예로 가지는데, 여기에 활용하는 단어 '이다'를 추가적으로 포함하는 것이다. 활용어와 비활용어(변화사와 불변화사)의 구분은 서양 전통문법에서 품사 분류의 기본적 기준이 되어 온 것이다. 활용어와 비활용어를 한 품사에 포함하는 문법범주의 체계는 문법범주가 계열적으로 대립하는 단위들의 공통적 의미/기능을 나타내는 것이라는, 그 본래의 의의를 파악하지 못한 것이다.

문교부(1985)는, 정인승(1949, 1956)과 같이, '이다'는 조사로 분류하지만 '아니다'는 형용사로 분류한다. 그런데 '이다'와 '아니다'는 활용의 방식이 완전히 일치한다. 동사와 형용사를 서로 다른 범주로 나누는 것은 그 활용의 방식이 다르기 때문이다. 동사 내의 단어들은 그 활용의 방식이 일치한다. 형용사 내의 단어들은 그 활용의 방식이 일치한다. '이다'와 '아니다'의 활용 방식이 완전히 일치한다는 사실은 (한국어 모어 화자의 머릿속에 있는) 자연적인 한국어 문법 체계에서 이 둘이 한 단어 범주 안에 소속됨을 증명하는 것이다.

이러한 '서술격조사설'은 문장 구조 분석에 있어서도 문제를 초래한다. 문교부(1985)에 따르면 다음 예는 주어를 제외한 '필시 나를 의심하였음이었다'를 하나의 복합적인 서술어로 가진다고 분석해야 한다. '나를 의심하였음'은 주어가 생략된 명사절로 분석할 수 있다. 문교부(1985)는 이 예의 조사 '이었다'가 서술어라는 분석을 할 수 없는데, 이 점은 이 문법 체계가 가지는 중대한 문제점이다.

(9) 그것은 필시 나를 의심하였음이었다.

---

[63] 학교문법 교과서인 문교부(1985)의 집필자로 알려진 남기심 교수와 고영근 교수 모두 '이다'를 용언으로 간주하는 견해를 가지고 있다. 1963년에 정해진 '문법통일안'에 따라 서술격조사설에 입각한 기술을 한 것임을 이해할 수 있다(교사용 지도서 7쪽). 그러므로 문교부(1985)에서 전개되는 문법 이론은 모순된 상태의 것이다.

이 문장은 주어가 생략된 '필시 나를 의심하였음'이라는 절(명사절)을 내포하고 주어는 '그것은', 서술어는 '이었다'인 복합문 구조로 분석해야 한다. '이다'가 조사로서 서술어가 되지 못한다고 규정함으로써 이러한 문장의 구조를 있는 그대로 분석할 수 없게 된 것이다.

'이다'는 용언의 하나로 규정되어야 한다. 용언의 하위 범주로 동사와 형용사를 가지는 체계에서는 형용사로 규정하는 것이 타당하다.

3. 보조용언 구문의 구조 최현배(1937)와 마찬가지로 용언의 하위 범주로 보조용언이라고 하는 범주를 설정하고 있다. 이것도 문제점의 하나로 지적되어야 한다. 보조용언을 가지는 문장(보조용언 구문)의 구조를 단순문 구조로 파악하는 것은 최현배 문법의 견해를 그대로 따르는 것인데, 보조용언 구문은 복합문 구조로 분석해야 옳다.[64]

4. 서술절설의 문제 서술절설은 김두봉(1916), 최현배(1937)의 풀이마디설을 근원으로 하는 견해인데, 이것이 불합리한 견해라는 점은 최현배(1937)에 대한 비판에서 서술하였다.

교사용 지도서에는 다음과 같은 이중주어문을 주제어를 포함한 문장, 즉 복합문이 아닌 단순문 구조로 분석하는 견해가 간단히 소개되고 있다.[65]

(10) 가. 철수가 키가 크다.
     나. 저 사람은 아들이 유명한 화가이다.
     다. 이 책은 재미가 있다.
(11) 우리 반은 학생들이 성적이 좋다.

(10)의 세 문장은 맨 앞의 명사구가 주제어이고 둘째 명사구가 주어라고 한다. (11)은 첫째 명사구, 둘째 명사구가 모두 주제어이고, 셋째 명사구 '성적이'만 주어라고 한다. 각 문장의 통사구조에 대해 약간 다른 분석이 가능하겠지만, 기본적으로 이중주어문을 복합문 구조 아닌 단순문 구조로 파악하는 것이 이에 대한 바른 접근 방향이라고 본다.[66]

5. 서법에 따른 문장의 분류 종결어미를 최현배(1937)에서와 달리, 그리고 정인승(1949)에서와 같이, 5가지로 하위 분류하였는데, 이는 타당하지 않다. 최현배(1937)에서 '-구나' 등의 감탄형어미를 서술형어미로 묶은 것은 다음과 같이 직접인용문을 간접인용문으로 전환할 때에 서술형의 간접인용화에서처럼 '-다고'의 형식을 갖기 때문이다.

---

64 이 문제에 대해서는 위 2.2.2절의 최현배(1937)에 대한 비판을 참고하기 바람.
65 이 예들은 모두 교사용 지도서 123-124쪽에 주어진 것들이다.
66 이중주어문의 통사구조에 대한 필자의 견해는 양정석(2002)에서 자세히 서술한 바 있다. 그 요점을 4.2절에서 다시 보일 것이다.

(12) 가. 철수는 "비가 온다."라고 말했다. → 철수는 비가 온다고 말했다.
     나. 철수는 "비가 오는구나!"라고 말했다. → 철수는 비가 온다고 말했다.
     cf. 철수는 "네가 먹어라."라고 말했다. → 철수는 내가 먹으라고 말했다.
         철수는 "같이 먹읍시다."라고 말했다. → 철수는 같이 먹자고 말했다.
         철수는 "비가 옵니까?"라고 물었다. → 철수는 비가 오느냐고 물었다.

이는 감탄법을 서술법으로부터 구분할 근거가 없다는 점을 보이는 것이다. 반면 다음은 약속법을 새 하위 범주로 구분하는 근거가 된다.

(13) 철수는 "내일은 함께 가마."라고 약속했다. →
     철수는 내일은 함께 가마고 약속했다.

약속형은 서법의 한 하위 범주로 인정하는 것이 타당하다.

6. '소리가 없이'의 분석 '부사절을 안은 문장(부사절 내포문)'의 예로 든 (14) 문장의 분석은 문제를 제기한다. 이는 최현배(1937)로부터 연유하는 문제의 예이다. 문제를 분명히 하기 위하여 (14)의 '소리도 없이' 대신 격조사를 가지는 '소리가 없이'로 교체한 (15) 예문을 가지고 논의하기로 한다.

(14) 산 그림자가 소리도 없이 다가온다.
(15) 나뭇잎이 소리가 없이 떨어진다.

문교부(1985)에서는 (15) 문장을 '부사절을 안은 문장'(부사절 내포문)으로 분석한다. 이는 '소리가 없이' 부분을 절 단위로 간주한다는 뜻이다. 문교부(1985)의 분석은 다음과 같은 것이다. '없이'가 파생어로서 부사이면서도 서술어가 된다는 것이 이 분석의 특이한 점이다.

(15)' [문장 [명사구 나뭇잎이] [동사구 [부사절[명사구 소리가][부사 없이]] [동사떨어진다]]]

그러나 부사인 '없이'가 서술어이며, 부사가 주어('소리가')를 취한다고 하는 것은 불합리한 설명이다. '소리가'는 주어가 아닌 필수적 성분(보어 또는 필수적 부사어)으로 보아야 가장 합리적인 분석이 된다.

(16) 가. 나뭇잎이 소리가 없다.
    나. 나는 돈이 없다.

(16)의 두 예문은 '없다'의 어휘적 특성에 따라 두 논항이 요구되는 구문으로 보아야 한다. (15)의 '소리가'도 (16가)의 '소리가'와 다름없이 주어가 아닌 성분으로 처리하는 것이 타당하다. '없이'는 부사로서 다음과 같은 예의 '함께', '같이'처럼 선행 성분을 필수적 성분으로 취하여 부사구를 형성한다고 보는 것이 가장 합리적이다.

(17) 가. 나는 <u>친구와 함께</u> 도서관에 갔다.
    나. 고향은 <u>어머니의 품과 같이</u> 편안한 곳이다.

대안적 분석은 다음과 같다. '소리가 없이'는 부사구로 분석되어야 한다.

(18) [문장 [명사구 나뭇잎이]] [동사구 [부사구[명사구 소리가[부사 없이]]] [동사 떨어진다]]]

최현배(1937)로부터 이 예를 부사절을 내포한 문장으로 분석한 데에는 '소리가'의 '가'가 주격조사라는 판단이 주요한 요인이 되었다. 그러나 최현배(1937)의 체계에서도 '-이/가'는 주격조사 외에도 보격조사('그가 회사원이 아니다'), 부사격조사('물이 얼음이 되었다')로 분석되었다. '소리가'를 보어나 필수적 부사어로 보고 이 경우의 '-가'를 보격조사나 부사격조사로 분석하면 학교문법의 체계 안에서도 무난히 처리할 수 있다. 물론 부사 중에도 보어를 취하거나 필수적 부사어를 취하는 부사가 있다는 사실을 추가적으로 서술하면 그뿐이다.[67]

2.2.3.4. 허웅(1995, 1999)의 한국어 구조문법

이 절에서는 준종합적 체계의 문법서로 허웅(1995), 『20세기 우리말의 형태론』과 허웅(1999), 『20세기 우리말의 통어론』을 검토하려고 한다. 이 두 저서는 한국어 구조문법의 대표적 문법서라고 평가할 수 있다.

한국에 구조언어학의 기초 개념과 방법론이 개론서의 형태로 소개된 것은 허웅(1963)에서였다. 허웅(1975)에서는 중세국어의 형태론에 대한 공시적 기술을 완성하였고, 이를 골격

---

67 이 문제에 대한 지적과 이와 같은 해결 방안은 양정석(1995/1997: 293)에서 보인 바 있다.

으로 삼아 허웅(1995)에서는 현대 한국어의 형태론을 체계화하였다. 허웅(1999)에서는 구조문법적 견지에서 현대 한국어의 문장 구조에 대한 분류론적 기술을 실행하였다. 뒤의 두 저작은 최현배(1937)의 현대 한국어 문법단위 분류 체계를 유지하면서 그 부분적 문제점들의 보완을 의도한 것이라고 그 성격을 특징지을 수 있다. 구조언어학의 철저한 단위 분석 방법을 적용한 것은 이 연구의 큰 미덕이다. 경우에 따라서는 생성문법의 심층구조 및 변형의 개념을 받아들이기도 하였으나, 이 연구는 어디까지나 분류론적 연구로 특징지어짐을 강조하지 않을 수 없다.

이 두 문법서의 방법론이 분류론적 방법론이라는 것은 차례를 통하여 이들 문법서의 서술 순서를 한 눈으로 훑어보기만 해도 알 수 있다. 허웅(1995)는 형태소와 단어의 분류론을 제시하고 있고, 허웅(1999)는 구('이은말'), 절('마디'), 문장('월')의 분류론을 제시하고 있다.

A. 허웅(1995)의 현대 한국어 형태소 분류 체계

형태소 개념은 미국 구조언어학(기술언어학)으로부터 확립된 개념이다. 기술언어학의 형태소 분석 방법론에 바탕을 둔 한국어 형태소 분류 체계의 확립이야말로 허웅(1995)의 가장 중요한 공적이다. 허웅(1963)의 『언어학개론』, 허웅(1981)의 『국어학』으로부터 다음의 형태수 하위 분류 체계가 확립되었다.

```
(1) 형태소 ┬ 어근
          └ 접사 ┬ 파생접사
                └ 굴절접사(어미) ┬ 선어말어미('안맺음씨끝')
                                └ 어말어미('맺음씨끝')
```

어말어미들의 분류 체계는 문장의 구조적 분류와 대응된다는 의미에서 중요성이 있다. 여기에서는 허웅(1995)에 제시된 어미들의 분류 체계를 요약·제시하기로 한다. 이 책은 최현배(1937)의 체계를 따르는 준종합적 입장이어서, 품사 분류나 그 외의 문법범주의 하위 분류, 그리고 그 용어에서도 최현배 문법을 거의 그대로 따르고 있다. 그러나 어미활용 체계의 서술은 각 품사 즉 움직씨, 그림씨, 잡음씨로 나누어 중복적으로 서술하지 않고 하나로 모으면서 개별적인 차이에 주목하는 방식을 취함으로써, 한층 정연한 서술이 가능하게 되었다.

(2) 허웅(1995)의 어말어미 분류 체계

의향법 196개	서술법 (베풂법)	낮춤	일러듣김: -다/라/는다/ㄴ다, -으니라/느니라(나니라), -으니/느니(나니), -네, -어/아, -지, -으이, -을지라, 을지니라, 을지어다, 을지로다, -단다/란다/는단다/ㄴ단다, -다네/라네/는다네/ㄴ다네, 노라네, -으니까, 다니까(깐, 까는)/라니까(깐, 까는)/는다니까/ㄴ다니까, -다나/라나/는다나/ㄴ다나, 으라나, -다고/라고/는다고/ㄴ다고, -다마다, -고말고, -단 말이야/란 말이야/는단 말이야/ㄴ단 말이야, -어야지/라야지
			약속: -으마, -을께, -음세
			뜻(의욕, 의도, 바람): -과저, -을래, -을란다/을랜다, -을꺼나, -을라고/을려고/을랴고
			헤아림(추측): -을라, -을러라/을레라, -을레, -을세라, -으렷다, -거니, -으려니
			느낌: -구나/로구나/군/로군/는구나/는군, -구려/로구려/는구려, -구료/로구료/는구료("앞의 '구려'와 임의변동형으로 볼 수 있다."), -구먼/구만/로구먼/로구만/는구먼, -도다/로다/(는도다), -어라/아라, -노라/로라, -다니/라니/는다니/ㄴ다니, -는데/은데, -는지/은지, -는지고/은지고, -는걸/은걸/을걸, -을세/로세, -거든, -으니/을데라니, -을씨고, -을손, -을사, -을진저, -데나, -누나, -누마, -로고, -으매라, -드만, -을데라구
		예사높임	일러듣김-아룀: -소(수)/으오/오, -다오/라오/는다오/ㄴ다오, -습닌다/읍닌다/습넨다/습넨다/읍닌다/ㅂ닌다, -습딘다/읍딘다/ㅂ딘다, -단 말이오/란 말이오/는단 말이오/ㄴ단 말이오, -네요, -어요/아요, -지요, -으이요(-데요=더+으이+요), -으니까요/으니깐요, -다니까요/라니까요/는다니까요/ㄴ다니까요, -다나요/라나요/는다나요/ㄴ다나요, -다고요/라고요/는다고요/ㄴ다고요, -다마다요, -고말고요, -아야지요/어야지요/라야지요
			약속: -을께요
			뜻(의욕, 의도, 바람): -을래요
			느낌: -군요/로군요/는군요, -는구먼요/구먼요/로구먼요, -다니요/라니요/는다니요/ㄴ다니요, -는데요/은데요, -는걸요/은걸요/을걸요, -거든요
		아주높임	-습니다/읍니다/ㅂ니다, -사옵니다/으옵니다/옵니다, -답니다/랍니다/는답니다/ㄴ답니다, -습네다/ㅂ네다/올습네다, -으이다, -나이다, -노이다/느이다/으니이다/어이다, -소이다/도소이다/을소이다(<으리로소이다), -올시다
	물음법	낮춤 (안높임)	-으냐/느냐/으뇨/느뇨, -은가/는가/은고/는고, -을까/을꼬, -은지/는지, -을지, -을런지/을는지, -을소냐/을손가, -은감/는감, -나/노/누, -니/으니/느니, -으랴, -어/아, -지, -으이(뉘 있으리?(으리+으이), 크데?(더+으이), 크다?(디〈데)), -을래, -고/고서, -은데(도)/는데(도), -으려고, -으라고(구), -게, -다/라/는다/ㄴ다, -담/람/는담/ㄴ담, -어야지/라야지 복합형태: -다고/라고/는다고/ㄴ다고, -다며/라며/는다며/ㄴ다며/다면서/라면서/는다면서/ㄴ다면서, -다니/라니/는다니/ㄴ다니, -다지/라지/는다지/ㄴ다지, -으냐고/느냐고, -으냐니까/느냐니까, -으라며/으라면서, -으라고, -으람, -자며/자면서, -기는, -음에랴, -거나, -으려나/을래나/으라나/으려남, -은거야/는거야

의향법		예사높임	-소(수)/으오/오, -을깝쇼, -은가요/는가요, -을까요, -은지요/는지요, -을지요, -을런지요/을는지요, -나요, -어요/아요, -지요/죠, -으이요, -을래요, -고요/고서요, -은데(도)요/는데(도)요, -으려고요, -을라고요, -게요, -어야지요/라야지요, -다고요/라고요/는다고요/ㄴ다고요, -다며요/라며요/는다며요/ㄴ다며요/다면서요/라면서요/는다면서요/ㄴ다면서요, -다니요/라니요/는다니요/ㄴ다니요, -다지요/라지요/는다지요/ㄴ다지요, -으냐고요/느냐고요, -으냐까요/느냐까요, -으라면서요, -으라고요, -자면서요, -기는요
		아주높임	-습니까/읍니까/ㅂ니까, -사옵니까/으옵니까/옵니까, -습네까/읍네까/ㅂ네까, -으이까, -나이까, -소이까/로소이까, -느이까/늬까, -니이까
	시킴법	낮춤(안높임)	-어라/아라/여라/거라/너라, -으라, -으라고(구), -으라니/으라니까(ㄴ), -으렴/으려무나/으려마, -게/게나, -구려/구료, -으렷다, -어/아, -지
		예사높임	-으오/소, -으라고요, -어요/아요, -지요
		아주높임	-(으십시)오, -으소서, -읍소사/으십사/읍시사
	함께법(꾀임법, 권유법)	낮춤	-자, -자고, -자꾸나, -자니까/자니깐, -세/세나, -음세, -어/아, -지
		예사높임	-으오, -자고요, -자니까요/자니깐요, -어요/아요, -지요
		아주높임	-읍시다, -읍세다, -으십시다, -으십세다, -사이다
두자격법	이름법		-기, -ㅁ/음
	매김법		-는, -은, -을, -을는
	어찌법		-듯, -듯이, -게/게시리/게끔, -도록/도록끔, -을수록/을수록에
접속법	마디만들기(108개)	마땅함법	'사실': -으니, -으니까, -으니까는/으니깐, -으므로, -으매, -어서/아서/라서, -어/아, -은즉(슨), -관데, -을새, -기(에/로)/길래, -는지라/은지라, -다고/라고/는다고/ㄱ다고, -으니만큼/은만큼/느니만큼/는만큼, -거늘, -으면, -다면/라면/는다면/ㄴ다면, -자면, -노라면, -느라면, -을라치면, -으량이면, -거드면(은), -을것같으면, -거든/건/거들랑/걸랑, -을진대, -단들/란들 '반드시': -어야/아야/라야, -어야지/아야지/라야지 '견줌': -거든, -거온, -으려든, -느니, -으나 '뜻함': -고자, -으려고/을려고/으랴고/으려, -자(고), -노라고, -느라고, -으러
		뒤집음법	'현실': -지마는/지만, -건마는/언마는, -는데도/은데도, -으나, -으나마, -으니까(는/ㄴ), -기로(니), -기로서(니)/기로소니, -기로선들, -로(서)니, -을지나, -지, -거늘 '현실-가상에 두루 쓰이는 것': -어도/아도/라도, -을망정, -을지언정, -을지라도, -더라도, -은들, -어야/아야, -었자/았자 '특수한 어미': -다, -어, -으나따나/으나다나
		풀이법	-는데/은데, -는바/은바, -는지/은지, -을지/을런지/을는지, -으되/로되, -을새, -기를/길, -(더)니(만/마는), -을러니, -나니, -노니, -노라니/노라니까, -느라니, -으려니(까), -자니(까), -거니와/어니와, -으려니와, -건대(는), -거니/어니, -을세라, -(이)라, -거든, -을작시면
		가림법	-든지…(든지), -든가…(든가), -든…(든), -거나…(거나), -건…(건), -으나…으나
		벌임법	'앞-뒷마디에서 겹침': -고/오, -고서, -어/아, -어서/아서, -으며, -으면서, -을뿐더러, -기는커녕/긴커녕, -기는새로에/기는새려, -자(마자), -다(가)

		'앞마디에서 되풀이': -으며…으며(으명…으명), -고…고, -으랴…으랴, -다(가)…다(가), -으니…으니/느니…느니, -거니…거니
	이은말 만들기 (25개)	'씨끝에 뜻 없음': -어/아 -(매인풀이씨), -지 -(매인풀이씨) -든/들 -(매인풀이씨), -고 -(매인풀이씨) '씨끝에 뜻 있음': -어야 -(하다), -으려(고) -(하다), -고자 -(하다), -고/곤 -(하다), -음직 -(하다), -고 -(들다), -으러 -(들다), -으려(고) -(들다) '힘줌': -고, -디, -으나 '되풀이': -으니…으니/느니…느니, -거니…거니, -다가…다가, -거나…거나, -든지…든지, -든가…든가, -든…든, -고…고, -으랴…으랴, -으락…으락

위 표에는 최현배(1937)의 어미 목록에 들지 않던 새 어미들이 상당수 나타난다.

(3) -음직(힘꼴이나 씀직 한 젊은이 384쪽), -을까말까(지금 갈까말까 하는 중이다 384쪽), -기는커녕(양식을 팔아오기는커녕 쌀독까지 내다 팔아 먹지 않아요? 1381쪽), -길래(810쪽), -거든(다리가 낫거든 우리도 길로 내려갑시다 880쪽), -지(고래는 짐승이지, 물고기는 아니다), …

이러한 어미 단위들의 새 목록을 확정한 것은 한국어 문법 연구에의 중요한 기여이다.

B. 허웅(1995)의 현대 한국어 단어 분류 체계

허웅(1995)의 단어 분류 체계는 최현배(1937)의 분류 체계를 대체로 그대로 이어받았으나, '이음씨(접속사)'를 더하여 11개의 범주로 나눈다. 이음씨는 월의 짜임새 안에 바로 놓이지 않고 홀로말(독립어)의 구실을 가지기 때문이라고 한다(228쪽).

① 이름씨(명사): 해, 달, 것, 녘(서 녘, 새벽 녘, 밝을 녘, 해질 녘), 뿐(그 뿐이 아니라, 흔들 뿐이다), 바람(이 바람에, 웃는 바람에), 김(술 김에, 하던 김에), 길(이 길로, 밥을 먹는 길로), 그대로(있는 그대로의 야성 상태), 나름대로(그들 나름대로, 그 나름대로의 경지), 듯이(눈이 부신 듯이),…
② 대이름씨(대명사): 나, 우리, 저희, 이, 이것, 이리, 어떤것, 어떤데, 어떤쪽,…
③ 셈씨(수사): 하나, 한, 둘, 두, 셋, 세, 서, 석, 한둘, 둘째, 제이, 한두째,…
④ 움직씨(동사): 가다, 받다, 있다, 보다¹, 보다²(매인움직씨), 버리다¹, 버리다²(매인움직씨),…
⑤ 그림씨(형용사): 가다, 받다, 없다, 보다¹, 보다²(매인움직씨), 버리다¹, 버리다²(매인움직씨),…
⑥ 잡음씨(지정사): 이다, 아니다
⑦ 매김씨(관형사): 이, 그, 저, 새, 헌, 무슨, 갖은, 단, 각, 근, 딴, 이까짓, 별의별,…
⑧ 어찌씨(부사): 과연, 과시, 딴은, 진실로, 응당, 왜, 설마, 부디, 아무쪼록, 아니,…
⑨ 이음씨(접속사): 및, 또는, 곧, 그뿐아니라, 더구나, 하물며, 그러니, 하니까, 그런고로, 따라,

그러매, 그러므로, 그런즉, 한즉, 그러니까, 그러면, 그러하거든, 그래야만, 그렇지마는, 하지마는, 하나, 하나마, 그러나, 그러하되, 하되, 그러할지라도, 그럴지라도,…
⑩ 느낌씨(감탄사): 허, 허허, 참, 잘한다, 여보시오, 이애, 예, 그래, 응, 글세(요),…
⑪ 토씨(조사)
  가. 자리토씨(격조사): -이, -를, -에, -으로, …
  나. 이음토씨(접속조사): -의, -와, -하고, -하며, -이고, -이니, -는커녕,…
  다. 부름토씨: -아/야, -이여, -이시여, -요(산에서 우는 적은 새요…)
  라. 도움토씨: -도, 조차, -마저, -서껀, -들, -마다, -씩, -꼴(20명에 하나꼴), -는, -이란, -을랑, -만, -뿐, -밖에, -이나, -이든지, -이든가, -이거나, -부터, -까지, -꺼정, -토록, -이나, -이나마, -이라도, -이야, -이야말로, -이라야, -이사, -인즉슨, -이면, -다가, -곧, -서, -따라, -이라고, -이라, -이기로서니, -인가, -인지, -이고, -인들, -쯤, -깨나, -이라면
  마. 특수토씨: -그려, -그래, -마는, -고, -이라고, -이라, -시피, -요

관형사로 취급되던 '한, 두, 세, 서, 석, …' 그리고 한자어로서 체언 앞에서 쓰이는 경우 관형사로 취급되던 '삼, 오백, …' 등을 수사로 통합한 것은 허웅(1995)의 품사 체계의 특징이다. 이는 타당한 방안이라고 생각한다. 그러나 최현배(1937)을 따라 명사/대명사/수사를 각기 독립 품사로 설정한 것, 그리고 최현배(1937)와 달리 접속사를 분리한 것은 타당한 결정이라고 보기 어렵다.

토씨의 하위 분류 중, 특수토씨의 예로 든 '-시피'는 토씨의 예에서 제거해야 한다. 이는 언제나 '-다시피'로만 실현되므로('너도 믿다시피/*너도 믿는다시피'), '-다시피'를 이음씨끝(접속어미)으로 처리해야 한다.

허웅(1995)에서는 매인풀이씨들의 확대된 목록을 제시하고 있다. 특징적인 것들만을 지적하기로 한다. 우선, '형식적 매인풀이씨'라는 표제 하에 여러 종류의 어미(또는 의존명사) 뒤에 '하다'가 나타나는 예들을 모아 놓고 있다.

(4) 가. 접속어미에 '하다'가 이어짐: -어야 하다, -으려고 하다, -고자 하다, -으락… -으락 하다, -거나…-거나 하다, -거니…-거니 하다, -고 하다, -고는 하다, -고….-고 하다, -음직 하다
  나. 종결어미에 '하다'가 이어짐: -을까말까 하다
  다. 전성어미 '하다'가 이어짐: '-기는/기만/기도/기라도/기부터/기까지 하다
  라. 의존명사('매인이름씨')에 '하다'가 이어짐: 듯 하다, 양 하다, 체 하다, 척 하다, 둥…둥 하다

특히 (4라)의 예들에서 매인풀이씨(보조용언)인 것은 '듯하다, 체하다, …' 등이 아니라

'하다'라는 점에 주의해야 한다. 이는 최현배(1937)의 오류가 정정된 것이다.

C. 허웅(1999)의 현대 한국어 구 분류 체계

통사 단위인 구, 절, 문장 들의 분류 체계는 허웅(1999)에서 제시되고 있다. 이 책을 바탕으로 허웅의 구, 절, 문장의 분류 체계를 요약하기로 한다.

최현배 문법의 구와 절 개념이 큰 문제를 가진다는 점을 위에서 논하였다. 허웅(1999)에서는 이 점에 있어서 보다 개선된 구 개념, 절 개념을 보이고 있다. 명사절, 관형절, 부사절에서 주어의 생략을 인정하는 것이다. 최현배(1937)에서 표면적 주어가 생략되었기 때문에 구로 판정하였던 예들이 허웅(1999)에서는 절로 판정된다. 허웅(1999)에서는 이은말의 예를 다음 3가지로만 제시하고 있다.

(5) 허웅(1999)의 이은말(구)의 분류
　가. 풀이이은말(용언구): 가 보게/흐느껴 댄다/가까워 온다/까매 버렸다/이겨 내었다/갈아 놓았다/해 주어/속이지 않는다/가지 말게/알고 있었다/떠나고 싶다/몰아 가다/집어 가다/날아 가다/들어 가다/빌어 먹다/가꾸어야 한다/가려고 하다가/만나고자 합니다/믿음직 하다/따지고 든다/죽이려고 든다/오락 가락 한다/붉으락 푸르락 한다/읽어 내려 가셨다/해 버리시곤 하셨다/먹고 싶지 않게 되었다/흐느끼듯 하였다/모르는 척 했다/모질기는 하군/나무라기까지 했다/곁들이게 마련이다/잡히기 십상이야/있었기에망정이지/밑지기가 일쑤이다
　나. 임자이은말(체언구): 사람의 자식/새 신/헌 구두/수탉 한 마리/조수를 몇 사람/사람과 말/나하고 너하고/여관과 가게며/나무는커녕 물/서울에서 평양까지/열 시에서 열두 시까지
　다. 매김이은말(관형구): 일제 침략에의/타국에서의/그와의(이별)/나하고의(관계)

허웅(1995, 1999)에서도 보조용언을 가지는 문장의 구조를 최현배(1937)과 같이 단순문 구조로 파악하므로 (5가)의 '본용언+보조용언'의 예들이 이은말로 처리된다.

그런데 허웅(1999)에서 모든 매인풀이씨가 단순문 구조를 이룬다고 보는 것은 아니다. 사동의 '-게 하다'는 복합문 구조를 이룬다고 본다(39쪽).[68]

(6) 나는 그를 밥을 먹게 한다.

---

[68] 허웅(1995: 1036)에도 '-게 하다'의 '하다'를 매인풀이씨 아닌 으뜸풀이씨로 규정하고 있다.

(5)의 구의 분류에는 한국어의 모든 구가 고려되어 있지 않다. 우선 최현배(1937)에 있던 부사구가 제외되어 있다. 이는 주어가 생략된 부사절을 부사절로 인정하기 때문이라고 할 수 있지만, '금강산에, 서울에서 부산까지'와 같은, 최현배(1937)에서 부사구로 처리했던 예들이 포함되지 않았다. 더욱이, 용언구에는 '비가 오기를 기다린다'와 같은 구조의 무한수의 용언구, 체언구에는 '비가 온 사실'과 같은 구조의 무한수의 체언구, 관형구에는 '비가 온 사실의(의미)'와 같은 구조의 무한수의 관형구가 그 예로 포함되어야 한다. 이는 구가 귀환적 구조(recursive structure)를 가지는 문법단위임을 뜻하는 것이다. 궁극적으로는 절, 문장도 구의 구조로 기술된다는 것이 생성문법의 원리매개변인 이론의 관점이다(3.4절에서 후술). 구의 분류는 분류론적 문법인 허웅(1999)이 가지는 근본적 한계를 드러내는 부분이다.

D. 허웅(1999)의 현대 한국어 절 분류 체계

허웅(1999)의 절 분류는 최현배(1937)의 것을 그대로 이어받고 있다. '이중주어문'을 용언절 내포문으로 분석하여 그 용언절을 절의 하위 범주로 설정하는 것이 그 주요 특징이다. 최현배(1937)와 달라진 것이 있다면 인용절을 추가했다는 것이다.

(7) 절의 분류
    ① 체언절('이름마디'): 하늘이 맑기/돈을 갚아 주기를 바람/그가 웃는 것/하늘이 푸른 것/내일 비가 올 것,…
    ② 관형절('매김마디'): 날씨가 따뜻한/물 한 모금을 넘기는/그가 들었던,…
    ③ 부사절('어찌마디'): 비가 쏟아지듯/사람의 의견이 각양각색이듯이/땅이 꺼지게/귀에 못이 박히도록/차차 나이를 먹을수록,…
    ④ 용언절('풀이마디'): (그럴만한 사람이) 한 사람 있습니다/(그는) 얼굴이 희다/(이것은) 얼음이 아니다/(물이) 얼음이 되었다/(그 집은) 방이 넷이다,…
    ⑤ 인용절('따옴마디): 그는 "죽어 버리겠소"라고도 했다/나는 장난이 심했다고 뉘우쳤다/앞으로는 잘 되리라고 생각한다/그가 도와 주려니 생각하고 있어/'우리는 반성해야 할 점도 많지 않을까?' 합니다
    ⑥ 연결어미 절('이음마디')
        (i) 딸림: -으니, -으니까, -으매, -어서, -어^1, -은즉, -관데, -을새, -기에, -길래, -는지라, -다고, -는만큼, -거늘, -으면, -다면, -거드면, -을것같으면, -거든^1, -을진대, -자면, -단들, -노라면, -느라면, -을라치면, -으량이면, -어야^1, -어야지, -을지니, -거든^2, -으려든, -느니, -으나^1, -고자, -으려고, -자고, -노라고, -느라(고), -으러, -지마는, -건마는, -는데도, -으나^2, -으나마, -으니까는, -기로니, -기로서니, -기로선들, -을지니, -지,

       -거늘, -어도, -을망정, -을지언정, -을지라도, -더라도, -은들, -어야², -었자, -는데,
       -는바, -는지, -을지, -으되, -더니, -을러니, -거니와, -으려니와, -건대, -거니, -을세라,
       -을새, -기를, -노니, -노라니까, -느라니, -으려니까, -자니까, -거든³, -을작시면
   (ii) 맞섬: -든지, -든가, -든, -거나, -건, -으나³, -고, -고서(야), -어서(야), -으며, -으면서,
       -을뿐더러, -기는커녕, -자마자, -다가, -어²,…

  ①에서는 '-는 것/은 것/을 것'처럼 의존명사로 끝나는 예를 체언절로 서술한 것이 이채롭다. ⑥에서는 이음마디의 예 대신 이음마디를 이끄는 접속어미의 예를 '딸림(종속)'과 '맞섬(대등)'의 두 부류로 나누어 나열하였다. 허웅(1999)에서 접속문의 종속과 대등의 구분은 통사적 기준에 따른 것이 아니고, 의미적 기준에 따른 것이다.
  보조용언 구문을 최현배(1937)처럼 단순문으로 분석하므로 이 구문의 내포절이 위 다섯 가지 절 중의 어느 것으로 분류되는지는 문제가 되지 않는다. 현대적인 관점에서 보면 이 점은 허웅(1999)의 통사론적 견해의 한 특징이라고 말할 수 있다.

E. 허웅(1999)의 현대 한국어 문장 분류 체계
  앞의 (7)과 같은 절 분류 체계에 따라 상응하는 문장 분류 체계가 설정된다. 그러나 절의 종류가 6개였던 데에 비하여 문장의 종류는 7개이다. 이는 '온월을 안은 겹월'이 추가되었기 때문이다.

(8) 복합문('겹월')의 분류
  ① 체언절내포문('이름마디를 안은 겹월'): 나는 하늘이 맑기를 바란다/하늘이 푸른 것이 눈에 들어왔다.
  ② 관형절내포문('매김마디를 안은 겹월'): 나는 날씨가 따뜻한 날을 좋아한다.
  ③ 부사절내포문('어찌마디를 안은 겹월'): 그는 땅이 꺼지게 한숨을 쉬었다.
  ④ 용언절내포문('풀이마디를 안은 겹월'): 그럴만한 사람이 한 사람 있습니다/그는 얼굴이 희다/이것은 얼음이 아니다/물이 얼음이 되었다/그 집은 방이 넷이다.…
  ⑤ 인용절내포문('따옴마디를 안은 겹월'): 그는 "죽어 버리겠소"라고도 했다/나는 장난이 심했다고 뉘우쳤다/앞으로는 잘 되리라고 생각한다.
  ⑥ 접속문('이은 겹월'): 종속('딸림') 접속문과 대등('맞섬') 접속문
  ⑦ 온월내포문('온월을 안은 겹월'): '그 할아버지의 존재가 어떠했던가'는 짐작하고도 남는다/'내일 비가 올 것인가'가 문제이다/'자살의 원인이 정말 생활고인가'를 조사했다.…

'온월을 안은 겹월'을 내포문의 하위 범주로 설정하는 것은 특이한 기술이다. '온월'이라는 것은 남의 말을 문장 그대로 주어, 목적어, 부사어, 관형어로 인용하는 것이다. 이는 직접인용문의 한 형식이라고 생각된다.

허웅(1995, 1999)의 구조문법 비판

최현배(1937)에서 불충분하게 제시되었던 각 문법단위들의 목록을 완전히 제시한 것은 허웅(1995, 1999)의 큰 장점이다. 또한 최현배 문법의 보조어간 중 '-뜨리-', '-치-', 피동의 '-이/히/리/기-', 사동의 '-이/히/리/기-'를 어미의 일종인 '안맺음씨끝'에서 제외한 것은 형태소 분류 체계의 기술에서 진일보한 것이다.

어미 단위들의 형태 확정 작업에 있어서 매우 광범위한 자료를 분석하여 구체적인 공헌을 하고 있다. '-음작'을 한 단위의 접속어미로 분석한 것을 비롯하여, 위 (3)의 어미들을 확정한 것은 그 구체적인 예인 것이다.

그러나 최현배(1937)의 분류 체계를 계승하려는 의도에 따라 최현배 문법에 대하여 제기되는 문제점들을 대부분 그대로 떠안게 된다. 다음 1과 2는 최현배(1937)에서 비롯되는 문제점이다.

1. **보조용언과 부조용언 구문의 처리 문제** 최현배(1937)에시는 '듯하다', '제하나', '척하다', '법하다', '성싶다'를 보조용언으로 다루었으나, 허웅(1995, 1999)에서는 '듯, 체, 척, 법, 성'을 매인이름씨로 규정하고, 이들에 이어지는 '하다, 싶다'만을 매인풀이씨로 다룬다. 이는 긍정적인 개선이 이루어진 것이다.

그러나 최현배(1937)의 견해를 따라, 보조용언 구문을 단순문 구조로 기술한 것은 문제이다. 본용언과 보조용언('매인풀이씨')의 결합을 구 단위로서 단일 서술어를 이룬다고 보는 문장 분석의 관점은 오류이다. 보조용언 구문은 복합문으로 분석되어야 하고, 보조용언은 이 복합문의 주절 용언으로 분석되어야 한다(앞의 2.2.2절 참조).

2. **이중주어문의 처리 문제** '이중주어문'을 일률적으로 용언절을 내포한 복합문으로 분석하는 관점도 최현배 문법을 그대로 이어받은 것인데, 이러한 문장 분석이 오류임을 최현배(1937)에 대한 비판의 자리에서 자세히 논증하였다.

생성문법의 표준이론이나 원리매개변인 이론 하에서 최현배(1937)의 서술절설('용언절설')을 정당화하고자 하는 논증이 여럿 있어 온 것이 사실이다. 이들에 대해서는 뒤에서 차근차근 검토하기로 하겠다.

3. **말도막(어절) 개념의 문제** 허웅(1999)에서는 '월을 짜이루는(구성하는) 언어형태'로 '말도

막과 '이은말'과 '마디'가 있다고 설명한다. '낱말'은 형태소와 함께 형태론의 단위로서, 문장을 구성하는 통사론의 단위로는 간주하지 않은 것이라 생각된다.

이은말과 마디는 구와 절에 해당하는 용어이다. 그의 이은말(구), 마디(절) 개념에 대해서는 위에서 설명하였다. 그의 말도막(어절) 개념이 가지는 문제성에 대해 생각해 보자. 그는 (9가)의 주어 부분이 6개의 말도막으로 되어 있다고 분석한다(70쪽).

(9) 가. 과연 배를 타 낼 수 있을까가 의문이다.
    나. 과연/배를/타/낼/수/있을까가/

그는 말도막이 문장을 구성하는 직접의 재료라고 보고, "우리는 월을 짜이루는 여러 가지 월조각(월성분)이 있음을 보았는데, 이것들은 말도막으로 만들어져 있다. 말도막은 월을 짜이루는 직접적이오, 궁극적인 재료이기 때문이다."(71쪽)라고 말하고 있다. 월조각(문장성분)은 말도막이 가지는 문법기능이라는 뜻으로 해석된다. 그러나 그 자신의 예인 (9나)를 보더라도 곧바로 문제가 제기된다. '타'는 서술어이다. '낼'은 어떤 문장성분인가? 또한 '있을까가'는 서술어이기도 하고, 그 다음에 이어지는 구성성분과의 관계에서는 주어이기도 하다.

말도막 또는 어절은 문법단위가 아니다. 어절은 음운론적 단위일 뿐이다. 사실상 허웅(1999)에서도 말도막(어절) 개념이 문장 분석 과정에서 사용된 경우는 찾기 힘들다. 그만큼 불필요한 개념이다.

2.2.4. 종합적 체계의 문법

2.2.4.1. 정렬모(1946)의 종합적 체계

한국어 문법 연구에서 체언과 조사의 결합을 한 단어로 인식하여 서술한 문법서는 정렬모(1946), 『신편고등국어문법』이 처음이다.[69] 이는 뒤의 이숭녕(1956), 김민수(1960)나 북한 문법 조선문화어문법(1979)의 선례가 되는, 종합적 체계의 선구자인 것이다.

---

[69] 정렬모(1946)은 체언과 조사의 결합이 한 단위의 '감말'을 이룬다고 서술하며 '단어'라는 용어는 사용하지 않는다. '감말'이라는 용어가 기본적으로 단어를 뜻하지만 때로는 구 단위를, 때로는 문장 단위를 지칭하기도 한다는 점에 주의해야 한다(후술).

정렬모(1946)은 보통의 문법서 서술과는 상당히 다른 서술 방식을 보이고 있다.[70] 분류론적 체계 하에서의 보통의 문법들은 문법단위들의 층위, 즉 형태소, 단어, 구, 절, 문장의 단위를 구별하고, 각 층위에서의 문법범주 체계를 기술한다. 단어나 구나 절의 문법범주를 정하기 위하여 주어, 서술어, 목적어, 부사어 등의 문법기능, 어미활용 여부와 같은 형태론적 특징을 고려한다.

정렬모(1946)은 의미 중심의 문법임을 특징으로 한다. '사상'을 이룸에는 두 다리, 즉 관념과 단정이 있다고 한다. 관념을 나타내는 재료가 되는 말의 단위는 '낱뜻'이고, 자기만의 힘으로, 단독의 힘으로 관념을 나타내는 말의 단위는 '감말'이다. 단정을 나타내는 말의 단위는 '월'이다. '사상', '관념', '단정'이라는 개념들은 결코 명시적인 개념이 아니다. 이들 개념을 매개로 정의하는 그의 '낱뜻', '감말', '월' 역시 명시적인 개념이 될 수 없음은 당연한 일이다.

그는 '말본갈'이 과학임을 강조하고 있는데(19쪽 이후), 이렇게 비명시적 개념을 기초로 세워진 그의 '말본갈'의 체계가 과학의 이론이 될 수는 없다.[71] 한 예로, 그의 '감말'은 기본적으로 단어 단위를 가리키지만 때로 구 단위, 절 단위를 가리키기도 한다. 심지어 '꽃이 핀다'는 월이면서 동시에 감말이라고 말하고 있는데(18쪽), 이는 그의 문법 이론이 명시적 개념들을 기초로 세워진 것이 아님을 단적으로 보여준다.

문법 이론은 해당 언어의 문법 현상에 대한 명시적, 객관적 기술이어야 한다. 정렬모(1946)이 문법 이론에 대한 이 요건을 초보적인 수준에서 충족하지 못했음을 보이는 예는 그의 '몸갈이(활용)'에 대한 설명이다. '먹다', '덥다', '잇다'는 '먹, 먹으, 먹어', '덥, 더우, 더워', '잇, 이으, 이어'와 같이 단어의 형태가 변화하는데, 이러한 변화를 '몸갈이(활용)'라고 하였다(36쪽 이후). 이는 다름 아닌 박승빈 문법의 어간활용 개념이고,[72] 그와 같은 설명이 오류라는 점은 최현배(1935)에서 결정적으로 증명한 바 있다.[73] 최현배(1935, 1937) 이후 10년이나 지난 시점에 나온 문법서가 한국어 용언 활용의 기초적 사실에 대한 잘못된 이해를 유지하고 있는 것은 이 문법서에 대한 신뢰를 떨어뜨리는 요인이 될 수밖에 없다.

---

70 정렬모(1946)의 서문에는 자신의 문법이 마쓰시다(松下大三郎, 1924)의 『標準日本文法』을 토대로 저술되었다고 밝히고 있다.
71 뒤의 3.2.1절에서는 과학 이론에 주어지는 요건으로 명시성, 체계성, 객관성의 요건을 제시하는데, 이 중에서도 명시성 요건이 다른 요건에 앞서는 일차적 요건이라고 할 수 있다.
72 박승빈(1931, 1935) 참조.
73 앞의 2.1.5절에서 조음소 '으'에 관한 최현배(1935)의 논증을 현대 언어학의 개념 체계를 바탕으로 하여 재현한 바 있다.

그는 문법 또는 문법학의 전체 조직에 대한 다음과 같은 관점을 가설적으로 설정하고 이 책의 각 부분에서 이 조직에 대해 정당화하고자 노력하고 있다.

(1) 말본갈의 목접이(部門)

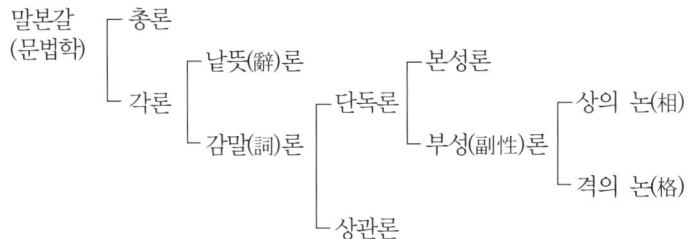

'감말'은 대체로 그의 종합적 관점에서 파악되는 단어 단위를 지칭하는 용어이다.[74] '낱뜻'은 기본적으로 감말의 재료가 되는 어근 형태소('으뜸낱뜻')와 접사 형태소('도움낱뜻')를 의도하는 용어이다.[75]

감말의 범주(품사)들에 대한 분류 체계('본성론')와 감말의 다른 감말과의 관계에 따른 기능이 형태 변화로 나타나는 것을 감말의 '빛(격)'의 변화라고 하고, 다른 감말과의 관계에 따른 것이 아닌, 감말 단독의 형태 변화를 '꼴(상)'의 변화라고 한다. 전자에 관한 논의를 '격의 논', 후자에 관한 논의를 '상의 논'이라고 한다. 감말과 감말이 결합하여 덧감말(구나 문장)을 이루는데, 덧감말을 이루는 감말과 감말의 통사적 관계에 관한 논의를 '상관론'이라고 하는 것이다.[76]

근본적으로 한국어의 단어 단위 파악에 있어서의 그의 '종합적' 관점이 드러난다. 그런데 단어에 해당하는 그의 '감말', 구에 해당하는 그의 '덧감말', 문장에 해당하는 그의 '가르월'은 일관된 기준을 가지고 정의된, 명시적 개념의 문법단위가 아니라는 점이 큰 문제로 제기된다. 그가 '감말'의 예로 든 것 중에는 단어 단위뿐 아니라 형태소 단위인 '-ㄴ, -은, -는, -ㄹ, -을, -던'(101쪽)과, 다른 문법가들이 구 단위로 분석하는 '먹어 버리자', '아니 피었다',

---

74 그의 '감말'의 예에는 '벌의 집', '키큰 나의 벗'(17쪽)와 같은 구, '꽃이 핀다'(18쪽)와 같은 문장 단위가 포함되기도 한다. 이에 대해서는 뒤의 '비판'에서 자세히 비판하기로 한다.
75 '감말' 개념이 일정치 않은 것처럼 '낱뜻' 개념도 그러하다. '으뜸낱뜻'의 예로 '봄보리, 산나물'과 '들보다'의 '들보', '검붉다'의 '검붉' 등을 들고 있다. 형태소 개념과 근접하는 그의 용어는 '홑낱뜻'이라고 할 수 있다.
76 그는 '감말의 상관논'에 괄호로 영어 용어 'syntax'를 병기하고 있다. 이를 지금의 용어 통사론과 동일시하는 데에는 문제가 없다. 그러나 '감말의 단독논'에는 'etymology'를 병기하고 있는데, 이보다는 'morphology' 즉 형태론을 의도하는 것으로 보는 것이 타당하다.

'피지 아니하였다'(124쪽) 등도 포함된다. 심지어, 문장 단위인 '꽃이 핀다'도 문장이면서 동시에 감말이라고 말하고 있다(18쪽).

'낱뜻'이라는 용어도 유사한 문제를 제기한다. 그의 '낱뜻'은 기본적으로 형태소 단위를 의도하는 것으로 볼 수 있다. 그러나 '꽃, 달'을 낱뜻의 예로 들면서 동시에 '보자, 뜨다'와 같이 두 형태소로 이루어진 단위를 낱뜻의 예로 들고 있다(19쪽). 같은 쪽에는 '그렇다'가 한 낱뜻인 동시에 한 감말이고, 또 동시에 한 월이라고 서술하고 있다(19쪽). 더욱이 감말처럼 낱뜻도 홑낱뜻과 덧낱뜻의 구분이 있다. 조어법의 단위 '봄비, 앞니'와, 어근에 문법 요소가 결합한 단위인 '꽃을, 달의, 보았다, 열겠다' 등이 그의 덧낱뜻의 예이다(19쪽).[77]

이렇게 문법단위들의 층위 구별을 철저히 하지 못한다는 점은 그의 문법 이론이 과학 이론이 갖추어야 할 명시성의 요구를 충족하지 못하였음을 보이는 것이다. 그는 전통논리학이나 초기 심리학에서 논의되던 차원의 관념, 단정 등의 개념을 문법 기술에서의 단위들의 구별 기준으로 사용하였는데, 이 점이 그의 문법의 궁극의 문제점이라고 판단된다.

정렬모(1946)은 전통문법의 문법서로서, 한국어의 분류론적 문법을 보이고 있다. 그의 '감말' 개념이 기본적으로 단어 단위를 포함하면서 때로 구 단위나 문장 단위를 포함하기도 하지만 문법서의 서술 방식이 분류 체계의 서술을 중심으로 한다는 점은 부정할 수 없다. 그러므로 그의 문법을 요약하는 일은 다른 분류론적 문법에서와 마찬가지로 문법단위들의 분류 체계를 요약하는 일이 된다.

'낱뜻'과 '감말'과 '월'의 분류 체계, 즉 범주 체계를 하나하나 살펴보자.

낱뜻의 분류

낱뜻에 대해서는 "감말의 재료이니, 말씀을 이룸에 있어 말의 제일 밑에 드는 자리에 있다."고 설명한다. 낱뜻은 으뜸낱뜻과 도움낱뜻으로 나누어진다. '빛(格)'을 표시하는 표지가 되는 낱뜻을 지칭하는 용어로 '토'를, '꼴(態 또는 相)'을 표시하는 표지가 되는 낱뜻을 지칭하는 용어로 '발'을 썼다는 것을 알 수 있다. 또한 파생접사에 해당하는 용어로 '엄'이라는 용어를 쓰고 있다.

---

[77] '-았-', '-다'와 같은 형태소를 굴절접사로, '-을', '-의'와 같은 형태소를 어근의 하나로서의 의존사(clitic)로 파악하는 것이 준종합적 체계의 관점이다. 이들을 포괄하여 지칭하기 위하여 '문법 요소'라는 용어를 쓴 것이다.

(2) 낱뜻

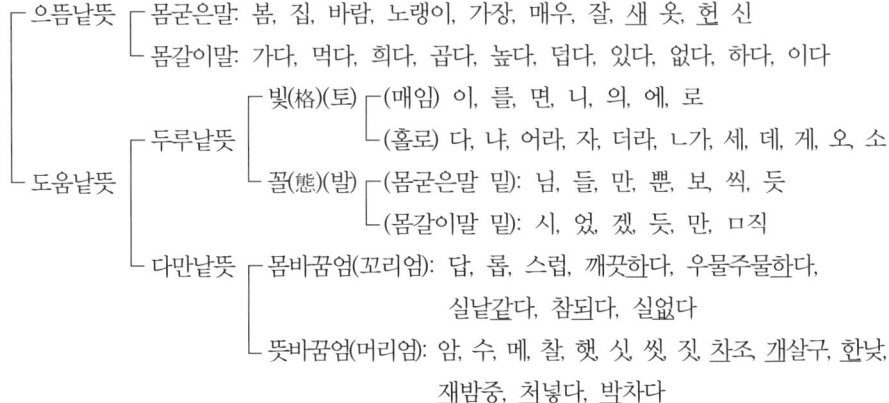

'으뜸낱뜻'은 자기 단독으로 한 감말이 되는 낱뜻이라고 설명한다. 그 예로는 '길, 언덕, 두던, 들, 꾀꼬리' 등과 함께, '용언 어간+다' 형식의 '묻다, 멀다, 높다, 젊다' 등, 심지어 '봄보리, 산나물, 듣보다, 매달다, 검붉다' 등의 합성어들을 들고 있다. 이는 그의 '낱뜻' 개념이 형태소와 동일시될 수 없음을 보여준다.

한편으로 낱뜻을 '홑낱뜻'과 '겹낱뜻'으로 구분하고 있다. 홑낱뜻은 형태소 개념에 근접한다. 단, '먹다', '가다'를 홑낱뜻의 예로 드는 것을 보면 이 역시 '낱뜻' 개념이 형태소와 동일시될 수 없음을 보이는 것이다.

감말의 분류

감말은 "월의 성분으로서, 자기만의 힘으로 관념을 나타내는 것"이라고 하였다. 감말에는 '홑감말'과 '덧감말'이 있다고 한다. 감말의 하위분류 체계는 다음과 같다.

(3) 감말의 분류

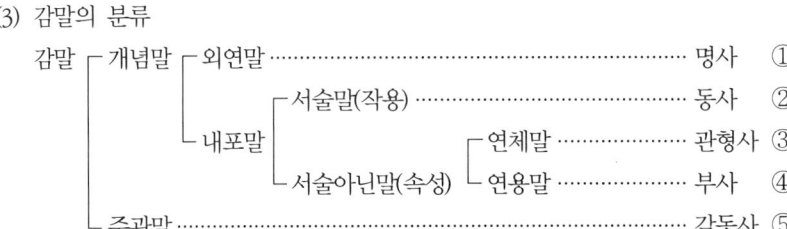

다섯 종류의 감말 각각의 하위 분류 체계는 다음과 같다.

① 명사

그의 명사는 최현배 문법의 명사, 대명사, 수사를 포함한다. 더욱이 '꽃'뿐만 아니라, '꽃이, 꽃을, 꽃도, 꽃만, 꽃과, …'와 같이 최현배 문법에서 '체언+조사'의 결합으로 분석하는 예들을 단일한 명사 단위로 간주한다. 이 점이 그의 문법의 특색을 이루는 것이다. 그는 '꽃을'이라는 예를 들면서, 이것이 '덧낱뜻으로 된 빛있는 명사'이며, 감말의 관점에서는 '홑감말'이라고 말하고 있다. 이와 같은 서술을 근거로 그의 '명사' 범주가 체언에 조사를 결합한 형식을 가장 작은 단위로 가지는 것임을 알 수 있다.

명사의 하위 범주 체계는 다음과 같다.

(4) 명사의 하위 분류
```
명사 ┬ 실질뜻 있음 ┬ 일정한 실질뜻 있음 ┬ 아주 일정하여 있음 — 본명사: 사람, 맘
    │             │                   └ 임시로 정하여짐 — 대명사: 너, 나, 이, 그
    │             └ 일정찮은 실질뜻 있음 — 미정명사: 누구, 무엇, 암만, 아모
    └ 실질뜻 없음 ───────────────── 형식명사: 것, 뿐, 줄, 리
```

(5) 본명사의 작은 갈래
- 보통명사: 사람, 맘
- 고유명사: 이순신
- 모형명사: <u>앎</u>은 감동사이다/<u>짐이 무겁고 길이 머니 군세지 않을 수 없다는 공자의 말씀</u>이다/거북선 만든 이순신을 <u>충무공</u> 이라 한다.
- 절대명사: 사람, 새, 정치, 법률, 조선, 평양, …
- 상대명사: 부모, 자식, 판매, 위, 수캐, 사이, 전부, 일부, 한마리

  ▶ 상대명사의 종류
  1) 소유물로서 소유자에 상대하는 것(아무개 <u>부모</u>, 아무개 <u>자식</u>, 아무개 편, 우리 <u>친구</u>, 우리 패)
  2) 작용으로서 그 관계물(주객체)에 상대하는 것(일용품 판매, 원료 <u>구입</u>, 적함 <u>격침</u>, 동물 학대, 외인 <u>입조</u>, 부친 <u>행차</u>, 손님 <u>전송</u>, 시누 <u>마중</u>)
  3) 방향으로서 사물에 상대하는 것(책상 <u>위</u>, 물 <u>가운데</u>, 산 밑, 학교 앞, 집 곁, 여관 <u>뒤</u>, 물 건너, 전쟁 전, 울 밖, 해방 <u>이후</u>, 산 <u>가까이</u>, 지금부터 <u>삼년째</u>)
  4) 성질로서 사물을 상대하는 것(수캐, 암쾡이, 여치신, 상등구두, 날립책, 새끼꿩, 일등차, 대본양말)
  5) 범위로서 사물에 상대하는 것(부모 자식 <u>사이</u>, 신 <u>한짝</u>, 재산 <u>전부</u>, 기부금 <u>일부</u>, 국민 각자, 토끼 한마리)

수사도 명사의 하위 범주로서 절대명사와 상대명사의 구별이 가능하다. "수사(數詞)는 셈 그것을 나타낼 때는 절대명사이지마는 그 수효만한 물건을 나타낼 때는 범위의 상대명사이다."(70쪽)라고 하여 절대명사와 상대명사를 구분하고 있다. 위 5)의 예에서 '한짝, 전부, 일부, 한마리'는 수사로서의 상대명사인 것이다.

(6) 대명사의 작은 갈래
- 사람대명사: 제 일인칭, 제 이인칭, 제 삼인칭
- 자리대명사: 제게 가까움(이), 마주에 가까움(그), 서로의 딴자리(저)
- 두루대명사: 저, 제, 제몸, 자기, 자신, 남

(7) 미정명사의 작은 갈래
- 모름명사: 아모, 암만, 약간
- 물음명사: 무엇, 몇, 얼마, 언제, 누구, 어디

(8) 형식명사(형식뜻이 있을 뿐, 실질뜻이 없는 명사)의 작은 갈래
▶ 제일종: 것, 데, 바, 줄, 수, 리, 터, 뿐(없을 뿐 이다: '아는 사람은 너뿐 이다'에서는 도움낱듯), 이, 짓(하는 짓이 나쁘다, '그것은 네짓 이다'에서는 도움낱듯), 적(제), 번(죽을 번 하였다), 셈, 양, 체, 따름, 점, 밖(주니까 먹을 밖에), 탓(볼탓 이다: '모두가 네탓 이다'에서는 도움낱듯), '웨 남을 탓하느냐에서는 몸갈이없는 동사), 말(어찌한단 말 이냐), 일(자네 웬 일 인가), 듯(먹은 듯 하다: '원두첨지 씨내 보듯 한다'에서는 도움낱듯), 대로, 만(먹을 만 하다: '키가 너만 하다'에서는 도움낱듯), 법(갈 법 하다), 모냥, 지(아는 지 모르겠다: '가지 못한다'에서는 도움낱듯), 품, 바람, 가(오는 가 모르겠다), 쪽(어느 쪽으로 가냐; '동쪽으로 가시오'에서는 도움낱듯), 편(어느 편; '저편이 좋습니다'에서는 도움낱듯), 채, 때문(놀기 때문에; '너때문 이다'에서는 도움낱듯), 녘(샐 녘에 돌아왔다), 새
▶ 제이종: 술 그런따위는 아니먹는다, 영국 그런데는 아니간다, 카피 그런것은 아니먹는다, 떡이니 하는것은 아니질긴다, 떡 같은것은 싫다, 미국 같은데가 가고 싶다

② 동사

그의 동사는 최현배 문법의 동사, 형용사, 지정사를 포함한다. 동사의 하위 범주 체계에 관한 그의 견해는 (9)로 요약된다. 동사는 동작동사와 형용동사로 나누어지고, 동작동사는 다시 '운동성 동사'와 '정지성 동사'로 나누어진다. 정지성 동사는 또 다시 '존재 동사'와 '지정 동사'로 나누어진다.

(9) 동사 ┬ 동작동사 ┬ 운동성 ················· 가다, 울다, 살다
　　　　│　　　　└ 정지성 ┬ 존재 ············ 있다, 없다
　　　　│　　　　　　　　└ 지정 ············ 이다
　　　　└ 형용동사 ························· 멀다, 가깝다, 좋다

여기에서 '이다'를 동사의 하나로 설정한 것은 주목할 만하다. 최현배(1937)에서 지정사 범주에 '이다'와 함께 포함하였던 '아니다'는 '아니+이다'와 같이 분석하여 두 단어의 연결로 보고 있다.[78]

다른 기준에서 동사를 분류하는 방법을 보이고 있다. 주목할 만한 것은 '귀착성동사'와 '귀착성아닌동사'의 구분이다. 전자는 필수성분을 지배하는 동사인 것이다.[79]

(10) ┬ 귀착성아닌동사: 진다, 분다, 푸르다, 붉다
　　 └ 귀착성동사 ┬ 휘두를동사(他動詞) : 바람이 꽃을 지운다/생도가 책을 읽는다
　　　　　　　　 ├ 기댈성동사 : 부모는 고향에 계시다/나는 서울에 남는다
　　　　　　　　 ├ 떠날성동사 : 물이 샘에서 솟는다/나는 서울서 떠났다/
　　　　　　　　 │　　　　　　 사람이 말에서 떨어진다/사진이 벗에게서 왔다
　　　　　　　　 ├ 더불성동사 : 나쁜 동무와 사귀지 마라/남과 싸우지 말아라
　　　　　　　　 │　　　　　　 /나와 가깝다/이것과 같다
　　　　　　　　 ├ 보탤성동사 : 때는 여름이 되었다/사슴은 말이 아니이다/달을 거울로 댄다
　　　　　　　　 │　　　　　　 /못을 호수로 친다/그이는 사내로 생겼다
　　　　　　　　 │ ▸ 기울빛: 얼음이 물이 된다/그것은 붓이 아니이다.
　　　　　　　　 └ 여길성동사: 모른다고 한다/좋다고 생각한다/금강산을 개골산이라고 한다
　　　　　　　　 　　　　　　 /사슴을 가르켜 말 이라고 한다/내일은 비가 오리라고 한다/
　　　　　　　　 　　　　　　 그이가 그르다고 생각한다
　　　　　　　　 　 ▸ 부릴빛: 칼로 종이를 빈다/배로 강을 건넌다.

동사의 다른 분류는 본동사, 대동사, 미정동사, 형식동사의 넷으로 나누는 것이다.

---

78 표기할 때 항상 '아니 이다'처럼 띄어 쓰고 있다.
79 '지배'는 그 자신의 용어로는 '통솔'이다. 귀착성동사는 그 앞의 필수성분인 '객어'를 통솔한다고 한다. 뒤의 '감말의 상관론'과, '비판'의 항목 7에서 이에 대하여 요약·논평할 것이다.

(11) 가. 본동사 — 실질뜻이 정하여진 동사
  - 보람(記號)동사
  - 그림동사: 똑다거린다/쨱쨱거린다/찬찬하다/씩씩하다 — 활용하는 것
      빙빙/파릇파릇/당당/망망/도리도리/쫑곳 — 활용하지 않는 것
  - 모형동사: 장닭이 활개를 치며 한 소리 "꼬꾜"/어디 인지 경쇠 소리가 은은히 "뎅"/전화 소리가 시끄럽게 "따르르 따르릉 따르릉"/아이가 대짜고짜로 달려들며 "어머니!"/한놈이 툭 튀어나오더니 "여봐라, 게 좀 있거라, 너 알지? 내가 무엇 인 줄! 무어? 몰라?"/그이도 맘속으로는 "그럼, 차라리 그래 버릴 가나"("음향의 모형")

  나. 대동사 — 제계로봄: 이러/이러하/이렇
      맞재비게로봄: 그러/그러하/그렇
      딴자리로봄: 저러/저러하/저렇

  다. 미정동사 — 모름태(꼴): 아무러/아무러하/아무렇
      의문태(꼴): 어떠/어떠하/어떻
      의혹태(꼴): 어찌/어찌하/어쩔

  라. 형식동사 — 조동사, 접두형식동사, 더불형식동사(기생형식동사)
    (i) 조동사: 연구<u>한다</u>, 정결<u>하다</u>, 싫어 <u>한다</u>, 먹어 <u>본다</u>, 먹고 <u>보자</u>, 먹고 <u>싶다</u>, 살고 <u>지고</u>, 먹지 <u>아니한다</u>, 갈듯 <u>하다</u>, 볼만 <u>하다</u>, 사람이 <u>아니이다</u>, 감직 <u>하다</u>
    (ii) 접두형식동사: <u>드러</u>눕는다/<u>주저</u>앉는다/<u>집어</u>넣는다/<u>접어</u>든다/<u>잡아</u>쨴다/<u>드러</u>붙는다/<u>드러</u>붓는다/<u>떠</u>돈다/<u>보처</u>잡는다
    (iii) 더불형식동사(기생형식동사):
      울에가 야단스럽게 딱다거렸다. <u>하니까</u> 대번 전등이 꺼졌다.
      오늘은 바람이 없다. {<u>하지만, 하나, 한데, 하건만, 하여도</u>} 춥다.
      오늘은 바람이 없다. {<u>하여서, 하니까</u>} 따뜻하다.

정렬모(1946)의 동사의 예에는 매우 특이한 것들이 포함된다. '드러눕는다'의 '드러'를 동사의 하위 범주인 접두형식동사로 처리한 것, '하니까, 하지만, …' 등을 동사의 하위 범주인 더불형식동사로 처리한 것이 그것이다.

'하니까'와 '그리하니까'를 각각 더불형식동사와 대동사로 구별한 것은 흥미로운 점이다. 그는 " '하니까'를 '그리하니까'의 준 것으로 알아서는 아니된다. '그리하', '저리하'는 대동사"(95쪽)라고 강조하고 있다.[80]

---

[80] 동사의 예를 '그리하', '저리하'와 같이 드는 것은 주시경 문법 체계 아래 문법적 분석을 하던 과거의 습관이 남아 있는 것이라고 하겠다.

③ 관형사

그는 관형사를 "서양문전의 형용사"라고 설명하는데, 이 역시 초보적 수준의 개념 파악의 문제를 보이는 것이다.

(12) 관형사 ─ 본관형사 ┬ 여러, 모든, 온, 오른, 왼
　　　　　　　　　　　└ 한, 두, 세, 네, 다섯, 여섯, 스무
　　　　　├ 대관형사: 이, 그, 저
　　　　　├ 미정관형사: 어느, 무슨, 웬, (몇), (암만), (아무)
　　　　　└ 형식관형사 ┬ 이튿, 이듬, 날, 풋, 새, 외, 덧, 첫, 담, 고, 조,
　　　　　　　　　　　│　요('요것/요놈' 따위의 '요'),
　　　　　　　　　　　├ 접두형식관형사: 서, 석, 너, 넉, 닷, 엿, 한두, 댓, 두세, 서너, 너댓,
　　　　　　　　　　　│　열댓, 열두서너, 열서너, 스무나문
　　　　　　　　　　　└ 접미형식관형사: ㄴ, 은, 는, ㄹ, 을, 던

형식관형사의 일종으로 제시한 '접미형식관형사'는 '동사의 얹침빛인데 방편상 여기에서도 말하여' 둔다고 하였다. 확고한 판단이 없는 상태이기는 하지만, 'ㄴ, 은, 는, ㄹ, 을, 던'을 관형사의 하나로 제시하고 있다는 것을 확인할 수 있다. 이는 문법단위의 층위 구분을 하지 못하는 그의 문법의 기본적 문제성을 드러내는 것이다(후술).

④ 부사

그의 부사의 예에는 다른 문법서에서 접속사로 규정하는 것('및, 또, 혹은'), 조사로 규정하는 것('마는')도 있다. 이는 그의 문법적 분석력의 미숙을 드러내는 것이다.

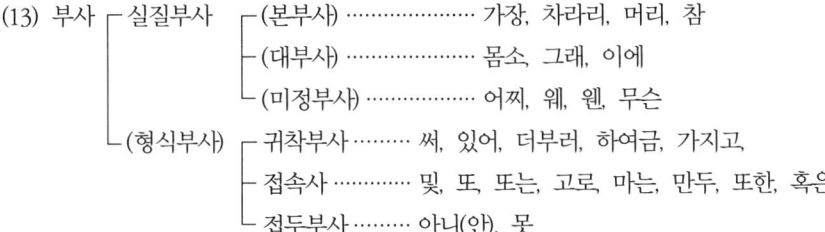

⑤ 감동사

감동사는 실질감동사와 형식감동사로 나누고 있는데, 실질감동사의 예로는 '아아, 아차,

에그머니' 등을, 형식감동사의 예로는 다음의 밑줄 친 부분을 들고 있다.

(14) 그렇습니다 <u>요</u>/그것은 <u>말이야</u> 그런게 아니야/어저께는 <u>적어</u> 누가 왔었지?/어저께 <u>웬</u>에 비가 왔지.

변태품사

그의 '감말' 개념의 문제성을 극적으로 보여주는 개념의 하나로 '변태품사'의 개념이 있다. 그는 감말을 '제꼴(正態)감말'과 '변태감말'로 나눈다. 변태감말은 다섯 가지 품사에 따른 예들을 보이고 있다. 다음에서 밑줄 친 부분이 변태감말의 예이다.

(15) 변태명사 ┬ 동사썽명사: 글 <u>읽기</u>를 질긴다 /그이는 <u>욹</u>이 일수 이다.
　　　　　　├ 부사썽명사: 그런 일은 <u>바로</u>가 좋다. <u>또</u>가 무엇 이냐.
　　　　　　│　　　　　　　<u>매우</u>는 몰라도 무더니 되었다.
　　　　　　└ 명사썽재명사: 서울<u>까지</u>가 아니 이다. 사람 <u>부터</u>가 틀렸다(명사를 딴
　　　　　　　　　　　　　　품사로 하였다가 다시 명사 되게 하는 것)

(16) 변태동사 ┬ 명사썽동사: 그이도 <u>사람</u> 이다/도량이 <u>바다</u> 같다/밥이 <u>죽</u> 된다/
　　　　　　│　　　　　　　<u>사람다운</u> 사람은 적다/그 아이가 매우 <u>슬기롭다</u>/
　　　　　　│　　　　　　　저 아이는 아직 <u>철없다</u>/저 꽃은 아주 <u>사랑스럽다</u>
　　　　　　├ 부사썽동사: 이 일을 <u>어찌하나</u>/말을 <u>함부루한다</u>
　　　　　　└ 동사썽재동사: <u>가기</u> 어렵다/<u>가지</u> 마라/<u>앉아</u> 있다/<u>잡아</u> 먹는다 /
　　　　　　　　　　　　　<u>들어</u> 앉는다/<u>먹게</u> 한다/<u>써</u> 진다

(17) 변태부사 ┬ 명사썽부사: 나 <u>처럼</u> 하여라/꽃 <u>같이</u> 곱다/술 <u>때문에</u> 그러하다/
　　　　　　│　　　　　　　너 <u>부터</u> 읽어라/달 <u>만큼</u> 좋은 것은 없다/밥 <u>보다</u> 떡이 좋다/
　　　　　　│　　　　　　　너 <u>대로</u> 가거라/<u>손소</u> 그런 일을 한다/ <u>몸소</u> 가 보겠다
　　　　　　└ 동사썽부사: 밥을 <u>먹으면서</u> 책을 본다/<u>빨리</u> 가거라/<u>정히</u> 씻어라/
　　　　　　　　　　　　　<u>바삐</u> 가자/<u>갈스록</u> 산이다/날이 <u>맞도록</u> 일한다/<u>밤새도록</u> 노다 간다
　　　　　　　　　　　　　/<u>가다가</u> 도루 온다/<u>결코</u> 아니간다/<u>자고</u> 간다

(18) 변태관형사 ┬ 명사썽관형사: <u>내</u>것/<u>네</u>것/<u>제</u>것/<u>뉘</u>것
　　　　　　　└ 동사썽관형사: <u>하얀</u> 눈이 온다/<u>발간</u> 꽃이 피었다

위 변태명사의 예들을 제시하면서, 이들과는 달리, '내기', '잠', '높이' 등은 굳어서 제꼴명사로 된 것이라는 주의를 덧붙이고 있다.[81]

맨 마지막의 '동사썽관형사'에 주목해 보자. '하얀, 발간'은 보통 형용사('형용동사')의 관형

사형이라고 분석되는 예들이다. 이들을 관형사('변태관형사')로 분류했으면 동사('동작동사')의 관형사형들인 '가는, 뛰는, …' 등도 변태관형사의 예로 제시했어야 한다. 그와 같은 예는 발견할 수 없다. 이를 통해서 그의 문법적 분석이 철저하지 못하다는 것을 간파할 수 있다.[82] '하얀, 발간'을 비롯한 모든 형용사, '가는, 뛰는'을 비롯한 모든 동사가 그 주어를 생략한 채 절을 이루어 뒤의 명사(또는 명사구)를 수식할 수 있다는 것이 한국어는 물론 언어 일반의 사실이다. '하얀, 발간'이 '변태관형사'이면 '가는, 뛰는'도 변태관형사이어야 한다.

감말의 꼴(相)

위 (1)에서 감말의 단독논, 부성논 중 '상의 논'은 감말의 꼴(相)에 관한 논의이다. 5가지 품사로 나누어서 '꼴(相)'의 변화를 기준으로 한 분류 체계를 보이고 있다.

(19) 명사의 꼴
　　1) 존칭 ┬ 자체존칭: 돌쇠님/김선생/박형; 선생/각하/나으리/마님/박사
　　　　　　└ 소유존칭: 영애/영윤/영포(남의 손자)/귀택/존호/존함
　　　　　┌ 주체존칭: 말씀/처분/분부/기침/행차
　　　　　└ 객체존칭: 상납/배알/진상/봉독
　　2) 비칭 ┬ 자체비칭: 저/시생/소인/소승/빈도/너/저/그놈/이년
　　　　　　└ 소유비칭: 가엄/사형/사제/우제/우처/형처/비문/비견/미식/가돈/폐점
　　3) 복수('들', '네'를 붙여서 표시)와 예시태('따위', '등등', '등지'를 붙임)
　　4) 처들꼴(特提態): 명사에 보조사가 결합한 형식(사람만 그리워 한다/한글조차 모른다/밥치고 못먹는 밥이 무엇?/내게다 할 말 이냐?/나하고 가자/나역시 모른다)

'만, 조차, 치고, 게다, 하고, 역시' 등을 처들꼴의 표지('발')로 인식하고 있다는 것을 알 수 있다. 그 밖에 '바께/까지/커녕/치고/말고/은/도/처럼/보다/만큼/만치/같이/부터/한태/더러/보고'와 같은 예들을 더 지적하고 있다. 그러나 '하고'는 보조사의 예들과는 구별되는

81　'내기, 잠, 높이'는 파생접사 '-기, -ㅁ, -이'가 결합되어 새 단어를 파생된 명사이고 '읽기, 옮'은 명사가 아니라 굴절접사 '-기, -음'이 결합된 활용형이다. 그는 파생과 굴절을 구별하려는 시도를 보이고 있다. 그러나 변태동사 '사람답운, 슬기롭다, 사랑스럽다', 변태부사 '몸소, 손소, 빨리, 정히'에 대해서도 같은 지적을 했어야 하는데 그러지 않은 것을 보면 이 문제에 있어서도 그의 분석이 철저하지 못하다는 것을 알 수 있다.

82　위 예에서 '사람다운'을 '변태동사'의 예로 들고 있다(104쪽). 명사 '사람'이 '답'의 결합으로 동사('형용동사')가 된 것으로 분석한 것이다. '하얀, 발간'을 '변태관형사'라고 규정한 것을 보면 '사람다운'은 변태동사가 되었다가 다시 변태관형사로 바뀐 예라고 해야 한다.

접속조사의 예이다. '역시'는 아예 조사로 분류할 수 없는 요소이다.

    5) 돌붙을꼴(歸着態): 지금이후 '삼십년'/해방전 '사십년'/동으로 '열두간'
    6) 표현법
       ▶ 표시태(들어낼꼴): 전연 서술성(판단내릴힘)을 가지지 아니한 용법(봄이 온다/가을을 맞는다/배에 오른다/남과 다투지 마라/꽃에서 새운다/동으로 나린다/남의 말을 알 수 있나)
       ▶ 서술태: 술은 백약의 장(어른)/네 소원이 무엇 이냐, 밥가, 옷가/건너다 보면 절터
       ▶ 지시태(가르킴꼴): 삼월 삼일 이백 도홍/구월 구일 황국 단풍/ 덧없이 가는 세월, 넨들 매양 젊었으랴/남풍 조차 떨처 나니 구만 장천에 대붕새, 문왕이 나게시니 기산조양에 봉황새
       ▶ 환호태(부름꼴): 저기 가는 저 선사야, 네 절이 어대메뇨/하느님 이시여 구원의 금인을 나리소서/선생님 어디 가십니까

위에서 '처들꼴', '돌붙을꼴'을 각각 '특제태', '귀착태'라고 병기하는 것으로 보아, '꼴'은 한자어 '태'와 동일한 개념을 나타내는 것임을 알 수 있다. 또, '표현법'의 하위범주로 '표시태', '서술태', '지시태', '환호태'의 넷을 열거하는데, 이 중 '표시태'는 명사가 가지는 주격, 처소격, 관형격 등의 자격을 가리킨다고 해석할 수 있다. 따라서 '태'는 넓은 의미의 문법범주 자체를 뜻한다고 볼 수 있다. '빛'은 '태'의 하위 개념인 것으로 보인다.

(20) 동사의 꼴
    1) 시김(使動): 선생이 생도에게 글씨를 씨운다/유모가 아이에게 젖을 먹인다/어미가 아이를 재운다
    2) 받웁(受動): 도적이 순경에게 잡히었다/낙화가 발에 밟힌다
    3) 그럴꼴(可然態): 아마 내일 갈 것 이다/갈 것 같다/갈 듯/간 듯/가는 듯 하다/먹을 만 하다/갈 지/언제 갈 지/간 지/가는 지 모른다/내일 갈 가 한다/그것이 좋은 가 모르겠다/갔는 가/그만 올 법 하지 마는 모르겠다/하마 옴 직 하다

4) 높임(尊稱)
   - 주체높임 ┬ 일반적: <u>오신</u>다/<u>떠나시</u>었다
             └ 특수적: <u>계시</u>다/<u>주무시</u>지요/<u>잡수시</u>지요/몇시에 <u>기침하</u>십니까/
                     선생님 <u>분부하시</u>기에 달렸지/어른께서 <u>처분하실</u> 탓 입니다
   - 객체높임: <u>드린</u>다/<u>여쭈어</u>라/나라에 <u>받친</u>다/어른을 <u>모시고</u>/형님 <u>보이러</u> 간다
   - 가짐높임(所有尊稱): 선생님께 자제분이 <u>계시</u>던가요/
                     댁에 하인이 <u>있으시</u>던가요/댁에 전장이 <u>많으</u>십니까
   - 상대높임(相對尊稱): 올시다/나이다/습니다/오이다/더이다/오리이다/소서/
                     (어)지이다/ㅂ지요/습시요/(시)어요
5) 유익꼴(有益態): 데려다 <u>주었</u>다/꾸어 <u>주었</u>다/집어 <u>다고</u>/가르켜 <u>드려</u>라/적어 <u>받처</u>라
6) 완전동(完全動): 먹어 <u>버렸</u>다/깨트려 <u>버렸</u>다/먹어 <u>버리</u>자/죽어 <u>버릴</u>가/절교하여 <u>버리는</u>
                 것이 낫다/놓쳐 <u>버렸다</u>
7) 점진꼴(漸進態): 물이 점점 줄어 <u>간다</u>/늘어 <u>간다</u>
8) 심술꼴: 나무를 넘겨 <u>트렸다</u>/먹어 <u>재꼈다</u>/먹어 <u>댔다</u>
9) 긍정꼴과 부정꼴: 피었다 - 아니피었다/피지 아니하였다
                울어라 - 울지 말어라
                큰다 - 못큰다/크지 못한다
10) 그런꼴(旣然態)
    ▶ 온그런: 문패가 '걸려 있다'/문패를 '걸고 있다'/물을 '끓이지 아니하고 있다'
    ▶ 반그런: 걷고 있다/읽고 있다/놀고 있다/울고 있다

"동작에는 순간적동작과 계속적동작과 두 가지가 있다."(126쪽)고 하여 시상성(aspectuality: 상적 특성)을 기준으로 한 동사 분류를 시도하고 있다. '순간성'의 동사에는 '나간다/꺼진다/안다(알음)/선다/쥔다/일어난다'와 같은 것들이 있고, '계속성'의 동사에는 '걷는다/닫는다(달음질)/읽는다/쓴다/운다/웃는다'와 같은 것들이 있다고 하였다. '10)'의 '온그런'과 '반그런'의 구분은 동사의 순간성과 계속성 구분과 관련된다. "순간적동작은 '점'과 같이 보이기 때문에 '있다'를 달면 동작이 전부 끝난 뒤를 나타낸다. 이것이 온그런이다. 계속썽동작은 '선(줄)'과 같이 보이기 때문에 '있다'가 붙으면 지금 까지의 동작만은 끝났지마는 또 뒤가 있게 된다. 이런 것을 반그런 곧 진행꼴이라 하는데, '있다'를 붙일 적에 '어' 혹은 '고'를 다는 것은 제움(자동)에는 '어'를 남움(휘두름)에는 '고'를 단다."(126쪽)고 말하고 있다.

11) 때꼴
- 현재꼴: 나는 지금 달구경을 <u>한다</u>(현재의 사건)/얼음은 물보다 <u>차다</u>(안 변할 성질)/충무공이 왜적을 <u>이김</u>(지나간 사건)/내년에 일식이 <u>있다</u>(미래의 사건)
- 완료꼴: 꽃이 <u>피다</u>/바람이 <u>불다</u>("동사의 빛(격)에 있어서는 부정법": 128쪽)
- 과거꼴: 참된 과거 사건: 밥을 <u>먹었다</u>/그 사람이 이제 <u>가더라</u>/그 사람이 아까 <u>오더라</u>/죽은 자식 나이 세기/<u>가던</u> 사람이 도루 온다
   현대 사건을 과거로 나타내는 경우: 저기 사람이 <u>섰다</u>/바다에 배가 <u>떴다</u>/꽃이 곱게 <u>피었다</u>/불이 밝게 <u>켜졌다</u>/방안에 노인이 <u>앉았다</u>/<u>붉은</u> 꽃이 곱다/말탄 냥반 꼬대, 소탄 냥반 꼬대
- 미연꼴: 내가 내일 자네를 <u>찾겠네</u>/<u>찾음세</u>/<u>찾을게</u>/내일 갈 사람이 누구 이냐/그는 내일 <u>갈 것 이다</u>
- 과거완료꼴(때꼴의 포갬으로 인하여): 먹었었다/먹었더라/먹었데/먹었습데다/먹었던 밥

감말의 빛(格)

위 (1)의 표에서 감말의 단독론, 부성론 중 '격의 논'은 감말의 빛(格)에 관한 논의이다. 명사의 빛은 '표시태의 빛'과 '서술태의 빛'과 '지시태의 빛'과 '환호태의 빛', 네 가지로 나누었다. 서술태, 지시태, 환호태는 두루빛만을 가진다고 한다.

(21) 표시태의 빛

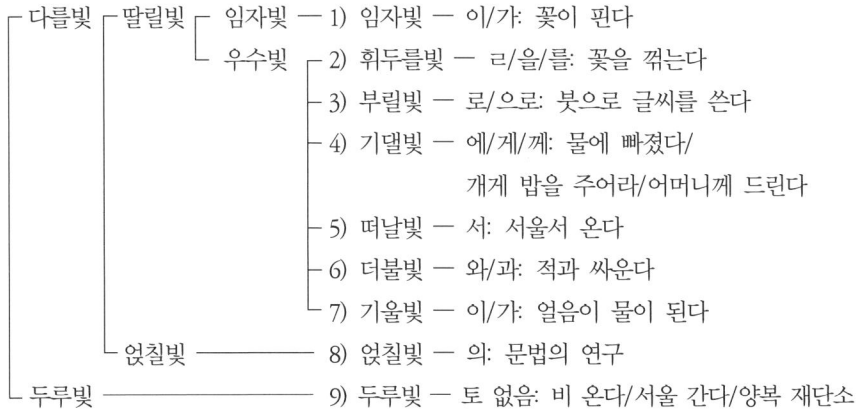

(22) 서술태의 빛(두루빛만 있음)
- 마침으로 쓰임: 술은 백약의 <u>어른</u>/항우는 곧 <u>서초패왕</u>/한모 제치고 <u>몇모</u>?/가다니 <u>무슨말가</u>
- 딸림으로 쓰임: 형은 스물 하나, 아우는 열 아홉/아비는 <u>대신</u>, 아들은 대장/때는 <u>춘삼월</u>, 백화가 만발하였다
- 없침으로 쓰임: <u>성웅</u> 이순신, <u>청년</u> 우리, <u>사위</u> 자네

(23) 지시태의 빛, 환호태의 빛(둘 다 두루빛만 있음)
▶ 지시태: 장안, <u>한쪼각달</u>! 만호 <u>옷다듬는소리</u>!
▶ 환호태: 여보 <u>노인</u>! 여보게 <u>김군</u>!

동사의 빛의 분류 체계는 다음과 같다.

(24) 동사의 빛의 분류

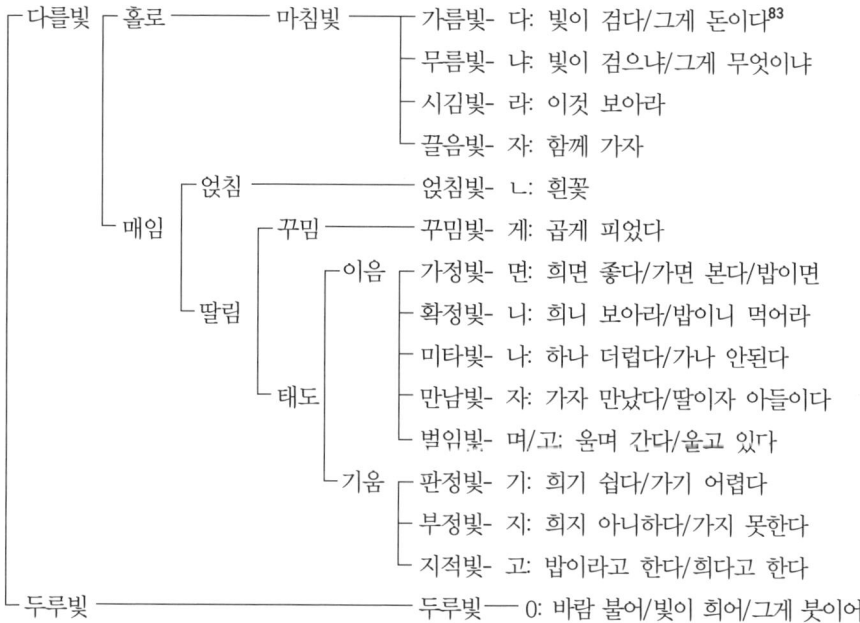

두루빛의 표지가 없는 경우는 '0'으로 표시하고 있다. 영 형태를 나타내는 것 같지는 않다. 위에 든 두루빛의 예 외에 '이만 <u>주리압</u>', '내달에 <u>뵈올듯</u>', '모레는 대구루 <u>출장</u>', '물결은 <u>출렁</u>', '돛대는 <u>와지직</u>' 등을 들고 있다.

부사, 관형사, 감동사의 빛에 관해서는, 부사는 딸림빛만 있고, 관형사는 얹칠빛만 있고, 감동사는 마침빛만 있다고 서술하였다.

'빛'을 가지는 감말이 간접 운용되는 용법을 가지기도 한다. 이러한 것을 '말빛의 간접 운용'이라는 항목으로 서술하고 있다.

말빛의 간접 운용 중 흥미로운 개념으로 '말빛의 제시(처들음)'라는 항목에서 설명하는

---

83 '가름빛'은 뒤에서 '가림빛'이라고 표기하기도 한다.

'제목태'와 '특제태'가 있다. 제목태는 (25나)에서 조사 '는'을 결합한 '서울에는'과 같은 형식의 용법을 가리키는 것이다. 이는 요즘의 논의에서 화제(topic)와 대조화제(contrastive topic)에 상응하는 개념인 것으로 보인다. (26)의 '…-는'의 형식이 모두 제목태의 예이다.

(25) 가. 서울에 박물관이 있다. ('제목 없는 단정')
  나. 서울에는 박물관이 있다. ('제목 있는 단정')
(26) 술은 먹는다/말로는 이긴다/서울서는 온다/볏과는 논다/주인은 없다/곱게는 피었다/가며는 존다/가지는 아니한다/가기는 어렵다/먹어는 보라/자주는 가겠다

특제태의 예는 다음과 같다. (27가)의 경우만을 보면 요즘 논의의 초점(focus) 성분의 용법과 동일시할 만하나, (27나)의 경우들은 동사의 연결형들을 들어 놓은 것들이므로, 초점 성분과의 연관을 생각하기는 어렵다.

(27) 특제태 도움낱뜻의 예:
  가. 명사 뒤: 나만 간다/나까지 오라더냐/너마저 가거라/내나 가겠다/밥이나 먹겠다/밥이야 있겠지/사람마다 보러 간다/가지마다 꽃이로다
  나. 동사 뒤: 사람이ㄴ즉 훌륭하다/가ㄴ즉 아니 된다/밥이ㄴ들 없으랴/자고 가ㄴ들 어떠랴/보이나니 산뿐이다/먹나니 술뿐이다/알도록 가르치어라/오거든 가거라/사람마다 알거늘 어찌 너는 모르느냐/언제 왔건대 인제 찾느냐/모르니까 묻지/가거나 말거나 모른다/가나 마나 하다/가든지 말든지 하여라/차나 찬 방에 홀로 누웠다/곱디 고운 꽃이더라/하고 많은 사람을 어찌 알랴/가더니 도로 온다/가다가 넘어졌다

감말의 상관론

감말의 상관론 부분에서는 구('덧감말')를 이루는 감말들 간의 관계를 5가지로 나누어서 논의하고 있다. 구를 이루는 구성성분들 사이의 통합관계는 한국어는 물론이고, 어느 언어에서나 다음의 5가지 관계로 실현된다고 한다.[84] 이 5가지 관계는 모두 '종속'과 '통솔'의 관계를 나타내기도 한다. 주체관계를 이루는 구성에서 주어는 서술말에 종속하고 서술말은

---

[84] 그는 '감말의 상관논에서 이야기할 일몫', 즉 감말의 상관론의 연구 과제로 다음 네 가지를 들고 있다. '통합관계'는 이 책의 서두에서 소개한 소쉬르의 개념 통합관계와 같은 뜻으로 쓰고 있다.
  1) 덧감말의 성분에 관한 일반적 문제
  2) 덧감말 가운데 있는 성분과 성분과의 통합관계
  3) 덧감말 가운데 있는 성분의 벌임
  4) 덧감말 가운데 있는 성분과 성분의 어울림(조응)

주어를 통솔한다. 객체관계의 구성에서 객어는 귀착말에 종속하고 귀착말은 객어를 통솔한다. 실질관계의 구성에서 보탤말은 형식말에 종속하고 형식말은 보탤말을 통솔한다. 딸림관계의 구성에서 딸림말은 딸림받을말에 종속하고 후자는 전자를 통솔한다. 얹침관계의 구성에서 얹침말은 얹침받을말에 종속하고 후자는 전자를 통솔한다.

(28) 다섯 가지 성분관계
 ① 주체관계: 임자말(주어)과 서술말과의 관계(꽃이 핀다)
 ② 객체관계: 객어와 귀착말과의 관계(꽃을 꺾는다/산에 오른다/시골루 나려간다/배에서 나린다/벗과 사괸다/꽃보다 곱다/사람으로 하여금)
 ③ 실질관계: 보탤말(보어)과 형식말과의 관계(공부 한다/출렁출렁 한다/먹어 버린다/가르쳐 준다/먹어 본다/떠들어 댄다/줄어 간다/붉어 진다)
 ④ 딸림관계: 딸림말과 딸림받을말과의 관계(곱게 핀다/먹게 되었다/보면 안다/주니 받는다/먹지 아니한다/하기 어렵다/매우 멀다/다시 말한다)
 ⑤ 얹침관계: 얹침말과 얹침받을말과의 관계(높은 산/먼 시골/가는 사람; 그 사람/두 말/바다의 복판; 새 나라/풋 나물/어느 곳)

④의 관계('딸림관계')와 관련하여, 그는 흔히 대등접속문으로 분류되는 다음 문장들의 선행절을 '딸림말'로 규정하고 있다(190쪽). 이 예들에서는 선행절을 가지고 대등한 관계로 후행절을 꾸미는 것이라고 설명한다. 이는 한국어 접속문의 통사구조에 관한 현대적 인식에 근접하는 것이라고 할 수 있다.

(29) 가. 솔은 푸르고, 모래는 희다.
 나. 봄은 가고, 여름은 온다.
 다. 산 설고, 물 다르다.

그는 5가지 관계를 이루는 선행 성분과 후행 성분들이 어떤 형식의 재료로 되어 있는지를 고찰하는 데에 상당한 지면을 할애하고 있다.

(30) 임자말의 재료: 명사의 임자빛, 명사의 두루빛, 부사("혹은 말하기를 그렇지 아니하다 한다."의 경우에 '혹은'은 부사이면서 임자말), 동사의 임자빛(아까 <u>가다가</u> 도루 왔다/먼저 <u>가던이</u> 뒤떠러졌다)[85]
(31) 서술말의 재료: 동사, 서술태 명사(지는 것이 이기는 것/모르는 것이 상책/내일이 일요일/금

년이 병술년)
(32) 객어의 재료
    1) 표시태명사의 객격: 휘두를빛, 부릴빛, 기댈빛, 떠날빛, 더불빛
    2) 표시태명사 두루빛의 객격 같이 쓰임(꽃 구경한다/술 먹는다)
    3) 동사의 객격: 판정빛(보기 좋다), 부정빛(가지 못한다), 두루빛(떼어 버렸다),
       벌임빛(먹고 싶다/먹고 있다)
(33) 귀착말의 재료
    1) 귀착성 동사: 휘두를성 동사, 부릴성 동사, 기댈성 동사, 떠날성 동사, 더불성 동사, 기울성 동사
    2) 귀착부사: 귀착부사는 객체 개념이 없는것이기 때문에 객어를 받아서 귀착말이 됨(풍월로 써 벗을 삼는다/지금에 있어 알수 있나/아들로 하여금 배우게 하였다/벗과 함께 가겠다/너와 함께 가겠다/아우 한태 보냈다/나처럼 읽어라/나 하고 가자/나 더러 무슨 말이냐/열시로 붙어 열두시까지 공부한다/나를 보고 묻더라/보아 가지고 말하여라)
(34) 보탤말의 재료
    1) 명사의 두루빛: 이것이 붓 이다/술, 따위는 아니먹는다/인천, 개성, 등지를 시찰하였다
    2) 동사의 두루빛: 찬성 한다/출발 한다/고결 하다/반듯 하다
    3) 동사의 벌임빛의 실질화: 가고 오고 한다/묻고 대고 한다/머리도 좋고 몸도 튼튼하고 하다
    4) 동사 의문태의 실질화: 가든지 말든지 하여라/비가 오든지 눈이 오든지 할 것이다
    5) 동사성어림명사의 실질화: 갈 듯 하다/갈 만 하다/갈 뿐 아니이다/먹을 뿐 아니이다/갈 것 이다/올 것 같다
    6) 동사 마침빛의 실질화: 온다고 한다/붓 이라고 한다/가마고 하였다/붓 이다 라고 하더라
    7) 동사 임자빛의 실질화: 오다가 가다가 한다/오거니 가거니 한다/오느니 가느니 한다
    8) 동사 불완전 마침빛의 실질화: 오락 가락 한다/가려고 한다
(35) 형식말의 재료
    1) 형식명사: 좋은 것/술 따위
    2) 형식동사: 조동사(공부 한다/벗어 버린다/먹고 있다/공부를 한다),
       접두형식동사(들어 찼다), 더부살이형식동사(하니까)
    3) 형식부사: 귀착부사(개로 하여금), 접속사(개와 및 소), 접두부사(못간다)
(36) 딸림말의 재료
    1) 예사딸림말: 부사(매우 멀다/차라리 죽는 것이 낫다/꽃 하고 달/수학 더구나 대수/더 한해/바로 이웃), 표시태 명사의 두루빛(내일 가지/삼년 묵어도/열백번 더

---

85 '가다가', '가던이(가더니)'를 임자말의 예로 든 것은 초보적인 분석의 오류를 범한 것이다.

고친다/손이 세분 왔다/여기 저기 남았다/꽃을 한 가지 꺾는다/손을 세 사람 청한다), 동사의 딸림빛(일어나서 일한다/울면서 말한다/멀어서 못간다/고요하여서 좋다/마시고 한편 먹는다/매화 피고 도화 웃는다/산 높고 골 깊다/높게 뜬다/멀게 갔다/조용하게 산다/가늘게 들린다)

2) 처들말('제시하는 딸림말'): 꽃은 피었다/술은 아니먹는다/집에도 간다/자내게만 말하네/오늘은 일없다/언제나 갈가

3) 제목말('처드는 딸림말의 한가지'): 저 사람은 간사 올시다/연극은 아니본다/저 사람도 간사 올시다/연극도 아니본다/저 사람이 간사 올시다/연극을 아니본다

4) 특제말('처들딸림말의 한가지'): 꽃만/조차/까지/마저 피면, 꽃만/조차/까지/마저 본다, 울기만/조차/까지/마저 한다, 일찍이만/조차/까지/마저 가면

3) 딸림구('달림꾸'라고 표기): 감동사(아차, 잊어 버렸다), 명사의 환호태(얘들아, 어서 이리 오너라/저기 가는 저 선사야, 말 물어보자), 명사의 지시태(장안, 한쪼각달, 만호, 웃다는 소리), 동사 명사 서술태(가련, 양류는 상심의 나무. 가련, 도리는 애끝는 꽃/어찌할고, 길은 멀고 날은 저물었으니/세월이 덧없어라, 이몸의 늙음이여/선생은 잠간 기대리시오, (그라면) 내 장차 모시러 오리다/죽느냐 사느냐 할 판 이다)

'딸림구'는 문장('가르월')이 딸림말인 것을 뜻한다. '아챠'와 같은 감동사도 그대로 한 문장이 된다고 보고 있다. 이후의 밑줄 친 부분이 모두 문장으로서의 딸림말이다.

(37) 딸림받을말의 재료: 하물며 사람된 자가, 어찌 예의를 모르랴/부모와 및 형제/도화나 혹은 전원/충무 곧 이순신/서울 더욱 종노바닥/먹어 버린다/먹어 재낀다/먹고 있다/붓이라고 한다

'사람된 자가'는 딸림말 '하물며'의 딸림받을말이며, '형제'는 딸림말인 '및'의 딸림받을말, '이순신'은 딸림말 '곧'의 딸림받을말이라고 한다. 보조용언 '버린다/재낀다/있다'도 딸림말인 본용언의 딸림받을말이라고 보고 있다. '한다'도 '붓이라고'의 딸림받을말이다.

(38) 얹침말의 재료
1) 명사의 얹침빛: 친구의 아들, 사람의 맘, 나비의 춤, 돌의 무게, 물의 흐름
2) 명사의 두루빛: 아모개 아들, 책상 우, 식장 한가운데, 금년 여름, 국어 연구

3) 동사의 엊침빛: 흐르는 세월, 갈 사람, 죽은 범, 산 짐승, 오던 사람, 없는 힘, 없는 힘, 먼 나라, 당당한 사내
   4) 동사의 두루빛: 슬슬 동풍, 빙빙 배머리, 동동 발소리, 탕탕 총소리
   5) 관형사: 어느 사람, 무슨 이치, 웬 말, 새 양복, 헌 보선, 풋 나물, 날 두부, 외 아들

'새', '헌', '풋', '날', '외' 들은 다음 말과 어울리어 한 '덧낱뜻'을 이루는 것이 보통이라고 지적하고 있다(207쪽). 이들이 단어로서의 관형사와는 구별되는, 접두사의 자격을 가지는 것으로 의식하였음을 알 수 있다. 그러나 '새'를 이들에 포함한 것을 보면 관형사와 접두사의 구별에 대한 확고한 인식이 결여되었다는 것을 확인할 수 있다.

(39) 엊침받을말의 재료
   1) 실질명사: 봄의 꽃놀이, 가을의 달구경, 흐르는 물, 어느 사람
   2) 상대명사: 내 아버지, 네 형, 산 위, 물 가운데, 화차 일등
   3) 형식명사: 오는 놈, 할 것, 갈 줄, 사람 때문, 갈 뿐, 나쁜 년, 잘 적, 갈 리, 본 체, 되는 대로, 갈 데, 그 따위

그의 문장('가르월') 개념도 문제가 있다. 그는 가르월을 '홑가르월'과 '덧가르월'로 나누고 있는데, 이들 용어로 미루어 보면 둘은 각각 '단순문'과 '접속문'을 뜻하는 것으로 생각할 수 있다. 그러나 그의 '덧가르월'의 예는 다음과 같다.

(40) 가. 작년 가을 이다. 나는 금강산으루 단풍구경을 갔었다. (201쪽)
   나. 있거라, 말 물어 보자.
   다. 봄이로구나, 꽃소식 여기 저기.
(41) 가면 가고 말면 말지, 너 딸어 가랴.
(42) 가. 아아, 이일을 어찌하나.
   나. 닭아, 우지 마라.
   다. 밝은 달이여, 태고의 뜻이로다.
   라. 기러기, 황새, 왜가리, 모두 날짐승이다.

특히 (40가-다)는 두 문장의 연속이지 한 문장으로서의 접속문이 아니다. (41)도 (40)의 예들처럼 선행 문장이 종결어미를 가지는 예로 든 것이지만, 이 경우의 '-지'는 접속어미의 '-지'로 보는 것이 타당하다.

(40)의 예들은 두 문장이 연속된 담화 단위로서, 이들을 '덧가르월'로 간주하는 것은 타당하지 않다.

정렬모(1946), 『신편고등국어문법』 비판

1. 동사 활용형의 구성에 대한 인식의 문제성 정렬모(1946)에서 동사 활용형의 구성 절차를 어떻게 인식하는지를 풀이해 보자.

동사 '믿다'를 가지는 문장의 경우, 동사는 '믿', '믿으', '믿어'의 세 가지 '몸갈이' 형식을 갖게 된다. 첫째 몸갈이 형식 '믿'은 '꼴'의 문법 요소 '었'이나 '빛'의 문법 요소 '다, 고, 는' 등을 결합하여 '믿었/믿다/믿고/믿는' 등의 형식으로 확대된다. 둘째 몸갈이 형식 '믿으'는 '꼴'의 문법 요소 '시'나 '빛'의 문법 요소 '오, 면, ㄴ' 등을 결합하여 '믿으시/믿으오/믿으면/믿은' 등의 형식으로 확대된다. 셋째 몸갈이 형식 '믿어'는 '빛'의 문법 요소 '서'를 결합하여 '믿어서'의 형식으로 확대된다.

(43) 믿 ; 믿었/믿다/믿고/믿는   ; 믿고 있다
　　 믿으; 믿으시/믿으오/믿으면/믿은;
　　 믿어; 믿어서   ; 믿어 보다

확대된 '믿고'는 다시 다른 감말과 결합하여 덧감말의 몸갈이 형식 '믿고 있'과 '믿고 있으'와 '믿고 있어'로 확대된다.

모든 동사가 세 가지의 몸갈이 형식으로 실현된다는 설명은 박승빈 문법에서 비롯된 것인데, 박승빈은 뒤의 어미의 부류에 따라 앞의 어간의 형태가 5가지로 실현되는 일본어의 '5단활용'을 모방하여 세 가지의 '단활용'의 설명 방식을 고안한 것이다. 문제는, 뒤의 어미의 부류에 따라 앞의 어간의 형태가 바뀌는 일본어의 5단활용은 일정한 규칙성을 가지는 것이지만, 한국어의 위와 같은 어간 활용의 방식은 전혀 규칙성을 갖지 않는다는 것이다.

이 점은 최현배(1935)에서 증명한 바 있다(2.1.5절 참조). 한국어에서의 이 현상의 본질은, 앞의 어간의 형태를 '믿으'로 실현시키는 것으로 상정해야 할 '시, 오, 면, ㄴ'은 공통의 문법적 의미를 갖지 않는다는 것이다. 즉, 문법적 자연군을 이루지 않는다. 또한 'ㅅ, ㅗ, ㅁ, ㄴ'은 유의미한 음운론적 공통성을 갖지 않는다. 즉, 음운론적 자연군을 이루지 않는다. 반면, '으'를 뒤의 어미의 일부로 붙이면 이 '으'는 앞의 어간 말음이 [-모음성]인 경우에 나타나고 앞의 어간 말음이 [+모음성]인 경우에 나타나지 않는다. 이는 엄격한 음운론적 규칙성을

가지는 것이다.

한국어의 이러한 규칙성을 파악하지 못함으로써 정렬모 문법은 어간과 어미의 결합 사실은 물론, '믿고 있다', '믿어 보다'처럼 두 단어가 결합하는 현상을 정확하게 기술하는 데에 실패하였다.

이들 예를 두 개의 활용어로 분석하는 최현배와 달리, 정렬모는 보조용언을 가지는 '믿고 있다', '믿어 보다'가 각각 '있', '보'의 문법적 의미를 더하여 새로운 동사(변태동사)로 된 것이라고 설명하는데,[86] 여기에서도 일본어의 어간, 어미 결합 방식의 무용한 모방의 흔적이 드러난다.

'믿고 있다', '믿어 보다'는 변태동사로 볼 수 없고, 두 단어가 결합하여 구 단위를 이룬 것으로 분석할 수도 없다. '-고'가 내포절을 이끌고 '있-'이 그 내포절을 보충어로 취하는 것이다.

2. '감말' 개념의 문제: 문법단위의 층위 구별 의식이 결여됨 '감말'은 문법단위로서의 '단어'에 상응하는 개념으로 쓰이기도 하고, '하나의 관념을 나타내는 단위'라는 뜻의 의미 단위의 개념으로 쓰이기도 하였다. 감말의 분류 과정에서는 단어 아닌 형태소 단위의 요소를 감말의 예로 들기도 하였는데, 'ㄴ, 은, 는, ㄹ, 을, 던'을 '접미형식관형사'라는 이름으로 관형사의 하나로 제시하는 것이 그 예이다. 심지어 '감말은 월이 되더라도 '감말'이다. 이를테이면 "꽃이 핀다"는 월이면서 동시에 감말이다.'와 같이 서술하기도 하였다. 이를 통하여 '감말'이 단어 개념이나 품사 개념이 아닌, 의미론적 단위 개념으로 쓰이기도 했음을 알 수 있다.

정렬모(1946)의 '감말'은 문법단위로서의 형태소를 가리키기도 하고, 단어를 가리키기도 하며, 심지어 '문장'을 가리키기도 한다. 이는 문법단위의 층위 구별에 대한 의식이 결여되어 있는 것이다.

'감동사' 항목(216쪽)에서는 '참말 곱고나'/'때는 오도다'/'가고 마노나' 등에 대해 설명하면서, "'고나'/'도다'/'노나' 등은 감탄의 의미를 가지는 한낱 도움낱뜻(토) 이나, 보기에 따라서

---

[86] 정렬모(1946), 104쪽 참조. 보조용언이 변태동사를 만드는 것으로 설명하는 다른 예로 '가지 마라/앉아 있다/먹게 한다/써 진다'를 들고 있다. '변태동사'는 보조용언 구성을 한 동사 단위로 간주하는 것이다. 55쪽에는 '줄어지다, 비어째끼다(베어 제기다, 넘어트리다, 싫어하다'와 같은 예를 덧낱뜻의 동사의 예로 들고, 이와는 달리 '지어 먹었, 지어 먹었으, 지어 먹었어'는 두 개의 감말이 결합한 덧감말의 동사라고 하여 구별하고 있다. 그러나 정렬모(1946)의 뒷부분 190쪽에는 보조용언 구성 '가 본다'에서 '가'가 딸림말로서 '본다'와 결합하여 딸림관계의 구 단위(덧감말)를 이룬다고 하며, 또 216쪽에는 보조용언 구성 '읽어 준다', '웃고 있다', 가지 아니한다'가 실질관계의 구 단위(덧감말)을 이룬다고 설명하고 있다. 보조용언 구성에 대해 일관된 견해를 갖지 못하고 있다. 근본적인 오류는 그의 잘못된 몸갈이(활용) 설명 방식으로부터 비롯되는 것인데 그는 이 점을 끝내 깨닫지 못하고 있다.

는 이 토들이 붙은 말들은 한 감말 이거나 한 월 이거나의 전체가 한 감동사로 볼 수 있는 것 이다."라고 말하고 있다. '감말'이 문법단위로서의 단어도 될 수 있고, 구, 문장도 될 수 있다는 것을 알 수 있다. 이에 따라서 감말의 분류에 따르는 문법범주 개념인 '감동사'는 단어로서의 감동사도, 문장으로서의 감동사도 될 수 있게 된다.

최현배(1937)의 경우 단어와 구와 절과 문장의 층위 구분이 철저하게 되어 있었다. 단어는 10개의 범주(10품사)로 나뉘고, 구는 4개의 범주(체언구, 용언구, 관형사구, 부사구)로, 절은 5개의 범주(체언절, 용언절, 관형사절, 부사절, 대립절)로 나뉘었다. 문장은 단순문과 복합문을 나누고, 복합문은 다시 포유문('가진월'), 연합문('이은월'), 병렬문('벌린월')의 3가지로 나누었다. 이렇게 각 층위의 문법단위를 가르고, 각 층위의 문법단위들에 대한 분류 체계를 수립한 것이다.

이에 비하면 정렬모(1946)에서는 문법단위의 층위 구분 의식은 찾아볼 수 없다. 이것은 근거가 불확실한 의미적 구분('개념', '단정')에 입각하여 말의 단위들을 분류하려고 했기 때문이다. 필자는 이 점을 근거로, 그의 문법 이론이 과학 이론에 대하여 부과하는 명시성의 요건을 충족하지 못하였다고 평가한다.

3. 정렬모의 '빛(격)' 개념에 관한 논평 '종합적' 풀이법은 필연적으로 어미활용 개념을 요구한다. 주의할 점은, 정렬모(1946)에서 '활용'이라는 용어로 지칭하는 현상은 어미활용이 아닌, 박승빈 방식의 어간활용이라는 것이다. 그는 박승빈 방식의 '활용' 개념을 한국어에 적용하는 것에 대해 부정적 입장을 표시하기도 하였으나(42-43쪽), 이 책의 여러 곳에서 여전히 '몸갈이(활용)'라는 용어와 함께 '먹, 먹으, 먹어'로 어간이 바뀌는 박승빈 방식의 어간활용을 이용하고 있다.

정렬모 문법이 종합적 체계의 문법이라는 것은 동사 및 명사가 문법적 기능 '빛(格)'과 '꼴(態, 相)'을 나타내는 문법적 표지 '토'와 '꼴'과 결합한 형식들을 한 단어로서의 동사, 한 단어로서의 명사라고 판단하기 때문이다. 가령 '깊은 물'의 '깊은'은 한 단위의 감말로서 언침빛(連體格)인데, 다른 감말 '물'이 나타내는 뜻의 실체에 종속한다고 설명한다(153쪽). '깊은'은 한 단어로서의 동사이다. 마찬가지로 '꽃을 꺾는다'의 '꽃을'은 한 단위의 감말로서 휘두를빛이다. '꽃을'은 한 단어로서의 명사이다.

정렬모 자신이 동사와 명사의 다양한 '빛'에 따른 형태를 한 단어의 다양한 변이형으로 간주하는 것은 사실이므로 그의 문법은 최초의 종합적 체계의 문법임이 분명하다. 다만, 이미 최현배(1937)에서 한국어 용언(정렬모의 '동사')의 정연한 어미활용 체계가 제시되었음을 생각하면, 정렬모(1946)에서 드러나는, 이 문법 현상에 대한 그의 이해 수준은 상당히 낮은 상태에 머물러 있는 것이라고 평가할 수 있다.

영어 문법에서 '어미'라고 부르는 것에는 동사의 과거형 어미 '-ed'와 같은 것뿐만 아니라, 명사의 복수형 어미 's', 소유격 어미 's' 같은 것도 포함된다. 이에 상응하는 한국어의 요소들에 대하여 정렬모(1946)은 '감말의 꼴(態)', '감말의 빛(格)' 항목에서 서술하고 있다. '감말의 빛'의 경우, 명사와 동사의 '어미' 상당 요소들에 대해서 '명사의 빛'과 '동사의 빛' 두 범주를 나누어 자세한 분류 체계를 보이고 있다. 그러나 부사, 관형사, 감동사에 대해서는 이들이 각각 '딸림빛', '얹칠빛', '마침빛'만 가진다고 간단히 지적하는 데에 그치고 있다.

정렬모는 부사와 관형사와 감동사도 '빛'을 가진다고 본다. '매우, 퍽' 등의 부사는 딸림빛만 있고, '어느, 모든'과 같은 관형사는 얹칠빛만 있으며, '아아, 에그'와 같은 감동사는 마침빛만 있다고 한다.

부사가 딸림빛, 관형사가 얹칠빛, 감동사가 마침빛을 가진다고 간주하는 그의 관점은 전혀 타당하지 않다. 부사와 관형사와 감동사는 이전의 문법가들 모두가 형태변화하지 않는, '불변화사'로 간주하여 왔다. 동사와 더불어 명사를 변화사 또는 활용어로 취급하는 일은 격조사들의 문법범주 표시 기능을 근거로 하여 추구할 수 있겠지만, 부사와 관형사와 감동사는 전혀 그와 같은 근거를 갖지 않는다.

형태론적, 통사론적 근거에 기반하지 않고 '관념'과 '단정' 같은 모호한 의미적 개념을 바탕으로 쌓아올린 그의 문법이 가지는 취약성을 부사, 관형사, 감동사의 빛에 관한 그의 주장에 대해서도 다시금 지적해야 하겠다.

주목할 만한 점은, 앞의 (24)의 표에서 '0'으로 표시한 '두루빛'이다. '0' 표시는 정렬모 자신이 한 것인데, 두루빛의 경우 그 표지('토')가 외현적으로 실현되지 않음을 나타낸 것이다. '먹어'의 경우 보통의 문법에서 '-어'를 문법적 표지로 분석하지만, 정렬모는 '먹어'가 '먹', '먹으'와 함께 몸갈이(활용)하여 나타나는 형태라고 분석하므로 '빛'의 표지는 붙지 않은 것이라고 본다. 여기에서도 그의 한국어 문법단위들에 대한 초보적 분석 능력의 문제를 확인할 수 있다.

4. '감말의 꼴(相)'과의 비교: 굴절법과 조어법의 혼동 그는 '존칭', '비칭', '복수' 등, 여러 가지 문법범주의 실현을 '감말의 꼴'이라는 항목에서 서술하고 있다. '꼴'이란 무엇인가? 또 '꼴'은 앞의 '빛'과 어떻게 다른가?

정렬모(1946)의 '빛'은 단어의 특정 활용형이 가지는 문법범주라는 뜻으로 쓰였다. 그 표지로 쓰이는 형태소는 '토'라고 하였다. 토가 형식적으로 드러나지 않는 경우는 '0'으로 나타내고 있다.

'빛'과 유사한, 그러나 대립되는 개념으로 '꼴' 개념을 제시하였다. '꼴'은 존칭의 '-시-', 시제/시상의 '-었-'이나 '-겠-', 복수의 '-들'이 단어 중간에 개재하거나 단어 끝에 덧붙어서 그 단어의 특정 문법적 의미를 나타내는 것을 말한다. 가령 '가시다'는 단어 '가다'의 존칭의 꼴이다. 일정한 꼴을 가진 단어는 다시 '빛'을 표시할 수 있다. '가시다'는 '빛'으로는 (마침빛의 하위범주로서의) '가림빛'이다. '먹었-'은 '과거꼴'의 시제 형태이고, 여기에 '-다'가 결합한 '먹었다'는 마침빛의 가림빛 형태가 되는 것이다. '빛'이 표시되기 전 단계의 온갖 문법적 기능을 나타내는 단어 형식이 '꼴'인 것이다. 꼴을 표시하는 형태소는 '발'이라고 하였다. 동사의 경우 선어말어미, 명사의 경우 격조사에 앞서는 형태소들이 '꼴'을 표시하는 것으로 파악하였다고 볼 수 있다.

그러나 동사의 경우 '꼴'은 언제나 선어말어미로 표시되는 것이 아니며, 명사의 경우 '꼴'이 언제나 격조사 앞의 요소인 것이 아니라는 점에서 정렬모의 '꼴' 개념은 파악하기 힘든 개념이다. '꼴'은 계열관계와 통합관계의 검토를 통해서 확인되는 형태소들의 자연군, 또는 단어 활용형들의 자연군을 이루지 않는다는 점에서 모호한 개념이다.

5. '변태품사' 개념의 문제: 굴절법과 조어법의 혼동 다섯 가지 품사 모두에 변태품사의 용법이 있다. 변태부사의 예에는 '몸소, 정히'와 같이 파생법에 의해 형성된 단어가 있는가 하면 '먹으면서, 가다가'와 같이 굴절법에 의해 형성된 단어도 있다. 이는 굴절법과 조어법을 혼동한 것이다. '-으면서', '-다가'가 단어가 아닌 절을 이끄는 단위라는 필자의 관점에서는, 이들은 더욱 더 한국어의 문법단위들이 이루는 구조를 근본적으로 잘못 파악한 예로 지적된다.

이것도 모호한 감말 개념에 따라 문법 체계를 구성하는 그의 시도가 근본적으로 성공할 수 없음을 보이는 사례인 것이다. 용언 어간과 어미가 결합되어 단어를 이루고 이 단위가 다시 다른 단어와 결합하여 더 큰 단위를 이룬다는 관점에서 한국어 문법 체계를 구성할 수는 없다. 체계적인 구 구성, 문장 구성의 원리에 대한 이해와, 생성 체계에 대한 안목이 요구된다.

6. '이다'에 관한 인식, '으'에 관한 인식 '이다'가 동사의 범주('지정 동사')에 속한다는 그의 판단은 그 당시의 다른 문법가들에 비하여 발전된 것이다.

그러나 '으'의 정체에 대한 정확한 인식에 실패함으로부터 비롯되는, 한국어 용언('동사')의 형태 변화에 대한 기술의 오류는 결코 부분적 수정으로 바로잡을 수 있을 만큼 간단한 것이 아니다.

7. 정렬모 문법의 현대성: 5가지 통합관계 정렬모(1946)에서는 덧감말을 구성하는 구성성분들 간의 통합관계를 5가지로 나누어 제시하였다. 이는 한국어는 물론, 인간 언어의 구가 이

5종류의 통합관계를 가지고 구성된다고 하는 통찰을 보인 것이다. 그의 '덧감말'은 기본적으로 구 단위를 뜻하는 것인데, 그는 나아가 문장 단위도 덧감말의 개념 하에 포함할 수 있다고 말하기도 한다(167-168쪽). 문장이 구의 일종이며, 통사론이 구의 구성성분들 간의 통합관계를 기술하는 연구 분야라는 점은 현대 생성언어학의 기본 인식이다.[87] 이 점에서 정렬모(1946)은 통사론의 현대적 개념에 근접한 것이다.

(44) 5가지 통합관계
　　① 주체관계: 주어와 서술말 간의 관계
　　② 객체관계: 객어와 귀착말 간의 관계
　　③ 실질관계: 보탤말과 형식말 간의 관계
　　④ 딸림관계: 딸림말과 딸림받을말 간의 관계
　　⑤ 엎침관계: 엎침말과 엎침받을말 간의 관계

주체관계를 이루는 덧감말에서 후행하는 서술말은 선행하는 주어를 '통솔'한다고 한다. 주어는 서술말에 '종속'한다고 한다. 나머지 객체관계, 실질관계, 딸림관계, 엎침관계에서도 귀착말은 객어를, 형식말은 보탤말를, 딸림받을말은 딸림말을, 엎침받을말은 엎침말을 '통솔'한다.

다섯 가지 통합관계 중에서도 ①, ②, ③의 주어, 객어, 보탤말은 보충말('보충어')이고, ④의 딸림말은 꾸밈말이라고 하였다. ⑤의 엎침말도 꾸밈말이라고 할 만하지만 분명한 언급은 없다.

주목할 점은, 정렬모(1946)의 딸림관계에는 선행절과 후행절이 이루는 접속 관계도 포함된다는 것이다. 더욱이, 현재에 이르기까지 많은 한국어 통사론 연구자들이 대등접속의 관계로 파악해 온 다음의 '-고' 접속문도, 후행절의 '춥'의 운용이 '춥다', '춥겠지', '추우냐', '추운'으로 변화함에 따라 선행절의 '덥고'의 운용이 변한다는 점에서, 선행절이 후행절에 종속한다고 파악한다.[88]

---

[87] 이는 특히 원리매개변인 이론의 핵계층 이론(X-bar theory)의 기본 인식이다. 뒤의 3.4.1절을 참고하기 바람.

[88] 정렬모(1946: 190-191)에도 (45)의 예들에서 선행절을 딸림말이라고 설명하면서 '대등적 딸림말은 대등한 사건을 늘어놓는 것 이기는 하나, 그 대등은 사건의 대등 이지, 감말의 운용은 아니 이다.'라고 서술하고 있다.

(45) 가. 여름은 덥고, 겨울은 춥다. (169쪽)
　　　나. 솔은 푸르고, 모래는 희다. (190쪽)

앞에서 최현배(1937)의 문법을 살펴보면서 그의 문법이 생성문법으로 발전할 가능성을 제시하는 데에 실패하였다고 비판한 바 있다. 생성문법은 귀환성을 근본 메커니즘으로 하여, 무한수의 구, 무한수의 문장을 생성하는 규칙들의 체계이다. 최현배(1937)의 문장성분론에서 논의된 주어, 서술어, 목적어, 보어, 부사어, 관형어, 독립어의 7개 문장성분은 주어진 문장의 구조를 분석하는 기초 개념들이기는 하지만, 이들이 인접 구성성분과 통합되어 새로운 구를 이루고, 이 구는 다시 인접하는 다른 구성성분과 통합되어 더 확대된 구를 이룬다는 통찰을 최현배(1937)에서 발견할 수는 없다.

또한, 접속문(연합문과 병렬문)의 선행절과 후행절이 결합하는 관계는 문장성분과 다른 문장성분이 결합하는 관계처럼, 확대된 구를 이루는 통합관계의 하나로 파악할 수 있음에도 불구하고, 이들을 전체 통합관계의 하나로 파악하는 통찰을 최현배(1937)에서는 발견할 수 없다.

최현배(1937)에서는 절들의 결합인 병렬 및 연합과, 단어들의 결합인 동위병치가 가지는 공통성에 주목하지 않았다. 이에 따르면 'S-고 S'(철수가 오고 인호가 간다), 'S-면서 S'(비가 오면서 눈이 온다) 형식의 접속과 'V-고 V'(가을 하늘이 맑고 높다), 'V-면서 V'(아이가 가면서 노래한다) 형식의 동위병치는 서로 관계없는, 다른 현상일 뿐이다.

이에 비하여 정렬모(1946)은 '덧감말'을 이루는 구성성분들 간의 관계가 5가지 통합관계로 환원된다는 통찰을 보이고 있다. 특히, 접속문의 선행절과 후행절의 관계를 5가지 통합관계 중의 하나인 '딸림관계'의 하나라고 설명하고 있다. 더욱이, 접속문을 '-고, -으며' 등에 의한 병렬문('벌린월')과 그 외의 접속어미들(-어서, -으니까 등)에 의한 연합문('이은월')으로 나누고 그 선행절과 후행절의 관계는 내포문의 내포절과 주절이 가지는 관계와 대립되는 접속 관계라고 파악하는 것이 최현배(1937) 이래, 지금까지의 관점인 데에 비하여, 정렬모(1946)은 '-고, -으며' 접속문과 그 외 접속문을 공히 '딸림관계'의 예로 파악하였다. 나아가 최현배(1937)에서 동위병치의 예로 든 '(가을 하늘이) 맑고 높다', '(아이가) 가면서 노래한다'에서 '맑고'는 딸림말, '높다'는 딸림받을말, '가면서'는 딸림말, '노래한다'는 딸림받는말로서, 공히 딸림관계의 예를 이룬다. 이는 통찰력 있는 견해라고 판단된다.

더 나아가서 정렬모(1946)은 본용언과 보조용언의 결합을 딸림관계의 한 예로 설명한다. '먹어 버린다, 먹어 재낀다, 먹고 있다' 등을 딸림관계의 예로 들고 있다(200쪽).[89] 병렬과 연합의 접속 관계, 서술어의 동위병치, 본용언과 보조용언의 결합이라는 세 가지 현상을 단일한 딸림관계로 파악한 것은 긍정적인 시도라고 평가할 수 있다. 한국어의 모든 구와 문장에서의 통합관계를 5가지 관계로 환원한다는 것은 인간 언어의 통사적 관계를 '보충어 규칙', '명시어 규칙', '부가어 규칙'의 3가지로 환원하는 현대 언어학(Chomsky 1986b의 '핵계층 이론(X-bar theory)')의 구상과 통하는 것이고, 그만큼 현대성을 가지는 발상이라고 생각할 수 있다.

그러나 그 근본적인 결점을 아울러 지적하지 않을 수 없다. 정렬모(1946)에서 문법단위들의 층위 구별 의식이 결여되어 있다는 점이 그 중심에 있다. 그의 '감말'은 단어일 수도, 구일 수도, 절, 문장일 수도 있다. 그의 '덧감말'도 기본적으로 구이지만, 절일 수도, 문장일 수도 있다. 심지어 두 문장의 연속으로 이루어진 단위를 '덧감말'의 예로 제시하기도 한다.

생성문법의 핵계층 이론은 정렬모의 5가지 통합관계보다 더 적은 3가지 통합관계로 인간 언어의 모든 구, 문장을 분석한다. 보충어와 머리성분(핵어, head)이 결합하여 구 단위를 형성하는데, 이 때의 보충어는 머리성분의 범주와의 관련 하에서 한정된 범주의 구이어야 한다. 부가어가 다른 구와 결합하여 구 단위를 형성하는 경우에도 결합하는 다른 구의 범주와의 관련 하에서 한정된 구 범주가 부가어로 결합되어야 한다는 제약이 존재한다. 명시어인 구와 다른 구의 결합에서도 유사한 범주적 제약이 존재한다.

이에 비하면 정렬모(1946)의 5가지 통합관계는 결합하는 문법단위들의 층위 구별, 그 문법단위들의 범주에 대한 체계적인 고려를 결여한 통합관계들일 뿐이다. 문법단위들의 층위 구별, 치밀한 문법범주 체계가 전제되지 않고서는 귀환성을 포착하는 통합관계의 체계는 성립될 수 없다. 이것이 정렬모(1946)의 한계이다.

구체적으로 정렬모(1946)의 관점에서 단어로부터 문장의 구성이 어떤 방법으로 이루어지는지 살펴보자. "철수가 인호를 싫어한다."와 같은 문장을 구성하는 절차에 대한 정렬모의 설명은 일관적이지 않다. 다음 두 가지로 생각해 볼 수 있다.

---

89 그러나 정렬모(1946: 171)에는 '먹어 버린다, 가르처 준다, 먹어 본다, 떠들어 댄다, 줄어 간다, 붉어 진다'를 실질관계의 예로 들고 있다. '먹어 버린다'의 경우는 딸림관계의 예로도 제시되어 있다. 이는 단순히 분석 능력의 미숙으로 말미암은 것이라고 볼 수밖에 없다. 모호한 의미적 정의를 바탕으로 한 문법 서술의 문제가 이런 데에서 드러나는 것이다.

(46) 가. "철수가 인호를 싫어한다."의 구성 절차 A
　　　싫어　　　　　　　　　　(몸갈이(활용))
　　　싫어하　　　　　　　　　(덧낱뜻으로 동사 형성: 54쪽)
　　　싫어한다　　　　　　　　('마침빛' 토의 결합: 동사 형성)
　　　인호를+싫어한다　　　　 (객체관계로 확대)
　　　철수가 인호를 싫어한다　 (주체관계로 확대)
　　나. "철수가 인호를 싫어한다."의 구성 절차 B
　　　싫어　　　　　　　　　　(몸갈이(활용))
　　　싫어 한다　　　　　　　　(실질관계로 확대: 93쪽)
　　　인호를+싫어 한다　　　　 (객체관계로 확대)
　　　철수가 인호를 싫어 한다　(주체관계로 확대)

'싫다' 동사는 기본적으로 세 가지 몸갈이 형태 중 하나인 '싫어'로 바뀌고, 그 다음에 여기에 '하'가 더해져서 '싫어하'가 형성되고, 다음으로 마침빛의 토 'ㄴ다'가 결합하여 '싫어한다'가 나타난다는 것이 정렬모의 설명이라고 추정해 볼 수 있다. 정렬모(1946: 54)에는 조동사가 제대로는 완전한 동사 노릇을 하지 못하고 반드시 으뜸낱뜻과 결합하여 덧낱뜻이 된 다음에야 완전한 동사가 된다고 서술한다. '싫어'에 '하'가 결합한 다음 여기에 'ㄴ다'가 결합하여 완전한 동사 '싫어한다'를 형성한다는 뜻으로 해석된다. 이 해석에 따른 구성 절차가 A의 절차이다.

그런데 정렬모(1946: 93)에는 '싫어 한다'와 같이 띄어 써서 제시하여, '한다'가 형식동사의 하위 범주로서의 '조동사'이며, 이것은 앞의 '싫어'를 통솔한다고 설명한다. 즉 '싫어 한다'는 실질관계의 '덧감말'이라는 것이다. 이는 '싫어'와 '한다'가 각각 독립된 감말로서, 실질관계의 통합관계로 확대된다는 뜻으로 해석된다. 이 해석에 따른 구성 절차가 B의 절차이다.

위 A와 B의 두 가지 구성 절차는 서로 다른 구성 절차이므로, 한 문장의 구성 절차로 이 두 가지가 모두 인정될 수는 없다. 그런데도 불구하고 이 둘은 한 문장에 대한 정렬모(1946)의 설명이다. 이는 문법 이론으로서의 정렬모(1946)의 모순성을 단적으로 보이는 예인 것이다.

여기에서 드러나는 정렬모(1946)의 모순성의 근원은 몸갈이 또는 어간활용에 관한 설명 방식이라고 생각된다. 세 가지 몸갈이 형태인 '싫'과 '싫으'와 '싫어'는 한 형태소의 변이형태라고 처리할 가능성을 생각해 볼 수 있다. 그러나 이러한 설명 가능성은 근원적으로 차단된다. '싫어'의 '-어'는 '싫다'의 '-다'와 계열적으로 대립하는 문법 요소이므로, '-다'를 토로 규정했으면 '-어'도 토로 규정해야 한다.

이러한 비판은 동사의 어간이 세 가지 몸갈이 형태로 실현된다고 가정하는 그의 가정을 취소하지 않는 한, 끝도 없이 제기될 비판이다. 관련 현상에 대한 근원적인 비판과 해결 방안이 최현배(1935)에서 제시되었음을 다시금 상기해야 한다. 10여 년 전에 이미 해결된 문제를 파악하지 못한 정렬모(1946)이 문제일 뿐이다.

정렬모(1946)에서 5가지 통합관계를 제시한 것이 현대성을 가지는 방안이라고 하였다. 그리고 대등접속과 종속접속의 접속문 구조를 공히 '딸림관계'의 하나로 파악하는 관점은 통찰력 있는 관점이다. 그러나 모든 구 내부의 구성성분들 간의 관계를 5가지로 환원한 정렬모의 통찰은 문법단위들의 범주 체계에 관한 명시적 이론으로 뒷받침되지 못했다.

2.2.4.2. 이숭녕(1956)의 종합적 체계

A. 이숭녕(1956)의 단어 분류 체계

이숭녕(1956)의 가장 큰 특징은 조사를 단어 단위로 간주하지 않고 형태소 단위의 굴절접사(어미)로 파악하는 것이다. 이것이 그의 문법을 종합적 체계의 문법이라고 평가하는 이유이다. '-이/가', '-을/를', '-에', '-에게', '-으로' 같은 격조사와 '-은/는', '-도' 같은 보조사가 단어 자격을 갖지 못하고 굴절접사(어미)의 지위를 가지는 것으로 본다.

이숭녕(1956)의 단어 분류 체계는 8개의 단어 범주(품사)로 이루어진다. 다음과 같이 표로 요약하기로 한다.

(1) 이숭녕(1956)의 단어 분류 체계

명사	완전명사	보통명사: 사람이/사람을, 아비, 집, 나라, 솥, 물				
		고유명사: 영국, 파리, 압록강, 백두산				
	불완전명사: 맘, 마, 덧, 즈음, 녘, 바, 데, 것, 수, 줄					
대명사	인칭대명사	제1인칭	단수	나	복수	우리
		제2인칭	단수	너	복수	우리
		제3인칭	단수	이이, 저이, 그이	복수	이이들, 저이들, 그이들
		부정칭	단수	누구, 아무	복수	누구들, 아무들
	지시대명사	근칭: 이(기본형), 이것(물건/일), 여기(처소)				
		중칭: 그(기본형), 그것(물건/일), 거기(처소)				
		원칭: 저(기본형), 저것(물건/일), 저기(처소)				
		부정칭: 아무(기본형), 어느 것, 무엇, 아무 것(물건/일), 어디,				

			아무 데(처소)		
수사	기본수/체언적 수사: 하나, 둘, 셋, 열, 백, 천				
	한정수/관형사적 수사: 한, 두, 세, 서, 석				
	서수: 첫째, 제일, 둘째, 제이				
동사	주동사	자동: 앉다, 자다, 서다		타동: 먹다, 듣다	
		능동/타동: 보다, 찾다, 않다 ('않는다')		피동: 보이다, 먹히다	
		사동: 웃기다, 놀리다, 먹이다			
	보조동사	(먹어)버리다, (가)보다, (넘어)지다			
형용사	있다, 없다, 아니하다(않다), 못하다				
	'독립성이 적은 형용사': (-고) 싶다, (-은) 듯하다, (-은가) 싶다, (-을) 법하다				
관형사	왼 기러기, 앞 호랑나비, 첫 졸업식				
부사	본래부사: 아직, 먼저, 덜렁덜렁, 뚱뚱				
	전성부사: 높이, 대단히, 널리, 빨리, 고루, 절로, 참으로, 멋지게, 값지게				
감탄사	아, 에라, 어머나, 어이구, 흥				

B. 이숭녕(1956)의 형태소 분류 체계

한국어 형태소에 대한 이숭녕의 분류는 다음과 같이 요약할 수 있다.

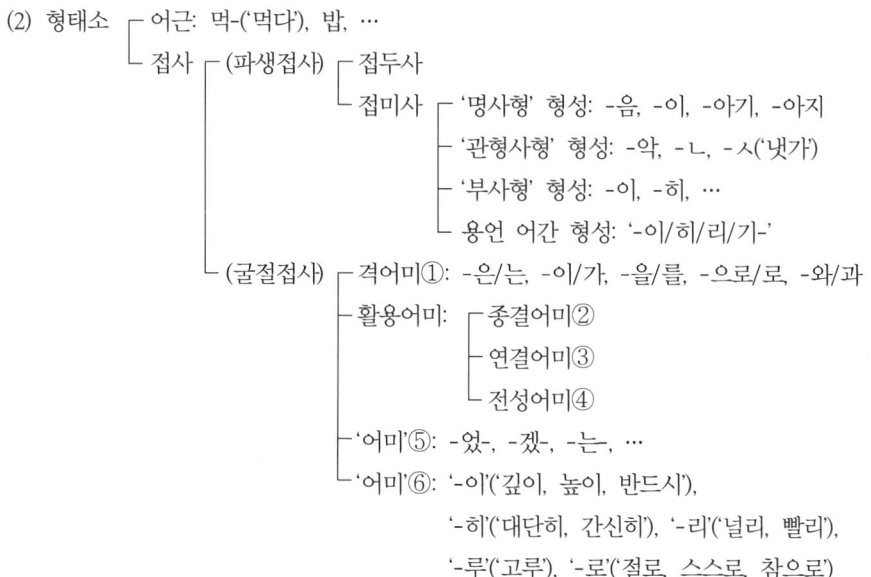

①의 격어미는 기본격어미 8개 하위 범주와 특수격어미 7개 하위 범주로 나누고 있다. '-은/는'을 절대격으로, '-처럼, -대로, -까지'를 한정격으로 지칭한 것은 독특한 점이다. ⑤와 ⑥은 이숭녕 자신이 '어미'라고 지칭하는 예들이다. ⑤는 문교부(1985) 이후의 학교문법에서 '선어말어미'라고 규정하는 요소들로서, 이들을 어미로 지칭하는 것은 발달된 인식을 보이는 것이다. 그러나 ⑥은 생산성에 제약을 보이는 접사들이므로, 다른 격어미, 활용어미의 예들과 함께 이들을 '어미'로 분석한 것은 오류이다.

① 격어미 ─ 기본격: 주격('-이/가'), 소유격('-의'), 처격('-에'), 목적격('-을/를'),
  　　　　　　조격('-으로'), 공동격('-와/과'), 호격('-야'), 절대격('-은/는')
  　　　└ 특수격: 여격('-에게'), 탈격('-에게서'), 재격('-에서'), 비교격('-보다, -대로, -처럼'),
  　　　　　　시발격('-으로부터'), 서술격('-이다')
  　　　　　▶ 그 외: '-처럼, -대로, -까지'를 '한정격'이라고 지칭함.

② 종결어미 ─ 묻는 말투: -냐, -는가, -는고
  　　　├ 짐작하는 말투: -ㄹ까, -리아(랴), -리오(료), -지
  　　　├ 명령하는 말투: -어라
  　　　├ 하고 싶어 하는 말투: -자, -지, -으마
  　　　├ 감탄하는 말투: -는구나(먹는구나), -나(먹나)
  　　　└ 권하는 말투: -으렴, -지, -세

③ 연결어미: -고, -고서, -고서는, -며, -면서, -며는, -어야, -어도, -는다면, -는다고, -는데, -는지, -자, -자고, -나, -려고, -니, -니까, -ㄴ즉, -므로, -ㄹ지라도, -되

④ 전성어미 ─ 부사형 어미: -아/어, -게, -고, -지
  　　　├ 관형사형 어미: -는, -을, -은, -던
  　　　└ 명사형 어미: -음, -기

⑤ 선어말어미: -었-, -겠-

⑥ 그 외의 '어미': '-이'('깊이, 높이, 반드시'), '-히'('대단히, 간신히'), '-리'('널리, 빨리'), '-루'('고루'), '-로'('절로, 스스로, 참으로') 등을 '어미'라고 지칭하고 있다(123쪽).

⑤와 관련하여, '-었-'과 '-겠-'을 '어미'라고 지칭하고, 피동과 사동의 '-이/히/리/기-' 등은 어간 형성의 접미사라고 지칭한 것으로 보아, 이숭녕이 이들의 차이를 인식한 것으로 판단할 수 있다. 즉 '-었-'과 '-겠-'은 굴절접사로, '-이/히/리/기-'는 파생접사로 파악한 것이다. 최현배(1937) 이래로 이들을 합쳐서 '보조어간' 범주로 묶었던 것에 비하여 발전된 인식이라고 평가할 수 있다. ⑥과 관련하여, 파생접사에 불과한 '-이-', '-히-', 조사로부터 기원하였지만 파생접사의 기능만을 가지는 '-로'를 '어미'라고 지칭하는 것을 보면 그의 형태소

분석 능력이 매우 초보적인 수준에 머물러 있다는 것을 알 수 있다.

C. 이숭녕(1956)의 구, 절, 문장 분류

이숭녕(1956)에는 구 분류 체계가 제시되어 있지 않다. 그는 '많은 밥이', '많은 밥을'과 같이 수식어와 주어, 수식어와 목적어가 결합한 것, 그리고 '많이 먹었다'처럼 한정어와 서술어가 결합한 것을 '어귀'라고 지칭하고 있다. '어귀'는 '구'의 개념을 의도한 것이라고 할 수 있다. 그러나 '어귀'에 대한 완전한 분류 체계는 제시하지 않았다.

이숭녕(1956)에는 절 분류 체계도 제시되어 있지 않다. 또한 문장 분류 체계도 제시되어 있지 않다.

이숭녕(1956) 비판

1. 종합적 체계와 그 문제점 이숭녕(1956)은 종합적 체계의 문법서이고, 현대 한국어에서 체언의 굴절을 명시적으로 주장하는 문법서의 최초라고 할 수 있다. 그는 '먹는다', '먹고', '먹는', '먹음'과 같은 예들을 한 단어의 활용형으로 간주하는 것은 물론, '사람이', '사람을', '사람에게', '사람으로', '사람은'과 같은 예들을 한 단어의 활용형('곡용형')으로 간주한다.

체언의 굴절, 즉 곡용을 인정하는 점이야말로 이숭녕(1956) 문법의 가장 큰 특성이다. 그러나 이는 동시에 이 문법의 가장 큰 문제점이기도 하다.

이숭녕(1956)의 종합적 체계의 근본적 문제는 음운론적 단위인 어절을 문법단위인 단어와 혼동한 데에서 비롯된다. 한국어에서 체언과 조사가 결합한 단위는 문법단위가 아니다. 음운론적 단위로서의 어절일 뿐이다.

(3) 철수와 인호만 완주했다.

이숭녕(1956) 문법에서는 보조사 '-만, -는, -도, . .'는 단어로 인정되지 않는다. 이숭녕 문법을 가정하면 단어 '철수와'가 단어 '인호만'과 접속하는 것으로 설명할 수밖에 없다. '-만'이 '인호'만을 그 의미('유독')의 영향권 안에 포함하는 해석이 이숭녕 문법이 예측하는 것이다. 그러나 이 문장은 '철수와 인호' 두 사람이, 그리고 두 사람만이 완주한 것으로 해석된다. 다음 문장도 같은 점을 보여준다.

(4) 1반 학생들과 2반 학생들만 내일 소풍을 간다.

그의 문법 체계에 따르면 '1반 학생들과'에서 '학생들'은 명사의 어간, '-과'는 명사의 어미이다. '1반'은 관형어로서 한 단어인 명사 '학생들과'를 수식한다고 설명해야 한다. 또 '2반'은 관형어로서 명사 '학생들만'을 수식한다. '학생들'이 이 명사의 어간으로서 '-만'을 어미로 취한다고 설명해야 한다.

그러나 이러한 분석은 이 한국어 문장의 구조를 잘못 분석한 것이다. 위 문장들에 대한 위 분석에 의하면 '-만'의 '유독'의 의미는 '학생들'에만 가해진다고 보는 것인데, 실제 이 문장의 의미는 '1반 학생들과 2반 학생들'을 하나의 단체로 간주하여 유독 이들만이 소풍을 간다고 하는 것이다. 관형어 '2반'이 '학생들만'을 수식한다는 설명, 관형어 '1반'이 '학생들과'를 수식한다는 설명도 부정확한 설명이다.

이러한 분석의 오류는 '-만'을, 그리고 '-과'를 단어 단위 아닌 어미라고 상정하는 그의 '종합적 체계'로부터 말미암는 것이다. 그러므로 이러한 오류를 범하지 않으려면 그의 종합적 체계를 취소해야 한다.

이 외에도 조사를 단어로 인정하지 않고 어미 단위로 가정하는 이숭녕(1956)에 대해서 지적할 수 있는 문제들이 더 있다.

이숭녕(1956)의 종합적 체계는 전통적 조사가 단어가 아니고 어미에 지나지 않는다고 보기 때문에, 다음 (5)와 같은 예의 '-그려'도 어미의 하나로 분석할 수밖에 없다. 이 경우 어간은 무엇인가? '좋-' 부분이 어간인가, '좋습니다'가 어간인가, 아니면 '날씨가 참 좋습니다'라는 문장 단위가 어간인가? (6)과 관련해서도 유사한 질문들이 제기된다.

(5) 날씨가 참 좋습니다그려.
(6) 비가 옵니다마는 저는 출발해야겠습니다.

한국어의 조사는 부사에도 결합할 수 있다.

(7) 참 빨리도 왔다.

이숭녕(1956)에 따르면 '-도'는 어미로 분석될 수밖에 없다. 그러면 이 어미의 어간은 무엇인가? '빨리'가 어간인가?

이러한 문제들은 이숭녕(1956) 문법에서는 쉽게 답할 수 없는 문제들이다. 이들은 이숭녕(1956)의 종합적 체계의 근본적 문제점이 된다.

2. **격 개념과 격어미의 분류에 관한 문제** 그의 격 개념은 이희승(1949)를 따른 것으로 보인다. 이희승처럼 이숭녕도 격을 다른 말과의 의미적 관계로 파악하는 것이다. 그러므로 이희승에 대해 제기했던 비판이 그대로 이숭녕에게도 제기된다.

단적인 문제는 '-와/과'의 처리에서 드러난다. 최현배(1937)에서 접속조사로 분석하던 '-와/과'("물과 불은 서로 상극이다.")와 여동의 부사격조사로 분석하던 '-와/과'("너와 같이 가면 마음이 든든하다/김군과 놀면 좋다.")를 이숭녕(1956)은 하나로 묶어 '공동격'이라고 규정한다. 이 둘을 하나로 묶는 것은 이론적으로 전혀 유익함이 없는 처리이다. 그리고 '물과 불'의 '-과'는 격을 나타내는 요소로 규정할 수 없는 것이다.

또한, 격어미의 완전한 하위 분류 체계가 제시되어 있지 않은 것도 큰 문제점이다. 이숭녕(1956)의 격어미 분류 체계를 가지고는 실제 한국어 문장의 격 현상에 관한 문법적 분석을 할 수 없다.

3. **보조사 처리의 문제** 이와 관련되는 중요한 문제는 보조사 '-는, -도, -만, -조차, -까지' 등의 처리에 관한 것이다. 이숭녕(1956)의 체계에 따르면 이들은 모두 격어미로 처리할 수밖에 없다. '-는'은 이미 '절대격'이란 격의 하위 범주로 설정하였다. 그러면 '-도, -만, -조차, -까지'는 무슨 격인가? 보조사는 주어에도 목적어에도, 그 외의 부사어에도 결합될 수 있다. 이 점에서 격조사와 근본적으로 나르다. 이숭녕(1956)은 이러한 기초석 개념을 구별해서 인식하는 데에 실패한 것이다.

15, 16세기 문법을 서술한 이숭녕(1961), 『중세국어문법』(을유문화사)에서는 보조사 중의 일부인 '-조차, -까지' 등에 '후치사'란 단어 범주를 부여하였다. 아마 이것이 보조사의 범주 규정에 대한 이숭녕의 후기의 판단인 것으로 생각된다. 그러나 앞의 항목 2의 문제는 여전히 남는다.

4. **'이다'의 처리에 관한 문제** 그는 '동물이다, 동물이니, 동물이며, 동물인가, 동물이어서, 동물이므로, 동물이냐와 같은 예를 들고는, "서술격은 동사나 형용사와 비슷한 활용을 한다."(66쪽)라고 말하고 있다. '서술격'이라는 용어가 매우 모호하게 사용되고 있음에 주의해야 한다. '서술격이 활용한다'는 말은 '이다'가 '이니, 이며, 인가, 이어서, 이므로, 이냐로 활용한다고 말하는 것과 같다. '활용'은 어간에 문법적 의미를 나타내는 어미들이 교체되어 결합되는 현상이다. '이-'를 어간으로 간주하는 것인가?

그러나 이는 이숭녕(1956)의 견해가 아니다. '이-'가 문법단위 아닌 음운론적 요소일 뿐이라는 것이 이숭녕의 기본 주장이니, '이-'를 어간으로 간주할 수는 없다. 결국 모순된 주장을 하고 있는 것이다.

앞에서 이미 여러 번 제시하였던 다음 예들은 '이-'가 문법단위 아닌 조음소라고 간주하는 그의 주장에 대해 결정적인 반례가 된다(2.2.1.4절 참조).

(8) 학자임/*학잠, 학자인/*학잔, 학자일/*학잘, 학자였다/*학자었다, 학자이어서/학자여서/*학자어서, 학자이나/*학자나('역접'의 뜻으로), 바보이기도/*바보기도

(8)의 반례들이 보여주는 바는 '이-'를 음운론적 단위 아닌 문법단위, 즉 형태소로 처리해야 한다는 점이다. '이-'가 형태소로서, 서술어의 의미 기능을 가지는 것을 인정해야 위와 같은 예들을 합리적으로 설명할 수 있다.

'이다' 문장의 구조 분석과 관련하여서도 모순적인 예를 지적할 수 있다. 이숭녕(1956)에서는 '학생임'과 같은 예를 한 단어로 취급하는데, 이 관점에 따르면 다음 (9)의 형식들도 모두 단일한 단어로 분석된다.

(9) 학생이었음, 학생이겠음, 학생이시었음, 학생이시었겠음, …

그럴 경우, 다음 예에서 '의심하였음이었다'는 한 단어로 분석할 수밖에 없다. 동사의 어간인 '의심하'에 이어지는 요소들은 모두 보조어간(선어말어미)과 어미일 뿐이기 때문이다. 특히, 이숭녕(1956)에서는 '이'를 의미 없는 요소, 음운론적 요소로 간주하기 때문에, 다음 예의 '이었'은 한 형태소인 (시제) 보조어간으로 분석할 수밖에 없다. 이에 따르면 다음 예는 '의심하였음이었다'를 하나의 서술어로 가지는 단순문으로 분석된다.

(10) 그것은 필시 나를 의심하였음이었다.

그러나 이 문장은 주어가 생략된 '필시 나를 의심하였음'이라는 절을 내포하는 복합문으로 분석되어야 한다. 주절의 주어 '그것은'의 서술어는 '이었다'일 수밖에 없다. 그러므로 명사절 '필시 나를 의심하였음'은 이 서술어의 보어로 안긴 내포절인 것이다. 이숭녕(1956)에 따르면 이러한 문장의 구조를 바르게 분석할 수 없다.

조사를 단어로 인정하지 않는 점과 함께, '이다'의 '이'를 문법단위로서의 용언의 어간으로 인정하지 않는 점은 이숭녕(1956) 문법의 치명적인 문제점이다.

5. 파생과 굴절 구분의 문제 이숭녕(1956)은 파생과 굴절의 개념을 구별하는 데에 실패하고

있다. 피동과 사동의 '-이/히/리/기-'를 '-었-', '-겠-' 등과 구별하여 '어간 형성'의 기능을 가지는 것으로 설명하고 있다. '-었-', '-겠-'은 '어미'라고 지칭하고 있다. 이 점만을 두고 보면 이전보다 발전된 인식을 보인 것이라고 할 수 있다.

그러나, 이 책의 다른 부분(123쪽)에서는 '-이'('깊이, 높이, 반드시'), '-히'('대단히, 간신히'), '-리'('널리, 빨리'), '-루'('고루'), '-로'('절로, 스스로, 참으로')를 '어미'라고 지칭하고 있다. 한 예로, '높이', '깊이'의 '-이'는 '부사형 형성 접미사'로 기술되기도 하고 '어미'로 기술되기도 하는 것이다. 이것은 모순이다. 이들은 어미 아닌 파생접미사로 분석해야 한다.

이와 관련되는 점으로, 위 (2)의 '형태소 분류 체계'는 완전한 체계를 갖추지 못하고 있다. (2)의 분류 체계에서 ⑥의 하위 범주는 제거하고 파생접사에 편입시켜야 한다. 또한, ⑤의 하위 범주를 이루는 '-었-, -겠-, -는-'은 '활용어미'의 한 하위 범주로 편입시켜야 한다. 선어말어미는 어말어미와 함께 활용어미의 한 하위 범주인 것이다.

6. 구, 절, 문장의 분류 체계의 미완성 이숭녕(1956)에는 구, 절, 문장의 분류 체계가 제시되어 있지 않다. 이는 이 문법이 '완전성의 요건'을 충족하는, 완성된 문법 이론으로 성립되지 못했음을 말해주는 것이다. 이 문법을 가지고는 한국어의 구 분석, 절 분석, 문장 분석을 할 수 없다.

성렬모(1946)에 대하여 논평했던 것처럼, 한국어 문법의 기술 체계로서의 종합적 체계는 근본적으로 오류라는 점을 이숭녕(1956)에 대해서도 평할 수 있다.

7. 그 외의 문제들 '한, 두, 세'를 관형사 아닌 수사로 처리한 것, 명사 앞의 '이, 그, 저'를 관형사 아닌 대명사로 처리한 것은 긍정적으로 평가할 만한 점이다.

그러나 '외 기러기', '암 호랑나비'와 같은 예를 들고 이 때의 '외', '암'을 관형사로 분석하는 것은 오류이다. '외', '암'은 단어 단위가 아닌 접사 형태소일 뿐이다.

2.2.4.3. 조선문화어문법(1979)의 종합적 체계

북한의 문법서인 조선문화어문법(1979)는 정렬모(1946)과의 영향 관계가 잘 드러나는 문법서이다. 그러나 정렬모(1946)에 대하여 지적했던 두 가지의 근본적인 오류를 『조선문화어문법』은 범하지 않는다. 첫째는 어간이 세 가지 형태로 실현된다고 설명하는 '몸갈이(활용)'의 방식을 전혀 언급하지 않는다는 것이다. 둘째는 단어, 구, 절, 문장의 서로 다른 층위의 단위 개념으로 모호하게 사용되었던 '감말'의 개념을 전혀 사용하지 않고, 일반적인 '단어' 개념을 사용한다는 것이다.

A. 조선문화어문법(1979)의 단어 분류 체계

『조선문화어문법』은 일반적인 용법의 '단어' 개념을 사용한다. 이 문법은 종합적 체계의 문법으로 분류된다. 체언과 조사가 결합된 단위를 한 단위의 단어로 파악하는 것이 그 특징이다. 단어 범주는 8개로 나눈다. 즉 8품사 문법이다.

이 책에서는 형태소(morpheme)를 '형태부'라고 지칭하는데, "형태부는 단어를 이루기 위한 단위일뿐 문장을 짜기 위한 단위는 아니다. 형태부란 이와 같이 전혀 질서를 달리하는 단어내부의 단위이다. 이리하여 문장을 짜는 질서안에서의 가장 작은 단위는 단어만이 있게 된다."(170쪽)라고 하여, 단어가 문장을 구성하는 최소 단위라고 명시한다. 형태 변화하는 '체언+조사'의 단위, '용언 어간+어미'의 단위를 단어로 간주하는 점은 "≪로동자, 만들다, 훌륭하다…≫들은 ≪로동자가, 로동자를…, 만들어라, 만들고, 만들도록…, 훌륭하구나, 훌륭하며, 훌륭하게…≫ 등과 같이 일정한 형태변화를 하여 문장에서 알맞게 쓰이도록 하는 문법적특성이 있으며 ≪여러, 모든…, 몹시, 빨리…≫ 등은 형태변화를 하지 않는다는 문법적특성을 가지고 문장에서 얹음말, 꾸밈말이 된다는 문법적특성을 그속에 가지고있다."(170쪽)와 같은 서술에서 분명히 알 수 있다.

『조선문화어문법』의 단어 분류 체계는 다음과 같다.

(1) 명사: 사람, 인민, 기쁨, 따름
　　─ 보통명사: 사람, 도시, 나라, 바다
　　─ 고유명사: 평양, 고구려, 꽃단이, 동해
　　─ 완전명사: 나비, 무당벌레, 행복
　　─ 불완전명사: 것, 나름, 뿐, 터
　　─ 활동체명사: 인형, 동물, 가상적인 인물
　　└ 비활동체명사: 뇌수, 팔, 손
(2) 수사: 하나, 스물, 억, 첫째
　　┌ 수량수사: 하나, 둘, 대여섯, 삼사백
　　└ 차례수사: 첫째, 두서너째, 백여째
(3) 대명사: 나, 우리, 언제, 여기
　　(i) 사람대명사

켠, 수, 말차림		높임	같음	낮춤
첫째켠 (이야기하는 켠)	단수	저	나	나
	복수	저희, 저희들	우리, 우리들	우리, 우리들
둘째켠 (듣는켠)	단수		자네, 그대	너
	복수		자네들, 그대들	너희, 너희들

(ii) 가리킴대명사

대상, 거리	이야기하는 사람에게 가까운 데 있는 것	이야기듣는 사람에게 가까운 데 있는 것	두 사람에게서 모두 떨어져 있는 것
대상	이(요)	그(고)	저(조)
장소	여기(요기)	저기(고기)	저기(조기)

(iii) 물음대명사
- 사람: 누구, 아무
- 사물: 무엇
- 분량: 얼마, 몇
- 장소: 어디
- 시간: 언제

(4) 동사
- 타동사: 보다, 읽다, 베다, 발견하다
- 자동사: 웃다, 식다, 내리다, 감동하다
- 보조적동사: 관하다, 대하다, 의하다, 위하다

(5) 형용사: 크다, 뜨겁다, 그러하다, 훌륭하다

(6) 관형사
- 대상의 량과 관련된 규정: 온갖, 모든, 매개, 갖은
- 대상의 성질이나 표식을 규정하는 것: 일대, 별의별, 어느, 이까짓

(7) 부사
- 행동부사: 널리, 이미, 마음껏, 낱낱이
- 상태부사: 가장, 지극히, 훨씬, 대단히
- 문장부사: 물론, 도대체, 오히려, 하물며
- 상징부사: 멍멍, 어질어질, 덩실덩실, 뭉게뭉게
- 이음부사: 및, 겸, 또한, 혹
- 부정부사: 아니(안), 못

(8) 감동사: 아이구, 옳고, 만세, 아니

B. 형태소('형태부') 분류 체계

『조선문화어문법』의 형태소 분류 체계는 다음과 같다.

(9) 형태소 분류 체계
```
┌ 말뿌리(어근): '손질'의 '손', '먹고'의 '먹-'
├ 붙이(파생접사) ┌ 앞붙이(=파생접두사): '맞손질'의 '맞', '되풀이'의 '되'
│              └ 뒤붙이(=파생접미사): '손질'의 '질', '되풀이'의 '이'
└ 토(어미)
```

'어미'라는 용어를 이 책에서 사용하지는 않는다는 점을 밝혀 두어야 하겠다. 그러나 어근과 결합하여 문법적 의미의 차이를 나타내고, 이 문법 요소를 결합한 것이 새 단어를 만든 것이 아니라면 이 '토'는 어미에 다름 아닌 것이다. "토는 그것이 붙는다 해서 원래의 단어가 딴 단어로 되지 않으며 오직 그 단어의 문법적인 뜻만 달라진다."(175쪽)라는 서술은 굴절접미사, 즉 어미의 정의에 다름 아닌 것이다.

토는 한국어 문법의 핵심적 특징을 드러내는 요소들이다. 『조선문화어문법』도 이들에 대한 분류 체계를 서술하는 데에 지면의 상당 부분을 할애하고 있다. 토는 '체언토', '용언토', '바꿈토'의 셋으로 나누어진다.

(10) 토의 하위 분류 체계
   i) 체언토
     ① 격토
```
┌ 주격토: 이/가, 께서
├ 대격토: 를/을
├ 속격토: 의
├ 여격토: 에게, 에, 께
├ 위격토: 에서, 에게서
├ 조격토: 으로
├ 구격토: 와/과
└ 호격토: 이여/여, 야/아
```
     ② 도움토
```
┌ 포함시키는 관계를 나타내는 도움토: 도, 마저, 조차
├ 제한하는 관계를 나타내는 도움토: 만
├ 양보하는 관계를 나타내는 도움토: 이나/나, 이나마/나마, 이라도/라도
├ 강조하는 관계를 나타내는 도움토: 이야/야
├ 부정의 관계를 나타내는 도움토: 커녕(⇒ 는커녕)
├ 문장에서 내세우면서 명확히 찍어주는 관계를 나타내는 도움토: 는/은
└ 시작과 마지막의 관계를 나타내는 도움토: 부터, 까지
```

③ 복수토: 들

ii) 용언토
   ① 맺음토(279쪽의 표를 가져옴)

말법	품사\말차림	용언과 체언의 용언형에 공통적으로 쓰는것	체언의 용언형과 형용사에 쓰는것	동사에 쓰는것	형용사에 쓰는것	체언의 용언형에 쓰는것
알림	높임	습니다/ㅂ니다, 답니다,습디다/ㅂ디다, 답디다, 아요/어요/여요				랍니다, 랍디다, 야요
	같음	오/소, 다오, 습데/ㅂ데, 군, 구려, 구만, 더군, 더구만, 지, 아/어/여, 는걸, 던걸, ㄹ걸, 는데, 던데, 더니, 더라니, 더라니까, 거던, 리, 리라, 리다, 라구야, 네, 다네, 데	ㄴ걸, ㄴ데	누만, ㄹ게, ㄹ래	ㄹ시고	요, 라요, 라네, 로군, 라구야, 로구만, 야
	낮춤	다, 단다, 로다, 아라/어라/여라, 구나, 더구나, 더라		누나, 노라, ㄹ라, 마		라, 란다, 로다, 로구나
물음	높임	습니까/ㅂ니까, 답니까, 답디까, 습디까/ㅂ디까, ㄹ까				랍니까, 랍디까
	같음	는가, 던가, ㄹ가, 다지, 는지, 던지, ㄹ지, 는는지	ㄴ가, ㄴ지			라지
	낮춤	느냐, 더냐, ㄹ소냐, 랴, 니	냐			
추김	높임			ㅂ시다, 자요		
	같음			세, ㅂ세, 자구		
	낮춤			자, 자꾸나		
시킴	높임			십시오, 세요, 라요		
	같음			게, 구려, 시오 라구,		
	낮춤			라, 아라/어라/여라, 려무나		

② 이음토
- 벌림관계를 나타내는 이음토
  - ㄱ. 합치는 관계를 나타내는 토: 고, 며, 면서, ㄹ뿐더러, 거니와, 려니와
  - ㄴ. 맞세우는 관계를 나타내는 토: 나, 되, 지만, 건만, 련만, 지마는, 건마는, ㄴ데, 는데, 던데, ㄴ바, 는바, 던바
  - ㄷ. 가려내는 관계를 나타내는 토: 거나, 건, 거니, 든, 든가, 든지, ㄹ라
- 매임관계를 나타내는 이음토
  - ㄱ. 조건이나 가정, 양보 등의 관계를 나타내는 토: 면, 거든, 느라면, 더라면, ㄹ라면, 자면, 아도/어도/여도, 더라도, ㄹ망정, ㄹ지언정, ㄴ들, 던들, 나마, 기로, 기로서니, 아야/어야/여야
  - ㄴ. 원인이나 근거 등의 관계를 나타내는 토: 므로, 니, 니까, 느라니, 느라니까, 더니, ㄴ만큼, 는만큼, 던만큼, 느니만큼, ㄴ즉, 기에, 길래, 거늘, 건대, 나니, ㄴ지라
  - ㄷ. 차례관계를 나타내는 토: 고서, 다가, 다, 자,
  - ㄹ. 방식이나 수단 등의 관계를 나타내는 토: 아/어/여, 아서/어서/여서, 아다/어다/여다, 아다가/어다가/여다가
  - ㅁ. 목적이나 의도 등의 관계를 나타내는 토: 려, 려고, 자고, 고저, 느라고, 러
  - ㅂ. 부정의 관계를 나타내는 토: 지

'매임관계'는 종속적 연결어미들이 나타내는 문법적 관계라는 뜻인데, 이 책의 뒷부분에서는 '딸린이음' 관계로 표현된다(372쪽). '딸린이음'이 이 책의 공식적 용어이니 이 용어로 통일해야 한다.[90]

③ 얹음토: 는, 은/ㄴ, 던, 을/ㄹ
④ 꾸밈토: 게, 도록, 을수록, 듯

맺음토, 이음토, 얹음토, 꾸밈토는 한국어에서 절의 서로 다른 구조적 유형을 표시하는 표지로서의 역할을 하는 것이 그 본질적 기능이다. 이들이 단어의 일부로서 다른 단어와의 문법적 관계를 표시한다고 파악한 것은 아쉬운 점이다(후술).

---

90 뒤에서는 또 부사적 수식 관계인 '꾸밈맞물림' 관계를 '매인맞물림'으로 표현하기도 한다. '딸린이음'과 '꾸밈맞물림'을 명확히 구분하지 못함으로 말미암아 이와 같이 용어를 혼용하는 일이 빚어진다(후술).

⑤ 상토: 이, 히, 리, 기, 우, 히우, 기우, 리우, 이우
⑥ 존경토: 시
⑦ 시간토: 았/었/였, 겠, 는/ㄴ

이들은 최현배(1937)의 '보조어간'들에 해당하는 단위들이다. '보조어간'은 굴절접미사와 파생접미사를 구별하지 못하는 문제를 포함하고 있었다. 『조선문화어문법』도 이 둘을 구별하지 못하는 문제를 가지는 점에서는 같으나, 이들을 어미에 해당하는 '토'의 범주로 분류한 것은 진전된 것이다. 다만 '상토'는 토의 범주에서 제외하는 것이 옳다(후술).

시간토에서 필히 문제 삼아야 할 점은 보조어간 '는/ㄴ'을 토 단위로 설정한다는 것이다.[91] '는다/ㄴ다'를 단일한 토 단위로 설정해야 한다는 점은 이전의 문법서들에 대한 비판을 통하여 재삼 강조한 바 있다(후술).

   iii) 바꿈토
       ┌ 용언형 바꿈토: '학생이다'의 '이'
       └ 체언형 바꿈토: 음/ㅁ, 기

계사 '이'와 명사형어미 '-음', '-기'가 단어의 범주적 성격을 바꾸는 기능을 가진다는 점에서 공통된 것으로 파악하여 '바꿈토'라는 제3의 부류로 분리한 것은 매우 파격적인 처리이다. 그러나 파격적인 처리는 계사 '이-'에 한정된 것이고, 이러한 처리는 한국어에서의 계사 '이'의 본질을 잘못 파악한 것이다(후술).

토를 다른 관점에서 분류하여 '자리토'와 '끼움토'로 나누기도 한다. 자리토는 용언토의 경우 '-다', '-고', '-는, -은', '-게', 체언토의 경우 '-이/가', '-을/를'과 같이 구조적 유형을 표시하는 토이다. 끼움토는 복수토 '-들', '먹이다'의 상토 '-이-', '먹히다'의 상토 '-히-'와 같이 '어간'과 자리토 사이에 위치하는 토이다. ⑤, ⑥, ⑦의 상토, 존경토, 시간토는 모두 끼움토이다.

C. 구, 절, 문장의 분류

조선문화어문법(1979)에는 구와 절의 분류 체계가 제시되어 있지 않다. 문장 분류 체계는

---

91 그런데 270쪽에는 'ㄴ다를 맺음토의 예로 들고 있다. 더욱이 "일부 맺음토는 그것자체로써 시간의 의미를 나타낼수 있다."와 같이 서술하고 있다. '는/ㄴ'의 분석 여부에 대하여 일관된, 확고한 관점을 가지고 있지 않음을 보여준다.

다음과 같이 제시되어 있다.

(11) 문장의 분류
    1) 단일문
        ┌ 두구성문: 보통의 주술 관계를 갖춘 문장들
        └ 외구성문 ┌ 명명문: 가도가도 끝없는 수풀의 바다
                    ├ 단어문장: 여보세요.
                    └ 세움말없는 문장: 바쁠수록 침착하여야 한다.
    2) 복합문 ① 겹침복합문: 배편이 좋을가요, 기차편이 좋을가요?/나는 조국보위의 전사, 너
                  는 농촌기술혁명의 초병/자재가 없겠나, 로력이 없겠나, 아무 걱
                  정 없소/가없이 뻗어나가는 밀림, 끝없는 밀림
       ② 이음복합문: 공업의 기술장비가 근본적으로 개선되었<u>으며</u> 생산의 규모는 비할
          바없이 커졌다.
          ┌ 벌림복합문: 비가 오는데도 불구하고 뜨락또르는 여전히 씨레질을 한다
          └ 매임복합문: 학생동무들이 거름을 듬뿍 주었으니 올해에는 사과나무에도,
                        복숭아나무에도 더 많은 열매가 열릴게다.
       ③ 얽힘복합문: 아침이 되면 해가 솟아오르고 저녁이 되면 노을이 지고 그 노을을
                  안고 고기배들이 돌아올 때면 나는 만선기 휘날리며 돌아오는 아
                  버지를 기다렸다.

'이음'의 두 하위 개념은 '벌림이음'과 '딸린이음'으로 지칭하는 것이 이 책의 공식적 용어이니 '매임복합문'도 '딸린이음복합문'이나 '딸림복합문'으로 통일해야 한다. '얽힘복합문'은 최현배(1937)의 '혼성문'에 해당하는 것이다.

D. 조선문화어문법(1979)의 문장성분론/구성성분 확대론

『조선문화어문법』의 제3편의 4장, 5절에서는 '문장성분의 확대'라는 제목 아래 문장성분이 확대하는 방법으로 '맞물림'과 '이음'의 두 가지 방법이 있다고 서술하고 있다. '맞물림'은 다시 5가지, '이음'은 다시 2가지로 나누어진다. 이러한 하위 분류는 제3편의 3장, 2절에 제시되어 있다. 이들을 종합하여 다음과 같이 정리한다.

(12) 성분의 확대 방법
    i) 맞물림법
        ① 세움맞물림: 배가 들어오면

② 보탬맞물림: 전우들을 기다렸다/영화와 같은/학교에서 돌아온

　③ 꾸밈맞물림: 기세좋게 달려가는/(이마의 땀을)쓱 씻는다/두둥실 떠있다

　④ 얹음맞물림: 충성으로 불타는 작업반원들의 마음은 하나로 뭉쳐졌으며 모두가 부닥친 난관을 뚫고나가는 방도를 찾는데 달라붙었다(여기에서 '불타는'과 '작업반원들', '작업반원들의'와 '마음', '부닥친'과 '난관'은 얹음맞물림의 관계를 가진다고 한다.)

　　▶ 얹음맞물림의 특수한 방법인 '동격맞물림': 조선-조선민주주의인민공화국/잡지 ≪근로자≫('잡지'와 '≪근로자≫'는 동격맞물림 관계를 가짐)

　⑤ 들임맞물림: 일손을 도와달라는 부탁이 오자 청년들은 즉시에 좋다고 대답하였다/일손을 도와달라는 부탁이 오자 청년들은 즉시에 ≪좋습니다!≫라고 대답하였다('좋다고'와 '대답하였다', '≪좋습니다!≫라고'와 '대답하였다'는 들임맞물림 관계를 가짐)

ii) 이음법

　① 벌린이음: 한결같이 떨쳐나선 소년단원들이 산비탈에 계단을 짓기 위하여 삽과 곡괭이를 들고왔다/오늘은 흐리지만 따뜻한 날씨다/진범이네나 옥이네가 경쟁에서 이길것 같다('삽'과 '곡괭이', '흐리지만'과 '따뜻한', '진범이네나'와 '옥이네가'는 벌린이음의 관계를 맺는다.)

　　우리는 먹고 입고 사는 문제를 잘 해결하였다('먹고', '입고', '사는'이 벌린이음 관계를 맺는다.)/모든 사업을 알뜰하고 깐지게 해나간다('알뜰하고'와 '깐지게'가 벌린이음 관계를 맺는다.)/공장로동자들이 모두가 일하며 배우고 배우며 일한다('일하며'와 '배우고'가 벌린이음 관계를 맺으며, '배우며'와 '일한다'가 벌린이음 관계를 맺는다. 다시금 '일하며 배우고'와 '배우며 일한다'가 벌린이음 관계를 맺는다.)/야영생활은 <u>건강에도 좋으려니와 조직생활에 익숙되는데도</u> 좋은 생활이다(밑줄 친 부분은 벌린이음으로 짜인 확대성분임)

　② 딸린이음: 인민성이 보장된 글은 쉬워서 대중들에게 잘 리해된다('쉬워서'와 '리해된다'가 딸린이음 관계를 맺는다.)

　　이 책은 읽으면 읽을수록 재미있다('읽으면'과 '읽을수록'이 딸린이음 관계를 맺는다.)

　372쪽에는 '꾸밈맞물림'이라는 용어를 '매인맞물림'으로 표현하고 있다. 또한 426쪽에는 '딸린이음'이라는 용어를 '매인이음'으로 표현하고 있다. 이렇게 용어들을 혼동하여 사용하는 것은 『조선문화어문법』의 집필자들이 이 용어들이 지칭하는 문법적 관계에 대해 일관되고 확고한 이해를 갖지 못하고 있음을 반영한다. 이 점을 두 가지 측면에서 지적할 수

있다. 첫째, '맞물림' 관계나 '이음' 관계를 단어들의 맞물림 관계, 단어들의 이음 관계로 한정해서 서술하고자 하는, 이들의 의도에 근본적인 문제의 소지가 있다. 특히 '이음'은 접속 관계를 포함하는데, 접속 관계는 기본적으로 절과 절의 관계인 것이다. 둘째, '딸린이음' 과 '꾸밈맞물림'을 구별하려고 노력하고 있으나, 이 둘을 구별하는 분명한 기준은 제시하지 못하고 있다.

(13) 가. 딸린이음: 이 글은 쉬워서 잘 리해된다.
  나. 꾸밈맞물림: 황금벌이 무연하게 바라보인다.

(13가)의 예문에서 '쉬워서'와 '리해된다'는 딸린이음 관계를 맺고 있는 반면 (13나)의 예문에서 '무연하게'와 '바라보인다'는 꾸밈맞물림 관계를 맺는다고 한다. 이 두 가지 점에 대해서 다음의 논평에서 자세히 논하기로 한다.

조선문화어문법(1979) 비판

1. **종합적 체계로서의 특징** 조선문화어문법(1979)는 종합적 체계이다. 조사를 단어로 인정하지 않고, 용언의 어간과 어미를 합친 단위를 단어로 간주한다.

이 책에서 '어간'과 '어미'라는 용어를 사용하지 않고 '활용'이라는 개념을 사용하기를 꺼리고 있기는 해도 이 점은 사실이다('용언'이라는 용어는 이 책에서도 사용한다). 이 책에서 동사는 어간과 어미가 결합한 단위인 용언의 활용형을 뜻하기 때문이다. 용언의 어간과 어미의 결합뿐 아니라 체언과 조사의 결합도 한 단어 구성으로 본다는 점에서 용언의 활용 및 체언의 곡용을 받아들이는 이숭녕(1956)과 본질적으로 다르지 않은 체계를 상정하는 것이다. 단어를 8개의 범주로 나누고 있는데, 이 점에서도 이숭녕(1956)과 유사한 체계를 세우고 있다고 할 수 있다.

2. **'토'의 개념과 그 문제점** 단어 분류 체계에 '토'라는 문법범주는 없다. '토'라는 용어가 쓰이지만 이것은 조사와 함께 어미를 아우르는 개념이다. 단어 단위가 아닌, 형태소 단위의 한 하위 범주를 가리키는 용어로 사용되고 있는데, 어근은 아니고, 기본적으로 생산성에 제약이 없는 요소들이므로, 결국 굴절접미사에 해당하는 개념으로 이 용어를 사용한다는 것을 알 수 있다. 『조선문화어문법』의 '토'는 굴절접미사에 상당하는 개념이다.

『조선문화어문법』은 종합적 체계이기 때문에, 앞에서 이숭녕(1956)에 대해 가했던 비판을 반복해야 한다.

(14) 철수와 인호만 완주했다.

『조선문화어문법』의 문법 체계에서는 보조사 '-만, -는, -도 . .'는 단어로 인정되지 않으므로 위 예에서는 단어 '철수와'가 단어 '인호만'과 접속하는 것으로 설명할 수밖에 없다. '-만'이 '인호'만을 그 의미('유독')의 영향권 안에 포함하는 해석이 이 문법이 예측하는 것이다. 그러나 이 문장은 '철수와 인호' 두 사람이, 그리고 두 사람만이 완주한 것으로 해석된다. 다음 문장도 같은 점을 보여준다.

(15) 1반 학생들과 2반 학생들만 내일 소풍을 간다.

『조선문화어문법』에 따르면 '1반 학생들과'에서 '학생들'은 명사의 어간, '-과'는 명사의 어미이다. '1반'은 관형어로서 한 단어인 명사 '학생들과'를 수식한다고 설명해야 한다. 또 '2반'은 관형어로서 명사 '학생들만'을 수식한다. '학생들'이 이 명사의 어간으로서 '-만'을 어미로 취한다고 설명해야 한다.

그러나 이러한 분석은 이 한국어 문장의 구조를 잘못 분석한 것이다. 위 문장들에 대한 위 분석에 의하면 '-만'의 '유독'의 의미는 '학생들'에만 가해진다고 보는 것인데, 실제 이 문장의 의미는 '1반 학생들과 2반 학생들'을 하나의 단체로 간주하여 유독 이들만이 소풍을 간다는 것이다. 관형어 '2반'이 '학생들만'을 수식한다는 설명, 관형어 '1반'이 '학생들과'를 수식한다는 설명도 부정확한 설명이다.

이러한 분석의 오류는 '-만'을, 그리고 '-과'를 단어 단위 아닌 어미('토')라고 상정하는 '종합적 체계'의 관점으로부터 말미암는 것이다. 그러므로 이러한 오류를 범하지 않으려면 조선문화어문법(1979)의 종합적 체계를 취소하는 수밖에 없다.

3. '상토'의 문제, 시간형토의 문제 '-이/히/리/기-' 등이 상토인데, 이들은 생산성에 제약이 심한 접미사들이므로 파생접미사이다. 『조선문화어문법』에서 '토'는 어미, 즉 굴절접미사를 의도하는 개념이다. 따라서 토의 한 하위 범주로서의 '상토'는 제거되어야 한다.

시간형토 중 '-는/ㄴ-'의 처리는 이전의 많은 문법서들이 공통적으로 범한 오류를 반복한 것이다. '-는다/ㄴ다/다/라', '-는구나/구나'를 토 단위로 설정해야 한다. 이 점은 이 책 3.2.3절에 재수록한 양정석(2012)에서 자세히 논증한 바 있다.

4. 계사 '이'의 처리와 관련한 문제 『조선문화어문법』은 다음과 같은 문장의 '이'를 형태소 단위로 인식한다. 이 점에서 '이'를 조음소 정도의 단위로 파악한 이희승(1949), 이숭녕

(1956)보다 발전된 인식을 보여 준다. 어근과 파생접사와 굴절접사로 나누어지는 형태소의 하위 분류 체계 안에서 '이'는 굴절접사에 포함된다고 보는 것이 『조선문화어문법』의 판단이다. 다음과 같은 예는 이러한 처리의 근본적 문제를 드러낸다(2.2.1.4절 참조).

(16) 가. 그것은 필시 나를 의심하였음이었다.
    나. 그것은 날씨가 더워서였다.

『조선문화어문법』에 따르면 (16가)의 '의심하였음이었다', (16나)의 '더워서였다'는 한 단어 단위이다. 전자는 어간 '의심하-'에 형태소 단위인 어미(토) '-였-', '-음', '이-', '-었-', '-다'가 이어진 형식으로 분석된다. 후자는 어간 '덥-'에 형태소 단위인 어미(토) '-어서', '-였-', '-다'가 이어진 형식으로 분석된다.

우선 전자의 분석에서는 한 용언 단어 안에 과거시제 어미인 '-었-'이 두 차례나, 그것도 다른 두 개의 어미를 사이에 두고 실현된 것으로 분석되는 것이다. 한 용언 단어 단위 안에 과거시제 형태소가 두 개가 실현되는 것은 있을 수 없는 일이다. 두 개의 과거시제 어미가 실현되었다는 것은 용언 즉 서술어가 두 개가 실현되었다는 뜻이 된다. 즉 이 문장은 복합문 구조를 이루는 것이다. (16나) 문장도 같은 방식으로 복합문 구조를 이룬다.

(16)' 가. [s [NP그것은] 필시 [VP [S [NP e] [VP[NP나를] [V의심하였음]]] [V이었다]]]
    나. [s [NP그것은] [VP [S [NP 날씨개] [VP[V더워서]]] [V이었다]]]

분석된 이 구조들에서 드러나는 바와 같이, '이었다'를 'V', 즉 동사 범주로 간주해야 이러한 문장들을 정확히 분석하는 것이 된다.

'이다'의 '이'를 토, 즉 굴절접미사로 가정해서는 한국어의 '이다' 문장들의 구조를 정확하게 분석하지 못한다. 그러므로 이러한 가정은 취소되어야 한다.

5. 구와 절 개념 혼동의 문제 이 문법서의 큰 문제점은 구의 개념과 절의 개념을 구분하지 않는다는 점이다. 이는 정렬모(1947)의 영향이 아닐까 생각한다. 따라서 구의 분류 체계, 절의 분류 체계, 절을 내포하는 내포문의 분류 체계가 제시되어 있지 않다.

『조선문화어문법』의 복합문 분류 체계에는 '명사절내포문'과 '관형절내포문'이 설정되어 있지 않다.

(17) 가. 명사절내포문: 철수가 나타났음이 모두를 긴장시켰다/나는 철수가 나타났음을 뒤늦게 알았다/그대가 있음에 내가 있네/이곳은 햇빛이 들기가 어렵다/나는 해가 나기를 기다렸다.
　　　나. 관형절내포문: 비가 오는 광장이 눈앞에 펼쳐졌다/나는 비가 오는 거리를 혼자 걸었다.

위와 같은 명사절내포문, 관형절내포문이 한국어의 복합문으로 문법적 문장들임을 부정할 수는 없다. 그러므로『조선문화어문법』의 복합문 분류 체계는 한국어의 이와 같은 분명한 복합문 구조를 있는 그대로 설명하지 못하는 문제를 가지고 있다.

6. 겹침복합문의 개념 '겹침복합문'은 이전의 문법서에서 거의 언급되지 않은 복합문(접속문)의 하위 범주이다.[92] 이러한 구조에 주목한 것은 긍정적으로 평가할 만하다.

(18) 가. 배편이 좋을가요, 기차편이 좋을가요?
　　　나. 자재가 없겠나, 로력이 없겠나, 아무 걱정 없소.
　　　다. 나는 조국보위의 전사, 너는 농촌기술혁명의 초병
　　　라. 가없이 뻗어나가는 밀림, 끝없는 밀림

(18가)는 새로운 유형의 접속문으로 인정할 수 있다. 그러나 (18나)는 (18가)이 접속문에 다른 문장이 이어진 예라고 보는 것이 타당하다. (18다)는 다음과 같이 '이다'가 생략된 구조로 기술할 수 있다. (18라)는 명사구 '가없이 뻗어나가는 밀림'과 명사구 '끝없는 밀림'을 연이어 표현한 것으로, 완전한 문장이 아니다.

(18)′ 다. 나는 조국보위의 전사(이고), 너는 농촌기술혁명의 초병(이다.)

(18가)의 의문문 형식은 한국어 접속문의 한 형식으로 인정할 수 있다. 이 접속문의 통사 구조와 그 의미 해석을 기술하는 일이 한국어 문법론의 과제로 주어진다.[93]

7. '딸린이음'과 '꾸밈맞물림' 앞에서『조선문화어문법』의 집필자가 '딸린이음', '꾸밈맞물림'이라는 용어들이 지칭하는 문법적 관계에 대해 일관되고 확고한 이해를 갖지 못하고 있다는

---

[92] 정렬모(1946: 223)에는 유사한 예문이 접속문의 예로 제시된 것을 볼 수 있는데, 이것이 조선문화어문법(1979)의 관련 서술에 영향을 준 것이 아닌가 한다.
　　a. 자랑거리 명화는, 이 족자 입니까, 저 현액 입니까.
[93] 양정석(2022: 181-182)에서 이 접속문의 통사구조와 형식의미론적 기술을 보인 바 있다.

지적을 하였다. 두 가지 측면에서 문제를 제기하였다. 첫째, '맞물림' 관계나 '이음' 관계를 단어들의 맞물림 관계, 단어들의 이음 관계로 한정해서 서술하고자 하는 이들의 의도에 근본적인 문제의 소지가 있다. 둘째, '딸린이음'과 '꾸밈맞물림'을 구별하려고 노력하고 있으나, 이 둘을 구별하는 분명한 기준을 제시하지 못하고 있다.

첫째 문제를 설명하기 위하여 『조선문화어문법』의 다음 예를 살펴보자.

(19) 우리는 먹고 입고 사는 문제를 잘 해결하였다. (426쪽)

'먹고'와 '입고'와 '사는'이 벌린이음 관계를 맺는다고 설명한다.[94] 여기에서는 'Ø 먹고', 'Ø 입고', 'Ø 사는'처럼 생략된 주어의 존재는 전혀 고려되지 않는다. 그러나 한국어에서 '-고'는 접속절을 이끄는 요소이고 '-는'은 관형절을 이끄는 요소이다. 표면적으로 주어가 실현되는 '-고' 절, '-는' 절과 표면적으로 주어가 생략되는 (19)의 구조적 동질성을 포착하지 않으면 안 된다.

『조선문화어문법』에서 '맞물림' 관계의 다섯 가지 유형과 '이음' 관계의 두 가지 유형에 대한 설명은 항상 단어들 간의 관계를 예로 들고 있다(제3편의 3장, 2절). 그러나 이 두 관계 중 '이음'은 접속 관계를 포함하는데, 접속 관계는 기본적으로 절과 절의 관계인 것이다.

둘째 문제를 보이는 예는 다음과 같은 문장들이다.

(13) 가. 딸린이음: 이 글은 쉬워서 잘 리해된다.
　　　나. 꾸밈맞물림: 황금벌이 무연하게 바라보인다.

(13가)의 예문에서 '쉬워서'와 '리해된다'는 딸린이음 관계를 맺고 있는 반면 (13나)의 예문에서 '무연하게'와 '바라보인다'는 꾸밈맞물림 관계를 맺는다고 한다.

위 예에서 '무연하다'는 '아득하게 너르다'는 뜻의 형용사인 것으로 보인다(『표준국어대사전』 참조). 『조선문화어문법』의 372쪽에는 (13가)에서 '쉬워서'가 '리해되다'에 딸려 있지만 '딸린이음'이기 때문에 '글이 쉽다', '글이 리해되다' 등과 같이 '글'에 대하여 풀이하는 관계가 맺어져 있는 반면, (13나)에서 '무연하게'는 '바라보인다'에 대하여 꾸밈맞물림을 이루고 있

---

[94] 427쪽에서는 "≪먹고 입고 사는≫은 이음토 ≪고≫로 나란히 이어진 전체를 얹음토 ≪는≫에 포괄하여 ≪문제≫에 맞물림으로써 그 얹음말로 되고있다"와 같이 서술한다. 이는 371-372쪽의 이음법의 두 유형('벌린이음'과 '딸린이음')에 대한 설명과 다른 것이다.

기 때문에 그것들이 제3의 어떤 단위에 대하여 공통적인 어떤 관계가 없다고 그 차이를 설명한다.

그러나 이것은 두 관계의 차이에 대한 명시적인 설명이 되지 못한다. (13나)에서도 '황금벌이 무연하다', '황금벌이 바라보인다'처럼 '황금벌'에 대하여 풀이하는 관계가 맺어져 있다고 할 수 있다.

8. 생성 체계로의 발전 가능성 최현배(1937), 정렬모(1946)에 대해 논평하면서 따져 보았던 생성 체계로의 발전 가능성을 『조선문화어문법』에 대해서도 검토해 보기로 한다.

최현배(1937)의 확대의 방법은 다음의 10가지이다.

(14) 최현배(1937)의 구성성분 확대 방법
① 주어에 의한 확대
② 서술어에 의한 확대
③ 목적어에 의한 확대
④ 보어에 의한 확대
⑤ 부사어에 의한 확대
⑥ 관형어에 의한 확대
⑦ 독립어에 의한 확대
⑧ 동위병치에 의한 확대
⑨ 대립절의 병렬에 의한 확대
⑩ 대립절의 연합에 의한 확대

정렬모(1946)의 확대의 방법은 다음 5가지로서, 문법단위와 문법범주의 체계가 갖추어지지 않은 근본 문제를 접어 둘 경우, 훨씬 간결한 방안을 제시한 것으로 평가할 수 있다.

(15) 정렬모(1946)의 다섯 가지 성분관계
① 주체관계 – 주어와 서술말과의 관계
② 객체관계 – 객어와 귀착말과의 관계
③ 실질관계 – 보탤말과 형식말과의 관계
④ 딸림관계 – 딸림말과 딸림받을말과의 관계
⑤ 얹침관계 – 얹침말과 얹침받을말과의 관계

구성성분의 확대에 관한 『조선문화어문법』의 방안은 다음과 같은 것인데, 이는 기본적으로 정렬모(1946)의 방안 (15)와 닮은 것이다.

> (16) 『조선문화어문법』의 구성성분 확대 방법
>   i) 맞물림법
>   ① 세움맞물림 – 주술관계
>   ② 보탬맞물림 – 보어와 용언의 관계
>   ③ 꾸밈맞물림 – 부사수식어와 용언의 관계
>   ④ 얹음맞물림 – 관형어와 피수식 명사의 관계
>   ⑤ 들임맞물림 – 피인용항과 인용동사의 관계
>   ii) 이음법
>   ⑥ 벌린이음 – 대등접속
>   ⑦ 딸린이음 – 종속접속

'맞물림법'에 관한 설명에서는 단어와 단어의 관계로 서술하였지만 '이음법'에 관한 설명에서는 단어뿐 아니라 구나 절들 간의 관계로 서술한 예도 있어서, 전체적으로는 한국어의 구성성분들 간의 관계를 위 7가지 관계로 환원할 수 있음을 시사하고 있다.

정렬모(1946)에서는 종속접속은 물론, 대등접속도 '딸림관계'의 하나로 간주하였다. '딸림관계'는 『조선문화어문법』의 '꾸밈맞물림'에 해당된다. 『조선문화어문법』에서는 종속접속과 대등접속을 '이음법'으로 따로 분리하여 다룬다. 이는 정렬모(1946)에 비해서 후퇴한 처리라고 생각된다. 그러나 문법단위들의 층위 구별에 대한 인식, 문법범주들의 체계에 대한 인식은 훨씬 발전적인 것이다.

이 문법은 종합적 체계의 문법으로서, '체언+조사', '용언 어간+선어말어미+어말어미'로 구성된 단어가 문장 구성의 최소 단위라고 하는 관점을 굳건히 하고 있다. 이러한 단어 단위에 대한 관점은, 최현배(1937)의 경우처럼, 생성 체계로 발전하는 데에 근본 제약이 된다.

2.2.5. 분석적 체계의 문법

2.2.5.1. 주시경(1910)의 분석적 체계

말의 단위를 지칭하는 용어들

주시경(1910), 『국어문법』에는 말의 단위를 지칭하는 용어들로 '기', '다', '모', '드', '미'와 같은 독특한 용어들이 쓰이고 있다. 이들 용어의 뜻을 하나하나 설명해 보자.

먼저 '기'는 기본적으로 단어를 지칭하는 용어인데 때로 단어 범주, 즉 품사의 뜻으로 쓰이기도 하였다. '기'는 뒤에 '씨'로 지칭된다. '다'는 둘 이상의 단어로 만들어진 말을 뜻하는 것으로, 구나 절이나 문장 등, 구 이상의 단위를 지칭하는 것이다. '모'는 둘 이상의 단어로 만들어진 말의 단위 중 주술 관계를 갖추지 못한 단위, 즉 구를 가리킨다. '드'는 둘 이상의 단어로 만들어진 말의 단위 중 주술 관계를 갖춘 단위를 지칭한다. '드'는 문장을 가리키는 뜻으로 쓰였는데, 문장 속의 문장인 절을 가리키는 용어가 따로 쓰이지 않는 것을 보면, 현재 생성문법 연구에서 문장과 절을 구별하지 않고 '문장(S)'으로 지칭하는 것처럼, 문장과 절을 아울러 가리키는 용어로 '드'가 쓰인 듯하다. '미'는 '하나의 일을 다 말하여 길게 된 말'을 지칭한다고 하였는데, 대략 담화(discourse)를 뜻하는 것으로 볼 수 있다.

주시경(1910)에는 이 단위들 중 '기'의 분류 체계만을 제시하고 있다. '모(구)'의 분류 체계, '드'인 절의 분류 체계나 문장의 분류 체계는 제시되어 있지 않다. 음운론에 관한 저서인 주시경(1914)에는 형태소 단위에 상당하는 '늣씨'라는 용어가 그 예와 함께 등장한다. 그러나 '늣씨'의 분류 체계도 제시되지 않는다.

A. 주시경(1910)의 단어 분류 체계

1) 임(명사)

임	제임	두루	사물	사람, 개, 새, 나비, 고기, 산, 물, 돌, 붓
			사건	뜻, 일, 아침, 사랑
		홀로		삼개(땅 이름), 돌메(사람 이름)
		씨몸 박굼	형명 (엇밋임)	검음, 검지(부정의 의미), 검기, 믿기, 믿음
			명형명 (임엇밋임)	정함(정+하+ㅁ)
			동명 (움밋임)	감, 가자, 가기

		명동명(임움밋임)	일함(일+하+ㅁ)		
대임	사람	가리킴	나, 너, 우리		
		언잇	홀로 쓰이지 못하고 늘 어느 관형사 뒤에 이어 쓰이는 것	큰이	
		모름	누구, 아무		
		셈	으뜸	하나, 둘, 셋, 넷	
			어림	더러, 좀, 다	
			모름	얼마	
	몬(사물)	언잇	홀로 쓰이지 못하고 늘 어느 관형사 뒤에 이어 쓰이는 것	큰것	
		모름	무엇		
		셈	으뜸	하나, 둘, 셋, 넷	
			어림	더러, 좀, 다	
			모름	얼마	
		곳	여기, 저기		
	일(사건)	언잇	홀로 쓰이지 못하고 늘 어느 관형사 뒤에 이어 쓰이는 것	일하는것/바/줄	
		셈	으뜸	하나, 둘, 셋, 넷	
			어림	더러, 좀, 다	
			모름	얼마	
		모름	무엇		

2) 엇(형용사)

엇	품	물품	여러가지 사물의 품질이 어떠하다	좋, 무르, 단단하, 무겁, 부드럽, 질기, 덥, 차
		행품	여러가지 행위의 품성이 어떠하다	착하, 어질, 슬기롭, 어리석
	모	물모	여러가지 사물의 모양이 어떠하다	크, 적, 회, 좁, 길
		행모	여러가지 행위의 모습이 어떠하다	게으르, 답답하, 궁금하
	때	때가 어떠하다		이르, 늦, 오라, 길
	셈	셈이 어떠하다	어림	많, 적, 흔하
			모름	어떠하
	견줌	다른 것에 견주는 것		이러하, 저러하, 그러하
	씨몸박굼	임밋엇		정하(정+하), 해롭(해+롭)

3) 움(동사)

움	자동/타동	자동사(제움)	자기의 몸에서 움직이는 것	자, 날, 잡히
		타동사(남움)	남의 몸에 움직이는 것	잡, 때리, 먹, 먹이
	능동/피동	능동사(바로움)	자기 스스로 움직이는 것	때리, 자, 잡, 날
		피동사(바로움)	남의 움직임을 입어 움직이는 것	잡히
	씨몸박굼	임밋움	일하(일+하), 말하(말+하)	
		먹잇움	더하(더+하), 다하(다+하)	

	움억밋움	자게하(자+게+하), 먹게하(먹+게+하)
	엇억밋움	검게하(검+게+하)
	임움억밋움	일하게하(일+하+게+하)
	임엇억잇움	정하게하(정+하+게+하)

4) 겻(조사)

겻	만이	임홋만	주어 기능만 보이는 것	가, 이
		씀홋만	목적어 기능만 보이는 것	을, 를
		덩이임만	여럿이 모여 한 덩어리로 주어가 되는 것	에서
		한가지만	'동일'의 의미	도
		다름만	'다름', '대조'의 의미	은, 는
		다름한만	주어나 목적어에 대한 서술 내용이 처음에는 다르다가 나중에 서로 같아짐	인들, 이라도
		안가림만	주어나 목적어에 대한 서술 내용이 이것이나 저것이나 다르지 않음을 보이는 것	이든지, 이나
		낫됨만	서술 내용의 주체나 객체가 될 만한 여럿에서 하나만 되는 것	나, 이나
		특별함만	한 서술 내용의 어느 하나가 특별히 주체, 객체가 될 수 있음을 보이는 것	야, 이야
		홀로만	다른 이에게 모두 없는 서술 내용이 이 주체나 객체에 홀로 있음을 보이는 것	면
		부름만	부름을 받는 주체를 보이는 것	아, 야, 여, 이여
		낫한만	한 서술 내용의 주체나 객체가 되는 것이 하나하나 모두 같은 것	마다
	금이	자리금	서술 내용이 어떤 장소에서 이루어지는 것을 가리키는 것	에, 로, 에서, 까지, 쯤
		몬금	서술 내용이 어떤 사물에서 이루어짐을 가리키는 것	에, 에서
		때금	시간 한정	에, 로, 으로, 에서, 까지, 쯤
		셈금	수량 한정	에, 로, 으로, 에서
		부림금	수단 한정	로, 으로
		움몬금	동물 한정	에서, 서, 에게, 게, 에게서, 더러
		일금	사건 한정	에, 에서
		낫한금	움직임의 이루어짐이 사건마다 또는 사물마다 있는 것을 가리켜 나타내는 것	마다
		까닭금	서술 내용의 원인을 가리켜 나타내는 것	에, 로, 으로
		함게금	한 주체가 어느 주체와 더불어 같이 움직임을 가리켜 나타내는 것	와, 과
		다른한금	한정의 힘이 뜻한 것보다 더하다가 나중에는 서로 같아지는 것을 나타내는 것	엔들

'겻'은 격조사와 보조사를 포함하는 범주이다. 이 '겻'을 두 가지 하위 범주 '만이'와 '금이'로 나누었다. 대체로 '만이'는 보조사들을, '금이'는 부사격조사들을 포함하는 것을 알 수 있다. 특이한 점은 '만이'의 예로 보조사들과 함께 주격조사 '-이/가', 목적격조사 '-을/를'이 포함된다는 점이다. 한국어 문법 연구 초기의 주시경 문법에서 '-이/가'와 '-을/를'이 보조사들과 같은 의미 범주로 묶였다는 것은 시사하는 바가 크다고 본다.

5) 잇(접속사)

잇	덩이	와, 과, 고	
	이어함	한 일	아, 어, 아서, 어서
		다른 일	고
	그침	다가	
	함께	면서, 으면서	
	풀이	ㄴ데, 는데, 인데, 은데, 니, 으니, 아니	
	까닭	니, 으니, 매, 으매, 어, 아, 아서, 어서	
	뒤집힘	나, 이나, 으나, 되, 아도, 어도, 라도, 이라도, 거늘, 어늘	
	뜻밖	ㄴ데, 는데, 인데, 온데	
	거짓	면, 으면, 이면, 거든, 어든, 이거든, 이어든	
	홀로	아야, 어야	
	하려함	러	

접속사인 '잇'에 접속어미들과 함께 접속조사 '-와/과'도 포함된다는 점에 주의해야 한다.

6) 끗(종지사)

끗	이름	다, ㄴ다, 는다, 았다, 었다, 겠다, 리라, 으리라, 있으리라, 었으리라, 았겠다
	물음	나, 으냐, 이냐, 뇨, 으뇨, 으오, 아냐, 았나냐, 었겠나냐, 나뇨, 랴, 으랴, 가, 인가, 은가, 야, 이야, 지, 이지, 요, 이요
	시김	아라, 어라, 오, 으오, 시오, 옵소서, 소서, 으소서
	홀로	다, 이다, ㄴ다, 는다, 았다, 었다. 리다, 겠다, 으리라, 았겠다

7) 언(관형사)

언	가리킴	이, 그, 저
	물품	좋은, 귀한, 무른, 무거운, 부드러운, 연한, 질긴
	물모	큰, 흰, 적은, 정한
	행품	믿는, 착한, 순한, 강한, 좋은

행모	잰, 게으른, 기쁜, 궁금한, 반가운, 답답한, 섭섭한, 분한, 급한
때	이른, 늦은, 오랜
셈	한, 두, 세, 네, 일곱, 많은, 적은, 흔한
견줌	이러한, 저러한, 그러한
모름	어떠한
움	간, 먹은, 가는, 먹는, 길, 먹을, 가던, 먹던, 쓸었던, 갔던
임	돌집

8) 억(부사)

	엇덤(어떠함)	잘, 천천히, 빠르게, 가만히, 모질게, 착하게, 순하게, 옳게
	자리	이리, 저리, 그리, 길로, 들에, 들로, 들에서, 들에는, 들에도
	때	곧, 늘, 이따금, 일찍이, 벌써, 빠르게, 오래, 늦게, 이제, 아까
	헴(셈이나 정도)	다, 거진, 겨우, 매우, 좀, 흔히, 넉넉히, 가득이, 많이, 크게
	막이(제한)	아니, 못, 다만, 그러하나, 마는, 특별히
억	그럼(인정)	참, 글쎄 과연
	아마(추측)	아마, 글쎄, 혹, 가령
	모름	왜, 어떠하게
	견줌	이러하게, 저러하게, 그러하게, 이와 같이, 이만하게, 이처럼
	몬(사물)	명사에 조사가 붙어 부사로 쓰이는 것
	일(사건)	뜻에, 일에, 큼에, 밑에, 아침에, 적음에, 어떠함에

9) 놀(감탄사)

놀	아, 하, 참

B. 기몸박굼

주시경(1910)의 문법에는 단어 분류 체계, 짬듬갈과 함께 '기몸박굼'이라는 하위 영역이 상정되어 있다. '기'는 단어, '몸박굼'은 '몸바꿈'이라는 뜻으로, '기몸박굼'은 단어의 형태 변화 또는 그것을 연구하는 연구 영역이라는 뜻이 된다. 주시경(1910)에서 직접 논의하고 있는 예들을 들어 보자.

(1) 가. 크기는하: 형용사 '크'에 '기'가 결합하여 명사를 만들고, 여기에 조사 '는'을 더하고, 다시 '하'가 붙어서 하나의 형용사 단어가 이루어진 것으로 봄.
  나. 크게는하: 형용사 '크'에 '게'를 붙여 부사를 만들고 다시 조사 '는'을 붙여 부사가 되게 하고, 다시 '하'를 붙여 하나의 동사 단어를 만든 것으로 봄.

다. 가게는하: 동사 '가'에 '게'를 붙여 부사를 만들고, 다시 조사 '는'을 붙여 부사가 되게 하고, 다시 '하'를 붙여 하나의 동사 단어로 만든 것으로 봄.
라. 이것, 흰것, 검은것, 배우는것, 배울것, 정한것, 동하는것, 말하는바, 말하는줄: 앞의 관형사와 뒤의 의존명사가 결합하여 하나의 명사 단어를 이루는 것으로 봄.

그러므로 '기몸박굼'은 어근에 파생접사가 결합되어 파생어를 만드는 현상, 어근과 어근이 결합하여 합성어를 만드는 현상, 어근에 굴절접사가 결합되어 굴절형을 만드는 방법을 가리킨다. 그뿐 아니라 용언의 관형사형에 의존명사가 결합하여 구 단위를 만드는 방법을 포함하기도 한다. 주시경(1910)에는 이 단위가 구 단위 아닌 단어 단위인 것으로 파악되고 있다.

C. 짬듬갈

'짬'은 '만듦', '듬'은 구나 절이나 문장이 만들어지는/구성되는 방법, '갈'은 '연구' 또는 '학문'의 뜻으로, '짬듬갈'은 구나 절이나 문장이 만들어지는/구성되는 방법을 연구하는 것이다. 대략 지금의 '통사론'을 의도하는 것으로 볼 수 있다. 그런데 주시경(1910)에는 짬듬갈이 '다'가 만들어지는 방법을 연구한다고 말한다.[95] '다'는 '모'(구)와 '드'(절 또는 문장)와 '미'(담화)를 포함하는 단위이므로, 구와 절과 문장의 구성을 연구하는 지금의 통사론(문장 통사론)과 달리, 담화 통사론을 포함하는 개념을 의도했다고 볼 수 있다.

짬듬갈에는 문법기능인 주어('임이')와 서술어('남이')와 목적어('씀이')의 개념이 도입되고 있다. 주어나 목적어를 수식하는 관형어와 서술어를 수식하는 부사어를 포괄하는 개념인 '금이'(수식어)도 도입된다. 주어를 수식하는 관형어는 '임이금', 목적어를 수식하는 관형어는 '씀이금', 서술어를 수식하는 부사어는 '남이금'이라고 지칭하고 있다. 그러므로 임이금과 씀이금은 관형어로서, 동일 형식의 구성성분인 것이다.

임이와 씀이와 남이의 끝에는 그 표지인 '빗'이 붙는다. 이들을 각각 임이빗, 씀이빗, 남이빗이라고 한다. 금이에도 금이빗이 붙는다. 짬듬갈에서의 주요 주장은 '임이+임이빗'과 '씀이+씀이빗'과 '남이+남이빗'이 기본 문장 구조를 이룬다는 점이라고 할 수 있다. 임이, 씀이, 남이는 각각 그 수식어, 즉 임이금, 씀이금, 남이금과 함께 쓰일 수 있는데, 이런 경우 '임이금+임이+임이빗'의 단위를 '임이붙이'라고 한다. 마찬가지로 '씀이금+씀이+씀이

---

[95] 주시경(1910: 36)에는 "짬듬갈은 다가 꿈이어지는 여러 가지 法을 배호는 것이라 이름이라"와 같이 서술하고 있다.

빗'의 단위를 '씀이붙이', '남이금+남이+남이빗'의 단위를 '남이붙이'라고 한다. 이렇게 기본 타동문 구조의 구성성분들이 금이에 의해 수식·확대되어 확대된 문장 구조를 형성한다고 본 것이다.

짬듬갈에서는 문장 구조를 확대하는 다른 방법으로 접속을 상정하였음을 추정할 수 있다.[96] 접속사인 '잇' 범주를 세운 것은 문장과 문장을 결합하여 문장 구조를 확대하는 기능을 '잇기'들의 본질적 기능으로 파악하였기 때문이라고 할 수 있다. 그렇다면 짬듬갈에서 언급한 문장 구조 확대의 방법은 금이를 통한 확대(수식)와 잇기를 통한 확대(접속)의 두 가지가 있는 셈이다.

다시 생각해 보면, 임이와 씀이와 남이를 연결하여 기본 문장 구조를 형성하는 과정도 문장 구조 확대의 방법이다. 더 엄밀하게 말하면, 임이와 남이만으로 문장('주어+자동사' 문장)이 이루어질 수도 있으므로(짬듬갈에 실제로 이런 예문을 논의하고 있다), 임이와 남이의 결합, 임이와 씀이와 남이의 결합, 그리고 씀이와 남이의 결합은 모두 문장 구조 확대의 방법이 된다. 이렇게 해서 이루어진 문장과 문장을 잇기를 통해 확대하는 것이 주시경(1910)의 '짬듬갈'에서 보이고자 한 문장 또는 구 구성의 원리가 아니었나 추론해 본다.

'짬듬갈'에서는 구체적인 예문들에 대한 분석을 구문도해를 통해 보이고 있다. 논의된 예문들을 모두 들어 보기로 한다. 이 21개의 예문들은 주시경의 관점에서 한국어의 모든 문장 유형을 대표하는 것이라고 할 만하다.

(2) 가. 아기가 자라오/아기가 젓을 먹소/저 소가 풀을 잘 먹소
　　나. 이것이 먹이다. (2가지 구조 분석)
　　다. 먹는다.
　　라. 소와 말이 풀을 먹소/내가 소와 말과 닭과 오리와 거위를 기르오.
　　마. 이 소는 누르고 저 말은 검다.
　　바. 저 사람이 노래ᄒ면서 가오. (4가지 구조 분석)
　　사. 저 붉은 봄꼿이 곱게 피오. (2가지 구조 분석)
　　아. 이마가 붉은 두름이가 소리가 길게 울더라.
　　자. 그 사람이 맘이 착하오. (2가지 구조 분석)
　　차. 그 말이 들로 뛰어 가더라. (2가지 구조 분석)
　　카. 그 소가 푸른 풀을 먹으면서 천천이 가오.

---

[96] 짬듬갈에서는 다음 (2)에 보이는 21개의 예문에 대한 주시경(1910) 특유의 구문도해를 보이고 있다. 이들 중에는 접속문도 포함된다.

타. 바람이 불매 배가 가오/비가 자조 오니 풀이 잘 자라오.(각각 2가지 구조로 분석)
파. 한 사람이 낙시를 들고 내에 와서 고기를 잡으오. (3가지 구조 분석)
하. 내가 빠르게 가는 말을 타고 큰 재를 넘어 왓소. (2가지 구조 분석)
거. 좋은 사람은 뜻이 없이 잇을 때가 없나니라.
너. 달빗이 히기가 눈 같으오. (3가지 구조 분석)
더. 공기가 움즉이면 바람이라고 하나니라. (3가지 구조 분석)

(2가, 나)는 단순문의 유형을 대표하는 예문들이다. (2나)는 '이다' 문장인데, 주시경은 이 예에서 명사 '먹'이 서술어라고 판정한다(뒤의 '비판'에서 후술). (2다)는 (3)과 같이 주어와 목적어가 생략된 문장이라고 분석한다. 'ㅅ'은 '속뜻'을 기호로 나타낸 것인데, 주어와 주격조사, 목적어와 목적격조사가 생략되었음을 표시한다.[97]

(3) [(ㅅ)(ㅅ) (ㅅ)(ㅅ) 먹-는대

(2라-더)의 예문들은 모두 복합문으로 분석한 예이다. (2라)는 명사구 접속이 주어, 목적어에 나타난 예인데, 그 구문도해를 보면 '소와 말이 풀을 먹소'는 '소가 '풀을 먹소'와 연결되고 동시에 '말'이 '풀을 먹소'와 연결되는 구조로 그려져 있어, 명사구 접속 구조를 병렬적 구조의 복합문으로 파악하고 있음을 알 수 있다.

짬듬갈의 요점을 지금의 용어로 서술해 보면 다음과 같다. 주어와 서술어, 주어와 목적어와 서술어가 단순문의 기본 구조를 이루고, 주어나 목적어는 관형어에 의해 확대되며, 서술어는 부사어에 의해 확대되고, 이렇게 이루어진 문장은 다시 접속에 의해 확대된다. 각 문법기능에는 문법적 표지 '빗'이 말미에 붙는 것이 한국어의 특질이다.

이것은 한국어의 문장 구조가 형성되는 방법을 가장 간결하게 요약한 것이라고 생각된다. 귀환성에 대한 이해가 더해져서 명시적 귀환적 규칙이 기술되는 실질적인 이론적 발전이 이루어지지 못하였다는 분명한 한계를 갖지만,[98] 한국어 문법 연구의 초창기의 사고로서는

---

[97] 주시경(1910)의 여러 곳에서 생략된 부분에 '(ㅅ) 또는 'ㅅ' 표시가 나타난다. 이는 후의 최현배(1937)에서 복합문 내의 절의 구성성분이 생략된 예를 표면적 구조만으로 분석하는 관점(표면구조 중심의 문법관: 2.2.2절 참조)과 대비되는 것이다. 최현배(1937)에서도 (2다)와 같은 예는 주어가 생략된 문장으로 본다.

[98] 한국어의 구체적 사실 파악이 실패한 예로, 문법적 표지 '-음, -기'와 이들이 나타내는 명사절 구조의 확대를 정확히 인식하지 못한 점을 여기에 지적해 두어야 하겠다. 이들을 '잇기'(접속사 '-고'), '끗기'(종지사 '-다'), '겻씨'(관형화사 '-는', '-던', 부사화사 '-게')와 계열적으로 대립하는 단어로 설정하지 못한 것은 한국어 구 구조 형성의 절차를 기술하는 데에 있어서의 중대한 결함인 것이다. 이 결함은 이후의 김두봉(1916), 김윤경(1948) 등의 분석적 체계에서도 극복되지 못한 채 남아 있게 된다.

대단히 통찰력 있는 관점이라고 생각된다.

D. 『말의 소리』(1914)의 수정된 품사분류 체계

음운론에 관한 저서인 주시경(1914)의 말미에는 수정된 품사분류 체계가 예와 함께 요약되어 있다. 많지 않은 내용이므로 그 모두를 표로 제시하기로 한다.

(4) 『말의 소리』의 품사분류 체계

품사	예
임	사람, 나, 너, 하나, 둘, … , 사람임, 사람이기, …
엇	착하, 슬프, …
움	가, 오, …
끗	는다, 느냐, 어라, 이다, 이냐, …
잇	고, 어서, 와/과, 이고, 이어서, …
겻	이/가, 을/를, 은/는, 도, 은, 을, 는, 던, 게, …

9품사 체계에서 6품사 체계로 변했음을 알 수 있다. '억'(부사)과 '언'(관형사)과 '놀'(감탄사)이 모두 '임'(명사)으로 통합된 결과이다.

'언'이 명사('임')의 일부로 통합된 것은 수긍할 만하다.[99] 그러나 '억'(부사)은 보충어를 취하여 확대될 수 있으며('엄마와 함께' 등), 확대된 구는 다른 범주의 확대가 가지는 통사적 행태와 뚜렷이 구별된다. '언'(관형사)은 그러한 예를 갖지 않으며, 이것이 실현되는 명사 앞이라는 제약된 위치는 일반 명사들이 분포하는 위치이므로, 이를 명사 범주로 통합하는 것이 간결한 문법 기술을 위하여 유리하다.

주시경(1910) 비판

1. **분석적 체계의 문법** 『국어문법』은 분석적 체계의 문법서이다. 이는 '먹-', '착하-'와 같은 동사, 형용사의 어간 부분을 단어 단위로 보아 '움기', '엇기'라고 지칭하는 점, '-고, -으며'와 같은 부분을 '잇기', '-다, -느냐와 같은 부분을 단어 단위로 보아 '끗기'라고 지칭하는 것을 통해 알 수 있다.

2. **단어 경계 판단의 문제** '큰것', '일하는것', '일하는줄', '일하는바' 등을 각각 한 단위의 명사('임')로 취급한 것, '좋은', '귀한', '간', '먹은'을 각각 한 단위의 관형사('언')로 취급한

---

[99] 제4장에서 제시하는 필자의 대안적 한국어 생성문법 체계에서도 종래의 관형사('언')를 명사의 일부로 통합한다.

것, '빠르게', '옳게', '일에', '들에', '들로'를 각각 한 단위의 부사('억')로 취급하는 것은 그 자신의 분석적 체계의 정신에도 부합하지 않는 잘못된 분석이다. 이러한 문제들은 1914년의 『말의 소리』에 일부 제시된 그의 말년의 체계에서는 해소된다.

3. **관형사형어미, 부사형어미, 명사형어미** 처리의 문제 이는 앞의 2 항목과 연관되는 문제이다. 종결어미와 연결어미는 단어로 보았지만, 관형사형어미, 부사형어미, 명사형어미는 단어로 인정하지 않았는데 이는 자신의 분석적 체계의 정신을 일관성 있게 지키지 않은 문제를 드러내는 것이다.

4. **선어말어미** 처리의 문제 '좋았다'의 경우 '좋'와 '았다'로 나누고, '좋으시다'는 '좋'와 '으시다'로 나눈다. 여기에서 '-았-'과 '-으시-'는 굴절접미사라는 점에서 '-다'와 다름없는 것이다. 따라서 '-다'를 단어로 본다면 분석적 체계의 정신에 따라 '-았-'과 '-으시-'도 단어로 보아야 한다. 이후의 분석적 체계의 문법서에서 이 요소들이 가지는 문제성을 의식하고 해결하고자 하는 노력한 흔적을 살필 수 있다.

김두봉(1916)은 이 요소들을 동사/형용사의 어간에 붙여서 접미사로 처리하는 시도를 보였다. 그런데 이들은 굴절접미사이다. 굴절을 인정하지 않는 분석적 체계의 정신을 엄격히 유지하고자 한 김두봉에게는 이러한 처리가 큰 모순으로 느껴졌을 것이다. 규칙성 있는 선어말어미 요소들을 파생접미사로 처리하는 것이 김두봉의 최종적 판단이라고 할 수 있다.

분석적 체계의 정신을 따른 문법 서술에서 선어말어미 요소들의 처리에 고심한 다른 연구로 홍기문(1947)이 있다. 그는 '-으시-'를 '존경형', '-었-, '-겠-'을 '시간형'이라는 명칭으로, 품사 분류에 관한 서술과는 별도로 논의하였다. 존경형과 시간형은 다른 단어 범주(품사)와 독립되는, 단어 범주의 하나인 것처럼 다루고 있음을 볼 수 있다. 그러나 끝내 독립된 단어 범주로 처리하는 데에 이르지는 못하였다.

5. **보조용언** 처리의 문제 '크기는하', '크게는하', '가게는하'를 각각 한 단어로 취급한다. 그러나 이들은 내포절의 서술어와 주절의 서술어, 두 서술어가 연결된 것으로서, 이들이 구성하는 문장은 복합문으로 분석되어야 한다(2.2.2절 참조).

6. **계사 '이-'** 처리의 문제 주시경(1910)은 '그는 학생이다'와 같은 예의 '이-'가 아무 뜻을 갖지 않고, 다만 소리를 고루는 요소라고 파악한다. 그러나 '이-'는 소리를 고루는 음운론적 요소로서의 조음소가 아닌, 형태소로 파악해야 한다. 앞에서 여러 차례 거론한 다음 예들은 '이-'를 조음소로 가정하는 방안에 대한 분명한 반례들이다(2.2.1.4절 참조).

(5) 학자임/*학잠, 학자인/*학잔, 학자일/*학잘, 학자였다/*학자었다, 학자이어서/학자여서/*학자

어서, 학자이나/*학자나, 바보이기도/*바보기도

이 예들은 '이-'가 형태소 단위로 처리되어야 함을 증명하는 증거들이다. '이-'는 용언의 어간이 되는 어근 형태소로 규정하는 것이 타당한 방안이다. 주시경(1910)의 분석적 체계에서는 '답-'(그는 한국의 국회의원 답다), '같-'(비가 올 것 같다), '맞-'(나 철수 맞다)과 함께 '이-'를 엇기로 처리하는 것이 합당하다.

2.2.5.2. 김두봉(1916)의 분석적 체계

A. 김두봉(1916)의 현대 한국어 형태소 분류 체계

김두봉(1916), 『조선말본』이 분석적 체계의 문법이라는 것은 결국 형태소 단위의 하위 범주로 굴절접사와 같은 것을 인정하지 않는다는 뜻이 된다. 굴절접사를 인정하지 않는 것은 분석적 체계의 근본적 특성이다. '-이/가', '-은/는', '-도'와 같은 예가 단어로서 '겻씨'이며, '-다', '-고'와 같은 예가 단어로서 '끗씨', '잇씨'로 규정되므로, 이들 각각의 형태소는 단어가 될 수 있는 형태소, 즉 어근으로 인정되는 것이다. 다음과 같은 형태소의 분류 체계를 추정해 볼 수 있다. 이러한 형태소 단위의 분류 체계에 대한 관점은 주시경의 말년의 문법(주시경 1914, 『말의 소리』의 품사 분류 체계), 김윤경(1948)과 같은 것이다.

(1) 김두봉(1916)의 형태소 분류 체계
```
              ┌ (어근): 사람, 돌, 먹-, 희-, 매우, 이, 그, 저, 아이구,
   (형태소)   │         -이/가, -은/는, -도, -다, -고, -은, -는, -을, -게, …
              └ (파생접사): '먹이'의 '-이', -이/히/리/기-, -음, -기, -시-, -었-, -겠-, …
```

종합적 체계, 준종합적 체계와 달리 굴절접사가 그 분류 체계에 포함되어 있지 않은 것이 분석적 체계로서의 그의 문법의 주요 특징이다. 이에 따라 (1)에서 '-음, -기, -시-, -었-, -겠-'을 파생접사의 예로 제시하였다.

'-시-, -었-, -겠-'에 대한 처리는 김두봉(1916)의 문법이 다른 분석적 체계의 문법과 뚜렷이 구별되는 점이다. 이들을 포함하는 '믿으시고, 믿었고, 믿겠다' 등을 주시경(1910), 김윤경(1948)에서 '믿'과 '으시고', '믿'과 '었고', '믿'과 '겠다'로 분석하는 데에 반해서 김두봉(1916)에서는 '믿으시'와 '고', '믿었'과 '고', '믿겠'과 '고로 분석한다.

B. 김두봉(1916)의 단어 분류 체계

김두봉(1916)의 단어 분류 체계는 9품사 체계이다.

(2) 김두봉의 단어 분류 체계

임	제임	홀로임: 한얗, 막리지, 말의소리, 한가온날, 고뿔
		두로임: 사람, 땅, 벼슬, 책, 날, 병
	넛임	사람넛임: 나, 너, 제, 우리, 너이, 저이
		셈넛임: 하나, 둘, 셋, 온, 즘, 골, 잘
		가르침넛임: 이, 그, 저, 여기, 거기,
		매임넛임: 것, 바
		물음넛임: 누구, 무엇, 얼마, 어디
얻		갇얻: 어질, 착하, 무겁, 무르
		꼴얻: 날래, 재, 둥글
		때얻: 이르, 늦, 오래
		셈얻: 많, 적, 흔하
		가리침얻: 이러하, 저러하, 그러하
		물음얻: 어떠하
움	제움	홀로제움: 웃, 피
		더불제움: 걸리, 맞
	남움	홋짝남움: 먹, 입
		겹짝남움: 주, 보내
겻		임자겻: 이, 가, 께서, 야, 여, 아, 이여
		딸림겻: 의, 은, 는, 던, 을
		매임겻: 에, 을, 게, 아, 과, 보다, 와, 를, 이, 가, 에서, 으로
		돕음겻: 도, 만, 은, 는, 든지, 야, 이야, 마다, 까지
잇		다만잇: 와, 과
		두로잇: 고, 이요, 면서, 다가
맺		홀로맺: 로다, 이로다, 리로다, 도다, 고나
		이름맺: 올시다, 이올시다, 입데다, 오이다, 으오이다, 나이다, 지
		물음맺: 냐, 이냐, 으냐, 느냐, 리요, ㄴ가, ㄹ지
		시김맺: 아라, 거라, 너라, 소서, 으소서, 으시오
언		가리침언: 요, 고, 조(이, 그, 저)
		셈언: 한, 두, 여러, 모든
		가림언: 새, 외('외기러기'의 '외'), 헌
		물음언: 어느, 웬, 무슨
억		가리침억: 이리, 저리, 그리
		때억: 늘, 가끔, 곧
		막음억: 어찌, 못

	녀김억: 아마, 참
	견줌억: 잘, 가장
	짓꼴억: 출렁
	빛갈억: 얼룩
늑	깃븜: 허허, 하하
	놀람: 아이구, 헤헤
	부름: 여보, 구구
	이름: 네, 오냐
	녀김: 암, 글세
	걱정: 후유, 에그

C. 김두봉(1916)의 구 분류 체계

김두봉(1916)에는 구 분류 체계가 제시되어 있지 않다. 그러나 절 개념과 구별되는 구 개념을 가지고 있었다는 것은 다음 예들을 단순문('훗월')로 제시한 것을 통해 미루어 알 수 있다.

(3) 가. 무겁을 벗은 맑은 맘이 가을 하늘에 (돋은) 달과 같도다
   나. 함부로 쓰면 돌이혀 지걸을 받으리라.

'무겁을 벗은', '함부로 쓰면'은 주어가 생략된 절이라고 분석할 수 있다. 이와 같이 분석하면 (3가)와 (3나)는 단순문 아닌 복합문이 된다. 이들을 단순문의 예로 들었다는 것은 그와 같이 분석하지 않고 '무겁을 벗은', '함부로 쓰면'을 절 아닌 구 단위로 파악했음을 보이는 것이다. 앞에서 최현배(1937)의 구, 절 개념이 표면적 문장 구조를 바탕으로 한 개념이라는 점을 밝힌 바 있다. (3)의 예문들의 구조 분석에 대한 김두봉(1916)의 관점이 이후의 최현배(1937)에 영향을 준 것이라고 생각된다.

D. 김두봉(1916)의 절('마디') 분류 체계

ㄱ. 훗마디

김두봉(1916)의 '훗마디'는 단순문의 형식으로 되어 있는 마디(절)를 뜻한다. 마디가 복합문의 구조로 접속문의 접속절이나 내포문의 내포절을 이루는 경우는 거듭마디라고 지칭하여 구별한다. 다음 예들에서 밑줄 친 부분이 훗마디이다.

① 홀로마디(→줄월을 이룸):
저것은 붓이요 이것은 먹이다/쇠는 무겁고 깃은 가볍다/나비는 춤추고 새는 노래하오/미친 바람이 한참 불더니 굳은 비가 또 오노나.
② 조각마디
  ┌ 임자마디: 맘이 맑기가 얼음과 어떠하뇨
  └ 풀이마디: 저 달은 빛이 밝다/이 사람은 뜻이 서엇다.
③ 붙음마디(→덧월을 이룸)
  ┌ 딸림마디: 소리가 좋은 새가 울고나.
  └ 매임마디: 봄이 오니 꽃이 피오.
④ 으뜸마디
  ┌ 등걸마디: 빛이 붉은 해가 돋으오.
  └ 줄기마디: 숲이 깊어야 범이 있소.

홀로마디는 접속문의 선행절과 후행절을 가리킨다. 최현배(1937)의 '맞선마디(대립절)'에 해당하는 것이다. 조각마디는 명사형어미를 가진 명사절이 주어로 쓰인 경우를 가리킨다. 풀이마디는 앞에서 설명한 최현배(1937)의 풀이마디와 같은 것이다. 이중주어문을 서술절을 안은 문장으로 분석하는, '서술절설'의 시초를 여기에서 확인할 수 있는 것이다. 붙음마디는 관형절에 해당하는 '딸림마디'와 부사절 및 종속접속절에 해당하는 '매임마디'의 두 하위 범주를 가진다. 딸림마디의 나머지 부분을 한 절 단위로 간주하여 이를 '등걸마디'라고 한다. 매임마디의 나머지 부분을 '줄기마디'라고 한다.

절 단위를 이렇게 하위 구분하는 것에 대해서 모순성이 느껴진다. 첫째, 김두봉(1916)의 '임자마디'는 주어로 쓰인 명사절만을 가리키는 것이다. 목적어나 부사어, 관형어로 쓰인 명사절은 '임자마디'가 아니다. 둘째, 절의 하위 범주로 '딸림마디'의 나머지 부분에 해당하는 '등걸마디'를 설정하고 있다. 딸림마디와 등걸마디는 관형절내포문을 구성하는 직접 구성성분들이 아니다. 이러한 모순성에 대해서는 뒤에서 논평할 것이다.

ㄴ. 거듭마디
절이 주술관계를 2회 이상 가지는 복합적인 절일 수도 있다. 김두봉(1916)에서는 이러한 복합절의 경우를 위하여 다음과 같은 하위 범주 체계를 제시하고 있다. 줄마디, 겹마디, 덧마디는 줄월, 겹월, 덧월이 마디로 쓰이는 경우를 지칭하는 것이다.

1) 줄마디

　봄에는 날이 따뜻하고 바람이 포근하며 가을에는 하늘이 맑고 달이 밝으니라.

2) 겹마디

　모두가 철수가 마음씨가 착한 것을 안다. (풀이마디를 포함한 겹월이 마디임)

　철수가 진실함이 순희에게 감동을 준 점을 우리는 알고 있다. (임자마디를 포함한 겹월이 마디임)

3) 덧마디

　범이 있는 수풀이 깊은 것을 너는 몰랐나? (딸림마디를 포함한 덧월이 마디임)

　사람이 길(이) 바르게 나아가면 일이 바르게 이루어지리라. (매임마디를 포함한 덧월이 마디임)

이 세 종류의 마디가 거듭마디이다. 줄마디는 줄월(대등접속문)이 마디로 쓰이는 것이다. 겹마디는 풀이마디를 포함하는 겹월(내포문), 임자마디를 포함하는 겹월(내포문)이 절을 이루는 경우를 지칭하는 것이다. 덧마디는 딸림마디를 포함하는 덧월(내포문), 매임마디를 포함하는 덧월(종속접속문)이 절을 이루는 경우를 지칭하는 것이다.

E. 김두봉(1916)의 문장('월') 분류 체계

ㄱ. 홋월

김두봉(1916)에서 '홋월'의 예로 든 문장들은 다음과 같다.

(4) 봄이 한창이로다.
(5) 가. 좋은 꽃나무도 많더이다.
　　나. 나비가 꽃 속에서 즐겁게 날아다니더냐.
　　다. 한창 젊은이들아 이 좋은 때를 거저 보내지(를) 말아라.
　　라. 무겁을 벗은 맑은 맘이 가을 하늘에 (돋은) 달과 같도다
(6) 함부로 쓰면 돌이혀 지걸을 받으리라.
(7) 미친 물결(을) 만난 사공(이) 얼(을) 차리고 힘(을) 다해서 더욱더욱 노를 젓어(서) 마츰내 저 언덕에 (다다르고나).

(5)-(7)의 예문들은 모두 오늘날 관형절 내포문, 부사절 내포문, 접속문으로 분석하는 예들이다. 절의 주어가 표면적으로 실현되지 않은 것을 근거로 이들 문장이 절을 갖지 않은, 단순문이라고 판단한 것을 알 수 있다.[100]

ㄴ. 줄월

줄월은 홀로마디와 홀로마디가 연결된 문장이다.

(8) 거룩한 사람은 누구며 나는 누구냐/달은 밝고 별은 드물고나/바람은 잠작하고 달은 솟아오르노나/미친 바람이 한참 불더니 궂은 비가 또 오노나/문 바른 집은 쓰어도 입 바른 집은 못 쓴다/열 길 물 속은 알아도 한 길 사람 속은 모른다/시시덕인 재를 넘어도 새침덕이는 골로 빠진다.

줄월은 오늘날의 '대등접속문'에 상응하는 것인데 그 예를 살펴보면, 대등적 접속어미로 거론되는 '-으며', '-고' 외에도 '-더니, -어도'를 가지는 접속문이 줄월에 포함됨을 알 수 있다.

ㄷ. 겹월

'겹월'은 명사절내포문과 서술절내포문, '덧월'은 관형절내포문과 부사절내포문이다. 이런 내포문(복합문)이 다시 다른 절을 수식하거나 접속문의 한 절로 사용되는 경우 이 절을 '겹마디'(겹월인 절), '덧마디'(덧월인 절)라고 지칭한다.

(9) 가. 임자마디를 포함한 겹월: 너는 글을 배기가 그렇게 어렵으냐.
    나. 풀이마디를 포함한 겹월: 매암이는 소리가 맑다.

임자마디를 포함한 겹월의 예로 명사절이 주어로 쓰인 경우만을 든 것으로 보아, 여기에서 '임자마디'는 주어절의 뜻으로 쓰였다고 추정할 수 있다. 이는 김두봉(1916)의 문장 분류 체계의 큰 문제점이다. 문장성분 중 주어와 서술어가 다른 문장성분보다 우월한 지위를 가진다고 생각한 결과가 아닐까 추측된다. 그러나 한국어의 사실은 명사절이 주어, 목적어, 부사어, 심지어 관형어로도 실현된다는 것이다.

ㄹ. 덧월

딸림마디를 포함하는 복합문과 매임마디를 포함하는 복합문을 덧월이라고 한다.

---

100 이러한 분석 태도(표면구조 중심의 문법관)를 최현배(1937)에서도 볼 수 있다. 최현배(1937)의 이러한 분석 태도는 김두봉(1916)의 영향이라고 보아야 한다. 주시경(1910)에서는 복합문 내의 절에서 주어가 생략된 경우를 일관되게 지적하는 것을 관찰할 수 있는데, 이 점에서 뒤에 저술된 두 문법서보다 정확한 인식을 보이고 있다.

(10) 가. 딸림마디를 포함한 덧월: 뜻이 굳은 사람은 어려움을 넉넉이 견대나니라/범이 있는 수풀은 깊으니라.
나. 매임마디를 포함한 덧월: 발(이) 빠르게 걸어라/칼이 잘 들도록 갈아라/네 담이 아니면 내 소뿔이 불어지엇겟느냐/구슬이 서 말이라도 꿰어야 보배지/콩을 팥이라 하여도 곧이 듣는다/상전의 빨래를 하여도 발뒤축이 히다.

ㅁ. 모월

'모월'은 흔히 '혼성문'이라고 하는 것으로, 내포절이나 접속절이 이중으로 겹쳐진 문장 구조를 가리키는 것이다. '줄월', '겹월', '덧월'은 모두 복합문의 종류이다. 이런 복합문 구조가 다시 겹쳐지는 구조가 만들어질 수도 있다. 김두봉(1916)에서는 이런 복합문 구조를 '모월'이라고 지칭하는 것이다. 결국 '모월'인 문장은 줄월이나 겹월이나 덧월로 분류될 수 있는 것이므로, 복합문의 하위 분류 체계에는 '모월'은 제거하고, '줄월'과 '겹월'과 '덧월'의 세 가지만 제시하는 것이 타당하다.

(11) 봄에는 날이 따뜻하고 바람이 포근하며 가을에는 하늘이 맑고 달이 밝으니라/힘도 세고 슬기도 많기는 어려우니라/바람은 불고 눈은 헡어지는데 벗은 길을 뜨어 나는고나/뿌리가 튼튼하면 꽃도 좋고 열음도 많으리라/새는 날개가 있고 고기는 진어름이기 있쇼/옳은 일이 이룸있기가 쉽으니라/땅덩이가 목숨이 있기까지 꽃답은 이름이 흐르리로다/그 사람은 참이 있으므로 말이 적으니라/말이 쉽은 저런 사람도 있고 뜻이 굳은 이런 사람도 있고나/사람이 하음없이 살기는 부끄럽으니라/사람이 길 바르게 나아가면 일이 이루어지리라/봄이 오니 목숨 가진 몬은 다 질김이 있게 움즉이는고나.

김두봉(1916) 비판

1. 분석적 체계의 문법서 김두봉(1916)은 분석적 체계의 문법서이다. 다른 분석적 체계의 문법인 주시경(1910), 김윤경(1948)과의 차이에 주의해 보자.

김두봉의 문법은 선어말어미(보조어간)를 다루는 데에 있어서 주시경, 김윤경 문법과 뚜렷한 차이를 보인다. 단적인 예로, 주시경과 김윤경은 '믿었다'를 움씨인 '믿'과 끗씨인 '었다'로 가르는 데에 반해서, 김두봉은 이를 움씨인 '믿었'과 끗씨인 '다'로 나눈다. 김두봉에 따르면 '-었-'과 '-겠-'과 '-으시'는 단어인 '믿었', '믿겠', '믿으시'의 일부일 뿐이다. 이들이 시제 또는 존칭의 문법적 의미를 더한다는 점을 의식하기는 하였지만, 그의 분석적 체계에는 굴절 개념이 없으므로, 결국 이들은 파생접사 형태소의 지위를 가질 수밖에 없다.

그러나 '-으시-', '-었-', '-겠-'은 생산성에 제약이 없는 단위이므로 파생접사일 수 없다. 분석적 체계 하에서는 이들을 '-다', '-고'와 같이 단어의 자격을 가지는 것으로, 즉 어근 형태소로 분석하는 것이 가장 합당한 처리 방법이다. 한 형태소가 단어가 된다면 이 형태소는 어근인 것이다.

2. **계사 '이'의 문제** 김두봉의 문법에 따르면 '이-'는 문법단위가 아니다. 그의 문법에서는 '이-'를 독립적인 의미를 가진 형태소로 보지 않고 음운론적 요소인 조음소로 본다. 김두봉(1916: 125)에서는 맺씨 '이로다'가 자음 아래에, '로다'가 모음 아래에 쓰인다고 설명하는데, 이는 '이'를 조음소 '으'와 같은 요소로 보는 것이다.

(12) 가. 그는 가수이다.
    나. 그가 가수인 사실을 알았다.
    다. 그는 가수임에 틀림없다.

위 예들에서 '이다'는 맺씨(종결사), '인'은 겻씨(조사)로 분석한다. '가수임에'과 같은 예는 임씨(명사)인 '가수임'에 겻씨 '에'가 결합한 것으로 분석한다. 이러한 처리가 가지는 문제점을 다음 예가 분명히 보여준다.

(13) 가. 그는 가수임에 틀림없다.
    나. *그는 가슴에 틀림없다.

위 예는 모음으로 끝나는 단어 '가수'에 결합되었는데도 '이'가 생략될 수 없고, 오히려 반드시 실현되어야 한다. 그러므로 위 예는 '이'가 '으'와 같은 조음소라고 보는 김두봉의 견해에 대한 반례이다(2.2.1.4절 참조).

3. **선어말어미 '-시-', '-었-', '-겠-'의 처리 문제** 김두봉의 문법이 가지는 심각한 문제점이 더 있다. 이는 같은 분석적 체계의 문법 이론을 제시한 주시경에게도 제기되는 문제인데, 이 체계로는 시상이나 주체높임을 나타내는 데 쓰이는 선어말어미를 설명하기가 곤란하다는 점이 그것이다. '-시-', '-었-', -었었-', '-겠-'은 원칙적으로 어느 동사에나 결합될 수 있기 때문에, 어느 동사나 이들의 결합형 '믿으시-, 믿었-, 믿었었-, 믿겠-'과 같은 형식을 가진다. 동사 '믿-'과 이들 형식은 모두 한 단어의 활용형인가? 김두봉 문법은 활용 개념을 인정하지 않으므로 이들이 활용형일 수는 없다. 그러므로 '믿으시-, 믿었-, 믿었었-, 믿겠-'

각각은 '믿-'과는 다른 단어로서, 파생어 정도의 지위를 가지는 것으로 볼 수밖에 없다. 그러나 '-시-', '-었-', -었었-', '-겠-'은 그 선행 요소와의 결합에 있어서 제약이 없다. 따라서 '믿으시-, 믿었-, 믿었었-, 믿겠-'은 파생어일 수 없다.

이러한 모순적 상황을 벗어나는 방법은 '-시-', '-었-', '-었었-', '-겠-'을 독립된 단어 단위로 인정하는 것이다(이것은 현대 언어학(생성언어학)의 연구에서 보편화된 관점이다). 주시경 문법이나 김윤경 문법처럼 이들을 뒤의 요소 '-다, -고'의 일부로 붙여서, '-었다, -었고'가 파생된 단어라고 설명하는 방법도 이 문제에 대한 해결 방안이 되지 못한다. '-었-'은 결코 파생접사로 기술할 수 없다. 그렇다고 '-었-'이 단어들 '-다, -고'에 굴절접두사로 첨가되는 요소라고 처리할 수도 없다.

최현배(1937)에서는 이 문제를 '보조어간'이라는 개념적 장치를 통해 해결했다. 이는 우선 '믿었고', '믿었다'가 두 단어의 결합이 아니라 한 단어 단위라고 보는 '종합적 풀이법'의 관점으로 전환함을 전제한다. 그리고 이는 한국어의 동사가 활용(굴절)할 수 있다는 개념적 전환을 아울러 전제한다. '-었-'은 한 단어 내부의 굴절접사 요소로 설명되는 것이다.

4. 명사형어미 '-음', '-기'와 명사절의 처리 문제 이 점은 주시경, 김윤경에 대해서도 제기해야 할 문제점이다. '-음', '-기'는 '-다', '-고', '-는', '-게'와 계열적으로 대립한다. 즉, 이들은 동일힌 문법직 지위를 가진다. 종합직, 준종합직 체계 하에서 '(어밀)어미'라는, 형태소 단위의 문법범주로 처리하든지, 분석적 체계에서 단어 단위의 문법범주로 처리해야 한다.

'-음', '-기'에 이끌리는 명사절은 위에서 보인 절 분류 체계, 문장 분류 체계에 문제를 제기한다. 김두봉(1916)에는 '명사절'이라는 절 단위의 문법범주, '명사절 내포문'이라는 문장 단위의 문법범주가 없고, 조각마디의 하위 범주로서의 임자마디(주어절), 임자마디를 포함한 겹월의 범주가 있을 뿐이다. 다음을 비교해 보면 그 문제점이 바로 드러난다. 김두봉(1916)에 따르면 (14가)의 밑줄 친 부분은 조각마디 중의 하나인 임자마디이지만, (14나)와 (14다)의 밑줄 친 부분은 임자마디가 아니다. 그의 체계 안에는 이들을 위한 범주가 자리잡을 곳이 없다.

(14) 가. 명사절이 주어 위치에: <u>맘이 맑기가</u> 얼음과 어떠하뇨.
　　 나. 명사절이 목적어 위치에: 나는 <u>너의 마음이 안정되기</u>를 기다린다.
　　 다. 명사절이 부사어 위치에: <u>그대가 있음</u>에 내가 있네.

목적어로 쓰인 '너의 마음이 안정되기'의 범주는 김두봉의 절 분류, 문장 분류에서 찾을 수 없다. 또, '그대가 있음에 내가 있네.'에서는 명사절이 부사구의 일부가 되는데, 이런 경우를 지적하는 하위 절 범주는 설정되어 있지 않다. 이런 예는 김두봉이 한국어 절의 하위 분류 체계를 근본적으로 잘못 파악하고 있음을 보이는 것이다.

5. 이중주어문의 처리 김두봉(1916)은 다음과 같은 이중주어문을 용언절을 내포한 복합문 ('풀이마디를 포함한 겹월)으로 분석한 최초의 문법서라는 중요한 의의가 있다.

(15) 매암이는 소리가 맑다. (풀이마디를 포함한 겹월)

이러한 분석은 최현배(1937)에 영향을 미쳐 현행 학교문법에서도 받아들이는 이론적 설명 방안이 되었다. 그러나 이 방안은 타당한 방안이 아니다. 이 점은 최현배(1937)의 풀이마디설을 비판하는 자리에서 자세히 논하였다(2.2.1.4절 참조).

6. 단순문과 복합문 구분의 오류 다음 예를 '홋월(단순문)'의 예로 들고 있으나, 이는 오류이다. '얼(을) 차리고', '노를 젓어(서)'는 주어가 생략된 절로 분석되어야 한다.

(16) 미친 물결(을) 만난 사공(이) 얼(을) 차리고 힘(을) 다해서 더욱더욱 노를 젓어(서) 마츰내 저 언덕에 (다다르고나).

7. 줄월과 덧월 구분의 오류 '-어도'에 의해 이어진 문장은 '줄월'에도, '덧월'에도 그 예를 제시하고 있다.

(17) 줄월의 예: 문 바른 집은 쓰어도 입 바른 집은 못 쓴다/열 길 물 속은 알아도 한 길 사람 속은 모른다/시시덕인 재를 넘어도 새침덕이는 골로 빠진다.
(18) 덧월의 예: 콩을 팥이라 하여도 곧이듣는다/상전의 빨래를 하여도 발뒤축이 히다.

이는 김두봉(1916)에서 접속문과 부사절내포문을 명확히 구별하지 못했음을 보이는 증거이다.

8. 구성성분 구조 파악의 모순성 절(마디)과 문장(월)의 분류 체계에서 드러나는 그의 견해의 모순성은 구성성분됨(constituency)에 대해 파악하지 못한 점이다.

관형절에 해당하는 그의 용어가 '딸림마디'이다. 그 예를 들어 보자.

(19) <u>범이 있는 수풀이 깊은</u> 것을 너는 몰랐니?

이 문장에서 밑줄 친 관형절의 나머지 부분인 '것을 너는 몰랐니?'를 지칭하는 그의 용어가 '등걸마디'이다. 부사절에 대립되는 개념은 주절이다. 그러면 관형절에 대립되는 절 개념은 무엇인가?

전통문법, 구조문법의 학자들에게 이 의문은 무엇인가 석연치 않은 느낌을 주고는 하였다. 다른 문법가들은 이에 대해 언급하지 않았지만, 김두봉은 정식 학술 용어로 이를 '등걸마디'라고 표명한 것이다.

물론 이 수수께끼와 같은 의문에 대한 해답은 지금에는 주어져 있다. 미국 구조언어학에서 문장 구조를 분석할 때 사용하던 기초 개념 '직접구성성분(immediate constituent)'을 활용하면 이 문제를 분명히 표현할 수 있다. 딸림마디(덧마디)인 '범이 있는 수풀이 깊은'과 등걸마디 '것을 너는 몰랐니'는 위 문장의 직접구성성분이 되지 못한다. 가장 기본적인 어순으로 배열하여 다음과 같이 단계적인 직접구성성분 분석이 이루어져야 한다.

(20) [[너는 [[[[범이 있는 수풀이 깊은] [것]] [을]] [몰랐니]]]

이렇게 분석해 놓고 보니 이 분석 과정에 여러 가지의 예사롭지 않은 이론적 가정들이 주어져야 한다는 것을 알 수 있다. '범이 있는 수풀이 깊은 것을'과 '몰랐니'는 서술부 구성이 직접구성성분들이다. 다시 '것'은 그 앞의 관형절 '범이 있는 수풀이 깊은'과 함께 명사구 구성의 직접구성성분이 된다. 그러나 (20)에서 딸림마디인 '범이 있는 수풀이 깊은'과 함께 상위 구성의 직접구성성분을 이루는 다른 절은 존재하지 않는다.

문장 구조의 분석은 직접구성성분 분석을 기초로 이루어져야 한다. 그러나 두 개의 절로 이루어진 복합문에서 두 절들이 반드시 직접구성성분을 이루어야 하는 것은 아니다. 절은 문장 속의 문장으로서, 귀환적(recursive) 단위이다. 절의 범주적 성격은 문장을 생성하는 규칙들의 체계에서 이 절이 가지는 역할을 고려하여, 생성적으로 파악해야 한다.

2.2.5.3. 김윤경(1948)의 분석적 체계

A. 김윤경(1948)의 단어 분류 체계

김윤경(1948), 『나라말본』의 단어 분류 체계는 생각씨에 임씨, 얻씨, 움씨, 토씨에 겻씨, 잇씨, 맺씨, 모임씨에 언씨, 억씨, 늑씨를 가지는 9품사 체계이다.

(1) 김윤경 문법의 단어 분류 체계

생각씨	임씨	제임	두로임	꼴 있는 임씨 : 돌, 쇠, 나무, 뫼, 바다, 책, 종이	
				꼴 없는 임씨 : 소리, 마음, 뜻, 슬기, 낯, 밤, 맛, 힘, 바누질	
			홀로임	꼴 있는 임씨 : 이 순신, 한양, 조선, 한강, 삼국유사	
				꼴 없는 임씨 : 뽈한, 막니지, 고뿔	
		대임	사람대임	첫째 사람 대임 : 나, 우리, 저, 저희	
				둘째 사람 대임 : 너, 너희, 당신, 그대, 자네	
				셋째 사람 대임 : 저, 저희	
				모름의 사람 대임 : 아무, 누구	
			셈대임 : 하나, 둘, 셋, 넷, 온, 즘, 골, 잘		
			가르침 대임	가까옴 : 이, 여기	
				좀 멀음 : 그, 거기	
				멀음 : 저, 저기	
			매임대임 : 것, 바, 줄 (언씨, 꾸밈 감, 꾸밈 마디 아래 붙어 쓰임)		
			모름대임 : 누구, 무엇, 어디, 얼마, 언제		
	언씨	바탕언씨 : 어질, 착하, 무겁, 무르, 모질, 질기, 슬기롭, 어리석, 붉, 검			
		꼴언씨 : 날래, 재, 크, 작, 둥글, 얇, 두껍, 높, 낮, 길, 반드럽			
		때언씨 : 이르, 늦, 오라			
		셈언씨 : 많, 적, 흔하, 숱하			
		가리침언씨 : 이리하, 저리하, 그러하, 어떠하, 아무렇			
		절언씨(불구형용사) : 같, 비슷하, 싶, 듯하, 즉하			
	움씨	쓰임 말과 어우름의 유무	제움	바로움 : 피, 웃, 자, 늘, 나리	
				입음움 : 걸리, 잡히, 걷히, 쫓기, 보이	
			남움	바로움 : 듣, 묻, 먹, 깎, 담, 안, 보내, 주	
				시킴움 : 재, 내, 녹이, 날리, 익히, 먹이, 보이	
		절움(불구동사) : 되, 체하, 뻔하, 양하, 버리, 대			
토씨	겻씨	임자겻	다만임자겻	날 임자 겻 : 가, 이, 께서, 께옵서	
				덩이 임자 겻 : 에서	
			돕음겻 : 는, 은, 만도, 이야, 라야, 이나, 든, 지, 라도, 마다, 까지, 부터, 만은		
			부름임자겻	홀소리 밑	낮훔 : 야
					높임 : 여, 시여
				닿소리 밑	낮훔 : 아
					높임 : 이여, 이시여
		꾸밈겻	임씨꾸밈겻	(임씨의) 의, 인, 일, 이던, 로의, 로서의	
				(언씨의) 은, ㄴ	
				(움씨의) 는, ㄹ, 을, ㄴ, 은, 던	

		얻씨꾸밈겻	(임씨의) 보다, 와, 과, 하고, 처럼			
			(얻씨의) 게, 지, 아, 어			
			(움씨의) 고, 을까, 아, 어			
		움씨꾸밈겻	(임씨의) 을, 를, 에, 에게, 로, 으로, 에서는, 은, 도, 만, 까지, 처럼			
			(얻씨의) 게, 아, 어, 지			
			(움씨의) 게, 아, 어, 지			
	잇씨	임씨잇	다만씨잇	가름 토	홀소리 밑 : 와, 고, 며, 랑	
					닿소리 밑 : 과, 이고, 이며, 이랑	
				두루 토 : 하고, 하며, 에		
			마디잇	가름 토	홀소리 밑 : 면, 거든, 고, 며, 요	
					닿소리 밑 : 이면, 이거든, 이고, 이며, 이요	
		얻씨잇	다만씨잇	두루 토 : 디		
			마디잇	가름 토	홀소리 밑 : 르씨고	
					닿소리 밑 : 을씨고	
		움씨잇	다만씨잇	가름 토	홀소리 밑 : 르똥	
					닿소리 밑 : 을똥	
			마디잇	가름 토	홀소리 밑 : 르쎄, 러	
					닿소리 밑 : 을세, 으러	
				두루 토 : 는데, ㄴ니, 는지라		
		얻·움씨잇	다만씨잇	가름 토	홀소리 밑 : 락	
					닿소리 밑 : 으락	
			마디잇	가름 토	홀소리 밑 : 면, 매, 며	
					닿소리 밑 : 으면, 으매, 으며	
				두루 토 : 거든, 어서, 아서		
		입·얻·움씨잇	마디잇	가름 토	홀소리 밑 : 면, 므로, 니, 니까, 거든, 든지	
	맺씨	홀로맺 : 이로다, 로다, 도다, 고나, ㄹ까나				
		이름맺 : 을씨다, 다, 이다, ㄴ다, 는다				
		물음맺 : 요, 입니까, 읍니까, 냐, 이냐, 으냐, 느냐				
		시킴맺 : 어라, 아라, 여라, 거라, 너라				
모임씨	언씨	바탕언 : 날, 풋, 돌, 올, 좀, 새, 외				
		셈언 : 한, 두, 세, 서, 석, 네, 너, 넉, 여러, 모든, 첫, 온				
		가리침언 : 이, 그, 저, 요, 고, 조				
		모름언 : 어느, 웬, 무슨, 아무				
	억씨	짓꼴억 : 천천히, 빨리, 가만히, 이상히, 확실히, 밝히, 공손히, 진실히				
		소리억 : 탕탕, 졸졸, 솔솔, 좔좔, 콸콸, 쾅, 쾅쾅, 출렁출렁				
		몬꼴억 : 반들반들, 울퉁울퉁, 꺼칠꺼칠, 번들번들, 둥굴둥굴				
		빛깔억 : 얼룩얼룩, 번적번적, 검웃검웃, 붉웃붉웃, 아롱아롱				

		때억 : 일쯕, 이미, 벌써, 아까, 어제, 이제, 금방, 다음, 차차, 모레
		곳억 : 이리, 저리, 그리, 멀리, 가까이, 곳곳이, 집집이, 높이
		견줌억 : 잘, 가장, 못, 매우, 훨씬, 대단히, 퍽, 끔찍이, 심히
		여김억 : 참, 꼭, 반드시, 단연히, 과연, 꽉, 똑, 마치, 천연
		막음억 : 못, 아니(안), 도무지
		시킴억 : 제발, 아무쪼록, 부디
		모름억 : 왜, 어찌, 설마, 아마, 글쎄
		이음억 : 또, 및, 곧, 그러나, 더군다나, 하물며
	늑씨	깃븜늑 : 허허, 하하, 히히, 호호, 어라, 어라, 얼싸, 어씨구, 야아, 아아
		놀람늑 : 아이구, 에구, 아, 에구머니, 이크, 아이, 야, 이끼, 어
		성남늑 : 엥, 에, 에이, 엣, 에잇, 에끼, 원, 응
		슬픔늑 : 아이구, 에구, 어이, 아이고
		걱정늑 : 허, 허허, 하, 어, 어허
		뉘우침늑 : 어, 응, 아뿔싸, 아차, 허, 후, 아이고
		여김늑 : 암, 글쎄, 응, 아무렴
		막음늑 : 어디, 웬걸, 천만에, 어찌, 아니
		빈정거림늑 : 에따, 아주, 에뚜, 얼싸, 어럽쇼, 아따, 애개개, 어딜
		코웃음늑 : 피, 푸, 홍
		아양늑 : 아이, 앵, 으응, 해해
		말림늑 : 쉬, 쉬쉬, 에라
		조임늑 : 응, 그래, 자
		힘씀늑 : 이여차, 웨허리, 어여차, 여기여차, 영치기
		부름늑 : 여보, 워리, 구구, 아나, 오래오래
		대답늑 : 네, 오냐, 응, 그래, 왜, 글쎄, 오

B. 김윤경(1948) 형태소 분류 체계

김윤경(1948)에서 상정한 형태소의 하위 범주에는 어근과 파생접사가 있을 뿐이고, 굴절접사는 없다. 파생접사를 가리키는 용어로 '더음'을 사용하였지만 형태소나 어근을 가리키는 용어는 없다.

(2) 형태소 ┌ (어근)
             └ 파생접사('더음')

① 어근: 돌, 먹-, …
② 더음(파생접사)

더음	머리 더음	뜻 더함	임씨 앞 : 귀국, 존체, 영식, 참빗, 숫색시, 들기름, 맨 몸
			얻씨 앞 : 얄궂, 새파랗, 시꺼멓, 시르죽

		움씨 앞 : 짓밟, 처먹, 엿보
		억씨 앞 : 맨 먼저, 맨 나종
		겻씨 앞 : 시는, 시ㄴ, 시ㄹ, 시던, 었는, 었을, 겠는, 더ㄴ
		엇씨 앞 : 시니, 시고, 시며, 시니까, 었고, 겠고, 었겠는데
		맺씨 앞 : 시ㄴ다, 시도다, 었다, 았느냐, 였네
	소리 고룸	겻씨 앞 : 의여, 의ㄴ, 의ㄹ, 의던, 으ㄴ, 으ㄹ, 으시던
		잇씨 앞 : 의니, 의며, 의니까, 의면, 으니, 으며
		맺씨 앞 : 의로다, 의다, 의에, 의오, 으리라, 으냐
꼬리 더음	뜻 더함	임씨 뒤 : 임금님, 너희, 아기네
		얻씨 뒤 : 검엏, 높다랗, 낮보
		움씨 뒤 : 먹이, 먹히, 밀치, 웃기
		억씨 뒤 : 더욱, 더군다나, 넙죽이
	씨몸 바꿈	임씨 뒤 : 시름없, 사람답, 내ㅂ
		얻씨 뒤 : 높이, 희기, 검엉(임씨로), 맞후, 희어지(움씨로), 되우, 작히, 적이(억씨로)
		움씨 뒤 : 놀음, 놀이, 꾸ㅁ(임씨로), 두리업, 우습(얻씨로), 넘우, 비롯오(억씨로), 불어, 좇아, 맞아(겻씨로)
		얻씨 뒤 : 새롭, 외롭, 메지(얻씨로)
		억씨 뒤 : 꾀꼬리, 덜렁이(임씨로), 얼룩얼룩하, 삐죽하(얻씨로), 출렁거리, 펄럭거리(움씨로)
허리 더음		'냇가'의 'ㅅ', 훈민정음의 사잇소리들

위 분류 체계에서는 조음소 '으'와 계사 '이-'를 모두 '더음'으로 규정하고 있는데, 이는 심각한 문제점이다. '으'는 형태소가 아니고(2.1.5절 참조), '이-'는 형태소이되 파생접사가 아닌 어근이기 때문이다(2.2.1.4절 참조)

C. 김윤경(1948)의 구, 절 분류 체계

김윤경(1948)에는 구의 분류 체계가 제시되어 있지 않다.

김윤경(1948)에는 절의 분류 체계를 다음과 같이 제시하고 있다. 다음을 살펴보면 그가 절을 분류하는 기준은 그 문법기능의 차이에 있다는 것을 알 수 있다. 내포절의 표지인 어미 형태의 차이와는 상관없이, 내포절이 주어 위치에 있으면 '임자 마디', 서술어 위치에 있으면 '풀이마디', 용언을 수식하는 위치에 있으면 '꾸밈 마디'가 되는 것이다. 접속문의 선행절과 후행절은 '같은 마디'인데, 이는 최현배(1937)의 '맞선마디(대립절)'와 같은 것이다.

(3) 김윤경 문법의 절 분류 체계
① 임자 마디: 뜻이 굳기가 돌과 같다/내가 무궁화를 사랑함은 그 꽃이 끊임없이 잇달아 피는 때문이다.
② 풀이 마디: 저 달은 빛이 밝다/사슴은 앞발이 짜르다.
③ 꾸밈 마디: 경치가 좋은 금강산이 삼팔선으로 막히었다/나는 끝이 없는 바다를 좋아한다(임씨 꾸밈 마디)/그가 낯이 뜨뜻하게 그런 말을 잘 해요(얻·움씨 꾸밈 마디)/나는 손님이 오기를 기다린다(얻·움씨 꾸밈 마디)[101]
④ 같은 마디: 뫼는 높고 물은 맑다/꽃은 웃고 새는 노래하고 나비는 춤춘다. 바람이 불면 배가 가오/비가 오니까 곡식이 씩씩하오[102]

그의 절의 분류에서 눈에 띄는 점은 1)'손님이 오기를'과 같이 명사절이 목적어로 쓰인 예를 꾸밈 마디의 예로 분류했다는 것과, 2)'-으면, -으니까'에 의해 형성되는 접속문을 '-고'에 의해 형성되는 접속문과 함께 '같은 마디'의 예로 분류했다는 것이다. 이 점들에 대하여 뒤의 '비판'에서 논의하기로 한다.

D. 김윤경(1948)의 문장 분류 체계

ㄱ. 짜임(구조, 구성)에 따른 분류

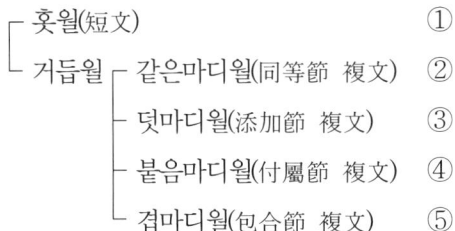

① 홋월
사람은 동물이다/모든 사람은 다 동물이다/달이 밝다.
② 같은마디월(=대등적으로 이어진 문장)
나는 것은 비행기요 닫는 것은 기차다/순은 누구며 나는 누구냐?/뫼는 높고 물은 깊다.

---

[101] 이를 형용사 및 동사 수식절로 지적한 것에 대해서는 주의가 필요하다(후술).
[102] 뒤의 두 예를 대등접속절에 해당하는 '같은 마디'의 예로 든 것은 문제이다. 뒤의 문장의 분류에서는 이 두 예를 종속접속문에 해당하는 '덧마디월'로 분류하고 있다.

③ 덧마디월(=종속적으로 이어진 문장)

개는 동물이지마는 의리가 있다/세우기는 어렵되 깨뜨리기는 쉽다/봄이 오았으나 꽃은 안 핀다/당신은 가려니와 나는 못 가겠소/바람이 불면 배가 가오/비가 오니까 곡식이 씩씩하오.[103]

④ 붙음마디월

뜻이 굳은 사람이 성공한다/일이 많은 나는 시간이 없어 걱정이다/나이가 많은 사람은 흔히 보수적이다/나는 그가 이렇게 말함을 들었다/가늘은 비가 소리도 없이 나린다/범의 소리가 산이 울리게 들리어온다.

⑤ 겹마디월

힘이 세기가 한소와 같다/재주와 덕이 겸하기는 어려운 일이다/저 사람이 힘이 세다/남이 나를 알아주지 않음이 문제가 아니라 공부가 깊지 못함이 나는 늘 걱정이다.

ㄴ. 임자에 따른 분류

① 첫째사람월(1인칭 문장) :

나는 기겠소/우리는 힉교에 간다.

② 둘째사람월(2인칭 문장):

당신은 어디로 가십니까?/노형은 누구십니까?/선생님 이리로 들어오십시오.

③ 셋째사람월(3인칭 문장):

선생님이 오시었습니다/이 순신은 유명한 수군 대장이었습니다.

ㄷ. 풀이씨의 하위범주에 따른 분류

① 임씨풀이월(명사문): (무엇이 무엇이다)

이 순신이 수군 대장이었었다/옷을 입고 불을 쓰고 말을 하는 동물이 사람이다.

② 얻씨풀이월(형용사문) : (무엇이 어떠하다)

날이 춥다/마음이 착하다.

③ 움씨풀이월(동사문) : (무엇이 무엇한다)

아기가 자ㄴ다/꽃이 피었다.

---

[103] 뒤의 두 예는 앞에서 '같은 마디'의 예로도 든 것이다. 앞의 각주에서 말한 것처럼 이는 문제이다.

ㄹ. 월의 뜻에 따른 분류
① 여김월(긍정문): 시간은 보배다/경치가 아름답다/꽃이 핀다.
② 막음월(부정문): 그는 사람이 아니다/마음이 착하지 못하다/
　　　　　　　　그는 언제나 놀지 않는다

ㅁ. 월의 풀이 빛(표지)에 따른 분류
① 느낌월(감탄문): 올해도 발써 저물었고나
② 이름월(평서문): 봄은 모든 삶이 움즉이는 때다/날씨가 따뜻하다, 날씨가 따뜻하다?
③ 물음월(의문문): 그 것이 무엇이냐?/너 같은 것도 사람이냐?(뒤줍음 말)/
　너는 학교에 안가니?('가거라'라는 뜻: 시킴의 뜻)
④ 시킴월(명령문): 얘들이 이리 오너라/그짓 된 일을 하지 말아라.

김윤경(1948) 비판

1. 분석적 체계의 문법서 김윤경(1948)은 분석적 체계의 문법서이다. '-이/가, -을/를, -에, 으로/로, -은/는, -도, -만' 등의 조사는 물론 '-다, -자, -느냐' 등의 종결어미, '-고, -어서' 등의 연결어미가 독립된 단어의 자격을 가지는 것으로 인정하는 것을 통하여 이 점을 알 수 있다. '춥-다'와 '믿-고'와 같은 어간과 어미의 결합은 분석적 체계의 문법서에서는 두 단어의 결합으로 간주된다.

김윤경(1948)은 주시경 문법을 확충하려는 의도의 소산이다. 단어 분류 체계에 있어서 주시경 말년의 관점과 다른 것은 찾아보기 어렵다. 절이나 문장의 분류는 주시경(1910)에서 시도하지 않은 것인데, 김두봉(1916)의 분류 체계의 영향이 포착된다. 특히 '임자 마디'는 오늘날과 달리 명사절이 주어 위치에 있는 것만을 가리키는데, 이는 김두봉(1916)의 '임자 마디' 개념과 같은 것이다. 이중주어문을 주어와 '풀이마디'로 분석하는 관점은 최현배(1937)에도 보이는데, 둘은 모두 이러한 분석 방법을 김두봉(1916)으로부터 받아들인 것이라고 할 수 있다. 이 점은 뒤의 6 항목과 7 항목에서 더 자세히 논의하기로 한다.

2. 명사형어미 처리의 문제 관형사형어미 '-는, -은, -을, -던', 부사형어미 '-게'를 겻씨라는 단어 범주로 규정한 것은 타당한 일이다. 그러나 이러한 처리의 연장선상에서 자격법어미(전성어미)의 다른 중요 하위 범주인 '-음, -기'도 단어 범주로 규정했어야 한다. '-는, -은, -을, -던'과 '-게'와 '-음, -기'는 내포절을 이끄는 것을 그 본질적 기능으로 가지는 것들이기 때문이다. '-는, -은, -을, -던'은 관형절, '-게'는 부사절, '-음, -기'는 명사절을 이끈다.

주시경(1910)에서는 '-는, -은, -을, -던'과 '-게'과 '-음, -기' 모두를 단어로 보지 못하였고 말년의 주시경(1914)에 이르러서야 '-는, -은, -을, -던'과 '-게'를 '겻'이라는 단어 범주로 규정하게 된다. 그러나 '-음, -기'만은 끝내 단어 범주로 규정하지 않았다. 김윤경(1948)은 주시경의 말년의 단어 범주 체계를 그대로 이어받은 것이다. 따라서 두 문법가는 공통의 오류를 범한 것이다.

3. **선어말어미 처리의 문제** '가시고', '가겠다' 등의 선어말어미 '-시-', '-겠-'을 '머리더음' 즉 파생접두사로 처리하고 있으나, 이는 오류이다. 우선 이들은 생산성에 제약이 없으므로 파생접사가 아닌 굴절접사이다. 또 굴절접사라는 점에서 이들은 김윤경(1948)에서 단어 단위로 인정하는 '-고', '-다'와 다를 바가 없다. 가장 합당한 대안은 이들에게도 '-고', '-다'처럼 단어 단위의 자격을 부여하는 것이다.

4. **조음소 '으' 처리의 문제** 김윤경(1948)은 '밥으로, 믿으면, 믿으니까' 등에서의 조음소 '으'가 겻씨, 잇씨 위에 붙어서 소리를 고루는 것이라고 서술한다. 이 점만을 보면 '으'를 조음소로 바로 파악했다고 할 수 있다. 그러나 이 '으'를 '더음'의 예로 들고 있어 문제를 제기한다. 김윤경(1948)에서 '더음'은 파생접사를 의도하는 것이다. '으'는 결코 형태소로서의 파생접사로 규정할 수 없는, 음운론적 단위일 뿐이다(2.1.5절 참조).

5. **계사 '이-' 처리의 문제** 김윤경(1948)은 조음소 '으'와 마찬가지로, '학생이나'와 같은 예의 '이-'도 아무 뜻을 갖지 않고, 다만 소리를 고루는 요소라고 파악한다. 더욱 불합리한 것은, 소리 고루는 요소라고 파악한 이 '이-'를 '더음'의 예로 들고 있다는 것이다.

우선, '이-'는 소리를 고루는 음운론적 요소로서의 조음소가 아닌, 형태소로 파악해야 한다. 앞에서 여러 차례 거론한 다음 예들은 이 점을 지지하는 분명한 증거들이다(2.2.1.4절 참조).

(4) 학자임/*학잠, 학자인/*학잔, 학자일/*학잘, 학자였다/*학자었다, 학자이어서/학자여서/*학자어서, 학자이나/*학자나, 바보이기도/*바보기도

다음으로, '이-'를 '더음'의 예로 처리한 것도 오류이다. 그의 '더음'은 파생접사를 뜻하는 용어이다. 한편으로 소리 고루는 요소라고 규정하면서 다른 한편으로 파생접사로 규정하는 것은 모순이다. 더욱이, '이-'는 그 선행 요소가 명사이기만 하면 무엇이든 그것과 결합할 수 있으므로, 그 결합에 제약을 가지는 파생접사와 같지 않다. '이-'에 대한 김윤경(1948)의 규정은 이중으로 오류를 범한 것이다. '이-'는 용언의 어간이 되는 어근 형태소로 규정하는

것이 타당하다. 김윤경(1948)의 체계에서는 '이-'는 단어 단위로서 '얻씨'의 범주를 이루는 것으로 규정하는 것이 옳다.

6. **절 분류의 문제** 김윤경(1948)의 절 분류는 절이 가지는 문법기능의 차이를 기준으로 한 것이다. 그는 절을 '임자마디(주어절)', '풀이마디(서술절)', '꾸밈마디(수식절)', '같은마디(대등절)'의 네 하위 범주로 나누고 있다. '풀이마디'는 최현배(1937)의 그것과 같은 용어라 최현배(1937)의 절 분류 체계와 같은 것으로 혼동할 수 있지만, 같지 않다. '꾸밈마디'는 다음과 같은 이질적인 예들을 하나로 아우르고 있다. (5가)의 밑줄 친 부분은 관형절이다. 그러나 같은 '꾸밈마디'의 예인 (5나)의 밑줄 친 부분은 명사절이다. 둘은 '수식어'라는 문법기능의 동일함을 근거로 한 절 범주로 분류되고 있는 것이다(김윤경에게는 목적어도 수식어의 하나다).

(5) 가. 나는 <u>끝이 없는</u> 바다를 좋아한다. (임씨 꾸밈 마디)
　　 나. 나는 <u>손님이 오기</u>를 기다린다. (얼·움씨 꾸밈 마디)

특히 (5나)의 밑줄 부분은 명사형어미 '-기'에 이끌리는 것인데, 이러한 형식의 절은 주어로도, 목적어로도, 또는 부사격조사와 결합하여 부사어로도 쓰일 수 있다. 심지어 '이다' 앞의 보어로도 쓰일 수 있다. 문법기능을 기준으로 절을 분류하면 이러한 다양한 문법기능으로 쓰이는 '-기' 명사절이 단일한 명사절이라는 사실을 포착해서 설명할 수 없다.

그러므로 절의 말미에 쓰이는 어미의 종류를 기준으로 절을 분류하는 것이 한국어의 구조적 사실을 제대로 포착하는 분류이다. 최현배(1937)의 절 분류 체계가 그러한 것이다.

7. **문장 분류의 문제** 김윤경(1948)의 구조적 문장 분류도 문장 내부의 절이 가지는 문법기능의 차이를 기준으로 한 것이다. 그는 다음과 같이 분류하고 있다.

(6) 월 ─ 홋월(短文)
　　　└ 거듭월 ┬ 같은마디월(同等節 複文)
　　　　　　　├ 덧마디월(添加節 複文)
　　　　　　　├ 붙음마디월(付屬節 複文)
　　　　　　　└ 겹마디월(包合節 複文)

'같은마디월'은 대등접속문, '덧마디월'은 종속접속문에 해당하는 하위 범주들이다. '붙음마디월'과 '겹마디월'은 문제를 제기한다. 붙음마디월은 관형절내포문과 부사절내포문, 명사절이 부사어 위치와 목적어 위치에 놓이는 문장을 아우르는 개념이다. 다음 (7가-라)가 붙음마디월의 예들이다.[104]

(7) 가. 뜻이 굳은 사람이 성공한다.
　　나. 나는 그가 이렇게 말함을 들었다.
　　다. 가늘은 비가 소리도 없이 나린다.
　　라. 범의 소리가 산이 울리게 들리어온다.

이들을 하나로 묶은 것은 그 내포절이 관형어 또는 부사어로서, 수식어인 절을 이룬다는 뜻에서이지만, 이렇게 문법기능을 기준으로 절을 분류하는 것이 문제임은 바로 앞에서 지적하였다.

또 '겹마디월'은 (8가)와 같이 명사절이 주어로 실현되는 내포문과 (8나)의 서술절내포문을 아우르는 개념이다.

(8) 가. 힘이 세기가 한소와 같다.
　　나. 저 사람이 힘이 세다.

이처럼 절의 문법기능을 기준으로 한 복합문의 분류는 일관된 분류가 될 수 없다. 명사절, 관형절, 부사절을 내포한 내포문과 접속문으로 이루어진 분류 체계를 세우는 것이 바람직하다. 한국어는 형태론적인 어미의 분류 체계가 복합문의 분류 체계와 대응되는 것을 그 특징으로 가지는 언어이다.

8. '사이시옷'을 접요사로 처리하는 문제 '냇가'와 같은 예의 'ㅅ'을 '허리더음(접요사)'으로 규정하는 것은 이것을 파생접사로 파악하는 것이다. 그러나 현대 한국어에서 사잇소리는 형태소 단위로 인정할 수 없다. 'ㅅ'은 특정 음운론적 현상('ㄷ' 첨가와 이에 따르는 현상)을 상징적으로 표시하는 글자일 뿐이다.

더욱이, 접요사는 어근 형태소 안에 있어서, 그 어근이 불연속 형태소를 이루는 경우의, 어근 내의 형태소를 가리키는 개념이다. 한국어에는 이러한 형식의 접요사는 존재하지 않는다. 그러므로 'ㅅ'이 설령 형태소로 인정된다 하더라도 어근의 안에 들어 있는 형식으로서의

---

[104] (7다)의 '소리도 없이'를 붙음마디('부사절')로 판단한 것은 최현배(1937)의 영향일 것이다. 이는 절로 분석할 수 없다. 부사구일 뿐이다.

접요사는 아닌 것이다.

2.2.5.4. 홍기문(1947)의 분석적 체계

분석적 체계의 중요한 문법서로 홍기문(1947), 『조선문법연구』가 있다. 홍기문(1947)은 분석적 체계의 한도 내에서 굴절접미사들의 처리를 완전히 하려고 하였다. 특히 이전의 분석적 체계의 문법서들에서 근본적으로 잘못 기술되었던 명사형어미 '음', '기'를 명사의 예로 분석하였는데, 이는 획기적 시도라고 할 만하다. 선어말어미 '시'와 '었', '겠'을 '존경형'과 '시간형'이라는 문법범주로 인식하여 따로 집중적인 분석을 시도한 것도 매우 참신한 분석이라고 할 수 있다.

그러나 '음', '기'를 단어로 분석한 것과 같이 '시'와 '었', '겠'을 그의 체계에서 단어로 분석하는 것이 필요했다. 나아가서 '었', '겠'과 함께 시간형의 요소로 다룬 '는', '은', '을'도 그의 체계에서 단어로 분석해야 했다. 이들 예에 대한 철저하지 못한 분석으로 말미암아, 홍기문(1947)의 체계는 아직 완성되지 못한, 모순을 내포한 체계라고 평가할 수밖에 없다.

A. 홍기문(1947)의 현대 한국어 형태소 분류 체계

홍기문(1947)은 분석적 체계의 문법서이다. 이는 형태소 단위의 하위 범주로 굴절접사와 같은 것을 인정하지 않는다는 뜻이 된다. 그러므로 그의 형태소 분류 체계는 그 하위 범주로 어근과 파생접사의 둘만을 가진다고 생각해 볼 수 있다.

(1) (형태소) ┬ 어근
　　　　　　└ 파생접사

그러나 이와 같이 단순화하기는 어렵다. 다음에서 보이게 될 홍기문(1947)의 단어 분류 체계에서는 어근 단위가 10개로 분류된다는 것을 확인할 수 있고, 조사에 해당하는 '후치사', 연결어미에 해당하는 '접속사', 종결어미에 해당하는 '종결사'가 모두 그 예로 어근 형태소를 가진다고 인정할 수 있지만, 어근에도, 파생접사에도 포함하기 힘든 다음과 같은 예들을 진지하게 논의하고 있는 것이다.

(2) 가. 제1시간형 '는', '은', '을'
　　나. 제2시간형 '었', '겠'
　　다. 존경형 '시'

　　이들 '시간형'과 '존경형'은 모두 6집으로 이루어진 『조선문법연구』에서 본 분류 체계를 제시하는 제3집-제6집을 서술하기 전 제2집에서 따로 다루어지고 있다. 『조선문법연구』의 전체 서술을 검토해 보면, 관형형어미 '는', '은', '을', 선어말어미 '었', '겠'과 '시'는 그 자체로 단어 범주의 자격을 부여받지 못하고 있음을 확인할 수 있다. 이는 종결사인 '다', 접속사인 '고', '며'와는 다른 것이다. 즉 '다', '고', '며'는 어근으로 해석되지만 (2)의 요소들은 어근으로 해석될 수 없다.
　　그렇다고 이들을 파생접사로 규정하기도 어렵다. 이들은 '시간형', '존경형'으로서의 문법적 의미를 가지는 요소이기 때문이다. 제2집에서 이들을 따로 다룬 것은 이들의 문법 요소로서의 성질을 인식했기 때문이다. 그런데 홍기문(1947)은 근본적으로 활용을 인정하지 않는 분석적 체계의 문법이므로 (2)의 요소들을 굴절접사로 규정하는 것은 원천적으로 부정된다.
　　문법서로서의 홍기문(1947)은 이처럼 형태소 단위의 분류 체계와 단어 단위의 분류 체계 사이의 모순을 안은 채로 서술된다. 선어말어미 '었', '겠'과 '시'는 종결사와 접속사 앞에 결합하여 복합 형식의 종결사와 접속사를 이루는 것으로 설명된다. 그러므로 '었다'(믿었다), '겠다'(믿겠다), '으시다'(좋으시다)는 복합 형식의 종결사이고, '었고', '겠고', '으시고'는 복합 형식의 접속사이다.
　　(1)의 형태소 분류 체계에 입각하여 규정하면 (2나)의 '었', '겠'과 (2다)의 '시'는 조어론적 단위인 파생접사가 된다. 이것이 홍기문(1947)의 판단이라고 할 수 있다. 그러나 (2가)의 '는', '은', '을'은 끝끝내 판단 유보의 예로 남게 된다. 홍기문(1947)에서는 이에 대한 결정적 판단을 볼 수 없다.

B. 홍기문(1947)의 현대 한국어 단어 분류 체계

홍기문(1947)은 10개의 단어 범주 체계를 제시하고 있다. 즉 10품사 체계이다.

(3) 홍기문의 한국어 단어 분류

	보통명사	산, 꽃, 뜻, 속
명사	접두보조 (명사접두)	이, 그, 저, 이런, 그런, 저런, 새('새색시'), 홀('홀애비')

	연체보조 (명사연체)	줄, 수, 터, 분('이분'), 이('이이, 늙은이'); **기**('새를 잡기에', '사람이기에'), **음**('사람임으로', '새를 잡음으로')
대명사		나, 너, 우리, 너희
수사		하나, 둘, 스물, 아흔, 한둘, 대여섯; 몇, 얼마, 암만, 약간
	접두보조 (수량접두)	한, 두, 세, 스무, 닷(닷말), 엿(엿말); 다섯(다섯개), 여섯(여섯개)
	연체보조 (수량연체)	단(한단), 치(한치), 마리, 년, 월, 척, 리, 인(삼인), 원(삼원), 권
동사		흐르, 치, 적시, 있/없('여기 연필이 있다/없다')
형용사		규정형용사: 얕, 높, 붉
		지시형용사: 이러하, 저러하, 그러하
		의문급부정형용사: 어떠하, 아무러하
후치사		이/가, 을/를, 처럼, 마다
접속사	시미정 (時未定)	니, 드니, 앗드니, 겟스니; 거니, 려니, 니까, 거니와, 려니와, 며는 /면드면, 려면, 고, 며, 다가/다, 나, 매, 되, 거든, 거늘; 만큼, 만치, 대로, 쪽쪽
	시이정 (時已定)	ㄴ즉, ㄴ들, ㄹ쌔, ㄹ쑤록, ㄹ망정
	시무용 (時無用)	라, 요, 아/어/야/여, 지, 지는/든, 지를/들, 게, 도록, 러, 고자
종결사	존대	ㅂ늬다, ㅂ늬까, 든이다, 더이다, ㅂ든이다, ㅂ더이다, 든이까, 더 이까, ㅂ든이까, ㅂ더이까
	하오	오, 소, 요, 구려, 오그려, 요구려
	하게	에, 일세, 데, 일네, 가, 세, ㅁ세, 나, 그려, 나그려
	해라	다, 더라, 리라, 야, 구나, 로구나
	반말	어, 아, 야, ㄹ께, 그려
	혼자말	군, 구면, 로군, 로구면
부사		급히, 얼른, 퍽, 꽤, 썩, 곧잘
감탄사		아이고, 아뿔싸, 으악, 예끼

'접두보조'와 '연체보조'라는 범주는 주목할 만하다. 이들은 명사와 수사의 하위 범주로 설정되어 있다.

위 표의 단어 범주에는 관형사가 포함되지 않았는데, 이는 관형사의 예들이 명사의 접두보조(명사접두), 수사의 접두보조(수량접두)로 편입되었기 때문이다. '이, 그, 저, 그런'은 명사로 판정되는 것이다. 이는 타당한 방안이라고 생각한다.

필자는 원리매개변인 이론의 체계에 따라 한국어 문법을 기술한 양정석(2010)의 단어 범주 분류에서 종래 관형사로 처리하였던 이 예들을 명사의 일종으로 규정한 바 있다. 관형사들은 보충어를 취하여 구를 확대하는 성질을 갖지 않으므로, 원리매개변인 이론의 핵계층 이론에 따라 확대하는 기본 통사 범주의 하나로 인정하기 어렵다.

연체보조는 주로 의존 명사들을 그 예로 가지는 것이지만 준종합적, 종합적 체계의 문법에서 어미로 다루어지는 '음'과 '기'를 포함한다는 점에서 중요성이 있다. 이 중요성을 강조하고자 위 표에서 '음'과 '기'를 굵은 글씨로 표시하였다.

앞에서 분석적 체계의 문법들에 대하여 결정적 문제점으로 제시했던 것이 이들 요소의 처리 문제였음을 생각해 보자. 드디어 분석적 체계에서 이 문제를 해결할 방안이 나타난 것이 아닌가 기대해 볼 수 있다.

그러나 문법범주는 계열적으로 대립하는 요소들의 집합이어야 한다. '음', '기'는 종결사 '다', 접속사 '고'와 계열적으로 대립하는 요소이지 명사와 계열적으로 대립하는 요소가 아니다. 따라서 '음', '기'를 명사의 일종으로 처리한 홍기문(1947)의 방안은 바른 대안이 아니다.

앞에서 분석적 체계의 문법서들을 비판하면서 선어말어미에 대한 적합한 처리가 결여되었음을 비판한 바 있다. 선어말어미 '시'나 '었, 겠'은 어말어미들처럼 단어 자격을 부여해야 한다고 하였다. 위 (3)의 표에는 '시'나 '었, 겠'의 예가 보이지 않는다. 그러나 홍기문(1947)의 제2집에서는 '시'를 존경형, '었, 겠'을 '시간형'이라는 명칭으로 독립적으로 논하고 있다. 공식적으로 단어 범주로 분류하지는 않았지만 그에 준하는 단위들로 인식하였다고 이해할 수 있다.

그러나 그의 '시간형'에는 '었, 겠'과 함께 '는, 은, 을' 등의 관형사형이 포함된다. 이는 문법 요소들의 지지를 받는 문법범주로서의 시제가 존재하리라는 기대를 홍기문이 가지고 있었음을 보이는 것이다. 그러나 시제 체계보다 우선적으로 고려했어야 하는 것은 관형절 표지들이 한 문법범주를 형성한다는 점과, 선어말어미들이 또 다른 문법범주를 형성한다는 점이다. '었, 겠'과 '는, 은, 을'은 계열적으로 대립하는 단위들이 아니다. 그러므로 이들을 한 범주로 묶을 수 없다. 이 점을 인식하지 못한 것이 홍기문(1947)의 체계가 가지는 모순점의 궁극적 요인이라고 본다.

C. 홍기문(1947)의 현대 한국어 구, 절, 문장 분류

홍기문(1947)의 구와 절 개념 역시 독특한 점이 있다. 내포문의 절은 주술 관계를 이루는 경우에도 모두 구로 간주한다. 접속문의 절만을 절로 인정하는 것이다.

구는 사유연체구, 시간형구, 접속사구의 세 가지로 나누어 예를 제시하고 있다.

(4) 구의 종류

가. 사유연체구
   내가 밤을 먹기가 바쁘다/네가 책을 보기가 어렵다/내가 시골로 감을 너는 모른다/네가 서울로 옴을 나야 알앗다[105]
나. 시간형구
   소가 가는것을 내가 보앗다/말이 오는줄을 내가 몰랐다/나를 아는체한다[106]/너를 죽일 뻔햇다/일기가 비가 올뜻하다[107]/재조가 비상한 이사람을 내가 천거한다/지식이 만흔 저사람을 네가 배화야 한다
다. 접속사구
   내가 손이 닳도록 손을 비비었다/네가 모양이 좋게 장을 만들었다/제가 잘 아는 체 그는 덤빈다/제가 영웅인 듯 그는 떠든다/가느니 오느니 싸움을 한다/주거니 받거니 재담을 한다

위 예들의 밑줄 친 부분이 그가 의도하는 '구'의 예들이다. 표면적으로 주어를 가지는 경우가 대부분이다. 이들 구가 가지는 공통점은 내포문의 한 절 성분을 이룬다는 것뿐이다. 이런 것은 절과 구별되는 개념으로서의 구의 예일 수 없다. 절의 예일 뿐이다.

접속문을 이루는 절은, 대등접속문이나, 종속접속문의 후행절을 자주절(自主節)이라고 지칭한다. 대등접속문의 선행절은 반주절(半主節)이고, 종속접속문의 선행절은 종속절이라고 한다.

(5) 절의 종류
   가. 자주절
      개는 짖고 나귀는 운다/비는 오며 바람은 분다/내가 잇거든 네가 오렴으나/내가 조니까 네가 자는구나
   나. 반주절
      개는 짖고 나귀는 운다/비는 오며 바람은 분다
   다. 종속절
      내가 잇거든 네가 오렴으나/내가 조니까 네가 자는구나

---

[105] 뒤의 두 예문은 홍기문(1947: 388)에서 든 예문이기는 하나, 밑줄을 치지 않았었다. 인쇄 과정의 착오인 것으로 보아 여기에서는 밑줄을 쳐 놓았다.

[106] 이 예문은 홍기문(1947: 388)에서 든 예문인데 '아는체'에만 밑줄을 쳐 놓았었다. 인쇄 과정의 착오인 것으로 판단하여 여기에서는 이와 같이 밑줄을 쳐 놓았다.

[107] 왼쪽의 두 예문은 홍기문(1947: 388)에서 든 예문이기는 하나 밑줄을 치지 않았었다. 인쇄 과정의 착오인 것으로 보아 여기에서는 밑줄을 쳐 놓았다.

'고', '며'에 의해 이어지는 접속문을 대등접속문, 그 외의 접속사에 의해 이어지는 접속문을 종속접속문으로 구분하는 것은 이전의 최현배(1937)로부터 형성된 관례를 따른 것이라고 볼 수 있다.

홍기문(1947) 비판

1. **명사형어미의 처리** 한국어 문법의 기술에 분석적 체계의 관점이 필요하다는 점은 앞에서도 여러 번 지적한 바 있다. 그러나 분석적 체계가 완전해지려면 그 전제 조건으로 명사형어미와 관형형어미, 그리고 선어말어미가 각각 단어로서의 자격을 인정받아야 한다.

다른 분석적 체계에 비해서 홍기문(1947)의 나아간 점은 명사형어미의 처리이다. 명사형어미 'ㅁ', '기'는 단어로서 명사의 일종인 '연체보조(명사연체)'라고 설명하고 있다.

관형형어미와 선어말어미는 홍기문(1947)에서도 아직 단어로서의 자격을 공식적으로 인정받지 못하지만, 이들이 시제와 존대법의 문법범주를 표시하는 생산적 요소라는 점을 고려하고 있다는 것은 확인할 수 있다. 관형형어미와 선어말어미는 홍기문이 '시간형'이라는 표제 하에 매우 주의 깊게 논의하고 있는 사항들이다.

시간형의 일부로 다루는 관형형어미는 명사형어미와 함께 내포절을 이끄는 단어로 규정하고, 시간형의 나른 요소들인 시간 선어말어미, 존칭형 '시'는 또 다른 단어 부류('굴질소')로 규정함으로써 홍기문(1947)의 체계를 완전한 분석적 체계의 문법 이론으로 수정하는 것이 가능할 것으로 본다. 이러한 수정 가능성이야말로 홍기문 문법의 우수성이다.

2. **명사 범주인 접두보조** 명사의 하위 범주로 설정한 '접두보조(명사보조)'는 흔히 관형사로 처리하는 예이다. '이, 그, 저, 이런, 그런, 저런'과 '새색시'의 '새', '홀애비'의 '홀'을 접두보조의 예로 들고 있다. '홀'을 단어 단위로 간주한 것은 오류이나, '이, 그, 저, 이런, 그런, 저런'을 위하여 관형사라는 범주를 따로 세우지 않고 명사의 하위 범주로 설정한 것은 참신한 발상이라고 하겠다. 현대적인 관점에서는 모든 범주가 보충어를 가질 수 있는데 관형사를 독립시키면 이 범주만이 보충어를 취할 수 없는 이유를 특별한 장치를 동원하여 설명해야 한다. 제4장의 필자의 대안적 문법에서도 이들을 명사로 취급한다.

보통의 명사와 달리 이들에 격조사가 결합할 수 없는 점은 어휘부에서 이들에 특별한 통사 자질을 부여하여 해결할 수 있다.

3. **시간형에 따른 접속사의 분류** 접속사를 시미정, 시이정, 시무용의 세 가지로 나누어 그 구체적인 예를 제시한 것은 한국어의 접속사(접속어미)에 대한 연구에 기여하는 바가 큰 것이다.

(6) '시미정'의 접속사

    가. 니, 드니, 앗드니, 겟스니; 거니, 려니, 니까, 거니와, 려니와, 며는/면드면, 려면, 고, 며, 다가/다, 나, 매, 되, 거든, 거늘;

    나. 만큼, 만치, 대로, 족족

(7) '시이정'의 접속사

    ㄴ즉, ㄴ들, ㄹ째, ㄹ쑤록, ㄹ망정

(8) '시무용'의 접속사

    라, 요, 아/어/야/여, 지, 지는/든, 지를/들, 게, 도록, 러, 고자

(6나)의 예들은 그대로는 접속사라고 할 수 없는 것들이다. '잘하는만큼'과 같이 '는'이 결합된 '는만큼'이 접속사 역할을 하는 것이다. '만치, 대로, 족족'도 '는'을 결합한 '는만치, 는대로, 는족족'이 접속사 역할을 한다. 문제는 '는과 같은 '시간형'이 (6나)의 예에 결합하는 문법적 절차는 한국어에 존재하지 않고, 홍기문 자신도 그와 같은 문법적 과정을 제시한 바 없음에도 (6나)와 같은 단위들을 접속사의 예로 제시했다는 것이다. 이러한 문법 기술은 실행가능성(feasibility)이 없는 기술로 배제되어야 한다.

(7)의 시이정의 접속사들은 'ㄴ'이나 'ㄹ'을 결합한 형식들을 접속사의 예로 제시한다. (6나)의 예들도 그와 같은 형식으로 제시했어야 한다.

4. 계사 '이'의 처리 주시경(1910)을 비롯하여 모든 분석적 체계의 문법가들이 계사 '이'를 조음소의 일종으로 인식하였음은 이미 말한 바 있다(2.2.1.4절 참조). 홍기문(1947)도 예외가 아니다. 홍기문 문법이 상당히 다양한 문법 현상에 대해서 혁신적 분석을 보였음에도 불구하고, 이 점에 대한 잘못된 판단으로 말미암아 근본적으로 혼돈에서 빠져나오지 못하게 되었다.

홍기문은 다음과 같은 예를 사유연체(명사) '기'를 가지는 예로 분석한다.

(9) 그 집이 다섯 간이기에

그는 계사 '이'를 조음소 정도의 단위로 간주하므로, 여기에서 명사인 사유연체는 '이기'이다. '다섯 간이기에'는 결국 '수사+명사+명사+후치사'의 연결로 분석될 수밖에 없다. 주격이 표시된 '그 집이'와 결합된 (9)의 예는 서술어로 '수사+명사+명사+후치사'의 단위를 가진다고 해야 한다. 그러나 한국어에 이와 같은 서술어는 인정할 수 없다. 이러한 모순적 상황은 '기'를 명사로 가정하고 '이'를 조음소 정도의 단위로 파악하였기 때문에 발생한 것이다. 그러므로 그 가정을 취소하지 않으면 안 된다.

또 다른 예로 다음을 살펴보자. 홍기문은 다음과 같은 예의 '줄'을 연체보조(명사) 중의 관계연체의 예라고 분석한다.

(10) 그 집이 다섯 간인 줄은

홍기문(1947)에서는 계사 '이'를 조음소 정도로 취급하므로, 이 역시 헤어나올 수 없는 모순적 상황에 빠지게 된다. 명사인 '간' 또는 '다섯 간' 뒤에 관형형어미('제1시간형')가 이어지는 것이다. '줄'은 명사의 하위 범주로서의 연체보조이니까 관형어의 수식을 받을 수 있다. 그러나 절이 명사를 수식할 때에 나타나는 관형형어미가 실현된 것은 '안'이 한 단위로서의 관형형어미여서가 아니고, 서술어인 단어 '이'가 있기 때문에 실현된 것일 뿐이다.

'이'는 당당히 서술어의 기능을 가지는 요소이고, (9)의 '기'와 (10)의 'ㄴ'은 '다, 니, 고, 며, 을, …'과 계열적으로 대립하는 요소인 것이다.

5. '는/ㄴ' 처리의 문제 '는/ㄴ' 또는 '느'를 보조어간/선어말어미로 분석하는 것은 최현배(1937) 이래의 한국어 문법 연구자들의 고질적인 문제점이다. 앞의 (2)에서는 홍기문(1947)의 제1시간형의 요소로 '는'과 '은'과 '을'이 있다고 하였다.

(2) 가. 제1시간형: '는', '은', '을'
　　나. 제2시간형: '었', '겠'
　　다. 존경형: '시'

(2가)의 요소들 중 '는'은 기본적으로 관형형의 '는'을 의도한 것이지만, 홍기문(1947: 145)에는 다음 예를 제1시간형 '는'의 예로 들고 있다. 이 '는'은 동사에만 붙여 쓰고 명사, 형용사, 부사 등에는 붙여 쓰지 못한다고 서술하고 있다(146쪽).

(10) 새를 잡는다/꽃을 꺽는다/내일은 새옷을 입는다/이다음에 조흔 집을 짓는다

이는 관형형의 '는'과 보조어간/선어말어미의 '는'을 혼동한 것이다. 두 경우의 '는'을 혼동하는 인식의 혼돈 상태는 생성문법 연구 초기의 송석중(1967)에도 그대로 유지된다. 남기심(1982)에서 이 문제에 대한 명확한 정리를 보인 바 있다.

송석중(1967) 이후로는 관형형의 '는'과 보조어간/선어말어미의 '는'을 혼동하는 연구자

들을 찾기 어렵다. 그러나 그 후로도 생성문법 연구자들의 대부분은 (10)의 '는'을 문법 형태소로 분석하는 최현배(1937)의 선례를 여전히 따르고 있음을 본다. 이러한 분석이 오류임은 3.2.3절에서 정밀하게 논증할 것이다.

2.3. 대안적 준종합적 체계와 대안적 분석적 체계

그러면, 우리 머릿속에 들어 있는 현대 한국어의 체계를 정확하게 반영하는 문법 체계, 바람직한 문법 체계는 어떤 것일까? 이제까지의 논의를 통하여 이러한 바람직한 문법 체계의 모습이 어느 정도 드러났다고 할 수 있다.

우선 종합적 체계는 받아들일 수 없다. 앞의 논의에서 든 다음 예들은 종합적 체계의 문제성을 단적으로 드러내 준다.

(1) 가. 철수와 인호만 왔다.
    나. 자리에 앉은 사람마다 휴대전화를 들고 있다.
(2) 가. 빨리만 했다.
    나. 날씨가 좋습니다그려.

그러므로 준종합적 체계와 분석적 체계의 두 가지로 접근해 볼 수 있다. 다음에서 분류론적 문법의 수준에서 대안적 준종합적 체계와 대안적 분석적 체계의 개요를 제시해 보기로 한다. 2.3.1절에서는 대안적 준종합적 체계의 문법을, 2.3.2절에서는 대안적 분석적 체계의 문법을 분류론적 문법의 관점 하에서 제시해 본다.

2.3.1. 대안적 준종합적 체계

A. 현대 한국어의 형태소 분류 체계

준종합적 체계는 활용을 인정한다. 그러므로 형태소는 어근과 파생접사와 굴절접사('활용어미')로 분류된다.

① **어근**
  - 명사 어근: 사람, 돌, 것, …
  - 동사 어근: 먹-, 잡-, …
  - 형용사 어근: 희-, 짧-, 아니-, 이-, …
  - 부사 어근: 매우, …
  - 관형사 어근: 이, 그, …
  - 감탄사 어근: 아, 아뿔싸, 이크, …
  - 조사 어근: -이/가, -은/는, -도, …

② **파생접사**: '먹이'의 '-이', '새빨갛다'의 '새-', '-이/히/리/기-', …

③ **굴절접사**:
  i) **어말어미**
   - 종결어미: -다, -냐, -어라, -자, …
   - 연결어미: -고, -으며, -어서, -더니, -을망정, …
   - 명사형어미: -음, -기, …
   - 관형사형어미: -은, -는, -을, -던, …
   - 부사형어미: -게, -도록, -으려고, -어/아, -지, -고, -다고, -느냐고, -으라고, -자고, …

  ii) **선어말어미**: 주체존대법 형태소 '-으시-'
      완료상 형태소 '-었-', 단속상 형태소 '-었었-'
      추정법 형태소 '-겠-'

B. 현대 한국어의 단어 분류 체계

다음과 같이 7품사 체계로 기술할 수 있다. '이다'와 '아니다'를 형용사 범주에 포함하였다는 점에 주의해야 한다.

① 명사: 사람, 돌, 것, 산사람, 돌다리, …/나, 너, 그, 그대, …/하나, 둘, 첫째, 둘째, 삼백오십구, 칠만사천구백구십구, …
② 동사: 먹다, 잡다, 먹히다, 오가다, 뛰어가다, …
③ 형용사: 희다, 짧다, 새하얗다, 맛있다, 아니다, 이다, …
④ 부사: 매우, 드문드문, …
⑤ 관형사: 이, 그, 헌, 해당, …
⑥ 감탄사: 아, 아뿔싸, 이크, …
⑦ 조사: -이/가, -을/를, -에, -으로, -와/과, -은/는, -도, -만, …

C. 현대 한국어의 구 분류 체계

관형사구, 감탄사구는 존재하지 않는다. 의존 형식의 단어인 조사는 '조사구'를 이룰 수 있으나('철수가', '철수에게', '철수와', '철수도' 등) 분류론적 문법의 관례를 따라 이들을 '명사구'로 처리한다.

① 명사구: 철수의 아들, 책 세 권, 먼 그대, 그 중의 하나, 철수와 인호, 철수랑 인호랑, …
② 동사구: 빨리 뛴다, 서울로 갔다, …
③ 형용사구: 매우 착하다, 철수보다 뛰어나다, …
④ 부사구: 엄마와 함께, 소리도 없이, …

D. 현대 한국어의 절('마디') 분류 체계

준종합적 체계 문법들에 대한 비판에 따라 보조용언 구문은 부사절을 내포한 복합문으로 처리된다. 또한 최현배(1937) 등에서 풀이마디(용언절)로 간주하던 이중주어문의 한 구성성분은 절로서의 자격을 인정하지 않음에 따라 다음의 어느 하위 범주에도 포함하지 않는다.

① 명사절: <u>마음이 맑기가</u> 얼음과 같다/나는 <u>너의 마음이 안정되기를</u> 기다린다/
  <u>그대가 있음</u>에 내가 있네.
② 관형절: <u>소리가 아름다운</u> 새가 울고 있다.
③ 부사절: 아름다운 꽃이 <u>눈이 부시게</u> 피어 있다/<u>칼이 잘 들도록</u> 갈아라/인호는 <u>e 철수를 만나려고</u> 노력했다/시도했다/인호는 <u>e 철수를 믿어</u> 보았다/인호는 <u>철수가 우수하다고</u> 생각했다/말했다.
④ 접속절(선행절과 후행절): <u>저것은 붓이요</u> 이것은 먹이다/<u>쇠는 무겁고</u> 깃털은 가볍다/<u>나비는 춤추고</u> 새는 노래하오/<u>미친 바람이 한참 불더니</u> 궂은 비가 또 오는구나/<u>봄이 오니</u> 꽃이 피오.

부사절의 예에서 'e'는 주어가 생략된 것을 표시한다. 보조용언 구문과 일부 연결어미(여기에서는 '-으려고')를 가지는 구문이 부사절을 내포한 문장으로 파악되었다.

E. 현대 한국어의 문장('월') 분류 체계

단순문의 마지막 예로 든 '매미는 소리가 맑다'는 이른바 이중주어문으로서, 김두봉(1916), 최현배(1937)에서 '풀이마디를 포함하는 겹월', 즉 단순문이 아닌 복합문으로 규정했던 문장이다. 이 문장을 복합문으로 분석하는 것이 타당하지 않다는 점은 앞에서 밝힌

바 있다.[108]

1) **단순문**: 봄이 한창이다/나비가 꽃 속에서 날아다닌다/가루와 물이 반죽이 되었다/매미는 소리가 맑다.
2) **복합문**
   i) **접속문**: 거룩한 사람은 누구이며 나는 누구냐/달은 밝고 별은 드물다/바람은 잠잠하고 달은 솟아오른다/미친 바람이 한참 불더니 궂은 비가 또 오는구나/비가 와서 땅이 질다.
   ii) **내포문**
   ① **명사절내포문**: 마음이 맑기가 물과 같다/나는 네가 마음이 안정되기를 기다린다/그대가 있음에 내가 있네.
   ② **관형절내포문**: 뜻이 굳은 사람은 어려움을 넉넉히 견딘다/범이 있는 수풀은 깊다.
   ③ **부사절내포문**: 발이 빠르게 걸어라/칼이 잘 들도록 갈아라/아름다운 꽃이 눈이 부시게 피어 있다/인호는 철수를 만나려고 노력했다/시도했다/인호는 철수를 믿어 보았다/인호는 철수가 우수하다고 생각했다/말했다.

F. 어미 분류 체계와 문장 분류 체계의 대응

분류론적 문법의 한도 내에서 바람직한 한국어 문법은 어미 분류 체계와 문장 분류 체계가 내응되는 사실을 설명할 수 있어야 한다. 이 대응의 사실을 보이기 위하여 먼저 어미, 특히 어말어미의 분류 체계를 다음과 같이 제시한다.

1) 어말어미의 분류 체계

- 종결어미: **평서형**: -다, -구나
  - **의문형**: -니, -냐
  - **명령형**: -어라
  - **청유형**: -자
- 비종결어미: **연결어미**: -고, -으며, -어서, -더니, -을망정, …
  - 전성어미: **명사형어미**: -음, -기, …
    - **관형사형어미**: -은, -는, -을, -던, …
    - **부사형어미**: -게, -도록, -어/아, -지, -고, -다고, -느냐고, -으라고, -자고, …

다음으로, 문장의 분류 체계를 다음과 같이 제시한다.

---

108 최현배 문법에 대한 비판인 2.2.2절과 김두봉 문법에 대한 비판인 2.2.5.2절을 참고하기 바람.

2) 문장의 분류 체계

- (서법을 기준으로) **평서문**: 날씨가 좋다.
  - **의문문**: 날씨가 좋니?/날씨가 좋냐?
  - **명령문**: 네가 가라.
  - **청유문**: 우리가 가자.
- 비종결어미: ─ 연결어미: **접속문**: 비가 오고 바람이 분다/일기도 궂으며 마음도 심란하다/
  (내부 구조   비가 와서 땅이 질다/검은 구름이 몰려오더니 천둥까지
  를 기준으로)   쳤다/내가 떠날망정 너를 잊지는 않겠다, …
  └ 전성어미: ─**명사절내포문**: 마음이 맑기가 물과 같다/
                            나는 네가 마음이 안정되기를 기다린다.
                관형절내포문: 뜻이 굳은 사람은 어려움을 넉넉히 견딘다/
                            범이 있는 수풀은 깊다.
                부사절내포문: 아름다운 꽃이 눈이 부시게 피어 있다/칼이 잘
                            들도록 갈아라/인호는 철수를 믿어 보았다/인
                            호는 철수가 우수하다고 생각했다/말했다.

1)과 2)를 비교함으로써 둘 사이의 구조적 대응 관계를 확인해 볼 수 있다.

2.3.2. 대안적 분석적 체계

A. 현대 한국어 형태소 분류 체계

분석적 체계에서는 굴절접사가 인정되지 않으므로, 한국어의 모든 형태소는 어근 아니면 파생접사로 귀속된다. '조사 어근, 종결사 어근, …' 등은 음운론적 의존성을 가지는 문법 요소들로서, 이러한 것을 의존사(clitic: 접어)라고 한다.

① **어근** 명사 어근: 사람, 돌, 것, …
    동사 어근: 먹-, 잡-, …
    형용사 어근: 희-, 짧-, 아니-, 이-, …
    부사 어근: 매우, 잘, 그리고, 그래서, 또, 및, …
    관형사 어근: 이, 그, 헌, …
    감탄사 어근: 아, 아뿔싸, 이크, …
    조사 어근: -이/가, -은/는, -도, …
    종결사 어근: -다, -냐, -어라, -자, …
    접속사 어근: -고, -으며, -어서, -더니, -을망정, …

관형화사 어근: -은, -는, -을, -던, …
       부사화사 어근: -게, -도록, …
       명사화사 어근: -음, -기, …
       굴절사 어근: 주체높임 굴절사 어근 '-으시-'
       완료상 굴절사 어근 '-었-', 단속상 굴절사 '-었었-'
       추정법 굴절사 어근 '-겠-'
 ② **파생접사**: '먹이'의 '-이', '새빨갛다'의 '새-', -이/히/리/기-, …

 준종합적 체계에서 어미, 즉 굴절접미사로 처리되는 문법 요소들이 이 체계에서는 당당한 단어 단위로 인정된다. 종결어미는 단어로서의 종결사, 접속어미는 단어로서의 접속사, 관형사형어미는 단어로서의 관형화사, 명사형어미는 단어로서의 명사화사라는 명칭을 부여받았다. 과거의 분석적 체계의 문법에서 단어 단위로 다루어지지 않았던 선어말어미도 어말어미와 다름없이 단어로 취급된다. 다만 준종합적 체계의 문법에서 선어말어미로 다루어지던 '-는-'이나 '-더-', '-습'은 이어지는 요소와 결합하여 한 단어를 이루는 것으로 보았다.

B. 현대 한국어의 단어 분류 체계

다음과 같이 13품사 체계로 기술할 수 있다. 그러나 준종합적 체계에서 어말어미로 처리되는 단위들인 종결사, 접속사, 관형화사, 부사화사, 명사화사의 5개 품사는 하나의 품사('문말사' 정도의 명칭으로)로 묶을 수도 있다.

① 명사: 사람, 돌, 것, 산사람, 돌다리, …/나, 너, 그, 그대, …/하나, 둘, 첫째, 둘째, 삼백오십구, 칠만사천구백구십구, …
② 동사: 먹-, 잡-, 먹히-, 오가-, 뛰어가-, …
③ 형용사: 희-, 짧-, 새하얗-, 맛있-, 아니-, 이-, …
④ 부사: 매우, 드문드문, …
⑤ 관형사: 이, 그, 헌, 해당, …
⑥ 감탄사: 아, 아뿔싸, 이크, …
⑦ 조사: -이/가, -을/를, -에, -으로, -와, -은/는, -도, -만, …
⑧ 종결사: -다, -냐, -어라, -자, …
⑨ 접속사: -고, -으며, -어서, -더니, -을망정, …
⑩ 명사화사: -음, -기, …
⑪ 관형화사: -은, -는, -을, -던, …
⑫ 부사화사: -게, -도록, -으려고, -어/아, -지, -고, -다고, -느냐고, -으라고, -자고, …

⑬ 굴절사: -으시-, -었-, -겠-, -었었-, -으시었-, -었겠-, -으시었겠-, …

C. 현대 한국어의 구 분류 체계

관형사구, 감탄사구는 존재하지 않는다. 의존 형식의 단어들 '조사', '종결사', '접속사', '관형화사', '부사화사', '명사화사', '굴절사'의 구 역시 존재하지 않는 것으로 볼 수 있다.

① 명사구: 철수의 아들, 책 세 권, 먼 그대, 그 중의 하나, 철수와 인호, 철수랑 인호랑, …
② 동사구: 빨리 뛰-, 서울로 가-, …
③ 형용사구: 매우 착하-, 철수보다 뛰어나-, …
④ 부사구: 엄마와 함께, 소리도 없이, …

'철수와 인호가 왔다'와 같은 예를 접속문으로 분석하는 방법은 받아들이지 않는다. 이러한 예문은 명사구를 주어로 가지는 단순문으로 판정한다.

D. 현대 한국어의 절('마디') 분류 체계

절의 유형이 문법 요소인 단어들에 의해 표시되는 점이 한국어 문법의 핵심적 특징이다. 명사화사에 의해 이끌리는 절이 명사절, 관형화사에 의해 이끌리는 절이 관형절, 부사화사에 의해 이끌리는 절이 부사절, 접속사에 의해 이끌리는 절이 선행절인 접속절이다.

① 명사절: <u>마음이 맑기</u>가 얼음과 같다/나는 <u>너의 마음이 안정되기</u>를 기다린다/<u>그대가 있음</u>에 내가 있네.
② 관형절: <u>소리가 아름다운</u> 새가 울고 있다.
③ 부사절: 아름다운 꽃이 <u>눈이 부시게</u> 피어 있다/인호는 <u>e 철수를 믿어</u> 보았다/인호는 <u>e 철수를 만나려고</u> 노력했다/시도했다./인호는 <u>철수가 우수하다고</u> 생각했다/말했다.
④ 접속절(선행절과 후행절): <u>저것은 붓이요</u> 이것은 먹이다/<u>쇠는 무겁고</u>깃털은 가볍다/<u>나비는 춤추고</u> 새는 노래하오/<u>미친 바람이 한참 불더니</u> 궂은 비가 또 오는구나/<u>봄이 오니</u> 꽃이 피오.

부사절의 예에서 'e'는 주어가 생략된 것을 표시한다. 보조용언 구문을 중심으로, B의 부사화사를 가지는 구문이 부사절을 내포한 문장으로 파악되었다.

E. 현대 한국어의 문장('월') 분류 체계

김두봉(1916), 최현배(1937)의 '풀이마디를 포함한 겹월' 처리 방안을 비판한 결과로, 대안적 체계에서는 이중주어문을 단순문의 하나로 포함하게 된다.

1) **단순문**: 봄이 한창이다/나비가 꽃 속에서 날아다닌다/가루와 물이 반죽이 되었다/
  매미는 소리가 맑다.
2) **복합문**
   i) **접속문**: 거룩한 사람은 누구이며 나는 누구냐/달은 밝고 별은 드물다/바람은 잠잠하고 달은
     솟아오른다/미친 바람이 한참 불더니 궂은 비가 또 오는구나/비가 와서 땅이 질다.
   ii) **내포문**
     ① **명사절내포문**: 마음이 맑기가 물과 같다/나는 네가 마음이 안정되기를 기다린다/
        그대가 있음에 내가 있네.
     ② **관형절내포문**: 뜻이 굳은 사람은 어려움을 넉넉히 견딘다/범이 있는 수풀은 깊다.
     ③ **부사절내포문**: 발이 빠르게 걸어라/칼이 잘 들도록 갈아라/인호는 철수를 만나려고
        노력했다/시도했다/인호는 철수를 믿어 보았다/인호는 철수가 우수하
        다고 생각했다/말했다.

F. 문법 요소 단어의 분류 체계와 문장 분류 체계의 대응

분류론적 문법의 한도 내에서 바람직한 한국어 문법은 어미 분류 체계와 문장 분류 체계가 대응되는 사실을 설명할 수 있어야 한다. 이 대응의 사실을 보이기 위하여 먼저 문법 요소인 단어들의 분류 체계를 다음과 같이 제시한다.

1) **문법 요소 단어들의 분류 체계**
   - **종결사**: **평서법**: -다, -구나
     - **의문법**: -니, -냐
     - **명령법**: -어라
     - **청유법**: -자
   - **접속사**: -고, -으며, -어서, -더니, -을망정, …
   - **내포절 표지**:
     - **명사화사**: -음, -기, …
     - **관형화사**: -은, -는, -을, -던, …
     - **부사화사**: -게, -도록, -어/아, -지, -고, -다고, -느냐고, -으라고, -자고, …

다음으로, 문장의 분류 체계를 다음과 같이 제시한다.

2) 문장의 분류 체계

- (서법을 기준으로) **평서문**: 날씨가 좋다.
  - **의문문**: 날씨가 좋니?/날씨가 좋냐?
  - **명령문**: 네가 가라.
  - **청유문**: 우리가 가자.
- (내부 구조를 기준으로)
  - **접속문**: 비가 오고 바람이 분다/일기도 궂으며 마음도 심란하다/비가 와서 땅이 질다/검은 구름이 몰려오더니 천둥까지 쳤다/내가 떠날망정 너를 잊지는 않겠다
  - **내포문**:
    - **명사절내포문**: 마음이 맑기가 물과 같다/ 네가 마음이 안정되기를 기다린다
    - **관형절내포문**: 뜻이 굳은 사람은 어려움을 넉넉히 견딘다/ 범이 있는 수풀은 깊다
    - **부사절내포문**: 아름다운 꽃이 <u>눈이 부시게</u> 피어 있다/<u>칼이 잘 들도록</u> 갈아라/인호는 <u>철수를 믿어</u> 보았다/인호는 <u>철수가 우수하다고</u> 생각했다/말했다

1)과 2)를 비교하면 둘 사이의 구조적 대응 관계가 드러남을 알 수 있다.

이상에서 준종합적 체계와 분석적 체계에 따른 분류론적 문법의 가장 바람직한 기술을 대안으로 제시해 보았다. 그러나 분류론적 문법의 근본적인 문제점은 귀환성을 인식하지 못한 것이다. 귀환성은 생성 규칙들의 체계로만 기술될 수 있다. 다음 장에서 이에 대해 자세히 논하고자 한다.

| 제3장 |

가설연역적 문법 I: 표준이론, 원리매개변인 이론, 최소주의

    분류론적 문법의 근본적인 문제점은 인간 언어 문장이 가지는 귀환성을 인식하지 못한 것이라고 하였다. 귀환성을 이론으로 포착하는 가장 효과적인 방법은 대수학(algebra)의 수식으로 구나 문장의 구조를 나타내는 것이다. 대수학의 검증 방법으로 구체적인 문장의 생성 질차를 보이는 것이 생성문법 이론의 득성이다.

    제2장에서는 분류론적 문법의 대표적인 문법서들을 들어 이들에 대한 요약과 비판 작업을 보였다. 이 장에서는 먼저 생성문법의 전반기의 방법론이라 할 수 있는 표준이론의 문법 이론들에 대해 요약과 비판 작업을 보이고(3.3절), 다음으로 후반기의 방법론이라고 할 수 있는 원리매개변인 이론(3.4절)과 최근까지의 최소주의 통사론의 시도들(3.5절)을 비판적으로 소개하려고 한다. 현대 한국어의 문법 현상에 대한 완전한 기술 방안을 제시한 대표적 이론들을 선별하여 요약과 비판 작업을 진행할 것이다.[109] 기존의 생성문법적 연구들을 비판적으로 검토한 결과로 얻어지는 필자 자신의 한국어 문법 기술의 체계는 장을 바꾸어 제4장에서 제시할 것이다.

    3.1절에서는 분류론적 방법과 가설연역적 방법의 차이를 설명하기로 한다. 3.2절에서는

---

[109] 생성문법적 연구를 표방하는 문법서들이나 입문서들이 언제나 '완전한 기술 방안을 제시한 이론'의 부류에 드는 것은 아니다. 생성문법적 논의 중에는 귀환성의 본질을 이해하지 못하는 것들도 있고, 촘스키(Noam Chomsky)의 변화하는 이론들에 대해 이해하고 그 기본 원리를 소개하면서도 한국어의 모든 구문 현상에 대한 기술 방안을 가지고 있지 못하는 것들도 있다. 이 장에서 소개하고 요약·논평하는 문법 이론들은 이러한 요건들을 상대적으로 충족하는 것들이다.

귀환성을 포착하는 첫 번째 시도를 보일 것이다. 아울러 과학적 이론으로서의 문법 이론에 요구되는 여러 가지 요건들을 제시하여 논하고, 한국어의 구체적인 사례를 통하여 검토해 본다. 3.3절에서는 표준이론의 방법론으로 한국어 문법의 기술을 시도한 연구들을 비판적으로 검토한다. 3.4절에서는 원리매개변인 이론의 방법론으로 한국어 문법의 기술을 시도한 연구들을 비판적으로 검토한다. 3.5절에서는 최소주의 통사론의 정신에서 한국어 생성문법의 문제들을 새롭게 해결하고자 하는 시도들을 소개하고 비판한다. 최소주의 통사론은 생성문법 연구의 가장 최근의 방법론적 시도이지만, 2024년 현재까지도 아직 실험적 시도를 계속하는 중이고, 완성된 표준적 이론 체계가 주어지지는 않았다. 이 책에서의 한국어 생성문법의 대안은 원리매개변인 이론의 틀을 유지한 것이다. 제4장에서 그 전모를 보이기로 한다.

3.1. 분류론적 문법에서 가설연역적 문법으로

'문법단위'의 개념을 설명한 2.1.1절에서는 형태론적 구성과 통사론적 구성을 구별하면서, 전자가 유한수임에 비해 후자가 무한수라는 특징을 가진다고 지적한 바 있다. 통사론적 구성, 즉 구와 절과 문장은 그 길이에 있어서 무한하며, 따라서 이론적으로 무한수의 구와 절과 문장을 만들어낼 수 있다. (1)은 명사구의 무한성을 예시하고 (2)는 명사절의 무한성을 예시하며 (3)은 문장, 특히 접속문의 무한성을 예시한다.

(1) 나의 아들, 나의 아들의 아들, 나의 아들의 아들의 아들,…
(2) 비가 왔음, 비가 왔음을 철수가 관찰했음, 비가 왔음을 철수가 관찰했음을 인호가 보고했음, 비가 왔음을 철수가 관찰했음을 인호가 보고했음을 영수가 말했음,…
(3) 철수가 오고 인호가 왔다, 철수가 오고 인호가 오고 영수가 왔다, 철수가 오고 인호가 오고 영수가 오고 순희가 왔다,…

뒤에서 구체적으로 알아보겠지만, 이러한 구, 절, 문장의 무한성은 인간 언어의 문법이 귀환성(recursiveness)을 가지는 규칙 체계라는 점으로부터 말미암는 것이다. 문법이 귀환적 체계라는 점은 생성문법의 근본 명제이다. 생성문법의 방법론을 가설연역적 방법론이라고 말하는데, 이는 귀환적 체계로서의 문법을 기술하기 위한 필연적인 방법론인 것이다.

최현배(1937)의 문장성분론에 기반한 생성 체계의 가능성 검토

생성문법은 그 명칭이 나타내 주는 것처럼 문장의 생성을 기술하고 설명하는 것을 그 이론적 활동의 목적으로 상정하고 있다. 생성문법의 체계는 귀환성을 전제한다. 즉, 생성문법의 체계는 귀환적 규칙을 그 필수 요소로 가진다. 전통문법, 구조문법의 분류론적 방법론은 그 본질상 귀환적 규칙을 수용하지 못한다. 분류론적 문법 이론은 이 점에 있어서 근본적인 한계를 가지고 있다.

한국어에 대한 분류론적 문법의 대표적인 문법서인 『우리말본』이 구, 절, 문장의 무한성을 어떻게 설명할 것인지 생각해 보자. 『우리말본』의 문법 체계 내에 '문장의 생성'을 포착할 수 있는 명시적 개념이나 이론적 장치는 존재하지 않는다.[110] 그러나 『우리말본』의 제3편('세째 매')인 '월갈'에는 문장의 구성성분들의 확대 방법을 논의하고 있어, 생성의 개념에 대한 의식이 맹아의 상태로나마 감지된다고 볼 수도 있다. '월갈'에는 구성성분을 확대하는 방법으로 다음 7가지를 고려하고 있다.

(4) 『우리말본』 '월갈'의 구성성분 확대 방법
  1) 주어에 의한 확대
  2) 목적어에 의한 확대
  3) 보어에 의한 확대
  4) 관형어에 의한 확대
  5) 부사어에 의한 확대
  6) 독립어에 의한 확대
  7) 동위병치에 의한 확대(최현배 1971: 790-797쪽)

'7)'을 제외하고는 이들은 모두 전통문법의 '문장성분' 개념들이다. '월갈'에서는 주어의 성립('임자말의 되기'), 목적어의 성립('부림말의 되기'), …과 같이 단어들이 결합하여 주어, 목적어 등의 문장성분으로 성립되는 예를 구체적으로 살펴보고 있다. 각 문장성분들이 성립된 다음에는 서로 다른 문장성분들이 서로 결합하여 더 큰 구성성분으로 확대되는 것으로 생각하고 있다.

위 (4)의 마지막 항목 '7)동위병치에 의한 확대'에 주목하기로 하자. '월갈'에는 동위병치에

---

110 이 점이 분류론적 문법이 가지는 문제성의 본질이다. 이하에서는 분류론적 문법의 대표적인 문법서인 『우리말본』을 예로 들어서 '생성'을 위한 명시적 개념이나 이론적 장치로 무엇이 결여되어 있는지를 보이려고 한다.

의한 확대를 확대의 한 방법으로 명시하고 있다. (5가, 나)와 같은 명사구 접속, (5다, 라)와 같은 동사의 연결, (5마, 바)와 같은 관형어의 연결, (5사)와 같은 독립어의 연결을 '동위병치'의 예로 들고 있다.

(5) 가. 덕수가 종이, 붓, 벼루를 가지고 온다.
    나. 덕수가 종이와 붓과 벼루를 가지고 온다.
    다. 가을 하늘이 맑고 높다.
    라. 아이가 가면서 노래한다.
    마. 저 새 집이 누구의 집이오?
    바. 주 선생의 일생의 저술
    사. 아, 참, 달도 밝다.

그러면, (4)에 제시한 7가지 방법으로 한국어의 모든 문장을 생성할 수 있을까? 필자는 지금 '생성'이란 용어를 사용하였다. 이는 『우리말본』의 체계 안에 무한수의 한국어 문장을 생성하는 방법이 갖추어져 있다면 『우리말본』이 생성문법 이론으로 발전할 잠재성을 가지고 있다고 해석할 수도 있으므로, 그러한 가능성을 점검해 보고자 하는 것이다. 결론적으로, (4)의 7가지 방법 그대로는 모든 한국어 문장을 생성할 수 없다.

몇 가지 조정이 필요하다. 우선, 7)의 '동위병치'에는 문장 접속도 포함해야 한다.[111] 본동사와 보조동사의 연결도 '동위병치'의 한 작용으로 포함할 수 있겠다.[112] 또, '철수와 인호가'처럼 명사구 '철수와 인호'에 조사 '가'가 결합하는 것도 '확대'의 한 절차로 인정해야 한다.[113] 여기에 더하여, 서술어인 단어를 처음 도입하는 것도 '확대'의 한 절차로 인정하기로 한다.[114]

(6) 수정된 『우리말본』 '월갈'의 확대 방법
    ① 서술어에 의한 확대(=서술어의 도입)
    ② 주어에 의한 확대
    ③ 목적어에 의한 확대

---

[111] 『우리말본』에서 문장 접속은 병렬문('벌린월') 만들기와 연합문('이은월') 만들기의 두 가지 방법이 있다. 이러한 문장 접속을 동위병치의 하나로 포함하지는 않았다는 것은 분명하다.
[112] 『우리말본』에서 본용언과 보조용언의 결합을 동위병치의 하나로 포함하지는 않는다는 점 역시 분명하다.
[113] 명사구에 부사격조사 외의 조사가 결합한 단위를 명사구('체언구)로 간주하는 것이 『우리말본』의 관점이라고 할 수 있다. 명사구에 부사격조사가 결합한 단위는 부사구로 본다. 그러나 최현배가 이러한 결합 절차를 확대의 한 방법이라고 명시적으로 서술한 것은 아니다.
[114] 물론 최현배가 이 절차를 확대 또는 생성의 한 방법이라고 명시적으로 서술한 것은 아니다.

④ 보어에 의한 확대
⑤ 관형어에 의한 확대
⑥ 부사어에 의한 확대
⑦ 독립어에 의한 확대
⑧ 동위병치에 의한 확대
⑨ 조사에 의한 확대

구체적인 문장 "철수가 순희를 사랑한다."는 다음과 같은 방법으로 확대된 것이라고 설명할 수 있다.[115]

(7) "철수가 순희를 사랑한다."의 생성

사랑한다	동사	(⇐ ①)
순희+를	명사구	(⇐ ⑨)
순희+를+사랑한다	동사구	(⇐ ③)
철수+가	명사구	(⇐ ⑨)
철수+가+순희+를+사랑한다	문장	(⇐ ②)

접속문 "철수가 순희를 사랑하고 인호가 영미를 사랑한다."나 내포문 "나는 철수가 순희를 사랑함을 깨달았다."도 (6)의 9가지 확대 방법을 활용하여 생성해 낼 수 있다.

(8) "철수가 순희를 사랑하고 인호가 영미를 사랑한다."의 생성

철수+가+순희+를+사랑하고	문장	(⇐ ①, ⑨, ③, ⑨, ②)
인호+가+영미+를+사랑한다	문장	(⇐ ①, ⑨, ③, ⑨, ②)
철수+가+순희+를+사랑하고+인호+가+영미+를+사랑한다	문장	(⇐ ⑧)

(9) "나는 철수가 순희를 사랑함을 깨달았다."의 생성

철수+가+순희+를+사랑함	문장	(⇐ ①, ⑨, ③, ⑨, ②)
철수+가+순희+를+사랑함+을	문장	(⇐ ⑨)
철수+가+순희+를+사랑함+을+깨달았다	동사구	(⇐ ③)
나+는	명사구	(⇐ ⑨)
나+는+철수+가+순희+를+사랑함+을+깨달았다	문장	(⇐ ②)

---

115 앞으로 자주 쓰이게 될 '(⇐ A)'와 같은 형식은 규칙 또는 원리인 A가 적용되어 왼쪽의 결과(기호열과 그 통사 범주)가 나타났음을 표시하는 것이다.

(7)-(9)는 한국어에 대한 생성문법적 설명 방법을 최대한 간략하게 예시한 것이다. 조금 더 엄밀하게 설명하기 위해서는, (7)-(9)의 세 문장뿐 아니라, 그 외의 무한수의 한국어 문장들 모두를 생성하고, 부적격한 문장은 생성되지 않도록 여러 가지 제약들의 체계를 정비해야 한다.

구성성분들의 결합의 방법들과, 결합에 관한 제약들의 체계가 생성문법이다. 결합의 방법들과 제약들을 규칙 체계나 원리의 체계로 제시한 것이 가설로서의 문법 이론이다. 그러므로 생성문법 이론은 가설로서의 문법 이론이고, 구체적인 생성문법의 연구는 구체적인 문장 자료를 통하여 이 가설을 검증하는 작업이다. 생성문법의 방법론이 가설연역적 방법론이라고 하는 것은 이 때문이다.

『우리말본』에 입각한 (6)과 같은 '확대 규칙'들의 근본 문제

『우리말본』 및 이에 입각한 (6)의 확대 규칙들은 '준종합적 체계'에 따른 한계를 가진다.[116] 이를 다음과 같이 요약할 수 있다.

▶ 1) 어미는 통사 단위로 분석되어야 한다: '사랑한다', '사랑함', '사랑하고'는 각각 '사랑하-'와 '-ㄴ다', '사랑하-'와 '-ㅁ', '사랑하-'와 '-고'로 분석되어야 한다. '-ㄴ다'와 '-ㅁ'과 '-고'는 각각 독립된 통사 단위로 분석되어야 한다. 이렇게 분석하지 않은 (6)의 확대 규칙들(특히 ①)은 근본적으로 오류이다.
▶ 2) 보조어간은 통사 단위로 분석되어야 한다: '1)' 외에 '준종합적 체계'에 따른 한계로 지적할 점은, '-으시-, -었-, -었었-, -겠-' 등을 독립된 통사 단위로 분석하지 않았다는 점이다. 물론 보조어간으로 처리한 강세보조어간 '-뜨리-', 사동보조어간 '-이/히/리/기-', 피동보조어간 '-이/히/리/기-'는 파생접사의 일부로 처리되어야 한다.

1)과 2)의 문제점들은 『우리말본』에 대해 비판하는 자리(2.2.2절)에서 자세히 논한 바 있다. '확대 규칙'과 관련하여 이들이 가지는 문제는 분명하다. (6)의 ①-⑨의 확대 방법들 중에서 1)의 어미('어말어미')와 2)의 보조어간('선어말어미')을 직접 도입할 수 있는 방법은 없다. '①서술어에 의한 확대'가 어미나 보조어간을 도입할 수 있는 유일한 방법인데, 어미나 보조어간은 확대에 의해 직접 도입되는 통사 단위가 아니고, 통사 단위인 '서술어'의 일부로

---

[116] 한국어 전통문법의 분류 체계들이 최현배(1937)를 대표로 하는 준종합적 체계, 주시경(1910)을 대표로 하는 분석적 체계, 정렬모(1946)을 대표로 하는 종합적 체계의 3대 유형으로 나누어진다는 점을 앞 장에서 자세히 살펴보았다.

도입될 뿐이다.

　그러니까 한국어의 모든 서로 다른 문장 형식들을 생성할 수 있기 위해서는 ①-⑨의 확대 방법은 불완전하다. 어말어미나 선어말어미를 가진 한국어 용언의 모든 '활용형'들을 생성하는 확대 방법이 ①-⑨에 추가되어야 한다. 수정된 확대 방법을 (6)′으로 제시한다.

(6)′ 재수정된 『우리말본』 '월갈'의 확대 방법
　① 서술어에 의한 확대(=서술어의 도입)
　② 주어에 의한 확대
　③ 목적어에 의한 확대
　④ 보어에 의한 확대
　⑤ 관형어에 의한 확대
　⑥ 부사어에 의한 확대
　⑦ 독립어에 의한 확대
　⑧ 동위병치에 의한 확대
　⑨ 조사에 의한 확대
　⑩ 서술어 형성: '용언 어간+(보조어간)+어미'의 형식으로 서술어를 형성한다.

이 수정된 확대 방법에 따라 위 (7), (8), (9)의 절차를 보이면 다음과 같다.

(7)′ "철수가 순희를 사랑한다."의 생성
　사랑하+ㄴ다　　　　　　　　　　　동사(활용형) (⇐ ⑩)
　사랑한다　　　　　　　　　　　　　동사　　 (⇐ ①)
　순희+를　　　　　　　　　　　　　명사구 (⇐ ⑨)
　순희+를+사랑하+ㄴ다　　　　　　　동사구 (⇐ ③)
　철수+가　　　　　　　　　　　　　명사구 (⇐ ⑨)
　철수+가+순희+를+사랑하+ㄴ다　　　문장　　 (⇐ ②)
(8)′ "철수가 순희를 사랑하고 인호가 영미를 사랑한다."의 생성
　사랑하+고　　　　　　　　　　　　　　　　동사(활용형) (⇐ ⑩)
　사랑하+ㄴ다　　　　　　　　　　　　　　　동사(활용형) (⇐ ⑩)
　철수+가+순희+를+사랑하+고　　　　　　　　문장 (⇐ ①, ⑨, ③, ⑨, ②)
　인호+가+영미+를+사랑하+ㄴ다　　　　　　　문장 (⇐ ①, ⑨, ③, ⑨, ②)
　철수+가+순희+를+사랑하고+인호+가+영미+를+사랑하+ㄴ다　문장 (⇐ ⑧)
(9)′ "나는 철수가 순희를 사랑함을 깨달았다."의 생성
　사랑하+ㅁ　　　　　　　　　　　　　　　　동사(활용형) (⇐ ⑩)

깨달+았+다	동사(활용형)	(⇐ ⑩)
철수+가+순희+를+사랑하+ㅁ	문장	(⇐ ①, ⑨, ③, ⑨, ②)
철수+가+순희+를+사랑하+ㅁ+을	문장	(⇐ ⑨)
철수+가+순희+를+사랑하+ㅁ+을+깨달+았+다	동사구	(⇐ ③)
나+는	명사구	(⇐ ⑨)
나+는+철수+가+순희+를+사랑하+ㅁ+을+깨달+았+다	문장	(⇐ ②)

(7)′-(9)′를 검토해 보면 '사랑하+ㄴ다', '사랑하+고', '사랑하+ㅁ', '깨달+았+다'의 활용형을 한 서술어 단위로 생성하기 위해서는 어미나 보조어간의 하위 범주가 주어져야 하고, 이 하위 범주의 성격에 따라 용언 어간과 어미, 또는 보조어간의 결합 여부가 결정된다는 것을 알 수 있다. 다시 말하면, ⑩의 확대 방법은 단일한 절차가 아니고, 용언 어간, 어미, 보조어간 각각의 성격에 따라 결합 가능 여부가 결정되는, 복합적 절차인 것이다.

위 논의는 문법단위들을 결합하여 문장을 생성하는 절차를 체계적으로 기술하는 데에 최현배(1937)의 준종합적 체계가 적합하지 않다는 점을 보여준다. 분석적 체계, 특히 명사형 어미들은 물론, 보조어간들도 각각 통사 단위(단어)로 가정하는 2.4.2절의 '대안적 분석적 체계'가 문장 생성의 절차를 체계적으로 기술하는 데에 적합하다.

이 점을 (7), (8), (9)의 문장들의 생성 절차를 통해 확인할 수 있다. 우선 ⑩의 확대 방법은 달리 기술해야 한다. 확대 방법들 전체를 제시하면 다음과 같다.[117]

(6)″ 대안적 분석적 체계에 따른 확대 방법
　① 서술어에 의한 확대
　② 주어에 의한 확대
　③ 목적어에 의한 확대
　④ 보어에 의한 확대
　⑤ 관형어에 의한 확대
　⑥ 부사어에 의한 확대
　⑦ 독립어에 의한 확대
　⑧ 동위병치에 의한 확대
　⑨ 조사에 의한 확대

---

[117] ⑩의 확대 방법에 대한 서술은 복잡해 보이지만, 종결사, 접속사, 명사화사, 관형화사, 부사화사를 단일한 통사 범주 보문소(C)로 묶으면 서술을 간결하게 할 수 있다. 실제로 뒤의 제4장에서 이와 같이 실행할 것이다.

⑩ 종결사, 접속사, 명사화사, 관형화사, 부사화사에 의한 확대
　　⑪ 굴절사에 의한 확대

　명사구와 동사가 결합하여 구로 확대되는 방식도 앞의 준종합적 체계에서와 다르다는 점을 주의해야 한다. 특히 '동사'는 용언 어간만을 가리킨다.

(7)″ "철수가 순희를 사랑한다."의 생성
　　사랑하　　　　　　　　　　　　동사　(⇐ ①)
　　순희+를　　　　　　　　　　　　명사구 (⇐ ⑨)
　　순희+를+사랑하　　　　　　　　동사구 (⇐ ③)
　　철수+가　　　　　　　　　　　　명사구 (⇐ ⑨)
　　철수+가+순희+를+사랑하　　　　문장　(⇐ ②)
　　철수+가+순희+를+사랑하+ㄴ다　 문장　(⇐ ⑩)

(8)″ "철수가 순희를 사랑하고 인호가 영미를 사랑한다."의 생성
　　철수+가+순희+를+사랑하+고　　　　　　문장　(⇐ ①, ⑨, ③, ⑨, ②, ⑩)
　　인호+가+영미+를+사랑하　　　　　　　　문장　(⇐ ①, ⑨, ③, ⑨, ②)
　　철수+가+순희+를+사랑하+고+인호+가+영미+를+사랑하　문장 (⇐ ⑧)
　　철수+가+순희+를+사랑하+고+인호+가+영미+를+사랑하+ㄴ다　문장 (⇐ ⑩)

(9)″ "나는 철수가 순희를 사랑함을 깨달았다."의 생성
　　철수+가+순희+를+사랑하　　　　　　　　　문장　(⇐ ①, ⑨, ③, ⑨, ②)
　　철수+가+순희+를+사랑하+ㅁ　　　　　　　 문장　(⇐ ⑩)
　　철수+가+순희+를+사랑하+ㅁ+을　　　　　　문장　(⇐ ⑨)
　　철수+가+순희+를+사랑하+ㅁ+을+깨달　　　 동사구 (⇐ ③)
　　나+는　　　　　　　　　　　　　　　　　　명사구 (⇐ ⑨)
　　나+는+철수+가+순희+를+사랑함+을+깨달　　문장　(⇐ ②)
　　나+는+철수+가+순희+를+사랑함+을+깨달+았　문장　(⇐ ⑪)
　　나+는+철수+가+순희+를+사랑함+을+깨달+았+다　문장 (⇐ ⑩)

　어말어미, 선어말어미를 통사 단위로 가정한 바탕에서 (6)″의 확대 방법들을 가지고 한국어의 모든 문장을 생성할 수 있다.
　『우리말본』이 (6)이나 (6)'과 같은 체계를 규칙들의 체계로 인식하여 명시적으로 제시하였다면 『우리말본』은 생성문법 이론의 초기적인 형태로 인정받을 수 있었을 것이다. 그러나 『우리말본』은 이들을 생성적 규칙으로 인식하지 못하였고, 이러한 까닭에 생성문법의 이론

으로 발전하지 못하였다.

생성문법 이론에서는 (6)"과 같은 기본적 생성 방법들을 '구 구조 규칙(phrase structure rules)'이나 '핵계층 이론(X-bar theory)'을 이용하여 포착·기술한다. 구 구조 규칙은 초기이론(Chomsky 1957)이나 표준이론(Chomsky 1965b)에서의 구 구조 확대 이론이고, 핵계층 이론은 원리매개변인 이론(Chomsky 1986b)에서의 구 구조 확대 이론이다. 구 구조 규칙과 핵계층 이론은 명시적인 이론이고, 본질적으로 귀환적 규칙들의 체계이다. 이 점이 위에서 시도한『우리말본』의 문장 확대 이론이 갖지 못한 근본적인 특성이고, 이것이『우리말본』을 비롯한 분류론적 문법의 한계이다.

3.2절에서는 과학의 이론으로서의 문법 이론에 주어지는 요건들에 대해 알아본 다음, 귀환성을 포착하는 첫 번째 시도를 보일 것이다. 3.3절에서는 표준이론의 방법론으로 한국어 문법의 기술을 시도한 연구들을 비판적으로 검토한다. 3.4절에서는 원리매개변인 이론의 방법론으로 한국어 문법의 기술을 시도한 연구들을, 3.5절에서는 최소주의 통사론 하에서의 한국어 문법 연구의 사례를 비판적으로 검토한다. 이러한 비판 작업의 결과로서의 필자의 대안적 한국어 생성문법 체계는 제4장에서 제시한다.

3.2. 문법 이론에의 요건과 한국어 생성문법의 기술

3.2.1. 문법 이론에 주어지는 요건

문법 이론은 과학의 이론에 주어지는 요건들을 충족해야 한다. 문법 이론은 언어에 대한 과학적 기술이기를 추구한다. 그러므로 무엇보다도 과학적 연구가 일반적으로 갖추어야 할 명시성, 체계성, 객관성의 요건을 충족시켜야 한다.

명시성은 용어의 사용에 있어서, 각 개념적 단위와 그들 사이의 관계에 대한 진술에 있어서 모호함과 중의성을 피해야 한다는 요구 조건이다. 명시성의 가장 이상적인 수준은 반증가능(falsifiable)해야 한다는 요구를 부과하는 것일 것이다.

분류론적 문법은 명시적인 문법 이론이 될 수 없다. 반증가능한 문법 이론이기 위해서는 문장의 도출 과정을 단계별로 낱낱이 기술하는 이론이어야 한다. 그러기 위해서는 문법이 생성 규칙 체계의 형식으로 서술될 수밖에 없다. 전통문법이나 구조문법의 분류론적 문법은 이런 뜻에서의 명시적인 이론이 될 수 없다. 생성문법의 방법을 표방하는 이론들 중에서도 엄밀한 의미의 명시성 요건을 결여한 예를 발견할 수 있다. 이런 경우는 구체적인 이론으로의 실행가능성(feasibility)에 문제를 보이는 경우이다. 이후의 논의에서 선행 한국어 문법 연구들을 비판할 때에 이 점을 주요 기준으로 점검할 것이다.

과학의 이론에 대해서 요구하는 체계성은 그 이론이 해당 분야의 표준적 패러다임, 표준적인 이론 체계에 입각해서 연구를 수행해야 한다는 요구 조건이다. 패러다임의 개념은 쿤(Thomas Kuhn 1962)로부터 비롯된다. 현재의 언어학의 표준적 패러다임은 생성언어학 이론이므로 생성언어학의 방법론에 따른 분석 과정을 통해 수정되어 산출된 이론이라야 체계적 언어학 이론으로 인정될 수 있다.

현재 문법 연구는 생성문법의 이론 체계를 떠나서는 생각하기 힘들다. 이는 생성문법 이론의 어느 부분집합이 현대 언어학 연구에서 표준적 이론으로서의 지위를 가지고 있다는 말과 같다. 그러나 생성문법적 연구의 실제에 있어서는 서로 충돌하는 이질적인 개념이나 체계가 공존하고 있는 것도 사실이다. 그러므로 문법 현상을 기술하는 연구자는 가능한 한 표준적인 개념 체계와 표준적인 설명 방법을 취하여 현상에 접근하려고 노력해야 한다.

객관성은 이론이 연구 대상으로서의 현상을 말 그대로 객관적으로 포착·반영해야 한다는 요구 조건이다. 언어학자들은 이 객관성 확보를 위해 현지 답사, 말뭉치(corpus) 구축을 바탕으로 한 언어 자료 선정 등의 노력을 해 왔다.

이상의 세 가지 요구 조건은 모든 분야의 과학적 연구가 기본적으로 갖추어야 할 조건이다. 형식체계로서의 언어에 대한 연구는 이에서 더 나아가, 관찰의 충족성과 기술의 충족성과 설명의 충족성을 만족시켜야 한다. 이는 촘스키(Chomsky 1964, 1965b)에서 제시한 요건들이다.

촘스키(1964, 1965b)에 따르면, 관찰의 충족성은 대상 언어의 모든 문장을, 그리고 그것만을 생성할 수 있어야 한다는 요건이다. 그러나 이 요건은 보통 형식체계에 대한 연구에서 형식체계의 이론에 부과하는 두 가지 요건인 완전성(completeness)과 건전성(soundness)의 두 가지 측면으로 나누어 생각해야 한다.[118]

완전성 요건은 형식체계의 이론이 그 이론의 기술 대상이 되는 어떤 형식의 표현이라도

---

[118] Chomsky(1957: 13)에서도 한 언어의 문법을 그 언어의 모든 문법적 문장을 생성하는 장치이고, 그 언어의 비문법적 문장은 생성하지 않는 장치라고 정의하고 있다. 한 언어에 대한 이론으로서의 문법은 해당 언어의 화자들이 문법적 문장이라고 판단하는 기호열을 어느 것이나 완전히 생성하고, 비문법적 문장이라고 판단하는 기호열은 하나라도 생성하지 않는, 그러한 규칙들의 체계인 것이다. 문법 이론에 대한 앞부분의 요구 조건이 완전성 요건이고, 뒷부분의 요구 조건이 건전성 요건이다.

누락됨 없이 포착할 수 있어야 한다는 요건이다. 제시된 문법의 규칙들에 의해서 현실 언어의 특정 문장을 생성할 수 없는 경우가 발생한다면 이 문법은 완전성 요건을 지키지 못하는 것이다.

건전성 요건은 형식체계의 이론이 그 기술 대상이 되는 현실 언어의 바른 형식적 진술만을 생성해야 한다는 요건이다. 어떤 제시된 문법의 규칙에 따라 현실 언어의 문장으로 인정할 수 없는 잘못된 문장이 생성된다면 이는 건전성 요건을 지키지 못하는 것이다.

촘스키(1964, 1965b)는 문법 이론이 만족해야 할 두 번째 충족성 요건으로 기술의 충족성을 제시하고 있다. 문법 이론이 언어에 존재하는 의의 있는 일반성을 포착할 때 이 문법 이론은 기술의 충족성을 만족한다고 한다. 어떤 이론이 다른 이론에 비해서 현상에 대한 의의 있는 일반성을 더 잘 포착한다는 것은 그만큼 이 이론이 간결하다는 뜻이 된다. 현상의 일반성을 포착해야 간결한 이론이 된다. 모든 언어학 이론은 간결성 있는 이론을 추구해 왔다고 할 수 있으므로, 이제까지의 언어학 이론은 기술의 충족성을 확보하기 위해 노력해 왔다고 말할 수 있다.

문법 이론이 만족해야 할 세 번째 충족성 요건은 설명의 충족성이다. 이것은 생성언어학이 문법 기술에 부여하는 가장 고차원적인 요구 조건이라고 할 수 있다. 이는 언어에 대한 이론적 기술이 보편적인 인간의 심리적 사실과 부합되어야 한다는 직관적인 뜻을 담고 있다. 특히 실험심리학이나 언어습득에 관한 과학적 연구에서 밝혀진 인간 심리에 관한 경험적 사실에 어떤 한 문법 이론이 다른 문법 이론보다 더 부합되는 설명을 제공할 때, 이 이론은 설명의 충족성의 기준에서 더 우월한 이론으로 판정되는 것이다.

이렇게 과학의 이론, 또는 언어학의 이론이 갖추어야 할 여러 측면의 요건들이 주어지는데, 이러한 요건들은 그 이론이 명시적인 형식체계의 모형일 때 가장 효과적으로 검증될 수 있다. 언어학 이론이 형식체계의 모형을 기술한 것이라고 함으로써, 제시될 수 있는 가능한 이론들 중에서 가장 우월한 이론을 선택하는 '간결성'의 척도를 활용할 수 있다는 점이, 언어학 이론이 형식체계이어야 할 한 가지 이유가 된다고 할 수 있다.

촘스키(1955/1975, 1965b)에서는 간결성에 있어서의 우열을 비교할 수 있는 방법적 장치를 제시하는 데에 많은 노력을 기울이고 있다. 가장 기초적인 것은, 이론 모형을 기술하는 데에 사용된 기호의 수효가 적을 때 해당 이론은 더 간결하다고 평가될 수 있다는 것이다. 그러나 범주 기호의 경우를 예를 든다면, 상위 범주의 수효를 늘려서 하위범주의 수효를 줄이는 것과, 상위 범주의 수효를 줄여서 하위범주의 수효를 늘리는 것과 같은 선택의 문제가 발생할 수 있다. 이 경우 후자가 더 간결한 선택이라는 것이 현대 언어학에서 일반적으로 받아들여지는 기준이다. 비슷한 맥락에서, 문법 규칙을 늘려서 개별 어휘항목의 수효를 줄이는 것과, 문법 규칙을 줄여서 개별 어휘항목의 수효를 늘리는 것과 같은 선택의 문제가 발생할 경우에 후자가 더 간결한 선택이라는 점도 역시 현대 언어학에서 널리 받아들여진다.[119] 이러한 점들은 우리가 문법의 여러 측면을 논의하면서 활용하는 주요 판단 근거가 된다.

3.2.2. 한국어 생성문법 기술의 첫 번째 시도

인간 언어를 특징짓는 본질적 특성이 무한한 표현을 가능하게 하는 귀환적 특성(귀환성: recursiveness, recursion)이라는 점을 앞에서 여러 번 언급하였다. 귀환성을 어떻게 규칙화할 것인지 생각해 보자.

단순문 구조에서의 귀환성은 '-의' 또는 '-와'를 가지고 명사구와 명사구를 잇는 (1가, 나)와 같은 구조에서 드러난다. 이 구조들을 '귀환적 구조(recursive structure)'라고 한다. 이들을 각각 (2가, 나)와 같이 규칙으로 형식화할 수 있다. 화살표 왼쪽의 범주가 화살표 오른쪽에 다시 나타나는 형식의 규칙이 귀환적 규칙(recursive rule)이다.

(1) 가. [$_{NP}$ [$_{NP}$ ⋯]-의 [$_{NP}$ ⋯]]
    EX. 철수의 아들, 철수의 아들의 아들, 철수의 아들의 아들의 아들,⋯
   나. [$_{NP}$ [$_{NP}$ ⋯]-와 [$_{NP}$ ⋯]]
    EX. 철수와 인호, 철수와 인호와 순희, 철수와 인호와 순희와 순기,⋯
(2) 가. NP → NP-의 NP
   나. NP → NP-와 NP

한국어 표현의 무한성을 보장해 주는 또 하나의 방법은 내포를 통해 복합 형식의 문장을 생성하는 것이다. 한 문장 안에 다른 문장을 내포하는 구조를 다음 (3)과 같이 나타낼 수 있는데, 이 귀환적 구조는 상응하는 귀환적 규칙 (4)로 형식화할 수 있다.

(3) [$_S$ ⋯ [$_S$ ⋯] ⋯]
(4) S → ⋯ S ⋯

---

[119] 뒤의 3.2.3절에서 '-는-' 또는 '-느-'의 처리와 관련한 논의를 하면서 기본적으로 전제하는 것이 이와 같은 기준이다.

(3)은 귀환적 구조이고 (4)는 이 구조를 생성하는 귀환적 규칙이다. 여기에서 문장 또는 절의 범주를 'S'로 나타낸 것은 설명의 편의를 위한 것이다. S는 제4장의 원리매개변인 이론 체계에서는 CP나 IP의 범주로 구체화된다.

한국어 표현의 무한성을 보장해 주는 또 하나의 방법은 접속을 통해 복합문을 생성하는 것이다. (5)는 접속문의 구조를 도식화한 것이다. (6)은 이러한 접속문의 구조를 생성하는 규칙이다.

(5) [$_S$ [$_S$ …] [$_S$ …]]
(6) S → S + S

(5)는 귀환적 구조이고 (6)은 이 구조를 생성하는 귀환적 규칙이다. 여기에서 문장 또는 절의 범주를 'S'로 나타낸 것은 설명의 편의를 위한 것이다. S는 제4장의 원리매개변인 이론 체계에서는 CP나 C'나 IP의 범주로 구체화된다.

이제 구체적인 한국어 생성문법을 기술해 보자. 다음에 제시하는 한국어 문법은 초기 생성문법 이론의 관점에 따라 기술한 것으로서, 구 구조 규칙들과 변형규칙들과 형태음운론 규칙들로 이루어진다. 범주 체계는 다음과 같다.[120]

(7) 동사 V = {가-, 먹-, 착하-, 춥-, 있-, 없-, 이-, 아니-, …}
　　명사 N = {사람, 것, 이, 그, 하나, 한, 셋, 세, 첫째, 모두, 모든, 새, 해당, …}
　　부사 Adv = {매우, 빨리, 쓸쓸히, 같이, 달리, 함께, …}
　　후치사 P = {-에, -에게, -으로, -와, -부터^1, -까지^1, -이랑…}
　　보조사 D = {-이, -를, -의, -는, -만, -도, -조차, -부터^2, -까지^2, -마저, -마다, -씩, -이나,
　　　　　　　-이라도, -이든지, -이나, …}
　　굴절사 Infl = {-으시-, 었-, -었었-, -겠-, -다, -니, -어라, -자, -고, -어서, -는, -던, -음,
　　　　　　　　-기, …}

---

[120] 최초의 영어 생성문법인 Chomsky(1957)에는 단어들을 뒤의 (39)-(44)와 같이 구 구조 규칙의 형식으로 도입하였다. Chomsky(1965b)에서부터 단어들의 통사적, 음운론적, 의미적 정보를 저장해 놓는 어휘부(lexicon)를 문법의 하위 부문으로 상정하고, 구 구조 규칙들이 적용되어 만들어진 단어 범주들의 기호열(string: 연결체)의 각 범주 위치에 어휘삽입규칙(lexical insertion rule)이 적용되어, 각 단어 정보들이 놓이게 된다고 설명한다. 뒤의 (61)-(63)은 어휘부의 단어 정보를 Chomsky(1965b)의 관점에 따라 표시한 것이다.

동사 범주인 'V'에는 최현배(1937) 등 종래 문법에서 동사로, 형용사로, 지정사로 다루던 것들이 모두 한 범주에 포함되어 있다. 또, 종래 문법에서 독립 통사 범주로 상정하던 '관형사'는 명사의 하위 범주로 간주한다. 그러나 종래의 부사는 여전히 독립된 통사 범주로 인정한다. 부사는 의미적으로 상태성 동사('형용사')와의 공통성을 많이 가지고 있으나, 형태론적, 통사론적 측면에서는 뚜렷한 차이를 가지므로 독립된 범주로 상정해야 한다. 종래 조사로 다루어지던 것들 중 부사격조사 '-에', '-에게', '-으로', '-와' 등은 후치사로, 종래의 보조사 '-는', '-도', '-만' 등은 그대로 '보조사'라는 이름으로 독립된 범주로 상정한다. 종래 격 표지의 대표적인 것으로 알려져 온 '-이/가', '-을/를', '-의'는 보조사 범주에 포함된다.[121]

다음 구 구조 규칙들은 위 기초 통사 범주 체계를 바탕으로 기술한 것이다. 단, 다음 두 가지 점은 주목을 요한다. 첫째, 격조사 '-이/가'와 '-을/를'은 '-은/는, -도, -만, …'과 같이 보조사 범주 'D'에 속하는 것으로 처리한다. 둘째, 2.4.2절에서 굴절사로 상정한 '-으시/었/겠-', 종결사/명사화사/관형화사/접속사로 상정한 '-다/-냐/-어라/-자/-음/-는/-던/-어서/-고'는 잠정적으로 'Infl'이라는 범주로 묶었다. 두 종류의 'Infl'이 결합되는 경우, '-었다', '-으시었다'와 같이 결합된 복합 형식은 'Infl' 범주가 된다. 이 점을 명시한 것이 (35)의 규칙이다. 이 규칙은 귀환적 규칙(recursive rule)이어서, 'Infl+Infl'의 구조인 '-으시-었-'이 'Infl'을 형성한 다음, 또 다른 'Infl'인 '-겠-'과 결합하여 다시 'Infl'인 '-으시-었-겠-'을 형성할 수 있다.

구 구조 규칙(Phrase Structure Rules)

(8) S → NP+VP+Infl
(9) S → S+S
(10) S → AdvP+S
(11) S → PP+S
(12) S → NP+S
(13) NP → NP+D
(14) NP → NP+D+NP
(15) NP → NP+P+NP
(16) NP → S+NP
(17) NP → S+N

---

[121] 필자는 '-이/가', '-을/를'이 격 표지라는 견해를 부정한다. 이 점에 대해서는 뒤의 제4장에서 격 이론을 다루면서 자세히 논의할 것이다.

(18) NP → N
(19) VP → S+VP
(20) VP → AdvP+VP
(21) VP → PP+VP
(22) VP → NP+V
(23) VP → PP+V
(24) VP → AdvP+V
(25) VP → NP+PP+V
(26) VP → NP+AdvP+V
(27) VP → S+V
(28) VP → NP+S+V
(29) VP → V
(30) AdvP → PP+Adv
(31) AdvP → NP+Adv
(32) AdvP → Adv
(33) PP → NP+P
(34) V → V+Infl+V
(35) Infl → Infl+Infl
(36) Infl → Infl+D
(37) D → D+D
(38) P → P+D

이상의 각 구 구조 규칙을 예시하는 현대 한국어의 예들을 들어 보자. 밑줄 친 부분은 규칙의 적용 부분을 좀더 분명히 나타낸 것이다.

(8)′ 그가 왔다/아이들이 돌아왔다.
(9)′ 산은 높고 물은 깊다/비가 와서 땅이 질다.
(10)′ 다행히/사고 없이 아이들이 돌아왔다.
(11)′ 어제 저녁에 아이들이 돌아왔다.
(12)′ 꽃은 장미가 아름답다.
(13)′ <u>그가</u> 왔다/<u>인호는</u> 잔다/<u>인호를</u> 만난다.
(14)′ 인호의 아들/인호의 회심의 미소
(15)′ 인호와 철수
(16)′ 인호가 뉴욕에 온 그 사실

(17)′ 인호가 뉴욕에 온 사실
(18)′ <u>인호</u> 잔다.
(19)′ 그가 <u>친구가 와서</u> 밖으로 나가-았다.
(20)′ 그가 <u>천천히</u> 여학교로 걸어가-았다.
(21)′ 그가 <u>망치로</u> 벽에 못을 박았다.
(22)′ 물이 <u>얼음이</u> 되었다/인호는 <u>돈이</u> 없다/나는 <u>인호가</u> 싫다./나는 <u>인호를</u> 싫어하-ㄴ다.
(23)′ 물이 <u>얼음으로</u> 변하였다.
(24)′ 우리가 <u>경황이 없이</u> 되었다.
(25)′ 그가 자기 아들을 형님 댁으로 보내었다/그 화재가 <u>그 사람들을 알거지로</u> 만들었다.
(26)′ 그 사건이 <u>우리를 경황이 없이</u> 만들었다.
(27)′ 어머니는 <u>인호가 죽을 먹게</u> 만들었다.
(28)′ 아내가 <u>그를 정신이 번쩍 나도록</u> 만들었다.
(29)′ 아이가 <u>자</u>-ㄴ다. 그가 <u>오</u>-았다.
(30)′ 엄마와 함께
(31)′ 소리가 없이/소리도 없이/사고 없이
(32)′ 빨리/다행히
(33)′ 서울로/부산에/인호의 아들에게
(34)′ 믿어지-/뛰어가-
(35)′ 었 다/-으시-었-/-으시-갰-/-으시-있-갰-/-으시-었-셌-다/-는다-고
(36)′ 믿는다-마는
(37)′ 너만-은
(38)′ 외딴 지방<u>에는</u>/외딴 지방<u>에도</u>

구 구조 규칙의 첫 번째 규칙인 (8)에 주의하여 보자. 이 규칙은 문장이 NP와 VP와 Infl이라는 세 개의 범주로 구성되어 있음을 표현한다. (8)′의 예에서는 '그가'가 명사구인 NP, '오-'가 동사구인 VP, 그리고 '-았다'가 Infl 범주로 분석된다. 특히 '-았다'를 통사 단위로 분석하는 것은 본질적으로 분석적 체계의 문법인 주시경(1910)과 같은 발상이다.

(8) S → NP+VP+Infl

구 구조 규칙의 형식으로 기술한 다음의 어휘항목들을 살펴보자. 여기에서는 이들을 생성문법의 초기 이론인 촘스키(1957)의 체계에 따라 구 구조 규칙의 형식으로 나타내었으나, 이들은 표준이론(Chomsky 1965의 체계)에서 '어휘부(lexicon)'라는, 통사론의 하위 부

문으로 분리되었던 것이다.¹²²

어휘항목들

(39) 가. N → 사람/빵

　　 나. N → 인호

　　 다. N → 나/너/그/그대/둘/두/셋/세/외딴/아무런

(40) 가. V → 오-/믿-/먹-

　　 나. V → 깨끗하-

　　 다. V → 있-/없-

　　 라. V → 아니-

　　 마. V → 이-

(41) 가. Adv → 다행히

　　 나. Adv → 빨리

　　 다. Adv → 안/잘

　　 라. Adv → 함께

(42) 가. Infl → -으시/었/었었/겠-

　　 나. Infl → -다/네/냐/느냐/어라/으라/자

　　 다. Infl → -음/기

　　 라. Infl → -는/던

　　 마. Infl → -고/으며/거나

　　 바. Infl → -어서/으니까/으면

(43) 가. D → -은/도/조차/만

　　 나. D → -이

　　 다. D → -를

　　 라. D → -의

(44) 가. P → -에/에게/에서/으로

122　Chomsky(1965b)의 문법에서는 다음 단어들이 어휘부에 뒤의 (61)-(63)과 같은 형식으로 주어져 있어서 통사적 도출 과정에서 그 앞뒤 통사 범주들의 환경에 따라 해당 문장의 적합한 위치에 실현된다고 설명한다. N, V 등의 단어 범주들로만 되어 있는 기호열(연결체)에 단어들을 삽입하는 규칙은 (a)와 같다.
　　a. 어휘삽입규칙(lexical insertion rule)
　　　어휘항목이 연결되어 있지 않은 단어 범주가 있으면 그 전후의 범주들과 부합하는 하위범주화틀을 가진 어휘항목, 그 전후의 범주들의 의미 자질과 부합하는 선택자질을 가진 어휘항목을 그 단어 범주에 연결한다.
　　가령, 동사 V의 위치에 어휘항목이 연결되어 있지 않고, 이 V의 바로 앞에 NP가 있으면 어휘부의 동사들 중에서 '+NP__'와 같은 하위범주화 자질과 '+[[+Human] [+Human] __]'과 같은 선택자질(selectional feature)을 가지는 동사 어휘항목, 즉 뒤의 (61)과 같은 단어를 V에 연결한다.

나. P → -와

　이상의 구 구조 규칙들에서 드러나는 단어 단위의 통사 범주들(또는 품사들)의 수는 6개이다. 2.3.2절의 논의에서 얻어진 통사 범주 체계에서 선어말어미들과 어말어미들을 하나로 통합하여 'Infl'로 지칭한 것이다.[123]

　주어진 문장에 대한 완전한 문법적 설명을 위해서는 구 구조 규칙과 어휘부의 기술 외에, 통사구조로부터 발음의 형식을 이끌어내는 음운론적 규칙들이 기술되어야 한다. 다음은 현대 한국어 음운론 규칙 체계의 부분을 이루는 형태음운론적 규칙들이다.[124]

형태음운론 규칙(MPR)들

(45) 가. 나 → 내　　　　　　　　EX. '내가'의 '내'
　　나. 나-의 → 내　　　　　　　EX. '내 책'의 '내'
(46) 가. 너 → 네　　　　　　　　EX. '네가'의 '네'
　　나. 너-의 → 네　　　　　　　EX. '네 책'의 '네'
(47) -이 → -가　　　　　　　　　EX. '인호가'의 '-가'
(48) 가. 오-었- → 왔-　　　　　　EX. '왔다'의 '왔-'
　　나. 가었- → 갔-　　　　　　EX. '갔다'의 '갔-'
　　다. 하었- → 했-　　　　　　EX. '했다'의 '했-'
　　라. 되-었- → 됐-　　　　　　EX. '됐다'의 '됐-'
(49) -으시-었- → -으셨-　　　　EX. '믿으셨다'의 '-으셨-'
(50) 가. -었-는 → -은　　　　　　EX. '믿은 사람'의 '-은'
　　나. -겠-는 → -을　　　　　　EX. '믿을 사람'의 '-을'
(51) 가. -다 → -는다/ [-모음성]]$_{Vv}$ ___　　EX. '믿는다'의 '-는다'
　　나. -다 → -ㄴ다/ [+모음성]]$_{Vv}$ ___　　EX. '간다'의 '-ㄴ다'
　　다. -다 → -라/ Vc ___ {고}　　EX. '이라고/아니라고'의 '-라'
(52) -는 → -은/ Va ___　　EX. '좋은 사람'의 '-은', '농부인 철수'의 '-ㄴ'(←은)
(53) -는데 → -은데/ Va ___　　EX. '좋은데/농부인데'의 '-은데'/'ㄴ데'(←은데)
(54) -다고 → -다 ('-고' 삭제)　EX. '떠난다고 했다' → '떠난다 했다'
(55) 하-Infl → Infl ('하-' 삭제)　EX. '떠난다 하-Ø$_{Infl}$-ㄴ다' → '떠난다-Ø$_{Infl}$-ㄴ다'

---

[123] 이 절의 뒷부분에서 Infl을 다시 I와 C로 분리해야 할 필요성을 논할 것이다. 제4장에서는 이러한 가정에 입각한 한국어 통사구조 생성 체계를 제시할 것이다.

[124] 이들은 현대 한국어 형태음운론 규칙 모두를 제시한 것은 아니고, 그 일부일 뿐이다. (51)-(53)은 3.2.3절의 논증의 결과로 얻은 규칙들 일부를 미리 포함한 것이다. 'Vv'는 동사의 하위범주로서의 사건성 동사('동사'), 'Va'는 동사의 하위범주로서의 상태성 동사('형용사'와 '지정사'), 'Vc'는 지정사 '이-, 아니-'를 뜻한다.

위 문법은 변형규칙이 없는, 구 구조 규칙과 어휘부과 형태음운론 규칙으로만 이루어진 문법이다. 이 문법으로 한국어의 모든 문법적 문장을 생성할 수 있을까? 즉, 위 문법은 완전성 요건을 충족하는 문법 이론인가? 반대로, 위 문법은 한국어의 문법적 문장만을 생성하는가? 즉, 이 문법에 따라 비문이 생성됨으로써 건전성 요건을 위반하지는 않는가? 이 두 방향의 요건에 주의하면서 그 문제점을 지적하고, 또한 그 해결 방안을 추구해 보기로 한다.

간단한 한국어 예문 "인호가 나에게 왔다."를 들어 위 문법이 이 문장을 어떻게 도출하는지 보이기로 한다.

(56) "인호가 나에게 왔다."의 도출
  S   (시초 기호initial symbol)
  NP+VP+Infl   (⇐ 8)
  NP+PP+V+Infl   (⇐ 23)
  NP+D+PP+V+Infl   (⇐ 13)
  N+D+PP+V+Infl   (⇐ 18)
  N+D+NP+P+V+Infl   (⇐ 33)
  N+D+N+P+V+Infl   (⇐ 18)
  N+D+N+P+V+Infl+Infl   (⇐ 35)
  인호+-이+나+에게+오-+-었-+-다 (⇐ 39나, 다, 43나, 40다, 42가, 나)
  인호+-가+나+에게+왔-+-다   (⇐ MPR)

우리가 위 구 구조 규칙들, 어휘부의 어휘항목들, 형태음운론 규칙들을 '한국어 생성문법'이라고 지칭하는 이유는, 한국어의 어떤 문장이 주어지는 경우에도 이들 규칙들을 가지고 위와 같은 도출 과정을 완전히, 그리고 틀림이 없이 보일 수 있다고 판단하기 때문이다. 그러므로 완전성, 건전성의 두 방향에서 위 문법을 평가한다는 것은, 한국어의 문법적 문장임이 분명한데도 위와 같은 도출 과정을 보일 수 없는 예를 제시하거나, 비문임이 분명한데도 위 문법에 의해서 도출되는 예를 제시하는 일이 된다. 다음에서 구체적으로 보이기로 하자.

완전성 요건을 위반하는 예
한 예로, 명사형어미 '-음'을 가지는 다음 문장은 한국어의 문법적 문장임이 분명하지만,

위 문법에 의해서 생성되지 않는다.

(57) 그대가 있음에 내가 있네.

이 점을 다음 도출 과정이 증명한다. 도출이 완성되지 못하고 파탄에 이름을 알 수 있다.

(57)' "그대가 있음에 내가 있네."의 도출(파탄):
    S   (시초 기호)
    S+S   (⇐ 9)
    S+NP+VP+Infl   (⇐ 8)
    S+N+D+V+Infl   (⇐ 13, 18, 29)
    S+나+가+있-+네   (⇐ 39다, 43나, 44가, 40가, 42나)
    *S+P+나+가+있-+네   **(적용할 규칙 없음: 도출이 파탄됨)**

한국어의 문법적 문장인 (57)을 도출하지 못하는 것은 위 문법이 결함을 가진다는 것을 보여준다. 즉, 위 문법은 '완전성 요건'을 위반한다.

이 문상을 생성할 수 있게 하기 위해서는 다음 규칙을 추가하면 된다. 이렇게 하면 '그대가 있음에'가 PP로 해석되어, '그대가 있음에 내가 있네'는 (11)의 구 구조 규칙에 따라 생성된다.

(58) NP → S

그러나 이 규칙 하나를 추가함에 따라 더 많은 문제들이 새로 발생하므로, 이 방법은 궁극의 해결책이 아닌, 임시방편적 해결책에 지나지 않는다. 이 규칙에 따르면 비문인 다음 예들이 바른 문장으로 예측되기 때문이다.

(59) 가. *그대가 있다에 내가 있네.
     나. *그대가 있고에 내가 있네.

이 문제를 해결하는 방법으로는 다음 두 가지가 있다. 하나는 변형규칙을 도입하는 것이고, 다른 하나는 하위범주 또는 '하위범주화틀(subcategorization frame)'의 개념을 도입하여 이 하위범주를 이용하는 새로운 구 구조 규칙을 설정하는 것이다.

변형규칙을 도입하는 방법은, 위 구 구조 규칙 'NP → S'를 통하여 종결어미 '-다'를 가지는 문장 'S'를 생성한 다음, '-다'를 특정 언어적 환경(이 경우, '후치사' 앞)에서 '-음'으로 대체하는 변형규칙을 설정하는 것이다.

(60) 명사형어미 대체 변형규칙
　　　SD: NP - VP - (Infl) -다 - P
　　　SC: X₁ - X₂ - X₃ - X₄ - X₅ ⇒ X₁ - X₂ - X₃ - -음 - X₅

이러한 '변형적' 접근 방법은 위 문제를 임시적으로 해결할 수 있다. 그러나 변형 개념이 근원적으로 제기하는 여러 가지 문제를 마저 해결해야 한다. 한국어의 명사형어미로는 '-음' 외에 '-기'가 있고, 둘은 그 의미가 같지 않은데, 위 변형규칙으로는 '-음' 명사절과 다른 '-기' 명사절을 구별하여 생성할 수 없다. 또, 위 변형규칙의 구조기술(SD)의 내용을 보면, '-다'가 '-음'으로 바뀌는 언어적 문맥이 후치사(P) 앞임을 알 수 있다. 하지만 '-음' 명사절이 실현되는 경우는 '-에/-로/-와' 등의 후치사 앞 말고도 더 있다. 구 구조 규칙과 어휘부에 D 범주로 제시되어 있는 '-이/-를/-의'나 '-은/-도/-조차/-만' 앞에서도 실현될 수 있다. 이 외에도, (60)의 변형규칙이 적용되는 구조적 조건이 일반성을 결하고 있다는 점도 문제로 지적되어야 한다. 그러므로 변형 아닌 다른 온당한 해결 방법이 있다면 그쪽을 택하는 것이 옳다.

하위범주화틀의 개념을 도입하여 설명하는 방법은 다음과 같다. 동사들을 타동사와 자동사로 나누고, 이들이 목적어 명사구를 요구하거나(타동사), 요구하지 않는다(자동사)는 점을 개별 동사의 어휘적 자질로 설정하는 것이다. 가령, 동사 '믿-'은 다음과 같은 어휘부 기술을 가진다. '[NP ＿]'를 동사 '믿-'의 '하위범주화틀(subcategorization frame)'이라고 한다.

(61) 믿- : V, [NP ＿]

이를 다음과 같이 나타낼 수도 있다. 이들은 생성문법에서 하위 범주의 특성을 표시하는 대표적인 두 가지 방법이다.

(62) 믿- : V, +tr

"*그대가 있다에 내가 있네.", "*그대가 있고에 내가 있네."가 비문임을 바르게 포착하기 위해서는 다음과 같은 하위 범주에 대한 제약을 명시할 수 있다. '-음'이 'Infl, +nominal'로 주어지고, '-음'에 이끌리는 절은 자질 '+nominal'을 물려받는다고 가정한다(이를 '자질 전승(feature passing)'이라고 한다).

(63) -에 : P, [NP __], [S$_{+nominal}$ __]

즉, '-에'는 후치사(P)로서, 그 앞에 명사구나 '+nominal' 자질을 가지는 문장(S)이 실현되어야 한다. "*그대가 있다에 내가 있네.", "*그대가 있고에 내가 있네."는 '-에' 앞의 문장이 '+nominal' 자질을 갖지 않기 때문에 비문으로 판정되는 것이다.

건전성 요건을 위반하는 예

다른 방향에서 문제를 제기하는 예가 있다. 위 문법은 비문인 (64가)를 문법적 문장으로 잘못 예측한다. 이는 위 문법이 '건전성 요건'을 위반한다는 뜻이 된다. '안'은 부사(Adv)이므로 '안 빵을 먹-'이 (20)과 (22)의 규칙에 따라 적격한 동사구(VP) 구조로 해석된다.

(64) 가. *인호가 안 빵을 먹었다.
    나. 인호가 빵을 안 먹었다.

다음은 (64가)가, 사실과 달리, 위 문법에 따라 문법적 문장으로 도출됨을 보인다.

(64)' "*인호가 안 빵을 먹었다."의 도출
    S   (시초 기호)
    NP+VP+Infl   (⇐ 8)
    NP+AdvP+VP+Infl   (⇐ 20)
    NP+Adv+VP+Infl   (⇐ 32)
    NP+Adv+NP+V+Infl   (⇐ 22)
    NP+Adv+NP+V+Infl+Infl   (⇐ 35)
    N+D+Adv+N+D+V+Infl+Infl   (⇐ 13, 18)
    인호+-가+안+빵+을+먹-+-었-+-다 (⇐ 39가, 나, 43나, 다, 41다, 40가, 42가, 나, MPR)

이 예 "*인호가 안 빵을 먹었다."가 비문임을 위 문법이 예측하도록 하기 위해서는 다음의 구 구조 규칙과, 부사 '안'의 동사에 대한 요구를 하위범주화틀의 형식으로 설정하면 된다.

(65) 가. V → Adv+V
나. 안: Adv, [__ V]

(65나)는 부사 '안'이 단어로서의 동사를 요구함을 규정하고 있다. 보통의 하위범주화는 (61), (63)과 같이 구 범주를 요구하는 형식으로 기술된다. 단어 범주에 대한 하위범주화를 특별히 '머리성분 하위범주화'라고 지칭하기로 한다.[125]

기술의 충족성과 변형규칙의 도입

이상에서는 한국어 생성문법을 기술하는 과정에서 문법 이론이 완전성의 요건과 건전성의 요건을 위반하는 구체적인 경우를 지적하고, 이들 문제를 어떻게 해결하는지 살펴보았다. 완전성 요건과 건전성 요건은 한국어 문법 이론이 한국어 단어들의 기호열 모두를, 그리고 한국어 단어들의 기호열만을 문법적 문장으로 생성해야 한다는 요건인데, 이것이 촘스키(1964, 1965b)의 '관찰의 충족성(observational adequacy)'이다. 이보다 한 수준 높은 충족성 요건은 '기술의 충족성(descriptive adequacy)'이다. 기술의 충족성은 주어진 단어들의 기호열에 대해서 한국어의 모어 화자가 가지는, 그 기호열의 구조에 대한 직관을 포착하는 구조 분석을 문법 이론이 제공해야 한다는 요건이다.

위 (8)-(38)의 문법이 가지는 더욱 본질적인 문제는 "너를 나는 믿는다."와 같이 목적어가 문장의 초두에 위치하는 예문을 설명하는 일이다. 이들 구 구조 규칙들에 의하면 이 문장은 다음과 같이 도출될 수밖에 없다.

"너를 나는 믿는다."의 도출

S	(시초 기호)
NP+VP+Infl	(⇐ 8)
NP+NP+V+Infl	(⇐ 22)
NP+D+NP+D+V+Infl	(⇐ 13)
N+D+N+D+V+Infl	(⇐ 18)

---

[125] 머리성분 하위범주화(head subcategorization 또는 X^0-subcategorization)의 개념을 정립한 것은 원리매개변인 이론에 따른 연구인 최기용(1991)이다.

너+를+나+는+믿-+-는다   (⇐ 39-44의 어휘항목들, MPR)

위 문법에 따르면, 이 예문의 경우 '너를'은 주어로 해석되고 '나는'은 동사 '믿-'의 목적어로 해석된다. 그러나 이는 한국어 모어 화자들이 가지고 있는 이 문장의 구조에 대한 직관과 다르다. '너를 나는 믿는다'는 '나는 너를 믿는다'와 동질적 구조를 가진다는 것이 한국어 모어 화자들의 직관이다. 위 문법에 따르면 앞의 문장은 '나는 믿-'을 VP로 가지는 문장이고 뒤의 문장은 '너를 믿-'을 VP로 가지는 문장이다. 두 문장은 구조적으로 서로 상관 없는 문장으로 분석된다. 그러므로 위 문법은 현 상태로는 한국어를 바르게 기술하지 못하고 있다. 위 문법은 기술의 충족성을 만족하지 못하는 것이다.

이 문제를 해결하기 위한 초기 생성문법의 표준적 방안은 구 구조 규칙과 함께 변형규칙을 도입하는 것이다. "너를 나는 믿는다."는 "나는 너를 믿는다."에서 명사구 '너를'이 문장의 초두로 이동 변형한 구조라고 설명할 수 있다. 이 경우를 설명하기 위한 변형규칙의 형식은 다음과 같다.[126]

(66) 목적어 이동 변형규칙
    SD: [$_s$ X NP V Y]
    SC: $X_1 - X_2 - X_3 - X_4 \Rightarrow X_2 - X_1 - X_3 - X_4$

1970년대 후반 이후의 생성문법 이론에서는 위와 같은 이동 변형규칙의 기술 형식에 중요한 변화가 일어났다. 이동하는 요소는 원래의 위치에 흔적(trace)을 남기고 이동하는 것으로 상정된다.[127] 이러한 이론적 장치가 가지는 의의에 주목하는 사람들은 1970년대 후반의 이 이론을 '확대표준이론'이라고 부른다. 이동의 흔적을 't'라고 나타낸다. 이 흔적과 이동한 구성성분에는 동일한 지표('동지표')가 표시된다. 'i'가 그 동지표이다.

(67) 목적어 이동 변형규칙(새 형식)
    SD: [$_s$ X NP V Y] $\Rightarrow$
    SC: NP_i [$_s$ X t_i V Y]

---

[126] SD는 '구조기술(structural description)', SC는 '구조변화(structural change)'를 뜻한다.
[127] 이러한 아이디어는 Chomsky(1973)에서 처음으로 제안되었다.

동지표가 부여된 흔적은 그 자체로 대명사와 같이 취급된다. 학자에 따라서는 위와 같은 변형을 가정하지 않고, SC의 구조 그대로가 구 구조 규칙에 의해 생성되는 구조라고 가정하기도 한다. 즉, (68)과 같은 규칙을 설정하는 것이다. 외현적으로 실현되지 않는 대명사('공범주 대명사')를 (69)와 같은 구 구조 규칙으로 도입하는 방안은 1980년대 이후의 생성문법 이론들에서 크게 호응을 받기에 이른다.[128] 흔적 't'를 공범주 대명사 'pro'와 같은 방법으로 도입하는 것은 개념적 타당성이 높은 방안이라고 생각된다.

(68) NP → t
(69) NP → pro

이 관점을 더 진전시키면 이동 변형규칙을 아예 갖지 않는 생성문법의 체계가 수립될 수도 있다.[129]

여기에서는 (66) 또는 (67)과 같은 변형규칙을 가정하기로 한다. 목적어 외의 경우에도 문장의 한 성분이 그 기본 어순을 지키지 않고 순서가 바뀌는 경우가 흔한데, 이러한 경우를 위해서도 위 목적어 이동 변형규칙에 준하는 변형규칙들이 한국어 생성문법에 주어진다고 가정한다.

(70) 가. 편지가 철수에게 왔다.
    나. 철수에게 편지가 왔다.
(71) 가. 철수가 인호와 싸웠다.
    나. 인호와 철수가 싸웠다.
(72) 가. 철수는 날씨가 좋아서 공원으로 산책을 나왔다.
    나. 날씨가 좋아서 철수는 공원으로 산책을 나왔다.

---

[128] 생성문법 이론가들이 공범주 대명사 'pro'의 위치로 상정하는 위치는 동일 명사구 삭제 변형에 의해 지워지는 위치이거나, 일치 요소 등에 의해 요구되는 위치로서, 초기 생성문법 이론에서 주로 변형규칙을 통하여 설명하던 위치이다. 1980년대 이후의 이론(원리매개변인 이론)에서는 공범주 대명사를 지배 받지 않는 'PRO'와 지배 받는 'pro'의 둘로 나누는 것이 관행이 된다. 이 절에서는 'PRO'와 'pro'를 구별하지 않고 이들을 하나로 묶어 'pro'로 나타낸다. 이는 뒤의 수정된 문법에서는 구 구조 규칙 (84)를 통하여 도입된다.
[129] 일반화구구조문법(GPSG), 핵어중심구구조문법(HPSG)의 방안이 이런 것이다.

수정된 한국어 생성문법

복합적인 'Infl' 범주를 도입하는 위 구 구조 규칙 (35)는 '-었-다, -으시-었-, -으시-겠-, -으시-었-겠, -으시-었-겠-다, -는다-고' 등을 생성하는 것으로 설정되어 있다. 그러나 이대로는 '*-다-었-'과 같은 형식도 생성할 수 있어 문제가 된다. 현재로서 이를 해결하는 가장 타당한 방안은 'Infl' 범주를 둘로 나누는 것이다. '선어말어미'로 알려진 '-으시-', '-었-', '-겠'은 굴절소 'I'로, 어말어미로 알려진 '-다' 등은 보문소 'C'로 규정하는 것이다. 위 (57)과 관련하여 지적된 '-음'의 처리 문제도 (60)과 같은 변형규칙을 도입하지 않고 구 구조 문법 내에서 해결하기로 한다. 또, 위의 (8) 규칙은 그 우변에 네 개의 범주가 결합되는 형식으로 바뀐다. 소괄호로 둘러싼 '(I)'는 굴절소 'I' 범주가 수의적으로 실현됨을 보인다. 이 외에도 위에서 부분적으로 수정한 내용들을 포함하였다.

구 구조 규칙

(73) S → NP+VP+(I)+C   EX. 그가 왔다/아이들이 돌아왔다.
(74) S → S+S   EX 산은 높고 물은 깊다/비가 와서 땅이 질다.
(75) S → AdvP+S   EX 다행히/사고 없이 아이들이 돌아왔다.
(76) S → PP+S   EX 어제 저녁에 아이들이 돌아왔다.
(77) S → NP+S   EX 꽃은 장미가 아름답다.
(78) NP → NP+D   EX 그가 왔다/인호는 잔다/인호를 만난다.
(79) NP → NP+NP   EX 인호의 아들, 인호의 회심의 미소
(80) NP → NP+P+NP   EX 인호와 철수
(81) NP → S+NP   EX 인호가 뉴욕에 온 그 사실
(82) NP → S+N   EX 인호가 뉴욕에 온 사실
(83) NP → N   EX 인호 잔다.
(84) NP → pro   EX 인호는 pro 일찍 일어나려고 시도했다.
(85) VP → S+VP   EX 그가 e 옥희를 만나려고 여학교로 가았다.
(86) VP → AdvP+VP   EX 그가 천천히 여학교로 걸어가았다.
(87) VP → PP+VP   EX 그가 망치로 벽에 못을 박았다.
(88) VP → NP+V   EX 물이 얼음이 되었다/인호는 돈이 없다/
                              나는 인호가 싫다. 나는 인호를 싫어하-ㄴ다.
(89) VP → PP+V   EX 물이 얼음으로 변하였다.
(90) VP → AdvP+V   EX 우리가 경황이 없이 되었다.
(91) VP → NP+PP+V   EX 그가 자기 아들을 형님 댁으로 보내었다/
                                 그 화재가 그 사람들을 알거지로 만들었다.

(92) VP → NP+AdvP+V   EX 그 사건이 우리를 경황이 없이 만들었다.
(93) VP → S+V   EX 어머니는 인호가 죽을 먹게 만들었다/
그는 e 일찍 일어나려고 시도하였다/
그는 e 돌을 던져 보았다.
(94) VP → NP+S+V   EX 아내가 그를 정신이 번쩍 나도록 만들었다/
아내가 그를 e 새벽에 일찍 출발하도록 설득하였다.
(95) VP → V   EX 아이가 자-ㄴ다/그가 오-았다
(96) AdvP → PP+Adv   EX 엄마와 함께
(97) AdvP → NP+Adv   EX 소리가 없이/소리도 없이/사고 없이
(98) AdvP → Adv   EX 빨리/다행히
(99) PP → NP+P   EX 서울로/부산에/인호의 아들에게
(100) V → V+C+V   EX 믿어지-/뛰어가-
(101) I → I+I   EX -으시-었-/-으시-겠-/-으시-었-겠-
(102) C → C+C   EX -는다고
(103) C → C+D   EX 믿는다-마는
(104) D → D+D   EX 너만-은
(105) P → P+D   EX 외딴 지방에는/에도

변형규칙(일부)

(106) 목적어 이동 변형규칙
    SD: [$_s$ X NP V Y] ⇒
    SC: NP$_i$ [$_s$ X t$_i$ V Y]
(107) 후치사구(PP), 부사절(S) 이동 변형규칙
    SD: [$_s$ X $\begin{Bmatrix} PP \\ S \end{Bmatrix}$ Y] ⇒
    SC: $\begin{Bmatrix} PP_i \\ S_i \end{Bmatrix}$ [$_s$ X t$_i$ Y]

어휘부(lexicon)의 어휘항목들(일부)

(108) 가. N → 사람/빵   cf. (/사람/, N, +human, …)
    나. N → 인호
    다. N → 나/너/그/그대/둘/두/셋/세/외딴/아무런
(109) 가. V → 믿-/먹-/오-   cf. (/믿-/, V, [NP __], …)
    나. V → 깨끗하-
    다. V → 있-
    라. V → 아니-
    마. V → 이-

(110) 가. Adv → 안/잘   cf. (/안/, Adv, [_V], +Neg, ⋯)
나. Adv → 빨리
다. Adv → 함께
라. Adv → 다행히

(111) 가. D → -는/도/조차/만   cf. (/-는/, D, [NP __], [S$_{+nominal}$ __], ⋯)
나. D → -이
다. D → -를
라. D → -의

(112) 가. P → -에/에게/에서/으로   cf. (/-에/, P, [NP __], [S$_{+nominal}$ __], ⋯)
나. P → -와

(113) I → -으시-/-었-/-었었-/-겠-

(114) 가. C → -음/-기   cf. (/-음/, [+C, +nominal, ⋯])
나. C → -다/네/냐/느냐/어라/으라/자
다. C → -는/-던
라. C → -고/으며/거나
마. C → -어서/으니까/으면

형태음운론 규칙(MPR)들(일부)

(115) 가. 나 → 내
나. 나-의 → 내
다. 너 → 네
라. 너-의 → 네

(116) 가. -이 → -가
나. -와 → -과

(117) 가. 오-었- → 왔-
나. 가-었- → 갔-
다. 하-었- → 했-
라. 되-었- → 됐-

(118) -으시-었- → -으셨-

(119) 가. -었-는 → -은
나. -겠-는 → -을
다. -다 → -는다/ [-모음성]]$_{Vv}$ __
라. -다 → -ㄴ다/ [+모음성]]$_{Vv}$ __
마. -다 → -라/ Vc __ {고}
바. -는 → -은/ Va __

제3장 가설연역적 문법 I: 표준이론, 원리매개변인 이론, 최소주의

　　　　사. -는데 → -은데 /Va ___
(120) 가. -다고 → -다 ('-고' 삭제)
　　　나. 하-l → l　　　('하-' 삭제)
(121) pro → ∅　　　(통사 범주 'pro'의 음성적 비실현)

이렇게 수정된 구 구조 규칙들과 변형규칙, 어휘부, 형태음운론 규칙들을 가지고 한국어의 모든 문장들을(완전성 요건), 한국어의 문장들만을(건전성 요건) 생성할 수 있을 것인지, 다시금 검토해 보아야 한다. 한국어 통사론을 연구하는 생성언어학의 방법은 이와 같은 것이다.

3.2.3. 한국어학의 기초 논증③: '느' 분석론과 '있다', '없다'의 문제[130]

'느' 분석론이란 '믿는다', '믿는데' 등의 활용형에서 '는' 또는 '느'를 문법 형태소로 분석하여 현재시제나 직설법, 또는 비완결상의 범주를 부여하는 논의들을 가리킨다.

양정석(2008가)에서는 현대 한국어 시간요소들의 형태통사론적 사실들에 대한 필자의 관점을 전반적으로 제시한 바 있다.[131] 시간요소의 형태통사론 및 시간적 선후 관계 해석의 이론에 관한 이후의 관련 연구들을 종합적으로 검토하는 과정에서, 종전에 주목되지 않았던 한 가지 중요한 형태통사론적 사실을 발견하게 되었다. '있다', '없다'가 일단의 불규칙 활용형을 가져서 정규적인 어미 형태 실현의 절차를 가로막는다는 것이다.

'있다', '없다'의 활용은 현대 한국어 공시태에서는 아무런 규칙성을 갖지 않는 것으로 생각되어 온 듯하다. 관형사형에서 '느'의 실현과 관련한 행태는 다른 용언들이 가지는 행태와 같지 않다. 하지만 일단의 연결형, 종결형에서도 본질적으로 동일한 패턴이 나타나는데, 이 점이 잘 인식되어 있지 않다. 보조동사로서의 '있다'가 일반 동사 '있다'와 별개의 것인지도 문제다. 국어사전들의 관련 사실에 대한 기술도 혼란스럽다. 한 예로 배주채(2000)에서는 국어사전들에서의 '있다'의 품사 기술에 대해 검토하면서,

---

[130] 이 절은 같은 제목으로 한글 296호(2012)에 실렸던 논문을 부분적 서술을 다듬어서 다시 제시하는 것이다. 양정석(2023나)의 일부로 수록하기도 하였다.
[131] '시간요소'란 시간을 표현하는 선어말어미, 어말어미, 보조용언 등을 잠정적으로 일컫는 용어이다. 양정석(2008가)에서도 '느' 분석론에 대한 비판을 논증의 일부로 다루었으나 '있다', '없다'의 일단의 활용형과 관련한 이 절의 논증은 제시하지 않았다. 시간요소들의 문법적 의미 관찰에 바탕한 형태소 분석 문제는 양정석(2002: 157-199)에서 논한 바 있다.

신기하게도 어느 사전의 용례에도 '있다'가 보조동사라고 할 수 있는 동사적 활용형,
이를테면 '있는다, 있어라, 있자, 있으려고, 있을래' 등이 나타나지 않는다. (235쪽)

라고 말하고 있다. 그리고는 "'-고 있다'와 '-아 있다'의 '있다'는 보조형용사와 보조동사의 두 가지 품사로 쓰인다."(237쪽)고 중간 결론을 내리고 있다. 즉, 일반 용언 '있다'도, 보조용언 '있다'도 두 가지 품사로 구분되어야 한다고 보는 것이다. 이러한 결론은 타당한 것이다. 다만, 그의 논의에서도 '있다'의 품사 판단과 관계되는, 현대 한국어 용언 활용에 내재하는 구조와 메커니즘이 온전히 파악되지 않은 채로 남아 있다.

'있다'의 활용 체계에 대한 완전한 이해를 가로막는 요인은 '있는다, 있는'의 '는/느'를 독립된 문법 형태소로 분석하는 한국어학계의 오랜 관행 그 자체였다고 필자는 판단한다. 이 절에서는 시제 문제에 관한 종래의 논의에서 '는/느'를 문법 형태소로 분석하는 많은 연구자들이 지나쳤던 맹점을 짚어 보고 그 대안을 제시하고자 하는 것이다.

3.2.3.1. '느' 분석론의 문제와 '있다', '없다'

이 절에서는 현대 한국어 시간요소들의 체계에 관한 (1)의 주장을 일관되게 유지하고자 한다. 이는 (2)와 같은 개념적 전제를 가지는 것인데, 이러한 전제는 '는/느'를 시제의 하위범주로서의 현재시제 선어말어미나 직설법 선어말어미나 비완결상의 선어말어미로 분석해 온 종래의 연구들 모두가 공유하는 것이다.[132]

(1) '는/느'는 독립된 문법 형태소가 아니다. 따라서 현대 한국어에는 외현적 현재시제 /직설법/비완결상 표지가 없다.
(2) '는/느'를 문법 형태소로 설정한다는 것은 이를 통사구조의 종단 교점을 차지하는 독립된 통사 범주로 설정한다는 뜻이다.

---

132 고영근(1993)에서는 '-는-'과 '-다'를 종래의 형태소 단위에 상당하는 '구성소'라고 하면서 동시에 '-는다'가 '문장 형성소'가 된다는 주장을 하고 있어 '-는-'이 독립된 통사 범주라는 (2)의 전제를 갖지 않는 이론을 의도하는 것으로 생각해 볼 수 있다. 그러나 고영근(2004: 168)에서는 어미들이 다음과 같은 '배열 순서'를 가진다고 제시하는데, 현재시제 '-는/ㄴ-'은 과거시제 '-었-', 미래시제 '-겠-'과 계열관계를 이루며, 직설법 '-느-'는 '-더-' 및 '-리-'와 계열관계를 이룬다고 말하고 있다. 또 한국어의 모든 선어말어미, 어말어미는 (b)와 같은 통사구조를 형성한다고 한다(135-136쪽). (a)와 같은 통합 구조와 (b)의 통사구조를 상정하는 것은 결국 (2)의 개념적 전제에서만 가능한 것이다.
　a. 어간 (시) ({었, 는/ㄴ, 겠}) ({겠, 있}) (사오)(습) ({더, 니/느, 리}) (ㄴ/ 니) 다
　b. [s[s[s 아기가 과자를 먹} 었] 더]
'느' 분석론은 형태소 개념을 사용하면서 동시에 이것이 통사구조의 종단교점을 이루는 단위라고 하는 (2)와 같은 전제를 가졌다는 점에서 이 절에서 지적하는 문제점들을 피할 수 없다.

(1)과 반대되는 견해가 한국어학계의 시제·상·법 관련 논의에서 다수를 이루고 있다. 최현배(1937)에서 '믿는다, 믿는구나'의 '는'을 현재진행시제의 보조어간으로 규정한 이래, 고영근(1965, 2004), 임홍빈(1984), 임홍빈 외(1995), 김동식(1988), 이효상(1991), 한동완 (1984, 1996), 임칠성(1991), 최동주(1995, 1998), 김차균(1999), 임동훈(1995, 2010), 문숙영 (2009), 박진호(2011가) 등 연구자들이 '느'를 직설법 또는 현재시제 또는 비완결상의 표지로 규정하였다.[133]

'느'의 분석을 가정할 때의 변이형태 실현 규칙을 가능한 한 명시적으로 제시해 보기로 한다. '느' 분석론의 선행 연구 중, 한 예로, 고영근(1965, 2004)에서는 (3가라)의 '는/ㄴ'은 현재시제로, 나머지 '느'는 직설법으로 본다. 이처럼 연구자에 따라 부분적으로 차이가 있으나 (3)은 '느' 분석론의 실상을 잘 나타내고 있다. (3)은 모든 경우의 '느'를 한 문법 형태소로 처리하는 이론을 가정한 것이다.[134]

(3) 가. {느} → /는/ / [-모음성]]$_{Vv}$___{다, 담, 답시과
  나. {느} → /ㄴ/ / [+모음성]]$_{Vv}$___{다, 담, 답시과
  다. {느} → /ㄴ/ / V$_v$ 으시___{다, 담, 답시과
  라. {느} → /는/ / V$_v$ (으시)___{구나, 도다, 구려, 구먼}

---

[133] 남기심(1982)에서는 '는'을 분석하는 경우의 변이형태들의 분포 양상을 자세히 검토하여 이를 한 형태소로 설정하는 일이 불가하다는 점을 밝힌 바 있다. 그러나 최현배(1937) 말고는 그 이후 대부분의 연구자들은 '느' 형태를 중심으로 분석한다. 고영근(1965, 2004)은 '믿는다'의 '는'은 현재시제로 분리하고(뒤의 (3가라)), 그 외의 '느'는 직설법 표지로 처리한다. 최동주(1998)는 동사의 관형사형에서의 '느'(3자)는 '비완료상'으로, 그 외의 외현적 '느'는 서법의 하위범주로 본다. 임동훈(2010)은 관형사형의 '느'는 '미완결상', 그 외의 '느'는 현재시제 범주라고 주장하였다. 한동완(1984, 1996), 김차균(1999), 임칠성(1991), 문숙영(2009), 박진호(2011)는 '느'를 일관되게 시제 표지로 처리한다. 그러나 김차균(1999)은 '느'의 변이 형태로 '느, ㄴ, Ø'만을 설정하고 이어지는 어미의 형태를 '은다, 은구나, 은데, ……' 등으로 본다. 이에 따르면 뒤의 (3가라)가 조정되어야 한다. 임홍빈(1984)에서는 '느'를 양상적 의미 '실현성'을 나타내는 형태소라고 하였지만, 임홍빈 외(1995: 408)에서는 이를 통사구조의 시제소 교점에 위치하는 시제 범주로 파악하고 있다. 이효상(1991)은 한국어가 상 언어에서 시제 언어로 변화하는 과정에 있다고 보는 연구인데, 현대 한국어는 아직 상 체계가 작용하고 있다고 판정하였다. '느'를 비완결상의 표지로 분석한다는 점에서 이도 '느' 분석론의 예에 포함된다. 김동식(1988)은 '느'가 다른 시제, 상, 법 형태소와의 계열적 대립에 의해 시제, 상, 법의 의미를 갖게 된다고 설명하였다. 남기심(1972, 1982), 서정수(1976), 허웅 (1983), 이재성(2000), 양정석(2002, 2008), 신언호(2004), 허철구(2005, 2007) 등을 제외하고는 대다수의 선행 연구에서 '는/느'를 분석하는 입장을 취하고 있다. 그러나 허웅(1983: 457, 1987)에서 역사적인 고려에 따라 '-는다'가 현대 한국어에서 하나의 어미로 굳어진 것으로 기술한 점은 주목할 만하다.

[134] 이러한 형식의 변이형태 실현 규칙들은 양정석(2008가)에서도 제시한 바 있으나, 빠진 것을 채워 넣고 엄밀성을 보강하였다. '{느}'는 형태소 단위임을 나타내는 것이나 오른쪽의 실현 조건에서의 '{ }'는 선택 부호로 사용되기도 하였다. '( )'는 수의적 실현을 나타내는 부호이다. 'Vv'는 동사 어간을, 'Va'는 형용사 어간을 표시한다. 형용사 어간에는 '이-, 아니-'가 포함된다.

마. {느} → /느/ /{었, 겠, V_v (으시)}__{은데, 은바, 으냐, 으니라, 은가, 은감, 은고, 은지, 은지고, 은지라, 은걸, 으니}[135]

바. {느} → ∅ / {었, 겠, V_a (으시)}__{다, 담, 답시고, 구나, 도다, 구려, 구먼}

사. {느} → ∅ / V_a (으시)__{은데, 은바, 으냐, 으니라, 은가, 은감, 은고, 은지, 은지고, 은지라, 은걸, 으니, 음}

아. {느} → ∅ / __{어, 지, 소, 고, 으며, 으나, ……}

자. {느} → /느/ / V_v (으시)__{음}

차. {느} → /니/ / {습}__{다, 까}

카. {느} → /네/ / __{으에}

(3)에서 드러나는, 이와 같은 처리 방안이 가지는 본질적인 문제점을 다음과 같이 요약할 수 있다. (3가-카)에서 규칙의 조건이 되는 단위들의 집합은 음운론적, 문법적 자연군(natural class)을 이루지 못하는, 어휘개별적(idiosyncratic) 요소들의 집합일 뿐이다.

규칙의 조건을 이루는 단위들이 자연군을 이루어야 한다는 점은 음운론, 형태론, 통사론, 또는 의미론의 영역에서 본질적인 요구 조건으로 주어지는 것이다. 이 요구에서 벗어난다면 그것은 진정한 언어 규칙이 될 수 없다. 가령 (3마)는 진정한 언어 규칙이 아니고, '었', '겠', 'V_v(으시)'의 3가지 경우에 뒤의 12개 어미의 경우를 곱한, 도합 36개의 어휘개별적 기술일 뿐이다. 다른 규칙들의 경우도 마찬가지이다. 따라서 (3아)를 '그 외의 조건(elsewhere condition)'으로 제외하더라도 모두 99개의 어휘개별적 기술이 필요함을 (3)은 보여주는 것이다.[136] (3)의 모든 규칙들의 조건이 자연군을 이루지 못한다는 것은 '느'의 분포가 구조적으로 예측되지 않음을 의미한다.

이 절의 논증은 변이형태의 실현을 규칙으로 포착하는 이론이 그렇지 못한 이론에 비해, 언어 현실에 존재하는 일반성을 포착한다는 의미에서의 기술의 충족성(descriptive adequacy)을 만족한다는 점을 바탕으로 진행하고 있다. 임시방편적(ad hoc) 기술에 의존하면서도 관찰의 충족성(observational adequacy)을 만족하는 이론이 있을 수 있다.[137] 가상의 규칙들인 (3)은 '느' 분석론이 그와 같은 처지에 있음을 보여주고 있다.

---

135 '-으니'는 "사람은 착하게 살아야 하느니."의 종결어미, "믿느니 안 믿느니 언쟁을 한다."의 연결어미를 한 어미로 상정한 것이다. 이는 '느'를 갖지 않는 '이유·원인'의 '-으니'("나가 보니 추웠다."), 언제나 '느'를 가지는 '비교'의 '-느니'와 구별되는 어미이다.

136 뒤의 (4)에 제시하는 규칙들도 여기에 추가되어야 한다. 이들은 사실상 52개의 어휘개별적 기술이므로, 이를 합산한 151개의 어휘개별적 기술이 '느'의 변이형태 실현을 설명하기 위해 필요하다는 뜻이 된다.

137 언어학 이론에 대한 평가 기준으로서의 관찰의 충족성, 기술의 충족성, 설명의 충족성의 개념은 Chomsky(1964: 28-55)에서 비롯된다. 앞의 3.2.1절을 아울러 참고하기 바람.

'느'를 분석하고, 이에 시제·상·법의 문법범주를 부여하는 경우, 이 '느'는 문법 형태소로서, 통사구조의 한 교점에 설정될 수밖에 없다. 앞에서 제시한 '느' 분석론의 선행 연구들은 모두 '느'를 '어미'라고 지칭하는데, 어미는 생성문법의 어느 이론적 바탕에서나 독립된 통사 범주를 가지는 단위로 설정되는 것이므로 (2)의 개념적 전제를 갖지 않을 수 없다. 통사구조에서 '느'의 앞뒤에 주어지는 통사 단위들의 형태론적, 음운론적 성질을 바탕으로 '느'의 변이형태의 음운론적 실현이 이루어진다.[138]

또한, 현대 언어학의 통사구조에 관한 기초적 관점에 따르면 어휘부의 어휘 항목(또는 이에 상응하는 규칙의 형식)으로 주어지는 요소를 바탕으로 해서만 통사구조가 형성될 수 있다. 따라서 음성적으로 실현되지 않는 어떤 통사 범주가 존재한다면 무형의 형태소 'Ø'나 무형의 변이형태 'Ø'가 어휘부에 주어져야만 한다. 'Ø'로나마 설정되지 않는다면 이는 해당 범주가 존재하지 않음을 뜻하는 것이고, 이 범주의 투사(구)는 존재하지 않는다는 뜻이 된다.

(3바-아)에서 'Ø'는 '느'의 변이형태이다. 해당 위치에서 '느'의 현재시제/직설법/비완결상의 문법적 의미와 동일한 것이 포착될 수 있다면 이처럼 무형의 변이형태로 반드시 설정되어야 한다. 그러지 않으면 (3바-아)의 조건을 이루는 어미들 각각이 '느'가 가지는 문법범주를 아울러 표시한다고 주장할 수밖에 없는데, 이는 실행 불가능한 주장이 된다.[139]

---

138 '느' 분석론의 입장에서 어미들의 통사구조 상의 위치에 대해 취하는 관점은 다음 세 가지 중 하나다. (a)는 초기의 생성문법 이론에서 널리 가정하던 구조이고(남기심 외 1977: 70), 근래의 제약 기반 문법 이론들(HPSG, LFG)에서도 대개 이 같은 구조를 상정하고 있다. (b)는 서정목(1988: 107), (c)는 임홍빈 외(1995: 280, 282)의 견해에 따라 나타낸 것이다.

   a. [$_S$ ······ [$_V$ [$_{VS}$ 믿-] [$_T$ -는/ㄴ-] [$_{SE}$ -대]]]
   b. [$_{CP}$ ··· [$_{IP}$ ··· [$_{VP}$ ··· 가-]$_I$ [-시-, ···, -었-, -겠-, -습-, -느-, ···]] [$_C$-대]
   c. [$_{CP}$···[$_{HRP}$ ···[$_{MoP}$ ···[$_{HuP}$ ···[$_{MP}$ ···[$_{TP}$ ···[$_{TP}$ ···[$_{HP}$ ··· [$_{VP}$ ··· 가-]-시-]-었-]-었-]-겠-]-습-]-느-]-이-]-대

(a)는 어간과 선어말어미들과 어말어미의 결합이 단어 단위를 이루는 구조이다. (b)는 선어말어미들이 T 교점에 직접 관할되는 구조이다. 특히 (c)를 상정하면 머리성분 이동(head movement)이나 이에 상응하는 절차가 요구된다. (a)-(c)의 어느 통사구조를 가정하든지, 통사적 표면구조(또는 S-구조)를 입력으로 해서 음운론적 규칙의 적용에 따라 그 출력으로 음성 형식을 얻는 방식으로 설명해야 한다.

이 절의 논의에서는 선행 연구들을 포괄하면서 논의의 일관성을 유지하기 위한 배려에서 내내 '활용'의 개념을 사용하여 논의를 진행하고 있다. 이 개념에 적합한 구조는 (a)의 구조이나, 머리성분 이동을 가정하면 (b)나 (c)의 구조에서도 동일한 사실을 기술할 수 있다. 가령 뒤의 3.2.3.2절에서 어휘부의 불규칙형으로 제시하는 '있-는, 있-는데, ······' 들은 머리성분 이동의 결과인 C 범주의 복합 형식들에 적용되는 것으로 이해할 수 있다.

139 필자의 통사론연구회 특강(2011.8.5.)에서 박진호 교수는 최동주(1995, 1998)의 관점을 끌어들여 'Ø' 변이형태를 가지는 규칙 (3바-아)를 제거할 가능성에 대해 질문하였다. 최동주의 '무표항' 개념은 실행 가능하지 않은 개념인데도 여러 선행 연구자들이 찬동의 뜻을 보이고 있다. 한 예로 고영근(2004: 170, 1998: 62)에서는 (3바-아)의 'Ø'를 무형의 변이형태로 보거나, 후행 어미('-다'/'-은데' 등)가 현재시제/직설법

변이형태들의 분포 조건을 (3)과 같이 규칙의 형식으로 제시하는 일은 현대 한국어에서 어미들이 참여하는 구조의 실상을 온전히 파악하기 위한 필수불가결한 작업이다. 하지만 (3)은 아직 현대 한국어에서의 '느'의 실현 조건을 빠짐없이 망라한 것이 아니다. '있다'(형용사 용법), '없다'의 활용에서의 '느'의 실현 조건을 반영하지 못하고 있기 때문이다. 다음의 두 규칙을 추가해야 '느'의 변이형태의 분포에 관한 (3)의 기술이 완전해진다.

(4) 가. {느} → /느/ /{있, 없}__{은데, 은바, 으냐, 으니라, 은가, 은감, 은고, 은지, 은지고, 은지라,

---

범주를 가지는 것으로 보지 않고, 최동주(1995)의 설명에 따른 '무표항'으로 본다고 말하고 있다. 최동주(1995: 186)에서는 '-었-'의 계열적 대립항 'Ø₁', '-겠-'의 계열적 대립항 'Ø₂'는 관련 범주에 있어서 무표항이지만 각각 하나의 형태소는 아니라고 하였다. 또, 최동주(1998: 239)에서는 과거시제 '-었-'의 부재 'Ø'(서법인 '느'와 무관한 것)는 무형의 형태소가 아니라 '"-었-'이 출현하지 않음으로써 '-었-'에 대립되는 기능을 갖게 되는 '무표항'"이라고 설명한다. 어떤 통사구조의 종단 교점이 빈 채로 시제 범주를 표시한다면 그것은 형태소로서의 'Ø'일 수밖에 없다. 그는 형태소로서의 'Ø'를 부정하므로, 결국 현재시제 없이 과거시제만을 가지는 시제 이론을 주장하는 것이다.
그는 '-었-'과 '느'의 계열적 대립을 인정하지 않으므로 이와 같이 처리할 수 있다. 그러나 '느'의 변이형태로서의 'Ø'가 아닌 무표항의 개념은 성립할 수 없다. 그는 관형사형 외의 '느'를 서법 범주로 규정하므로, (3바-아)의 'Ø'는 서법 범주와 관련지어 설명할 수밖에 없다((3사)의 조건 중의 '은'은 제외). '느'와 '더'는 각각 '상황을 바라보는/제시하는 화자의 시점이 발화시에 위치하고 있음', '화자 시점이 인식시에 위치하고 있음'을 뜻한다고 한다. (3바-아)의 'Ø'는 그의 '무표항' 개념을 적용하면 '느'나 '더'의 서법 의미를 갖지 않아야 한다. 하지만 이 경우의 무표항의 의미는 '느'의 의미('화자 시점이 발화시에 위치함')와 구별되는 다른 의미일 수가 없다. 그것은 이 의미가 '믿는다/믿습니다/믿는데/있는데/없는데'에는 있고 '믿소/믿어요/검은데/있으신데/없으신데'에는 없다고 주장하는 것인데, 이는 현대 한국어의 사실과 다르다. 결국 '느'의 변이형태로 다시 'Ø'를 설정하거나, (3바-아)의 조건을 이루는 어미들 각각이, 그리고 이들만이, 어미 고유의 의미와 함께 '느'의 의미를 겸한다고 설정할 수밖에 없게 된다. 전자의 방법은 그의 '무표항' 개념과 모순되는 것이고, 후자의 방법은 명시적 이론으로의 실행이 불가능하다.
뒤늦게 읽게 된 최동주(1996)에서는 '느'의 계열적 대립항으로서의 무표항을 설정하지 않고, '느'의 무형의 변이형태로서의 'Ø'를 설정하고 있다. 즉, 그의 이론에서도 (3바-아)의 규칙들을 기술하는 것이 불가피함을 말해 준다. 따라서 위에 적은 고영근(2004, 1998)의 방안은 그 근거를 잃게 된다.
이효상(1991)은 최동주(1995)에서의 '느'의 의미 규정에 일정한 영향을 준 연구로서, (3바-아)의 변이형태 'Ø'를 상정하지 않는 이론을 추구하고 있다. (3차)의 '니'(직설법으로 상정)를 제외한 '느'는 비완결상의 표지로서, '현장 경험(concurrent experience)'을 지시하는 의미 기능을 가진다고 설명한다. '-는다', '-는군'의 '는'은 화자의 관점을 상황 발생의 장면에 놓는 기능을 갖지만, '-어'는 화자의 인식 체계에 통합된 일부로서의 정보를 전달하는 의미 기능을 가지므로 인식 체계와 상황의 구별을 전제하는, 현장 경험의 '는'과 어울리지 않는다고 한다(262-280쪽). 우선, 그가 다룬 어미는 '-는다, -는군'과 '-어'뿐이어서, 이들 외의 모든 어미에 이러한 설명이 확대 적용될 수 있는지는 불분명하다.
또한 '느' 뒤에 나타나는 어미들은 앞의 (3)에 조건으로 제시된 22개가 전부인데, 그의 이론에 따르면 이들이 어떤 의식 작용과 관련한 의미를 공통으로 가지는, 의미적 자연군을 이루어 그 외 대다수의 어미들과 대립해야 한다. 그러나 뒤의 (4가)는 어간이 '있-, 없-'일 경우, 일부 어미('-는, -는데' 부류)에 한해서 '느'가 의미와 무관하게 필수적으로 실현됨을 보이며, 3.2.3.2절의 논의에 따르면 '느'를 이어지는 어미의 일부로 취급할 경우에만 이 어미들의 변이형 실현의 규칙성이 드러난다. 이는 '느'를 가지는 어미들의 문법적 의미가 무엇이든 '느'가 통사구조에서 한 단위가 됨을 부정하는 증거인 것이다.

은걸, 으니, 음

나. {느 → ∅ /{있, 없} 으시__{은데, 은바, 으냐, 으니라, 은가, 은감, 은고, 은지, 은지고, 은지라, 은걸, 으니, 음

'있다', '없다'의 활용 방식을 이해하는 것은 '느' 분석론의 입장에서도 '느'의 변이형태 분포 또는 현재시제/직설법/비완결상의 활용에 관한 현대 한국어의 문법적 사실을 완전히 이해하는 데에 관건이 되는 것이지만 기존 연구들에서는 이 점이 인식되지 않았다. (4가, 나)가 뜻하는 바는 무엇인가? '-은데, -은바, -으냐, ……' 등의 어미 앞에서 '있다'(형용사 용법)와 '없다'는 동사처럼 '느'를 가진다. 반면 '-으시-'가 나타나는 경우, 이들 어미 앞에서, '있다'와 '없다'는 '느'를 갖지 않는다. 문제의 어미들 앞에서 '있다', '없다'는 동사와 형용사의 상반된 성질을 모두 보이는 듯하다. 그러나 눈여겨보아야 할 점은, '-으시-'를 가지는 경우, (4나)는 형용사에서의 실현 조건 (3사)와 완전히 일치한다는 것이다.[140]

(3) 및 (4)가 보이는 변이형태 실현 조건의 불규칙성은 명백한 것이므로, 이들과는 다른 방식으로 해당 요소들의 규칙성을 포착할 수 있다면, 즉 그 규칙의 조건을 자연군으로 가지는 규칙들을 제시할 수 있다면, (3), (4)와 같은 기술을 포기하고 그 쪽을 선택해야 한다. 어미들의 변이형 실현에 규칙성이 존재한다는 것은 이 어미들이 구조에 참여한다는 증거이기 때문이다. 다음 절에서 실제로 그와 같은 규칙들이 제시될 것이다. 그 전에, '는/느'를 분석하는 연구들에서 위와 같은 기술이 가지는 문제점들을 의식하고 이들 문제에서 벗어나고자 노력한 예들이 몇몇 눈에 띄므로, 이들에 대해 고려해 보기로 한다.

앞에서 든 선행 연구 중 최동주(1995, 1998), 임동훈(2010)은 '느'가 관형절과 그 외 구성에서 상이한 문법범주를 표시한다고 주장하였다. 최동주(1995, 1998)는 '믿는'의 '느'는 비완결상인데 '믿는데, 믿는바, 믿느냐'의 '느'는 서법의 하위범주라고 한다. 임동훈(2010)은 전자를 미완결상, 후자를 현재시제라고 규정한다. 그러나 현대 한국어 공시태의 사실인 (3마)와 (3자)는 '-은' 앞의 '느'가 '-은데, -은바, -으냐, ……' 앞의 '느'와 동일한 단위임을 알려준다. (3자)는 동사의 관형사형 '-은'이 독립된 분포 조건이 되는 것으로 기술하였지만 '-었-, -겠-'

---

[140] 해당 어미들 앞에서 '있-'은 동사로서의 용법을 보이기도 한다. 다음 예의 '있으시는데'는 '있-'이 동사(Vv)로 해석되어 (3마)의 규칙에 의해 포착되는 것으로 볼 수 있다. (4가, 나)는 형용사로서의 '있-', '없-'의 경우이다. (3사)는 '-으시-'가 수의적인 경우이므로 (4나)처럼 '-으시-'의 의무적 실현 조건을 가지는 규칙이 별도로 필요하다.
   a. 그분이 5시까지 여기에 있으시는데/있으신데/*없으시는데/없으신데…
3.2.3.2절에서 제시하는 필자의 방안은 이들 '있으시는데/있으신데/*없으시는데/없으신데'의 실현을 정확하게 예측한다.

아닌 동사의 경우에는 (3마)도 동일한 활용 방식을 가지는 것이다. 더욱이, '있다', '없다' 활용형에서의 '느'의 실현을 나타내는 (4)도 '-은'이 '-은데, -은바, -으냐, ……' 등과 동일한 분포 조건을 이룸을 보여준다. 하나의 분포 조건을 이루는 어미들 중 '-은'만이 비완결상/미완결상이라는 문법적 의미의 실현 조건이 되는 타당한 이유가 있는지는 의심스럽다. 무엇보다도 (4나)는 '있-, 없-'이 '-으시-'를 취할 때 다른 형용사와 같이 '-은, -은데, -은바, -으냐, ……'의 분포 조건에서 '느'를 탈락시킴을 보이는데, '-으시-'가 개재할 경우 동사/형용사 구분의 규칙성이 드러나는 것은 '-은'과 그 밖의 경우를 구별하여 상이한 문법범주를 부여하는 것이 근거 없음을 말해준다. 결국 이들의 이론은 현대 한국어에 엄연히 존재하는 규칙성을 포착하지 못하고 있다. 규칙성은 '-는, -는데, -는바, -느냐, ……'처럼 '느'를 후행 어미의 일부로 붙일 때에만 시야에 들어온다.

임동훈(1995, 2010)에서는 현대 한국어의 '느'(관형사형의 '느' 제외)가 기본적으로 현재시제 형태소이지만 '-었-'과 '-겠-' 뒤에 나타나는 '느'는 형태소로서의 자격을 갖지 않는다고 판단하였다. 이에 따라 '-었-'의 변이형태로 '-었느-', '-겠-'의 변이형태로 '-겠느-'를 설정하기에 이른다.[141] 이 같은 견해의 문제점을 이해하기 위하여 다음과 같이 제시해 보기로 한다.

(5) 임동훈(1995, 2010)에 따른 변이형태 실현 규칙들:
    가. {느} → /는/ / [-모음성]]$_{Vv}$___{다, 담, 답시고}
    나. {느} → /ㄴ/ / [+모음성]]$_{Vv}$___{다, 담, 답시고}
    다. {느} → /ㄴ/ / V_v 으시___{다, 담, 답시고}
    라. {느} → /는/ / V_v (으시)___{구나, 도다, 구려, 구먼}
    마. {느} → /ㄴ/ / V_v (으시)___{은데, 은바, 으냐, 으니라, 은가, 은감, 은고, 은지, 은지고, 은지라, 은걸, 으니}[142]
    바. {느} → ∅ / V_a (으시)___{다, 담, 답시고, 구나, 도다, 구려, 구먼}
    사. {느} → ∅ / V_a (으시)___{은데, 은바, 으냐, 으니라, 은가, 은감, 은고, 은지, 은지고, 은지라, 은걸, 으니}

---

[141] 문숙영(2009)에서도 이러한 설명 방안을 받아들이고 있다.
[142] (5마, 사)에 나열된 '으로 시작하는 어미들이 조음소 '으'를 가지는 어미들(최현배 1937의 '가림씨끝(분간어미)'과 '가림도움줄기(분간보조어간)')의 전체 목록과 일치하지 않는다는 점에 주의해야 한다. '과거' 의미를 나타내는 '-은', '추정·미래'의 '-을'이 제외되고, 명사형어미 '-음', 연결어미 '-으며, -으나, -은들, -은즉, -은즉슨, -을지라도' 등, 종결어미 '-으라, -으랴, -을라' 등, 그리고 선어말어미 '-으시-'가 제외된다. (3마, 사), (4가, 나), (5마, 사)의 조건을 이루는 '으' 선행 어미들은 아무런 음운론적, 문법적 자연군을 이루지 않는다는 점을 강조해 둔다.

아. {느} → ∅ / __{어, 지, 소, 고, 으며, 으나, ……}

(5)의 규칙들은 위 (3마, 바)로부터 '-었-', '-겠-'의 조건이 제거되고, 관형사형의 '느'가 시제 아닌 상의 요소로 제외됨에 따라 다소 간결해졌다. 그러나 근본적인 문제는 여전히 남아 있다. (5가-아)에서 규칙의 조건이 되는 어미들의 집합은 음운론적, 문법적 자연군을 이루지 못하는, 어휘개별적 요소들의 집합일 뿐이라는 것이다.

(5)가 (3)과 뚜렷하게 달라진 점은 '-었-'과 '-겠-' 뒤의 '느'를 별도의 것으로 돌려놓았다는 것이다. 그러나 그곳에서 문제가 새로 발생한다. 임동훈(1995, 2010)은 '-었-', '-겠-'의 변이형태로 '었느'와 '겠느'를 설정한다. 이에 따라 '-었-', '-겠-'의 변이형태 실현 규칙에 문제성 있는, (5마, 사)의 후행어미 조건을 가지는 규칙이 새로 추가되어야 하는 것이다.

(6) 가. {었} → /었느/ / __{은데, 은바, 으냐, 으니라, 은가, 은감, 은고, 은지, 은지고, 은지라, 은걸, 으니}
    나. {겠} → /겠느/ / __{은데, 은바, 으냐, 으니라, 은가, 은감, 은고, 은지, 은지고, 은지라, 은걸, 으니}

문제는 여기에서 그치지 않는다. (6)은 현대 한국어에서 '-었-', '-겠-' 뒤의 '느'가 아무런 의미 기능을 갖지 못하는 예라고 판단한 것이지만, 이러한 '느'와 똑같은 것이 '있-'과 '없-' 뒤에도 나타난다. 그러므로 (6)을 설정해야 한다면 다음과 같은 '있-, 없-'의 변이형태 실현 규칙도 아울러 설정해야 할 것이다.[143]

(7) 가. {있} → /있느/ / __{은데, 은바, 으냐, 으니라, 은가, 은감, 은고, 은지, 은지고, 은지라, 은걸, 으니}
    나. {없} → /없느/ / __{은데, 은바, 으냐, 으니라, 은가, 은감, 은고, 은지, 은지고, 은지라, 은걸, 으니}

이를 (5마), (6)과 비교하면 이러한 처리의 임시방편적(ad hoc) 성격을 잘 이해할 수 있다. 아무런 음운론적, 문법적 자연군을 이루지 못하는 어미들의 집합이 이들 규칙의 조건으로

---

[143] (3마), (5마)의 조건 중의 'Vv(으시)'에 보이는 것 같은 '으시'는 (7)에서는 제거되어야 한다. '있으신데, 없으신데'가 가능하다. 반면, *있은데, *없은데'는 불가능하고 항상 '있는데, 없는데'로 실현되어야 한다. 이러한 사실을 규칙으로 기술하는 방법을 다음 3.2.3.2절에서 제시한다.

설정되어야 하는 것이다. 더욱 곤란한 것은, (6)의 선어말어미 실현 조건과 (7)의 용언 '있-, 없-'의 실현 조건이 동일하다는 점이다. 이러한 분석을 시도하는 임동훈(1995, 2010) 자신도 '있느', '없느'를 한 형태소로 분석하기를 원하지는 않을 것이다.

'-었-' 뒤의 '느'를 여전히 독립된 형태소로 인정하고, 이를 '-었-'이 자동적으로 취하는 요소로 간주하고자 하는 시도도 나타났다. 박진호(2011가: 306)는 "'먹었느냐'의 '느'는 조동사 '었'이 취한 어미"라는 견해를 밝혔다.[144] '-었-' 뒤의 '느'는 통사적 머리성분(head)의 하위범주화와 같은 개념을 적용해 설명하고자 하는 것으로 이해된다.[145] 여기에서도 '느'가 형태소로 분석되어야 한다는 점(즉, '느' 분석론)이 대전제로 유지되고 있는 것이다.

머리성분이 다른 머리성분을 하위범주화한다는 개념 자체는 실행 불가능하지 않다. 하지만 이러한 시도에 따라 달라지는 것은 별로 없다. (6)과 (7)에 준하는 임시방편적인 기술은 여전히 남기 때문이다. '-었-'과 '-겠-'뿐 아니라 '있-'과 '없-'도 '느'를 머리성분 하위범주화에 따라 취한다고 해야 한다. 그러나 이는 (6), (7)의 조건으로 제시된 어미들 앞에서만 있는 일이다. 그러므로 설령 이들 네 요소가 '느'를 하위범주화한다고 기술하더라도 그 기술에는 '-은데, -은바, -으냐, ……, -은' 등 어휘개별적 요소들의 집합을 조건으로 덧붙이지 않으면 안 된다. 또한 (5)의 규칙들의 조건이 자연군을 이루지 못한다는 문제도 여전히 해결되지 않고 남는다.

'있다'와 '없다'가 활용상 특이한 점이 있다는 것은 널리 알려져 있다. 이희승(1949)과 같은 전통문법서에서는 이들의 활용상의 특이함을 이유로 존재사라는 독립된 품사를 설정하기도 하였다. 그러나 이들의 특이성에 대한 과도한 의식이 오히려 이들이 참여하는 구조에 대한 정확한 이해를 막아 온 측면이 있다고 본다.

고영근(2004: 185-187)에서는 '있다', '없다'의 활용에서 '느'와 관련하여 불규칙성이 있다는 지적을 하고 있다. 그러나 그 심층의 메커니즘에 대해서는 아직 파악하지 못한 단계인 것으로 보인다. 고영근(1965)에서부터 직설법 '느'를 분석하는 주요 근거가 회상법 '더'와 대립된다는 점이었으므로, '있던'과 계열적으로 대립되는 '있는'의 '느'는 '직설법' 표지로

---

[144] 박진호(2010: 226)에서는 "이런 통시적 단계 내지 공시적 범주로서 조동사를 설정하는 것이 한국어의 현실을 기술하는 데에 유익하다는 것이다."라고 말하는 것으로 보아 이것이 공시적 기술의 하나로 시도되고 있음을 알 수 있다.

[145] 최기용(1991)에서는 생성문법의 일반적인 이론 체계에서 이 개념이 사용될 수 있음을 보였다. 가령 '먹어 본다'의 예에서 머리성분인 보조동사 '보-'는 '[V-에]_V__'와 같은 하위범주화 틀을 가진다고 기술하였다. 박진호(2010, 2011가)의 제안에 따라 이 개념을 적용해 보면, 조동사인 '-었-'이 하위범주화 틀 '__[느]_T'를 가진다고 기술할 수 있을 것이다. 이 개념의 필요성과 그 적용에 있어서의 한계에 관해서는 양정석(2007가)에서 검토한 바 있다.

분석될 수밖에 없다.

(8) 많은 책이 있는/*있은/있던 삼촌
(9) 많은 책이 *있으시는/있으신/있으시던 아버님

그러나 (9)에서 관찰되는 것처럼, 주체높임의 '-으시-'가 개입될 때에는 '느'가 실현될 수 없다. 주체높임의 의미가 회상법의 대립 개념인 직설법의 실현을 제약할 아무런 이유를 찾을 수 없으므로, 이 사실은 이 경우의 '느'를 직설법 표지로 상정하는 고영근(1965, 2004)에 대한 반례가 된다. '없다'에 관한 다음 사실도 같은 점을 보여준다.[146]

(8)' 많은 책이 없는/*없은/없던 삼촌
(9)' 많은 책이 *없으시는/없으신/없으시던 아버님

관형절 외의 구성에서 '있다'는 동사로서의 쓰임과 형용사로서의 쓰임을 모두 가진다고 알려져 왔다.[147]

(10) 가. 그 사람은 오후 5시까지 사무실에 있는다/있다.
    나. 그 사람은 지금 사무실에 있다.
(11) 가. 삼촌이 많은 책이 *있는다/있다.
    나. 아버님이 많은 책이 *있으신다/있으시다.

이 점에서는 동사/형용사의 이중적 성격을 가지는 '밝다, 흐리다, 늦다, 길다, 무리하다, 틀리다, 굳다, 시다, 충만하다, 궂다, 크다, 그늘지다, 맞다, 지나치다, 감사하다, …' 등의

---

[146] 위 (4가)와 (4나)의 대비를 만드는 어미들이 모두 이러한 문제점을 제기한다. 앞에서 말한 것처럼, 고영근(2004)에서는 '느'가 실현되지 않는 경우를 최동주(1995)의 '무표항'으로 간주하므로, '없으신'에 '느'의 무형의 변이형태인 'Ø'가 실현된다고 설명할 수도 없다.

[147] 고영근(1987)에서는 "아버님이 책이 많이 있으시다."와 같은 예를 들면서 이런 경우의 '있다'는 소유의 의미를 띤다고 하였다. 양정석(1995)에서는 '있다'를 크게 사건성과 상태성으로 나누고, 상태성의 '있다'를 다시 그 논항구조의 특성을 기준으로 셋으로 더 나누어, 모두 4개의 동음이의어 어휘항목으로 갈라 보았다(양정석 1997나에서는 다시 세 가지의 상태성 '있다'들을 하나의 어휘항목으로 통합할 수 있음을 보였다). 'NP-이 NP-이 V'의 통사적 형식에 쓰이는 '있다'('있다³')는 '소유' 의미를 특성으로 가지는데 이는 상태성 용언이기 때문에 '*있으신다' 형식으로 실현되는 것이 불가능하다고 보았다. '계시다'도 사건성과 상태성의 어휘항목으로 나누고, 사건성의 '계시다'가 사건성의 '있다'의 존대 표현으로 쓰인다고 보았다.

용언과 다름이 없다.

(12) 가. 6시에는 날이 밝는다/밝다.
    나. 이 방은 밝다.

이들 용언은 관형절에서도 동사/형용사의 특징을 그대로 유지한다. (14)는 '-은'이 '과거' 의미를 표현할 수도 있다는 것을 보여준다.

(13) 가. 천천히 밝는 새날
    나. 형광등 빛이 밝은 방
(14) 의식하지 못하는 사이에 밝은 새날

주의할 점은, '있다'의 보충법 형식으로 생각되어 온 '계시다'가 '있다'와 동일한 활용 방식을 보이지 않는다는 것이다.[148] '계시다'는 동사/형용사의 이중적 성격을 가지는 (12)의 '밝다' 용언과 동일한 활용 방식을 보인다. (17)은 '-은'이 '과거' 의미를 표현할 수도 있음을 보여준다.

(15) 가. 그분은 5시까지 사무실에 계신다/계시다.
    나. 그분은 지금 사무실에 계시다.
(16) 가. 서울에 계시는 삼촌
    나. 서울에 계신 삼촌
(17) 어제 5시까지 사무실에 계신/*계시는 분이 김과장이었어요?

'없다'도 '있다'와 마찬가지로 관형절에서 특별한 활용을 하는 용언이다. 그러나 '없다'는 '있다'와 달리 형용사로서의 용법만을 가진다.

(18) 가. 그 사람은 오후 5시까지 사무실에 *없는다/없다.
    나. 그 사람은 지금 사무실에 없다.
(19) 가. 삼촌이 많은 책이 *없는다/없다.

---

[148] 허웅(1963: 11-12), 고영근(1987) 등으로부터 '계시다'를 '있다'의 보충법 형식으로 간주하여 왔는데, 그럴 경우 보충법은 소유의 의미를 가지는 'NP-이 NP-이 V'의 통사적 형식을 제외한 경우의 '있다'의 활용형에 적용되는 것이라고 해야 한다. 여기에서는 '계시다'가 '있다'와는 독립된 단어라고 상정하여 그 문법적 행태를 관찰하고자 한다.

나. 아버님이 많은 책이 *없으신다/없으시다.

이상의 사실을 일목요연하게 볼 수 있도록 표로 요약하기로 한다. 다음에서 '믿다'는 동사로만 쓰이는 예의 대표로서 든 것이고, '검다'는 형용사로만 쓰이는 예이다. '밝다'는 동사와 형용사의 쓰임을 모두 가지는 예이다. 이들과 비교해 보면 '계시다', '있다', '없다'의 성격을 가늠할 수 있다. 관형사형어미 '-은'은 과거 의미의 'Ø'와 현재 의미의 'Ø'가 결합되는 경우를 나누어 표시하였다.

(20) 관형사형어미의 결합 양상

	믿다	검다	밝다	계시다	있다	없다
Ø(과거)	믿은	*검은	밝은	계신	있은	*없은
Ø(현재)	*믿은	검은	밝은	계신	*있은	*없은
'느'	믿는	*검는	밝는	계시는	있는	없는
'더'	믿던	검던	밝던	계시던	있던	없던

위 표가 '느'와 '더'의 형태소 대립에 기반한 고영근(1965, 2004)이나 이를 따르는 논의들, 또는 '느'와 'Ø'의 형태소 대립에 기반한 임동훈(2010)과 같은 논의에 문제를 안겨 준다는 점에 다시 주의할 필요가 있다. 전자의 경우, 현재 의미의 '느'가 형용사에만 실현되지 않는 것('*검는)은 직설법의 의미 기능으로는 설명할 수 없다. 후자의 임동훈(2010)은 위 표에서 과거 의미와 현재 의미의 경우로 나눈 'Ø'를 하나로 보아 '완결상'으로 규정하고, '느'와 '더'를 '미완결상'의 표지로 보아, 각각을 '현재미완결상', '과거미완결상'이라고 규정하였다. 이러한 이론에서는 '미완결'의 '느'에 대립되는 완결의 'Ø'가 '있다'의 관형사형에 실현될 때 현재 의미를 표현하지 못하는 것은 설명할 수 없다. 또, '없다'의 관형사형에 'Ø'가 아예 실현될 수 없다는 것은 이 이론에서는 예측 불가능하다. 즉, 현재 의미의 '*있은', '*없은'이 불가능한 것, 과거 의미의 '*없은'이 불가능한 것은 문제이다. 현재 의미의 '검은', '밝은', '계신'이 가능한 것, 과거 의미의 '있은'이 가능한 것과 비교해 보아야 한다.

(20)의 표로만 관찰하면 '있다', '없다' 활용의 실체는 여전히 베일에 가려져 있는 것 같다. 다만, 여기에서도 '밝다'와 '계시다'가 완전히 동일한 패턴을 보인다는 점이 눈에 띈다. 그러나 '느'를 가지는 관형사형 외의 다른 어미들을 아울러 관찰해 보면 그 실체가 더욱 가깝게 느껴진다. '-은데'의 결합 양상을 위 표와 같은 방법으로 제시해 보자.

(21) '-은데'의 결합 양상

	믿다	검다	밝다	계시다	있다	없다
Ø(과거)	*믿은데	*검은데	*밝은데	*계신데	*있은데	*없은데
Ø(현재)	*믿은데	검은데	밝은데	계신데	*있은데	*없은데
'느'	믿는데	*검는데	밝는데	계시는데	있는데	없는데
'더'	믿던데	검던데	밝던데	계시던데	있던데	없던데

흥미로운 것은, '-은데' 외에도 앞의 (3마, 사) 규칙의 조건을 이루는 어미들이 모두 같은 결합 양상을 보인다는 점이다. 두 개의 예만을 더 들어 보기로 한다.

(22) '-은가'의 결합 양상

	믿다	검다	밝다	계시다	있다	없다
Ø(과거)	*믿은가	*검은가	*밝은가	*계신가	*있은가	*없은가
Ø(현재)	*믿은가	검은가	밝은가	계신가	*있은가	*없은가
'느'	믿는가	*검는가	밝는가	계시는가	있는가	없는가
'더'	믿던가	검던가	밝던가	계시던가	있던가	없던가

(23) '-으냐'의 결합 양상

	믿다	검다	밝다	계시다	있다	없다
Ø(과거)	*믿으냐	*검으냐	*밝으냐	*계시냐	*있으냐	*없으냐
Ø(현재)	*믿으냐	검으냐	밝으냐	계시냐	*있으냐	*없으냐
'느'	믿느냐	*검느냐	밝느냐	계시느냐	있느냐	없느냐
'더'	믿더냐	검더냐	밝더냐	계시더냐	있더냐	없더냐

이상은 '있다', '없다'의 일단의 활용형이 '느' 분석론에 대하여 해결 곤란한 문제를 제기한다는 점을 보인 것이다. 그러나 관형사형의 결합 양상을 나타내는 (20)의 표와 (21)-(23)의 표를 비교하면, 맨 윗줄, 즉 과거 의미의 'Ø'가 결합하는 경우를 제거하면 네 경우가 완전히 같은 패턴을 드러낸다는 사실을 발견할 수 있다. 이 사실은 다름 아닌 (3사)의 가상의 규칙이 드러내는 점이다. 선행 용언이 형용사일 때 그 첫소리로 가지고 있던 '느'를 제거해야만 하는 일단의 어미들이 현대 한국어에 존재하는 것이다. (20)의 관형사형의 경우가 특별한 것은 '-은'이 과거 의미를 더 표현할 수 있다는 점에 있다. 즉, 과거 의미의 '있은' 및 '계신', '밝은', '믿은'이 가능한 것만이 특이한 사실이다. 이러한 모든 사실을 체계적으로 설명할

수 있다는 것을 다음 절에서 보이기로 한다.

3.2.3.2. '느' 계통 어미들이 참여하는 구조

'있다', '없다'를 중심으로 '느' 분석론의 문제점들을 하나하나 비판적으로 살펴봄으로써 현대 한국어 어미 결합 현상의 배경이 되는 구조가 차츰 모습을 드러냄을 관찰할 수 있었다. '느'의 유무를 가르는 선행 요소의 핵심 요인은 동사와 형용사의 구분이다. '있-'은 동사와 형용사의 특성을 가지며, '없-'은 형용사의 특성만을 가진다. 그러나 '느'를 독립된 통사 단위로서의 형태소로 가정하면 그 실현을 규칙으로 기술하는 것이 불가능함을 확인하였다.

반면, '느'를 독립된 형태소로 분석하지 않고 뒤의 어미의 일부로 보면 그 형태음운론적 실현 양상이 선행 환경에 따른 규칙성을 가진다는 것을 바르게 파악할 수 있다. 이 절에서는 기원적으로 'ᄂ'와 연관되는 '느' 계통 어미들과 관련하여 현대 한국어 용언 활용에 내재하는 구조와 메커니즘을 제시하고자 한다. 앞 절의 (3)에서 드러나는 그 분포 조건의 차이에 따라 다음 네 종류의 '느' 계통 어미들을 이끌어낼 수 있다.

(24) 가. '-는다' 부류: -는다, -는담, -는답시고
　　 나. '-는구나' 부류: -는구나, -는도다, -는구려, -는구먼
　　 다. '-는, -는데' 부류: -는, -는데, -는바, -느냐, -느니라, -는가, -는감, -는고, -는지, -는지라, -는지고, -는걸, -느니
　　 라. 기타: -니까, -네

(24가)의 '-는담, -는답시고'는 '-는다'처럼 더 분석되지 않는 어미 단위로 간주한다.[149] '-는다'는 다음 네 개의 변이형 실현 규칙으로 기술된다. 중요한 점은, '느'를 이어지는 어미의 일부로 상정함으로써 다음 (25가-다)와 같이 그 실현 조건이 자연군을 이루는 진정한 규칙을 구성할 수 있게 되었다는 것이다. (25라)의 '-다' 형태가 기본형으로 주어지는 것으로 상정하면 (25가-다)의 세 개의 변이형 실현 규칙만으로 기술할 수 있다.[150]

---

[149] 이들 어미의 일부인 'ㅁ'과 'ㅂ시고'에는 독립된 어미로서의 문법적 기능을 부여할 수 없다. 이 점에서 두 어미의 복합으로서의 굳어진 어미 '-는다오, -는답니다, ……' 등과는 구별되어야 한다. 후자는 'X → Y X'와 같이 머리성분들이 결합하여 복합적 머리성분을 형성하는 일반적 통사 규칙(최기용 1991)의 적용을 받는다고 설명할 수 있다.
(24다)의 '-는데, -는바'도 유사한 고려가 필요하다. '-는데'가 관형사형 '-는'과 명사 '데'로 분석되는 다른 형식과 연관되기는 하지만 이 연관이 어원적·역사적 연관일 뿐이라고 간주하고, '-는데'는 단일한 통사 단위로서의 어미로 처리한다.

(25) 가. {다} → /는다/ / [-모음성]]$_{Vv}$___
 나. {다} → /ㄴ다/ / [+모음성]]$_{Vv}$___
 다. {다} → /ㄴ다/ / V_v 으시___
 라. {다} → /다/ / {었, 겠, V_a (으시)}___

'-는다'는 최현배(1937/1971: 184)에서 동사와 형용사를 구분하는 첫째 기준으로 사용되었을 만큼 그 중요성이 크다.[151] (25가-다)과 (25라)는 이러한 범주 구분이 형태음운론 규칙으로 포착됨을 보이는 것이다.

'-는다'의 다른 변이형태인 '-니다', '-라'의 실현 환경은 다음과 같다.

(26) 가. {다} → /니다/ / {습}___
 나. {다} → /라/ / {더}___
 다. {다} → /라/ / {으리}___
 라. {다} → /라/ / {이-, 아니-}___{고}

(26가, 나, 다)는 '-습니다', '-더라', '-으리라'의 '니다', '라'를 '-다'의 변이형태로 처리함을 보여준다. 또 '이-, 아니-'는 형용사의 하위 부류로 상정되고 이 뒤에서는 (25라)이 기본형이 실현되는데('학생이다', '학생이 아니다'), '이라고, 아니라고'처럼, 인용의 조사 '-고' 앞의 환경에서는 (26라)의 규칙에 따라 '-라' 형태가 실현된다. 현대 한국어 구어에서 '-고' 없이 나타나는 "학생이라/학생이 아니라 본다"와 같은 예는 (26라) 규칙이 적용된 후에 '-고'가 생략된 형식이라고 설명할 수 있다. 규칙의 적용 순서에서 특수한 규칙인 (26)이 (25가-다)에 앞선다고 상정하면 '-습니다', '-더라', '-으리라' 등의 형식이 먼저 실현되어 (25) 규칙들의

---

[150] (25다)에서 'V_v 으시___'의 '-으시-'가 선행 용언의 동사/형용사 특성을 이어받는 사실은 규칙의 조건을 형식적으로 정제함으로써 더 체계적으로 기술할 수 있다. 필자의 현재 생각으로는, 음운론적 구조로 연결 또는 전이되는 통사적 과정의 한 단계(표면구조/S-구조 또는 최소주의 통사론에서의 '문자화 Spell-Out')에서 어간인 'V_x'와 '-으시-', '-었-', '-겠-', '-는다'가 C 범주의 머리성분 교점에 결합된 상태로 주어지고, 선어말어미 중 '-으시-'만은 'V_x'의 형태론적 자질을 계승하는 특성을 가진다는 특별한 규정을 두는 것이 필요하다고 본다. 양정석(2007가)에서는 통사구조의 두 머리성분 단위가 한 어휘의미적 단위와 대응하면서 선행 요소의 형태론적 자질이 후행 요소의 자질로 전승됨을 보장하는 통사론적 원리로서 '재구조화 원리'를 상정하였다. 이 원리에 따라 '[V_x 으시]'와 같은 단위가 'V_x'의 범주를 갖게 된다고 설명할 수 있다. 이 같은 단계를 상정하면 (25나)와 (25다)를 한 규칙으로 통합할 수 있다.
[151] 현재진행시제 보조어간('나아감때 도움줄기')으로 규정되는 '는'의 유무가 그 구분 기준으로 사용되었다. 참고로, 최현배(1937/1971: 447)에서 현재시제 활용형의 예로 든 '역사적 현시법'("삼일 정오에 비로봉에 오르다.")의 '-다'는 (25)와는 다른 독립된 형태소로 분석되어야 한다. 이는 동사/형용사의 구분, 어간 말음의 음운론적 성질과 관계없이 언제나 '-다'로만 실현된다.

지배를 받지 않게 된다.[152] '더'를 가지는 다음 형식들을 모두 이처럼 상정할 수 있다.[153]

(27) -더구나, -더구려, -더구먼, -더냐, -더니, -더라, -던, -던가, -던고, -던데, -던지, -데, -습디다, -습디까.

(24라)의 '-니까', '-네'가 더 분리되지 않는 단일 형태소로 처리되어야 함은 앞의 (3), (4)의 '느'의 분포 사실로부터 얻어지는 자연스러운 귀결이다.[154] '-니까'가 '-습' 뒤에서만 실현되도록 보장하기 위해서는 다음과 같은 실현 규칙을 설정할 수 있다.

(28) {니까} → /니까/ / {습}___

(24나)의 '-는구나' 부류 어미의 변이형 실현 양상은 다음과 같다. 이 부류의 어미들이 문법적 자연군을 이루지 않는다는 점은 분명하다. '-어/아, -지, -소/으오' 등의 종결어미가 이 부류에 속하지 않으며, 바로 앞의 '-는다'가 이 부류에 속하지 않기 때문이다. 감탄형을 한 문법적 하위범주로 설정하여 이들만을 포함할 가능성도 배제된다. '아름다워라!'와 같은 예의 감탄형어미 '-어라'는 이 부류에 들지 않기 때문이다. 그러므로 이 네 개의 어미는 각각 두 개씩의 변이형 실현 규칙으로 포착하여 기술하는 것이 합리적이다. 이 경우에도 (29나)의 '-구나' 형태를 기본형으로 간주하면 (29가)의 한 개의 변이형 실현 규칙만을 가지는 더욱 간결한 기술을 얻을 수 있다. 즉, 어휘부에 주어지는 기본형과 함께 (30)과 같은 규칙들만을 설정하면 된다.

(29) 가. {구나} → /는구나/ / V_v (으시)___
　　 나. {구나} → /구나/ / {었, 겠, V_a (으시)}___

---

[152] 이러한 방법은 Chomsky(1957) 이래의 생성문법 이론에서 불규칙적 형태의 실현을 설명하는 표준적인 방법이다. (26나-라)는 '느'를 독립된 어미로 분석하는 입장에서도 앞의 (3), (4)와 더불어 상정해야 하는 형식이라는 점에 주의해야 한다.

[153] (27)의 '더' 결합형은 (24)의 '느' 계통 어미보다 그 수가 훨씬 더 적다. 이는 '느'와 '더'가 계열적 대립을 이루지 않음을 뜻하는 것이다(자세한 논증은 양정석 2008가 참조).
(26라)의 '이-, 아니-'는 문법적 자연군('잡음씨')을 이루고, '고'도 그 하나만으로 자연군('인용격 조사')을 이루나, (26가-다)의 조건은 자연군을 이루지 않는다. 필자의 궁극적 관점은 '-습디다, -습디까, -으리라'와 (27)의 형식들 각각을 Chomsky(1965b)에서 통사구조의 최소 통사 단위로 상정하였던 '형성소(formative)'로 보아 어휘부의 단일 항목으로 등재하는 것이다. (26라)는 그대로 특수한 규칙으로 설정한다.

[154] '-네'는 두 개의 동음이의 형태소인 '-네'[1]("자네를 믿네.")과 '-네'[2]("쟤가 비 맞고 오네.")로 나누어야 한다.

(30) 가. {구나} → /는구나/ / V_v (으시)__
    나. {도다} → /는도다/ / V_v (으시)__
    다. {구려} → /는구려/ / V_v (으시)__
    라. {구먼} → /는구먼/ / V_v (으시)__

앞의 3.2.3.1절에서 주요 관심사였던 것은 (24다)의 '-는, -는데' 부류 어미들이다. 이들의 변이 양상은 다음과 같이 규칙화된다. 각각에서 (나)의 변이형을 기본형으로 삼으면 (가)의 한 가지 규칙만을 설정하여 기술할 수 있다. 이들은 모두 형용사 어간에 결합될 때 '으'로 시작하는 변이형으로 실현되는 특징을 보인다. 이렇게 해서 얻어진 '으'로 시작하는 변이형은 다시 일반 음운론적 규칙인 조음소 '으' 탈락 규칙의 지배를 받게 된다.[155]

(31) 가. {는} → /은/ / V_a (으시)__
    나. {는} → /는/ / V_v (으시)__
(32) 가. {는데} → /은데/ / V_a (으시)__
    나. {는데} → /는데/ / {었, 겠, V_v (으시)}__
(33) 가. {는가} → /은가/ / V_a (으시)__
    나. {는가} → /는가/ / {었, 겠, V_v (으시)}__
(34) 가. {느냐} → /으냐/ / V_a (으시)__
    나. {느냐} → /느냐/ / {었, 겠, V_v (으시)}__

이에 따라 '좋은/좋으신/*좋는/*좋으시는, 좋은데/좋으신데/*좋는데/*좋으시는데'와 '*좋았은데/좋았는데, *좋겠은데/좋겠는데'의 대조적 사실들이 설명된다.[156] 후자의 예들은 '-았-' 뒤, '-겠' 뒤의 위치가 (32가) 규칙이 적용될 조건을 만족하지 않기 때문에 기본형 '-는데'가 실현된 것뿐이다.

앞 절에서 관찰하였듯이, '-는, -는데' 부류 어미의 특이성은 '있다', '없다'와 관련하여 두드러지게 나타난다. '-는, -는데' 부류의 어미들이 보이는 변이를 완전히 기술하기 위해서

---

[155] 조음소 '으' 탈락 규칙('고름소리 없애기')을 현대 한국어 음운론적 규칙들의 전 체계 속에서 명시적으로 기술한 예로 허웅(1983: 119)을 참조하기 바람.

[156] (31)과 (32)-(34)의 비교에서 알 수 있는 것처럼 '-는'과 '-는데, -느냐, ……' 등의 어미들은 그 변이 양상에 다소 차이가 있다. 양정석(2008가)에서는 과거 의미의 '-은'을 '-었-는'의 형태음운론적 축약형으로, 추측·미래의 '-을'을 '-겠-는'의 형태음운론적 축약형으로 상정하고, 이에 따라 관형절과 그 외 구성에서의 시간요소들 간의 대응 관계가 체계적으로 설명됨을 보였다. 이렇게 상정하면 (31나)의 규칙의 조건이 (32)-(34)의 (나) 규칙들의 조건과 같아진다.

는 '있-', '없-', '계시-'의 어휘부 처리를 아울러 고려해야 한다. 이는 앞 절의 (20)-(23)의 표가 지시하는 점이다. (35)의 어휘 항목들과 (36)의 '어간-어미' 형식의 불규칙형이 어휘부에 등재된다. 이에 따라 정상적인 (31)-(34) 규칙의 적용이 '저지(blocking)'된다. 이는 영어의 'took', 'went'와 같은 불규칙동사에서 보는 것과 동일한 메커니즘이다.

(35) ㄱ. '있-'은 두 어휘항목 '있-¹'(동사)과 '있-²'(형용사)로 설정된다.
ㄴ. '없-'은 한 개의 어휘항목(형용사)으로만 설정된다.
ㄷ. '계시-'는 두 어휘항목 '계시-¹'(동사)과 '계시-²'(형용사)로 설정된다.

(36) 형용사 '있다', '없다'의 불규칙형들:

있-는, 있-는데, 있-는바, 있-느냐, 있-느니라, 있-는가, 있-는감, 있-는고, 있-는지, 있-는지라, 있-는지고, 있-는걸, 있-느니
없-는, 없-는데, 없-는바, 없-느냐, 없-느니라, 없-는가, 없-는감, 없-는고, 없-는지, 없-는지라, 없-는지고, 없-는걸, 없-느니

촘스키(Chomsky 1957: 32)에서는 형태음운론 규칙(morphophonemic rule)으로 다음과 같은 것을 설정하고, 이 규칙이 다른 형태음운론 규칙에 앞서 적용된다고 함으로써 그 불규칙성을 설명하였다.

(37) take + past → /tuk/

자켄도프(Jackendoff 1997: 131-151)는 아로노프(Aronoff 1976) 이래로 조어론 영역에서 적용되던 '저지(blocking)'의 개념을 영어의 굴절 형태론에 확대 적용하였다. 'took'가 어휘부에 설정되어 있어서 'take-ed'의 결합을 저지한다고 설명하는 것이다.

이제 '있는/*있은/*있으시는/있으신', '없는/*없은/*없으시는/없으신'과 같은 현상을 설명할 수 있다.[157] 형용사로 쓰일 때의 '있-는'이 '*있-은'의 실현을 저지하는 것은 'took'가 '*take-ed'의 실현을 저지하는 것과 다를 바 없다. '있으신'은 (36)의 불규칙형 '있는'과는 무관하며, '있-으시-는'의 결합을 바탕으로 (31ㄱ) 규칙(형용사 어간 뒤의 관형사형 '-는'을 '-은'으로 바꾼다)이 적용되어 나타난 형식이다. 과거 의미의 '있은'이 가능한 것도 같은

---

[157] (35), (36)에 바탕을 둔 위 설명 방안에 따르면 '5시까지 여기에 있으시는 아버님'과 같은 예의 동사 용법 '있으시는'도 문법적인 형식으로 예측된다. 이 예는 규범 문법에서 '계시는'으로 말하도록 권장되는 것이지만, 현실의 발화에서 이러한 예를 쉽게 관찰할 수 있다.

방법으로 체계적으로 설명할 수 있다. 불규칙형 '있-는'이 저지하는 것은 현재 의미를 가지는 형용사 관형사형일 뿐이므로, 이 밖의 경우에는 정규적인 어미 형태 실현의 절차가 진행되는 것이다.[158]

'-는'의 경우 말고도, '-는데, -는가, -는지, -느냐, ……' 등의 어미들과 관련하여 나타나는 '있는데/*있은데/*있으시는데/있으신데', '없는데/*없은데/*없으시는데/없으신데' 등의 차이를 같은 방법으로 설명할 수 있다.[159] (36)의 형식들만 제외하고는 동사/형용사의 구분이 정상적으로 작동하는 것이다. 여기에서 '느' 계통 어미들의 변이를 결정하는 핵심 요인이 어간의 동사/형용사 구분임을 다시금 확인할 수 있다.

영어는 어미의 수가 얼마 안 되기 때문에 한 동사의 불규칙형이 두세 개 정도로 제한된다. 그러나 동사들이 과거형, 과거분사형을 포함하여 수백 개에 이르는 불규칙형을 가진다는 점을 감안한다면 (36)에 제시한 불규칙형의 수는 오히려 극히 미미한 것임을 이해할 수 있다. 그러므로 영어사전에 불규칙동사들의 목록이 제시되는 것처럼 (36)의 목록도 국어사전에 제시되어야 한다.

불규칙형은 어린아이가 말을 배울 때 암기해야 하는 단위이다. 언어 습득기에 현대 한국어를 배우는 어린아이는 형용사 '있다'의 관형사형(현재 의미)으로 '*있-은'을 예측할 수 있다. 그러나 접근 가능한 자료를 통하여 '있-는'이 바른 형식임을 알게 된 이후로는 이것을 불규칙형의 목록으로 장기 기억(long-term memory)에 저장하게 된다. (36)의 나머지 형태들이 모두 그와 같이 설명된다. (36)의 목록은 어린아이들의 언어 습득에 관한 연구와 관련해서도 중요성을 가진다.[160]

이 시점에서 따져 볼 점은 '느'를 분석할 경우의 변이형태 실현 규칙인 3.2.3.1절의 (3), (4)와 이 절 3.2.3.2절에서 이제까지 제시한 규칙, 어휘항목들의 수를 비교해 보는 일이다. '느' 분석론의 연구들 중에는 (25)와 (26)의 예를 거론하며 '느'를 분석하지 않는 입장이

---

158 양정석(2008가)에서는 과거 의미의 '-은'을 '-었-는'의 형태음운론적 축약형으로 상정하였다. 어느 경우에나 (36)의 불규칙형의 존재와 이에 의한 정규적 '어간-어미' 결합의 저지라는 설명 방법이 필요하다.
159 (35), (36)에 바탕을 둔 위 설명 방안에 따르면 '5시까지 여기에 있으시는데……'와 같은 예의 동사 용법 '있으시는데'가 문법적 형식으로 예측된다. 이 예도 규범 문법에서는 '계시는데'로 말하도록 권장되지만, 현실의 발화에서는 이러한 예를 쉽게 관찰할 수 있다.
160 영어의 'took'와 같은 불규칙형이 영어의 활용 체계에서 보이는 메커니즘은 오랫동안 언어심리학적 쟁점이 되어 왔다. 불규칙형 'took'가 장기 기억에 저장됨에 비해서 'walk-ed'와 같은 규칙형은 발화의 현장에서 작업 기억(working memory)과 같은 곳에서 '온라인'으로 생성된다고 하는 설명과, 이런 차이 없이 이 두 가지 형식이 동일한 방법으로 처리된다고 하는 설명이 대립되어 왔다(Jackendoff 1997: 121-123, 2007 참조). (36)의 불규칙형들은 한국어를 대상으로 이러한 언어심리학적 쟁점을 검증하기 위한 자료로 활용될 수 있다.

문법의 간결성을 획득하는 데에 성공하지 못한다고 주장하는 경우가 있다.[161]

앞 절에서는 (3), (4)에 제시된 규칙들이 진정한 규칙이 아닌, 어휘개별적 기술들에 지나지 않는다고 하였다. (3아)의 경우를 기본형으로 상정하여 제외하더라도 (3)은 결국 99개의 어휘개별적 기술이 되며, 두 개의 규칙의 형식으로 되어 있는 (4)도 52개의 어휘개별적 기술이 되므로, 도합 151개의 어휘개별적 기술이 된다고 지적하였다. 반면, 이 절의 방안에 따르면, '-는다' 부류의 규칙은 '-는다'의 경우 6개, '-는담'과 '-는답시고'의 경우 각각 2개('동사 뒤, 지정사 뒤의 실현 규칙')이고, '-는구나' 부류의 규칙은 4개, '-는, -는데' 부류의 규칙은 13개이므로, 모두 27개의 규칙만을 설정하면 된다. (36)의 불규칙형 26개를 합하면 53개가 되는데, 이는 훨씬 적은 수의 규칙과 어휘항목으로 해당 현상을 설명할 수 있음을 보이는 것이다. 더욱이, 151개와 53개의 수치 비교보다 중요한 것은, 이 절에서 제시한 규칙들은 '동사 뒤, 형용사 뒤, 지정사 뒤'와 같은 문법적 자연군, '+/-모음성'과 같은 음운론적 자연군을 그 조건으로 가짐으로써 진정한 규칙을 구성한다는 사실이다. 이는 이 절의 기술이 해당 현상의 일반화를 포착함으로써 '기술의 충족성'을 만족하고, 따라서 문법의 간결성을 획득하는 데에 성공하였음을 의미한다.

(36)의 불규칙형들과 '느' 계통 어미들이 참여하는 구조를 발견한 결과, 이 외에도 많은 사실들이 이러한 발견을 바탕으로 새롭게 조명될 수 있다. 몇 가지 예를 더 들기로 한다.

'없다', '있다'와 관련한 불규칙성의 정체를 파악할 수 있게 됨으로써, 성격이 다른 구문에서의 관련 현상을 이해하는 데에도 확실한 근거를 얻게 되었다.

보조동사 구문으로 알려져 온 '-기는 하-' 구문과 '-지 아니하-' 구문에는 흥미로운 현상이 있다. 본용언의 동사성/형용사성에 따라 보조용언의 동사성/형용사성이 호응하는 현상이 그것이다.

(38) 가. 믿기는 한다/*믿기는 하다/*검기는 한다/검기는 하다.
　　　나. 믿지 않는다/*믿지 않다/*검지 않는다/검지 않다.

'있다'는 동사성과 형용사성을 모두 가지며, 이에 따라 본용언의 성질이 보조용언에 반영

---

[161] 최동주(1996: 106)에서 이러한 주장이 보인다. 그는 남기심(1982)의 처리를 반박하면서 "이는 {-느-}의 복잡한 변이 조건을 어말 어미의 변이 조건으로 떠넘긴 것에 불과할 뿐 간결성을 획득한 처리가 결코 아니다. 오히려 [(25)와 (26)은 어말어미들의 이형태의 수를 많게 함으로써 복잡성을 더하고 있는 것이다." 라고 말하고 있다('[ ]' 안은 현재의 문맥에 맞게 필자가 고친 것).

된다. '없다'는 형용사성만을 가지므로 (40)과 같은 결과가 나타난다.

(39) 가. 그가 5시까지 거기에 있기는 한다/책이 거기에 있기는 하다.
     나. 그가 5시까지 거기에 있지 않는다/책이 거기에 있지 않다.
(40) 가. *그가 5시까지 거기에 없기는 한다/책이 거기에 없기는 하다.
     나. *그가 5시까지 거기에 없지는 않는다/책이 거기에 없지는 않다.

우리의 논의의 결과는 이 현상을 설명하는 근거가 된다. 그 해결 방안을 간단히 설명하면 다음과 같다. (36)의 불규칙형에 의한 저지 작용은 형용사로서의 '있-', '없-' 어간과 '-는, -는데, ······'가 연이어지는 경우에만 일어나는 것이다. (39), (40)에서는 이 작용이 관여할 환경이 전혀 이루어져 있지 않다. 그러나 이와는 독립적인 작용이 일어난다. 하위절 용언의 동사성/형용사성이 상위절 용언의 동사성/형용사성으로 전승되는 작용이다. 이 작용에 따라 (39가, 나)의 예에서 '있-¹'(동사)과 '있-²'(형용사)의 특성이 상위절 용언인 '하-', '않-'에 전해지는 것이다.[162]

이 절(3.2.3절)의 서두에서는 보조용언의 '있다'가 동사의 활용을 보이는 예가 있음을 언급하였다. 보조용언으로서의 '있다'가 일반 용언으로서의 '있다'와 같은 단어라고 한다면 동사로 쓰일 때 '는/느'가 결합되는 현상은 문제될 것이 없다. 그러나 기존의 지배적인 견해는 보조용언 '있다'는 일반 용언 '있다'와는 통사적으로 다른 범주에 속한다고 보는 것이다.

양정석(2004가, 2007가)에서는 이른바 보조용언 구문의 '있-'이 상위절의 용언이며, 이 용언 자체는 '비한계성'('-고 있-' 구문의 경우), '한계성'('-어 있-' 구문의 경우)의 구문적 의미를 표현하는 구문에 참여하는 한 요소일 뿐이라는 관점을 보인 바 있다. 이에 따르면 다음 (41가, 나)의 예에서 '있-'은 각각 비한계성과 한계성의 구문에 형용사 아닌 동사로서 참여하고 있을 뿐이다. (42)에서는 '있-'이 형용사로 참여하고 있다.

(41) 가. 나는 5시까지 아이를 보고 있는다.

---

[162] 양정석(2007가)에서는 통사구조에 적용되는 '재구조화 원리'에 의해 하위 구 머리성분(head)의 형태론적 자질이 상위 구 머리성분으로 전승됨으로써, '본용언'의 동사/형용사의 성질이 '보조용언'인 '하-', '아니하-'에 주어진다고 설명하였다. 그곳에서는 (38)-(40) 예들에 대한 강명윤(1988/1993)과 최기용(1991, 2002)의 설명을 비판적으로 검토한 바 있다. 이들의 이론은 통사적 과정에서 없던 구조를 새로 만들어 내거나(강명윤 1988/1993), 의미를 가지는 요소인 '-기', '-지'를 통사적 과정에서 도입하는 등의 문제점을 가지고 있다. 그러나 이 세 이론 중 어느 것을 취하든 (38)-(40)에서의 어미들의 변이 현상에 관한 본 논의의 설명이 필요하다.

나. 나는 5시까지 이렇게 서 있는다.
(42) 가. 나는 지금 아이를 보고 있다.
나. 나는 지금 이렇게 서 있다.

하나의 동사 '있-'이 일반 동사로도, 보조동사로도 쓰이는 것이다. 본 논의의 결과는 이러한 관점과 부합된다. (41)의 두 예에서 '있는다'는 동사로서의 '있-¹' 어휘항목이 선택되어 쓰인 것이다. 이 경우의 '-는다'는 위 (25가)의 규칙이 적용되어 실현된 것이다. (42가, 나)의 '있다'는 (25라)가 적용된 결과이다.

우리의 논의를 통하여 얻게 된 또 하나의 부산물은, 불규칙형 (36)의 존재가 현대 한국어 어미 단위들의 확인과 그 형태음운론적 하위분류에 관한 엄정한 기준이 되어 준다는 점이다. (36)의 존재가 드러나지 않은 상태에서는 '느' 계통 어미들과 혼동하기 쉬웠던 어미들이 있다. '-으니('이유·원인'의 연결어미), -은들, -은즉, -은즉슨' 등이 그것이다. 이들은 (36)과 같은 불규칙형을 갖지 않는다는 분명한 증거에 따라, 조음소 '으'를 첫머리에 가지는 어미로 취급되어 '느' 계통 어미들과 구별된다. 동사로만 쓰이는 '믿다'의 경우와 비교해 보아도, 이들 어미가 첫머리에 '느'를 갖지 않음은 분명하다.

(43) 가. *있느니/있으니, *어디에 있는들/어디에 있은들, *여기에 있는즉/여기에 있은 즉, *여기에 있는즉슨/여기에 있은즉슨
나. *없느니/없으니, *돈이 없는들/돈이 없은들, *재난이 없는즉/재난이 없은즉, *재난이 없는즉슨/재난이 없은즉슨
(44) *믿느니/믿으니, *믿는들/믿은들, *믿는즉/믿은즉, *믿는즉슨/믿은즉슨

'-느니/으니'와 '-으니' 외에도, 동사 뒤에만 쓰이는 '-느니'가 있어 종종 이들과 혼동되어 왔다.¹⁶³ 다음 예의 '-느니'는, '-느라고', '-노라'와 같이, '느'에서 기원하는 형식을 포함하기는 하지만 '느'를 분석할 근거가 없는 경우이다. 이들 어미는 앞 절의 (3)에서 규칙의 조건으로 언급되지 않았다. 이들은 '느'를 제거한 어미 형태를 갖지 않으므로 이들에서 '느'의 분석은 불가능하다. 그러나 이들은 형용사 아닌 동사와만 결합 가능하다는 특징을 가진다. 형용사

---

163 이 밖에, 동사/형용사의 구분과 어간말의 모음성 여부에 관계없이 항상 '-니'로 실현되는 독립된 어미가 더 있다. 이 어미 '-니'는 뒤의 (49), (50)에 제시하는 어미 '-냐'와 활용 및 억양에서 동일한 패턴을 보인다.
   a. 무엇을 읽니?/어디에 가니?/누구를 미니?
   b. 밖이 춥니?/방바닥이 차니?/이 밭은 흙이 거니?

인 '있-'('있-²)과 형용사 용법만 가지는 '없-'은 이들 어미와 결합할 수 없다.¹⁶⁴

(45) 가. 실내에 남아서 조심하느니/*조용하느니(*조용하니) 밖에 나가서 바람을 쐬겠다.
　　 나. 그가 조심하느라고/*조용하느라고(*조용하라고) 기침을 참았다.
　　 다. 나는 떠나노라/*고독하노라(*고독하라).
(46) 가. 사무실에 있으니 커피숍에서 기다리겠다/*그 책이 여기에 있으니 옆방에 있을 것이다/*책이 여기에 없으니 아예 가져오지 않았을 것이다.
　　 나. 그가 퇴근 후에 사무실에 있느라고/*책이 여기에 있느라고/*책이 여기에 없느라고 고생을 한다.
　　 다. 나는 너희와 함께 있노라/*책이 여기에 있노라/*책이 여기에 없노라.

(36)의 불규칙형에 관계하는 어미의 하나로 '-느냐'가 있다. 앞 절의 표 (23)에서는 그 변이의 특징이 제시되었다. 종래의 연구에서 잘 인식되지 않은 점은, '-느냐'와 다른 어미 '-냐'가 존재한다는 사실이다. 이것도 (36)의 존재를 발견함에 따라 분명히 알게 된 점이라고 할 수 있다.

'-느냐'는 동사 어간 뒤에서 '-느냐', 형용사 어간 말음이 'ㄹ' 외의 자음일 때([-모음성]) '-으냐', 형용사 어간 말음이 'ㄹ'이거나 모음일 때([+모음성]) '-냐'로 실현된다.

(47) 무엇을 읽느냐?/어디에 가느냐?/누구를 미느냐?
(48) 밖이 추우냐?/방바닥이 차냐?/이 밭은 흙이 거냐?

그러나 언제나 '-냐'로만 실현되는 독립된 어미 '-냐'가 있다. (49), (50)이 그 예이다. (48)과 (50)은 표기상으로 동일할 때에도 실제 억양은 차이가 있다. 전자는 기본적으로 문어체의 요소인데, 발화에서 사용될 때에는 끝을 다소 내려야 한다. 후자는 끝을 올린다.

(49) 무엇을 읽냐?/어디에 가냐?/누구를 미냐?
(50) 밖이 춥냐?/방바닥이 차냐?/이 밭은 흙이 거냐?

---

164 '-느라고'의 경우 (a)와 같은 형식의 형태음운론적 규칙을 설정하는 것은 불필요한 일이다. '-느라고'가 가지는 의미 정보만으로 형용사(나아가서 무정물 주어를 가지는 동사)와의 결합을 제약할 수 있기 때문이다. '-으려고, -으러'의 경우도 유사한 예이다.
　　a. {느라고} → /느라고/ / Vv (으시)

표현되는 어미의 의미에도 차이가 있다. (49), (50)은 친구 사이와 같은 친밀한 관계에서 사용될 수 있는 반면, (47), (48)은 윗사람이 아랫사람에게 말할 때에 사용되며, 화자의 사무적 태도, 고압적 태도를 전달할 수 있다.[165]

시제, 상, 법은 통사 범주이므로 통사구조의 한 교점에 서는 통사 단위로 설정되어야 하고 이를 바탕으로 그 음운론적 실현을 기술해야 한다. '느'를 이러한 통사 단위로 분석하는 논의들이 그 변이형태 실현을 규칙으로 예측하기가 불가능하다는 것을 증명하였다. 반면, '느'를 이어지는 어미의 일부로 붙이면 '-는다' 부류, '-는구나' 부류, '-는, -는데' 부류에서 각 어미들의 실현을 규칙을 통해서 예측할 수 있음을 보였다. '-는, -는데' 부류의 어미들이 형용사 어간 '있-', '없-'에 연이어지는 경우에 한해서 정규적인 어미 형태 실현이 제약됨을 발견하였다. 즉, '있는, 있는데, 있는바, 있느냐, 있느니라, 있는가, 있는감, 있는고, 있는지, 있는지라, 있는지고, 있는걸, 있느니' 그리고 '없는, 없는데, 없는바, 없느냐, 없느니라, 없는가, 없는감, 없는고, 없는지, 없는지라, 없는지고, 없는걸, 없느니' 들이 '어간-어미'의 형식으로 어휘부에 등재되어 있어서 정규적인 어미 형태 실현을 저지한다는 것이다.

이 26개의 불규칙형들이 '느' 계통 어미들이 참여하는 분명한 구조에 대한 인식을 가로막아 왔다. 그러나 이들의 실체를 발견함으로써 '느' 계통 어미들의 구조에 관한 불확실성은 사라지게 되었다. 활용 체계를 가지는 여느 언어에서와 같이 현대 한국어도 정규적 '어간-어미'의 결합과 그 저지의 메커니즘을 운용한다. '있-', '없-' 어간이 '-으시-'와 결합할 때에 나타나는 특이성들이 일관된 구조적 사실임을 이해할 수 있게 되었다. '-기는 하-' 구문과 '-지 아니하-' 구문이 보이는 본용언과 보조용언 사이의 동사성/형용사성 호응의 사실도 일관된 구조적 사실임을 이해할 수 있게 되었다. 나아가서, 보조용언 구문에 나타나는 '있다'가 일반 구문에 나타나는 '있다'와 다른 것이 아니라는 필자의 이전의 관점(양정석 2004가, 2007가)이 지지를 얻게 되었다.

---

[165] 현재 인터넷으로 제공되는 국립국어원의 『표준 국어대사전』에도 이러한 차이가 바르게 기술되어 있지 않다. '-느냐와 '-냐는 서로 다른, 독립된 어미들로 처리되어야 한다.
(24다)의 어미 중 하나인 '-는걸'도 『표준 국어대사전』에는 바르게 기술되어 있지 않다. "그 책은 벌써 다 읽은걸./너무 속상해 하지 마. 그놈에게는 우리도 속은걸."과 같은 예를 들고 있지만, 이는 바른 표현이 아니다. 이 어미는 형용사 어간 다음이 아니라면 언제나 '-는걸'로 실현되어야 하므로, "그 책은 벌써 다 읽었는걸./그놈에게는 우리도 속았는걸."로 수정되어야 한다.

3.3. 표준이론의 문법

3.3.1. 송석중(1967)의 한국어 생성문법

송석중(1967)은 촘스키(1965)의 방법론에 입각한 한국어 문법 기술을 표방한다.[166] 이 문법 이론에 대한 평가를 위해서도 '한 언어의 문법은 그 언어의 모든 문법적 문장을, 그리고 문법적 문장만을 생성하는 장치'라는 촘스키(1957: 13)의 문법 이론에 대한 요구를 상기해야 한다. 그러나 이 논문은 현대 한국어 문장 중에서 접속문, 내포문은 고려하지 않고, 단순문을 생성하는 문법의 기술만을 그 목표로 한정하고 있다. 평서문, 의문문, 감탄문, 청유문, 명령문 등 서로 다른 유형의 문장의 생성, 부정문의 생성, 사동문과 피동문의 생성, 일부 이중주어문의 생성, 다양한 형식의 명사구를 포함하는 문장의 생성이 이 논문의 주요 과제이다.

구 구조 규칙

송석중(1967)의 구 구조 규칙들을 제시하기로 한다. 그는 구 구조 규칙을 성분구조 규칙(constituent structure rule)이라는 명칭으로 지칭한다. 각 규칙을 C1부터 C18까지의 약호로 나타내기로 한다.

C1. S → NP+VP (K)
C2. K → Q, A, P, I   ▶Q: 의문법, A: 감탄법, P: 청유법, I: 명령법
C3. VP → VP′(SL)
C4. VP′ → $\left\{\begin{array}{l} \text{PredNP + Copula} \\ \left\{\begin{array}{l}(Adv)\ (NP) \\ S\end{array}\right\} V \end{array}\right\}$ Afv

　　　　　▶PredNP: 서술어 기능의 명사구, Copula: '이-'
C5. Afv → (T) Asp+M   ▶T: 시제, Asp: '는'과 '던'과 '시'/'ㅅ', M: '-다'
C6. T → (Past)+$\left\{\begin{array}{l}Future \\ Past\end{array}\right\}$ ▶Past: '었', Future: '겠'
C7. Asp → $\left\{\begin{array}{l}Sub/\_\_\dots K1 \\ Ind \\ Ret\end{array}\right\}$ 여기에서 K1은 P나 I

　　　　　▶Sub(junctive): '시'(갑시다)/'ㅅ'(가세), Ind: '는/ㄴ/니', Ret: '던/ㄷ/디'

---

[166] 그러나 Chomsky(1957)의 방법론에 따른 규칙 기술의 예도 발견된다. 변형규칙 T17, T18, T19, T27①, T27②가 그 예들이다.

C8. SL → $\left\{ \begin{matrix} \left\{ \begin{matrix} L1 \\ L2 \\ L3 \\ L5 \\ L6 \end{matrix} \right\} 요 \\ L4 \\ \left\{ \begin{matrix} L2 \\ L3 \\ L5 \\ L6 \end{matrix} \right\} \end{matrix} \right.$

▶SL: speech level(화계): 우변을 sl_1, sl_2, sl_3의 세 화계로 더 나눔

▶L1: '-습', L2: '-데', L3: '-에', L4: '-소', L5: '-지', L6: '-어'

C9. V → (Neg) Vs (Hon)   ▶Neg: 아니/못, Hon: '시'(가신다)

C10. NP → NP′+Afn   ▶Afn: 주격조사 '-이' 등

C11. NP′ → $\left(\left\{ \begin{matrix} Det \\ S \end{matrix} \right\} \right)$ N

C12. NP′ → Dem + N $\left(\left\{ \begin{matrix} Qp \\ Pl \end{matrix} \right\} \right)$ ▶Dem: 이/그/저, Qp: Quantity phrase, Pl: '-들'

C13. Det → Dem (S)

C14. Qp → (Adv-Q) $\left\{ \begin{matrix} Num \\ Quan \end{matrix} \right\}$ Nc   ▶Adv-Q: 한/약/꼭…, Quan: 여럿/몇/여나문…

C15. Num → $\left\{ \begin{matrix} Nk \\ Nsk \end{matrix} \right\}$ ▶Nk: 하나/둘/셋…, Nsk: 일/이/삼…

C16. Nc → $\left\{ \begin{matrix} TNc \\ QNc \end{matrix} \right\}$ (Del)

▶Nc: Numerical counter, TNc(True numerical counter): 자루/권/ 분/사람/명/마리…, QNc(Quasi-numerical counter), Del: 씩/짜리/어치…

C17. QNc → $\left\{ \begin{matrix} QNc1 \,/\, Nsk \,\_\_ \\ QNc2 \\ QNc3 \end{matrix} \right\}$

▶QNc1: 일/분/초/개월… ▶QNc2: 켤레/다발/단/꾸러미/잔/병…

▶QNc3: 홉/되/말/섬

C18. N → $\left\{ \begin{matrix} N1 \,/\, \_\_\_ \ldots 자루 \\ N2 \,/\, \_\_\_ \ldots 권 \\ N3 \,/\, \_\_\_ \ldots 마리 \\ N4 \,/\, \_\_\_ \ldots 분, 사람, 명 \\ N5 \,/\, \_\_\_ \ldots 필 \\ N6 \,/\, \_\_\_ \ldots 장 \\ N7 \,/\, \_\_\_ \ldots 대 \\ N8 \,/\, \_\_\_ \ldots 채, 집, 동 \\ N9 \,/\, \_\_\_ \ldots 척 \\ N10 \,/\, \_\_\_ \ldots 모 \\ N11 \,/\, \_\_\_ \ldots 켤레 \\ N12 \,/\, \_\_\_ \ldots 벌 \end{matrix} \right\}$

▶N1: 연필/비…, N2: 책/공책/교과서…, N3: 소/말/토끼/새…

N4: 손님/친구/학생…, N5: 소/말/당나귀…, N6: 종이/신문/사진…
N7: 자동차/비행기/자전거…, N8: 집/빌딩…, N9: 배/군함/기선….
N10: 두부/묵…, N11: 양말/신, 구두…, N12: 옷/양복…

문장의 종류, 유형을 표시하는 범주로 'K'를 설정하였다. 흔히 서법이라고 지칭하는 범주이고, 허웅(1995)에서 '의향법'이라고 지칭하는 범주이다. 이 K는 C2에 보이는 것처럼 4가지의 하위 범주를 가진다.

C5의 'M'은 '-다'로만 실현되는 범주로 설정한 것인데,[167] 이는 결국 '평서법'을 나타내기 위한 범주이다. 그러므로 송석중(1967)에서 서법(의향법)은 K와 M의 두 통사 범주로 나누어 설정된 것으로 보아야 한다.[168]

또, '상대존대의 등분'으로 알려져 온 현상을 화계('SL')라는 범주로 기술한다. 그에 따르면 화계의 하위 범주를 표시하는 6개의 형태소가 존재하고(L1: '-습-', L2: '-데', L3: '-에', L4: '-소', L5: '-지', L6: '-어'), 조사 '-요'를 결합하는 형식을 고려하면 위 C8에 보이는 것과 같은 11개의 화계의 차이가 표현되는 것이다. 규칙 C3의 SL이 선택되지 않고 C5의 'T'가 선택되지 않는 경우에는 다음과 같은 문장이 생성된다.

(1) 그 사람-이 읽-는-다.

이것과, C8에 따른 화계 11개를 더하면 도합 12개의 화계의 차이가 표현될 수 있다. L2-L6은 뒤의 T2 변형규칙에 따라 실현된다(이는 평서, 의문, 감탄, 명령, 청유 등의 절 유형에 상관 없이 적용됨). 이 규칙들을 통하여 도출하고자 하는 예는 다음과 같다. (2가)에는 추가적 변형규칙이 적용되어야 한다.

(2) 가. 그 사람-이 읽-니-다-습. (읽습니다)
　　나. 그 사람-이 읽-는-데. (읽는데)
　　다. 그 사람-이 읽-ㄴ-에. (읽네)
　　라. 그 사람-이 읽-소. (읽소)
　　마. 그 사람-이 읽-지. (읽지)

---

[167] 송석중(1967)의 부록 240쪽, 241쪽에는 'M'이 'Mood'로 표시되었다.
[168] 통사 범주 M은 기본 화계를 도입하는 용도를 아울러 가진다. 이 같은 M 범주의 설정은 송석중(1967)의 이론 체계가 가지는 한 문제점으로 지적할 수 있다.

바. 그 사람-이 읽-어. (읽어)

'-데'를 화계의 하나로 설정한 (2나), '-네'를 '-ㄴ-'과 '-에'로 분석한 (2다)는 잘못된 분석이다. 이 점은 남기심(1982)에서 증명된 바 있다.[169] 또한, 현재 관찰/지각의 의미(증거성: evidentiality)를 표현하는 '저 아기가 책을 읽네.'의 '-네'는 L3의 화계와는 다른, 별도의 '-네' 형태소로 처리해야 하는데, 이 점을 인식하지 못하고 있다.

(2라, 마, 바)의 '읽소, 읽지, 읽어'에는 Asp 범주의 요소가 실현되지 않는다. '시/ㅅ', '던/ㄷ/다', '는/ㄴ/니'의 어느 것도 실현되지 않는다. 그런데 규칙 C5와 C7에 의하면 Asp가 반드시 실현되어야 한다. 결국 이 문법은 한국어의 문법적 문장인 (2라), (2마), (2바)를 생성하지 못한다. 이는 '완전성 요건'을 위배하는 것이다.[170]

서법과 화계 외의 용언 활용 범주로 설정된 것은 T, Asp, M이다. T 범주의 요소에는 '-었-'(과거시제), '-겠-'(미래시제)이 있다.[171] Asp 범주의 요소에는 '-는/ㄴ/니-'(Ind), '-던/ㄷ/다-'(Ret), '-시/ㅅ-'(Sub)이 있다.[172] 하위 범주 'Ind', 'Ret', 'Sub'는 각각 직설법, 회상법, 가정법을 의도하는 것으로 보이므로, 그의 'Asp'라는 표시는 상(aspect)이라기보다는 법(mood)의 범주를 지칭하는 것이라고 간주하는 것이 합당하다.[173]

변형규칙

주어가 존귀 대상을 나타내는 명사구일 때 이에 호응하여 동사에 주체존대 형태소 '-시-'가 실현되는 현상을 변형규칙으로 기술한다. 이것이 그의 첫 번째 변형규칙이다.

---

169 더 완전한 증명은 양정석(2012: 이 책 3.2.3절)에 제시되어 있다.
170 이 문제는 다음과 같이 'Asp'가 수의적으로 실현되도록 규칙 C5를 수정하면 해결된다.
   C5. Afv → (T) (Asp) M
171 위 규칙 C6 참조. 시제의 하위 범주로서의 현재시제는 설정하지 않는 것으로 보아야 한다. '읽었었다'와 같은 예의 '-었었-'은 과거시제 '-었-'의 연속으로, 역시 C6에 따라 도입되는 것으로 처리하는데, 이는 단일 형태소로 처리해야 한다. 한국어의 시간요소들에 대한 처리에 대해서는 양정석(2008)을 참고할 것.
172 위 규칙 C7 참조. '-던-'은 'tun', 즉 '-든-'으로 표시되었는데, 이는 서울 방언의 현실 발음이 그와 같다고 판단한 결과로 생각된다. '-던'과 '-는-'의 변이형태 실현은 뒤의 MPR2에 의해 포착된다. '-시/ㅅ-'의 실현은 MPR1에 의해 포착된다.
173 'mood'라는 용어가 혼란스럽게 사용되고 있음을 감안해야 한다. 송석중(1967)의 부록(240, 241쪽)에는 위 C5의 'M'을 'Mood'로 표시하기도 하였는데, 이는 '-다'로만 실현되는 기본 서법으로서의 평서법, 기본 화계를 도입하기 위해 상정한 잠정적인 범주이다. 'Asp'라는 범주 명칭은 단순히 이 M과 구별하기 위한 목적에서 사용된 것으로 보인다.

T1. 주체존대법 호응 변형규칙

    X, NP[+Hon], Y, V, Z $\Rightarrow$ 1, 2, 3, 4+시, 5
    1   2   3 4 5

그런데 주체존대 형태소 '-시-'는 구 구조 규칙에 의해서도 도입된다. 위 C9가 그것이다. C9에 의해서 '오-시-'와 같은 형식이 도출될 수 있다. 이렇게 이중적으로 처리하는 것은, 일례로, 다음과 같은 비문을 문법적 문장으로 예측하는 문제를 초래한다.

(3) *선생님이 오시신다.

이는 '건전성 요건'을 위배하는 것이다. 이 문제를 해결하기 위해서는 구 구조 규칙 C9에서 'Hon'을 제거하거나 변형규칙 T1을 제거해야 한다.[174]

다음으로, T2는 변형규칙과 형태음운론 규칙의 기능이 통합된 형식이다. 이에 따라 '믿는데/믿네/믿소/믿지/믿어'의 평서법 문장의 형식이 설명된다.[175]

T2. (평서법에서) 화계 L2, L3, L4, L5, L6의 실현을 위한 규칙

$$M \begin{bmatrix} L2 \\ L3 \\ L4 \\ L5 \\ L6 \end{bmatrix} \Rightarrow \begin{bmatrix} -데 \\ -에 \\ -소 \\ -지 \\ -어 \end{bmatrix}$$

의문문이 의문사를 포함할 때에는 특별한 억양을 갖게 된다. 이를 설명하기 위한 변형규칙은 다른 서법의 문장에는 없는 특이한 것이다. "존이 누구를 기다리느냐?"와 같은 문장은 다음 변형규칙이 적용되는 경우와 적용되지 않는 경우의 두 가지 구조적, 의미적 차이를 가진다.

T3. 의문사 변형규칙

    Wh-Prt$_{Ind}$, X, Q $\Rightarrow$ Pro$_{Ind}$, X, Wh-Q   ▶Ind: Indefinite

의문문의 어미의 형태를 변경하는 변형규칙은 다른 서법(감탄/청유/명령법)의 경우와

---

[174] 이후의 이홍배(1970)에서는 전자의 방안을 취하여 '시'를 변형규칙을 통해서만 도입한다.
[175] 여기에서 '믿는데'는 연결형 아닌 종결형을 뜻하는 것이다.

같은 형식으로 기술된다.[176]

   T4. 의문법 형태소 Q 복사 변형규칙
      X, M, Y, Q, Z ⇒ 1, 2+4, 3, 4, 5
      1 2 3 4 5
      EX. 요한이 오-는-다 Q ⇒(T4) 요한이 오-는-[$_M$ -대+Q Q
        ⇒(T5가) 요한이 오-는-Int Q ⇒(T5나) 요한이 오-는-야 Q
   T5. 가. M+Q ⇒ Int
      나. Int → -야

'요한이 오-는-다 Q'는 아직 화계가 도입되지 않았기 때문에, 이 경우 Int는 '-야'로 실현된다. 화계가 주어져 있는 경우에는 다음 규칙들에 따라 L1로부터 L6까지 차례로 '-가, -지, -가, -소, -지, -어'의 여섯 가지 화계의 의문 형태소로 실현된다고 한다.[177]

   T6. 가. Int+L1 ⇒ Int+L3+L1
      나. Int $\begin{bmatrix} L2 \\ L3 \end{bmatrix}$ ⇒ $\begin{bmatrix} -지 \\ -가 \end{bmatrix}$
      다. Int $\begin{bmatrix} L4 \\ L5 \\ L6 \end{bmatrix}$ ⇒ $\begin{bmatrix} -소 \\ -지 \\ -어 \end{bmatrix}$

'옵니까'와 같은 예는 '오-니-다-습-Q'가 T4에 따라 '오-니-다+Q-습-Q'가 되고 이는 다시 '오-니-Int-습-Q'(T5가, T6가), '오-니-가-습-Q'(T6나), '오-습-니-가-Q'('습' 이동 변형)의 변형을 거쳐 형태음운론 규칙에 따라 '옵니까'의 형식이 도출되는 것으로 설명된다.[178]

   T7. 감탄법 형태소 A 복사 변형규칙
      X, M, Y, A, Z ⇒ 1, 2+4, 3, 4, 5
      1 2 3 4 5
      EX. 요한이 오-는-다 A ⇒(T7) 요한이 오-는-[$_M$ -대+A A

---

176 앞에서 '(⇐ A)'와 같은 표시는 규칙 또는 원리인 A가 적용되어 그 결과로 그 왼쪽의 기호열이나 통사범주가 실현됨을 나타낸다고 하였다. 'B ⇒(A) C'와 같이 표시할 때에는 기호열 B에 규칙 또는 원리인 A가 적용되어 그 결과로 그 오른쪽의 기호열 C가 실현됨을 나타낸다.
177 평서법의 예인 위 (2)와 비교해 보기 바람. '소, 지, 어'의 경우는 평서법과 동일하다.
178 '습' 이동 변형은 그 존재를 지적하기는 하였지만, 명시적인 변형규칙의 형식이 제시되어 있지는 않다.

⇒(T8가) 요한이 오-는-App A ⇒(T8가) 요한이 오-는군 A

T8. 가. M+A ⇒ App

나. App → 군

다. App $\begin{bmatrix} \begin{Bmatrix} 습니다요 \\ 데요 \\ 에요 \\ 지요 \\ 어요 \end{Bmatrix} \\ \begin{Bmatrix} 데 \\ 에 \\ 지 \\ 어 \end{Bmatrix} \end{bmatrix}$ ⇒ App $\begin{bmatrix} 요 \\ 아 \end{bmatrix}$

규칙 (T8다)에 의해서는 '옵니다요/오는데요/오네요/오지요/와요'의 감탄형이 '오는군요'로, '오는데/오네/오지/와'의 감탄형이 '오는군야(오는구나)'로 실현되게 된다.[179] '온다'의 감탄형은 '오는군'으로 바뀌게 되므로, 모두 3가지의 감탄법 형식이 평서법의 형식을 기반으로 도출된다고 설명하는 것이다.

T9. 청유법 형태소 P 복사 변형규칙

    X, M, Y, P, Z ⇒ 1, 2+4, 3, 4, 5

    1 2 3 4 5

T10. 가. M+P ⇒ Prop / ___ ⋯ P

    나. SL → $\begin{Bmatrix} L1 \\ L2 \\ L3 \\ L5 \\ L6 \end{Bmatrix}$ / ___ P

    다. Prop $\begin{Bmatrix} L2 \\ L3 \\ L5 \\ L6 \end{Bmatrix}$ ⇒ -에

    라. Prop → -다

T11. 가. Sub+-다 ⇒ -자 (수의적)

    나. Sub → $\begin{Bmatrix} 시/\_\_\cdots습 \\ ㅅ \end{Bmatrix}$ ▶뒤에서 (MPR1)로 나타냄

    cf. Ind → $\begin{Bmatrix} 니/\_\_\cdots습 \\ ㄴ/\_\_에 \\ 는 \end{Bmatrix}$ ▶뒤에서 (MPR2가)로 나타냄

---

[179] '오는군야'의 '야'를 생성하기 위해서는 먼저 'App 데'나 'App 에', 'App 지', 'App 어' 중 하나를 도출해야 한다. 이 전에 C3과 C8을 먼저 적용하는 것이 필요하다.

cf. Ret → $\begin{Bmatrix} 디 / \_\_ \cdots 습 \\ ㄷ / \_\_ 에 \\ 던 \end{Bmatrix}$ ▶뒤에서 (MPR2나)로 나타냄

청유문은 '가자, 갑시다, 가세'와 같은 세 가지 어미 형식으로 실현된다. 위 규칙들을 이용하여 그 도출 절차를 보일 수 있다.

(4) 가. 우리가 가-Sub-[$_M$ -대] P ⇒(T9) 우리가 가-Sub-[$_M$ -대+P P
  ⇒(T11가) 우리가 가-자+P P
 나. 우리가 가-Sub-[$_M$ -대] SL P ⇒(T9) 우리가 가-Sub-[$_M$ -대+P SL P
  ⇒(T10가) 우리가 가-Sub-Prop SL P
  ⇒(T10나) 우리가 가-Sub-Prop L1 P
  ⇒(T10다, L1: 습) 우리가 가-Sub-다-습-P
  ⇒(T11나) 우리가 가-시-다-습-P ⇒('습' 이동) 우리가 가-습-시-다-P
  ⇒(MPR '습 → ㅂ') 우리가 가-ㅂ-시-다-P[180]
 다. 우리가 가-Sub-[$_M$ -대] SL P ⇒(T9) 우리가 가-Sub-[$_M$ -대+P SL P
  ⇒(T10가) 우리가 가-Sub-Prop SL P
  ⇒(T10나) 우리가 가-Sub-Prop L2/L3/L5/L6 P
  ⇒(T10다) 우리가 가-Sub-에-P ⇒(T11나) 우리가 가-ㅅ-에-P

'가오, 가지, 가'는 청유문으로 쓰일 수 있다. 송석중(1967)의 문법은 이들을 생성할 수 없다는 분명한 결점을 가진다. 이는 '완전성 요건'을 위배하는 또 다른 사례이다. 이 난경에서 벗어나기 위하여 위 (T6다)와 같은 형식의 다음 규칙을 추가함으로써 이 문제를 해결할 수 있을 것이다.[181]

(5) Prop $\begin{bmatrix} L4 \\ L5 \\ L6 \end{bmatrix}$ ⇒ $\begin{bmatrix} -소3 \\ -지3 \\ -어3 \end{bmatrix}$

명령문은 다음과 같은 규칙들을 통해 생성된다. 이 규칙들에 의해 도출되는 명령문의

---

[180] '믿읍시다/*믿습시다'의 대비에서 보이는 것처럼, 청유문에서 '습'은 '읍/ㅂ'의 형태로만 실현된다. 이 점은 송석중(1967)에서 주의되지 않고 있다. 문법 기술로서의 송석중(1967)의 또 하나의 문제점이다.
[181] 우변의 '소3, 지3, 어3'은 청유문에서의 억양을 수반하는 요소들을 표시하는 것이다. '소3'은 서울 지방에서는 '소'로 실현되지 않고, '으오'로만 실현된다.

형식은 '가게, 가라, 갑시오'의 세 가지 형식이다.

T12. 명령법 형태소 I 복사 변형규칙
　　X, M, Y, I, Z ⟹ 1, 2+4, 3, 4, 5
　　1　2　3　4 5

T13. 가. Imp+L1 ⟹ Imp+L4+L1
　　나. Imp $\begin{Bmatrix} L2 \\ L3 \end{Bmatrix}$ ⟹ -에
　　다. Sub+-에 ⟹ -게 / ___ I
　　라. Imp → -어라

T14. Sub 삭제 변형규칙
　　X, Sub, Imp, Y ⟹ 1, 3, 4　　▶Sub: '시'/'ㅅ'
　　1　2　　3　　4

　　cf. Ind 삭제 변형규칙　　▶Ind: '니'/'ㄴ'/'는'
　　　X, $\begin{Bmatrix} VD \\ Vcop \\ Vex \end{Bmatrix}$, Ind, M, Y ⟹ 1, 2, 4, 5
　　　1　　2　　　3　4　5
　　▶VD: 상태동사, Vcop: 지정사, Vex: 존재동사(있/없-)

앞에서 청유문으로 쓰이는 '가오, 가지, 가'를 송석중(1967)의 문법이 생성할 수 없다고 지적한 바 있다. 이 외에도 '가게', '가라', '가십시오/갑시오'와 같은 형식의 명령문을 도출하고자 하면 송석중(1967)에 제시되지 않은 다음 변형규칙을 추가해야 한다.[182]

T15. M+I ⟹ Imp / ___ … I

위 규칙들을 바탕으로 '가게.'와 같은 형식의 명령문을 도출해 보자.

(6) 가-Sub-[M -대-L2/L3-I　　⟹(T12) 가-Sub-[M -대+I-L2/L3-I
　　⟹(T15) 가-Sub-Imp-L2/L3-I　⟹(T13나) 가-Sub-에-I
　　⟹(T13다) 가-게-I

---

[182] 이는 위 규칙 (T10가)의 형식을 응용한 것이다.

'가십시오/갑시오'의 도출은 다음과 같이 할 수 있다.

(7) 가-Sub-[$_M$ -대] L1 I   ⇒(T12) 가-Sub-[$_M$ -대+I L1 I
    ⇒(T15) 가-Sub-Imp L1 I   ⇒(T13가) 가-Sub-Imp L1+L4+I
    ⇒(L1: 습, L4: 소) 가-Sub-Imp 습+소+I   ⇒(T11나) 가-시-Imp-습+소+I
    ⇒('습' 이동) 가-습-시-Imp-소+I   ⇒(MPRs) 가-ㅂ-시-오

'가오, 가지, 가'는 명령문으로도 쓰일 수 있다. 주어진 그대로의 송석중(1967)의 문법은 이들 역시 생성하지 못한다. '가시오'와 같은 예도 생성하지 못한다. 이 또한 그의 문법의 결점으로 지적되어야 한다. 이 문제도 위 (5)와 같은 형식의 다음 규칙을 신설함으로써 해결할 수 있을 것이다.[183]

(8) Imp $\begin{bmatrix} L4 \\ L5 \\ L6 \end{bmatrix}$ ⇒ $\begin{bmatrix} -소4 \\ -지4 \\ -어4 \end{bmatrix}$

이중주어문은 한국어의 특징적인 구문이고, 이 구문의 적합한 구조를 기술하려고 하는 시도는 매우 오래 전부터 있어 왔다. 송석중(1967)에서는 이중주어문의 생성을 위한 변형규칙으로 다음 T16, T17, T19의 세 가지를 제시하고 있다.

T16. 시간어/처소어 주어화 변형규칙(수의적)

    $\begin{Bmatrix} Time \\ Loc \end{Bmatrix}$, Af$_{dat}$, NP, SM, VP-X ⇒ 1, 4, 3, 4, 5
      1   2   3   4   5
    EX. 오월이 비가 많다/저 쪽이 물이 깊다.

---

[183] 우변의 '소4, 지4, 어4'는 명령문에서의 억양을 수반하는 요소들을 표시하는 것이다. '소4' 역시 서울 지방에서 '소'로 실현되지 않고, '으오'로만 실현된다.
    송석중(1967: 163)에서는 '소, 지, 어가 평서법, 의문법, 명령법으로만 실현된다고 판단하고, 다음 (a)와 같은 규칙을 통해 의문법, 명령법의 '소, 지, 어' 형식을 도출하고자 하였다. 평서법은 C8과 T2에 의해 도출된다. 그러나 우선 청유형의 경우가 고려되지 않았고, 이 규칙 자체로는 청유형과 명령형으로 쓰이는 '가오, 가지, 가' 각각의 형식을 정확히 도출할 수 없다.
    a. M $\left(\begin{Bmatrix} Int \\ Imp \end{Bmatrix} \right) \begin{bmatrix} L4 \\ L5 \\ L6 \end{bmatrix}$ ⇒ $\begin{bmatrix} 소 \\ 지 \\ 어 \end{bmatrix}$

T17. 이중주어 형성 일반화 변형(수의적)

$$\left.\begin{array}{l} \overset{1}{NP_2\text{-SM, VP-X}} \\ NP_1, \text{에(게), } NP_2\text{-SM 있-Y} \end{array}\right\} \Rightarrow 3 \text{ SM, 1, 2}$$

         3   4

EX. 그 여자가 얼굴이 이쁘다/요한이 힘이 세다/마리아가 마음이 좋다/이 책이 값이 비싸다.

T18. '에게 → 의' 일반화 변형

$$\left.\begin{array}{l} NP_2\text{-이 VP} \\ NP_1\text{-에게 } NP_2\text{-이 있-X} \end{array}\right\} \Rightarrow NP_1\text{-POS } NP_2\text{-이 VP}$$

EX. 그 여자의 얼굴이 이쁘다/요한의 힘이 세다/이 책의 값이 비싸다.

T19. 이중주어, 이중목적어 변형규칙(수의적)

$$X, N, Qp, \left\{\begin{array}{l}가\\를\end{array}\right\}, Y \Rightarrow 1, 2+4, 3, (4), 5$$

  1 2 3   4   5   단, X는 실현되지 않을 수도 있음

EX. 학생이 세 명이 왔다/나는 학생을 세 명을 만났다.

다음은 명사구를 중심으로 한 구성성분들의 질서를 규율하는 변형규칙들이다.

T20. 복수 표지 복사 변형규칙(수의적)

$$\#, NP, Pl, \text{-이 Y}, \left\{\begin{array}{l}\begin{bmatrix}NP\text{-를}\\Adv\\Loc\\Dir\\Vr\begin{Bmatrix}어\\고\end{Bmatrix}\\-\\-\\-\end{bmatrix}\end{array}\right\}, Z \Rightarrow 1, 2, (3), 4, 5+3, 6$$

  1 2 3   4   5   6   여기에서 Y는 실현되지 않을 수도 있음

T21. '수량어+의 N' 형성 변형규칙(수의적)

    X, N, Qp, Y ⇒ 1, 3+Pos, 2, 4   ▶Pos: 의

    1 2 3 4

EX. 세 권의 책이 도착했다. (⇐ 책 세 권이 도착했다)

T22. 분류사 삭제 변형규칙(수의적)   ▶'학생 여섯 명'을 '학생 여섯'으로 바꿈

    X, Num, TNc, Y ⇒ 1, 2, 4

    1   2   3   4

T23. 부사적 수량어 제거 변형규칙(의무적) ▶'*약 여럿'을 생성한 다음 '약'을 제거

    X, Adv-Q, 여럿, Y ⇒ 1, 3, 4

　　　　　1　2　　3　　4
T24. '-에 의하여' 변형규칙(수의적)
　　　NP+에 ⇒ NP+에 의하여　　단, NP 안의 N이 [-human]이어야 함.
T25. 부정문 형성을 위한 변형규칙들
　① Neg → $\begin{Bmatrix} Neg_1 / \_\_\_ V \ldots K1 \\ Neg_2 / \_\_\_ V \ldots K2 \end{Bmatrix}$ 단, K1은 P나 I, K2는 Dec나 A나 Q임.[184]
　　　Neg₂ → $\begin{Bmatrix} 아니 \\ 못 \end{Bmatrix}$ (72쪽)
　② '*못…못…' 형식의 도출을 방지하는 제약으로서의 변형규칙
　　　못+Vs-Nom $\begin{Bmatrix} SM \\ OM \end{Bmatrix}$ Neg₂ ⇒ 못+Vs-Nom $\begin{Bmatrix} SM \\ OM \end{Bmatrix}$ 아니
　　　(Nom: -기, SM: 주어 표지, OM: 목적어 표지, Neg₂: 아니/못)
　③ 부정소 앞 '-기 → -지' 변형규칙
　　　-기 $\begin{Bmatrix} SM \\ OM \end{Bmatrix}$ ⇒ -지 $\begin{Bmatrix} SM \\ OM \end{Bmatrix}$ / __ Neg
　④ Neg₁ + Vs → Neg₁ + 하-
　⑤ Neg₁ + 하- → 말-
　⑥ 아니 + 있- ⇒ 없-　단, '있-'이 상태동사일 때 (의무적)
　⑦ X, $\begin{Bmatrix} VD \\ Vcop \\ Vex \end{Bmatrix}$, Ind, M, Y ⇒ 1, 2, 4, 5
　　　1　2　　　3　4　5
　⑧ X, Vex - Y, Ind, M - # ⇒ 1, 2, 4　단, X ≠ Neg
　　　1　2　　3　　4
　⑨ SM ⇒ OM / $\begin{Bmatrix} VD \\ Nanimate + Vint \end{Bmatrix}$ -기__ Neg (수의적)
　　　EX. 날씨가 춥지가 않다 ⇒ 춥지를 않다
　　　　　공이 구멍에서 나오지가 않는다 ⇒ 나오지를 않는다
　　　EX. '딴 짓을 말아라'의 도출:
　　　　　딴 짓을 Neg₁+Vs Imp I　　(⇐ T15)
　　　　　딴 짓을 Neg₁+하 Imp I　　(⇐ ④)
　　　　　딴 짓을 말 Imp I　　　　　(⇐ ⑤)
　　　　　딴 짓을 말 -어라 I　　　　(⇐ T13라)

⑨의 '-가'와 '-를'은 '정규적인 화법에서 거의 의무적으로 삭제'된다고 지적하고, 이들이 실현되는 경우 이들을 '강조 표지(emphasis marker)'라고 지칭하고 있다. 이들은 구조적

---

[184] 'Dec' 범주는 평서법을 의도하는 것으로 보이나, 그의 구 구조 규칙들에서 전혀 나타나지 않는 범주이다.

조건에 따라 실현되는 것으로 설명하기 어렵다. 이러한 현상을 관찰한 최초의 사례로서의 중요성이 있다(129쪽 각주 1 참조). 뒤에 검토하는 이홍배(1970)에서는 구조적인 관점에서 이 현상을 설명하려고 하였으나, 결국 '날씨가 춥지를 않다'에서 '-를'이 VP에 직접 관할되는 NP에 구조적으로 부여된다고 기술하여, 타동성 아닌 환경에서 목적격을 부여하는 모순적 설명으로 빠지고 만다.

T26. 피동문 형성을 위한 변형규칙들
  ① NP_1, -이 - X, NP_2, 를, Vt-Pass, Y $\Rightarrow$ 3, 2, 1 -에, 5, 6
     1   2   3   4   5   6
     EX. 도둑이 잡혔다.
  ② NP + -에 $\Rightarrow$ NP + -에 의하여 (수의적)
     단, NP의 N이 [−human]이 아닐 때

T27. 사동문 형성을 위한 변형규칙들
  ① 사동화 변형규칙(일반화 변형규칙의 형식임)
           1   2   3   4   5
       NP_1-이, Comp, $\begin{Bmatrix} -를 \\ -에게 \end{Bmatrix}$, Vdm, Caus-Y $\Rightarrow$ 1, 6, 3, 8, 5
       NP_2, -이,   Y-Vcau,   Z
         6   7   8   9
     EX. 아이가 팽이를 돌렸다/장교가 이발사에게 군인의 머리를 깎인다.

  ② 비정규 사동문(obviative sentence)의 생성을 위한 변형규칙(역시 GT)
           1   2   3   4   5
       NP_1-이, Comp , $\begin{bmatrix} -를 \\ -에게 \end{bmatrix}$, Vdm , Caus-X $\Rightarrow$ 1, 6, 3, 8, 5
       NP_2, -이,   Y-Vob$\begin{bmatrix} 1 \\ 2 \end{bmatrix}$,   Z
         6   7   8   9
     (Vob1a: 벗-, 씻-, 감-, 빗-; Vob1b: 입-, 쓰-, 신-, 차-, 끼-, 먹-, 빨-, …
      Vob2: 알-, 보-, 들-, 맡-, 업-, 안-, …)
     EX. 할머니가 아이를 어머니에게 안겼다.

  ③ 비정규 사동문에서의 '-를 → -에게' 변형규칙(수의적)
       NP_1-이-NP_2, -를, X-Vob1b—Caus-Y $\Rightarrow$ 1, -에게, 3
         1   2   3

T26, T27처럼 일반화 변형의 형식으로 피동문과 사동문의 여러 유형을 생성하는 방안은

구 구조 규칙으로 이들을 생성하는 방안보다 간결하지 않다. 훨씬 복잡하다.

형태음운론 규칙(morphophonemic rule: MPR)들
형태음운론 규칙도 문법의 일부이다. 다음 8개의 형태음운론 규칙을 마련하고 있다.

MPR1. Sub → $\begin{Bmatrix} 시/습\_\_ \\ ㅅ \end{Bmatrix}$

MPR2. 가. Ind → $\begin{Bmatrix} 니/습\_\_ \\ ㄴ/\_\_에 \\ 는 \end{Bmatrix}$

　　　나. Ret → $\begin{Bmatrix} 디/습\_\_ \\ ㄷ/\_\_에 \\ 던 \end{Bmatrix}$

MPR3. 가. 하나 → 한 / __ Nc
　　　나. 둘 → 두 / __ Nc
　　　다. 셋 → 세 / __ Nc
　　　라. 넷 → 네 / __ Nc

MPR4. 가. 다섯 → 닷 / __ QNc3　　▶QNc3: 홉/되/말/섬　cf. C17.
　　　나. 여섯 → 엿 / __ QNc3

MPR5. -에 → -에게/ N_{anim} __

MPR6. -에게 → -한테 (수의적)

MPR7. -에 의하여 → -에 의해 (수의적)

MPR8. 가. SM → -이$_1$　　　　　▶SM: 주어 표지(subject marker)
　　　나. -이$_1$ + -이$_2$ → -이$_2$　▶-이$_1$ = SM, -이$_2$ = 지정사 어간
　　　다. -이$_1$ → -가 / ···V __　▶V: 모음
　　　라. V + -이$_2$ → V　　　　▶모음 V 뒤에서 지정사 어간 '-이$_2$' 생략

송석중(1967)은 주격조사 '이'와 지정사 어간 '이'의 형태음운론적 변동규칙들이 엄격히 위 MPR8와 같은 순서에 따라 적용된다고 기술한다. 일례로 '학자이다'는 통사구조에서 '학자SM-이$_2$다'와 같은 형식으로 도출되고,[185] (가)와 (나)와 (라)가 순서대로 적용되어 '학자다'가 된다고 설명하는 것이다.

(MPR8나)는 '이다'(-이$_2$)의 앞에서 '-이$_1$'이 필수적으로 생략되는 사실을 형태음운론 규칙으로 설정한 것이다. 이와 똑같은 설명을 필요로 하는 동사('형용사')들이 있다. 이들을 설명

---

[185] 이를 위해서는 '-이$_2$' 앞의 NP가 주격을 할당받는 절차가 전제되어야 할 것이다.

하기 위해서는 다음과 같은 유사한 형태음운론 규칙이 설정되어야 한다.[186]

MPR9. 가. -이$_1$ + -답$_2$ → -답$_2$ EX. 그는 한국의 국회의원답다.
      나. -이$_1$ + -같$_2$ → -같$_2$ EX. 저 바위는 꼭 돼지 같다.
      다. -이$_1$ + -맞$_2$ → -맞$_2$ EX. 나 철수 맞다.

이와 같은 방법으로 '아-, 답-, 같-, 맞-'과 같은 의존사(clitic) 동사들 앞에서 주격조사가 실현되지 못하는 사실을 기술하는 것이 가능하다.[187]

어휘부의 형식

송석중이 생각하는 어휘부 내의 어휘항목들의 내용은 다음과 같은 것이다. 명사의 예로 '사람', 동사의 예로 '자-'와 '주무-'의 예를 구체적으로 기술하고 있다.[188]

(9) 가. [사람, +N, +human, …]

나. $\begin{bmatrix} 자- \\ +V \\ -Adj \\ (+Cogn-Obj\_\_\_) \\ -Exal \\ \cdot \\ \cdot \\ \cdot \end{bmatrix}$

다. $\begin{bmatrix} 주무- \\ +V \\ -Adj \\ (+Cogn-Obj\_\_\_) \\ +[+Hon]-SM\ldots\_\_\_Aux \\ \cdot \\ \cdot \\ \cdot \end{bmatrix}$

---

[186] 이는 송석중(1967)에서 제시한 것이 아니고, 필자가 서술해 본 것이다.
[187] 필자 자신의 방안은 다음과 같다. 주격조사 '이'가 D 범주로 어휘부에 등재되고, 음운론적 부문에서 다음 두 규칙에 따라 모음 뒤에서는 '가'로 실현되며, '+clitic' 자질을 가지는 '이-, 답-, 같-, 맞-' 등의 의존사 앞에서는 삭제되며, 그 외의 경우에는 당연적으로 어휘부의 형태인 '이'가 실현되는 것이다.
   a. 이 → 가/ [모음]__
   b. 이 → Ø/ __[+clitic]
지정사 앞의 명사구가 격을 할당받는지 여부가 한국어 문법 연구자들에게 미묘한 쟁점이 되어 왔다. 필자는 송석중(1967)과 같이 '이-' 앞의 명사구가 격을 받는다는 견해를 가지고 있다. 나아가 '답-, 같-, 맞-' 앞의 명사구도 격을 받는다고 본다.
[188] '주무시다'의 어휘기재항(lexical entry)의 음운론적 형식을 '주무'라고 표시하고 있다(245쪽).

(9대)에서는 음운론적 형식을 '주무-'라고 표기하고 이 동사 어간이 (T1)의 변형규칙에 따라 '존귀 대상' 자질을 가지는 명사구와 호응하여 의무적으로 '-시-'와 결합하도록 조치하였다.

송석중(1967) 비판

이 문법이 가지는 초보적 수준의 문제점들은 이 문법을 요약하는 과정에서 부분적으로 지적한 바 있다. 이 문법은 문법적 문장인 (2라), (2마), (2바)를 생성하지 못하므로 완전성 요건을 위배하고, 비문법적 문장인 (3)을 문법적 문장으로 예측하므로 건전성 요건을 위배한다. 그 외의 중요한 문제점들을 지적하면 다음과 같다.

1. 두 유형의 부정문 송석중은 이른바 단형 부정문과 장형 부정문이 서로 다른 심층구조를 가진다고 주장하는 대표적인 연구자이다. 단형 부정문 (10)은 단순문이며, 장형 부정문인 (11)의 세 문장은 복합문이다.

(10) 그 분이 아니 오십니다.
(11) 가. 그 분이 오시지 아니합니다.
    나. 그 분이 오지 아니하십니다.
    다. 그 분이 오시지 아니하십니다.

(10)을 생성하기 위해서는 C4와 C9를 연이어 적용하여 (12)와 같은 기호열을 생성해야 한다.

(12) (Neg) Vs+Afv

(11가-다)의 동사 어간 '오-'나 '하-' 뒤에는 주체존대소 '-시-'가 부착될 수 있는데, 이는 변형규칙 T1의 적용에 의한 것이다. (11가-다)의 부정문들은 모두 의미가 동일하다고 한다(27-28쪽). 이들 문장을 생성하기 위해서는 '명사화(nominalization)'가 적용된다고 한다(28쪽). 더욱이 이 명사화는 VP 내부의 동사 어간에 '-기'를 더하여, 그것을 새로 도입되는 동사 어간 '하-'의 주어나 목적어로 만든다고 한다(63쪽). 이후에 (13)의 형태음운론 규칙이 적용되어 Neg 앞에서 '기-'를 '지-'로 바꾼다.

(13) -기 $\begin{Bmatrix} SM \\ OM \end{Bmatrix}$ ⇒ -지 $\begin{Bmatrix} SM \\ OM \end{Bmatrix}$ / ___ Neg   (63쪽)

▶SM: 주어 표지 OM: 목적어 표지

'명사화 규칙'의 구체적인 형식은 제시되어 있지 않다. 이는 두 가지 점에서 큰 문제를 제기한다. 첫째, 그가 말하는 '명사화 규칙'은 삽입 변형규칙인데, 이 변형규칙이 (12)의 기호열이 형성되기에 앞서서 적용된다고 말하고 있다. (12)의 기호열은 구 구조 규칙에 의해 도출된 형식이다. 송석중(1967)은 촘스키(1957)의 이론에 기초한 변형규칙들을 활용하기는 하지만, 일반화 변형(generalized transformation) 아닌 삽입 변형이 구 구조 규칙에 앞서 적용되는 것은 규칙 체계가 일관되지 못함을 드러내는 것이다.

둘째, 이 명사화 규칙은 VP 내부의 동사 어간을 명사형으로 바꾸어 그것을 뒤의 동사 어간 '하-'의 주어나 목적어로 만든다고 하였는데(63쪽), 이렇게 동사 어간을 명사형으로 바꾸는 작용은 결코 변형규칙이 행하는 작용일 수 없다. 명사형으로 바뀌는 절차는 필연적으로 의미 변화를 동반하기 때문이다.

'-기' 또는 '-지'는 복합문 구조 내의 내포절을 이끄는 요소로서, 구 구조 규칙에 의해 도입되지 않으면 안 된다.[189]

2. **통사 범주 'M' 설정의 문제** '-다'로만 실현되는 통사 범주 'M'을 설정한 것도 문제를 제기한다. 이 범주는 기본적으로 평서법을 실현시키지만, 다른 모든 서법(의문법, 감탄법, 청유법, 명령법)의 문장도 그 기저에서는 이 요소를 갖게 된다. 일례로 의문문은 평서문을 심층구조로 하여 도출되는 셈이다. 달리 표현하면, 의미를 가지는 요소 '-다'가 변형규칙에 의해 삭제되는 것이다. 이는 표준이론의 대원리인 의미보존 원리를 위배한다.

3. **Int, App, Prop 범주의 문제** (T5가)의 Int, (T8가)의 App, (T10가)의 Prop는 변형규칙에 의해서 도입된 통사 범주이다. 변형규칙은 구 구조 규칙에 의해 도입되지 않는 새로운 통사 범주를 도입할 수 없다. 이는 구조보존 원리를 위배하는 것이다. 또한 Int, App, Prop은 의미를 가지는 범주들이므로, 역시 의미보존 원리를 위배한다.

4. **명령형/청유형 '가오, 가지, 갸'의 생성 문제** 앞에서 이미 지적한 것처럼, 청유형으로 쓰이는 '가오, 가지, 갸', 명령형으로 쓰이는 '가오, 가지, 갸'는 송석중(1967)에서 제시된 문법으로는 생성할 수 없다. 명령형 '가게, 가라, 가십시오/갑시오'도 생성할 수 없다. 따라서 송석중

---

[189] 나중의 송석중(1981, 1993)에서도 '-기/지'를 가지는 문장을 복합문이라고 명시적으로 지칭하면서도 그 구체적인 도입 절차를 밝히지는 않고 있다.

(1967)은 '완전성 요건'을 위배한다. 앞에서 필자는 이들을 생성할 수 있는 잠정적 방안을 제시해 보았으나, 그것이 완결적 방안일 수는 없다.

5. '-소'와 '-으오' 생성의 문제 송석중(1967)에서 L4 범주로 설정된 '-소'는 서울 방언에서 평서문과 의문문에서 '-소'와 '-으오'로 자유변이한다. 그러나 명령문, 청유문에서는 '-으오'로만 실현된다는 사실에 주의해야 한다.[190] 이 점은 송석중(1967)에 지적되어 있지 않다. 송석중(1967)의 문법은 이 현상을 예측하지 못하는 것이다.

'-소'와 '-으오'는 수의적 변이형태들이다. 그런데 이 수의적 변이는 선행 요소(어간 또는 선어말어미)의 말음이 'ㄹ'을 제외한 자음일 때에 한한다. 서울 방언에서의 이 수의적 변이의 사실을 다음과 같이 규칙화할 수 있다. '-으오'를 기본형으로 설정하는 것이 필요하다. '-으오'는 다시 [+모음성] 뒤의 환경에서 조음소 '으' 탈락 규칙의 적용을 받는다.

(14) 형태음운론 규칙: -으오 → -소 / [-모음성] ___ (수의적)

6. '-겠-', '-었-'의 문법범주 '-겠-'을 미래시제 표지, '-었-'을 과거시제 표지로 설정하였는데, 이는 한국어의 이 형태소들의 본질을 잘못 파악한 것이다. '철수는 그 사람을 믿었겠다.'를 단적인 반례로 제시할 수 있다. 이 문장을 도출하기 위해서는 C6 규칙이 적용되어야 한다. 이에 따르면 '-었-겠-'이 'Past-Future'의 범주들의 연결로 해석된다. 과거시제와 미래시제가 한 단순문 문장에 동시에 실현되는 것은 모순이다(양정석 2008가).

또한, '철수는 그 사람을 믿었었다.'와 같은 예도 C6에 따라 '-었-었-'이 두 과거시제의 연속('Past-Past')으로 도출될 수밖에 없다. 그러나 '-었었-'은 단일 형태소, 단일 통사 단위로 기술되어야 한다(남기심 1972가, 양정석 2008가).

7. 일부 'ㄴ' 계통 어미들의 도입 문제 송석중(1967)의 문법으로는 '-는담, -는답시고, -는고, -는걸, -는지고, -느니, -느니라, -는바, -는지라,…' 등의 'ㄴ' 계통 어미들(3.2.3절 참조)을 도입할 방도가 없다. 그러므로 이들을 포함한 무한수의 문법적 문장들을 생성하지 못한다. 이 점에서도 송석중(1967)의 이론은 '완전성 요건'을 위배하는 것이다.

8. 'ㄴ' 분석, '더' 분석의 근본 오류 'ㄴ'와 '더'의 분석과 관련하여 근본적 오류를 범하고 있다.

'-는/ㄴ/나-'을 독립된 형태소, 독립된 통사 단위로 설정하는 것은 오류이다(3.2.3절 참조).

---

190 경상도 방언에서는 "어서 가소."처럼 '-소'가 명령형어미로 사용된다.

T14의 아래에 제시한 형용사 문장에서의 'Ind' 삭제 규칙은 이 오류에서 비롯된 것이므로 불필요한 규칙이다. '-던/ㄷ/디-'를 독립된 통사 단위로 설정하는 것도 오류이다(양정석 2008가, 2023가).

송석중(1967: 156)에서는 Ind '-는/ㄴ/니-'과 Ret '-던/ㄷ/디-'의 변이형태 실현이 유사하다고 보고, 특히 Sub도 '-ㅅ/시-'로 실현되는 것이 Ind의 '-ㄴ/니-', Ret의 '-ㄷ/디-'와 의미 있는 패턴을 보인다고 판단하고 있다. 그러나 이는 현대 한국어의 공시태에서는 전혀 규칙으로 포착할 만한 현상이 아니다. 한 예로, 회상법의 형태는 '-던/ㄷ/디-' 외에 '가더라'의 '-더-'가 추가되어야 한다(이 예는 그의 문법으로 생성되지 않는다). 이에 대응되는 '*가느라/*가느다'와 같은 형태는 존재하지 않는다.

선어말어미, 어말어미의 생성에 있어서 수많은 문제점이 드러나는데, 이러한 문제점들의 근원은 '는/ㄴ/니', '던/ㄷ/디'를 통사 단위로 분석한 바로 그 점이었다. 이 점과 관련하여 양정석(2008가, 2012, 2023가)에서 완성된 논증을 제시하였다. 이 논증들을 정확히 이해하는 것이 한국어 문법론 연구의 기초적 소양으로 요구된다.

9. 피동문과 사동문의 형성을 위한 변형규칙들 T26, T27의 문제 '-이/히/리/기-'는 파생접미사에 지나지 않는다. 이를 변형규칙을 통해 도입하는 것은 원천적으로 배제된다(양정석 1992, 1995/1997). 특히, T27②에서는 규칙의 조건이 되는 동사 부류가 자연군이 아닌 어휘개별적 예들의 나열에 지나지 않는다. 이는 이 변형규칙이 일반성을 결여하고 있음을 말해 준다. 결국 '기술의 충족성'을 만족하지 못하는 결과가 된다.

규칙의 형식에 있어서도 T26, T27은 문제를 드러낸다. 피동문의 생성을 위한 변형규칙 T26에서의 Pass, 사동문의 생성을 위한 변형규칙 T27에서의 Caus는 구 구조 규칙에 의해 도입되어야 하는 것인데, 위에 제시된 구 구조 규칙들 C1-C18의 어느 곳에도 이들 범주가 나타나지 않는다. 이는 해당 피동문, 사동문을 생성할 수 없음을 뜻하는 것으로, 송석중(1967)의 이론이 '완전성 요건'을 만족하지 못함을 보이는 것이다.

10. 형태음운론 규칙 MPR5의 문제 MPR5는 '-에'와 '-에게'가 상보적으로 분포한다는 판단에 따라 설정된 것이다. 즉, '-에'와 '-에게'는 한 형태소의 변이형태들이라고 판단한 것이다. 그러나 다음 예들은 이에 문제를 제기한다. (15)는 유정 명사구에 '-에'가 결합된 예이며, (16)은 유정 명사로 해석 가능한 '대통령'에 '-에'와 함께 '-에게'가 결합되는 예를 보인다. (17)은 비유적인 의미로 사용될 때 무정 명사에도 '-에게'가 결합될 수 있음을 보인다.

(15) 한 사람에 한 개씩/그 사람에 대하여/그 사람에 관한 사실

(16) 관련 내용을 대통령에게/에 보고했다.

(17) 꽃들에게 희망을 주자.

'-에게'를 '-에'와 독립된 어휘항목으로 분리하는 것이 필요하다.[191] 독립된 어휘항목으로서의 '-에게'는 그 보충어인 명사구에 '유정성(+animate)'의 선택제약을 가한다고 기술하면 된다. (17)은 선택제약을 위반한 무정성(-animate)의 '꽃들'이 의미론적 보충 작용을 거쳐 유정성의 의미로 해석되는 것이다((17)을 동화의 한 구절이라고 가정할 때). (16)에서 '대통령에'는 무정성을 요구하는 독립된 어휘항목 '-에'에 유정 명사 '대통령'이 부적격 판정을 받지만, 의미론적 보충 작용을 거쳐 무정성의 의미로 다시 적합한 해석을 받게 된다.

11. **이중주어문을 위한 변형규칙 T16, T17, T19의 문제** 이중주어문의 형성을 위한 변형규칙들 T16, T17, T19는 공히 'NP SM' 형식의 주격 성분을 두 개를 생성한다. T16, T17에서는 부사어였던 'NP-에/에게'가 'NP-이' 형식으로 바뀌는데, T16은 '저 쪽에 물이 깊다'에서 부사어의 '-에'를 뒤의 '물이'의 '-이'를 가져다가 교체하는 형식이고, T17은 'NP-에/에게'의 부사격조사를 주격조사로 교체하는 형식이다. 어느 경우에나 부사어 성분의 격조사만을 주격조사로 바꾸는 것이니, 변형 후의 'NP-이' 형식은 여전히 부사어 위치에 놓이는 것이라고 보아야 한다. 그러나 이중주어문의 첫째 'NP-이' 성분은 결코 부사어의 성질을 갖지 않는다.

또 T19에서는 '학생 세 명이 왔다.'와 같은 구조에서 '학생이 세 명이 왔다.'와 같은 구조를 만들어낸다. 전자의 '학생 세 명'은 한 구성성분으로서 명사구를 이룬다고 볼 수 있지만, 후자의 '학생이 세 명(이)'는 결코 한 구성성분을 이루지 않는다.

문제는, 이들 변형규칙이 적용된 후의 구조는 구 구조 규칙에 의해 생성될 수 없는 것으로, '구조보존 원리'를 위배한다는 것이다. 그러므로 이중주어문에 대한 이 논문의 접근과는 다른 접근 방안이 요구된다.

12. **변형규칙 T22의 문제** 변형규칙 T22는 "학생 여섯 명을 입학시켰다."를 "학생 여섯을 입학시켰다."로 바꿀 수 있게 한다. 그러나 "학생 백 명을 입학시켰다."에 이 규칙을 적용한 결과인 "*학생 백을 입학시켰다."는 비문이다. '어르신 열 분 → *어르신 열', '소 백 마리 → *소 백' 등도 이 규칙의 설정에 대한 반례로 들 수 있다.

13. **격조사의 도입 방법** 송석중(1967)에서는 주격조사나 목적격조사를 C10의 구 구조 규칙

---

[191] 필자는 양정석(1995: 59)에서 이와 같이 처리한 바 있다.

을 통해 도입한다. 이홍배(1970), 양인석(1972) 이후로는 주격조사와 목적격조사를 변형규칙을 통하여 도입하는 것이 표준이론의 통상적 관행이 되었다. 원리매개변인 이론에서는 변형규칙 대신 독립된 격 이론을 통하여 주격조사와 목적격조사를 도입하는데, 기저에 없던 격조사가 통사적 과정에서 도입되는 방식은 표준이론에서와 같은 것이다.

근래의 최소주의 통사론에서의 격의 처리는 기저 통사적 과정에서 주어진 NP나 DP의 격 자질만을 점검하여 삭제하는 것이다. 이는 '-이/가'와 '-을/를'이 격 표시 변형이나 격 이론에 의해 할당되는 방식과는 다른 것이고, '-이/가'와 '-을/를'이 어휘부의 어휘항목으로 설정되어야 한다는 점에서는 송석중(1967)과 동일한 방식으로 회귀한 것이라고 할 수 있다.

14. **일반화 변형규칙의 문제** 이중주어문의 생성을 위해 설정한 T17, 사동문의 생성을 위해 설정한 T27①과 T27②, 그 외 T18은 일반화 변형규칙의 형식으로 기술되었는데, 일반화 변형규칙은 표준이론의 방법론을 표방한 송석중(1967)의 문법 내에 유지될 수 없다.[192]

특히, 이중주어문은 두 개의 문장 구조를 일반화 변형에 의해 축약하는, 복합문 기저로부터 생성되는 현상으로 파악하고 있지만, 필자는 이를 단순문 기저의 단순문 현상으로 본다. 이중주어문이 단순문 구조의 현상이라는 점은 양정석(2002: 364-390)에서 증명한 바 있다. 이 책의 제4장에서도 이러한 관점에서 이중주어문의 4가지 유형을 기술한다.

15. **문법범주는 계열적으로 대립하는 요소들의 집합** 위 항목 1-8의 사실들은 한국어 문장의 통사구조에서 선어말어미와 어말어미가 실현되는 위치와 관련하여 대단히 중요한 점을

---

[192] 일반화 변형규칙(generalized transformation: GT)은 두 개의 구성성분을 독립적으로 생성하여 하나의 구성으로 결합·확대하는 방법으로서, Chomsky(1957)의 개념이다. 다음 세 개의 규칙은 Chomsky(1957)의 것이다. 이들은 주어진 구조의 부분을 바꾸는 다른 변형규칙들('singularly transformation')과는 달리, 서로 다른 구조(문장)들을 결합하여 접속문이나 내포문을 형성한다.
  a. 대등접속 변형규칙(T_{conj})
     SD: S1 : Z — X — W
         S2 : Z — X — W
     SC: (X1 — X2 — X3; X4 — X5 — X6) → X1 — X2+and+X5 — X3
     (단, X는 NP, VP 등의 최소 요소이며 Z, W는 종단기호열의 분절들임)
  b. to-명사화 변형규칙(T_{to})
     SD: S1 : NP — VP
         S2 : X — NP — Y (X나 Y는 실현되지 않을 수도 있음)
     SC: (X1 — X2; X3 — X4 — X5) → X3 — to+X2 — X5
  c. ing-명사화 변형규칙(T_{ing})
     SD: S1 : NP — VP
         S2 : X — NP — Y (X나 Y는 실현되지 않을 수도 있음)
     SC: (X1 — X2; X3 — X4 — X5) → X3 — -ing+X2 — X5

Chomsky(1995)의 최소주의 통사론에서는 그 전의 구 구조 확대 연산인 구 구조 규칙이나 핵계층 도식들을 단일한 '병합' 연산으로 환원한다. 병합의 원형이 일반화 변형규칙이다.

지적해 준다. 한 예로 "그분이 집이 있으셨겠다."와 같은 단순문을 들어 보자. 각 단어, 어미의 잠정적 통사 범주는 해당 단어의 바로 밑에 표시하였다. N은 명사, D는 보조사, V는 동사, Hon은 주체존대 표지, Asp는 상 표지, M은 양상 표지, C는 보문소이다.

(18) 그분-이 집-이 있-으시-었- 겠-다.
　　　N　D　N D V　Hon Asp M C

　명사(N)라는 통사 범주를 설정하는 이유는 무엇인가? 그것은 위와 같은 예에서 '그분' 대신에 '철수, 인호, 아이, 그, 하나, …'와 같은 단어들이 실현될 수 있음을 나타내기 위한 것이다. 명사는 이 단어들의 집합을 가리키는 명칭이다. 보조사 D는 이 자리에 '-이/가, -는, -도, -만, -까지, -조차, …' 들이 실현될 수 있음을 나타내기 위한 것이다. 동사 V는 이 자리에 '있-, 많-, …'이 실현될 수 있고, 그 앞의 명사, 명사구들의 종류를 바꾸면 '가, 먹-, 주-, …' 등의 수많은 단어들이 동사 V라는 명칭 아래 하나의 집합을 이룰 수 있음을 나타내기 위한 것이다. 마찬가지의 이유에서 종래 '선어말어미'로 지칭되어 온 '-으시-', '-었-', '-겠-'도 각각 주체존대소 Hon, 상 표지 Asp, 양상 표지 M이라는 통사 범주를 부여할 수 있는 것이다. '-으시-'와 '-겠-'은 다른 대체할 요소를 갖지 않으나, '-었-'은 대체할 요소 '-었었-'를 가진다. 종결어미 '-다'는 '-니, -냐, -어라, -자, -으마, ..'와 같은 종결어미, '-고, -으며, -어서, …'와 같은 연결어미, '-음, -기, -는지, -느냐, -는가'와 같은 명사형어미, '-는, -던'과 같은 관형사형어미로 대체될 수 있다.

　통사구조의 어느 한 위치에 대체될 수 있는 요소들의 집합—이것이 통사 범주의 본질이다. 이 책의 서두(제1장)에서 소개한 소쉬르(F. de Saussure)의 개념을 통하여 표현하면, 통사 범주는 특정 통합적 구조의 한 위치에서 계열적으로 대립하는 요소들의 집합이라고 할 수 있다. 다음 도식을 가지고 음미해 보자.

(19)　　N　　　D　　　N　　　D　　　V　　　Hon　　Asp　　M　　　C

$$\begin{Bmatrix}그분\\철수\\인호\\아이\\그\\하나\\ \vdots\end{Bmatrix} \begin{Bmatrix}이/가\\만도\\까지\\조차\\ \vdots\end{Bmatrix} \begin{Bmatrix}돈\\그분\\철수\\인호\\아이\\그\\하나\\ \vdots\end{Bmatrix} \begin{Bmatrix}이/가\\만도\\까지\\조차\\ \vdots\end{Bmatrix} \begin{Bmatrix}있\\없\\많\\가\\먹\\주\\ \vdots\end{Bmatrix} \{으시\} \begin{Bmatrix}었\\었었\end{Bmatrix} \{겠\} \begin{Bmatrix}다\\느냐\\더냐\\더니\\어라\\자\\고\\어서\\음\\기\\는\\던\\ \vdots\end{Bmatrix}$$

각 요소들의 계열적 대립의 사실을 근거로 통사 범주의 체계를 수립할 수 있다. 위에 따르면 주체존대소 Hon, 상 표지 Asp, 양상 표지 M은 각각 독립된 통사 범주로 설정된다. 현대 한국어의 사실을 바탕으로 이와 같은 통사 범주의 체계를 수립하는 것은 정당화된다.

그러나 송석중(1967)의 선어말어미, 어말어미의 범주 체계는 여러 가지 점에서 이러한 현대 한국어의 사실과 부합되지 않는다. 우선, '-었-'과 '-겠-'은 위에서 보는 것처럼 계열적 대립을 하지 않으므로, 이들을 묶어서 '시제 T' 범주를 설정해서는 안 된다. 위에서 지적한 것처럼, '-었었-'은 '-었-'과 계열적으로 대립하므로 한 범주로 묶어야 하고, 이를 시제 범주 '-었-'이 연속되는 것으로 설명해서는 안 된다. 또, 앞의 항목 8에서 지적한 것처럼, '-느냐, -더냐'는 '-는-'과 '-야, '-던-'과 '-야의 두 통사 단위로 분석해서는 안 된다.

위 (18), (19)에 보인 선어말어미들의 통사 범주 체계는 약간 달리 재구성해 볼 수 있다. 주체존대소 Hon, 상 표지 Asp, 양상 표지 M을 각각 독립된 통사 범주로 간주하지 않고, 이들의 결합 '-으시었-', '-었겠-', '-으시었겠-' 등을 단일 통사 범주의 실현으로 취급하는 방안이 가능하다. 이것이 양정석(2002, 2010) 및 이 책(제4장)에서 필자가 택한 방안이다. 이들은 굴절소 I의 통사 범주로 규정되었다. '-으시-', '-었-', '-겠-'와 함께 '-으시었-', '-었겠-', '-으시었겠-' 등은 굴절소 범주의 요소들이다.

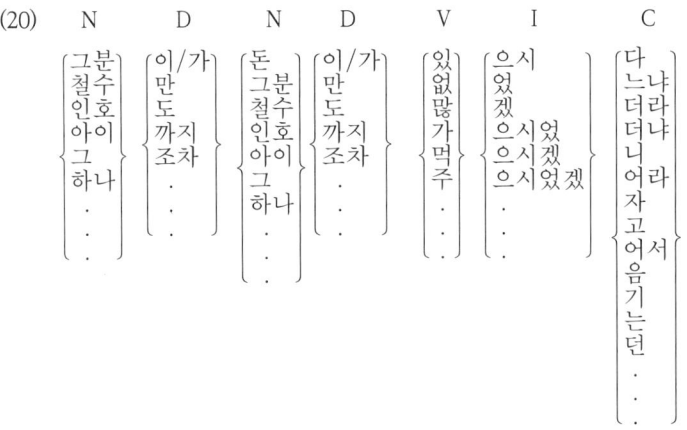

(19)에서 'Hon', 'Asp', 'M'의 세 범주로 나누었던 것을 (20)에서는 하나의 범주 'T'로 묶었다. 이 'T' 범주에는 '으시, 었, 겠'뿐 아니라 '으시었, 으시겠, 으시었겠 …'과 같은 복합적 단위들이 서로 계열적으로 대립하는 것이다.

3.3.2. 이홍배(1970)의 한국어 생성문법

한 언어의 문법은 그 언어의 모든 문법적 문장을 생성하는 장치이고, 그 언어의 비문법적 문장은 생성하지 않는 장치라는 촘스키(Chomsky 1957: 13)의 말은 생성언어학의 방법으로 한 언어의 문법을 기술할 때에 언제나 상기해야 할 말이다. 이는 다음에 제시하는 이홍배(1970)의 한국어 문법 기술을 평가하는 데에도 필요하다. 이홍배(1970)의 한국어 문법은 그가 기술의 대상으로 삼은 모든 문법적 문장을 생성하고, 비문법적 문장은 생성하지 않는, 완전하고 건전한 체계인가?

이홍배(1970)에서 다루어진 연구 주제는 종결어미로 표시되는 서법에 따른 문장 유형들의 실현, 종결어미와 일부 선어말어미로 표시되는 화계의 실현, 주격과 목적격 표지의 실현, 동사구 보문 구조에서의 보문소의 실현을 변형규칙으로 포착하여 기술하기, 긴 부정문과 짧은 부정문을 변형규칙을 통해 연관시키기, 그리고 주관성 형용사 구문을 그에 상응하는 동사 구문의 구조로부터 변형규칙을 통해 도출하기 등이다. 관련되는 각각의 구문에 대해서 완전성, 건전성의 요건이 충족되고 있는지 비판적으로 고찰해 보기로 한다.

구 구조 규칙

이홍배(1970)은 심층 통사구조를 의미구조와 동일시하는 로스(J. Ross), 레이코프(G. Lakoff), 맥콜리(J. McCawley) 등의 생성의미론('추상적 통사론Abstract Syntax')의 이론 체계를 가정하고 있다는 점을 유의해야 한다.[193] 변형규칙의 생성력을 최대한으로 활용하는 것이 생성의미론('추상적 통사론')의 정신이다. 구 구조 규칙은 다음과 같이 최소의 형식으로 제시하고 있다(3쪽).[194]

C1. S → NP VP
C2. VP → ((NP) NP) V
C3. NP → $\begin{Bmatrix} S(N) \\ (S)NP \end{Bmatrix}$

구 구조 규칙이 이렇게 간단한 것은, 종결어미를 비롯한 어미들과 격조사들을 변형규칙을 통해 생성하기 때문이다. 이러한 변형 중심의 접근이 이홍배(1970)의 문법의 한 특징이다. 이홍배(1970)의 변형규칙들을 소개하기로 한다. 변형규칙은 순환 이전 규칙과 순환 규칙과 순환 이후 규칙의 세 가지 부류로 나누어 기술하고 있다.

순환 이전 변형규칙(precyclical rules)

T1. '하' 삭제 변형규칙1(65쪽)

NP - NP - [$_S$ NP - [$_S$ NP - X] - 해 - X
1   2   3   4   5   6   7 ⇒
1   2   3   4   5   ∅   7

조건: 7은 [+Linguistic]과 [+Communicative]를 포함해야 한다.
    a) 7이 [+Declarative]를 포함하면 1≡3.

---

[193] 특히 Ross(1970)의 수행문(performatives) 이론에 입각한 한국어 문법 기술이다.
[194] 이홍배(1970)의 본문에는 선어말어미 '-었/겠/는-'을 포함하는 예들이 논의되고 있는데 이들을 어떤 방법으로 도입하는지에 대해서는 구체적인 기술이 없다. 전후 맥락으로 추론하면 이들을 구 구조 규칙에 의해 도입하는 것으로 볼 수 있다. 이에 따르면 C2를 다음과 같이 바꾸고, C4, C5 규칙을 추가해야 한다.
  C2. VP → (NP) (NP) V'
  C4. V' → V Tns
  C5. Tns → $\begin{Bmatrix} Pres \\ Past \\ Fut \end{Bmatrix}$
그러나 '-었-', '-겠-'은 시제가 아닌, 완료상, 추정법을 나타내는 요소이므로 이와 같은 방법으로 도입할 수 없다. '-는-'은 아예 형태소가 되지 못하고, 이어지는 어미의 일부일 뿐이다(3.2.3절 참조).

b) 7이 [+Question]을 포함하면 2≡3.
c) 3≡4이면 이 규칙은 의무적 규칙이다.
d) 3≡/≡4이면 이 규칙은 수의적 규칙이다.

이 규칙은 이홍배(1970)의 독특한 이론적 제안을 표현하고 있다. '춥다, 좋다'류('주관성 형용사/느낌형용사')의 문장과 '추워하다, 좋아하다'류의 문장이 이 변형규칙을 통하여 연관된다. 구체적으로 다음 문장들의 문법성/비문법성의 구별이 생성문법 이론 내에서 포착된다.[195]

(1) 가. 나는 춥다.
    나. *나는 추워한다.
(2) 가. 철수는 춥다고 말했다.
    나. *철수는 추워한다고 말했다.
(3) 가. 나는 인호가 좋다.
    나. 나는 인호를 좋아한다.
(4) 가. 철수는 인호가 좋다고 말했다.
    나. 철수는 인호를 좋아한다고 말했다.
(5) 가. *인호는 춥다.
    나. *순희는 인호가 좋다.
(6) 가. *철수는 인호가 춥다고 말했다.
    나. *철수는 순희가 인호가 좋다고 말했다.

'생성의미론'적 통사 이론의 범위 내에서 변형규칙 T1이 (1)-(6) 문장들의 문법성/비문법성의 차이를 정확하게 예측한다. 구체적으로 살펴보자. 한국어 복합문을 생성하는 것이 이 논문의 주요 관심사라는 점을 생각하고, 먼저 (2가)의 복합문의 생성 절차에 주의해 보기로 한다.

(2)' [s [NP 철수] - [s [NP 철수] - [s [NP 철수] - 춥 - 해 - 말했다]

동사 '말하다'는 '+Linguistic, +Communicative, +Declarative'와 같은 자질들을 가진다고 가정된다. 이에 따라 T1의 조건들이 만족된다. 7은 '+Linguistic, +Communicative'를 포함하고 있다. 또 7은 '+Declarative'를 포함하고 1과 3이 동일하고, 3과 4가 동일하므로,

---

[195] 이홍배(1970)에서 '*' 표시는 통사적으로 부적격한 문장을 나타내는 것이다.

'하'는 의무적으로 삭제되어야 한다. 그 결과는 (2가)"과 같다. 여기에 뒤의 보문소 배치 변형규칙 (T4a), 종결어미 삽입 변형규칙 T5가 적용되고, 이어서 동일 명사구 삭제 변형규칙 T7이 두 번 연달아 적용되고 주어 표지 삽입 T10이 적용되면 (2바)"이 도출된다.[196]

(2)" 가. [s [NP철쉬 -   [s [NP철쉬 - [s [NP철쉬 - 춤 -]   - 말했다]
    나. [s [NP철쉬 -   [s [NP철쉬 - [s [NP철쉬 - 춤-고 -]   - 말했다]
    다. [s [NP철쉬 -   [s [NP철쉬 - [s [NP철쉬 - 춤-대-고 -] - 말했다]
    라. [s [NP철쉬 -   [s [NP철쉬 - [s   - 춤-대-고 -] - 말했다]
    마. [s [NP철쉬 -   [s   [s   - 춤-대-고 -] - 말했다]
    바. [s [NP철수-는 - [s   [s   - 춤-대-고 -] - 말했다]

이상은 (2가) 문장이 문법적 문장이라는 점을 증명한 것이다. (2나) 문장은 동일한 기저구조 (2)'을 바탕으로 T1이 적용되어야 한다. 3과 4가 동일할 경우 '하' 삭제가 의무적이어야 한다는 조건 'c'에 따라 '하'가 삭제되어야 하는데, 이것이 삭제되지 않고 남아 있어서 비문법적 문장이 됨이 정확히 설명된다.

이제 단순문 (1가)가 어떻게 생성되는지 살펴보자. 평서법 '-다'의 근원이 되는 수행문의 동사(맨 오른쪽의 'X')를 이 논문에서는 '[+Performative, +Linguistic, +Communicative, +Declarative]'와 같은 자질들의 묶음이라고 가정하는데, 복잡하니까 그저 'SAY'라고 표시하자. 다음과 같은 기저구조가 구 구조 규칙에 의해 생성된다.

(1)' [s [NP 내 - [NP 네] - [s [NP 내 - [s [NP 내 - 춤 - 해 - SAY]

이 기저구조는 변형규칙 T1의 구조 기술(SD)과 부합된다. T1의 효과는 '하'를 삭제하는 것이다. 이를 위한 T1의 조건들이 만족된다. 7은 '+Linguistic, +Communicative'를 포함하고 있다. 또 7은 '+Declarative'를 포함하고 1과 3이 동일하고, 3과 4가 동일하므로, '하'는 의무적으로 삭제되어야 한다. 그 결과는 (1가)"과 같다. 여기에 뒤의 T5('종결어미 삽입')이 적용되면 (1나)"이 되는데, 이어서 뒤에 제시한 변형규칙들 T7('동일 명사구 삭제'), T10('주어 표지 삽입'), T14('수행문 삭제')가 차례로 적용되면 (1마)"이 도출된다.

---

196 T10이 적용된 결과인 (2바)"는 '-는'이 주어 표지로 삽입되었음을 보인다. 이홍배(1970)에서는 '-는'을 보조사 아닌 격조사로 간주하고 있다. 이는 잘못된 기술이다.

(1)'' 가. [s [NP 내 - [NP 네 - [s [NP 내 - [s [NP 내- 춤] -] - SAY]
    나. [s [NP 내 - [NP 네 - [s [NP 내 - [s [NP 내- 춤-대-] -] - SAY]
    다. [s [NP 내 - [NP 네 - [s [NP 내 - [s   - 춤-대-] -] - SAY]
    라. [s [NP 내 - [NP 네 - [s[NP나는 - [s   - 춤-대-] -] - SAY]
    마. [s [NP나는 - 춤-다]

(1나) 문장이 비문법적 문장이 되는 것도 정확히 예측된다. (1나)는 동일한 기저구조 (1)'을 바탕으로 T1이 적용되어야 하는데, 3과 4가 동일할 경우 '하' 삭제가 의무적이어야 한다는 조건 'c'에 따라 '하'가 삭제되어야 하는데, 이것이 삭제되지 않고 남아 있어서 비문법적 문장이 되는 것이다. (3)-(6)의 예들도 T1에 주어진 조건들의 만족 여부에 따라 그 도출 여부가 결정된다.[197]

순환 변형규칙(cyclical rules)

T2. 부정소 이동 변형규칙(182쪽)

  X - [s X - Neg - V] - V* - X
                         [αN]
  1   2   3   4   5   6   ⇒(수의적)
  1   2   ∅   4   3+5 6

여기에서 V*는 '하', '믿-', '생각하-' 등을 나타낸다.
조건: α = +이면 이 규칙은 의무적으로 적용된다.
EX. 아이가 울지 아니 한다/아이가 아니 운다.
    홍배가 언어학을 공부 안 한다/*홍배가 언어학을 안 공부한다.
    한은 순자를 좋아 안 한다/한은 순자를 안 좋아한다.

T3. '하' 삭제 변형규칙2(184쪽)

  X - [s X - V] - 하 - X
              $\begin{bmatrix} +V \\ -N \end{bmatrix}$
  1   2   3   4   5   ⇒(의무적)

---

[197] (5가)는 그 기저구조를 (a)와 같이 상정하면 비문법적임이 예측되지만 (b)와 같이 상정하면 문법적 문장으로 예측되어 문제를 제기한다. (b)에서는 3과 4가 동일하지 않으므로 '하' 삭제가 적용(수의적)이 될 수 있고, 다시 동일 명사구 삭제(T6)가 적용된 다음 주어 표지 삽입(T10), 수행문 삭제(T14)가 일어나면 '인호는 춤다'가 문법적인 문장으로 도출될 수 있다.
  a. [S 나 너 [S 인호 [S인호 춤] 해 SAY]
  b. [S 나 너 [S 나   [S인호 춤] 해 SAY]
문제는, 기저구조를 (a) 아닌 (b)로 상정해서는 안 되는 필연적 근거는 없다는 것이다.

1   2   3   Ø   5
EX. 아이가 안 운다.

'아이가 안 운다'의 기저구조를 '[아이 [아이 아니 울-] 하-]'와 같이 설정한다. '울-'은 [-N] 자질을 가졌으므로 T2는 수의적 규칙이 되고, T2가 적용되지 않을 경우 이 T3 규칙이 적용되어 '하-'가 삭제되는 것이다.

T4. 보문소 배치 및 변경 변형규칙(131-132쪽)
    a. 정형 보문소 '고' 배치 변형규칙
    X - [$_{NP}$ S] - X
    1   2   3 $\Rightarrow$
    1   2-고   3
    EX. 한이 철수가 왔다고 말하였다.
    b. 보문소 '것' 변경 변형규칙
    X - S - 고 - X
    1   2   3   4 $\Rightarrow$
    1   2   것   4
    EX. 학생은 학교에 가는 것이 좋다.
    c. 보문소 '기' 변경 변형규칙
    X - S - 고 - X
    1   2   3   4 $\Rightarrow$
    1   2-기 Ø   4
    EX. 나는 네가 떠나기를 바란다.
    d. 보문소 '어' 변경 변형규칙
    X - S - 고 - X
    1   2   3   4 $\Rightarrow$
    1   2-어 Ø   4
    EX. 미자가 슬퍼한다(슬프-어하-는-다).
    e. 보문소 '음' 변경 변형규칙
    X - S - 고 - X
    1   2   3   4 $\Rightarrow$
    1   2-음 Ø   4
    EX. 그가 왔음이 드러났다.
    f. 비정형 보문소 '고' 변경 변형규칙

X - S - 고 - X
1   2   3   4   ⇒
1   2-고 Ø   4

EX. 나는 영화를 보고 싶다.

T5. 종결어미 삽입 변형규칙
   a. 서술형어미 삽입 변형규칙(88쪽)

    X - [$_S$ NP - VP] - X
    1   2   3   4 ⇒(의무적)
    1   2   3-다   4

   조건: 4는 [+Declarative]를 포함해야 한다.

   b. 의문형어미 삽입 변형규칙(88쪽)

    X - [$_S$ NP - VP] - X
    1   2   3   4 ⇒(의무적)
    1   2   3-느냐 4

   조건: 4는 [+Question]을 포함해야 한다.

   c. 명령형어미 삽입 변형규칙(78쪽)

    X - NP - [$_S$ NP - X] - X
    1   2   3   4   5 ⇒(의무적)
    1   2   3   4-어라 5

   조건: 5는 [+Imperative]를 포함해야 하고, 2≡3이어야 함.

   d. 청유형어미 삽입 변형규칙(85쪽)

    NP - NP - [$_S$ NP - X] - X
    1   2   3   4   5 ⇒(의무적)
    1   2   3   4-자 5

   조건: 5는 [+Propositive]를 포함해야 하고, 1과 2의 합 ≡ 3이어야 함.

T6. 동일명사구 삭제 변형규칙(19쪽)

   X - NP - X [$_S$ X - NP - X] - X
   1   2   3   4   5   ⇒(의무적)
   1   2   3   Ø   5

   조건: 2 ≡ 4이어야 함.

한국어 문법 기술에 동일명사구 삭제 변형규칙을 포함한 것은 이홍배(1970)이 처음이다.

T7. 명사구 상승 변형규칙(37쪽)

X - [$_S$ X - NP - X] - V* - X
1   2   3   4   5   6   ⇒(의무적)
1   3+2   ∅   4   5   6

여기에서 V*는 '하-', '하-'(부정문의 '하-'), '싶-', '-이-'(사동접미사) 등을 포함함.

EX. 철수가 인호를 싫어한다/미자가 기쁘지를 않다/나는 영화가 보고 싶다/철수가 영화를 보고 싶어하느냐?/내가 철수를 가게 하였다/어머니가 아이에게 밥을 먹인다('밥을'만 명사구 상승)

한국어 문법 기술에 명사구 상승 변형규칙을 포함한 것 역시 이홍배(1970)가 처음이다. 그러나 규칙 T7의 조건은 'V*'가 두 종류의 '하-'와 '싶-', 더욱이 사동접미사 '-이-'를 지적하고 있는데, 이들은 결코 자연군을 이루지 못한다. 따라서 T7은 결코 정당한 언어 규칙으로 성립할 수 없다.

T8. 외치 변형규칙(37쪽)

X - NP - NP - X - $\begin{Bmatrix} V \\ VP \end{Bmatrix}$ - X
1   2   3   4   5   6   ⇒(의무적)
1   2   ∅   4   3+5   6

조건: 3은 S를 관할해야 함.

EX. 나는 그 여자를 미워한다/나는 영화가 보고 싶다.

순환 이후 변형규칙(postcyclical rules)

T9. a. 평서법의 화계 실현을 위한 변형규칙(91쪽)

NP - NP - [$_S$ X - 다] - X
[αF]   [βG]
1   2   3   4   5   ⇒(의무적)
1   2   3   Dec   5

여기에서 F는 [Humble]을, G는 [Respect]를 나타냄.
조건: 5는 [+Performative]를 포함해야 함.

b. '-습니다' 화계 삽입 변형규칙

NP   - NP   - [$_S$ X -   다]   - X
[+Humble] [+Respect]
1   2   3   4   5   ⇒(의무적)

        1   2   3   -습니다 5

    조건: 5는 [+Performative]를 포함해야 함.

T10. 주어 표지 삽입 변형규칙(48쪽)

    X - [$_S$ NP - VP] - X

    1   2   3   4 ⇒(의무적)

    1   2+SM 3   4

T11. 목적어 표지 삽입 변형규칙(48쪽)

    X - [$_{VP}$ (NP) - NP - X] - X

    1   2   3   4   5 ⇒(의무적)

    1   2   3+OM 4   5

T12. 간접목적어 표지 삽입 변형규칙(49쪽)

    X - [$_{VP}$ NP - NP - X] - X

    1   2   3   4   5 ⇒(의무적)

    1   2+IO 3   4   5

T10, T11, T12는 한국어의 격 표지를 기저 규칙 외의 방법(변형규칙 또는 격 이론)으로 도입하는 최초의 시도이다. 기저 규칙을 이용하여 도입하는 예는 송석중(1967)에서 볼 수 있다.

T13. 주체존대소 삽입 변형규칙(95쪽)

    X - NP - X - [$_S$ NP - X - V - X] - X

        [+F]   [+K]

    1   2   3   4   5   6   7   8 ⇒(의무적)

    1   2   3   4   5 6-시 7   8

    조건: 1) 6은 '시'를 포함하지 않아야 함.

           2) 8은 [+Linguistic]과 [+Communicative]를 포함해야 함.

    F는 [Humble]을, K는 [Honorific]을 나타낸다.

T14. 수행문 삭제 변형규칙(106쪽)

$$[_{NP} \text{나}] - [_{NP} \text{너}] - S - \begin{bmatrix} +V \\ +Performative \\ +Communicative \\ +Linguistic \\ +F \end{bmatrix}$$

    1   2   3   4   ⇒(의무적)

    ∅   ∅   3   ∅

    조건: F = Declarative나 Question이나 Imperative나 Propositive임.

T15. 시제 표지 삭제('infinitivization') 변형규칙(167쪽 각주 4)

$$X - Tns - \begin{Bmatrix} 어라 \\ 자 \\ C \end{Bmatrix} - X$$

1   2   3   4   ⇒(의무적)
1   Ø   3   4

여기에서 C는 '-기', '-어', '-고'를 나타냄.

T16. 보문소 '-고', '-어' 뒤의 격 표지 삭제 변형규칙(167쪽 각주 5)

$$X - C - \begin{Bmatrix} SM \\ OM \end{Bmatrix} - X$$

1   2   3   4   ⇒(의무적)
1   2   Ø   4

여기에서 C는 '-고'와 '-어'를 나타냄.

위 변형규칙들은 일정한 적용 순서를 가지는 것으로 약정되고 있다. 다음에 나열된 순서로 적용된다.

(7) 변형규칙들의 적용 순서:
'하-' 삭제 변형규칙1(순환 이전 규칙) < 보문소 '-고' 배치 변형규칙(순환 규칙) <보문소 변경 변형규칙들(순환 규칙) < 종결어미 삽입 변형규칙들(순환 규칙) < 동일명사구 삭제 변형규칙(순환 규칙) < 명사구 상승 변형규칙(순환 규칙) < 외치 변형규칙(순환 규칙) < 주어 표지 삽입 변형규칙(순환 이후 규칙) < 목적어 표지 삽입 변형규칙(순환 이후 규칙) < 간접목적어 표지 삽입 변형규칙(순환 이후 규칙) < 주체존대소 삽입 변형규칙(순환 이후 규칙) < 화계 요소 삽입 변형 규칙(순환 이후 규칙) < 수행문 삭제 변형규칙(순환 이후 규칙)

음운론적 규칙들

다음은 이홍배(1970)에서 제시한 형태음운론 규칙과 그 외의 음운론적 규칙들을 모아 놓은 것이다.

(8) 가. -가 ⇒ -이 / [+모음성]____
　　　　　　　　　　　[+SM]
　　나. -를 ⇒ -을 / [+자음성]____
　　　　　　　　　　　[+OM]
　　다. -는 ⇒ -은 / [+자음성]____
　　　　　　　　　　　[+SM]

(9) -는 ⇒ -ㄴ / [+모음성]___
                    [+Tns]

(10) 하- + -어 ⇒ 해

(11) -어 ⇒ -아 / $\begin{bmatrix} +모음성 \\ -고모음성 \\ +후설성 \end{bmatrix}$ C_0^1___

(12) -느냐 ⇒ -으냐 / [+자음성] ___

(13) p ⇒ w / ___ V

(14) -기 ⇒ -지 / ___$\begin{Bmatrix} (SM) \\ (OM) \end{Bmatrix}$ Neg

(15) [+장애성] ⇒ [-지속성] / ___# ('#'는 음절 경계)

(16) ㅎ $\begin{bmatrix} +장애성 \\ -지속성 \end{bmatrix}$ ⇒ $\begin{bmatrix} +장애성 \\ -지속성 \end{bmatrix}$ ㅎ

(17) [+자음성] ⇒ [+비음성] / ___[+비음성]

(18) [+장애성] ⇒ [+유성성] / [+유성성] ___ [+유성성]

(19) l ⇒ r / V ___ V

(20) [+장애성] ⇒ [+경음성] / [+장애성] ___

(8가-다)의 규칙의 조건으로 제시된 [+모음성]과 [+자음성]은 정확한 조건이 아니다. 각각 [모음](또는 [+모음성, -자음성])과 [자음](또는 [+자음성, -모음성])으로 바꾸어야 한다. 또, (9)는 '믿는다, 간다, …' 등의 '는/ㄴ'을 독립된 형태소로 분석한 것인데, 이는 오류이다(3.2.3절 참조). (12)의 음운론적 조건은 다음과 같이 형태론적 조건으로 고쳐야 한다(3.2.3절 참조).

(12)' -느냐 ⇒ -으냐 / V_{+adj} ___

163쪽의 각주 2에는 다음 형태음운론 규칙이 더 기술되어 있다.[198]

(21) $\begin{bmatrix} 는 \\ 겠 \\ 었 \end{bmatrix}$ ⇒ $\begin{bmatrix} 는 \\ ㄹ \\ ㄴ \end{bmatrix}$ / ___ (Dem) N

---

198 그는 이러한 대응 관계를 변형규칙으로 기술해야 할지, 형태음운론 규칙으로 기술해야 할지에 대하여 확신이 없다고 말한다. 종결형의 일부를 관형사형으로 바꾸는 (21)과 같은 형식은 변형규칙일 수도 없고, 형태음운론 규칙일 수도 없다.

그러나 종결형('믿는다')의 '는'은 아예 형태소 단위가 되지 못하는 것인데 이것이 관형사형어미 '-는'으로 바뀐다고 기술하는 것은 오류이다(3.2.3절 참조). 또, 종결형과 관형사형을 변형규칙이나 위와 같은 형태음운론적 규칙으로 연관지을 수 없다는 점에 대해서는 남기심(1976)에서 증명한 바 있다.

위 문법은 종결어미, 주체존대소, 화계에 대한 초기의 대표적 처리 방법을 제시하였다는 점, '-음/기, -어, -고' 등의 보문소에 대한 최초의 체계적 처리를 시도했다는 점, 부정문과 사동문에 대한 생성문법적 처리를 시도했다는 점, 그리고 주관성 형용사(느낌형용사) 구문에 대한 체계적 처리를 시도했다는 점에서 생성문법의 방법론에 따른 한국어 문법 연구의 초창기의 성과를 보여준다.

이홍배(1970) 비판

1. '하-' 삭제 변형규칙 T1을 중심으로 한 문제 '생성의미론'적 통사 이론의 범위 내에서 위 변형규칙 T1이 (1)-(6) 문장들의 적격성/부적격성의 차이를 정확하게 예측한다. 그러나 T1을 중심으로 한 이 문법의 접근 방안은 다음과 같은 문제점을 가지고 있다.

(22) 가. '춥다, 좋다'는 상태의 표현, '추워한다, 좋아한다'는 사건의 표현으로서, 이들을 가지는 두 문장의 의미는 동일하지 않으므로, 둘을 통사적 변형규칙으로 연관지을 수 없다. (cf. 의미보존 가설)
  나. 다음 (b)의 부적격성을 예측하지 못한다. 이들 문장의 기저구조는 위 T1 변형규칙의 조건 a)와 d)를 만족하게 되므로, '춥다' 문장과 '추워한다' 문장이 단순문, 복합문에서 모두 적격해야 한다.
    a. 나는/너는/인호는 오늘 날씨가 춥다고 말했다.
    b. ??나는/??너는/??인호는 오늘 날씨를 추워한다고 말했다.
  다. 다음 (a)가 부적격한 반면, '-겠-'이 개입된 (b)가 다시 적격성을 회복하는 현상을 예측하지 못한다.
    a. ??순희는 인호가 싫다.
    b. 순희는 인호가 싫겠다.
  라. 인칭에 따른 주어의 선택과 관련한 '-겠-'(의도 의미) 구문의 평행적 현상, '-더-' 구문의 상반되는 현상을 예측하지 못한다.

이홍배(1970)은 앞의 (1가, 나)의 문법성의 차이를 설명하지만, 다음 (23가)의 '내가 지루해한다.'는 비문으로 예측한다. 그러나 후자는 문법적 문장으로 쓰일 수 있다. 이것이 문법적 문장으로 쓰이는 경우를 이론적으로 설명하지 못한다.

(23) 가. 내가 지루하다 ⇒ 내가 지루해한다.
　　　　cf. 내가 지루해하니까 그 사람이 티브이를 틀어주었다.
　　　나. *철수가 지루하다 ⇒ 철수가 지루해한다.
(24) 가. [나 너 [나　[나 지루해　해　SAY]
　　　나. [나 너 [철수 [철수 지루해　해　SAY]

(23가, 나)의 '내가 지루하다', '*철수가 지루하다.'의 문법성의 차이는 (24가, 나)와 같은 기저구조를 설정하면 설명할 수 있다.[199] (24나)에서는 T1의 조건 a, 즉 1=3이 만족되지 않으므로 '하'가 삭제될 수 없어서 '철수가 지루해한다.'는 문법적 문장이 되지만 '*철수가 지루하다.'는 비문이 된다. (24가)에서는 1=3이 만족되고, 3=4도 만족되므로 '하'가 의무적으로 삭제되어 '내가 지루하다'는 문법적 문장으로 예측되지만 '내가 지루해한다'는 비문으로 예측된다.

다음 예를 보면 주어의 1인칭/3인칭에 따른 문법성의 차이가 나타나지 않는다. (25나)는 주관성 형용사 문장의 주어가 3인칭이므로 (24나)와 같은 구조 (25나)'을 상정하면 비문으로 예측되나, 예측과 달리 이 문장은 적격하다.

(25) 가. 내가 반갑다.
　　　나. 철수가 반갑다.
(25)' 나. [나 너 [철수 [$_S$ 철수 반갑]　해　SAY]

잘 살펴보면 (25가)와 (25나)는 하나의 논항만을 가진 문장이 아니고, 둘 다 '내가 철수가 반갑다'와 같이 두 개의 논항을 가지는 문장이라는 것을 알 수 있다. '반갑다'는 2자리 서술어인 것이다.

이홍배(1970)에서는 모든 주관성 형용사가 한 개의 논항을 취하여 내포문을 이루는 것으로 설명한다. 그러나 그와 같이 가정하면 (25나)의 적격성을 설명할 수 없다. 다음과 같이, 내포절 S가 두 개의 논항을 가지는 기저구조를 상정해야 한다. '나는 철수가 반갑다.'의 문장이 도출되고, 여기에서 주어 '나는'이 생략되어 (25나) 문장이 도출된다.

---

[199] 이홍배(1970: 39) 참조.

(25)'' 나. [나 너 [나 [$_S$ 나 철수 반갑   해   SAY]

  한국어의 주관성 형용사들을 일률적으로 1자리 서술어로 가정하는 것은 오류이다. 각각의 주관성 형용사를 관찰하여 그 논항구조를 결정해야 한다.[200]
  또 다른 문제는, 주관성 형용사 문장의 기저구조에서 '하-'는 무슨 근거로 설정되는가 하는 것이다. 이 논문 전체에서 기저구조에 '하-'가 설정되는 예는 주관성 형용사 구문 및 그에 대응되는 'V-어하-' 동사 구문과 서술성 명사 구문, 그리고 부정문이다. T3의 예인 짧은 부정문 '아이가 안 운다.'의 경우에도 그 기저구조는 '하-'를 포함한다. 부정문을 만들지 못하는 문장은 없으므로, 모든 문장이 잠재적으로 '하-'를 그 기저구조에 가질 수 있다.
  문제는, 그 기저구조에 '하-'를 가질 만한, 주관성 형용사 구문과 서술성 명사 구문과 부정문이 공통으로 가지는 통사적, 의미적 특성은 결코 생각할 수 없다는 것이다. 그러므로 '하-'를 기저구조에 설정하고, T1과 T3에 의해 삭제하는 변형적 절차나 '하-'의 존재를 구조적 조건으로 하여 부정소를 상승 이동시키는 T2와 같은 변형적 절차는 규칙성 없는 현상, 일반화될 수 없는 현상을 규칙의 형식으로 처리하는, 임시방편적(ad hoc) 처리에 지나지 않는다.
  짧은 부정문은 부정 부사 '아니', '못'을 가지는 단순문일 뿐이다. 긴 부정문은 동사와 형용사로 쓰이는 '아니하다', '못하다', 동사로 쓰이는 '말다'가 형성하는 복합문일 뿐이다. 이들의 공통성은 부사 '아니'와 '못', 동사/형용사 '아니하다', '못하다', '말다'의 의미론적 공통성에 지나지 않는다. 주관성 형용사 구문의 독특한 현상은 '싫-, 좋-, 싶-, …' 등의 하위 동사 부류가 가지는 의미론적 특성을 바탕으로 의미론적 해석 규칙을 동원하여 설명할 수 있다(양정석 2017, 2023나 참조). 서술성 명사 구문은 이홍배(1970)에서 다루지 않은 독특한 통사적 특성을 가지는데, 이에 대해서는 양정석(1997가, 2005)에서 기술한 바 있다(이 책 4.1.7절 참조).
  2. 부정소 이동 변형규칙 T2를 중심으로 한 문제 이전의 한국어 부정 구문에 대한 처리의 예로 송석중(1967)과 박순함(1967)을 들어 비판하고 있다. 송석중은 짧은 부정문("철수가 안 간다.")과 긴 부정문("철수가 가지 않는다.")을 서로 다른 기저구조로 기술한다. 후자는 복합문 구조라고 본다. 박순함은 짧은 부정문의 구조와 가까운 것을 기저구조로 삼아, 긴 부정문은 '-지' 삽입 변형, '하-' 삽입 변형을 연속으로 적용하여 도출한다. 이에 비해 이홍배

---

[200] 양정석(1992, 1995/1997)에서 이 같은 관점에 따라 주관성 형용사들의 논항구조를 관찰·기술한 바 있다.

(1970)는 긴 부정문과 가까운 것을 기저구조로 삼되, 내포절에 있던 부정소가 상위절로 이동하는 T2 변형규칙을 적용하여 긴 부정문을 도출하고, 짧은 부정문은 T2가 적용되지 않은 상태에서 '하-' 삭제 변형규칙을 적용하여 도출한다.

T2 규칙을 설정해야 하는 주요 증거로 다음 예들을 들고 있다. (26)은 '도저히'가 부정소와 같은 절에 공존해야 함을 보이는데, (27나)에서는 '도저히'가 내포절에서 부정소와 공존하지 않고, 상위절에 실현된다. 이는 (27나)의 기저구조에서 내포절에 부정소가 생성되고, 이것이 T2 규칙에 의해 상위절로 이동하였다고 해야 모순 없이 설명된다는 것이다. 여기에는 기저구조(=심층구조)가 의미 해석의 입력이라는 표준이론의 대전제가 받아들여지고 있다.

(26) 가. 그 사람이 도저히 그것을 할 수 없다.
　　　나. *그 사람이 도저히 그것을 할 수 있다.
(27) 가. 나는 그 사람이 도저히 그것을 할 수 없다고 믿는다.
　　　나. 나는 그 사람이 도저히 그것을 할 수 있다고 믿지 않는다.

그러나 (27나)는 이홍배의 판단처럼 완전히 적격한 문장이 아니다. 필자는 이 문장이 의미론적으로 부적격한 예라고 판단한다. 부적격성의 정도는 이보다 더 심하지만 (26나)도 의미론적으로 부적격한 예이다. 다음과 같은 판단이 적합하다고 본다.

(26)' 나. ??그 사람이 도저히 그것을 할 수 있다.
(27)' 나. ?나는 그 사람이 도저히 그것을 할 수 있다고 믿지 않는다.

요컨대, 특수한 부사(이러한 것을 '부정극어 negative polarity item'라고 한다)인 '도저히'의 의미 기술에 부정소에 대한 요구를 명세화함으로써 의미론적으로 설명할 있다. 그렇다면 통사론적으로 T2와 같은 부정소 이동 변형규칙을 설정하는 일은 필연적인 것이 아니다.

한국어 부정극어의 전형적인 예로 알려진 '아무것도'는 부정소와 같은 절 내에 있어야 한다는 조건을 위반할 경우 통사적 비문이 결과된다고 본다.

(28) 가. 철수는 아무것도 안 먹었다/먹지 않았다.
　　　나. *철수는 아무것도 먹었다.
(29) 가. 나는 철수가 아무것도 안 먹었다고/먹지 않았다고 믿는다.
　　　나. 나는 철수가 아무것도 먹었다고 *안 믿는다/*믿지 않는다.

부정사 이동 변형 T2가 적용된 결과인 (29나)의 문장들은 동일하게 T2가 적용된 결과인 (27나)'보다 상대적으로 더 부적격하다. (29나)의 문장들에 T2가 적용되는 것을 배제할 아무런 이유가 없으므로, 이는 이홍배(1970)의 T2 설정에 대한 반례가 된다.[201]

형식적인 측면에서도 T2는 문제를 가지고 있다. 'V*'는 '하-', '믿-', '생각하-' 등을 나타낸다.'와 같은 조건은 언어 규칙의 조건으로서는 부적격한 조건이다. '하-', '믿-', '생각하-'는 통사적으로나 의미적으로나 자연군(natural class)을 이루지 못하는, 어휘개별적(idiosyncratic) 요소들일 뿐이다. 그러므로 T2는 적법한 변형규칙으로 성립할 수 없다.

형식적인 측면에서 같은 문제를 가지는 변형규칙으로 T7이 있다. 이 규칙의 조건으로 'V*'는 '하-', '싶-', 사동접미사 '-이-' 등을 포함'한다고 규정하였는데, 이 요소들도 통사적으로나 의미적으로나 자연군을 이루지 못한다. 그러므로 적법한 언어 규칙으로 인정할 수 없다.

3. 서술성 명사를 '동사(V)' 범주로 설정하는 문제 이홍배(1970)의 통사 범주 중 하나인 V에는 '연구, 파괴, 진격' 등의 서술성 명사가 포함된다. 그는 이들을 동사로 간주한다. 그러나 한국어의 형태통사론적 질서에 따르면 이들은 동사 아닌 명사임이 분명하다. '연구를, 연구가, 연구에, ⋯, 연구이다'와 같이 격조사 앞에, 지정사 '이다' 앞에 실현되는 사실, '이 문제의 연구'처럼 관형어 '명사구+의'에 의해 수식되는 사실은 이 단어가 명사임을 증명하는 것이다. 이홍배(1970)의 문법은 이처럼 단순하고 명백한 사실을 설명하기 위해서도 일반성에 반하는 수많은 임시방편적 규칙들을 설정해야 한다.

4. '날씨가 춥지가 않다/날씨가 춥지를 않다' 구문의 변형론적 설명 이 구문 현상은 송석중(1967)에서 처음으로 관찰된 것인데, 이홍배(1970)는 이를 변형론적으로 설명한다. 문제는, 이홍배(1970)에서 '명사구 상승 변형규칙'과 '외치 변형규칙'이 자의적(恣意的)으로 적용된다는 것이다.

(30) 가. 미자가 이쁘지가 않다.
　　　나. 미자가 이쁘지를 않다.
(31) 가. 다람쥐가 구멍에서 나오지가 않는다.
　　　나. 다람쥐가 구멍에서 나오지를 않는다.

---

[201] (26)-(29)의 사실들에 대해 의미론적 설명 아닌 통사론적 설명을 시도할 수도 있다. 부정극어와 부정소가 통사적으로 관계를 맺을 때 둘 사이에 상대적으로 더 많은 수의 구 범주들이 존재하면 그 부적격성의 정도가 심해진다고 해석하는, 일종의 하위인접 조건(subjacency condition)으로 설명하는 방법이다. 구체적인 이론적 실행을 위해서는 별도의 독립적인 논의가 필요하나, (29)의 예가 이홍배(1970)의 T2에 대한 반례가 됨은 분명하다.

(30), (31)에서 (가)는 심층구조에서 'S-지' 부분이 주어로, (나)는 'S-지' 부분이 목적어로 설정되어, 그 구조에 따라 'SM'과 'OM'이 표시된다. 그러나 (30나)에서 'S-지'를 목적어로 가지는 '하-'는 동사 아닌 형용사이다. 이는 '-가'를 주격 표지, '-를'을 목적격 표지로 상정하는 연구들, 이홍배(1970)은 물론 송석중(1967)에게도 근본적인 문제를 제기한다.

5. 종결어미를 도입하는 변형규칙 T5와 T9의 문제 한국어의 종결어미들을 변형규칙을 통해 도입하는 것은 이홍배(1970)의 문법의 주요 특징이자 그 결정적 문제점을 드러낸다. 그는 T5의 4개 변형규칙으로 기본적인 4개 서법 문장을 도입하고, 이를 바탕으로, 평서법의 경우, 다시 T9와 같은 변형규칙을 적용하여 개개의 의미 차이를 가지는 평서법 어미 '-습니다, -으오, -네, -구나, -어, -어요, …'의 문장들을 생성할 수 있다고 보는 듯하다. 그 스스로도 인정하고 있지만, 이홍배(1970)에는 모든 서법 어미들을 생성할 수 있는 완성된 규칙 체계가 제시되어 있지 않다.

위에서는 T9를 변형규칙이라고 지칭했지만 이홍배 자신은 (T9a)를 '도식(schema)'이라고 표현했다. 이 도식에 따라 구체적인 종결어미 '-습니다'를 도입하는 변형규칙의 한 예가 (T9b)이다. 이와 같은 방식으로 한국어에 존재하는 모든 평서형어미가 도입되어야 한다.

4개의 종결어미 '-다, -느냐, -어라, -자'를 T5의 변형규칙들에 의해 도입하고, 이 외의 수많은 종결어미들 '-습니다, -으오, -네, -구나, -어, -어요, -으마, -을게, -음세, … ; -습니까, -니, -냐, …; -읍시오, -게, -으려무나, …; -읍시다, -으세, …'는 이들 종결어미 하나하나에 대해서 T9와 같은 형식의 변형규칙들을 설정해 주어야 한다는 것이다. 이들 변형규칙들의 수는 한국어의 종결어미의 수만큼 될 것이고, 동음이의적 종결어미(한 예로 '-네[1]'과 '-네[2]')가 새로 확인될 때마다 그것을 위한 변형규칙을 새로 규칙화해야 할 것이다. 이들 각 종결어미의 기저구조 상당 요소를 명시하는 일이 실행가능한(feasible) 일이 되는지도 의문이지만, 이렇게 해서 설정된 변형규칙들은 결국 어휘개별적(idiosyncratic) 기술과 다름없는 것이다.

한국어의 종결어미들은 각각 기저 규칙에 의해 도입할 수밖에 없다.

6. 변형규칙 T7 및 T8의 문제 T7 규칙의 조건이 되는 요소들이 자연군을 이루지 못하므로 언어 규칙으로 성립하지 못한다는 점은 이미 지적했다. 다음과 같은 예문에 T7 및 T8의 변형규칙을 적용하는 실례를 살펴보면 이들 변형규칙이 극히 자의적으로 적용되고 있음을 확인할 수 있다. 특히 '외치 변형규칙' T8은 구조 보존 원리를 위배하는 근본적 문제점을 보이고 있다. 이들은 생성의미론적 통사 이론이 가지는 근본적 문제점을 단적으로 드러내 주는 예라고 하겠다.

(32) 나는 그 여자를 미워한다.
(33) 나는 영화가 보고 싶다.

7. 선어말어미의 통사적 처리에 관한 문제 위 C1-C3에서 드러나는 이홍배(1970)의 관점은 한국어의 어말어미들을 모두 VP 밖의 요소로 간주하여 변형규칙을 통해 도입한다는 것이다. 이에 반하여 시제 선어말어미는 VP 내부의 요소, 특히 V 내부의 요소로 기저구조에 주어지는 것으로 취급한다. 시제 선어말어미를 구 구조 규칙을 통해 도입하는 것이 그의 관점이라고 추론할 수 있다. 주체존대 선어말어미 '-으시-'는 변형규칙 T13을 통해 도입한다.

'하는-'(21쪽), '가-었-'(127쪽), '가-겠-', '가-는' 등, 어간과 선어말어미의 결합을 'V'로 취급하고, 종결어미나 보문소를 결합한 '춥-다, 춥-고, 춥-음, …'을 'V'로 취급하는 것이다. 선어말어미와 종결어미와 보문소는 각기 독립된 통사 범주를 가진다. 동사와 이들이 결합한 단위는 통사 단위가 되지 못한다. 그러므로 이들 결합 단위에 부여된 통사 범주 V는 허구일 뿐이다.

종결어미와 보문소를 변형에 의해 도입하고, V의 일부로 첨가되는 요소로 처리하는 것은 궁극적으로 구조보존 원리를 위배하는 처리이다. 선어말어미를 구 구조 규칙에 의해 도입하는 것은 이것과는 성질이 다르다. 그러나 선어말어미도 V의 일부로 취급되어서는 안 된다. 핵계층 이론의 관점이 필요하다. 한국어의 선어말어미는 그 앞의 VP를 보충어로 취하는 독립된 머리성분(head: 핵어)로 다루어져야 한다(cf. 양정석 2010).

8. 보문들에 일률적으로 주격과 목적격을 부여하는 문제 일례로 '-고' 보문은 목적어라고 볼 수 없다. '-고' 보문에는 T11을 적용하여 목적어 표지 'OM'을 부여하고, 다시 T16을 적용하여 이 목적어 표지를 삭제한다(167쪽).

(34) 한은 내가 가라고 충고했다.

보문은 모두 명사구(NP)라고 가정했기 때문에 이러한 조처가 필요하게 된다. 그러나 이 예의 보문을 명사구라고 가정하는 것은 무의미한 일일 뿐이다.

9. 사동문 분석의 문제 사동접미사 '-이/히/리/기-'의 통사 범주를 동사(V)로 설정하고 있다. 그 어휘기재항의 내용은 '[+Causative, +Pro]'와 같이 표시된다(197쪽). 이들은 동사이고, 다른 동사들과 마찬가지로 명사구 상승, 외치 등의 변형규칙을 유발한다.

한국어의 형태통사론적 질서에 따르면 '-이/히/리/기-'는 결코 동사가 아니고, 동사의 일부를 이루는 파생접미사 형태소에 지나지 않는다. 양정석(1992, 1995/1997)에서는 한국어의 모든 동사(형용사 포함)들에 대한 생산성 검증을 실행한 바 있다. 그 결합 가능한 동사, 형용사의 수효는 전체 약 5만 개 중에서 1%도 되지 않는다. 더 중요한 것은, '-이/히/리/기-'가 결합 가능한 동사, 형용사 어간은 통사적으로나, 의미적으로나 자연군을 형성하지 않는다는 사실이다. 이는 상위절 동사 '[+Causative, +Pro]'에 '외치'되어 복합 동사를 형성할 수 있는 동사들의 조건을 특성화할 수 없다는 뜻이다.

10. **'-다-는'의 처리 문제** 이홍배(1970: 148)에서 예시한 다음 문장 중 '-다-는'의 처리는 또 하나의 문제를 제기한다.

(35) 컬럼버스가 지구가 둥글다는 것을 증명하였다.

이홍배(1970: 168)의 각주 9에는 평서법 문말어미 '-다'와 보문소 '것' 사이에 실현되는 이 '-는'의 문법적 지위를 알지 못한다고 실토하고 있다. 이론적 실행 방법을 구체적으로 지적하지 않더라도, 위 예의 '-다는'이 '-다고 하는'에서 '-고'와 '하-'가 생략된 표현이라는 점에 이론의 여지가 없다. 이홍배(1970)의 문법 체계 하에서는 종결어미와 관형사형어미를 모두 변형규칙을 통하여 도입해야 하는데, 이에 따르면 종결어미와 관형사형어미가 연속되는 (35)의 '-다는'을 생성할 방도가 없다. 특히 '것'을 명사 아닌 보문소로 가정해서는 이 문장을 생성할 수 없다.

남기심(1973)에서 이 문제점을 인식하고, 이에 대한 대안을 제시하고자 하였다. 그 결론은 '것'이 보문명사로서, 특별히 설정된 통사 범주 'S$_{comp}$'를 그 보문으로 취하는 기저구조에서 변형에 의해 '하는'이 삽입되고, 다시 '-고 하-'가 삭제되는 변형이 적용되어 (35)의 명사구 부분이 도출된다는 것이다.

(36) [$_{NP}$ [$_{Scomp}$ 컬럼버스가 지구가 둥글다고] [$_N$ 것]]
⇒('하는' 삽입 변형) [$_{NP}$ [$_{Scomp}$ 컬럼버스가 지구가 둥글다고]하는 [$_N$ 것]]
⇒('-고 하-' 삭제 변형) [$_{NP}$ [$_{Scomp}$ 컬럼버스가 지구가 둥글다는 [$_N$ 것]]

남기심(1973)의 이 대안도 결과적으로 오류임을 증명할 수 있다(3.3.4절 참조). '-고'가 삭제되고 '하-'가 다음으로 삭제되는 형태음운론 규칙의 작용으로 설명하는 것이 바른 해법이다. 어쨌든 이 예는 이홍배(1970)의 체계 내에서는 해결하기가 극히 곤란한 문제를 제기한다.

11. '생성의미론' 방법론의 본질적 문제 생성의미론자들이 표방하는 문법의 조직은 '의미구조=통사적 심층구조'와 같은 특징을 포함한다. 이 문법 안에 심층구조를 입력으로 적용되어 의미구조를 도출하는 '의미 해석 규칙'과 같은 것은 없다. 일례로 T14 규칙의 구조 기술은 의미구조에 근접하는 형식이다. 문제는 이 '의미구조'의 상위절에 해당하는 부분을 구 구조 규칙을 통하여 생성해야 하는데, 그 생성 절차에는 구 구조 규칙이 가지는 일반적 성격을 벗어나는 것들이 필연적으로 포함된다는 것이다.

3.3.3. 양인석(1972)의 한국어 생성문법

이 논문의 논점은 다음과 같다. 격조사를 포함하는 단순문의 생성, 보문, 관계절을 내포한 복합문의 생성을 중심으로 하는 한국어의 통사 현상들을 필모어(Fillmore 1968)의 '격문법 (Case Grammar)' 이론 모형에 입각하여, 구 구조 규칙('성분 구조 규칙')인 C1-C11, 변형규칙인 T1-T25 들, 이 밖에 형태음운론 규칙들과 어휘부의 정보들을 설정하여 설명해야 한다는 것이다.

구 구조 규칙

양인석(1972)에서 설정하는 구 구조 규칙의 첫 번째 규칙은 다음과 같다.

C1. S → P (PreM) M (Conj)

여기에서 'Conj'는 접속사(conjunction, conjunctor) 아닌 접속성분(접속항 Conjunct)으로 보아야 한다.[202] 그러므로 C1은 단순문, 내포문뿐 아니라 접속문까지도 생성하는 규칙이다.

C2. P → (A ∮ E ∮ I ∮ O ∮ SO ∮ G ∮ L ∮ T ∮ CO) V[203]
C3. PreM → (Adv ∮ Neg ∮ Hon)[204]

---

[202] 뒤의 C5 규칙에서도 'Conj'는 접속성분이다. 이 논문은 단순문, 보문 내포문, 관계절 내포문이 그 연구 범위이고, 접속문은 다루지 않는다.
[203] 겹친 소괄호의 표기법은 소괄호 안의 기호(여기에서는 심층격)가 하나 이상이 실현됨을 나타낸다. 보통의 소괄호 표기법으로 나타내면 하나도 실현되지 않는 경우를 용인하므로 이를 방지하기 위한 것이다.
[204] 'PreM'은 양상 요소 앞의 요소들(Pre-Modality)을, 'Adv'는 문장부사어를 나타낸다.

C4. $\begin{bmatrix} A \\ E \\ I \\ O \\ SO \\ G \\ L \\ T \\ CO \end{bmatrix} \rightarrow \left\{ \begin{bmatrix} A' \\ E' \\ I' \\ O' \\ SO' \\ G' \\ L' \\ T' \\ CO' \end{bmatrix} \right.$

$\left. \begin{bmatrix} A'[-Micro] & - & A[+Micro] \\ E'[-Micro] & - & E[+Micro] \\ I'[-Micro] & - & I[+Micro] \\ O'[-Micro] & - & O[+Micro] \\ SO'[-Micro] & - & SO[+Micro] \\ G'[-Micro] & - & G[+Micro] \\ L'[-Micro] & - & L[+Micro] \\ T'[-Micro] & - & T[+Micro] \\ CO'[-Micro] & - & CO[+Micro] \end{bmatrix} \right\}$

'A', 'E', 'I', … 등을 '심층격(deep case)'이라고 한다.[205] 필모어(1968), 양인석(1972)의 '격문법(Case Grammar)' 이론에서 말하는 '격(case)'은 심층격이다. 심층격은 위에서처럼 구 구조 규칙의 일부이니, 통사 범주로 상정된 것이다. 그런데 이와 같은 '생성의미론'적 이론의 기본 관점은 심층 통사구조와 의미구조를 동일한 것으로 보는 것이므로 이들 심층격은 의미 범주이기도 하다. 심층격들의 위 C2, C4에서와 같은 순서는 필모어의 여러 논문에서 제시하는 '주어 선택의 우선순위(hierarchy)'와 일치하는 것이다. 이러한 것은 통사구조와 의미구조의 논항들의 대응에 있어서의 규칙성을 기술하는 연결이론(theory of linking)의 초기적 발상을 보인다.

C5. $\begin{bmatrix} \{A', E', I', O', SO', G', L', T', CO'\} \\ Adv \\ Conj \end{bmatrix} \rightarrow \begin{bmatrix} NP - K \\ Adv' \\ Conj' \end{bmatrix} (X-\lim)(Y-\lim)(Z-\lim)$

▶여기의 'Conj'는 접속사 아닌 접속성분(접속항); 'Adv'는 부사구

C6. NP $\rightarrow \left\{ \begin{matrix} (S)\ (Spec)\ N\ (pl) \\ S\ -\ Comp \end{matrix} \right\}$

▶'Comp'는 보문소: V-Comp: -고, -어, -게 N-Comp: -기, -음, 것, -고, -는 것

이 규칙과 관련하여 "보문소는 의미 내용을 가지며, 상위절 동사에 의해 완전히 예측되지 않기 때문에 기저에서 도입한다."와 같이 지적하고 있다. 이는 이홍배(1970)과 대립되는 관점을 보이는 것이다. 보문소의 도입에 관한 한 양인석의 관점이 타당하다.

---

[205] 약호로 나타낸 심층격 범주들의 종류는 다음과 같다.
A: 행위자(Agent), E: 경험자(Experiencer), I: 도구(Instrument), O: 대상(Object),
SO: 시원(Source), G: 목표(Goal), L: 처소(Location), T: 시간(Time), CO: 여동(Comitative)

C7. M → Tns - (겠) - SL - Md - S-type

그는 다음과 같은 예들을 '이중 양상 현상(double modality phenomena)'라고 지칭하면서, 'Tns - (겠) - SL - Md - S-type' 부분이 겹으로 실현되는 복합문 구조로 설명한다. 특히 (4)-(7)의 괄호 안에 지적한 기초적인 분석의 오류를 포함하고 있다. 이 현상은 '-고'와 '하-'가 삭제되는 남기심(1973)에서의 형태음운론적 과정으로 설명하는 것이 가장 타당하다 (후술).

(1) 존이 김치를 먹는답니다.
(2) 존이 김치를 먹었단다.
(3) 존이 김치를 먹었다지?
(4) 존이 내가 메리가 김치를 먹었대. ('먹-었-다-어'로 잘못 분석)
(5) 빨리 오랬다. ('오-어라-었다'로 잘못 분석)
(6) 아버지, 어머니가 나에게 죽으란답니다. ('죽-어라-는-다-습-니-다'로 잘못 분석)[206]
(7) 아버지, 어머니가 나에게 죽으랍니다. ('죽-어라-습-니-다'로 잘못 분석)

또, (6)에서 동사 활용형의 중간에 있는 '양상'의 요소들 'ㄴ-다'가 삭제되어 (7)이 된다고 분석하였는데, 이는 분석 능력의 미숙을 보이는 것이다.

C8. Tns → $\begin{Bmatrix} Future \\ Present \\ Past\ (Past) \end{Bmatrix}$

'Present'는 어휘적으로 실현되지 않고 무형의 형태소(∅)로 실현된다고 본다. 송석중(1967)에서 그랬던 것처럼 '-는-'을 서법(직설법 indicative mood) 요소로 처리하였는데(cf. C10), 이는 오류이다. 이는 독립된 형태소로 분석할 수 없다. 또 송석중(1967), 이홍배(1970)에서처럼 '-었었-'을 두 과거시제 표지의 연속으로 분석한 것도 오류이다. '-었었-'은 단일 통사 단위, 단일 형태소로 분석해야 한다.[207]

---

[206] 또, 이 문장을 (7)과 같은 의미의 표현으로 잘못 파악하고 있다. 이 문장은 '아버지, 어머니가 나에게 죽으라고 한답니다.'에서 축약된 문장으로, '아버지, 어머니가 나에게 죽으라고 합니다.'에서 축약된 문장인 (7)과는 다른 의미를 표현한다.
[207] 이러한 시간요소들에 대한 처리는 3.2.3절 및 양정석(2008가)를 참고할 것.

C9. SL → $\begin{Bmatrix} Autho \\ Fol \\ Fal \\ Inti(1) \\ Inti(2) \\ Plain(=Neut) \end{Bmatrix}$

▶Autho: -오, Fol(formal): -다/까/오, Fal(familiar): -네/나/게/세, Inti(1): -어,
  Inti(2): -지, Plain: -다/야/니/어라/자

C10. Md → $\begin{Bmatrix} Indi \\ Retro \\ Acti \end{Bmatrix}$

▶Indi: -는/니-, Retro: -더-, Acti: -시-('가십시오/갑시다')

'가십시오/갑시다'의 주체높임 아닌 '시'를 통사 단위로 분석하는 것은 송석중(1967)의 선례를 따른 것으로 보인다. 그러나 송석중이 '가세'의 'ㅅ'을 이 통사 단위의 변이형으로 분석한 것과는 달리 양인석은 이를 더 분석하지 않고 '-세'를 청유법(Sugg)의 통사 단위로 본다. 이 점은 양인석의 판단이 타당하다.

C11. S-type → $\begin{Bmatrix} Stat \\ Ques \\ Comm \\ Sugg \end{Bmatrix}$

'S-type'은 다음 네 가지 하위범주의 요소들로 실현된다고 한다.

(8) 가. Stat → 다 ("갑니다.")   ▶ 이 외의 예로 '네/어/지/(는)다/오'
    나. Ques → 까 ("갑니까")   ▶ 이 외의 예로 '나/어/지/(는)야/오'
    다. Comm → 오 ("갑시오.") ▶ 이 외의 예로 '게/어/지/어라/오'
    라. Sugg → 다 ("갑시다.") ▶ 이 외의 예로 '세/어/지/자/오'

어휘부

동사의 어휘기재항의 예는 다음과 같다. 표준이론의 '하위범주화틀(subcategorization frame)'에 상응하는 '격틀(Case frame)'을 명시하는 것이 필모어의 격문법 모형을 따르는 양인석(1972)의 중요한 특징이다.

(9) 가. 때리- : +[A, (I), O, __]   나. 먹- : +[A, (I), O, __]
    다. 결심하- : +[A, [S]$_G$, __]   라. 달라- : +[O, [NP, S]$_L$, __]
    마. 지키- : +[A, O, [NP, S]$_T$, __] 바. 깨- : +[(A ⋎ I), O, __]

사. 좋- : +[E, O, ___]　　　　아. 높- : +[O, ___]

　한국어 격 표지들의 어휘기재항(lexical entry)은 다음과 같다. 상당수의 동음이의 형태소들을 포함하는 이 14개가 양인석(1970)에서 한국어의 격 표지로 설정하는 격 표지의 총목록이다.

(10) 가. -가: [+Nom], -를: [+Acc], -의: [+Gen]
　　나. -로: [+Inst], -로: [+Goal(2), -[+Anim] ___]
　　다. -에: [+Tim(1)], -에: [+Agt, -[+Anim] ___], -에: [+Exp, -[+Anim] ___],
　　　　-에: [+Goal(1), -[+Anim] ___], -에: [+Loc(1), -[+Anim] ___]
　　라. -에서: [+Source, -[+Anim] ___], -에서: [+Loc(2), -[+Anim] ___],
　　마. -와/하고: [+Com][208]
　　바. 동안: [+Tim(2)][209]

　격 표시의 절차는, 1)구 구조 규칙에 따라 기저에서 위 C5의 'K'가 도입되고, 2)변형규칙에 따라 이 'K'가 격 표지 명칭('+Nom', '+Acc', '+Inst' 등)으로 대체되고, 3)이것이 어휘 삽입 변형규칙에 따라 위 (10)의 어휘항목(격 표지)으로 실현되는 3단계의 절차로 이루어진다. 격 표지의 실현을 위한 어휘 삽입 변형규칙이 모든 변형규칙의 적용 후에 적용되는 것은 이 이론의 독특한 점이다.

　다음 (11)은 '-에게', '-한테'가 언제나 복합조사의 일부로만 실현되는 것으로 파악되고 있음을 보여준다.[210] '-에게', '-한테'는 각각 '-에게-에', '-한테-에'의 축약이며, '-에게서', '-한테서'는 각각 '-에게-에서', '-한테-에서'의 축약이다. (11)의 복합조사들이 실현되는 절차는, 먼저 위 1)의 구 구조 규칙과 2)의 변형규칙이 순서대로 적용되어 격 표지 명칭('Nom', 'Acc', 'Agt', 'Exp', 'Inst' 등)이 도입되면, [+Hum] 또는 [+Anim] 자질을 가진 NP에 'Agt, Exp, Source, Goal, Loc(1)'의 격 표지 명칭이 연결된 것을 근거로 둘 사이에 '-에게' 또는 '-한테'를 삽입하는 변형규칙(뒤의 T18)이 적용되는 것이다.

208　'자유 변이'라 지칭하여 '-와'와 '-하고'가 한 통사 단위의 변이형인 것으로 파악하고 있으나, 이는 잘못이다. '-와'와 '-하고'는 서로 다른 통사 단위로 보아야 한다.
209　'동안'을 격 표지의 하나로 설정한 것은 오류이다. '동안'은 격조사 앞에 실현되며 '공부하는 동안'처럼 관형어의 수식을 받으므로 명사임에 틀림없다.
210　다음 (11)의 복합조사들은 어휘부의 어휘항목으로 설정되지 않는다. 어휘부의 어휘항목으로 설정되는 격조사는 (10)의 14개가 모두이다. '-에게'와 '-한테'는 T18의 변형규칙에 의해 삽입된다.

(11) 가. -에게-에서: [+Source, -[-hum] __]
　　 나. -에게(-로): [+Goal(2), -[-hum] __]
　　 다. -에게(-에): [+Agt, -[-hum] __], -에게(-에): [+Exp, -[-hum] __],
　　　　 -에게(-에): [+Goal(1), -[-hum] __], -에게(-에): [+Loc(1),-[-hum] __]
　　 라. -한테-에서: [+Source, -[-Anim] __]
　　 마. -한테(-로): [+Goal(2), -[-Anim] __]
　　 바. -한테(-에): [+Agt, -[-Anim] __], -한테(-에): [+Exp, -[-Anim] __],
　　　　 -한테(-에): [+Goal(1),-[-Anim]__], -한테(-에): [+Loc(1),-[-Anim]__]

'-에', '-로', '-에서'는 각각 5개, 2개, 2개의 동음이의어로 다루어지고 있다. 이는 한국어의 격조사들이 의미격의 표면적 실현이라고 보는 양인석(1972)의 격문법 이론의 기본적 관점을 보이는 것이다. 그러나 기술된 현상은 변형규칙이라는 일반적 규칙으로 포착할 만큼 일반성을 가지는 현상이 아니라고 판단된다. 이는 양인석(1972)의 문제점의 하나로 지적되어야 한다.

순환 변형규칙

T1. 동일명사구 삭제(의무적)
　　 SD: $[NP_i + K]_C + W - [\ [NP_i + K]_C - X]_S + Comp + Y + V + Z$
　　　　　　 1　　　　　　　 2　　　　　　　　 3
　　 SC: 1, 2, 3 ⇒ 1, ∅, 3
　　 여기에서 Comp는 모든 V-Comp, -기-N-Comp, -음-N-Comp를 가리킴

T2. 관계화와 관계화에 대한 제약
　　 a. 관계화 변형규칙(의무적) (229쪽)
　　　　 SD: $H + [\ [\ [\ R - [NP_i + K]_C - U\ ]_S + W + N_i + X]_{NP} + Y\ ]_C + Z$
　　　　　　　　 1　　　　　 2　　　　　　　　　 3
　　　　 SC: 1, 2, 3 ⇒ 1, ∅, 3
　　 b. 유정 목표격, 유정 시원격의 관계화 저지(변형규칙) (262쪽)
　　　　 SD: $X - [\ NP_{[+Anim]} - \begin{Bmatrix} SO \\ G \end{Bmatrix}]_C + Y$
　　　　　　 1　　　 2　　　　　　　　　　 3
　　　　 SC: 1, 2, 3 ⇒ 1, 2　　　, 3
　　　　　　　　　　　　　 [-관계화]
　　 c. 무정 시원격의 관계화 저지(변형규칙) (263쪽)
　　　　 SD: X - SO - G + Y
　　　　　　 1　　 2　　　 3

SC: 1, 2, 3 ⇒ 1, 2　　　　, 3
　　　　　　　　　　　　[-관계화]
　d. 소규칙(minor rule)으로서의 여동격 관계화
　　SD: X - CO - Y + $\begin{Bmatrix} V[+reciprocal] \\ Adv[+reciprocal] \end{Bmatrix}$ + Z
　　　　1　　2　　　　　　3
　　SC: 1, 2, 3 ⇒ 1, 2　　　, 3
　　　　　　　　　　　　[+관계화]
　e. 여동격의 관계화 불가 제약
　　CO ⇒ [-관계화]

T3. 관계절을 위한 양상 요소 조정 변형 (239쪽)
　　SD: R + [[[U + NP$_j$ + W - V - Tns - X]$_S$ + NP$_j$]$_{NP}$ + Y] + Z
　　　　　　　　　　　　　　　　　　　　$\begin{bmatrix} a \\ b \\ c \\ d \\ e \end{bmatrix}$
　　　　　　1　　　　　　2　　　　3　　　　　　4
　　SC: 1, 2, 3, 4 ⇒ 1, 2 # [$\begin{bmatrix} 었-더-은 \\ 더-은 \\ 은을 \\ 는 \end{bmatrix}$]$_{Tns}$, 3, 4

여기에서 a = [+회상, -지속, +주절 시제의 이젠](→ -었던), b = [+회상, +지속, +주절 시제의 이젠](→ -던),　c = [-회상, -지속, +과거](→ -은), d = [-회상, -지속, +미래](→ -을), e = [-회상, {+현재, {일반진리, 습관, [지속, 주절 시제와 동시]}}](→ -는)

　보문내포문의 생성에서 중요한 역할을 하는 변형규칙으로 이홍배(1970)의 '외치'와 '명사구 상승'에 상응하는 '서술어 상승'과 '논항 상승'이 있다.

T4. 서술어 상승(의무적) (127쪽)
　　SD: X + [[Y - V]$_S$ + Comp]$_{NP}$ + K]$_C$ - V - Z
　　　　1　　　　2　　　3　　　4　5　　6
　　SC: 1, 2, 3, 4, 5, 6 → 1, ∅, ∅, ∅, [[2+3]$_{NP}$ + 4]$_C$ # 5, 6
　　여기에서 Comp는 V-Comp를 가리킴

　이는 이홍배(1970)의 '외치' 변형규칙에 상응하는 것이다. 다음 T5는 이홍배(1970)의 '명

사구 상승' 변형규칙에 상응하는 것이다.

T5. 논항 상승(의무적, 반복적) (128쪽)
SD: X - [Y - [NP + K]$_C$]$_S$ - V + Z
   1 2 3   4
SC: 1, 2, 3, Ø, 4 ⇒ 1, 2, Ø, 3, 4

이 '논항 상승'은 항상 '서술어 상승'(T4)이 적용된 후의 구조에 적용된다고 한다. 서술어 상승이 일어난 후 S 안의 서술어 위치를 'Ø'로 표시하고, 이것을 넘어 오른쪽의 'V + Z'의 앞으로 논항 '3'을 옮긴다는 것이 그의 의도이다. 그러나 이러한 변형규칙은 일반성이 없는, 매우 임시방편적(ad hoc)인 것이다. 무엇보다도, 구조 기술에 주어지지 않은 'Ø'가 구조 변화의 서술에 등장한다는 점에서, 이러한 변형규칙의 형식은 명시적이지 않다. 이는 관련 현상이 규칙성을 갖지 않음을 보이는 것이다.

다음에 제시하는 일련의 변형규칙은 선어말어미들과 어말어미들의 조정, 교체, 삭제를 위한 장치들이다.

T6. -기/음-N-Comp를 위한 양상 요소 조정 변형(의무적) (140쪽)
SD: R + [U - [V + W]$_V$ - Tns - X]$_S$ + Comp + Y + Tns + Z
$$\begin{bmatrix} Past \\ Past-Past \end{bmatrix} \qquad\qquad\qquad \begin{bmatrix} \begin{Bmatrix} Fut \\ Pres \end{Bmatrix} \\ Past \end{bmatrix}$$
      1   2   3   4
SC: 1, 2, 3, 4 ⇒ 1, 2 # 3, 3, 4
단, Comp가 기-N-Comp이거나 음-N-Comp일 때
EX. 가. 나는 존이 피지를 떠남이 슬프다.
  나. 나는 존이 피지를 떠남이 슬펐다.
  다. 나는 존이 피지를 떠났음이 슬프다.
  라. 나는 존이 피지를 떠났음이 슬펐다.

규칙 T6은 예로 든 문장들의 시제 형태를 예측하지 못한다. 특히 (라)를 잘못 예측한다. 이 규칙의 구조변화(SC)를 다음과 같이 수정해야 이 논문의 필자가 의도한 바를 나타낼 수 있다.

SC: 1, 2, 3, 4 ⇒ 1, 2 # $\begin{bmatrix} past \\ past \end{bmatrix}$, 3, 4

그러나 이렇게 수정한다고 해도 '-음' 보문, '-기' 보문의 시제 형태 실현의 사실을 완전히 예측하지는 못한다. 예를 들어, '나는 내가 존을 원망했었음이 뒤늦게 후회되었다'와 같은 문장이 적격한 사실을 예측하지 못한다. 또 '철수가 존이 피지를 떠났음이 슬펐겠다'는 적격한 문장인데, 이를 생성하지 못한다. '철수가 존이 피지를 떠남이 슬펐겠다'를 예측할 뿐이다. 이 논문의 생성의미론적 접근이 아닌, 근본적으로 다른 접근(해석의미론적 접근)이 필요하다(양정석 2008가, 나, 2011 참조).

T7. 것-N-Comp를 위한 양상 요소 조정 변형(의무적) (146쪽)
    SD: R + [U - [V + W]ᵥ - Tns   - X]ₛ + Comp + Y + Tns + Z
                              $\begin{bmatrix} \alpha\,Tns \\ \beta\,Tns \\ \gamma\,Tns \end{bmatrix}$ $[\alpha\,Tns]$
         1   2   3   4
    SC: 1, 2, 3, 4 ⇒ 1, 2 # [$\begin{matrix}는\\은\\을\end{matrix}$]ₜₙₛ, 3 , 4

    단, Comp가 것-N-Comp일 때.
       (α = 임의의 주어진 시제 β = α에 앞서는 시제 γ = α의 이후 시제)
       EX. 존가 메리-가 가**는** 것을 보았다. ⇐ 존-메리-가-**았**-다-것-보-**았**-다
T8. 것-N-Comp를 위한 '는→은' 교체 변형(의무적) (146쪽)
    SD: X + [Y +   V   + -는] - 것 + Z
                  $[+\begin{Bmatrix} Adj \\ Cop \end{Bmatrix}]$
             1   2   3
    SC: 1 , 2 , 3 ⇒ 1, -은 , 3
T9. 양상 요소 삭제 변형(의무적: 양상 요소 조정 변형(T6-T7) 이후에 적용됨)
    SD: X + [Y - M]ₛ - Z + M
         1   2   3
    SC: 1, 2, 3 ⇒ 1, ∅, 3
    (조건: 양상 요소는, 시제 요소를 제외하고는, 상위절 양상 요소와 비변별적이어야 한다)
       EX. 존이 존이 김치를 먹-었다-어 보-았다 ⇒ 존이 김치를 먹어 보았다

사동문은 긴 사동문(보조동사 사동문)과 짧은 사동문의 두 형식이 있다고 알려져 왔다. 짧은 사동문은 다시 '-이/히/리/기-' 접미사를 가지는 형식과 '-시카-'를 가지는 형식의 두

가지가 있는데, 이들을 긴 사동문에 상응하는 기저에서 T10의 변형을 통해 도출하는 것이 양인석(1972)의 처리 방안이다.

   T10. 어휘적 사동문 형성 변형(수의적)
      a. 접미사 사동문 형성 변형 (210쪽)
         SD: X - [[[$V_{[-Pro]}$ - -게$]_{NP}$ + K $]_O$ - 하-$_{[+Cause]}$ $]_V$ + W
              1   2   3   4   5
         SC: 1, 2, 3, 4, 5 ⇒ 1, 2 # [+Lex, +Cause], Ø, Ø, 5
         EX. 존이 메리에게 웃긴다/존이 메리를 웃긴다.
      b. -시키- 사동문 형성 변형 (213쪽)
         SD: X + [[[$V_{[+Stem]}$ - $\begin{Bmatrix} 하- \\ 되- \end{Bmatrix}$ [+Pro]} - -게$]_{NP}$ + K $]_O$ - 하-$_{[+Cause]}$ $]_V$ + W
              1   2   3   4   5
         SC: 1, 2, 3, 4, 5 ⇒ 1, Ø, Ø, 시키, 5
         EX. 존이 메리에게 공부를 시킨다/존이 메리를 공부를 시킨다.
   T11. 심리 구문 이동(Psych-Movement) (수의적) (173쪽)
      SD: [NP + K]$_E$ - [NP + K]$_O$ - X + V   + Y
                                                    $\begin{Bmatrix} [+self-judge] \\ [+semi-self-judge] \end{Bmatrix}$
                  1   2   3
      SC: 1, 2, 3 → 2, 1, 3
      여기에서 O가 V-Comp이어서는 안 된다.

T11 규칙은 자기판단 동사 또는 준자기판단 동사의 경험자격(E)인 'NP-K'를 대상격(O)인 'NP-K'와 뒤바꾸는 작용을 한다.

다음은 격 표시 변형규칙들이다. 앞에서 말한 것처럼, 격 표시의 통사적 과정은 1)구 구조 규칙에 따라 기저에서 'K'가 도입되고, 2)변형규칙에 따라 이 'K'가 격 표지 명칭(Nom, Acc, Inst 등)으로 대체되고, 3)어휘 삽입 변형에 따라 이것이 어휘항목(격 표지)으로 실현되는 3단계의 절차로 설명한다. 2)의 단계를 실행하는 것이 다음 변형규칙들이다.

   T12. 정규적 격 표시 변형(NCM: 의무적)
      a. 주격 표시 변형규칙(NCM-a)
         SD: [NP - K]$_C$ - X
              1   2   3

SC: 1, 2, 3 ⇒ 1, Nom, 3

EX. 철수**가** 뛴다/내**가** 인호가 싫다/철수**가** 인호를 좋아한다.

b. 비주격 표시 변형규칙(NCM-b)

$$SD: X + [\ NP - K\ ] \begin{bmatrix} A \\ E \\ I \\ O \\ SO \\ G \\ L \\ T \\ CO \end{bmatrix} - Y$$

$$1 2 3$$

$$SC: 1, 2, 3 \Rightarrow 1, \begin{bmatrix} Agt \\ Exp \\ Inst \\ Acc \\ Source \\ Goal \\ Loc \\ Tim \\ Com \end{bmatrix}, 3$$

EX. 철수가 인호**에게** 맞았다/혁신이 우리 회사**에** 필요하다/철수가 망치**로** 못을 박았다/철수가 빵**을** 먹는다/철수가 뉴욕**에서** 왔다/철수가 서울**에** 갔다/철수가 서울**에** 있다/철수가 10시**에** 왔다/철수가 인호**와** 싸운다.

'주어 선택의 원리'와 같은 것이 있어서 동사의 '격틀(Case frame)'을 바탕으로 특정 논항을 주어로 선택한다고 가정하고 있다.[211] T12-a는 이 원리에 따라 주어 명사구에 격 표지 명칭 'Nom'을 표시하는 기능을 가진다. 이 규칙의 구조 기술에 있는 'C'는 구 구조 규칙에 의해 도입되지 않은 잠정적 표시일 뿐이다. T12-b는 '주어 선택 원리'에 의해 주어가 선택된 다음에 나머지 심층격이 격 표지 명칭으로 실현됨을 규율하는 규칙이다. 결국 T12-a나 T12-b는 완결된 규칙이 아니다.

T14. 특수 격 표시 변형(SCM)

a. 자기판단/준자기판단 동사 구문을 위한 SCM(의무적): '대상' 심층격으로 말미암아 Acc가 부여된 것을 Nom으로 대체하기

$$SD: [NP + K]_E - [NP + Acc]_O - X + V \begin{Bmatrix} [+self-judge] \\ [+semi-self-judge] \end{Bmatrix} + Y$$

$$1 2 3$$

---

[211] '주어 선택의 원리'는 위에서 언급한 '주어 선택의 우선 순위(hierarchy)'를 바탕으로 작동하는 원리라고 생각되고 있으나, 그 구체적인 원리가 명시적으로 기술된 바는 없다. 양인석(1970)의 실제 설명에서는 위 (9)의 동사들의 격틀에서 맨 왼쪽에 있는 심층격이 주어가 되는 것으로 처리하고 있다.

SC: 1, 2, 3 ⇒ 1, Nom, 3

여기에서 O가 V-Comp이어서는 안 된다.

EX. 나에게 메리**가** 좋다.('메리'는 대상격 'O'이므로 T12-b에 따르면 'Acc(-를)'이 부여되어야 하나 이 변형규칙 T14-a에 따라 'Nom(-가)'이 부여됨.)

b. 존재동사 구문을 위한 SCM(의무적)

SD: [NP + K]$_L$ - [NP + K]$_O$ - X + V$_{[+Exist]}$ + Y
         1   2   3

SC: 1, 2, 3 ⇒ 1, Nom, 3

EX. 나에게 돈**이** 있다.

c. 것-N-Comp 구문을 위한 SCM(수의적): 내포절 서술어가 '이다'나 '형용사'가 아닐 때 Nom을 Acc로 바꿈.

SD: W + [[NP + Nom]$_C$ - X + V$_{[-Copula, -Adj]}$ + Y]$_S$ + Comp + Z
                 1   2   3

SC: 1, 2, 3 ⇒ 1, Acc, 3

여기에서 X는 내용이 비어있으면 안 되고(X must not be null), Comp는 것-N-Comp이어야 함

EX. 내가 존**을** 가는 것을 보았다.

d. 긴 사동문을 위한 SCM(수의적)

SD: [NP-K]$_A$ + [NP-Agt]$_A$ - X + 하$_{[+Cause]}$ + Y
         1   2   3

SC: 1, 2, 3 ⇒ 1, Nom, 3

EX. 존이 **메리[에게]** 웃게 한다 ⇒ 존이 **메리가** 웃게 한다

(이 규칙 말고 뒤의 '목적격 침투'(T16)가 적용되면 '존이 **메리를** 웃게 한다.'와 같은 형식이 도출된다.)

T15. 주격 무효화 변형(의무적) (132쪽)

SD: [NP + K]$_C$ - [NP - Nom]$_C$ - W+[X+V]$_V$ + Y
            1   2   3   4

SC: 1, 2, 3, 4 ⇒ 1, 2, K, 4

T15 규칙은 'Nom ⇒ K'와 같은 변화가 요점이다. 주관성 형용사 내포 구문 "나는 메리를 싫어한다."와 같은 문장의 '메리를'의 목적격 표시를 위한 작위적, 임시방편적 변형을 설정한 것이다. 이 문장의 전단계의 구조는 대략 "내가 내가 **메리가** 싫다-어-를 한다"와 같은 것이다. 이 구조는 기저구조에서 명사구 '메리'에 NCM-b가 적용되어 Acc, 다시 SCM-a가 적용되어 Nom을 받아 도출된 것이다. 이 구조에 '동일명사구 삭제(T1)'와 '서술어 상승(T4)'이

적용되고, 주격 표지가 부착된 상태로 '논항 상승(T5)'이 일어난 다음 주격 무효화 변형 T15가 적용되어 Nom이 지워지면 다시 T12(정규적 격 표시)가 적용되어 "나는 메리를 싫어한다."의 목적격 '메리를'이 실현된다고 하는 것이다.

T16. 목적격 침투 변형(수의적):

SD: X + NP - $\begin{Bmatrix} Agt \\ Exp \\ Source[-anim] \\ Goal[-anim] \\ Time(2) \end{Bmatrix}$ - Y

　　　　　1　　　　　2　　　　　3

SC: 1, 2, 3, ⇒ 1, Acc, 3

▶ 목적격 침투에 대한 제약:

a-1. SD: X + A + O + [NP - Goal]$_G$ + Y
　　　　　　　　　　　　　[+Anim]
　　　　　　　　　1　　　　2　　　3
　　SC: 1, 2, 3 ⇒ 1,　　2,　　3
　　　　　　　　　　[-Acc 침투]

a-2. [+V, +일방향이동] → [-Acc 침투]

b-1. SD: X + A + (O) + [NP - Source]$_{S}$ - Goal + Y
　　　　　　　　　　　　　[+Anim]
　　　　　　　　　1　　　　2　　　　3
　　SC: 1, 2, 3 ⇒ 1,　　2 ,　　3
　　　　　　　　　　[-Acc 침투]

b-2. [+V, +일방향이동] → [-Acc 침투]

다음은 상위절 동사가 [+자기판단]의 자질을 가질 때 'NP-Acc'의 격 표지 명칭을 'Nom'으로 바꾸는 변형규칙이다.

T17. 주격 침투 변형(수의적) (196쪽)

　　상위절 동사가 [+자기판단]을 가질 때 '[NP-Acc]$_C$'를 'Nom'으로 바꾸기

　　SD: U + [W + [NP-Acc]$_C$ - X]$_S$ + Comp + Y +　V　　　　+ Z
　　　　　　　　　　　　　　　　　　　　　　$\begin{Bmatrix} [+self-judge] \\ [+/-Easy] \end{Bmatrix}$

　　　　　　　1　　　　2　　　　　　　3

　　SC: 1, 2, 3 ⇒ 1, Nom, 3

단, Comp가 -고-V-Comp나 -기-N-Comp일 때
EX. 나는 망고를/가 먹고 싶다. 나는 피지에/를/가 가기가 싫다.
　　나는 망고를/가 먹기가 싫다.

여기에서 '-를'을 '-이'로 바꾸는 변형은 양인석(1972)에서 자주 보이는 임시방편적(ad hoc) 규칙으로서, 그의 문법 이론의 문제성을 드러내는 것이다.

다음은 [+사람] 또는 [+유정]의 자질을 가지는 명사구에 보통의 '-에, -로, …'의 실현을 위한 격 표지 명칭이 이어질 때 그 사이에 '-에게' 또는 '-한테'를 삽입하는 변형규칙이다.

T18. '-에게'와 '-한테' 삽입 변형규칙
   a. '-에게' 삽입 변형규칙
$$SD: X + [NP_{[+Hum]} - \begin{Bmatrix} Agt \\ Exp \\ Source \\ Goal \\ Loc(1) \end{Bmatrix}]_C - Y$$
          1   2   3
    SC: 1, Ø, 2, 3 ⇒ 1, -에게, 2, 3
   b. '-한테' 삽입 변형규칙
$$SD: X + [NP_{[+Anim]} - \begin{Bmatrix} Agt \\ Exp \\ Source \\ Goal \\ Loc(1) \end{Bmatrix}]_C - Y$$
          1   2   3
    SC: 1, Ø, 2, 3 ⇒ 1, -한테, 2, 3

T19. 대상/처소 순서 바꾸기(수의적)
    SD: $[NP + K]_O - [NP + K]_L - X + V_{[+Exist]} + Y$
           1   2   3
    SC: 1, 2, 3 ⇒ 2, 1, 3
    EX. 여기에 책이 있다.(⇐ 책이 여기에 있다.)

순환 이후 변형규칙

T20. 양상 요소 하강 변형규칙(의무적) (135쪽)
    SD: $[[Y - V]_P - M]_S$
         1 2   3
    SC: 1, 2, 3 ⇒ 1, 2 # 3, Ø
T21. 격 표지/한정사 순서 바꾸기 변형규칙(수의적)

SD: W + [NP + X - $\begin{Bmatrix} Nom \\ Acc \\ Inst \end{Bmatrix}$ - $\begin{Bmatrix} X-\lim \\ Y-\lim \\ Y-\lim \end{Bmatrix}$ - Y]$_C$ + Z

          1   2   3   4

SC: 1, 2, 3, 4 $\Rightarrow$ 1, 3, 2, 4

EX. 혁신만이 대안이다/우리는 빵만을 먹었다/빵만으로 아침을 대신했다.

T22. 한정사 앞의 격 표지 삭제 변형규칙(Affected Case Marker Deletion: 의적)

SD: W + [NP + X - $\begin{Bmatrix} Nom \\ Acc \end{Bmatrix}$ - $\begin{Bmatrix} X-\lim \\ Y-\lim \\ Z-\lim \end{Bmatrix}$ +Y]$_C$ + Z

          1   2   3

SC: 1, 2, 3 $\Rightarrow$ 1, Ø, 3

EX. 혁신만 요구된다/우리는 빵만 먹었다.

T23. 수의적 격 표지 삭제 변형규칙(수의적)[212]

SD: X - NP - $\begin{Bmatrix} Nom \\ Tim \\ Acc \end{Bmatrix}$ - Y

    1   2   3

SC: 1, 2, 3 $\Rightarrow$ 1, Ø, 3

EX. **철수** 서울에 갔다/철수가 **어제** 돌아왔다/철수가 **빵** 먹었다.

T24. 뒤섞기 변형 (109쪽)

SD: Q - [NP + R + K + U]$_C$ - W - [NP + X + K + Y]$_C$ - ... M

    1   2   3   4   5

SC: 1, 2, 3, 4, 5, 6 $\Rightarrow$ $\begin{Bmatrix} 1,2,3,6,5,4 \\ 1,4,3,2,5,6 \\ 1,4,3,6,5,2 \\ 1,6,3,4,5,2 \\ 1,6,3,2,5,4 \end{Bmatrix}$

단, 2와 4의 K가 동일 격 표지가 아니어야 함.

EX. 어제 철수가 12시에 햄버거를 천천히 먹었다/어제 철수가 12시에 먹었다 천천히 햄버거를/어제 햄버거를 12시에 철수가 천천히 먹었다/…

T25. 합성동사에서의 자질 동화 변형규칙(의무적) (122쪽)

SD: U - [W - V - X]$_S$ + Y - V - Z

          [αF$_X$]   [-αF$_X$]

    1   2   3   4   5

SC: 1, 2, 3, 4, 5 $\Rightarrow$ 1, 2 , 3, 4, 5

                    [-αF$_X$]

---

[212] T16(목적격 침투)에 의해 도입된 Acc(예: "서울을 갔다")도 이 규칙에 의해 삭제될 수 있다.

보조동사 구성 '당해(를) 보다'에서 '당하-'는 [+주어에게 불리함]과 같은 의미론적 자질을 가지는 반면 보조동사 '보-'는 [-주어에게 불리함]의 자질을 가져서, 하위절 동사의 자질이 상위절 동사와 반대된다. 이런 경우 하위절 동사의 자질을 상위절 동사의 자질 [-주어에게 불리함]로 바꾸는 작용을 하는 것이 위 변형규칙이다.

이 논문에서도 변형규칙들의 적용 순서가 주어져 있다고 가정한다. 이 논문에서 지적한 일부만을 들면 다음과 같다(136쪽).

(12) 변형규칙들의 적용 순서(일부)
동일 명사구 삭제 < 양상 요소 조정 < 양상 요소 삭제 < 서술어 상승 < 논항 상승 < 주격 무효화 < 정규 격 표시 변형 < 양상 요소 하강

형태음운론 규칙들

양인석(1972)에서도 형태음운론 규칙들을 몇 가지 제시하고 있다.

(13) 로 → 으로 / 자음(ㄹ 제외)] ___

'-로'를 기본형으로 하여 '으' 삽입 규칙으로 기술하고 있으나, 이 규칙은 '으'로 시작되는 어미와 조사가 선행 요소 말음이 [+모음성]일 때 '으'를 탈락시키는, 보다 일반적인 규칙으로 다시 기술되어야 한다(2.1.5절 참조).

(14) 가 → 이 / 자음 ___
(15) 를 → 을 / 자음 ___
(16) 와 → 과 / 자음 ___

'-와'와 '-하고'는 서로 '자유변이'하는 요소들이라고 파악하고 있다. 이는 잘못된 인식이다. '-하고'는 구어체의 요소로서, 격식체의 글에서는 쓰이지 못한다. 이런 것은 결코 자유변이로 설명할 수 없다. 서로 다른 어휘적 요소로 기술해야 한다.

양인석(1972) 비판

1. **격조사와 보조사의 처리에 관한 문제** 격조사와 보조사의 실현과 관련하여 문법이 설명해야 할 문제는 ①서로 다른 격조사들의 도입, ②부사격조사가 목적격조사 또는 주격조사로

교체되는 현상의 설명, ③격조사 생략 현상의 설명(보조사 앞에서 생략되거나 보조사와 상관 없이 수의적으로 생략되는 현상), ④보조사가 둘 이상 실현되는 현상, 이들 간의 순서에 대한 설명, ⑤격조사와 보조사의 순서에 대한 설명 등이다.

① 서로 다른 격조사들의 도입

앞에서 설명한 것처럼, 통사적 과정으로서의 격 표시의 절차는 i)구 구조 규칙에 따라 기저에서 위 C5의 'K'가 도입되고(A → A' → NP-K), ii)변형규칙에 따라 이 'K'가 격 표지 명칭('Nom', 'Acc', 'Inst' 등)으로 대체되고, iii)어휘 삽입 변형규칙에 따라 이것과 부합하는 어휘부의 어휘항목이 선택·실현되는 3단계의 절차로 이루어진다. 이 절차에 따라 도출된 표면구조에는 '-가', '-를', '-로', '-와' 등이 기본형태로 표시되어 있고, 이를 바탕으로 형태음운론 규칙(MPR)들이 적용되어 '-이', '-을', '-으로', '-과' 등의 변이형태가 실현되는 것이다.

i)의 단계에서는 서로 다른 격조사들이 구별되어 실현되지 않는다. ii)의 단계의 기본적인 작용은 두 개로 이루어진 T12의 정규 격 표시 변형(NCM-a와 NCM-b)에 의해서 이루어지고, 이 결과를 구조기술(SD)로 삼아 여러 가지 보조적인 변형규칙들이 적용되어, 구조적 조건에 따른 다양한 격 표지 명칭들이 표시된다. NCM-a와 NCM-b의 적용에 따라 얻어지는 문장의 예는 각각 (17가)와 (17나)이다.[213]

(17) 가. 철수**가** 뛴다/내**가** 인호가 싫다/철수**가** 인호를 좋아한다.
   나. 철수가 인호**에게** 맞았다/혁신이 우리 회사**에** 필요하다/철수가 망치**로** 못을 박았다/철수가 빵**을** 먹는다/철수가 뉴욕**에서** 왔다/철수가 서울**에** 갔다/철수가 서울**에** 있다/철수가 10시**에** 왔다/철수가 인호**와** 싸운다.

'좋다, 싫다' 등의 주관성 형용사 구문의 격 실현 절차는 다소 복잡하다. (18가)의 '메리가'는 주관성 형용사 구문을 위한 특수 격 표시 변형 SCM-a에 따라 주격(Nom)이 된다. '나에게'는 '나-에게-에'의 실현인데, 경험자격 표지 명칭 'Exp'에 따라 '-에'가 먼저 실현되고(NCM-b), 이후에 T18-a가 적용되어 실현된 것이다. (18나)의 '내가'는 이러한 절차가 행해지기 이전에 NCM-a가 적용되어 얻어진 형식이다. 존재동사 구문 (19)에서도 '돈이'는 특수

---

[213] (17나)의 첫 문장 "철수가 인호에게 맞았다."의 '인호에게'는 NCM-b에 의해 행위자격의 '인호-Agt'가 표시되는데, 여기에 다시 T18a가 적용되어 '인호-에게-Agt ⇒ 인호-에게-에 ⇒ 인호에게'로 실현되는 것이다.

격 표시 변형(여기에서는 SCM-b)이 적용되어 주격으로 실현된 것이다. (19나)의 주격 '내가'는 (18나)의 주격 '내가'와 같은 방법으로 얻어진다.

(18) 가. 나에게 메리가 좋다. ⇐ 나-에게-에 메리가 좋다.
　　 나. 내가 메리가 좋다.
(19) 가. 나에게 돈이 있다.
　　 나. 내가 돈이 있다.

다음 문장들도 특별한 구문 구조에 근거해서 변형규칙이 적용되어 격이 표시되는 경우이다. (20)은 SCM-c, (21)은 SCM-d에 따라 특별히 목적격, 주격이 표시된다.

(20) 내가 존**을** 가는 것을 보았다.(⇐ 내가 존**이** 가는 것을 보았다.)
(21) 존이 **메리가** 웃게 한다. (⇐ 존이 **메리[에게]** 웃게 한다.)[214]

보문을 내포한 복합문 구조로 분석하는 다음 문장의 '-를'이 실현되는 절차도 복잡하다. 서술어 상승, 논항 상승이 적용된 다음, 특수 격 표시 SCM-a(T14)에 의해 표시되었던 'Nom'이 T15에 의해 무효화되는 특별한 단계를 포함한다. 이 다음에 다시 NCM-b에 의해 목적격 'Acc'가 표시된다.

(22) 나는 **메리를** 싫어한다. (⇐ 나 나 메리 싫다-어 하-ㄴ-다)

전체적으로 격조사의 실현 방법이 매우 구문 특정적, 임시방편적이라고 평가할 수 있다.

② 격조사 교체 현상의 설명

서로 다른 격 표지가 표시되어도 문장의 진리조건적 의미는 달라지지 않는 격조사 교체 현상의 대표적인 예는 다양한 격이 목적격으로 교체되는 예들이다. 다양한 격을 목적격으로 교체하는 변형규칙이 T16의 '목적격 침투 변형'이다. 다음 문장들이 다양한 '목적격 침투'의 예이다.

---

[214] 이 구조에 T16(목적격 침투)가 적용되면 "존이 **메리를** 웃게 한다."가 도출된다.

(23) 가. 존이 **메리를** 웃게 한다. (⇐ 존이 **메리[에게]**$_{Agt}$ 웃게 한다.)
　　나. 철수가 **나를** 실망시켰다. (⇐ 철수가 **나[에게]**$_{Exp}$ 실망 하게 하-었-다.)
　　다. 존이 **서울을** 떠났다. (⇐ 존이 **서울에서** 떠났다.)
　　라. 존이 **학교를** 갔다. (⇐ 존이 **학교에/학교로** 갔다.)
　　마. 존이 **세 시간을** 잤다. (⇐ 존이 **세 시간 동안** 잤다.)

이 외에 목적격을 주격으로 교체시키는 '주격 침투 변형규칙'을 더 설정한다. 이는 '싶다'나 '싫다'와 같은 주관성 형용사, '쉽다/어렵다'와 같은 특별한 형용사를 상위절 서술어로 가지는 내포문에서만 적용된다.

(24) 가. 나는 **망고가** 먹고 싶다. (⇐ 나는 **망고를** 먹고 싶다.)
　　나. 나는 **망고가** 먹기가 싫다. (⇐ 나는 **망고를** 먹기가 싫다.)
　　다. 나는 **피지가** 가기가 싫다. (⇐ 나는 **피지를** 가기가 싫다. ⇐ 나는 **피지에** 가기가 싫다.)
　　라. 나는 **그 책이** 읽기가 쉽다. (⇐ 나는 **그 책을** 읽기가 쉽다.)

(20), (21), (22)와 같이 '목적격 침투'나 '주격 침투' 변형 외의 변형규칙들을 통해 격조사 교체 현상을 설명하기도 한다는 것을 지적해 두어야 하겠다.

③ 격조사 생략 현상의 설명

격조사 생략 현상을 설명하는 변형규칙을 두 가지를 설정하고 있다. 하나는 보조사('한정사') 앞의 격 표지 명칭 'Nom'이나 'Acc'를 삭제하는 T22 규칙인데, 이는 의무적 변형규칙이다. 다른 하나는 'Nom'이나 'Acc'나 'Tim'을 수의적으로 삭제하는 변형규칙인 T23이다. T22의 적용례는 (25)와 같고, T23의 적용례는 (26)과 같다.

(25) 가. 철수도 왔다. (⇐ 철수-Nom-도 왔다.)
　　나. 철수가 빵도 먹었다. (⇐ 철수가 빵-Acc-도 먹었다.)
(26) 가. 철수 왔다. (⇐ 철수[가]$_{Nom}$ 왔다.)
　　나. 철수는 너 사랑한다. (⇐ 철수는 너[를]$_{Acc}$ 사랑한다.)
　　다. 철수가 26일 왔다. (⇐ 철수가 26일[에]$_{Tim}$ 왔다.)
　　라. 비가 세 시간 왔다. (⇐ 비가 세 시간 [동안]$_{Tim}$ 왔다.)

④ 보조사가 둘 이상 실현되는 현상, 이들 간의 순서

보조사는 '한정사(delimiter)'란 명칭으로 다루어지고 있다. 한정사의 세 가지 하위 부류를 다음과 같이 나누고 있다.[215] 이들 한정사는 구 구조 규칙 C5에 의해 도입된다. C5에 따라 이들이 한 개 이상, 세 개까지, 수의적으로 실현되며, 일정한 순서를 가지고 실현된다.

(27) X-lim: -마저, -마다, -까지, -부터
    Y-lim: -만, -밖에
    Z-lim: -는, -도, -야, -나, -라도

이 세 종류의 보조사들을 바탕으로 C5의 적용에 따라 도출 가능한 보조사들의 결합을 모두 제시해 보면 다음과 같다. 필자의 판단에 따른 부적격한 결합은 '*' 표시를 하였다.

(28) *-마저만, *-마저밖에, *-마저는, -마저도, *-마저야, *-마저나, *-마저라도, *-마저만은, *-마저만도, *-마저만이야, *-마저만이나, *-마저만이라도, *-마저밖에는, *-마저밖에도, *-마저밖에야, *-마저밖에나, *-마저밖에라도, *-마다만, *-마다밖에, *-마다는, *-마다도, *-마다야, *-마다나, *-마다라도, *-마다만은, *-마다만도, *-마다만이야, *-마다만이나, *-마다만이라도, *-마다밖에는, *-마다밖에도, *-마다밖에야, *-마다밖에나, *-마다밖에라도, -까지만, *-까지밖에, -까지는, -까지도, -까지야, -까지나, -까지라도, -까지만은, *-까지만도, *-까지만이야, *-까지만이나, -까지만이라도, *-까지밖에는, *-까지밖에도, *-까지밖에야, *-까지밖에나, *-까지밖에라도, *-부터만, *-부터밖에, -부터는, *-부터도, *-부터야, *-부터나, *-부터라도, *-부터만은, *-부터만도, *-부터만이야, *-부터만이나, *-부터만이라도, *-부터밖에는, *-부터밖에도, *-부터밖에야, *-부터밖에나, *-부터밖에라도, -만은, ?-만도, -만이야, *-만이나, -만이라도, -밖에는, *-밖에도, *-밖에야, *-밖에라도

(28)은 C5 규칙에 의해 도출 가능한 보조사들의 결합을 든 것이다. 이들 중 실제 사용 가능한 결합만을 다시 들어 보면 다음 14개에 불과하다.

(29) -마저도, -까지만, -까지는, -까지도, -까지야, -까지나, -까지만은, -까지만이라도, -부터는, -만은, ?-만도, -만이야, -만이라도, -밖에는

이들을 C5와 같은 구 구조 규칙을 통하여 생성하기보다는 (27)의 11개 보조사들을 바탕으로 만들어지는 합성어로 간주하는 것이 더 간결한 처리 방법이다.

---

[215] (27)은 양인석(1972: 59)에 제시된 것이다.

⑤ 격조사와 보조사의 결합, 이들 간의 순서

기본적으로는 격조사가 보조사에 앞서는데 특별한 경우 보조사가 격조사를 앞서기도 한다는 것이 양인석(1972)의 관찰이다. 기본적인 순서는 C5가 정해 준다. 보조사가 격조사를 앞서는 경우는 (30)의 예를 확인할 수 있다. 이들의 경우 수의적 규칙인 T21이 적용되어 도출된다고 한다.

(30) 가. 혁신만이 대안이다.
 나. 우리는 빵만을 먹었다.
 다. 나는 빵만으로 아침을 대신했다.
 라. 너부터가 잘못 생각했다.
 마. 이탈하는 사람까지를 고려해야 한다.

T21. 격 표지/한정사 순서 바꾸기 변형규칙(수의적)

$$\text{SD: W + [NP + X - } \begin{bmatrix} \begin{Bmatrix} Nom \\ Acc \\ Inst \end{Bmatrix} - \begin{Bmatrix} X-\lim \\ Y-\lim \\ Y-\lim \end{Bmatrix} \end{bmatrix} \text{ - Y]}_C \text{ + Z}$$

    　　　　1　　　　　2　　　　　3　　　　　4

SC: 1, 2, 3, 4 ⇒ 1, 3, 2, 4

그런데 T21의 구조기술로 명시된 이 변형규칙의 조건은 정확하지 않다. 우선, Y-lim에는 '-만'과 함께 '-까지'가 포함되는데, '-까지'는 (30다)와 같은 형식을 갖지 않는다. 또한, 주격과 목적격 표지가 X-lim과 Y-lim 뒤로 옮길 수 있다고 규정하고 있지만, X-lim 중에서 '-마저, -마다'를 제외한 '-부터, -까지'일 때에만(30라, 마), Y-lim 중에서 '-밖에'를 제외한 '-만'일 때에만(30가, 나) 주격, 목적격 표지가 보조사 뒤로 옮겨갈 수 있다.

(31) 가. *망치가 없어서 돌멩이까지로 못을 박았다.
 나. 망치가 없어서 돌멩이로까지 못을 박았다.
(32) 가. 철수마저/*철수마저가 너를 배신했느냐?
 나. 그가 너마저/*너마저를 배신했느냐?
 다. 사람마다/*사람마다가 꽃을 들고 있다.
 라. 만나는 사람마다/*사람마다를 손을 잡았다.
(33) 가. 냉장고에는 감자밖에/*감자밖에가 남아 있지 않았다.
 나. 우리는 감자밖에/*감자밖에를 먹지 못했다.

수의적 변형규칙인 T21은 '*' 표시된 비문법적 문장들을 문법적 문장으로 잘못 예측한다. 즉, T21을 포함하는 양인석(1972)의 문법은 '건전성 요건'을 위배한다.

정밀히 관찰해 보면, 보조사가 격조사를 앞서는 경우는 보조사가 '-만, -부터, -까지'일 때뿐이다. '-만'은 '-가, -를, -로' 앞에 실현될 수 있고 '-부터, -까지'는 '-가, -를' 앞에만 실현될 수 있다. 특히 부사격조사를 앞서는 것은 '-만'뿐이고, 이 경우 부사격조사는 '-로'로 제한된다. 더구나 '-로'도 방향/경로의 '-로' 아닌 재료의 '-로'일 때에만 (34가)처럼 '-만'의 뒤에 실현될 수 있다.

(34) 가. 빵만으로 살 수 없다/*빵으로만 살 수 없다.
나. *남쪽만으로/남쪽으로만 걸어갔다. cf. 남쪽만을 향해서 걸어갔다.
다. 사람들이 *도시만에/도시에만 몰려 산다.
라. *철수만에게/철수에게만 선물을 주었다.

'-만'의 분포에 관한 사실들을 정확하게 포착하기 위해서는 재료의 '-만으로'를 단일한 복합 조사로 설정하는 것이 필요하다.

양인석(1972)의 격에 관한 이론을 검토해 보면, 격 표지들이 수많은 동음이의어를 가지는 어휘항목들로 따로 설정되어 있는 것에 더해, 수많은 격 표시 변형이 복잡하게, 그리고 임시방편적(ad hoc)으로 기술되어 있다는 것을 알 수 있다. 이에 대한 온당한 대안은 한국어의 부사격조사를 '후치사'로 설정하여 어휘부의 독립된 어휘항목으로 기재하는 것이다. '-이/가'와 '-을/를'은 보조사들과 계열적으로 대립하는 특징을 가지므로 보조사들과 한 범주로 묶을 수 있다. 이 범주를 'D'라고 지칭하기로 한다. 이러한 것이 양정석(2002, 2010)에서 필자가 전개한 설명 방안이다. 다음은 이 방안에 따른 보조사와 후치사의 간략한 어휘부 기술이다. 각 요소의 잠정적인 의미 자질을 덧붙였다. 양정석(2002, 2010)에 따라 무형의 형태소인 보조사 'Ø'를 설정한다.[216]

(35) 보조사
가. -이: D, [-피작용성, +지정]   나. -를: D, [+피작용성, +지정]
다. -의: D, [+소유]   라. Ø : D, [-지정]
마. -는: D, [+화제/+대조 화제]   -만: D, [+유독, +초점]

---

216 뒤의 4.2절에서 이들을 종합한 처리 방안을 제시한다.

-까지¹: D, [+잔여항 추가, +초점]   -도: D, [+역동, +초점]
-조차: D, [+추가, +초점]   -이라도: D, [+잔여항 추가, +초점]
-이야: D, [+적극적 잔여항 제시, +초점]   -이나¹: D, [+잔여항 제시, +초점]
-이나²: D, [+수량, +기대를 넘어섬, +초점]   -마다: D, [+보편양화, +초점]
-밖에: D, [+부정극어, +초점]   -부터¹: D, [+첫째 고려 항목, +초점]

(36) 복합 보조사
  가. -만이: D, [+유독, -피작용성, +지정, +초점]
  나. -만을: D, [+유독, +피작용성, +지정, +초점]
  다. -만의: D, [+유독, +소유, +초점]
  라. -만은: D, [+유독, +대조 화제, +초점]
  마. 이 밖에 '-마저도, -까지만, -까지는, -까지도, -까지야, -까지나, -까지만은, -까지만이라도, -부터는, -만은, ?-만도, -만이야, -만이라도, -밖에는'도 복합 보조사로 처리함.

(37) 후치사
  가. -로: P, [+Goal]   나. -에: P, [+Loc]
  다. -에서: P, [+Loc, +Source]   라. -와: P, [+대칭]
  마. -에게: P, [+Loc, +Human]   바. -한테: P, [+Loc, +Animate]
  사. -부터²: P, [+Source]   아. -까지²: P, [+Goal]

(38) 복합 후치사
  가. -에게서: P, [+Source, +Human]   나. -에게로: P, [+Goal, +Human]
  다. -한테서: P, [+Source, +Animate]   라. -한테로: P, [+Goal, +Animate]
  마. -만으로: P, [+재료, -Animate]

각 보조사, 후치사의 다른 의미적 용법은 위와 같이 어휘기재항에 주어진 의미 자질을 바탕으로 어휘적 의미 전이 규칙이 적용되어 실현되는 것으로 설명할 수 있다.

(35)-(38)의 어휘부 기술을 가정하고 다음 구 구조 규칙을 하나 더하면 한국어의 모든 후치사, 보조사의 실현을 설명할 수 있다.

(39) P → P D

이러한 방안은 위에 요약한 양인석(1972)의 문법보다 간결한 방안이다. 위에서 설정되었던 변형규칙들 T18-a와 T18-b, T21, T22, T23은 모두 폐기할 수 있다.

2. 격 중출 구문의 처리 격 중출 구문은 구 구조 규칙 C4를 중심으로 하여 설명한다. 양인석(1972)의 격 중출 구문에 관한 이론을 흔히 '대소관계설'이라고 지칭하는 것에서 드러나는

것처럼, 동일 격을 가지고 중출되는 두 구성성분이 같은 심층격을 가지고 '전체-부분' 등의 의미적 관계를 가진다고 상정하는 것이 그의 설명의 특징이다.

그는 동일한 격이 중출되는 경우의 두 구성성분이 의미적으로 대소 관계(macro-micro relation)를 가진다고 보고 그 유형을 다음과 같이 5가지로 나누고 있다. 그가 제시한 예문들을 보이기로 한다.

① 전체(whole)/부분(part)
존이 머리가 아프다/저 무지개가 색이 곱다/코끼리가 코가 길다/이 시계가 줄이 멋있다(주격 표지); 존이 쥐를 꼬리를 잡았다(목적격 표지); 메리가 차로 범퍼로 전주를 받았다(도구격 표지); 메리가 집에서 방에서 공부했다(처소격 표지); 메리가 작년에 가을에 시집갔다(시간격 표지)

② 부류(class)/성원(member)
티브이가 제니스가 튼튼하다/시계가 엘진이 비싸다/노래가 아리랑이 좋다/비행기가 747이 크다(주격 표지); 사람들이 숫자를 칠을 좋아한다(목적격 표지); 이 캥거루가 남쪽에서 오스트레일리아에서 왔다(시원격 표지)

③ 유형(type)/징표(token)
해가 뜨는 해가 멋있다/개가 짖는 개가 아니 무섭다/고추가 작은 것이 맵다/사랑이 짝사랑이 슬프다(주격 표지); 메리가 문제를 어려운 문제를 잘 푼다(목적격 표지); 존이 아이에게 착한 아이에게 성경을 가르쳤다(경험자격 표지); 메리가 어른하고 점잖은 어른하고 수영했다(여동격 표지)

④ 총체(total)/수량(quant)
땅이 백 평이 팔렸다/돈이 일 불이 나에게 필요하다/말이 두 마리가 달린다/연필이 한 타스가 버렸다(주격 표지); 존이 사과를 두 상자를 샀다(목적격 표지); 사자가 호랑이한테 두 마리한테 갔다(목표격 표지)

⑤ 피영향자(affected)/영향자(affector)
내가 아버지가 아픕니다/존이 딸이 결혼합니다/이 클라스가 선생님이 결근했습니다(주격 표지); 해리가 학생을 아버지를 꾸짖었다(목적격 표지)

다음과 같은 3중 이상의 격 중출 문장들도 그의 이론에 따라 모두 생성될 수 있다고 한다.

(40) 메리가 얼굴이 코가 오른쪽이 예쁘다/돈이 현금이 만 불이 나에게 필요하다(주격); 존이 메리를 얼굴을 코를 만졌다/존이 돈을 현금을 만 불을 벌었다(목적격)

양인석(1972: 46쪽 이후)은 관형어('NP-의')와 그 피수식항이 표면구조에서 분리된 주격의 성분으로 변형된다고 설명하는 송석중(1967) 등의 '관형격 기저설'을 비판하고, 위와 같은 '대소관계설'을 전개하였다. '-의'를 가진 문장과 이중주어문이 의미가 다르며, 기저구조 대응 문장은 가능하지만 표면구조 대응 문장은 불가능한 경우, 표면구조 대응 문장은 가능하지만 기저구조 대응 문장은 불가능한 경우((41)-(43)) 등을 반례로 들고 있다. 목적격 중출의 (44)는 두 문장의 의미가 같지 않다. 그러므로 각각의 (나) 문장을 'NP-의 NP' 형식의 구조를 바탕으로 변형을 통해 도출하는 방안은 타당하지 않다.

(41) 가. *티브이의 제니스가 튼튼하다.
　　　나. 티브이가 제니스가 튼튼하다.
(42) 가. *해의 뜨는 해가 멋있다.
　　　나. 해가 뜨는 해가 멋있다.
(43) 가. *돈의 일불이 나에게 필요하다.
　　　나. 돈이 일불이 나에게 필요하다.
(44) 가. 해리가 존의 와이프를 꾸짖었다.
　　　나. 해리가 존을 와이프를 꾸짖었다.

위 예들은 관형격 기저설에 대한 유효한 반례가 된다고 판단한다.[217] 그러나 양인석(1972)의 대소관계설도 이중주어문, 격 중출 구문에 대한 바람직한 설명 방안이라고 할 수 없다. 그의 대소관계설은 동일한 격을 가지는 두 명사항이 (45)와 같이 단일한 구성성분을 형성한다는 가정에 바탕을 두고 있다.[218] (46가, 나)는 이 가정에 대한 결정적인 반례가 된다. 단일한 구성성분인 명사구 내에 '이상하게도'와 같은 부사어가 개재되는 것은 불가능하므로 '철수가 머리가'는 단일한 구성성분이 아님이 증명된다(46가). '철수가 머리가'가 단일한 구성성분으로서의 명사구라면 분열문의 초점 위치에 서는 것이 불가능할 까닭이 없는데, (46나)는 부적격하므로, 이 역시 '철수가 머리가'가 단일한 구성성분이 아님을 증명한다.

---

[217] 그러나 엄밀하게 말하면 (41)-(43)은, 주격 중출문이 몇 가지 서로 다른 통사구조의 구문들로 나누어지는 양정석(1987)과 같은 관찰 하에서는, 주격 중출문의 일부 구문 유형에 대해서만 관형격 기저설의 반례가 될 뿐이다. 가령 '①전체/부분 관계'를 가지는 주격 중출문에 한정해서 '관형격 기저설'의 설명 방안을 전개할 가능성은 여전히 남는다. 3.4.5절에서는 원리매개변인 이론 하에서 이러한 가능성을 추구하는 논의(최현숙 1988)를 비판한다.
[218] 'O'는 심층으로서의 대상(Object)을 나타내는데, 양인석(1972)의 이론에서는 구 구조 규칙에 의해 도입되는 정식 통사 범주의 하나이다.

(45) 가. 철수가 머리가 아팠다.
　　 나. [₀ [₀' [NP 철수][K 가]] [₀ [₀' [NP 머리][K 가]]]] 아팠다.
(46) 가. 철수가 이상하게도 머리가 아팠다.
　　 나. *아픈 것은 철수가 머리가이다/였다.

3. 보문 구조 처리상의 문제들 양인석(1972가)에 이르러 한국어 복합문 구조에 대한 관점이 대체로 다음과 같이 정리된다. 접속문에 대한 처리는 양인석의 다른 논문 양인석(1972나)에서 제안하고 있다.

(47) 복합문 ─┬─ 내포문 ─┬─ 보문내포문
　　　　　　 │　　　　　 └─ 관계절내포문
　　　　　　 └─ 접속문

보문내포문의 예로는 보조동사 구문과 심리동사 구문을 들고 있다. 이들을 보문소의 종류에 따라 나누면 다음과 같다. 보문소는 동사가 선택하는 것으로 보고 있다.

(48) 가. '-고' 보문소를 취하는 동사: 싶-, 있-, 말-
　　 나. '-어' 보문소를 취하는 동사: 보-, 나-, 지-, 주-, 버리-, 싸-, 가-, 오-, 하-('대동사'라고 함), 피동의 '지-'
　　 다. '-게' 보문소를 취하는 동사: 되-, 하-¹(시킴), 하-²(허용), 말-, 두-
　　 라. '-기' 보문소를 취하는 동사(심리동사): 싫-
　　 마. '것' 보문소를 취하는 동사: 보-(존이 메리가 가는 것을 본다), 모르-(존이 하늘이 높은 것을 모른다), 알-(존이 메리가 교사인 것을 안다), 약속하-(존이 갈 것을 약속한다), …

양인석(1972가)의 보문 구조 처리상의 문제점은 다음과 같다.

첫째, '것'을 보문소로 처리하였으나 이는 잘못이다. 남기심(1973)은 이전 연구들에서 보문소로 처리하던 '것'을 명사의 하나로 처리해야 한다는 점을 증명하였다.

둘째, 이홍배(1970)처럼 한국어의 모든 보문을 명사구(NP)로 처리하고 있다. 그러나 이는 한국어의 문법적 사실을 잘못 파악한 것이다. '-어/게/지/고'에 이끌리는 보문, 간접인용문의 '-고'에 이끌리는 보문은 그 통사적 행태가 '-음/기'에 이끌리는 보문과 아주 다르다. 전자에도 '-를'이 부착되는 경우가 있기는 하지만 그것은 '-를'이 명사구 이외의 범주(부사/부사어)에 부착되는 것과 궤를 같이 하는 현상일 뿐이다.

셋째, 이홍배(1970)의 '외치 변형'에 상응하는 '서술어 상승'(T4) 변형은 정당화하기 힘들다. '좋아를/는/만 한다'와 같은 경우, 보문의 서술어였던 '좋아'가 보조사와 결합한 후 상위절 동사 '하-'로 상승 이동하는 변형규칙은 구조보존 원리를 위배하는, 정당화하기 힘든 변형이다.

넷째, 앞에서도 지적하였지만, '-음/기' 보문소를 위한 양상 요소 조정 변형규칙 T6은 이 논문의 필자가 의도하는 바를 정확하게 나타내지 못하고 있다.

T6. -기/음-N-Comp를 위한 양상 요소 조정 변형(의무적)

SD: R + [U - [V + W]$_V$ - Tns   - X]$_S$ + Comp + Y + Tns   + Z

$\begin{bmatrix} Past \\ Past - Past \end{bmatrix}$ $\begin{bmatrix} \begin{Bmatrix} Fut \\ Pres \end{Bmatrix} \\ Past \end{bmatrix}$

  1   2   3   4

SC: 1, 2, 3, 4 ⇒ 1, 2 # 3, 3, 4

단, Comp가 기-N-Comp이거나 음-N-Comp일 때

EX. 가. 나는 존이 피지를 떠남이 슬프다.
    나. 나는 존이 피지를 떠남이 슬펐다.
    다. 나는 존이 피지를 떠났음이 슬프다.
    라. 나는 존이 피지를 떠났음이 슬펐다.

규칙 T6은 (가), (나), (다)의 시제 형태를 예측하지만, (라)의 시제 형태는 예측하지 못한다. (가), (나)는 T6의 구조 기술에 주어진 조건을 만족하지 못하여 T6 규칙이 아예 적용되지 않는 것이고, (다)는 T6의 조건을 만족한다. 그러나 (라)의 경우 그 심층구조에 T6을 적용하면 내포절의 시제 형태가 '-었-었-'인 문장을 잘못 생성한다.

(48) 가. '나는 존이 피지를 떠남이 슬프다.'의 심층구조:
        [나는 [존 피지 떠나-Pres-다-음] 슬프-Pres-다] ⇒(T6 적용 조건 불만족)
        [나는 [존 피지 떠나-Pres-다-음] 슬프-Pres-다] ⇒(격 표시, 양상 요소 삭제, 어휘삽입, 형태음운론 규칙들) [나는 존이 피지를 떠남이 슬프다]
    나. '나는 존이 피지를 떠남이 슬펐다.'의 심층구조:
        [나는 [존 피지 떠나-Pres-다-음] 슬프-Past-다] ⇒(T6 적용 조건 불만족)
        [나는 [존 피지 떠나-Pres-다-음] 슬프-Past-다] ⇒(격 표시, 양상 요소 삭제, 어휘삽입, 형태음운론 규칙들) [나는 존이 피지를 떠남이 슬펐다]
    다. '나는 존이 피지를 떠났음이 슬프다.'의 심층구조:

[나는 [존 피지 떠나-Past-다음 슬프-Pres-다] ⇒(T6 적용)
[나는 [존 피지 [떠나#Past]-Past-다음 슬프-Pres-다] ⇒(격 표시, 양상 요소 삭제) [나는 [존Nom 피지Acc [떠나#Past]-음]Nom 슬프-Pres-다]
⇒(어휘삽입, 형태음운론 규칙들) [나는 존이 피지를 떠났음이 슬프다]
(예측된 문장 생성)

라. '나는 존이 피지를 떠났음이 슬펐다.'의 심층구조:[219]
[나는 [존 피지 떠나-Past-Past-다음 슬프-Past-다] ⇒(T6 적용)
[나는 [존 피지 [떠나#Past-Past]-Past-Past-다음 슬프-Past-다]
⇒(격 표시, 양상 요소 삭제)
[나는 [존Nom 피지Acc [떠나#Past-Past]-음]Nom 슬프-Past-다]
⇒(어휘삽입, MPRs)
[나는 존이 피지를 떠났었음이 슬프다] (예측되지 않은 문장 생성)

위에서 제시한 것처럼, 이 규칙의 구조 변화를 다음과 같이 수정해야 논문의 필자가 의도한 바를 나타낼 수 있다.

SC: 1, 2, 3, 4 ⇒ 1, 2 # $\begin{bmatrix} past \\ past \end{bmatrix}$, 3, 4

이렇게 수정된 규칙을 (48라) 문장의 심층구조에 적용하면 다음과 같이 원래의 의도된 문장을 생성한다. 수정된 규칙을 T6′으로 나타낸다.

(48)′ 라. '나는 존이 피지를 떠났음이 슬펐다.'의 심층구조:
[나는 [존 피지 떠나-Past-Past-다음 슬프-Past-다] ⇒(T6′ 적용)
[나는 [존 피지 [떠나#Past]-Past-Past-다음 슬프-Past-다]
⇒(격 표시, 양상 요소 삭제)
[나는 [존Nom 피지Acc [떠나#Past]-음]Nom 슬프-Past-다]
⇒(어휘삽입, 형태음운론 규칙들)
[나는 존이 피지를 떠났음이 슬펐다] (예측된 문장 생성)

그러나 이렇게 수정한다고 해도 '-음' 보문, '-기' 보문의 시제 형태 실현의 사실을 완전히

---

[219] 이 문장의 보문의 시제 형태가 '-았-'인데 그 심층구조에서는 '-았-았-'에 상응하는 'Past-Past'로 상정하는 이유는, '떠났음'의 시간이 과거인 '슬펐다'의 시간에 앞서는, '과거의 과거'로 해석되기 때문이다. 양인석 (1972가)의 기본 가정이 이러한 것이다.

예측하지는 못한다. 그러한 예들을 들어 보면,

(49) 나는 내가 존을 원망했었음이 뒤늦게 후회되었다.

와 같은 문장은 T6′에 의해 생성되지 못하는 반면, 오히려 수정 전의 T6에 의해서는 생성이 되며,

(50) 철수는 존이 피지를 떠남이/떠났음이/떠나겠음이/떠났겠음이 슬펐겠다.

와 같이 주절 동사의 시제 형태가 '-었-겠-'(Past-Future)인 경우에는 보문의 시제 형태가 어떤 것이든 T6(또는 T6′)의 구조 기술을 만족하지 않으므로 적격한 문장으로 예측된다.
  결국, 이 논문의 생성의미론적 접근이 아닌, 근본적으로 다른 방향의 접근(해석의미론적 접근)이 요구된다(양정석 2008가, 나, 2011).
  다섯째, '-것' 보문소를 위한 양상 요소 조정 변형규칙 T7은 주절의 시제를 기준으로 한 '이전 시제(앞선 시제)', '이후 시제' 등의 개념을 사용하여 보문의 시제 요소의 형식을 정하고 있다. 그러나 이러한 개념들은 변형규칙의 조건을 표시하는 엄밀한 개념이 될 수 없다. 더욱이, 다음 문장들에서 보문의 시제 요소들은 T7로는 예측되지 않는다.

(51) 가. 나는 사람들이 지나가던 것을 기억한다/회상했다.
    나. 나는 사람들이 지나갔던 것을 기억한다/알았다.
    다. 나는 사람들이 지나갔겠던 것을 기억한다/알았다.

'-던-', '-았던-', '-았겠던-'은 T7에서 생성하는 '-는', '-은', '-을'과는 다른 주절 시간과의 선후관계를 표현하므로, T7로는 (51)의 예문들을 예측하지 못한다.
  4. 관계절 구조 처리상의 문제 한 예로 "존이 메리가 산 책을 읽는다"는 "존 메리 책 사었-다 책 읽-는-다"와 같은 기저구조를 가진다. 주절의 종결어미는 구 구조 규칙을 통해 도입하나, 보문과 관계절은 종결어미가 삭제되거나 조정되는 방식으로 처리하고 있다.
  관계절에만 적용되는 양상 요소 조정 규칙(변형규칙 T3)을 설정하는데, 그 규칙은 하나의 변형규칙으로 보기에는 너무나 복잡하고, 변형규칙의 형식으로 받아들이기에는 모호한 요소들을 포함하고 있다. 한 예로, 변형의 결과로 '-었-더-은', '-더-은'과 같은 형식이 도입되는

데, 변형규칙의 적용 결과로 두 개 이상의 형태소 단위의 결합 형식이 도입되는 것은 있을 수 없다. 이는 세 개의 또는 두 개의 의미 단위의 결합을 변형을 통해 도입하는 것이므로 궁극적으로 의미 보존 가설에 위배된다. 앞에서 '것' 보문 구조의 양상 요소 조정 변형규칙과 관련하여 지적한 것처럼, 주절의 시제를 기준으로 한 이전 시제, 이후 시제 등의 개념을 변형규칙의 기술에 이용하는 것도 엄밀한 변형규칙의 형식을 갖추지 못한 것이다.

양인석(1972가)에서는 '것'을 보문소로 상정하고, 이것을 수식하는 관형절의 어미, 즉 관형사형어미는 양상 요소 조정 변형 T7을 통해 도입하지만, 이 관형사형어미들은 T3에 의해 도입되는 관계절의 어미와 다른 것이 아니다.

(52) 가. 나는 사람들이 지나가던 것을 기억한다/회상했다.
    나. 나는 사람들이 지나갔던 것을 기억한다/알았다.
    다. 나는 사람들이 지나갔겠던 것을 알았다.
(52)' 가. 나는 사람들이 지나가는 것을 바라본다/바라보았다.
    나. 나는 사람들이 지나간 것을 기억한다/회상했다.
    다. 나는 사람들이 지나갈 것을 예상한다/예상했다.

(52), (52)'의 보문 구조에 쓰이는 관형사형어미들과 다음 (53)의 관계절에 쓰이는 관형사형어미들은 결코 다른 것이 아님에도 불구하고 양인석(1972가)에서는 이들을 서로 다른 변형규칙을 통해서 도입한다.

(53) 가. 나는 지나가던 사람들을 기억한다/회상했다.
    나. 나는 지나갔던 사람들을 기억한다/알았다.
    다. 나는 지나갔겠던 사람들을 상상한다.
    라. 나는 지나가는 사람들을 바라본다/바라보았다.
    마. 나는 지나간 사람들을 기억한다/회상했다.
    바. 나는 지나갈 사람들을 예상한다/예상했다.

'것' 보문이나 관계절이나, 그 서술어가 형용사 또는 '이다/아니다'일 때 T3과 T7에 의해 도입된 '-는'은 '-은'으로 바뀐다. 이 사실도 '것' 보문과 관계절의 관형사형어미들이 동일한 것임을 보이는 증거이다.

(54) 가. 나는 빗물이 찬 것 뒤늦게 깨달았다.
　　 나. 나는 철수가 시인인 것을 몰랐다.
(55) 가. 나는 찬 얼음을 손으로 만졌다.
　　 나. 나는 시인인 그 사람을 인호에게 소개했다.

양인석(1972가)에서는 보문 구조인 (54)의 관형사형어미 '-은'을 도입하기 위한 변형규칙(T8)을 설정하였지만, 관계절 구조인 (55)의 관형사형어미 '-은'을 도입하기 위해서는 아무런 조처를 취하지 않았다. 즉, 그의 문법은 (55) 문장을 생성하지 못하므로 '완전성 요건'을 위배한다.

두 경우의 관형사형어미들은 같은 것이다. 이들을 서로 다른 변형규칙을 통해 도입하는 양인석(1972가)의 문법은 한국어 모어 화자들의 구조적 동일성에 대한 직관을 포착하는 데에 실패한 것이라고 평가할 수 있다. T3과 T7은 서로 다른 변형규칙으로 기술되어서는 안 된다.

5. 관계화 가능 성분에 대한 제약 양인석(1972가)는 내포절의 명사항이 관계절의 표제 명사구와 동지시되는 관계화 현상에 있어서 시원(Source)의 제약 현상이 뚜렷함을 지적하고 있다.

(56) 가. 철수 삼촌은 뉴욕에서 왔다. → *철수 삼촌이 온 뉴욕
　　 나. 철수 삼촌은 뉴욕에서 떠나왔다. → 철수 삼촌이 떠나온 뉴욕

주제화에서도 이와 같은 문법성 대비가 관찰된다.

(57) 가. 철수 삼촌은 뉴욕에서 왔다. → *뉴욕은 철수 삼촌이 왔다.
　　 나. 철수 삼촌은 뉴욕에서 떠나왔다. → 뉴욕은 철수 삼촌이 떠나왔다.

흥미로운 사실은, 위 관계화나 주제화에 따른 문법성의 대비가 '-를'로의 교체 가능성과 평행된다는 것이다(58). 시원이라도 목적어 형식('NP-를')으로 실현되는 경우는 관계화가 가능한 것이다. 뿐만 아니라 '-를'을 갖지 않는 경우와도 평행된다(59).

(58) 가. 철수 삼촌은 뉴욕에서 왔다. → *철수 삼촌이 뉴욕을 왔다.
　　 나. 철수 삼촌은 뉴욕에서 떠나왔다. → 철수 삼촌이 뉴욕을 떠나왔다.
(59) 가. 철수 삼촌은 뉴욕에서 왔다. → *철수 삼촌이 뉴욕ϕ 왔다.

나. 철수 삼촌은 뉴욕에서 떠나왔다. → 철수 삼촌이 뉴욕⓪ 떠나왔다.

한 가지를 더 고려해야 한다. 보조사가 부착되는 가능성도 이상의 네 가지 경우와 평행되는 모습을 보여준다.

(60) 가. 철수 삼촌은 뉴욕에서 왔다. → *철수 삼촌이 뉴욕도 왔다.
　　 나. 철수 삼촌은 뉴욕에서 떠나왔다. → 철수 삼촌이 뉴욕도 떠나왔다.

(58), (59), (60)의 사실은 모두 궤를 같이하는 현상임이 분명하다. 'Ø'도 보조사의 하나로 취급할 수 있다.[220] 그러므로, 이들을 포함하여 (56), (57)까지 아우르는 '시원 제약'은 궁극적으로 격 교체 제약, 다시 말하면 부사격 조사의 생략 제약과 같은 것이라고 할 수 있다.

한국어의 관계화, 주제화, '-를' 교체 가능성, 격조사 삭제 가능성, 보조사 부착 가능성 간에 유의미한 상관성이 존재한다는 점은 양인석(1972가)에서 처음으로 주목한 것이다. 향후 이런 점들을 포착할 수 있는 이론적 실행이 요구된다.

6. 변형을 통한 합성동사화 설명 방안의 문제 그는 '먹어 보다'와 같은 본동사와 보조동사의 결합이 복합문 기저에서 변형을 통하여 합성동사화된다고 설명한다. 합성동사설의 근거로 두 동사의 결합이 의미적으로 '유기적 총체'를 형성하고, '당해를 보다', '좋아를 한다'에서 '자질 동화'의 특성이 관찰되며, 두 동사의 결합이 뒤섞기(scrambling)의 과정에서 언제나 단일 단위가 된다는 점을 들고 있다.

이렇게 복합문 구조를 단순문 구조로 바꾸는 변형적 절차는 결국 구조보존 원리를 위반하게 된다. 뒤에서 검토하는 최현숙(1988)의 재구조화 규칙은, '먹-'을 내포절 동사로, '보-'를 주절 동사로 가지는 복합문 구조에서, 그 구조는 변경하지 않은 채 머리성분 동사들 간에 적용되어 둘 사이의 긴밀한 연계 관계를 허가해 준다(3.4.5절 참조). 이는 양인석(1972가)의 임시방편적 변형규칙이 의도하는 사실들을 설명하면서도 구조보존 원리를 위반하지 않는 처리 방법이 존재함을 보이는 것이다.

7. '-것' 보문소의 문제 '-음/기'나 '-것' 보문소는 T6, T7의 '양상 요소 조정 변형'이나 T9의 '양상 요소 삭제 변형'을 거쳐 실현된다. 그러나 양인석(1972가), 149쪽에는 '는것-N-Comp' 와 '고-N-Comp'가 양상 요소 조정 변형과 양상 요소 삭제 변형을 거치지 않는다고 말하고,

---

[220] 필자의 대안적 생성문법 체계를 제시하는 제4장에서는 이러한 고려에 따라 'Ø'를 보조사의 하나로 상정한다.

각주 6에 다음과 같은 예들을 의도하고 있음을 시사하고 있다.

(61) (그 아이가 걷는다)-<u>는 것</u>-이 기적이다.
(62) (Somebody-가 (그 아이가 걷-는-다)-<u>고 말하-는</u>)-<u>것</u>-이 기적이다.

(61)과 같은 경우의 '는'의 생성 경로가 어떤 것인지는 뒷날의 과제로 미룬다고 하였지만, 여기에는 '-고'와 '하-'의 형태음운론적 삭제 규칙이 적용된다(남기심 1973). 또 (62)는 '-고말하는것'이 하나의 보문소인 것으로 취급하고 있는데(밑줄도 양인석의 것), 이를 보문소로 간주하여 이 구문을 기술하는 것은 무리이다.

8. 양인석(1972가)의 한국어 생성문법 기술의 의의 양인석(1972가)의 처리 방안은 여러 가지 점에서 이홍배(1970)의 처리 방안과 공통된다. 한국어의 격조사 실현 현상을 변형 과정으로 설명한다는 점, 내포절의 서술어를 상승시켜 상위절의 서술어와 결합하는 변형적 과정인 이홍배의 '외치' 변형을 유지한다는 점(뒤의 남기심(1973)도 이를 '외치' 변형의 하나로 기술한다), '싫어하다' 서술어 문장을 복합문 구조의 기저에서 변형으로 도출한다는 점, '것'을 보문소로 상정한다는 점(그러나 남기심(1973)은 이를 명사로 규정한다), 사동문의 두 형식을 동일 기저로부터 생성한다는 점(이홍배와 같으나 그 방향은 반대임) 등이 그것이다. 그러나 종결어미를 기저에서부터 도입한다는 점('수행문 분석' 부정), 보조사('한정사')의 처리를 처음으로, 체계적으로 행하였다는 점, 3단계로 이루어지는 격 표시 절차의 기술을 상세히 제시했다는 점에서 새로움이 있다.

특히 한국어 격조사들이 뒤에 '의미역'으로 지칭되는 '심층격'과 일정한 대응 관계를 가진다는 기술은 대단히 자세하고 심층적인 기술로서, 양인석(1972가)의 한국어 문법 연구의 중요한 기여라고 평할 수 있다. 3단계로 이루어지는 격 표시 절차의 기술 과정에서 한국어 격 현상과 관련한 모든 문제들을 드러냄으로써 이후의 생산적 연구를 유발하였다. 한국어의 보조사들은 각기 독특한 의미를 가지면서 통사구조에서 그 지위를 정하기가 쉽지 않다. 그의 연구는 보조사들의 처리에 관한 생성문법적 연구의 시초이자 대표적 연구로서의 의의를 가진다.

3.3.4. 남기심(1973)의 한국어 생성문법

남기심(1973)은 완형보문에 대한 한정된 범위의 기술을 표방하고 있지만, 이뿐 아니라 한국어 통사구조의 전반적 체계에 대한 표준이론(Chomsky 1965)의 관점을 보여준다. 앞 절의 양인석(1972)와 마찬가지로 남기심(1973)도 한국어 복합문의 하위 영역을 다음과 같이 파악하고 있다.

▸ 복합문 ─ 내포문 ─ 보문내포문
           │   └ 관계절내포문
           └ 접속문

남기심(1973)의 논점은 '완형보문' 내포문을 중심으로 한 한국어 문장들을 생성하는 데에 다음에 제시하는 세 가지 종류의 규칙들, 즉 A. 기저 규칙들, B. 변형 규칙들, C. 형태음운론적 규칙들이 작용한다는 것이다. 이 세 가지 규칙들의 집합이 한국어의 문법이다. 즉, 한국어의 문법을 G_K라고 하고, 한국어의 어휘와 통사 범주들의 집합을 Vc로 나타내면, 다음과 같은 정의가 성립된다.

(1) G_K = {Vc, A, B, C} (A: 구 구조 규칙들, B: 변형규칙들, C: 형태음운론 규칙들)

특히 C로 표시되는 형태음운론 규칙은 통사구조와 음운론적 표상의 관계를 맺어주는 규칙이다. 남기심(1973)은 인용문에서의 '하-'의 생략과 관련한 형태음운론적 규칙들을 기술하였는데, 이들 규칙은 이전의 구조문법적 연구에서 축적된 연구 성과와 새로 전개되는 생성문법적 연구를 접맥시키는 중요한 의의를 가진다. 구조문법적 연구에서는 단어 단위, 즉 형태론적 구성의 범위에서 음운론적, 형태음운론적 규칙성을 발견하는 일에 성과를 보여왔다. 생성문법적 연구에서는, 초기의 연구와 후기의 연구 모두, 문장 단위의 통사 규칙의 발견에 몰두하면서, 형태음운론적 사실들이 통사 규칙의 기술에 대하여 가지는 의미는 상대적으로 소홀히 하였다. 그러나 이 부분이 철저히 이해되지 않고는 한국어 통사구조의 전 체계가 바로 세워질 수 없다. 이 점에서 남기심(1973)이 가지는 의의는 대단히 큰 것이다.

A. 기저 규칙들

완형보문의 기저 구조를 생성하는 데 필요한 구 구조 규칙들은 다음과 같다.[221]

---

221 ①-④는 예시된 나무그림 등을 통하여 그 존재가 암묵적으로 드러나는 규칙들이고, 이하 ⑤-⑨는 논문에서 실제로 제시한 규칙들이다.
남기심(1973)의 표기에서 한 가지 주의할 점은, 'S_{comp}'는 하나의 기호로서 보문 단위를 나타내고, 'cmp'는

(2) A-①   S → (Pre-S) NP PDP
    A-② PDP → (ADV) VP
    A-③   VP → (NP) (NP) V
    A-④ ADV → NP
    A-⑤   NP → S_{comp} $N_{[+완보]}$
    A-⑥   VP → S_{comp} (N) $V_{[+완보]}$
    A-⑦ S_{comp} → {S, "S"} cmp
    A-⑧ "S" → {S, *S}
    A-⑨ (*S → 말조각, 비문법 문장, 외국어 문장 등…)

기저 부문을 이루는 다른 중요한 부분은 어휘부이다. 다음과 같은 보문 동사와 보문 명사의 하위분류는 어휘부에서의 동사와 명사의 기재 내용을 보여준다.

(3) [+동사]─[-보문] 앉다, 먹다
        └[+보문]─[-완보] 바라다, 원하다, 알다, 지지하다, 의미하다, 쉽다, 어렵다
             └[+완보]─[-자발적] 듣다
                   └[+자발적]─[-대외적] 믿다, 느끼다, 추측하다, 생각하다,
                                    싱징하다, 상상하나, 보나, 확신하나
                        └[+대외적]─[+?] 설명하다, 신고하다, 고소하다, 발
                                      표하다, 보고하다
                                [-언어적] 쓰다, 적다, 손짓하다, 눈짓하
                                      다, 신호하다
                                └[+언어적] 말하다, 여쭙다, 외치다, 떠들
                                      다, 증언하다, 되묻다, 반문하
                                      다, 이르다, 논평하다, 우기다,
                                      예언하다, 대답하다, 단언하
                                      다, 선언하다
       [+완보]와 [-완보]의 양면적인 것: 약속하다, 명령하다, 충고하다, 맹서하다, 제안하다,
                                예언하다, 주장하다, 언약하다, 고백하다
(4) [+명사]─[-보문] 책, 나무, 사람, 차
        └[+보문]─[-완보] 가능성, 용기, 불상사, 사건, 기억, 경험, 일, 모양, 눈치, -줄, -바,
                   -수, -데, -리
              └[+완보] a. 사실, 약점, 욕심, 이점, 결심, 목적, 흔적

보문소('보문자'로 지칭함)를 나타낸다는 것이다.

　　　　　b. 소문, 낭설, 소식, 연락, 질문, 불안(감), 얘기, 보도, 헛소문, 보고,
　　　　　　 오보, 정보, 문제, 독촉, 명령, 의미, 전언, 농담, 고백, 예감, 눈짓,
　　　　　　 이론, 말, 설명, 믿음, 이유, 인상
　(5) [+완보] 혹은 [-완보]의 양면적인 명사: a. 죄목, 혐의, 의심, 전력
　　　　　　　　　　　　　　　　　　　　 b. -것

이 밖에, 남기심(1973)의 체계에서 주의해야 할 점 중 하나는, 다음과 같은 유사 구문이 존재한다는 점이다. 완형보문 내포문과 혼동되기 쉬운 문장 구조로 '모의문'과 '지칭문'이 있다. 이들은 완형보문 내포문과는 다른, 별개의 구문이다. 먼저, 모의문은 완형보문으로서의 직접인용보문과 피상적으로 유사한 점이 있으나, 실제 대화에서 억양까지 재생한다는 특징을 가진다. 다음 예에서 밑줄 친 부분이 모의문이다.

　(6) 가. 나는 철수에게 A다방에서 기다리라(고) 했다.: 완형보문 내포문
　　　나. 나는 철수에게 "A다방에서 기다려라." 했다.: 모의문(따옴표 부분이 모의보문)
　　　다. 그는 나에게 "왜 제가 가야 합니까?" 하고 반문했다.
　　　　　　　　　　　　　　　　　　　　—모의문을 한 접속항으로 가지는 접속문

(6다)에서 '하고'는 동사 '하-'에 동시적 행위를 나타내는 나열형어미가 결합된 형식으로서, 전체 문장은 접속문이라는 점에 주의해야 한다.

다음으로 지칭문은 "그는 콩을 팥이라고 한다/부른다."와 같은 예이다. 여기서 '팥이라고'는 단순문의 한 요소일 뿐인 것으로 간주된다. 이 때의 '이라고'의 통사 범주는 '보문자(cmp)'라고 되어 있다.[222]

B. 변형규칙들

일단의 서로 관련되는 변형규칙들로 '직접인용보문의 간접화'에 속하는 변형규칙들이 있다.

　(7) B-① 직접인용보문의 간접화
　　　　　1) 인칭대명사의 간접화
　　　　　2) 시칭의 간접화

---

[222] 남기심(1973) 43쪽 참조.

　　　　3) 서법의 간접화
　　　　4) 감탄어의 간접화
(8) B-② 인용부호의 소거: "S" ⇒ S

이 밖에 다음과 같은 변형규칙들이 설정된다. 굵은 글씨로 표시된 부분은 뒤의 논의에서 지칭할 때 사용할 간략한 명칭이다.

(9) B-③ 직접인용보문자로 바꾸기: '-고' ⇒ '-(이)라고' ("**'라고' 대체**")

　　　　X - ["S" - 고]S_{comp} - X
　　　　1 　　2 　 3 　　　　 4 　　⇒ 필수적
　　　　1 　　2 　 (이)라고 　 4

B-④ 재귀대명사화: 동지시된(동지표가 붙은) 하위 명사구를 '자기'로 바꾸기

　　　　[NP_1 　-　 X 　-　 NP_2 　-　 X]$_S$
　　　　[+인성] 　　　　　　　[+인성]
　　　　1 　　　　2 　　　　3 　　　4 　⇒ NP가 [+인성,+고유명새]이면 필수적
　　　　1 　　　　2 　　　　자기 　4
　　　　단, NP_1 = NP_2일 때.

B-⑤ 동일명사구 삭제

　　　　X - NP_1 - X - [X - NP_2 - X]$_S$ - cmp - X
　　　　1 　2 　　3 　4 　　5 　　　6 　　7 　8 　⇒ 수의적
　　　　1 　2 　　3 　4 　　∅ 　　6 　　7 　8
　　　　단, NP_1 = NP_2

B-⑥ 완형보문 주어의 상승("**주어 상승**")

　　　　X - [NP - X]$_S$ - V - X
　　　　1 　[2 　　3] 　 4 　 5 　⇒ 수의적
　　　　1 　2+[∅ 　3] 　 4 　 5
　　　　단, V가 외적인 상태의 지속을 기술하는 것일 때.

B-⑦ 완형보문 동사구의 외치변형("**외치1**")

　　　　X - S_{comp} - X - V - X
　　　　1 　　2 　　　3 　 4 　5 　⇒ 필수적
　　　　1 　　∅ 　　　3 　 2+4 5
　　　　단, S_{comp}가 VP와 cmp만 지배하고 있을 때.

B-⑧ 완형보문의 관형수식구화("'하는' 삽입")

$$X - [X - \begin{Bmatrix} 고 \\ 라고 \end{Bmatrix} - N]_{NP} - X$$

1   2   3   4   5 ⇒ 필수적
1   2   3+하는   4   5

B-⑨ 완형보문 명사구 축약("'고 하' 삭제")

$$X \begin{Bmatrix} S - 고 \\ "S" - 라고 \end{Bmatrix} 하 는 - N - X$$

1   2   3 4   5 6   7   8 ⇒ 수의적
1   2   3 Ø   Ø 6   7   8

B-⑩ 완형보문의 불구보문 관형수식구화("관형형어미화")

$$X-[[X-V-X-\begin{Bmatrix} 았 \\ Ø \\ 겠 \\ 았었 \\ 더 \end{Bmatrix} -종결어미-고]_{Scomp} - N]_{NP} - X$$

1 2 3 4   5   6   7   8   9 ⇒ 수의적

1 2 3 4 $\begin{Bmatrix} ㄴ \\ 는 \\ ㄹ \\ 았던 \\ 던 \end{Bmatrix}$ Ø   Ø   8   9

단, N이 '사실, 것, 약점, 욕심, 결심, …'일 때

(10) B-⑪ 완형보문 명사구로부터의 외치변형("외치2")

$$[X - [S_{comp} - N]_{NP} - X - V - X]_{VP\ or\ S}$$

1   [2   3]   4   5   6 ⇒ 수의적
1   2 [Ø   3]   4   5   6

단, V가 N의 연관동사거나, [+대외적]일 때.

C. 형태음운론 규칙들

통사론적 변형규칙들이 적용되어 표면구조가 형성되고, 이 표면구조를 기저로 해서 형태음운론 규칙들이 적용된다. 남기심(1973)에서 제시한 형태음운론 규칙들은 다음과 같다.

(11) C-① MV → Ø ⟨수의적⟩ (**절단축약**)

　　　C-② cmp → Ø ⟨수의적⟩ (**보문자축약**)²²³

(12) C-③ 하 → Ø ⟨수의적⟩ ('**하**' 삭제)

　　　C-④ ㅎ → Ø / _ㅐ ⟨수의적⟩ ('**ㅎ**' 삭제)²²⁴

(13) C-⑤ ㅏ + ㅐ → ㅐ ⟨의무적⟩

(14) C-⑥ -다 → -대- ⟨수의적⟩

(11)에서 'MV'는 '대동사'로서, '한다', '했다' 등 어미까지 결합된 형식을 가리킨다. (11)과 같은 절차가 '절단축약'이다. '절단축약'은 (11)의 규칙에서 'MV'가 삭제되는 과정을 가리킨다. 가령 "철수가 간다고 한다."는 "철수가 간다고"로 축약될 수 있는데, 이 때의 '간다고'가 '절단축약형'이다. '보문자축약'은 (11)의 규칙에서 'cmp(-고)'가 삭제되는 과정으로서, "교장이라고 한다"가 "교장이라 한다"로 바뀌는 과정을 지칭한다.

(14)는 '한단다'가 '한댄다'처럼 수의적으로 바뀌는 경우의 형태음운론적 절차를 말하는데, 이 밖에 '-으라/자/느냐/냐' 등이 '-으래/재/느내/내' 등으로 바뀌는 예도 아울러 포함하는 것이다.

이른바 인용문의 축약에 관한 형태음운론적 규칙을 발견하여 이와 같이 기술한 것은 남기심(1973)이 국어문법 연구에 기여한 점 중 중요한 의의를 가지는 것이다. 그는 위와 같은 규칙이 둘 이상 결합하는 현상을 특성화하여 '융합축약', '변이융합축약', '유사축약'으로 나누고 있다.

'융합축약'은 (11)의 'cmp'가 삭제되고, 이어서 (12)의 'ㅎ' 또는 '하-'가 삭제되거나, 또는 (13)이 적용되는 과정이다. "간다고 한다/교장이라고 한다", "간다고 해요/교장이라고 해요"가 축약된 "간단다/교장이란다", "간대요/교장이래요"는 '융합축약형'이다. 또, (11), (12), (14)가 연이어서 적용되는 과정은 '변이융합축약'이라고 한다. "교장이라고 한다"가 바뀌어서 된 "교장이랜다"는 '변이융합축약형'이다.

'유사축약형'은 형태음운론 규칙이 적용되어 생겨난 생산적인 형식이 아니고 새로운 문법 단위로 굳어진 형식을 의미한다. 즉, '유사축약형'은 '축약형'이 아닌 것이다. 이러한 것에 두 가지가 있다. '유사융합축약형'은 다음과 같은 예의 '싶다네', '기쁘단다'와 같은 형식이다.

223　남기심(1973)에는 '{MV, cmp} → Ø ⟨수의적⟩'와 같이 하나의 규칙으로 되어 있던 것을 두 개의 규칙으로 나눈 것이다.

224　남기심(1973)에는 '{ㅎ/_ㅐ, 해 → Ø ⟨수의적⟩'와 같이 하나의 규칙으로 되어 있던 것을 두 개의 규칙으로 나누고 그 표기법을 손질한 것이다.

(15나), (16나)와 같은 '유사변이융합형'은 만들어질 수 없다는 것이 이들 형식을 구별하는 기준이 된다고 한다.

(15) 가. 나도 자네와 함께 가고 싶다네.
    나. *나도 자네와 함께 가고 싶대네.
(16) 가. 내가 너보다 더 기쁘단다.
    나. *내가 너보다 더 기쁘댄다.

남기심(1973)에서는 '-는단다, -는다네, -는다오, -는답니다' 등을 유사축약형이라고는 했지만, 이들이 어느 정도 규칙적으로 나타나는 것으로 파악하고 있다. 이를 설명하기 위해 다음과 같은 규칙을 실제로 제시하고 있다. (17)은 그가 제시한 대로 보인 것이고, (18)은 이를 적용해본 것이다.

(17) V(+보조어간)+상대존대의 등분을 가진 종결어미i →
    V(+보조어간)+상대존대의 등분이 중화된 서술형 종결어미+상대존대의 등분을 가진 종결어미i
(18) 가. 잡-는다i ⇒ 잡-는다-는다i ⇒ 잡는단다
    나. 잡-습니다i ⇒ 잡-는다-습니다i ⇒ 잡는답니다
    다. 잡-으오i ⇒ 잡-는다-으오i ⇒ 잡는다오

언어의 단위들이 결합될 때에는 광범위한 규칙성을 가지는 경우도 있지만, 이처럼 부분적인 규칙성만을 가지는 경우도 있다. '-는단다'에서 '-는다'와 '-ㄴ다'는 어미 단위의 부분이면서도 그 스스로 어미 단위의 형식을 취하고 있는데, 이와 같은 단위들은 한국어 통사구조 기술의 요처마다 나타나 논란의 씨앗이 되고는 한다. 남기심(1973)의 위 처리는 이 현상에 대한 가장 온당한 해결 방안을 제시한 것이라고 생각된다. 뒤의 제4장에서는 이들 예를 '재구조화'의 개념 아래 포함하는 설명 방안을 제시할 것인데, 그 기본 발상은 (17)의 규칙과 같은 것이다.

유사축약형의 다른 하나인 '유사절단축약형'의 예는 다음과 같다. 여기에서 '-다고'(19가, 나), '-으라고'(19다, 라), '-ㄴ다고'(19마)는 형태음운론 규칙 절단축약이 적용된 예가 아니라, 아예 새로운 어미로 발달된 것이다.

(19) 가. 거기에 사람이 얼마나 많다고.
　　 나. 난 또 뭐라고.
　　 다. 보기에 좋으라고 꽃을 꽂았다.
　　 라. 차가 잘 지나가라고 길가의 돌을 치웠다.
　　 마. 그는 공부한다고 집에 틀어박혔다.

(19다~마)는 유사절단축약형의 예로 분석할 가능성과 함께, '좋으라 하고', '지나가라 하고', '공부한다 하고'와 같은 '모의문'으로부터 절단축약에 의해 도출된 예로 분석할 가능성이 있다고 지적하였다.

D. 도출 과정 예시

이상 A-C는 남기심(1973)의 문법 체계를 요약한 것이다. 이 문법 체계에 입각하여 다음 2개의 문장이 도출되는 과정을 보이기로 한다. (20)의 "죄수가 탈주했다는 사실이 드러났다."는 완형보문 구조를 내포하는 문장의 예로 든 것이고, (21)의 "감옥을 탈주했다는 죄수가 체포되었다."는 완형보문 구조 아닌, 관계관형절 구조를 내포하는 문장의 예로 든 것이다. 표면적으로는 동일한 것으로 보이는 '-고', '하-'의 삭제 현상이 (20)에서는 통사적 변형규칙에 따라 수행되는 데에 반해, (21)에서는 형태음운론 규칙에 따라 수행되는 점이 뚜렷이 대비된다.

(20) "죄수가 탈주했다는 사실이 드러났다."의 도출
　　　　S　　　　　　　　　　　　　　　(시초 기호)
　　　　NP PDP　　　　　　　　　　　　 (A-① 적용)
　　　　NP VP　　　　　　　　　　　　　(A-②)
　　　　NP V　　　　　　　　　　　　　 (A-③)
　　　　S_comp N_[+완보] V　　　　　　　(A-⑤)
　　　　S cmp N_[+완보] V　　　　　　　 (A-⑦)
　　　　NP V cmp N_[+완보] V　　　　　　(A-①, A-②, A-③)
　　　　[NP 죄쉬 [V 탈주하았-대 [cmp 괴 [N[+완보] 사실 [V 드러나았-대 (어휘삽입규칙)
　　　　[NP 죄쉬 [V 탈주하았-대 [cmp 괴 하는 [N[+완보] 사실 [V 드러나았-대
　　　　　　　　　　　　　　　　　　　　(B-⑧ '하는' 삽입)
　　　　[NP 죄쉬 [V 탈주하았-대 는 [N[+완보] 사실 [V 드러나았-대 (B-⑨ '고 하' 삭제)
　　　　[NP 죄쉬가 [V 탈주하았-대 는 [N[+완보] 사실이 [V 드러나았-대

(주어 표지 삽입 변형규칙)
죄수가 탈주했다는 사실이 드러났다 (형태음운론 규칙 '하-었⇒했', '었⇒ㅆ')

(21) "감옥을 탈주했다는 죄수가 체포되었다."의 도출

S	(시초 기호)
NP PDP	(A-①)
NP VP	(A-②)
NP V	(A-③)
S NP V	(구 구조 규칙 'NP→S NP')
NP VP NP V	(A-①)
NP VP NP V	(A-①)
NP S_comp V_{[+완보]} NP V	(A-⑥)
NP S cmp V_{[+완보]} NP V	(A-⑦)
NP NP VP cmp V_{[+완보]} NP V	(A-①, A-②)
NP NP NP V cmp V_{[+완보]} NP V	(A-③)

[NP pro] [NP 죄쉬 [NP 감옥 [V 탈주하-었-다] [cmp 고] [V[+완보] 하-∅-는] [NP 죄쉬 [V 체포되-었-다]²²⁵
　　　　　　　　　　　　　(어휘삽입규칙)

[NP pro] ··· [NP 감옥 [V 탈주하-었-다] [cmp 고] [V[+완보] 하-∅-는] [NP 죄쉬 [V 체포되-었-다]
　　　　　　　　　　　　　(관계관형절 내의 동일 명사구 삭제 변형규칙)

[NP pro] ··· [NP 감옥을 [V 탈주하-었-다] [cmp 고] [V[+완보] 하-∅-는] [NP 죄쉬가 [V 체포되-었-다]
　　　　　　　　　　　　　(목적어 표지, 주어 표지 삽입 변형규칙)

감옥을 탈주하-었-다 하-∅-는 죄수가 체포되었다
　　　　　　　　　　　　　(형태음운론 규칙 C-② '보문자축약, 'pro' 삭제)

감옥을 탈주하-었-다 -∅-는 죄수가 체포되었다
　　　　　　　　　　　　　(형태음운론 규칙 C-③ '하' 삭제)

감옥을 탈주했-다-는 죄수가 체포되었다
　　　　　　　　　　　　　(형태음운론 규칙 '하-었 ⇒ 했', '∅' 삭제)

(20), (21)의 도출 과정은 생성문법 이론에 입각한 한국어 문장의 문법적 분석이 어떠한 것인지를 보여준다. 이를 통해 남기심(1973)의 생성문법 이론에 의한 한국어 문장의 문법적 분석의 실제를 구체적으로 이해할 수 있다. 생성문법적 분석은 규칙 체계로서의 문법에 의해 해당 문장이 도출됨을 증명하는 작업이다. (20), (21)의 두 문장은 위와 같은 도출

---

225 'pro'는 공범주 대명사로서, 위(3.2.2절)에서 다음과 같은 형식으로 도입한 바 있다. 이는 남기심(1973)에서는 전혀 언급하지 않은 장치이나 (21)과 같은 문장의 도출 과정에 꼭 필요한 것이다.
　　a. NP → pro

과정을 통해 문법적 문장으로 생성된다는 것이 증명된 것이다.

남기심(1973) 비판

이제, 남기심(1973)의 통사구조에 관한 견해가 가지는 문제점을 지적하기로 한다.

1. 직접인용문의 간접화의 문제 먼저, '직접인용문의 간접화'(B-①)라는 표제 하에 일련의 변형규칙들이 설정되고 있다. 남기심(1973)의 주요 주장에는 이처럼 간접인용문의 통사적 기저가 직접인용문과 같다는 점이 들어있는데, 이는 표준적인 변형의 개념 하에서는 받아들일 수 없는 것이다.

변형규칙 중 하나로 설정된 '감탄어의 간접화'는 "S" 범주인 내포절 내에 'Pre-S' 범주가 [+감탄]의 자질을 가질 때 이를 삭제시키는 규칙이다. 문제는 [+감탄]이라는 자질이 어떻게 도입될 것인가 하는 데에 있다. '아이구, 아야'와 같은 감탄사는 그 통사 자질로 [+감탄]과 같은 것을 가진다고 할 수 있을 것이다. 그러나 다음에서 '철수야', '여러분'도 그렇게 기술할 수 있는지는 의문이다.

(22) 가. 어머니는 눈을 흘기면서 "철수야, 그거 먹으면 안 돼!"라고 말씀하셨다.
　　나. 김씨는 "여러분, 국가의 흥망이 여러분의 손에 달려 있소이다."라고 말했다.

(22가)에서 '철수야'의 호격조사 '야'를 중심으로 [+감탄]과 같은 자질을 부여할 수 있을지 모르지만, (22나)의 '여러분'을 그와 같이 처리하는 데에는 어려움이 있다. 앞의 '여러분'과 뒤의 '여러분'을 어휘적으로 구분해야 할 것인지도 문제이며, [+감탄] 자질을 어떤 어휘 외적 방식으로 도입할 수 있을는지도 문제이다.

다음과 같은 예에서는 변형에 의해 도출된 표면의 간접인용문의 정확한 형태를 예측할 수 없다.

(23) 선생님은 (늘어서 있는 학생 중 한 사람을 지적하면서) "너, 이 걸레를 좀 빨아 와라"라고 하셨다.

반대로, 다음과 같은 간접인용문은 그 정확한 기저 구조 형태를 복원할 수 없다. 삭제 변형이나 대치 변형이 자의적, 무제약적인 것이 되지 않기 위해서는 복원가능성 원리의 지배를 받아야 한다. 이러한 예는 복원가능성의 문제를 근본적으로 제기한다.

(24) 철수는 그 사람이 왔다고 말했다.
 ← 철수는 "아, 그 사람이 왔다."라고 말했다.
 ← 철수는 "아이구, 그 사람이 왔다."라고 말했다.
 ← 철수는 "아뿔싸, 그 사람이 왔다."라고 말했다.

'서법의 간접화'도 복원가능성의 문제를 제기한다. 단적인 예로, 다음 (25) 문장의 기저 구조는 무엇인가? 다음의 어떠한 직접인용문도 (25)의 기저가 될 수 있다.

(25) 철수는 그 사람이 왔다고 말했다.
 ← 철수는 "그 사람이 왔다."라고 말했다.
 ← 철수는 "그 사람이 왔습니다."라고 말했다.
 ← 철수는 "그 사람이 왔어요."라고 말했다.
 ← 철수는 "그 사람이 왔네."라고 말했다.

이 경우, 변형적 처리는 발화의 온갖 맥락을 다 고려하고서야 그 기저 구조를 상정할 수 있다고 가정하는 것이다. '생성의미론'의 입장이 가지는 궁극적인 문제성은 여기에서 비롯된다.[226]

간과할 수 없는 또 하나의 문제는 앞의 B-②로 제시한 변형규칙 '인용부호 소거 규칙'이다. 이는 "S" 범주를 S 범주로 바꾸는 과정이라고 되어있다. 통사 범주로서 "S"라는 기호는 S와 아무런 관련을 갖지 않음은 물론이다. 말 그대로 인용부호가 걷혀지는 과정을 뜻하는 것은 아니다.

문제는, 이 규칙은 일련의 '간접화' 변형규칙들이 모두 적용된 뒤에 적용되는 것으로 그 순서가 규정된다는 데에 있다. 변형규칙의 적용이 구조적인 조건에 따른다기보다는 이처럼 다른 규칙들, 그것도 여러 개의 규칙들이 적용된 결과로 행해진다는 것은 이 규칙의 임시방편성을 드러내는 것이다.

관형절의 처리

완형보문을 기저의 형식으로 가지는 관형절의 처리와 관련하여 여러 가지 기술상의 문제점들이 두드러진다. 이 점을 자세히 살펴보기로 하자.

---

[226] 남기심(1973: 49)에서는 '간접화'를 논하면서 생성의미론의 입장을 가정하고 있다.

2. '하는'을 삽입하는 변형 절차의 문제 '하는'을 두 개의 형태소가 결합된 형식 '하-는'으로 분석하지 않을 수 없다. 이렇게 한국어의 문법 구조상 어간과 어미로 분석되는 형태소들의 기호열을 변형 과정에서 도입하는 것은 근원적인 난점을 제기한다. 이것은 영어 문법에서 'do' 지지 변형의 경우와 다르다. 'do' 지지의 경우는 'do'라는 단일 형태소가 삽입되는 것이며, '-s', '-ed' 또는 'Ø' 등의 형태소가 이미 특정 통사 범주 교점을 차지하고 있는 곳에 더해지는 것이므로 '구조 보존 원리'를 위배하지 않는다.

김영희(1981)에서는 변형 과정에서 '하-'를 삽입하는 남기심(1973)의 처리를 부정하는 논증을 전개하였다. 그 기본 주장은 '하-'가 의미를 가지는 '포괄동사'라는 점이다.

(26) 가. 검찰은 죄수가 탈주했다고 사실을 밝혔다.
     나. 검찰은 죄수가 탈주했다고 하는 사실을 밝혔다.
     다. 검찰은 죄수가 탈주했다는 사실을 밝혔다.
     라. 검찰은 죄수가 탈주한 사실을 밝혔다.
(27) 검찰은 [[죄수가 탈주했다고] [사실]] 밝혔다.

(27)은 (24)의 모든 문장들의 기저구조를 대략 보인 것이다. 남기심(1973)에 따르면 (26가)는 (27)의 기저구조로부터 B-⑪의 '외치2' 변형을 통해 생성된다. (26나)는 (27)로부터 '하는'이 삽입되어 생성되며, (26다)는 이 결과에 다시 '-고 하-'가 삭제되어 얻어진다. (26라)는 (27)에 B-⑩의 '관형형어미화' 변형이 적용되어 생성되는 것이다. 그러므로 남기심(1973)에 따르면 (26)의 네 문장은 동일 기저를 가지는 현상인 것이다. 이러한 설명에 대해 김영희(1981)에서 제시한 다음 문장들의 문법성 대비는 강력한 반례가 된다.

(28) 가. 그가 거문고를 탈 줄 안다고 하는 사실이 거짓으로 드러났다.
     나. *그가 거문고를 탈 줄 아는 사실이 거짓으로 드러났다.
(29) 가. *그 사람이 당신을 만났다고 하는 사실이 있나요?
     나. 그 사람이 당신을 만난 사실이 있나요?

똑같은 보문 명사 '사실'에 이끌리는 관형절인데도 불구하고, (28)에서는 "하는 삽입"만 가능하고 '관형형어미화' 변형은 불가능하다고 해야 하며, (29)에서는 반대로 '하는' 삽입 변형이 불가능하고 관형형어미화 변형은 가능하다고 해야 한다.

남기심(1973)에는 '하는 삽입' 변형은 필수적 규칙이며 '관형형어미화' 변형은 수의적이라고 규정되어있다. 이에 따르면 (29가)가 가지는 문제는 결정적인 것이라고 하겠다. 이는 결국 '하-'를 삽입하는 변형규칙이 가지는 난점이다. 이는 '하-'를 의미 없는 형식동사로 처리하는 방안의 난점과도 통하는 것이다.

   3. **관형절의 어말어미의 처리** 생성문법적 연구에서 어말어미에 대한 처리는 초기의 변형에 의한 방식으로부터 후기로 가면서 기저에서 직접 생성하는 방식으로 변화하는 뚜렷한 경향을 보인다. 이홍배(1970)에서는 한국어의 모든 어말어미가 변형에 의해 도입되는 처리 방식을 제시한 바 있는데, 양인석(1972)에서는 전체 문장의 종결어미는 기저에서 도입하고, 보문과 관계절의 어미는 변형으로 도입하는 이중적 처리를 실행하고 있다. 그러나, 한 예로 양인석(1972)에서는 관계절에만 적용되는 양상소 조정 규칙(3.3.3절의 변형규칙 T3)을 설정하는데, 그 규칙은 하나의 변형규칙으로 보기에는 너무나 복잡하고, 임시방편적(ad hoc) 성격을 가지는 것이다.

   남기심(1973)은 전체 문장의 종결어미를 기저에서 도입한다는 점에서는 양인석(1972)와 같으나, 보문 중 일부인 완형보문에서는 그 어말어미를 기저에서 도입하는 방향으로 바꾼 것이다. 이는 결국, 불구보문의 어미들에 대해서만 변형에 의한 도입 방식을 유지하는 것이다. 따라서 관형절 중에서도 완형보문도 아니고 불구보문도 아닌 관계관형절의 어미는 표면형과 같은 형식으로 기저에서 도입되는 것이다. 남기심(1973)에서 완형보문과 불구보문의 기저를 달리 설정한 근거는 후자의 경우 사실성의 전제가 존재한다는 판단이었다.

   이 점에 대하여 김영희(1981)에서 타당한 비판이 제시된 바 있다. 1980년대 이후의 생성문법적 연구에서는 모든 어말어미를 표면형 그대로 기저에서 도입하는 방식이 보편화되었다. 이 책의 제4장에서 전개되는 대안적 문법 체계도 이 문제에 관해 그 동안 이루어진 논의 결과들을 바탕으로 하고 있는 것이다.

   4. **표기법과 처리 기술상의 문제** 처리 기술상의 문제로 지적해야 할 문제는 B-⑨ 변형규칙이다. 이 규칙은 '-고/라고'의 '-고'만을 '하-'와 함께 변형에 의해 삭제하는 방식으로 되어있다.

(30) 가. 그로부터 "살인범이 탈옥했소"라는 전화가 왔다.
     나. 그로부터 "살인범이 탈옥했소"라<u>고 하</u>는 전화가 왔다.

즉, (30가)는 (30나)로부터 밑줄 친 '고 하' 부분이 삭제되어 얻어진 문장인데, 이 때의 '라고'는 역시 변형규칙, 즉 '라고' 대치 변형(B-③)에 의해 도입된 것이다. 통사적 변형에 의해 도입된 요소라면 한 개의 문법단위라고 보아야 한다. '고 하' 삭제 변형은 이처럼 한 문법단위의 일부만을 제거하는 작용을 가하는 것으로, 이는 매우 작위적·임시방편적인 처리라고 하지 않을 수 없다.

마찬가지로, B-⑨ 규칙은 '하는'의 '하'만을 삭제하는데, 통사적 변형으로서 이와 같은 절차는 인정하기 어렵다. '-라고'의 '-고', '하는'의 '하'를 삭제하는 규칙이 필요하다면, 이것은 통사론적 규칙이기보다는 형태음운론적 규칙이어야 한다. 이 점에서 볼 때에도, 두 규칙을 하나로 통합하는 처리 방법이 타당하다.

'완형보문의 불구보문 관형수식구화'라는 이름의 변형규칙 B-⑩은 그 안에 복합적인 문제들을 안고 있다.

첫째, 'Ø-다-고'가 '-는'으로 바뀌는 변형 절차를 나타내고 있는데, 이는 그 자신의 이전의 주장과 모순된다. 즉, 남기심(1972)에서는 시제 또는 시상의 형태소로서 영-형태 또는 무형의 형태소 'Ø'를 설정하는 방안을 예상하여 이를 부정한 바 있다. 만약 B-⑩과 같은 변형이 꼭 필요한 것이라면, 이는 오히려 시제/시상의 영-형태소 'Ø'의 존재를 정당화하는 것이다.

둘째, 같은 변형규칙 B-⑩에서 '-더-라-고'가 '-던'으로 바뀌는 변형 절차도 또한 문제가 된다. 남기심(1972)에서는 주어의 동지시와 관련한 차이를 근거로 둘이 무관한 요소라고 주장한 바 있다. 그렇다면 이 둘을 변형으로 연결지을 수는 없는 것이다.

셋째, '-았었-다 고'가 '-았던'으로 바뀌는 과정도 유사한 문제를 일으킨다. 남기심(1972)에서는 '-았었-'이 단일한 형태소라는 주장을 제시하였다. 변형에 의해서 형태소의 일부분이 두 조각으로 깨져서 한 조각이 '-던'으로 바뀌었다는 말인가? 물론 남기심(1973)에서 이와 같은 무리한 변형 절차를 생각한 것은 아닐 것이다. 더 분리될 수 없는 형성소 정도의 단위로서 '-었던'을 상정하였던 것으로 보는 것이 온당할 것이다. 어쨌든, 이 경우에도 한 통사 단위 '-었던'을 자의적으로 상정하는 일은 정당화될 수 없다.

넷째, B-⑩의 규칙은 형용사와 지정사의 경우, '-는'이 형태음운론적 과정을 통해 '-은'이나 '-ㄴ'으로 바뀌는 것을 예상한 것이다. 그런데, 형용사와 지정사의 경우, 완형보문과 관형절은 일반적으로 대응이 되지 않는다는 점에서, 변형규칙 B-⑩은 큰 문제를 제기한다. 다음을 비교해 보자.

(31) 가. 그의 일 처리가 시원시원하다는 생각이 들었다.
　　 나. *그의 일 처리가 시원시원한 생각이 들었다.
(32) 가. 결판을 지을 것이라는 생각을 하고 왔다.
　　 나. *결판을 지을 것인 생각을 하고 왔다.

남기심(1973)에서는 전통문법적 연구에서 관형형어미로 알려져온 '-는', '-은' 등을 보문관형절의 경우와 관계관형절의 경우로 분리한 다음, 보문관형절의 경우만을 다루고 있다. 보문명사에 선행하는 '-는', '-은', '-을', '-던', '-었던'은 각각 종결형의 '-Ø-다고', '-었-다고', '-겠-다고', '-더-라고', '-었었-다고'로부터 규칙 B-⑩('관형형어미화')을 통해 도출되는 것이다. 반면, 남기심(1976)에서는 관계관형절의 관형형어미가 보문관형절의 관형형어미와는 달리, 종결형과 일대일로 대응되지 않는다고 보아 아주 다르게 처리하고 있다. 즉, 기저의 '-었었-'이 표면의 '-던' 또는 '-었던'으로 변형을 통하여 도출되며(1대다), 기저의 '-었-'과 '-었더-'가 표면의 '-은'으로, 기저의 '-더-'와 '-었었-'이 '-던'으로 변형을 통하여 도출되기도 하는 것이다(다대1). 이러한 사실을 근거로 하여, 관계관형절은 기저에서부터 관형형을 가지는 것으로 설정하고 있다. 다음은 관계관형절의 기저에서 동사 선어말어미 배열의 가능성을 모두 나열한 것이다.[227]

(33) 어간 ([{완료/단속}]) [미확인/{지속/중단}]
     완료

이 규칙은 '-겠던', '-았었던'과 같은 형태를 생성할 수 없다는 문제를 지니고 있다. 실제 말뭉치에서 두 형태가 발견된다.

(34) 그것은 마치 가지고 싶어 못 견디겠던 장난감을 얻어가지고 〈난 이거 가졌다누.〉 하고 보는 사람마다 자랑을 하는 어린애와도 같았다. (심훈, 『영원의 미소』)
(35) 역사 때에 부역 갔었던 천왕둥이가 새로 지은 전각이 훌륭한 것을 말하고…"
(홍명희, 『林巨正』)

그러나 더욱 근본적인 문제는, 보문관형절과 관계관형절에서 관형형어미의 형태가 체계적으로 같음에도 불구하고 그 기저구조를 아주 판이한 형식으로 설정했다는 점에 있다. 보문관형절에서나, 관계관형절에서나, '-은', '-을', '-던'은 동일한 시상 또는 양상의 의미를 나타내는 것으로 판단된다. 또 '-는'은 두 경우 모두에서 시제나 시상, 혹은 두드러진 양상의

---

[227] (33)은 남기심(1976)에서 제시한 규칙인데, 이는 다음과 같은 7가지 연결의 가능성을 하나로 축약한 것이다. 괄호 안은 동사 실현형을 하나씩 예로 든 것이다.
   a. 어간+완료+미확인('믿었을'), 어간+단속+미확인('믿었었을'), 어간+완료+지속('믿었는'→'믿은'), 어간+완료+중단('믿었던'), 어간+미확인('믿을'), 어간+지속('믿는'), 어간+중단('믿던')

의미를 갖지 않는 것으로 판단된다. 보문과 관계절의 '-은', '-는', '-을' 등이 서로 다른 방식의 절차에 의해 도입된다는 것은 문제이다.

정리해 보면, 남기심(1973, 1976)에서 관형절에 대한 처리는 다음 3가지 방식으로 이루어진다. 이들은 세 가지 관형절 구성의 기저구조를 보인 것이다. 변형규칙 B-⑩은 종결형과 관형형의 통사적 연관을 완형보문의 경우에만 인정하겠다는 뜻이 된다.

(36) ┌ 보문관형절 ┌ 완형보문: "[김장군이 반란을 음모했다고]$_{Scomp}$ 죄목" → B-⑩ 적용
     │   └ 불구보문: "[김장군이 반란을 음모했다]$_S$ 죄목"
     │   → 불구보문자 '-은' 도입 변형
     └ 관계관형절: 어간 ([{-았, -았었, -았}] [-을, {-는, -던}] (=(33))
                   → 형태음운론 규칙 '-았는 → -은' 적용

관형절에 대한 완전한 처리는 한국어 통사구조의 연구가 해결해야 할 난제 중 하나라 하겠는데, 이 문제에 관해 초기의 완전성 있는 방안을 제공해주었다는 점에서 남기심(1973, 1976)의 의의를 평가할 수 있다.

5. **보문 명사의 분류 문제** 앞의 (3)에 제시한 보문 명사들의 분류도 문제를 제기한다. 한 예로, '이유'는 보문 명사 중 '완형보문 명사', 즉 [+완보]의 자질을 가지는 것으로 분류되었다. 다음 예들을 보면 이러한 분류가 얼핏 타당한 듯이 여겨진다. (37가)가 그 기저구조이며, '하는' 삽입 변형에 의해 (37나)가, 다시 '-고 하-' 삭제 변형에 의해 (37다)가 도출된다고 할 수 있다. 또한 (37라)는 (37가)에 관형형어미화 변형이 적용되어 도출된 것이라고 할 수 있다.

(37) 가. [Ø 그 사람이' 싫다고] 이유 무엇이냐?
     나. 그 사람이 싫다고 하는 이유가 무엇이냐?
     다. 그 사람이 싫다는 이유가 무엇이냐?
     라. 그 사람이 싫은 이유가 무엇이냐?

그러나 이러한 분석은 옳지 않다. 우선 (37라)는 남기심(1973)의 분류에 문제를 제기한다. 이 문장은 (37가)에 곧바로 불구보문 관형수식구화(관형형어미화)가 적용되어 얻어진 것이라고 할 수 있을지 모르나, 남기심(1973)의 보문 명사 분류에는 '이유'가 "어떠한 경우에나 완형보문 수식구만을 가지는" 완형 보문 명사의 하나로 규정되어 있다. [+완보] 자질만을

가지는 같은 부류의 명사들 중에서도 '사실, 약점, 욕심, 결심' 등은 관형형어미화가 적용될 수 있는 것과 비교된다. 그러므로 (37라)는 이러한 처리에 대한 반례임이 명백하다.

'이유'가 (37라)에서처럼 관형형어미화를 아울러 허용하는 명사라고 수정한다고 해서 문제가 해소되지는 않는다. 가령 (38가, 나)와 같은 문장들은 (38라)와 같은 완형 보문의 기저에서 도출해내야 할 것이다. 여기에 관형형어미화가 적용된다면 (38다)의 문장이 도출되나, 이는 비문이다.

(38) 가. 그 사람을 싫다고 하는 이유가 무엇이냐?
나. 그 사람을 싫다는 이유가 무엇이냐?
다. *그 사람을 싫은 이유가 무엇이냐?
라. [Ø 그 사람'을' 싫다고] 이유 무엇이냐?

이상과 같은 문제의 근원은 '이유'를 완형 보문 명사로 규정했기 때문이다. '이유'는 불구 보문 명사, 즉 [-완보] 자질을 가지는 것이다. 위에서 (37다)와 (38나)는 형태음운론 규칙으로서의 '고' 삭제와 '하' 삭제가 차례로 적용되어 얻어지는 문장이다. (38다)는 '*그 사람을 싫다'가 비문이므로 자연스럽게 비문이 된다. 그러므로, 정작 문제의 요인은 위에서 (37가)나 (38라)와 같은 기저 구조가 잘못 설정되었다는 점에 있다. 특히 (38라)의 보문은 그 자체가 비문이므로 이에 따라 (38다)가 비문이 되는 것이다.

(37나)는 (37나)'를 그 기저로 가지며, (37다)는 이로부터 '고'와 '하' 삭제 규칙이 적용된 것이다. 이는 형태음운론적 규칙이라고 보아야 한다. (37라)는 이들과 무관한 (37라)' 구조를 그 기저로 가진다. (38가)와 (38나)도 역시 이들과 또 다른 기저 구조 (37라)'로부터 도출된다.

(37)' 나. [Ø 그 사람이 싫다고 하는] 이유 무엇이냐?
다. [Ø 그 사람이 싫은] 이유 무엇이냐?
라. [Ø 그 사람을 싫다고 하는] 이유 무엇이냐?

완형 보문 명사로 분류된 '이유'를 불구 보문 명사로 수정 분류한다면 이상의 문제가 해소된다고 할 수 있다. 그러나 이것이 문제의 완전한 해결인 것은 아니다.

(37나)', (37라)'의 '하-'는 남기심(1973)에 따르면 '대동사'라고 보아야 한다. 그러나 원래 남기심(1973)의 분류대로 '이유'가 완형보문 명사라면 '하-'는 '형식동사'가 되는 것이다. 이렇게 쉽게 분류상의 착오에 빠지도록 되어있는 것은 그 분류의 근거가 되는 변형규칙들이

작위적이기 때문이라고 할 수 있다.

[+완보]와 [-완보]의 양면적인 것의 수효는 남기심(1973)에 규정된 것보다 더욱 팽창할 수 있다. 만약 변형으로서의 '하는' 삽입, '-고 하-' 삭제 규칙을 도입하지 않고, 형태음운론적 규칙으로서의 '-고' 삭제, '하-' 삭제와, 분포 환경에 따른 기존 통사 규칙이나 의미론적 요인에 따라 이들 문장의 실현을 설명할 수 있다면, 앞에 언급한 기술상 문제를 아울러 고려할 때에, 형태음운론적 규칙만을 문법에 설정하는 것이 훨씬 간결한 기술일 것이다.

남기심(1973)의 명사 분류표인 앞의 (3)에는 '보고/소문/소식/얘기'가 [+완보]로 분류되어 있으나 이것도 오류이다. 가령, "탱크 한 대가 거리를 지나더라(고 하)는 보고/소문/소식/얘기"는 관형형어미화 변형에 따라 "*탱크 한 대가 거리를 지나던 보고/소문/소식/얘기"로 바뀔 수 있어야 하나, 이 변형이 적용된 문장은 비문이다. 이는 '보고/소문/…' 등이 [-완보] 명사임을 드러내는 증거이다.

직접인용 보문과 간접인용 보문을 구분하는 기준은 무엇인가? 모든 '완형 보문'이 그 기저에서 직접인용 보문을 가진다고 해야 하는가? 남기심(1973)에는 그 기저 구조에서 직접인용 보문을 취하는 명사와 간접인용 보문만을 취하는 명사의 구분이 되어 있지 않다. 다음 (39가)의 기저 구조가 간접인용 보문의 형식을 가지는 것으로 설정하였으나, (39나)도 가능한 것이다.

(39) 가. 복희가 결혼했다고 소문이 떠돈다.
      나. "복희가 결혼했다."라고 소문이 떠돈다.

이것도 보문 명사의 분류와 관련한 문제점의 하나로 추가되어야 한다.

6. 예외적 격 표시 구문, 지칭문의 문제 '주어 상승' 변형, '외치1' 변형, 그리고 '지칭문'의 처리도 문제를 제기한다. 이들은 뒤의 여러 연구에서 '예외적 격 표시 구문'이라고 지칭하는 문장들을 그 대상으로 하는 것이다.

80년대 이후에 '예외적 격 표시' 구문으로 불리어지는 다음 (40나)와 같은 문장에 대해서 남기심(1973)은 이동변형설을 제시하고 있다. (40가) 구조와 같은 것을 기저로 해서, B-⑥ 주어 상승 변형에 의해 보문의 주어 '그 사람이'가 VP에 직접관할되는 목적어('그 사람을')로 이동하고, B-⑦ '외치1' 변형에 의해 '성실하다고'가 '생각했다'에 부가되어 복합적인 V 범주의 '성실하다고 생각했다'를 이룬다.

(40) 가. 우리는 모두 그 사람이 성실하다고 생각했다.
　　　나. 우리는 모두 그 사람을 성실하다고 생각했다.

'성실하다고 생각했다'가 단어 단위의 범주인 동사(V)를 이룬다고 하는 것은 임시방편적 처리임에 틀림없다. 가령, 다음 같은 예에서는 '심성이 바르다고 생각했다'가 동사(V) 범주를 이룬다고 해야 한다.

(41) 가. 우리는 모두 그 사람이 심성이 바르다고 생각했다.
　　　나. 우리는 모두 그 사람을 심성이 바르다고 생각했다.

이처럼 무리한 처리에도 불구하고, 남기심(1973)의 기술은 이 구문 현상을 이해하는 데에 기여하고 있다. 그는 주어 상승 변형의 조건으로 'V가 외적인 상태의 지속을 기술하는 것일 때', '보문술어가 서술형일 때'를 들었는데, 이는 이 구문의 형성 조건에 대한 중요한 관찰을 제시한 것이다.

이 구문의 형성 조건으로는 이 밖에도 '상위문 동사가 판단 동사일 것'이라는 제약이 필요하다고 본다. 남기심(1973)에도 '상위문 동사가 완형보문 동사일 것'이라는 조건이 전제된 것이다. 그러나 모든 완형보문 동사가 이 구문을 형성할 수 있는 것은 아니고, 그 중 '사고작용에 의한 판단'을 나타내는 동사들만이 이 구문에 적합한 것이다.[228] 다음 예의 '듣다', '느끼다'는 이런 요건을 충족하기 어렵기 때문에 목적어를 가지는 이 구문이 자연스럽지 못하게 된다.

(42) 가. 나는 그 사람이 착하다고 들었다./*나는 그 사람을 착하다고 들었다.
　　　나. 철수는 그 곳이 편안하다고 느꼈다./*철수는 그 곳을 편안하다고 느꼈다.

이러한 사실들은 표준적인 개념으로서의 '변형'에 따라 포착할 수 없다. 자켄도프(Jackendoff 1990), 골드버그(Goldberg 1995) 등에 의해 논의되는 '구문규칙'에 따라 포착하는 것이 하나의 대안이 될 수 있다. 독립된 어휘항목들처럼, 구문 형식 자체가 그 음운론적 표상, 통사구조 표상, 의미구조 표상을 가지는 것으로 기술될 수 있는데, (40나), (41나)와 같은 문장들은 이러한 규정에 부합하므로 적격성을 얻게 된 것이다.[229]

---

[228] 이 구문에 대한 자세한 논의로 양정석(2002: 5.4절)을 참고하기 바람.

남기심(1973)에서는 '지칭문'을 보문 내포문과는 별도의 것으로 간주함으로써 다음과 같은 매우 임시방편적인 구조를 끌어들이고 있다.

(43) [$_{VP}$ [$_{NP}$ 콩을] [$_{NPcomp}$ [$_{NP}$ 팥] [$_{cmp}$ 이라고]] [$_{Vq}$ 한다/부르다]]

위의 '구문규칙' 기술 방안에 따르면 지칭문도 위 구문의 한 특수한 예일 뿐이다.

7. '하-'의 처리와 형태음운론 규칙 남기심(1973)은 인용절과 관형절의 통사구조에 관하여 많은 생산적인 논쟁을 유발하였다. 이 논쟁의 과정에서 지적된 문제들이 여럿 있다. 대표적인 문제는 '-고 하-'를 삭제하는, 또는 '-고'와 '하-'를 삭제하는 변형규칙, 관형절의 도출에서 '하는'을 삽입하는 변형규칙, 그리고 관형형어미를 도입하는 변형규칙을 설정한 것들이다.

이 논문 전체적으로 구 구조 규칙과 변형규칙과 형태음운론 규칙은 서로 독립된 세 부문에서 적용되는 규칙들로 상정되어 있다. 그런데 동일한 성격의 규칙이 하나는 변형 부문에서, 다른 하나는 형태음운론 부문에서 설정되고 있다. '-고 하-' 삭제, 즉 '완형보문의 명사구 축약'이라는 규칙(앞의 B-⑨)이 변형규칙으로 제시되어 있는데, 형태음운론 규칙에도 '-고'와 '하-'가 탈락되는 과정을 각각 규칙으로 설정하고 있다(C-②와 C-③). 이 둘의 차이점으로 전자가 관형절에만 나타난다는 점을 들 수 있을 것이다. 그러니 후자도 관형절에 나타나는 예를 가진다는 점, 두 경우의 '-고', '하-'는 형태음운론적으로 동일한 환경에서 탈락된다는 점에서, 둘을 하나의 규칙으로 통합하는 설명이 가능하다면 그와 같은 처리 방안이 간결성의 기준에서 선호된다. 그리고 앞의 항목 2에서 증명된 것처럼 변형규칙으로서의 '-고 하-' 삭제는 정당화되지 않는 '하는' 삽입 변형을 전제하므로 유지될 수 없는 방안이다. 따라서 형태음운론 규칙으로서의 '-고' 삭제와 '하-' 삭제만이 타당한 방안으로 남게 된다.

3.3.5. 박승윤(1981)의 한국어 생성문법

박승윤(1981)은 생략 구문과 화제 구문과 관계관형절 내포문에 한정된 연구이다. 특히 생략 구문과 화제 구문에 대한 기술은 이전의 표준이론적 연구에서 볼 수 없는 사실의 관찰과 일반화를 포함하고 있으며, 이들 구문의 통사구조 생성과 그에 상응하는 의미 해석의 방안들은 이후의 원리매개변인 이론, 최소주의 통사론의 방법론을 따르는 연구에서도

---

229 양정석(2002: 5.4절)을 참고하기 바람.

그 기본 관점을 유지해야 할 만큼 온당한 방안들이다. 화제 구문, 관계관형절 내포문, 생략 구문의 순으로 논의하기로 한다.

박승윤(1981)의 화제 구문 연구

송석중(1967)은 주로 단순문 구조의 다양한 문제들을 다루었고, 이홍배(1970)은 종결어미의 생성적 기저가 수행동사를 가지는 복합문이라는 관점을 바탕으로, 주관성 형용사와 연관되는 구문을 복합문 구조로 분석하고, 이를 단형과 장형의 사동문에도 확대 적용하는 작업을 실행하였다. 양인석(1972)는 관계절 내포문과 여러 가지 종류의 보문 내포문에 대한 생성문법적 기술을 시도하여 이후의 상당수의 연구에서 이를 기본적 방법으로 따르고 있다. 남기심(1973)은 관형절 내포문 중 인용절과 관련한 범위의 예들에 대한 집중적인 기술을 보였다. 이러한 연구들의 결과로 한국어의 복합문의 하위 유형 중 접속문을 제외한 명사절 내포문, 관형절 내포문, 인용절 내포문이 생성문법적 기술을 얻게 되었다.

최현배(1937)의 내포문 중에는 흔히 '이중주어문'으로 알려진 '용언절 포유문'도 포함된다. 박승윤은 이러한 유형의 문장들을 단순문 구조로서, '화제'를 가지는 문장으로 분석함으로써 이 유형의 구문에 접근하는 하나의 뚜렷한 방안을 제시하고 있다.

이중주어문을 도출하기 위해 설정한 구 구조 규칙은 (1가, 나)의 두 가지이다. (1가)의 NP가 화제이다. (2)와 같은 유형의 문장들이 (1)을 통해 도출된다고 한다.[230]

(1) 가. S → (NP)+S′
    나. S′ → NP+VP
    다. VP → (NP)+(PP)+⋯+(PP)+V

---

[230] (1가), (1나)를 다음 (a), (b)와 같이 나타내면 서술절설에 따른 문장 구조를 생성하게 되는데, 이는 박승윤의 취지에 반하는 결과가 된다.
 a. S → NP+S
 b. S → NP+VP
(1)의 구 구조 규칙은 'NP-이' 성분이 3개 이상 실현되는 문장을 생성할 수 없다는 근본 문제가 있다(박승윤 1981에는 이러한 문장들이 아예 언급되지 않는다). 이러한 구조를 생성하는 방법은 위 (1)에 다음의 귀환적 규칙을 추가하는 것이다. 이는 (a), (b)와는 다른 것이다. 위 (1가)에 따라 주제어는 하나만 생성하고 (c)에 따라 NP를 두 개 이상 생성할 수 있다.
 c. S′ → NP+S′
또 한 가지 지적할 점은, 박승윤이 완전히 문법적인 문장으로 제시한 (2나, 다)는 의미적으로 부적격한 문장이라는 것이다. 다음과 같은 문법성 판단이 사실을 정확히 보이는 것이다.
 d. ?철수는 영희가 좋다. cf. 나는 영희가 좋다.
 e. ?철수는 배가 고프다. cf. 나는 배가 고프다.

(2) 가. 철수는 머리가 좋다.
　　나. 철수는 영희가 좋다.
　　다. 철수는 배가 고프다.
　　라. 영희는 돈이 많다.
　　마. 꽃은 장미가 아름답다.

통사적으로는 위 (1가)의 NP, 즉 [NP, S]가 통사구조에서의 화제의 위치이다. 주어의 위치는 [NP, S′]이다.[231] 그 외에 화제가 가지는 최적의 특성은 형태론적으로 '-는'이 부착된다는 점이고 의미론적으로 한정성(definite)을 가진다는 점이다. 화제는 기본적으로 관하여성(aboutness)을 가지는 대상이라고 한다.[232]

(3) 박승윤의 화제에 대한 관점
　　가. 무표의 화제: '-는'이 강세를 갖지 않을 때의 문두의 'NP-는'은 무표의 화제이다.
　　나. 초점 화제: '-는'이 강세를 가질 때의 문두의 'NP-는'은 초점 화제이다. 'NP-도', 'NP-만', 그리고 '-이'가 강세를 가지는 'NP-이'도 문두 위치에 있을 때에는 초점 화제이다.
　　다. 'NP-는'뿐만 아니라 'NP-도', 'NP-만', 그리고 강세의 '-이'를 가지는 'NP-이'도 화제가 될 수 있다.

박승윤은 '-는'이 화제를 표시하는 기능과 '대조적 초점'을 나타내는 기능의 두 가지 기능을 가지며, '-이'도 주어를 표시하는 기능과 '결정적 초점(determinative focus)'(또는 '대조적 초점 contrastive focus')을 나타내는 기능의 두 가지 기능을 가진다는 점을 매우 공들여 논하고 있다.

그러나 이들 각각을 '-는¹'과 '-는²'의 동음이의적 형태소로 나누는 것인지, '-이¹'과 '-이²'의 동음이의적 형태소로 나누는 것인지에 대해서는 분명히 하지 않고 있다. 이것은 이 이론이 명시성의 요건을 충족하지 못함을 보이는 것이라고 판단한다.[233] 생성문법의 이론 체계

---

[231] [NP, S]와 [NP, S′]는 각각 S에 직접관할되는 NP, S′에 직접관할되는 NP를 뜻한다.
[232] 화제를 관하여성(aboutness)으로 정의하는 관점은 철학자 Strawson(1964)으로부터 비롯된다. 그는 용어 'topic' 대신 'subject'를 사용하여 논의한다. 화제('sentence-topic')가 Strawson(1964)의 관하여성 개념에 바탕을 둔 개념으로 정립되어야 함을 언어학적으로 논증한 Reinhart(1981b)는 주목할 만한 연구이다.
[233] '-이'는 주격 표지의 기능과 '대조적 초점' 표지의 기능을 가진다고 설명하지만 전자와 후자의 '-이'가 각각 구체적으로 어떻게 도입되는지는 명시하지 않는다. 전자의 경우 (1나)의 규칙에 따라 주어지는 구조에서 S′에 직접관할되는 NP에 주어 표지('SM') 삽입 변형규칙이 적용되어 'NP-SM' 형식을 만든 다음 형태음운론 규칙이 적용되어 'NP-이' 또는 'NP-가'가 실현된다고 이해할 수 있다. 그러나 '-는'이 어떤 방법으로 도입되고 그 명사구의 구조가 어떤 것인지는 전혀 알 수 없다. 이는 명시성 요건을 충족하

내에서 화제 문장의 통사구조와 의미 해석의 문제를 다루기 위해서는 이에 대한 명확한 결정이 필요하다.

박승윤(1981)의 한국어 관계관형절 구조에 대한 관점

한국어의 관계관형절은 그 표제 명사구에 앞서는 위치로 기술된다는 점(양인석 1972),[234] 표제 명사구의 이동을 가정하거나 관계관형절 내의 동일 명사구의 대명사화와 대명사 삭제 절차를 가정하지 않고 관계관형절 내의, 표제 명사구와 동일한 명사구를 삭제하는 절차(동일 명사구 삭제 변형)를 받아들인다는 점이 관계관형절 구조에 대한 박승윤(1981)의 기본 관점이다. 이홍배(1970) 등에서 관계관형절에서 적용되는 '동일 명사구 삭제'로 논의된 변형 규칙을 '관계관형절의 형성'이라고 지칭하여 다음과 같이 기술하고 있다. 즉, (5가)는 (5나)의 기저구조에 (4)의 삭제 규칙이 적용되어 형성된다.

(4) 관계관형절의 형성(삭제)
SD: (W) [$_S$ X NP Y] NP Z
      1   2 3 4   5 6
SC: 1   2 Ø 4   5 6 (조건: 3 = 5)

(5) 가. 트럭이 받은 개가 죽었다.
    나. [$_{S0}$ [$_{NP}$ [$_S$ [$_{NP}$ 트럭] [$_{VP}$ [$_{NP}$ 개$_i$-를] [$_V$ 받았다]]] [$_{NP}$ 개$_i$-가] [$_{VP}$ 죽었다]]

(7)과 같은 복잡한 구조를 위해서는 (6)의 재순서화 규칙이 더 설정되어야 한다고 한다. 맨 하위에 형성된 관계관형절+표제의 'S NP'에 (4)가 적용된 후 (6)이 적용되면 '[[철수가 트럭이 받은 개를 사랑했다] 개]'와 같은 구조가 나타나는데, 여기에 다시 (4)와 (6)이 적용되면 '[[철수가 사랑한][트럭이 받은] 개]'가 형성된다는 것이다.

지 못한 것이다.
필자의 대안적 생성문법을 제시하는 제4장에서는 박승윤(1981)의 두 가지 '-는'에 상응하는 '-는^1'과 '-는^2'를 동음이의 형태소로 나누고, 박승윤의 두 가지 '-이'에 상응하는 '-이^1'과 '-이^2'를 역시 동음이의 형태소로 나누어 이들의 통사구조에서의 실현을 설명할 것이다.

[234] 관계관형절이 기저구조에서 표제 명사구의 뒤에 위치하는 것으로 상정하는 양동휘(1975)와 같은 견해도 있다.

(6) 관계관형절의 형성(재순서화)

　　SD: V [$_{S1}$ (W) [$_{S2}$ X] Y] NP Z
　　　　 1　　 2　　 3　4　 5 6
　　SC: 1　　 2+4　 3　Ø　 5 6 (조건 a: 2는 비실현일 수 있다
　　　　　　　　　　　　　　　　　　b: S1과 S2는 관계관형절이다.)

(7) 가. [철수-가 사랑하-ㄴ [트럭-이 받-은] 개가 죽었다.

　　나. [$_{S0}$ [$_{NP}$ [$_{S1}$ [$_{NP}$ 철수개] [$_{VP}$ [$_{NP}$ [$_{S2}$ [$_{NP}$ 트럭-이] [$_{VP}$ [$_{NP}$ 개$_i$-를] [$_V$ 받았대]]] [$_{NP}$ 개$_i$-를]] [$_V$ 사랑했대]] [$_{NP}$ 개$_i$-개] [$_{VP}$ 죽었대]

박승윤(1981)은 전반적으로 통사구조와 통사 규칙이 가지는 담화화용론적, 기능적 의의를 탐구하는 데에 주력하고 있다. 그는 구노(Kuno 1973)로부터 비롯되는 '관계관형절의 화제-평언 기저 가설'의 관점에서, '관계관형절-표제 명사구'의 구조가 '평언-화제'의 기능적 단위와 대응된다는 점을 보이려고 노력하고 있다. (6)과 같은 통사 규칙은 화제-평언의 기능적 단위를 실현시키는 데에 기여하는 규칙이라는 것이 그의 주장이다. 그러나 관계관형절의 구조를 (5)나 (7)과 같이 기술하는 것보다 더 나은 통사론적 구조 기술의 방안이 존재하며, 이에 따르면 그 대응되는 의미론적 기술도 훨씬 효과적으로 실행할 수 있음을 뒤의 '비판'에서 보이기로 한다.

박승윤(1981)의 생략 구문 연구

생략 구문의 기술에 있어서의 박승윤의 기본 방법은 공범주를 가지는 통사구조를 생성하는 통사론적 절차와 공범주 성분에 대한 담화화용론적 해석 절차를 구별하는 것이다. 통사론적으로는 '삭제 변형 접근'에 반대하는 논증을 전개하고 있다.

(8)과 같은 불완전문이 발화된 경우, 청자의 입장에서의 이론화 방향을 택하여, (9)와 같이 공범주 성분을 가지는 통사구조를 생성하고, 공범주 조응에 관한 담화화용론적 해석 규칙들을 활용하여 (10)과 같은 해석된 구조를 얻는다고 한다.

(8) 언제 가십니까?
(9) [$_S$ [$_{NP}$ Δ] [$_{VP}$ [$_{NP}$ 언제] [$_{NP}$ Δ] [$_V$ 가십니까]]] (67쪽)
(10) [$_S$ [$_{NP}$ 당신] [$_{VP}$ [$_{NP}$ 언제] [$_{NP}$ 한국-에] [$_V$ 가십니까]]]

통사론적 기저구조 생성 절차는 (11)의 세 단계로 이루어진다. (12)는 예시이다.

(11) ① 범주 지정(Parsing)
② 기저 규칙들을 활용한 역분석(Catalysis by base rules)
③ 동사의 논항구조를 활용한 역분석(Catalysis by the argument structure of the verbal predicate)

(12) '또 뵙겠습니다.'의 기저구조 생성
가. [$_{Adv}$ 또] [$_V$ 뵙겠습니다] (⇐ ①)
나. [$_{VP}$ [$_{Adv}$ 또] [$_V$ 뵙겠습니다]] (⇐ ②, (1다))
다. [$_{S'}$ [$_{NP}$ Δ] [$_{VP}$ [$_{Adv}$ 또] [$_V$ 뵙겠습니다]]] (⇐ ②, (1나))
라. [$_{S'}$ [$_{NP}$ Δ] [$_{VP}$ [$_{NP}$ Δ] [$_{Adv}$ 또] [$_V$ 뵙겠습니다]]] (⇐ ③)

(12가)는 ①에 따라 단어들에 범주가 지정되었음을 보인다. (12나)는 위 구 구조 규칙 (1다)를 활용하여 VP 범주로 분석되었음을, (12다)는 구 구조 규칙 (1나)를 활용하여 공범주 주어를 포함한 S' 범주로 분석되었음을 보인다. (12다)는 동사 '뵙다'의 논항구조 정보를 활용하여 VP 안에 또 다른 공범주 성분을 포함한 구조로 분석되었음을 보인다.

통사구조에 생성된 공범주 성분을 담화화용론적 해석하는 절차에는 다음 두 유형의 해석 규칙이 작용한다고 한다(93쪽).

(13) 가. 자료적 해석 규칙
언어적 특성이나 상황맥락의 특성에 따라 조응사의 해석이 직접적으로 이루어지는 경우를 '자료적 해석 규칙'이라고 한다.
나. 추론적 해석 규칙
조응사의 해석이 담화화용론적 추론에 의해 이루어지는 경우를 '추론적 해석'이라고 한다. 추론적 해석 규칙의 대표적인 것으로 한정화(definitization), 연접(conjunction), 연합(association), 추상(abstraction)의 4가지를 들고 있다.

(13나)의 추론적 해석 규칙 중의 하나인 '한정화 규칙'이 적용되는 예를 들어 보자.

(14) 가. 철수는 어떤 서울 여자를 사랑한다.
나. 그러나, 그의 부모는 Ø 아주 싫어한다.

(14나)에 표시된 'Ø'의 선행사라고 할 (14가)의 '어떤 서울 여자'는 비한정성 의미를 갖지만, (14나)의 'Ø'는 한정 명사구(definite NP)의 의미로 해석된다. 이는 다음 규칙이 적용된

결과인 것이다.

(15) 한정화 규칙: ∃x (P, x) → ιx(P, x)
[속성 P를 가지는 지시체 x가 존재할 때, 담화상 영역에 속성 P를 가지는 한정성 담화 지시체 x가 존재한다.]

대등접속문에서의 생략

대등접속문에서의 생략은 명사항의 생략과 서술어의 생략의 두 종류가 있다. (16가, 나)는 주어와 목적어의 생략을, (17)은 서술어의 생략을 예시한다. 박승윤은 삭제 변형 접근에 반대하는 입장이므로, 명사항 생략이나 서술어 생략이나 모두 'Ø'로 표시되는 공범주 조응사로 나타내고 있다.

(16) 가. 영희는 학교에 가고, Ø 다방에도 갔다.
 나. 철수는 떡을 만들고, 영희는 Ø 먹었다.
(17) 철수는 서울로 Ø, 영희는 부산으로 갔다.

대등접속문에서 서술어 생략('비우기 gapping')은 항상 역행 생략의 방향으로 이루어지는 데에 반해서, 주어 생략은 항상 순행 생략만이 가능하다고 한다. 특히 후자의 사실은 접속문의 구조와 관련하여 중요한 사실을 발견한 것이다. 먼저 서술어 생략의 방향성의 사실은 다음과 같이 예시된다.

(18) 가. 철수는 밥을 Ø, 영희는 떡을 먹었다.
 나. *철수는 밥을 먹고, 영희는 떡을 Ø.

대등접속문에서 선행절 주어가 후행절 주어와의 동일성을 유지한 채 생략되는 것은 금지된다((19)와 (20)). 이 점은 박승윤(1981)에서 처음으로 발견한 것이다. 그는 이어서 선행절 목적어가 후행절 목적어와의 동일성을 유지한 채 생략되는 것도 금지됨을 관찰하고 있다 ((21)과 (22)).

(19) 가. 영희가 학교에서 책을 읽고, Ø 공원에서 운동을 했다.
 나. * Ø 학교에서 책을 읽고, 영희가 공원에서 운동을 했다.

(20) 가. 영희는 학교에 가고, 또 Ø 도서관에 갔다.
　　　나. * Ø 학교에 가고, 또 영희는 도서관에 갔다.
(21) 가. 철수는 영희를 사랑하고, 영수는 미워한다.
　　　나. *철수는 Ø 사랑하고, 영수는 영희를 미워한다.
(22) 가. 철수는 영희에게 책을 주었고, 영수는 순희에게 Ø 주었다.
　　　나. *철수는 영희에게 Ø 주었고, 영수는 순희에게 책을 주었다.

박승윤에게 대등접속문에서의 이러한 구성성분들의 생략 또는 공범주의 조응은 담화화용적 요인에 의한 것이다. 이후의 연구에서 이러한 사실을 대등접속문과 종속접속문의 통사적 차이로 해석하는 시도가 생겨났는데,[235] 필자는 이 쟁점에 있어서 박승윤의 관점이 타당하다고 본다.

서술어가 생략되는 '비우기 구문(gapped sentence)'이 가지는 형식적 특성으로 다음 4가지 사실을 관찰하고 있다.

(23) i) 두 절을 잇는 '접속사'로 대칭적인 뜻을 가지는 '그리고'와 '그러나'가 쓰여야 한다.[236]
　　　ii) 선후행절은 다음과 같은 평행성을 가져야 한다: 서술어 외의 구성성분들이 동일 범주로 대응되어야 하고, 구성성분들이 동일 순서로 배열되어야 하고, 선후행절이 동일한 의미역 구조의 표현이어야 한다.
　　　　　EX. *철수는 낮잠을 Ø, 영희는 밤에 잔다/*나는 이 코트가 Ø, 철수는 겨울이 춥다/*10시에 철수는 영희하고 Ø, 순희하고 오후에 영수는 학교에 갔다.
　　　iii) 선후행절이 각각 주절과 종속절로 이루어진 복합 구성일 때, 서술어를 생략하는 '비우기'는 주절에 대해서만 적용된다.
　　　　　EX. 철수는 [아버지를 기쁘게 하려고] 동생을 Ø, 영수는 [어머니를 기쁘게 하려고] 아내를 용서했다./*철수는 [아버지를 Ø] 동생을 용서했고, 영수는 [어머니를 기쁘게 하려고] 아내를 용서했다.
　　　iv) 선후행절에서 서술어 외의 구성성분은 3개까지 허용되고, 그 수가 늘어날수록 용인가능성은 저하된다.

---

[235] 남기심(1985)를 참조하기 바람.
[236] '그러나'는 '-나'로 축약된 형태가 쓰일 수 있다고 하였다. 이는 '그리고, 그러나, 그런데, …' 등의 접속부사가 영어의 접속사에 대응되는 형식이라고 잘못 판단한 것으로, 한국어의 기본적인 통사구조와 통사 범주 체계를 이해하지 못하고 있음을 드러낸다. 접속어미 '-나'는 '그러나'에서 축약된 형태가 아니다. 그리고 영어의 접속사들이 가지는 접속 기능은 한국어에서는 접속어미들이 행하는 것이다.

(23i)를 제외하면 (23ii-iv)의 사실들은 대등접속문에서의 생략에 관한 중요한 사실을 관찰한 것이라고 본다. (23i)에서 '그리고, 그러나'가 접속문을 구성하는 형식이라는 진술은 옳지 않은 것이다. 한국어에서 접속문을 구성하는 형식은 접속어미 '-고, -나' 등이지, '그리고, 그러나' 등의 접속부사가 아니다. 또 서술어가 생략되는 비우기 구문이 나타나는 것은 접속어미가 '-고'인 경우뿐이고, '-나'인 경우에는 그것이 불가능하다.

박승윤(1981) 비판

박승윤(1981)이 가지는 의의와 문제점을 지적해 보기로 한다.

1. **모든 이중주어문은 화제를 가지는 문장인가?** 면밀히 살펴보면 위 (2)의 문장들은 완전히 동일한 구조적 특성을 갖지 않는다. (2가)의 '좋다'는 1자리 술어인 품질 형용사이나 (2나)의 '좋다'는 2자리 술어인 주관성 형용사이다.[237] (2다)에서도 '고프다'가 주격인 '배가'를 필수적으로 요구한다. 이 경우의 '고프다'도 2자리 술어인 주관성 형용사라고 본다. (2라)에서도 '많다'가 2개의 논항을 요구하는 특성을 갖지만, 이는 소유의 의미를 가지는 형용사로서 1인칭 주어 제약은 없다. (2마)는 서술어 '아름답다'가 '장미가'만을 요구하고, '꽃은'은 요구하지 않는 특성을 가진다. 이 경우의 '꽃은'은 전형적인 화제이다.

문제는 주관성 형용사 '좋다, 고프다', 소유의 형용사 '있다, 많다' 등은 2개의 논항을 요구하는 술어로서, 그 첫째 논항은 주어이어야 한다는 것이다.

(2)′ 나. 나는 영희가 좋다.
    다. 나는 배가 고프다.
    라. 영희가 돈이 많다.

수량어를 가지는 이중주어문의 경우 위 (1가) 규칙에 따라 첫째 'NP-이'를 화제로, (1나) 규칙에 따라 둘째 'NP-이'를 주어로 해석하는 일은 무리라고 판단된다.

---

[237] (2나, 다) 문장은 주어가 3인칭 명사구인데 이런 경우 완전히 자연스러운 문장이 아니다. 필자는 주관성 형용사 문장에서 주어가 2인칭이나 3인칭일 경우 통사적으로 적격하지만 의미론적으로 부적격한 문장이 된다고 본다. 주어가 1인칭일 경우에는 완전히 적격한 문장이 된다.
(2) 나. ?철수는 영희가 좋다.
    다. ?철수는 배가 고프다.
    cf. (2)′ 나. 나는 영희가 좋다.
           다. 나는 배가 고프다.

(24) 가. 학생이 세 명이 왔다.
　　　나. 우리 반 학생이 모두가 왔다.

이 예들에서 '학생이'를 화제로 처리하기는 어렵다. 그러므로 화제 성분을 도입하는 구 구조 규칙 (1가, 나)로 모든 유형의 이중주어문의 구조를 일관되게 포착할 수는 없다.

2. 대등접속문의 선행절 주어 생략 박승윤(1981)의 의미 있는 기여는 대등접속문과 종속접속문에서의 주어 생략의 차이를 관찰한 점이다. 남기심(1985)에서는 대등접속문과 종속접속문을 구별하는 통사적 기준을 찾고자 하였는데, 그 결과로 선행절 옮기기, 후행절 주어를 선행사로 삼는 선행절 내의 재귀대명사화, 그리고 선후행절 주어가 동일할 때 선행절 주어가 생략되는 현상을 대등접속문/종속접속문 또는 접속문/부사절내포문의 구분을 위한 통사적 기준으로 제시하였다.

앞에서도 언급하였듯이, 박승윤의 관점은 생략이 삭제 변형의 현상이 아니라 기저에서부터 공범주가 도입되는 현상이라는 것이므로, 대등접속문에서의 선행절 주어 생략도 공범주 주어가 기저에서 도입되는 현상이라고 보는 것이다. 나중의 원리매개변인 이론의 일반적 처리 방법으로는 공범주 대명사 'pro'가 주어 위치에 설정된다. pro는 관련된 통사론적 제약을 준수해야 하고, 그 의미는 담화화용론적 절차에 따라 해석된다. 이것이 공범주 대명사의 통사론적, 의미론적 해석에 관한 현재의 표준적 방법이다. 박승윤의 관점은 이에 부합되는 온당한 관점이다.

주어 생략 외의 현상들을 대등접속문/종속접속문의 구별을 위한 통사적 기준으로 사용하는 남기심(1985)에 대해서는 제4장의 4.4.5절에서 비판할 것이다.

3. 관계관형절의 구조 박승윤이 제시하는 관계관형절의 구조는 (6)과 같은, 관계관형절에만 적용되는 변형규칙을 필요로 한다는 점에서, 궁극적으로 임시방편적 구조 설정이라는 문제를 가진다.

박승윤(1981)에서 제시한 위 (7)의 구조보다 더 나은 방안은, 핵계층 이론에 의해 구 구조를 형성하고, 공범주 관계대명사에 해당하는 'O'를 CP의 명시어 위치에 설정하는 것이다.[238]

(25) [$_{NP}$[$_{CP}$ O$_i$ [$_{C'}$[$_{IP}$ 철수-가 t$_i$ 사랑하-∅-][$_C$ -는]]] [$_{NP}$[$_{CP}$ O$_i$ [$_{C'}$ [$_{IP}$ t$_i$ 사람을 잘 따르-∅-] [$_C$ -는]]] [$_{NP}$ 개가]]] 죽었다.

---

[238] 한국어 관계관형절에 공범주 연산자 'O$_i$'를 설정한 선례로 양동휘(1989)가 있다.

이 구조는 하나의 관계절이 명사구에 부가되고, 이렇게 형성된 명사구에 다시 새 관계절이 부가되는 구조로 되어 있다. 의미론적으로 공범주 연산자(O)와 그 흔적은 람다-추상의 형식('λx. [철수가 x를 사랑한다]')으로 대응되므로, 역시 람다-추상의 형식으로 기술되는 명사구의 의미 형식과 연접(&)된 람다-추상의 의미 형식을 얻을 수 있다.[239]

(25)' λx. [x는 개이다' & x가 사람을 잘 따른다' & 철수가 x를 사랑한다]

그 관계절이 몇 개이든 연접된 의미 형식들의 람다-추상 형식으로 표시할 수 있다. 관계절과 표제 명사구 통합의 구조인 (25)는 합성성 원리를 준수하는 체계적인 통사-의미 대응의 기술을 가능하게 한다는 점에서 앞의 (7)의 구조보다 발전된 것이다.

4. 의미 해석을 고려하는 통사구조 이론 박승윤(1981)이 특징적인 것은 통사구조를 논하면서 항상 의미 해석의 문제를 고려한다는 점이다. 이 점은 그 이전의 연구는 물론이고, 그 이후의 연구에서도 찾아 보기 어려운 박승윤(1981)의 특징이다.

최근의 생성문법 연구에서는 통사구조로부터 의미 해석을 얻어내는 절차를 기술하는 연구가 성행하고 있다. 이는 보통 형식의미론이라는 이름으로 불리는 연구들인데, 이들은 통사구조로부터 의미 형식을 얻어내는 과정에서 합성성 원리리는 대원리가 준수되어야 한다고 가정한다. 한국어의 대표적 구문들 전반에 대해서 합성성 원리를 준수하는 의미 해석 절차를 기술하는 작업을 양정석(2023나)에서 보인 바 있다.

통사구조의 기술에 그 의미 해석과의 관련성을 고려하는 박승윤(1981)의 기술 태도는 문법이 통사론과 의미론을 포함하고, 두 하위 영역의 대응에서 합성성 원리가 준수되어야 한다는 대원리 하에 문법을 연구하는 최근의 생성문법의 관점을 앞서서 보인 것이라고 평가할 수 있다.

3.4. 원리매개변인 이론의 문법

현대적 개념의 문법 이론은 형식체계(formal system) 이론이다. 한국어의 모든 문법적 문장을 만들어내는 장치인 형식체계 이론으로서의 문법은 기본 문법단위들과, 이들을 이용

---

[239] 한국어의 구문 유형의 전 범위에 대하여 그 의미 형식의 표기 방법과 합성성 원리에 따른 통사의미적 합성 절차를 상론한 양정석(2023나)를 참고하기 바람.

해서 문장 구조를 형성하는 규칙인 '형성규칙(formation rule)'들로 이루어져 있다. 문법단위들로는 분류론적 문법의 연구에서 확인되어 온 한국어의 단어들, 굴절접사들을 생각할수 있다. 현대적 개념의 문법 이론에서도 이러한 문법단위들의 집합을 가정한다. 현대적 개념의 문법 이론이 그 전의 문법 이론, 즉 분류론적 이론들과 다른 점은 '형성규칙'을 인간 언어의 무한수의 문장을 생성할 수 있는, 진정한 의미의 규칙으로 기술한다는 것이다.

표준이론에서 구 구조를 형성하는 형성규칙의 역할을 한 것은 구 구조 규칙과 변형규칙이었다. 앞 장에서 본 것처럼 다양한 구문 형식의 문장들을 빠짐 없이 도출하기 위해서는 수십 개의 구 구조 규칙들이 설정되어야 한다. 또한, 구 구조 규칙으로는 도입되지 않는 요소들을 도입하기 위하여, 구 구조 규칙에 의해 생성된 구조에서 삭제되는 요소들을 처리하기 위하여, 구 구조 규칙에 의해 생성된 구조를 부분적으로 다른 구조로 바꾸기 위하여 변형규칙이 설정되어야 한다.

표준이론의 생성문법은 규칙 기반 이론 또는 구문 중심적 이론이다. 이에 비하여 원리매개변인 이론은 소수의 원리와 제약 조건들만으로 운용된다. 변형은 아래에서 위로의 이동 변형만이 인정된다. 원칙적으로 삽입 변형이나 삭제 변형은 인정되지 않는다.[240] 이런 의미에서 원리매개변인 이론의 생성문법은 원리 기반의 이론이다.

3.4.1. 원리매개변인 이론의 개요

생성문법은 언어의 문법을 가설로 상정하고 구체적인 문장 예들을 통하여 검증하는데, 이러한 작업은 인간 정신을 해명하는 작업이라고 가정된다. 초기의 생성문법 이론이 관찰의 충족성을 만족하는 문법 이론을 제시하는 데에 주력했고, 표준이론이 기술의 충족성을 만족하는 문법 이론으로 발전시키는 노력을 계속했다면, 원리매개변인 이론은 설명의 충족성을 만족하는 문법 이론을 본격적으로 추구한다. 설명의 충족성은 언어에 관한 다른 과학적 연구, 즉 언어습득이나 뇌신경과학의 연구 성과에 부응하는 문법 이론을 요구하는 것이다. 그러므로 원리매개변인 이론에 이르러 언어 연구를 통한 인간 정신의 해명이라는 생성문법

---

[240] 실제에 있어서는 원리매개변인 이론을 표방하는 이론들에서도 변형적 절차로서의 삽입이나 삭제를 실행하는 경우가 흔하다. 원리매개변인 이론에 입각한 한국어 문법 기술을 꾀하는 연구들에서 이러한 경우를 발견할 수 있다. 다음 절의 한학성(1987)에서 삽입 변형을 활용하는 예를 볼 수 있다. 필자는 이러한 처리를 부정하고, 극히 일부의 외현적 이동만을 인정하는 통사 이론을 추구한다. 삭제 변형으로 처리할 만한 예로 공백화 현상이 있다. 필자는 이에 대해서도 삭제 변형을 인정하지 않고, 공백의 자리에 특별한 공범주를 설정하는 해결 방안을 추구한다(제4장의 4.4.10절 참조).

의 본래의 목적에 접근할 수 있게 된다.

원리매개변인 이론은 촘스키(Chomsky 1981) 및 촘스키(Chomsky 1986a, b)에서 제시된 이론들을 통칭하는 것으로서, 이들이 서로 완전히 일치하지는 않지만 대체로 다음과 같은 하위 이론들로 구성된다는 점에서는 같다. 오른쪽에는 각 하위 이론의 기본 원리를 제시하였다.[241]

(1) 가. 핵계층 이론: 핵계층 도식
나. 의미역 이론: 의미역 기준, 투사 원리
다. 격 이론: 격 여과 원리
라. 한계 이론(=이동 이론): α-이동 원리, 공범주 원리, 하위인접 조건
마. 결속 이론: 결속 이론 A, 결속 이론 B, 결속 이론 C

구 구조를 형성하는 형성규칙의 역할을 하는 부문은 핵계층 이론과 'α-이동 원리'이다. 'α-이동 원리'는 핵계층 이론에 의해 형성된 구 구조의 일부 구성성분을 상위 부가어 위치나 상위의 빈 범주 위치로 이동시킨다. 'α-이동 원리' 자체는 '어느 범주든지, 어느 곳으로나 이동시키라.'와 같은 형식으로 서술되지만, (1)의 오른쪽에 요약한 원리와 조건들이 제약함에 따라 실제적으로 매우 한정된 위치로의 구성성분 이동만이 허용된다.

표준적 원리매개변인 이론에서 문법은 다음과 같은 조직을 이루고 있다. 한 문장의 통사 구조는 D-구조와 S-구조와 논리형태(LF)의 세 가지 통사구조로 분석된다.

(2) 표준적 원리매개변인 이론에서의 문법의 조직
핵계층 도식
　│　**(어휘부)**
　↓　↙어휘삽입규칙
[문장의 D-구조]
　　↓ α-이동(변형)
[문장의 S-구조] →(음운론적 규칙들)　**[문장의 음성형태(PF)]**
　　↓ α-이동(변형)
[문장의 논리형태(LF)]
　　　↘ 의미규칙들
　　　　[문장의 의미 표상]

---

[241] (1)은 Chomsky(1986b)의 하위 이론 체계와 그 기본 원리를 중심으로 나타낸 것이다.

원리매개변인 이론의 가장 완성된 서술은 촘스키(Chomsky 1986b)에 제시되고 있다. 특히 기본적인 구 구조를 형성하는 장치인 핵계층 이론은 1970년대까지의 이론과 근본적으로 차이가 나며, 촘스키(Chomsky 1981), 촘스키(Chomsky 1986a)와도 뚜렷이 구별되는 것이다. 촘스키(Chomsky 1986b)의 핵계층 이론은 어휘범주뿐 아니라 기능범주에까지 동심성 원리, 범주중립성 원리를 확대 적용한 것으로, 이를 일반화 핵계층 이론이라고 부르기도 한다(윤종열 1990).

핵계층 이론

인간의 머릿속에 들어 있는 자연언어의 문법은 무한수의 문장을 생성할 수 있다. 그 비밀이 귀환적 규칙(recursive rule)들을 포함하기 때문이라는 점은 촘스키가 생성문법 태동의 시기부터 강조하여 왔다. 생성문법의 표준이론에서 이러한 귀환성을 구현하는 규칙의 형식은 구 구조 규칙이다. 원리매개변인 이론에서는 이러한 역할을 핵계층 이론이 담당한다.

핵계층 이론은 통사적 단위들이 그 범주적 성격에 따라 복합적 단위로 합성되는 과정을 설명한다. 기본 통사 범주를 X라고 할 때, 이것이 다른 구 단위를 취하여 구 단위인 X'('엑스-바'로 읽음)를 이루고, 다시 다른 구 단위를 취하여 구 단위인 X''('엑스-더블-바'로 읽음)를 이룬다고 가정한다.[242] 이 때 X는 X'와 X''의 머리성분(head: '핵어'라고도 함)이 된다고 한다.

X는 명사(N), 동사(V), 부사(Adv) 등을 변수로 표현한 것이다. X가 (어휘기재항의 내용으로) 가지고 있던 자질은 X'와 X''에 자동적으로 전달된다고 약정된다. 이 X 외의 다른 성분들이 가지는 자질은 전달되지 않는다는 점도 핵계층 이론이 가지는 중요한 약정 중의 하나라고 할 수 있다.

핵계층 이론에서는 모든 통사 범주가 보충어(complement)를 취할 수 있는 것으로 본다. 명사(N), 동사(V), 부사(Adv) 말고도, 그 외의 모든 통사 범주가 머리성분이 될 수 있고, 이들은 보충어를 취하여 작은 구 범주를 이룰 수 있다. 이렇게 보충어를 취하여 이루어지는 한 수준 높은 구 범주가 X'이다. 이 작은 구 범주 X'는 명시어(specifier: '지정어'라고도 함)를 취하여 한 수준 더 높은 구 범주를 이룬다. 이것이 X''이다.[243]

이와 같은 관점에서, 통사 범주를 변수로 나타내는 것이 유용하다. 촘스키(1986b)의 체계에 따르면 중간 구 범주는 X' 수준으로, 가장 큰 구 범주는 X''로 고정된다. 후자를 XP로

---

[242] X'는 '중간투사'라고 불리는데, '중간 구'라는 뜻이다. X''는 '최대투사'라고 불리는데, '최대 구'라는 뜻이다.
[243] X''는 보통 XP로 나타낸다. 이 점을 이후의 논의에서 유의해야 한다.

나타내는 것이 관례로 되어 있다.[244] X가 X'로, X'가 X"로 확대되는 것을 '투사된다'고 하고, 투사된 구 범주인 X', X"를 '투사 범주'라고 한다. X'를 중간투사 범주, X"를 최대투사 범주라고 부르기도 한다. '투사'라는 것은 X가 가지는 내재적인 통사적 성질이 X'나 X"에 그대로 유지되어 나타남을 뜻한다. 이런 의미에서, 핵계층 구조는 '동심성(endocentricity)'을 가진다고 한다.[245]

(3) 가. X = V(동사), N(명사), Adv(부사), …
  나. X' → YP X
  다. X" → ZP X'

동심성은 다음과 같은 두 가지 측면의 약정으로 정리할 수 있다.[246]

(4) 가. 모든 머리성분 범주 X에 대해서 최대투사 범주 X"가 존재한다.
  나. 최대투사 범주는 단일한 범주의 투사이어야 한다. 가령 다음과 같은 구조는 부적격하다.
   [… V … P …]$_{VP,PP}$

(3나)의 YP에 해당하는 성분은 '보충어(complement)', (3다)의 ZP에 해당하는 성분은 '명시어(specifier)'로 정의된다. 이 이론에 따르면, 보충어 위치에 서는 성분들, 명시어 위치에 서는 성분들은 그 머리성분의 통사 범주가 무엇이든 통사적으로 공통된 특성을 가질 것이 요구된다. 이 점을 '범주중립성(category-neutrality)'(또는 '범주교차성 cross-categoriality')이라고 지칭할 수 있다.

(3)의 핵계층 도식에서 어순은 고려되지 않는다. 나라말에 따른 어순의 차이는 매개변인이나 언어 개별적 규칙에 따라 정해진다. 어순이 매개변인에 의해 정해진다는 것은 원리매개변인 이론의 기본 가정이다. 보편문법에는 머리성분이 보충어의 뒤에 위치하느냐, 앞에 위치하느냐 하는 점이 매개변인으로 주어지는데, 이 매개변인의 구체적인 값이 언어 습득의 경험적 과정에서 결정된다는 것이다. 위 (3나)의 구성성분들의 순서는 '머리성분-뒤' 매개변인을 가지는 한국어의 핵심문법에서의 핵계층 구조를 보인 것이다. 그런데 '머리성분-뒤' 매개변인은 보충어와 머리성분의 순서를 정하는 것이다. 명시어는 통상적으로 (3다)와 같은

---

244 X를 X^0, X'를 X^1, X"를 X^2로 나타내기도 한다.
245 (3나, 다)와 같은 것을 '핵계층 도식(X-bar schema)'이라고 한다.
246 다음 두 개의 약정은 Schein(1982/1995)의 것이다.

순서를 가진다고 생각되어 왔으나, 그에 관한 매개변인이 구체적으로 제안된 바는 없다. 한국어에서는 명시어가 (3다)에서와 같이 그 자매항의 왼쪽에 위치하기도 하고, 오른쪽에 위치하기도 한다고 가정하는 것이 이후의 논의에서 필자가 가지는 기본 관점이다.

어휘부에 저장된 수많은 어휘항목들과, (3가)와 같은 머리성분 범주들을 가지고 구를 형성해가는 데에 (3나, 다)와 같은 원리가 활용된다. 촘스키(1986b)에서는 기능 범주인 I(굴절소), C(보문소)에까지 적용되는 완성된 핵계층 이론을 제시하였다. 이에 따르면 종래의 '주어'는 굴절소 I를 머리성분으로 하는 구 IP(= I")의 명시어라고 정의된다. (3나)와 (3다)를 각각 (5가)와 (5나)로 다시 쓰면, (5가-라)는 촘스키(1986b)에서 허용하는 구 구조의 모든 가능성을 표현한 것이 된다.

(5) 가. X' → YP X (YP는 보충어)
    나. X" → YP X'(YP는 명시어)
    다. X → Y X (Y는 머리성분 범주인 부가어)
    라. X" → YP X" (YP는 최대투사인 부가어)

촘스키(1986b)에서는 (5다), (5라)와 같은 부가(adjunction) 구조가 이동 변형에 의해서 얻어지는 것으로 보므로 이와 같이 핵계층 도식으로 나타내지 않았다. 그러나 머리성분 범주는 머리성분 위치로만, 최대투사 범주는 최대투사 범주로만 이동할 수 있다는 일반적 원리를 설정하고 있으므로(Chomsky 1986b: 4), (5)와 같은 핵계층 도식들이 표준적 원리매개변인 이론의 가정이라고 보아야 한다.

(5)는 인간 언어에서 실현 가능한 모든 구 구조의 가능성을 망라한 것이다. 에몬즈(Emonds 1976)는 변형적 절차를 활용하는 통사 이론이 준수해야 할 기본적 원리의 하나로, 변형 과정에서 기존의 구 구조를 변화시킬 수 없음을 규정한 '구조보존 원리'를 정립하였다. 현재의 맥락에서 구조보존 원리는 (5)에 의해 형성되지 않는 어떤 구조도 적격한 구조로 인정되지 않음을 규정하는 원리라고 재해석할 수 있다.[247]

이상의 원리와 약정들이 어떻게 활용되는지를 알기 위해 간단한 예를 들어 설명하기로 한다. 한국어 문장 "철수는 김밥만 먹었다."의 통사구조(D-구조)는 다음과 같은 절차로 생성된다.[248]

---

[247] (5다, 라)는 머리성분 범주와 최대투사 범주에만 부가가 허용되는 것으로 규정하고 있지만, 제4장에서 보이는 필자의 대안적 이론에서는 중간투사 범주(X')에도 부가어가 부가될 수 있다고 가정한다.

(6) 가. "철수는 김밥만 먹었다."의 도출 절차

C″	(시초 기호, X=C)
C′	((5나), X=C, YP 비실현)
I″ C	((5가), X=C, Y=I)
D″ I′ C	((5나), X=I, Y=D)
D″ V″ I C	((5가), X=I, Y=V)
D″ V′ I C	((5나), X=V, YP 비실현)
D″ D″ V I C	((5가), X=V, Y=D)
D′ D′ V I C	((5나), X=D, YP 비실현, 2회 적용)
N″ D N″ D V I C	((5가), X=D, Y=N, 2회 적용)
철수 는 김밥 만 먹 었 다	(어휘삽입규칙 적용)

나. 도출된 통사구조(D-구조)[249]

[c″[c′[ɪ″[ᴅ″ [ᴅ′[ɴ″ 철수] [ᴅ 는]]] [ɪ′[v″[v′ [ᴅ′[ɴ″ 김밥] [ᴅ 만]]] [v 먹-]]] [ɪ 었]] [c 다]]

CP를 시초 기호로 그 내부 구조가 확대되어 단어 단위까지 구조가 생성되는 과정은 앞에서 표준이론의 구조 생성 방식에서 본 것과 같은 하향 도출(top-down derivation) 방식의 구조 도출이다. 이러한 절차에 의해 생성된 (6나)의 내부 구 구조는 어느 부분이나 핵계층 이론의 동심성에 관한 약정 (4가, 나)를 만족시킨다.

다음으로, 중간투사 범주, 최대투사 범주는 머리성분이 가지는 통사적 자질들을 물려받는다. 이를 자질의 전승 또는 자질의 삼투라고 한다. 핵계층 이론은 이렇게 어휘항목을 바탕으로 하여 통사적 표상인 구를 형성하는 것이다.

의미역 이론

동사는 그 주어와 보충어들의 의미적 성격과 그 수에 대한 정보를 가지고 있다. 즉, '먹다'(엄밀하게 말하면 '먹-')는 그 어휘적 정보로서 먹는 행위의 주체인 '행위자(Agent)'와 그 행위의 대상으로서의 음식물('대상 Theme')을 가지는 것이다. 어휘기재항(lexical entry)에 주어져 있는 이 의미역들을 주어와 목적어에 할당해야 하는데, 이 과정에서 일반적 원리인 '의미역 기준'을 지켜야 한다. 또, D-구조와 S-구조와 논리형태(LF)의 세 통사적 층위를

---

[248] 단어들의 통사 범주 체계는 제4장에서 제시한다. 여기에서는 선어말어미를 굴절소 I 범주로, 어말어미를 보문소 C 범주로, 보조사를 D 범주로 상정한다는 것만을 유의하기로 한다.

[249] 여기에서는 원리매개변인 이론을 한국어에 적용하는 연구들의 관행을 따라 목적어 '김밥만'을 V′의 보충어로 도출하였다. 그러나 제4장의 필자의 대안적 이론에서는 목적어를 VP의 명시어로 도출할 것이다.

가지는 초기 원리매개변인 이론의 경우에는 의미역 표시의 특성들이 이 세 층위에서 일관적으로 나타나야 한다는 점이 '투사 원리'에 의해 규정된다.

(7) 의미역 기준:
　　통사구조의 논항은 의미역을 가져야 하고, 하나의 의미역만을 가져야 한다. 어휘적으로 설정된 모든 의미역은 논항에 할당되어야만 하고, 한 의미역은 한 논항에만 할당되어야 한다.
(8) 투사 원리:
　　각 어휘항목이 가지는 의미역 표시 특성들은 통사적 층위에서 실현되어야 하고, 통사적 층위가 둘 이상이면 모든 통사적 층위에서 그 특성들이 유지되어야 한다.

(9)와 같은 평범한 문장을 예로 들어 의미역 할당 절차와 (7)의 의미역 기준이 적용되는 방법을 알아보자.

(9) 철수가 김밥을 먹었다.
(10) 가. 먹- : V, [행위자, 대상]
　　　나. 철수가 [VP 김밥을[대상] 먹-[행위자]] -었다.
　　　다. [IP 철수가[행위자] [VP 김밥을[대상] 먹-]-었-][ ] -다.

동사 '먹-'은 그 어휘적 정보로 (10가)와 같은 '의미역틀(theta-grid)'을 가진다.[250] (10나)와 같이 동사구 안의 목적어 논항에 '대상' 의미역이 할당되면 남은 의미역 '행위자'는 동사구 교점에 남는다. 이 행위자 의미역이 IP의 명시어인 주어 논항에 할당되면 IP 교점은 빈 의미역틀('[ ]')만 남게 된다. 이제 (10다)를 바탕으로 의미역 기준 (7)을 적용하면, 두 논항 '철수가'와 '김밥을'이 각각 하나의 의미역을 가졌고, 동사 '먹-'의 두 의미역 '행위자'와 '대상'은 각각 하나의 논항에 할당되었으므로 의미역 기준이 만족된다.

원리매개변인 이론이라는 방법론에 따라 수립된 한국어 핵심문법 이론이 궁극적으로 추구하는 바는, 한국어의 모든 문장을 누락됨이 없이 생성하고(완전성 요건), 반면 한국어의 문장이 아닌 것은 비문으로 정확히 예측하는 것(건전성 요건)이다.[251] (10다)가 의미역 기준을 만족시킨다는 것은 이 문장이 의미역 기준을 그 부분 장치로 포함하는 문법 이론에 따라 문법적 문장으로 생성됨을 뜻한다. 가령, 다음과 같은 문장은 위 의미역 기준에 따라

---

250 보통 주어에 할당되는 의미역을 밑줄을 쳐서 특별히 나타낸다.
251 '완전성 요건', '건전성 요건'의 개념은 3.2.1절에서 소개한 바 있다.

비문으로 예측된다.

(11) 가. *나는 싫다.
　　 나. *나는 철수가 인호가 싫다.

(11가)는 '[경험자, 대상]'의 두 자리 술어인 '싫다'의 문장에 논항이 한 개만 실현되어 의미역 기준을 위배하며,[252] (11나)는 논항이 세 개가 실현되어 역시 의미역 기준을 위배한다.

격 이론

격 이론은 음성적으로 실현되는 명사항들의 분포를 규율하는 원리이다. 원리매개변인 이론에서 격 이론에 의해 표시되는 격은 추상격과 그 형태론적 실현의 두 단계로 규정된다. 한국어의 '-이/가'와 '-을/를'은 각각 통사 부문에서 NP에 할당된 추상격 자질 '[+nom]'과 '[+acc]'가 음운론적 부문에서 형태론적으로 실현되는 것이라고 설명하는 것이 한국어에 원리매개변인 이론을 적용하는 연구들의 관행이 되어 왔다. 이 책의 제4장에서는 이러한 관행적 격 처리 방법을 받아들이지 않고, '-이/가'와 '-을/를'이 '-은/는, -도, -만, …'처럼 보조사 범주에 속하는 것으로 상정한다. 이 장에서는 '-이/가'와 '-을/를'이 기저에서 도입되는 보조사가 아니고, 각각 '[+nom]'과 '[+acc]'가 통사 부문의 격 표시 규칙에 따라 할당되어, 음운론적 부문에서 형태음운론적으로 실현된 것으로 보는 관행적 연구의 예를 따라 설명하고자 한다.

격 자질을 할당하는 주체(격 할당자)는 격을 받는 명사구를 지배해야 한다는 것이 원리매개변인 이론의 주요 주장 중 하나이다. 영어의 경우, 정형동사(finite verb)의 어미인 굴절소는 그 주어에 주격을 할당하고, to-비정형절(to-infinitive clause)의 굴절소인 'to'는 그와 같은 능력을 갖지 못한다고 설명하는 것이 보통이나, 한국어의 경우는 정형의 굴절소와 비정형의 굴절소를 구분하는 뚜렷한 근거를 찾기 어렵다. 그러므로 공범주를 포함하는 모든 굴절소가 그 명시어인 주어에 주격 자질을 할당하는 것으로 처리한다.

격 이론의 운용에 있어서 궁극의 기준이 되는 원리는 (12)의 '격 여과 원리'이다. 명사구(NP)는 여러 가지 방법으로 격 할당을 받아야 하며, 격을 할당받지 못한 것은 이 격 여과 원리에 따라 부적격한 표현으로 판정받는다. 모든 NP는 (13)과 같은 규칙에 의해 격이

---

[252] (11가)가 대상(Theme) 논항이 생략된 것으로 해석될 때에는 적격한 것으로 판정될 수 있다. 이 경우는 대상 논항이 그 통사구조에 공범주 명사구로 존재하는 것이다.

표시된다.²⁵³ 격이 표시되는 방법은 촘스키(Chomsky 1981) 이래로 추상적 격 자질이 표시되는 것이 일반적이다.

(12) 격 여과 원리:
NP가 음성적 형식을 가지면서 격이 표시되어 있지 않으면 이를 포함한 문장은 부적격한 표현이다.
(13) 격 표시 규칙
    가. I에 지배되는 NP, DP에 주격[+nom]이 표시된다. 이 자질은 음운론적 부문에서 '-이/가'로 실현된다.
    나. V에 지배되는 NP, DP에 목적격[+acc]이 표시된다. 이 자질은 음운론적 부문에서 '-을/를'로 실현된다.
    다. 논항 PP를 지배하는 동사 V는 이 PP에 사격[+obl]을 표시한다. 사격 자질은 음운론적으로 실현되지 않는다.
    라. 부가어 PP의 머리성분 P에 지배되는 NP에 사격[+obl]이 표시된다.
    마. PP, DP에 표시된 격 자질은 그 내부로 침투하여 NP에 표시된다. 침투된 격 자질은 음운론적으로 실현되지 않는다.
    바. 'NP-의' 형식의 관형어의 'NP'에 관형격[+gen]이 표시된다.

주어와 목적어는 NP 또는 DP 범주로 실현된다. 주격 '-이/가', 목적격 '-을/를'은 독립된 통사 단위가 아니라, 격 표시 절차에 따라 NP에 할당된 주격 자질 [+nom], 목적격 자질 [+acc]가 음운론적 부문에서 격 형태로 실현된 것이다. DP 범주에 격 자질이 주어질 경우에는 이 자질이 내부의 NP로 침투하여 표시된다고 가정한다. NP인 주어와 목적어, 그리고 부가어 PP를 가지는 (14)와 같은 예에 격이 표시되는 절차는 (15)와 같다.²⁵⁴

---

253 (12), (13)은 Chomsky(1981)의 격 이론의 정신에 따른 한 가지 실행 방안을 보인 것이나, 이론가들에 따라 각양각색의 다른 방안들이 제시되어 왔다. 제4장에서 전개되는 본 연구의 방안은 의미역 이론에 상당하는 '논항연결원리'를 중심적으로 활용하는 것으로서, (12), (13)과는 다른, 매우 축소된 내용의 격 이론을 가진다.
254 보조사를 가지는 명사구의 구조를 [NP NP D]와 같이 상정하는 연구자들도 있다. 이들의 경우에는 DP에 할당된 격 자질이 내부의 NP로 침투되는 절차는 따로 가정하지 않아도 된다.
제4장에서 제시하는 필자의 통사 범주 체계에서는 '-이/가', '-을/를'도 보조사(D) 범주를 이룬다고 가정된다. 이를 바탕으로 (13)의 격 표시 규칙을 재서술해 보면 (a)와 같다. 이에 따라 (14) 문장의 격 표시 절차를 보이면 (b)와 같다. (b다)는 (a마)의 '격 자질 침투'의 구체적 방법을 보인다.
  a. 가. I에 지배되는 DP에 주격[+nom]이 표시된다.
     나. V에 지배되는 DP에 목적격[+acc]이 표시된다.
     다. 논항 PP를 지배하는 동사 V는 이 PP에 사격[+obl]을 표시한다.
     라. 부가어 PP의 머리성분 P에 지배되는 NP에 사격[+obl]이 표시된다.

(14) 철수가 종로에서 인호를 만났다.
(15) 가. [IP [NP 철수][+nom] [[PP[NP 종로][+obl] [P 에서]] [VP[NP 인호][+acc] 만나-]]-았-]-다.
(격 표시 규칙 (13가, 나, 라) 적용)
나. [IP [NP 철수-가 [VP[PP[NP 종로][+obl] [P 에서]] [VP[NP 인호]-를 만나-]]-았-]-다.
(음운론적 부문의 주격, 목적격 형태 실현)

(13마)의 '격 자질 침투'의 절차를 구체적으로 서술하면 다음 (16가-다)와 같다.

(16) 가. 명사구에 후치사가 결합한 후치사구(PP) 'NP-에/에게/로, ···'에 '[NP-에게][+obl]'와 같이 할당된 사격 자질은 '[NP[+obl]-에게]'와 같이 NP에 침투된다.
나. '-와/과'에 의해 형성된 접속 명사구에 '[NP NP^1-와/과 NP^2][+case]'와 같이 표시된 격 자질은 '[NP NP^1-와/과 NP^2][+case]' ⇒ '[NP NP^1[+case]-와/과 NP^2[+case]]'와 같이 두 접속항 NP에 침투된다. '-와/과' 외에도 '-하고, -랑, -이나'을 가지는 접속 명사구도 같은 방식으로 격 표시된다.
EX. 철수와 인호가 도서관에 있다.
다. 격 표시 규칙 (13다, 마)에 따라 '[PP [NP^1-와/과 NP^2] P][+obl]'와 같은 PP에 표시된 격 자질은 '[PP [NP^1-와/과 NP^2][+obl] P]' ⇒ '[PP [NP^1[+obl]-와/과 NP^2[+obl]] P]'와 같이 NP에 침투된다.
EX. 내가 철수와 인호에게 책을 선물했다.
라. 격 표시 규칙 (13가, 나, 마)에 따라 '[DP [NP] D][+case]'와 같은 DP에 표시된 격 자질은 '[DP NP D][+case]' ⇒ '[DP NP[+case] D][+case]'와 같이 NP에 침투된다.
EX. 철수도 한식만 좋아한다.

다시금, 한국어 핵심문법 이론이 한국어의 모든 문장을 누락됨이 없이 생성하고(완전성 요건), 반면 한국어의 문장이 아닌 것은 비문으로 정확히 예측(건전성 요건)하는 장치라는 요구를 충족시켜야 한다는 점을 상기해야 한다. 위 격 이론을 포함한 한국어 문법은 위

마. DP와 PP에 표시된 격 자질은 그 내부로 침투하여 NP에 표시된다
바. 'NP-의' 형식의 관형어의 'NP'에 관형격[+gen]이 표시된다.
b. 가. [IP [DP [NP 철수 [D -가][+nom] [[PP[NP 종로] [P 에서]] [VP [DP [NP 인호] [D -를]][+acc] 만나-]]-았-]-다. (격 표시 규칙 (a가, 나) 적용)
나. [IP [DP [NP 철수 [D -가][+nom] [[PP[NP 종로][+obl] [P 에서]] [VP [DP [NP 인호] [D -를]][+acc] 만나-]]-았-]-다. (격 표시 규칙 (a라) 적용)
다. [IP [DP [NP 철수[+nom] [D -가] [[PP[NP 종로][+obl] [P 에서]] [VP [DP [NP 인호][+acc] [D -를]] 만나-]]-았-]-다. (격 표시 규칙 (a마) 적용)

(14) 문장을 문법적 문장으로 생성한다. 반면 다음의 문장들은 비문으로 정확히 예측한다.

  (17) 가. *철수가 종로에서 인호가 만났다.
      나. *철수를 종로에서 인호를 만났다.

이상의 격 이론에 대해 제기되는 부분적인 문제들은 (11)의 격 표시 규칙을 일부 수정함으로써 해결할 수 있다. 가령, 한 타동사의 문장에 목적격이 둘 이상 실현되는 경우를 위해서는 (18가)와 같은 규정을 추가함으로써 해결할 수 있다. 이중주어문에서 주격이 둘 이상 실현되는 경우를 위해서는 (18나)와 같은, 원리에 바탕한 해결 방안이 제시되기도 하였다. 타동사를 갖지 않는 이중주어문의 경우, VP가 (18나)에 따라 타동사가 지배하는 영역을 이루지 못하므로, 상위의 격 지배자 I에 의해 VP 내부에 격이 부여될 수 있다.[255] 관형격도 주격, 목적격의 경우에 준하여 처리된다(18다).

  (18) 가. 한 격 지배자가 가지는 격 자질은 2회 이상 부여할 수 있다.
      나. 하위 구성성분의 격 지배자가 지배하는 영역에서는 상위 구성성분 격 지배자의 격이 부여될 수 없다.
        EX. '내가 인호가 싫다.'의 격 표시 절차:
          [IP [NP 내] [I' [VP [V' [NP 인호] [V 싫-]]] [I ∅]]] ⇒('I'에 의한 격 표시)
          [IP [NP 내][+nom] [I' [VP [V' [NP 인호] [V 싫-]]] [I ∅]]] ⇒('I'에 의한 격 표시)
          [IP [NP 내][+nom] [I' [VP [V' [NP 인호][+nom] [V 싫-]]] [I ∅]]] ⇒(형태음운론 규칙)
          [IP [NP 내]-가 [I' [VP [V' [NP 인호]-가 [V 싫-]]] [I ∅]]]
      다. 의미역 부여 능력을 가지는 명사 N은 그것에 의해 의미역을 받는 DP/NP에 관형격[+gen]을 부여한다.[256]
        EX. '왜구들의 남해안 지방의 침략'의 격 표시 절차('침략'의 의미역틀: [행위자, 대상]):
          [NP [NP 왜구들][+gen] [N' [NP 남해안 지방][+gen] [N 침략]]] ⇒(형태음운론 규칙)
          [NP [NP 왜구들]-의 [N' [NP 남해안 지방]-의 [N 침략]]]

(17)의 격 표시 절차는 기본적으로 구조적인 '지배' 관계에 따라 실행된다. 격 표시되는

---

255 이는 Stowell(1981)의 '격 저항 원리(Case Resistance Principle)'를 응용한 이정식(1992)의 설명 방법이다. 이정식(1992)에서는 이와 같은 원리('격 최소성 원리')를 한국어 격 현상 전반에 대하여 실행하였다.
256 이렇게 의미역과 연관되는 격을 '내재격 inherent Case'이라고 한다. '+nom', '+acc' 자질이 '-이', '-를'로 실현되는 것처럼, '+gen' 자질도 형태음운론 규칙에 의해 '-의'로 실현된다고 설명하는 것이 한국어 생성문법 연구의 관행이다.

NP가 이동 변형을 수행한다면 지배 관계가 충족되는 한 이 NP가 격을 두 번 받을 수 있게 된다. 이를 피하기 위해서는 NP 이동은 격을 받지 못하는 곳으로만 가능한 것으로 한정될 필요가 있다. 또, 앞의 '의미역 이론'에 따라서도 이 점이 예측된다. NP가 격을 받기 위해 이동해 간 위치에서 또 의미역을 받게 되면 이중으로 의미역을 할당받게 되어 '의미역 기준'을 위배하게 된다. 따라서 이동되어 갈 위치는 비의미역 위치로 한정된다는 정리가 도출되는 것이다.

이상의 복잡한 절차가 원리매개변인 이론에 따라 한국어 격 현상을 기술하는 연구들이 기본적으로 공유하는 내용들이다. 3.4절에서 요약하고 비판하는 선행 연구들에서는 이와 같은 구체적인 절차를 서술하지 않는 것이 보통이나, 이 정도의 명세화는 이론의 완전성을 기하기 위하여 필수적인 것이다.

결속 이론

결속 이론 역시 명사항들의 분포에 관한 제약을 부여하는 원리이다. 명사항들을 조응사, 대명사, 지시 표현들로 나누어 다음과 같은 제약을 부여하고 있다.

(19) 결속 원리
   A. 조응사(anaphor)는 그 지배 범주 안에서 논항-결속(A-bound)되어야 한다.
   B. 대명사(pronimial)는 그 지배 범주 안에서 논항-비결속(A-free)되어야 한다.
   C. 지시 표현(referential expression)은 논항-비결속되어야 한다.
(20) 결속의 정의
   A와 B가 동지표를 가지고 있고, A가 B를 성분통어할 경우 B는 A에 결속되었다고 한다. 결속하는 A가 논항일 경우 B는 A에 논항-결속되었다고 하고, 그렇지 않은 경우 논항-비결속되었다고 한다.

여기서 지배 범주라는 개념이 중요하다. 지배 범주는 보통 해당 조응사나 대명사와 그 지배자를 동시에 포함하는 S(= IP)나 NP로 정의되는데, 이를 통하여 세 가지 부류의 명사항과 그 주위 범주들 간의 적정한 관계를 규정하게 된다.

(19)의 결속 원리는 외현적 대명사나 재귀대명사뿐만 아니라 이동 변형의 흔적(t)과 공범주 대명사, 그리고 이들과의 관계에서의 지시적 표현들의 분포를 제약한다. 흔적의 경우는 보통의 명사구 이동의 흔적과 영어 의문사 이동의 흔적이 엄격히 구별되는데, 전자는 결속 원리 A에 규율되고, 후자는 C에 규율된다.

(19)의 결속 원리가 통사구조에서 구성성분들의 분포를 예측하는 데에 얼마만한 기여를 하는지는 평가하기 힘들다. 그리고 이런 방식의 결속 이론은 한국어의 대명사와 재귀대명사들의 결속의 사실을 포착하는 데에 많은 문제성을 가진다. 대안적 생성문법 체계를 제시하는 제4장의 4.1.5절에서는 이 점에 대해 논의하고, 대명사의 통사론적 동지표화와 의미론적 결속변항 해석의 절차에 바탕을 둔 Reinhart(1983a, b)의 결속 이론을 원용한 새 결속 이론을 제안할 것이다.

지배의 개념과 한계 이론

'지배'의 개념은 본질적으로 한 머리성분이 그 보충어에 대해서 가지는 관계를 뜻하는 것이다. 그러나 논의가 심화됨에 따라 매우 다양한 정의가 생겨나게 되었다. 촘스키(1981)의 지배에 대한 정의는 핵심적으로 다음과 같은 뜻을 가지고 있었다.[257]

(21) 지배의 정의
   A가 B를 지배한다는 것은 A가 머리성분 범주이며, A가 B를 성분통어(c-command)하고, B를 관할하는 최대투사 교점이 있으면 이것은 A를 관할한다는 뜻이다.
(22) 성분통어의 정의
   A가 B를 성분통어한다는 것은 A를 관할하는 첫 번째 분지 교점이 B를 관할한다는 뜻이다.

이 지배 개념은 조응사나 대명사, 지시적 표현의 분포를 결정하는 결속 이론, 이동의 흔적을 중심으로 한 공범주의 존재 조건을 규정하는 공범주 원리(ECP: empty category principle), 그리고 격 이론에서 격 자질의 할당을 결정하는 조건을 규정하는 데에 널리 사용되고 있다. 촘스키(1981)에서 제시한 공범주 원리는 (23)과 같다. 촘스키(1986b)에서 제시한 공범주 원리는 (23)'과 같다.

(23) 공범주 원리(ECP)
   흔적은 지배를 받아야 한다.
(23)' 공범주 원리
   흔적은 고유지배를 받아야 한다.

---

257 (21)은 Chomsky(1981: 165)의 정의를 약간 달리 표현한 것이다. 이 책에서는 주로 뒤의 (26), (27)에 제시하는 Chomsky(1986b)의 지배, 고유지배의 정의, (14)에 제시하는 성분통어(최대통어)의 정의를 활용할 것이다.

특히 (23)' 원리의 적용례는, '고유지배'의 정의와 함께, 뒤의 한계 이론의 논의에서 살펴보게 될 것이다.[258]

Chomsky(1986b)에서는 메이(May 1985)에서 제안한 관할의 개념을 받아들여, '첫 번째 분지 교점' 아닌 '모든 최대투사'에 기반을 둔 성분통어(최대통어)의 정의를 제시하고 있다.[259]

(24) 관할의 정의
A의 모든 부분(segment)이 B를 관할할 때 A는 B를 관할한다고 한다.
(25) 성분통어(최대통어)의 정의(Chomsky 1986b: 8)
A가 B를 성분통어한다는 것은 A가 B를 관할하지 않고, A를 관할하는 모든 최대투사가 B를 관할한다는 뜻이다.

(21)과 같은 지배의 정의가 한국어 통사구조의 해석에서 사용되는 대표적인 경우로 머리성분 이동의 경우를 들 수 있다. 상위 머리성분이 하위 머리성분을 지배해야 한다고 규정하는 경우, 즉 '머리성분 이동 제약'의 경우이다.

(26) 머리성분 이동 제약(Head Movement Constraint: HMC)
머리성분 B는 이 B의 최대투사를 지배하는 상위 머리성분 A의 위치로만 이동할 수 있다. 단, A가 보문소(C) 범주가 아닐 경우에는 A가 B의 최대투사 범주를 의미역 지배하거나 어휘표시해야 한다.[260]

필자는 한국어에서 머리성분인 동사(동사 어간)가 굴절소(선어말어미)의 위치로 이동하고, 이에 따라 결합된 복합 요소가 다시 보문소(어말어미) 위치로 이동하는 과정을 유효한 문법적 과정으로 인정하고자 한다. 이를 포함한 한국어의 통사 절차와 통사구조의 형성에 관한 전반적인 논의는 제4장에서 전개하기로 한다.

통사구조에서의 이동 변형과 관련한 대원리는 '알파 이동 원리(move-α)'이다. 이는 무엇이든, 어디로나 자유롭게 이동할 수 있다는 원리이다. 그러나 실질적으로는 이러한 '알파 이동 원리'가 여러 가지 구조적 요인에 따라 제약되게 되어 있다. 한계 이론(bounding theory)은 그 제약에 관한 한 가지 이론이다. (26)도 그 하나의 예라고 할 수 있다. 머리성분

---

[258] 고유지배의 정의는 뒤의 (38)에 제시할 것이다.
[259] 최대투사에 기반은 성분통어의 정의는 Aoun & Sportiche(1983)으로부터 비롯된다.
[260] Chomsky(1986b: 71) 참조. I가 VP를 의미역 지배한다는 가정을 하고 있다.

인 α도 어디로나 자유롭게 이동할 수 있는데, (26)의 제약에 따라 그것을 지배하는 상위 머리성분으로만 이동할 수 있게 된다.

한계 이론은 통사적 이동 변형에 따른 선행사와 그 흔적 사이의 관계에 대한 제약을 부여함으로써 두 요소를 포함하는 통사구조의 적격성을 규정한다. 선행사는 어떤 특정 통사구조의 한 위치에서 이동하여 다른 통사구조 형상의 다른 위치에 놓이게 되므로 두 개의 통사구조가 만들어져야 한다. 따라서 두 가지 통사구조인 D-구조와 S-구조를 가정하는 것이 일반적이었다. 그러나 원리매개변인 이론의 논의가 심화됨에 따라, 선행사와 흔적의 관계는 반드시 D-구조의 위치에서 S-구조의 위치로 이동하여 만들어지는 것으로 생각할 필요가 없다는 점이 인식되기에 이르렀다.[261] 뒤의 제4장에서는 S-구조에 해당하는 통사구조 하나만을 가진 문법 이론을 제시하게 되는데, 이 통사구조에 흔적이 포함되기는 하지만 이는 전혀 이동을 상정하지 않은 것이다.

한계 이론의 대표적 원리는 '하위인접 조건(Subjacency Condition)'이다. 촘스키(Chomsky 1986b)의 하위인접 조건을 다음과 같이 나타내기로 한다.

(27) 하위인접 조건
　　가. 흔적 t는 그 선행사에 n-하위인접해야 한다. 단, n≤1
　　나. A가 B에 n-하위인접(n-subjacent)한다는 것은 B를 배제(exclude)하는 A에 대한 장벽이 n개라는 뜻이다.

여기에서 말하는 장벽이 1개이면 1-하위인접하는 것이고, 2개이면 2-하위인접한다고 한다. 장벽이 하나도 없으면 0-하위인접한다고 하는데, 이 경우 그 문장의 문법성은 완전히 자연스러운 것이라 할 수 있다. 1-하위인접할 때 그 문장의 문법성은 떨어져서, 낮은 정도의 문법성을 갖게 되고,[262] 2-하위인접할 때부터는 완전히 비문에 속한다고 하는 것이 일반적인 해석법이다.

(28) 지배의 정의(앞에서 제시한 것과 비교):
　　A가 B를 지배하려면, A가 B를 최대통어(m-command)하고, B에 대한 장벽이 되며 또 A를

---

[261] 한 예로 Brody(1995)에서는 도출의 단계들을 가정하지 않고 흔적을 단일한 표상에 포함하여 이동의 효과를 포착하는 '표상적 이론'을 발전시킨 바 있다.
[262] 이 책에서는 이와 같이 중간 정도의 비문법적 문장인 경우, 해당 문장의 앞에 '?*'와 같은 표시로 나타낼 것이다. 완전히 비문법적인 문장에는 '*'를 표시한다.

배제하는 그러한 C가 없어야 한다.
(29) 고유지배의 정의(17쪽):
A가 B를 고유지배하려면, A가 B를 의미역 지배하거나 선행사지배하여야 한다.
(30) 배제의 정의(9쪽):
A가 B를 배제하려면 A의 어떤 부분(segment)도 B를 관할해서는 안 된다.
(31) 관할의 정의(7쪽):
A가 B의 모든 부분(segment)에 의하여 관할되어야만 A는 B에 관할된다.
(32) 장벽의 정의(14쪽): C가 B에 대한 장벽이 되려면, (a)이거나 (b)이어야 한다.
  (a) C가 B에 대한 차단범주(blocking category: BC)인 D를 직접관할하거나,
  (b) C가 B에 대한 IP 이외의 차단범주이어야 한다.
(33) 차단범주의 정의(14쪽): C가 B에 대한 차단범주가 되려면,
C는 어휘표시(L-mark)되지 않아야 하고 C는 B를 관할하여야 한다.
(34) 어휘표시의 정의(15쪽):
A가 B를 어휘표시하려면, A는 B를 의미역 지배하는 어휘범주이어야 한다.
(35) 의미역 지배의 정의(15쪽):
A가 B를 의미역 지배하려면, A가 B를 의미역 표시하는 머리성분 범주(zero-level category)이고 A와 B가 서로 자매항이어야 한다.

하위인접 조건의 효과를 알아볼 수 있는 구문 현상으로 다음과 같은 예를 살펴보기로 한다. (36가)가 비문이 되는 이유는 무엇인가? 또 (37가)는 이보다 다소 나은 듯하지만, 이 역시 부적격한 문장임은 분명하다. 그 이유는 무엇인가?

(36) 가. *김씨가 박씨를 옷을 입었다.
     나. 김씨가 박씨의 옷을 입었다.
(37) 가. ?*김순경이 그 범인을 추격을 회상했다/반대했다.
     나. 김순경이 그 범인의 추격을 회상했다/반대했다.

일단, (36가), (37가)가 부적격한 이유를 의미역 기준의 위반에서 찾을 수 있다. '입다'와 '회상하다'는 각각 두 개의 논항을 취하는 동사인데 세 개의 논항이 나타났으므로 의미역 기준에 따라 부적격한 것이다. 그러나 통사구조를 이루는 구성성분은 어느 것이든, 어디로나 자유롭게 이동해 갈 수 있다는 것이 원리매개변인 이론의 기본 가정이다. 물론 문법에서 주어지는 온갖 제약과 조건을 위반하지 않아야 한다. (34나)와 (35나)는 '박씨를'과 '그 범인을'이 명사구의 내부로부터 이동할 가능성을 보여주고 있다. 그 구조를 보이면 다음과 같다.

(36)' 가. 김씨가 [VP 박씨를ᵢ [VP [DP tᵢ 옷을] 입-]]-었다.
(37)' 가. 김순경이 [VP 그 범인을ᵢ [VP [DP tᵢ 추격을] 회상하-]]-었다.

이제, 이들 문장이 부적격한 이유를 원리에 따라 설명할 수 있다. (36)'이나 (37)' 같은 구조가 불가능한 것은 아니다. 그러나 이렇게 상정된 구조 (36)'은 우선, 흔적이 고유지배되어야 한다는 위 (23)'의 공범주 원리의 규정을 위반한다. 흔적을 의미역 지배할 수 있는 요소는 '옷'밖에 없으나 이는 논항을 취하는 요소가 아니므로 의미역 지배의 지배자가 될 수 없다.²⁶³ 그러나 (37)'의 '추격'은 서술성 명사로서 전형적으로 논항을 취하는 요소이므로 흔적을 의미역 지배할 수 있다. 따라서 (36가)'은 공범주 원리를 위반하나 (37가)'은 공범주 원리를 위반하지 않는다.

하지만 (36)'과 (37)'이 공통적으로 위반하는 규정이 있다. 다름아닌 하위인접 조건이다. 선행사와 흔적 사이에는 최대투사 범주로 VP와 DP와 NP가 가로놓여있다. 이 중 VP는 완전한 범주가 아닌, 한 부분에 불과한 것이므로, 이들 구조는 하위인접 조건을 위반하지 않는다. DP는 동사 '입-'과 '회상하-'에 의해 어휘표시(L-mark)되므로 장벽으로서의 성격을 잃게 된다. 그러나 NP는 여전히 장벽이 된다. 따라서 두 문장은 공통적으로 장벽을 1개만 가지는 1-하위인접이 된다.

이러한 설명에 따르면 두 문장의 문법성에 차이가 나는 사실도 정확하게 예측할 수 있다. 즉 (36가)'은 공범주 원리와 하위인접 조건(1-하위인접)을 동시에 어겼으므로 구제불능이 된다. 그러나 (37가)'은 하위인접 조건만을 어겼고, 그것도 '1-하위인접' 정도의 위반이므로, 결과적으로 '?*' 정도의 문법성을 갖게 된 것이다. 이는 형식적인 이론이 문법성의 정도 차이까지도 섬세하게 예측할 수 있다는 점에서 대단히 의미 깊은 것이라 생각된다.

마지막으로, 위의 (36가)와 비교되는 다음 (38가) 문장, 위의 (37가)와 비교되는 다음 (39가) 문장이 각각 완전히 문법적인 데에 대해서 생각해 보자.

(38) 가. 김씨가 박씨를 어깨를 잡았다.
    나. 김씨가 박씨의 어깨를 잡았다.
(39) 가. 김순경이 그 범인을 추격을 하였다.
    나. 김순경이 그 범인의 추격을 하였다.

---

263 선행사 지배될 수도 없다. 곧 이어서 하위인접 조건과 관련하여 지적하겠지만, 선행사와 흔적 사이에 장벽인 교점이 1개(NP) 놓이게 되기 때문이다. 고유지배는 장벽이 1개만 있어도 위반되는 엄격한 제약이다.

(38가)의 적격성은 뒤의 4.1.6절에서 도입하는 '서술화 원리(Predication Principle)'에 따라 설명된다. '어깨를'은 이 원리에 따라 정의되는 '이차 서술어(secondary predicate)'가 되어, 앞의 '박씨를'과 주술관계를 맺는다. (39가)의 적격성은 뒤의 4.1.8절에서 도입하는 '재구조화 원리'에 따라 설명된다. '추격'과 '하-'는 서로 다른 구의 머리성분(head)이지만, '재구조화 원리'에 따라 서로 관련을 맺어, 둘 사이에 존재하던 장벽이 장벽으로서의 성질을 잃어버리게 된다. 그러므로 1-하위인접으로 중간 정도의 비문법성을 가지던 이 구조가 재구조화 원리에 따라 그 비문법성을 상실하여, 완전히 문법적 문장으로 해석되는 것이다.[264]

이상의 결과는, 과거의 여러 연구에서 동일한 구문 '이중목적어문'으로의 처리를 시도한 바 있는 (38가)와 (39가)의 유사함이 피상적인 유사함이라는 점을 말해 준다. 아울러, 이상의 결과는 형식적인 통사 이론이 한국어 구문 현상에서 예측력을 보이는 좋은 사례를 알려 주는 것이다.

다음 3.4.2-3.4.6절에서는 원리매개변인 이론에 의한 한국어 문법 연구의 대표적 사례들을 검토한다. 이들을 검토하는 데에 있어서 검증의 기준으로 삼을 점들은 다음과 같은 것들이다. 앞의 (1)의 단위 이론들에서 설정하는 원리와 제약들 외에도, 이들보다 더 근본적인 다음 원리들을 항시 고려해야 한다.

(40) 가. 구성성분됨(Constituency)에 관한 전제: 통사적 변형이나 그에 준하는 통사적 연산은 구성성분을 이루는 것에만 적용된다.
나. 구조보존 원리(Structure Preserving Principle): 변형이나 그에 준하는 통사적 과정은 구 구조 규칙이나 핵계층 이론에 의해 생성되지 않는 구조를 만들어낼 수 없다.
다. 복원가능성 원리(Recoverability condition): 삭제를 포함하는 문법적 연산은 연산 이후의 구조를 통하여 연산 이전의 구조를 복원할 수 있어야 한다.
라. 합성성 원리(Principle of Compositionality): 한 구성의 의미는 구성성분들의 의미의 함수이고, 구성성분들이 통사적으로 결합하는 방식의 함수이다.

---

[264] 지금까지의 논의는 'NP-를' 형식의 목적어가 동사(V)의 자매항으로 설정된다는 전제에서 진행되었다. 뒤의 제4장에서 전개하는 대안적 생성문법 체계에 의하면 목적어는 언제나 VP의 명시어 위치에서 기저 생성된다. 의미역 지배의 정의인 (35)는 '자매항' 조건이 있으므로 목적어가 동사에 의해 의미역 지배를 받을 수 없게 되고, 이는 다시 (34)의 정의에도 영향을 미쳐서, 목적어는 동사에 의해 어휘표시를 받지 못하므로, 방금 논의에서처럼 DP인 'NP-를'이 어휘표시에 의해 내부의 NP 하나만 장벽으로 갖게 된다는 설명을 할 수 없게 된다. 그러므로 (35)의 의미역 지배 정의에서 '자매항' 조건을 제거하기로 한다(4.1.5절 참조). 즉, 동사에 의해 의미역을 받는 VP 내부의 논항은 보충어든, 명시어든, 모두 동사에 의해 의미역 지배를 받는 것으로 간주한다.

이 원리들 중에는 구조언어학의 기본 개념(40가), 생성문법의 표준이론 시기에 확립된 원리(40나, 다)도 포함되어 있다. (40라)는 원리매개변인 이론의 시기에 점차로 그 필요성이 명확히 인식되기에 이르렀다고 할 수 있다.

문법은 통사론 외에도 음운론과 의미론을 포함한다. 통사론과 음운론의 대응에 관해서는 생성문법 연구 초기로부터 형태음운론 규칙들의 기술 과정을 통해 많은 고려가 있었음을 알 수 있다. 통사론과 의미론의 대응에 관한 원리인 (40라)는 현재 형식의미론 연구에서 궁극의 기준으로 삼는 바가 되었다.[265] (40라)는 통사론 이론 실행의 조건이 되어야 한다. 합성성 원리를 준수하는 의미 해석을 보장하지 못하는 통사론 이론은 바람직한 통사론 이론이 아니다.

다음에는 원리매개변인 이론에 의한 한국어 문법 기술의 5가지 주요 연구 사례들을 검토해 본다. 한학성(1987)은 기능범주에까지 핵계층 이론을 확대 적용한 촘스키(1986b)를 바탕으로 하여 한국어의 구 구조 이론을 최초로, 완성적으로 제시하였다. 그는 한국어의 선어말어미와 어말어미의 결합을 단일한 통사 범주인 굴절소(INFL)로 상정한다. 윤종열(1990)은 절 내부 구조와 함께 명사항 내부 구조도 기능범주를 가지는 핵계층 구조로 기술한다. 절 내부 구조에서는 굴절소에서 일치소(AGR)를 분리하고, 명사항 구조에서도 기능범주인 D 범주와 Del 범주를 설정한다. 김영주(1990)은 한국어 문법에서 의미역 이론을 위치시키는 작업을 수행하였다. 능격동사(=비대격 동사)의 구문들을 정밀하게 기술하였다. 의미역 이론의 전개 과정에서 한국어 문법의 하위 이론으로 서술화 이론이 상정되어야 함을 논하고 있는데, 이는 제4장의 필자의 대안적 생성문법 체계를 발전시키는 데에 유익한 선례가 된다. 최현숙(1988)은 표준적인 원리매개변인 이론에서 잘 다루지 않았던 재구조화 현상의 기술 방법을 제안한다. 한국어의 보조동사 구문이 '재구조화 규칙(restructuring rule)'의 적용을 받는 구조로 기술됨을 보이고 있는데, 이 규칙의 형식은 표준적 원리매개변인 이론의 어느 하위 이론에 포함될 수 없는 것이다. 뒤의 제4장에서 제시하는 필자의 대안적 생성문법 이론에서는 이 규칙을 중심으로 하는 독립된 하위 이론을 상정할 것이다.

---

[265] 영어를 대상으로 표준적 형식의미론의 실행 방법을 집대성하여 보여주는 연구로 Heim & Kratzer(1998)이 있다. 양정석(2003나)에서는 한국어의 모든 중요 구문들에 대해서 합성성 원리를 준수하는 의미 해석의 체계를 기술하였다.

3.4.2. 한학성(1987)의 한국어 생성문법

기초 통사 범주를 바탕으로 구와 문장을 형성하는 형성규칙으로서의 구 구조 규칙은 그 수가 너무 많고, 서로 다른 범주의 구들이 가지는 공통의 구조적 성질을 포착하는 데에 효과적이지 못하다. 이미 소개한 바와 같이 원리매개변인 이론의 구 형성의 메커니즘인 핵계층 이론은 3-5개의 핵계층 도식들만 가지고 한국어의 모든 구와 문장의 구조를 형성할 수 있다.

한학성(1987)은 명사, 동사, 부사 등의 어휘범주뿐 아니라 INFL(= I)과 같은 기능범주에까지도 확대 적용되는 촘스키(Chomsky 1986b)의 핵계층 이론에 입각하여 한국어의 기본 절 구조를 기술하는 작업을 보이고 있다. 그의 주요 논점은 한국어 절 구조 내부에 VP 구조가 존재하며, 한국어의 절 구조는 VP를 보충어로 취하는 머리성분 범주 INFL(= I)을 중심으로 형성된다는 것이다. 즉, 절의 구조는 I가 투사하는 IP 구조이다.

그의 논점을 더 구체적으로 풀어서 다음과 같이 요약할 수 있다.

(1) 가. 한국어에 굴절소 INFL(= I)이 독립된 통사 범주로 존재하며, 이것이 절의 머리 성분(head: 핵어)으로서의 기능을 가진다. 그 구체적인 요소는 선어말어미와 종결어미의 결합인 '-었-다, -었-니', '-는-다/Ø-다, Ø-니', '-시-었-겠-다' 등이다.
나. '의문사구-를' 형식은 IP에 부가되는 구조로, '의문사구-는' 형식은 화제로서 공범주 C 범주에 의해 형성되는 CP 구조의 명시어 위치에 놓이는 구조로 기술한다.
다. 이중주어문에 대한 서술절설의 방안을 제시하였다. 이동설에 대한 비판을 통하여, 둘 이상의 주격 명사구들이 맨 나중의 것을 제외하고는 IP의 부가어로 설정되는 구조를 정당화하였다.
라. 부정문이 두 가지 유형으로 나누어진다는 송석중(1967, 1977, 1993)의 견해를 바탕으로 (1가)의 I와 IP 가설에 따른 두 유형의 부정문의 구조를 정당화하였다.
마. 간접인용절에서 '-고'를 C 범주로 상정하고, 화제 성분을 관할하는 S′ 범주를 설정한다.

한국어의 이러한 다양한 구조를 분석하는 데에 결정적으로 작용하는 것은 그가 새로 제안하는 다음과 같은 성분통어(최대통어)의 정의이다. '관할'의 정의는 앞 절(3.4.1절)의 (24)에서 제시하였다. '포함'은 (4)와 같이 정의된다.

(2) 한학성의 성분통어(최대통어) 정의

A가 B를 성분통어한다는 것은 A가 B를 관할하지 않고, A를 관할하는 모든 최대투사가 B를 <u>포함</u>한다는 뜻이다.

cf. 성분통어(최대통어)의 정의(Chomsky 1986b: 8)

A가 B를 성분통어한다는 것은 A가 B를 관할하지 않고, A를 관할하는 모든 최대투사가 B를 <u>관할</u>한다는 뜻이다.

(3) 관할의 정의(= 3.4.1절의 (24))

A의 모든 부분(segment)이 B를 관할할 때 A는 B를 관할한다고 한다.

(4) 포함의 정의

A의 한 부분(segment)이 B를 관할할 때 A는 B를 포함한다고 한다.

[$_A$ B [$_A$ ···]] 또는 [$_A$ ···[$_A$ B]]

최대통어의 정의를 (2)와 같이 함으로써 (1가)와 같은 기본 가정 하에 (5)의 이중주어문의 명사구들이 굴절소(I)에 성분통어 및 지배되어 주격을 할당받는 사실을 일관되게 설명할 수 있다. 의문사구가 목적격을 가지는 (6가)와 화제 표지 '-은'을 가지는 (6나)의 문법성의 차이를 통사론적으로 설명할 수 있다.

(5) 남대문 시장이 옷이 값이 싸다 (34쪽)

[$_{IP}$ 남대문 시장이 [$_{IP}$ 옷이 [$_{IP}$ 값이 [$_{AP}$ 싸-][$_I$ Ø-대]]]]

(6) 가. 무엇을 철수가 샀니? (210쪽)

[$_{IP}$ 무엇을$_i$ [$_{IP}$ 철수가 [$_{VP}$ t$_i$ 사-][$_I$ -았-Q]]]

나. *무엇은 철수가 샀니? (212쪽)

[$_{CP}$ 무엇은 [$_{I'}$[$_{IP}$ [$_{I'}$[$_{IP}$ 철수가 [$_{VP}$ t$_i$ 사-][$_I$ -았-Q]]] [$_C$]]]

(5)에서 '값이'만이 주어이고, '남대문 시장이'와 '옷이'는 IP의 부가어라고 상정된다. 이 세 명사구는 모두 (2)의 정의에 따라 I 범주인 'Ø-다'에 성분통어됨으로써 주격 '-이'를 할당 받는 것으로 예측되므로, (5)는 (2)의 정의를 정당화하는 증거가 된다.

(6가)와 (6나)의 문법성의 차이를 해석하기 위해서는 다음 가정을 해야 한다.

(7) 가. 의문사는 Q-형태소에 의해 지배되어야 한다.

나. 한국어의 Q-형태소는 I 범주로 설정된다.

'뒤섞기(scrambling)'에 의한 (6가)의 구조에서는 의문사 '무엇을'이 IP 부가어이다. '무엇을'은 (2)의 정의에 따라 Q-형태소를 포함한 I에 성분통어되므로, Q-형태소에 의해 지배되어야 한다는 (7가)를 만족하게 된다. 또한 선행사와 흔적 사이에 장벽이 되는 범주는 없으므로 (6가)는 적격한 구조로 판정된다. '화제화'에 의한 구조로 가정된 (6나)의 구조에서는 '무엇은'이 화제로서 CP의 명시어이다. 이 위치의 '무엇은'은 Q-형태소에 의해 성분통어되지 못하고, 따라서 지배되지 못하여 (7가)를 위반한다. 이리하여 (6나)는 부적격한 문장으로 판정된다는 것이다.

이중주어문의 한 유형으로 다루어 온 (8)의 형용사 문장은 약간 다른 방법으로 설명한다. '싫-'은 2자리 형용사인데, 둘째 명사구는 형용사구(AP) 내부에서 이동하여, 그 명시어 위치에서 외부의 I 범주에 의해 주격을 할당받는다.

(8) 철수가 순이가 싫다. (139쪽)
  [IP 철수가 [I'[AP 순희가ᵢ [A'[NP tᵢ][A 싫-]]] [I Ø-다]]]

'이다' 문장의 분석도 독특하다. 명사 '바보'가 명사구를 이탈하여 V 범주인 '이-'로 머리성분 이동(head movement)한다. 명사구는 흔적일 뿐이므로 격을 갖지 않아도 되어, 격 여과 원리를 위반하지 않는다고 설명하는 것이다.

(9) 철수가 바보이다.
  [IP 철수가 [I'[VP [V'[NP tᵢ][V 바보ᵢ-이-]]] [I Ø-다]]]

한학성(1987)의 한국어 부정문에 대한 분석은, 양화사를 가지는 경우, 단형 부정문은 한 가지 의미를, 장형 부정문은 두 가지 의미를 가진다는 송석중(1967)의 인식에 바탕을 둔 것으로, 원리매개변인 이론 하에서의 최초의 처리 방안을 보여주고 있다. 여기에서도 (2)의 성분통어 정의가 결정적인 역할을 한다. (10)의 단형 부정문에서는 양화사 '다'가 부정소 '아니'에 의해 성분통어되지 못함으로써 '아니'의 좁은 영향권 해석만이 가능하며, (11)의 장형 부정문에서는 '다'가 '아니'에 의해 성분통어되지 않는 구조(i)와, 성분통어되는 구조(ii)가 가능하여 중의성 해석이 얻어진다는 것이다.

(10) 다 아니 오-았-다
  (i) [IP [NP 다 [I'[VP [V 아니 [V 오-]]] [I -았-다]]] : D-구조 (170쪽)
      [IP 다ᵢ [IP [NP tᵢ] [I'[VP [V 아니 [V 오-]]] [I -았-다]]]] : LF (171쪽)

(11) 다 오-지 아니 하 였 다
    (i) '아니'가 좁은 영향권을 가지는 구조 (172쪽)
        [IP [NP 다 [I'[VP [V [V 오-지] 아니]] [I 하-었-다]]]
    (ii) '아니'가 넓은 영향권을 가지는 구조 (173쪽)
        [IP [NP 다 [I'[VP [V 오-지]] [I 아니 [I 하-었-다]]]]

(11i)에서는 '-지'의 삽입으로 형성된 '오-지'에 부정소 '아니'가 머리성분 부가의 형식으로 결합된다. '오-지-아니'는 동사라는 것이다. (11ii)에서는 I에 '하-' 삽입으로 형성된 '하-었-다'에 부정소 '아니'가 머리성분 부가의 형식으로 결합된다. '아니-하-었-다'는 굴절소 I 범주인 것이다.

이상과 같이, 한학성(1987)은 기능범주에까지 적용되는 핵계층 이론을 바탕으로 한국어의 기본 절 구조를 기술하고 이를 정당화하는, 전체적으로 설득력 있는 논증을 전개하였다. 이 논문에서 보인 이중주어문의 구조와 격 할당 문제의 처리, 의미 해석의 중의성 여부에 따른 두 가지 부정문의 통사론적 처리, 화제 성분을 가지는 구문과 뒤섞기 구문의 차이에 대한 통사론적 분석 등은 원리매개변인 이론의 표준적 처리 방안을 보인 것이라고 평가할 수 있다.

한학성(1987) 비판

한학성(1987)에 대하여 지적할 문제점들은 다음과 같다.

1. **'선어말어미+어말어미' 결합의 굴절소 INFL(=I) 범주를 상정하는 문제** 한학성(1987)은 '철수는 갔다/간다'의 '-았-'과 '-다'의 결합, '-ㄴ-'과 '-다'의 결합, 형용사 문장의 'Ø'와 '-다'의 결합을 I 범주로 상정한다. '-았-다'는 과거시제와 평서법의 결합이고, '-ㄴ/Ø-다'는 현재시제와 평서법의 결합이라고 한다. '-으시-'도 일치소(AGR)로서, I 범주의 일부가 된다.

그러므로 다음과 같은 선어말어미 '-으시-', '-었-', '-겠-'과 종결어미 '-다'의 결합은 복합적 머리성분 범주 I로 분석하는 것이다.

(12) [IP 아버님이 [I' [VP 상을 받-] [I -으시-었-겠-다]]]

'-으시었겠다'와 같은 단위를 단어로 간주하는 견해는 분류론적 문법, 특히 전통문법에서도 있었다. 주시경(1910)을 비롯한 분석적 체계의 문법이 그와 같은 것이다. 한학성에서는 언어 보편의 원리에 따라 '-으시었겠다'를 기초 통사 단위로 가지는 (12)와 같은 구조를 정당화하고 있는 것이다.

앞의 3.4.1절에서는 종결어미 '-다, -니, -어라, -자' 등을 보문소(C) 범주로 상정한 바 있다. (12) 문장의 구조에 대한 필자의 방안은 다음과 같다.

(13) [CP [C'[IP 아버님이 [I'[VP 상을 받-] [I -으시-었-겠-] [C -대]]

한학성(1987)이 C 범주로 인정하는 다른 예로 간접인용절의 '-고'가 있다. 또한 (6나)와 같은 경우의 설명을 위하여 화제 성분을 명시어로 취하는 공범주의 C 범주를 상정하기도 한다(이와 같은 공범주 C 범주는 뒤의 문귀선(1989), 윤종열(1990)에서도 받아들이고 있다).

I 범주의 실체에 관한 한학성(1987)의 (12)와 같은 관점과 필자의 (13)과 같은 관점의 주요 차이는 종결어미를 C 범주로 인정하는지 여부라고 하겠다. I 범주의 설정에 관한 한학성의 논거를 다음에 요약해 보기로 한다.

(14) 가. 존대 일치의 사실
    나. 보충어인 VP/AP와 명시어인 주어 명사구에 대한 선택제약의 사실
    다. '하-' 지지와 관련한 사실
    라. 격 저항 원리와 관련한 사실
    마. 주어-조동사 도치의 결여에 관한 설명력
    바. '-음' 명사절의 관형격 '-의' 실현 가능성에 관한 설명력

(14가)의 주체존대소 '-으시-'가 주어와 일치하는 사실은 잘 알려져 있다. (14나)는 I에 포함된 '-어라, -자' 등의 명령법, 청유법 요소가 주어 NP를 2인칭으로, 1인칭 복수로 제약하며, 또한 그 보충어에 대해서도 VP 또는 AP로의 제약을 가하는 것이 (12)의 절 구조 설정을 지지하는 증거라는 것이다. (14다)는, (15가)가 D-구조인 (15나)로부터 '하-' 삽입 절차에 따라 도출된다고 하는 것이 합리적 설명이라는 전제에서, (15나)의 D-구조는 I 범주인 '-었다'가 VP로부터 분리된 형식이라는 것이다.

(15) 가. 철수가 떠나지 아니 하였다
    나. 철수가 떠나지 아니 -었다

(14라)의 '격 저항 원리'는 (16)과 같은 것이다.

(16) 격 저항 원리
　　　격은 다른 격 부여 자질을 가지는 범주에 할당되어서는 안 된다.
(16)′ *[철수가 자살을 하였다]가 모두를 놀라게 하였다.

'-었다'와 같은 I 범주는 격 부여 자질을 가지기 때문에 그 IP가 다른 문장의 주어나 목적어 위치에 놓이게 되면 (16)을 위배하여 (16)′과 같은 비문이 된다고 하고, 이는 I가 주격을 할당하며 I가 S의 머리성분임을 보이는 증거가 된다는 것이다.

강영세(1986)은 (14마)의 '주어 조동사 도치' 현상을 한국어가 갖지 않는다는 점이 한국어 절에 I 교점이 존재하지 않음을 보이는 증거라고 주장하였는데, 이 점은 단지 '머리성분-뒤' 언어인 한국어의 어순의 특성상 절 앞의 주어가 I와 도치되는 일이 일어날 수 없는 것뿐이라고 한학성은 설명한다. 인도유럽어에 '주어 조동사 도치' 현상이 나타나는 것은 '시제는 주절의 머리성분이 되어야 한다.'는 일반 원리가 있어서 의문문의 주어 앞에 설정된 C 범주로 I가 머리성분 이동하기 때문에 발생하는 것이라고 한다.

(14바)는 '-음' 명사절의 구조로 상정한 다음 두 가지 구조에서 (17가)는 I가 '프레드가'의 주격을 할당하며, (17나)는 N 범주인 'I-ㅁ'이 '프레드의'의 관형격을 할당하는 것을 통해 증명된다고 한다.

(17) 가. 프레드가 책을 씀
　　　　[NP [IP [NP 프레드가] [I′[VP [NP 책을][V 쓰-]] [I (AGR)]]] [N-ㅁ]]
　　 나. 프레드의 책을 씀
　　　　[NP [NP 프레드의] [N′[VP [NP 책을][V 쓰-]] [N I-ㅁ]]]

관형격 '-의'를 가지는 명사절은 (17나)와 같이 머리성분 I 범주를 갖지 않는 구조를 통해서만 설명된다고 한다. 목적격을 가진 '책을'의 뒤섞기에 의한 순서 바꿈은 IP의 부가어 위치로만 가능하여 (18나)의 적격성과 (19나)의 부적격성이 설명된다고 한다.

(18) 가. 프레드가 책을 씀
　　 나. 책을 프레드가 씀
(19) 가. ?프레드의 책을 씀

나. *책을 프레드의 씀

　이상이 (12)와 같은 I 범주의 설정을 위한 논거들로 한학성이 제시한 것이다. (13)과 같은 구조를 상정하는 필자의 관점에서 보면, (14가)는 (13)의 구조 하에서도 I 범주를 위한 증거로 받아들일 수 있다. 그러나 (14나)는 오히려 (13)의 구조의 C 범주들을 분리해야 하는 증거로 볼 수 있다. '-는다'에서 '-는'이 분리되지 않고, 그 보충어인 IP의 사건/상태의 특성에 따라 '-는다/ㄴ다'와 '-다'가 변이하는 것이며(cf. 3.2.3절), 주어의 인칭에 제약을 가하는 것은 앞의 '-으시-', '-었-', '-겠-'과 무관한 명령형어미 '-어라', 청유형어미인 '-자'이기 때문이다. (14다)의 '하-' 지지의 사실은 '-었-' 등의 요소와 관련되는 것으로서 '-다' 등의 요소와는 무관한 현상이므로, 이것이 (13)의 구조에 반하는 (12)의 구조에 대한 증거라고 볼 수는 없다.

　(14라)의 사실은 일견 (13)보다 (12)의 구조를 지지하는 증거로 보일 수 있다. 그러나 (16)'가 비문인 것을 격 저항 원리의 위배를 통해서만 설명할 수 있는 것은 아니다. (14마)의 '주어 조동사 도치'에 대한 설명도 (12)의 I 범주 가정과 (13)의 I 범주 가정 모두에서 가능하다.

　(14바)에 대한 설명을 위하여 한학성은 명사절에 대한 (17가)와 (17나)의 두 구조를 상정하였다. 종결어미를 보문수로 가정하는 필자의 (13)의 구조적 관점 하에서 (17가)와 (17나)는 다음과 같은 구조로 기술할 수 있다. 주의할 점은, (17나)'과 같은 구문은, 현대 한국어에 쓰이기는 하더라도, 문어체의 특수한 용법으로만 가능하다는 점이다. 이에 비하면 (17가)'의 명사절은 그러한 제약이 전혀 없다.

(17)' 가. [$_{CP}$ [$_{IP}$ [$_{NP}$ 프레드가] [$_{I'}$[$_{VP}$ [$_{NP}$ 책을][$_V$ 쓰-]] [$_I$ ∅]]] [$_C$-ㅁ]]
　　　　프레드가 책을 씀
　　　나. [$_{CP}$ [$_{NP}$ 프레드의] [$_{CP}$ [$_{IP}$ e [$_{I'}$ [$_{VP}$ [$_{NP}$ 책을][$_V$ 쓰-]] [$_I$ ∅]]] [$_C$-ㅁ]]]
　　　　ˀ프레드의 책을 씀

　'-음'은 [C, +nominal]과 같이 그 범주 외에 통사적 자질 '+nominal'을 가지는 것이 위 (16)'과 같은 격 할당 위치에 '-음' 명사절이 실현되는 것을 가능하게 하며((16)''), (17나)'과 같이 'NP-의' 형식의 부가어가 CP에 부가되는 것을 가능하게 한다고 본다.[266]

---

[266] 양정석(2010: 300-302)에서는 '-음, -기'와, 의문형어미로부터 발달한 '-는지, -느냐, -는가'가 '[-pred]' 자질을 가짐으로써 그 최대투사가 서술화 이론의 잠재적 서술어(이차 서술어)가 될 수 없다고 설명하였다. '+nominal' 대신 이 '[-pred]' 자질을 활용하여, 이 자질을 가지는 명사절과 명사구들이 격을 할당받아야

(16)" [철수가 자살을 하였음]이 모두를 놀라게 하였다.

다음은 더 생각해 볼 예들이다.

(20) 가. *철수의 미국에의 도착함
    나. ?철수의 미국에 도착함
    다. *철수의 미국의 도착함
    라. *미국에 철수의 도착함

한학성은 이들의 부적격, 적격의 차이를 통사론의 원리에 입각하여 설명하려고 하지만, 필자가 보기에 이들의 부적격성은 (17나)'과 같은 구조에서 'NP-의' 형식으로 앞세워진 내용이 CP 안의 공범주 대명사 e와 동지시되는 과정에서 담화화용적으로 해석되기 어려움으로 말미암아 발생하는 것 같다.

2. '-음'을 명사로 설정해서는 안 되는 이유 한학성은 명사형어미 '-음'을 명사로 설정하였다. 과거의 분류론적 연구 중에도 이 같이 실행한 예가 있어 주목된다. 홍기문(1947)이 그와 같은 예이다. 이는 품사분류론, 즉 단어 단위들의 분류 체계 수립이 문법 연구의 궁극의 목적이라고 생각한 전통문법의 사고 속에서 나타난, 파격적 결정이다.

근본적인 문제점은, 문법범주 결정에 있어서 일차적 기준이 되어야 하는 것은 문법단위들의 계열적 대립의 사실이라는 점을 충분히 고려하지 못했다는 점이다. '-음'은 결코 명사들과 계열적 대립을 하지 않는다. '철수가 도서관에 갔-음/*철수가 도서관에 갔-것/*철수가 도서관에 갔-사실'에서 보는 것처럼 '-음'과 '사실, 것'은 계열적으로 대립하지 않는다.

3. 서술절설에 바탕을 둔 이중주어문의 원리매개변인 이론적 분석 이중주어문에 대한 한학성(1987)의 관점은 서술절설이다. 겹으로 출현하는 주격 명사구들은 맨 뒤의 것만을 제외하고는 모두 IP의 부가어로 설정되며, 비이동적으로 생성된다.

IP의 부가어인 명사구들이 I 범주에 의해 성분통어, 지배되어 주격을 받는다는 설명은 그의 이론에서 가장 힘주어 전개하는 것이다. 이는 (2)와 같은 성분통어 정의를 정당화하는

한다는 원리('격 여과 원리')를 설정할 수도 있다.
최소주의 통사론의 체계에 따라 또 다른 방안을 실행할 수도 있다. '-음, -기, -는지, -느냐, -는가'와 같은 C 범주 요소들이 명사들처럼 내재적으로 격 자질을 가지고 있어서, 그 CP가 비해석성 자질인 격 자질을 점검받고자 격 점검자인 기능범주의 명시어 위치로 이동한다고 설명할 가능성이다. 이러한 이론 체계 하에서는 한학성(1987)처럼 '-음'을 명사(N) 범주로 설정하는 것이 특별히 의미가 없다.

것이기도 하다.

　모든 종류의 서술절설에 대하여 지적할 점은, 맨 앞의 명사구 이후의 구성성분이 서술어가 된다는 가정의 모순성이다. (21가) 유형의 이중주어문에서는 '심성'과 같은 명사의 어떤 의미적 특성으로 말미암아 '심성이 착하-'가 논항을 필요로 하는 서술어의 역할을 한다고 할 수 있을 듯하다. 그러나 (21나) 유형의 문장에서 '장미가 아름답-'은 전혀 서술어의 역할을 인정할 수 없다.

　(21) 가. 인호가 심성이 착하다.
　　　　나. 꽃은 장미가 아름답다.

　한학성(1987)에서는 다음 유형의 이중주어문에 대해서는 형용사가 두 개의 주격 논항을 가지는 것으로 처리한다.[267] 그 외의 이중주어문의 유형에 대해서는 위와 같이 서술절설에 입각한, 주격 명사구 IP 부가의 방안을 취하는 것이다.

　(22) 내가 순이가 싫다.

　이중주어문 중에는 다음과 같은 유형도 있다. 한학성은 이러한 유형의 이중주어문은 다루지 않는다.

　(23) 가. 장미꽃이 두 송이가 피었다.
　　　　나. 학생이 두 명이 나를 찾아왔다.
　　　　다. 일학년 학생이 모두가 참석했다.

　양화사 구를 포함하는 이들 예를 서술절설의 발상에 따라 처리하는 것은 무리이다.[268] (21나)와 (23가-다)와 같은 유형의 이중주어문의 구조에 대한 필자의 견해는 다음과 같은 것이다.

---

[267] 위 (8)에 대한 설명을 참조할 것. '싫다' 부류의 주관성 형용사는 그 주어가 화자일 것을 의미적 제약으로 가지기 때문에 (8)의 예문 자체는 부자연스러운 문장이다. 한학성은 이를 문법적 문장으로 간주하고 있다.

[268] 이중주어문의 모든 유형에 대한 통사구조 분석과 형식의미론적 해석 방법을 양정석(2023나: 429-438)에서 제시한 바 있다.

(21)′ 나. [ɪᴘ 인호가 [ɪ′[ᵥᴘ 심성이 [ɪ′[ᵥᴘ 착해 [ɪ-Ø-]]-다
(23)′ 가. [ɪᴘ 장미꽃이 [ɪ′[ᵥᴘ 두 송이가 [ɪ′[ᵥᴘ 피-] [ɪ-었-]]-다

이 구조에서도 I 범주가 두 주격 명사구를 성분통어(최대통어)한다. 양정석(2023나: 429-438)에서는 이와 같은 통사구조에서 '심성'과 같은 비분리 명사구, '두 송이' 같은 양화사 명사구가 모두 양화사와 같은 의미 해석을 얻는다는 사실에 주목하였다. 이러한 해석 방법이 모호한 '서술화' 절차를 바탕으로 한 한학성의 해석 방법보다 나은 것으로 보인다.

4. 부정문 분석의 문제 두 가지 부정문의 통사구조를 살펴보자. 특히 위 (11)의 장형 부정문의 도출은 매우 불합리하다. '아니'가 동사에 결합되기도 하고, 굴절소에 결합되기도 한다. 위 (11)을 다시 제시한다.

(11) 다 오-지 아니 하 였 다
   (i) '아니'가 좁은 영향권을 가지는 구조 (172쪽)
      [ɪᴘ [ɴᴘ 대 [ɪ′[ᵥᴘ [ᵥ [ᵥ 오-지] 아니]] [ɪ 하-었-다]]]
   (ii) '아니'가 넓은 영향권을 가지는 구조 (173쪽)
      [ɪᴘ [ɴᴘ 대 [ɪ′[ᵥᴘ [ᵥ 오-지]] [ɪ 아니 [ɪ 하-었-다]]]]

(11i)에서 '오-지-아니'는 동사 범주의 복합 머리성분인데, 이는 동사 '오-'에 명사화소 '-지'가 삽입되고 여기에 다시 '아니'가 결합되어 형성된 것이다. (11ii)에서 '아니-하-었-다'는 굴절소 범주의 복합 머리성분인데, 이는 굴절소 '-었-다'에 '하-'가 삽입되고 여기에 다시 '아니'가 결합되어 형성된 것이다. 이와 같은 복합 머리성분 형성의 절차는 대단히 무리한 것이다. 더욱 무리한 것은 (11i, ii)의 구조가 형성되기 이전의 구조로 다음과 같은 것을 제시하고 있다는 점이다.

(24) [ɪᴘ [ɴᴘ 대 [ɪ′[ᵥᴘ [ᵥ 오-지]] 아니 [ɪ 하-었-다]]]

그는 (11i, ii)의 두 개의 구조가 (24)의 단일한 구조에서 도출되는 것으로 설명하고 있다. '아니'는 VP의 머리성분인 V의 일부로 바뀌기도 하고, 상위 IP의 머리성분인 I의 일부로 바뀌기도 한다. 이러한 통사적 과정은 근거가 없는 것이다. 더군다나 바뀌기 전의 (24)의 구조에서는 부정소 '아니'가 VP에 관할되지도 않고, I에 관할되지도 않는다. (24)의 구조는 주어진 통사 체계에 따라 도출되지 않는 구조라고 볼 수밖에 없다.[269]

이와 같은 무리를 범하고서도 (11i, ii)의 두 구조를 상정하는 한학성의 의도는, 오로지 양화사 '다'가 '아니'에 성분통어되는 구조와, '아니'에 성분통어되지 않는 구조의, 두 가지 구조를 만들기 위해서이다. 그래야 장형 부정문의 중의성을 설명할 수 있기 때문이다. 장형 부정문의 중의성에 대한 필자의 방안은 다음과 같다.[270]

(25) 다 오지 아니하였다
  (i) '아니하-'가 좁은 영향권을 가지는 구조
   [IP [NP 다] [I'[VP [CP [IP [NP e] [I'[VP [V 오-]] [I ∅]] [C -지]] [V 아니하-]] [I -었-]]-[C -다]
  (ii) '아니하-'가 넓은 영향권을 가지는 구조
   [IP [NP e_pleo] [I'[VP [CP [IP [NP 다] [I'[VP [V 오-]][I ∅]][C -지]] [V 아니하-]] [I -었-]]-[C -다]

'아니하-'는 이른바 보조동사이다. 보조동사는 주절 동사이고 보조동사 구문은 복합문 구조라는 것이 현재 한국어 문법 연구자 대부분이 합의하는 점이다.[271] '다'가 주절 주어로서 부정소 '아니하-'의 성분통어 영역 밖에 놓이는 (25i) 구조가 '아니하-'의 좁은 영향권 해석을 가능하게 한다. '다'가 내포절의 주어로서 부정소 '아니하-'의 성분통어 영역 안에 놓이는 (25ii) 구조가 '아니하-'의 좁은 영향권 해석을 가능하게 한다. (25i, ii)의 두 구조는 일반적 통사적 과정에 따라 무리 없이 도출되는 구조이다. 그러므로 한학성의 부정문 분석은 필자의 방안 (25)보다 유리한 점이 없으며, 또한 그의 분석이 굴절소 I와 굴절소구 IP의 설정을 위한 증거가 되지도 않는다고 결론짓는다.

한학성(1987)은 (26가)-(28가)의 단형 부정문들이 '아니'의 좁은 영향권 해석만 가능하며, (26나)-(28나)의 장형 부정문들이 '아니'의 좁은 영향권 해석과 넓은 영향권 해석으로 중의적

---

[269] 표준이론의 체계에서는 Neg가 기저에서 S의 맨 앞 또는 VP의 맨 앞에 설정된 다음 '부정소 배치'와 같은 변형규칙에 의해 동사 앞에 위치하도록 할 수 있다(한 예로 오준규 1971). 송석중(1967)에서는 구 구조 규칙에 의해 'Neg Vs ···'와 같은 기호열을 형성한 다음 변형에 의해 Neg를 적절한 위치로 이동시킬 수 있다. 원리매개변인 이론의 체계에서는 핵계층 이론에 의해 허락되지 않는 구조는 불가능하므로(구조보존 원리), 이와 같은 조작들이 불가능하다. (24)와 같은 구조가 생성될 수 없다는 것이 근본적인 문제이다.
[270] (25ii)의 구조에서 주절 주어로 설정한 'e_pleo'는 공범주 허사이다. 이에 관한 논의는 제4장의 4.1절을 참고하기 바람.
[271] 한국어 보조용언 구문의 통사구조에 대해서는 4.3.4절과 양정석(2007가)를 참고하기 바람. 보조용언 구문을 4가지 유형으로 나누어 그 통사구조를 기술하였다.

이라고 판단하고, 이러한 차이를 '아니'가 단형 부정문에서 V에 부가되고, 장형 부정문에서 I에 부가되는 구조적 차이를 통해 설명하였다. (28)에서는 '항상'이 논리형태 이동으로 IP에 부가되는 구조를 상정한다.

(26) 가. 많은 학생을 그가 안 때렸다.
　　　나. 많은 학생을 그가 때리지 않았다.
(27) 가. 철수가 자기 위해서 학교에 안 왔다.
　　　나. 철수가 자기 위해서 학교에 오지 않았다.
(28) 가. 철수가 회합에 항상 안 온다.
　　　나. 철수가 회합에 항상 오지 않는다.

이 경우에도 장형 부정문의 구조에 대한 필자의 방안 (25i, ii)를 바탕으로 한학성이 설명하는 것과 같은 결과를 얻을 수 있을 것으로 본다.[272]

5. '이다' 문장의 구조 분석의 문제 위에서 든 (9)의 예에서 '이-' 앞의 명사 '바보'는 명사구를 이탈하여 V 범주인 '이-'로 머리성분 이동한다고 설명한다. 명사구는 흔적일 뿐이므로 격을 갖지 않아도 되어, 격 여과 원리를 위반하지 않는다.

(9) 철수가 바보이다.
(9)′ [IP [NP 철수가] [I′[VP [V′[NP t_i] [V 바보_i-이-]]] [I ∅-다]] (144쪽)

'이다' 문장에서 명사구가 격 표지를 갖지 않는 문제를 명사의 머리성분 이동을 통해서 해결하려는 시도에 대해서는 양정석(2001)에서 비판한 바 있다. (29)에서는 명사 '의존적'이 이탈하는 명사구를 상정하기조차 곤란하다.

(29) 가. 요즘 젊은 사람들은 부모에게 의존적이다.
　　　나. *요즘 젊은 사람들은 부모에게의 의존적이다.

---

[272] 다만 (28)의 두 예문의 의미 해석에 대해서는 이견을 지적해 두어야 하겠다. (28가)뿐 아니라 (28나)도 '항상'이 '아니'의 영향권 밖에 놓이는 해석만을 가지는 것으로 보인다. 이러한 해석이 옳다면, 이는 (11ii)에 준하는 구조를 바탕으로 한 해석은 얻어지지 않는다는 뜻이 된다. 그 경우, 양화 부사 '항상'의 의미적 특성을 바탕으로 한 해석 방안을 추구해야 할 것이다.
양화 부사 '항상'의 형식의미론적 기술 방법에 대해서는 양정석(2023나: 826-827)을 참고하기 바람.

또, 이러한 명사의 머리성분 이동을 가정하는 주요 동기는, '이-'가 의미역 부여 능력을 갖지 않는다고 판단하는 것이다. 그리하여 (9)'에서 명사 '바보'가 V 위치에서 한 개의 의미역을 할당한다고 설명하고자 하는 것이다. 그러나 다음과 같은 예에서 개체 표현에 지나지 않는 '김정식'이나 '김소월'이 (9)'과 같이 이동하여 의미역을 할당한다고 설명하는 것은 불합리하다.

(30) 가. 김정식이 김소월이다.
    나. 김소월이 김정식이다.

'이-'가 다른 동사들과 달리 의미역 할당 능력이 결핍된 것이라고 판단하는 연구자들은 '답-, 같-, 맞-' 등의 요소들이 '이-'와 동일한 음운론적 의존성을 가진다는 점에 주목하지 못하는 경우가 흔하다.

(31) 가. 그는 한국의 국회의원답다.
    나. 그는 한국의 국회의원 같다.
    다. 나는 철수 맞다.

'이-'와 '답-, 같-, 맞-'이 의미역 할당 능력을 결여하는 것이라기보다는 단순히 이들 요소가 음운론적 의존성을 가진다고 보는 것이 타당하다. '이-'는 두 개의 논항에 의미역을 부여한다는 점에서 '답-, 같-, 맞-'과 다름이 없다. 다만 (29)의 예에서는 '의존적'이 '이-'와 결합하여 단일한 V 범주를 이루는 것이다.[273]

6. 의문형 종결어미가 I 범주라는 주장의 문제 한학성은 의문문의 종결어미 '-니'를 C 범주로 설정해서는 안 되고, I 범주로 설정해야 한다고 주장한다. 이는 모든 종결어미를 I 범주의 일부로 상정하는 (1가)의 주장과 C 범주를 공범주로 상정하는 (1나)의 주장을 보강하기 위한 것이다. (6가)에서는 '-니'가 I 범주에 포함되는 Q로 설정되었기 때문에 의문사가 Q-형태소에 지배되어야 한다는 위 (7가)의 조건을 만족하여 적격한 문장이 되며, (6나)에서는

---

[273] 필자는 양정석(1986)에서부터 '이-'가 두 개의 의미역을 할당하며, 다만 '세계적이다'와 같은 예에서는 특별히 '세계적'과 '이-'가 재구조화하여 일반 형용사와 같이 하나의 의미역을 할당한다고 설명해 왔다. Chomsky(1981)에서 'take advantage of'가 숙어적 단위의 동사로 재해석되는 절차를 '재구조화 규칙'이라고 하였는데, 필자의 재구조화 개념은 여기에서 비롯된다. 어느 언어에나 두 개 이상의 단어가 하나의 단어 범주처럼 쓰이는 예가 있다.

화제인 '무엇은'이 Q-형태소에 지배되지 않는 위치에 있기 때문에 부적격한 문장으로 예측된다는 것이다.

(6) 가. 무엇을 철수가 샀니? (210쪽)
   [IP 무엇을ᵢ [IP 철수가 [VP tᵢ 사]ₜ -았-Q]]]
나. *무엇은 철수가 샀니? (212쪽)
   [CP 무엇은ᵢ [I'[IP [I'[IP 철수가 [VP tᵢ 사]ₜ -았-Q]]] [C]]]

그러나 '무엇은'이 '대조 화제(contrastive topic)'로 해석될 경우 (6나) 문장의 형식("무엇은 철수가 샀니?")으로도 적격한 문장이 될 수 있다고 한다. 그 경우 '무엇은'은 (6가) 구조의 '무엇을'처럼 IP에 부가된다는 것이다(214쪽).

(6가)와 (6나)의 대비는 대단히 교묘하게 설정되어 있다. 한국어 의문사가 조사 '-은/는'과 결합하는 것이 제약된다는 관찰을 '의문사-는'이 IP에 부가되느냐, CP의 명시어냐의 통사론적 결정과 연관지은 것이다.

그의 논증은 다음과 같다. 의문사는 Q-형태소에 지배되어야 한다(7가). "무엇은 철수가 샀니?"와 같은 문장에서 Q-형태소인 '-니'는 I 범주에 관할되고, '무엇은'이 의문사이기 위해서는 Q-형태소에 지배될 수 있는 IP의 부가어 위치에 놓여야만 한다. (6나)의 구조에서 '무엇은'이 IP의 부가어 아닌 CP의 명시어 위치에 놓였으므로 그 문장은 (7가)를 위배하여 비문이 되었다. "무엇은 철수가 샀니?"와 같은 문장은 문법적 문장으로 쓰일 수도 있는데 이 경우 '무엇은'은 대조 화제로 해석된다. 이 문장이 문법적 문장으로 쓰이는 경우 '무엇은'은 IP의 부가어 위치에 있는 것이다. 이상과 같이 설명할 수 있는 것은 Q-형태소인 '-니'가 I 범주에 관할된다고 가정할 때만 가능하다.

한학성은 '무엇은'이 화제가 아닐 경우 그것은 대조 화제라고 말한다. 그런데 위 논증에서 필요한 것은 '무엇'의 의문사 용법과 불확정(indeterminate) 용법의 구분이다.[274] 그는 화제와 의문사 용법, 대조 화제와 불확정 용법을 동일시한다. 그의 '화제'는 (6나)의 CP의 명시어 위치와 동일시되고 '대조 화제'는 IP의 부가어 위치와 동일시된다. 이러한 전제에서, (6나)의 "무엇은 철수가 샀니?"는 비문이고, 이것이 특별한 상황 맥락에서 사용 가능한 문장일 때는

---

[274] 한국어와 중국어, 베트남어의 의문사는 의문사 용법과 불확정 용법의 구별이 있다. 후자는 일반 존재 양화사의 의미와 같은 것으로, 이들 언어에서 의문사가 존재 양화사로 쓰이는 이유를 보여준다. 영어와 일본어의 의문사는 불확정 용법을 갖지 않고 의문사 용법만을 가진다. 이 점에 관하여 양정석(2022: 288)을 참고하기 바람.

'무엇은'이 대조 화제로 쓰이는 경우이고, 이 경우 '무엇은'은 IP의 부가어 위치에 놓인다고 말하는 것이다.

"무엇은 철수가 샀니?"가 사용 가능한 문장일 때 '무엇은'은 의문사 용법이 아니고 불확정 용법이다. 불확정 용법이라면 Q-형태소에 꼭 지배될 필요는 없고, 지배되어도 문제가 되지는 않는다. 그러므로 Q-형태소인 '-니'가 (6나)의 'C' 범주라고 가정하여도 이 'C'가 불확정 용법의 '무엇은'을 지배하는 것은 아무런 문제를 일으키지 않는 것이다. 따라서 (6가)와 (6나)의 대비에 근거하여 종결어미 '-니'가 C 범주 아닌 I 범주에 속한다고 하는 그의 주장은 정당화되지 않는다.

7. 종결어미의 통사 범주 한학성(1987: 2장)에서는 '-다', '-니', '-어라', '-자'와 같은 종결어미들이 그 앞의 VP에 대한 의미적 선택제약을 가한다고 보고, 이 점을 이들 종결어미들이 I 범주를 이루는 증거의 한 가지로 제시한 바 있다. 그러나 이러한 논증은 정확하지 않다. '-다', '-니', '-어라', '-자'가 선택제약하는 것은 VP라기보다는 선어말어미 VP에 '-으시-', '-었-', '-겠-'이 결합한 범주나 여기에 주어가 더 결합한 범주이기 때문이다.

(32) 가. *선생님이 가시어라.
    나. *네가 갔어라.
    다. *우리가 갔자.
    라. *내가 갔으마.

이 예들은 오히려 종결어미가 IP를 그 보충어로 취하는 범주임을 보이는 증거라고 판단된다. 간접인용절의 '-다고', '-느냐고', '-으라고', '-자고'는 주절 동사에 대한 선택제약을 가한다.[275] '-으시-', '-었-', '-겠-'과 분리된 '-다, -느냐, -으라, -자'가 선택제약하는 것이 아니다. 이 사실은 '-다고', '-느냐고', '-으라고', '-자고'가 각각 한 단위로서 C 범주를 이룸을 보이는 증거라고 판단한다.

(33) 가. 철수는 순이가 예쁘다고 했다/말했다/*물었다/*명령했다/*제안했다/*약속했다.
    나. 철수는 순이가 예쁘냐고 했다/?말했다/물었다/*명령했다/*제안했다/*약속했다.
    다. 김대위는 박상병이 가라고 했다/?말했다/*물었다/명령했다/??제안했다/*약속했다.
    라. 김대위는 박상병에게 가자고 했다/?말했다/*물었다/*명령했다/제안했다/*약속했다.

---

[275] 양정석(2023나: 649-653, 726-727)에서는 이 점을 관찰하고, 이들 복합 어미의 형식의미론적 정의를 통해 이들이 주절 동사, 즉 인용 동사를 선택제약하는 점을 포착하였다.

마. 철수는 순이에게 가마고 했다/?말했다/*물었다/*명령했다/*제안했다/약속했다.

　이에서 더 나아가, 종결어미와 계열적으로 대립하는 연결어미들이 그 앞의 보충어에 대한 선택제약을 할 뿐만 아니라 후행절에 대한 선택제약을 가하는 사실을 관찰할 수 있다.

(34) 가. ??비가 오거든 나는 빨래를 걷는다.
　　나. *비가 오거든 빨래를 걷었다.
　　다. 비가 오거든 너는 빨래를 걷어라.
　　라. 비가 오거든 우리는 빨래를 걷자.
　　마. 비가 오거든 내가 빨래를 걷으마.

　특히 '-거든'의 후행절에 대한 선택제약은 전제 의미에 대한 제약이라고 할 수 있다. 이 외에도 한국어의 연결어미들 중 '-지만, -으나, -자, -지, -길래, …' 등이 후행절의 명제에 대하여 특정의 전제 의미를 요구하는 특성을 가진다. 양정석(2005/2010)에서는 이러한 선택제약의 사실을 근거로 '-거든'을 비롯한 위 연결어미들이 C 범주로서, 선행절 IP를 보충어로 취하고 후행절 CP를 명시어로 취하는 통사적 특성을 가진다고 기술하였다.
　이상의 선택제약의 사실들은 '-다', '-니', '-어라', '-자'가 I 범주라고 가정해서는 일관된 설명을 하기 어렵고, 이들이 C 범주라고 가정할 때 일관된 설명을 할 수 있다.
　8. '-는/ㄴ-'를 문법 형태소(어미)로 분석하는 문제 '-는/ㄴ-'를 문법 형태소, 또는 어미로 취급하는 것은 최현배(1937) 등의 분류론적 문법으로부터 물려받은 관행적 오류이다. 한학성(1987)에서도 이 오류를 되풀이하고 있다. 그는 '-는다'를 '-는-다'와 같이 현재시제 요소와 직설법 요소가 결합한 것으로 간주하고, '-는-'은 현재시제로 주석하여 '-었-'과 대립하는 시제 범주로 처리하였다. 그러나 '-는-'은 독립된 문법 형태소 또는 어미로 분석할 수 없다. '-는'과 '-었-'은 결코 계열적으로 대립되는 단위들이 아니다. 이 점은 위 3.2.3절의 논증을 통하여 확인할 수 있다.

3.4.3. 윤종열(1990)의 한국어 생성문법

　윤종열(1990)은 어휘범주를 넘어서 기능범주에까지 핵계층 이론을 확대 적용하여, 핵계층 이론의 정신을 한국어에서 완전하게 구현하려는 시도를 보였다.[276] 기능범주에까지 확대 적용한 핵계층 이론이란 다름 아닌 촘스키(1986b)에서 제시된 핵계층 이론을 말한다. 다음과 같은 핵계층 도식들에서 머리성분 범주 X가 명사, 동사, 부사 등의 어휘적 범주뿐 아니라 굴절소, 보문소 등의 기능범주로도 실현되는 것으로 실행한다는 점에서 핵계층 이론을 일반화한다는 뜻이다.[277]

(1) 가. X ′ → (YP); X   (보충어 규칙)
    나. XP → (YP); X ′   (명시어 규칙)
    다. XP → YP; XP   (부가어 규칙)

윤종열(1990)의 주요 논점은 촘스키(1989)의 '분리 굴절소 가설'을 따라, 이전 연구(대표적으로 한학성(1987))에서 포괄적으로 굴절소(INFL)라고 지칭하던 기능범주를 AGR와 INFL의 두 개의 기능 범주로 분리하고, COMP를 조정하여 C 범주를 정립하고자 하는 것이다.[278] 명사구 내의 기능범주도 절 구조에서와 유사하게 AGR를 가지는 D와 보조사 Del 범주를 분리하고, POSS를 더하여 세 개의 기능범주를 설정하여, (1)의 구 구조 확대의 원리가 확인된다고 주장하고 있다. 그의 주요 논점들을 요약하면 다음과 같다.

(2) ① 굴절소(Infl), 보조요소(Aux) 등의 이름으로 다루어지던 포괄적 범주를 분리하여 일치소(AGR: '-으시-'와 '-들')와 굴절소(INFL: '-Ø-다, -었-다' 등)의 두 가지 범주로 나눔.
② '철수는 인호가 착하다고 말했다'의 '-고'를 보문소(C) 범주로 처리(이 때의 '-Ø-다'를 굴절소(I) 범주로 처리함); '그 사람이 죽었다는 사실'의 '-는'을 보문소(C) 범주로 처리(이 때의 '-었-다'는 굴절소(I) 범주로 처리함).[279]
③ 한국어의 관계관형절을 C 범주인 머리성분 '-는'(동사 뒤), '-ㄴ'(형용사 뒤)을 가지며, 그

---

276 윤종열(1990)은 이를 '일반화 핵계층 이론(generalized X-bar theory)'이라고 지칭한다.
277 구성성분들을 ';'로 연결한 것은 왼쪽 구성성분과 오른쪽 구성성분의 순서가 정해져 있지 않음을 나타낸다. (1)은 보편문법의 원리로서, 어순을 결정하는 매개변인에 따라 어순이 결정된 개별언어의 핵문법(core grammar)에서의 핵계층 원리가 작동하게 된다. 원리매개변인 이론의 연구들에서는 보충어와 머리성분 간의 순서를 결정하는 '머리성분 매개변인(head parameter)'이 널리 가정된다. 한국어는 '머리성분-뒤'의 매개변인 값을 가져서, 보충어는 머리성분의 왼쪽에 실현된다. 그러나 명시어, 부가어의 어순을 결정하는 매개변인을 설정하는 명시적 실행례는 찾아보기 어렵다. Kayne(1994)에 의해서 모든 구성성분의 순서를 결정하는 보편적 원리(선형대응공리: LCA)가 제안되어 현재까지 생성언어학자들이 그 구체적 검증 작업에 골몰하고 있다. 그러나 이는 원리매개변인 이론과 구별되는 최소주의 통사론의 작업들이다.
278 이전에 COMP는 머리성분 범주일 뿐 아니라 의문사구까지를 포함하는 복합적인 범주로 다루어졌다.
279 영-형태 'Ø'는 현재시제 형태소로 '-는, -ㄴ'의 변이형태로 가정하고 있다. '-었'은 과거시제 형태소이며, '-었-다'는 시제 요소와 평서법 요소가 I 범주를 이루는 것으로 가정하고 있다.

명시어 위치에 이동한 공범주 연산자(O_i)를 가지는 구조로 설정함.[280] 형용사의 관형사형 수식어는 이와 같은 CP의 관계관형절 구조로 분석하여 DelP의 부가어로 규정하는 한편, '주된, 새로운' 등의 예는 AP로서 N'의 부가어 규정함.

④ 명사구 내의 기능범주로 DEL과 함께 AGR를 가지는 D를 설정하고, 소유자 명사구에 관형격을 할당하는 Poss 범주를 설정하여 그 최대투사인 PossP가 NP의 명시어에 위치하도록 함(Poss는 공범주 기능범주). DEL의 예로는 '-만, -도' 등의 보조사를, D의 예로는 '-님, -들'과 '-시-ㅁ'을 들고 있음.

⑤ 명사형어미 '-음'에 이끌리는 절을 주어가 주격 [+nom]을 가지는 형식(ACN 구성)과 주어가 관형격 [+gen]을 가지는 형식(AEN 구성)으로 구분함. 특히 후자는 D가 VP를 보충어로 취하고, D는 AGR인 '-시-'와 명사화소 '-ㅁ'의 두 머리성분으로 이루어질 수 있음.

(i) ACN 구성:

$[_{DP}\ [_{D'}\ [_{IP}\ XP_k\ [_{I'}[_{AGRP}\ DelP_i\ [_{AGR'}\ [_{VP}\ t_i\ [_{V'}\ t_k\ V]]\ AGR]]\ I]]\ [_{D}\ -ㅁ\ ]]]$

(ii) AEN 구성:

$[_{DP}\ [_{DelP}\ [_{DP}\ [_{NP}\ 존-의]\ D\ ]\ Del\ ]_i\ [_{D'}\ [_{VP}\ t_i\ [_{V'}[_{DelP}\ [_{DP}\ 자신-을\ D]\ Del]$
$[_{V}\ 미워하-]]]\ [_{D}\ AGR/-ㅁ\ ]]]$

이러한 기능범주들의 설정과, 이 기능범주들의 구 구조에서의 위치를 결정하는 데에 있어서 활용하는 근본적인 메커니즘은 '명시어-머리성분 일치'이다.

(3) 명시어-머리성분 일치(Spec-Head Agreement)
  명시어는 머리성분과 동일한 통사적 자질을 가져야 한다.

먼저 절 구조의 기능범주로 굴절소(INFL)를 AGR와 INFL로 분리하고 있다. 절 내부에서 AGR의 역할을 하는 요소는 '-으시-'이다. INFL은 '-었-다', '-는-다'와 같이 시제 요소와 평서법 요소가 결합된 단위이다.[281] 앞의 한학성(1987)과 비교하면 '-으시-었-겠-다'의 복합 단위를 INFL 범주로 상정하던 데에서 나아가 '-으시-'를 AGR 범주로, 나머지 '-었-겠-다'를 INFL 범주로 조정한 의의가 있다. 한학성(1987)에서는 복합적인 INFL이 주격을 할당하는 데에 비해, 윤종열(1990)에서는 AGR가 주격을 할당한다고 상정한다.

보문소(C) 범주의 예로는 다음 3가지 경우를 상정하고 있다. 인용격조사로 불리던 (4가)의

---

[280] '예쁜 이 옷'의 구조를 다음과 같이 보이고 있다. 윤종열(1990: 335) 참조
  a. [DelP [CP Oi [C'[IP ti 예쁘-Ø-][C -ㄴ]]] [DelP 이 옷]i]
[281] '-었-다', '-는-다'를 시제 요소와 평서법 요소가 결합한 형식의 INFL 범주로 처리하는 것은 한학성(1987)의 선례를 따른 것이다.

'-고', 남기심(1973)에서 변형규칙에 의해 '-고 하-'가 삭제되는 것으로 설명하던 (4나)의 '-는', (5)와 같은 예의 관형형어미 '-ㄴ'이 그것이다.

(4) 가. 철수는 인호가 착하다**고** 말했다
    나. 그 사람이 죽었다**는** 사실
(5) 예쁜 이 옷
    [$_{DelP}$ [$_{CP}$ O$_i$ [$_{C'}$[$_{IP}$ t$_i$ 예쁘-Ø-][$_C$ -ㄴ]]] [$_{DelP}$ 이 옷$_i$]

다음으로 명사구 내의 기능범주로 AGR를 포함하는 D 범주와, 보조사 Del 범주가 설정되어야 한다는 논증을 전개한다.

먼저 명사구(NP)는 다음 두 가지 내부 구조를 가진다고 한다. (6가)는 '인호의 가방'과 같은, 소유자와 소유물로 이루어지는 명사구이다. 여기에서 '-의'가 'Poss'라는, 또 다른 기능범주의 표지가 된다고 한다. (6나)는 '인호의 시계의 선물'과 같은 예를 들고 있는데, '추상명사'인 '선물'이 외부 논항 '인호'와 내부 논항 '시계'를 명사구 내부의 명시어와 보충어로 취한다고 한다.

(6) 가. [$_{NP}$ [$_{PossP}$ NP [$_{POSS}$ -의]] [$_{N'}$ [⋯] N]]   EX. 인호의 가방
    나. [$_{NP}$ NP(외부논항) [$_{N'}$ NP(내부논항) N]]   EX. 인호의 시계의 선물

이러한 명사구(NP)는 D의 보충어가 되어 (7가)와 같은 구조를 형성할 수 있다. (7나)와 (7다)는 '선생님의 어머님', '손님들의 도착광경들'과 같은 예의 통사구조를 보인 것이다.

(7) 가. [$_{DP}$ SPEC [$_{D'}$ [$_{NP}$ (PossP)/(DP) [$_{N'}$ (AP) [$_{N'}$ (DP) N]] [$_D$ AGR]]]
    나. [$_{DP}$ 선생님의 [$_{D'}$ [$_{NP}$ [$_N$ 어머니]] [$_D$ [$_{Hon}$ ㅁ]]]]
    다. [$_{DP}$ 손님들의 [$_{D'}$ [$_{NP}$ [$_N$ 도착광경]] [$_D$ [$_{AGR}$ 들]]]]

이러한 DP는 다시 보조사(Del)의 보충어가 되어 (8가)와 같은 구조를 형성할 수 있다. (8나)와 (8다)는 각각 '선생님의 어머님만'과 '손님들의 도착광경들만'의 통사구조를 예로 보인 것이다.

(8) 가. [$_{DelP}$ [$_{Del'}$ [$_{DP}$ (지시사) [$_{D'}$ [$_{NP}$ (PossP)/(DP) [$_{N'}$ (AP) [$_{N'}$ (DP) N]] [$_D$ AGR]]] Del]]

나. [DelP [Del'[DP 선생님의 [D' [NP [N 어머니]] [D [Hon ㅁ]]]] [Del 맨]]
다. [DelP [Del'[DP 손님들의 [D' [NP [N 도착광경]] [D [AGR 들]]]] [Del 맨]]

한국어의 모든 구 구조를 생성해 낼 수 있고, 비문법적 구조는 생성하지 않는, 핵계층 이론의 완성된 체계를 이끌어 내는 것이 생성문법적 연구의 목적이고, 그의 연구도 당연히 이 목적을 달성하였는지에 따라 평가되어야 한다. 그러므로 위 (2)의 각 논점에 대하여 완전성 요건, 건전성 요건을 충족하는지를 점검하는 일이 그의 이론을 정확히 이해하고, 문제점을 찾아내어 수정하는 작업의 핵심이 된다.

윤종열(1990) 비판

윤종열(1990)에 대하여 지적할 문제점들은 다음과 같다.

1. 종결어미를 굴절소로 처리하는 문제 윤종열(1990)은 '철수는 간다/갔다'의 '-ㄴ-다/-았-다'를 굴절소(INFL) 범주로 처리한다. 종결어미 '-다, -니, -아라, -자'는 모두 굴절소로 처리하는 것이다. 이는 주로 한학성(1987)의 논증에 근거를 둔 것이다. 다만 '-으시-'를 일치소(AGR)로 분리시킨 것이 다른 점이다. 앞에서 들었던 예를 가지고 한학성과 윤종열의 차이를 쉽게 이해할 수 있다.

(9) 아버님이 상을 받으셨겠다.
   한학성(1987): [IP 아버님이 [I' [VP 상을 받-] [I -으시-었-겠-다]]]
   윤종열(1990): [IP [AGRP 아버님i-이 [AGR' [VP ti [V'상 [V 받-]]] [AGR -으시-]]] [I -었-겠-다]]

주격은 AGR 범주에 의해 할당된다. 윤종열(1990)은 'VP 내부 주어 가설'을 받아들인다. VP의 명시어에 생성된 '아버님'은 격을 받기 위해 AGRP의 명시어 위치로 이동하여 그 자리에서 주격을 할당받는다.

한학성(1987)에 대한 비판에서 밝힌 것처럼, '-다' 등의 종결어미를 그 앞의 '-았-', '-겠-', 'Ø'과 결합하여 굴절소로 규정하는 이러한 방안은 가능한 한 방안이기는 하나, 결정적인 증거를 가진 것은 아니다. 오히려 한학성(1987)에 대한 비판의 6, 7항목에서 제기한 점들은 이러한 방안에 반하는 증거라고 생각된다.

2. 두 가지 부정문의 동일 기저 분석 한학성(1987)에서는 단형 부정문과 장형 부정문이 서로 다른 기저구조를 가지는 것으로 보았다. 윤종열(1990)은 두 가지 부정문이 동일 기저에서

도출된다고 주장한다.

(10) [CP TOP[C' [IP [I' [NEGP [AGRP [AGR' [VP DP[V' XP V]] AGR]] NEG] I]] C]]]
(11) 가. 아버님께서 아니 오셨다.
    나. 아버님께서 오시지 아니하였다.

단형 부정문인 (11가)는 V인 '오-'가 AGR인 '-시-'에 머리성분 이동하고, 다시 'V-AGR(오-시-)'가 NEG를 넘어서 I인 '-었-'에 머리성분 이동을 함으로써 형성된다. 장형 부정문인 (11나)는 수의적인 'V-AGR(오-시-)'의 I로의 이동이 일어나지 않은 상태에서 '지-' 삽입 규칙과 I에의 '하-' 삽입 규칙이 적용되어 형성된 것이라고 한다.

단형 부정문은 한 가지 해석을, 장형 부정문은 두 가지 해석을 가진다는 것이 한학성(1987)의 주장이었다. 두 가지 부정문의 기저가 (10)의 단일 통사구조라면 그 의미 차이에 대한 설명이 요구되는 것이나, 윤종열(1990)에서는 그 설명을 볼 수 없다.

두 가지 부정문이 동의냐, 이의냐에 관한 논쟁이 초기 생성문법 이론의 시기에서부터 계속되어 왔고, 동의설을 가진 연구자들이 있어 온 것이 사실이다. 윤종열(1990)은 두 부정문이 (10)의 한 가지 기저구조를 가진다고 주장하므로, 두 부정문이 동의라는 견해를 가진 것으로 볼 수 있다. 그러나 장형 부정문이 단형 부정문이 갖지 않은 의미 해석을 가짐을 보이는 구문 현상은 언제라도 제시할 수 있다.

특히 장형 부정문을 도출하기 위해 활용하는 '-지' 삽입 변형규칙, '하-' 삽입 변형규칙은 근본적으로 임시방편적인 규칙이므로, 그것을 활용하지 않는 이론이 선호된다. 필자의 두 부정문의 구조에 대한 견해를 간단히 제시하는 것으로 이 부분의 논의를 마무리하고자 한다.

(12) 가. 아버님께서 아니 오셨다.
        [CP [IP [NP 아버님께서] [I' [VP [V 아니[V 오-]] [I -시-었-]] [C -다]]
    나. 아버님께서 오시지 아니하였다.
        [IP [NP 아버님께서] [I' [VP [CP [IP [NP e] [I' [VP [V 오-]] [I -시-]]] [C -지]] [V 아니하-]] [I -었-]] [C -다]

단형 부정문은 단순문이고 장형 부정문은 '아니하-'를 주절 동사로 가지는 복합문이라는 것이 그 요점이다.[282]

3. '-으시-'와 함께 일치소로 처리하는 '-들'의 문제 그는 '-으시-'와 함께 '-들'을 일치소로 상정하고 있다. 그러나 절 구조에서 일치소인 '-들'이 구체적으로 어떻게 도입되어서 일치소의 기능을 수행하는지를 분석하지 않는다.

주어가 복수 명사구일 때 목적어, 부사어, 심지어 본용언과 보조용언 사이에 실현되어 복수 주어와의 어떤 호응을 표시하는 '-들'이 존재한다는 점은 최현배(1937)에서 처음으로 지적되었고 송석중(1967)에서도 주목된 바 있다. 그러나 이전의 누구도 이에 대해 실행가능한 방안을 제시한 바는 없다고 생각된다. 더군다나 '-들'이 '-으시-'와 함께 AGR 범주의 요소라고 선언한 윤종열(1990)에서 구체적 통사론적 해석 기제를 보이지 않고 있는데, 이는 그 이론의 완성도에 대해서도 의심할 만한 점이다.

4. 보문소에 관한 문제

(i) 관계관형절의 공범주 연산자 이동을 보문소 'C' 설정의 증거로 사용하는 문제 관계관형절의 머리성분으로 보문소(C) 'ㄴ, 는'을 설정하고, 보문소구(CP)의 명시어 위치에 이동된 공범주 연산자 'O'를 설정한다. 그는 (13)에 비해서 (14)가 비문인 이유는, (14)에서는 공범주 연산자 O_k가 이동해 갈 명시어 위치를 O_i가 이미 차지하고 있어서 (14)와 같은 이동이 불가능하기 때문이라고 한다. 따라서 (13)와 (14)의 문법성 차이는 관계관형절의 구조를 이와 같이 설정해야만 설명할 수 있다는 것이다.[283]

(13) 가. [O_i [존-이 [[[메리가 t_i 빌에게 주었-]-대-고] 말한]] 책이 없어지-었-다
    나. [O_i [존-이 [[[메리가 책을 t_i 주었-]-대-고] 말한]] 빌이 왔다
(14) *[O_k [O_i [존-이 t_k t_i 주-]-ㄴ]] 메리$_i$]-가 오-]-ㄴ 책$_k$-]-이 없어지-었-다

(13가, 나)에서는 '-고'와 'ㄴ'이, (14)에서는 두 관계관형절의 'ㄴ'이 보문소 범주의 표지이다. (13가, 나)에서 '-고' 앞의 '-다'는 굴절소(INFL) 범주라고 규정하고 있다.

그러나 위에서 보문소를 '-다고'로 설정하더라도 (13)과 (14)의 문법성 차이를 같은 방법으로 설명할 수 있다.

---

[282] (12가)의 단형 부정문에서 부정소 '아니'는 동사 '오-'에 머리성분 부가(head adjunction)되는 것으로 본다.
[283] 다음은 윤종열(1990: 219)에서 옮겨온 것이다.

(13)′ 가. [O$_i$ [존-이 [[메리가 t$_i$ 빌에게 주었-]-다고] 말한]] 책이 없어지-었-다
　　　나. [O$_i$ [존-이 [[메리가 책을 t$_i$ 주었-]-다고] 말한]] 빌이 왔다
(14)′ *[O$_k$ [O$_i$ [존-이 t$_k$ t$_i$ 주-]-ㄴ]] 메리$_i$]-가 오-]-ㄴ 책$_k$-]-이 없어지-었-다

그러므로 관계관형절 내의 연산자 이동이 'INFL'과 'C'의 분리를 뒷받침하는 증거가 되지는 못한다.

(ii) '-다고'의 '-고'를 보문소로 규정하는 문제 또한 위 (13가, 나)에서 '-고'를 보문소 범주로 분석한 것도 타당하지 않다. 위 (i)에서는 'INFL'과 'C'의 분리의 근거로 윤종열이 제시한 연산자 이동의 사실이 진정한 근거로 성립하지 않는다는 점을 보였다. 즉 '-다'와 '-고'를 분리하여 이들을 'INFL'과 'C'로 규정하는 방안은 지지되지 않는다.

다른 방향에서, '-다고'를 한 단위의 보문소로 분석하는 방안은 합성적 의미 해석 과정의 기술을 위하여 효과적이다. 앞 절의 한학성(1987)에 대한 비판의 7항목에서는 간접인용절의 '-다고', '-느냐고', '-으라고', '-자고'가 주절 동사에 대한 선택제약을 가한다는 사실을 보인 바 있다.[284] 이 사실은 '-다고', '-느냐고', '-으라고', '-자고'가 각각 한 단위로서 C 범주를 이룸을 보이는 증거라고 판단한다.

(15) 가. 철수는 순이가 예쁘다고 했다. →
　　　　철수는 순이가 예쁘다고 말했다/*물었다/*명령했다/*제안했다/*약속했다.
　　나. 철수는 순이가 예쁘냐고 했다. →
　　　　철수는 순이가 예쁘냐고 ?말했다/물었다/*명령했다/*제안했다/*약속했다.
　　다. 김대위는 박상병이 가라고 했다. →
　　　　김대위는 박상병이 가라고 ?말했다/*물었다/명령했다/??제안했다/*약속했다.
　　라. 김대위는 박상병에게 가자고 했다. →
　　　　김대위는 박상병에게 가자고 ?말했다/*물었다/*명령했다/제안했다/*약속했다.

한 예로, '-느냐고'의 의미 기술에는 그 주절 동사의 의미가 '묻다' 의미임이 전제 의미로 명시된다. 이에 따라 주절 동사로 '하-'가 쓰일 때에 이 '하-'의 의미가 의미 보충의 과정을 통해 '묻다'의 의미로 해석됨을 예측할 수 있다. 이는 '-느냐'와 '-고'를 각각 'INFL'과 'C'로 분리하여 규정해서는 설명할 수 없는 국면이다.

---

[284] 양정석(2023나: 649-653, 726-727)에서는 이 점을 관찰하여, 복합 어미의 형식의미론적 정의를 통해 이 복합 어미가 주절 동사(인용 동사)를 선택제약하는 점을 포착하였다.

(iii) '간다는 사실'의 '-는'을 보문소(C) 범주로 처리하는 문제 앞에서 말한 바와 같이 이 예는 남기심(1973)에서 '간다고 하는 사실'로부터 '-고 하-'의 삭제 변형을 통하여 도출한 예이다. 남기심(1973)에 대한 비판에서는 이와 같은 변형적 처리는 오류임을 증명한 바 있다. 그 대안으로는 역시 남기심(1973)에서 형태음운론 규칙으로 설정한 '-고' 삭제 규칙과 '하-' 삭제 규칙의 적용으로 설명해야 한다는 것이다. 그러므로 '-ㄴ다'는 INFL로 분석하면서 '-고'와 '하-'의 형태음운론적 생략의 결과로 남은 '-고'만을 C 범주로 분석하는 것은 전혀 타당하지 않다.

'-다고'는 두 단위가 '재구조화'에 의한 연관을 맺으면서 한 보문소 단위를 이룬다는 것이 필자의 견해이다. 재구조화된 복합 머리성분 중 일부 머리성분이 음운론적 작용에 의해서 생략되는 일은 전혀 문제를 제기하지 않는다.

5. (6가)와 (6나)의 두 명사구 구조를 설정하는 근거 이 두 명사구 구조를 설정하는 근거로 그는 소유자 'NP-의'와 행위자 'NP-의'가 한 명사구 안에 동시에 실현될 수 없고, 서로 상보적으로 분포한다는 점을 들었다. 이러한 점은 소유자 'NP-의'가 (6가)의 명시어 위치, 행위자 'NP-의'가 (6나)의 명시어 위치에 놓이는 구조를 상정함으로써 설명된다고 한다. 그는 다음과 같은 예가 강력한 증거가 되어 준다고 보고 있다.

(16) 가. 메리$_i$-가 존$_k$-의 자기$_{i/k}$의 그림을 좋아하-ㄴ-다
 나. 존$_k$-이 철수$_i$-의 자기$_{i/k}$의 비판을 들었-다

(16가)에서 '존'이 소유자이고 '자기'가 '존'과 동지시되는 해석은 불가능하지 않다고 판단하고, 이는 '존-의'가 PossP 범주로서, 명사구인 '존'이 '자기'를 성분통어(그는 '최대통어' 개념을 사용함)하는 것을 Poss가 가로막기 때문이라고 설명한다. (16나)에서는 외부 논항인 행위자 논항 '철수의'가 NP로서 보충어인 '자기의'를 성분통어할 수 있으므로 문제가 없다고 한다. 그러나 (16가) 문장의 실제 한국어 해석으로 '메리가 존이 소유한, 존 자신의 그림을 좋아한다'는 해석은 가능하다. 그의 주장처럼 '존의'가 명시어 위치에 PossP 범주로 위치하고 '자기의'가 보충어 위치에 있다면 이러한 해석은 불가능해야 한다. 더욱이 (16가)는 '존의'가 소유자이고, '자기의'가 그림을 그린 행위자라는 뜻으로도 해석 가능하다. 즉 '존이 소유하고 있는, 존 자신이 그린 그림'이라는 뜻으로도 해석 가능한 것이다. 이는 소유자 'NP-의'와 행위자(외부 논항) 'NP-의'가 한 명사구 안에 공존할 수 없다는 그의 근본적 판단에 정면으로

배치되는 사실인 것이다.

한국어의 명사구 내부 구조에 관한 필자의 대안은 다음과 같은 것이다. (17가)는 소유자 명사구(엄밀히 말하면 'DP')가 NP의 부가어 위치에 놓이는 구조이고, (17나, 다)는 행위자(외부 논항) 명사구(엄밀히 말하면 'DP')가 NP 내부의 명시어 위치에 놓이는 구조이다.

(17) 가. [NP [DP NP-의](소유자 명사구) NP]
　　 나. [NP [DP NP-의](외부논항) [N' DP(내부논항) N]]
　　 다. [NP [DP NP-의](외부논항) [N' NP(내부논항) N]]

6. **언어 사실의 왜곡** 논증의 증거로 사용하는 언어 사실들이 왜곡되어 제시된 경우가 종종 발견된다. 한 예는 지시사 '이/그/저'가 최대투사로서의 명사구라는 주장을 위해 제시한 다음과 같은 예들이다.

(18) 가. 이의 상황('이 상황'의 뜻으로)/그의 상황('그 상황'의 뜻)
　　 나. 이들의 문제들('이 문제들'의 뜻)/저들의 문제들('저 문제들'의 뜻)

괄호 안에 지적한 뜻으로는 (18가, 나)는 결코 적격한 표현이 아니다. 또, 다음 예들이 가능하다는 것을 근거로 대응 표현 '이의 고양이'('이 고양이'의 뜻), '저의 고양이'('저 고양이'의 뜻), '그의 고양이'('그 고양이'의 뜻)가 적격한 예로 쓰인다고 주장하고 있으나 그것은 사실이 아니다. 이들은 비문법적 표현이다.

(19) 이놈의 고양이/저놈의 고양이/그놈의 고양이

심지어 한국어 아닌 일본어의 예를 '간접 증거'로 사용하기도 한다. 일본어에서 'so-no N', 'ko-no N', 'a-no N'과 같이 지시사에 관형격 표지 'no'가 부착되는 것을 근거로 한국어의 지시사에 '-의'가 '수의적으로' 부착된다고 주장하고 있다. 그러나 한국어에서 지시사 용법의 '그의 N', '이의 N', '저의 N'은 모두 비문법적 표현일 뿐이다.

지시사 용법의 '그', '이', '저'는 분류론적 문법에서 흔히 관형사로 규정되던 단위이고, 제4장의 필자의 범주 체계에서는 명사로 규정된다. 관형명사로서의 하위 범주 자질을 가지는 것이 격조사/보조사가 결합되지 않는 근거가 된다.

7. **명사구 구조 분석의 오류** NP를 보충어로 취하여 D', DP를 형성하는 기능범주 머리성분 D의 존재를 증명하기 위하여 든 다음 예들(297쪽)은 유효한 증거가 되지 못한다. 이들은 앞의 (7)의 구조를 지지하는 증거로 제시된 것이다. (20가)는 명시어 위치에 놓이는 '선생님의'의 '님'과 머리성분인 'ㅁ'이 HON으로 일치함을 보이는 증거라고 한다. (20다)는 명시어 위치에 놓이는 '손님들의'의 '-들'과 머리성분인 '-들'이 PL로 일치함을 보이는 증거라고 한다. (20나), (20라)는 존대의 일치, 수의 일치를 위반하여 부적격한 표현으로 판정되는 예라고 한다.

(20) 가. 선생-님-의 어머니-ㅁ
  　　　　HON GEN 　 HON
 나. ?*하인-의 어머니-ㅁ
 다. 손님-들-의 도착광경-들
  　　　　PL GEN 　 PL
 라. *한 손님-의 도착광경-들

분석된 단위들의 경계 구분은 윤종열 자신이 한 것이다. 문법단위들의 분석에 관한 초보적 수준의 문제점들을 보이고 있다. (20가)의 뒤의 'ㅁ'은 '님'의 변이형으로 분석한 것으로 보이나, 부정확한 분석일 뿐이다. 윤종열의 의도는 이것이 일치 요소라는 것이다. '어머님'의 'ㅁ'이나, '선생님'의 '님'이나, 결코 굴절 요소가 아니다. 굴절 요소로 분석할 수도 없는 것이 일치 요소가 될 수는 없다.

(20)의 분석이 부정확한 분석임은 다음 예들을 통하여 알 수 있다.

(21) 가. *선생-님-의 친구(분)-님
 나. 선생님의 친구
 다. 친구놈의 어머님
(22) 가. 사진사 김씨는 군수의 부임(의) 광경들을 오랫동안 카메라에 담아왔다.
 나. 왜인들의 남해안 침범(의) 장면들이 영화에 생생하게 재현되었다.

(20가, 나)는 명시어 위치의 '선생님'이 머리성분(D)인 '님("ㅁ)과 일치해야 함을 보이는 증거라는 것이 윤종열의 의도이다. (21가)는 형식적으로 존대의 일치를 드러내는데도 부적격하며, (21나)는 오히려 '님'을 갖지 않는 '친구'가 '선생님'과 존대의 일치를 이루지 못하는

데도 적격함을 보인다. 더욱이 (21다)에서는 명시어 위치의 '친구놈'이 '어머님'과 전혀 존대의 일치를 이룰 수 없음에도 불구하고 적격한 표현으로 쓰임을 보인다.

또한 (20다)의 분석은 잘못된 것이다. '도착 광경'은 한 머리성분으로 분석할 수 없다. 명시어 '손님들의'와 복수의 일치를 이루는 명사는 '도착'일 뿐이다. 상응하는 (22)의 예들에서도 '부임'과 '침범'이 명사구의 머리성분임을 알 수 있다. 이러한 초보적인 분석의 오류에 바탕을 둔 구조 제안은 받아들일 수 없다.

8. ACN 구성과 AEN 구성의 구별, 이들의 통사구조 한학성(1987)은 '-음' 명사절을 주격 주어를 가지는 경우와 관형격 주어를 가지는 두 구성으로 나누어 I 범주의 존재를 위한 논증을 한 바 있다. 다음은 한학성(1987)이 제시한 두 구조이다.

(23) 가. 프레드가 책을 씀
    [NP [IP [NP 프레드가] [I' [VP [NP 책을][V 쓰-]] [I (AGR)]]] [N -ㅁ]]
나. 프레드의 책을 씀
    [NP [NP 프레드의] [N' [VP [NP 책을][V 쓰-]] [N I-ㅁ]]]

윤종열(1990)은 전자를 ACN 구성, 후자를 AEN이라고 지칭하면서 그 구조에 대한 새로운 제안을 보이고 있다. 두 구성 모두 명사형어미 '-음'은 D 범주로 상정된다. ACN 구성은 AGRP와 IP를 포함하는 구조이고, AEN 구성은 AGRP나 IP 없이 VP를 포함하는 구조이다.

(24) 가. 존이 자신을 미워함
    [DP [D'[IP [I' [AGRP 존-이][AGR'[VP [NP ti][V'자신-을[V 미워하-]]]AGR]] I]]
    [D -ㅁ/(D-형태소)]]
나. 존의 자신을 미워함
    [DP [DeP 존-의] [D'[VP ti [V'[DelP 자신-을][V 미워하-]]] [D AGR/-ㅁ]]]

명사형어미 '-음'은 명사(N)로 규정한 한학성(1987)이나, D 범주로 규정한 윤종열(1990)이나, 한국어에서 '-음'이 '-다, -니, -는, -던, -고, -어서, …' 등과 같은 계열적 대립항들의 집합에 속한다는 사실을 포착하지 못한 문제를 가진다. 이들을 공통 범주로 묶을 경우 C 범주가 적합하다.

또한 기본 자료의 관찰에서도 문제를 보인다. AEN 구성인 다음 예들은 윤종열에게 설명 불가능한 예가 될 것이다.

(25) 가. 선생님의 자신을 미워하심을 염려하는 주위 사람들…
　　　나. 선생님의 자신을 미워하셨음을 오래도록 기억하는 주위 사람들…

　이 구성에 대한 한학성의 처리와 관련하여 비판했던 것처럼, 이 구성은 현대 한국어에서 구어체로 쓰이지 않는, 문어체의 특별한 구성이라는 점을 고려해야 한다. 문어체로 쓰이는 경우 (25가, 나)에서처럼 '-으시-'가 실현될 수 있고, '-었-'도 실현될 수 있다.
　9. AEN 구성 속의 '-시-' 위 (2)의 ①과 ③을 보면 절의 기능범주의 예에도 '-시-'가 있고, 명사구의 기능범주의 예에도 '-시-'가 있다. 특히 후자는 다음 AEN 구성의 예문이 존재하기 때문에 어쩔 수 없이 인정한 것이다. 명사형어미 '-ㅁ'은 그 앞의 VP를 보충어로 취하여 D′를 이루고, 그 앞의 DelP를 명시어로 취하여 DP를 이루는 것으로 보므로, '-ㅁ' 앞에 나타나는 '-시-'는 다른 방도를 알지 못하여 그저 '-ㅁ'과 함께 D 범주를 이룬다고 처리한 것이다.[285]

(26) 어머님의 상을 받으-시-ㅁ

　이 경우 또한 윤종열(1990)의 구조 분석 능력의 문제를 적나라하게 드러낸다. '-시-'를 절 내부의 기능범주로 설정한 것은 타당하다. 이 '-시-'가 (26)과 같은 구성에서 실현되면, 이를 근거로 이 구성을 절 구성의 하나로 분석해야 마땅한 일이다. 다음과 같이, 그가 시제 요소로 가정하는 '-었-'이 이 구성에 실현될 수도 있다.

(27) 어머님의 대한민국 국전 대상을 받으-시-었-음을 축하하기 위하여 온 가족이 나왔다.

　(27)이 어색한 문장이라서 문법적 문장으로 인정할 수 없다면 (26)도 그러하다. 이것은 'NP-의'를 주어로 가지는 문장이 현대 한국어의 정규적 문장 구성이 아니기 때문이다.[286]

---

[285] '받으심'을 (26)에서와 같이 '받으-시-ㅁ'으로 분석한 것은 윤종열(1990: 341)의 것이다. 분류론적 문법의 박승빈(1931, 1935)이나 정렬모(1946)의 동사 내부 요소 분석을 생각나게 한다. 이러한 예를 단순 실수로 보기 어려울 만큼, 유사한 형태소 분석의 문제들을 이 논문의 다른 곳에서도 상당수 찾아낼 수 있다.
[286] 'NP-의' 주어를 가지는 구성은 현대 한국어 이전 시기의 구성으로서, 현대 한국어에서는 문어체의 표현으로밖에는 용인되지 않는다. 더욱이 문어체의 표현에서도 'NP-의' 주어를 가지는 구성이 '-ㅁ' 명사절로만 실현되는 것이 아니라는 점을 주의해야 한다. 다음 역시 문어체의 표현으로만 용인되는데, 이 경우는 'NP-의' 주어를 가지는 구성이 관형절이다.
　a. 나의 살던 고향은 꽃 피는 산골

특수한 구문으로서 그 존재를 인정하고자 할 경우, 정상적인 '-ㅁ' 명사절의 구성으로 간주하고, 주어로 쓰이는 'NP-의'의 '-의'가 '-이/가' 대신에 쓰이는 것으로 처리하면 그뿐인 것이다.

10. '-는/느-'를 통사 단위(어미)로 분석하는 문제 '-는/느-'를 최소 통사 단위로서의 문법 형태소, 또는 어미로 취급하는 것은 최현배(1937) 등의 분류론적 문법으로부터 물려받은 관행적 오류이다. 윤종열(1990)에서도 이 오류를 되풀이하고 있다. '-는다'는 '-는-다'와 같이 현재시제 요소와 직설법 요소가 결합한 것으로 간주하였는데, 윤종열의 처리가 특이한 점은 '-는-다'를 시제 범주로 처리한다는 점이다.[287] 이것과 계열을 이루는 다른 예는 '-었-다'가 있다. '-는-다'와 '-었-다'가 결코 계열적으로 대립되는 단위들이 아니라는 점은 앞의 3.2.3절을 통하여 확인할 수 있다.

3.4.4. 김영주(1990)의 한국어 생성문법

'한국어 격의 통사론과 의미론: 어휘적 표상 층위와 통사적 표상 층위의 상호작용'이라는 그 제목에서 드러나는 것처럼 김영주(1990)도 격의 문제를 해결하는 것을 그의 연구의 중심 과제로 설정하고 있다. 그러나 그의 격 이론은 동사의 의미역적 의미와 격의 상호작용을 심도 있게 고려한 결과라는 점에서 다른 격 이론적 연구들과 뚜렷이 구별된다. 김영주(1990)은 원리매개변인 이론 체계 하에서 의미역 이론과 서술화 이론을 한국어에 적용·분석한 초기의 사례로도 의의가 크다.

어휘개념구조와 논항구조, 통사구조로의 연결

김영주(1990)의 의미역 이론은 동사의 어휘개념구조(lexical conceptual structure: LCS) 분석에 바탕을 두고, 어휘부의 어휘잉여규칙을 통하여 어휘·통사적 논항구조를 형성하여, 이를 통사구조의 의미역 할당에 활용하는 방식의 이론이다.[288]

(1) 가. '놓-'의 LCS: [$_{EVENT}$ CAUSE(x, [$_{EVENT}$ GO(y, [$_{PLACE}$ AT(z)])])]
    나. '놓-'의 논항구조(AS): x(y(z))

---

[287] 이러한 처리도 한학성(1987)의 선례를 따른 것으로 보인다.
[288] 어휘개념구조는 Jackendoff(1976, 1983)에 근거한 것이고 논항구조는 Grimshaw(1990)에 근거한 것이다. 전자의 어휘개념구조에 기초한 의미구조 분석 이론과 의미구조-통사구조 연결의 이론을 집대성한 연구로 Jackendoff(1990)이 있다. 이 이론에 바탕을 둔 한국어의 분석으로 양정석(1995/1997, 2002)가 있다.

다. '이브가 사과를 상에 놓-'의 D-구조:
  [NP 이브] [VP [NP 사과] [V' [PP 상-LOC] 놓-]]

어휘부의 동사 '놓-'의 어휘기재항에는 (1가)의 LCS가 기록된다. 어휘부 내의 규칙('어휘잉여규칙')에 따라 동사 '놓-'의 AS가 (1나)와 같이 형성된다. AS의 맨 왼쪽의 'x'는 외부논항으로서 통사구조의 주어 논항으로 연결된다. 'y'는 목적어로, 'z'는 후치사구(PP)로 연결된다. 통사구조에서의 의미역 할당은 AS를 이용하여 행해지게 된다.

동사들 중에는 능격동사(ergative verb)라는 부류가 있는데 이들은 자동사로서, 비행동성의 의미적 특성을 가진다.[289] 능격동사 문장의 주어는 D-구조에서 VP 내부의 논항으로 연결된다. VP 내부 논항, 즉 목적어 위치에 생성된 명사구는 서술화 이론의 요구에 따라 IP의 명시어 위치로 이동한다고 한다. 그러나 자동사 중에서도 비능격동사(unergtive verb)라는 부류는 그 문장의 주어가 예사의 주어 위치, 즉 IP의 명시어 위치로 연결된다.

(2) 가. '무섭-'의 LCS: [EVENT CAUSE(x, [EVENT GO(y, [PLACE AT(z)])])]
    나. '무섭-'의 논항구조(AS): (y(z))
    다. '내가 호랑이가 무섭-'의 D-구조: [NP] [VP [NP 나] [V' [PP 호랑이] 무섭-]]
(3) 능격동사의 예: 무섭-, 있-, 좋-, …
(4) 가. '뛰-'의 LCS: [EVENT GO(y, [PATH TO(z)])]
    나. '뛰-'의 논항구조(AS): x(y)
    다. '인호가 도서관으로 뛰-'의 D-구조:
      [NP 인호] [VP [V' [PP 도서관-TO] 뛰-]]
(5) 비능격동사의 예: 뛰-, 일하-, 전화하-, …

타동사와 비능격동사와 능격동사의 구분은 통사구조의 차이로도 실현된다는 점에서 중요한 통사론적 구별이 된다.

김영주(1990)의 격 이론

김영주의 격 이론은 다음과 같다. 구조격과 형태격의 구별이 그의 격 이론을 형성하는

---

[289] 김영주(1990)에서는 능격동사(ergative verb)를 비대격동사(unaccusative verb)라고 지칭하고 있다. 필자는 이 동사 구문에 대한 연구로 널리 알려진 Burzio(1986)에서 쓰는 용어 'ergative verb'를 취하여 '능격동사'라는 번역어를 사용한다.

주요 구별이다. 의미역과 관련되는 격을 내재격이라 하여, 지배 관계에 따라 격이 할당되는 표준적인 구조격과 구별한다. 여기에 당연적 할당 방식에 의해 할당되는 '당연격(default case)'을 구별하기도 하므로, 상대적으로 기존의 격 이론보다 복잡한 격 이론이 제안되고 있다.[290]

(6) 김영주(1990)의 격 표시 규칙(195쪽 및 297쪽을 종합한 것)
    가. D-구조에서의 격 할당: 내재격은 D-구조에서 지배 하에 할당된다.[291] 그리고 내재격을 할당하는 머리성분(P, [-acc]V, (그리고 N))은 해당 NP를 의미역-표시해야 한다.
    나. S-구조에서의 격 할당과 격 실현: 구조격인 목적격은 S-구조에서 지배 관계 하에 [+acc]V에 의해 자매항인 NP에 의무적으로 할당되고 실현된다.
    다. (i) 서술화 규칙에 의해 동지표화된 부가어 NP는 격 일치 규칙에 의해 목적격 또는 사격(능격동사 구문의 '-에게')으로 격 표시된다.
       (ii) [+Adjunct acc] V^0인 동사는 그 자매항인 부가어 NP에 목적격(accusative Case)을 표시한다.
    라. S-구조에서의 격 실현/격 표지 삽입
       (i) NP가 V에 의해 할당된 내재격의 사격(oblique Case)을 가졌으면서도 형태격인 표면격(surface case)을 갖지 못했으면, 내재격(inherent Case)을 실현시키기 위하여 P가 수의적으로 삽입된다.
       (ii) NP가 추상격(Case)이나 형태격(case)을 안 가지고 있으면 형태격의 주격(nominative case)이 수의적으로 삽입된다.
(7) 격 여과 원리(180쪽): NP가 형태격을 갖지 않으면 안 된다.

이 격 표시 규칙들은 서술된 순서에 따르는 순서를 가지는 규칙들이라는 점을 주의해야 한다.

내재격과 구조격의 구별, 당연격의 개념을 가지고 운용하는 이러한 격 이론은 기본적으로 촘스키(Chomsky 1986a: 192-204)에 바탕을 둔 것이나, 추상격(Case) 아닌 형태격(case)을 가지고 운용되는 격 여과 원리를 설정하는 것은 김영주(1990)의 독특한 점이다.

촘스키(1986a)는 다음 명사구 내에서 명사구 'the city'가 관형격([+gen])으로 표시되는 데에는 (8나)와 (8다)의 두 가지 방법이 있다고 설명하였다. 이 관형격은 'destruction'의

---

[290] 김영주(1990)에서 'Case'로 나타내는 '추상격(abstract Case)'과 'case'로 나타내는 '형태격(morphological case)'이 세심하게 구별되어 쓰인다는 점에 주의해야 한다.
[291] 지배는 Chomsky(1986b)의 최대통어(m-command) 개념에 입각한 것이다.

의미역 표시와 연관되어 주어지는 것으로, 이를 '내재격'이라고 한다. (8가)는 D-구조의 형식인데, 여기에서 명사구 'the city'는 내재격으로 관형격([+gen])이 할당되어 있다. (8나)는 공범주 요소 'POSS'가 삽입되어 S-구조에서 'POSS'의 지배 하에 관형격([+gen])이 실현된 것이고, (8다)는 'of'가 삽입되어 S-구조에서 'of'의 지배 하에 관형격([+gen])이 실현된 것이다.

(8) 가. the destruction of the city: [N′ destruction [NP the city]]
    나. [the city]'s destruction   e
    다. the [destruction [of the city]]

이처럼, D-구조에서의 격 할당과 S-구조에서의 격 실현을 나누는 격 이론의 운용 방식은 촘스키(1986a)를 따른 것이다. 한국어에서 내재격의 대표적인 현상으로는 능격동사 구문의 사격([+obl]) 표지(또는 여격 표지) '-에게'를 들고 있다.

(9)와 (10)은 능격동사/심리동사인 '무섭다' 동사 문장의 두 가지 형식이 격 표시되는 절차를 보인 것이다. (6), (7)의 격 이론은 이들의 격 표시 절차에 대해서 완전한 지침을 제시하지 못한다고 본다.

(9) '나에게 호랑이가 무섭다'의 격 표시 절차
    가. '나'에 내재격 사격 할당 및 의미역(경험자) 표시:[292]
        [VP [NP 내[+obl],[experiencer] [V′ [NP 호랑이] [무섭-]]]: D-구조
    나. 경험자 논항의 주어 위치로의 이동:
        [IP [NP 내[+obl],[experiencer],i [I′ [VP ti [V′ [NP 호랑이] [무섭-]]] -다]: S-구조
    다. '나'에 여격 표지 'DAT' 삽입과 격 실현(170쪽):
        [IP [NP 내DAT[+obl],[experiencer],i [I′ [VP ti [V′ [NP 호랑이] [무섭-]]] -다]: S-구조
    라. 격을 안 가진 NP('호랑이')에 당연격으로서의 주격 할당과 실현:
        [IP [NP 내DAT[+obl],[experiencer],i [I′[VP ti [V′ [NP 호랑이][+nom][무섭-]]]-다]: S-구조
(10) '내가 호랑이가 무섭다'의 격 표시 절차
    가. '나'에 의미역(경험자)만 표시되고 격은 표시되지 않음:
        [VP [NP 내[experiencer] [V′ [NP 호랑이] [무섭-]]]: D-구조
    나. 경험자 논항의 주어 위치로의 이동:
        [IP [NP 내[experiencer],i [I′ [VP ti [V′ [NP 호랑이] [무섭-]]] -다]: S-구조
    다. 격을 안 가진 두 NP('나', '호랑이')에 당연격으로서의 주격 할당과 실현:

---

292 두 자리 능격동사 문장의 다음과 같은 VP 구조는 김영주(1990: 168)에 제시되어 있다.

[IP [NP 내[experiencer],[+nom],i I'[VP ti [V' [NP 호랑이][+nom][무섭-]]]-대: S-구조

(9)에서 '-에게'가 여격 표지 'DAT'로서 S-구조에서 도입되고, 이것은 후치사가 아니어서, 다른 후치사들과 구별된다는 것이 김영주(1990: 170, 171)의 설명이다. 그런데 그가 말하는 여격 표지 'DAT' 삽입과 격 실현 절차가 (9다)와 같은 것인지는 판단하기 어렵다. 여격 표지 'DAT'가 삽입되어서 격 실현이 이루어진다는 것이 정확히 무엇을 뜻하는지는 알기 어렵다. (9가)와 (10가)에서 격 자질이 할당된 것은 동일하고, 그 유의미한 차이를 발견할 수 없다.

(6), (7)의 격 이론이 (10)과는 다른 유형의 이중주어문들에 적용되는 방법은 다음과 같다. 이중주어문에 대해 비이동적 이론, 비주어 'NP-이' 성분들이 IP의 부가어로 설정되는 IP 부가 이론을 전개하고 있다. 즉, 맨 오른쪽의 'NP-이'만 진정한 주어이고, 나머지 'NP-이'는 몇 개가 실현되든지 IP에 부가되는 '초점 부가어'라고 한다. 주격은 (6라ii)의 당연격 표시 절차에 따라 표시된다.

김영주(1990)에서 고심하여 다루는 문제는 부가어 명사구의 격 표시 문제이다.

먼저, 이중목적어문의 부가어 'NP-를'의 목적격을 결정하는 규칙은 (6다i)이다. 이 규칙을 적용하는 데에는 순서가 중요하다. (6나)는 동사의 자매항인 NP에 '인호를'의 목적격이 표시된다고 서술하는데, (11나)와 같은 구조를 상정하는 것으로 보인다.

(11) 가. 유미가 인호를 손을 잡았다.
     나. 유미가 [VP [NP 인호] [NP 손] 잡-]-았다.

'인호'와 '손'은 서술화 규칙에 의해 연계되어 서술화 지표 'i'를 갖게 된다. 이를 근거로 '인호'에의 목적격 할당 후에 '격 일치 규칙'이 적용되어 '손'이 목적격을 얻는다는 것이 (6다i) 규칙의 취지인 것이다. (6나)와 (6다i)와 당연적 규칙 (6라ii)는 반드시 위의 주어진 순서로 적용되어야 한다.

다음으로, 이중목적어문에서 동지표화되는 부가어 'NP-를'과는 다른 다음 문장들의 부가어 'NP-를'을 위해서 설정한 규칙이 (6다ii)이다. 이는 대체로 비상태성 자질([-stative])을 가지는 동사의 자매항인 부가어 'NP'에 목적격이 표시된다는 취지이다.[293]

---

[293] 다음과 같이 [-stative] 특성을 가지는 것으로 보기 어려운 '있-'의 자매항으로 부가어 'NP-를'이 실현되는 예(295쪽)를 제시하는 등, (6다ii) 규칙에 대해서 확신하지 못하는 뜻을 보이고 있다.

(12) 가. 물이 세 시간 동안을 흘렀다.
   나. 그 돌멩이가 세 번을 굴렀다.

(6다ii)도 반드시 위 (6)에 서술된 순서로 적용되어야 한다.

김영주(1990) 비판

1. **피동사는 능격동사의 일종이다** 김영주(1990)은 한국어 피동사를 능격동사의 일종으로 분류하고 그 통사적 행태에서 차이가 없다는 점을 밝혔다. 따라서 피동사는 일반 능격동사들처럼 그 주어가 VP의 내부에 기저 생성된다. 이는 분류론적 문법 시기부터 생성문법 시기인 현재까지 많은 문법 연구자들이 불명확하게 인식하던 문제를 해결한 의의가 있다.

양정석(1992, 1995/1997)에서는 한국어의 모든 동사들을 대상으로 피동접미사의 결합 가능성을 조사하였다. 그 결과 한국어 5만여 개의 동사(형용사 포함) 중에 100여개의 타동사만이 피동접미사가 결합된다는 것을 확인하였다. 타동사 중 많은 수를 차지하는 '하' 계통 동사들이 피동사화가 불가능한 점은 그 단적인 문제점이다(*공부하이다). 표준이론의 시기에 많은 이론가들이 통사론적 규칙으로서의 피동화 규칙을 설정하고자 노력하였지만 그 추구는 실패로 끝난 것이다.

피동접미사를 가지는 동사들이 통사론에서 가지는 특성은 능격동사가 가지는 특성과 다름없다는 점을 정리한 것은 한국어 문법 연구에 있어서의 김영주(1990)의 중요한 기여이다.

2. **기본 절 구조에 대한 관점** 김영주(1990)에 대해 제기할 첫 번째 문제는 한국어의 기본 절 구조에 대해 모호하게 처리하는 점이다. 1990년의 시점이라면 이미 한학성(1987), 최현숙(1988) 등에 의해서 INFL이나 C 범주의 존재에 대한 논의가 상당히 이루어진 때인데, 이 논문에서도 대략 INFL 범주를 인정하는 것 같기는 하지만, 정작 구체적 통사구조를 보이는 자리에서도 어미들의 범주를 명시적으로 보이지 않고 있다. 이중목적어 구문의 VP의 내부 구조에 대해서도 대략 위 (11나)와 같은 구조를 가지고 논의한다.

위 (6)의 격 표시 규칙도 (11나)와 같은 구조를 바탕으로 서술하고 있다. (6나)와 (6다ii)가 그 예이다. 그런데 VP 안에 논항 NP와 부가어 NP를 가지는 (11나)의 구조는 표준적 핵계층 이론에 의해서 생성되지 않는 구조라는 문제가 있다.[294] (11나)의 구조로는 '인호를'이 부가어

---

   a. 내가 거기에 삼년 간을 있었다.

[294] 김영주(1990: 261)에서는 다음과 같은 강영세(1986)의 구조를 보이면서, 자신이 격 이론이 논항과 부가어를 모두 비상태성 동사에 의해 격 표시하는 것으로 설명하는 그의 격 이론과 다르다고 주장하고 있다.

인지, '손을'이 부가어인지 알 수가 없다. 따라서 동사의 자매항 부가어인 NP를 지적하는 (6다ii)는 사실상 무의미한 서술이다.

한학성(1987)이나 최현숙(1988)에서 정의하는 '최대통어' 개념을 가지고, 이중주어문의 가외의 'NP-이'가 IP의 부가어로서 I에 의해 주격 표시된다거나, 이중목적어문의 가외의 'NP-를'이 VP의 부가어로서 V에 의해 목적격 표시된다고 하면 이중주어문과 이중목적어문의 격 표시 문제를 해결할 수 있을 것이다.[295]

(13) 가. 인호가 손이 크다.
    나. [IP [NP 인호개] [IP [NP 손이] [I' [VP [V 크-]] [I -다]]]
(14) 가. 유미가 인호를 손을 잡았다.
    나. 유미가 [VP [NP 인호를] [VP [NP 손을] [V 잡-]]]-았다.

필자는 양정석(2002) 이래로 비분리 명사구를 가지는 이중주어문, 이중목적어문의 구조를 다음과 같이 설정하여 왔다. 이러한 구조 하에서는 한학성, 최현숙처럼 최대통어 정의를 수정하지 않고 촘스키(1986b)의 정의를 이용할 수 있다.[296]

(15) 가. 인호가 손이 크다.
    나. [CP [IP [NP 인호개] [I' [NP 손이] [I' [VP [V 크-]] [I -∅-]]]] [C -다]]
(16) 가. 유미가 인호를 손을 잡았다.
    나. 유미가 [VP [NP 인호를] [V' [NP 손을] [V' [V 잡-]]]]-았다.

3. **능격동사 구문의 사격 표시의 문제** 앞에서는 격 이론 (6)을 운용하는 과정에서 모호한 점이 발견된다고 지적하였다. 위 (9)를 통하여 김영주(1990)의 격 이론에서 능격동사 구문의 '-에게'를 어떻게 처리하는지 살펴보았다.

---

   a. 존이 메리를 손을 잡았다.
   b. [V''[존] [V' [NP 메리] [NP 손] [V 잡-았-다]]]
   그러나 이후 어디에서도 동사의 자매항이면서 논항과 다른 부가어의 위치를 보이는 명시적 구조를 제시하지는 않고 있다. 기본 절 구조에 대한 모호한 관점이라는 비판은 강영세(1986)에게도 그대로 주어진다.
295 다음은 대략 한학성(1987)에서 상정하는 이중주어문과 이중목적어문의 구조이다. 최현숙(1988)은 비분리 명사 앞에 IP 부가어로 이동한 흔적, VP 부가어로 이동한 흔적을 설정하는 점에서 차이가 있다.
296 I' 부가어, V' 부가어를 가지는 구조는 Chomsky(1986b)의 핵계층 이론에 따라 생성되지 않는 구조인데, 다음 핵계층 도식을 추가하여 이 구조가 생성될 수 있게 하였다.
   a. X' → YP X'

(6)의 격 이론에서는 '무섭다' 문장의 주어 명사구가 'NP-에게'와 같은 격 형태를 가지는 것을 설명하기 위하여 (6가)의 '격 할당'과 (6나)의 '격 실현' 절차를 구별하였다. 그런데 그가 말하는 내재격 할당 절차가 (9가)와 같은 것인지, 여격 표지 'DAT' 삽입과 격 실현 절차가 (9다)와 같은 것인지는 분명치가 않다. (9가)와 같이 '나가'+obl' 격 자질을 받았다면 (9다)에서 다시 'DAT'가 삽입될 필요는 없는 것이다.

(9)의 절차를 설명하는 김영주(1990)의 의도는 다음과 같은 것인지도 모른다.

(9)' '나에게 호랑이가 무섭다'의 격 표시 절차
  가. '나'에 내재격 사격 할당 및 의미역(경험자) 표시:
    [VP [NP 내][+obl],[experiencer] [V' [NP 호랑이] [무섭-]]]: D-구조
  나. 경험자 논항의 주어 위치로의 이동:
    [IP [NP 내][+obl],[experiencer],i [I' [VP t_i [V' [NP 호랑이] [무섭-]]] -대: S-구조
  다. '나'에 여격 표지 '-에게' 삽입과 격 실현(170쪽):
    [IP [NP 내][experiencer],-에게[+obl],i [I' [VP t_i [V' [NP 호랑이] [무섭-]]] -대: S-구조
  라. 격을 안 가진 NP('호랑이')에 당연격으로서의 주격 할당과 실현:
    [IP [NP 내][experiencer],-에게[+obl],i [I' [VP t_i [V' [NP 호랑이][+nom][무섭-]]]-대: S-구조

(9다)'의 절차가 (9다)의 절차와 다른 점은 음성적 형태 '-에게'가 S-구조에서 삽입되었다는 것이고, (7)의 격 여과 원리가 형태격을 바탕으로 운용된다는 김영주(1990)의 설명을 감안하면, 아마도 이것이 김영주(1990)의 의도와 가까운 처리일 수 있다. 그러나 음운론적 과정 아닌 통사적 과정에서의 삽입이란, 결코 실제 조사의 음운론적 형태가 삽입되는 것일 수 없는 것이다. 변형 절차로서의 영어의 'do' 삽입 절차도 '/du/'라는 음운론적 형태가 삽입되는 것은 아니고, 역시 통사적 단위인 현재시제 접사, 과거시제 접사와 결합하는 통사 단위인 'do'가 삽입되는 것이다. 위 (8나)에서의 'POSS' 삽입은 물론 (8나)에서의 'of' 삽입도 통사 단위로서 삽입되는 것이다.

그러므로 '무섭다' 문장의 D-구조에서 사격이 할당되고 S-구조에서 사격이 실현된다는 (6)의 격 이론은 모호한 서술이라고 판단된다.

한국어의 해당 구문을 관찰해 보면 '무섭다' 문장의 주어가 '-에게' 격 형태를 갖기도 하고, 주격 형태를 갖기도 한다는 김영주(1990)의 판단은 오류일 가능성이 높다.

(17) 가. ??나에게 호랑이가 무섭다.

나. 나에게는 호랑이가 무섭다.
　　다. 나는 호랑이가 무섭다.
(18) 가. ⁇나한테 호랑이가 무섭다.
　　나. 나한테는 호랑이가 무섭다.
　　다. 나는 호랑이가 무섭다.
(19) ?내가 호랑이가 무섭다.

위 예들이 보여주는 바는, 주어 위치에서 'NP-에게'나 'NP-한테'는 부적격하다는 것이다. 'NP-에게는'이나 'NP-한테는'은 자연스럽고, 'NP-는'도 그러하다. 화자의 주관적 판단을 서술하는 '무섭다' 문장의 속성상 주어에 한정성 표현인 'NP-는'이 자연스러운 데에 비해서 'NP-가' 주어가 다소 부자연스러운 느낌을 주게 되는 것이 (19)의 문법성의 이유이다. 그러나 'NP-가'를 가진 (19)는 문법적 문장임에 틀림없다.

(17나)의 '-에게는', (18나)의 '-한테는'은 후치사와 보조사가 결합하여 보조사의 기능을 갖게 되었다는 것이 필자의 양정석(2002)에서의 결론이다. (17가), (18가)가 문법적 문장이라면, 그것은 '-에게는', '-한테는'의 자유변이형으로서의 '-에게', '-한테'가 허용되기 때문이라고 본다.

이러한 관찰이 옳다면 (17가), (18가)의 격 형태 '-에게', '-한테'에 집착하여 D-구조에서의 격 할당, S-구조에서의 격 실현이라는 절차를 포함하는 격 이론을 제안하는 것은 무의미한 일이라고 할 수 있다.

4. 서술화 이론의 확대 적용 가능성 김영주(1990)에서는 비분리 명사구를 가지는 이중목적어문의 격 현상을 기술하기 위하여 윌리엄즈(Williams 1980)의 서술화 이론을 활용하였다. 필자는 이것이 비분리 명사구를 가지는 이중주어문에도 확대 적용되어야 한다고 본다. 서술화 이론을 확대 적용해야 하는 근거는 다음과 같다.

첫째, 김영주(1990)은 능격동사 구문의 주어가 동사구의 목적어 위치에서 기저 생성된다고 한다. 주격은 당연격 표시 절차에 따라 주어지므로, 동사구의 목적어 위치에서도 당연격 절차에 따라 주격을 받는 것이 가능하다. 그러므로 이러한 명사구가 격을 받기 위해 주어 위치로 이동한다는 설명은 할 수가 없다. 그러나 이중목적어문의 일부 구문을 설명하기 위해 도입한 서술화 규칙을 통사적 과정의 일반 원리로 상정한다면 능격동사 구문의 목적어 NP가 주어로 이동하는 사실을 원리에 따라 설명할 수 있다.

둘째, 이중목적어문의 일부 구문에 비분리 관계(relation of inalienable possession)를

가지는 구문이 있는 것처럼, 이중주어문 중에도 비분리 관계를 가지는 구문이 있다. 이들에 대해서 서술화 규칙의 적용을 확대하는 것이 필요하다. 양정석(2002)에서는 한국어의 이중주어문을 다음 네 가지 유형의 구문으로 나누고 그 구조를 기술한 바 있다.

(20) 가. 철수가 손이 크다.
　　　나. 학생이 두 명이 왔다.
(21) 가. 내가 호랑이가 무섭다.
　　　나. 물이 얼음이 되었다.
　　　다. 철수가 자동차가 있다.
(22) 가. 인호가 순희에게 애정이 있다.
　　　나. 철수가 정치에 관심이 많다.
(23) 가. 꽃은 장미가 아름답다.
　　　나. 김사장은 자기가 직접 차를 몬다.
　　　다. 이 쟁반이 사과가 맛있다.

(20가, 나)가 비분리 명사구를 가지는 이중주어문의 대표적인 예이다. 수량 명사구도 비분리 명사구의 한 예라고 본다. 위 (11)의 이중목적어문과 유사한 패턴을 가진다.

(24) 가. 인호가 철수를 손을 잡았다.
　　　나. 인호가 학생을 두 명을 만났다.

'학생'과 '두 명'은 BE 관계에 의해 맺어지고, '철수'와 '손'은 비분리 명사가 전형적으로 내포하는 HAVE 관계에 의하여 맺어진다고 가정하여, 이 두 가지 의미 관계를 요인으로 서술화 규칙이 작동한다고 설명할 수 있다. 이 의미 관계를 갖지 않는 이중주어문은 (23)의 유형으로 분류하여 주제어를 가지는 구조로 분석할 수 있다. 주제어는 기본적으로 CP의 명시어 위치에 놓이는데, 때로 CP의 부가어 위치에 놓일 수도 있다. (21)은 '무섭다, 되다, 있다'가 2개의 논항을 가지는 구문으로 분석하고, (22)는 같은 구문에 명사 '애정, 관심'에 따라 '순희에게, 정치에'와 같은 특별한 후치사구가 실현된 것으로 설명할 수 있다.

　이중주어문의 4가지 유형에 대한 이상과 같은 통사론적 기술은 그 형식의미론적 기술로 실행하는 데에 있어서도 매우 효과적이다. 양정석(2023나: 429-438)에서는 이 4가지 유형의 통사의미론적 합성 절차를 구체적으로 기술한 바 있다. 이중주어문을 4가지 유형으로 나눔으로써 형식의미론적 기술을 성공적으로 할 수 있다는 점은 (20)의 예들에 서술화 이론을 확대 적용하는 일이 언어학적 기술로서 타당함을 지지하는 한 증거가 된다.

3.4.5. 최현숙(1988)의 한국어 생성문법

최현숙(1988)은 한학성(1987)과 같이 한국어의 기본 절 구조가 굴절소(I)를 머리성분으로 가지는 굴절소구(IP)라는 관점을 가진다. 이중주어문, 이중목적어문에 대해서는 이동변형설을 전개하고 있다.[297] 비이동적 분석, 서술절설에 입각한 분석인 한학성(1987)과는 차이가 있지만, 관형어였던 명사구가 이동해 가는 위치가 IP의 부가어 위치라는 점에서, 그 결과적인 구조는 동일하다.

최현숙(1988)은 재구조화 규칙(RR: restructuring rule)이라는 통사적 변형규칙을 보편적 통사 원리의 하나로 확립하고자 하는 시도이다. 핵계층 이론이 구 구조를 형성한다. 핵계층 이론에 의해서 형성된 구 구조를 바탕으로 격 이론, 의미역 이론, 한계 이론(이동 이론) 등이 구체적인 구조의 성립에 대한 제약을 부여한다. 앞에서 다룬 선행 원리매개변인 이론의 연구들은 최대투사(XP) 수준의 통사적 제약을 부과하는 문제를 논하였다. 최현숙의 재구조화 규칙은 머리성분(X) 수준에서 통사직 제약을 부과하는 원리를 새롭게 제안하는 것이다. 머리성분(X) 수준의 제약으로서 이전에 주어진 '머리성분 이동에 대한 제약(HMC)'이 있기는 하지만, 최현숙은 머리성분 이동을 음성형태(PF) 부문의 작용으로 돌리고, 머리성분 수준의 순수한 통사적 제약으로 RR을 정립하고자 하는 것이다.

그가 재구조화 현상의 예로서 분석하는 한국어의 문법 현상은 '-게 하-' 구문을 중심으로 하는 보조용언 구문, 'V-이-' 사동 구문, 'V-시키-' 사동 구문과, 피동 구문으로서의 'V-어지-' 구문, 'V-히-' 구문, 'V-되-' 구문, 그리고 예외적 격 표시 구문 등이다.[298] 이들을 기술하기 위한 배경으로서의 한국어 기본 절 구조에 대한 그의 관점은 다음과 같이 요약된다.

(1) 가. 한국어는 형상적 언어로서 VP 구조를 가진다. 이미 논의된 다른 근거들과 함께 다음 근거를

---

[297] 이중주어문에 대해서는 최현숙(1987)에서 집중적으로 분석하고 있다.
[298] 보편적 통사 원리로서의 재구조화 규칙을 정립하는 것이 최현숙(1988)의 목표이기 때문에 사동 구문의 논의에서는 한국어, 이탈리아어, 프랑스어, 일본어를, 피동 구문의 논의에서는 한국어와 프랑스어, 이탈리아어, 스페인어, 스와힐리어, 일본어, 베트남어를, 예외적 격 표시 구문의 논의에서는 이탈리아어, 포르투갈어, 프랑스어, 영어를 대조 고찰하여 RR 적용의 효과가 해당 구문에 대해 기존 이론이 갖지 못하는 설명력을 가진다고 논하고 있다.

추가하고 있다. '돈을 벌-'은 VP로서, 다음 예는 VP가 '-으시-' 등의 굴절소로부터 분리될 수 있음을 보이는 증거이다.

EX. 돈을 벌기는 아버지가 하시고 어머니는 쓰기만 하신다.

나. '-으시-', '-었-', '-겠-' 및 이들의 결합을 굴절소(I) 범주로 간주한다.

다. '-니', '-읍니까'를 보문소(C) 범주로 간주한다(100쪽). 간접인용절의 '-다고'를 보문소 범주로 들기도 한다(93쪽).

라. 이중주어문의 'NP-이' 성분들은 다른 NP 내부의 관형어로부터 이동 변형을 통해 형성된다. 이 점에서 서술절설에 입각한 비이동설(한학성 1987)과 비교된다.

이 논문은 촘스키 지도 하의 MIT 박사학위논문이고, 중간중간에 특정 문제에 대한 촘스키(또는 하워드 라스닉)의 견해를 '사적 담화'의 형식으로 인용하고 있어, 1988년 현재 촘스키의 견해를 중심으로 하는 원리매개변인 이론의 정통적 관점을 볼 수 있다. 1988년 당시의 원리매개변인 이론의 표준적 체계를 정밀하게 해설하고 있다는 점은 최현숙(1988)의 한국어 문법 연구에의 중요한 기여라고 평가할 수 있다. 특히 이 논문의 주요 연구 대상인 머리성분(핵어: X-head 또는 head)들의 통사론을 위하여 (2)와 같은 개념 정리를 하고 있다.[299] (2마)는 (2가라)의 정의들로부터 도출되는 개념 정리이다. (3)도 논의 과정에서 정리된 개념 구분이다. '성분통어'는 '첫 번째 분지 교점'을 바탕으로 하는 라인하트(Reinhart 1976)의 개념이고 '최대통어'는 '모든 최대투사'를 바탕으로 하는 촘스키(1986b)의 개념이다.[300]

(2) 가. 투사 원리의 새로운 정의:
논리형태(LF)와 D-구조와 S-구조의 모든 통사적 층위의 표상은 어휘부로부터 투사된다. 즉 V, N 등의 어휘범주와 C, I 등의 기능범주를 포함한 어휘항목의 의미적 선택 속성들이 유지·보존되어야 하고, X-머리성분(X-head)이 가지는 논항/비논항의 명시어, 보충어에 대한 선택 속성들이 유지·보존되어야 한다.

나. X-머리성분(X-head)에 관한 투사 원리:
V, N 등의 어휘범주와 C, I 등의 기능범주를 포함한 X-머리성분들은 모든 통사적 표상 층위(논리형태(LF)와 D-구조와 S-구조)에서 유지·보존되어야 한다. 즉 X-머리성분에 의해 관할되는 머리성분의 s-선택 속성들/의미역 할당 속성들이 이 모든 층위에서 유지·보존되

---

[299] 머리성분을 N, V, I, C와 같은 통사 범주로서의 머리성분과, N, V, I, C 밑에 달리는 '철수', '먹-', '-었-', '-니'와 같은 머리성분을 구별해야 할 필요가 있다. 전자의 통사 범주로서의 머리성분을 X-머리성분(X-head)이라고 한다. 최현숙(1988)은 X-머리성분의 통사론이 주요 연구 대상이다.

[300] 그러나 구체적인 한국어 구문을 해석하기 위해서 최대통어 개념을 뒤의 (8나)(=e-통어)와 같이 수정하여 사용한다.

어야 한다.
다. H-연쇄(H-chain)의 가시성 조건:
H-연쇄(H-chain)가 의미역 할당을 위하여 가시적이어야 한다. 이는 H-연쇄의 형태론적 요구가 만족되어야 한다는 뜻이다: H-연쇄의 형태론적 요구는 머리성분(head)이 H-연쇄의 머리항(head of an H-chain) 위치에 있는 경우에 만족된다.
라. X-머리성분(X-head)에 관한 의미역 기준:
한 H-연쇄(H-chain)는 한 개의 가시적 의미역 할당 위치를 가져야 하고, 한 개만 가져야 한다.
마. 머리성분 이동(핵 이동)은 대체 이동(substitution)이 아닌 부가 이동(adjunction)만이 있을 뿐이다.
(3) 통사구조 내의 구성성분들 간의 관계를 제어하는 기본적 개념으로 성분통어(c-command)와 최대통어(m-command)가 둘 다 필요하다. 결속 이론에서는 성분통어가 작용한다. 그 외의 하위 이론들에서는 최대통어가 작용한다.

'머리성분'이라는 용어는 어휘부에 등록되어 있는 어휘항목이라는 뜻으로 이해되기도 하지만, 나무그림으로서의 통사구조에서 그 어휘항목이 달려 있는 머리성분 범주를 가리킬 수도 있다. 후자에 초점을 맞춘 개념이 'X-머리성분(X-head)'이다.[301] 기존의 투사 원리나 의미역 기준이 최대투사(XP)에 관한 원리, 기준으로 서술되는 데에 비해, 위에서는 머리성분인 X 범주에 관한 원리, 기준으로 재서술하고 있는 것이다. 최대투사(XP)의 이동을 선행사와 그 흔적의 연쇄(chain)로 나타낼 수 있는 것처럼, 머리성분 X 범주의 이동도 선행사와 그 흔적의 연쇄로 나타낼 수 있다. 후자의 연쇄를 'H-연쇄(H-chain)'라고 이름 지은 것이다. 이에 따라 H-연쇄(H-chain)에 관한 가시성 조건(2다), 의미역 조건(2라)이 정의된다.

한국어 기본 절 구조 속에서의 기능범주 I와 C

한국어의 기본 절 구조에 관한 최현숙(1988)의 견해는 기능범주로 I와 C만을 인정하는 것이다. 특히 의문형어미가 의문사와 통사적으로 상호작용하기 때문에 C 범주로 인정할 수 있다는 지적을 하고 있는데(최현숙 1988: 100), 이는 타당한 것이다.[302] 의문형어미를

---

[301] 그는 핵계층 이론(X-bar theory)이 적용되는 대상으로서의 머리성분이라는 의미로 X-머리성분(X-head)이라는 용어를 쓰고 있다.
[302] 양정석(2023나: 705)에서는 의문형어미가 의문사를 최대통어한다는 조건('의문사 구 허가 조건') 하에 의문사가 통사적으로 허가되는 '의문 자질 표시'라는 통사적 절차를 상정하였다. 통사적으로 의문 자질이 표시된 의문사가 어휘부에 주어진 의미 형식을 바탕으로 의미 해석된다. 최현숙(1988)에는 의문형어미가 의문사를 통사적으로 허가한다는 분명한 언급이 없다.

C 범주로 설정하는 것을 근거로, 의문형어미와 계열적 대립 관계를 가지는 평서형어미, 명령형어미, 청유형어미를 역시 C 범주로 설정하는 것이 정당화된다.[303] '-으시-', '-었-', '-겠-' 각각의 통사 범주적 지위에 대한 논의를 보이지는 않고 있지만 다른 논의 중에 드러나는 그의 관점은 이들을 모두 I 범주로 간주한다는 것이다. 나아가서 '-으시-었-', '-으시-겠-', '-었-겠-', '-으시-었-겠-'와 같은 복합 형식도 I 범주로 간주하는 것이 그의 견해라고 추정할 수 있다.[304]

이중주어문과 이중목적어문에 대한 이동 접근

이중주어문과 이중목적어문을 처리하는 것을 보면 한국어 문법 연구자의 기본적인 방법론을 파악할 수 있다. 최현숙(1988) 이전에 발표한 최현숙(1987)에서는 이중주어문과 이중목적어문을, 대응되는 구문의 관형격 명사구로부터 IP 또는 VP의 부가어 위치로의 이동 변형을 통하여 도출하고 있다. 특이한 것은 이러한 부가 이동을 논항 이동(A-movement)으로 규정한다는 점이다. 이중주어문의 구조는 대략 (4가)와 같고, 이중목적어문의 구조는 (4나)와 같다.

(4) 가. 철수가 동생이 시험에 합격했다.
  [IP [NP 철수]i가 [IP [NP ti 동생]이 시험에 합격하-었-대
 나. 영희가 철수를 팔을 쳤다.
  [IP 영희가 [VP 철수를 [VP [NP ti 팔]을 치-]-었-대

이들 이동이 논항 이동이라면 이동해 간 부가어 위치에서 격을 할당받아야 한다.[305] 이러한 격의 난제를 해결하기 위한 최현숙의 방안은 다음과 같다. (5)의 주격 '-이'가 할당되는

---

[303] 최현숙(1988)에서는 이에 대한 명시적 견해를 보이지는 않고 있다. 한국어 예문들에 대한 주석에서는 '-다, -니' 등의 종결어미의 범주를 그저 'em'으로 잠정적으로 표시할 뿐이다. 특히 '-는다'의 예들를 '현재 시제-em'의 '-는-다'로 분석하는 것을 보면 '-는-'을 시제 범주로 파악하는 것을 알 수 있다. '-는-'를 문법 형태소로 분석하는 것은 오류이다(3.2.3절 참조).

[304] 최현숙(1988)에서는 이 점에 대해서도 명시적 견해를 보이지 않고 있다.

[305] 비논항 이동이라면 이동 후 남아 있는 흔적은 변항이므로 흔적 위치에서 격을 할당받아야 한다. 해당 이동을 비논항 이동으로 가정하면 변항인 흔적이 관형격 [+gen]을 받는다고 상정할 수 있다. 그러나 이동 결과의 'NP-이', 'NP-를' 형식은 주격, 목적격을 받은 것이므로, 이미 흔적에 관형격을 부여받았는데 어찌하여 다시 주격, 목적격이 부여되는지를 설명해야 하는 문제가 발생한다. 논항 이동으로 가정한 최현숙에게는 흔적 위치가 관형격을 받을 수 있는 위치인데 어찌하여 다른 격, 즉 주격이나 목적격을 찾아 이동하는지를 설명해야 하는 과제가 주어진다.

경우를 위하여 후치사 P가 동사 '사-'에 머리성분 이동하여 부가된다고 한다.[306] 격 할당자 'P'가 사라진 명사구 '보스톤'은 IP의 명시어 위치로 이동하여 주격을 받을 수 있게 된다. (6가)의 '영희를', (6나)의 '철수가'의 격 할당을 위해서도 유사한 처리가 가능하다고 한다. '영희를'의 경우, 이 명사구가 원래 가지고 있던 격 접사('비분리 격 접사 inalienable Case affix'라고 지칭한다)가 동사 '소개하-'에 이동한다. 이 동사, 즉 'V$_{+ina-Case-affix}$'는 여전히 타동사로서 목적어 '영희'에 목적격을 할당한다. (6나)의 '철수가'의 경우, 이 명사구가 원래 가지고 있던 격 접사는 굴절소(Infl)로 이동한다. 이 굴절소, 즉 'I$_{+ina-Case-affix}$'가 '철수'에 주격을 할당한다.

(5) 보스톤이/에 철수가 산다.
(6) 가. 철수가 영희를/의 동생을 그에게 소개했다.
    나. 철수가/의 동생이 보스톤에 산다.

'동생'과 같은 비분리 소유 명사가 아닌 경우에는 이중주어문, 이중목적어문이 성립되지 않는데, 최현숙은 이 점을 포착하는 것이 자신의 이론의 장점이라고 보고 있다.

(6)' 가. 철수가 영희의/*를 과자를 먹었다. cf. 철수가 영희의/를 팔을 쳤다.
     나. 철수의/*가 책상이 크다. cf. 철수의/가 키가 크다.

주어 명사구로부터 IP에 부가되는 경우의 하위인접 조건 위배의 우려도 해소된다고 한다. 한국어에서 I가 주어를 (간접적으로) 의미역 할당을 하기 때문에 I가 주어 NP를 어휘표시(L-mark)하여, 이 NP가 장벽이 되지 않으므로, 이 NP 내부로부터 IP로의 부가 이동은 하위인접 조건을 위배하지 않는다는 것이다. 이렇게 하여 3.4.1절에서 보인 원리매개변인 이론(특히 촘스키 1986b의 이론 체계)에 정합되는 이중주어문, 이중목적어문의 설명 방안을 제시한 것이다. 다만 촘스키(1986b)의 지배 개념에 따르면 IP에 부가된 'NP-이' 성분이 I에 지배되지 않고, VP에 부가된 'NP-를' 성분이 V에 지배되지 않으므로, 지배의 정의를 다음과 같이 조정한다.[307]

---

306 후치사 'P'가 외현적으로 실현되지 않는다고 가정한다.
307 지배의 개념을 재정의하여 이중주어의 가외의 'NP-이' 성분들의 격 할당을 가능하도록 한 것은 이전에 한학성(1987)에서도 제시한 것이다. 두 정의의 효과는 동일하다.

(7) 기존의 지배 개념
   가. A가 B를 지배한다는 것은 A가 B를 최대통어하고, (C가) B에 대한 장벽이고 A를 배제하는 C가 존재하지 않는다는 뜻이다.
   나. 최대통어: A가 B를 최대통어한다는 것은 A가 B를 관할하지 않고, A를 관할하는 모든 최대투사 C가 B를 관할한다는 뜻이다.
(8) 수정한 지배 개념(최현숙 1987: 109)
   가. A가 B를 지배한다는 것은, (i) A가 머리성분 범주이고 A가 B를 e-통어하거나,
       (ii) A가 비-머리성분 범주이고, …
   나. e-통어(e-command): A가 B를 e-통어한다는 것은 A가 B를 관할하지 않고, A를 관할하는 최대투사 C의 최상위의 부분(segement)이 B를 관할한다는 뜻이다.

(8)과 같이 지배 개념을 조정함으로써 머리성분 I, V가 IP의 부가어 'NP-이', VP의 부가어 'NP-를'을 지배하여 주격, 목적격을 할당할 수 있게 된다.

재구조화 규칙

최현숙(1988)은 그가 변형규칙의 하나라고 특성화하는 '재구조화 규칙(Restructuring Rule: RR)'에 대한 이론화를 주요 논점으로 하고 있다. 재구조화 현상을 이론화하는 방안으로 병렬 구조(parallel structure) 기반 이론과 표준적 구절표지 기반 이론이 있다.[308] 최현숙(1988)은 후자의 관점에서의 이론화를 추구하고 있다.

병렬 구조에 기반을 두지 않고, 둘 이상의 통사구조가 직렬적으로 연결된다는 관점은 표준적 관점이다. 표준적 관점의 이론들은 재구조화가 구성성분 구조의 변화를 유발한다고 보는 견해가 대부분이다. 그러나 최현숙(1988)은 구성성분 구조의 변화를 인정하지 않고 지표들의 삼투 절차(percolation)를 새로운 변형 개념으로서의 '재구조화 변형'으로 수용하는 이론을 전개한다.

최현숙(1988)은 위첨자 지표(superscript)가 머리성분(X)으로부터 중간투사(X′), 최대투사(XP)로 삼투되는 절차를 통하여 지배에 대한 장벽성의 해소 등 재구조화의 통사적 효과를 포착하며, 아울러 위 (2가)에서 정의된 투사 원리를 위배하지 않는 기술적 장치를 제공한다. 그의 재구조화는 (9가)를 (9나)로 바꾸는 통사적 변형의 하나이다. 구조는 보존되되, 위첨자 지표들만이 첨가되어, 이들에 의해 표시된 통사적 영역 안에서는 두 머리성분 요소의 불연속적인 연결이 한 통사 단위로 포착될 수 있는 길이 열린다.

---

[308] 이 두 방향의 재구조화 이론에 대해서는 양정석(2010: 179-192)에서 자세히 비교·검토한 바 있다.

(9) 가.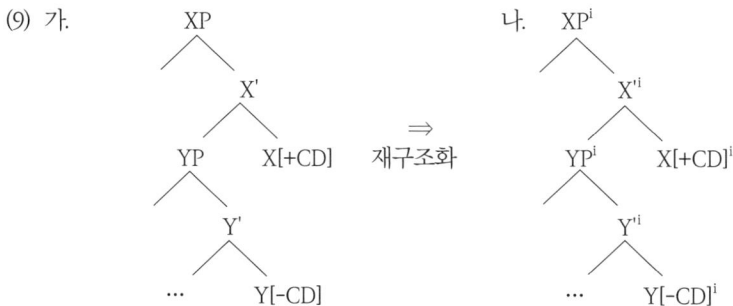

이에 따르면 재구조화는 '[+범주의존성]'(+CD: categorical dependency)을 가지는 상위 머리성분과, 그것에 지배되는, '[-범주의존성]'(-CD)을 가지는 하위의 관련 머리성분에 위첨자 지표 'i'를 부여한다.[309] 다음으로 이 두 머리성분에 의해 투사되는 중간투사 범주(X')나 최대투사 범주(XP)에도 모두 위첨자 지표를 부여하는 지표의 삼투가 일어난다. 삼투 절차를 통하여 '+CD'의 머리성분과 '-CD'의 머리성분 사이에 놓이는 모든 머리성분들도 동일한 지표를 부여받게 된다. 이렇게 하여 만들어진 머리성분들의 연쇄를 'R-머리성분 연쇄(R-head chain)'이라고 한다. 이는 불연속적인 단어로 간주되는데, R-복합어(R-complex word) 또는 R-복합머리성분(R-complex head)이라고 부른다.[310]

(10) 가. R-머리성분연쇄: (X^i , (… ,) Y^i)
    나. R-복합머리성분: { X^i , (… ,) Y^i }

(9나)는 재구조화의 결과로 통사구조의 변화는 발생하지 않고, 위첨자 지표들만이 새로 첨가되었음을 보여준다. 이것이 최현숙(1988)의 '재구조화 변형규칙(RR)'이다. 재구조화의 결과로 나타난 (9나)의 통사구조가 재구조화 구문의 특징들을 설명해 준다.

최현숙(1988)의 재구조화 규칙(RR)에 따르는 효과들을 모아서 정리하기로 한다.[311]

---

[309] 상위 머리성분이 하위 머리성분의 투사 범주를 지배한다는 조건을 가진다(최현숙 1988: 153).
[310] (10가)는 재구조화 지표를 가지는 머리성분들이 연쇄(chain)를 이루는 것으로 보아 튜플(tuple)로 표시한 것이다. 머리성분 이동이 일어난 후에 이동된 결과 위치의 머리성분 X와 그 흔적이 (X_i , (…,) t_i)와 같은 연쇄를 이루는 것으로 보는 것은 Chomsky(1986a)로부터의 관행이다. (10나)는 재구조화 지표를 가지는 머리성분들이 순서를 고려하지 않은 집합(set)을 이루는 것으로 표시한 것이다.
[311] 최현숙(1988), 162쪽 이후 참조.

(11) RR 효과:

① [-CD]인 X-머리성분들은 R-복합어의 s-머리성분(syntactic head)이다.
② RR 영역 내에서 XP$_i^j$는 장벽이 되지 않는다.[312]
③ R-복합어의 문법적 자질(가령 [+/-능격성])은 문법적 자질의 삼투에 관한 약정에 따라 R-복합어의 s-머리성분에 의해 결정된다.[313]
④ 통사적 과정에서 구성성분됨(constituency)의 변화가 일어나지 않는다.
⑤ 의미역 구조에 변화가 일어나지 않는다.
⑥ a. M/R-복합어의 s-머리성분은 격 할당과 관련하여 가시적이다.[314]
  b. 통사적 단위로서의 R-복합어 내부 요소는 그 어느 것이든지 격 할당과 관련하여 가시적이다.

예시: 한국어 장형 사동/단형 사동 구문의 RR 분석

최현숙(1988)이 한국어에서 RR이 적용되는 것으로 분석하는 대표적인 예는 장형 사동 'V-게 하-' 구문이다. 그는 더욱이 단형 사동 구문 'V-이-' 구문과 'V-시키-' 구문까지도 복합문 구조를 가져서 RR이 적용되는 구문이라고 설명하고 있다.

먼저, 'V-게 하-' 구문의 통사구조는 (12가)와 같다. 이는 D-구조에서 재구조화('V→V RR')가 적용된 결과로 주어지는 S-구조이다. 여기에 머리성분 이동('V→I→C HM')이 적용되면 (12나)의 음성형태(PF)를 얻는다고 한다(최현숙 1988: 362).

---

[312] 여기서 아래첨자 지표는 보통의 지시 지표(통사적 과정이 진행됨에 따라 어휘항목이 달려 있는 X 범주들에 특정의 지시 지표가 부여된다고 가정한다)이며 위첨자 지표는 재구조화 규칙의 적용에 따라 추가되는 지표이다.

[313] 문법적 자질의 삼투에 관한 약정(157쪽):
재구조화 규칙에 따라 형성된 R-복합어 내에서 s-머리성분([-CD]를 가지는 X-머리성분)의 문법적 자질들이 다른 머리성분의 문법적 자질들보다 우선적으로 삼투된다.

[314] M/R-복합어란 재구조화 규칙이 적용된 후 머리성분 이동(head movement)를 거쳐서 형태론적으로도 하나의 복합어가 된 단어를 뜻한다.

(12) 가. 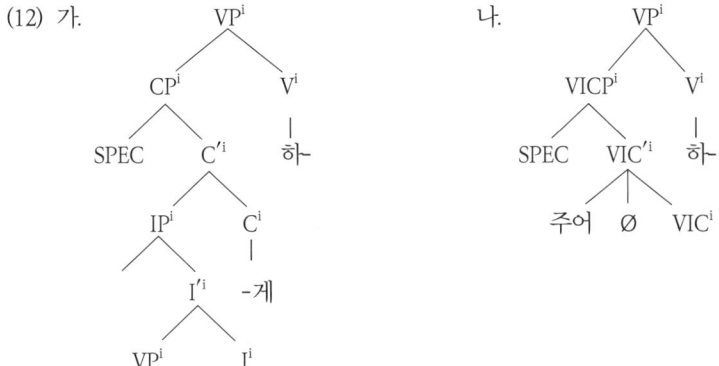 나.

이에 비하여 단형 사동 구문인 'V-이-' 구문에서 PF 부문의 머리성분 이동('V→C→V HM')이 적용된 후의 구조(PF)는 다음과 같다('V-시키-' 구문도 같다). 'VP'와 'V'에 재구조화 지표가 표시되지 않은 점에 주의해야 한다. 이 구문에서 재구조화는 'C→V RR'만이 적용된다.

(13)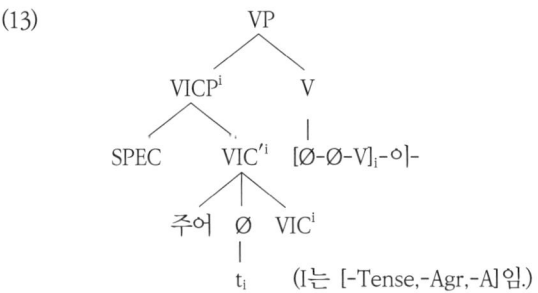

접미사 '-이-'를 상위절 동사 V로 가지는 복합문의 통사구조(D-구조와 S-구조)의 구체적인 모습이 어떤 것인지는 명시적으로 제시하지 않아서 알기 어렵다.

재구조화 규칙의 적용 범위

최현숙(1988)의 재구조화 규칙이 적용되는 한국어의 문법 현상은 '-어 보-' 구문과 같은 보조용언 구문, 'V-이-' 구문과 같은 접미사 사동 구문, 'V-시키-' 구문, 'V-히-' 구문과 같은 접미사 피동 구문 등이다. (14가)의 구문은 물론이고 (14나-마)의 구문도 복합문 구조로 분석하는 것이 그의 '통사론적 입장'이다(363-372, 430-446쪽).

(14) 가. 보조용언 구문: '-어 보-' 구문, '-어 주-' 구문, '-어야 하-' 구문, '-게 하-' 구문, '-어

지-' 구문, …
나. 접미사 사동 구문: '먹이다, 읽히다' 등의 'V-이-' 구문
다. 'V-시키-' 사동 구문
라. 접미사 피동 구문: '먹히다, 안기다' 등의 'V-히-' 구문
마. 'V-되-' 피동 구문
바. 예외적 격 표시 구문

그는 영어, 이탈리아어, 프랑스어, 치체와어, 일본어 등에서도 재구조화 규칙이 적용되는 예를 제시하고 있다. 사동 구문에 대해서는 한국어뿐 아니라 이탈리아어, 프랑스어, 일본어의 예를 분석하여 재구조화 규칙이 이 구문의 통사적 과정에서 기여함을 논하고 있다. 예외적 격 표시(ECM) 구문에 대해서도 한국어, 영어, 이탈리아어 등을 비교하고, 프랑스어가 ECM 현상을 결여하는 사실을 재구조화 규칙의 작용을 중심으로 하여 밝히고 있다. 이 밖에도 영어의 'ACC-ing' 구문('I found John studying in the library.'와 같은 예), 'whiz' 구성('who/which is'가 생략되는 수식어 구성)을 재구조화 규칙이 작용하는 현상으로서 논의하고 있다.

최현숙(1988)은 모든 보조용언 구문에 재구조화 규칙이 적용되는 것으로 본다. 그러나 그가 보조용언 구문에 재구조화가 적용됨을 보이는 증거로 사용했던 부정극어-부정소의 '같은 절' 조건 검사는 (15)의 '-어 보-' 구문 등에는 적용되는 반면 '-게 하' 구문에는 적용되지 않는다. (16)의 부적격성은 그가 부적격한 예로 간주하는 일반 내포문 (17)의 부적격성과 다르지 않은 것으로 판단된다.

(15) 김씨는 아무도 만나 보지 않았다.
(16) ?*김씨는 자기 딸이 아무도 만나게 하지 않았다.
(17) ?*김씨는 자기 딸이 아무도 만났다고 생각하지 않았다.

최현숙은 (15)는 물론이고, (16)과 같은 문장이 완전히 문법적이라고 판정하고 있다. (17)은 이에 비해서 부적격한 문장이라고 판정한다. 그러나 보조용언 구문 중에서도 (15)와 같은 부류가 있는 반면에, '-게 하-' 구문은 매우 부적격하다. (16) 문장의 부적격함은 (17) 문장의 부적격함과 다름이 없다.

한편, 주관성 형용사의 절을 내포절로 가지는 '-게 하-' 구문인 (18)의 예는 최현숙 자신이 부적격한 문장으로 판정하고 있다. 필자의 판단도 (18)이 '?*' 정도로 부적격한 문장이라는

것이다.³¹⁵

(18) ?*이 사건이 아무도 두렵게 하지 않았다. (최현숙 1988: 377)

그의 취지는 이탈리아어의 'preocupare('worry')' 동사 구문과 한국어의 '두렵게 하-' 구문이 동일한 복합문 구조를 기저에서 가지며,³¹⁶ 이들의 도출 과정에서 재구조화 규칙이 작용한다는 것을 증명하고자 하는 것이다. 그러나 이러한 논증은 (16)과 (18)이 동일하게 부적격한 것이 사실임에도 불구하고, (16)은 문법적 문장, (18)은 비문법적 문장이라고 판정하는 사실의 왜곡을 바탕으로 이루어진 것이다.

최현숙(1988) 비판

1. **한국어의 기본 절 구조와 기능범주** 최현숙(1988)에서 한국어의 절 구조를 형성하는 기능범주로 상정하는 것은 I와 C의 둘뿐이다. '-으시-'는 AGR 범주의 요소라고 보는데, AGR는 I의 일부 요소라고 한다. 그런데 '-다', '-니', '-어라', '-자' 등의 종결어미를 어떤 범주로 규정하는지는 분명하지가 않다.

최현숙(1988: 100)에는 의문형어미 '-니'가 의문사와 통시적으로 상호작용하기 때문에 C 범주로 인정할 수 있다는 논의를 하고 있다. 그렇다면 이것과 계열적으로 대립하는 요소들인 '-다', '-어라', '-자'들은 역시 C 범주라고 규정하는 것이 타당하다. 최현숙(1988: 346)에서는 보조용언 구문의 하나인 '-게 하-' 구문에서 '-게'를 Comp 범주로 주석하고 있어, 종결어미와 연결어미를 비롯한 모든 어말어미를 C 범주로 규정하는 것이 아닐까 하는 추정을 하게 한다. 그러나 최현숙(1988)의 기능범주 및 절 구조에 대한 관점은 아직 확고하게 정해지지 않았다.

2. **이중주어문과 이중목적어문의 이동 접근의 문제** 이중주어문, 이중목적문의 선행 명사구가 명사구 내의 관형어 성분으로부터 이동하여 형성된다고 하는 발상은 생성문법 초기의 이론에서부터 있었고, 이론적으로 가장 정밀한 처리는 최현숙(1987)에 와서 실행되었다고 평가

---

315 최현숙(1988: 377)에서는 내포절이 주관성 형용사일 때는 '-게 하-' 구문에서 상위절의 V가 하위절의 V를 목표로 재구조화하는 'V→V RR'이 작동하지 않는다고 한다.
316 이탈리아어의 'preocupare' 동사 구문은 표면적으로 단순문 구조이지만 기저에서는 '-게 하-' 구문처럼 복합문 구조로 분석되어야 한다는 것을 이탈리아어의 격 및 의미역 할당과 관련한 이탈리아어의 사실을 바탕으로 한 논증의 과정에서 주장하고 있다. 'preocupare' 동사 구문을 단순문 구조로 가정하는 저명한 논증인 Belletti & Rizzi(1986)에 대립하는 것이다.

할 수 있다.

그러나 최현숙(1987)의 처리는 관형격(속격) 자질 '[gen]'이 상위의 격 할당자 'I'로, 또는 타동사인 'V'로 머리성분 이동한다는 석연치 않은 절차를 포함하고 있다. 이중주어문의 경우 '[gen]+I$_{nom}$'와 같은 머리성분 부가의 형식이 'I$_{nom}$'로 흡수, 단일화되는 절차를 상정해야 할 것이다. 이러한 절차가 타당한 것으로 보이지는 않는다.

3. **접미사 사동 구문, 접미사 피동 구문의 복합문 구조 분석** 최현숙(1988)의 여러 논증 중에서 눈에 띄는 무리한 논증은 사동 구문 'V-이-' 구문과 'V-시키-' 구문, 피동 구문 'V-히-' 구문과 'V-되-' 구문을 복합문 구조로 분석한다는 것이다. 이들을 복합문 구조로부터 변형규칙을 통하여 도출하는 시도들이 근본적으로 오류라는 점은 이미 많은 논증을 통해서 밝혀진 바 있다.

필자는 양정석(1995/1997)에서 한국어의 모든 동사들을 대상으로 사동접미사, 피동접미사와의 결합 제약을 정리하였다. 결국 접미사가 결합한 사동사의 수는 282개 정도, 피동사의 수는 192개 정도이다. 이들은 이론적으로 가능한 결합의 1%에도 미달하는 것이다. 중요한 것은 사동/피동 접미사가 결합 가능한 동사 어간들의 부류는 결코 통사적, 의미적 자연군을 이루지 않는다는 점이다. 그러므로 재구조화와 머리성분 이동의 가능성 및 공범주의 상정과 삭제와 관련되는 온갖 원리, 규칙들을 각 접미사의 통사적 정보로 부여하더라도, 그것은 사동접미사의 어휘기재항에 282개의 어휘개별적 동사들의 목록을, 피동접미사의 어휘기재항에 192개의 어휘개별적 동사들의 목록을 그 실현 조건으로 명세화하는 일을 동반해야 하는 것이다.

최현숙(1988)의 재구조화 이론은 일정한 장점을 가지고 있다고 필자는 판단한다. 그러나 그 장점은 재구조화의 적용 범위를 어휘부에서 둘 이상의 머리성분 단위들이 관용적 결합을 이루는 경우로 한정할 때에만 얻을 수 있다. 접미사 사동 구문, 접미사 피동 구문은 결코 그 적용 대상이 될 수 없다.

4. **재구조화의 적용 현상(재구조화의 범위)** 최현숙(1988)의 재구조화 개념은 병렬 구조와 같은 비표준적 개념을 끌어들이지 않으면서도 한 기호열이 가진 두 측면의 통사적 특징을 포착할 수 있고, 표준적 개념에 입각한 다른 이론에서처럼 투사 원리를 위배하지 않는다는 점에서 바람직하다. 또, 이탈리아말의 '재구조화 구문'과 불어의 '사역 구문'이 하나의 원리 아래 설명될 수 있게 되었다. 더욱이, 위첨자 삼투를 중심으로 하는 그의 재구조화 실행 장치는 통사구조를 바탕으로 적용되는 의미 해석 규칙을 실행하기가 수월한 점이 있다(양정석 2023나: 제1장 참조).

그러나 구체적인 한국어의 사실을 기술하는 데에 있어서, 그리고 이를 통사구조-의미구조의 대응 체계(1.4절)에서 포함하기 위해서는 최현숙(1988)의 처리는 여러 가지 문제를 안고 있다. 필자는 한국어의 보조동사 구문 중에서 일부의 현상만을 재구조화의 예로 받아들인다. 그리고 서술성 명사 구문을 재구조화 현상의 대표적인 예로 논의한다(4.1.7절, 4.3.4절). '연구를 하-'와 같은 구 단위의 통사적 사실('유형I 재구조화')과 '자리를 잡-'과 같은 단어 단위 내적인 현상('유형II 재구조화')이 구별되는데, 그러면서도 둘이 모두 하나의 재구조화 현상이라는 점을 포착하기 위해 재구조화의 정의를 정밀하게 다듬을 필요가 있다.

5. **재구조화의 요인-어휘의미적 단위** 최현숙(1988)에서는 자율 통사론적 이론 내부에서 재구조화의 형식적 기제를 수립하는 데에 주력하여 재구조화가 어떤 요인에 의하여 일어나는지에 대해서는 구체적으로 고찰하지 않았다. 다만 머리성분 이동 변형은 형태론적 의존성 '[+MD]'을 가지는 머리성분이 부가 이동하는 것으로 상정하고, 재구조화 변형은 범주 의존성 '[+CD]'을 가지는 머리성분이 '[-CD]'을 가지는 머리성분을 지배하여 자질 삼투 작용을 유발하는 것으로 되어 있다. 문제는 구체적으로 어떤 머리성분이 '[+CD]' 자질을 가지는가이다.[317]

---

[317] 이 문제는 생각보다 심각하다. 최현숙(1988)에 따르면 [+CD] 자질을 가지는 것은 한국어의 경우 보조동사 구문 'V-게 하-', 'V-어야 하-', 'V-어 보-'의 보조동사 '하-', '보-'와 같은 것이다. '싫어하-'와 같은 구성도 보조동사 구문과 같이 취급하고 있으니 이 경우의 '하-'도 [+CD] 자질을 가진다고 해야 한다. '하-'의 3개의 동음이의어의 어휘기재항에 각각 [+CD] 자질이 표시되어야 한다.
또한 사동접미사 '-이/히/리/기-', 피동접미사 '-이/히/리/기-'도 D-구조에서 상위절 동사라고 가정하고 있으니, 이들이 하위절의 'C→I RR' 또는 'C→V RR'을 작동시킬 수 있도록 접미사의 어휘기재항에 표시해야 한다. 이 경우 하위절 C가 [+CD] 자질을 갖도록 촉발하는 것은 사동/피동의 접미사이다. 사동의 '-시키-', 피동의 '-되-'도 동일한 처리가 필요하다.
최현숙(1988)에서는 또 로맨스계 언어나 영어의 예외적 격 표시 구문에서 하위절은 공범주의 C 범주를 가지는 CP로 설정하고 이 안에서 'C→V RR'이 작동한다고 하였다. 이 작용은 주절 동사가 촉발시킨다고 한다. 그러므로 주절 동사('예외적 격 표시 동사')의 어휘기재항에 이런 점들을 표시해야 한다.
문제는 여기에서 끝나지 않는다. 한국어의 모든 동사 활용형이 'C→V RR'의 작용(그리고 PF에서의 머리성분 이동)에 의해 형성된다고 가정할 수도 있다. 그렇다면 [+CD] 자질은 C 범주인 모든 어말어미, 어휘개별적 부류로서의 보조동사들, 사동과 피동의 접미사, 예외적 격 표시 동사('생각하-' 등)에 의해서 부여된다고 할 수 있다.
더욱이, [+CD] 자질의 머리성분이 [-CD] 자질을 가지는 목표 머리성분으로 V를 겨냥하는지, I를 겨냥하는지, 또는 N을 겨냥하는지의 사실도 어휘기재항에 기재해야 하는 어휘적 정보로서, 어휘기재항의 관련된 정보의 기술은 통제하기 힘들 정도로 복잡해진다.
'CD' 즉 범주의존성 개념은 최현숙(1988)에 주어진 상태로는 이처럼 실행가능성(feasibility)에 문제를 가지는 개념이다. 제4장에서 필자는 최현숙(1988)의 재구조화 개념의 기본 착상을 받아들이되, 재구조화의 요인을 어휘부에 등재된 복합적 머리성분들로 한정한다. 통사적 과정의 재구조화는 두 개 이상의 머리성분들이 어휘부에 동일 지표로 표시된 것을 근거로 하여 통사구조에 (지표의 삼투를 통한) 재구조화 영역을 형성하는 통사적 절차인 것이다.

물론 최현숙(1988)의 재구조화는 최대투사 아닌, 머리성분들 간의 관계, 어휘적 단위들 간의 관계이다. 머리성분 이동은 '[+MD]'의 머리성분으로부터 '[-MD]'의 머리성분으로의 방향성을 가지며, RR은 '[+CD]'의 머리성분으로부터 '[-CD]'으로의 방향성을 가진다는 것이 최현숙의 기본 가정인 것이다.

필자는 통사적 절차로서의 재구조화 변형은 궁극적으로 어휘부에 주어지는 어휘의미적 단위들의 결합을 통사적 과정에서 재확인하는 절차라고 생각한다. '이 문제를 연구를 한다'에서 '연구'와 '하-'가 통사적 과정에서 재구조화 규칙에 의해 연관되는데, 이것은 어휘부에 '연구'와 '하-'가 하나의 지표 'i'로 표시된 채 등재되는 것을 근거로 통사적 과정에서 지표의 삼투 작용이 일어나기 때문이다. '연구^i 하^i'는 단일한 어휘의미를 가지는 숙어적 단위로 간주된다. 이런 의미에서 재구조화는 궁극적으로 어휘의미적 요인에 따르는 현상이라고 본다.

통사적 과정으로서의 재구조화는 언어-보편적 원리이나 재구조화의 요인은 언어-개별적이고 어휘개별적인 조건에 따르는 것이다. 제4장에서는 이러한 생각을 한국어에 대해서 구체적, 포괄적으로 실행하고자 한다.

6. s-머리성분의 개념/의미 해석 규칙과의 연관성 최현숙(1988)의 재구조화 변형 절차가 가지는 중요한 의의는, 재구조화에 의하여 구성성분됨의 변화가 일어나지 않는다는 것과, 재구조화된 둘 이상의 요소들 중 s-머리성분이 통사적 과정에서 대표 역할을 한다는 것이다. 특히 후자의 측면에 주목해 보자.

최현숙(1988)에서 R-복합어의 내부에 's-머리성분'의 부분을 정해 놓는 것은 오직 통사적 고려에 따른 것이다. 동사의 능격성 여부와 같은 문법적 자질이 R-복합어의 최하위 머리성분에 의해서 결정된다고 본 것이다. 그러나 재구조화, 특히 최현숙의 재구조화 규칙이 긴요한 것은 의미 해석의 단계에서 머리성분들의 연결이 숙어처럼 한 단위의 어휘의미적 단위로 해석되는 것을 이론화하는 데에 효과적이기 때문이다. 양정석(2023나)에서는 통사구조의 재구조화 지표를 이용하는 (28)과 같은 의미 해석 규칙을 설정한 바 있다. 이 규칙은 (29)와 같은 머리성분 이동의 흔적을 해석하는 규칙과 평행되는 점이 있다.

(19) R-복합어의 (재구조화 지표를 가지는) 최하위 머리성분의 의미는 (재구조화 지표를 가지는) 최상위 머리성분이 대표하는 R-복합어의 어휘부의 의미이다. 최하위 머리성분의 의미 해석 절차가 완료되면 같은 지표를 가지는 그 상위 머리성분의 의미 해석은 무위적 절차가 된다.
(20) 머리성분 이동의 흔적의 의미는 동지표를 가지는 최상위 선행사 머리성분의 의미이다.

필자는 양정석(2010: 3.4절)에서, R-복합어의 최하위 머리성분이 s-머리성분이라는 최현숙(1988)과 달리 최상위 머리성분이 R-복합어의 대표 역할을 맡는 것으로 재구조화의 실행 절차를 조정한 바 있다. 최상위 머리성분이 R-복합어의 대표로서, 이 머리성분 단위가 어휘부의 (R-복합어의) 의미 형식과 연결된다고 본 것이다. 그런데 표준적 형식의미론의 의미 합성 절차는 기본적으로 통사적 하위 구성성분들의 결합이 가지는 의미를 바탕으로, 상향적으로(bottom-up), 의미 합성이 이루어지는 것으로 기술된다(양정석 2023나). R-복합어의 의미 해석 방법은 이러한 표준적 형식의미론의 의미 합성 절차에 부합하는 방법이다.

3.4.6. 임홍빈(1987, 1995, 1997), 서정목(1993, 1998), 유동석(1995)의 한국어 생성문법

이 절에서 한국어 기본 절 구조에 관한 임홍빈과 서정목과 유동석의 견해를 묶어서 다루는 것은 이들 연구에서 상호 간의 영향 관계가 분명히 드러나기 때문이다. 임홍빈(1987)에서는 대체로 촘스키(1981)의 구 구조 기술 방법에 따라 한국어 절 구조 기술에 관한 전반적인 방안을 제시하였고, 서정목(1993)은 이를 촘스키(1986b)의 핵계층 이론의 안목에 따라 재정리하였다. 유동석(1995)은 한국어 기능범주를 7개 정도로 설정하는 위 두 연구자의 견해에 반성을 가한 결과 현대 한국어 기능범주의 목록을 AGR와 T와 M과 C와 NEG의 5가지로 한정하는, 비교적 간결한 체계를 도출하였다.

임홍빈(1987, 1995, 1997)의 한국어 절 구조

임홍빈(1987)은 Chomsky(1981)의 초기 원리매개변인 이론을 한국어 문법 연구에 소개하는 역할을 맡고 있다. 그의 주요 논제는 한국어 재귀대명사의 통사의미론적 해석이지만, 그 논의의 전제로서, 그리고 그 논의의 과정에서 드러내는 그의 한국어 구 구조에 관한 견해가 선행 한국어 문법 연구를 검토하는 이 책의 입장에서는 더 중요성을 가진다.

(1) 가. S″ → S′ - π[318]
    나. S′ → S - COMP

---

[318] 여기에서 'π'는 '수행 요소'를 나타내는 범주라고 한다. '-어, -지' 등의 종결어미에 수반되는 문말 억양과 '하단다, 했다구나, 하잣구나, 합니다요, 해요, 했다며, 하다니, 하다며, 하다니까, 하다지' 등에서 나타나는 '-은다, -구나, -요, -마, -니, -며, -니까, -지' 등을 가리키는 것이라고 한다.

다. S′ → S - (NP) - INFL[319]
라. S → TOP - S
마. S → NP - VP

이러한 규칙들에 의해 도출되지 않는 간접인용문의 구조 (2나)도 추가로 상정하고 있다. 이러한 구조를 도출하기 위해서는 (2)′과 같은 규칙이 더 추가되어야 할 것이다.

(2) 가. 영희는 철수가 집에 있다고 하였다.
　　나. 영희는 [s′ [s′ 철수가 집에 있-[COMP -다]] [COMP -고]] 하였다.
(2)′ S′ → S′ - COMP

한국어의 어말어미들이 COMP의 요소들이다.

(3) 가. 종결어미: -다, -라, -(느)냐, -(은)가, -군 등
　　나. 명사형어미: -음, -기
　　다. 연결어미: -아/어, -게, -지, -고, -으면, -으러 등
　　라. 관형사형어미: -은, -을 등

앞에서 검토한 생성문법 이론들에서 주요 쟁점이 되었던 기능범주 요소들을 임홍빈 (1987)이 어떻게 처리하는지 알아보자. 선어말어미들을 INFL 범주로 규정하며, 주격, 목적격, 부사격의 조사는 K 범주로, 보조사는 P 범주로 규정한다. 이들을 가지는 구 범주는 기본적으로 구 범주에 머리성분이 부가어로서 부가되는 구조로 파악하고 있다.[320]

(4) 선어말어미를 가진 절의 통사구조
　　[s′ [s′ [s′ [s …] [INFL -으시-]] [INFL -었-]] [INFL -삽-]]
(5) 보조사를 가진 명사구의 통사구조
　　가. '너만은': [NP′ [NP′ [NP 너] [P -만]] [P -은]]
　　나. '다행히는': [NP′ [AdvP 다행히] [P -는]]
(6) 격조사('-이/가', '-을/를', '-에', '-으로' 등)를 가진 명사구의 통사구조

---

[319] 여기에서 NP는 '-으시-'와 관련하여 경험자(Experiencer) 의미역을, '-삽-'과 관련하여 수혜자(Benefactive) 의미역을 가지는 문장성분으로 설정되는 것이라고 한다(41쪽).
[320] 나중의 임홍빈 외(1995)에서는 핵계층 이론 하에서 'VP 내부 주어 가설'을 받아들이고, 선어말어미, 어말어미가 그 앞의 구 단위를 보충어로 취하는 구조로 수정·기술하고 있다(후술).

가. '철수를': [NP [NP 철쉬 [K -를]]
　나. '철수에게': [NP [NP 철쉬 [K -에게]]
　다. '철수의 동생이': [NP [NP [NP [NP 철쉬 [K -의]] [N'동생]] [K -이]]

'NP-이' 형식의 주제어 성분과 'NP-를' 형식의 주제어 성분이 한국어의 통사구조에 설정되어야 한다는 점은 그가 매우 공들여 논하는 주장이다. 그는 '-은/는' 외에도 '-이/가', '-을/를'이 주제 표지 역할을 할 수 있다고 강조한다(21쪽). (7가, 나)의 두 종류의 주제어 성분은 모두 (i) 또는 (ii)로 표시될 수 있다고 한다.

(7) 주제어 구조
　가. 영희가 그의 동생이 산을 좋아한다.
　　(i) [S [NP [TOP 영희개] [NP [NP 그의 동생] [K 이]]] [VP 산을 좋아한대]
　　(ii) [S [NP [NP 영희개] [NP [NP 그의 동생] [K 이]]] [VP 산을 좋아한대]
　나. 영희가 철수를 동생에게 책을 주었다.[321]
　　(i) [VP [NP [TOP 철수를] [NP [NP 동생] [K 에게]]] [NP 책을] [V 주-]]
　　(ii) [VP [NP [NP 철수를] [NP [NP 동생] [K 에게]]] [NP 책을] [V 주-]]

이들을 위해서도 (1)에 새로운 구 구조 규칙들을 추가해야 한다. 그러므로 '지배와 결속' 이론을 논의의 이론적 배경으로 삼는다(9쪽)는 그의 말과는 달리, 그의 이론의 구조 형성 부문은 동심성을 핵심으로 하는 핵계층 이론이 아닌, 구 구조 규칙들로 이루어짐을 알 수 있다.
　그의 격 이론과 의미역 이론은 다음과 같이 서술된다.

(8) 한국어의 격 할당 원리
　가. VP의 지배를 받는 NP에 [+nom]의 격 자질을 할당한다.
　나. V의 지배를 받는 NP에 [+acc]의 격 자질을 할당한다.

---

[321] 이 예문은 임홍빈(1987)에서 '동사구 주제/목적어 주제' '철수를'를 포함하는 예로 든 것이나 필자는 이를 비문법적 문장으로 판정한다. 임홍빈(1987: 27)에서 관련되는 예로 든 다음 문장은 모두 비문법적 문장으로 판단된다. 필자에게 이들은 언어수행상의 오류로 나타난 문장들이다. 논리적 글쓰기를 가르치는 교실에서 학생이 이런 글을 쓰면 교수자는 반드시 이들을 오류의 예로 지적할 것이다.
　a. 영희가 순진한 철수를 동생에게 모욕을 주었다.
　b. 영희가 철수에게 책을 쓸모없는 책을 주었다.
　c. 철수는 우리 반 학생을 한 명에게만 선물을 둘을 주었다.
　d. 철수가, 영희를 그의 동생에게, 책을 작은 책을 주었다.

다. N'의 지배를 받는 NP에 [+gen]의 격 자질을 할당한다.
(9) 의미역 할당 규칙

위 (1)와 같은 임홍빈(1987)의 구 구조 형성규칙들은 임홍빈 외(1995)에서 촘스키(1986b)의 핵계층 이론에 입각한 구 구조 생성의 원리들을 바탕으로 재정리된다.

임홍빈 외(1995)의 핵계층 이론에 의한 절 구조 분석
임홍빈 외(1995)에서는 이전의 (4)와 같은 절 구조와 달리 핵계층 이론을 받아들이고, 또한 'VP 내부 주어 가설'을 받아들여 (10)과 같은 절의 통사구조를 보이고 있다.

(10) 소녀가 사과를 먹었겠다.
    [$_{CP}$ [$_{MP}$ [$_{TP}$ [$_{VP}$ [$_{KP}$ 소녀가] [$_{V'}$ [$_{KP}$ 사과를] [$_{V}$ 먹-]]] [$_{T}$ -었-]] [$_{M}$ -겠-]] [$_{C}$ -다]]
    (임홍빈 외 1995: 282)

임홍빈이 인정하는 한국어의 어미 요소들로 '-었-', '-겠-', '-다'만이 있는 것은 아니다. 다음에서 보는 것처럼 '-었었-'은 과거시제 '-었-'이 연이어진 것으로 분석하고, '-습'도 겸양소로 분석하며, '-니-'는 '-더-'와 대립되는 양태소 '-느-'와 상대높임의 요소 '-이-'로 더 분석하고 있다.

(11) 가. 가시었었겠습니다
    나. 가시-었-었-겠-습-느-이-다
    다. V-H-T-T-M-Hu-Mo-HR-C[322]

'-었었-'은 더 분석되지 않는, 단속상의 요소이며, '-느-'나 '-이-'가 더 분석될 수 없다는 점은 양정석(2008가)에서 증명한 바 있다(아울러 3.2.3절 참조). '-습'을 통사 단위로 분석할 수 없다는 점도 유사한 방법으로 증명할 수 있다. 그러므로 (10)과 같은 통사구조를 가능한 대안으로 고려해 볼 수는 있지만, 두 개의 '-었-', '-느-', '-이-'를 각각 통사 단위로 포함하는 (11)의 분석은 현대 한국어의 절 구조를 정확하게 포착하지 못한 것이다.

---

322 H는 주체존대소, T는 시제소, M은 양태소, Hu는 겸양소를 나타낸다. Mo는 '-더-'와의 대립적 기능만을 가지는 '-느-'를 양태소로 파악한 것이라고 한다. HR(hearer respect)는 상대높임의 형태라고 한다. C는 어말어미인데, 'conclusive'의 약어라고 한다.

임홍빈 외(1995)의 중요한 기여는 접속문의 구조를 핵계층 이론 하에서 기술하는 시도를 보였다는 점이다. 종래 대등접속문과 종속접속문으로 구분되는 것으로 당연시되어 온 접속문이 핵계층 이론의 관점에서 모두 선행절이 부가어인, 부가어 구조로 기술된다. (12가)는 '대등접속문'의 구조이고, (12나)는 '종속접속문'의 구조인데, 그 통사구조가 동일하다. 또한, 종래 종속접속문의 일부로 다루어지던 (13)의 문장은, 부가어인 연결어미 절이 V'에 부가되는 것을 제외하면 (12)와 마찬가지의 '부가어 구조'로 기술된다. (14)는 보조동사 구문으로 알려져 온 문장이다. 이는 내포절이 보조동사의 보충어인 '보충어 구조'로 기술된다.

(12) 대등접속문과 종속접속문
    가. 봄이 가고 여름이 온다.
        [CP [TP [VP [CP 봄이 가고] [VP [KP 여름이] [V 오-]]] [T -느-]] [C -다]]
    나. 봄이 가면 여름이 온다.
        [CP [TP [VP [CP 봄이 가면] [VP [KP 여름이] [V 오-]]] [T -느-]] [C -다]]
(13) 동사구-부사절
    가. 철수가 기차를 타고 떠났다.
        [CP [TP [VP [KP 철수가] [V' [CP eᵢ 기차를 타-고][V' 떠나-]]] [T -았-]] [C -다]]
    나. 기러기가 울며 날아긴다.
(14) 동사구-보문(보조동사 구문)
    가. 난초가 죽고 말았다.
        [CP [TP [VP [KP 난초ᵢ가] [V' [CP eᵢ 죽고][V 말-]]] [T -았-]] [C -다]]
    나. 나는 집에 가고 싶다.

대등접속문이 종속접속문과 같이 부가어 구조를 이룬다는 착상은 참신한 바 있다.[323] 그러나 (12), (13), (14)의 3가지 구조를 구별하는 통사적 근거를 제시하는 그의 논증은 초점에서 멀어진, 타당성이 부족한 것이다.

다음 두 가지 검사는 (13)의 구조와 (14)의 구조의 차이를 증명하고자 하는 것이다. 본동사와 보조동사의 사이에 '-서'가 개재할 수 없음을 보이는 오래된 검사 방법을 적용하면서, (13나)의 '-면'에 '-서'가 결합한 (15나)의 '울면서'가 가능하다고 말하고 있다. '-고서'가 '-고'와 '-서'의 결합이라고 하더라도 현대 한국어에서 '-면서'가 '-며'와 '-서'의 결합일 수는 없는

---

[323] 영어의 대등접속문을 부가어 구조로 기술한 예로 Munn(1993) 등 많은 선례가 있다. 또 분류론적 문법인 정렬모(1946)에서 구성성분들 간의 관계를 5가지로 나누고, 이 중 서술어/서술구의 부가어 구조에 해당하는 '딸림관계'의 예로 '-고' 접속문을 들었음을 2.2.4.1절에서 지적한 바 있다.

것이다. (16)의 검사도 적정한 검사 방법이라고 보기는 어렵다. 오른쪽으로 자리바꿈하는 성분이 '동사가 이루는 통사적 구성에 필수적인 성분이 되지 못한 것'인 경우에는 자리바꿈이 가능하고, 필수적인 성분이 되는 경우에는 자리바꿈이 불가능하다고 설명한다. 필수적인 성분이 자리바꿈이 가능한 (16)'의 예는 이 설명에 배치된다.

(15) 가. 철수가 기차를 타고서 떠났다./*난초가 죽고서 말았다.
    나. 기러기가 울면서 날아간다./*나는 집에 가고서 싶다.
(16) 가. 철수가 떠났다, 기차를 타고서./*난초가 말았다, 죽고.
    나. 기러기가 날아간다, 울면서./*나는 싶다, 집에 가고.
(16)' 철수가 나를 떠났다. → 철수가 떠났다, 나를.

(12나)의 종속접속문 구조와 (13)의 동사구-부사절 구조의 통사적 차이를 증명하고자 다음과 같은 대비를 보이고 있으나, 이 검사 방법도 허점투성이이다. 필자의 판단으로는 (가)-(마)의 문법성의 대비가 전혀 성립하지 않으며, (17바)와 (18바)의 대비는 아예 초점을 잃은 것이다.

(17) 가. 철수$_i$가 오면, 철수$_i$가 이 일을 할 것이다.
    나. 철수$_i$가 오면, 그$_i$가 이 일을 할 것이다.
    다. 철수$_i$가 오면, 자기$_i$가 이 일을 할 것이다.
    라. *자기$_i$가 오면, 철수$_i$가 이 일을 할 것이다.
    마. *그$_i$가 오면, 철수$_i$가 이 일을 할 것이다.
    바. 철수$_i$가 오면, [e$_i$] 이 일을 할 것이다.
(18) 가. *철수$_i$가 기차를 타고, 철수$_i$가 떠났다.
    나. *철수$_i$가 기차를 타고, 그$_i$가 떠났다.
    다. *철수$_i$가 기차를 타고, 자기$_i$가 떠났다.
    라. $^?$자기$_i$가 기차를 타고, 철수$_i$가 떠났다.
    마. $^{??}$그$_i$가 기차를 타고, 철수$_i$가 떠났다.
    바. [e$_i$] 기차를 타고, 철수$_i$가 떠났다.

제4장의 연결어미 절들의 통사적 지위에 관한 필자의 논의에 따르면 '-으면' 연결어미 절은 I' 부가어로 판정된다. 임홍빈 외(1995)에서 (13가)의 구조로 기술한 (15가)의 '-고서' 연결어미 절은 VP 부가어로 판정된다. 제4장의 논의는 연결어미 절들이 부가어를 이루는

경우에도 IP 부가어, I′ 부가어, VP 부가어, V′ 부가어 등의 경우로 더 구분되며, 더욱이 C 범주인 연결어미가 선행절을 보충어로 취하고, 후행절을 명시어로 취하는 '명시어 구조'의 접속문이 존재한다는 점을 보이게 된다.

임홍빈 외(1995)에서는 대등접속문을 부가어 구조로 기술하면서, 종래 대등접속문과 종속접속문이 이질적 성격을 가졌다고 여겨져 왔던 '이질성'이 통사적 이질성이 아닌 의미론적 해석을 바탕으로 한 이질성이라고 설명한다(337쪽). 이 점은 필자도 타당한 것이라고 판단한다. 그런데 이어서 놀랄 만한 설명이 계속된다. (12가)와 같은 구조의 선후행절을 대등하게 인식하는 것은 (12가)를 (19)와 같이 인식하는 재구조화(restructuring) 절차에 의한다는 것이다(337쪽).[324]

(19) [봄이 가고], [여름이 온다]

그의 설명이 놀랄 만하다고 한 것은, 그의 '재구조화' 개념이 언어학 이론으로 실행가능(feasible)한 개념이 아니기 때문이다.

임홍빈(1997)의 재구조화 개념 비판

임홍빈의 여러 연구에서 '재구조화'라는 용어가 사용되고 있다. 임홍빈(1997)은 원리매개변인 이론 체계 하에서 이 개념을 이론화한 선행 연구들을 살펴보고 있다. 그러나 그가 대안으로 제시하는 재구조화 개념은 실행가능성을 결여한 것이다.

임홍빈(1997)에서는 병렬 구조에 입각한 Manzini(1983)의 재구조화 개념을 용언의 어간과 후속하는 어미들의 결합체, 체언과 후속하는 조사의 결합체에 적용하려고 하였다. 그에 따르면, (20가) 문장은 (20나-라)의 구조를 가질 수 있으며, (21가)의 표현은 (21나-다)의 구조를 가질 수 있다고 한다. "(20나)가 (20다)로 분석되는 것, (21나)가 (21다)와 같이 분석되

---

[324] 그는 이어서 "그리고 우리는 그러한 인식이 반영되는 방법을 알고 있다. 그것은 재구조화의 방법이다."라고 말하고 있다(임홍빈 외 1995: 337). 그러나 이 책의 어느 부분에도 (12가)를 (19)로 바꾸는 '재구조화 절차'가 명시적으로 제시되어 있지 않다.
이 책 앞부분에서는 '소녀가 사과를 먹는다' 문장에서 '먹는다'가 서술어로 재구조화되어 '[소녀가 [사과를 [먹는다]$_V]_{V'}]_{VP}$'와 같은 구조를 만든다고 말하고 있다. 또 이 구조를 '소녀가'와 '사과를 먹는다'와 같은 주술 구조로 전환하는 것도 '재구조화' 기제라고 한다(287쪽). '불러 보았다'가 하나의 성분으로 인식하는 과정도 재구조화라고 한다(286쪽). 임홍빈(1997)에서는 재구조화에 관한 Manzini(1983), 최현숙(1988) 등의 선행 연구를 언급하고 있으나, 이들의 이론은 실행가능한 언어학 이론으로서, 결코 재구조화가 '구조의 문제라기보다는 구조에 관한 인식의 문제'(337쪽)라는 식의 허황된 말을 하지 않는다.

는 것은 만치니(Manzini 1983: 34)적인 의미에서 '재구조화(restructuring)'에 속하는 절차"라고 말하고 있다(144쪽). 또, "(20다)나 (21다)는 (20나)나 (21나)와 달리 나무구조로 나타낼 수 없는 것이며, (20다)나 (21다)는 단지 재구조화된 결과로 얻어지는 구조일 뿐이다. 결과적으로는 나무구조로 사상되는 어휘항목이 있게 되는 것도 만치니(Manzini 1983: 34)적인 '재구조화'의 개념을 충족시킨다. (20다)의 '쓰시었다'와 같은 구성을 재구조화된 동사란 이름으로 부르기로 한다."라고 말하고 있다.

(20) 가. 아버님께서 새 책을 쓰셨다.
  나. [FP[TP[HP[VP[KP 아버님께서] [V'[KP 새 책을] [V 쓰시]] -시] -었] -다]
  다. [KP 아버님께서] [KP 새 책을] [V 쓰시었다]
  라. [VP[KP 아버님께서] [V'[KP 새 책을] [V 쓰시었다]]]
(21) 가. 새 책을
  나. [KP[NP[AdnP 새] [N 책]][K 을]]
  다. [AdnP 새] [KP[NP 책][K 을]]

이는 만치니의 재구조화 개념을 왜곡하고 있는 것이다. 만치니의 재구조화 개념은 양정석(2010: 180-183)에서 자세히 소개하였다.[325] 만치니에 의하면, 재구조화된 결과로 얻어지는 것은 정규구절표지, 즉 나무그림으로 나타낼 수 있는 구조라야 하는 것이다. 그러나 (20다)와 (21다)는 임홍빈 자신의 말대로 '나무그림으로 나타낼 수 없는' 구조이다. 만치니의 재구조화 개념은 통사구조의 부분 구성성분 안에서의 두 가지 구조 분석 가능성을 포착하기 위하여, 병렬적 체계 하에서, 두 가지로 분석된 구조 사이의 관계로 정의된 명시적 개념이다. 임홍빈은 만치니의 과학적 개념을 전통문법의 서술에서나 볼 수 있는 비과학적 개념으로 변질시켜 사용하고 있는 것이다.[326]

---

[325] 필자의 재구조화 개념과 그 구체적 이론화는 제4장의 4.1.7절에서 제시한다.
[326] 또 임홍빈(1999나, 2000)에서는 다음 (a)-(d)의 예를 '재분석'이 적용되는 예로 제시한다. 그러나 그의 '재분석' 개념도 실행가능성 없는 개념이라는 점에서 그의 '재구조화' 개념과 다를 바 없다. 임홍빈(1999가: 615)에서는 라슨(Larson 1988)의 '재분석'의 정의를 원용하고 있는데, 그에 의하면 '재분석'은 (a)에서 "'선물을 주'라는 바-하나-범주에 작용하여 그것을 영층위, 즉 바-없는-동사 범주로 만들게 된다."(616쪽)
  a. 철수가 영희에게 선물을 주었다
그는 이 재분석 과정이 "특별히 엑스-바 도식에 대한 위배가 없다"(616쪽)고 한다. 그러나 "어떤 핵이 보어 하나를 방출하였는데도 아직 방출되지 않은 내적 보어를 가지는 경우"(615쪽) V'가 V로 바뀐다는 것이 그의 재분석의 정의인바, 이는 구조보존 원리를 위배하는 것이다.
그가 원용하는 라슨(Larson 1988)의 '재분석' 개념도 문제 있는 개념이다. 이는 직렬적 통사 과정에서 구 단위의 범주가 단어 단위의 범주로 재해석되는 절차이다. (b)가 그의 '재분석'의 조건이다. 이는 동사와

서정목(1993, 1998)의 한국어 절 구조

다음은 서정목(1998: 265)에서 제시한 한국어 절 구조이다. 그 기본적인 관점은 서정목(1993)에서 보인 바 있다. 그리고 이는 앞에서 보인 임홍빈 외(1995)의 절 구조와 가까운 것이다. 그 차이는 VP의 내부에 있던 주어를 H₁의 명시어로 설정하고, H₂('습')의 앞에 두었던 M₂('으니')를 M₁('느')의 뒤로 돌린 것이다.

(22) 아버님께서 오시었습니다.
 [$_{CP}$ SPEC [$_{C'}$ [$_{H3P}$ SPEC [$_{H3'}$ [$_{M2P}$ SPEC [$_{M2'}$ [$_{M1P}$ SPEC [$_{M1'}$ [$_{H2P}$ SPEC [$_{H2'}$ [$_{TP}$ SPEC [$_{T'}$
 [$_{H1P}$ SPEC(아버님께서) [$_{H1'}$ [$_{VP}$ 오-] [$_{H1}$ 으시]]] [$_T$ 었]]] [$_{H2}$ 습]] [$_{M1}$ 느]]] [$_{M2}$ 으니]]]
 [$_{H3}$ 으이]]] [$_C$ 다]]

'-겠-'을 어느 위치에 설정하는지가 누구에게나 궁금한 점일 터인데, 그는 이를 '-으니-', '-으리-'와 함께 '화자의 발화 양상'을 나타내는 M₂의 범주에 포함하고 있다. M₁ 범주는 '화자의 인식 양상'을 나타낸다고 하는 '-느-'와 '-더-'의 범주로 설정하였다. H₁은 주체높임, H₂는 겸양, H₃은 상대높임을 나타내는 범주로 설정된 것이다.

현대 한국어 어미들의 통사구조 내의 위치를 이와 같이 상정하는 것은 3.2.3절의 논증

그 보충어가 구 단위의 범주 V'로부터 단어 단위의 범주 V로 구조가 변화하는 과정으로서, 구 구조 형성에 관한 근본적 통사 원리인 구조보존 원리를 위배한다.
 b. [V' …]가 방출되지 않은 개의 내부 의미역을 가지고 있으면 이를 [V …]로 재분석할 수 있다.
 (Larson 1988: 348)
임홍빈(1999, 2000)에서는 이 밖에도 다음 (c), (d)와 같은 예를 '재분석'이 적용되는 예로 들었다. (c)에서 밑줄 친 부분은 어말어미의 구, 조사의 구가 '격조사는 명사구를 보충어로 선택한다'는 원칙을 충족시키기 위해 명사구로 재분석된 것이라고 한다. (c)의 밑줄 친 부분이 명사구인지는 주어진 생성문법의 원리들에 따라 증명해야 할 문제인 것이다. 그는 '재분석'이라는 이름 붙이기를 언어학적 증명과 동일시하고 있다.
 c. 가. 오늘 <u>어디에 갈 것인가</u>의 문제, <u>노래하며 춤추고</u>가 그의 생활 신조이다
  나. <u>인간에로</u>의 길, <u>철수에게로</u>, <u>철수에게로</u>의, <u>철수와</u>의
  다. <u>책이랑 책상이랑 의자랑</u>을 다 가져왔다. <u>책이며 책상이며 의자며</u>가 다 물에 젖었다
 d. 가. 철수가 미래를 <u>꿈을 꾸었다</u>. 철수가 영희와 <u>부부이다</u>
  나. 철수가 영희와 <u>토론을 전개하였다/펼쳤다</u>
 d' 가.*철수가 미래를 희망찬 꿈을 꾸었다/ *철수가 영희와 금슬 좋은 부부이다
  나. 철수가 영희와 열띤 토론을 전개하였다/펼쳤다
또한, (c)와 (d) 두 경우의 '재분석'에서 형식적으로 아무런 의의 있는 공통점을 찾을 수 없다. 이러한 '재분석'의 개념은 명시적 이론으로의 실행가능성(feasibility)이 없는 개념이다. 그의 주장은 과학의 이론에 기본적으로 부과되는 명시성 요건을 충족하지 못한 것이다.
(d가)의 경우는 필자 자신이 양정석(1997가)에서 '재구조화'로 분석한 적이 있다. 그러나 (d나)에서 '토론'은 관형어의 수식이 가능하므로, 그것이 불가능한 (d가)의 경우와 같지 않다(d' 참조). 재구조화는 어휘적 단위들에 근거한 통사적 과정으로 한정되어야 한다(4.1.7절 참조).

결과와 모순되는 것이다(양정석 2008가, 2012, 2023가를 참조 바람).

유동석(1995)의 한국어 기본 절 구조

한국어의 기본 절 구조에 관한 임홍빈과 서정목의 견해는 대동소이하다. 이들의 동사 어미 분석은 다분히 역사적 연구의 영향을 받은 것으로, 기원적으로 이전 시대에 어미 단위로 확인할 수 있는 단위들은 최대한 잘게 분석하여 최소 통사 단위로 인정하는 방침인 것이다. 이에 대비되는, 어미 단위들에 대한 온당한 분석을 유동석(1995)에서 볼 수 있다. 유동석(1995)은 현대 한국어의 동사 어미의 범주로 보문소(C: '-다' 등)와 양태소(M: '-겠-')와 시제소(T: '-었-')와 주어일치소(AGRs: '-으시-')의 4가지만을 인정하고 있다.

(23) 가. 보문소(C): -다(-더라, -습니다, …), -느냐(-습디까, …), -어라(-읍시오, …), -자(-읍시다, …); -음, -기; -은(-는, -던), -을; -어, -게, -지, -고, -도록, …
　　나. 양태소(M): -겠-
　　다. 시제소(T): -었-
　　라. 주어일치소(AGRs): -으시-

이것이 원리매개변인 이론의 체계 하에서 한국어의 절 구조를 기술할 때의 한 가지 합리적 견해라고 본다.[327] 4가지 어미들 외에 부정소 '안'도 이 어미들과 함께 절 구조를 형성하는 기능범주의 하나로 인정한다.

유동석의 관점에 따른 전형적인 한국어의 절 구조는 다음과 같다(51쪽). 이는 부정소 '안'을 기능범주로 포함한 구조이다.

(24) [CP SPEC [C' [MP SPEC [M' [NEGP [NEG' [TP SPEC [T' [AGRsP SPEC [AGRs' [VP (NP) [V 하-]] [AGRs -시-]]] [T -었-]]] [NEG 안]] [M -겠-]]] [C -다]]]

그는 머리성분 이동(head movement)을 적극적으로 활용하여 한국어의 구 구조를 설명하고

---

[327] 다른 가능한 견해는 절 구조를 이루는 기능범주로 I와 C만을 상정하는 것이다. 제4장에서 제시하는 필자의 대안적 생성문법 체계의 방안이 이와 같은 것으로, 종결어미, 전성어미, 연결어미를 모두 C 범주로, '-으시-', '-었-', '-겠-'은 물론 '-으시었-', '-으시겠-', '-으시-었-겠-'와 같은 단위를 I 범주로 상정하는 것이다. 절을 이루는 기능범주로 I와 C만을 상정하는 선례로는 최현숙(1988)을 들 수 있다. 특히 의문형어미가 의문사와 통사적으로 상호작용한다는 관찰에 따라 의문형어미를 C 범주로 설정한 것(최현숙 1988: 100)은 타당한 견해이다.

있다. (24)의 구조로부터 '안 하시었겠다'를 도출하는 과정에는 머리성분 이동이 여러 차례 적용된다. 동사 '하-'가 주어일치소 '-시-'를 거쳐 시제소 '-었-'으로 이동하여 '하시었-' 융합이 이루어진 후, 이 단위는 부정소 위치를 거치지 않고 곧바로 양태소 '-겠-'으로 이동하며, 이것이 다시 보문소 '다'로 이동하면 '안 하시었겠다'가 도출된다고 한다. 이 과정에는 다음과 같은 구조가 생성되는데, 이는 't_i'의 공범주 원리의 준수와 관련하여 문제를 제기한다.

(25) … t_i]$_{TP}$ 안]$_{NEGP}$ 하시었겠- …

't_i'와 '하시었' 사이에 있는 TP와 NEGP는 잠재적 장벽이 될 수 있지만, NEGP는 '하시었'에 의해 어휘표시될 수 있으므로 장벽성이 해소된다고 한다. TP도, 기능범주이기는 하지만 어휘적 속성을 가지는 '안'이 어휘표시할 수 있다고 가정함으로써 장벽성이 해소되는 것으로 본다. 이동해 간 선행사 범주와 흔적 사이에 동일 유형의 범주가 개재하는 것을 막는 '최소성 조건'과 관련해서는, 부정소 '안'이 기능범주라고는 하였지만 다른 기능범주들과 달리 '어휘적 핵' 같은 성격을 가진다고 가정하여, 최소성 조건도 위반하지 않는다고 설명한다. 이리하여 (25)는 공범주 원리를 준수하는 적법한 구조로 판정된다고 한다.

이상은 한국어 부정문의 두 형식 중 (26가) 단형 부정문의 도출에 관한 유동식의 견해를 정리한 것이다. (26나)의 장형 부정문은 상위절 동사 '아니하-'가 그 보문의 보문소 '-지'를 선택하여 형성하는 것으로 본다. '-지'는 '아니하-'나 '말-'('가지 말아라'의 경우)이 선택하는 보문소인 것이다.

(26) 가. 할머니가 안 오시었다.
　　　나. 할머니가 오시지 아니하였다.

생성문법의 표준이론, 원리매개변인 이론의 많은 연구에서 실행해 온, 도출 과정에서의 '-지' 삽입 및 '하-' 삽입 방안이 타당하지 않다는 점을 여러 가지 점에서 논증하고 있다 (43-46쪽). 필자는 이를 타당한 것으로 받아들인다. 이는 앞에서 선행 연구들을 비판할 때 필자가 가지고 있던 관점과 기본적으로 같은 것이다.

유동석(1995)의 격 이론

유동석(1995: 100)에서 정리하고 있는 그의 격 이론은 다음과 같다. 보통의 주격, 목적격,

속격, 사격 외에, 보문소에 의해 지배되어 표시되는 호격을 추가하고 있다.

(27) 한국어의 격 표시 원리
α가 격 지배자이면 α는 자신이 지배하는 요소에 격을 표시할 수 있다.
가. α = {+Tense, +Agr, -Controlled V}이면 주격이다.
나. α = +Controlled V이면 목적격이다.
다. α = N이면 속격이다.
라. α = P이면 사격이다.
마. α = +VOC C이면 호격이다.

(27가)는 주격이 기본적으로 Agr에 지배되어 표시되지만, 주제어의 경우 T에 지배되어, 목적어 아닌 '보어' 명사구의 경우 '-Controlled V'에 지배되어 주격이 표시될 수도 있다는 것을 명시한다. (27)의 모든 격은 지배 하에서 표시되므로, 구조격이다.

(27)에 의해서 부여되는 것은 추상적 격 자질이라고 할 수 있다.[328] 구조격이 형태론적 격조사로 실현됨을 규율하는 다음의 원리를 상정하고 있다(95쪽).

(28) 한국어 구조격의 실현 원리
가. 주격이 부여된 명사구의 머리성분('핵')에 주격조사를 접미시킨다.
나. 목적격이 부여된 명사구의 머리성분에 목적격조사를 접미시킨다.
다. 속격이 부여된 명사구의 머리성분에 속격조사를 접미시킨다.
라. 호격이 부여된 명사구의 머리성분에 호격조사를 접미시킨다.

격조사가 형태론적으로 실현되지 않는 다음과 같은 경우는 'Ø'이 부정격으로 실현된 것이라고 가정한다.

(29) 가. 영수Ø 온다.
나. 영수가 책Ø 읽는다.
다. 충무공Ø 사당
라. 영수Ø, 어서 오게.

그런데 위와 같이 가정된 'Ø'을 생성문법 이론 하에서 해석하는 방법은 (29)의 5가지

---

[328] 유동석은 구체적으로 '추상적 격 자질' 같은 용어를 사용하지 않고 논의한다.

경우 각각 '-이/가'의 변이형태, '-을/를'의 변이형태, '-의'의 변이형태, '-아/야'의 변이형태로 간주하는 것뿐이다. 유동석은 부정격 'Ø'으로 나타날 때와 외현적 격 형태로 나타날 때는 화용적 의미에서 차이가 있다고 말하고 있지만(98쪽), (27), (28)과 같은 격 이론 하에서는 이는 불가능한 일이다.[329]

그는 명사구 외의 범주에 격이 표시되는 다음 예들도 모두 (27), (28)에 규율되는 현상이라고 주장한다.

(30) 가. [CP 그가 돈이 많음]이 분명하다.
나. 영수는 [CP 영희가 오기]를 기다렸다.
다. [CP 그가 오기]에 안심이 되었다.
라. [CP 누가 고양이의 목에 방울을 다느냐]의 문제
(31) 가. 내가 그를 본 것은 [PP 학교에서]가 아니다.
나. 영수가 [PP 학교에]를 갔다.
다. [PP 나에게]로 편지가 왔다.
라. [PP 영수에게]의 선물
(32) 영수가 [AdvP 빨리]를 갔다.

이들은 명사구 아닌 보문소구(CP), 후치사구(PP), 심지어 부사구(AdvP)에 격조사가 결합되는 한국어의 사실을 보여준다. 이들 예는 격 여과 원리('NP가 격을 갖지 않고 실현될 수 없다')에 기반을 두는 표준적 원리매개변인 이론의 격 이론에 대하여 근본적인 문제를 제기하는 것이지만, 유동석은 이 문제에 답하지 않고 넘어간다. 격 표시가 수의적임을 (27)의 '격을 표시할 수 있다'와 같이 규정하거나, (30가, 나)처럼 필수적으로 격을 요구하는 경우는 '가시성 조건 또는 격 여과 조건 등으로 규정될 수 있을 것'이라고 말할 뿐이다.[330]

(30)-(32)는 ①'-이, -를, -의'를 어느 경우에나 격 표지로 상정하고, ②표준적 격 여과 원리를 유지하는 한 근본적으로 해결할 수 없는 문제를 제기한다. ①과 관련하여, '-이'와 '-를'을 각각 격 표지와 보조사의 동음이의적 요소로 구분하거나, ②와 관련하여, NP 외에도

---

[329] 3.5.2절에서 검토하는 김용하(1998)은 최소주의 통사론 하에서 '-이, -를, -의' 조사와 다른 별도의 공범주 'Ø'을 설정하는데, 이렇게 설정하면 그 의미 차이를 설명할 가능성이 생긴다.
[330] 한학성(1987)에서는 '-음'과 '-기'를 명사(N) 범주로 규정함으로써 이 문제에 대처하고자 하였다. 이 전략을 밀고 나아간다면 '-느냐'도 N 범주로, '-에서, -에, -에게'도 N 범주로, 심지어 '빨리'도 경우에 따라 N 범주로 규정해야 할 것이다. 물론 (31)의 PP는 임홍빈(1987)에서처럼 NP로 규정하는 방편이 가능하나, 그 외에는 그것도 불가능하다.

'+N' 자질을 가지는 보문소구를 적용 대상으로 하도록 격 여과 원리를 수정하는 일이 필요하다.[331] 필자는 제4장에서 보다 새로운 방안을 보이고자 한다. 동사, 명사, 부사의 논항에 대해서 격을 갖도록 격 여과 원리에 상당하는 원리를 상정하는 것이다.[332]

유동석(1995)의 이중주어문 처리의 문제

유동석(1995: 145쪽)에서는 다음 문장에서 '학생이 세 명이'는 소절(SC: small clause) 범주를 이룬다고 기술하였다.

(33) [$_{SC}$ 학생이 세 명이] 왔다.

한국어 문법 연구에서 '소절' 개념을 활용하는 이들이 종종 나타난다.[333] 소절 개념의 근본적인 문제는 핵계층 이론에 의한 구 구조의 도출 과정에 'SC'라는, 원리 밖의 범주를 도입하는 그 임시방편성에 있다. 더욱이 '학생이 세 명이'는 하나의 구성성분을 이루지 못한다.[334] 최소주의 통사론에 입각한 연구에서 도출 도중 '학생이 세 명이'를 하나의 구성성분으로 취급하는 예를 김용하(1998)에서 볼 수 있다. 이에 대하여 3.5.2절에서 따로 검토할 것인데, 그 문제성은 동일하다.

서술성 명사 구문의 처리와 재분석 규칙의 문제

서술성 명사 구문에 대한 임홍빈(1979)의 '어근 분리설'을 '재분석'이라는 특이한 장치를 끌어들여 전개하고 있다. 재분석이라는 용어는 보통 '재구조화'와 같은 뜻으로 사용되고(최현숙 1988, 양정석 2010: 176-216 참조) 그것은 두 개의 머리성분 단위들이 하나의 머리성분 범주를 갖게 되는 절차를 뜻하나, 유동석의 '재분석'은 동사의 어근과 접사가 형태론적

---

[331] 3.5절에서 소개하는 최소주의 통사론은 격 여과 원리 없는 격에 대한 설명이 가능함을 보여준다. 특정 격 자질을 가지는 NP 또는 DP가 그 격 자질을 가지는 기능범주의 점검 영역으로 이동하여 격 자질을 점검받고 삭제되는 절차를 통하여 격의 문제가 설명된다. 격 자질은 비해석성 자질로서, 논리형태 이전에 삭제되기 위하여 이동 연산이 일어나는데, 이러한 메커니즘은 격 자질 외의 다른 비해석성 자질들과 관련하여서도 공통적으로 작용하는 것이므로 '격 여과 원리'와 같은 독립된 원리가 필요하지 않다.
[332] 4.1.2절에서는 동사, 서술성 명사, 부사가 가지는 어휘개념구조를 바탕으로 작용하는 '논항연결원리'에 따라 통사구조의 논항들에 지표가 표시되고, 이들 논항이 주격, 목적격, 사격의 추상격 자질을 갖도록 격 이론의 운용 방식을 수정할 것이다.
[333] 한 예로 이정식(1992)을 들 수 있고 또 다른 예로 남기심·조은(1993)을 들 수 있다.
[334] 이미 앞에서 양인석(1972)의 이론이 이중주어문의 처리에서 구성성분됨의 문제를 보이는 점을 비판한 바 있다.

구성에서 통사적 구성으로 바뀌는 절차라는 점에서 특이하다.[335]

(34) 재분석 규칙: [v α ([v β (])] → [v α [v β]] (104쪽)
(35) 가. 이곳은 물이 매우 [v 깨끗을 [v 하]]-다. (105쪽)
    나. 동그라미가 [v 그리어(를) [v 지-]]-었다. (107쪽)

(34)는 어휘부의 규칙으로 설정한다. 줄곧 '어근'이라고 지칭되는 '깨끗'은 새로 설정된 다음 격 표시 원리에 따라 목적격이 부여된다(107쪽).

(36) V 안의 V는 자신의 자매항에 목적격을 표시할 수 있다.

이는 위 (27)에 추가되는 원리이다. (36)에 의한 목적격 표시는 동사가 타동사냐, 통제성/비통제성 동사냐 하는 것과는 관련이 없다고 한다(107쪽). 그저 어근 분리 현상을 위해서 임시방편적으로 설정된 것이다. 또한, (34)와 (36)을 결합한 그의 논증도 곧바로 반례를 만난다. (35가)처럼 목적격조사 '-를'을 가지는 구조는 (36)에 의해서 도출한다고 하더라도 격 표지 아닌 '-은', '-도'를 가지는 (37) 문장의 구조는 도출할 방도가 없는 것이다.

(37) 이곳은 물이 깨끗은/깨끗도 하다.

한국어의 사실은 '-은/도'를 가진 (37) 문장이 '-를'을 가진 (35가) 문장보다 훨씬 자연스럽다는 것이다. 이는 (34)와 같은 '어근 분리'의 발상이 근본적으로 오류임을 보이는 것이다.
유동석은 서술성 명사 구문의 유명한 예 (37)이 (38)의 두 가지 구조로 분석될 수 있다고 설명한다(108쪽).

(37) 영수가 수학을 공부를 한다.
(38) 가. 영수가 수학을 [v' 공부를 [v 하-]]-ㄴ다.

---

[335] (35)의 예문들의 문법성에 대한 필자의 판단은, (35가)가 특별한 상황에서 용인 가능한 반면, (35나)는 비문이라는 것이다. 즉, (a), (b)와 같다. 그가 들고 있는 다른 예문 (c)도 비문이다. (b)와 (c)는 임홍빈(1985)에서 문법적 문장으로 든 예문이다.
  a. ?이곳은 물이 매우 깨끗을 하다.
  b. *동그라미가 그리어를 졌다.
  c. *뿌리가 뽑히어를 있었다.

나. 영수가 수학을 [ᵥ 공부를 [ᵥ 하]]-ㄴ다.

(38가)는 위 (27나)의 격 표시 원리에 따라 '하-'의 자매항인 '공부'가 목적격을 받은 것이며, (38나)는 (34)에 따라 재분석된 구조에 (36)의 새 격 표시 원리가 적용되어 '공부'가 목적격을 받은 것이라고 한다. 이러한 설명 역시 성립될 수 없는 규칙인 (34)와 임시방편적으로 설정된 (36)의 격 표시 원리를 바탕으로 한 것이므로 틀린 설명일 수밖에 없다.

4.1.7절에서 보일 필자의 대안적 설명은 (39나)와 같은 구조를 바탕으로, '하-'가 '연구'를 겨냥한 'V→N 재구조화'(최현숙 1988)가 적용된다는 것이다.

(39) 가. 영수가 그 어려운 해석학을 연구를 한다.
　　　나. 영수가 [ᵥₚ [ᴅₚ 그 어려운 해석학을]ᵢ [ᵥₚ [ᴅₚ [ₙₚ tᵢ 연구]-를] [ᵥ 하]]]-ㄴ다.
(40) ᵗ*영수가 그 어려운 해석학을 연구를 회상한다.

재구조화가 선행사와 흔적 사이의 장벽성을 해소함으로써 (39나)가 적격한 구조로 판정된다. 재구조화가 적용될 수 없는 (40) 문장과의 문법성의 차이를 정확하게 설명할 수 있다.[336]

3.5. 최소주의 통사론의 개요와 비판: 실험적 연구 기획

표준이론이 관찰의 충족성을 넘어서 기술의 충족성을 획득하는 것을 그 이론 추구의 목표로 가지고 있었던 데에 비하여, 원리매개변인 이론은 다시 기술의 충족성을 넘어서 설명의 충족성을 획득하는 것으로 그 목표를 전환하였다. 최소주의 통사론은 기본적으로 원리매개변인 이론의 설명의 충족성에 대한 추구를 계속한다. 인간 언어는 뇌의 인지 체계(정신 체계)의 일부를 이루고 있다는 것이 현대 과학의 기본 인식이다. 인지 체

---

[336] 유동석(1995: 136)에서는 재분석 규칙의 발상과 유사한 '재구성(restructuring) 규칙'을 설정하여 다음 (b) 구문의 격 현상을 설명하고자 하였다. 이 재구성 규칙은 Rizzi(1982)를 원용한 것인데, 이에 따르면 통사적 도출 과정에서 '보고 싶-'이 한 머리성분 범주 V로 바뀐다. 이는 구조보존 원리를 위반하는 것이므로 받아들일 수 없다.
　a. 영수가 할머니를 보고 싶었다.
　b. 영수가 할머니가 보고 싶었다.
이 역시 구조는 바뀌지 않으면서 지표들의 삼투에 의해 재구조화 영역을 형성하는 최현숙(1988)의 재구조화 규칙(V→V RR)을 통하여 적절히 설명된다. 이 규칙의 적용은 수의적이라고 가정하므로, 적용되지 않을 때 (a)의 목적격 할당이 설명되고, 적용될 때 (b)의 주격이 설명된다.

계의 일부로서 언어 체계가 감각운동 체계(SM: sensory-motor system), 지각지향성 체계(PI: perception-intentional system)와 상호작용하면서 드러내는 그 체계의 특성을 이론화하는 것이 최소주의 통사론 연구의 주요 목표이자 그 특징이다.

최소주의 통사론은 촘스키를 비롯한 그 연구자들 자신이 현재(2024년)에 이르기까지 '최소주의 기획(Minimalist Program)'이라고 지칭하는 것처럼, 아직 집대성된 단일 이론 체계를 형성하지 못하고 있다. 원리매개변인 이론 체계에서 잉여적인 요소, 경제성에 문제가 있는 요소들을 드러내어 집중적으로 비판함으로써 새로운 실험적 이론을 제안하는 방향으로 연구를 진행하고 있다.

3.5.1. 최소주의 통사론의 개요

최소주의 통사론의 연구 방법은, 인간 언어가 완벽한 체계라고 (방법론적 방편으로) 가정하고, 구체적 문법 현상들 가운데 완벽하지 못한 현상으로 생각되는 예를 찾아 분석하여 그 잉여적인 점, 비경제적인 점들이 무엇인지를 드러내는 것이다. 이 잉여성, 비경제성을 언어 체계가 그 부분으로 자리잡고 있는 인지 체계 내에서 다른 인지 체계와 상호작용하는 과정에서 발생하는 것으로 설명한다.

한 예로 구조격(영어 대명사의 주격, 목적격이 그 예임)의 자질은 그 자체가 의미 해석을 위해 필요한 것이 아니고, 연산 체계의 운용만을 위해 필요한 것이라고 한다. 격을 가진 명사구가 격 점검을 위하여 격 점검자인 기능범주의 명시어 위치로 이동한 다음에는 격 자질이 삭제되어, 의미 해석을 위해 설정되는 구조 층위인 논리형태(LF)에서는 존재하지 않게 된다고 한다. 이와 같이 의미 해석에 소용되지 않는 격 요소나 일치 요소들에 집중함으로써 통사론의 연산 체계의 작동 원리를 밝힐 수 있다고 본다. 통사론의 연산 체계는 자질 점검을 위한 이동과 논리형태 이전의 비해석성 자질 삭제, 해석성 자질의 논리형태 잔류 등의 절차를 통하여 의미 해석 영역의 메커니즘들과 상호작용한다. '의미 해석 영역'이라고 한 것은 뇌의 인지 체계에 통사론 체계와 함께 있는 다른 인지 체계로서의 '지각지향성 영역(perception-intentional system: PI)'이다. 또 다른 영역으로 '감각운동 영역(sensory-motor system: SM)'이 있다. 이는 음성적 해석을 관장하는 영역이다.

이 절에서는 최소주의 기획(Minimalist Program)에 대한 혼스틴 외(Hornstein et al. 2005)의 해설에 따라 최소주의 통사론의 개요를 보이기로 한다. 최소주의 통사론은 이전의 생성문법 이론들과 비교되는 다음 세 가지 특징을 가진다. 보통의 동사와 기능범주의 경동사(공범주)가 형성하는 복합적 구 내부에 주어를 설정하여 상위의 기능범주의 명시어 위치로 이동하도록 조치하는 '동사구 내부 주어 가설', 이동이 논리형태에서 처리 불가능한 비해석성 자질을 지우기 위한 목적에서 행해진다는 이동에 대한 자질 점검 이론, 그리고 보편적 SVO 기저 및 케인(Kayne 1994)의 선형대응공리가 그것이다.

최소주의 통사론의 기본 연산: 병합

표준이론에서 구성성분의 형성과 확대를 담당하는 연산은 구 구조 규칙이었다. 원리매개변인 이론에서는 핵계층 이론이 이 역할을 담당하였다. 최소주의 통사론에서 구성성분의 형성과 확대를 담당하는 연산은 '병합(Merge)'이다. 이전에 '이동(Move)'으로 알려져 온 연산이 최소주의 통사론에서도 쓰이는데, 이를 내적 병합(Internal Merge)으로 개념 조정을 하여 수용한다. 이동 연산은 복사 연산과 병합 연산의 결합(Copy & Merge)이라는 것이 최소주의 통사론의 기본 인식이다. 이동 아닌 병합을 외적 병합(External Merge)이라고 지칭하기도 한다.

최소주의 통사론에서 구 구조를 형성하는 기본 연산은 병합(Merge)이다. 간단한 예를 들어 병합의 개념을 구체적으로 이해해 보기로 한다. '비가 왔겠다.'와 같은 실례를 들어 최소주의 통사론에서 문장의 구조를 어떻게 도출하는지 구체적으로 확인해 보자.

(1) '비가 왔겠다.'의 도출(병합에 의한 생성)
   V$_\text{오}$- NP(비가)   (⇐병합)
   T$_\text{었}$- [V$_\text{오}$- NP(비가)]   (⇐병합)
   V$_{\text{오-}i}$T$_\text{었}$- [t$_i$ NP(비가)]   (⇐이동: 머리성분 이동)
   NP$_j$(비가) V$_{\text{오-}i}$T$_\text{었}$- [t$_i$ t$_j$]   (⇐이동)
   M$_\text{겠}$- [NP$_j$(비가) V$_{\text{오-}i}$T$_\text{었}$- [t$_i$ t$_j$]]   (⇐병합)
   [NP$_j$(비가) V$_{\text{오-}i}$T$_\text{었}$- [t$_i$ t$_j$]]$_k$ [M$_\text{겠}$- t$_k$]   (⇐이동)
   C$_\text{다}$ [[NP$_j$(비가) V$_{\text{오-}i}$T$_\text{었}$- [t$_i$ t$_j$]]$_k$ [M$_\text{겠}$- t$_k$]]   (⇐병합)
   [[NP$_j$(비가) V$_{\text{오-}i}$T$_\text{었}$- [t$_i$ t$_j$]]$_k$ [M$_\text{겠}$- t$_k$]]$_l$ [C$_\text{다}$ t$_l$]   (⇐이동)

명사구 '비가'를 단번에 도입한 것을 논외로 한다면, 위 도출 과정은 '병합'과 '이동'의 절차를 통해서만 이루어진다는 것을 알 수 있다. 그런데 '이동'은 이미 이루어진 구성의 내부 구성성분을 복사해서 병합하는 절차이다. 이러한 관점에 따라 이동을 '내적 병합'이라고 지칭한다. 그 외의 병합은 '외적 병합'이다. 그러므로 위 도출 절차에는 오직 한 가지

'병합'의 연산만이 적용된다고 할 수 있다.

이를 표준이론과 원리매개변인 이론에서의 문장 도출 방법과 비교해 보기로 하자. (2)는 표준이론, (3)은 원리매개변인 이론의 구 구조 생성 방법에 따른 도출 과정을 보인 것이다.[337]

(2) '비가 왔겠다.'의 도출(구 구조 규칙에 의한 생성)
    S   (시초 기호)
    NP VP   (⇐ 규칙 'S→NP VP')
    NP V   (⇐ 규칙 'VP→V')
    NP V_s T M SE   (⇐ 규칙 'V→V_s (H) (T) (M) SE')
    NP V_s T M Dec   (⇐ 규칙 'SE→Dec')
    [$_S$ [$_{NP}$비가] [$_{VP}$[$_V$[$_{Vs}$ 오-][$_T$-았-][$_M$-겠-][$_{Dec}$-다]]]]   (⇐ 어휘삽입규칙)

(3) "비가 왔겠다."의 도출(핵계층 도식에 의한 생성)
    CP   (시초 기호)
    MP C   (⇐ 'XP→YP X″', ' X′→YP* X ')
    TP M C   (⇐ 'XP→YP X″', ' X′→YP* X ')
    NP T′ M C   (⇐ 'XP→YP X″')
    NP VP T M C   (⇐ ' X′→YP* X ')
    NP V T M C   (⇐ 'XP→YP X″', ' X′→YP* X ')
    [$_{CP}$ [$_{NP}$비가] [[[$_{VP}$[$_V$ 오-]][$_T$-았-]][$_M$-겠-]][$_{Dec}$-다]]]]   (⇐ 어휘삽입규칙)

(2), (3)의 도출 과정과 위 (1)을 비교해 보면, (2), (3)에서 사용된 연산들, 즉 '⇐X'의 'X'로 표시된 연산의 종류가 (1)의 그것보다 훨씬 수가 많다는 것을 알 수 있다. (2)에서는 구 구조 규칙이 4종류가 사용되었고 (3)에서는 핵 계층 도식이 2종류가 사용되었다. 앞에서는 표준이론에 의한 한국어 문법 이론이 포함하는 구 구조 규칙의 총수는 30개가 넘는다는 것을 보았다. 원리매개변인 이론에 의한 한국어 문법 이론이 포함하는 핵계층 도식의 수는 3-4개이다. 이에 비하여 (1)의 최소주의 통사론의 도출 과정에는 오직 1개의 연산 '병합'만이 사용된다. 이는 최소주의 통사론이 추구하는 '최소화'의 일면을 보여준다.

위 (1)의 도출 과정을 조금 더 자세히 들여다보면 생략된 절차가 있다는 것을 알 수 있다. 어휘부에서 어휘항목을 선택하여 복사하는 절차가 그것이다.

---

[337] (2)는 남기심 외(1977)의 구 구조 규칙을 활용한 것이며, (3)은 Chomsky(1986b)의 핵계층 이론을 활용한 것으로, 유동석(1995), 임홍빈 외(1995), 서정목(1998)의 실행례를 찾을 수 있다.

(1)′ '비가 왔겠다.'의 도출(선택과 복사와 병합에 의한 생성)
    $V_{오}$- (⇐ 어휘부에서 어휘항목 선택, 복사)
    $V_{오}$- NP(비가) (⇐ 병합)
    $T_{었}$- (⇐ 어휘부에서 어휘항목 선택, 복사)
    $T_{었}$- [$V_{오}$- NP(비가)] (⇐ 병합)
    $V_{오-i}T_{었}$- [t_i NP(비가)] (⇐ 이동)
    NP_j(비가) $V_{오-i}T_{었}$- [t_i t_j] (⇐ 이동)
    $M_{겠}$- (⇐ 어휘부에서 어휘항목 선택, 복사)
    $M_{겠}$- [NP_j(비가) $V_{오-i}T_{었}$- [t_i t_j]] (⇐ 병합)
    [NP_j(비가) $V_{오-i}T_{었}$- [t_i t_j]]$_k$ [$M_{겠}$- t_k] (⇐ 이동)
    $C_{다}$ [[NP_j(비가) $V_{오-i}T_{었}$- [t_i t_j]]$_k$ [$M_{겠}$- t_k]] (⇐ 병합)
    [[NP_j(비가) $V_{오-i}T_{었}$- [t_i t_j]]$_k$ [$M_{겠}$- t_k]]$_l$ [$C_{다}$ t_l] (⇐ 이동)
    #비가#왔겠다# (⇐ 통사구조의 음성으로의 전이)

최소주의 통사론의 연구자들은 구성성분 확대 방법으로 병합만이 있다고 말한다. 이동은 복사와 병합을 합친 연산이니, 결국 이동도 병합이라는 것이다. 그러나 이러한 서술 도중에 '복사'의 과정이 포함되는 것을 주의해서 보아야 한다. 또한, 위 (1)′의 도출 과정에는 어휘부에서 어휘항목을 가져와서 병합 절차에서 이용하기도 한다. 이 경우 어휘항목을 이용하는 과정은 어휘부라는 광범위한 목록에서 특정 어휘항목을 '선택'하는 절차를 포함하며, 선택된 어휘부의 어휘항목을 '복사'하는 절차를 또한 포함한다. 이동의 한 절차로서의 복사는 병합에 의해 이루어진 구조의 일부인 구성성분을 복사하는 것이고, 어휘항목의 복사는 어휘부의 일부 내용을 복사하는 것이다.

그러므로 구성성분의 형성 또는 확대 과정은 다음 세 가지 연산으로 환원되는 것이다.

(4) 가. 병합(Merge)
    나. 복사(Copy)
    다. 선택(Select, 어휘부에서의 어휘항목 선택)

그런데 병합 외의 '복사'와 '선택'의 절차는 최소주의 통사론에 고유한 연산 절차가 아니다. 표준이론과 원리매개변인 이론에서도 이러한 절차를 가정하고 있었다. 어휘삽입규칙의 적용은 어휘부에서 어휘항목을 선택하여 복사하는 절차를 포함하는 것이다. 이 점을 고려한다면 (4)의 세 가지 연산을 포함하는 것은 원리매개변인 이론 하의 어느 문법 이론들에도 필수적인 일임을 깨닫게 된다.

내적 병합(이동)의 동기로서의 자질 점검

병합의 하나로 상정한 내적 병합은 종래 '이동 변형'으로 알려져 온 연산이다. 위 (1)의 도출 과정에서 '이동'의 연산이 적용되었음을 상기하자. (1)에서는 머리성분 범주인 동사 '오-'가 역시 머리성분 범주인 T로 이동하고('오-T'는 머리성분 범주 'T'가 된다), 주어 명사구인 '비가'가 T가 병합된 구(TP)의 왼쪽으로 이동하고, 이렇게 형성된 '비가 오-었-'이 M이 병합된 구(MP)의 왼쪽으로 이동하며, 이와 같이 형성된 '비가 오-었-겠-'이 다시 C가 병합된 구(CP)의 왼쪽으로 이동한다.

여기에서 문제가 제기된다. 왜 이동해야 하는가?

원리매개변인 이론에서도 통사 범주의 이동은 그 필연적인 동기를 가져야 하는 것으로 인식되었다. 가령 영어의 피동 구문에서 VP 내의 목적어 위치에 있던 NP가 주어 위치로 이동하는 데에는 '모든 NP는 격을 가지고 있어야 한다'는 격 여과 원리를 위반하지 않기 위해서 I 범주에 의해 격을 받을 수 있는 IP의 명시어 위치로 이동한다는 메커니즘이 작동하고 있었던 것이다. 이 경우에 이동의 동기는 격 자질을 부여받기 위한 것이다.

(1)에서 보았듯이 최소주의 통사론에서도 이동 연산을 활용한다. 최소주의 통사론에서는 '필연적 동기를 가지는 이동'의 개념을 궁극적 개념으로 상정한다. 앞에서 말하였듯이, 격 표지 및 격 자질은 의미 해석을 위해서는 쓸모 없는 요소이다. 즉 비해석성 자질([-interpretable])이다. 인간 언어의 통사론이 이러한 요소를 가지는 이유는 이동을 통하여 구성성분들의 자리바꿈을 하기 위한 것이다. 논리형태는 비해석성 자질을 포함할 수 없다. 그러므로 논리형태 이전의 도출 단계에서 자리바꿈을 하여 격 자질을 점검받고 이 격 자질을 지워 버려야 한다. 최소주의 통사론에서 격 자질을 처리하는 구체적인 절차는 다음과 같다.

(5) 자질 점검의 방법: 다음 두 가지 구조적 조건 하에서 자질의 일치를 확인하고, 비해석성 자질을 삭제한다.
    가. 명시어-머리성분 일치: [$_{XP}$ YP$_{+f}$ [$_{X'}$ …[X$_{+f}$]]] $\Rightarrow$ [$_{XP}$ YP$_{+f}$ [$_{X'}$ …[X$_{+f}$]]]
    나. 머리성분-머리성분 일치: [$_X$ [Y$_{+f}$] [X$_{+f}$]] $\Rightarrow$ [$_X$ [Y$_{+f}$] [X$_{+f}$]]

(1)의 구의 이동에서는 (5가)의 명시어-머리성분 일치(Spec-Head agreement) 절차가 적용되어 자질 일치 확인 및 삭제가 일어난다. (1)의 머리성분 이동('V'의 'T'로의 이동)에서는

(5나)와 같은 머리성분-머리성분 일치(Head-Head agreement) 절차가 실행된다.

이러한 인식을 바탕으로, 격 자질뿐 아니라 일치 자질(성, 수, 인칭의 자질), 범주 자질('어떤 기능범주는 V를, NP를 꼭 필요로 한다')이 구성성분의 이동을 유발하는 요인으로 상정되었다. 위 (1)에서 적용된 네 가지 이동 절차를 위해서는 최소 통사 단위들이 대략 다음과 같은 자질들을 가지는 것으로 설정되어야 한다.[338]

(6) N = {NP(비가)$_{+N,+nom}$, V오-, T-었-$_{,+V,+N,+nom}$, M-겠-$_{,+T}$, C-다.,$_{+M}$}

주어진 문장의 통사구조 도출을 위하여 마련되는 (6)과 같은 집합을 '배번집합(numeration set: N)'이라고 한다. 이를 바탕으로 한 도출 절차를 (1), (1)'보다 더 자세히 보이면 다음 (1)"과 같다.

(1)" '비가 왔겠다.'의 도출(선택과 복사와 병합에 의한 생성)

V오-   (⇐배번집합에서 어휘항목 선택, 복사)
V오- NP(비가)$_{+N,+nom}$ (⇐병합)
T-었-$_{,+V,+N,+nom}$ (⇐배번집합에서 어휘항목 선택, 복사)
T-었-$_{,+V,+N,+nom}$ [V오- NP(비가)]   (⇐병합)
V오-$_i$T-었-$_{,+V,+N,+nom}$ [t_i NP(비가)]   (⇐이동)
V오-$_i$T-었-$_{,+V,+N,+nom}$ [t_i NP(비가)]   (⇐T의 +V 자질 삭제)
NP$_j$(비가)$_{+N,+nom}$ T-었-$_{,+V,+N,+nom}$ [t_i t_j] (⇐이동)
NP$_j$(비가)$_{+N,+nom}$ T-었-$_{,+V,+N,+nom}$ [t_i t_j] (⇐T의 +N 자질, NP/T의 +nom 자질 삭제)
M-겠-$_{,+T}$ (⇐배번집합에서 어휘항목 선택, 복사)
M-겠-$_{,+T}$ NP$_j$(비가)$_{+N,+nom}$ T-었-$_{,+V,+N,+nom}$ [t_i t_j] (⇐병합)
[NP$_j$(비가)$_{+N,+nom}$ T-었-$_{,+V,+N,+nom}$ [t_i t_j]]$_k$ [M-겠-$_{,+T}$ t_k] (⇐이동)
[NP$_j$(비가)$_{+N,+nom}$ T-었-$_{,+V,+N,+nom}$ [t_i t_j]]$_k$ [M-겠-$_{,+T}$ t_k] (⇐M의 +T 자질 삭제)
C-다.,$_{+M}$ [NP$_j$(비가)$_{+N,+nom}$ T-었-$_{,+V,+N,+nom}$ [t_i t_j]]$_k$ [M-겠-$_{,+T}$ t_k] (⇐병합)
[[NP$_j$(비가)$_{+N,+nom}$ T-었-$_{,+V,+N,+nom}$ [t_i t_j]]$_k$ [M-겠-$_{,+T}$ t_k]]$_l$ [C-다.,$_{+M}$ t_l] (⇐이동)
[[NP$_j$(비가)$_{+N,+nom}$ T-었-$_{,+V,+N,+nom}$ [t_i t_j]]$_k$ [M-겠-$_{,+T}$ t_k]]$_l$ [C-다.,$_{+M}$ t_l]
                                                              (⇐C의 +M 자질 삭제)

---

[338] (6)의 단위들에 주어진 자질들은 위 (1)의 예문의 도출을 위하여 잠정적으로 설정한 것이다. 이는 최소주의 통사론의 통사구조 도출 방법을 해설하기 위한 방편적 용도를 가지는 것이고, 어느 특정 이론에 따른 확정된 설정이 아니다. 또한, 'NP(비가)$_{+N,+nom}$'와 같은 표시는 그 머리성분 N 범주의 '+N,+nom' 자질이 자질 삼투 절차의 결과로 NP에 나타나게 된 것을 그저 간략하게 보인 것이다.

#비가#왔겠다#　　　　　　　　　　　　　　　　(⟵통사구조의 음성으로의 전이)

위 도출 과정에서 보이는 네 가지 이동의 경우, 이동 후의 통사구조를 바탕으로 비해석성 자질이 삭제되는 단계가 뒤따르는 것을 확인할 수 있다. 논리형태에 담을 수 없는 비해석성의 자질을 삭제하는 것이 이동의 이유이다.

동사구 내부 주어와 공범주 경동사구 'vP'

목적어가 동사구 내의 명시어 위치에 설정되어 기능범주 경동사의 명시어 위치로 이동한다는 가정은 촘스키(Chomsky 1995) 이후의 최소주의 통사론에서 절 구조의 생성에 관한 기본적 관점이 되었다. 동사구를 보충어로 취하는 공범주 경동사를 'v'로 표시한다.[339] 'v'를 가지는 기저의 절 구조는 (7)과 같다. (7)은 주어와 목적어와 후치사구 보충어를 가지는 한국어 타동사 문장의 기저이다.[340] 목적어가 먼저 흔적을 남긴 채 이동하고 다시 주어가 흔적을 남긴 채 이동하면 (8)의 구조가 도출된다.

(7) [$_{vP}$ 주어 [$_{v'}$ v [$_{VP}$ 목적어 [$_{V'}$ V 동사의 보충어]]]]
(8) [$_{IP}$ 주어$_j$ [$_{I'}$ I [$_{vP}$ 목적어$_i$ [$_{v'}$ t_j [$_{v'}$ v [$_{VP}$ t_i [$_{V'}$ V 동사의 보충어]]]]]]]

그런데 (8)의 구조는 이 자체로는 적격한 구조가 아니다. '주어$_j$'가 't_j'로부터 이동하기 위해서는 '목적어$_i$'를 넘어가야 하고, '목적어$_i$'가 't_i'로부터 이동하기 위해서는 't_j'를 넘어가야 한다. 이는 다음의 원리를 위반한다.

(9) 최소성 원리(Minimality Principle)
　　어떤 통사 범주 A가 이동하는 경우, 최대투사 논항, 최대투사 의문사구, 최대투사 양화사 구, 머리성분의 4가지 유형 중에서 동일 유형의 통사 범주 B를 넘어서 그 하위 영역의 A의 흔적과 동지표화된 관계를 맺을 수 없다. 동일 유형의 통사 범주 B가 흔적과 등거리에 있는 경우에는 이러한 동지표화된 관계가 가능하다.

---

[339] 로마자 'v' 자의 필기체 표기 'v'를 쓰는 것은 이후의 최소주의 통사론의 관례로 되어 있다.
[340] 능격동사 문장의 기저는 (a)와 같고, 비능격동사 문장의 기저는 (b)와 같다.
　　a. [$_{vP}$ v [$_{VP}$ 주어 [$_{V'}$ V (동사의 보충어)]]]]
　　b. [$_{vP}$ 주어 [$_{v'}$ v [$_{VP}$ V (동사의 보충어)]]]]

이 문제를 해결하는 방법은 (7)에서 주어가 병합되기도 전에 'V'가 'v'로 머리성분 이동하는 절차를 선행하면 된다.[341]

(10) [$_{IP}$ 주어$_k$ [$_{I'}$ I [$_{vP}$ 목적어$_j$ [$_{v'}$ t$_k$ [$_{v'}$ V$_i$+v [$_{VP}$ t$_j$ [$_{v'}$ t$_i$ 동사의 보충어]]]]]]]

(11) 최소영역의 개념(Hornstein et al. 2005: 148, 149)

머리성분 A의 최소영역은 머리성분 A로부터 투사되는 모든 투사(중간투사, 최대투사)에 의해 직접포함되거나 직접관할되는 통사 범주들의 집합이다. A의 투사(A'나 AP)는 제외된다. 머리성분 B가 머리성분 A에 부가되는 경우, B의 최소영역은 B의 흔적 범주로부터 투사되는 모든 투사(중간투사, 최대투사)에 의해 직접포함되거나 직접관할되는 통사 범주들(B'나 BP는 제외된다)의 집합과 A의 최소영역인 집합의 합집합이다.

(12) 등거리의 개념(Hornstein et al. 2005: 163)

두 위치 A와 B가 동일한 최소영역 안에 있는 통사 범주이면 이 A와 B는 외부의 어느 위치로부터나 등거리에 있는 것이다.

(10)에서 'V+v'의 최소영역은 V의 최소영역과 같다고 가정하자. 그러면 (11)에 따라 V의 최소영역은 그 흔적의 최소영역과 'v'의 최소영역의 합집합이 되어 '목적어$_j$'와 't$_k$'는 최소영역에 있고, 이 둘은 '주어$_k$'로부터 등거리에 있게 된다. 그러므로 '목적어$_j$'는 '주어$_k$'와 't$_k$'가 동지표화된 관계를 맺는 데에 장벽이 되지 않는다. 또 '목적어$_j$'와 't$_j$'가 동지표화된 관계를 맺는 데에 't$_k$'가 장벽이 되지 않는다. 따라서 (10)의 구조는 최소성 원리를 위반하지 않는 적격한 통사구조이다.

절의 통사구조 형성의 초기적 단계에서 (10)과 같은 이동 절차를 상정하는 것은 최소주의 통사론 연구 초창기의 활발한 논쟁의 결과이다.

최소주의 통사론에서의 일반 제약들/기본 조건들

최소주의 통사론에서의 일반 제약과 조건으로는 다음과 같은 것들이 있다.

(13) 가. 확대 조건(Extension Condition): 병합과 이동은 언제나 완성된 구성(root syntactic object)에 무엇인가를 결합하는 연산이어야 한다.

나. 비어휘부 요소 배제 조건(Inclusiveness Condition): 한 표현의 통사구조 표상은 오로지

---

341 통사구조가 확대되는 과정에서의 뒤의 (13가)와 같은 '확대 조건'을 위반하지 않기 위해서는 VP가 형성된 다음 단계에서 별도로 V를 복사한 다음, 이것을 'v'에 병합하여 'V+v'와 같은 단위를 만들고, 이것을 다시 VP에 병합하는 순서를 취한다.

배번집합(Numeration) N의 어휘항목들이 가지는 자질들만을 가지고 형성한다.
다. 의미역 할당 원리(TRAP): 이동 아닌 외적 병합 하에서만 의미역 할당을 할 수 있다.
라. 최소성 원리(Minimality): 어떤 통사 범주를 이동하는 경우, 최대투사 논항, 최대투사 의문사구, 최대투사 양화사 구, 머리성분의 4가지 유형 중에서 동일한 유형의 통사 범주를 넘어서 그 하위 영역의 흔적과 동지시 관계를 맺을 수 없다. (=(9))
마. 결속 원리(Binding Principle) A, B, C
바. 최후수단 원리(Principle of Last Resort): 이동은 이 이동을 통하여 비해석성([-interpretable])의 형식 자질을 삭제할 수 있는 경우에만 행해진다.

'확대 조건'은 완성된 통사적 구성에만 다른 통사 범주를 병합할 수 있다는 조건이다. 통사적 도출의 과정에서 한 통사적 구성의 내부에 무엇인가를 삽입하는 일은 있을 수 없다는 뜻이다. '비어휘부 요소 배제 조건'은 해당 문장의 어휘항목들로 어휘부에서 가져온 것이 아니면 통사적 도출 과정에서 도입될 수 없다는 조건이다.[342] 의미역 할당 원리는 원리매개변인 이론의 의미역 기준이 행하던 역할을 대신한다. 최소주의 통사론에서 의미역 할당은 이동 아닌 병합의 단계에서만 일어난다는 것으로, 의미역 할당 능력이 있는 술어와 논항이 병합 연산에 의해 결합될 때에만, 술어의 의미역이 내부 논항 의미역으로부터 외부 논항 의미역의 순서로, 병합된 논항에 주어진다는 원리이다. 최소성 원리는 리치(Rizzi 1990)의 상대적 최소성 원리(Relativized Minimality)로부터 비롯되는 원리로서, 이동 아닌 외적 병합에서도 적용된다. 결속 원리는 최소주의 통사론에서도 크게 발달된 바가 없으므로 원리매개변인 이론의 결속 이론을 그대로 사용한다. 이동이 최후의 선택이라는 최후수단 원리도 원리매개변인 이론의 논의에서 사용되었던 원리이나 최소주의 통사론에서는 (13바)와 같은 구체적 형식으로 서술한다.

영어 타동사 문장의 도출

영어의 문장 'She loves him.'을 예로 들어 그 도출 과정을 보이기로 한다. 이 같은 영어 문장의 통사적 도출에서 관찰되는 문제점은 목적어 'him'이 목적격을 가지는데도 'v'의 왼쪽 명시어 위치에 있지 않고 그 오른쪽 위치에 남아 있다는 것이다. 이 문제를 해결하기 위해 두 가지 상이한 방안이 촘스키 자신에 의해 제안되었다. 첫째 방안은 'F-이동(Move F)'의

---

[342] 배번집합은 처리하고자 하는 문장을 구성하는 어휘항목들의 집합인데, 각 어휘항목의 어휘부에 주어지는 정보를 포함하며, 처리하고자 하는 문장에 실현되는 해당 어휘항목의 수를 표시한다. 예를 들면, '철수의 동생이 철수를 찾는다'에서 '철수'는 2회 실현되므로 배번집합에는 '철수₂'와 같이 표시된다.

방안이고 둘째 방안은 통사적 연산의 새로운 장치로 도입한 '일치연산(Agree)'을 활용하는 방안이다.[343]

① 'F-이동(Move F)' 방안은 NP인 목적어 'him'을 최대투사인 상태로 복사하지 않고 그 형식자질(formal feature: ff)만을 복사하여 머리성분 이동시키는 것이다. 'ff(him$_{\{φ+,+acc-\}}$)+loves+$v_{\{φ-,+acc-\}}$'은 머리성분들이 병합된 결과인 것이다. 남아 있는 'him'은 형식자질을 벗겨낸 대명사로서의 기능만을 행하게 된다.

(14) 'She loves him.'의 도출: 'F-이동'에 의한 도출

N={She$_{1,\{+D/N,+Case-\}}$, loves$_1$, him$_{1,\{φ-;+acc-\}}$, T$_{1,\{+D/N,nom-\}}$, $v_{1,\{φ-,+acc,\ +strongV\}}$}

him$_{\{φ-;+acc-\}}$ (⇐선택)

loves (⇐선택)

[$_{VP}$ loves him$_{\{φ+;+acc\}}$] (⇐병합, 의미역 할당)

$v_{\{φ-,+acc,\ +strongV\}}$ (⇐선택)

loves (⇐복사)

loves+$v_{\{φ-,+acc-\}}$ (⇐병합)

ff(him$_{\{φ+,+acc-\}}$) (⇐복사)

ff(him$_{\{φ+,+acc-\}}$)+loves+$v_{\{φ-,+acc-\}}$ (⇐병합)

ff(him$_{\{φ+,\text{+acc-}\}}$)+loves+$v_{\{φ-,\text{+acc-}\}}$ (⇐자질 점검, 자질 삭제)

[$_{vP}$ ff(him$_{\{φ+,\text{+acc-}\}}$)+loves+$v_{\{φ-,\text{+acc-}\}}$ [$_{VP}$ ~~loves him$_{\{φ+,+acc\}}$~~]] (⇐병합)

[$_{vP}$ ff(him$_{\{φ+,\text{+acc-}\}}$)+loves+$v_{\{φ-,\text{+acc-}\}}$ [$_{VP}$ ~~loves him$_{\{φ+,+acc\}}$~~]] (⇐'ff'의 정의에 따라)

She$_{+D/N,+Case-}$ (⇐선택)

[$_{vP}$ +She$_{+D/N,+Case-}$ [$_{v'}$ +ff(him$_{\{φ+,\text{+acc-}\}}$)+loves+$v_{\{φ-,\text{+acc-}\}}$ [$_{VP}$ ~~loves him$_{\{φ+,+acc\}}$~~]] (⇐병합, 의미역 할당)

[$_{TP}$ T$_{+D/N,nom-}$ [$_{vP}$ +She$_{+D/N,+Case-}$ [$_{v'}$ +ff(him$_{\{φ+,\text{+acc-}\}}$)+loves+$v_{\{φ-,\text{+acc-}\}}$ [$_{VP}$ ~~loves him$_{\{φ+,+acc\}}$~~]]] (⇐병합)

She$_{+D/N,+Case-}$ (⇐복사)

[$_{TP}$ +She$_{+D/N,+Case-}$ [$_{T'}$T$_{+D/N,+nom-}$ [$_{vP}$ ~~She$_{+D/N}$~~ +ff(him$_{\{φ+,\text{+acc-}\}}$)+loves+$v_{\{φ-,\text{+acc-}\}}$ [$_{VP}$ ~~loves him$_{\{φ+,+acc\}}$~~]]] (⇐병합)

[$_{TP}$ +She$_{\text{+D/N,+nom}}$ [$_{T'}$T$_{\text{+D/N,+nom}}$ [$_{vP}$ ~~She$_{+D/N}$~~ +ff(him$_{\{φ+,\text{+acc-}\}}$)+loves+$v_{\{φ-,\text{+acc-}\}}$ [$_{VP}$ ~~loves him$_{\{φ+,\text{+acc}\}}$~~]] (⇐자질 점검, 자질 일치, 자질 삭제)

She loves him (⇐문자화 Spell-Out)[344]

---

[343] 전자는 Chomsky(1995)의 방안이고, 후자는 Chomsky(2000, 2001, 2004)의 방안이다.
[344] 문자화는 통사구조의 한 구성성분을 음성 표상으로 전이시키는 절차이다. 김용하(1998)에서는 'spell-out'

이렇게 도출 과정이 순조롭게 진행된다.

② 다음, '일치연산'의 새로운 장치를 활용한 도출 방안은 다음과 같다. ①과의 주요 차이점은, 'him'을 이동시키지 않고, 그 자리에서 '일치연산'에 의해 그 격 자질 점검의 작용을 수행한다는 것이다.

(15) 'She loves him.'의 도출: 일치연산(Agree)에 의한 도출

N={She₁{+D,P+:3,N+:SG,G+:Fem,+NOM-}, love₁, him₁{+D,P+:3,N+:SG,G+:Masc,+acc-}, T₁{+D,P-:3,N-:SG,+NOM}, v_1}

him{+D,P+:3,N+:SG,G+:Masc,+acc-}　　　　　　　　　　　　　　　　(⇐선택)

love　　　　　　　　　　　　　　　　　　　　　　　　　　　　　(⇐선택)

[VP love him{+D,P+:3,N+:SG,G+:Masc,+acc-}]　　　　　(⇐병합, 의미역 할당)

v{P-:?,N-:?,+acc-}　　　　　　　　　　　　　　　　　　　　　　　(⇐선택)

[vP v{P-:?,N-:?,+acc-} [VP love him{P+:3,N+:SG,G+:MASC,+acc-}]]　　　(⇐병합)

[vP v{P-:3,N-:SG,+acc-} [VP love him{P+:3,N+:SG,G+:MASC,+acc-}]]　　(⇐일치: 자질 점검)

[vP v{~~P-:3,N-:SG,+acc-~~} [VP love him{~~P+:3,N+:SG,G+:MASC,+acc-~~}]]　(⇐일치: 자질 삭제)

She{+D,P+:3,N+:SG,G+:Fen,+NOM-}　　　　　　　　　　　　　　　　(⇐선택)

[vP [she{+D,P+:3,N+:SG,G+:Fen,+NOM-} [v' v{~~P-:3,N-:SG,+acc-~~} [VP love him{~~P+:3,N+:SG,G+:MASC,+acc-~~}]]]　
　　　　　　　　　　　　　　　　　　　　　　　　(⇐병합, 의미역 할당)

T{+Dstrong,P-:3,N-:SG,+NOM-}　　　　　　　　　　　　　　　　　　(⇐선택)

[TP T{+Dstrong-,P-:3,N-:SG,+NOM-} [vP [she{+D,P+:3,N+:SG,G+:Fen,+NOM-} [v' v{~~P-:3,N-:SG,+acc-~~}
[VP love him{~~P+:3,N+:SG,G+:MASC,+acc-~~}]]]]　　　　　　　　　(⇐병합)

[TP T{+Dstrong,~~P-:3,N-:SG,+NOM-~~} [vP [she{+D,P+:3,N+:SG,G+:Fen,~~+NOM-~~} [v' v{~~P-:3,N-:SG,+acc-~~}
[VP love him{~~P+:3,N+:SG,G+:MASC,+acc-~~}]]]]　　　(⇐일치: 자질 점검, 자질 삭제)

she{+D,P+:3,N+:SG,G+:Fen,~~+NOM-~~}　　　　　　　　　　　　　　　(⇐복사)

[TP she{+D,~~P+:3,N+:SG,G+:Fen,+NOM-~~} [T' T{+Dstrong,~~P-:3,N-:SG,+NOM-~~}
[vP [she{~~+D,P+:3,N+:SG,G+:Fen,+NOM-~~} [v' v{~~P-:3,N-:SG,+acc-~~} [VP love
him{~~P+:3,N+:SG,G+:MASC,+acc-~~}]]]]　　　　　　　　　　　　(⇐병합)

[TP she{+D,~~P+:3,N+:SG,G+:Fen,+NOM-~~} [T' T{~~+Dstrong,P-:3,N-:SG,+NOM-~~}
[vP [she{~~+D,P+:3,N+:SG,G+:Fen,+NOM-~~} [v' v{~~P-:3,N-:SG,+acc-~~} [VP love
him{~~P+:3,N+:SG,G+:MASC,+acc-~~}]]]]　　　(⇐'+D$_{strong}$' 자질 점검, 자질 삭제)

She loves him　　　　　　　　　　　　　　　　　　　(⇐문자화 Spell-Out)

도출의 마지막 단계는, 음성형태(PF)에서 T{~~P-:3,N-:SG~~}가 love로 '접사 건너뛰기(Affix

---

의 역어로 '문자화'라는 용어 대신 '음운화'를 쓸 것을 제안하였다.

Hopping)'를 한 다음 'love+T~~P-3,N-SG~~'가 'loves'로 바뀐다고 설명된다. '~~P-3,N-SG~~'는 통사적 과정에서는 지워졌지만 음성형태의 규칙들에는 가시적이라는 가정이 있다.

이전의 자질 점검 방법은 2가지로서, 명시어-머리성분 관계를 바탕으로, 머리성분-머리성분 관계를 바탕으로 하는 것이다. 일치연산의 방안은 여기에 제3의 점검 방법으로 추가된 것이다. 기능범주가 그것의 보충어 내부의 구성성분을 성분통어 조건 하에서 탐색하여 점검하는 것이다. ①과 ②의 자질 점검 작용은 모두 논리형태 이전에 실행되는 외현적 작용이다. 명사구(또는 DP)가 격 자질을 점검받기 위해 상위의 Agr$_S$로, Agr$_O$로 이동해야 했던 초기 최소주의 통사론의 관행에 비하면 대단히 새로워진 것이고, 간소화된 것이라고 할 수 있다.

한국어 타동사 문장의 도출 문제

한국어의 타동사 문장을 예로 들어 그 도출 과정을 보이기로 한다.

(16) '철수가 순희를 사랑한다'의 도출 절차

[$_{VP}$ [v 사랑해] [$_{DP}$ 순희를$_{+acc}$-]]　　　　　　　　　　(⇐병합, 의미역 할당)

[$_{v'}$[v 사랑해+$v_{\{+Vstrong,+acc\}}$]　　　　　　　　　　　(⇐복사, 병합: 머리성분 이동)

[$_{vP}$ [v 사랑해$_i$ +$v_{\{+Vstrong,+acc-\}}$ [$_{VP}$ t$_i$ [$_{DP}$ 순희를$_{+acc}$]]]　　(⇐병합, V 자질 점검/삭제)

[$_{vP}$ [$_{DP}$ 철수가$_{+NOM}$] [$_{v'}$ [v 사랑해$_i$ +$v_{\{+Vstrong,+acc\}}$ [$_{VP}$ t$_i$ [$_{DP}$ 순희를$_{+acc}$]]]
　　　　　　　　　　　　　　　　　　　　　　　(⇐병합, 의미역 할당)

[$_{vP}$ [$_{DP}$ 순희를$_{+acc}$-]$_j$ [$_{v'}$ [$_{DP}$ 철수가$_{+NOM}$] [$_{v'}$ [v 사랑해$_i$ +$v_{\{+Vstrong,+acc-\}}$ [$_{VP}$ t$_i$ t$_j$]]
　　　　　　　　　　　　　　　　　　　　　　　(⇐복사, 병합)

[$_{vP}$ [$_{DP}$ 순희를$_{+acc}$]$_j$ [$_{v'}$ [$_{DP}$ 철수가$_{+NOM}$] [$_{v'}$ [v 사랑해$_i$ +$v_{\{+Vstrong,+acc\}}$ [$_{VP}$ t$_i$ t$_j$]]
　　　　　　　　　　　　　　　　　　　　　　　(⇐+acc 자질 점검, 삭제)

[$_{IP}$ I$_{+D-,+NOM-,strong}v$ [$_{vP}$ [$_{DP}$ 순희를$_{+acc}$]$_j$ [$_{v'}$ [$_{DP}$ 철수가$_{+D+,+NOM-}$]
[$_{v'}$ [v 사랑해$_i$ +$v_{\{+Vstrong,+acc\}}$ [$_{VP}$ t$_i$ t$_j$]]　　　　　(⇐병합)

[$_{IP}$[$_{vP}$ [$_{DP}$ 순희를$_{+acc}$]$_j$ [$_{v'}$ [$_{DP}$ 철수가$_{+D+,+NOM-}$] [$_{v'}$ [v 사랑해$_i$ +$v_{\{+Vstrong,+acc\}}$ [$_{VP}$ t$_i$ t$_j$]]$_k$
[$_{I'}$ I$_{+D-,+NOM-,strong}v$ t$_k$]]　　　　　　　　　　　(⇐복사, 병합)

▶ [$_{IP}$[$_{DP}$ 철수가$_{+D+,+NOM-}$]$_l$ [$_{I'}$[$_{vP}$ [$_{DP}$ 순희를$_{+acc}$]$_j$ [$_{v'}$ t$_l$ [$_{v'}$ [v 사랑해$_i$ +$v_{\{+Vstrong,+acc\}}$
[$_{VP}$ t$_i$ t$_j$]]$_k$[$_{I'}$ I$_{+D-,+NOM-,strong}v$ t$_k$]]　　(⇐복사, 병합, +NOM 자질 점검, 삭제)

[$_{CP}$ [$_C$ -다$_{+strong}$I] [$_{IP}$[$_{DP}$ 철수가$_{+D+,+NOM-}$]$_l$ [$_{I'}$[$_{vP}$ [$_{DP}$ 순희를$_{+acc}$]$_j$ [$_{v'}$ t$_l$
[$_{v'}$ [v 사랑해$_i$ +$v_{\{+Vstrong,+acc\}}$ [$_{VP}$ t$_i$ t$_j$]][$_{I'}$ I$_{+D-,+NOM-,strong}v$ t$_k$]]+I+]　　(⇐병합)

▶ ▶ [$_{CP}$ [$_{IP}$[$_{DP}$ 철수가$_{+D+,+NOM-}$]$_l$ [$_{I'}$[$_{vP}$ [$_{DP}$ 순희를$_{+acc}$]$_j$ [$_{v'}$ t$_l$ [$_{v'}$ [v 사랑해$_i$ +$v_{\{+Vstrong,+acc\}}$
[$_{VP}$ t$_i$ t$_j$]][$_{I'}$ I$_{+D+,+NOM-,strong}v$ t$_k$]]$_m$+I+[$_C$ [$_C$ -다$_{+strong}$I]] t$_m$]　　(⇐복사, 병합)

[$_{CP}$ [$_{IP}$[$_{DP}$ 철수가$_{+D+,+NOM-}$]$_l$ [$_{I'}$[$_{vP}$ [$_{DP}$ 순희를$_{+acc}$]$_j$ [$_{v'}$ t$_l$ [$_{v'}$ [v 사랑해$_i$ +$v_{\{+Vstrong,+acc\}}$

[$_{VP}$ t$_i$ t$_j$]][$_{I'}$ [D+,+NOM-,strongv~~ t$_k$]]$_{m,+I}$+[$_{C'}$ [$_C$ -다+strongI] t$_m$]   (⇐+I 자질 점검/삭제)
철수가#순희를#사랑하ㄴ다
                (⇐음운론적 규칙들, 특히 3.2.3절의 '-다 → -ㄴ다/ [+모음성]]$_{Vv}$__')

    보편적 SVO 기저를 가정한 위 도출 절차에서 두 가지 문제점에 주목하기로 한다. '▶'로 표시한 구조는 DP와 vP가 I의 겹명시어 위치에 놓여 있다. 이는 모순적 구조이다. '▶▶'로 표시한 구조도 IP가 C의 명시어 위치에 놓여 있는, 모순적 구조이다.

    앞의 (7), (8), (10)으로 제시한 통사적 도출의 초기 구조는 SOV 언어인 한국어의 어순이 아니라 SVO 언어인 영어의 어순을 취하고 있다. 어순과 관련하여, 최소주의 통사론은 SVO 어순을 보편적 기저 어순이라고 가정한다. 영어의 경우에는 (14) 또는 (15)로, 상당히 타당한 도출 절차를 보인다. 그러나 (16)에서 살펴본 것처럼, 한국어의 경우에는 기본적인 타동사 문장을 도출해 내는 데에도 그 과정에서 구성성분됨의 요건을 위배하는 구조가 생성되는, 근본적인 문제를 드러낸다.

    이러한 문제에 대응하는 두 가지 방안을 3.5.2절과 3.5.3절에서 차례로 살펴보기로 하겠다. 첫째의 방안인 김용하(1998)은 SVO 어순의 보편적 기저를 가정하는 대신, 머리성분 매개변인(head parameter)를 활용하는데, 이는 최소주의 통사론의 이상과는 다소 멀어지게 된다. 둘째 방안인 쿠프먼(2005)는 보편적 기저를 가정함으로써 최소주의 통사론의 이상에 접근하는 것이기는 하지만 한국어의 사실을 간과하거나 왜곡하는 문제를 보인다.

    첫째 방안은 최소주의 통사론의 기반에서 원리매개변인 이론의 일부 장치를 유지하는 것이다. 이와는 달리 원리매개변인 이론의 기반에서 최소주의 통사론의 일부 장치를 활용하는 방안이 가능하며, 필자는 이 방안이 바람직하다고 생각한다. 특히 핵계층 이론은 대부분 유지하는 것이 필요하다고 본다. 이것이 두 방안에 대한 비판 작업 후에 제4장에서 필자가 취할 관점이다.

    제4장에서 보이는 필자의 방안은, 원리매개변인 이론에서의 관행을 따라, 보충어와 머리성분의 어순에 관한 매개변인이 존재하고, 보충어의 기능범주와의 병합에 있어서도 한국어에서 '머리성분-뒤'의 매개변인 값이 결정되어 있다고 가정한다.[345] 명시어와 부가어의 어순에 관한 매개변인은 설정하지 않는다.

---

[345] 머리성분 범주의 부가어(머리성분)는 기존 범주의 왼쪽에 부가된다고 가정한다.

3.5.2. 김용하(1998)의 한국어 최소주의 통사론

김용하(1998)은 최소주의 통사론에 입각하여 한국어 문법 기술을 본격적으로 실행한 최초의 연구이다. 이전의 생성문법적 연구들이 대부분 미국 대학의 박사학위 논문이었던 데에 비하여 이 연구는 국내 대학, 더욱이 국어국문학과의 박사학위 논문이라는 점에서 이채를 띤다. 촘스키(1989, 1992, 1995)를 통하여 형성되고 발전되어 온 최소주의 통사론(최소주의 기획: Minimalist Program)의 핵심을 정확히 파악하여 자세히 소개하고, 이를 바탕으로 한국어의 기본 절 구조, 명사구 내부 구조를 수립하였으며, 이 논문의 목적인 한국어의 격 현상과 어순 현상의 해명을 추구하고 있다.

한국어의 절 구조

한국어의 격 현상과 어순 현상의 해명이 이 논문의 궁극의 목표이기는 하지만 최소주의 통사론의 방법론 하에서 한국어의 기본 절 구조를 수립하는 일도 이 논문의 중요한 과제가 된다.

그는 촘스키(1989, 1992, 1995)를 중심으로 최소주의 통사론이 원리매개변인 이론을 어떻게 혁신하여 새로운 방법론을 형성하였는지를 논한 후에, 한국어 절의 구조로 (1) 또는 (2)를 제시하고 있다(146쪽). 'υP' 내부의 '주어', '목적어'의 위치가 '의미역 위치'이다.

(1) [$_{CP}$ [$_{IP}$ 주어 [$_{IP}$ [$_{IP}$ [$_{IP}$-υP -시-] -었-] -겠-]] -다]
(2) [$_{IP}$ SPEC [$_{I'}$ [$_{υP}$ 주어 [$_{υ'}$ [$_{VP}$ 목적어 V] υ]] I]]

(1)이 특이한 점은 I 범주인 '-시-', '-었-', '-겠-'의 구조상의 위치이다. '-시-'는 'υP'를 보충어로 취하여 IP를 형성한다. 그러나 '-었-'과 '-겠-'은 I 범주의 머리성분으로서 IP에 부가되는 것으로 상정되고 있다. 김용하(1998: 149)에서는 동사 V와 '-시-', '-었-', '-겠-'의 I와 보문소 C('-다')는 통사적 연산 과정에서 '초범주'를 형성한다고 제안하였다. 그러나 '초범주' 형성의 구체적인 실행 절차를 제시하지는 못하고 있다.

(2)는 (1)의 간략화된 형태이다. 최소주의 통사론을 추구하는 그의 지향점과 관련하여 가장 중요한 부분은 공범주 경동사 'υ'를 설정한다는 점이다. 그러나 (1), (2)는 SVO 어순을 보편적 기저 어순으로 가정하는 최소주의 통사론의 관행과는 달리, 기저에서 머리성분 매개변인(head parameter)을 적용한 것이다. 최소주의 통사론의 주요 특성 중 하나는 (3)과

같이 주어가 'υ'의 명시어에 설정되고, 'υ'가 목적어를 포함하는 VP를 그 보충어로 가지는 'υP' 구조를 보편적 기저로 하여 각 언어의 표면적 어순의 문장이 도출된다고 보는 것이다.

(3) 가. [υP 주어 [υ' υ [VP V 목적어]]]
나. [υP 목적어$_i$ [υ' 주어 [υ' υ [VP V t$_{목적어i}$]]]]
다. [IP 주어$_j$ [I' I [υP 목적어$_i$ [υ' t$_{주어j}$ [υ' υ [VP V t$_{목적어i}$]]]]]]

(3가)와 같은 'υP' 구조가 모든 언어의 보편적 기저이다. SVO 어순이 보편적 어순으로 가정된 것이다. 목적어가 왼쪽으로 상승 이동하면 (3나)와 같은 OSV 어순의 절 구조가 형성된다. (3가)에서 목적어가 주어의 왼쪽으로 이동하고 I가 그 왼쪽에 병합된 다음 다시 주어가 그 왼쪽으로 이동하면 (3다)와 같은 SOV 어순의 절 구조가 형성된다.

한국어의 기본 절 구조를 나타낸 김용하(1998)의 (1)과 (2)는 I 범주인 '-시-', '-었-', '-겠-'은 물론 'V'와 'υ'도 보충어의 오른쪽에 위치하는 어순을 보이고 있다. 이것은 (3다)와 같은 방법으로 한국어의 절 구조를 도출할 경우 도출 과정에서 불합리한 구조가 생성되기 때문에 이를 막기 위해 원리매개변인 이론의 머리성분 매개변인을 살려 쓴 것이다. 이는 일단 바람직한 시도이다. 그러나 단일한 보편적 기저 가설이 가지는 간결성의 장점은 포기해야 한다.

필자의 판단으로는 위와 같은 방식으로 머리성분 매개변인을 유지하더라도 도출 과정의 불합리한 구조가 생성되는 일을 완전히 배제할 수는 없다. 제4장에서는 최소주의 통사론의 이상에서 상당히 후퇴한, 기본적으로 원리매개변인 이론에 바탕을 둔 한국어 통사구조 이론을 제시할 것이다.

명사항의 내부 구조

부사격조사와 보조사를 포함하는 명사항의 최대 구조는 (4)와 같다. 부사격조사는 후치사 (P) 범주로, 보조사는 D 범주로 상정한다. 보조사는 3가지 부류로 다시 나눈다. 보조사는 PP 또는 NP에 부가되는 머리성분 범주로 상정하는 것이다. (5)는 구체적인 예를 보인 것이다. 여기에서도 절 구조에서처럼 '철수에게', '철수에게만', '철수에게만을'이 '초범주'를 형성한다고 말하고 있다.

(4) [DP[DP [PP [PP NP P] 보조사-I] 보조사-II] 보조사-III]

(5) 가. 철수에게만을
　　나. [DP[DP [PP [NP 철수] 에게] 만] 을]

위 (1)의, 동사와 I와 C의 초범주 형성과 마찬가지로 명사와 후치사와 보조사의 초범주 형성이 과연 이론으로 실행가능한 절차인지는 의심스럽다. 앞 절(3.4.6절)에서 임홍빈(1997)의 재구조화 개념에 대해 가했던 비판이 김용하의 '초범주 형성'에 대해서도 적용되어야 한다.

무표격을 포함하는 격 이론

한국어의 격 현상과 어순 현상에 관한 최소주의 통사론적 기술을 목적으로 하는 이 논문에서 핵심적 과제가 되는 것이 한국어의 유표격과 무표격을 아우르는 격 이론의 기술이다. 격조사에 의해 표시되는 명사항의 격이 유표격이고, 격조사를 갖지 않은 경우의 명사항의 격이 무표격이다. 그의 논의는 다음 세 가지 물음에 대한 답을 제시하는 것을 목표로 한다.[346]

(6) 가. 모든 논항에 외현적 격조사가 결합한 경우 어순이 자유로운 이유는 무엇인가?
　　　 a. 그 책을 둘리가 읽는다.
　　　 b. 둘리가 그 책을 읽는다.
　　나. 모든 논항에 외현적 격조사가 결합하지 않은 경우 어순이 자유롭지 못한 이유는 무엇인가?
　　　 a. *그 책 둘리 읽는다.
　　　 b. 둘리 그 책 읽는다.
　　다. 두 개 이상의 논항이 나타나는 경우 한 개의 논항이라도 격조사가 결합하지 않으면 어순이 자유롭지 못한 이유는 무엇인가?
　　　 a. *그 책을 둘리 읽는다.
　　　 b. *그 책 둘리가 읽는다.

---

[346] 예문은 김용하(1998: 222)의 것이고, 문법성의 판단도 그의 것이다. 뒤에서 다시 말하겠지만, 필자의 문법성 판단은 다르다. (6)에서 '*'로 표시한 문장들은 상황 맥락에 따라 자연스럽지 않을 수는 있으나 모두 통사적으로 적격한 문장이라고 판단한다. 김용하의 통사 이론은 이들을 비문으로 예측하는데, 그렇게 되면 이들이 담화화용론적으로 적격한 해석을 받을 가능성은 원천적으로 막힌다. 이것이 김용하의 이론의 근본적 문제점이라고 본다.
　 a. 그 책 둘리 읽는다.
　 b. 그 책을 둘리 읽는다.
　 c. 그 책 둘리가 읽는다.

이러한 문제들을 설명하는 그의 기본적인 발상은 다음과 같다.

(7) ① 한국어의 D 범주 요소들은 어휘부에서 다음과 같은 자질들의 명세를 가진다.[347]
      a. '-은/는', '-도', '-나': [+D, +Op, +/-{nom, acc}, -gen]
      b. '-이/가': [+D, -Op, +nom, (+specific)]
      c. '-을/를': [+D, -Op, +acc, (+specific)]
      d. '-의': [+D, -Op, +gen, (+specific)]
      e. '-∅': [+D, +Op, +/-{nom, acc, gen}]
  ② 한국어에서 기능범주 I, υ, D는 주격(+nom), 목적격(+acc), 속격(+gen) 자질과, 강성 D-자질을 가지며, 특히 강성 D-자질과 격 자질은 유표격 DP의 이동에 의해서 점검된다(유표격의 경우). 무표격 DP의 경우, 격 자질은 형식자질의 머리성분 이동에 의해서 점검된다.
  ③ 유표격의 주격은 주어가 의미역 위치(υP의 명시어 위치)에서 벗어나 있음을 표시하고, 무표격의 주격은 주어가 의미역 위치(υP의 명시어 위치)에 남아 있음을 표시한다. 유표격의 목적격은 목적어가 의미역 위치(VP의 보충어 위치)에서 벗어나 있음을 표시하고, 무표격의 목적격은 목적어가 의미역 위치(VP의 보충어 위치)에 남아 있음을 표시한다.
  ④ 기능범주에 의해 자질 점검이 이루어진 후 점검된 자질은 매개변인에 따라 삭제(deletion))될 수도 있고 말소(erasure)될 수도 있다. 한국어는 삭제를 선택한다. 이에 따라 DP 범주의 이동인 뒤섞기(scrambling)가 가능해진다.
  ⑤ 무표격 주어의 위치는 υP의 명시어 위치이고, 무표격 목적어의 위치는 VP의 보충어 위치인데, 이들 주어와 목적어의 형식자질이 각각 기능범주 I와 υ로 머리성분 이동함에 따라 점검된다.
  ⑥ 능격동사의 무표격 주어는 전형적으로 목적어 위치인 VP의 보충어 위치를 기저 위치로 가진다.
  ⑦ 한국어에서 (불확정 용법 아닌) 의문사 용법의 의문사는 CP의 명시어 위치('주제어 위치')가 아닌 IP의 명시어 위치에서만 허용된다.[348] 다음 예들이 이 점을 보이는 것이라고 한다.
      a. 누가 그 책을 샀니?

---

[347] ①b, c, d의 (+specific) 부분은 해석성 자질인 특정성 자질이 '-이/가, -을/를, -의'의 자질 명세에 포함된다고 판단하여 필자가 추가한 것이다. 김용하(1998)는 '-이/가, -을/를'을 가진 '유표격 DP'가 이들을 갖지 않은 '무표격 DP'와 달리 특정성 해석을 가진다고 주장하는데 '-이/가, -을/를'의 자질 명세에 이를 명시적으로 서술하지는 않고 있다. 그러나 어휘부의 자질 명세에 '+specific'을 포함하는 것이 그의 취지에 부합된다.
①e는 김용하(1998)에서 '무표격의 D'라고만 지칭하는 것을 구체적 어휘기재항의 내용으로 나타낸 것이다. 그의 '무표격의 D'는 공범주의 D이다.
[348] 영어, 일본어와는 달리 한국어, 중국어, 베트남어의 의문사는 일반적 의문사 용법(interrogative use) 외에 불확정 용법(indeterminate use)을 더 가진다. 이 점에 대해서는 양정석(2022: 288, 2023나: 796)을 참고하기 바람.

b. 누구 그 책을 샀니?
c. *누구는 그 책을 샀니?

(6가a)는 (6가b)의 구조로부터 '그 책을'이 왼쪽으로 이동(뒤섞기)하여 형성된다. (6가b)가 도출되는 절차는 다음과 같다.

(8) [$_{\upsilon P}$ 둘리가 [$_{\upsilon'}$ [$_{VP}$ 그 책을 읽-] υ]]
    [$_{\upsilon P}$ 그 책을$_i$ [$_{\upsilon'}$ 둘리가 [$_{\upsilon'}$ [$_{VP}$ t$_i$ 읽-] υ]]
                                                      (⇐ DP 이동, υ의 강성 D-자질, 목적격 점검)
    [$_{IP}$ [$_{\upsilon P}$ 그 책을$_i$ [$_{\upsilon'}$ 둘리가 [$_{\upsilon'}$ [$_{VP}$ t$_i$ 읽-] υ]] I]   (⇐ I 병합)
    [$_{IP}$ 둘리가$_j$ [$_{I'}$ [$_{\upsilon P}$ 그 책을$_i$ [$_{\upsilon P}$ t$_j$ [$_{\upsilon'}$ [$_{VP}$ t$_i$ 읽-] υ]] I]]
                                                      (⇐ DP 이동, I의 강성 D-자질, 주격 점검)

(6가a)는 여기에서 '그 책을'을 이동시켜서 얻는다.

(9) [$_{IP}$ 그 책을$_i$ [$_{I'}$ 둘리가$_j$ [$_{I'}$ [$_{\upsilon P}$ t$_i$ [$_{\upsilon P}$ t$_j$ [$_{\upsilon'}$ [$_{VP}$ t$_i$ 읽-] υ]] I]]]
                                                                   (⇐ DP 이동, I의 강성 D-자질 점검)

이제 (6나a)가 비문인 이유를 어떻게 설명하는지 알아보자. 먼저 주어와 목적어가 모두 무표격인 (6나b)는 문자화의 시점에서 (10나)의 구조를 갖고, υ의 목적어 관련 형식자질 유인-점검, I의 주어 관련 형식자질 유인-점검을 거쳐 (10다)의 논리형태 표상을 가진다고 한다.

(10) 가. 둘리 그 책 읽는다. (= 6나b)
     나. [$_{IP}$ [$_{\upsilon P}$ Subj [$_{\upsilon'}$ [$_{VP}$ Obj V] υ]] I]
     다. [$_{IP}$ [$_{\upsilon P}$ t$_{FF(Subj)}$ [$_{\upsilon'}$ [$_{VP}$ t$_{FF(Obj)}$ V] FF(Obj)-υ]] FF(Subj)-I]

그는 논리형태에서 형식자질 이동(F-이동: Move F)이 일어난다고 서술하고 있다. (10다) 표상은 그 결과인 것이다. 그런데, 앞의 3.5.1절에서 보았듯이, F-이동은 외현적 이동으로, 논리형태 이전에 일어나는 것이다. 명사구의 어순은 바뀌지 않고 그 형식자질만을 가져다가 기능범주에 머리성분 부가시키는 것이 F-이동의 방법이다. 그러므로 (10다)의 논리형태 표상은 무의미한 것이다. 이에 따라 (10나, 다)가 (10가)의 주어, 목적어 무표격 현상에 대해 무엇을 말하는지도 알 수 없다.

그는 (10가)가 이 어순으로 문법적 문장인 것이 설명되었다고 전제하고, (6나a)가 비문인 이유를 설명하고자 하였다.

(11) *그 책 둘리 읽는다. (= 6나a)

그는 (11)이 무표격 목적어 '그 책'이 주어를 건너 뒤섞기(scrambling)를 겪음으로써 도출되어야 하는데, 뒤섞기는 I가 강성 D-자질을 점검한 후 말소(erasure) 아닌 삭제(deletion)가 되었을 경우에만 적용된다고 한다. 결국 (11)의 '그 책'은 무표격이라서 강성 D-자질을 갖지 않으므로 삭제를 통한 뒤섞기를 겪을 수 없다. 이것이 뒤섞기된 (11)이 비문인 이유라는 것이다. (6다a, b)도 무표격인 DP가 강성 D-자질을 갖지 못하여 뒤섞기가 불가능한 것이 그 비문됨의 이유라고 설명한다.

이중주어문과 이중목적어문의 분석

김용하(1998)에서 이중주어문으로 다룬 예는 (12)와 같은 유형의 문장들이다. 이중목적어문의 예는 (13)과 같다. 서술성 명사를 가지는 이중목적어문 (14)도 (13)과 동일한 통사구조를 통하여 설명된다는 것이 김용하의 주장 중 하나이다. 그러나 주관성 형용사를 가지는 이중주어문인 (15)는 이들과 다른 독특한 통사구조를 설정하여 설명한다.

(12) 가. 학생이 세 명이 맥주를 마셨다.
    나. 토끼가 앞발이 짧다.
    다. 둘리가 아들이 대학에 다닌다.
(13) 가. 둘리가 길동이를 뺨을 때렸다.
    나. 둘리가 학생을 한 명을 가르친다.
(14) 철수가 수학을 공부를 한다.
(15) 둘리가 길동이가 좋았다.

수량 명사구를 포함하는 (12가)의 이중주어문의 형성을 다음과 같이 보이고 있다.

(16) [$_{IP}$ [학생이 세 명이]$_i$ [$_{vP}$ t$_i$ [[$_{v'}$ 맥주를$_j$ v [$_{VP}$ t$_j$ 마시]]] I]

비분리 명사를 가지는 이중목적어문인 (13가)의 구조는 다음과 같다.

(17) [ᵤP [DP 길동이를]ⱼ [ᵥ' [DP [NP tⱼ 뺨 [D -을]ᵢ ʊ [VP tᵢ V]]

서술성 명사의 이중목적어문
  김용하(1998)은 (18)처럼 서술성 명사를 가지는 이중목적어문을 (17)처럼 비분리 명사를 가지는 이중목적어문과 동일한 구조를 상정하여 설명한다(415쪽).

(18) 학자가 민속을 열심히 연구를 하였다.
  가. [ᵤP [DP [NP DPⱼ N] D]ᵢ ʊ [VP tᵢ V]]
  나. [ᵤP DPⱼ Adv [ᵥ' [DP [NP tⱼ N] D]ᵢ ʊ [VP tᵢ V]]

  '민속을 연구를'이 목적격을 점검받기 위하여 ʊ의 명시어 위치로 이동하고, 다시 그 일부인 '민속을'이 ʊP로 이동 병합되어 (18나)의 구조가 형성된다고 한다.
  부사 '열심히'의 통사구조상의 위치가 어디인지가 궁금한 점이 될 수 있는데, 김용하(1998: 415)에는 '민속을 연구를'이 ʊ의 명시어로 이동하여 생성된 'ʊP'에 부사어가 병합된다고 말하고 있다. 그는 그 구조를 명시하지는 않았지만, 그가 제시한 (18나)를 감안하면 (19가)와 같은 구조가 될 것이다. 여기에서 '민속을'에 해당하는 DP가 'ʊP'의 명시어로 이동 병합되면 (19나)가 생성된다.

(19) 가. [ᵤP 열심히 [ᵥ' [DP [NP DPⱼ N] D]ᵢ ʊ [VP tᵢ V]]]
  나. [ᵤP DPⱼ [ᵥ' 열심히 [ᵥ' [DP [NP tⱼ N] D]ᵢ ʊ [VP tᵢ V]]]] (=(18나))

  '열심히'와 같은 부사는 원리매개변인 이론의 핵계층 이론 하에서 명시어 구조와 구별되는 부가어 구조를 형성한다. 부사 '열심히'는 (19가)에서 'ʊP'의 명시어 위치에 놓인다. (19나)에서도 '열심히'는 DP('민속을')와 함께 명시어이다.
  목적격을 받는 명사항과 부사가 명시어라는 동일한 문법기능을 가진다는 뜻이 된다. 최소주의 통사론을 적용한 김용하(1998)의 이론이 이처럼 (19나)와 같은 모순된 구조를 산출하게 됨을 지적해야 하겠다.[349]

---

[349] Hornstein et al.(2005: 232)에서는 부가어가 선형대응공리(LCA)의 적용을 받아 어순이 정해지는지, 부가

주관성 형용사 구문의 처리

이중주어문 중에는 (20가), (21가)와 같은 주관성 형용사 구문도 있다.[350] 이들 문장의 구조는 다음과 같다(344쪽). 경험자 논항은 '좋다'의 논항이 아니라는 것이 그의 입장이다. 공범주 대명사(PRO)와 동지표화된 IP의 명시어를 새로 도입하는 이유는 이 구문의 경험자 논항이 특정성 명사구로만 해석되고, 이러한 해석은 디징(Diesing 1992)의 통사-의미 사상 원리에서 VP 영역 밖의 구성성분이 갖게 되는 해석이기 때문이다.

(20) 가. ??둘리가 길동이가 좋다.
　　 나. [$_{IP}$ [경험자 논항]$_k$ [$_{I'}$ [대상 논항]$_i$ [$_{I'}$ [$_{vP}$ PRO$_k$ [$_{v'}$ [$_{VP}$ t$_i$ V] υ]] I]]]
(21) 가. ?둘리는 길동이가 좋다.
　　 나. [$_{CP}$ [$_{C'}$ [경험자 논항]$_k$ [[$_{IP}$ [대상 논항]$_i$ [$_{I'}$ [$_{vP}$ PRO$_k$ [$_{v'}$ [$_{VP}$ t$_i$ V] υ]] I]] C]]

김용하(1998: 329-332)에서는 '좋다'와 같은 심리동사가 2개의 논항을 가지는 것으로 처리한 김영주(1990)의 논항구조 설정이 불합리하다고 비판하고, 이런 유의 심리동사는 모두 1개의 논항을 가지는 것으로 설정해야 한다고 주장하였다. 그러나 '좋다'류의 심리동사가 1자리 술어로만 설정되어야 할 필연적인 이유는 없다. 오히려 다음은 '좋다'가 주어에 대한 의미적 제약을 가하는 사실을 보이는데, 이는 주어가 '좋다'의 논항이라는 증거이다.

(22) 가. ??길동이가/??네가 둘리가 좋다.
　　 나. 내가/나는 둘리가 좋다.

다음과 같은 문장은 명사 자체의 1인칭과 2/3인칭의 구별과 달리 '좋다'의 어휘의미적 정의에 첫째 논항이 현실 맥락의 화자/인용 맥락의 화자이어야 한다는 전제가 영역 조건으로 주어지고, 이것이 담화화용론적 전제 보충의 작용에 따라 적절한 해석이 주어진다고 설명하는 것이 합리적이다.[351]

　　　어의 통사구조 표상을 어떻게 할지에 대하여 이 분야에서 합의된 것이 없음을 토로하고 있다. (19나)는 부가어에 대한 처리가 최소주의 통사론의 큰 약점임을 드러내 준다.
350 문법성에 대한 판단 '?'는 김용하의 것이다.
351 양정석(2017: 277, 2023나: 573)에는 '좋다'류 심리동사의 형식의미론적 정의를 제시한 바 있다(그곳에서는 '싫-'의 정의로 제시하였다).
　　 a. 〚좋-〛^{c,w,t,j} = [λx$_e$. λy: y∈D$_e$ & y = j. 세계 w에서, 시간 t에, 판단자 j에게,
　　　　　　　　 y에게 x가 좋다] = 1

(23) 아빠는/엄마는/형은 둘리가 좋아.
(24) 철수는 e_i/$^{??}$길동이는/$^{??}$너는 둘리가 좋다고/싫다고 생각한다.

(20나), (21나)의 구조를 바탕으로 한 통사론적 설명에서는, 이렇게 어휘 단위가 부여하는 전제 요구를 위반하여 부적격하고, 맥락에 따라 전제 보충되어 다시 적격성을 회복하는 현상을 정확하게 설명할 수 없다. 특히 (24)처럼 심리동사가 내포절 술어로 안기는 경우는 더욱 방도가 없다. 바른 설명은 '좋다'를 2자리 술어로서 어휘의미적 기술을 할 때에만 가능하다.

김용하(1998) 비판

1. **유표격/무표격의 격 이론, 어순 처리의 문제** 김용하(1998)에서 스스로 설정한 주요 해결 과제는 유표격과 무표격의 차이에 따른 어순의 차이를 설명하는 것이다. 앞에서 요약한 그의 접근 방법이 가지는 문제점들은 다음과 같다.

(25) 가. 목적어가 무표격 명사항인 경우 목적어가 특정성 의미를 가지는 것은 불가능하다는 것이 김용하의 판단이다. 그러나 다음과 같은 예에서 '순이'가 특정성 의미를 가지는 것은 가능하다.
 a. 철수가 순이 만났다.
나. "논항 DP들이 유표격 조사와 결합할 경우 그것은 관련 자질을 점검하는 기능 범주의 D-자질이 강하다는 신호탄 역할을 한다."(258쪽)는 서술을 하고 있다. 이는 "I나 υ가 성분 통어 영역을 탐색하여 DP가 유표격이면 I나 υ 자신이 강성 D-자질을 갖게 된다."는 말이 된다. 이러한 서술은 불합리한, 실행불가능한 서술이다.
다. (10가)(=(6나b))의 설명 과정에서 F-이동이 논리형태의 연산이라고 말하지만, 3.5.1절에서 보았듯이, F-이동은 외현적 이동으로, 논리형태 이전의 연산이다. 따라서 무표격의 뒤섞기 불가능성에 대한 설명도 무의미해진다.

2. **이중주어문과 이중목적어문의 처리의 문제** 김용하의 이중주어문, 이중목적문 처리의 근본 적인 특징은 명사구(DP)의 관형어 성분으로부터 주어, 목적어를 이동에 의해 도출하되,

---

'y∈D_e & y = j' 부분은 영역 조건(domain condition)인데 Heim & Kratzer(1998)의 약정으로는 화용적 전제를 표시한다. 특히 'y = j'는 '좋다' 문장의 첫째 논항이 해당 맥락(c)의 판단자(judge)임을 표시한다. 이 C는 (23)과 같은 단순문에서는 현실 맥락이 되어 그 j는 현실 맥락의 화자이고, (24)와 같은 간접인용문에서는 이 C가 인용 맥락이 되어, j가 주절의 주어와 일치되는 연산 작용이 체계적으로 진행된다.

DP인 명사구 내의 관형어 성분도 역시 DP 범주를 가지는 것으로 설정한다는 것이다.

이중주어문, 이중목적문의 선행 명사구가 명사구 내의 관형어 성분으로부터 이동하여 형성된다고 하는 발상은 생성문법 초기의 이론에서부터 있었고, 이론적으로 정밀한 처리는 최현숙(1987)에서 그 표준적인 예를 볼 수 있다. 앞에서 자세히 비판한 바 있지만, 최현숙(1987)의 처리는 관형격(속격) 자질 '[gen]'이 상위의 격 할당자 'I'로, 또는 타동사인 'V'로 머리성분 이동한다는, 정당화하기 어려운 절차를 포함하고 있었다. 이중주어문의 경우 '[gen]+I$_{nom}$'와 같은 머리성분 부가의 형식이 'I$_{nom}$'로 흡수, 단일화되는 절차를 상정해야 할 것이라고 추정하였다. 김용하(1998)는 명사구 내부의 관형어 위치에 'NP-의' 아닌 'NP-이'를 설정하는 것이 최소주의 통사론의 메커니즘에 따라 모순 없는 처리를 가능하게 하고, 이에 따라 최현숙(1987)의 위 문제성을 피할 수 있다고 생각한 것으로 보인다.

김용하(1998)의 이중주어문, 이중목적문 처리는 다음에 요약되는 문제점을 가진다. (26가)는 명사구 내부 성분으로부터의 이동으로 이중주어문, 이중목적어문을 설명하려는 모든 시도에 대하여 공통적으로 지적되는 문제점이며, (26나)는 김용하(1998)의 처리가 가지는 구체적인 문제점이다.

(26) 가. 이중주어문과 그 이동 전의 구조와 내응되는 분상은 의미가 동일하지 않다.
　　　　a. 저 나무가 잎이 커서 싫다. =/= 저 나무의 잎이 커서 싫다.
　　　　b. 최인훈이 소설이 더 유명하다. =/= 최인훈의 소설이 더 유명하다.
　　　　c. ??철수는 인호를 성격을 싫어한다. =/= 철수는 인호의 성격을 싫어한다.
　　　나. 'NP-이 NP(-이)'와 'NP-를 NP(-를)'은 구성성분을 이루지 못한다. 그러므로 이들이 한 단위가 되어 병합이나 이동을 수행할 수는 없다.

최소주의 통사론의 구 구조 형성 과정은 이전과 달라서, 어떤 구조에서 '이동' 연산이 일어난 결과가 반드시 이전 구조의 문장과 동일한 문장인 것은 아니다. 그러나 김용하(1998)의 'NP-이 NP-이', 'NP-를 NP-를'을 포함한 문장의 도출 과정에서 'NP-의 NP'와 같은 구성성분 구조를 형성하는 것은 사실이고, 이는 두 구조의 해석된 의미의 동일성을 전제하기 때문이다. (26가)는 이러한 전제에서 문제를 제기하는 예들이다.

(26나)의 문제는 항목을 달리하여 더 자세히 논의하기로 한다.

3. **구성성분됨 인식의 문제** 김용하(1998: 276)에서는 이중주어문의 도출 과정에 다음과 같은 구조가 형성된다고 한다.

(27) [IP [학생이 세 명이]ᵢ [DP tᵢ [[D' 맥주를 D [VP tᵢ 마시]]] I]

'학생이 세 명이'는 한 구성성분을 이루는 것으로 처리하고 있다. '학생이 세 명이'가 지표 'j'를 가지는 흔적 'tᵢ'를 남기고 이동하는 것은 이것이 한 구성성분을 이룸을 전제하는 것이다.[352]

그러나 '학생이 세 명이'나 '학생이 세 명'이 한 구성성분을 이루지 못한다는 점은 (28)과 같이 증명된다. 이에 비해서 '학생 세 명'은 구성성분을 이루므로 (8나)'과 같이 문법적 문장을 이룬다.

(28) 가. *맥주를 마신 것은 [학생이 세 명이]이다.
　　　나. *맥주를 마신 것은 [학생이 세 명]이다.
　　　　cf. (28)' 나. 맥주를 마신 것은 학생 세 명이다.

이와 같은 반증은 앞에서 초기 생성문법의 양인석(1972)에 대해서도 보인 바 있다. 부정확한 구성성분 구조에 대한 인식을 바탕으로 한 통사론적 논증은 그만큼 신뢰성이 훼손된다.

우리는 이 책에서 분류론적 문법들과 가설연역적 문법들을 함께 검토하면서, 어떠한 종류의 문법 이론이든지 준수해야 할 통사론의 기본 원리가 있음을 계속 주의하여 왔다. '구성성분됨(constituency)'은 그러한 원리 중의 중요한 것이다. 물론 생성문법 이론들에서도 항상 이 점을 중요시하여 왔다. 기본을 점검하는 일이 얼마나 중요한지를 보여주는 사례라고 생각한다.

4. 서술성 명사 구문 처리의 문제 김용하(1998)는 서술성 명사 구문을 이중목적어문과 동일한 방식으로 처리한다. 즉, (29)는 (29)'과 같은 구조의 명사구 내부에서 'DP'를 이동시켜 얻은 것이라고 한다.

---

[352] 그가 가정하는 내부 구조가 (a)인지 (b)인지는 불분명하다. 그러나 (a)인 경우에도 '-이'를 'D'로 가지는 [DP DP]의 구조가 구성성분을 이루는 것으로 볼 수 없고, (b)인 경우에도 '-이'를 'D'로 가지는 [DP NP]의 구조가 구성성분을 이루는 것으로 볼 수 없다.
　a. [DP [DP 학생이] [DP 세 명이]]
　b. [DP [NP [DP 학생이] [NP 세 명]] [D -이]]
최소주의 통사론에서는 문장 도출의 시초에 배번집합에 있던 어휘항목들만을 가지고 운용하기 때문에, 특히 (b)와 같은 구조에서, 내부의 DP가 '학생의'이었다가 나중에 '학생이'로 바뀌는 등의 연산은 가능하지가 않다.

(29) 철수가 수학을 공부를 한다.
(29)′ 철수가 [NP [DP 수학을] [N 공부]]-를 한다.

위 이중주어문, 이중목적어문의 경우와 마찬가지로, (29)′의 NP 구조로 표시된 '수학을 공부'는 구성성분을 이루지 못한다.

(30) *철수가 한 것은 수학을 공부이다.

이 구문에 관한 한 필자는 명사구로부터의 이동에 상응하는 절차를 인정한다. 그러나 (29)′처럼 목적격의 '수학을'이 '공부'와 결합하여 명사구 구성성분을 이룬다고 보지는 않는다. 필자는 D-구조 표상 층위를 상정하지 않는다. S-구조는 (29)″과 같이 흔적을 포함하는 구조로서,[353] 핵계층 이론을 준수하여, 아래로부터 위(bottom-up)의 방향으로 형성된다. D-구조를 상정하지 않고, 흔적도 기저 생성되는 범주의 하나로 취급되므로 (29)″에서 't$_i$'는 DP 범주일 뿐 '수학을'의 초점 의미까지 가지는 의미 형식과 대응되지 않으며, 그 격은 서술성 명사인 '공부'에 의하여 부여받은 관형격([+gen])일 뿐이다. 선행사인 '수학을'은 비논항으로서,[354] 통상적인 예상과는 달리, 이 경우의 '-를'은 목적격 표지가 아니고 초점이 피자용성 의미를 나타내는 요소이다.

(29)″ 철수가 [VP [DP 수학을]$_i$ [VP [DP [NP t$_i$ [N 공부]] [D -를]] 하-]]-ㄴ다.

이 구조에서 '수학을'과 그 흔적 사이에는 1개의 장벽, 즉 NP가 개재한다. DP는 동사 '하-'에 의해 어휘표시되므로 장벽이 되지 않는다. 즉 1-하위인접된다. 그러나 '공부'와 '하-'의 재구조화(V→N RR)가 작동하여 장벽이었던 NP가 장벽성을 잃게 된다.[355] 결국 (29)의 문법성이 해명된다.

---

[353] (29)″의 구조를 바탕으로 한 지금의 설명은 3.4.1절에서 보인 바 있다.
[354] 통사의미적 합성의 과정에서 λ-연산자가 형성되어 '연산자-결속변항'의 의미 형식을 형성하게 된다. 양정석(2023나)에서는 통사구조에서 동지표화 규칙에 따라 동지표를 부여받은 선행사와 흔적은 의미 해석의 과정에서 연산자-결속변항의 의미 형식을 형성한다는 원리를 제시한 바 있다. 4.1.4절도 아울러 참고하기 바람.
[355] 'V→N RR'은 최현숙(1988)의 개념으로 'V에서 N으로의 재구조화'를 뜻한다. 필자의 재구조화 이론은 제4장에서 상론할 것인데, 재구조화의 적용 범위와 재구조화의 요인을 구체적으로 기술하는 점에 있어서 최현숙(1988)의 재구조화 이론과 크게 다르다.

필자의 접근 방안은 대비되는 (31) 문장이 1-하위인접의 구조적 요인에 따라 부적격하다는 점을 설명하며, 더욱이 (31)이 완전한 비문이 아니라 중간 정도의 부적격성을 가진다는 점을 해명한다.

(31) ?*철수가 수학을 공부를 희망했다.

최소주의 통사론에 의한 이 구문의 접근 방안에서도 (29)과 (31)의 문법성의 차이에 관한 해명, 이중목적어문과 (29)의 서술성 명사 구문의 구조적 차이에 대한 해명이 요구된다.

5. '느' 분석론, '더' 분석론의 문제 한국어의 기본 통사구조를 기술하는 작업에 있어서 항상 제기되는 문제가 있다. 이른바 보조어간 '-느-'을 분석할 것인지의 문제이다. 앞의 3.2.3절에서는 '는' 또는 '느'를 분석하여 어미 또는 통사 단위로 규정하는 연구자들이 오류를 범한 것임을 논증하였다.

최소주의 통사론의 난해한 이론을 한국어에 적용하는 김용하(1998)도 '느' 분석론을 전제하고 있다. 그러므로 그의 한국어 기본 통사구조에 대한 기술은 근본적인 오류를 포함하고 있다. '-는다'는 '-는-'과 '-다'가 이른바 '초범주' 형성의 절차에 따라 결합되고, '믿는다' 역시 초범주 형성의 절차에 따라 결합되는 것으로 보고 있다(149-151쪽). '-는다'는 더 분석할 수 없는 단위이므로 이러한 초범주 형성의 절차는 무의미할 뿐이다.[356]

그는 또한 이전의 한국어 문법 연구자들 거의 모두가 그러하듯, '-더-'를 통사 단위로 가정한다. 즉 '더' 분석론을 전제한다. 초범주 형성의 과정에는 '믿으시-', '믿었-', '믿으시었-'과 함께 '믿더-', '믿으시더-', '믿으시었더-'도 초범주의 하나로 형성된다고 한다.

'더' 분석론이 오류임은 양정석(2023가)에서 증명하였다. '-더-'라는 통사 단위는 존재하지 않는다. 역사적인 이유로 '-더라, -더냐, -더구먼, -습디다, -습디까, -던, -던데, -더니, -던지, -었더라면, -었던들'과 같은 통사 단위들의 일부로 들어 있을 뿐이다.

물론 '-는다'를, '-더라'를 최소 통사 단위로 규정한다고 해서 흔적을 남기는 통사적 연산으

---

[356] 그의 '초범주 형성'은 현재로서는 구체적인 이론으로 실행가능하지 않은 막연한 개념일 뿐이다. 그는 이를 임홍빈(1997)의 '재구조화' 개념과 유사한 것으로 묘사하고 있으나, 앞의 임홍빈에 대한 비판에서 지적하였듯이 그의 재구조화 개념 역시 실행가능성이 없는 개념이다. '-으시-었-겠-'은 재구조화에 의한 결합으로서 복합 형식의 I 범주이고, 절 구조를 형성하는 기능범주로는 I 범주와 C 범주만을 인정하며, V의 I로의 흔적을 남기는 머리성분 이동, 이렇게 해서 얻어진 'V-I'의 C로의 흔적을 남기는 머리성분 이동이 이른바 '용언 활용형'의 성립에 작용하는 메커니즘이라는 것이 필자의 견해이다. 흔적을 남기는 머리성분 이동은, 다른 장점들과 함께, 합성성 원리를 만족하는 통사구조-의미구조 사상의 이론을 수립하는 데에 유리하다(양정석 2023나: 35 참조).

로서의 머리성분 이동(head movent)의 존재 여부, 음성형태 부문에서의 의존적 단위들의 형태론적 결합 연산의 존재 여부 등의 문제가 해결되는 것은 아니다. '-으시-', '-었-', '-었었-', '-겠-'은 틀림없는 통사 단위이므로 이들이 동사 어간과 결합하고 뒤의 어말어미와 결합하여 음운론적 단위인 어절을 이루는 사실은 문법 기술에서 반드시 포함해야 한다. 필자는 제4장에서 이 선어말어미들과 동사 어간이 흔적을 남기는 통사적 연산인 머리성분 이동을 수행하는 것으로 기술할 것이다.

6. **매개변인을 가지는 최소주의 통사론** 김용하(1998)은 최소주의 통사론을 표방하였지만 머리성분 매개변인을 유지함으로써 원리매개변인 이론으로 후퇴한 모습을 보인다. 이는 완전성 요건, 건전성 요건을 만족하는 한국어 생성문법의 기술을 위하여 바람직한 조치라고 평가한다. 그는 (32)와 같은 구조가 모든 인간 언어의 보편적 기저라는 최소주의 통사론의 기본 가정도 (33)과 같이 수정하여 받아들인다. (33)은 한국어의 '머리성분-뒤' 매개변인이 도출의 초기부터 적용된 결과인 것이다.

(32) [$_{vP}$ 주어 [$_{v'}$ v [$_{VP}$ 목적어 [$_{V'}$ V 동사의 보충어]]]]
(33) [$_{vP}$ 주어 [$_{v'}$ [$_{VP}$ 목적어 [$_{V'}$ 동사의 보충어 V]] v]]

(32)가 모든 언어의 보편적 기저라는 이상은 최소주의 통사론을 추동하는 강력한 동기이다. 혼스틴(Hornstein 2005: 168)에서는 SVO 언어, SOV 언어, VOS 언어 모두가 (32)의 기저로부터 도출될 수 있다는 점을 최소주의 통사론의 매력적인 모습의 하나로 묘사하기도 한다. 그러나 김용하(1998)에서 밝혔듯이 그 문제점들은 사소한 것들이 아니다.

다음 절에서는 '머리성분-뒤' 매개변인을 인정하지 않고 보편적 기저 어순을 가정하여 한국어의 구 구조를 생성하는 쿠프먼(Koopman 2005)의 시도를 살펴보기로 한다. 이러한 방안의 모순성이 드러난다면 원리매개변인 이론으로 한 발짝 후퇴하여 최소주의의 장치들을 최소한으로만 활용하는 방향을 취하는 것이 현명할 것이다.

3.5.3. 쿠프먼(2005)의 한국어 최소주의 통사론

최소주의 통사론의 정통적 관점, 즉 보편적 기저 가설 하에서 한국어의 기본적 구 구조를 도출하는 구체적인 실행례를 보인 것은 쿠프먼(Koopman 2005)가 처음이라고 생각된다. 앞 절에서 다룬 김용하(1998)에서는 원리매개변인 이론의 머리성분 매개변인을 유지하지 않으면 안 되는 이유를 제시하고 있다. 머리성분 매개변인을 유지하는 것은 최소주의 통사론으로부터 후퇴하는 것이라고 할 수 있다. 보편적 기저 가설 하에서 한국어 문장 구조 형성을 설명하는 것이 가능한지를 알기 위하여 쿠프먼(2005)을 검토하기로 한다.

쿠프먼(2005)의 논점은 다음과 같은 예문의 활용형 '주었다'의 도출을 셀즈(Sells 1995)의 '강성 어휘주의(strong lexicalist position)'의 이론이 아닌 최소주의 통사론의 기반에서 해명하는 것이다.

(1) 순이에게까지는 주었다.

'강성 어휘주의'는 공식적 용어는 아니다. 쿠프먼의 논증의 동기가 되는 셀즈(Sells 1995)의 한국어 동사 단위에 대한 관점을 쿠프먼은 '어휘주의적'이라고 지칭하는데, 원리매개변인 이론의 통사론에서 널리 받아들이는 머리성분 이동(핵 이동: head movement)의 도출 방안은 '약성 어휘주의' 방안이라고 할 수 있으므로 이와 구별하기 위하여 이렇게 지칭하는 것이다.[357] 셀즈(1995)는 어휘부의 특별한 장치를 동원하여 '주었다'를 동사(V)로 설정하는 방안을 제시하였다. 'V-T-Dec'의 구성으로 되어 있는 '주었다'에서 명사구와의 선택적 관계를 맺는 것은 V인 '주-'이므로 'V-T-Dec'가 복합적 단어로서 V 범주를 갖도록 하는 장치가 필요하다는 것이다. 셀즈(1995)는 머리성분 이동 방안에 대한 반대 논증을 전개한 것이다.

쿠프먼(2005)의 (1) 문장 도출 절차를 알아보자. (3)의 도출 절차는 근본적으로 (2가)의 원리를 준수하기 위하여 일어나는 것이다. 특히 '명시어-머리성분 일치(Spec-Head agreement)'를 실행하는 쿠프먼의 구체적 방법은 (2나)와 같은 '자질의 복사'에 의한 것이다. (2가, 나)를 통사론의 기본 운용 원리로 삼음으로써 (2다)의 특징이 따라나오게 된다.[358]

(2) 가. 선택의 지역성 원리: 인접한 머리성분-보충어, 명시어-머리성분 관계에서만 선택이 이루어

---

[357] 한국어의 '주었다'와 같은 동사 형식의 도출에 관한 머리성분 이동의 방안은 최현숙(1988)에서 볼 수 있다. 최현숙은 자신의 방안을 '약성 어휘주의(weak lexicalist position)'라고 지칭한 바 있다. Sells(1995)가 배경으로 가지는 이론은 제약기반 문법이라고도 불리는 '핵어중심구구조문법(HPSG)'이다. 구 구조 규칙을 형성규칙으로 사용하며, 이동 변형을 인정하지 않고, 생략 성분들은 공범주의 실현으로 처리하는 것이 특징이다. 제약기반 문법 이론에 입각한 한국어 기술의 예를 김종복(2004)에서 볼 수 있다.

[358] 앞의 3.5.1절의 (5)에서는 최소주의 통사론의 통상적 자질 점검의 방법으로 ①명시어-머리성분 일치와 ②머리성분-머리성분 일치의 두 가지 방법이 있다고 하였는데, 쿠프먼은 ②를 제거하고 ①만을 사용함으로써 통사적 연산을 최소화하고자 하는 것이다.

져야 한다. 이동은 이 원리에 따라 강제된다.
　　나. 명시어-머리성분 일치의 방법: 명시어가 가지는 자질은 머리성분(H_1)으로 복사(copying)되는데, 이것이 명시어-머리성분 일치이다. 머리성분(H_1)에 복사된 자질은 H_1P로 투사된다. 이렇게 얻은 자질을 가지는 최대투사 H_1P는 다시 H_2P의 명시어가 되어 머리성분 H_2와 명시어-머리성분 일치를 이룰 수 있다.
　　다. 머리성분 이동(head movement)이 없는 통사론
(3) '순이에게까지는 주었다.'의 도출 절차:
　　a. [$_{VP}$순이 [주…]]
　　b. [$_{PP}$순이 [한테 [$_{VP}$순이 [주…]]]]　　　　　　　(⇐ P한테 병합, DP순이 이동)
　　c. [$_{FP}$[[주…]] [F[$_{PP}$순이 [한테 [주]]]]]　　　　　(⇐ F 병합, VP 이동)
　　d. [[$_{PP}$순이 한테…] [까지 [$_{FP}$[주…]] [F[$_{PP}$순이 한테-]]]]　(⇐ 까지 병합, 잔여 PP 이동)
　　e. [$_{TP}$[주…] [$_T$었 [[$_{PP}$순이 한테…][까지 [$_{VP}$주-]]]]　(⇐ T 병합, 잔여 VP 이동)
　　f. [$_{TopP}$[[[$_{PP}$순이 한테…][까지…]]] [는 [$_{TP}$[주…] [$_T$었 [$_{PP}$순이 한테-[까지]]]]]
　　　　　　　　　　　　　　　　　　　　　(⇐ Top '는' 병합, PP 이동)
　　g. [$_{DelcP}$[$_{TP}$순이 한테 까지 는 주-었-] [다 [순이 한테 까지 는 주-었-]]]
　　　　　　　　　　　　　(⇐ '다' 병합, TP 이동, TP가 TopP와 동반이동)

　이상은 최소주의 통사론에서 한국어의 구 구조를 형성하는 한 가지 방안을 보여준다. 이러한 방법이 한국어의 모든 구 구조를 생성하는 기초적 방법으로 채택되어야 할까? 필자는 이에 대해 부정적이다.
　쿠프먼의 위 방안이 가지는 한 가지 특징은 머리성분 이동을 거부한다는 것이다. 머리성분 이동 방안에서 이동의 궁극의 요인은 형태론적인 요인이다. '-었-'이나 '-다'가 접사(affix) 또는 의존사(clitic)이어서 다른 요소가 결합하여 자립적 단위를 만들어 주어야 한다. 그러나 쿠프먼의 이동은 최대투사의 이동이거나, 최대투사와 그에 인접하는, 다른 이동 후에 남은 부분을 결합하는 과정이다. 후자를 잔여 이동(remnant movement)이라고 한다. 잔여 이동의 경우, 이동하는 잔여물은 한 구성성분을 이루지 못하는 경우도 있다. 이는 근본적 문제를 제기한다. 이동하는 부분이 구성성분을 이루어야 한다는 것은 생성문법의 출발 시점부터 구 구조 형성의 근본 원리로 생각되어 온 것이다. 또, 잔여 이동하는 부분은 항시 어느 머리성분 범주의 명시어 위치로 이동한다. 핵계층 이론에 의하면 명시어 위치는 최대투사이어야 한다. 앞에서는 핵계층 도식들에 의해 형성되는 구조만이 적격한 통사적 구성성분이 된다는 제약을 구조보존 원리와 같은 것이라고 말한 바 있다(3.4.1절 참조). 그러므로 구성성분을 이루지 못하는 부분의 잔여 이동은 구조보존 원리를 위반하는 것이다.

이러한 이동의 요인으로서 쿠프먼이 제시하는 것이 (2가)의 '선택의 지역성 원리'이다. 그런데 그의 '선택'의 개념은 모호하다. (3b)에서 '한테'는 명사구 '순이'를 선택하는데, 명사구가 PP('한테P')의 명시어 위치로 이동한 후에, '명시어-머리성분 일치'에 의해서 선택이 만족된다고 한다. (3d)에서는 보조사 '까지'가 후치사구 '순이한테'를 선택한다. 한국어에서 보조사가 후치사를 선택한다는 것이 과연 합당한 서술인지는 매우 의심스럽다.

더욱이 (3c)에서는 'F'가 병합되는데, 이 절차는 '선택'의 목적과의 관련을 찾을 수 없다. 'F'는 '초점'을 뜻하는 것으로 생각되는데, 초점이 동사(구) '주-'를 선택한다는 것은 도무지 납득할 수 없는 발상이다. (3c)에서 'F'가 병합되는 절차는 아마도 보조사 '-까지'를 도입하기 위한 방편이 아닌가 생각된다. 'F'는 공범주 요소이다. 한국어의 보조사들은 초점 강세가 주어진다고 볼 수 있다. 그렇다고 해도, 만약 보조사가 2개 이상 실현되는 경우(가령, '순이에게까지만은', '순이에게까지만이라도')에는 그 때마다 공범주 'F'를 병합하는 절차를 거치고, 동시에 FP를 보충어로 취하는 보조사는 그 명시어 위치에 FP를 유인하여 선택의 지역성 원리를 만족시켜야 할 것이다. 이 경우에는 한 F가 다른 FP를 선택한다고 해야 하는데, 이 역시 납득할 수 없는 발상이다.

(3f)에서는 보조사 '-는'을 머리성분 'Top'로 설정하였다. 'Top'는 화제가 아니고, 화제를 그 명시어로 취하기 위하여 설정된 머리성분인 것이다. 이 머리성분 'Top'는 그 보충어로 TP를 선택하고, 그 명시어로 화제 '순이한테까지'를 선택한다는 것이 쿠프먼의 취지인 것이다.

쿠프먼은 '순이한테까지'는 초점과 관계되고 '순이한테까지는'은 이와 달리 화제와 관계된다고 보는 듯하다. 그런데 전자에서는 '-까지'가 초점구(FP)를 그 보충어로 선택하고, 후자에서는 '-는'이 TP를 그 보충어로 선택하며, 화제라고 할 '순이한테까지'는 그 명시어로 선택하고 있다. 이러한 구 구조가 형식의미론적 연구에서 많이 연구되어 온 초점이나 화제의 개념과 어떠한 의의 있는 연관을 맺을 수 있을지는 의심스럽다.

쿠프먼(2005) 비판

1. 화제 머리성분 '-는'의 문제 쿠프먼(2005)에서는 '-는'을 화제 구의 머리성분으로 설정한다. 초점과 관련하여 도입되는 '-만' 등의 보조사들과 구별하여 화제 머리성분으로 설정하는 것이다.

그러나 그가 화제 머리성분의 예로 든 유일한 예인 위 (3)도 문제를 제기한다. 이 경우의 '-는'은 후치사 뒤에 실현되는 '-는'으로서, 화제가 아닌, 대조 화제를 표시하는 요소인 것이다(3.3.5절 참조). '-만'을 넓은 영향권의 '-만'과 좁은 영향권의 '-만'으로 나눈다면(항목 2

참조), '-는'도 화제의 '-는'과 대조 화제의 '-는'으로 나누어야 한다.

그는 '-만'의 경우에는 초점구 'FP'를 2회 이상 형성하여 그것을 보충어로 하는 '-만'의 최대투사를 만들지만, '-는'의 경우에는 둘을 나누지 않고 '-는'의 예는 언제나 화제의 '-는'이라고 서술하고 있다.

이는 잘못이다. '-는, -도, -이라도'와 '-이, -를, -의'는 계열적으로 대립하는 요소들로서 한 통사 범주를 이룬다(3.3.3절 양인석(1972) 비판의 항목 1 참조). '-는' 만이 화제 표지로서 특별 대우를 받을 필요는 없다.

2. **보조사 '-만'과 '-를/'-한테'의 결합, 그 영향권 해석** 쿠프먼은 'NP-만-을'과 'NP-하고-만'이 주어의 왼쪽으로 이동한 (4)와 (5)의 문장이 영향권 해석에서 차이를 가진다고 한 이영주(2004, 2005)의 관찰이 자신의 구 구조 형성 이론을 위한 강력한 증거가 된다고 논하고 있다. '*(ii)'는 '(ii)'의 해석이 불가능함을 표시한다.

(4) 존-만-을 모든 사람-이 사랑한다.
    (i) 모든 사람이 존을 사랑하고, 존 외의 다른 누구도 사랑하지 않는다.
    *(ii) 모든 사람이 사랑하는 사람은 존 한 사람뿐이다(일부는 존을 사람하면서 동시에 존 아닌 다른 사람도 사랑할 수 있다).
(5) 존-하고-만 모든 사람-이 악수했다.
    (i) 모든 사람이 존과 악수했고, 존 외의 다른 누구와도 악수하지 않았다.
    (ii) 모든 사람이 악수한 사람은 존 한 사람뿐이다(일부는 존 아닌 다른 사람과도 악수했을 수 있다).

두 경우에 (i)은 보편 양화사인 '모든'이 '유독' 의미의 '-만'보다 넓은 영향권을 가지는 해석(every>only)이고 (ii)는 '-만'이 '모든'보다 넓은 영향권을 가지는 해석(only>every)이다. 이영주의 설명은 다음과 같다. '-만'은 일치 요소로서, '유독' 해석을 가지는 공범주 머리성분 ONLY의 명시어 위치에서 자질 점검되는 요소이다. (4)의 '존-만-을'이 일치하는 머리성분 ONLY는 주어 '모든 사람-이'(TP의 명시어 위치)보다 하위이고, 이보다 하위인 Agr$_O$(이것의 명시어 위치에서 'NP-를'이 점검됨)보다 더 하위에 있다. '존-만-을'이 왼쪽으로 자리옮김하더라도 그것은 TP에 부가되는 뒤섞기(scrambling)에 지나지 않으므로 그 의미는 항상 ONLY가 보편 양화사보다 좁은 영향권을 가지는 의미로만 해석된다는 것이다. 즉 (i) 해석만 가능하다. 그러나 '존-하고-만'은, 그 '유독' 해석을 부여하는 ONLY가 '모든 사람이'가 위치하는 TP의 명시어 위치보다 하위에 있을 수도 있고, 그보다 상위에 있을 수도 있어서 (i)과

(ii)의 중의적 해석이 가능하게 된다. (5)에서는 '존-하고-만'이 TP에 부가된 것이다.

(4)에 대한 쿠프먼의 설명은 다음과 같다. 우선 (i)의 해석을 가지는 (4) 문장에서 'NP(존)-만-을'의 구조는 다음과 같이 형성된다.

(6) [$_{FocP}$ NP [-만 [$_{AccP}$ ~~NP~~-[-를 […]]]]]

(4)의 (ii) 해석이 불가능한 이유를 설명하기 위하여 쿠프먼은 다음 (7가-다)의 도출을 제시한다. 먼저 '모든 사람이 존을 사랑한다'에 해당하는 구조를 형성한 다음 여기에 '-만'을 병합하면 (7가)의 구조가 형성된다. 이 구조를 바탕으로 'NP-를' 구조를 이동시키는 것(7나)과, 'NP'만을 이동시키는 것(7다)이 원리적으로 가능하다.

(7) 가. [$_{FocP}$ [-만 [$_{NomP}$ [$_{QP}$ 모든 NP] [Nom …[$_{AccP}$ NP$_{[+foc]}$ [-를 …]]]]]]
    나. *[$_{FocP}$ [NP$_{[+foc]}$ [-를 …]] [-만 [$_{NomP}$ [$_{QP}$ 모든 NP] [Nom …]]]]
                                        (⇐ NP$_{[+foc]}$가 '-를'과 동반이동(잔여물 형성을 가정))
    다. *[$_{FocP}$ NP$_{[+foc]}$ [-만 [$_{NomP}$ [$_{QP}$ 모든 NP] [Nom …[$_{AccP}$ ~~NP$_{[+foc]}$~~ [-를 …]]]]]]
                                          (⇐ NP$_{[+foc]}$만 추출하고 '-를'을 잔류시킴)

원리적으로는 (7나, 다)가 모두 형성될 수 있는데, (7나)는 '-만'을 비롯한 초점 보조사의 명시어 위치에 격표지 구(CaseP: '-이P', '-를P', '-의P')를 배제하는 한국어의 개별언어적 제약('filter'라고 표현함)으로 말미암아 부적격한 구조로 판정된다고 한다. (7다)는 '-를'이 잔류되는 것이 음운론적으로 제약되어 부적격한 구조로 판정된다고 한다. 만약에 (7다)의 구조에서 잔류된 '-를'을 발음하지 않는다면 이 구조를 가지는 다음의 적격한 문장이 된다고 서술하고 있다. 이 문장은 (7다)의 구조를 가지는 것이니까, '모든'이 '-만'보다 넓은 영향권을 가지는 해석(every〉only)과 함께 '-만'이 '모든'보다 넓은 영향권을 가지는 해석(only〉every) 도 가질 수 있다고 한다.

(8) 존-만$_i$ 모든 사람이 e$_i$ 사랑한다.
    (i) 모든 사람이 존을 사랑하고, 존 외의 다른 누구도 사랑하지 않는다.
    (ii) 모든 사람이 사랑한 사람은 존 한 사람뿐이다(일부는 존을 사람하면서 동시에 존 아닌 다른 사람도 사랑할 수 있다).

'존-만-을'을 가지는 (4)와 '존-하고-만'을 가지는 (5)의 영향권과 관련한 해석의 차이가 자신의 구 구조 형성 이론에 의해 정확히 예측된다는 것이 쿠프먼의 주장이다.

그러나 (4)와 (5)가 위에 보인 것과 같은 해석의 차이를 가진다는 관찰은 오류라고 판단된다. 필자는 (4) 문장이 '-만'이 '모든'보다 넓은 영향권을 가지는 (ii)의 해석을 가질 수 있다고 판단한다.[359] 그리고 (ii)의 해석은 담화화용론적 해석으로서, (4)의 '-만'이나 (5)의 '-만'이나 다름이 없다. 쿠프먼의 논의나 이영주의 논의는 두 해석의 차이가 통사구조의 차이에 따른 것이라는 것이기 때문에, 이 문장들의 해석의 차이는 분명해야 한다. 한국어의 사실은 그 해석의 차이가 분명하지 않다는 것이고, 이러한 차이는 통사구조의 차이에 대한 증거로 쓸 수 없다.

3. **통사 범주의 목록과 이들의 위계** 이 논문에서 거론된 통사 범주들의 종류만을 열거해도 (9)와 같이 많은 수이다. 특히 C_1-C_3은 보조동사 앞의 보문소이고 C_4는 '-다고'의 '-고'이다. C_1-C_3을 세분한 것은, 맨 VP만을 취하는지, '-으시-'를 가지는 구를 취하는지, '-었-'을 가지는 구를 취하는지의 차이에 따른 것인데, 이런 선택 관계를 문제로 제기한 셀즈(1995)에 대하여 최소주의 통사론에서의 대안을 제시하고자 한 것이다. 어쨌든 이러한 방식으로 통사 범주들의 수는 더욱 더 늘어갈 것이다.

(9) 통사 범주들: V, Agr_{HON}('-으시-'), T('-었-'), M(Mood: '-다, -니' 등), C_1('-어/아'), C_2('-지/게/고'), C_3('-어야, -나'), C_4('-고'), D, N, Nom('-이/가'), Acc('-를'), Gen('-의'), PL, $Foc_{만}$, $Foc_{까지}$, $Top_{는}$, $Agr_{들}$, …

쿠프먼(2005)의 한국어 통사구조 분석은 (9)를 포함한 인간 언어의 모든 통사 범주들의 보편적 위계를 완전히 정하고자 하는 목표로 수행된다. 이러한 목표를 향한 야심만만한 작업이 칭퀘(Cinque 1999)를 중심으로 진행되어 왔고, 최소주의 통사론 연구자들이 지금까지 그 결과를 기대하고 있다. 그러나 20여 년이 지난 현재 유의미한 보편적 위계가 수립되었는지는 의문이다.

---

[359] 이영주(2005)의 두 번째 각주에서는 (4), (5)를 포함하는 문장들의 해석에 대한 이영주의 판단에 동의하지 않는 심사자가 있음을 밝히고 있다.
(4)의 구조가 (i)과 함께 (ii)의 해석을 가진다는 점을 다음 예를 통해서 더 확인해 보자.
  a. 파란머리 여자만을 모든 사람이 쳐다보았다.
검은머리, 노란머리, 파란머리 셋 중에서 어느 머리 색에 대해서 사람들이 관심을 가지는지를 알기 위한 실험을 한다고 하자. '모든 사람'이 관심을 가지는 점이 주요 점검 사항이라고 할 때 (a) 문장은 (ii)의 해석으로 적격하게 쓰일 수 있다.

(9)의 통사 범주들의 위계에 관하여 쿠프먼(2005)의 논의 중 제시된 것은 다음과 같은 것들이다.

(10) 위 통사 범주들의 위계
    가. Top$_는$ 〉 Foc$_만$ 〉 V$_보$ 〉 C$_어$ 〉 V$_읽$
    나. Foc$_만$ 〉 VP+ 〉 V$_보$ 〉 C$_어$ 〉 V$_읽$
    다. Neg$_안$ 〉 VP+ 〉 V$_보$ 〉 C$_어$ 〉 V$_읽$
    라. Foc$_만$ 〉 Case 〉 DP

쿠프먼의 한국어 구 구조 형성 이론의 성패 여부는 통사 범주들의 완전한 보편적 위계가 수립된 이후에야 판정할 수 있을 것이다. 그런데 보편적 위계가 완전히 정해지기 전에도 알 수 있는 것은, 현재 이 논문에서 거론된 것들만 가지고 구성되는 이 통사 범주들의 위계 자체가 다분히 임시방편적이고, 이러한 위계에 따라 나타나는 부적격한 구조들을 배제하는 방법이 간결성과 거리가 먼 복잡한 것이라는 점이다.

한 예로, 쿠프먼(2005: 627)에서는 복수 주어와 일치하는 요소로 알려진 '-들'에 대해 논의하면서, (11가)는 가능한데 왜 (11나)처럼 '*C-들-고'가 배제되는지 문제를 제기하였다.[360]

(11) 가. 친구들이 존이 떠났다고들 말하였다들. (쿠프먼 2005: 627)
    나. *친구들이 존이 떠났다들고 말하였다들.

그가 설정한 위계와 (2)의 통사론의 원리를 바탕으로 이동 연산을 거듭하면 (11가)와 같은 구조가 도출된다고 한다. 특히 '-들'은 그 오른쪽의 보충어가 상위로 이동한 뒤에 잔류된 형식인 것이다. 그런데 그의 방법에 따르면 (11나)처럼 앞의 성분과 잔류된 '-들'을 포함한 부분이 '-고' 앞으로 이동하는 것이 얼마든지 가능하다.

이 문제에 대한 그의 해결 방안은 다음의 구조적 제약('complexity filter')이다.

(12) *[[$_{CP}$ TP$_{PL}$ [[C [T̄P$_{PL}$–[$_{PL}$ -들] […]]]]] [[-고] […]]]

---

[360] 이 논문의 앞부분에서는 '-다'를 'Mood'로 주석하였는데, 이 부분에서는 이를 C 범주로 간주하는 것으로 보인다. 한국어 구조에 대한 이해가 깊지 않음을 드러내는 예라고 하겠다.

(12)는 '-고'의 오른쪽에 있던 부분을 '-고'의 명시어 위치로 이동하여 생긴 구조를 부적격한 구조로 걸러내는 제약이다. 이러한 여과('filter')의 방식은 최소주의 통사론의 정신에 정면으로 배치되는 것일뿐더러, (12)의 구조적 제약의 요점을 명시적인 형식으로 나타내기도 쉽지 않다. 최소화된 형태의 통사론적 연산만으로 운용하는 것을 표방하는 쿠프먼의 방법은 결국 이러한 임시방편적이고 간결치 못한 처리를 불러들이게 된다.[361]

4. 이동을 제약하는 여과(filter) 규정의 설정 머리성분이 형성하는 구들은 그 머리성분들의 위계에 따라 복합적 구 구조를 이룬다. 위계에서 하위 머리성분의 구는 원리상 언제든지 상위 머리성분의 명시어 위치로 이동할 수 있다. 그러나 실제로는 이러한 이동이 실행된 결과의 구조가 비문인 경우가 있다. 쿠프먼(2005)은 이동이 이루어진 뒤의 구조를 부적격한 구조로 걸러내는 여과 규정으로 다음 두 가지를 제안하고 있다. (13)은 위 항목 3에서 제시한 것으로, 특별한 형상적 구조를 배제하는 여과 장치이고, (14)는 한국어의 개별언어적 여과로서 'DP-를만'과 같은 것을 배제하는 여과 장치이다.

(13) 여과1: *[[$_{CP}$ TP$_{PL}$ [[C [TP$_{PL}$ [[$_{PL}$ -들] […]]]]] [[-고] […]]] (=(12))
(14) 여과2: *[$_{FocP}$ [DP-를] [$_{Foc'}$ [$_{Foc}$ -만…]]]

(13)의 문제는, 부적격한 도출을 배제하기 위하여 설정하는 제약의 규정이 복잡한 구조에 대한 기술을 포함하는 것이어서 간결한 처리와는 멀어져 있다는 것이다. (14)의 문제는 일반화하기 힘든 규정이라는 것이다. (14)의 경우에는 '-를'과 '-만'을 서로 다른 통사 범주로 나누어서 구조 형성 연산을 실행한 것이 근본적으로 문제를 일으키는 것이 아닌가 의심해 볼 수 있다.

3.3.3절의 양인석(1972) 비판에서는 후치사와 보조사의 결합에 관한 (15)의 어휘부 규칙과 함께 (16)의 예외적 결합을 복합 후치사로 설정하는 방법이 이들 조사들의 통사적 실현을 가장 적합하게 포착할 수 있다고 서술하였다.

---

[361] 복수 주어와 일치하는 '-들'에 대한 명쾌한 통사론적 대안은 주어져 있지 않다. 필자의 처리 방안은, 통사적으로는, 이를 보조사(D)의 하나로 보고, C나 P와 결합하여 복합 형식의 C나 P를 만드는 요소로 간주하는 것이다. 관련 명제가 복수성 주체에 대한 서술임을 그 전제로 부과하는 것이 이들 복합 형식의 의미적 특성이라고 본다.
여기에서 지적해 두어야 할 점은, (11가)와 같이 문장의 맨 말미에 '-들'을 가지는 형식은 특별한 구어적 맥락에서만 쓰일 뿐 결코 격식체의 문장으로 쓰일 수 없다는 것이다. '…고들 말했다'와 같은 형식은 상대적으로 용인가능성이 높기는 하지만 이 역시 격식체의 문장으로 사용되기 어렵다. 그러므로 '-들'을 '-으시-'와 같은 차원에서 일치 요소나 구의 머리성분으로 취급하는 것은 타당하지 않다고 본다.

(15) [ₚ P D] EX. -으로만, -으로도, -에만, -에도, -와만, -와도, …
(16) -만으로

보조사와 보조사의 결합에 있어서는 이 정도의 규칙성도 존재하지 않는 것으로 보인다. 양인석(1972)에서 제시한 보조사 11개를 가지고 서로 결합하여 만들 수 있는 잠재적인 복합 형식은 77개인데, 이들 중 적격한 결합은 다음 14개밖에 되지 않는 것을 관찰하였다.

(17) -마저도, -까지만, -까지는, -까지도, -까지야, -까지나, -까지만은, -까지만이라도, -부터는, -만은, ?-만도, -만이야, -만이라도, -밖에는

이는 이 14개의 복합 보조사들이 각기 개별적 어휘항목으로 기술되어야 함을 뜻하는 것으로 보인다. 3.2.2절에서 보조사로 포함하기 시작한 '-이, -를, -의'를 추가로 고려하더라도 다음의 3개가 (17)의 목록에 추가될 뿐이다.[362] 보조사와 보조사가 결합하는 경우는 (17)과 (18)의 복합 보조사들이 어휘개별적으로 존재할 뿐이고, 보조사와 보조사의 결합에 규칙성은 없는 것으로 보인다.

(18) -만이, -만을, -만의

이러한 사실은 '-만'을 비롯한 단위들과 '-를'이 아예 서로 다른 통사 범주를 이루지 않기 때문에 나타나는 현상이라고 생각할 수 있다. (14)와 같은 제약이 일반화하기 힘든 것은 '-를'과 '-만'을 서로 다른 통사 범주로 상정한 그 점으로부터 말미암는 것이 아닌가 생각된다.

5. 보조동사의 보문소 선택과 '하-'의 문제 쿠프먼은 보조동사들이 보문소를 선택한다는 조·셀즈(Cho & Sells 1995), 셀즈(Sells 1995)의 관찰을 그의 통사적 관점에서 설명할 수 있다고 주장한다. 그러나 어떻게 설명하는 것인지, 그 실행 과정을 구체적으로 보이지는 않고 있다.

한국어 문법 연구에서 보조동사라고 하는 것들 중에는 '하-'도 포함된다. 문제는, '하-'가 하나가 아니라는 것이다. '-어야 하-', '-기는 하-', '-게 하-'는 보조동사로 인정되어 온 것들이고, '-으려고 하-', '-도록 하-', '-게끔 하-', '-도록끔 하-' 등도 동일한 구조를 이루는 것으로

---

362 '-까지가, -까지를, -까지의'에서의 '-까지'는 후치사이고, (17)에서도 '-까지' 결합형은 대개 후치사의 '-까지'가 결합한 형식인 것으로 보인다.

보아야 할 예들이다. 나아가 '-다고 하-, -느냐고 하-, -으라고 하-, 자고 하-'에서의 '하-'는 각각 '말하다, 묻다, 명령하다/시키다, 제안하다'의 의미로 해석된다. 이들은 '하-'가 그 보충어를 선택한다는 관점에서 설명할 수 없고, 반대로 '-다고', '-느냐고', '-으라고', '-자고'가 주절 동사를 선택한다고 하는 관점에서 설명하는 것이 합리적이다. 이들의 경우 '하-'는 핵계층 이론의 보충어 규칙(X′ → YP X)에서 X의 기능으로 도입되는 것일 뿐, 그 보충어를 선택하는 것이 아니다. 보조동사의 '하-'도, 이것이 그 앞의 보문 또는 보문소를 선택한다기 보다는 오히려 그 보충어를 이끄는 보문소가 그 보충어와 함께 주절 동사를 선택한다고 설명하는 것이 타당할 것이다. 이 점이 옳다면 상위 범주가 하위 범주를 선택한다는 전제에서 운용되는 (2가)의 원리는 근본적인 문제성을 가진다고 하겠다.

6. **합성성**(compositionality)**의 문제** 통사구조 자체의 문제 외에도, 통사의미적 합성의 이론을 수립하는 데에 이 통사론 이론이 적합한지의 문제가 제기된다.

(3a-g)의 도출 과정에서 나타나는 통사구조 중 어느 것을 선택하여 그 구조를 바탕으로 한 의미 해석 규칙을 적용할 것인가?

마지막으로 도출된 (3g)를 바탕으로 의미 해석 규칙을 적용할 것인가? 그러나 (3g)는 표면의 어순으로 된 표면의 구조에 가까운 것으로, 이를 바탕으로 체계적인 의미 합성의 절차를 실행히기는 극히 어려워 보인다. 또한 (3a-f)의 어느 구조도 의미 해석을 위해 적합한 구조라고 할 수 없다.

이 논문은 일견 흔적이 없는 이론을 전개하는 것 같지만, '―'로 지워진 부분이 흔적에 해당하는 부분으로 유지된다고 보아야 한다. 그런데 원리매개변인 이론에서 설정하는 흔적 't'는 표준적 형식의미론의 방법으로 그 의미를 해석하는 데에 효과적이다. 비논항 연산자의 흔적인 경우의 't'는 연산자('∃x'나 'λx')에 결속되는 결속변항(bound variable)이다. 논항 흔적인 경우의 't'는 그 선행사의 의미를 가져와서 해석하고, 합성 과정에서 선행사는 무시된다.[363]

쿠프먼(2005)의 이론에 따른 통사구조 도출 과정에서는 구체적으로 어느 단계의 어떤 통사구조를 가져다가 의미 합성 절차에 적용할 것인지를 알기 어렵다. 표준적 형식의미론의 의미 합성에서의 기본 전제는, 통사적 도출 과정에서 주어진 통사구조를 바탕으로 의미 해석 규칙들을 적용한다는 것이다. 그리고 모든 의미 해석 규칙은 통사구조의 구성성분들을

---

[363] 비논항 흔적 및 논항 흔적의 해석을 포함하는 표준적 형식의미론의 의미 합성의 방법을 양정석(2023나: 29-36)에서 설명한 바 있다.

적용의 단위로 삼는다. 이는 의미 합성 절차를 실행하기 위해서도 도출의 각 단계에 주어지는 구조가 구성성분됨의 요건을 만족해야 한다는 뜻이 된다. 앞의 (3)의 도출 과정에서는 한 구성성분과 이동의 결과로 남은 머리성분 단위가 한 단위로 이동하는 절차가 존재한다. 그 결과는 구성성분됨의 요건을 만족하지 않는 부분이 상위의 명시어 위치에 나타나게 된다는 것이다. 이렇게 (2)의 간결한 원리만을 준수하여 이루어지는 통사적 도출은 문법의 또 한편의 중요한 과제인 의미 합성의 문제 해결을 위해서는 장애 요인이 될 수 있다.

7. **부가어의 어순** 보편적 기저 어순을 가정하는 쿠프먼(2005)의 방안에 대하여 제기되는 또 하나의 문제는 부가어의 어순을 어떻게 설명할 것인가, 부가어를 통사구조에서 어떻게 도입할 것인가 하는 문제이다. 혼스틴 외(2005: 232)에서는 부가어의 어순 문제, 부가어의 구조 표상의 문제가 최소주의 통사론에서 거의 해결되지 않았다고 지적한 바 있다.

필자의 입장은 어순에 관하여 보충어-머리성분의 어순에 관한 머리성분 매개변인만 상정하고, 명시어와 부가어의 어순에 대해서는 아무런 매개변인을 상정하지 않는 것이다. 이에 따라 명시어와 부가어는 그 자매항의 왼쪽에도, 오른쪽에도 위치할 수 있다. 제4장에서는 이러한 관점에서 필자의 한국어 생성문법 이론을 전개할 것이다.

제4장

가설연역적 문법 II : 대안으로서의 한국어 생성문법

이제 필자의 견해에 따른 한국어 문법의 체계를 제시해 보기로 한다. 이는 지금까지 검토한 생성문법적 기술들에 대한 대안으로서의 한국어 생성문법 체계이다. 대안으로서의 한국어 생성문법에 요구되는 점들은 다음과 같다.

(1) 가. 통합관계와 계열관계의 질서를 포착하는 이론
　　나. 구성성분됨(constituency)에 대한 인식에 바탕을 둔 통사론적 분석
　　다. 구조보존 원리를 준수하는 통사론적 분석
　　라. 어말어미들은 각각이 통사 단위가 된다.
　　마. 선어말어미 또는 둘 이상의 선어말어미들의 통합은 통사 단위가 된다.
　　바. 통사 체계 구성의 한 요건으로서의 합성성 원리의 고려: 구, 문장을 생성하는 통사론 체계와 아울러 각 구, 문장의 통사구조로부터 그 의미 형식을 도출하는 의미론 체계가 문법의 일부로 기술되어야 한다.

필자는 특히 (1바)를 통사론 체계 기술의 요건으로 포함한다. 종래의 생성문법 연구는 통사구조를 형성하는 연산에 관심을 집중하여 왔다. 그런데 현대 언어학은 소쉬르 이래로 언어를 이루는 단위인 언어 기호가 소리와 의미를 연결하는 형식이고, 언어 체계는 소리의 체계와 의미의 체계를 연결하는 체계라고 상정해 왔다. 소리의 체계인 음운론 체계에 대해서는 촘스키 자신이 직접 그 완성적 체계를 제시한 바 있다(Chomsky & Halle 1968). 그러나 촘스키가 의미론 체계에 대한 구체적 이론화를 보인 적은 없다. 그러나 근래에는 하임·크라

처(Heim & Kratzer 1998)에 의해서 생성문법의 통사론 체계와 의미 해석을 연결하는 이론 체계가 완성적으로 제시되기에 이른다. 이 통사의미론적 연결의 기본 원리가 합성성 원리이다. 합성성 원리의 구현을 더 효과적으로 가능하게 하는 통사론 이론이 선호된다.

4.1. 통사 부문의 단원 이론들

생성문법 이론은 구조를 형성하는 원리 또는 규칙의 체계와, 형성된 구조에 대해 제약을 가하는 원리 또는 규칙의 체계로 이루어져 있다. 3.4.1절에서 도입한 핵계층 이론은 구조 형성 원리들의 체계이다. 핵계층 이론에 의해 형성된 구조들을 제약하는 원리로는 ②-⑤와 같은 것들이 있다. ⑥과 ⑦은 필자가 양정석(2010)에서 추가적으로 상정한 단원 이론들이다.

(1) 원리매개변인 이론의 단원 이론들
   ① 핵계층 이론: 핵계층 도식(X-bar schema)
   ② 격 이론: 격 여과 원리(Case Filter)
   ③ 의미역 이론: 논항연결원리, 의미역 기준
   ④ 결속 이론: 결속 원리 A, B, C
   ⑤ 한계 이론(Bounding Theory): 공범주 원리(ECP), 하위 인접 조건(Subjacency)
   ⑥ 서술화 이론: 서술화 원리
   ⑦ 재구조화 이론: 재구조화 원리

앞의 3.4.1절에서는 D-구조, S-구조, 논리형태의 세 가지 통사구조로 이루어지는 문법의 조직을 보인 바 있다. 이 책의 관점은 표준적 원리매개변인 이론의 전반적 관점을 공유하지만, 통사구조로는 S-구조만을 가지는 다음과 같은 문법의 조직을 가정한다.

(2) 필자의 관점에서의 문법의 조직
   핵계층 도식
         (어휘부)
      ↓ ↙어휘삽입규칙
   [문장의 S-구조] →(음운론적 규칙들) **[문장의 음성형태(PF)]**
          ↘ 의미규칙들
      [문장의 의미 표상]

이하에서는 원리매개변인 이론의 하위 이론들을 (1)에서 제시한 대로 하나하나 살펴보기로 한다.

4.1.1. 핵계층 이론

핵계층 이론은 모든 통사 범주에서 동심성과 범주중립성(=범주교차성)이 성립될 수 있게 한다. 동심성은 모든 범주가 그 머리성분(head)의 통사적 성격을 물려받는 중간 구 범주(X′), 최대 구 범주(XP = X″)로 되어 있다는 원리이다. 범주중립성은 어휘범주든, 기능범주든, 어느 범주라도 머리성분 X, 중간 구 범주(X′), 최대 구 범주(XP = X″)를 이룰 수 있다는 원리이다.

1980년대 후반부터 한국어에 핵계층 이론을 적용하는 연구들이 상당수 나타났지만, 특정 기능범주를 핵계층 이론 체계에 도입할 것인지 여부가 논의의 주종을 이루었고,[364] 전 범위에 걸친 체계를 제시한 연구는 드물다.[365] 3.2절과 3.4절의 논의 과정에서 필자는 한국어의 어말어미와 선어말어미, 보조사, 후치사 등의 기능범주와 명사, 동사, 부사 등의 어휘범주를 포함하는 통사 범주 체계를 제안한 바 있다.[366] 이에 따라 (3가)와 같은 통사적 머리성분의 범주들, (3나)와 같은 어휘항목들의 목록을 상정한다.

(3) 가. X = {V, N, Adv, P, D, I, C}
    나. V = {가-, 먹-, 착하-, 춥-, 있-, 없-, 이-, 아니-, …}
        N = {사람, 것, 이, 그, 하나, 한, 셋, 세, 첫째, 모두, 모든, 새, 해당, …}
        Adv= {매우, 빨리, 쓸쓸히, 같이, 달리, 함께, 또, 그리고, 그러나, …}
        P = {-에, -에게, -으로, -와, -부터[1], -까지[1], -이랑…}
        D = {-이, -를, -의, -는, -만, -도, -조차, -부터[2], -까지[2], -마저, -마다, -씩, -이나, -이라도, -이든지, -이나, …}
        I = {-으시-, -겠-, -으시겠-, ∅, -었-, -었었-, -으시었-, -으시었었-, -었겠-, -었었겠-, -으시었겠-, -으시었었겠-}

---

[364] 서정목(1993) 참조.
[365] 1990년대 이후의 생성문법의 연구 경향은 '최소주의 통사론'을 추구하는데(앞의 3.5절 참조), 여기에서는 핵계층 이론이 독립된 하위 이론으로서의 지위를 인정받지 못하고, '병합(Merge)'이라는 최소의 연산이 핵계층 이론이 행하던 구 구조 형성의 역할을 대신하고 있다. 그러나 병합의 결과로 만들어지는 단위는 구조적 문맥에 따라서 최대투사 범주(XP)나 머리성분 범주(X⁰)나 중간투사 범주(X′)의 하나로 귀착될 수밖에 없는 것이니, 최소주의 통사론에서 핵계층 이론이 폐기되었다고 말하는 것은 어폐가 있다.
[366] 이 책에서 필자는 후치사도 기능범주의 하나로 간주한다.

C = {-다, -니, -어라, -자, -고, -어서, -는, -던, -음, -기, …}

동사 범주인 'V'에는 최현배(1937) 등 종래 문법에서 동사로, 형용사로, 지정사로 다루던 것들이 모두 한 범주로 포함되고 있다. 또, 종래 문법에서 독립 통사 범주로 상정하던 '관형사'는 명사의 하위 범주로 간주한다. 그러나 종래의 부사는 여전히 독립된 통사 범주로 인정한다. 부사는 의미적으로 상태성 동사('형용사')와의 공통성을 많이 가지고 있으나, 형태론적, 통사론적 측면에서는 뚜렷한 차이를 가지므로 독립된 범주로 상정해야 한다. 종래 조사로 다루어지던 것들 중 부사격조사 '-에', '-에게', '-으로', '-와' 등은 후치사로, 종래의 보조사 '-는', '-도', '-만' 등은 그대로 '보조사'라는 이름으로 독립된 범주로 상정한다. 종래 격 표지의 대표적인 것으로 알려져 온 '-이/가', '-을/를', '-의'는 보조사 범주에 포함된다.[367]

(3)과 같은 머리성분 범주와 어휘항목의 목록을 가지고 구를 형성하는 원리들이 핵계층 이론을 이룬다. 다음과 같은 원리가 있어 머리성분으로부터 구를 확대해 갈 수 있고, 그 과정에서의 제약을 부여한다. 다음은 촘스키(Chomsky 1986b)에서 기능범주에까지 확대 적용하여 완성한 핵계층 이론을 받아들이되, 이에 다소 수정을 가한 것이다.[368]

(4) 핵계층 도식
    가. X → Y X   (Y는 머리성분 범주인 부가어)
    나. X' → YP X   (보충어 규칙: YP는 보충어)
    다. X' → YP; X'   (부가어 규칙: YP는 최대투사인 부가어)
    라. XP → YP; X'   (명시어 규칙: YP는 명시어)
    마. XP → YP; XP   (부가어 규칙: YP는 최대투사인 부가어)

X와 X'와 XP는 모두 부가어를 취하여 [$_X$ Y X], [$_{X'}$ YP X'], [$_{XP}$ YP XP] 구조를 형성할 수 있다. 머리성분의 부가어는 머리성분 범주이어야 한다. 중간투사 범주 X'이든, 최대투사 범주 XP이든, 모든 투사 범주의 부가어는 최대투사 범주(YP)이어야 한다. 어순은 매개변인이나 개별언어의 규칙에 따라 정해진다.[369]

---

367 이 책에서는 '-이/가', '-을/를'이 격 표지라는 견해를 부정한다. 이 점에 대해서는 뒤에서 격 이론을 다루면서 자세히 논의한다.
368 중간 투사범주 X'에 부가됨을 허용하는 (4다)는 필자의 견해로 제시하는 것이다. Chomsky(1986b)에는 (4나, 라)만이 명시적으로 제시되어 있고, (4가)와 (4마)는 각각 머리성분 이동, 부가어 이동과 같은 변형의 결과로 그 예가 나타나고 있다. 필자는 논리형태(LF)나 D-구조를 인정하지 않는, 단일한 층위의 통사구조를 가정하므로 (4가, 마)도 핵계층 도식으로 추가되어야 한다.

(4)의 핵계층 이론은 이 5가지 규칙들에 부합되지 않는 어떤 구조도 한국어는 물론, 나아가 모든 인간 언어의 구 단위로 생성될 수 없다는 점을 규제하고 있다.[370] 모든 언어의 모든 구가 (4)의 구조들로 분석되어야 한다는 요구는 우리의 이론 체계에서의 '구조보존원리'와 같은 것이다.

(4)에서 보충어, 부가어, 명시어는 전통문법이나 구조문법에서 '문장성분'이라 지칭하던 것과 상응하는 개념으로, 이들이 현대 생성문법 이론의 문법기능들이다. 최현배(1937)의 '문장성분론'과 관련지어 보면, 주어, 목적어, 보어, 부사어, 관형어, 독립어 들은 새 관점에서의 분석을 통해 보충어, 부가어, 명시어의 세 가지 문법기능으로 환원된다. '동위병치에 의한 확대'의 예나 문장 접속의 예도 부가어 또는 명시어를 가지는 구 구조로 설명된다. '조사에 의한 확대'는 격조사, 보조사가 머리성분(head: 핵어)이 되어, 그 앞에 명사구 등의 보충어를 취하여 확대된 구 구조를 형성하는 절차로 설명된다. 나아가서 '종결사, 접속사, 명사화사, 관형화사, 부사화사에 의한 확대'나 '굴절사에 의한 확대'도 이들 단어 범주가 머리성분이 되어 그 앞의 구를 보충어로 취하여 확대된 구 구조를 형성하는 절차라고 설명할 수 있다. 이러한 방법으로 한국어의 모든 문장을 (4)의 5개의 규칙을 이용하여 생성할 수 있다.

(4)의 (나)-(마) 규칙들에서 YP는 다시 Y를 머리성분으로 가지는 구 구조라는 점에 주의해야 한다. 이들에서 YP는 (라), (마)의 규칙에 의해 생성된 구 구조이다. 그러므로 (4가)를 포함한 (4)의 (가)-(마)는 귀환적 규칙(recursive rules)의 체계인 것이다.

한 문장의 생성 과정의 초기에 동사인 단어가 선택되었다고 가정해 보자. 어휘부의 해당 단어의 어휘기재항에서 이 단어의 통사 범주 V를 복사해 오는 일이 통사적 과정의 최초의 절차가 될 것이다.[371] 다음으로는 (4)의 핵계층 도식을 구조 형성의 기제로 활용하여 (5가),

---

369 최소주의 통사론에서는 SVO 어순을 바탕으로 한 '보편적 동일 기저 가설'과 Kayne(1994)의 '선형대응공리(LCA)'에 따라 어순이 결정되는 것으로 실행한다. 김용하(1998)에서는 선형대응공리가 한국어 통사구조의 기술에 문제를 일으킨다는 점을 비판적으로 고찰하고 기저에서부터 머리성분 매개변인(head parameter)를 적용하는 한국어의 최소주의 통사론적 기술을 실행한 바 있다(3.5.2절 참조). 필자는 이에서 더 후퇴하여, 원리매개변인 이론의 체계를 바탕으로 하여 최소주의 통사론의 유용한 장치들을 보완적으로 받아들이는 방침을 택한다.

370 (4나)는 '머리성분-뒤' 매개변인의 값이 정해진 후의, 한국어 핵문법에서 작용하는 핵계층 도식이다. (4가)는 이 순서 그대로 보편문법의 도식이라고 본다. 나머지 도식들은 부가어, 명시어의 순서가 왼쪽 또는 오른쪽으로 정해지지 않은 것이다.

371 이는 3.5절의 최소주의 통사론의 논의를 통하여 배운 점이다. 어휘부의 목록에서 한 어휘항목을 선택하는 일이 모든 통사적 과정의 시초이다. 엄밀히 말하면, V만 복사하는 것이 아니라 이 단어가 가지는 통사 자질과 의미론적 자질도 함께 복사한다고 보아야 한다.

(5나)와 같은 절차가 이루어진다.[372]

(5) 가. V ⟹((4나) 규칙) [ᵥ' XP V]
   나. [ᵥ' XP V] ⟹((4라) 규칙) [ᵥₚ YP [ᵥ' XP V]]

규칙이 적용되는 절차를 조금 더 자세하게 기록하기 위하여 다음과 같이 나타내기로 한다. 오른쪽의 괄호 안의 서술은 적용된 규칙이고, 그 왼쪽의 내용이 규칙이 적용된 결과의 구성성분이다. 3.4.1절의 (4)의 도출 절차와 비교함으로써 본 대안적 이론의 핵계층 이론 적용 절차의 특성을 잘 이해할 수 있다. 원리매개변인 이론의 논의에서는 일반적으로 하향(top-down) 도출 절차를 취하나 본 대안적 이론에서는 상향(bottom-up) 도출 절차를 취하기로 한다.[373]

(4)의 5개 규칙만 가지면 한국어의 어떤 문장이라도 생성할 수 있다.

(6) "나는 철수가 싫다."의 도출 절차
  [ᵥ 싫-]   (⟸어휘부에서 어휘항목 복사)
  [ᵥ'[DP 철수가] [ᵥ 싫-]]   (⟸(4나) 보충어 규칙 적용, X=V, Y=D)
  [ᵥₚ[ᵥ'[DP 철수가] [ᵥ 싫-]]]   (⟸(4라) 명시어 규칙 적용, X=V, YP는 선택되지 않음)
  [ᵢ'[ᵥₚ[ᵥ'[DP 철수가] [ᵥ 싫-]]] [ᵢ ∅]]   (⟸(4나) 적용, X=I, Y=V)
  [ᵢₚ[DP t] [ᵢ'[ᵥₚ[ᵥ'[DP 철수가] [ᵥ 싫-]]] [ᵢ ∅]]]   (⟸(4라) 적용, X=I, Y=D)
  [C[ᵢₚ[DP t] [ᵢ'[ᵥₚ[ᵥ'[DP 철수가] [ᵥ 싫-]]] [ᵢ ∅]]]-다] (⟸(4나) 적용, X=C, Y=I)
  [CP[DP 나는]ᵢ [C'[ᵢₚ[DP tᵢ] [ᵢ'[ᵥₚ[ᵥ'[DP 철수가] [ᵥ 싫-]]] [ᵢ ∅]]]-다]]
                                      (⟸(4라) 적용, X=C, YP는 선택되지 않음)

중간투사 범주, 최대투사 범주, 부가된 범주는 머리성분이 가지는 통사적 자질들을 물려받는다. 이를 자질의 삼투라고 한다. 특별한 경우로, DP는 그 내부의 보충어인 NP의 통사적 자질을 물려받을 수 있다.[374] 핵계층 이론은 이렇게, 어휘항목을 바탕으로 하여 통사적 표상인 구를 형성하는 것이다.

핵계층 이론의 규칙들(원리들)인 위 (4가-마)에 의해서 구체적인 구가 형성되는 방법을

---

372 여기에서는 상향(bottom-up) 도출의 방향으로 설명한다. 최소주의 통사론에서는 상향 도출의 방향을 기본으로 하지만 원리매개변인 이론에서는 하향(top-down) 도출의 방향을 취하는 것이 관행이었다.
373 이것도 3.5절의 최소주의 통사론의 논의를 통하여 배운 점이다.
374 이는 뒤에서 서술화 이론의 일부로 서술될 것이다.

더 알아보자. 먼저 '보충어 규칙'인 (4나)는 다음과 같은 구를 형성한다.

(7) 보충어 구조의 예
  가. 물이 수증기로 변했다.
    [v' [PP 수증기로] [v 변하-]]
  나. 철수가 순희를 인호에게 소개했다.
    [v' [PP 인호에게] [v 소개하-]]
  다. 철수가 순희를 인호에게 소개했다.
    [I' [VP 순희를 인호에게 소개하-] [I -었-]]
  라. 기영이는 순희를 인호에게 소개했고 준기는 옥이를 경수에게 소개했다.
    [C' [IP 기영이는 순희를 인호에게 소개하-었-] [C -고]]

다음은 명시어 구조의 예들이다. 이들은 위 (4라)의 '명시어 규칙'이 적용되어 형성된다. (8나, 다)는 명시어가 오른쪽에 위치하는 예들을 보인다.[375]

(8) 명시어 구조의 예
  가. 철수가 뛰었다.
    [IP [DP 철수가] [I' [VP [v 뛰]][I -었-]]]
  나. 철수와 인호가 뛰었다.
    [PP [P' [DP 철수] [P -와]] [NP 인호]]
  다. 철수가 도착하거든 전화를 해라.
    [CP [C' [IP [DP 철수가] [I' [VP [v 도착하-]][I ∅]][C -거든]]
    [CP [IP [DP e] [I' [VP[DP 전화를] [v 하-]][I ∅]][C -어라]]]

다음으로 부가어 구조의 예를 살펴보자. 부가어는 XP에 부가되는 경우도 있고 X'에 부가되는 경우도 있다. 연결어미 '-어서'에 이끌리는 다음 접속문의 선행절은 XP, 즉 VP에 부가되는 부가어이다. 이는 위 (4마)의 부가어 규칙이 적용된 것이다.

(9) 나는 몸이 피곤해서 귀가하겠다.
  [CP [IP [DP 나는] [I'[VP [CP [IP [DP 몸이] [I' [VP [v 피곤하-]][I ∅][C-어서]]

---

[375] (8나)의 명시어 구조는 4.2절에서, (8다)의 명시어 구조 접속문과 (9)의 부가어 구조 접속문은 4.4절에서 논의한다.

[VP[V 귀가하-]]][I -겠-]][C -다]]

다음은 X'에 부가어가 부가되는 예이다. 여기에서 X'는 I'이다. 이는 위 (4다)의 부가어 규칙이 적용된 것이다.

(10) 나는 철수가 도착하면 전화를 하겠다.
  [CP [IP [DP 나는] [I'[CP [IP [DP 철수가] [I' [VP [V 도착하-]][I Ø]][C-면]]
  [I'[VP[DP 전화를][V 하-]][I -겠-]]] [C -다]]

이상은 위 (4)의 핵계층 도식 5개를 가지고 한국어의 모든 문장의 통사구조를 형성할 수 있음을 보인 것이다.

4.1.2. 격 이론

표준적 원리매개변인 이론에서 격 이론은 음성적으로 실현되는 명사구(NP)들의 분포를 규율하는 원리이다. 격 이론을 구체적으로 실행하는 방법은, 먼저 지배 조건 하에서 주격 [+nom], 목적격 [+acc], 사격 [+obl], 관형격 [+gen] 등의 추상격 자질을 할당하는 절차가 선행되고, 이를 바탕으로 '격 여과 원리(Case Filter)'가 적용되어 명사구(NP)들 중에서 추상격 자질을 할당받지 못한 명사구가 있는지 점검한다. 추상격 자질을 받지 못한 명사구(NP)가 하나라도 있으면 그 문장은 비문법적 문장으로 판정된다.

격 이론에 의해 표시되는 격은 추상격과 그 형태론적 실현의 두 단계로 규정된다. 한국어의 '-이/가'와 '-을/를'은 각각 추상격 자질 '[+nom]'과 '[+acc]'가 음운론적 부문에서 형태론적으로 실현되는 것이라고 설명하는 것이 한국어에 원리매개변인 이론을 적용하는 연구들의 관행이 되어 왔다. 필자는 이러한 관행적 격 처리 방법을 받아들이지 않는다. 위에서 이미 말한 바와 같이, '-이/가'와 '-을/를'은 '-은/는, -도, -만, …'처럼 보조사 범주(D)에 속하는 것으로 상정한다. 이들은 NP를 보충어로 가지는 DP를 형성한다. 추상격 자질은 이 DP에 부여된다.

이렇게 가정하는 이유는 다음과 같다. 종래 원리매개변인 이론적 연구의 관행대로 '-이, -를'은 통사 범주 아닌 통사적 자질로 치부하고 '-는, -도, -만, -마다'는 어쩔 수 없이 통사 범주로 인정하더라도 근본적으로 해결되지 않는 다음의 문제점들이 제기된다.

(11) 가. '-이, -를'과 '-는, -도, -만, -마다'는 계열적으로 대립하는 단위들이다. 그러므로 이들은 하나의 통사 범주를 이룬다.
　　 나. '-이'는 굴절소에 의해, '-를'은 타동사에 의해 지배된다는 기본적 격 표시 규칙에 의해 설명되지 않는 다음과 같은 반례들이 존재한다.
　　　　 a. 날이 춥지가 않다/날이 춥지를 않다.
　　　　 b. 그 사람이 인성이 착하기를 하냐, 능력이 우수하기를 하냐?
　　　　 c. 그 여자가 참 상냥을 해요.
　　 다. 보조사가 문법 요소와 결합하여 복합적 연결어미를 이루는 것처럼, '-를'이 문법 요소와 결합하여 복합적 연결어미를 이루는 '-기를'의 예가 존재한다. 특히 (b)에는 그 목적격을 부여하는 타동사가 아예 없다.
　　　　 a. 그 사람이 말하기를 내가 잘못했다고 했다.
　　　　 b. 그 알이 태어나기를 금빛 광채 속에서 태어났다.

이러한 문제점들은 필자의 연구를 포함하는 이전 연구들에서 누차 지적해 온 것이다. 필자는 한국어 생성문법의 관행적 이론들이 이들 근본적 문제를 해결하는 데에 성공하지 못했다고 판단한다. 한국어의 사실을 정확하게 포착하는 격 이론은 보조사들의 어휘부 기술 내용으로 기본적으로 다음과 같은 것을 가정해야 한다.

(12) 가. '-이^1'의 어휘기재항: (-이, D, +nom, -피작용성)
　　　　 '-이^1'의 어휘기재항: (-이, D, +초점, -피작용성)
　　 나. '-를^1'의 어휘기재항: (-를, D, +acc, +피작용성)
　　　　 '-를^2'의 어휘기재항: (-를, D, +초점, +피작용성)
　　 다. '-의^1'의 어휘기재항: (-의, D, +gen, …)
　　　　 '-의^2'의 어휘기재항: (-의, D, +초점, +소유)
　　 라. '-는^1'의 어휘기재항: (-는, D, +화제)
　　　　 '-는^2'의 어휘기재항: (-는, D, +case, +대조화제)
　　 마. '-만'의 어휘기재항: (-만, D, +case, +초점, …)
　　 바. '-도'의 어휘기재항: (-도, D, +case, +초점, …)
　　 사. 공범주 D 'Ø'의 어휘기재항: (Ø, D, +case, …)
　　 아. 흔적 't'의 어휘기재항: (t, DP, +case, …)

'-이, -를, -의, -는'은 각각 2개씩의 어휘항목으로 나누어진다. 특히 '-이'과 '-는'이 각각 2개씩의 용법을 가진다는 점은 박승윤(1981)에서 자세하게 설명한 바 있다(3.3.5절). 명시적인 이론의 실행을 위해 필자는 이 2개씩의 용법을 동음이의적 요소들로 어휘부에 명시한다. 이제 양정석(2002, 2010)에서 제시한 필자의 격 이론을 수정하여 서술하기로 한다.[376]

(13) 격 점검 원리
　가. 동지표 i가 붙어 있는 DP 성분에는 주격 [+nom]이 표시되어 있어야 하고, 이것은 I 범주에 지배되어 점검되어야 한다.
　나. 동지표 j가 붙어 있는 [DP, VP] 성분에는 목적격 [+acc]가 표시되어 있어야 하고, 이것은 $V_{+타동사}$ 범주에 지배되어 점검되어야 한다.
　다. 동지표 'l'이 붙어 있는 DP에는 관형격 [+gen]이 표시되어 있어야 하고, 이것은 N 범주에 지배되어 점검되어야 한다.[377]
　라. 하위 구성성분의 격 지배자가 지배하는 영역 내의 DP는 상위 지배자가 격 지배할 수 없다.[378]
　마. 격 자질을 가지는 DP와, 연산자와 동지표화된 흔적(비논항 흔적 t)은 격 점검자(I, $V_{+타동사}$, N)에 의해 격 자질이 점검되어 삭제되어야 한다(그렇지 않으면 부적격한 통사구조가 결과된다).[379]

이 격 점검 원리를 실행가능한 규칙으로 운용하는 데에는 다음과 같은 주의가 필요하다. 첫째, 격 여과 원리에 상당하는 규정은 (13마)로 서술되었다. 둘째, 격 자질의 점검과 삭제 절차는 최소주의 통사론의 방법을 부분적으로 활용한 것이다. 격 자질은 잉여적인 성격을 가지므로, 이를 비해석성 자질로 간주하여 의미 해석 규칙이 적용되기 전에 삭제되도록 조치한 것이다. 그러나 한국어의 격 자질들은 강성 자질이 아니어서, 'I' 또는 'v'의 명시어 위치로 이동하지 않아도 주격, 목적격 자질 점검이 가능하다고 가정한다. 셋째, 위 (12마~아)에 명시된 '+case'는 격 점검자에 의해 지배되는 경우 구체적인 격 자질 '+nom', '+acc', '+gen'으로 구체화되어 점검, 삭제되고, 격 점검자에 의해 지배되지 않는 위치에서는 격 점검 및 삭제가 실행되지 않아도 (13마)의 원리에 위배되지 않는 것으로 가정한다. 넷째,

---

[376] (13나)는 목적어가 VP의 명시어로 처리됨을 보이는 것이다. (13나)는 더 근원적으로 (14나)의 원리에 의존한다. (13)에서 [XP, YP]는 'YP'에 직접 관여되는 'XP'를 뜻한다.
[377] 이 규칙은 서술성 명사 'N'이 이루는 '(NP-의) NP-의 N' 구성에서 DP인 'NP-의'에 관형격을 부여하는 규칙이다. 양정석(2002, 2010)에서는 이에 대해 명시하지 않았었다.
[378] 이 규정은 3.4.1절에서 원리매개변인 이론의 격 이론을 설명하기 위하여 설정하였던 것으로, 이정식(1992)의 격 이론을 원용한 것이다.
[379] 이 규칙은 PRO나 pro, 논항 DP 이동의 흔적과 같은 공범주가 격 표시 대상에서 제외됨을 규정한다. 또 비논항과 동지표화된 흔적, 즉 의문사 구의 흔적이나 공범주 연산자의 흔적과 같은 비논항 흔적은 격 점검이 되어야 함을 규정한다.

한 격 점검자가 2회 이상 격 점검에 참여할 수 있다고 가정한다.

위 격 이론은 이보다 더 기본적인 원리인 다음 논항연결원리를 바탕으로 하여 적용된다.[380]

(14) 논항연결원리

동사와 부사와 서술성 명사가 가지는 어휘의미구조의 명시적 논항 정보를 바탕으로(명시적 논항들은 i, j, k, l 등의 지표가 붙어 있다고 가정한다), 다음 조건을 만족하면 통사구조의 논항 위치에 각각 동지표 i, j, k, l을 붙인다. DP가 [+case] 자질만을 가지는 경우에는 이 [+case] 자질은 해당 조건에 따라 구체적 격 자질 [+nom]이나 [+acc]로 바뀔 수 있다.

가. 작용자/반작용자나 행위자는 [DP, IP]로 연결된다. 이 DP가 [+nom] 자질을 가지면 동지표 i를 붙인다.

나. 피작용자/자극이나 대상은 [DP, VP]로 연결된다. 이 DP가 [+acc] 자질을 가지면 동지표 j를 붙인다.

다. 동사의 어휘의미구조의 그 외 논항은 [XP, X']로 연결된다. 이에 따라 k를 붙인다.

라. 피작용자/자극과 대상이 결속되지 않고서 함께 주어지면 피작용자가 우선적으로 연결된다.

마. 서술성 명사의 어휘의미구조에 주어지는 행위자는 [DP, NP]로 연결된다. 이 DP가 [+gen] 자질을 가지면 동지표 'l'을 붙인다.

바. 서술성 명사의 어휘의미구조에 주어지는 대상 논항은 [DP, N']로 연결된다. 이 DP가 [+gen] 자질을 가지면 동지표 'l'을 붙인다. 서술성 명사의 그 외 논항은 [XP, N']로 연결되고, 이에 따라 k를 붙인다.

사. 부사의 어휘의미구조에 주어지는 대상 논항은 [DP, Adv']로 연결된다. 이 DP가 [+nom] 자질을 가지면 동지표 'i'를 붙인다. 그 외 논항은 [XP, Adv']로 연결되고, 이에 따라 k를

---

[380] 이 원리는 의미역 구조를 가지는 동사, 부사, 서술성 명사의 어휘의미구조를 바탕으로 적용된다. '작용자, 행위자, 대상, …' 등의 의미역 명칭은 술어해체 분석에 따른 어휘의미구조의 요소 'AFF', 'CS', 'GO'로부터 파생되는 개념이라는 것이 기본 가정이다(Jackendoff 1990, 2002, 양정석 1995/1997, 2002). 이러한 요소들을 기반으로 하는 의미구조의 형식을 '기술 층렬'로 기록하고, 형식의미론적 의미구조의 형식을 '지시 층렬'로 기록하는 것이 필자의 관점이다(Jackendoff 2002, 양정석 2017, 2023나).
  a. 'AFF(X, Y)'의 X는 작용자(Affector) 의미역, Y는 피작용자(Patient) 의미역이다.
  b. 'REACT(X, Y)'의 X는 반작용자(Reactor) 의미역, Y는 자극(Stimulus) 의미역이다.
  c. 'CS(X, Y)'의 X는 행위자(Agent) 의미역이다.
  d. 'GO(X, [TO(Y)])', 'GO(X, [FROM(Y)])', 'BE(X, [AT(Y)])', 'STAY(X, [AT(Y)])'의 X는 대상(Theme) 의미역이다.
  e. 'GO(X, [TO(Y)])'의 Y는 목표(Goal) 의미역, 'GO(X, [FROM(Y)])'의 Y는 시원(Source) 의미역, 'BE(X, [AT(Y)])', 'STAY(X, [AT(Y)])'의 Y는 처소(Location) 의미역이다.
이러한 의미역 개념들은 3.4.1절에서 소개한 의미역 개념들과 달리, 동사, 부사, 서술성 명사가 가지는 술어해체 이론적 어휘의미구조를 기반으로 정의된다. 의미역들의 목록인 '의미역틀(theta-grid)'에 입각한 의미역 이론이 실제 언어를 완전히 기술할 수 없음을 증명하는 것이 양정석(2002)의 주요 작업이었다.

붙인다.
아. 동사와 부사와 서술성 명사의 어휘의미구조에 주어지는 모든 명시적 논항은 통사구조의 성분으로 일의적으로 연결되어야 한다.

(14아)는 표준적 원리매개변인 이론의 '의미역 기준'에 해당하는 원리이다.
다음은 (13)의 격 점검 원리가 실행되는 예를 보인 것이다.

(15) 가. D 범주의 '-의'를 가진 '왜구들의'와 '남해안 지방의'는 모두 (13다)에 따라 관형격 [+gen]이 점검되고 삭제된다.
　　　EX. [NP [DP 왜구들의][+gen] [N' [DP 남해안 지방의][+gen] [N 침탈[+gen]]]]
　나. '철수의 책'은 [NP [DP 철수의] [NP [N 책]]]의 구조를 가지고 있으며, 이 경우 '철수의'는 부가어이기 때문에 논항연결원리에 의한 논항이 되지 못하고, '책'이 격 점검자가 아니기 때문에, 이것에 지배되어 점검되지 않아도 격 이론을 위배하는 바가 없다. 이 경우는 (12다)의 '-의²'가 선택되는 것이다.
　다. 다음 예에서 '소리도'는 부사의 보충어로서, (14사)에 따라 동지표 'i'를 갖게 되고('-도'는 '+case'를 갖기 때문에 '+nom'으로 구체화된다), (13가)에 따라 I에 의해 격 점검된다.
　　　EX. 나뭇잎이 [[소리도][+nom] 없이] 떨어진다.
　라. 다음 예에서 '영호와', '우리로'는 부사의 보충어로서, (14사)에 따라 동지표 k를 갖게 되어 논항으로 허가되나, 격 점검은 받지 않는다. 즉 (13)의 어느 조항에도 저촉되지 않는다.
　　　EX. 철수가 [영호와]k 함께 골프를 쳤다/그의 행동이 [우리로]k 하여금 우리의 지나온 행적을 반성하게 했다.
　마. 다음 예에서 부사구(AdvP) '가엾이'는 동사 '여기-'의 보충어로서, (14다)에 따라 동지표 k를 가지는 논항으로 허가되나, 격 점검은 받지 않는다. 즉 (13)의 어느 조항에도 저촉되지 않는다.
　　　EX. 그는 철수를 [가엾이]k 여긴다.
　바. 다음 예에서 'e 폭발하기에'는 동사 '이르-'의 보충어인 PP로서, (14다)에 따라 동지표 k를 가지는 논항으로 허가되나, 격 점검은 받지 않는다. 즉 (13)의 어느 조항에도 저촉되지 않는다.
　　　EX. 그의 분노가 [e 폭발하기에]k 이르렀다.

종래 한국어 생성문법 연구들에서의 관행적 격 이론들 및 앞 3.4.1절의 격 이론은 근본적인 결함을 가지고 있어서 한국어의 완전한 기술을 위해 적합하지 않다. 종래의 관행적인 격 이론과 위 격 이론의 주요 차이점은 '-이/가'와 '-을/를'을 보조사로 규정하는지의 여부에

있다. 이들을 보조사로 규정하지 않으면 굴절소, 타동사의 지배를 받는 'NP-이', 'NP-를'의
'-이', '-를'이 NP에 주어지는 지배의 작용에 장애가 되지 않는다는 약정을 해야만 한다.
'-이', '-를'을 통사 범주 아닌 통사적 자질 '+nom', '+acc'로 약정하는 것은 이 때문이다.

위 격 이론의 더 큰 특징은 논항연결원리의 적용 결과로 형성된 통사적 논항구조를 바탕
으로 격 이론을 실행한다는 점이다. (13)의 격 이론은 DP에 한정하여, 그것을 지배하는
격 점검자의 영역 내에서만 격 점검을 수행하도록 한다. 격 점검자 'I, V+타동사, N'의 지배
영역을 벗어나는 DP는 (12)의 '-이²', '-를²', '-의²'를 머리성분으로 가지는 DP이거나 (12라
사)를 가지는 DP로서, 격 이론을 위배하지 않고 적격한 문장을 이룰 수 있다.

4.1.3. 의미역 이론

동사는 그 논항들의 의미적 성격과 그 수에 관한 정보를 가지고 있다. 즉, '먹-'은 그
어휘적 정보로서 먹는 행위의 주체인 '행위자(Agent)'와 그 행위의 대상으로서의 음식물('대
상 Theme')을 가지는 것이다. 어휘기재항에 주어져 있는 이 의미역들을 주어와 목적어에
할당해야 하는데, 이 과정에서 일반적 원리인 '의미역 기준'을 지켜야 한다. 또, D-구조와
S-구조와 논리형태(LF)의 세 통사적 층위를 가시는 관행적 원리매개변인 이론의 경우에는
의미역 표시의 특성들이 이 세 층위에서 일관적으로 나타나야 한다. 이 점이 '투사 원리'에
의해 규정된다.

(16) 의미역 기준
통사구조의 논항은 의미역을 가져야 하고, 하나의 의미역만을 가져야 한다. 어휘적으로 설정
된 모든 의미역은 논항에 할당되어야만 하고, 한 의미역은 한 논항에만 할당되어야 한다.
(17) 투사 원리
각 어휘항목이 가지는 의미역 표시 특성들은 통사구조 층위에서 실현되어야 하고, 통사구조
층위가 둘 이상이면 모든 통사구조 층위에서 그 특성들이 유지되어야 한다.

(16)은 '의미역틀'을 바탕으로 한 규정으로서 술어해체 이론적 어휘의미구조를 바탕으로
한 우리의 논항연결원리와 정면으로 배치되고, (17)은 S-구조에 상당하는 단일 통사구조만을
가지고 운용하는 우리의 관점에서 적합하지 않은 규정이다. 이 두 규정의 핵심은 논항연결원리
중의 (14아)가 이미 표현하고 있는 것이다. 그러므로 (14)의 논항연결원리를 바탕으로 통사구조

에서 논항들의 의미역 표시를 실행하는 구체적 규칙을 다음과 같이 서술하기로 한다.

(18) 의미역 표시 규칙
　　가. 어휘의미구조로부터 어휘잉여규칙을 통하여 (a)-(f)의 어휘통사적 논항구조를 얻어낸다. (a)는 3자리 술어, (b)는 2자리 술어의 논항구조이고, (c)는 1자리 술어인 비능격동사의 논항구조이다. (d), (e)는 2자리 술어, 1자리 술어인 능격동사의 논항구조이다. (f)는 보충어 1개를 가지는 부사, 서술성 명사의 논항구조이다.
　　　a. x⟨y,z⟩　　　　b. x⟨y,⟩
　　　c. x⟨,⟩　　　　　d. ⟨y,z⟩
　　　e. ⟨y,⟩　　　　　f. ⟨z⟩
　　나. 술어 어휘항목의 논항구조에서 하위 논항(오른쪽의 논항)을 그 술어의 보충어에 먼저, 명시어에 그 다음으로 차례로 부여하고, 그 후에 그 구 범주를 벗어나는 상위 구의 명시어에 부여한다.

(19)와 같은 평범한 문장을 예로 들어 (18)의 의미역 표시 절차와 (14아)의 원리가 만족되는 방법을 알아보자.

(19) 철수가 김밥을 먹었다.
(20) 가. 철수가 [$_{VP}$ 김밥을 먹-$_{x⟨y,⟩}$]-었다.
　　 나. 철수가 [$_{VP}$ 김밥을$_y$ 먹-$_{⟨,⟩}$]$_{x◇}$-었다.　　　　(⇐목적어에 논항 할당)
　　 다. [$_{IP}$ 철수가$_x$ [$_{VP}$ 김밥을$_y$ 먹-$_{⟨,⟩}$]$_◇$-었-]$_◇$-다.　(⇐주어에 논항 할당)

동사 '먹-'은 'x⟨y,⟩'와 같은 어휘적 논항구조를 가진다.[381] (20가-다)와 같은 절차를 통해 논항구조의 모든 논항이 할당된 다음, (20다)와 같은 통사구조를 바탕으로 (14아)의 원리가 점검되고, 만족된다. (14아)는 대략 (16)과 같은 방법으로 점검하는 것으로 이해할 수 있다.

　　생성문법 이론이 궁극적으로 추구하는 바는, 한국어의 모든 문장을 누락됨이 없이 생성하고(완전성 요건), 반면 한국어의 문장이 아닌 것은 비문으로 정확히 예측하는 것(건전성 요건)이다. (19) 문장이 (14아)의 원리를 만족시킨다는 것은 이 문장이 (18)을 그 부분 장치로 포함하는 문법 이론에 따라 문법적 문장으로 생성됨을 뜻한다. 다음 문장들은 위 원리에 따라 비문으로 예측된다.

---

[381] 보통 주어에 할당되는 의미역을 밑줄을 쳐서 특별히 나타내는데, 이를 '외부 논항'이라고 한다. 'x⟨y,⟩'와 같은 논항구조 형식에서는 'x'가 외부 논항이다.

(21) 가. *나는 싫다.
  나. *나는 철수가 인호가 싫다.

(21가)는 두 자리 술어인 '싫-'의 문장에 논항이 한 개만 실현되어 (14아)의 원리를 위배하며,[382] (21나)는 논항이 세 개가 실현되어 역시 (14아)를 위배한다.

격 이론과 의미역 이론의 적용 과정 예시

격 이론과 의미역 이론이 함께 적용되는 예를 보이기로 한다. "나는 철수가 싫다."와 같은 문장은 다음과 같이 설명된다. '싫-'의 논항구조는 '⟨y,z⟩'와 같이 주어진다.

(22) "나는 철수가 싫다." 문장의 의미역 표시, 격 표시 절차:
  [$_{CP}$[$_{DP}$ 나는]$_i$ [$_{C'}$[$_{IP}$[$_{DP}$ t$_i$] [$_{I'}$[$_{VP}$[$_{V'}$[$_{DP}$ 철수가] [$_V$ 싫-$_{⟨y,z⟩}$]]][$_I$ Ø]]]-다]]
  [$_{CP}$[$_{DP}$ 나는]$_i$ [$_{C'}$[$_{IP}$[$_{DP}$ t$_{i,x}$] [$_{I'}$[$_{VP}$[$_{V'}$[$_{DP}$ 철수가]$_y$ [$_V$ 싫-$_{⟨,⟩}$]]]$_{⟨,⟩}$[$_I$ Ø]$_{⟨,⟩}$]-다]]
  (⇐ (18) 적용)
  [$_{CP}$[$_{DP}$ 나는]$_i$ [$_{C'}$[$_{IP}$[$_{DP}$ t$_{i,x,+nom}$] [$_{I'}$[$_{VP}$[$_{V'}$[$_{DP}$ 철수가]$_{z,+nom}$ [$_V$ 싫-$_{⟨,⟩}$]]]$_{⟨,⟩}$[$_I$ Ø]$_{+nom}$]$_{⟨,⟩}$]-다]]
  [$_{CP}$[$_{DP}$ 나는]$_i$ [$_{C'}$[$_{IP}$[$_{DP}$ t$_{i,x,+nom}$] [$_{I'}$[$_{VP}$[$_{V'}$[$_{DP}$ 철수가]$_{z,+nom}$−[$_V$ 싫-$_{⟨,⟩}$]]]$_{⟨,⟩}$[$_I$ Ø]$_{+nom}$⟨,⟩]-다]]
  (⇐ (13가), (13라, 마))

격, 격조사, 보조사, 의미역 이론과 관련하여 이 책의 체계가 가지는 특징을 요약해 보면 다음과 같다.

첫째, 한국어의 '격조사'들 '-이', '-를', '-의'는 보조사 무리와 한 부류로 통합되며, '-에, -에게, -으로, -와'는 후치사로 규정된다.

둘째, 보조사의 하나로서 고유한 의미를 가지는 무형의 형태소 'Ø'가 인정된다. 이는 '-이', '-를'의 변이형태로 설정되는 것이 아닌, 단일한 무형의 형태소이다.

셋째, 격 이론은 이제 논항연결원리의 통사구조상의 한 귀결로서의 축소된 역할만 가지는 것으로 간주된다. 그러나 추상격 자질을 바탕으로 하는 격 이론의 체계는 여전히 유지된다. 또, 추상격으로서의 격도 모두 논항연결원리에 따라, '의미역' 개념으로부터 결정되는 것이므로, 한국어의 모든 격은 '내재격'의 성격을 가진다고 할 수 있다.

---

[382] (21가)가 대상(Theme) 논항이 생략된 것으로 해석될 때에는 적격한 것으로 판정될 수 있다. 이 경우는 대상 논항이 그 통사구조에 공범주로 존재하는 것이다.

4.1.4. 결속 이론

촘스키(1981)의 결속 이론은 다음 형식으로 서술된다. '조응사'는 재귀대명사와 교호대명사를 뜻한다. '대명사류(pronominal)'는 이 외의 대명사를 뜻한다. '지시 표현'은 이들 외의 일반 명사구와, 영어의 경우, 의문사 구의 흔적을 뜻한다는 것이 원리매개변인 이론 하에서 이 문제를 연구하는 이들의 공통의 전제이다.

(23) 결속 이론:
    A. 조응사(anaphor)는 그 지배범주 안에서 논항-결속(A-bound)되어야 한다.
    B. 대명사류(pronominal)는 그 지배범주 안에서 논항-비결속(A-free)되어야 한다.
    C. 지시 표현(referential expression)은 논항-비결속(A-free)되어야 한다.

(24) 결속의 정의:
    A와 B가 동지표를 가지고 있고, A가 B를 성분통어하는 경우 B는 A에 결속되었다고 한다. 결속하는 A가 논항일 경우 B는 A에 논항-결속되었다고 하고, 그렇지 않은 경우 논항-비결속되었다고 한다.

그러나 한국어에 이러한 결속 이론 A, B, C를 적용하는 데에 근본적으로 문제를 제기하는 예들이 있다.

(25) 가. [$_{IP}$ [$_{DP}$ 자기가$_i$ 과거에 범한 잘못이] [$_{I'}$ [$_{VP}$ 철수를$_i$ 내내 괴롭히-]-었-]]-다.
    나. [$_{IP}$ [$_{DP}$ 자기의$_i$ 과거의 실수가] [$_{I'}$ [$_{VP}$ 철수를$_i$ 내내 괴롭히-]-었-]-다.
(26) 철수는$_i$ [인호가$_j$ 자기를$_{i/j}$ 증오한다고] 생각한다.
(27) 김씨는$_i$ [철수가$_j$ 자기$_{i/j}$의 딸을 추천하는 것을] 반대했다.

(25가, 나)에서 '철수를'은 조응사로 간주되는 '자기가, 자기의'를 성분통어하지 않는다. 그러므로 결속 이론 A를 위배하여 비문이 되어야 하나, (25가, 나)는 완전히 적격한 문장들이다. (26)에서 조응사로 간주되는 '자기를'은 '인호가'에 성분통어되고, 동지표화되어 있으므로 결속 이론 A를 만족한다고 할 수 있지만, 이 외에 그 절 경계 밖의 '철수는'에 성분통어되고 동지표화되어 있다. 문제는, 결속 이론 A가 지적하는 '지배범주'는 내포절이어서, 내포절 밖의 '철수는'과 '자기를'이 동지표화되는 것은 결속 이론 A를 위배한다는 점이다. (27)에서도 동일한 상황을 확인할 수 있다.

표준적인 결속 이론인 (23)은 위 한국어의 사실을 설명하지 못하므로 유지할 수 없다. 양정석(2010: 417)에서는 한국어 대명사들에 관한 사실의 기술에 근본적인 문제를 제기하는 (25)-(27)과 그 외의 사실들을 고려한 결과, 한국어 대명사의 통사적 분포에 관해서는 다음 제약만을 명시할 수 있다고 보았다.[383]

(28) 대명사에 관한 통사적 제약:
대명사는 비-대명사 명사구를 동지시하면서 성분통어해서는 안 된다.

그러나 이 제약은 다음과 같은 예를 비문법적 문장으로 잘못 예측한다.

(29) 가. 그가 김철수다.
나. 나는 김철수다.
다. 네가 김철수니?

필자는 양정석(2010)의 (28)과 같은 제약을 전반적인 한국어 대명사 및 흔적의 행태와 관련하여 재검토한 결과 다음의 수정된 결속 이론을 수립하게 되었다. 통사구조를 바탕으로 적용되는 결속 이론의 원리는 다음과 같이 설정된다. 이는 라인하트(Reinhart 1983a, b)의 동지표화 규칙을 한국어 대명사들의 현실에 맞게 수정하여 서술한 것이다.[384] 한국어에서

---

[383] '대명사'라는 용어의 사용에 대해서는 주의가 필요하다. 이 책의 단어 범주 체계에서 대명사는 명사의 한 하위 범주에 지나지 않는다. 그러므로 엄밀히 말하면 '대명사'는 하위범주 자질을 가지는 명사(N)를 뜻하는 것이다. 또한 (23)의 '결속 이론 B'의 '대명사류'와도 구별해야 한다. 이는 재귀대명사, 교호대명사를 제외한 일반 대명사를 지칭한다.
이 책에서 성분통어는 다음의 정의를 활용한다.
  a. 성분통어의 정의
     A가 B를 성분통어한다는 것은 A를 관할하는 첫 번째 분지 교점 C가 역시 B를 관할한다는 뜻이다.
[384] Reinhart(1983a: 71, 1983b: 158)의 대명사 동지표화 규칙은 (a)와 같다. 주요 차이점은, (30)에서는 '최소 지배범주' 조건을 삭제한 점이다. 위 (25가, 나), (26), (27)은 한국어의 재귀대명사 '자기'가 영어의 재귀대명사와는 달리 '지배범주' 조건 하에서 해석되지 않음을 보이는 것이다. 특히 '자기'를 성분통어하는 명사구가 아예 없는 경우도 있다. (30)은 이 경우에 '자기'가 일반 대명사와 같이 해석될 여지를 남기고 있다.
  a. 다음 조건 하에서 대명사 P와 그것을 성분통어하는 명사구 α에 동지표를 붙인다(α는 COMP나 S'에 직접관할되면 안 된다).
     조건: (a) P가 재귀대명사이면 α는 그 최소 지배범주 안에 있어야 한다.
            (b) P가 재귀대명사가 아니면 α는 그 최소 지배범주 밖에 있어야 한다.
'α는 COMP나 S'에 직접관할되면 안 된다'는 조건은 α가 논항 위치에 있어야 한다는 조건이라고 한다. 이 점은 (30)의 조건 (i)로 서술하였다.

재귀대명사는 '자기', '자신', '자기 자신', '서로'를 그 예로 가진다. 비-재귀대명사는 '그', '그것', '나', '너', '우리', '너희'를 그 예로 가진다. 이들은 모두 통사적 자질 '+pron'를 가진다. 재귀대명사는 '[+pron, +refl]'를 그 통사적 자질로 가지며, 이를 통해 다른 대명사들과 구별된다고 가정한다.

(30) 대명사의 동지표화 규칙
대명사 P가 그것을 성분통어하는 명사구(DP) α를 가지는 경우, P와 α에 동지표를 붙인다.
조건: (i) α는 논항 위치에 있어야 한다.
(ii) P가 재귀대명사이면 이 동지표화는 의무적으로 적용되고 P가 그 외의 대명사이면 이 동지표화는 수의적으로 적용된다.

이 규칙에서 'P와 α에 동지표를 붙인다'는 서술이 실행가능한 서술이 되려면 '통사구조가 형성되면서 지표가 부여된 '$α_i$'와 'P_j'를 '$α_{i,bi}$'와 '$P_{j,bi}$'로 바꾼다'와 같이 서술되어야 한다. 통사구조가 형성되면서 통사 범주들에 1, 2, 3, …의 지표가 부여된다고 가정하는 것이 자연스럽다. (30)의 규칙이 적용된 결과로 '$α_3$', 'P_7'과 같은 형식이었던 것이 '$α_{3,b3}$'와 '$P_{7,b3}$'로 바뀐다는 것이 (30)의 규칙이 뜻하는 것이다.[385]

'자기'와 교호대명사 '서로'는 그것을 성분통어하는 명사구가 있는 경우, 이 동지표화가 의무적으로 적용되어야 한다. '자기'의 경우, 이를 성분통어하는 선행사가 없는 경우도 있다. 이 경우 동지표화가 안 될 수도 있다.[386] 그러나 교호대명사로서의 '서로'는 언제나 그것을 성분통어하는 선행사를 가진다. '그'는 결속변항으로서의 해석과 비결속 해석의 두 가지 해석을 가진다.[387]

---

[385] 이후의 논의에서는 동지표화 규칙이 적용된 결과의 형식을 관례에 따라 '$α i$'와 '$P i$'로 표시하면서 논의할 것이다. '$α_{i,bi}$'와 '$P_{j,bi}$'와 같은 자세한 표시가 오히려 혼란을 초래할 수 있다고 판단하기 때문이다.

[386] '자기'는 재귀대명사의 하나인데, 그만의 의미 특성을 가진다. 양정석(2017)에서는 '자기'가 일반 대명사와 같은 해석과 함께, 해석 함수에 매개변수로 주어지는 기준 판단자와 동일시되는 해석을 가진다고 보아 다음과 같은 의미 규정을 제시하였다.

a. 〚 자기i 〛^{w,t,i,g} = $\begin{cases} j \\ g(i) \end{cases}$

'g(i)'는 모든 대명사가 가지는 해석이다. 이를 바탕으로 결속변항 해석과 지시적 해석을 얻을 수 있다. 담화화용론적 요인에 의해 특별한 맥락이 주어질 경우에는 판단자로 해석될 가능성이 더 있다는 점이 '그'와의 차이점이라고 하겠다.
대명사의 동지표화 규칙 (30)에 따르면 '자기'가 '그'와 다른 점 한 가지가 더 있다. '자기'는 재귀대명사이기 때문에 이것을 성분통어하는 명사구가 있는 경우 동지표화가 의무적으로 적용된다.

[387] 비결속 해석은 다시 지시적 해석과 E-유형 대명사 해석으로 나뉜다. 양정석(2023나: 제5장)에서는 이들에 대한 구체적 해석 방법이 제시된다.

(30)은 통사론의 규칙이다. (30)이 적용되면 명사구 선행사와 대명사가 동지표로 맺어진 구조가 형성된다. (30)이 적용된 결과로 나타나는 구조는 의미 해석 규칙의 하나인 다음 술어추상규칙이 적용되는 구조이어야 한다. 여기에 술어추상규칙이 적용되어 도출되는 의미 형식은 람다-추상(λ-abstraction)된 함수 형식이다.

(31) 술어추상규칙(PA: predicate abstraction rule)[388]
　　가. A가 분지 교점이며 B_i와 C가 그 딸성분이고, B는 관계대명사나 공범주 연산자 'O'이고, i∈N(N은 자연수)이면, 모든 치할당 함수 g에 대하여,
　　　 〚 A 〛^{g} = λx: x∈D_e. 〚 C 〛$^{g x/i}$이다.
　　나. C가 XP 범주로서 그 내부의 흔적의 지표를 계승받은 [$_{XPj}$ … t_j …]의 통사구조이고, j ∈ N이면, 모든 치할당 함수 g에 대하여,
　　　 〚 C 〛^{g} = λx: x∈D_e. 〚 C 〛$^{g\ x/j}$이다.

통사론적으로 동지표화된 두 요소 '$α_i$'와 'P_i'는 의미론적으로 결속자(binder)와 결속변항(bound variable)으로 대응되어야 한다. 이를 다음 조건으로 제시한다.

(32) 통사론과 의미론의 결속 대응 원리
　　통사구조(S-구조)에서 동지표화된 두 요소 '$α_i$'와 'P_i'의 관계는 그 대응되는 의미 형식에서 결속자(λx, ∀x, ∃x)와 결속변항(x)의 관계로 대응되어야 한다.

여기에서 '의미 형식'이란 의미론적 도출 과정에서 산출되는 어떤 의미 형식이라도 가리지 않고 지칭한다. 술어추상규칙이 적용된 결과의 의미 형식에 나타나는 'λx'는 다시 함수적용규칙(양정석2023나: 제1장)이 적용됨에 따라 사라질 수 있다. 그러므로 (32)의 '결속자(binder)'는 도출 과정의 임시적 의미 형식에만 나타나는 형식을 가리키기도 한다.

(32)를 더욱 명시적인 형식으로 서술하기로 한다.

---

[388] (가)는 관계관형절의 의미 해석을 위한 규칙이고, (나)는 다음과 같은 구조에서 하위 VP의 의미를 λ-연산자 형식으로 얻어내기 위한 규칙이다. 그 의미론적 형식에서 (가), (나) 둘 다 'λx'와 같이 λ-연산자 형식으로 표현된 점에 주의해야 한다.
　a. 순희가 [$_{VP}$ 철수를$_i$ [$_{VPi}$ 선물을 t_i 주-]]-었다.
(가)는 Heim & Kratzer(1998: 114)의 규칙을 다소 조정한 것이고, (나)는 필자가 추가한 것(양정석 2023나: 30, 394)이다. 자세한 해설로는 양정석(2023나)의 제1장을 참고하기 바람.

(33) 통사론적 동지표화와 변항 결속의 대응 원리
통사론적 동지표화 규칙(위 (30))이 적용되어 동지표를 가진 대명사는 의미론적 해석 과정에서 결속변항(bound variable)으로 대응되어야 한다.

(33)에서 '의미론적 해석 과정에서 결속변항으로 대응된다'는 것이 무슨 뜻인지를 명확히 하지 않으면 안 된다. 교호대명사 '서로'는 이를 성분통어하는 명사구와 동지표화될 수밖에 없다. 그러나 '그'를 비롯한 대명사들은 이를 성분통어하는 명사구와 동지표화될 수도 있고, 발화 맥락에서 확인되는 제삼자를 지시할 수도 있다. 그 과정이 어떤 것이든지, (30)의 동지표화 규칙에 의해서 통사론적으로 동지표화된 후에는, 그 의미론적 해석 과정에서 술어 추상규칙이 적용되어, 'λx'에 결속되는 결속변항 'x'의 형식으로 대응되어야 한다는 것이다.

(33)의 원리는 통사구조로서의 논리형태 층위를 인정하지 않는 이 책의 관점에서, 대명사를 기준으로 서술하였다. 이는 우선 통사 단위인 대명사가 동지표를 가지는 경우에 한해서 의미론적 결속변항과 대응됨을 명시한다. 의미론적 해석 절차도 문법의 일부이다. 그런데 의미론적 결속변항 해석이 가능하기 위해서는 해당 대명사가 통사구조인 S-구조에서 술어 추상규칙이 적용될 동지표화된 구조를 형성해야 한다. 이 구조는 람다-추상의 의미론적 형식과 대응되고, 이를 통하여 통사구조의 동지표를 가진 대명사가 의미론적 결속변항과 대응되는 것이다. 다음 두 문장을 통하여 구체적으로 설명해 보자.[389]

(34) 가. 철수도 <u>자기$_i$의</u> 어머니를 도왔고 인호도 그랬다.
  나. λx. perf['x가 x의 어머니를 돕는다']
(35) 가. 철수도 <u>그$_i$의</u> 어머니를 도왔고 인호도 그랬다.
  나. λx. perf['x가 x의 어머니를 돕는다']
  다. [g(j)의 어머니를 돕는다']

'자기'를 포함하는 (34가)의 밑줄 친 부분은 언제나 (34나)와 같이 결속변항 해석을 받는다. '그'를 가지는 (35가)의 밑줄 친 부분은 'i'로 동지표화되는 경우에는 (35나)로 해석되지만 그 외의 경우('j')에는 (35나)의 해석을 받지 못하고, '그'의 지시적 대명사 용법에 따른 해석 (35다)를 받게 된다.[390]

---

[389] 'perf[P]'와 같은 형식은 완료상의 '-었-'을 가지는 명제의 의미를 잠정적으로 나타내기 위한 형식이다.
[390] 대명사들이 의미론적 해석 과정에서 어떤 형식으로 실현되는지는 양정석(2023나)의 제5장에서 상론하였다.

4.1.5. 한계 이론

한계 이론은 통사적 이동 변형에 따른 선행사와 그 흔적 사이의 관계에 대한 제약을 부여하는 이론이다. 앞의 3.4.1절의 논의에 따라, 여기에서는 통사구조로서 단일한 S-구조만을 상정하고, 한계 이론이 S-구조에서의 선행사와 흔적 사이의 관계에 제약을 가하는 체계라고 해석하기로 한다. 즉, S-구조에 흔적이 포함되기는 하지만 이동을 상정하지는 않는다.

촘스키(1986b)의 공범주 원리, 하위인접 조건을 중심으로 한 한계 이론의 원리와 조건들을 나열하기로 한다. 이들은 3.4.1절에서 제시한 것을 반복하는 것인데, (45)와과 같이 부분적으로 수정한 규정도 있다.

(36) 공범주 원리: 흔적은 고유지배를 받아야 한다.
(37) 하위인접 조건
　　가. 흔적 t는 그 선행사에 n-하위인접(n-subjacent)해야 한다. 단, n≦1
　　나. A가 B에 n-하위인접한다는 것은 B를 배제(exclude)하는 A에 대한 장벽이 n개라는 뜻이다.
(38) 지배의 정의: A가 B를 지배하려면, A가 B를 최대통어(m-command)하고, B에 대한 장벽이 되나 또 A를 배제하는 그러한 C가 없어야 한다.
(39) 고유지배의 정의: A가 B를 고유지배하려면, A가 B를 의미역 지배하거나 선행사 지배하여야 한다.
(40) 배제의 정의: A가 B를 배제하려면 A의 어떤 부분(segment)도 B를 관할해서는 안 된다.
(41) 관할의 정의: A가 B의 모든 부분(segment)에 의하여 관할되어야만 A는 B에 관할된다.
(42) 장벽의 정의: C가 B에 대한 장벽이 되려면, (a)이거나 (b)이어야 한다.
　　(a) C가 B에 대한 차단범주(BC: blocking category)인 D를 직접관할하거나,
　　(b) C가 B에 대한 IP 이외의 차단범주이어야 한다.
(43) 차단범주의 정의: C가 B에 대한 차단범주가 되려면, C는 어휘표시(L-mark)되지 않아야 하고 C는 B를 관할하여야 한다.
(44) 어휘표시의 정의: A가 B를 어휘표시하려면, A는 B를 의미역 지배하는 어휘범주이어야 한다.
(45) 의미역 지배의 정의: A가 B를 의미역 지배하려면, A가 B를 의미역 표시하는 머리성분 범주이어야 한다.[391]

---

[391] 이 정의는 3.4.1절의 (35)로 제시했던 의미역 지배의 정의에서 'A와 B가 서로 자매항이어야 한다'는 구절을 제거한 것이다. 이 장에서 전개하는 대안적 생성문법 체계에서는 목적어는 언제나 VP의 명시어 위치에서 기저 생성된다. 위 '자매항 조건'을 제거하지 않으면 뒤의 '(47가)'를 반복한 (a)에서 명시어인 목적어 DP가 동사에 의해 의미역 지배를 받지 못하고, 다시 (44)에 의하여 동사에 의해 어휘표시되지 못하여

(37)의 하위인접 조건과 관련하여 부연하면, 장벽이 1개이면 1-하위인접하는 것이고, 2개이면 2-하위인접한다고 한다. 장벽이 하나도 없으면 0-하위인접한다고 하는데, 이 경우 그 문장의 문법성은 완전히 자연스러운 것다. 1-하위인접할 때 그 문장의 문법성은 떨어져서, 중간 정도의 문법성을 갖게 되고, 2-하위인접할 때부터는 완전히 비문에 속한다고 해석한다. 앞에서도 말한 것과 같이, 중간 정도의 비문법적 문장인 경우, 해당 문장의 앞에 '?*'와 같은 표시로 나타낸다. 완전히 비문법적인 문장에는 '*'를 표시한다.

3.4.1절에서 들었던 다음 예를 다시 살펴보자. 이들은 한계 이론의 효과를 보여주는 한국어의 예로서 유용하다. (46가)와 (47가)는 둘 다 부적격한 예들이지만, 이 둘 중에서 (47가)는 부적격성이 덜하다.

(46) 가. *김씨가 박씨를 옷을 입었다.
　　　나. 김씨가 박씨의 옷을 입었다.
(47) 가. ?*김순경이 그 범인을 추격을 회상했다/반대했다.
　　　나. 김순경이 그 범인의 추격을 회상했다/반대했다.

다음과 같이 이동한 구조를 상정하여 둘 사이의 문법성의 차이를 정확하게 설명할 수 있다.

(46)' 가. *김씨가 [$_{VP}$ 박씨-를$_i$ [$_{VP}$ [$_{DP}$ [$_{NP}$ t$_i$ 옷]-을] 입-]]-었다.
(47)' 가. ?*김순경이 [$_{VP}$ 그 범인-을$_i$ [$_{VP}$ [$_{DP}$ [$_{NP}$ t$_i$ 추격]-을] 회상하-]]-었다.

(46가)'은 우선, 흔적이 고유지배되어야 한다는 위 (36)의 공범주 원리를 위반한다. 흔적을 의미역 지배할 수 있는 요소는 '옷'밖에 없으나 이는 논항을 취하는 요소가 아니므로 의미역 지배의 지배자가 될 수 없다. 그러나 (47가)'의 '추격'은 서술성 명사로서 전형적으로 논항을 취하는 요소이므로 흔적을 의미역 지배한다. 따라서 (46가)'은 공범주 원리를 위반하나 (47가)'은 공범주 원리를 위반하지 않는다. 그런데 (46)'과 (47)'은 둘 다 하위인접 조건에 대하여 문제를 보인다. 선행사와 흔적 사이에는 최대투사 범주로 VP와 DP와 NP가 가로놓여 있다. 이 중 VP는 완전한 범주가 아닌, 한 부분에 불과한 것이므로, 이들 구조는 하위인접 조건을

　　　이 DP의 장벽성이 해소되지 못하게 된다. 그렇게 되면 (a) 문장이 '1-하위인접'에 따른 중간 정도의 문법성 '?*'를 판정받지 못한다.
　　　a. ?*김순경이 [$_{VP}$ 그 범인-을$_i$ [$_{VP}$ [$_{DP}$ [$_{NP}$ t$_i$ 추격]-을] 회상하-]]-었다.

위반하지 않는다. DP는 동사 '입-'과 '회상하-'에 의해 어휘표시(L-mark)되므로 장벽으로서의 성격을 잃게 된다. 그러나 NP는 여전히 장벽이 된다. 따라서 두 문장은 공통적으로 장벽을 1개만 가지는 1-하위인접이 된다.

위 (36)-(45)의 한계 이론은 두 문장이 문법성에 차이가 나는 사실도 그 구조를 바탕으로 정확하게 예측한다. 즉 (46가)'은 공범주 원리와 하위인접 조건(1-하위인접)을 동시에 어겼으므로 심각한 비문법성이 예측되고, (47가)'은 하위인접 조건에서 '1-하위인접' 정도의 경미한 위반을 하고 있어서 (46가)'보다 비문법성이 덜할 것으로 예측된다.

다음 (48가) 문장은 (46가), (47가)와 달리 완전히 문법적 문장이다. 그 표면적 문장 유형은 이 세 문장이 동일한 것으로 보이는데도 이렇게 문법성에 있어서 차이가 나는 현상을 역시 구조적으로 설명할 수 있다.

(48) 가. 김순경이 그 범인을 추격을 하였다.
    나. 김순경이 그 범인의 추격을 하였다.

(48가)에 대해서도 (46가), (47가)와 같이 선행사와 흔적의 관계를 가지는 구조를 상정할 수 있다. (48가)가 다른 점은 서로 다른 구의 머리성분인 '추격'과 '하-'가 연계되는 최현숙(1988)의 '재구조화 규칙'의 적용에 따라(3.4.5절 참조), 이들과 동일한 구조를 가짐에도 불구하고 선행사와 흔적 사이의 장벽이 장벽성을 잃게 된다는 것이다.

(46가)-(48가)의 예문들 사이의 문법성의 차이를 형상적 구조 안에서 선행사와 흔적의 관계를 바탕으로 설명할 수 있다는 점에서 한계 이론의 유용성은 증명된다고 하겠다.[392]

4.1.6. 서술화 이론

구와 구 사이의 제약을 부여하는 원리로 '서술화 원리'가 있다. 서술화 이론은 서술화 원리를 중심으로 하는 이론이다. 논항인 명사항이 서술어인 구와 상호 최대통어해야 한다는

---

[392] 원래의 Chomsky(1986b)의 설명에 의하면, (42a)의 규정은 '상속(inheritance)에 의한 장벽'을 의도하는 것으로서, 이 설명에 따르면 (47가)'의 DP인 '[[t 추격]을'은 어휘표시에 따라 장벽성을 상실할지라도, 이 DP가 관할하는 NP인 '[t 추격]'이 차단범주이므로, 상속에 의해 DP는 다시 장벽이 된다. 이 책에서는 (42a)의 상속에 의한 장벽의 규정을 C가 IP인 경우에만 적용되는 것으로 약정하기로 한다. 즉, IP 이외의 최대투사가 상속에 의해 장벽이 될 수 없다고 보아, 어휘표시되는 최대투사 범주는 언제나 장벽성을 잃는 것으로 해석한다.

조건 하에서 둘이 서로 연계되어야 한다는 것이 서술화 원리이다.[393]

로드스타인(Rothstein 1983)의 '서술어 연계 규칙'을 다소 수정하여 다음 (49)와 같이 정의한다.[394] 이 또한 통사구조에 대해 가해지는 '허가 원리(licensing principle)'이다. 서술어인 최대투사가 서술화 원리를 만족하게 되면 주어와 서술어 양쪽에 서술화 위첨자 지표 '1'을 부여받는 것으로 본다.

(49) 서술화 원리:
　　가. 잠재적 서술어인 XP는 통사구조에서 상호 최대통어하는 논항과 연계되어야 한다.
　　나. 연계가 확인된 두 구는 위첨자 동지표 '1, 2, 3, …'을 부여받는다.

최대통어 개념의 전제가 되는 '관할'의 개념을 모든 부분(segment)이 관할해야 하는 것으로 한정한다.[395]

(50) 관할: 범주 A의 모든 부분(segment)이 B를 관할한다는 뜻으로 A가 B를 관할한다고 한다.
　　(= (41))
(51) 최대통어: A가 B를 최대통어한다는 것은 A를 관할하는 모든 최대투사 범주가 동시에 B를 관할하며, A는 B를 관할하지 않는다는 뜻이다.

서술화 원리는 서술어가 통사구조에서 주어에 해당하는 논항, 즉 임자(host)를 취하여 주술관계를 만족시킬 것을 규정하는 원리이다. 서술화 원리는 기본적으로 서술어인 구 자체를 허가하는 원리이다. 서술어인 구가 허가되기 위해서는 주어에 해당하는 논항을 취해야만 한다는 것이 그 요점이다. 이 요구 조건을 만족하지 못하면 해당 표현은 부적격한 표현이

---

[393] 여기에서 논항인 명사항은 기본적으로 보조사구(DP)이나, 관계관형절의 표제가 되는 경우의 명사구(NP)나 후치사구(PP: '철수와 영호'와 같은 예)도 서술화 이론에 의해 주어 논항으로 해석될 수 있다. 이처럼 서술어와 연계되는 논항인 명사항을 일반화된 의미에서의 '주어'로 정의할 수 있다. 서술화 이론의 논의에서 이러한 의미의 주어를 지칭하기 위해 'host'라는 용어를 사용하는데, 이를 이 책에서는 '임자'라고 지칭한다.

[394] 또, Rothstein(1983: 11)에서는 주어가 서술어에 선행한다는 어순 제약을 설정해 놓았으나, 이를 제외한다.

[395] (50)의 관할의 정의는 위 (42)에서 이미 제시한 것인데, 서술을 다소 바꾸었다. 관할의 개념을 이와 같이 정의하는 것은 May(1985)로부터 비롯된다. Chomsky(1986b)에서도 이 정의를 받아들이고 있다.
　　이 책에서 채택하는 (51)의 최대통어의 정의는 한학성(1987), 최현숙(1988)에서의 정의(이들에 따르면 IP의 머리성분인 I가 IP의 부가어를 최대통어한다.)와 달리 Chomsky(1986b)의 원래 정의를 사용한다는 점에 주의해야 한다.

된다.

(49)는 어떤 최대투사 범주 XP가 잠재적 서술어일 경우, 상호 최대통어 영역 안에서 논항을 임자로 취하여 연계되어야 한다는 방식으로 서술되고 있다. 그러므로 이 원리가 작동되기 위해서는 먼저 '잠재적 서술어'가 무엇인지가 결정되어야 한다. 잠재적 서술어는 '서술어' 개념을 통사적 개념으로 정의하기 위한 고안이다. 그 머리성분이 [+pred] 자질을 가지는 경우 그 최대투사인 구가 잠재적 서술어가 된다.

[+pred] 자질은 어휘항목들의 어휘적 자질로 주어진다. 그러나 [+pred] 자질을 갖지 않는 구 중에도 잠재적 서술어의 자격을 가지는 경우가 있다. 이 경우는 잠재적 서술어의 자격이 개별언어의 규정으로 주어진다고 가정한다. 또, [+pred] 자질을 가진 구 중에는 서술어가 아닌 부가어 구로 허가되는 경우도 있다. 이 점은 뒤 (57)로 명시된다.

(49)의 서술화 원리는 '잠재적 서술어'의 개념을 바탕으로 하여 규정되고 있다. 즉, 이 원리가 작동하려면 '잠재적 서술어'가 결정되어야 한다. '잠재적 서술어'의 요건은 다음과 같이 정하기로 한다.

(52) 잠재적 서술어의 요건:
  가. [+pred]를 가시는 머리성분의 최대투사는 잠재적 서술어이다.
  나. IP는 그 명시어에 공범주 대명사 PRO를 가질 경우 잠재적 서술어가 될 수 있다. 이는 매개변인에 따라 결정된다.
  다. CP는 [-pred] 자질을 갖지 않는 경우, 그 명시어에 PRO 또는 O를 가지면 잠재적 서술어가 된다.
  라. NP가 [+pred] 자질을 가질 경우, 이를 보충어로 취하는 상위 구 DP는 잠재적 서술어가 된다. 이 경우 DP는 NP의 자질들을 물려받는다.

이러한 설정은 '서술어', '주어'가 의미역이나 다른 의미론적 요인에 따라 결정되는 것이 아니라, 독자적인 통사적 개념이라는 판단을 기초로 한 것이다.[396] 필자는 한국어가 (52나)의 IP 서술어를 갖지 않는다고 본다.

서술화는 주어와 서술어를 연계하여, 두 구 사이의 통사적 관계를 허가하는 문법적 과정이다. 주어가 궁극적으로 어떤 요인에 의해 결정되는가에 관해서 서로 다른 두 가지 견해가 있다. 윌리엄스(Williams 1980, 1983)의 의미역에 기반한 견해와 로드스타인(Rothstein

---

[396] 이러한 관점은 Rothstein(1983, 2001)을 따른 것이다.

1983, 2001)의 통사적 견해가 그것이다. 앞의 의미역적 견해에 따르면, 주어는 서술어 구의 머리성분이 가지고 있던 의미역틀 내의 '외부 논항'이 연결되는 것이라고 한다. 따라서 서술화는 외부 논항을 가지는 서술어에 한하여 적용되는 것이며, 궁극적으로 외부 논항의 확인을 위하여 이루어지는 문법적 과정인 셈이다. 그러나, 서술어 구의 머리성분 중에는 외부 논항을 가진다고 보기 어려운 예들이 있다. 따라서 통사적으로 서술어를 이루는 경우를 확인하여 해당 서술어의 머리성분이 외부 논항을 가진다고 규정하는 순환론적인 처리를 하거나, 서술화 아닌 다른 문법적 요인에 따라 주어와 서술어가 연계된다는 설명을 하게 된다.

로드스타인(2001: 제4장)에서는 의미역 개념에 기반한 윌리엄스의 견해에 대해 비판하고, 서술화가 순전히 통사적 동기에 의해서 이루어진다는 설명을 제시했다. 필자도 이 견해를 받아들여, 서술화가 의미역 또는 다른 의미론적 요인에 의해 행해지는 것이 아니라고 보는 것이다. 로드스타인(2001: 44)에서는 서술어의 개념이 다른 통사적 속성으로 정의할 수 없는 원초적 통사적 개념이라고 말하고 있다. 이는 서술어인 통사 범주들에 대해서 일일이 그 목록을 제시해야 한다는 뜻으로 해석할 수 있다. 기본적으로 이러한 관점에서, 이 책에서는 통사 범주 자질의 하나로 [+pred] 자질을 개별 어휘들에 부여하는 방법을 택한다.

[+pred] 자질이 주어지는 방식은 다음과 같다. 동사(V), 부사(Adv), 후치사(P)는 내재적으로 통사적 자질 [+pred]를 가진다고 본다. 이 자질을 가진 통사 범주의 최대투사 XP가 (52가)에 따라 잠재적 서술어가 되는 것이다. 또, (52나, 다)에 따라, CP와 IP는 그 명시어 위치에 각각 공범주 연산자(O)와 공범주 대명사 PRO를 가지고 있을 경우 서술어가 될 수 있다고 본다. (52라)는 명사 N 중 '비분리 명사'라고 정의되는 부류가 통사적 자질 [+pred]를 가지고, 그것의 최대투사 NP를 보충어로 취하는 DP를 서술어가 되게 한다고 규정한 것이다.[397]

통사적 주술관계를 맺어주는 원리로서의 서술화 원리와 그에 대응되는 주술관계의 의미 해석은 서로 독립적인 것이다. 통사적 주술관계를 맺어주는 서술화 원리는 명사항과 서술어 사이에 상호 최대통어 조건만 주어지면 언제나 적용된다. 서술화 원리의 효과가 드러나는

---

[397] 비분리 명사는 수량 표현 명사, '팔, 다리' 등의 신체 부분을 나타내는 명사, '마음씨, 성질, 왼쪽, 오른쪽' 등 특정 사물의 존재를 전제하고 그 속성을 유별해서 나타내는 명사들이다. 명사 중 이런 하위 부류의 것들에 통사적 자질 [+pred]을 부여함으로써 이를 바탕으로 서술화 원리에 의한 통사적 해석을 받을 수 있게 한다. 주의할 점은, '서술성 명사'인 '연구, 진격, 협상' 등은 그 용어에서 예상되는 것과는 달리 [+pred] 자질을 갖지 않는다는 것이다. 이들이 형성하는 명사구는 통사적 서술어가 되지 않는다.

대표적인 예는 능격동사 문장에서 VP의 명시어로 연결되었던 논항이 주어 위치로 이동하는 현상이다.[398]

(53) 가. 마당이 깨끗하다.
　　 나. [IP[DP 마당이]i [I' [VP ti [V' [V 깨끗하-]]] [I φ]]]

논항연결원리에 의해 연결되는 '마당이'의 위치는 'ti' 자리이다. 이것이 IP의 명시어 위치에서 실현되게 만든 요인은 서술화 원리인 것이다.
한국어 문장에서 나타나는 이차 서술어의 예를 들어 보자.

(54) 가. 낙엽이 <u>소리도 없이</u> 떨어진다.
　　 나. 그는 <u>얼이 빠진 것처럼</u> 보인다.
　　 다. 월맹이 진격을 <u>사이공으로</u> 하였다/시작했다.
　　 라. 남한이 교류를 <u>북한과</u> 했다.
　　 마. 그는 <u>어려운 사람을 돕도록</u> 철수를 설득했다.
　　 바. 그가 <u>영희를 만나러</u> 여학교로 갔다.
　　 사. 그는 자기 아내를 <u>수완가로</u> 생각한다.
　　 아. 그는 자기 아내를 <u>제일이라고</u> 생각한다.
　　 자. 바위가 <u>가로로</u> 부서졌다.
　　 차. 어머니가 고추들을 <u>고운 가루로</u> 빻았다.
　　 카. <u>그가 뉴욕에 나타났다고</u> 뜬소문이 퍼졌다.
　　 타. 그는 <u>앞으로 공직을 맡지 않겠다고</u> 결심을 밝혔다.
　　 파. 철수가 <u>교무실로</u> 뛰었다.
(55) 가. 군인이 <u>세 명이</u> 왔다.
　　 나. 그는 부하를 <u>세 명을</u> 표창하였다.
　　 다. 그 의자가 <u>다리가</u> 부러졌다.
　　 라. 철수가 그 의자를 <u>다리를</u> 부러뜨렸다.

서술화 원리는 통사구조에서의 부가어들의 분포를 규율하는 원리로 작용한다. 그러나 모든 부가어가 서술화 원리에 의해 규율되지는 않는다. 부가어의 통사구조상의 지위에 관하

398　능격동사('비대격동사')는 주어의 비행동성을 특징으로 가지는 동사로서, '깨끗하다'와 같은 형용사 외에 피동사들이 주요한 예가 된다. 자동사 중에도 '뛰다' 같은 예는 비능격동사이다.

여 다음과 같이 정리할 수 있다.[399]

(56) 가. 부가어는 촘스키 부가의 방식으로 구 범주에 부가된다.
나. 한국어에서 최대투사 범주가 부가될 수 있는 범주는 최대투사 범주 VP, IP, CP, NP와 중간투사 범주 V'와 I'로 제한된다.
다. 부가어는 구문규칙이나 수식어의 통사-의미 대응에 관한 일반적 규칙에 의해 허가되어야 한다.

그러면, (56다)에서 '부가어'는 무엇으로 확인할 것인가? 앞에서는 서술화 원리의 작동을 위해서 서술어인 구가 확인되어야 한다고 보고, 이를 위해서 범주적 자질로 [+pred]와 같은 것이 필요하다고 주장하였다. 그런데, [+pred] 자질을 가지는 구가 모두 서술화 원리에 의해서만 허가되는 것은 아니다. 특히 후치사구는 항상 내재적으로 [+pred] 자질을 갖게 되는데, 이들은 서술어 아닌 부가어로 사용될 수도 있는 것이다. 이 같은 고려에 따라 통사구조에서 구들의 존재를 허가하는 다음과 같은 일반 원리를 상정하기로 한다. 이를 '수식어 허가 원리'라고 부르기로 한다.

(57) 수식어 허가 원리
[+pred] 자질을 가진 XP는 서술화 원리에 의해 허가되거나, 부가어로서 허가되어야 한다.

부가어는 [+pred] 자질로써 확인할 수 있다. [+pred] 자질을 가진 구가 서술화 원리에 의해서도, (56다)에서 말하는 부가어로도 허가되지 않는다면, 그 구조는 부적격한 구조로 판정되는 것이다.

4.1.7. 재구조화 이론

재구조화 원리는 복수의 머리성분들로 이루어진 X^0 단위가 어휘부에 주어짐에 따라, 통사구조에서 이와 같은 머리성분들을 가진 연속적·불연속적 단위가 통사적으로 복합 머리성분의 기능을 갖도록 허가해 주는 원리이다. 재구조화 원리를 필요로 하는 머리성분들의

---

[399] (56가)에서 말하는 '촘스키 부가'란 어떤 통사 범주 A에 통사 범주 B를 부가할 때 A 교점을 A의 상위에 복사하여 '[_A B A]'의 구조를 형성하는 방법이다.

연속적·불연속적 연결의 예는 다음과 같다.

(58) 가. 추격을 하-/시작하-, 진격을 하-/시작하-, 타협을 하-/시작하-
   나. -어 있-, -지 아니하-, -어 주-, -어 보-
   다. 자리를 잡-, 터무니가 없-, 생색을 내-
   라. 최고이-, 최고가 아니-, 다행이-, 다행이 아니-, 세계적이-, 세계적이 아니-
   마. 최고로, 다행으로, 세계적으로; 쓸쓸하게, 곱게
   바. -는다고, -느냐고; -으시었-, -었겠-, -으시었겠-; -만은, -까지도; -에로, -에게로, -으로부터; -어서는, -게는, -습니다마는; -에는, -으로는, -만으로; -을 것이-; -에 관한, -에 관하여, -에 대한, -에 대하여; 빨리도/는
   사. 삼 십 칠 만 삼 천 이 백 사 십 오, 김 철수, 중거리 탄도 유도탄
   아. 냉방 장치를 하-, 의미역 표시를 하-, 국빈 방문을 하-

재구조화 원리는 다음과 같이 서술된다.[400]

(59) 재구조화 원리:
   어휘부의 복합 머리성분을 이루는 요소들에 근거하여 위첨자 지표 'r'를 삼투하고 재구조화 영역을 형성하라.
   ① 위첨자 지표 'r'를 상위 교점으로 임의로 삼투하되, 서로 다른 머리성분 요소들의 'r' 지표들이 합치되는 최초의 머리성분 교점(X^0), 최대투사 교점(XP)이 재구조화 영역이 된다.
   ② 재구조화 영역 내의 최대투사 범주는 장벽으로서의 성질을 잃는다.
   ③ 위첨자 지표 'r'로 연계된 머리성분 요소들은 모두 최하위구 머리성분의 지표 'i'로 바뀌어 하나의 복합 머리성분으로 확인되며(이 'i'를 '재구조화 지표'라고 한다), 의미구조 또는 음운론적 구조와의 대응은 복합 머리성분 내의 최상위구 머리성분이 담당한다.

이 원리는 통사 부문의 다른 원리들과 상호작용한다. 앞에서 보인 것처럼 한계 이론에서 하위인접 조건의 효과를 판정하는 데에 이 원리의 적용 결과가 활용된다.

이 원리에는 두 가지 종류의 지표가 사용된다는 점에 주의해야 한다. 위 원리의 적용 결과로 생성되는 지표 'r'는 '위첨자 지표'라고만 지칭하였고, '재구조화 지표'는 통사구조에

---

[400] 다음 (59)는 양정석(2010) 등에서 제시한 원리가 구체적 실행에 있어서 문제가 있음을 발견하여, 지표에 관한 서술을 중심으로 수정하여 양정석(2023나: 103)에서 제시한 것이다. 이전에는 지표 'r'와 지표 'i'를 구분하지 않았으나, (59)는 삼투되는 위첨자 지표 'r'는 그저 '위첨자 지표'라고 하고, 이 원리에 의해 확인된 두 머리성분이 갖게 된 동일한 지표 'i'만을 '재구조화 지표'라고 구별하여 지칭한다.

서 두 머리성분이 동일하게 갖게 된 아래첨자 지표 'i'를 지칭하였다. 이 재구조화 지표를 활용하는 의미 해석 규칙을 보이면 다음과 같다.[401]

(60) 재구조화 지표를 가지는 구조의 의미 합성
    (i) 재구조화 원리의 적용에 따라 최상위구 머리성분이 갖게 된 의미구조를 최하위구 머리성분이 물려받는다.
    (ii) A가 분지교점이고 {B, C}가 그 딸성분들의 집합인 경우, B가 재구조화 지표 'i'를 가지는, 최하위구 아닌 상위구의 머리성분이면, 〖 A 〗 = 〖 C 〗 이다.

즉, 하나의 어휘의미를 표현하는 두 머리성분 단위들이 동일한 지표를 가지는 것을 형식적 조건으로 삼아, 그 중의 하위 영역의 단위가 복합 단위의 의미 작용을 대표해서 발휘한다는 것이 그 취지이다. 복합 단위의 의미는 (59)③에 따라 상위구 머리성분이 담당하는데(상위구 머리성분이 어휘의미구조나 음운론적 단위와 동지표로 연결된다), (60)(i)에 따라 상위구 머리성분의 의미 형식이 하위구 머리성분의 의미 형식이 되어, 결국 하위구 머리성분이 함수 의미 등의 의미 작용을 발휘하게 된다.

통사론적 원리 (59)가 적용되는 과정을 점검해 보기로 한다.

(61) 철수가 그 문제를 연구는 한다.
    그 문제를$_k$ [$_{VP}$ [$_{DP}$ [$_{NP}$ t$_k$ [$_N$ 연구$_j$][$_D$ -는]] [$_{v'}$ [$_v$ 하-]]] ⇒((59)① 적용)
    그 문제를$_k$ [$_{VP}$ [$_{DP}$ [$_{NP}$ t$_k$ [$_N$ 연구$_j$'][$_D$ -는]] [$_{v'}$ [$_v$ 하-$_j$']]] ⇒((59)① 적용)
    그 문제를$_k$ [$_{VP}$ [$_{DP}$ [$_{NP}$ t$_k$ [$_N$ 연구$_j$']'[$_D$ -는]]' [$_{v'}$ [$_v$ 하-$_j$']]' ⇒((59)① 적용)
    그 문제를$_k$ [$_{VP}$ [$_{DP}$ [$_{NP}$ t$_k$ [$_N$ 연구$_j$']'[$_D$ -는]]' [$_{v'}$ [$_v$ 하-$_j$']]' ⇒((59)③ 적용)

이렇게 하여 't$_i$ 연구는 하-'의 내용을 가지는 최대투사 VP는 재구조화 영역이 되고, '연구'와 '하-'는 동일한 재구조화 지표 'i'를 갖게 되었다.

지표 표시 방법에 대해 다시 생각해 보기로 한다. '1, 2, 3, …'의 숫자 지표는 통사구조가 생성될 때부터 머리성분을 비롯한 모든 교점에 부여된다. 재구조화 원리는 결속 이론의 동지표화 규칙과는 달리, 머리성분의 상위 구 범주들에 'i' 표시를 삼투하고, 규칙이 적용된 후 두 머리성분의 숫자 지표를 동일한 숫자로 만든다. '연구'는 'i', '하-'는 'j'를 가지고 있었으

---

401 다음 규칙은 양정석(2022: 295)에서 설정한 것이다. 이를 포함하는 의미 해석 규칙의 전체 체계는 양정석(2023나)에서 자세히 설명하고 있다.

나 이 원리의 적용 결과 둘 다 동일한 지표 'i'를 갖게 된 것이다. 이 'i'가 '재구조화 지표'이다.

재구조화 원리의 근거가 되는 어휘부의 어휘기재항에는 두 단위(또는 세 단위)가 모두 같은 'i' 지표를 가지고 있다. 이에 따라 재구조화의 결과로 'i' 표시된 통사구조에서 'i' 표시된 머리성분들의 숫자 지표를 모두 최하위구 머리성분의 숫자 'i'로 바꾸는 절차가 이어진다. 의미 해석을 할 때에는 동일한 숫자 'i'를 가진 머리성분들을 대상으로 의미론적 규칙 (60)을 적용한다.

4.2. 한국어의 단순문 구조

이 절에서는 한국어 단순문 구조의 형성과 관련한 주요 문제점들을 점검해 보기로 한다. 한국어의 내포문 구조와 접속문 구조에 대해서는 4.3절과 4.4절에서 알아볼 것이다.

한국어 구 구조 형성에 관한 정리

한국어의 구 구조의 형성과 관련한 특징적 사실들을 정리해 두기로 한다. (1)은 머리성분의 보충어 선택에 관한 일반적인 사실을 정리한 것이다. 특정 어휘항목에 따라서는 이보다 더 구체적인 선택을 부여할 수도 있다. 그러나 그런 경우라도 여기에 주어진 일반화를 벗어나는 선택을 할 수는 없다.

(1) 한국어에서의 보충어 선택에 관한 정리
    가. 한국어에서 C는 IP와 CP를 그 보충어로 취할 수 있다.[402]
    나. 한국어에서 I는 VP만을 그 보충어로 취할 수 있다.
    다. 한국어에서 동사(V)는 DP나 PP, CP, AdvP를 그 보충어로 취할 수 있다.
       (NP, IP는 제외)
    라. 명사(N)는 DP, PP, CP, NP를 그 보충어로 취할 수 있다.[403]
    마. D는 NP, CP, PP를 그 보충어로 취할 수 있다.

---

[402] C가 CP를 보충어로 취하는 경우는 다음과 같이 그 보충어가 명시어를 취하는 구인 경우로 한정된다. 다음 예에 대해서는 4.4.6절을 참조 바람.
    a. 날이 덥거든 수영을 하고 배가 고프거든 식탁의 음식을 먹어라.
    b. [CP [CP [C' 날이 덥-거든] [IP 수영을 하-Ø-]]-고] …

[403] 명사가 NP, PP, DP를 보충어로 취하는 예에 대해서는 이 절에서 곧이어 논의할 것이다. CP를 보충어로 취하는 예는 4.3.2절의 관형절 내포문에 관한 논의에서 다루게 된다.

바. P는 NP, CP, PP를 그 보충어로 취할 수 있다.
사. Adv는 PP, DP를 그 보충어로 취할 수 있다.

(1)과 같은 효과는 문법의 원리들과 어휘개별적 특성들에 따라 유도될 수 있는 것이다. 다만, 이 책에서 (1)과 같은 효과를 통사 부문의 고유한 기능의 하나로 상정하고 있다는 점을 강조하고자 한다. (1)의 효과는 통사 부문에 맡기고, 이들 외의 문법적 특성들은 어휘부의 기술과 의미론적 해석 체계에 의해서 설명하고자 하는 것이다.

다음도 한국어의 구의 형성에 관한 일반적인 가정으로서 중요한 것들이다. 먼저, 어순에 관한 약정을 (2)와 같이 두기로 한다. (2가)는 '머리성분-뒤 매개변인'에 따른 것이다. (2나, 다)는 명시어와 부가어에 대하여 그러한 것이 주어지지 않음을 나타낸다.[404]

(2) 보충어, 명시어, 부가어의 어순에 관한 약정:
　　가. 한국어의 보충어는 그 머리성분의 왼쪽에 위치한다.
　　나. 한국어의 명시어는 그 자매항의 왼쪽에든, 오른쪽에든 올 수 있다.
　　다. 한국어의 부가어는 그 자매항의 왼쪽에든, 오른쪽에든 올 수 있다.
(3) 이분지 가정
　　가. 한국어의 보충어는 하나만이 허가된다.
　　나. 한국어의 명시어는 하나만이 허가된다.
(4) 목적어의 핵계층 구조상의 위치
　　목적어는 동사구(VP)의 명시어 위치에 생성된다.

(3)은 케인(Kayne 1984)의 '이분지 가설'을 받아들이는 것이다. 그러므로 동사구나 명사구가 한 교점 아래 두 개의 보충어를 가지는 구조는 인정되지 않는다. (4)는 위에서 제시한 논항연결원리에 따른 결과이다.

보조사의 처리 문제

4.1.2절의 논의에 따르면, 원리매개변인 이론의 체계 내에서 격 이론이 행하던 역할은 크게 축소된다. 대신 의미역 이론이 논항연결원리에 흡수되어 격 이론이 행하던 많은 기능

---

[404] 원리매개변인 이론을 따르는 연구들에서 명시어의 어순에 관한 매개변인이 설정되는 경우는 찾아보기 쉽지 않으나, 암암리에 그 자매항의 왼쪽에 위치하는 것으로 가정되어 왔다. (2나)는 그와 같은 가정을 부정한다는 점을 명시한 것이다. (2다)는 부가어의 어순에 대해서도 같은 점을 명시한 것이다.

을 담당하게 된 것이라 할 수 있다. 이 체계 하에서 보조사 '-이, -를, -의, -도, -만' 등의 처리 문제를 검토하고 필자의 견해를 보이려고 한다.

한국어 보조사의 통사구조상의 지위에 대한 견해들을 크게 셋으로 나누어 볼 수 있다. 보조사가 머리성분으로서 선행하는 구에 부가된다고 상정하는 '보조사 XP 부가설'이 그 한 견해이며(임홍빈 1987, 이광호 1988), 보조사가 독자적 범주로서 구를 투사한다고 보는 '보조사 XP 투사설'이 또 하나이며(안희돈 1988, 윤종열 1990, 1992), 보조사가 앞선 다른 머리성분 범주에 부가되어 머리성분 범주를 이룬다고 보는 '보조사 X^0 부가설'이 세 번째 견해이다(최기용 1991, 1995). 필자의 견해는 둘째와 셋째 견해를 혼합한 것이다.

'보조사 XP 부가설'은 보조사가 독립된 통사 범주이지만, 이것이 선행하는 명사구에 부가되어 전체적으로 명사구를 이룬다고 본다. 이 처리법이 가지는 근본적인 난점은 핵계층 이론에서 새로운 부가의 유형을 도입해야 한다는 점이다. 어떤 통사 범주에 부가어가 가해질 때, 구 범주는 구 범주에, 머리성분 범주는 머리성분 범주에 부가되어야 한다는 일반적인 조건이 지켜져야 한다. 그렇지 않으면 '부가'는 사실상 아무런 제약을 갖지 않는 무소불위의 통사적 절차가 될 수 있다. 필자는 명사구에 이어지는 보조사가 머리성분 범주로서, 구 범주를 투사하는 것으로 간주한다는 점에서 이 견해와 반대된다.

보조사를 독립된 통사적 머리성분으로 설정하는 '보조사 XP 투사'설은 보조사에 독립적인 통사 범주의 자격을 부여하고, 더욱이 이를 구 범주를 투사하는 존재로 파악하는 것인데, 이는 한국어의 모든 기능 범주를 핵계층 이론의 원리 하에서 일반화할 수 있다는 점에서 바람직하다. 그러나 보조사가 그 투사된 '보조사구'의 성격을 결정한다고 보기 어려운 경우가 있어 문제를 제기하기도 한다.

보조사에 부가되는 선행 성분이 구 범주 아닌 머리성분 범주라고 상정하는 견해가 최기용(1991, 1995)에서 제안되었다. 이것이 '보조사 X^0 부가설'이다. 이 견해에서는 명사, 부사, 후치사, 보문소에 보조사가 결합될 경우 선행 머리성분 요소의 범주를 갖게 된다고 상정한다.

필자의 보조사에 대한 처리법은 기본적으로 '보조사 XP 투사설'에 입각해 있으면서, 후치사와 대부분의 보문소에 이어지는 보조사는 앞의 후치사, 보문소에 결합된 후 후치사, 보문소의 성질을 갖게 된다고 보는 점에서 '보조사 X^0 부가설'과 공통되는 점도 있다. 그러나 이 경우의 앞 머리성분에 대한 보조사의 결합은 개별언어인 한국어에 특유한 것으로 가정되며, 더군다나 어휘부 규칙의 수준으로 간주된다. 이 점에서 일반 하위범주화와 별도의 'X^0 하위범주화' 정보가 주어지고 이를 바탕으로 D-구조에서 머리성분들끼리의 부가가 일어난다고 상정하는 최기용(1991, 1995)의 설명과는 차이가 있다.

두 머리성분의 결합을 한 복합 머리성분으로 연계시키는 어휘부 규칙의 형식은 다음과 같은 것이다.

(5) [$_P$ [$_P$ Z]^i[$_D$ Y]^j] ↔ [$_P$ Z]^i[$_D$ Y]^j
(6) 가. 사막에는 사람이 살지 않는다.
　　나. 밀가루로만 빵을 만들었다.
(7) [$_C$ [$_C$ Z]^i[$_D$ Y]^j] ↔ [$_C$ Z]^i[$_D$ Y]^j
(8) 남의 말을 귀담아듣지 않아서는 성공할 수 없다.

(5)는 후치사(P)와 보조사(D)가 연이어 실현될 경우 하나의 복합 머리성분을 형성해야 하며, 그 범주적 성격은 구성성분 중의 후치사의 것을 물려받는다는 뜻을 서술한다. (7)은 보문소(C)와 보조사(D)가 연이어 실현될 경우 하나의 복합 머리성분을 형성해야 하며, 그 범주적 성격은 보문소의 것을 물려받는다는 서술이다.

그러나 (6)의 예들과는 달리, 다음은 (5)에 대한 예외적 현상을 보인다.

(9) 밀가루만으로 빵을 만들었다.

(9)는 조사들의 결합 순서에 있어서 한국어의 일반성을 따르지 않는 특이한 예이다. 이 문장의 '-만으로'가 불규칙적, 어휘개별적 복합 형식이라는 것은 다음과 같은 예를 통해서 확인할 수 있다. '이동', '변성'의 '-으로'에는 '-만으로'와 같은 결합은 불가능하다.

(10) 가. *사람이 많이 모이는 발표장만으로 갔다/찾아다녔다.
　　　나. 사람이 많이 모이는 발표장으로만 갔다/찾아다녔다.
(11) 가. *여기에 작용을 가하면 이 물질은 산화아연만으로 변한다.
　　　나. 여기에 작용을 가하면 이 물질은 산화아연으로만 변한다.

그러므로, (9)의 예를 위해서는 다음과 같은 어휘개별적 규정이 필요하다.

(12) [$_P$ [$_D$ -만]^i[$_P$ -으로]^j]

후치사 '-에게'와 보조사 '-는'의 결합에도 이와 유사한 어휘개별적인 예가 있다. (13)의

'-에게는'은 (5)의 일반적 규칙을 따른 것이지만, (14)의 '-에게는'은 어휘개별적인 복합 머리성분으로서, 그 범주는 보조사(D)로 규정된다.

(13) 보물을 찾은 사람에게는 막대한 보상금을 줍니다.
(14) 가. 나에게는 경애가 싫다.
　　　나. [$_D$ [$_P$ -에게]^i[$_D$ -는]^j]

이상에서는 보조사가 다른 기능범주와 결합할 때 둘 중 하나의 범주로 통일되는 과정을 알아보았다. 보조사 범주에 속하는 두 요소가 결합되는 경우에는 복합 보조사의 어휘항목을 이루는 것으로 본다. 3.3.3절의 양인석(1972)의 보조사 처리에 관한 비판 과정에서는 (16가)의 14개의 단위들이 복합 형식의 어휘개별적 어휘항목으로 처리되어야 함을 논한 바 있다. 이들은 가능한 보조사들의 결합 형식 77개 중에서 실제로 쓰이는 복합 보조사들인 것이다. 여기에 '-이, -를, -의'와의 결합형인 (16나)를 포함하더라도 보조사와 보조사의 결합은 규칙성을 갖지 않는 결합임이 확인된다.

(15) 가. [$_D$ [$_D$ X]^i[$_D$ Y]^j]
　　　나. 그것만은 안 된다/그것만을 허용해야 한다/그것만이 살 길이다.
(16) 가. -마저도, -까지만, -까지는, -까지도, -까지야, -까지나, -까지만은, -까지만이라도, -부터는, -만은, ?-만도, -만이야, -만이라도, -밖에는
　　　나. -만이, -만을, -만의

다른 동일 기능범주들이 연이어지는 예도 규칙성을 갖지 않는, 어휘개별적 어휘항목을 형성하는 것으로 본다. 다음은 각각 '후치사+후치사', '굴절사+굴절사', '보문소+보문소' 결합의 예이다.

(17) 가. [$_P$ [$_P$ X]^i[$_P$ Y]^j]
　　　나. 종이비행기가 철수에게로 날아갔다.
(18) 가. [$_I$ [$_I$ X]^i[$_I$ Y]^j]
　　　나. 철수는 시험에 붙었겠다/붙-Ø-겠-다.[405]

---

[405] 필자는 양정석(2002: 157-199)로부터 '-었-', '-었었-'을 갖지 않은 형식은 언제나 중화상의 표지 'Ø'를 가진다고 분석하였다. '붙겠다'의 경우에도 복합 머리성분 'Ø-겠-'이 실현된 것으로 본다.

(19) 가. [[_C X]^i[_C Y]^i]
     나. 철수는 영호가 착하다고 생각한다.

(5)와 (7)은 어휘부 규칙들이다. 그러나 (12)와 (14나)와 (15가)와 (17가)-(19가)의 형식으로 표시되는 예는 어휘부의 어휘개별적 어휘항목으로 간주해야 할 것으로 본다.[406] 규칙성 여부와는 무관하게 이들은 모두 두 머리성분이 위첨자 지표 'i'로 표시되어 있다. 이 지표는 통사적 과정에서 재구조화 원리를 유발하는 근거로 활용된다.

굴절소와 보문소의 처리 문제

보조사, 후치사가 명사에 인접한다는 특성에서 공통되는 반면, 굴절소와 보문소는 동사에 이어지는 분포상의 특성을 가진다. 한국어의 선어말어미는 독립적인 굴절소 범주로서 굴절소구를 투사한다. 어말어미는 독립된 보문소 범주로서 보문소구를 투사한다. 이들 중의 동일한 범주가 둘 이상 연이어 실현될 경우, 복합 형식의 굴절소 어휘항목, 복합 형식의 보문소 어휘항목을 이룬다.

한국어에서 가능한 굴절소 및 복합 굴절소의 목록은 다음과 같다.[407]

(20) 가. 완결상(perfective aspect)의 굴절소들
        -었-, -었었-, -으시었-, -으시었었-, -었겠-, -었었겠-, -으시었겠-, -으시었었겠-
     나. 중화상(neutral aspect)의 굴절소들
        Ø, -으시-(= -으시-Ø), -겠-(= Ø-겠-), -으시겠-(= -으시-Ø-겠-)

한국어의 보문소들의 유형은 다음과 같다.

(21) 가. 단순 보문소: -다, -음, -기, -는, -고, -으면, …
     나. 보문소+보문소: -다고, -다면, -단다, -답니다, -다네, -다오, …
     다. 보문소+보조사: -다마는(-다만), -습니다마는, -어서는, -게는, …

---

[406] 필자의 이전 연구 양정석(2002, 2010)에서는 (15가), (17가)-19가)를 어휘부 규칙으로 가정했었으나, 한국어의 사실을 더 관찰한 결과 이러한 결론을 얻게 되었다.

[407] 여기에 '-을 것이-', '-는 것이-', '-은 것이-', '-었던 것이-', 그리고 이들과 다른 굴절소들과의 결합이 더 추가되어야 한다.

(21나)는 어휘개별적 복합 형식의 예일 뿐이다. 그러나 (21다)는 (7)의 어휘부 규칙에 의해 가능하게 되는 형식들이다. 그런데 '보문소+보조사'의 연결이 항상 복합 보문소를 형성하지는 않는다는 점에 주의해야 한다. 보문소 '-음, -기'의 경우에는 보조사가 '-음, -기'의 보문소구를 보충어로 취한다. 그 이유는 이들이 [-pred] 자질을 갖기 때문이라고 본다.

명사항의 내부 구조: 명사구, 보조사구, 후치사구

'명사항'은 명사구, 후치사구, 보조사구의 예들을 잠정적으로 지칭한다. 보조사를 가지는 명사항은 명사구 아닌 보조사구(DP)를 이룬다는 것이 필자의 기본 입장이다.

핵계층 이론을 준수하는 한도에서 한국어 명사항의 서로 다른 형식들을 그 내부 구조의 차이에 따라 나누어 그 내부 통사구조를 제시하기로 한다.

(22) 부가어 명사항 구성
  가. 철수의 아들, 철수의 옷, 철수의 긴 다리
      [$_{NP}$ DP NP]
  나. 철수 아들, 철수 옷,
      [$_{NP}$ NP NP]
  다. 두 명의 학생: [$_{NP}$ DP NP], 모든 학생: [$_{NP}$ NP NP]
(23) 오른쪽 명시어 구성:
  가. (i) 철수와 인호와: [$_{PP}$ [$_{P'}$ [$_{NP}$ 철수] [$_{P}$ -와]] [$_{PP}$ [$_{P'}$ [$_{NP}$ 인호] [$_{P}$ -와]]]
      (ii) 서울부터 부산까지: [$_{PP}$ [$_{P'}$ [$_{NP}$ 서울] [$_{P}$ -부터]] [$_{PP}$ [$_{P'}$ [$_{NP}$ 부산] [$_{P}$ -까지]]]]
  나. 우리들 청년학도, 상엿집 그 을씨년스러운 곳
      [$_{PP}$ [$_{P'}$ NP [$_{P}$ ∅]] NP]
  다. 학생 두 명, 학생 모두
      [$_{PP}$ [$_{P'}$ NP [$_{P}$ ∅]] NP]
(24) 논항 명사항 구성:
  가. 바그다드의 함락, 경기의 시작
      [$_{NP}$ [$_{N'}$ [$_{DP}$ 바그다드의] [$_{N}$ 함락]]]
  나. 전투 개시, 정신 집중
      [$_{NP}$ [$_{N'}$ [$_{NP}$ 전투] [$_{N}$ 개시]]]
  다. 미군의 이라크 진격, 왜구의 남해안 지방 침탈
      [$_{NP}$ [$_{DP}$ [$_{NP}$ 미군] [$_{D}$ -의]] [$_{N'}$ [$_{NP}$ 이라크] [$_{N}$ 진격]]]
  라. 세 명, 서른 세 명

[~NP~ [~N'~ NP N]]

(22)의 명사항들은 모두 선행 DP 또는 NP가 부가어로서 뒤의 NP를 수식하는 '부가어 구조'이다. 이에 비해 (23)의 명사항들은 오른쪽의 NP 또는 PP가 명시어인 '명시어 구조'를 형성한다.

주목할 만한 예는 (22다)와 (23다)이다. 둘은 양화사를 포함하는 명사항인데, 전자는 양화사가 부가어로서 선행하는 '양화사 선행 구성 명사항'이고 후자는 양화사가 명시어로서 후행하는 '양화사 후행 구성 명사항'이다.

(24가-다)의 논항 명사항 구성은 서술성 명사가 그 논항을 1개 또는 2개 취하는 구성이다. '함락, 시작, 개시, 집중'은 1개의 논항을 취하는 서술성 명사인데, 그 논항은 DP일 수도 있고 NP일 수도 있다. '진격'과 '침탈'은 두 개의 논항을 취하는 서술성 명사이다. 이런 경우 첫째 논항은 언제나 DP로 실현되는 것으로 보인다.

(24라)의 '세 명', '서른 세 명'도 분류사 명사인 '명'이 한 개의 논항을 취하는 예라고 판단한다. '세'와 '서른 세'는 각기 머리성분으로서의 명사이다. '서른 세'는 두 머리성분이 재구조화하는 예라고 본다(4.1.7절 참조). 수명사가 두 개 이상 연이어질 때에는 앞에서 보인 D, P, I, C의 경우와 마찬가지로 같은 범주의 복합 머리성분을 이루는 점에서는 같지만, 수명사 N과 수명사 N의 결합으로 N이 되는 절차는 이들과 달리 규칙성을 가지는 절차라고 생각된다.

'오른쪽 명시어 구성'인 (23)의 예들 중에서 많은 문제를 내포한 것은 후치사 '-와'를 가지는 명사항이다. (25)의 예들은 명사항 주어를 가지는 예들이지만, (26)의 예들은 명사항 주어를 가지는 구조와 문장 접속 구조로 중의적이라는 것이 필자의 판단이다.[408]

(25) 가. 철수와 인호가 왔다.
　　 나. 철수와 인호와는 친구 사이이다.
　　 다. 철수 및 인호가 왔다.
　　 라. 철수와 그리고 인호가 왔다.
(26) 가. 철수, 그리고 인호가 왔다.
　　 나. 철수, 인호, 그리고 순기가 뛰었다.

---

[408] (26가) 문장과 (26나) 문장의 구조적 중의성에 대해서는 양정석(2010: 283-296)에서 보인 바 있다.

(25)의 명사항들의 구조는 다음과 같다.

(25)' 가. 철수와 인호가 왔다.
     [PP [P' 철수-와] [NP 인호]]
나. 철수와 인호와는 친구 사이이다.
     [PP [P' 철수-와] [PP 인호-와]]
다. 철수 및 인호가 왔다.
     [PP [P' [P' [NP 철수] [P Ø]]] [NP[AdvP 및] [NP 인호]]]
라. 철수와 그리고 인호(-와)가 왔다.
     [PP [P' [P' [NP 철수] [P -와]]] [PP[AdvP 그리고] [PP 인호(-와)]]]]

(26)의 두 문장은 각각 단순문 구조와 접속문 구조의 두 가지 구조를 가지는 문장이다. 후자의 구조는 비우기(gapping) 구문의 구조이다.

(26)' 가. 철수, 그리고 인호가 왔다.
     (i) [DP [PP [P' [NP 철수] [P Ø]] [PP [AdvP 그리고] [PP 인호(-와)]]]-가] 왔다
     (ii) [[CP[DP 철수-Ø] …Ø] [CP[AdvP 그리고] [CP[DP 인호가] 왔다]]]
나. 철수, 인호, 그리고 순기가 뛰었다.
     (i) [DP [PP [P' [NP 철수] [P Ø]] [PP [P' [NP 인호] [P Ø]]
          [PP [AdvP 그리고] [PP 순기(-와)]]]]-가] 뛰었다
     (ii) [CP [IP [CP [DP 철수-Ø] …Ø] [IP [CP [DP 철수-Ø] …Ø][IP [AdvP 그리고]
          [IP[DP 인호가] t_i t_{i,j}]]]] [C 뛰-었-대]]

한 가지 문제는, (23가)의 (i)과 (ii)로 제시한 구조를 가지는 명사항이 보조사와 결합할 때 전체 후치사구의 머리성분인 앞 위치의 '-와', '-부터'와 뒤에 이어지는 보조사가 재구조화에 의해 연계될 가능성이다. 그러나 'NP-와 NP-와' 형식의 복합구, 'NP-부터 NP-까지' 형식의 복합구는 후치사구이지만, '-이/가', '-을/를', '-은/는', '-도', '-만' 등의 보조사와 결합될 때에는 언제나 보조사구로서의 행태를 가짐이 관찰된다.

(27) 가. 철수와 인호(와)가/도/만/만이 우리 앞에 나타났다.
     나. 우리는 철수와 인호(와)를/도/만/만을 회원으로 인정했다.
(28) 가. 청량리부터 동대문까지가/도/만/만이 도로 정비 구역으로 정해졌다.
     나. 시에서 청량리부터 동대문까지를/도/만/만을 도로 정비 구역으로 정했다.

이러한 현상은 원리에 따른 것이라고 생각된다. 우선, 언어 보편적인 원리로 상정된 '재구조화 원리'에 다음과 같은 조건이 주어진다고 가정하자.

(29) 재구조화의 머리성분 주변성 조건
두 머리성분이 재구조화에 의해 긴밀한 관계로 연계되기 위해서는 상위구의 머리성분과 하위구의 머리성분이 모두 구의 가장자리에 위치해야 한다.

(27) 예문에서 앞의 '-와', (28) 예문에서 '-부터'는 (29)의 조건에 부합되는 후치사가 아니다. 따라서 이런 경우 재구조화의 적용은 거부되고, 문제의 명사항은 후치사구를 보충어로 취하는 보조사구로 남아 있게 된다.

(23가)의 (i)과 (ii)가 재구조화와 관련하여 제기하는 또 하나의 문제는, 이들 명사항의 뒤에 실현되는 후치사 '-와'와 '-까지'가 이어지는 보조사와 재구조화할 가능성이다. 앞에서는 후치사와 보조사가 연이어질 때 후치사로 통합되는 어휘부 규칙을 제시한 바 있다. 이 어휘부 규칙이 작용하지 않는다는 점은 다시 (27)과 (28)의 문장들이 증명한다. 이 문제는 다음과 같은 일반 원리가 해결해 준다고 본다.

(30) 재구조화 연계 머리성분의 투사 조건
재구조화 원리에 의해 연계되는 두 머리성분들은 각각 하위구와 그 직접 상위구를 투사하는 머리성분들이어야 한다.

(23가)의 (i)과 (ii)의 명사항의 뒤에 실현되는 후치사 '-와'와 '-까지'는 후치사구 전체를 투사하는 후치사 머리성분이 아니기 때문에, (30)에 따라, 이어지는 보조사와 통합하여 복합 머리성분을 형성할 수가 없다.

(29), (30)의 조건의 서술은 앞의 재구조화 원리와 관련하여 더 정제되어야 한다. 그러나 이러한 조건이 한국어의 통사 현상에 대한 완전한 기술을 위해 요구된다는 점은 분명해 보인다.

이중주어문, 이중목적어문의 처리 문제

'이중목적어문'과 '이중주어문'은 동일한 '격 표지'를 한 문장에 둘 이상 허용함으로써 생성문법의 격 이론적 접근에 끊임없는 도전이 되어 왔다. 이들 구문은 한국어 단순문 구조의 다양한 유형과 관련을 맺고 있어, 각기 단일한 구문 구조를 이룬다고 간주하기 어려운 특성을 지니고 있다. 양정석(1987)에서는 한국어의 이중주어문이 4개 유형의 구문으로, 이중목적어문이 역시 4개 유형의 구문으로 나누어짐을 보인 바 있다.[409]

우선, 이중목적어문은 다음 4가지 구문으로 나누어진다.

(31) 김 교수가 학생들을 선물을 주었다.
(32) 가. 철수가 세 시간을 물고기를 잡았다.
    나. 선생님이 세 번을 종을 쳤다.
(33) 가. 철수가 의자를 다리를 부러트렸다.
    나. 김 교수가 학생을 세 명을 만났다.
    다. 김 교수가 학생을 모두를 만났다.
(34) 아군이 적군을 추격을 하였다/시작했다.

(31)에서 앞의 'NP-를' 성분은 논항 위치로부터 이동한 VP 부가어이고, 뒤의 'NP-를' 성분은 논항이다. (32)에서 앞의 'NP-를' 성분은 부가어이고, 뒤의 'NP-를' 성분은 보통의 논항이다. (33)에서 앞의 'NP-를' 성분은 보통의 논항이고, 뒤의 'NP-를' 성분은 '비분리 명사구'이거나 양화사이다. 양정석(1987)에서는 (33나, 다)의 양화사 명사구도 비분리 명사구의 일종으로 파악한 바 있다. (34)에서 앞의 'NP-를' 성분은 뒤의 'NP-를' 성분 내부에 흔적을 남기고 이동한 VP 부가어이다. 각 구문의 통사구조는 다음과 같다.[410]

(31)' [IP 김 교수가 [I' [VP 학생들을ᵢ [VP 선물을 tᵢ 주-]]-었-]]-다.
(32)' 가. [IP 철수가 [I' [VP 세 시간을 [VP 물고기를 잡-]]-았-]]-다.
    나. [IP 선생님이 [I' [VP 세 번을 [VP 종을 차-]]-었-]]-다.
(33)' 가. [IP 철수가 [I' [VP 의자를 [V' 다리를 [V' 부러트리-]]]-었-]]-다.
    나. [IP 김 교수가 [I' [VP 학생을 [V' 세 명을 [V' 만나-]]]-았-]]-다.
    다. [IP 김 교수가 [I' [VP 학생을 [V' 모두를 [V' 만나-]]]-았-]]-다.

---

[409] 양정석(1987)에서는 삭제 실험, 분열문 형성, 관계관형화, 성분 간의 자리바꿈, 주제화 등의 검사 방법을 통해 분석하여 위 이중목적문의 4가지 구문들, 이중주어문의 4가지 구문들이 각기 서로 다른 통사적 구문들임을 증명하였다. 양정석(2002: 364-390)에서는 이러한 검사 방법들을 재현하고, 이를 토대로 각 구문의 통사구조를 핵계층 이론의 형식으로 제시하였다.

[410] 이러한 통사구조는 양정석(2002)에서 제시한 것이다. 이 책의 궁극적인 견해는 한국어의 모든 문장이 동사, 굴절소의 머리성분 흔적을 가지는 구조로 되어 있다는 것인데, 여기에서는 동사와 굴절소가 각각 기저의 V, I 위치에 놓이는 것으로 표시하였다.

(34)' [IP 아군이 [I' [VP 적군을i [VP[DP[NP ti 추격]을 [V 하/시작하-]]]-였-]]-다.

이중주어문도 이중목적어문처럼 4개의 서로 다른 구문으로 분류된다.

(35) 가. 물이 얼음이 되었다.
    나. 나는 철수가 싫다.
    다. 할아버지는 책이 많으시다.
(36) 가. 철수가 정치에 관심이 많다.
    나. 인호가 외국인과 대화가 가능하다.
(37) 가. 저 의자가 다리가 부러졌다.
    나. 학생이 세 명이 왔다.
    다. 학생이 모두가 왔다.
(38) 가. 꽃은 장미가 아름답다.
    나. 이 쟁반이 사과가 맛있다.

이중주어문의 각 유형의 통사구조는 다음과 같다.[411]

(35)' 가. [IP [DP 물이] [I' [VP [V' [DP 얼음이] [V 되-]]]-었-]]-다.
     나. [IP [DP 나는] [I' [VP [V' [DP 철수개 [V 싫-]]]-Ø-]]-다.
     나. [IP [DP 할아버지는] [I' [VP [V' [DP 책이] [V 많-]]]-으시-]]-다.
(36)' 가. [IP [DP 철수개 [I' [VP [V' [PP 정치에] [V' [DP 관심이] [V 많-]]]]-Ø-]]-다.
     나. [IP [DP 인호개 [I' [VP [V' [PP 외국인과] [V' [DP 대화개 [V 가능하-]]]]-Ø-]]-다.
(37)' 가. [IP [DP 저 의자개 [I' [DP 다리개 [I' [VP [V' 부러지-]]-었-]]]-다.
     나. [IP [DP 학생이] [I' [DP 세 명이] [I' [VP [V' 오-]]-었-]]]-다.
     다. [IP [DP 학생이] [I' [DP 모두개 [I' [VP [V' 오-]]-었-]]]-다.
(38)' 가. [CP 꽃은 [C' [IP [DP 장미개 [I' [VP [V 아름답-]]-Ø-]]-대]]
     나. [CP 이 쟁반이 [C' [IP [DP 사과개 [I' [VP [V 맛있-]]-Ø-]]-대]]

한국어 이중주어문에 관한 언어학적 설명으로는 '서술절설', '변형설', '주제어설' 등이 있는데 이러한 설명 방안들은 모두 피할 수 없는 난점을 안고 있다.

서술절설은 김두봉(1916), 최현배(1937) 이래 현행 학교문법에 이르는 이중주어문의 구

---

[411] 이와 같은 이중주어문의 통사구조도 양정석(2002: 364-390)에서 제시한 것이다. 이중주어문의 처리에 관한 선행 연구의 정리와 비판도 이곳에서 제시하였다.

조에 대한 견해이고, 박병수(1983), 한학성(1987), 이익환(1987), 채희락 외(2008), 윤혜석(Yoon 2009) 등의 생성문법에 기반한 처리에서도 기본적으로 받아들이는 견해이다. 그러나 (35)-(38) 문장들의 둘째 'NP-이' 명사항과 동사를 하나의 절로 간주하는 것이 타당하지 않다는 점은 남기심(1986)의 다음 반례를 통하여 증명된다. 하나의 절이 한 문장 안에 내포된다면 (39가)에서 보는 것처럼 주절의 주어가 내포절 안으로 끼어들 수 없다. 그러나 이중주어문인 (39나)에서는 그것이 가능하다.

(39) 가. 나는 그가 유학생임을 알고 있었다.
→ *그가 나는 유학생임을 알고 있었다.
나. 철수가 키가 크다. → 키가 철수가 크다.

또한 서술절설은 (36) 유형의 이중주어문의 통사구조를 설명하는 데에 근본적인 난점을 안고 있다. '관심이 많다'를 서술절, 즉 문장 단위로 가정하여 생성하면 그 문장 단위 밖에 주어가 요구하는 후치사구 '정치에가'생성되고, 다시 그 위에 주어 명사구 '철수가'가 생성되는 과정을 합리적으로 해명할 수가 없다. 또 그 내부의 주어인 명사(구) '관심'이 절 밖의 '정치에'를 필수성분으로 요구하는 점도 설명하기가 곤란하다. 서술절설은 한국어의 문장 구조 형성의 원리를 근본적으로 잘못 이해한 데에서 생겨난 견해라고 판단한다.

변형설은 (40가)처럼 주어 명사구 내부의 관형어 명사구가 이동 변형에 의하여 문두의 'NP-이' 형식으로 실현된다고 설명하는 방안('이동 변형설': 서정수 1971, 최현숙 1987, 김용하 1998)과, (40나)처럼 'NP-에/에서/에게' 형식의 성분이 'NP-이' 형식으로 실현된다고 설명하는 방안('교체 변형설': 송석중 1967, 서정수 1971)이 있다.

(40) 가. NP_1의 NP_2-이 VP → NP_1이 NP_2-이 VP
나. NP_1-에/에서/에게 NP_2-이 VP → NP_1이 NP_2-이 VP

다음 (41), (42)는 (40가) 방식의 변형적 처리에 대한 반례이며, (43)은 (40나) 방식의 변형적 처리에 대한 반례이다.[412]

(41) 가. 그 여자의 손이 너무 커서 [X] 싫다.

---

[412] (41)은 손호민(Sohn 1980: 10)의 예이고 (42), (43)은 남기심(1988/1996: 55, 56)의 예이다.

　　　　나. 그 여자는 손이 너무 커서 [X] 싫다.
(42) 가. 이광수가 소설이 더 유명하다.
　　　　나. 이광수의 소설이 더 유명하다.
(43) 가. 서울역에 기차가 도착하였다.
　　　　나. *서울역이 기차가 도착하였다.

　주제어설은 이중주어문의 주어 외의 'NP-이' 성분을 주제어라는 문법기능으로 간주하자는 박승윤(1981), 남기심(1972나, 1986), 임홍빈(1972) 등에서의 제안이다. 이는 위 (38)의 유형 또는 (37가)의 유형에 국한된 설명 방안으로서, 그 외 다른 유형의 이중주어문들에 대해서는 적용될 수 없다.

　필자가 여기에서 이중목적어문과 이중주어문을 함께 논의하는 것은 두 구문이 가지는 연관성에 주목하기 때문이다. 이중목적어문의 셋째 유형인 (33) 문장들과 이중주어문의 셋째 유형인 (37) 문장들은 중요한 공통성을 가지고 있다. 그것은 '다리' 등의 비분리 명사구, '세 명', '모두' 등의 양화사가 목적어 또는 주어와 관련된다는 점이다. 그 공통성에 주목하여 '세 명', '모두'를 '다리'와 같이 '비분리 명사구'라고 지칭하기도 하였다. 그 통사구조를 살펴보면, 이들은 모두 이중목적어문의 V′ 부가어, 이중주어문의 I′ 부가어로서, 서술화 원리에 의해 이차 서술어로 허가되는 구성성분이다.

　양화사 문장의 의미 해석을 다룬 양정석(2023나: 4.5절)에서는 V′ 부가어 위치, I′ 부가어 위치의 '다리' 등 비분리 명사구가 그 위치의 '모두', '세 명'과 평행적인 방식으로 의미 해석을 받는다는 점을 보인 바 있다. 이중주어문에 대한 서술절설, 변형설, 주제어설 등의 다른 접근에서 이러한 연관성을 포착할 수 있을지는 의문이다.

한국어 통사구조상의 공범주들

　이 책에서는 '단일한 통사구조'를 상정한다. 이 단일한 통사구조는 대체로 원리매개변인 이론의 S-구조와 가까운 것이나, 이 구조가 D-구조에서 변형규칙의 적용 결과로 만들어지는 것으로 보지는 않는다. 이 구조에는 흔적 t와(머리성분 흔적, 명사항 흔적, 보문소구 흔적과 연산자 흔적으로 나뉨) 공범주 대명사 PRO(지배 받지 않음), pro(지배 받음), 그리고 공범주 연산자 O가 나타날 수 있다. 그러나 이들은 변형을 통하지 않고 생성되는 것이다. 이들 공범주의 생성을 위해서는 각각의 규칙이 주어진다고 본다. 다음은 한국어에서 공범주의 실현에 관한 정리를 제시한 것이다. (44가, 사)는 한국어가 공범주 허사를 포함함을 명시한 것이다.

(44) 공범주와 허사에 관한 정리
　가. 한국어 문장의 통사구조는 공범주와 공범주 허사를 포함할 수 있다.
　나. 한국어에서 공범주는 주어진 조건을 만족하는 한 어느 위치에든 나타날 수 있으나, 문법의 독립적인 원리/제약에 의해 그 분포가 제한된다.
　다. O는 명시어 위치에만 실현될 수 있고, 이것이 지배하는 흔적(t)과 동지표화되어야 한다.
　라. 한국어에서 흔적(t)은 최대투사(XP)인 경우와 머리성분으로서 동사(V) 또는 굴절소(I)인 경우의 두 종류가 존재한다.
　마. pro는 지배 받는 위치에 나타나는 공범주 대명사이다.
　바. PRO는 지배 받지 않는 위치에만 나타나는 공범주 대명사이다.
　사. 허사 'e_{pleo}'는 서술화 원리를 만족하기 위하여 통사구조에 도입될 수 있다.

(44가-사)의 공범주들 중 몇 가지만을 지적하여 촌평하기로 한다. (44다)의 공범주 연산자 'O'가 만족해야 할 조건을 다음과 같이 제시할 수 있다.

(45) 공범주 연산자 O에 관한 제약
　O는 그 흔적과 동지표화되어야 한다. O의 흔적은 의미역 지배를 받아야 하고, O와 흔적의 관계는 하위인접 조건을 만족해야 한다.

3.3.5절에서는 박승윤(1981)에 대한 비판 과정에서 관계관형절의 통사구조를 보인 바 있다. 공범주 연산자 'O'와 흔적 't'가 포함된다.

(46) 가. 철수가 산 책
　나. [$_{NP}$[$_{CP}$ O_i [$_{C'}$[$_{IP}$ 철수가 t_i 사-었-]-는]] [$_{NP}$ 책]]

이 구조는 (45)의 제약을 만족하는 전형적인 구조라는 것을 알 수 있다.
(44라)는 흔적이 최대투사 흔적과 머리성분 흔적으로 나누어진다는 점을 명시하였다. 최대투사 흔적은 'O'의 흔적과 같은 '비논항 흔적(A-bar trace)'과 '논항 흔적(A-trace)'으로 다시 나누어진다. 둘은 의미 해석상의 큰 차이가 있다. 비논항 흔적은 양화 연산자를 중심으로 한 연산자의 흔적이 되는 것이어서, 본질적으로 결속변항의 기능을 가진다. 최대투사의 흔적 중에는 결속변항으로 해석되지 않고 선행사의 해석을 그대로 물려받는 것들이 있다.

머리성분 흔적도 선행사의 해석을 그대로 물려받는 해석 방법을 취한다. 이 점에 근거하여 이 책에서는 머리성분 흔적도 '논항 흔적'의 하나로 분류한다.[413]

머리성분 흔적도 한국어 통사구조의 주요 요소이다. 상위 머리성분이 흔적(t)으로 남은 하위 머리성분을 지배해야 한다는 '머리성분 이동 제약(HMC)'은 Chomsky(1986b)에서 다음과 같은 형태로 제시한 바 있다.

(47) 머리성분 이동 제약:
하위 머리성분 A는 이 A의 최대투사를 지배하는 머리성분 B의 위치로만 이동할 수 있다. 단, B ≠ C(보문소)이면 B가 A의 최대투사를 의미역 지배하거나 어휘표시해야 한다. (Chomsky 1986b: 71)

흔적으로서의 머리성분과 이를 지배하는 머리성분의 관계는 한국어 문장에서 기본적으로 나타나는 관계이다. 필자는 이러한 구조가 말 그대로의 이동 변형에 의해서 형성된다고 하는 설명 방법을 부정한다. 동사(V)가 이동하여 I 범주에 부가되고, 이 부가어 구조가 다시 이동하여 C 범주에 부가된다고 하는 표준적 원리매개변인 이론의 설명을 다음과 같이 재서술하기로 한다.

(48) 머리성분 이동에 관한 정리
가. 동사의 흔적 't_V'는 이것의 최대투사를 지배하는 머리성분 흔적 't_I'를 가져야 하고, 둘은 동지표를 가진다. 이에 따라 전자는 't_{Vi}', 후자는 't_{Vi},t_{Ij}'로 표시된다. 후자는 줄여서 '$t_{i,j}$'로 나타낸다.
나. 굴절소의 흔적 't_I'는 이것의 최대투사를 지배하는 C 범주의 복합적 머리성분을 가져야 하고, C 범주에 부가된 I 범주와 동지표화된다. 이에 따라 전자의 I는 't_{Vi},t_{Ij}'(줄여서 '$t_{i,j}$'),

---

[413] 양정석(2023나)에서는 이러한 최대투사와 머리성분의 흔적에 대한 의미 해석 규칙으로 다음과 같은 의미 해석 규칙을 설정한 바 있다.
  a. 논항 흔적 의미 해석 규칙(양정석(2023나: 35)
    (i) 논항 흔적 't_i'의 해석:
       통사구조의 성분 A가 이동변형의 동지표 i를 가지는 흔적 't_i'이고, 동지표 'i'를 가지는 상위 성분이 B_i이면, 모든 치할당 함수 g에 대하여,
       〖 A 〗^{g} = 〖 B_i 〗^{g}이다.
    (ii) 이동변형의 선행사를 가지는 구조의 의미 계승:
       A가 분지교점이고 {B, C}가 그 딸성분들의 집합인 경우, B가 이동변형의 동지표 'i'를 가지는 상위 성분이면, 모든 치할당 함수 g에 대하여,
       〖 A 〗^{g} = 〖 C 〗^{g}이다.

후자의 C는 'V$_i$ I$_j$ C'로 표시된다.

의미론적 해석 과정에서 동사 흔적 't$_V$'는 그것의 선행사가 가지는 의미 내용을 물려받아 그 의미적 작용을 행한다. 이것과 동지표화된 't$_i$'에 부가된 흔적 't$_V$'와, 이것과 동지표화된 C 범주에 부가된 동사 'V'는 의미 해석을 받지 못하는 무위적 해석의 요소들이다.[414] 굴절소 흔적 't$_I$'는 't$_V$'를 부가어로 가지는 't$_{i,j}$'의 위치에서 의미론적 작용을 한다. C 범주에 부가된 선행사 I의 의미 내용을 물려받아서 의미적 작용을 행하는 것이다. C 범주에 부가된 선행사 I는 무위적 해석을 받는 요소이다.

(44마)의 'pro'는 공범주라는 점만 제외하고는 일반 대명사와 전혀 다르지 않다. 통사론적으로는 앞에서 제시한 '대명사의 동지표화 규칙'에 따라 동지표화될 수 있으며, 동지표화된 경우 결속변항으로서의 해석을 받는다. 그렇지 않을 경우에는 지시적 대명사의 해석을 받는다.

(44바)의 'PRO'는 지배 받지 않는 공범주 대명사이고 (44사)의 'e$_{pleo}$'는 지배받는 공범주 요소인데, 의미론적 해석 과정에서 아무런 의미 내용을 부여받지 못하는, 무위적 해석을 받는 요소들이라는 공통점을 가진다.

4.3. 한국어의 내포문 구조

이 절에서는 한국어 내포문을 명사절 내포문, 관형절 내포문, 인용절 내포문, 연결어미절 내포문의 네 가지 유형으로 나누어 그 통사구조가 어떻게 형성되는지를 알아보려고 한다.

4.3.1. 명사절 내포문

전통·구조문법적 연구로부터 명사형어미 '-음'과 '-기'는 내포절의 하나로서의 명사절을 나타내는 표지라고 알려져 왔다. 여기에 '-는지, -는가, -느냐'가 명사절 표지의 목록에 추가되어야 한다. (1)-(3)이 한국어 명사절 내포문의 전 범위를 보여 준다. 특히 (3)은 이른바

---

[414] 이것은 앞의 각주에서 제시한 '논항 흔적 의미 해석 규칙'에 따르는 결과이다. 통사구조를 바탕으로 적용되는 의미 해석 규칙들의 종류와 각각에 대한 자세한 설명으로 양정석(2023나: 24-44)을 참고하기 바람.

'tough 구문'이라는 특이한 구문 현상을 보이는 예로 생각되어 왔다. 이를 "쉽다' 구문이라고 지칭하기로 한다.

(1) 가. 철수가 수업에 참석했음은 사실이다.
　　나. 철수는 네가 먼저 말을 걸어주기를 원한다.
(2) 가. 누가 제일 먼저 오느냐가 문제이다.
　　나. 나는 인호가 참석하는지를 알아 보려고 했다.
　　다. 사람이 많이 모이는가가 관건이다.
(3) 가. 이 귤껍질은 까기가 쉽다/어렵다.
　　나. 나에게는/나는 이 귤껍질이 까기가 쉽다.

한국어의 명사형어미는 '-음', '-기', '-는가', '-는지', '-느냐'의 5가지에 한정되며, 이들은 보문소에 속하는 다른 어말어미들과 동일한 계열을 이루어 보문소의 주요 하위 부류가 된다. 통사론적으로 위 5가지 보문소가 한국어의 다른 보문소들과 구별되는 것은 그 어휘기재항에 통사적 자질 [-pred]를 가진다는 점이다. 이에 따라 앞의 4.1절에서 도입한 문법의 원리와 규칙들이 적용되는데, 특히 서술화 원리가 적용됨에 있어 [-pred] 자질이 제약 요인이 되어 이들 보문소를 머리성분으로 하는 구가 이차 서술어로 실현되는 것을 막게 된다.

(1)-(3)과 같은 형식의 명사절, 명사절 내포문이 통사론적 기술이나 의미론적 기술에 제기하는 문제는 별달리 눈에 띄지 않는다. (3)의 '쉽다' 구문은 통사론의 원리와 규칙들에 따라 그 통사구조를 도출하는 절차가 다소 복잡하다. 그러나 4.1절에서 제시한 통사론의 체계에 따른 그 도출 과정을 이해하는 일은 어려운 일이 아니다. 한 예로 (3나)의 통사구조는 (4나)와 같다.

(4) 가. 나에게는/나는 이 귤껍질이 까기가 쉽다. (=(3나))
　　나. [CP 나에게는/나는k [CP 이 귤껍질이/은 [C' [IP tk [VP tk [V' [DP [CP [IP pro proi 까-∅-]-기]-개 쉽-]-∅-]-대]

공범주 대명사 'pro'와, 이동 변형이 아닌 기저 생성의 방식으로 도입되는 흔적 't'가 기저에서부터 NP로 도입된다는 점을 제외하고는 그 도출 과정에 특별한 것은 없다.

4.3.2. 관형절 내포문

관계관형절과 보문관형절

전통·구조문법적 연구로부터 관형사형어미인 '-는, -은, -을, -던'은 관형절이라는 내포절을 이끄는 표지로 알려져 왔다. 다음은 관형절 내포문의 예이다. (5)의 관형절은 보문관형절의 구조를, (6)의 관형절은 관계관형절의 구조를 가짐으로써 서로 구별된다.

(5) 가. 그는 비가 오는 사실을 몰랐다.
　　나. 그는 비가 온 사실을 몰랐다.
　　다. 그는 비가 올 사실을 고려하지 않고 있다.
　　라. 그는 비가 오던 사실을 회상한다.
(6) 가. 우리는 산에서 멧돼지를 잡는 사냥꾼을 만났다.
　　나. 우리는 산에서 멧돼지를 잡은 사냥꾼을 만났다.
　　다. 우리는 산에서 멧돼지를 잡을 사냥꾼을 만났다.

관형절을 관계관형절과 보문관형절로 나누는 것에 대해 회의적인 견해도 있어 왔으나, 둘은 상이한 통사구조를 형성하므로 구분되어야 한다. 관계관형절과 보문관형절의 구조는 다음과 같다. 특히 관계관형절이 (7)처럼 공범주 연산자(O)와 흔적(t)을 가진 구조로 표상됨을 보이는 것이 이 절의 주요 논점이라고 할 수 있다.[415]

(7) 가. 경애를 만난 사람은 철수였다.
　　나. [[O$_i$ [t$_i$ 경애를 만나-]-ㄴ] 사람은 철수였다.
(8) 가. 철수는 전에 경애를 만난 사실이 있다.
　　나. 철수는 [[[pro 경애를 만나-]-ㄴ] 사실]이 있다.

관형절이 관계관형절과 보문관형절이라는 판이한 통사구조로 나누어진다는 견해는 생성문법적 연구의 초기부터 지배적인 견해로 이어져 왔다. 양인석(1972)에서는 관형관형절 내포문과 보문관형절 내포문에 대해서 각각 다음과 같은 기저구조를 제시한 바 있다.[416]

415　(7나)와 같은 구조를 설정한 선례로는 양동휘(1989: 603-645)를 들 수 있다. 그는 공범주 연산자 'O'를 오른쪽 명시어로 설정하고 있다.
416　(9나)는 양인석(1972: 229)에 나무그림으로 표시되어 있는 것을 대괄호 표기법으로 바꾸고, 필요한 만큼만 대강의 구조를 보인 것이다. 'K'는 변형에 의해서 격 표지가 삽입되는 자리를 표시한 것이다. 양인석

(9) 가. 존이 메리가 산 책을 읽는다.
    나. [s[p[A[존] K] [o[s [p[메리 K] [책 K] 사-] 었-대 책 K] 읽-] [M -는-대]
(10) 가. 존은 메리가 가는 것을 보았다.
    나. [[p [존] [NP [s [p 메리 가-]-[M -았-대]] [것]] 보-] [M -았-대]

(9가)의 기저구조에서 내포절의 '책'은 상위절의 '책'과 동일지시되어 삭제된다. 이것이 그의 '관계화 변형'이다(229쪽). 반면, (10)의 보문관형절에는 그와 같은 통사적 과정이 관여하지 않는다.

관형절을 두 부류로 양분하는 보통의 견해와는 달리, 세 부류로 나누는 견해가 제시되기도 하였다. 김영희(1981)에서는 표제 명사와 내포문의 명사 사이에 동일 명사구 제약이 있다는 점 이외에 양자를 별개의 구문으로 분리해야 할 근거가 없다고 하면서(154쪽), 관계관형절과 보문관형절의 2분법이 타당한 근거를 갖지 못한다고 보아 이들을 모두 보문관형절로 간주하였다. 관계관형절에 해당하는 구문의 유형을 '관계명사보문'이라 지칭하고, 이것과 일반 보문관형절('동격명사보문') 외에 '태도명사보문'이라는 관형절의 제삼의 하위 유형을 분리해 내고 있다. 태도명사보문은 '양', '척', '체' 등의 부사성 의존명사에 의해 이끌리는 보문이 된다.

양정석(2010: 310)에서 필자는 "한국어의 명사 중 보충어를 취하는 특성을 가장 분명히 가지는 예는 '듯', '양', '척', '체' 따위의 의존명사들이다."라고 서술한 적이 있다. 그러나 양정석(2017: 153-160)에서는 이들 중 '듯'이 그 앞의 관형형어미와 재구조화하여 한 단위의 복합 어미(복합 보문소)를 이루는 것으로 분석하였다.[417] '듯' 외에도 '성'(-을성), '법'(-을법), '만'(-을만)을 같은 방법으로 분석하였는데, 이들 복합 어미는 양상 의미를 표현한다.

(11) 가. 철수는 그 사실을 모르는듯 무표정한 얼굴을 했다.
    나. 눈이 내리는듯 하다/싶다.
    다. 눈이 내린듯 하다/싶다.
    라. 눈이 내릴듯 하다/싶다.
(12) 가. 인호가 순희를 만날성 싶다.

(1972)에서는 '것'을 보문소의 하나로 본다.
417 (11다, 라)에서 '-은듯', '-을듯'은 통사 단위들의 결합 '-었-는-듯', '-겠-는-듯'이 재구조화된 것으로서 형태음운론 규칙 '-었-는 ⇒ -은', '-겠-는 ⇒ -을'이 적용된 것이라고 설명하였다. '-는-듯'은 두 통사 단위가 재구조화된 것이므로, 그 외부의 요소가 그 내부의 요소 '-는'과만 음운론적으로 축약되는 일이 가능하다.

나. 인호가 순희를 만났을성 싶다.
(13) 가. 그분이 쾌차하실만 하다.
나. 그분이 쾌차하셨을법 하다.
(14) 가. 인호가 화날만 하다.
나. 인호가 화났을만 하다.

그러나 필자는 의존명사 '양', '척', '체'들만은 위와 같이 분석하지 않는다. 이들은 당당히 보문명사로서의 기능을 가진다고 본다. 이들은 통사적으로 (8)의 '사실'과 다름없이 보문관형절을 취하며, 의미적으로도 보문관형절을 논항으로 취하는 함수 형식으로 기술된다.[418]

양정석(2010)에서는 다음과 같은 예를 관계관형절과 보문관형절의 구분에 문제를 제기하는 예로 지적하고, 이 경우의 관형절은 관계관형절도 아니고 보문관형절도 아닌, (16)과 같은 관계관형절 구조를 가진다고 보았다. 그러나 필자는 이 견해를 거두고, (17)과 같은 보문관형절 구조를 가지는 것으로 정정한다. 즉, 보문인 '철수가 경애를 만난'은 명사구 부가어 위치로 이동한 것이다.

(15) 철수가 경애를 만난 {그, 뜻밖의, 우리가 몰랐던} 사실이 드러났다.
(16) [$_{NP}$ [$_{CP}$ PRO [$_{C'}$ [$_{IP}$ 철수가 경애를 만나-]-ㄴ]] [$_{NP}$ 그 [$_{NP}$ 사실]]]이 드러났다.
(17) [$_{NP}$ [$_{CP}$ [$_{C'}$ [$_{IP}$ 철수가 경애를 만나-]-ㄴ]]$_i$ [$_{NP}$ 그 [$_{NP}$ t_i 사실]]]이 드러났다.

'그'의 자리에는 '뜻밖의, 우리가 몰랐던' 등의 명사구 부가어가 실현될 수 있다. 관계관형절인 '우리가 몰랐던'이 명사구 부가어로 실현되는 것은 전혀 특이한 일이 아니다.

(17)과 같은 이동 구조를 상정하는 주된 이유는 그 의미 해석을 위한 것이다. (17)의 보문관형절의 이동의 흔적 't_i'는 논항 흔적이라고 가정한다. 이 구조를 바탕으로 흔적의 의미를 해석하는 의미 해석 규칙이 적용되어 전체 구성의 의미 합성을 완성하게 된다.[419]

정리하면, 한국어의 관형절은 관계관형절의 구조와 보문관형절의 구조의 두 가지 통사구조를 가진다.

---

[418] 그 의미 기술은 양정석(2023나: 254)에서 보인 바 있다.
[419] 4.2절의 각주 413에 제시한 양정석(2023나)의 '논항 흔적 의미 해석 규칙'이 적용된다.
논항 흔적과 비논항 흔적의 구분은 문제를 제기한다. 의문사와 양화사와 공범주 연산자 'O$_i$'의 흔적만을 비논항 흔적으로 규정하고, 그 외의 XP 흔적은 물론 머리성분 흔적도 모두 논항 흔적으로 규정한다. 머리성분 흔적도 위 '논항 흔적 의미 해석 규칙'에 의해 해석된다는 점은 주의를 요한다.

(7) 가. 경애를 만난 사람은 철수였다.
　　나. [[O$_i$ [t$_i$ 경애를 만나]-ㄴ] 사람]은 철수였다.
(8) 가. 철수는 전에 경애를 만난 사실이 있다.
　　나. 철수는 [[[pro 경애를 만나]-ㄴ] 사실]이 있다.

이러한 통사구조의 차이는 그 대응되는 의미론적 형식의 차이로도 반영된다는 것을 양정석(2023나: 250-255)에서 보인 바 있다.

관형형어미의 도입

관형형어미가 통사구조에 도입되는 방법에 있어서 관계관형절과 보문관형절이 차이를 보이지는 않는다.

현대 한국어에서 표면형으로 주어지는 관형형어미에는 '-는', '-을', '-은', '-던'의 네 가지가 있는데, 이 중 '-은'과 '-을'은 각각 '-었-는', '-겠-는'의 표면적 실현형이다.[420] 따라서 통사구조에서 관형절을 이끄는 보문소는 '-는'과 '-던'의 두 가지만 인정된다. (18나-차)에서 '-은'과 '-을'은 형태음운론 규칙에 따라 음운론적 구조에서 실현되는 형식이다.

(18) 가. 잡-으시　　　-는
　　 나. 잡　　 -았　 -는 ⇒ 잡은
　　 다. *잡　　 -았었 -는
　　 라. 잡　　　 -겠-는 ⇒ 잡을
　　 마. 잡-으시-었　 -는 ⇒ 잡으신
　　 바. 잡-으시　 -겠-는 ⇒ 잡으실
　　 사. 잡　 -았 -겠-는 ⇒ 잡았을
　　 아. 잡　 -았었-겠-는 ⇒ 잡았었을
　　 자. 잡-으시-었　-겠-는 ⇒ 잡으셨을
　　 차. 잡-으시-었었-겠-는 ⇒ 잡으셨었을
　　 카. 잡-　　　　　-는
(19) 가. 잡-으시　　　-던

---

[420] 남기심(1972가, 1978)에서는 '-은'을 기저의 '-었-'과 '-는'의 결합이 형태음운론적으로 실현된 형식이라고 본다. 필자는 이를 받아들이며, 아울러 '-겠'과 '-는'의 결합이 이와 똑같은 방식으로 '-을'로 실현된다고 본다. 남기심(1972가, 1978)에서 '-겠-는'의 경우를 이와 같이 처리하지 않은 것은 '-을'이 단순한 추측, 추정, 미확인된 사실을 보이는 데 대해 '-겠-'은 일인칭 주어의 의도까지 보인다는 것이 그 근거였으나, 가령 "선발대로 갈 사람은 앞으로 나와라."와 같은 예에서 '-ㄹ'은 주어의 의도를 보이고 있다.

나. 잡   -았   -던
다. 잡   -았었 -던
라. 잡   -겠 -던
마. 잡-으시-었   -던
바. 잡-으시   -겠-던
사. 잡   -았 -겠-던
아. 잡   -았었-겠-던
자. 잡-으시-었 -겠-던
차. 잡-으시-었었-겠-던
카. 잡-   -던

 상태성 동사에서의 관형형어미는 그 표면형에 있어서는 사건성 동사의 경우와 큰 차이를 보인다. 그러나 사건성/상태성에 가리지 않고 그 기저에서의 형식은 같은 것으로 상정한다.

(20) 가. 작-으시   -는 ⇒ 작으신
     나. 작   -았   -는 ⇒ 작은
     다. *작 -았었   -는
     라. 작   겠 는 → 작을
     마. 작-으시   -었-는 ⇒ 작으신
     바. 작-으시   -겠-는 ⇒ 작으실
     사. 작   -았 -겠-는 ⇒ 작았을
     아. 작   -았었-겠-는 ⇒ 작았었을
     자. 작-으시-었 -겠-는 ⇒ 작으셨을
     차. 작-으시-었었-겠-는 ⇒ 작으셨었을
     카. 작-   -는 ⇒ 작은

 상태성 동사의 경우인 (20나)를 위 (18나)와 비교해 보면 '-었-'과 '-는'이 이어질 때에 그 어미의 형식은 '-은'으로 사건성 동사의 경우와 같아짐을 알 수 있다. 이 현상에 대한 필자의 해석은, 기저에서 관형형어미의 실제 모습이 이와 같다고 보는 것이다. 상태성 동사의 관형절에 '-었-'이 관계할 때, 그 형식에 있어서는 사건성과 같은 방식으로 형태음운론적 변동이 일어난다.
 그 의미 해석과 관련해서는 여기에 한 가지 고려를 더해야 한다. '-었-'은 상(aspect)으로서의 완결(perfective)을 나타내는 형태소라는 점이다. 관형절에서 상태성 동사에 완결의 상이 가해질 때에 그 시간상의 선후의 해석은 얻어지지 않는다.

상태성 동사의 관형형어미는 기본적으로 '-는'이나, 형태음운론 규칙에 따라 '-은'이 실현된다는 것이 (20가, 카)가 보여주는 점이다. 이것은 '-었-는'의 실현형(20나)과 같은 꼴로 나타나므로 이 점에 대해서는 주의가 필요하다. 필자는 '-었-는 ⇒ 은'과, 상태성 동사 뒤에서의 '-는 ⇒ 은'의 두 가지 형태음운론 규칙이 모두 존재한다고 본다.

한국어에 다음 두 개의 규칙이 형태음운론 규칙으로 존재한다고 하였다.

(21) 가. -었-는 ⇒ 은
　　 나. -겠-는 ⇒ 을

이를 이용하여 다음과 같은 형식들의 부적격성을 체계적으로 설명할 수 있다. '?' 표시를 한 결합형들은 완전히 배제되지 않는 형식이며, 일부 방언(경상도 방언)에서는 적격한 형식이다. '*'로 표시한 결합형들이 부적격한 형식임은 분명하다.

(22) 가. -었던,　-었었던,　-겠던,　-었겠던,　-었었겠던
　　 나. ?-었는, *-었었는, ?-겠는, ?-었겠는, ?-었었겠는
　　 다. -었을,　-었었을,　*-겠을,　*-었겠을,　*-었었겠을
　　 라. *-었은, *-었었은, *-겠은, *-었겠은, *-었었겠은

(22다, 라)의 바뀌기 전의 형태인 다음 (22다, 라)'에서, '?' 표시를 한 결합형들은 부적격할 이유가 없는 것들이지만, '*'로 표시한 결합형들은 그 부적격함의 이유가 분명하다. 가령, '*-겠을'은 그 축약 이전의 형태인 '*-겠-겠-는'이 '-겠-'의 중복형으로 되어 있어 부적격하다. '*-겠은'은 그 축약 이전의 형태인 '*-겠-었-는'이 선어말어미들의 일반적 순서를 위배하여 부적격한 것이다. 또, '-었-'과 '-었었-'은 계열적 대립항을 이루는 완결상의 요소들이므로, 이 두 요소가 통합되는 '*-었-었었-는'은 배제된다. '-었-'이 중복되는 것도 같은 이유에서 배제된다. (22라)의 첫째 항 '*-었은-'은 완료의 '-었-'이 통합된 '*-었-었-는'에서 온 것이기 때문에 부적격하다.

(22)' 다. ?-었-겠-는, ?-었었-겠-는, *-겠-겠-는, *-었-겠-겠-는, *-었었-겠-겠-는
　　　 라. *-었-었-는, *-었었-었-는, *-겠-었-는, *-었-겠-었-는, *-었었-겠-었-는

(22)에서 이상의 방법으로 설명하지 못하는 예는 '*-었었는'(22나)뿐이다.[421] 이에 대해서는 '-었었-'의 '단속' 의미와 '-는'의 의미의 충돌에 따른 설명이 가능할 것으로 보인다.

관형형어미 '-는'은 명사구 내부의 보문이나 관계관형절을 이끄는 보문소로서, '-던'과는 의미적으로 대립된다.[422] 그러나 남기심(1973)을 포함한 종래 연구자들과는 달리 종결형과 관형형의 변형을 통한 연관은 인정하지 않는다.[423] '-던'은 '-더라'와는 무관한 요소인 것이다.

(23) 가. *우리가 어제 서울극장으로 들어가더라.
     나. *아까 내가 울더라.
     다. *철수는 자기가 어제 서울극장으로 들어가더라고 말했다.
(24) 가. 우리가 내일 소풍 가더라.
     나. 꿈에서 내가 울더라.
(25) 가. *내일 소풍 가던 우리
     나. *꿈에서 울던 나

'-더라'에 주어지는 인칭 제약, 또는 주어의 동지시에 관한 제약(23)은 특별한 상황맥락에서 해소될 수 있는데(24), '-더라'에 주어지는 제약과 특정한 상황맥락에서의 이의 해소라는 기제가 '-던'에는 전혀 작동하지 않음을 (25)는 보여주는 것이다.

4.3.3. 인용절 내포문

남기심(1973)에서는 직접인용절 내포문과 간접인용절 내포문이 변형적 관계를 가진다고 보고 그 변형 과정을 기술한 바 있다. 이 변형 과정이 통사적 변형이 가져야 할 여러 가지 요건을 갖추지 못한 것이라는 점을 양정석(2010: 152-153)에서 논한 바 있다(3.3.4절 참조).

---

[421] 최현배(1971: 466)에는 '-었었는'의 예가 바른 문장으로 제시되어 있다. 이는 방언적 차이로부터 말미암는 듯하다. 그러므로, '-었었-는'이 통사구조에서 배제된다기보다는, '-었었-'과 '-는'의 의미상의 충돌에서 그 부적격성이 결과된다고 설명하는 것이 온당해 보인다.

[422] '-던'의 의미는 '-더라'의 의미와 같지 않다는 점에 유의해야 한다. '-던'과 '-더라'는 독립된 별개의 통사 단위이다. '-던'의 형식의미론적 정의는 양정석(2017: 293)에서 제시한 바 있다.

[423] 남기심(1972가, 1978)에서는 종결형에서의 형태소는 '-더-', 관형형에서의 형태소는 '-던'으로 분석하여 둘 사이의 형태적 연관을 부정하였는데, 남기심(1973)에서는 보문관형절에 '-더라고 N'의 구조가 변형에 의해 '-던 N'으로 바뀌는 경우를 제시하고 있다. 우리는 이 책에서 보문관형절의 경우에도 '-더-'와 '-던'의 연관을 인정하지 않는다는 점에서 남기심(1973)의 처리를 부정하고 남기심(1972가)의 처리를 일반적인 것으로 받아들이는 것이다.

직접인용문은 간접인용문과 변형에 의해 연관되지 않는다.

면밀히 살펴보면 한국어의 직접인용문은 형식적으로 구별되는 다음 ①-⑤의 다섯 가지 유형으로 나누어진다. ⑥의 간접인용문을 더하면 모두 6가지의 인용문의 유형을 구별할 수 있다.

① 가. 철수는 "제가 그 책을 오백원에 샀습니다."라고 말했다.
　　나. 그 사람이 "강도야!"라고 소리쳤다.
② 가. 철수는 "제가 그 책을 오백원에 샀습니다." 하고 말했다.
　　나. 철수는 "아야!" 하고 소리쳤다.
　　다. 철수는 "제가 그 책을 오백원에 샀습니다." 하며 우리를 쳐다보았다.
③ 가. 그는 "이것은 아무도 모르리라."고 속으로 쾌재를 불렀다.
　　나. 그는 "이것은 아무도 모르리라."며 속으로 쾌재를 불렀다.
④ 가. "이제 우리는 어떻게 한다지?"가 그의 반응이었다.
　　나. "일하지 않는 자는 먹지도 마라."에 자본주의 정신이 들어있다.
　　다. 그는 "일하지 않는 자는 먹지도 마라."를 가훈으로 삼았다.
⑤ 가. 밤새 비가 왔지 싶다.
　　나. 밤새 비가 왔나 보다.
　　다. 밤새 비가 오지 않았나 한다.
⑥ 가. 철수는 영호가 그 책을 오백원에 샀다고 말했다.
　　나. 철수는 경애가 집에 있느냐고 경애 동생에게 물었다.
　　다. 그는 일하지 않는 자는 먹지도 말라고 명령했다.
　　라. 그는 나에게 그 일을 함께 하자고 제의했다.
　　마. 그 사내는 종교를 믿으마고 아내에게 말했다. (서정수 1994: 283의 예문)

인용의 형식은 인간 언어의 원초적 형식이고, 인용의 능력은 인간이 가지는 원초적 능력 중의 하나라고 생각된다. 직접인용문 속에 나타나는 인용되는 문장은 마치 모르는 외국어의 문장을 옮기는 것과 같은 것이다. 이에 비해서, 간접인용문은 내포문의 통사적 구조를 갖추고 있다.

그러나 직접인용문 중에도 ③과 ⑤는 내포문의 통사적 구조를 가지는 것이 아닌가 생각된다. ③은 그 직접인용절이 항상 절의 형식을 가지며, 그것도 특정 형식의 종결어미만을 요구하는 것으로 보인다. '이것은 아무도 모르지요'와 같은 종결어미의 형식은 ③의 직접인용절로 쓰일 수 없다. ⑤는 이전 연구에서 거의 인용문의 예로 인식되지 않은 것이다. 그러나

'싶다', '보다', '한다'의 선행 구성성분은 그 자체로 의문을 표현하는 발화가 된다.

(26) 가. 밤새 비가 왔지?
     나. 밤새 비가 왔나?
     다. 밤새 비가 오지 않았나?

이와 같은 문장들의 차이와 각각의 통사구조가 무엇이며, 이것이 앞서 제시한 통사적 원리들에 따라 어떻게 설명되는지를 보이는 것이 이들에 대한 통사론적 연구의 과제가 된다. 이 절에서는 구체적으로 다음 문제들에 대한 해결을 도출하는 일에 힘을 모으기로 한다.

(27) 가. 보문소 '-다'와 '-고'가 연속되는 형식을 어떻게 처리할 것인가?
     나. 간접인용문과 직접인용문의 차이는 무엇인가?
     다. '하-'의 문제를 중심으로 하여 인용관형절의 구조를 어떻게 처리할 것인가?

이어지는 세 절에서는 이들 논제를 차례로 살펴보고, 다음으로 4.3.3.4절과 4.3.3.5절에서는 '-다고'를 형식적 특징으로 가지는 구문들 '외치 구문'과 '유형 판단 구문'을 고려해 보려고 한다.

4.3.3.1. 복합 보문소로서의 '-다고'

전통문법의 문법서인 정인승(1956)에서는 동사와 형용사의 어미들을 크게 '마침꼴'과 '이음꼴'과 '매김꼴'과 '이름꼴'의 넷으로 나누었는데, 이 중 이음꼴과 매김꼴에는 각각 '따옴이음법(인용접속법)'과 '따옴매김법(인용관형법)'이라는 하위 범주를 설정하고 있다. 이는 최현배(1937) 등의 다른 문법서에서는 설정되지 않았던 것이다.

(28) 가. 따옴이음법: -는다고/ㄴ다고, -더라고, -느냐고, -으라고/라고, -자고
     나. 따옴매김법: -는다는/ㄴ다는, -는단/ㄴ단, -는다던/ㄴ다던, -는달/ㄴ달

필자의 판단은 (28가)가 충분히 이유 있는 설정이라는 것이다. 이들은 보문소와 보문소의 결합이 어휘부의 규정으로 말미암아 새로운 머리성분 범주(C)로 허가되는 예이다. 통사구조에서 이들을 단일한 복합 범주로 허가해 주는 것은 재구조화 원리이다. 그러나 (28나)는

단일한 통사 범주로 허가되지 않는다. 이들은 남기심(1973)에서 통사적 과정의 '-고 하-' 삭제 변형규칙이나 형태음운론적 과정의 '-고' 삭제, '하-' 삭제 규칙에 따라 얻어지는 예로 들었던 것이다. 이들은 복합 보문소가 아니다. 이들은 다음과 같이 동사 '하'의 변이형태로서의 무형의 변이형태를 포함하는 표현으로 규정된다.

(29) -는다는/ㄴ다는: -는다 Ø는, -는단/ㄴ단: -는다 Ø는, -는다던/ㄴ다던: -는다 Ø던, -는달/ㄴ달: -는다 Ø ㄹ

앞에서 우리는 '-는다고'가 종결어미로서의 보문소 '-는다'와 연결어미로서의 보문소 '-고'가 결합된 복합 보문소라고 규정한 바 있다. 이와 같은 유형의 복합 보문소에는 다음과 같은 것이 더 있다. (30마)의 '-으마고'도 첨가되어야 할 것인바, 이는 서정수(1994: 283)에서 제시한 것이다.[424]

(30) 가. -다고: 그는 철수가 자기를 안 믿는다고 말했다.
    나. -느냐고: 그는 내가 어디에 사느냐고 물었다.
    다. -으라고: 강사는 그 종이를 반으로 접으라고 지시했다.
    라. -자고: 그는 그 돈을 사람 수대로 나누자고 제안했다.
    마. -으마고: 그 사내는 종교를 믿으마고 아내에게 말했다.

'-다고'의 단위 분석과 범주 규정에 관한 논의가 이미 여러 연구자들에 의해 이루어져 왔다. 우리와 같이 '-다고'가 한 단위의 통사 범주로서의 자격을 가진다고 보는 견해도 있고, '-다'와 '-고' 각각이 독자적인 통사 범주로 기능한다는 견해도 있다. 전자의 견해를 분명히 보이는 연구로는 이필영(1993), 유현경(2002)를 들 수 있는데, 이들은 '-다'와 '-고'가 '-다고'라는 어미구조체로 재구조화된다고 보고 있다.[425] 이 어미구조체 '-다고'를 이필영(1993)은

---

[424] 서정수(1994)에서는 이것이 서법을 하위 구분하는 통사적 증거가 된다고 보고 서법의 하위 범주를 이와 같이 서술법, 의문법, 명령법, 청유법, 약속법의 5가지로 나누고 있다.
이 책의 관점에 따르면 (30)에 제시한 5개 외에도 '-더라고, '-으리라고'가 첨가되어야 한다. 의도의 의미를 나타내는 경우의 '-겠다고'도 첨가되어야 한다. 이는 굴절소 '-겠-'과 보문소 '-다'의 결합에 다시 '-고'가 결합된 복합 보문소이다.
[425] 채희락·노용균(1998)도 '-다고'를 한 단위로 처리한 연구이다. 그러나 채희락(2005)에서는 '-고'가 고유한 통사 범주를 가지며, 동사 어간과 어미의 결합형, 가령 '잡으신다'에 의존사(clitic: '접어')로 부착된다는 제안을 하고 있다. 의존사는 음운론적으로 의존적인 단어이다. 의존사로 규정하는 것 자체가 해결 방안이 되지는 않는다. '잡으신다'와 같은 활용형에 단어 '-고'가 결합한 '잡으신다고'는 어떤 통사적 구성인지가

보문소('보문자')로, 유현경(2002)는 부사형어미로 규정한다.

후자의 견해에서는 '-고'의 범주가 무엇이냐가 특별히 중요한 문제가 된다. 이를 조사로 간주하는 전통적인 견해는 최현배(1937)에서 형성되었고, 뒤에 이상복(1974), 임동훈(1995) 등에서 새롭게 제시되었다. 보문소로 간주하는 견해는 생성문법 연구 초기의 이홍배(1970), 양인석(1972), 남기심(1973) 등으로부터 엄정호(1990), 안명철(1992), 최재희(2000) 등에 이르기까지 많은 연구자들의 논의를 찾아볼 수 있다.

4.3.3.2. 간접인용절과 직접인용절

비교적 근래에 나온 연구 중에서 '-다고'에 이끌리는 절의 통사구조 설정의 문제와 관련하여 주목할 만한 제안은 엄정호(1990)이다. 그에 따르면 앞의 예문 ⑥(가)(=(31))는 (31)'과 같은 구조를 가진다.

(31) 철수는 영호가 그 책을 오백원에 샀다고 말했다.
(31)' 철수는 [$_S$ e [$_{S'}$ 영호가 그 책을 오백원에 샀다] [$_V$ 하-][$_{COMP}$ -고]] 말했다.

간접인용문은 보문소 '-고'에 이끌리는 절을 그 내포절로 가지는데, 이 내포절은 '하다'를 서술어로 가진다는 것이다. 간접인용문의 통사구조를 이렇게 해석함으로써 그는 간접인용문과 직접인용문의 구분에 관한 종래의 통념에 문제를 제기하고 있다.

이러한 견해의 주요 근거는 모든 절이 하나의 보문소를 가져야 한다는 그의 전제이다.[426] 다음 (32), (33)에서 '-고'와 '-라고'가 수의적으로 탈락되는 현상은 이들 보문소가 잉여적이라는 것을 말해주는데, 이는 고유의 보문소가 그 앞의 종결어미이기 때문이라는 것이다. 직접인용문인 (34)와 같은 문장에서 '-고'가 쓰이는 현상 역시 고유의 보문소가 그 앞의 '-다'라는 점을 말해준다고 한다. 이 경우는 형식동사인 '하-'가 수의적으로 탈락된 것이라고 한다.

(32) 가. 영희는 철수가 똑똑하다고 생각한다.
　　나. 영희는 철수가 똑똑하다 생각한다.

다시 제기되는 문제인데, 이에 대해서는 뚜렷한 답을 제시하지 못하고 있다. '-다고'를 한 단위로 간주하는 이전의 입장으로 돌아가는 것만이 해결 방법이다.

[426] 이러한 전제를 가진다는 점에서는 필자도 같다.

(33) 가. 철수는 "이젠 살았구나"라고 소리쳤다.
　　　나. 철수는 "이젠 살았구나" 소리쳤다.
(34) 배군은 "우리가 커 가고 있는건지 병들어 가고 있는건지 모르겠다"고 푸념했다.
　　　(이상 5문장은 엄정호 1990: 62에서 취함)

(31)'과 같은 기저구조는 모든 절이 하나의 보문소를 가져야 한다는 전제를 충족시킨다. (35)의 내포절은 (36)에서처럼 독립적으로 쓰일 수 있는데, 이는 마치 인용문 내부의 인용절과 같은 성격을 가진다.[427] (35)에서 종결어미 '-나'는 그의 이론에서 보문소로 간주된다. 간접인용문의 구조를 (31)'와 같이 상정해야 인용절의 보문소는 종결어미가 맡고, 그 상위절의 보문소는 동사 '하다'의 연결어미인 '-고'가 맡게 되어, 한 절이 한 개의 보문소를 가져야 한다는 전제를 충족시킨다고 한다.

(35) 가. 철수는 학교에 갔나 싶다.
　　　나. 철수는 숙제를 다 했나 보다.
　　　다. 철수가 그 일을 하지 않았나 한다.
(36) 가. 철수는 학교에 갔나.
　　　나. 철수는 숙제를 다 했나.
　　　다. 철수가 그 일을 하지 않았나. (이상 6문장은 엄정호 1990: 1에서 취함)

위 경우의 '싶다'와 '보다'는 종래 보조동사로 다루어왔다. 4.3.4.1절에서는 종전에 '보조동사 구문'으로 다루어지던 예들을 4가지로 재분류하게 되는데, (35다)의 '하다' 문장도 포함하여, (35)의 부류를 보충어를 가지는 내포문의 한 종류로 처리하게 된다.

엄정호(1990)에서 이상의 근거 외에 (31)' 구조 설정을 정당화하기 위한 논거로 제시한 것은, 남기심(1973)에서의 '모의문' 설정의 부당함, 명사 완형보문 구조 설정의 불합리함 등이 있다. 특히, '-다고'와 같은 형식은 20세기에 들어와서야 출현하고, 이전에는 인용절의 형식이 'ᄒ다' 동사의 보문으로서, 종결어미를 그 말미에 가지는 형식으로 실현되었다는 역사적 사실을 중요한 근거로 들고 있다.

이제, (31)'과 같이 설정된 통사구조에 관하여 지적할 큰 문제점은, (31)'의 구조가 직접인용문의 형식을 기술한 것이라는 점이다. 일반적으로 간접인용절은 재귀대명사 주어를 가질

---

[427] 이 논문은 (35)와 같은 부류의 구문에 대한 연구가 주목적이다. 그는 이를 'SEA 구문'이라고 부르고 있다.

수 있으나, 직접인용절은 그것이 불가능하다. (37)은 이러한 일반적 성질에 따른 것이다. (31)'의 구조로는 이러한 사실을 설명하기가 어렵다.

(31) 철수는 영호가 그 책을 오백원에 샀다고 말했다.
(37) 가. 철수는 자기가 그 책을 오백원에 샀다고 말했다.
　　　나. *철수는 "자기가 그 책을 오백원에 샀다" 하고 말했다.

양정석(2010: 152-153)에서는 직접인용문과 간접인용문을 동일한 기저로부터 이끌어내는 남기심(1973)의 처리법을 부정하였다(3.3.4절 참조). '복원가능성'에서의 문제 등으로 말미암아, 이는 사실상 표준적 변형의 개념으로는 기술이 불가능한 현상이라는 것이다. 결국 직접인용문과 간접인용문은 통사적으로 아무런 연관을 갖지 않는 별개의 구조인데, 엄정호(1990)의 (31)'의 구조는 오히려 직·간접 인용문이 동일한 구조를 가진다고 주장하는 것이다.

다음으로, 주의 깊게 살펴보면, 현대 한국어에서 직접인용문과 간접인용문의 구별은 여전히 필요하고, 이 둘은 형식적으로 동일시될 수 없다. 이 점을 단적으로 보여주는 예는 엄정호(1990: 63)의 다음 예문이다.

(38) 영희는 철수가 학교에 갔나 보다 하고 생각했다.

이는 위 (35나)와 같은 형식을 인용절로 가지는 문장이다. 사실상 이 예는 그가 간접인용문의 기저구조를 (31)'와 같이 설정하게 만든 직접적인 동기가 되었던 것이라고 할 수 있다. 문제는, (38)에서 '하고'에 앞서는 내포절은 어디까지나 직접인용문으로서, 이에 대응되는 간접인용문은 불가능하다는 것이다. (39)의 두 문장의 대비가 이 점을 보여준다. '하-'가 생략된 문장 (39나)도 가능하다. 그러나 이것은 앞서 엄정호(1990) 자신의 예문 (34)가 가능한 것과 똑같은 이유에서 가능한 것이다. 발음상으로도, 인용절과 '-고' 사이에는 쉼(휴지)이 있어야 한다.

(39) 가. *영희는 철수가 학교에 갔나 보다고 생각했다.
　　　나. 영희는 "철수가 학교에 갔나 보다"고 생각했다.

(35)의 나머지 문장들이 모두 같은 성질을 보인다.

(40) 가. *영희는 철수가 학교에 갔나 싶다고 말했다.
나. 영희는 "철수가 학교에 갔나 싶다"고 말했다.
(41) 가. *영희는 철수가 그 일을 하지 않았나 한다고 추측했다.
나. 영희는 "철수가 그 일을 하지 않았나 한다"고 추측했다.

(39나)-(41나)의 문장에서 내포절은 직접인용절이기 때문에 재귀대명사 '자기'에 의한 조응이 불가능할 것은 예측되는 일이다.[428] 이는 마치 (37)과 같은 것이다.

(42) 가. 철수는 "제가 그 책을 오백원에 샀습니다." 하고 말했다.
나. *철수는 "자기가 그 책을 오백원에 샀습니다." 하고 말했다.
(43) 가. 영희는 "내가 잘못 계산했나 보다"고 생각했다.
나. *영희는 자기가 잘못 계산했나 보다고 생각했다.
(44) 가. 영희는 "내가 어쩌면 그런 옷을 입고 학교에 갔나 싶다"고 말했다.
나. *영희는 자기가 어쩌면 그런 옷을 입고 학교에 갔나 싶다고 말했다.
(45) 가. 영희는 "내가 잘못한 것이 아닐까 한다"고 말했다.
나. *영희는 자기가 잘못한 것이 아닐까 한다고 말했다.

이상의 관찰을 통하여 얻은 결론은 다음과 같다. (35) 유형의 문장들에서 그 내포절은 특수한 종류의 직접인용절이다. 이 구문들은 그 보문으로 (36)과 같은 형식을 '직접인용절'의 형식으로 취하는 특별한 선택제약을 가진다. 인용의 형식을 언어-보편적인 의미 범주의 하나라고 가정하면 이러한 구문은 '싶다', '보다', '하다'의 의미적 제약이나 구문규칙의 형식을 활용해서 적합하게 기술할 수 있다.

또한, 간접인용문에 대한 (31)'와 같은 통사구조의 설정은 이에 대비되는 직접인용문의 다른 종류인 '-라고' 문장의 통사구조 설정과 관련하여 문제를 일으킨다. 문제는, 직접인용의 조사 '-라고'를 어떻게 처리할 것인가 하는 점이다. 엄정호(1990)에서는 이에 대해서 자세히 논하지 않았으나, '직접인용 보문자'는 지정사 '이다'와 '하고'의 축약이며, 인용된 부분이

---

[428] (43나)-(45나)의 예문은 마치 언어심리학이나 자연언어처리 분야에서 거론되는 'garden path sentence'의 예와 유사한 성질을 가진다. 즉, 누구나 다음 문장을 처음 듣고 그 주절 동사를 'ran'으로 파악하기가 쉽다. 이것이 잘못된 해석임은 맨 뒤의 'fell'에 의해 깨닫게 된다.
  a. The horse ran past the garden fell.
마찬가지로, '자기'를 간접인용절의 주어로 파악하여 문제 없이 해석해 나가다가, 뒤에서 '보다, 싶다, 한다'로 말미암아 직접인용절로의 파악을 다시 시도하게 된다. 이 경우는 부적격성 판정으로 귀결된다는 점에서 (a)와 다르다.

명사구로 도입된다고 보고 있다.[429] 전후 맥락으로 미루어 보면 그가 그리는 직접인용문의 통사구조는 대략 다음과 같은 것이다.

(46) 철수는 [s' e1 [s' e2 [NP "제가 그 책을, 오백원에 샀습니다."][V 이-][COMP -래]
    [V 하-][COMP -고]] 말했다.

이 구조는 직접인용문의 특이한 성질을 포착할 수 있다. 그러나 내포절의 '하-'가 어떤 의미 기능을 맡게 되는지, '-고'에 의해 이끌리는 연결어미 절이 '말하다'의 보문의 지위를 가진다는 것이 무슨 의의를 가지는지를 해명해야 함과 아울러, 앞서 간접인용문의 구조 (31)'에서 제기되었던 것과 같은 문제를 안게 된다. 또, '이다' 문장의 'e2'와 같은 공범주 주어는 통사적으로도, 의미적으로도, 전혀 용도를 갖지 않는다는 문제도 지적할 수 있다. 이러한 구조보다는 '-라고'를 조사로 간주하는 것이 간결성의 기준에서 더 타당한 처리라고 본다.

다음의 대비는 '이라고'의 '-고'가 독립적인 연결어미 또는 보문소로서 절을 이끄는 능력을 갖지 못함을 보이는 증거이다. 위 (46)과 같은 구조로는 (47나)가 비문이 될 이유가 없다.

(47) 가. "누가 그런 말을 곧이듣는담?" 하고 그는 입을 삐죽거렸다.
    나. *"누가 그런 말을 곧이듣는담?"이라고 그는 입을 삐죽거렸다.

조사로서의 '-이라고/라고'는 '-고' 없이 '-이라/라'로만 실현되기도 한다. 이 때의 '-이라/라'는 '-이라고/라고'의 한 변이형일 뿐이라고 판단한다.

(48) 가. 철수는 "제가 그 책을 오백원에 샀습니다."라 했다/말했다.
    나. 철수는 "아이구, 머리야"라 했다.

요컨대, '-이라고/라고', '-이라/라'는 동사의 보충어로 쓰이는 보문에서만 인용을 나타내는 표지로서의 조사가 된다.

다음과 같은 예의 '-라는'은 '-라 하는'에서 '하-'가 무형의 변이형태('Ø')로 실현된 것이다. 그 구조를 제시하면 다음과 같다.

---

[429] 엄정호(1990: 66), 각주 4 참조.

(49) 가. "이 절은 1891년에 창건되었다"라는 비문은 잘못된 것이었음이 밝혀졌다.
     (남기심 1973에서 취함)
나. [[[e ["이 절은 1891년에 창건되었다"라 [v Ø-]][t -Ø-]][c -는]] 비문은 잘못된 것이었음이 밝혀졌다.

조사로서의 '-이라고/라고'와 관련하여 혼동하기 쉬운 예들이 있다. (50가)는 (50나, 다)로 이해하는 것이 옳다.

(50) 가. 걱정도 팔자라고, 누가 그런 극단적인 상황까지 고려한다는 말이냐?
나. "걱정도 팔자"라고, 누가 그런 극단적인 상황까지 고려한다는 말이냐?
다. [[e "걱정도 팔자"라 Ø-고], 누가 그런 극단적인 상황까지 고려한다는 말이냐?

이 경우는 직접인용절을 영-형태의 동사 '하-'가 취하여 다시 연결어미(보문소) '-고'가 이들을 이끄는 구조를 이루고 있다. 속담이나 격언을 인용할 경우 이와 같은 형식이 많이 쓰인다. 다음도 인용의 조사를 전혀 포함하지 않는 구조의 예이다.

(51) 가. 걔는 공부한다고 한 동안 책가방 들고 도서관에 들락날락 했다.
나. 걔는 "공부한다"고 한 동안 책가방 들고 도서관에 들락날락 했다.
다. 걔는 ["공부한다" Ø-고] 한 동안 책가방 들고 도서관에 들락날락 했다.

이 때의 '-고'도 동사 '하-'의 무형의 변이형태와 '-고'의 결합인 'Ø-고'로 해석해야 하는 '-고'이다.

'-이라고/라고'가 조사라고 할 때, 우리의 범주 체계에서는 이것을 후치사라고 보는 것이 합당하다. 다음과 같이 '-라고' 뒤에 보조사가 이어질 수 있다는 사실은 이를 말해주는 것이라고 판단된다.

(52) 철수는 "야!, 야!"라고만 소리쳤다.

이상의 증거를 놓고 판단할 때, '-라고'는 후치사로 규정함이 합당하다.
이제, '-고'를 가지는 다음 문장이 가지는 특징이 주목되어야 한다. 이는 한국어의 인용문 중 직접인용문의 한 특별한 사례이다.

(53) 철수는 "아무도 이것을 알 사람이 없으리라."고 생각했다.

위에서 '하-'가 생략된 형식으로 판단한 이 문장은 그 인용절 위치에 절의 구조를 갖춘 형식만을 허용한다. 그리고 절의 형식 중에서도 특정 어미에 의한 형식만을 허용한다.

(54) 가. *철수는 "영호야!"고 외쳤다.
　　나. *큰 물결이 "쏴아"고 물러갔다.
(55) 가. 그 사람은 "이러시면 안 됩니다."고 간곡히 말하며 우리를 제지했다.
　　나. *철수는 "그러면 안 되지."고 말했다/생각했다.

이상의 관찰을 통하여 간접인용문이 직접인용문과는 아주 다른 구조를 가진다는 점을 확인하였다. 한국어에서 인용문은 ①'후치사 '-라고'를 가지는 구문과 ②'하다'를 가지는 구문, ③'-Ø-고', '-Ø-며'를 가지는 구문, ④주어, 목적어 등의 성분을 직접인용의 형식으로 가지는 구문, ⑤'싶다', '보다', '하다'가 특별한 직접인용절을 요구하는 구문이 직접인용문의 형식으로 존재하고, 이와 별도로 ⑥'-다고', '-느냐고', '-으라고', '-자고', '-으마고'의 복합 보문소를 가지는 간접인용문의 형식이 존재한다.

4.3.3.3. 인용관형절의 구조

인용문의 통사구조를 밝혀 가는 과정에 있어서 제기되는 또 한 가지 중요한 문제는 생략된 동사 '하-'의 성격에 관한 것이다. 이 문제는 흔히 보문을 가진 명사구에서의 '-고 하-'의 생략, 또는 '-고'나 '하-'의 생략과 관련한 논란으로 전개되어 왔다. 편의상 (56가)와 (56나)에 포함된 관형절을 인용관형절이라고 지칭하기로 한다. (56다)는 인용관형절을 포함하지 않는다.

(56) 가. 할아버지가 미국에 가신다고 하는 사실
　　나. 할아버지가 미국에 가신다는 사실
　　다. 할아버지가 미국에 가시는 사실

이 논란을 촉발한 것은 남기심(1973)의 처리이다. 그에 따르면 (56가, 나, 다)의 세 관형절은 동일한 기저를 가진다고 한다. 즉, 다음과 같은 것이 세 문장의 관형절의 기저구조이다. (57)로부터 '하는'이 삽입되어('완형보문의 관형수식구화' 변형) (56가)가 생성되며, 다시 '-고

하'가 한번에 삭제되어('완형보문의 명사구 축약') (56나)가 생성된다. (56다)는 (57)에서 어미들이 조정되는 과정을 거쳐('완형보문의 불구보문 관형수식구화' 변형) 생성된다.

(57) [[할아버지가 미국에 가신다-고] [사실]]

그런데 다음 예는 문제를 제기한다. 남기심(1973)의 이론에 의하면 (56가)와 (58)이 통사적으로 아무런 연관을 맺지 않는 것이다. 즉, 두 경우의 '하-'는 서로 다른 요소로 처리된다.

(58) 할아버지가 미국에 가신다고 한다.

여기에는 세 가지 문제가 복합되어 있다. 첫째는 이 때의 '하-'를 어떻게 처리할 것인가 하는 것이고, 둘째는 (56다)의 관형형어미의 형식이 (58가), (58나)에서와 어떠한 관계를 가지는가 하는 것이다. 셋째는 (56)의 문장들과 다음의 '외치 구문' 간의 연관이 변형에 의한 것인가 하는 문제이다.

(59) 할아버지는 미국에 가신다고 사실을 털어놓았다.

첫 번째 문제에 대해서 가장 바른 해결 방안을 제시한 것은 김영희(1981)라고 판단된다.[430] 또한, 김영희(1984가)에서는 형식동사로 다루어지던 (56)의 '하-'와, 대동사로 다루어지던 '하-'의 다른 예들을 통합하여 '포괄동사'라는 명칭을 부여하였다. 이에 따르면 그 전에 형식동사와 대동사의 두 가지로 나누어 다루어졌던 한국어의 '하-'는 어느 경우에나 실질적 의미를 가지는 단일한 동사로 규정된다.[431]

앞의 (56가)와 (56다)를 연관 짓는 문제에 관하여, 남기심(1973)에서는 위 (57)과 같은 기저구조가 이들을 매개한다고 설명하였다. (56가)는 (57)에 형식동사와 관형형어미의 결합인 '하는'이 개재되는 변형규칙이 적용되어 얻어진다. (56다)는 (57)에 관형형어미를 조정하는 변형규칙이 적용되어 얻어진다. 김영희(1981: 170)에서는 다음의 반례를 들어 두 구조의

---

[430] (56가)와 같은 경우의 '하-'는 '말하다, 생각하다' 등과 같이 '단언'이라는 내포적 의미를 가지는 '단언 서술어(assertive predicate)'라고 한다(김영희 1981: 155). 또한 '하-'가 '포괄적(generic)이나마 실질적 의미를 가진다'(158쪽)고 하였다.

[431] 양정석(2023나)의 3.5절에서는 '하' 구문 전반의 의미 기술 작업을 실행하였는데, 이는 '하-'의 의미에 대한 이 견해를 바탕으로 한 것이다.

변형적 연관을 부정하였다. (60)은 기저구조는 가능한데 표면구조가 불가능한 경우를 보여주며 (61)은 표면구조가 가능한데 기저구조가 불가능한 경우를 보여주는 것이다.

(60) 가. 그가 거문고를 탈 줄 안다고 하는 사실이 거짓으로 드러났다.
　　 나. *그가 거문고를 탈 줄 아는 사실이 거짓으로 드러났다.
(61) 가. *그가 당신을 만났다고 하는 사실이 있나요?
　　 나. 그가 당신을 만난 사실이 있나요?

다음으로 (56가)와 (56나)의 문장을 연관 짓는 문제를 생각해보기로 하자. 김영희(1981)에서는 (56가)와 (56나)가 "'하-' 지우기"라는 변형규칙에 의해 연관되는 것으로 본다.[432] 그러나 '하-'는 그의 관점에서도 의미를 가지는 어휘적 단위로서, 변형에 의하여 생략되거나 삽입될 수 없다. 또, (56가)를 (56다)와 연관 짓는 변형 과정처럼 '하-'를 지우는 이 변형 과정도 원래 '하-'가 매달려 있던 나무그림 상의 한 범주를 지우는 작용을 하므로 구조 보존 원리를 위배한다.[433]

이러한 사실을 반영하여 (56가)와 (56나)의 통사구조를 제시하면 대략 (56가)'와 같다. (56나)'은 '하-'의 변이형태 'Ø'를 나타내 본 것이다. 굴절소가 무형의 형태소로 개재되지만 여기에서는 생략하였다.

(56)' 가. [e [할아버지가 미국에 가신다] 하-]는 사실
　　　 나. [e [할아버지가 미국에 가신다] Ø-]는 사실

이상의 논의에서 한 가지 지적해 둘 점이 있다. 가령 '가신다고 했다'와 같은 형식은 '가신다 했다'와 구조적으로 같다는 것이다. '-다고'는 어떤 변형적 절차에 따라 생성되는 것이 아니다. 다만 '-다'와 '-고'가 재구조화 원리라는 규정에 따라 '-다고'라는 한 머리성분 단위로 허가되는 것이며, 결과적으로 '-다고'는 '-다'와 동일한 구조적 위치에 놓이게 되는 것뿐이다.

(56가-다)에서 제기되는 핵심적 문제는 (56가)와 (56다)의 규칙에 의한 연관이 있는가

---

[432] 김영희(1981)에는 이 변형규칙이 분명히 언급되어 있지 않으나 김영희(1988가: 131)에는 이 점이 지적되고 있다.
[433] 남기심(1973)에서는 '하-'만을 삭제하는 것이 아니라 '-고 하-'를 한꺼번에 삭제한다는 점에 주의해야 한다. 그러한 방식도 구조 보존 원리를 위배한다는 점에서는 마찬가지이다.

하는 것인데, 필자의 견해는 이를 부정하는 것이다. (56가) 또는 (56나)와 (56다)의 차이는 '하-'의 유무에 의한 것이다. '하-'가 실질적 의미를 가지는 동사이므로 둘은 통사구조가 다른 것이다.

다음으로, 보문관형절 어미들의 조정에 관한 문제를 살펴보기로 한다. 이와 관련하여, 이 절의 간접인용절에 관한 논의와, 앞서의 관형절에 관한 논의의 결과를 다음과 같이 정리할 수 있다. (62가)는 인용관형절인 (56가)의 통사구조를 보인 것이고, (62나)는 '하-'가 생략된 인용관형절 (56나)의 통사구조를 보인 것이다. (62다)는 (56다)의 통사구조로서, 일반 보문관형절의 구조를 가지는 것이다.

(62) 가. [NP [CP e [CP 할아버지가 미국에 가신다고] 하-는] [N 사실]]
　　　나. [NP [CP e [CP 할아버지가 미국에 가신대] Ø-는] [N 사실]]
　　　다. [NP[CP 할아버지가 미국에 가시-는] [N 사실]]

이 세 경우 모두 일반 보문관형절의 구조를 취하고 있음을 알 수 있다.

앞에서는 남기심(1973)이 공통적으로 '하-'를 가진 (56가)와 (58)의 문장을 아무런 연관이 없는 것으로 처리한다는 점을 지적하고 이에 의문을 표명한 바 있다. 남기심(1973)에서는 또한 다음과 같이 대비되는 일련의 예에서 (63)의 '하-'와 그 외의 '하-'를 아무 연관이 없는 것으로 처리한다. 즉, (63)의 '하-'는 형식동사이며, (64)-(66)의 '하-'는 이와는 성질이 판이한 것으로서 '대동사'라는 것이다.

(63) 가. 할아버지가 미국에 가신다고 하는 사실
　　　나. 할아버지가 미국에 가신다는 사실
　　　다. 할아버지가 미국에 가시는 사실
(64) 가. 할아버지가 미국에 가시느냐고 하는 질문
　　　나. 할아버지가 미국에 가시느냐는 질문
　　　다. *할아버지가 미국에 가시는 질문
(65) 가. 미국에 가시라고 하는 요청/권유
　　　나. 미국에 가시라는 요청/권유
　　　다. *미국에 가시는 요청/권유
(66) 가. 함께 미국에 가시자고 하는 제안
　　　나. 함께 미국에 가시자는 제안
　　　다. *함께 미국에 가시는 제안

위의 (63)과 (64)-(66)의 구분은 분명한 근거를 가지므로 그 타당성을 일정 부분 인정할 만하다. 그 보문명사의 종류가 다른 것이다. 특히 어미에 주의해서 살펴보면 (63)은 내포된 인용절이 서술형어미에 의해 이끌리고, 나머지는 의문형, 명령형, 청유형어미에 의해 이끌린다. 그러나 앞의 (58)과 관련하여 가졌던 의문을 이들 예와 관련하여서도 똑같이 갖게 된다. 각각의 (가) 예문들은 어느 경우나 동일한 '하-'에 의해 관형절을 형성한다는 것이다. 또한 (나) 예문들이 보여주듯이 '하-'의 생략은 형식동사와 대동사를 가리지 않고 동일한 방식으로 나타난다. 남기심(1973)에서는 형식동사의 경우 통사적 변형규칙으로, 대동사의 경우 형태음운론적 규칙으로 처리하나, 동일한 음운론적 특징을 가지는 현상들이 또한 의미적 공통성을 가짐이 토박이 화자들의 직관에 의해 인정된다면 이처럼 별개의 규칙으로 처리하지 않고 한 가지 방식으로 처리하는 것이 문법의 간결성이라는 기준에서 선호되는 것이라 하겠다.

양동휘(1976)은 한국어의 모든 보문소들이 변형에 의해 도입된다는 가설을 입증하기 위한 시도이다. 보문은 선어말어미와 어말어미를 모두 가진 형식으로 기저에서 생성되며, 간접인용절 외의 경우, 보문의 어미는 변형규칙에 의해 삭제된다. 양동휘(1976)에서도 남기심(1973)에서처럼 '-고 하-' 삭제 변형규칙이 설정되고 있다. 흥미로운 것은 양동휘(1976)의 '-고 하-' 삭제 변형은 위 (63)뿐만 아니라 (64)-(66)에서도 적용된다는 점이다. 이는 '하-' 삭제의 현상을 둘로 나누는 것이 그리 뚜렷한 근거를 갖지 않음을 보이는 한 방증으로 볼 수 있다.

그러나 형식동사와 대동사를 가리지 않고 이와 같은 '-고 하-' 삭제 변형을 설정하는 것은 삭제되는 '-고 하-'의 분포 조건을 결정해야 하는 근원적인 문제를 다시 끌어안는 일이 된다.

이 절의 논의를 마무리하면 다음과 같다. 완형보문과 불구보문의 구분은 재구조화에 의해 복합 머리성분이 된 '-다고, -느냐고, -으라고, -자고, -으마고'에 이끌리는 보문과 그 외의 보문의 구분이다. 둘의 의미가 극히 유사하여 변형적 관계로 오인하기 쉬운 경우가 있으나, 미미하나마 '하-'의 유무로 인한 차이가 존재하는 것이다. '하-'의 예 중 일부를 '형식동사'라고 구별하여 이들의 구문에 한정하여 변형적 관계를 유지하는 일도 성공할 수 없고, 그 외의 대동사의 경우에까지 변형적 관계를 확대하는 일도 타당하지 않다.

4.3.3.4. 외치 구문: 서술화 원리의 적용을 받는 구문

남기심(1973)에서는 다음과 같은 구문을 외치 변형으로 설명한 바 있다.[434]

(67) 가. 그가 뉴욕에 나타났다고 뜬소문이 퍼졌다.
　　 나. 그는 앞으로 공직을 맡지 않겠다고 결심을 밝혔다.

남기심(1973: 72)에 의하면 이러한 구조는 명사와 동사의 결합이 의미론적으로 보문 동사의 기능을 가지는 경우로 한정된다. 김영희(1981)에서는 다음과 같은 예를 들면서, (67) 문장들의 보문 명사 구조와의 변형적 연관을 부정하고, 이들이 실제로는 동사 보문 구조를 이룬다고 주장하였다.

(68) 가. 검찰은 죄수가 탈주했다고 하는 사실에 놀랐다.
　　 나. 인호는 복희가 결혼했다고 하는 소문이 믿기지 않았다.
(69) 가. *검찰은 죄수가 탈주했다고 사실에 놀랐다.
　　 나. *인호는 복희가 결혼했다고 소문이 믿기지 않았다.

다음의 비문이 나타나는 현상은 이 구문이 '사실을 밝히다'를 보문 동사로 가지는 동사 보문 구조인 증거라고 한다.

(70) 가. *죄수가 탈주했다고 사실을 검찰은 밝혔다.
　　 나. *복희가 결혼했다고 소문을 인호는 퍼뜨렸다.

그러나 유사한 형식의 문장인 (71)은 접속문 구조로서 아주 다른 것이라고 한다. (71)은 (71)'으로부터 지우기 변형에 의하여 얻어지는 구조라는 것이다.

(71) 가. 검찰은 죄수가 탈주했다고 그 사실을 밝혔다.
　　 나. 인호는 복희가 결혼했다고 그 소문을 퍼뜨렸다.
(71)' 가. 검찰은 죄수가 탈주했다고 하(면)서 그 사실을 밝혔다.
　　　나. 인호는 복희가 결혼했다고 하(면)서 그 소문을 퍼뜨렸다.

---

[434] 남기심(1973)의 용어로는 '완형보문의 명사구로부터의 외치 변형'이다.

(67)의 문장들이 그 기저에 보문 명사 구조를 가지고, 변형에 의해서 도출된다고 하는 남기심(1973)의 설명은 받아들일 수 없다. 하지만 '뜬소문이 퍼지다'와 '결심을 밝히다'를 모종의 동사로 취급하는 김영희(1981)의 대안도 역시 받아들일 수 없다.

이렇게 판단하는 이유는, '뜬소문이 퍼지다'와 '결심을 밝히다'가 단어로서 동사라는 것을 증명할 방도가 없다는 것이다. (71)은 (67나)와 동일한 구조인데, 여기서 '그 사실을 밝히다', '그 소문을 퍼뜨리다'를 단어 수준의 동사라고 할 수 없는 것이다. 김영희(1981)에서는 이런 반론을 예상하여, 두 구조가 다르다는 점을 강조하고 있다. 그러다 보니, 다시 (71가)에서 '죄수가 탈주했다고'가 명사의 보문이 아닌 동사의 보문임을 뒷받침하기 위하여 (71가)'로부터의 지우기 변형을 해결책으로 내놓는 일이 불가피하게 되었다. 그러나 이번에는 그와 같은 지우기 변형이 다시 문제를 일으킨다. 지워진 성분이 '하면서'인지, '하여서'인지 결정할 수 없다. 이는 지우기 변형이 준수해야 할 복원가능성의 원리를 위배하게 된다.

이 절에서 필자가 주장하고자 하는 점은 다음과 같다. (67) 문장들에서 서술화 원리와 구문규칙이 작용한다는 것이다. 이들과 비교되는 예문으로서, 우선 (69가)가 비문이 되는 이유는 '사실에'가 후치사구(PP)여서, 이를 주어로 취하는 서술화 원리가 적용될 수 없기 때문이다.[435] 그 외에, 명사와 동사의 의미상의 '연관'의 효과는 구문규칙에 의해 도입/형성된 의미구조에서 동사의 어휘의미구조의 한 논항에 명시항의 의미가 작용되는 과정에서 발생하는 것이다. 동사는 논항을 선택제약하기 때문이다.

윌리엄스(Williams 1980)에서는 영어의 외치 구문에 서술화 원리가 적용되는 것으로 기술한 바 있다. 양정석(1995/1997: 6장)에서는 한국어의 외치 구문에서도 그와 같은 처리가 가능함을 보였다.[436] 위 두 예문 (67가), (67나)에서 주목되는 사실은, '외치'되는 부분이 공히 직접논항과 상호 최대통어한다는 점이다. 목적어를 가지는 행동성 구문에서 이차 서술어가 제약되는 것은 영어나 한국어의 결과 구문의 경우와 흡사한 것이다.[437]

---

[435] 한국어에서 후치사구가 주어나 목적어 논항이 되는 듯한 경우가 있다. '철수와 영호(와)'와 같은 형식은 후치사구이지만 주어와 목적어로 실현되어 통사적 이차 서술어의 '임자(host)'가 될 수 있다(4.1.6절 참조). 통사적 서술어 아닌 논항의 역할을 하는 다른 후치사구의 예로는 '청량리부터 종로까지'와 같은 형식이 있다. 이들은 명사어를 포함하는 후치사구라는 특징을 가진다. 이러한 후치사구는 다시 보조사의 보충어로 취해져서 보조사구를 이룰 수도 있다.

[436] Williams(1980)에서는 허사를 가지는 영어의 외치 구문을 서술화를 통하여 설명하지만, 'that'에 이끌리는 절을 주어로 간주한다는 점에서, '외치'된 절을 서술어로 간주하는 필자의 처리와 다르다. '외치 변형'을 인정하지 않는다는 점에서는 같다. 이러한 영어 외치 구문에서 'that'절을 서술어로 처리한 선례는 Jackendoff(1990)이다.

[437] 영어의 결과 구문에서 결과의 내용을 표현하는 구는 이차 서술어의 자격을 가지는데, 그 주어로 직접 논항을 취하는 특성이 있다. 한국어에서도 이 점은 마찬가지이다. 한국어의 결과 구문에 관하여 양정석

(72) 가. *이스라엘 군이 시위대에 발포했다고 소문이 팔레스타인 사람들을 격분시켰다.
나. 이스라엘 군이 시위대에 발포했다고 소문이 퍼졌다.

'외치 서술어'의 임자(host)가 주어인 경우, 그 문장의 동사는 능격동사('비대격동사')의 특성을 가진다.[438]

서술화 원리의 '상호 최대통어' 조건을 생각할 때, 이러한 증거는 '외치 서술어'가 모두 VP 내부에 V'의 부가어로 설정되어야 함을 말해 주는 것이다. (73가)에서는 '뜬소문'의 흔적인 t_i와 CP('그가 뉴욕에 나타났다고')가 VP 안에서 상호 최대통어 조건을 만족시키며, (73나)에서도 역시 '결심을'과 CP('앞으로 공직을 맡지 않겠다고')가 VP 안에서 상호 최대통어 조건을 만족시킨다.

(73) 가. [CP [IP[I'[VP [V'[CP 그가 뉴욕에 나타났다고] [V' t_i]] t_i] t_k] [DP 뜬소문이$_i$]]
    [C 퍼지$_j$-었$_k$-대]]
나. [CP [IP 그는 [I'[VP [V'[CP 앞으로 공직을 맡지 않겠다고] [V' t_i]] [DP 결심을] t_j]]
    [C 밝히$_i$-었$_j$-대]]

(73가)는 주어가 '-다고' 절과 동사 사이에 위치하고 있는 표면 문장의 어순이 그대로 통사구조에 반영되어 있음을 보여준다. 이는 명시어의 어순에 관한 매개변인을 상정하지 않는 우리의 체계에서는 당연한 결과가 된다.

4.3.3.5. 유형 판단 구문

복합 보문소 '-다고'를 가지는 것을 특징으로 하는 구문으로, 앞 절에서 다룬 외치 구문 외에 다음 (74가)와 같은 구문이 더 있다. 이는 남기심(1973)에서, 방금 언급한 것과는 다른 종류의 '외치 변형'을 포함하는 구문으로 처리했던 예이기도 하다.[439] 이를 '유형 판단 구문'이라 부르고자 한다.

(74) 가. 그는 자기 아내를 수완가라고 생각한다.

(2002)의 5.3절을 참고하기 바람.
[438] '능격동사'는 주어의 비행동성을 특징으로 하는 동사이다. 양정석(1995/1997) 참조.
[439] 남기심(1973)의 용어는 '완형보문 동사구의 외치 변형'이다. 이 구문을 양정석(2002: 5.4절)에서는 '를-판단 구문'이라고 지칭한 바 있다.

나. 그는 자기 아내가 수완가라고 생각한다.

(74가)의 구문은 '예외적 격 표시' 현상이 나타나는 예로, 또는 내포절의 주어가 목적어로 상승 이동하는 예로 다루어져 왔다.[440] 그러나 이는 내포절인 CP의 명시어에 공범주 연산자 (O)를 가지며, 바로 하위의 IP의 명시어에 그 흔적(t)을 가지는 구문으로서, 내포절이 서술어가 되어 서술화 원리에 의하여 목적어와 연계됨으로써 허가되는 구조라는 것이 필자의 관점이다.[441] 즉, 그 통사구조는 대략 다음과 같다.

(75) 철수는 [경애를ᵢ [Oᵢ tᵢ 착하다고] 생각했다.

주어가 내포절 속으로 끼어드는 것을 배제하는 것은 한국어에 존재하는 중요한 통사적 제약이라고 판단된다.[442] (76)의 사실은 '자기 아내를'이 내포절의 한 성분이 아니고 명실공히 목적어임을 말해주는 것이다. 또 (77가), (77나)가 의미 해석에서 차이를 보이는 사실도 (77나)의 '아내를'이 내포절의 주어가 아님을 증명하는 것으로 받아들인다.

(76) 자기 아내를 그는 수완가라고 생각한다.
(77) 가. 그는 자기 아내가 한심스럽게도 착하다고 생각한다.
    나. 그는 자기 아내를 한심스럽게도 착하다고 생각한다.

이 구문이 적격성을 얻기 위해서 단순히 내포절 동사만 적절한 것으로 주어지면 되는 것은 아니다. 다음 예들은 상위절 동사가 인지적인 '판단'을 나타낼 수 있는 것이라야 한다는 제약을 보여준다. 그러나 각각의 (나) 예문이 완전히 비문이라기보다는 어느 정도 주변적인 용인가능성을 가지는 것 같다. 그렇다면 이들 동사를 '예외적 격 표시 동사'의 부류에서 제외하는 것과 같은 방법은 완전한 해결책이 되지 못한다. 이는 이 구문이 내포절에 대한 의미적 제약과 함께 상위절 동사에 대한 의미적 제약을 아울러 부여한다는 것을 말해주는 것이다.

---

[440] 여기서는 '예외적 격 표시'설이 가지는 문제점을 중심으로 지적하기로 한다. 이 구문에 대한 자세한 논의는 양정석(2002: 5.4절)을 참고하기 바람.
[441] 한국어의 이 구문을 서술화의 적용 사례로 설명한 연구로는 김남길(1986)이 처음이다. 그는 내포절의 주어로 PRO를 상정하였다.
[442] 남기심(1986)에서는 이중주어문이 단순문 구조를 가짐을 증명하기 위하여 이 점을 지적한 바 있다.

(78) 가. 철수는 영호가 초조해한다고 느꼈다.
　　　나. ?*철수는 영호를 초조해한다고 느꼈다.
(79) 가. 호움즈는 루팡이 범인이라고 감지하였다/간파하였다.
　　　나. ?*호움즈는 루팡을 범인이라고 감지하였다/간파하였다.
(80) 가. 나는 그 사람이 착하다고 들었다.
　　　나. ?*나는 그 사람을 착하다고 들었다.

또, 다음 예는 내포절에 주어지는 조건이 단순히 동사의 특성에 대한 것이 아니고, 내포절 전체의 명제적 내용에 대한 것임을 보여준다. 즉, 내포절의 내용은 개별적인 사례가 되는 현상, '징표(token)'가 아닌 '유형(type)'이어야 한다는 점이 이 구문의 내포절에 대한 의미적 제약으로 주어진다고 생각한다.[443]

(81) 가. ??철수는 경애를 피아노를 친다고 믿는다.
　　　나. ?철수는 경애를 피아노를 아주 잘 친다고 믿는다.

유형 판단 구문은 통사적으로 서술화 원리가 적용된다는 점에서 앞 절의 외치 구문과 공통된다. 일례로 위 (74가) 문장은 서술화 원리가 적용된 결과로 다음과 같은 통사구조를 갖게 된다.

(74가)' 그는 [$_{VP}$[자기 아내를]¹ [$_{V'}$[$_{CP}$ O$_i$ [$_{IP}$ t$_i$ 수완가이-]-라고]]¹ 생각하-]-ㄴ다.

V'의 보충어 위치에 나타나는 내포절 CP는 그 명시어 위치에 공범주 연산자(O)를 가지고, 그 아래 IP의 명시어 위치에는 이 공범주 연산자의 흔적(t)을 가진다. CP는 공범주 연산자를 가짐에 따라 잠재적 서술어의 자격을 갖게 되고, '서술화 원리'가 부과하는 통사적 조건, 즉 목적어와의 상호 최대통어 조건을 만족시키므로, 이 문장은 적격한 구조로 판정받게 된다.

---

[443] 'NP-를' 성분에는 초점 강세가 주어진다는 점(이정식 1992)도 이 구문의 특성으로 지적되어야 한다. '징표'와 '유형'의 의미 구분은 Jackendoff(1983, 1990)의 개념의미론 체계에 의한 것이다. 징표와 유형은 형식의미론적 개념으로 각각 '단계 수준 술어'와 '개체 수준 술어'에 상응하는 것이다.
이정식(1992)에서는 '예외적 격 표시 구문'에서 내포절의 동사가 격 할당 능력을 갖지 못할 때 그의 '격 최소성 원리'에 따라 상위절 동사로부터의 목적격 할당이 가능해진다고 설명하였다. 그의 이론에서는 (81)의 두 문장은 완전한 비문으로 판정 나야 한다. 그러나 그 내포절이 유형의 의미로 해석될 경우 적합성을 갖게 된다고 판단된다. 이는 내포절 동사의 격 할당 능력에 기반한 접근의 문제를 드러낸다.

4.3.4. 연결어미 절 내포문

4.3.4.1. 이른바 보조동사 구문의 통사구조

최현배(1937)에서 보조동사라는 통사 범주를 창안하였지만, 이 개념은 한국어 문장의 통사구조를 완전히 기술하는 데 있어서 문제를 제기한다. 이제까지의 보조동사 구문의 통사구조에 관한 견해를 크게 둘로 갈라서, 복합문 구조로 취급하는 견해와 단순문 구조로 취급하는 견해를 나눌 수 있다. 그러나 최현배(1937)에서 보조동사로 규정한 예들은 구조적으로 다양한 성격을 가지는 것들이 혼합되어 있어서, 복합문 구조, 단순문 구조의 어느 한 가지 견해를 모든 예에 대하여 일관되게 고수하기 어렵다. 또한, 복합문 구조 가설과 단순문 구조 가설 내부에도 다양한 처리 방안들이 제시되어 있는 것이 현실이다.

여기에서는 먼저 양대 견해를 중심으로 이전 연구들을 간략히 살펴본 뒤에, 보조동사 구문의 분류를 위한 통사적 검증 기제들의 의의를 검토하고, 다음으로 종래 보조동사 구문으로 다루어지던 예들을 4가지 부류로 재분류하는 작업을 실행하려고 한다.

이전 연구와 분류 기준의 문제

한국어의 주요 보조동사 문장들에 대해서 복합문 구조로 해석하는 견해는 양인석(1972), 박병수(1974가, 나), 김영희(1993) 등에서, 단순문 구조로 해석하는 견해는 최현배(1937), 허웅(1983, 1995, 1999), 김석득(1986), 김기혁(1987) 등에서 찾아볼 수 있다. 초기 생성문법적 연구인 손호민(1973, 1976)에서는 보조동사들이 선행 동사와 긴밀히 결합하는 특성을 가진다는 것을 밝힘으로써 그 때까지의 생성문법적 연구의 주 흐름인 복합문 구조 가설에 문제를 제기하기도 하였다. 그러나 손호민(1973)에서는 그대로 복합문 구조 가설을 유지하였으며, 손호민(1976)에 와서야 '복합동사 가설'을 적극적으로 전개한다. 최기용(1991)에서는 원리매개변인 이론의 후기 이론인 분리 굴절소 가설 및 머리성분 이동, '통사적 X^0-하위범주화' 등의 이론을 배경으로 하여 단순문 구조 가설을 전개하고 있다. 필자는 이 양분된 견해 중에서는 복합문 구조로 보는 견해를 지지한다. 그러나 일부 예('지다')에서는 본동사와 보조동사가 어휘부의 준생산적 절차에 따라 복합동사를 이루는 것도 인정한다.

보조동사 구문이 복합문 구조라는 견해는 한국어의 어미가 절을 이끄는 역할을 가진다는 점을 한국어 문법의 일반적 특성으로 받아들일 때, 이 한국어 문법의 일반성과 부합하는 견해라는 장점이 있다. 그러나 최현배(1937) 이래의 '보조동사' 논의에서 지적되어 온 점, 즉 보조동사가 선행하는 본동사와 긴밀한 구성을 이루어 문법적 의미를 보조한다는 관찰은 주목할 가치가 있다.

　필자는 종래 보조동사 구문이라고 지칭되던 예들 모두가 복합문 구조를 이룬다거나, 본동사와 보조동사의 통사적 긴밀성을 그 특징으로 가진다고 보지 않는다. 종래 논의되어온 '보조동사' 구문을 네 가지 부류로 나누어 보는 것이 필요하다. 그 중 일부만이 통사적 긴밀성을 가진다고 본다. 그러나 그러한 경우에도, 그 통사적 긴밀성은 구조 변화 없이 머리성분들의 긴밀한 연계가 위첨자 지표들을 통해서 포착되는 최현숙(1988) 방식의 재구조화 장치에 의해 포착된다.

　보조동사에 대한 이제까지의 연구는 보조동사 구문을 다른 구문 구조와 구별하기 위한 검증 기제의 고안을 위해 노력해 왔고, 이를 통해 의미 있는 성과가 축적되었다고 판단한다. 최현배(1937)에서 제안된 보조동사의 문장들을 단일한 구문 구조로 확정하는 1개 또는 몇 개의 일정한 기준이 존재하지 않는다는 점은 모두가 인정하는 것이라고 할 수 있다. 그러나 그 안에서 의미 있는 몇 부류를 가려낼 수는 있다고 본다. 보조동사 구문을 몇 가지의 부류로 구분하기 위한 통사적 기준들을 5가지로 들어 고찰해 보기로 한다. 이들 5가지 기준을 활용하여 검증한 결과를 뒤에서 (표1)로 제시할 것이다.

① '그리하-/그러하-'에 의한 조응 가능성[444]

　(1)의 '-어 주-', '-어 보-', '-지 않-'은 (2)의 '-어 지-', '-어 내-'와는 확연한 차이를 가진다. (2)에서의 선행 동사와 후행 동사 간의 긴밀성은 (3)에서 합성어 내부의 선·후행 동사의 긴밀성과 궤를 같이 하는 현상이다.

(1) 가. 철수는 경애에게 라면을 끓여 주었고, 영호도 순희에게 그래 주었다.
　　나. 철수는 배추를 들어 보았고, 영호도 그래 보았다.
　　다. 철수는 자기 아이들을 돌보지 않았고, 영호도 그러지 않았다.
(2) 가. *김씨도 한 달 만에 집 한 채를 지어 냈고, 박씨도 그래 냈다.
　　나. *서울도 추워 졌고, 대전도 그래 졌다.
　　다. *철수도 진실한 사람으로 믿어 졌고, 영호도 그래 졌다.

---

[444] '그리하-'는 사건성 동사('동사')이고 '그러하-'는 상태성 동사('형용사')이다. '그리하다'의 준말은 '그러다'이고 '그런다, 그럽니다, 그러오, 그래, 그랬다, 그래서, 그러고, …'와 같이 실현된다. '그러하다'의 준말은 '그렇다'이고 '그렇소, 그렇습니다, 그렇소, 그래, 그랬다, 그래서, 그렇고, …'와 같이 실현된다. '그래, 그랬다, 그래서'에서는 동일한 형식으로 실현되기 때문에 이 둘이 동사/형용사일 때 형태음운론적으로 달리 변동한다는 사실을 이해하지 못하고 혼동하는 일이 흔하다.

(3) 가. *철수도 뛰어갔고, 영호도 그래갔다.
    나. *호랑이도 토끼를 잡아먹고, 여우도 토끼를 그래먹는다.

'그리하-/그러하-'에 의한 조응 여부가 구조 판별의 기준으로 쓰일 수 있는 것은 기본적으로 '어휘 섬' 제약에 따른 것이다.[445] '그리하-'와, 이에 이어지는 '-어'와 보조동사(가령 '주-')의 결합은 어휘적 단위를 이루지 못한다는 것이 이 검증 기제가 가지는 본질적인 특성이다. (4가)와 같은 형식에서 '그리하-'가 선행절의 어떤 구성성분과 조응한다면, 그리고 이 조응이 통사적 조응이라고 가정한다면, 어휘적 단위 내부의 요소가 외부의 요소와 관계를 맺는 것을 배제하는 '어휘 섬' 제약을 위배하게 된다. 그러므로 (1)에서 사용된 대동사 '그리하-'는 (4가)가 아니라 (4나) 또는 (4다)와 같은 구조에 위치하는 것이다.

(4) 가. [v [?[v 그리하-]-어] 주-]
    나. [vp[cp[ip …[vp[v'[v 그리하-]]]∅] [c -어]] [v 주-]]
    다. [vp[cp[ip …[vp 그리하-]∅] [c -어]] [v 주-]]

(1), (2)와 같은 검증은 선행절과 후행절의 구조적 평행성을 가정하고, '그리하-'가 선행절의 일정한 구성성분을 대신한다는 전제에서 수행된다. (1)에서 '그리하-'는 선행 성분과의 조응이 가능하고, (3)의 합성동사의 문장에서는 그것이 가능하지 않다. 따라서 (3)과 동일한 특징을 보이는 (2)의 보조동사 '내-', '지-'는 독립된 서술어로서의 기능을 갖지 못한다.

이 책에서 필자는 (4다)가 대동사 '그리하-'의 바른 통사적 위치라고 판단하고, 이에 따라 보조동사 문장들의 통사적 특징을 판정한다. 더 구체적으로 말하면, (4다)의 '그리하-'는 S-구조로부터 음성형태(PF)로 가는 도중에 S-구조의 VP의 내용을 대체하여 삽입되는 요소라고 가정한다.[446] 의미 형식을 도출하는 의미론적 해석 과정도 S-구조를 바탕으로 진행되는 것이므로, '그리하-'가 삽입되는 절차는 의미론적 해석과는 별도의 절차이다('그리하-' 삽입과 의미론적 해석 절차의 상관관계에 대해서는 양정석(2023나: 5.6절)을 참고 바람).

김영희(1993)에서 든 다음 예들은 '그리하-'가 VP와 조응됨을 보인다.[447]

---

[445] 이 점은 이선웅(1995)에서 지적한 바 있다. 어휘적 단위 내의 요소는 외부의 요소와 통사적 관계를 맺지 못한다는 제약으로, 이는 언어-보편적 제약인 것으로 보인다.

[446] '그리하-'가 상태성의 VP를 대신할 때에 '그러하-'로 바뀌는 절차, '그리하였다'가 '그랬다'로, '그러하였다'가 역시 '그랬다'로 바뀌는 절차 등은 그 이후의 음성형태(PF) 부문의 음운론적 절차이다.

[447] 김영희(1993)에서 이 예들은 선행 성분들을 제외한 '본동사+보조동사'의 결합을 한 단위의 서술어로 설정하려는 시도에 대한 반례로서 든 것이다.

(5) 가. *순이는 눈을 빨리 감아 버렸고, 석이는 눈을 천천히 그래 버렸다.
    나. *형은 거기에 가 보았고, 아우는 저기에 그래 보았다.
(5)' 가. 순이도 눈을 빨리 감아 버렸고, 석이도 그래 버렸다.
    나. 형도 거기에 가 보았고, 아우도 그래 보았다.

엄정호(1999)에서 든 (6)의 예들은 '그리하-'의 조응의 범위가 VP에 국한되지 않음을 보이는 듯하여 문제를 던져 준다. 그러나 이들은 (6)'과 같은 구조에서 '그리하-'가 VP와 조응되는 현상을 보일 뿐이다.

(6) 가. 맏이도 불을 꺼 버렸고, 막내도 불을 그래 버렸다.
    나. 너도 그 글을 읽어 보았고, 나도 그 글을 그래 보았다.
    다. 철수는 돌이를 때리고 싶었고, 영이도 돌이를 그러고 싶었다.
(6)' 가. 맏이도 [$_{VP}$ 불을$_i$ [$_{VP}$ t$_i$ 끄-]]-Ø-어 버렸고, 막내도 [$_{VP}$ 불을 [$_{VP}$ 그리하-]] -Ø-어 버렸다.
    나. 너도 [$_{VP}$ 그 글을$_i$ [$_{VP}$ t$_i$ 읽-]]-Ø-어 보았고, 나도 [$_{VP}$ 그 글을 [$_{VP}$ 그리하-]] -Ø-어 보았다.
    다. 철수는 [$_{VP}$ 돌이를$_i$ [$_{VP}$ t$_i$ 때리-]]-Ø-고 싶었고, 영이도 [$_{VP}$ 돌이를 [$_{VP}$ 그리하-]]-Ø-고 싶었다.

보조동사 구문에서 '그리하-'의 조응 대상은 아무리 복잡한 구조로 되어 있더라도 구 단위로서 VP 범주임을 벗어나지 않는다.

(7) 가. 철수가 물고기를 잡아서 놓아주었고, 인호도 그랬다.
    나. 철수는 순희가 결혼했음을 알지 못했고, 인호도 그러지 못했다.
(7)' 가. 철수가 [$_{VP}$ [$_{CP}$ pro 물고기를 잡아서] [$_{VP}$ pro 놓아주-]]-었-고, 인호도 [$_{VP}$ 그리하-]-었-다.
    나. 철수는 [$_{VP}$ [$_{DP}$ [$_{CP}$ 순희가 결혼했음]-을 알-]]-Ø-지 못했고, 인호도 [$_{VP}$ 그리하-]-Ø-지 못하-었-다.

'그리하-'가 VP 구성성분과 정확히 조응하는 것인지는 앞으로 더 철저히 검증되어야 하겠지만, 이것이 어휘적 단위 아닌 구 단위와 조응한다는 점은 분명하다. 그러므로 이 검증 기제를 적용한 문장들은 다음 ②의 적용례와 함께 단순문 구조 가설에 대한 강력한 반례를 이룬다.

② **본동사에의 '-으시-' 결합 가능성**
굴절소 '-으시-'는 한 절에 하나만 실현될 수 있다. (8가)에서는 '-으시-'가 두 개가 실현되

었다. 이는 이 문장이 두 개의 절을 가지는 복합문임을 증명하는 것이다. 따라서 '오셔 주-'가 한 단어, 또는 숙어적 단위로 하나의 서술어를 이룬다고 보는 단순문 구조 가설에 대한 반례가 된다.

(8) 가. 제발 오셔 주세요. (김영희 1993: 177)
    나. *선생님께서 달리셔가셨다. (176쪽)

(8나)는 합성동사 '달려가다'의 선행 구성성분에 굴절소 '-으시-'가 부착되는 것이 불가능함을 대비적으로 보여준다.

③ **부정 극어와 부정소의 공존 가능성('같은 절 효과')**
보조동사 구문 중에서 선·후행 동사의 긴밀성을 특징으로 가지는 구문을 구별하는 검증 기제로 부정 극어와 부정소의 '같은 절 조건'을 이용하는 방법이 있다.[448] (9)-(11)의 보조동사 구문은 부정 극어 '아무 X'와 부정소 '안'을 같은 절에 포함하고 있어 아주 적격한 문장을 이루고 있다. 이와 대조적으로 (12)의 보조동사 '-고 있-'과 '-게 하-'의 구문은 적격한 문장을 이루지 못하고 있다.

(9) 가. 그는 아무 데에도 가 있지 않았다.
    나. 철수는 경애에게 아무것도 끓여 주지 않았다.
    다. 그는 아무것도 읽어 보지 않았다.
(10) 가. 그는 아무것도 먹지 않았다.
    나. 그는 아무것도 먹지 못했다.
(11) 그는 아무와도 가까워 지지 않았다.
(12) 가. ?*철수는 아무 데로도 가고 있지 않았다.
         cf. 철수는 아무 데로도 가지 않고 있었다.
    나. ?*그는 자기 딸이/딸을 아무도 만나게 하지 않았다/못했다.
         cf. 그는 자기 딸이/딸을 아무도 만나지 않게/못하게 하였다.

---

[448] '같은 절 조건'은 부정 극어와 부정소가 같은 절에 있어야 한다는 말 그대로의 조건은 아니다. 그와 같은 가정 하에 논의되어 온 '같은 절 효과'를 활용한다는 뜻이다. 재구조화 원리의 적용에 따라 절 경계를 이루는 하위절의 CP가 장벽으로서의 성질을 잃게 되어 절 구조는 남아 있되, 절이 절로서의 특성을 발휘하지 못하게 되어 상·하위 절의 요소들이 같은 절 내부에 있는 것처럼 행동한다고 해석하는 것이다.

부정 극어와 부정소의 같은 절 조건을 기준으로 보조동사 구성의 긴밀성을 검증하는 이러한 방법은 최현숙(1988)에서 비롯되는데, 그는 (12나)와 같은 문장을 적격한 것으로 판정하여,[449] '-게 하-' 구문이 재구조화를 겪는다는 논지를 전개하였다. 그러나 필자는 이 문장의 부적격성의 정도가 다음 문장들의 경우와 다를 바 없다고 판단한다.

(13) 가. ?*철수는 영호가 아무도 욕했다고 생각하지 않았다.
　　　나. ?*철수는 아무도 영호를 욕했다고 생각하지 않았다.

그러므로 부정 극어를 이용한 긴밀성 검증 방법이 유용하다는 점은 받아들이나, 그것을 좀더 세심하게 적용할 필요가 있다. 이 연구에서는 (12가, 나)가 (9)-(11)의 예들과는 달리 부자연스럽다는 판단에 따라, '-게 하-' 구문은 재구조화를 겪지 않는 것으로 본다.

'같은 절 효과'를 가리기 위한 부정 극어와 부정소의 공존 가능 여부 검사법은 그 적부에 관한 이견이 이미 여러 연구자에 의해 제시되었다. 통사적으로 지배 조건을 만족해야 한다는 가정(최현숙 1988, 시정곤 1997)과, 의미적인 효과일 뿐이라는 주장(김영희 2005)이 주어져 있다. 필자의 입장은 '같은 절 효과'가 통사적 제약이라는 것이다. 부정 극어와 부정소는, 마치 흔적과 그 선행사가 하위인접 조건을 충족시켜야 하는 것처럼, 그 사이에 장벽을 둘 이상 가져서는 안 된다는 것이다.

④ '안'에 의한 선·후행절 동사 부정 가능성

'안'이 수식하는, 즉 부정하는 범위가 선행 동사에만 국한된다면 이는 일반 보문내포문과 동궤의 현상이라고 판단할 수 있다. ①, ②에 의해서 복합문 구조로 판정되는 보조동사 구문 중에도 '안'에 의한 부정이 보조동사에까지 미치는 예가 있는 것이다. 이 경우, 앞의 ③의 기준과 같이, 해당 구문의 본동사와 보조동사가 긴밀성을 가짐을 보이는 것으로 해석할 수 있다.

(14) 가. 철수는 서울에 안 가 있다. : [NOT[가 있다]]
　　　나. 철수는 경애에게 라면을 안 끓여 주었다. [NOT[끓여 주다]]
(15) 가. 철수는 서울에 안 가고 있다. : [NOT[가고 있다]
　　　나. 그는 자기 딸이/딸을 남을 안 만나게 했다. : [NOT[만나게] 하다]

---

[449] 최현숙(1988: 350) 참조.

(16) 나는 철수가 영호를 안 만났다고 생각한다. : [NOT[만났다고] 생각하다]

(14)의 '-어 있-'과 '-어 주-'의 경우는 본동사와 보조동사가 결합된 의미를 부정함에 반하여, (15)의 '-고 있-', '-게 하-'의 경우는, (16)의 일반적 보문내포문의 경우처럼, 본동사만이 부정의 영향권에 드는 해석을 가진다. 이 검증 기제는 ③의 부정 극어에 의한 검증 방법을 보완하는 기능을 가진다고 본다.

⑤ 선·후행 동사의 사건성/상태성 호응 현상

이 현상이 나타나는 것은 모두 '하-'를 가진 구문이다. 그러나 '하-'를 가진 형식에 언제나 이 현상이 나타나는 것은 아니다(17가). 이 현상은 선·후행 동사의 긴밀성을 보이는 증거가 된다.

(17) 가. *추울 뻔하다/넘어질 뻔한다, *착한 체하다/아는 체한다, 추운 듯하다/*아는 듯하다, 추울 법하다/*알 법한다, *차가워야 하다/먹어야 한다, 차갑-기는 하다/먹-기는 한다, 차갑-지 아니하다(못하다)/먹-지 아니한다(못한다)
　　　나. 흐리다/흐린다, 맑다/맑는다, 젊다/*젊는다, *늙다/늙는다

(17나)는 혼란스럽게 보이지만, '-는다'/'-다'의 교체 현상이 사건성 동사/상태성 동사의 구분에 따르는 형태음운론적 현상이라는 점은 3.2.3절의 논증을 통해 확인한 바 있다.

보조동사의 통사적 특성과 분류

이상에서 살펴본 5가지 검증 기제들, 대동사에 의한 조응, '-으시-' 결합 가능성, 부정 극어-부정소 공존, 부정부사 '안'에 의한 선·후행 동사 부정 가능성, 선행 동사와 후행 동사의 상태성 여부 호응을 기준으로 검사한 결과는 다음과 같다. 이는 최현배(1937)의 보조동사 목록을 중심으로 검사한 것이다. 다만 '첫째 부류'는 단일한 특성을 가지는 구문을 형성하지 못하므로 이 표에서 제외하였다.[450] '?'를 표시한 것은 그 판단이 불확실한 경우이며, '•'는 체계적인 이유에 따라 적용이 배제되는 경우이다.

---

[450] '첫째 부류'는 최현배(1937)의 보조동사('도움풀이씨') 중 보유 보조동사 '가지고'와 '닥아', 추측 보조형용사 '듯하다', '듯싶다', '법하다', 가치 보조형용사 '만하다', '직하다' 등을 가리키는 것이다. 이들을 보조동사로 분석한 것은 오류이다.

<표1> 최현배(1937)의 주요 보조동사들의 통사적 특성

보조동사	① 대동사에 의한 조응	② 선행동사에의 '-으시-' 결합 가능성	③ 부정극어와 부정소의 공존	④ '안'에 의한 선·후행동사 부정 가능성	⑤ 선·후행 동사의 호응	분류
하다('사동')	+	+	-	-	-	둘째 부류
만들다('사동')	+	+	-	-	-	
보다('추측')	+	+	-	-	-	
싶다('추측')	+	+	-	-	-	
되다('피동')	+	+	-	-	-	
하다('당위')	+	+	-	?-	-	
있다('진행')	+	+	?-	?-	-	
있다('상태')	?+	?+	+	+	-	셋째 부류
하다('시인')	+	+	-	?	+	
아니하다('부정')	+	+	+	•	+	
못하다('부정')	+	+	+	•	+	
말다('부정')	+	+	+	•	-	
오다('진행')	+	+	+	+	-	
가다('진행')	+	+	+	+	-	
버리다('종결')	+	+	+	+	-	
주다('봉사')	+	+	+	+	-	
드리다('봉사')	+	-	+	+	-	
바치다('봉사')	?+	-	+	+	-	
보다('시행')	+	+	+	+	-	
쌓다('강세')	+	-	+	+	-	
놓다('보유')	+	-	+	+	-	
두다('보유')	+	-	+	+	-	
싶다('희망')	+	+	+	?+	-	
지다('피동')	-	-	+	+	-	넷째 부류
나다('종결')	-	-	+	+	-	
내다('종결')	-	-	+	+	-	
대다('강세')	?-	-	+	+	-	

보조동사 구문과 재구조화, 의미 합성, 선·후행 동사 호응

앞의 4.1절에서는 통사론적 원리로서의 재구조화 원리를 도입하였다. 이러한 재구조화 현상이 관찰되는 한 예는 보조동사 구문이다. 그러나 모든 보조동사 구문에서 재구조화가 적용되는 것은 아니다. (표1)의 '셋째 부류'와 '넷째 부류'만이 재구조화가 적용되는 부류이다. 이 중 셋째 부류의 보조동사 구문을 중심으로, 부정 극어와 부정소의 같은 절 효과와 재구조화의 상호작용을 살펴보기로 한다. 또한 셋째 부류의 일부 보조동사 구문에서 본동사와 보조동사 간에 사건성/상태성의 문법적 구분이 호응하는 현상을 형식적으로 포착하는 방법을 설명하려고 한다.

'같은 절 효과'의 의의

부정 극어와 부정소가 같은 절 안에 놓여야 한다는 조건이 있다고 하였다. 필자는 이를 부정 극어와 부정소의 사이에 장벽이 있어서는 안 된다는 통사적 조건으로 해석한다. 특히, 앞에서 서술성 명사 구문을 분석하면서 언급하였던 '하위인접 조건'과 같은 통사적 효과가 셋째 부류의 보조동사 구문에도 나타난다는 것이 필자의 판단이다.

서술성 명사 구문이 가지는 문제의 핵심은 다음과 같은 대비에서 드러난다. '연구'와 '하-'는 어떤 방식으로든 어휘의미적 단위로 연합될 수 있지만, '연구'와 '회상하-'는 그럴 수 없다는 점이 두 문장의 문법성 차이를 발생시키는 핵심 요인이다.

(18) 가. $^{?}$*김교수가 그 문제를 연구를 회상했다.
　　나. 김교수가 그 문제를 연구를 했다.
(19) 가. $^{?}$*김교수가 [$_{VP}$[그 문제를]$_i$ [$_{VP}$[$_{DP}$[$_{NP}$ t$_i$ 연구]-를] [$_V$ 회상하-]]]-였다.
　　나. 김교수가 [$_{VP}$[그 문제를]$_i$ [$_{VP}$[$_{DP}$[$_{NP}$ t$_i$ 연구]-를] [$_V$ 하-]]]-였다.

(19가)와 (19나)는 모두 선행사 '그 문제를'과 흔적 't$_i$' 사이에 지켜져야 할 '하위인접 조건'이 위반된다. 둘 사이에 놓여 있는 장벽이 1개('NP'만이 장벽임)뿐이어서 '1-하위인접'이므로, 그 비문법성의 정도는 심각하지는 않다. 그러므로 이 정도의 비문법성은 '?*'로 표시할 수 있다. 그러나 (19나)에서는, 서술성 명사 '연구'와 동사 '하-'가 그 어휘개별적 성질에 따라 연합이 가능하며, 이로 말미암아 VP 구조가 재구조화 영역으로 전환된다. 재구조화 영역 내의 최대투사는 장벽으로서의 성질을 잃게 된다는 가정을 받아들이면, (19나)가 (19가)와 똑같은 형상적 구조를 가짐에도 불구하고 전혀 부적격성을 띠지 않는 이유가

체계적으로 설명된다.

그 형식적 기술 방안을 요약하면 다음과 같다.

(20) 가. 어휘부의 '연구'와 '하-'에 '재구조화 지표'가 부여됨.
나. 통사구조에서 '연구'와 '하-'의 상위 교점으로 위첨자 지표 'r'이 삼투되며, 두 길로 삼투된 지표들이 최초로 만나는 최대투사 교점이 재구조화 영역으로 전환됨.
다. 하위인접 조건 위반의 요인이 되는 장벽이 재구조화 영역 내에서 효력을 잃음.
라. 'r'로 연계된 머리성분 요소들의 지표는 모두 최하위 구 머리성분의 지표 'i'로 바뀌어 이들이 하나의 복합적 머리성분임이 확인됨.

종래 보조동사 구문으로 다루어져 온 '-게 하-' 문장('둘째 부류')과 '-어 보-' 문장('셋째 부류')은 동일한 복합문 구조를 취함에도 불구하고 부정 극어 '아무것도'와 관련하여 문법성의 차이를 보인다. 여기에서도, '-게'와 '하-'와는 달리 '-어'와 '보-'가 모종의 어휘의미적 연합을 이룰 수 있다는 점이 (21가)와 달리 (21나)의 문법성을 가능하게 해주는 것이라고 판단한다.

(21) 가. ?*철수는 자기 동생이 아무것도 읽게 하지 않았다.
나. 철수는 아무것도 읽어 보지 못하였다.
(22) 가. ?*[철수는 [vp[cp[vp[cp 자기 동생이 아무것도 읽-게]cp 하-]-지]cp 않-]]-았다.
나. [철수는 [vp[cp[vp[cp e 아무것도 읽-에]cp 보-]-지]cp 않-]]-았다.

그 형식적 기술 방안을 요약하면, (20)과 유사한 절차를 확인할 수 있다.[451]

(23) 가. 어휘부의 연결어미('-어')와 보조동사('보-')에 '재구조화 지표'가 부여됨.
나. 통사구조에서 연결어미 '-어'와 보조동사('보-')의 상위 교점으로 위첨자 지표 'r'이 삼투되며, 두 길로 삼투된 지표들이 최초로 만나는 최대투사 교점이 재구조화 영역으로 전환됨.
다. 부정소와 부정 극어의 공존을 위한 조건 위반의 요인이 되는 장벽이 재구조화 영역 내에서 효력을 잃음.[452]

---

[451] 필자의 이전 연구인 양정석(2010)에서는 보조동사 구문에서 재구조화로 연계되는 머리성분이 본동사 어간('읽-')과 보조동사 어간('보-')이라고 기술했었으나 여기에서는 연결어미 '-어'와 보조동사 어간 '보-'가 재구조화로 연계된다고 기술한다. 현재의 예들과 관련해서는 둘 사이에 차이가 없으나, 의미 해석을 실행하는 경우에는 큰 차이가 발생한다.

[452] 부정 극어와 부정소의 관계에 장벽이 되는 것은 CP일 뿐이라고 가정한다. 둘째 부류 보조동사 구문인

라. 'r'로 연계된 머리성분 요소들의 지표는 모두 최하위 구 머리성분의 지표 'i'로 바뀌어 이들이 하나의 복합적 머리성분임이 확인됨. 즉 연결어미 '-어'와 보조동사 '보-'가 모두 동일한 지표 'i'를 갖게 되었음.

앞에서 이미 제시한 재구조화 원리는 서술성 명사 구문과 셋째 부류 보조동사 구문에서 발견되는 위와 같은 공통성을 포착할 수 있다.

(24) 재구조화 원리
어휘부의 둘 이상의 복합 머리성분을 이루는 요소들에 근거하여 위첨자 지표 'r'를 삼투하고 재구조화 영역을 형성하라.
① 위첨자 지표 'r'를 상위 교점으로 임의로 삼투하되, 서로 다른 머리성분 요소들의 'r' 지표들이 합치되는 최초의 머리성분 교점(X^0), 최대투사 교점(X^2)이 재구조화 영역이 된다.
② 재구조화 영역 내의 최대투사 범주는 장벽으로서의 성질을 잃는다.
③ 위첨자 지표 'r'로 연계된 머리성분 요소들은 모두 최하위구 머리성분의 지표 'i'로 바뀌어 하나의 복합 머리성분으로 확인되며(이 'i'를 '재구조화 지표'라고 한다), 의미구조 또는 음운론적 구조와의 대응은 복합 머리성분 내의 최상위구 머리성분이 담당한다.

그러나 여기에는 형식적 처리에 있어서 한 가지 주의할 점이 있다. (24)의 ①은 한 교점에 관할되는 구성성분 전체가 재구조화 영역이 되는 것으로 기술하고 있지만, 그렇게 되면 (22가)와 같은 구조에서, '-지'와 '않-'의 연합에 의해 형성된 재구조화 영역이 최상위 절의 교점 CP가 되므로, 이 교점에 관할되는 모든 교점, 특히 '아무것도'를 관할하는 절의 CP 교점도 장벽성을 잃게 되는 것으로 잘못 해석할 수 있다. 그러면 (21가)와 같은 비문법성 효과는 얻을 수 없다. 원하는 설명의 효과를 얻기 위해서는 재구조화 원리의 첫째 조항이 다음과 같이 이해되어야 한다.

(25) 재구조화 원리
어휘부의 둘 이상의 복합 머리성분을 이루는 요소들에 근거하여 위첨자 지표 'r'를 삼투하고 재구조화 영역을 형성하라.
① 위첨자 지표 'r'를 상위 교점으로 임의로 삼투하되, 서로 다른 머리성분 요소들의 'r' 지표들

'-게 하-' 구문에서도 이러한 장벽은 하나뿐이기 때문에 완전한 비문이라기보다는 중간 정도의 부적격성을 가진다고 해석된다. 셋째 부류 보조동사 구문은 복합문 구조로서, 내포절의 CP가 잠재적 장벽으로 가로놓여 있으나 재구조화에 의해 그 장벽성을 잃게 되어 부적격성이 해소되는 것이다.

이 합치되는 최초의 머리성분 교점(X^0), 최대투사 교점(X^2)이 재구조화 영역이 된다. **(삼투된 지표를 가진 교점들의 집합이 재구조화 영역이 된다.)**

재구조화 원리 ①의 수정된 부분은 부정소와 부정 극어의 관계에서 장벽의 발생, 장벽성의 해소와 관련하여 중요한 의미를 가진다. 삼투된 'i' 지표들이 합치되는 최초의 최대투사에 관할되는 모든 교점이 재구조화 영역을 이루는 것이 아니라, 그 합치된 교점의 관할 영역에 있는 교점들 중 삼투된 위첨자 지표 'i'를 가지는 교점들만이 재구조화 영역을 이루어 장벽성 해소의 기능을 갖게 되는 것이다. 따라서, (26나)에서 '-게'의 투사인 CP 교점은 'i'을 갖지 않아서 재구조화 영역을 이루지 못하므로, 여전히 장벽이 된다. 이와 비교되는 (27)에서는 '-어'의 투사인 CP 교점이 'i'을 가지고 있어서 재구조화 영역을 이루게 된다. 따라서 장벽성을 잃게 되어 CP는 절 경계로서의 효력을 상실하여 '아무것도'와 '않-'은 같은 절 안에 있는 것이나 다름없는 결과가 되는 것이다.

(26) 가. ?*철수는 자기 동생이 아무것도 읽게 하지 않았다.
　　나. ?*[철수는 [vp[cp[vp[cp 자기 동생이 아무것도 읽-게]cp 하-]-지]^{i}cp 않-]^{i}vp -았다]
(27) 가. 철수는 아무것도 읽어 보지 않았다.
　　나. [철수는 [vp[cp[vp[cp e 아무것도 읽-어]^{i}cp 보-]^i-지]^{i}cp 않-]^i-았다.

이처럼, '같은 절 조건'은 통사적으로 형식화될 수 있다. 물론 부정 극어와 부정소가 말 그대로 '같은 절' 안에 놓여야 한다는 조건은 아니고, 부정 극어와 부정소의 사이에 장벽을 가져서는 안 된다는 조건인 것이다. 서술성 명사 구문과의 구조적 평행성은 이러한 설명이 가지는 이론적 설명으로서의 신뢰성을 높이는 것이다.

선·후행 동사의 호응과 재구조화

앞에서 언급한 현상들 중, 보조동사 구문을 복합문 구조로 간주할 때의 문제로 곧잘 거론되어 온 것은, 선행하는 동사의 사건성/상태성 구분에 따라 후행 보조동사의 사건성/상태성이 결정되는 현상이다. 이 현상은 보조동사 구문을 단순문 구조로 가정하는 연구자들에게 그와 같은 주장의 결정적 근거로 생각되기도 하였다.[453] 그러나 이 현상은 '-기는 하-',

---

[453] 이러한 견해의 대표적인 주장은 최기용(1991)에서 볼 수 있다. 그는 (28), (29)와 같은 '-기는 하-', '-지 아니하-' 구문 외에 '-어 주-', '-어 보-', '-어 빠지-' 구문을 그의 이론 하에서 논의하고 있다. 가령 '먹어는 보았다'와 같은 '본동사+보조동사' 결합은 'V⇒[v V-에]⇒[v[v V-에는]⇒[v[v[v V-에는보-]'와 같은 과정

'-지 아니하-', '-지 못하-'에 국한되는 현상이라는 점을 먼저 지적해 두어야 하겠다.

(28) 가. 그가 김을 매기는 한다/*하다.
    나. 그가 온순하기는 *한다/하다.
(29) 가. 그가 김을 매지는 아니한다/*아니하다.
    나. 그가 온순하지는 *아니한다/아니하다.

(28)의 '-기는 하-' 구문, (29)의 '-지 아니하-' 구문은 '셋째 부류'의 보조동사 구문인데, 이들은 어휘부에 '-기는'과 '하-', '-지'와 '아니하-'의 연계 사실이 동지표로 표시되어 있다. 이러한 정보는 통사구조에서의 재구조화 원리의 적용을 위한 근거가 된다. 재구조화 원리를 이루는 조항들 중 ③의 조항은 의미구조와의 대응과 함께 음운론적 구조와의 대응을 지적하고 있다((24)의 ③을 참조할 것).

이 조항에 의하면 '본동사+보조동사'의 결합에서 통사구조상의 동지표를 대표적으로 가지는 교점은 상위절 동사인 보조동사가 된다. 그러므로 음운론적 부문에서 동사의 사건성/상태성의 구분에 따른 형태음운론적 결정이 일어날 때에는 보조동사에 주어진 정보만을 근거로 하게 된다.[454]

(28), (29)의 예들에서는 복합 머리성분을 이루는 요소들 중 앞의 요소('본동사')의 문법적 성격이 복합 머리성분 전체의 성격을 결정한다. 한국어의 다른 보조동사 구문에서는 뒤의 요소('보조동사')의 문법적 성격이 복합 머리성분의 성격을 결정한다. 이러한 일반적 경우에 복합 머리성분 내의 요소들 간의 문법적 자질의 전승은 논할 필요가 없다. 그러나 (28), (29)의 경우에는 특별한 어휘적 규칙이 있어, 앞의 요소와 뒤의 요소의 결합을 한 의미 단위와 대응시키고, 앞의 요소의 문법적 자질을 전체 복합 머리성분의 문법적 자질로 전승시킨다.

으로 머리성분 단위를 이룬다고 한다. 또 '머리성분 상관성 원리'라는 언어-보편적 원리가 있어서, 머리성분-뒤 언어는 앞의 요소가 문법적 성격을 결정한다고 한다. 그러나 단적인 예로 'V-어 지-' 구성은 뒤의 요소 '지-'가 이 구성 전체의 문법적 성격을 결정하므로 그의 주장에 반례가 된다.

[454] 여기의 '사건성/상태성' 구분은 '+v'와 '+a'의 통사적 자질의 차이로 표시된다. 이 차이를 바탕으로 '-는다'와 '-다'의 형태음운론적 결정이 이루어지므로, 어휘부 규칙에 본동사의 자질이 보조동사에 전승되는 사실을 표시하는 것이 필요하다. 다시 말하지만, 이러한 처리를 해야 하는 보조동사는 '-기는 하-'와 '-지 아니하-'와 '-지 못하-'의 셋뿐이다. 그 외의 모든 보조동사의 경우는 연결어미와 보조동사의 연계 사실만을 어휘부 정보로 기재한다.

보조동사 구문의 재분류

앞에서는 종래 보조동사 구문으로 다루어온 예들을 여러 가지 통사적 검증 기제에 비추어 검토한 결과 이들을 크게 네 부류로 나눌 수 있게 되었다. 다음의 표가 이 네 가지 부류의 차이를 일목요연하게 보여준다.

〈표2〉 보조동사 구문의 네 가지 부류

	대표적인 예	검증 기제		
첫째 부류	'-는 듯하-' '-는 체하-' '-거니…거니 하-'	*		
둘째 부류	'-게 하-' '-고 있-'	'그리하-'에 의한 조응 가능/선행 동사에 '-으시-' 결합 가능	불가능	
셋째 부류	'-어 있-' '-어 주-' '-지 아니하-'		부정 극어와 부정소의 '같은 절' 효과 가능/ '안'에 의한 선·후행 동사 부정 가능	
넷째 부류	'-어 지-'	불가능		

첫째 부류는 전통적으로 보조동사 구문으로 분류해 왔으나 그 구조적 이질성이 뚜렷한 부류이다. 이들이 보조동사 구문에서 제외되어야 한다는 점은 기존 연구자들이 대체로 인정하는 것이다. 둘째 부류는 많은 연구에서 보조동사 구문으로 받아들이지만, 이상에서 살펴본 검증 기제들은 이들이 보충어 절을 가지는 예사의 내포문 구조를 이룬다는 것을 보여준다. '-게 하-' 구문과 '-고 있-' 구문이 이 부류를 대표한다고 하겠다. 셋째 부류를 대표하는 것은 '-어 있-' 구문이다. 이는 전통적인 의미에서 보조동사의 이상에 가장 가까운 부류라고 할 만하다. 흥미로운 점은, 서로 유사한 특성을 가지는 것으로 생각되어 같은 논의 맥락에서 다루어져 온 '-고 있-' 구문과 '-어 있-' 구문은 재구조화 작용의 유무에 의하여 서로 구별된다는 것이다.

넷째 부류의 대표적 구문은 '-어 지-' 구문이다. 이는 선행 동사와 후행 동사의 긴밀성이 극도로 높다는 점에서 합성동사로 분류할 만한 예라고 하겠는데, 다른 합성동사와의 차이는 '지-'가 가지는 생산성에 있다.

1) 첫째 부류

첫째 부류는 원래의 보조동사 구문의 설정 취지에도 부합하지 않는, 배제해야 할 예들이다. 이들은 사실상 하나의 공통 구문 구조를 이루는 것으로 볼 수도 없다. 이들을 서로 무관한 몇 가지 구문으로 나누어 열거하려고 한다.

종래의 논의에서 '보조동사'에 포함되던 것 중 가장 먼저 제거되어야 할 예는 다음과 같은 것으로서, 이들이 '보조동사' 구문의 첫째 부류의 첫 번째 사례이다.

(30) 체하다(그가 제법 어른인 체한다), 척하다(그는 그저 못 들은 척했다), 양하다: 사람은 각각 제가 제일인 양한다), 뻔하다(하마터면 속을 뻔하였다), 만하다(나도 갈 만하다), 법하다(그가 자백을 할 법하다), 듯하다(비가 오는 듯하다), 듯싶다(그는 불만인 듯싶다)

이들은 모두 의존명사 '양, 체, 척, 뻔, 만, 법, 듯'이 이끄는 구(더 정확하게는 이 구를 포함하는 보조사구)가 이어지는 '하-'의 논항 위치에 놓이는 구조를 취하고 있다.[455] 이들도 둘로 더 갈라진다. '양', '체', '척'에 이어지는 '하-'는 사건성 동사로서의 성질을 가진다. 이에 비해 '만', '법', '듯' 뒤의 '하-'나 '싶-'은 상태성 동사로서의 성질을 가진다.

(31) 그가 [vp[DP [NP [CP e 제법 어른인] 체]Ø] 하-]-ㄴ다.
(32) 그가 [vp[DP [NP [CP e 해낼] 만]Ø] 하-]-다.

종래 보조동사에 포함되어 논의되던 예들 중에서, 그 분석을 달리해야 할 또 다른 예는 '직하다'이다. 이는 최현배(1937)에서부터 보조동사의 하나로 처리되었으나, 우리는 이것을 가지는 문장이 일반적인 상태성 동사로서의 '하다'가 실현된 문장일 뿐이라고 판단한다. (33)에서 '-음직'은 '하다'의 보충어 절을 이끄는 보문소로서, 연결어미의 역할을 하는 것이다.[456]

(33) 가. 그 사과가 먹음직 하다.
    나. 그 여자를 한번 만나 봄직(도) 하다.
(33)' 가. *그 사과가 먹음직 한다.
    나. *그 여자를 한번 만나 봄직(도) 한다.

---

[455] 이 서술은 현재 국어학계의 일반적 견해에 따른 것이다. 필자 자신의 견해는, '양', '체', '척'을 제외한 '뻔', '만', '법', '듯'은 그 앞의 관형사형어미와 결합(재구조화)하여 복합적 연결어미 '-을뻔', '-을만', '-을법', '-는듯'을 형성한다고 보는 것이다.
[456] 허웅(1995: 384)에서 '-음직'을 연결어미('이음씨끝')로 분석한 선례를 볼 수 있다(2.2.3.4절 참조).

최현배(1937)에서 보조동사로 처리한 예 중에는 다음과 같은 것도 포함된다. (34)에서는 '닥다'의 활용형으로 '닥아'가, (35)에서는 '가지다'의 활용형 '가지고'가 보조동사로 분석된 것이다.

(34) 그 물건을 들어다가 방안에 놓았다.
(35) 옷에 풀을 먹여가지고 빳빳하게 해서 입고 다녔다.

고영근(1975), 김창섭(1981)에서는 '-어다(가)'를 연결어미로 분석하였고, 김창섭(1981)에서는 '-어가지고'도 연결어미로 분석하였다. 이들 역시 보조동사 구문에서 제외되어야 할 첫째 부류의 구문이 되겠는데, 이 경우 보조동사로 생각되던 '닥아', '가지고'는 전혀 단어로서의 자격도 갖지 못하는, 연결어미(보문소)의 일부로 파악될 뿐이다.

허웅(1995)에서는 다음 예들에 나타나는 '하다'도 보조동사('매인풀이씨')의 일종으로 풀이한 바 있다. (36가, 나)의 예문들은 그 내포절이 접속문으로 되어 있는 경우로, 역시 보조동사 구문에서 제외해야 할 '첫째 부류'의 예이다.[457]

(36) 가. 'V-거나 V-거나 하다': 그것이 아무리 짧은 이야기일지라도 그것을 그 이상 확대하거나 늘이거나 하면, 도리어 나빠질 뿐이다. (허웅 1995)
　　 나. 'V-거니 V-거니 하다': 저 쪽의 두 배는 앞서거니 뒤서거니 하며 바다로 나오고 있건만 이 쪽을 따라 잡을 수는 없을 것이다. (허웅 1995)

이 경우의 '하다'는 접속문을 보충어로 가지는 보문 동사가 된다. '하다'의 주어는 기저에서부터 공범주로 설정되어야 하리라 본다. 이처럼 절이 반복되는 구조에서 선행 동사와 보조동사의 긴밀한 결합을 말하는 것은 무의미한 일이다. 따라서 이들은 보조동사 구문의 예에서 제외되어야 한다.

2) 둘째 부류

둘째 부류의 보조동사 구문도, 보조동사가 선행 동사에 문법적 의미를 보조해 주고, 선행 동사와 보조동사가 한 단위의 서술어를 이룬다는 규정으로는 포착할 수 없는 예이다. 이들

---

[457] 김영희(1988나)에서는 '하다'를 상위문 서술어로 하는 이러한 구성을 '내포접속문 구성'이라고 부르고 있다.

은 복합문 구조이면서, 그 선행 동사와 보조동사의 통사적 긴밀성도 인정하기 어렵다. 다만, 선행하는 보문소구와 뒤따르는 보조동사가 특정의 구문적 의미를 표현하는 구문을 형성한다는 점이 이들을 특징짓는다.

둘째 부류 보조동사 구문은 통사구조의 부분 구조가 구문적 의미와 대응됨을 포착하는 구문규칙의 형식으로 기술되어야 한다고 본다(양정석 2002: 5.3절 참조). 이하에서는 둘째 부류의 예들의 통사구조의 특징을 간략히 서술하려고 한다.

먼저 '긴 사동문'으로 알려진 '-게 하-' 구문에 대해서 살펴보자. 부정 극어와 부정소의 호응을 통하여 보조동사 구성의 긴밀성을 검증하는 방법을 제시한 최현숙(1988)에서는 (37가)와 같은 문장을 적격한 것으로 판정하여, '-게 하-' 구문에 재구조화가 적용된다고 보았으나, 필자는 이를 부적격한 문장으로 판정한다. 그 부적격성은 (38)과 다름이 없다. 이에 따라 '-게 하-' 문장은 재구조화 구문으로 간주되지 않는다.

(37) 가. ?*철수가 영희가 아무도 만나게 하지 않았다.
     나. 철수가 영희가 아무도 안/못 만나게 하였다.
(38) ?*철수는 영호가 아무도 욕했다고 생각하지 않았다.

이른바 사동 보조동사 '하다'의 구문은 이 절 앞부분에서 제시한 어떠한 판별 기준으로도 선·후행 동사의 긴밀성을 증명할 수 없다. 그러므로 그 통사구조는 일반 보문 구조에 준해서 기술해야 한다. 양정석(2002: 5.3절)에서는 (39가)와 (39나)의 '-게 하-' 문장을 두 가지의 상이한 구문으로 구분하여 그 통사구조를 보인 바 있다.[458]

(39) 가. 경애는 영호가 미음을 먹게 했다.
     나. 경애는 영호를 미음을 먹게 했다.
(40) 경애는 영호에게 미음을 먹게 했다.

(39가)와 (39나)는 서로 구문적 의미가 다르다. 두 구문의 의미 차이는 다음과 같이 보일 수 있다.

---

[458] 김영희(1998)에서는 다음 세 문장이 기저에서 서로 다른 구조로 생성됨을 밝힌 바 있다. 필자의 논의는 이에 힘입은 바 크다. 다만, 필자는 (40) 문장이 (39가)와 같은 구조에 부가어 '영호에게'가 덧붙은 것으로 본다.

(41) *경애는 영호가 부지런하게/얌전하게/침착하게 하였다.
(42) 경애는 영호를 부지런하게/얌전하게/침착하게 하였다.

(39가) 구문의 내포절은 '통제가능성'을 가져야 한다는 제약이 있음을 알 수 있다. (39가, 나) (40)의 통사구조를 다음과 같이 정리할 수 있다.

(43) 가. 경애는 철수가 미음을 먹게 했다.
　　 나. 경애는 [VP[CP[IP 철수가 미음을 먹]-게] [V 해ₕ]-었다
(44) 가. 경애는 철수를 미음을 먹게 했다.
　　 나. 경애는 [VP [DP [철수-를] [V' [CP e 미음을 먹-게] [V' [V 해]]]-었다
(45) 가. 경애는 영호에게 미음을 먹게 했다.
　　 나. 경애는 [VP [PP 영호-에게] [VP [V' [CP e 미음을 먹-게] [V 해]]]-었다

'-게 하' 외에 둘째 부류의 보조동사 구문으로 처리해야 할 대표적 예는 '-고 있-' 문장이다. '-고 있-' 문장을 '-어 있-' 문장과는 달리 둘째 부류로 분류한 것은 둘 사이에 긴밀성의 차이가 있다고 판단하기 때문이다. 긴밀성의 차이를 보이는 증거는 위에서 제시한 다음과 같은 문법성의 대비이다.

(46) 가. 그는 아무 데에도 가 있지 않았다.
　　 나. ᵗ*그는 아무것도 먹고 있지 않았다.

'-고 있-' 구문의 통사구조는 (47나)와 같다.

(47) 가. 그는 사과를 먹고 있었다.
　　 나. 그는 [VP[V'[CP[IP e 사과를 먹-∅-]-고][V 있-ₕ]]]-었다

이와 같은 방식으로 기술해야 할 보조동사 구문의 예를 더 들어 보면 다음과 같다. 다음 예들은 대개 최현배(1937)에서 보조동사의 예로 들지 않고 두 동사의 이음으로 간주하고 있으나,[459] 그 후의 다른 논저에서 보조동사에 포함하여 논의하는 경우가 흔하다.

---

[459] (51)은 최현배(1937/1971: 402)에서 '종결의 보조동사'로 처리한다.

(48) '-고 계시-': 아버님은 지금 손님하고 이야기 하고 계십니다. (허웅 1995)
(49) '-고 나-': 나는 그 일을 하고 나서, 다른 일을 바로 시작했다/그 책을 펴 내고 난 뒤에 그는 병석에 누웠다. (허웅 1995)
(50) '-고는 하-': 그는 매일 약방에 들러 무엇이든 한두 가지 약을 사가지고 가고는(가곤) 하였다. (허웅 1995)
(51) '-고 말-': 그는 기차를 놓치고 말았다.

선·후행 동사 사이의 긴밀성이 거의 없으므로, 이들은 동사가 보충어 절을 취하는 일반 내포문 구조로 분류할 수밖에 없다.

(48)' ?*아버님은 아무것도 보고 계시지 않다.
(49)' *그는 아무것도 먹고 나지 않아서 식당으로 갔다.
(50)' *그는 아무것도 사고는 하지 않았다.
(51)' *그는 아무하고도 싸우고 말지 않았다.

다만, 이들이 가지고 있는 '진행', '완결', '반복', '상황의 불의의 발생' 등의 특징적 의미는 부분 구성성분이 의미와 대응됨을 직접 규정하는 구문규칙으로 기술하거나, 연결어미의 제2의 어휘석 의미, 농사의 제2의 어휘적 의미로 기술하는 방안을 택할 수 있을 것이다.

최현숙(1988)에서는 당위 보조동사의 예로 다루어지는 다음과 같은 구문이 재구조화와 관련된다고 지적한 바 있다. 그러나 그 자신이 사용하는 기준에 의하면 이들은 그렇게 볼 수 없다.

(52) 'V-어야 하-': 농부는 논밭을 열심히 가꾸어야 한다. (허웅 1995)
(53) 'V-어야 되-': 농부는 논밭을 열심히 가꾸어야 된다.
(52)' 가. *이 밭에는 아무것도 가꾸어야 하지 않는다.
     나. 이 밭에는 아무것도 가꾸지 않아야/말아야 한다.
(53)' 가. *이 밭에는 아무것도 가꾸어야 되지 않는다.
     나. 이 밭에는 아무것도 가꾸지 않아야/말아야 된다.

둘째 부류의 보조동사 구문으로서 구문규칙에 의한 기술을 필요로 하는 현상에는 다음과 같은 흥미로운 예들이 발견된다. (54), (55)는 최현배(1937)에서도 보조동사 구문으로 포함한 것이나, (56)은 일반 동사 구문으로 간주되었던 것이다. 이 세 가지 구문을 묶어 그 공통성에 주목한 것은 엄정호(1990)이다. 그는 이 세 구문이 특별한 인용의 형식을 요구하는 특성을 가진다는 점에서 한국어 문장의 한 구문으로 묶인다고 보고, 그 통사적 특징을 자세히 관찰하고 있다.[460]

(54) '-나/는가/을까 싶-': 철수가 성적이 제일 잘 나오지 않았나 싶다.
(55) '-나/는가/을까 보-': 철수가 성적이 제일 잘 나왔나 보다.
(56) '-나/는가/을까 하-': 철수가 성적이 제일 잘 나오지 않았나 한다.

최현배(1937/1971: 534)에서는 '싶다'와 '보다'가 의문형 종결어미 뒤에만 쓰인다고 보고 있으나, 실제로는 이보다 넓은 쓰임새를 가지고 있다. 허웅(1995)에서는 희망 보조동사와는 달리 이처럼 추측을 표현하는 '싶다'는 일반 동사로 간주한다(371쪽). 또 시행 보조동사와는 달리 추측을 표현하는 '보다'를 일반 동사로 간주하고 있다(374쪽).

(57) 그 정도의 일이 이루어지는 데도 긴 세월이 필요하구나 싶어 감개가 무량했다/그 때 나는 세상이 내 것이라 싶었다/가든지 있든지 빨리 결단이 났으면 싶다. (허웅 1995에서 취함)
(58) 산은 물을 끼어야만 어울리나 보다/돈이 없는가 보다/너는 어리석은 사람인가 보다/정치가 아름답던가 보다/차가 붐비던가 보다/아마 좋지 않은 일이 생기려나 보다/공부를 좀 할까 보다. (허웅 1995에서 취함)

둘째 부류의 보조동사 구문은 복합문 구조를 취하며, 일반성을 가지는 구문규칙의 적용에 의해 특징지어진다고 할 수 있다. 이 역시 '보충어 구조'로 기술되어야 한다.

3) 셋째 부류

셋째 부류의 보조동사 구문은 보조동사 범주를 설정하고자 하는 입장에서 가장 그 취지에 적합한 예들이라고 할만한 부류이다. 앞에서는 이들이 재구조화 원리의 적용을 받는 것으로 보았다. 이와 같은 구문의 예로 다루어져야 할 대표적인 현상으로, 한계성의 표현으로 특징지어지는 '-어 있-' 구문과[461] 부정의 '-지 아니하-' 구문, '-지 못하-' 구문, 시행의 표현인 '-어 보-' 구문, 봉사의 표현인 '-어 주-' 구문 등을 이미 확인하였다. 이 밖의 예는 다음과

---

[460] 앞에서는 이들을 인용문의 한 부류로 논의한 바 있다.
[461] '-어 있-' 구문이 본질적으로 한계성 의미를 부과하는 기능을 가진다는 논의로 양정석(2004가)를 참고하기 바람.

같다.

(61) '-어 가-'(배달말 말짱이 다 되어 갑니다/그분은 점점 젊어 간다: 최현배 1937), '-어 계시-'(할머니가 우리집에 와 계시다/계신다), '-어 버리-'(아이가 그릇을 깨뜨려 버렸다), '-어 제끼-'(그 말을 듣고 있던 한 노인이 껄껄 웃어 제꼈다), '-어 젖히/제치-'(코가 막혀 쌔근쌔근하던 아이는 약과 물그릇을 보더니 불이 붙은 듯이 울어 젖힌다/여치가 울어 제친다), '-어 달-'(어서 문을 열어 다오), '-어 드리-'(며느리가 시어머니를 부축해 드린다), '-어 놓-'(날이 추워 놓으니까, 꼼짝하지 못하였다/신경을 필요 이상 건드려 놨다), '-어 두-'(손목시계를 수돗가에 놓아 두었었어요), '-어 나가-': 이젠 이 회사를 유지해 나갈 수 없게 되었다), '-어 오-'(약속 시간이 가까워 온다), '-어 쌓-': 꼬치꼬치 물어 쌓는다), '-어 보이-'(그들은 다정해 보인다), '-어 버릇하-'(그 아이가 툭하면 친구 집에 가서 자 버릇한다), '-고 싶-'(나는 그/를 보고 싶다), '-고 싶어하-'(그는 어디고 훌훌 떠나고 싶어했다), '-고 프-'(그 때 나는 고향으로 가고파서 견딜 수가 없었다), '-고 파하-'(그는 무던히도 남에게 먹거리를 권하고파하고 말을 걸고파한다), '-지 말-': 낙심하지 말고 일하세: 이상 허웅 1995)

최현배(1937) 이래 '시인적 대용'의 보조동사로 다루어진 '하다'는 보조동사의 설정 취지에 고도로 부합하는 특징을 가지고 있어 역시 셋째 부류로 분류해야 한다. 이 '하다'를 기지는 구문을 '시인 구문'이라고 부르기로 한다. 이하에서는 시인 구문의 통사구조에 대한 필자의 견해를 보이기로 한다.

이 구문은 부정의 '-지 아니하-' 구문과 구조적으로 밀접한 연관을 가진다는 생각 때문에 많은 연구자들이 둘을 같은 맥락에서 취급하여 왔다. 선·후행 동사 사이의 긴밀성을 검증하기 위한 다음과 같은 방법에 의하면 둘은 차이를 보인다.

(62) 가. 그는 사과를 먹기는 한다.
    나. *그는 아무것도 먹기는 하지 않는다.
(63) 가. 그는 사과를 먹지 아니한다.
    나. 그는 아무것도 먹지 아니한다.

그러나 (62)의 사실은 시인 구문의 본래적인 용도가 긍정을 표현하는 것이라는 점을 감안하여 판단해야 할 것이다. 필자는 선택제약을 중심으로 한 어휘개별적 고려가 보조동사 구문의 분류를 위해서 긴요하다고 본다. (62)의 사실은 이 구문이 첫째 부류나 둘째 부류에 속함을 보여주는 것으로 해석할 수도 있게 한다. 그러나 이 구문에서 선행 동사와 후행

동사가 가지는 선택제약의 특성을 관찰해 보면, 후행 동사가 아예 선행 동사의 선택적 특성과 동일하게 되는 현상을 발견하게 된다.

(64) 그 사람들이 밥을 먹기는 <u>한다</u>.
(65) 동두천이 서울과 가깝기는 <u>하다</u>.

이 구문의 존재 의의는 서로 다른 보조사들을 상황적 의미와 관련하여 표현하려는, 그 의미 효과에 있다고 본다. '-도, -만, -까지, -조차, …' 심지어 '-를'도 가능하다.[462] 영-형태 'Ø'는 불가능한데, 그것은 'Ø'가 이들 보조사들과 대립되는 중립적 의미를 가지기 때문에 이 구문에 의한 표현의 의의가 없기 때문이다. 그러나 그 어떤 경우라도 후행 동사의 사건성/상태성의 구별은 선행 동사에 의존한다. 이러한 점은 앞에서 설명한 대로 어휘부 규칙 단위의 선택적 자질들이 상위절 동사에 표시됨을 규정하는 재구조화 원리(재구조화 원리 ③)에 의하여 잘 설명된다.

(66) 그 사람들이 밥을 먹기는/도/만/까지/조차/를/*Ø 한다.
(67) 동두천이 서울과 가깝기는/도/만/까지/조차 하다.

이러한 사실은 복합문 구조 가설에서는 설명하기가 대단히 어렵다. 최기용(1991) 등의 연구에서는 다름 아닌 이 사실을 근거로 해서 보조동사 구문에 대한 단순문 가설을 옹호하고 있기까지 하다. 그러나 이 절의 앞부분에서 검토한 검증 기제들의 의의를 이 시점에서 부정할 수는 없는 것이다.

(68) 가. A 나라 사람들이 주식으로 쌀을 먹기는 하고, B 나라 사람들도 그러기는 한다.
    나. 동두천이 서울과 가깝기는 하고, 부천도 그렇기는 하다.
(69) 가. 할아버지가 활을 잘 쏘시기는 한다.
    나. 할아버지가 수염이 기시기는 하다.

요컨대, 시인 구문은 복합문 구조를 가지고 있으며, 그러함에도 불구하고 선·후행 동사의

---

[462] (66)의 예에서는 다소 어색함이 없지 않지만 "그 사람들이 밥을 먹기를 하냐, 국수를 먹기를 하냐?"와 같은 맥락을 만들어 주면 '-를'을 쓰는 것이 가능해진다. 그 구조가 불가능하지는 않다는 점에 주의해야 한다.

긴밀성은 재구조화의 기제를 통해 설명해야 한다는 것을 이상의 사실은 보여준다.

시인 구문의 통사적인 행태는 (24), (25)의 재구조화 원리의 설정을 위한 강력한 근거를 제공한다는 점에서도 이 책의 문법 체계와 관련하여 대단히 중요한 의의를 가진다.

원리매개변인 이론적 생성문법 연구에서 이들 구문은 비상한 관심의 대상이 되었는데, 그것은 이 구문이 한국어에서 동사구(VP)의 존재를 증명해 주리라는 기대를 갖게 하기 때문이다.[463]

(70) 가. 그 사람들이 밥을 먹기는 한다.
　　 나. 그 사람들이 밥을 먹기는 먹는다.
(71) 가. 동두천이 서울과 가깝기는 하다.
　　 나. 동두천이 서울과 가깝기는 가깝다.

이 구문에서 내포절의 주어는 나타나지 않는다. 강명윤(1988/1992)는 이 구문의 내포절에 해당하는 부분이 VP를 이룬다고 보고, 상위절 동사는 이 VP를 보충어로 가지는 동사로 가정하여 라슨(Larson 1988)의 '동사구-껍질(VP-shell)' 구조로 이 구문을 분석하고 있다. 이에 따르면 (70), (71)에서 후행 동사인 상위 동사가 '하-'이든, 중복된 일반 동사이든, 모두 단일한 구조로 설명할 수 있다고 한다. '하-'는 형식 동사로서 원래부터 상위 VP의 머리성분 위치에 생성된다. 형식 동사 외의 동사가 상위 VP의 머리성분으로 나타나는 경우(70나, 71나)는, 하위 VP에 있던 이 동사가 상위의 형식 동사 위치로 복제되는 '동사 복제' 현상이 있기 때문에 그와 같은 구조가 가능한 것이라고 한다.[464]

이와 같은 설명 방안이 나름대로 매력을 가진 방안임에는 틀림없다. 특히, 선행 동사와 후행 동사의 사건성/상태성 의존이라는 이 구문의 특징적 사실을, 이 구문이 복합문 구조 아닌 단순문 구조(내포절은 VP일 뿐이다)이며 상위 구의 머리성분이 형식동사라는 가정으로 설명할 수 있을 것이다.

그러나 필자는 다음 세 가지 근거에서 이 설명 방안을 받아들이지 않는다.

첫째, (66), (67)로 보인 다양한 보조사의 개재 현상을 이러한 동사구-껍질 이론으로 어떻게 효과적으로 설명할 수 있을지가 불분명하다는 점이다. 우리의 이제까지의 논의에서 보조

---

[463] 이러한 방향의 논의로 최현숙(1988), 강명윤(1988/1992) 참조.
[464] 강명윤(1988/1992)를 포함한, 보조동사 구문의 선행 연구에 대한 자세한 논의는 양정석(2007가)를 참고하기 바람.

사가 가지는 비중을 고려하면, 이 문제는 간과할 수 없다는 것이 필자의 판단이다.

둘째, '-기'에 대한 강명윤(1988/1992)의 처리 방법은 그의 동사구-껍질 이론을 떠받드는 기둥과 같은 역할을 하지만, 이 방법 역시 문제성이 매우 크다고 판단된다. 그는 '-기'가 보문소가 아닌 '명사화소'라고 주장하면서 이에 관한 이론 내적 논증을 펼치고 있다. 이 명사화소는 이 구문의 생성의 어느 단계에서 (72)와 같은 '명사구-껍질(NP-shell)'을 형성한다. 그 동기는 격을 받기 위한 것이라고 한다.[465] (72)의 명사구-껍질은 (73가)의 '동사구-껍질'에 적용되어 (73나)의 구조를 만드는 것이다.

(72) [NP VP [N-기]]
(73) 가. [VP [VP 책 읽-] [V 하-]]
　　 나. [VP [NP [VP 책 읽-] [N-기]] [V 하-]]

(73나)에는 이전에 없던 요소들이 새로 등장하고 있는데, 이와 같은 절차는 구조보존 원리를 위배하는 것이다. 결국, 이 이론은 '하-' 앞의 성분들이 동사구인 것이 필요하면 그것을 동사구로, 명사구인 것이 필요하면 다시 그것을 명사구로 만들어 버리는 것이다. 이는 임시방편적인 처리이다. 구조보존 원리의 위배는 필연적으로 임시방편적 처리로 귀결되게 되어 있다.

셋째, 이른바 '동사 복제' 절차가 상정될 수 없음을 증명하는 결정적인 반례가 있다.

(74) 철수가 도시락을 [먹고 있-기]-는 [먹고 있-]-다.

이 예가 동사 복제를 통하여 설명하는 (70나), (71나)와 동일한 구문을 이룸은 의심할 여지가 없다. '동사 복제'를 이 예에 적용하려면, 이 예에서 뒤의 '먹고 있-'은 앞의 '먹고 있-'이 S-구조의 외현적인 이동 절차에 따라 옮겨간 것이라고 설명해야 할 것이다. 그러나 그는 다른 한편으로 '-고 있-' 구문도 '[VP-V]'과 같은 동사구-껍질 구조를 이룬다고 설명한다.[466] 이에 따르면 위 (74) 문장은 대략 다음과 같은 구조를 가지는 것으로 분석될 수도

---

[465] 이것도 이론 내적인 논증의 성격이 짙다. 또한, 다음 (a)에서는 '읽-'의 목적격 부여 특성이 '하-'로 전해져서 앞의 VP에 목적격 '-를'이 나타난다고 설명하지만, (b)는 이러한 설명에 대한 반례가 된다. '부지런하-'가 목적격 부여 특성을 가진다고 할 수는 없기 때문이다.
　a. 철수가 책을 읽기를 한다.
　b. 그 사람이 착하기를 하냐, 부지런하기를 하냐?

있다.

(75) 철수가 [[도시락을 먹-]-고 있-]-기-는 [먹고 있-]-다.

이 구조에 따르면 앞의 '먹고 있-'은 결코 단일한 구성성분을 이루지 않는다. 결국 그의 '동사 복제'의 처리 방식은 이러한 모순적인 처리를 초래하는 것이다.

그러므로 동사구-껍질을 가정하는 설명 방안이 이 구문의 한 국면을 설명해 줄 수는 있지만, 이는 더 큰 원리를 위배하며, 자체모순적인 처리에 봉착하는 값을 치르는 것이므로 받아들일 수 없는 것이다.

이 구문에 대한 필자의 방안은 어휘부 규칙의 기술이 필요하다는 것이다.

(76) '-기는 하-' 어휘부 규칙
$[_v [_v V]^i_k [_C 기-D]^i [_v 해]^i_h] \leftrightarrow [_v V_k]^i [_C 기-D]^i [_v 해]^i$
$[_v V_k [_C 기-D] 해^i_h]$ 는 $[+시인, [F(X, \cdots)]_k]_h$에 대응된다.
단, k의 문법적 자질이 h로 전승된다.

어휘부의 이 규정에 근거하여, 통사 부문에서 다음과 같은 통사구조를 바탕으로 재구조화 원리가 적용된다. 이에 따라 이 구문과 관련한 통사적 사실과 의미적 사실이 모두 설명된다. 다음은 시인 구문의 통사구조에 관한 필자의 견해를 요약한 것이다.

(77) $[_{VP} [_{CP}[_{IP} pro 먹-Ø-][_C 기-는]] [_v 하-]]$

이처럼, 셋째 부류의 보조동사 구문은 복합문 구조를 취하며, 재구조화 원리의 적용을 특징으로 한다.

4) 넷째 부류

넷째 부류의 보조동사 구문의 대표적인 예는 '-어 지-'를 가지는 '비자동적 과정'의 표현이다.[467] 'V-어 지-'는 어휘부 규칙의 형식으로 합성동사에 준하는 방법으로 처리해야 한다는

---

[466] 강명윤(1988/1992)에서는 위의 시인 구문과 긴 부정문, 그리고 '-고 있-' 구문을 동사구-껍질 구조로 분석하고 있다.
[467] '-어 지-'가 비자동적 과정의 의미를 표현한다는 설명은 이기동(1978나)의 것이다.

것이 이 절의 결론이다.

(78) 그는 아무 데에도 가 있지 않았다.
(79) 그는 아무와도 가까워 지지 않았다.
(80) 가. *그는 서울에 가지 않아 있다.
    나. 그는 서울에 가 있지 않다.
(81) 가. *그는 철수와 가깝지 않아 졌다.
    나. 그는 철수와 가까워 지지 않았다.

이들은 후행동사 '지-'가 선행 동사와의 통사적 긴밀성을 가짐을 보여준다.
다음의 대비는 '-어 지-'와 '-어 있-'이 문장 구조 내에서 일정한 순서를 가짐을 보여준다.

(82) 가. 무릎이 까 져 있다./의자 다리가 부러뜨려져 있다.
    나. *꽃이 피어 있어 졌다./*그 곳에 가 있어 졌다.

또, '-어 지-'에 앞서는 동사는 사건성 동사뿐 아니라 상태성 동사일 수도 있는데, 후자의 경우에는 '-어 지-'가 상태성을 사건성으로 바꾸는 강력한 기능을 가진다.

(83) 가. 방이 깨끗하다/*방이 깨끗한다.
    나. 방이 깨끗해진다.

필자는 이들을 근거로, '-어 지-' 문장이 복합문 구조 아닌 단순문 구조를 이룬다고 판단한다. 여기에도 재구조화 원리가 적용되는데, 이 경우 재구조화의 효과는 어휘부의 '깨끗하ᵢ+-어+지-'의 기술에 따라 통사구조에서도 '깨끗하ᵢ+-어ᵢ+지ᵢ-'의 재구조화 지표가 재현되는 것밖에는 없다.

'V-어 지-' 구성은 한 단위의 복합적 동사로서의 기능을 가진다. 최현배(1937)에서 이러한 예를 보조동사 구성의 하나로 다루기 시작했으나, 정작 최현배(1937)에서도 이 'V-어 지-' 구성의 일례를 'V-어 하-' 구성, 'V-어다 보-' 구성과 함께 합성어('겹씨)로 다룬 것이 발견된다. 그러나 이는 최현배(1937)에서 그 나름의 일관성을 가지고 그렇게 한 것이다. (84)의 예는 합성어의 예로 최현배 자신이 든 것이지만, '추워지다', '희어지다'는 여기에 포함하지 않고, 보조동사로만 다루고 있는 것이다(최현배 1937/1971: 399).

(84) 지다
    가. 넘어지다, 엎어지다, 엎들어지다, 떨어지다, 흩어지다, 늘어지다, 녹아지다, 벗어지다, 줄어지다, 녹아지다, 벗어지다, 줄어지다, 커지다, 훑어지다, 꺼지다, 터지다(←트어지다); 이지러지다, 부러지다, 쓰러지다, 불거지다, 자빠지다, 사라지다, 우그러지다, 무너지다, 빠지다
    나. 없어지다, 굳어지다
(85) 하다(슬퍼하다, 기뻐하다, 반가와하다, 부끄러워하다, 안타까와하다, 좋아하다, 싫어하다, 미워하다, 부러워하다)
(86) 보다(내어다보다(=내어닥아보다)/내다보다, 들여다보다(=들이닥아보다), 치어다보다/쳐다보다, 내려다보다)

동일한 구성을 한편으로는 보조동사 구성으로, 한편으로는 합성어 구성으로 처리한 것이다. 이는 우선 한국어 통사구조에서 보조동사 구성의 위치가 그만큼 불안함을 말해주는 것이다. 그러나 이와 같은 처리 태도는 여전히 필요하다는 것이 필자의 생각이다. (84)의 복합적 동사들은 준생산적 규칙의 설정과 함께 어휘개별적 형식들도 인정해야 한다는 점을 말해준다. 단적으로 표현하면, 어휘개별적으로 설정된 단어로서의 '없어지-'는 준생산적 어휘 규칙의 적용을 '저지'한다.

보조동사를 가지는 합성동사의 구성과 일반 동사를 가지는 합성동사의 구성을 통사적으로 구분할 만한 일률적인 기준은 찾을 수 없다.

(87) 가. *오늘은 붕어도 잘 잡아 지고, 피라미도 그래 진다/그리하여 진다.
    나. *철수의 방도 깨끗해 졌고, 영호의 방도 그래 졌다/그리하여 졌다.
(88) 가. *철수도 자기 집으로 돌아갔고, 영호도 그래갔다/그리하여갔다.
    나. *호랑이도 토끼를 잡아먹고, 늑대도 토끼를 그래먹는다/그리하여먹는다.

이는 넷째 부류의 보조동사 구성이 통사적으로 합성동사와 동일한 지위를 가짐을 말해주는 것이다. 이 점을 문법 기술에서 적합하게 반영하는 방법은 어휘부 규칙으로 기술하는 것이다.

이상과 같은 성질을 가지는 넷째 부류의 보조동사들을 망라하여 보기로 한다.

(89) '-어 나-'(눈 오는 아침에 개가 놀아 난다/ 그 귀공자가 튼튼히 자라아 난다: 최현배 1937), '-어 내-'(나라도 그거야 해 내겠다), '-어 올라-'(그 일을 다 해 올렸다), '-어 하-'(그는 피곤해한다/그는 이것을 어려워한다), '-어 먹-'(이미 답장을 띄우기는 글러 먹었다), '-어 빠지-'(그

녀석이 참 약아 빠졌다), '-어 터지-'(머리가 둔해 터졌느냐고 묻는다), '-어 치우-'(그 일을 빨리 해 치우자), '-어 내리-'(사진사는 고급 카메라로 우리들을 찍어 내린다), '-어 떨어지-'(그는 억센 일 하기에 아주 지쳐 떨어져 곤쟁이처럼 잠들어 있다), '-어 대-'(꼬마들이 골목에서 무척이나 떠들어 댄다: 이상은 허웅 1995에서 취함)

다음 예문의 '바치다'는 최현배(1937), 허웅(1995)에서 보조동사의 하나로 다룬 것인데, 이도 이제까지의 예들과 같은 부류에 속한다. '고자질해 바치다, 고해 바치다, 찔러 바치다' 등은 가능하나 '*때려 바치다, *말해 바치다' 등은 불가능한 것을 보면 이러한 구성은 그 제약이 대단히 심하다는 것을 알 수 있다.

(90) 가. 경애는 선희의 잘못을 선생님에게 일러 바쳤다.
　　 나. 그 놈은 친구들이 하는 일을 낱낱이 일러 바친다. (허웅 1995)

흥미로운 것은, 다음 (91)의 '바치다' 문장은 아주 다른 구조를 가진다는 사실이다. (91가)는 허웅(1995: 369)에서도 '으뜸움직씨' 즉 일반 동사의 용법인 것으로 처리하였는데, 그것이 옳다고 본다. (91나)도 동일한 구조를 가진다고 본다. 이들은 연결어미 '-어다(가)'의 독특한 용법을 보여주는 예인 것이다.

(91) 가. 그가 사장에게 사직서를 써다 바쳤다.
　　 나. 그가 사장에게 사직서를 써다가 바쳤다.

이제까지, 종래 '보조동사 구문'이라 일컬어지던 구문들을, 넷째 부류를 제외하고는 모두 복합문 구조로 분석하였다. 그러나 복합문 구조를 가지는 구문들 중에도 선행 동사와 후행 동사('보조동사')의 긴밀성이 강한 것들(셋째 부류)은 재구조화 원리가 적용되는 것이다.

4.3.4.2. 연결어미 절 내포문의 그 외 부류

다음은 보조동사 구문 외에도 연결어미 절이 보충어의 기능을 가지는 예가 있음을 보여준다.[468] (92가)의 구조를 보이면 (92가)'과 같다. 동사가 굴절소로, 다시 굴절소와 함께 보문소로 이동하는 머리성분 이동의 효과를 표상한 통사구조이다. 즉 동사와 굴절소는 보문소

---

[468] 최현배(1937/1971)에서는 (92나)의 '만들다'는 보조동사의 하나로 포함하지만 (92다)의 '만들다'는 보조동사로 인정하지 않는다.

위치에 놓여 있다.

(92) 가. 그는 일찍 일어나려고 시도하였다.
　　 나. 어머니는 철수가 죽을 먹게 만들었다.
　　 다. 어머니는 철수가 죽을 먹도록 만들었다.
(92)' 가. [CP[IP 그는 [I'[VP[V' [CP pro 일찍 일어나려고] t_i]] $t_{j,k}$][시도하$_j$-었$_k$-다]]

이들 연결어미 절이 가지는 보충어로서의 특성은 다음과 같이 삭제의 방법을 통하여 검증할 수 있다.

(93) 가. 그는 *(일찍 일어나려고) 시도하였다.
　　 나. 어머니는 *(철수가 죽을 먹게) 만들었다.
　　 다. 어머니는 *(철수가 죽을 먹도록) 만들었다.
　　　 cf. 그는 *(철수가 부지런하다고) 생각한다.

보조동사 구문과 구별되는, 보충어 위치에 연결어미 절을 가지는 예들을 더 들어 보기로 하자.[469] 먼저, 다음과 같은 유형은 김영희(1988나)에서 '내포접속문 구성'이라고 명명한 바 있다.

(94) 'V-거나 V-거나 하-': 사랑에 달뜬 동안은 서로의 흠들이 모두 눈에 안 띄거나 혹은 띌지라도 흠으로 보이지 않거나 하는 것이다.
(95) 'V-거니 V-거니 하-': 저 쪽의 두 배는 앞서거니 뒤서거니 하며 바다로 나오고 있건만 이 쪽을 따라 잡을 수는 없을 것이다.
(96) 'V-고 V-고 하-': 봄이 오면 온갖 물이 오르고 싹이 트고 한다.
(97) 'V-고 하-':[470] 한 사람이 죽을 때마다 한 개의 음악이 생겨나고 하였습니다.

이상의 내포접속문 구성의 예를 허웅(1995, 1999)에서는 보조동사('매인풀이씨') 구문에 포함하여 다루고 있다. 그는 보조동사가 그 앞의 본동사와 결합하여 단일한 서술어를 이룬다는 최현배(1937)의 견해를 유지하고 있다. 그러므로 위 예들에서 '하다'는 '매인풀이씨'로 분석할 수 없다. 그 보충어가 접속문으로 되어 있는 구조로 분석해야 옳다.

---

[469] (94)-(97)의 예문은 모두 허웅(1995)에서 취한 것이다.
[470] 이것도 'V-고 V-고 하-'와 같은 구문의 한 형식으로 볼 수 있다.

다음은 허웅(1995)에서 보조동사('매인풀이씨') 구문의 예로 다루었던 문장들이다. 이들은 모두 연결어미 절을 그 보충어 위치에 가지는 구조를 취하고 있다.

(98) 'V-으려(고) 하-'(꽃이 피려고 한다), 'V-고는 하-'(그는 매일 약방에 들러 무엇이든 한두 가지 약을 사가지고 가고(곤) 하였다), 'V-기로 하-'(다음 수요일에 광릉으로 소풍 가기로 했어), 'V-어야 V'(농부는 논밭을 열심히 가꾸어야 한다), 'V-듯(이) 하-': 감격에 겨워 흐느끼듯 하는 자세), 'V-고자 하-'(그를 만나고자 합니다), 'V-도록 V': 공부를 열심히 하도록 해라), 'V-고 들-'(그는 무엇이고 꼬치꼬치 따지고 든다) 'V-러 들-'(마당 빌어 봉당, 봉당 빌어 안방이라고, 이건 숫제 우리 집 어른 노릇을 하러 들었다), 'V-으려고 들-'(이자들이 기어코 그를 죽이려고 드는구나)

허웅(1995)에서는 다음 (104), (105)의 예를 연결어미('이음씨끝') '-음직', '-을까말까'에 '하다'가 이어나는 예로 들었다. '-음직', '-을까말까'는 보문소의 목록에 포함되어야 한다.[471]

(104) 'V-음직 하-': 힘꼴이나 씀직 한 젊은이/그게 사실임직 하다
(105) 'V-을까말까 하-': 이제 겨우 서로 얼굴들이 익을까말까 할 무렵이다.

이상과 같이 보충어로 사용되는 연결어미 절의 종류는 예상보다 다양하다는 것을 알 수 있다. 또, 보충어 위치에 쓰일 수 있는 연결어미의 구체적 종류는 정해져 있지 않다.

4.4. 한국어의 접속문 구조

한국어 접속문의 통사구조에 관한 이전의 견해는, 연결어미에 의해 이루어지는 복합문, 즉 접속문을 대등접속문과 종속접속문으로 양분하고, 일부 부사형어미에 의해 이루어지는 복합문을 부사절내포문으로 간주하는 것이 가장 널리 받아들여지는 견해였다.[472]

---

471 '믿음직 한 젊은이들', '큼직큼직 한 글자'와 같은 예도 들었지만, '*그 사람을 믿음직 하다'가 불가능한 것을 보면 타동사로서의 '믿-'의 용법이 아님을 알 수 있으며, 또 '큼직큼직'은 어간과 어미의 구분이 불가능하다. '믿음직', '큼직큼직'이 부사로 파생하여 다시 '하-'를 취해 상태성 동사로 바뀐 것으로 보는 것이 온당하다.
472 복합문을 포유문과 연합문과 병렬문으로 나누는 최현배(1937)의 분류 체계는 이러한 견해를 이끄는 대표적 체계의 지위를 누려 왔다. 최현배(1937)의 연합문은 종속접속문, 병렬문은 대등접속문에 해당한다. 이와 같은 견해를 보이는 다른 연구로 문교부(1985), 김영희(1988나, 1991), 최재희(1991, 1997),

남기심(1985)은 대등접속문과 종속접속문을 구별하는 통사적 검증 방법 세 가지를 제시하고, 종래 종속접속문으로 여겨져 온 연결어미의 문장이 부사절내포문으로 재편되어야 한다고 주장하였다.[473] 세 가지 검증 방법은 선행절 옮기기, 선행절 재귀대명사의 후행절 주어와의 조응 여부, 선·후행절 주어가 동일한 경우 선행절 주어의 생략 여부이다. 이 세 가지 검증 방법과 다른 연구에서 제시한 검증 방법들이 과연 타당한 통사적 검증 방법인지를 이 절에서 검토해 보려고 한다(4.4.5-4.4.9절). 이 결과는 부정적이다. 대신, 한국어 접속문의 한 부류로 명시어 구조 접속문이 상정되어야 한다(4.4.1절). 이 점은 4.4.2절, 4.4.3절, 4.4.4절의 세 가지 검증 방법에 따라 증명된다.

임홍빈 외(1995)에서는 핵계층 이론의 안목에서 대등접속문의 선행절이 종속접속문의 선행절과 같이 후행절의 부가어 위치에 놓인다는 점을 주장하였다. 이 주장을 위한 뚜렷한 검증 방법이 제시된 것은 없다. 그러나 핵계층 이론 하에서 접속문의 구조를 기술하고자 할 때 '부가어 규칙'에 의한 부가어 구조 외에는 생각하기 어렵다.[474] 이러한 이유로 이후의 한국어 접속문에 관한 연구들에서 이와 유사한 주장들이 계속하여 나타났다.

양정석(2005/2010)에서는 종래의 '대등접속문'이 부가어 구조를 이룬다는 점은 받아들이되, 종래 접속문으로 간주해 온 연결어미 문장 중 명시어 구조를 이루는 부류가 존재한다는 점을 새롭게 주장하였다.[475]

한국어 접속문이 명시어 구조 접속문과 여러 종류의 부가어 구조 접속문으로 나누어진다는 이 주장은 4.4.1절에서 요약된다. 한국어 접속문 중 명시어 구조 접속문 부류를 구별해 내는 검증 방법을 4.4.2절, 4.4.3절, 4.4.4절에서 보이려고 한다. 4.4.5-4.4.9절에서는 대등접속문과 종속접속문을 통사적으로 구별하는 기준으로 논의되어 온 검증 방법들이 모두 타당성을 결한 것들이라는 점을 증명할 것이다.

서정수(1994) 등이 있다.

[473] 이와 같은 주장을 하는 다른 연구로 유현경(1986)이 있다.

[474] 핵계층 이론 하에서 영어의 대등접속문을 부가어 구조로 기술한 대표적 연구로 Munn(1993)이 있다. 이에 따르면 자신의 이전 연구에서 대등접속문을 명시어 구조로 기술하였다고 한다. 임홍빈 외(1995) 이후 한국어 대등접속문을 부가어 구조로 기술하는 다른 연구로 김정대(1999, 2005), 이은경(2000)이 있다.

[475] 연결어미에 이끌리는 절을 '연결어미 절'이라고 하고, 이 연결어미 절을 선행절로 가지며 뒤의 후행절을 포함하는 전체 문장을 '연결어미 문장'이라고 지칭하기로 한다.

4.4.1. 명시어 구조 접속문과 부가어 구조 접속문

명시어 구조 접속문

종래와 달리 필자가 새로이 분리하여 내세우는 연결어미의 특징적 부류는 명시어 구조를 이루는 연결어미들이다.

(1) 명시어 구조를 이루는 연결어미:
   -거든, -자, -지만, -으나, -거니와, -더니, -는데1, -기를, -기에, -은들, -더라도, -을지라도, -을망정, -기로서니, -지, -었더라면, -었던들, -길래

기존 연구에서는 위 연결어미들 중 '-지만', '-으나'는 대등접속문을, 나머지 연결어미는 종속접속문을 이루는 연결어미로 처리하는 것이 보통이었다. 이들을 구조적으로 새로운 유형인 '명시어 구조'로 분리해 내는 근거는 뒤에서 (표3)으로 요약할 것이다. 즉, 후행절 사건시 기준 해석을 체계적으로 얻는 것이 불가능하다는 점(②)과, 연결어미의 후행절 의미에 대한 선택제약의 사실(③)과, 후행절의 부정소의 선행 연결어미 절에 대한 영향권 해석이 불가능한 특징(④)이다. 이 세 가지 특징은 다음에 제시하는 명시어 구조의 통사구조 형상으로부터 자연스럽게 뒤따르는 것이다. (1)의 연결어미는 연결어미 문장 전체의 머리성분으로서, 선행절을 C'로 만들어, 후행절을 명시어로 취하는 CP 구조를 형성한다.

(2) 가. 그가 오거든 나에게 말해라.
    나. 까마귀가 날자 배가 떨어졌다.

(2)'

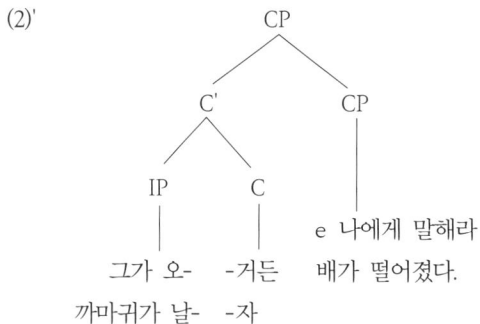

기존 연구에서 '-거든'과 '-자'는 종속접속문을 이루는 연결어미로 처리되는 것이 보통이었다. (1)의 연결어미들을 구조적으로 한 부류에 포함시키는 것은 (2)'과 같은 구조에서

선행절의 C가 후행절의 의미를 제약하는 것이, 마치 동사가 주어에 대해서 선택제약을 부과하는 것과 같다고 보기 때문이다. 연결어미인 C는 CP의 머리성분으로 설정되기 때문에 구조적으로 그 최대통어 영역이 CP 전체에 미치는 사실을 효과적으로 포착할 수 있다.

양정석(1996다)에서는 명사구 접속의 'NP^1-와 NP^2' 구성에서 '-와'의 범주가 후치사(P)이며, 'NP^1'을 보충어, 'NP^2'를 명시어로 가지는 구조를 이룬다고 기술한 바 있다.[476] 또 종래의 관점과는 달리, 접속의 '-와'가 '-고, -으며'와 통사적 과정을 통해 연관되지 않는다는 점을 증명하였다. 필자의 검토에 따르면 '-와'는 명시어 접속항을 취하는 점에서 '-거든', '-자', '-지만' 등, 위 (1)의 연결어미들과 공통된다고 할 수 있다. '-와'의 '병렬' 의미는 통사구조에서 명시어 구조로 표현되지만, '-고'의 '병렬' 의미는 통사구조에서 부가어 구조로 표현된다.

부가어 구조 접속문: 주어, 목적어의 이차 서술어인 연결어미 절

부가어 구조를 이루는 연결어미 중에도 주어, 목적어의 이차 서술어를 이루는 부류와 그렇지 않은 부류를 구분할 수 있다. 연결어미 절이 이차 서술어를 이루는 경우로 세 가지가 있는데, 그것은 VP의 부가어, I'의 부가어, V'의 부가어이다.[477]

먼저, 주어의 이차 서술어 위치를 그 구조적 특성으로 가지는 연결어미들을 제시하면 다음과 같다.

(3) 가. VP의 부가어를 이루는 연결어미: -으려고, -고도, -고서, -고자, -으러, -어서, -을수록, -느라고, -자마자
  나. I'의 부가어를 이루는 연결어미: -다가, -어야, -으면, -으면서

VP의 부가어를 이루는 연결어미의 예로 '-으려고'를 들어 보자. '경애를 만나러'는 이차 서술어가 되어 전체 문장의 주어 '그가'와 주술관계를 맺는다. 다음 구조는 서술화의 '임자(host)'인 '그가'와 'e 경애를 만나러'가 상호 최대통어 관계에 놓임을 보여 준다.[478]

---

476 이 내용은 앞의 4.2절에 요약되어 있다.
477 뒤의 (표3)을 참조 바람. 이들 연결어미의 절이 언제나 이차 서술어가 되는 것은 아니다. 연결어미 절이 그 명시어 위치에 O나 PRO를 가지는 경우에 한하여 서술화 원리를 만족하기 위해 이차 서술어가 되는 것이다. 그 외의 경우에는 수식어로서 허가된다.
478 필자는 보충어와 달리 명시어 및 부가어는 어순에 관한 매개변인을 갖지 않는다고 가정한다. 따라서 (a)와 같이 주어 '그는'이 IP의 오른쪽 명시어 위치에 놓이는 것이 가능하다. 연결어미 절이 VP의 부가어 위치에 흔적을 가지며 CP의 부가어 위치에 놓이는 (b)와 같은 구조도 가능하다.
  a. [$_{IP}$[$_{VP}$[$_{CP}$ 경애를 만나려고] [$_{VP}$ 여학교로 t$_i$]] [$_{DP}$ 그는] 가-았-다

(4) 가. 그가 경애를 만나려고 여학교로 갔다.
    나. [CP[IP 그가i[I'[VP[CP e 경애를 만나려고][VP[V'[PP 여학교로] ti]]] ti,j][가-았-대]

I'의 부가어를 이루는 연결어미의 대표적인 예는 '-다가'이다. '-다가' 연결어미 절도 전체 문장의 주어와 주술관계를 맺는다.

(5) 가. 그가 글씨를 쓰다가 지우개로 지웠다.
    나. 그가 글씨를 썼다가 지우개로 지웠다.
(5)' [CP[IP 그가 [I' [CP e 글씨를 쓰(-었-)다가][I' [VP [PP 지우개로][VP e [V' ti]]] ti,j]]]
    [지우-었-대]]

VP 부가어와 I' 부가어의 위치는 주어와 상호 최대통어하는 위치이다. 부가어인 연결어미 절의 기본 위치는 머리성분인 연결어미가 가지는 어휘적 정보로 기재되는 것으로 본다. 이는 보충어인 연결어미 절이 동사가 가지는 어휘적 정보에 따라 선택되는 것과 대조된다.
다음으로, 목적어의 이차 서술어 위치를 그 구조적 특성으로 하는 연결어미들과 그 통사구조를 보이면 다음과 같다. V'의 부가어는 목적어와 상호 최대통어하는 위치이다.

(6) V'의 부가어를 이루는 연결어미: -도록, -게
(7) 가. 아내가 그를 새벽 일찍 출발하도록 설득했다.
    나. 아내가 새벽 일찍 출발하도록 그를 설득했다.
(7)' 가. [CP[IP 아내가 [I' [VP 그를 [V' [CP e 새벽 일찍 출발하도록][V' ti]]] ti,j]]]
        [설득하-였-대]]
     나. [CP[IP 아내가 [I' [VP [V' [CP e 새벽 일찍 출발하도록][V' ti]] 그를] ti,j]]]
        [설득하-였-대]]

(7)'은 (7)의 두 가지 어순에 따라 그 통사구조를 보인 것이다. 다음은 이 구조의 또 다른 예이다. (7가, 나), (8) 모두에서, 목적어와 '-도록' 절은 상호 최대통어 조건을 만족하여 통사적 주술관계가 허가된다.

(8) 가. 어린아이의 용기 있는 행동이 어른들을 머쓱해지도록 만들었다.

    b. [CP [CP e 경애를 만나려고]i [CP [DP 그는] [VP ti [VP 여학교로 ti]] 가-았-대]

나. [VP 어른들을 [V' [CP O_i t_i 머쓱해지도록] [V 만들-]]]-었다

같은 성격을 가지는 연결어미로 '-게'를 들 수 있다. '긴 사동문'을 만든다고 생각되어온 '-게'는 두 가지 상이한 구조를 형성한다. (9가)의 연결어미 절 '철수가 죽을 먹게'는 보충어인 반면, (9나)의 목적어 뒤에 나타나는 '죽을 먹게'는 부가어이다. (9나)는 목적어의 이차 서술어로서의 쓰임을 보인다. (10)에서 보는 것처럼, 두 구조의 차이는 문법성의 차이를 유발한다.

(9) 가. 어머니는 철수가 죽을 먹게 하였다. (보충어 구조)
    나. 어머니는 철수를 죽을 먹게 하였다. (부가어 구조)
(10) 가. *철수는 맥주가 시원하게 하였다.
     나. 철수는 맥주를 시원하게 하였다.

(9나)와 (10나)는 '결과 구문'의 예이다. 타동사를 가지는 결과 구문에서 '결과'를 나타내는 구는 목적어를 '임자(host)'로 하는 이차 서술어로 간주된다. 결과 구문은 V' 부가어를 가지는 구문의 한 부류를 이룬다.

이차 서술어 아닌 부가어 연결어미 절: IP 부가어와 CP 부가어
연결어미 절들 중에는 주어나 목적어의 이차 서술어가 되지 못하는 것들이 두 가지가 있다. 먼저, 그 기본적인 구조적 위치가 IP의 부가어인 연결어미 절이 있다. (12)는 (11)의 연결어미들 중 '-거나'의 예를 대표로 들어 그것이 실현되는 통사구조를 보인 것이다.

(11) IP의 부가어를 형성하는 연결어미:
    가. -고, -으며, -거나, -든지, -는데², -다가²
    나. -으니까, -으니, -으므로, -어도
(12) 가. 그가 의학을 했거나 법학을 했겠지.
     나. [CP[IP [CP 그가 의학을 하-었-거나][IP e [I'[VP 법학을 t_i] t_i,j]]] 하_i-었겠-지]

(11가)는 종래의 연구에서 대등적 연결어미로 알려진 것이고, (11나)는 종속적 연결어미로 알려진 것이나, 그 기본적인 통사구조상의 위치가 IP의 부가어라는 점에서는 두 부류가 동일하다. 주절의 주어(여기서는 'e')가 선행절을 최대통어하지 못하므로, 선행절인 연결어미 절은 이차 서술어가 되지 못한다. 이것이 바로 앞 절의 I' 부가어와의 주요 차이점이다.

다음으로, CP의 부가어 위치에 놓이는 연결어미 절이 있다. 이 경우는 그 기본적인 위치가 아니고, 언제나 후행절에 그 동지표화된 흔적을 가지는 선행사의 위치로만 한정된다. 한 예로, 앞에서 '-도록' 연결어미 절은 V'의 부가어로 규정되었지만((6) 참조), 다음과 같이 문장의 첫머리에 나타나는 경우도 있다. 이 경우 연결어미 절 CP는 전체 문장 CP의 부가어가 되는 것인데, 이 부가어 CP는 V'의 부가어 위치에 있는 흔적(t)과 '이동 변형 관계'를 형성하는 것이다.

(13) 가. 새벽 일찍 출발하도록 아내가 그를 설득했다.
　　　나. [$_{CP}$ [$_{CP}$ O$_i$ t$_j$ 새벽 일찍 출발하도록]$_j$ [$_{CP}$ 아내가 그를 t$_j$ 설득했다]]

한국어에서 CP의 부가어는 언제나 이동의 결과로서만 인정된다는 원리가 존재한다고 본다.[479] 이러한 이동 변형에 의한 통사구조는 담화화용론적 의미를 전달하기 위한 목적에서 형성되는 것으로 본다. (13)은 '무거운 명사항 이동(Heavy NP Shift)'과 같은 변형의 효과가 실현된 것이라고 판단된다.

통사 단위로서의 보문소 역할을 하는 것들 중에서 종래 연결어미로 알려져 온 요소들의 통사구조상의 지위를 결정하고, 여러 종류의 연결어미 절의 내부 구조와 연결어미 문장에서의 이들의 지위를 결정하기 위하여 다음 각 절에서 논의하는 검증 방법들이 사용되어 왔다. 이들 하나하나를 확인해 보기로 한다.

4.4.2. 시간적 선후관계 해석의 특징

남기심(1975)에서는 한국어의 연결어미들을 시간 선어말어미들의 실현 가능성, 이 어미들이 실현될 때의 절대시제, 상대시제의 해석 가능성 등에 따라 분석하여, 다음과 같은 다섯 가지 부류를 제시하고 있다.

(14) 가. '-고도, -고서, -도록, -으러, -으려고, -자; -어서': 아무런 시간 선어말어미를 취하지 않는다. '-어서'는 시간 선어말어미를 취하지 않는 점에서는 같으나, 형용사에 첨가될

---

[479] 이 책에서 이동 변형의 흔적을 포함하는 표상을 상정하지만 이것은 말 그대로의 이동 변형 과정을 가정하는 것은 아니고, 단일한 통사구조에 이동 변형의 흔적을 표상하여 선행사와 흔적 사이의 관계를 나타낼 뿐이다. 선행사와 흔적은 Chomsky(1986b)의 이론 체계에서 제시하는 공범주 원리와 하위인접 조건을 만족한다.

경우 후행절 사건시 기준 현재, 동사에 첨가될 경우 후행절 사건시 기준 과거가 된다.[480]
나. '-다가, -으면, -면서, -어야, -기에': 항상 후행절 사건시가 기준 시점이 되는 시간적 선후관계를 만든다.
다. '-지만': 항상 발화시가 기준 시점인 시간적 선후관계를 만든다.
라. '-거나, -고, -으며, -는데': 둘 이상의 뜻을 가지고 있어서, 그 뜻에 따라 그 기준 시점이 달라진다.
마. '-으니까, -으므로, -어도, -거든': 언어 외적 상황이나 기타 형편에 따라 발화시 기준, 후행절 사건시 기준이 유동한다.

남기심(1975)의 목적은 시간 선어말어미들의 시제 문법범주로서의 자격을 부정하는 '무시제 가설'을 입증하기 위한 것이다. 필자도 이러한 무시제 가설의 입장을 받아들인다.[481] 그러나 (14)의 5가지 부류 각각에는 이질적인, 제삼의 특성을 가지는 부류로 분리해야 할 요소들이 포함되어 있다. 즉, (14가)의 '-자', (14나)의 '-기에', (14다)의 '-지만', (14라)의 '-는데', (14마)의 '-거든'은 이 책에서 '명시어 구조'라고 지칭하는 구조를 형성하는 강력한 기능을 가지는 것이다. 시간적 선후관계의 해석에 있어서도, 이들은 발화시를 기준 시점으로 해서 선행절 및 후행절을 특정의 시간적 위치에 놓는 기능을 연결어미 자체의 특성으로 가진다.

일례로, (14나)의 '-기에'에 대한 특성화는 정확하지 않은 것이다. 이는 발화시를 기준 시점으로 만드는 본질적인 기능을 가진다.

(15) 내일 아들이 오기에 오늘 식혜를 준비해 두었지.

특히 (14가)의 '-자'는 발화시 이전의 시점을 다시 참조시로 설정한다는 점에서 영어와 같은 언어의 '과거시제' 요소가 가지는 기능을 보이는 것이다. 후행절이 미래 상황을 표현하

---

[480] '-어서'는 형용사에 첨가될 경우 후행절 사건시 기준 현재, 동사에 첨가될 경우 후행절 사건시 기준의 과거를 만든다고 하였으나, 후행절을 기준으로 어느 완료된 상태를 보이는 것이라고 통일적으로 기술할 수도 있다고 보았다. '-고도'와 '-고서'는 각각 후행절 사건시를 기준으로 과거와 현재의 의미를 나타내며, '-도록', '-으러', '-으려고'는 후행절 사건시를 기준으로 미래의 의미를 나타낸다고 한다. 그런데 남기심(1975)에서는 '-고도'가 후행절 기준의 과거만을 표현한다고 말하고 있으나, 가령 "그는 알고도 모른 체 한다."와 같은 예에서 선행절은 후행절과 동시의 해석을 가질 수 있다.
[481] 필자는 영어에 시제가 존재한다고 할 때 그 핵심적인 특성은 참조시를 정하는 일정한 규칙이 존재한다는 점이라고 본다. 이와 같은 의미의 시제가 한국어에는 존재하지 않는다는 것이 필자의 입장이다. 자세한 논의는 양정석(2008가, 나)를 참고하기 바람.

는 것은 제약된다. 이 점에서 (17)의 '-더니'도 같다.[482] 더욱이, (17)은 선행절의 시제가 후행절 사건시를 기준으로 정해진다는 식의 풀이가 여기에 적용될 수 없음을 보이는 것이다.

(16) 가. 해가 지자 양떼들이 돌아왔다/돌아온다.
   cf. *해가 지자 양떼들이 돌아올 것이다.
 나. 어제는 눈이 오더니, 오늘은 비가 내렸다/내린다.
   cf. *어제는 눈이 오더니, 오늘은 비가 내릴 것이다.
(17) 철수는 자기가 일착이라고 하더니, 그보다 먼저 정상에 도착한 사람이 있었네.
 (후행절의 사건 시점〈선행절의 사건 시점〈발화시)

시제 언어인 영어의 경우, 시제 요소가 가지는 본질적인 기능은 참조시 설정의 기능이다. 그러나 무시제 언어인 한국어에서는 일단의 연결어미가 이러한 기능을 가지는 것이다. '-더니'를 제외하더라도, '-자, -기에, -지만, -는데, -거든' 등의 연결어미는 발화시 기준의 특정 시점을 참조시로 부여하는 기능을 가진다. 이를 반대 방향에서 보면, 선행절이 후행절 사건시 기준의 시간 해석을 일관되게 받을 수 없는 특징이라고 서술할 수 있다. 이 점은 이들 연결어미를 다른 연결어미들과 구별하는 통사적 특성으로 간주할 수 있다.[483]

(18) 후행절 사건시 기준 해석을 불가능하게 하는 연결어미들:
 -자, -더니, -거든, -거니와, -는데, -지만, -으나, -기를, -기에, -은들, -더라도, -을지라도, -을망정, -기로서니, -지

한동완(1984, 1996), 최동주(1994), 김정대(1999, 2005)는 시간 선어말어미들의 통사구조 속에서의 위상에 관해 집중적으로 고찰하는 연구인데, 이들의 분석은 하나같이 연결어미 문장에서의 시간 선어말어미의 기능에 대한 남기심(1975)의 관찰과 유형화를 기본 인식으로 가지고 있다. 그러나 이들은 여전히 한국어에 시제 체계가 존재한다는 통념을 정당화하고자 노력한다.

한동완(1996: 112)에서는 '시제 요소 A가 시제 요소 B에 의해 성분통어될 때 A의 기준 시점은 B가 지시하는 시점이 되고, 그 외에는 발화시가 기준 시점이 된다'는 '성분통어

---

[482] 물론 '-자, -더니'의 이런 기능에 입각하여 이들 연결어미를 과거시제 표지로 규정할 수는 없는 일이다. 'A 〈 B'와 같은 표시는 A가 B의 이전 시간('이전시')이고, B가 A의 이후 시간('이후시')임을 나타낸다.
[483] 이러한 판단에 따라, 통사적 특성의 검사 결과를 보이는 뒤의 (표3)에 이를 다시 제시할 것이다.

조건'을 제시하였다. 이는 종속접속절이 주절 사건시에 의존하는 시간 해석을 가진다는 것을 의도하는 것이다. 접속문의 시간적 선후관계 해석을 논의하는 국어학자들이 대체로 이 관점을 받아들여 논의하는 것을 볼 수 있다.[484]

구체적인 연결어미 문장들을 분석해 보면 이 조건이 문제성을 가짐을 발견할 수 있다. 특히 명시어 구조 접속문에는 이전의 국어학자들이 종속접속문으로 분류하는 접속문, 대등접속문으로 분류하는 접속문들이 혼합되어 있는데, 이들은 시간적 선후관계 해석에 있어서 '성분통어 조건'에 정면으로 배치되는 행태를 보인다.

'성분통어 조건'의 또 한가지 문제는, 대등접속문으로 여겨져 온 연접의 '-고' 접속문, '-으며' 접속문, 이접의 '-거나' 접속문도 주절 사건시에 의존하는 시간 해석을 가진다는 점이다.

(19) 가. 비가 오니까 인호가 빨래를 걷었다.
    나. 비가 오니까 인호가 빨래를 걷는다.
    다. 비가 오니까 인호가 빨래를 걷을 것이다.
(20) 가. 벽이 흔들리고 바닥이 쿵쿵 울렸다.
    나. 벽이 흔들리고 바닥이 쿵쿵 울린다.
    다. 벽이 흔들리고 바닥이 **쿵쿵** 울릴 것이다.

(19)는 종래 국어학자들이 종속접속문으로 간주하던 '-으니까' 접속문이고, (20)은 대등접속문으로 간주하던 '-고' 접속문이다. (19)에서는 후행절 사건시가 과거, 현재, 미래로 해석될 때 선행절 시간도 이에 의존적으로 과거, 현재, 미래로 변동하는 사실을 관찰할 수 있다. 그런데 이러한 시간 의존성은 대등접속문으로 알려져 온 '-고' 접속문도 마찬가지이다. (20)에서도 후행절 사건시가 과거, 현재, 미래로 해석될 때 선행절 시간도 이에 의존적으로 과거, 현재, 미래로 변동하는 사실을 관찰할 수 있다.

반면 필자가 '명시어 구조' 접속문으로 규정하는 '-거든' 접속문, '-자' 접속문, '-더니' 접속문 등은 이러한 시간 해석의 특성을 갖지 않는다. 다음 접속문들은 후행절 사건시가 과거, 현재, 미래로 변동함에 따라 선행절이 의존적으로 변동하기는커녕, 선행절의 연결어미가 후행절의 시간을 제약한다. (21가)의 '-거든'은 후행절 사건이 과거인 것을 배제하며

---

[484] 최동주(1994)에서도 대체로 이 같은 인식을 바탕으로 연결어미 문장의 시간 관계를 기술하고 있으나, '-으면, -어야, -어도, -더라도, -으니까, -는데' 등의 문장이 절대시제로 해석되는 등, '대등접속문-절대시제 해석'의 도식화에 문제가 있음을 지적하고 있다.

(21나)의 '-자'는 후행절 사건이 미래인 것을 배제하고 (21다)의 '-더니'도 후행절 사건이 미래인 것을 배제한다. 이들 연결어미는 모두 이전의 연구자들이 종속접속문을 형성하는 연결어미로 분류했던 것이므로, 문제성이 심각하다.

(21) 가. *비가 오거든 빨래를 걷었다.
　　　　?비가 오거든 빨래를 걷는다.
　　　　비가 오거든 빨래를 걸을 것이다.
　　나. 비가 오자 하늘이 맑아졌다.
　　　　?비가 오자 하늘이 맑아진다.
　　　　*비가 오자 하늘이 맑아질 것이다.
　　다. 그의 목소리가 들리더니 구두 소리가 울렸다.
　　　　?그의 목소리가 들리더니 구두 소리가 울린다.
　　　　*그의 목소리가 들리더니 구두 소리가 울릴 것이다.

이러한 상황은 뒤의 (표3)에서 명시어 구조 접속문을 형성하는 연결어미로 분류하는 다른 연결어미들 '-거니와, -는데1, -지만, -으나, -기를, -기에, -은들, -더라도, -을지라도, -을망정, -기로서니, -지' 들도 마찬가지이다.[485]

'성분통어 조건'을 내세우는 한동완(1996)의 취지는 '대등접속-절대시제 해석, 종속접속-상대시제 해석'이라는 도식이 참으로 성립된다고 주장하고자 하는 것이다. 그의 관심은 한국어가 시제 언어라는 점을 확실히 하고자 하는 것이다. 그러나 위에서 본 것처럼 명시어 구조를 이루는 한국어의 연결어미는 예외적인 현상으로 치부할 수 있을 만큼 소수의 것이 아니다. 뒤에 제시하는 (표3)의 40개 연결어미 중 15개가 명시어 구조를 형성하는 연결어미이다.

'-거든', '-자', '-더니' 접속문을 명시어 구조로 설정하면 (표3)의 ②, ③, ④의 세 가지 특성이 그 구조로부터 자연스럽게 유도된다. 즉, 명시어 구조의 머리성분(head)인 연결어미가 그 보충어인 선행절과 함께 그 명시어인 후행절에 의미적 제약을 부과하는 것은 그 구조상 당연한 것이며, 명시어인 후행절이 선행절의 선후관계 해석의 기준이 될 수 없는 것도 그 구조로부터 따라나오는 사실이며, 부정소를 포함하는 후행절은 명시어로서, 명시어 내부의 부정소의 영향이 명시어 절의 경계를 넘어 보충어인 선행절에 미칠 수 없는 것이다.

---

[485] 양보절을 이끄는 '-었더라면'과 '-었던들', 증거성 의미를 전제하는 이유·원인의 연결어미 '-길래'도 같은 특성을 보인다. 이들은 (표3)의 명시어 구조 형성 연결어미들의 목록에 추가되어야 한다.

4.4.3. 연결어미가 가지는 선택제약의 특성

앞에서는 시간 선어말어미의 해석과 관련한 관찰을 통하여, 연결어미 절들이 시간적 선후관계의 해석을 기준으로 간단히 하위분류되기 어렵다는 사실을 발견하였다. '-자', '-거든'과 같은 연결어미는 후행절 사건시 기준의 해석이 가능한 것으로 다루어져 왔지만, 엄밀하게 보면 시간적 선후관계 해석의 기준은 이들 연결어미가 부여하는 것이다. 이 사실은 연결어미가 선행절과 후행절의 내용에 대한 선택제약을 부여함으로부터 따라나오는 것이다.

동사나 서술성 명사가 그 논항을 하위범주화하거나 선택제약하는 경우에 대해서는 이제까지 많은 논의가 있어 왔지만, 연결어미가 선택제약을 가한다는 관점은 그리 일반화된 것이 아니다. 그러나 그렇게 보지 않을 수 없는 증거가 있다. 뒤의 (표3)에서 각각 명시어 구조, VP 부가어, I' 부가어를 형성하는 연결어미로 판정하는 '-거든', '-으러', '-어야'가 바로 그와 같은 특성(③)을 보이는 예들이다. '-거든'은 후행절이 '의도'의 양상을 가질 것을 요구하며,[486] '-으러'는 후행절의 동사가 이동동사일 것을 요구한다. '-어야'는 서법으로서의 명령법과 청유법을 배제한다. 이는 선행절 연결어미가 후행절에 대해서 부과하는 선택제약의 특성이라고 할 수 있다.

(22) -거든
   가. 그 곳에 가거든 사람들에게 그 말을 전해라/전하자/전하겠다/전할 것이다.
   나. *그곳에 가거든 그 말을 전한다/전했다/전하는구나/전하느냐?
(23) -으러
   가. 철수가 공부하러 도서관에 갔다/왔다.
   나. *철수가 공부하러 도서관에 있다/서성거린다.
(24) -어야
   가. 그 사람이 와야 나는 가겠다.
   나. *그 사람이 와야 너는 가라/우리는 가자.

(22)의 경우는 연결어미 '-거든'이 그 후행절을 명시어로 가짐으로부터 이와 같은 특성이 결과된다고 본다. (표3)에서 보인 명시어 구조 형성의 연결어미들이 모두 이러한 관점에서

---

[486] '-거든'이 후행절이 의도의 양상적 의미를 갖도록 제약한다는 관찰은 이기갑(1987), 이정민(1980)에서 있었다. 양정석(2022)에서는 이러한 관찰을 의도 구문(명령문, 청유문, 약속문)을 구별하는 통사의미적 증거로 활용하여 이들 구문의 형식의미론적 기술로 발전시켰다.

한 부류로 묶인다. 그러나 (23), (24)의 특징에도 불구하고, '-으러'와 '-어야'는 다른 측면에서 명시어 구조로 분류될 수 없는 두 가지의 중요한 통사적 특징들을 보이고 있다. 앞 절에서 논의한, 후행절 사건시 기준 해석이 가능하다는 점(뒤의 표3-②)이 그 하나이며, 다음 절에서 말할 부정의 영향권과 관련한 특성(뒤의 표3-④)이 다른 하나이다.[487]

(23)의 경우에는, '-으러'가 그 명시어에 선택제약을 부과한다고 보기보다는, 구문규칙(또는 '부가어 대응규칙')이라는 장치가 선행절인 연결어미 절과 후행절에 특정의 의미적 제약을 부과한다고 설명할 수 있다.[488] (23)에서의 '-어야'의 후행절에 대한 선택제약의 특성은 '당위적 조건'의 의미가 가지는 보편적, 의미적 특성에 따라 설명 가능하다고 본다.

'-거든' 외의 연결어미 '-자, -지만, -는데, -거니와, -더니, -기를'의 선택제약의 특성을 확인해 보자.

'-자'는 선어말어미 '-었-, -겠-'을 취하지 않는 연결어미인데, 항상 발화시 기준의 과거 해석을 만든다. 이 연결어미에 관하여 오해하기 쉬운 것은, 이 연결어미의 문장이 잇달아 일어나는 사건들의 선후 관계를 본질적으로 가지기 때문에, 후행절의 시제에 의한 영향이 선행절에 가해진다고 생각할 수 있다는 점이다. 그러나 이러한 시간적 관계는 오히려 '-자'가 부여하는 것이다.

(25) 가. 석양이 되자 우리는 집으로 돌아왔다.
　　　나. *석양이 되자 우리는 집으로 돌아오겠다/돌아올 것이다/돌아와라/돌아오마.

명시어 구조를 형성하는 연결어미로는 이 밖에 '-지만', '-는데1', '-거니와', '-더니', '-기를' 등이 있다. 이들 하나하나에 대해서 간단히 검토해 보기로 한다.

'-지만'은 남기심(1975)에서 항상 발화시가 기준 시점이 되는 예로 분류한 바 있다. 이는 후행절의 굴절소나 보문소가 가지는 시간적 의미가 연결어미를 포함한 선행절에 아무런 영향을 주지 못함을 말하는 것이다.

(26) 가. 그는 용감했지만 그의 부하들은 비겁했다.

---

[487] 이은경(1998)에서는 이전 연구들에서 선택제약의 특징을 가지는 것으로 지적된 연결어미들을 정리하고 있다. '-으러', '-어야'와 유사한 성격을 가지는 것으로는 '-고자', '-느라고', '-으려고', 그리고 원인의 의미를 가지는 '-어서'가 있다. 또 '-느니', '-되', '-건만', '-다시피', '-을진대' 들도 이러한 특징을 보인다고 정리하고 있다. 필자는 이들이 명시어 구조를 이루는 것으로 판단한다.
[488] '-으러'를 이와 같은 방식으로 기술한 시도는 양정석(1995/1997: 2장, 2002: 5.1절)을 참고할 수 있다.

나. 그가 힘이 세지만 결국 패할 것이다.
다. 비가 오겠지만 장마는 지지 않을 것이다. (이상 3개 예문, 남기심 1975)

오히려 '-지만'이 후행절 보문소의 서법을 제약한다.

(27) 가. 철수는 사과를 먹었지만 순희는 귤을 먹었다/먹어라/먹자.
나. *철수는 사과를 먹었지만 순희는 귤을 먹었느냐? (최재희 1991: 83)

이러한 특징은 한국어의 연결어미들 중에 '-지만'의 위치가 독특함을 보이는 것이다. 이와 같은 특징은 명시어 구조가 효과적으로 포착할 수 있다고 본다.

최재희(1991: 88)에서는 '-는데'를 대등접속과 종속접속의 둘로 나누어 처리하였는데, 대등접속의 경우 다음과 같은 서법 선택의 제약을 가진다고 관찰하고 있다.

(28) 철수는 사과를 먹었는데 순희는 귤을 먹었다/먹었느냐?/*먹어라/*먹자.

이미 남기심(1975)에서도 '-는데'가 둘 이상의 뜻을 가지고 있어서 그 뜻에 따라 그 기준 시점이 날라지는 예라고 지적한 바 있다. (29)와 (30)의 두 문장에 쓰인 '-는데'는 의미가 다른데, 그 의미의 차이는 통사구조상의 지위의 차이와도 대응되는 것이어서 주목된다. '대조'를 의미하는 (88)은 명시어 구조를 이루는 것이며('-는데^1'), (89)에서 '배경 설정'의 연결어미 절은 IP의 부가어를 이루는 것이다('-는데^2').

(29) 그는 서울로 갔는데 그의 아내는 서울서 내려왔다.
(30) 꽃이 많이 피었는데 그 꽃이 몹시 아름다웠다.

'-거니와' 접속문인 (31)에서도 서법의 선택에 제약이 있음을 관찰할 수 있다(최재희 1991: 74). (32)의 '-더니'도 이상의 연결어미들이 가지는 특성을 공유한다. '-더니'는 선·후행절 사건의 시간적 선후 관계를 그 스스로 부여한다는 점에서 '-자'와 유사하다.

(31) 가. 철이는 공부를 잘 하거니와 운동도 잘 한다/*하니?/*해라/*하자.
나. 순희는 맥주를 마시거니와 영자는 위스키도 마신다/*마시니?/*마셔라/*마시자.
(32) 가. 아까는 철수가 가더니 이제는 철수 동생이 간다/가느냐?

나. *아까는 철수가 가더니 이제는 네가 가라/내가 가겠다.

명사형어미와 보조사의 결합으로부터 형성된 '-기를'은 새로운 단위로 보문소의 자격을 갖게 된다. 보문소, 즉 연결어미로서의 '-기를'은 이상의 연결어미들과 동일한 구조적 특성을 가진다.

(33) 가. 그는 생각하기를, 혜성이 지구에 부딪치면 어떻게 될까 걱정했다.
    나. 그 알이 나타나기를 금빛 광채 속에서 나타났다.
(33)' 가. *그는 생각하기를, 혜성이 지구에 부딪치면 어떻게 될까 걱정했느냐?.
    나. *우리가 무대에 오르기를 신나는 음악과 함께 오르겠다/오르자/오르느냐?.

물론 '-기를'의 제약은 선행절에 대해서도 가해지는 것이어서 (33)'은 물론, (33)과 같은 예를 구성하기도 쉽지는 않다. 그러나 이와 같은 극심한 제약을 가지는 구문을 기술하는 데에는 '-기를'이 명시어 구조를 형성한다고 가정하는 것이 효과적이다.

4.4.4. 부정의 영향권과 관련한 특성

시간적 선후관계의 해석, 선택제약의 특징과 밀접한 상관관계를 가지는 검증 기제로 부정의 영향권에 관한 사실이 있다. 필자가 명시어 구조 접속문을 판별하는 주요 근거로 삼는 것은 이 특징이다.

'부사어'와 부정의 영향권의 상호작용에 관한 논의가 생성문법적 연구의 초기부터 관심의 초점이 되어 왔다(송석중 1981). 연결어미 절들 중 부정의 영향권 안에 드는 것과 들지 않는 것의 차이가 존재한다. 유현경(1986), 김영희(1988나, 1991)에서는 종속적 연결어미의 절 중, 문장부사어에 해당하는 것과 성분부사어에 해당하는 것의 구별이 이 방법에 의해 가능하다고 보고 있다. 이들의 전제는 이들이 대등접속문으로 간주하는 '-고' 접속문, '-거나' 접속문 등은 연결어미 절, 즉 선행절이 부정의 영향권 안에 들지 않는다는 것이다.

그러나, 대표적인 대등적 연결어미로 알려진 '-고', '-거나'의 경우, 연결어미 절이 부정의 영향권 안에 드는 해석과 들지 않는 해석을 모두 얻을 수 있다.

(34) 가. 눈이 오고 비가 오지 않는다.
    나. 철이가 오거나 순이가 오지 않는다.

즉, (34가)는 눈과 비가 모두 오는 '연접'의 사실을 부정함으로써 선행절을 그 부정의 영향권 안에 놓을 수도 있고, 눈이 오는 사실은 긍정, 비가 오는 사실은 부정함으로써 선행절을 부정의 영향권에 들지 않게 할 수도 있다.[489] (34나)도 두 가지 해석이 가능하다. 특히, 두 사건, '철이가 오는 것'과 '순이가 오는 것'의 이접(disjunction)을 부정하는 해석이 가능함에 주의해야 한다.

그런데, 부정의 영향권 해석에 관한 이러한 특징은 이른바 종속적 연결어미 절들과 공통되는 특징이다. 이들에 의해서 종속적 연결어미로 분류되는 어미들 중에서도 '-어서, -어야'의 문장은 선행절이 부정의 영향권 안에 드는 해석과 들지 않는 해석이 모두 가능하다. 반면, 이들에 의해서 종속적 연결어미로 분류되는 '-거든, -지만'의 문장은 선행절이 부정의 영향권 안에 드는 해석이 아예 불가능하다.

(35) 가. 비가 와서 날씨가 춥지 않다. (선행절이 부정의 영향권에 드는 해석으로)
　　 나. 달이 떠야 꽃이 피지 않는다. (같음)
(36) 가. *그곳에 가거든 내 말을 전하지 말아라. (같음)
　　 나. *비가 오지만 그는 길을 떠나지 않았다. (같음)

주목할 점은, 대등접속문으로 알려진 (34)와 종속접속문으로 알려진 (35)가 같은 특징을 가진다는 것이다. 두 접속문 모두 부정의 영향권과 관련한 두 가지 해석을 얻을 수 있는데, 종래의 '대등접속' 구조로는 선행절이 부정의 영향권 안에 드는 해석을, 종래의 '종속접속' 구조로는 선행절이 부정의 영향권 안에 들지 않는 해석을 합리적으로 설명할 수 없다.

보충어 구조와 부가어 구조에서, 선행절은 후행절의 부정소 '않-'의 영향권 안에 놓이는 위치이지만, 명시어 구조에서는 선행절은 기본적으로 후행절 내부의 부정소 '않-'의 영향을 받지 않는 위치에 놓여 있다. 이 책에서 명시어 구조로 분석하는 '-거든, -지만, -자, -거니와, -더니, -기를, -는데[1], -지' 등 연결어미의 문장은 모두 (36)와 같이 선행절이 후행절 부정소 '않-'에 의해 부정되지 않는다. 이에 비하여, (34)와 (35)의 공통성은 이들이 공통적으로 부가어 구조를 가지는 점으로부터 설명된다.

여기에서 잠시 어떤 구성성분이 부정의 영향권에 놓인다는 것이 정확히 어떤 뜻인지

---

[489] 다음과 같은 예에서도 선·후행절이 부정 요소 '않'의 영향권 안에 드는 해석('여름에 비가 내리는 상황과 겨울에 눈이 내리는 상황의 연접(&)의 부정')을 가질 수 있고, 선행절이 '않-'의 부정의 영향권에 들지 않고 후행절만 부정의 영향권 안에 드는 해석도 가능하다.
　　a. 여름에는 비가 내리고 겨울에는 눈이 내리지 않는다.

생각해 보자. '앓-'이 성분통어(c-command)하는 통사적 영역이 '앓-'의 부정의 영향권이다.[490] 보조동사 '앓-'은 상위절 동사이고,[491] '-으니까' 접속문의 통사구조 (37가)', '-고' 접속문의 통사구조 (37나)'에서 선행절과 후행절을 그 영향권 안에 둔다(이 두 통사구조는 모두 '부가어 구조'이다).

(37) 가. 비가 오니까 인호가 빨래를 걷지 않았다.
     나. 벽이 흔들리고 바닥이 쿵쿵 울리지 않았다.
(37)' 가. [VP[CP[IP[CP 비가 오니까] [IP 인호가 빨래를 걷-Ø-]]-지] 앓-]-았-다.
      나. [VP[CP[IP[CP 벽이 흔들리고] [IP 바닥이 쿵쿵 울리-Ø-]]-지] 앓-]-았-다.

부정의 영향권 내에서도 초점이 가해지는 구성성분을 부정하는 것이 구체적인 부정의 작용이다. (37나)'과 같은 '-고' 접속문의 통사구조에서 선·후행절 전체에 부정의 초점이 가해질 수도 있고(이 경우 선, 후행절 상황의 연접(&)이 부정된다), 그 영향권 안의 일부, 즉 후행절에만 부정의 초점이 가해질 수 있는 것이다.[492]

'-으니까' 연결어미 절과 '-고' 연결어미 절은 IP 부가어로 상정된다(뒤의 (표3) 참조). 이에 따라 (37)"의 구조가 실현될 수도 있다. 이 경우 후행절만이 부정의 영향권에 드는 해석을 얻게 된다.

(37)" 가. [IP[CP 비가 오니까] [IP e_pleo [I' [VP[CP 인호가 빨래를 걷-Ø-지] 앓-]-았-]]]-다.
      나. [IP[CP 벽이 흔들리고] [IP e_pleo [I' [VP[CP 바닥이 쿵쿵 울리-Ø-지] 앓-]-았-]]]-다.

그러므로 후행절의 내용만이 부정되는 해석은 (37)'의 구조에서도, (37)"의 구조에서도

---

490 부정소의 영향권에 든다는 것은 다음과 같이 영향권 '( )' 안에 든다는 뜻이다.
   a. NOT(비가 오니까 인호가 빨래를 걷-)
   b. NOT(벽이 흔들리고 바닥이 쿵쿵 울리-)
491 보조동사 구문의 통사구조에 관한 위 4.3.4.1절의 논의를 참고 바람. 보조동사 구문의 통사구조를 이같이 분석하는 대표적 선행 연구는 김영희(1993)이다.
492 다음 예와 비교해 보자(굵은 글씨는 초점 성분). '철수가 베이글을 먹지'가 부정의 영향권 안에 놓이지만 그 안에서도 부정의 초점이 어디에 가해지느냐에 따라 부정되는 내용이 달라진다. 부정의 영향권 안에 접속문이 포함되는 경우에도 부정의 초점이 어디에 가해지느냐에 따라 중의성이 발생하는 것이다.
   a. 철수가 베이글을 먹지 않았어.
      가. **철수가** 베이글을 먹지 않았어.
      나. 철수가 **베이글을** 먹지 않았어.
      다. 철수가 베이글을 **먹지** 않았어.

얻을 수 있다.

이에 비해서 '-더니' 접속문은 명시어 구조의 통사구조 (38)'을 갖기 때문에 통사적으로 '않-'이 선행절을 그 영향권 안에 둘 수 없다. 즉 '않-'이 선행절을 성분통어할 수 없다. 따라서 선행절이 부정되는 해석을 가질 수 없는 사실이 그 통사구조를 바탕으로 설명된다는 것이 필자의 설명이다.

(38) *그의 목소리가 들리더니 구두 소리가 울리지 않았다.
　　　(선행절이 '않-'의 영향권 안에 드는 해석으로)
(38)' [CP[C'[IP 그의 목소리가 들리-∅-]-더니] [CP[IP e [VP[CP 구두 소리가 울리지] 않-] -았-]-대]]

김영희(1988나)에서는 종속접속문 중에서 '독립 종속접속문'이라는 부류가 선행절이 부정의 영향권 안에 드는 해석을 갖지 않는다고 관찰하고 있다.

(39) 가. 날이 들지라도 일행은 떠나지 않는다.
　　　나. 봄이 왔는데 제비가 오지 않는다.
　　　다. 제주도 있으려니와 미음씨도 나쁘지 않겠다.

'독립 종속접속문'을 이루는 연결어미로 위 '-을지라도, -는데, -으려니와'와 함께 '-지만, -거든, -으려니와' 등을 들었는데, 이들은 이 책에서 명시어 구조를 형성하는 연결어미로 규정하는 요소들인 것이다. 이들 외에 '-거든(조건), -자, -으나, -기를, -기에, -은들, -더라도, -을망정, -기로서니, -지'를 명시어 구조를 형성하는 연결어미로 간주한다(뒤의 (표3) 참조).

4.4.5. 선행절 주어의 생략과 이차 서술어로서의 특성

대등접속문과 종속접속문은 선행절 주어에 따라 후행절 주어가 생략되는지(대등), 반대로 후행절 주어에 따라 선행절 주어가 생략되는지(종속)를 기준으로 하여 구별되는 것으로 알려져 왔다.[493] 이 검증 기제를 대등접속/종속접속 구분의 논의에 본격적으로 적용한 것은

---

[493] 3.3.5절에서는 박승윤(1981)이 이 점을 인식하고 있음을 지적한 바 있다. 박승윤은 이러한 생략 현상이 담화화용론적 요인에 의하여 발생하는 것으로 파악하는데, 이 점에 있어서 필자도 같은 견해를 가지고 있다. 이 절에서는 먼저 (40)과 (41)의 대비를 통사적 적격성의 대비라고 가정할 때에도 대등접속/종속접

남기심(1985)이다. 뒤의 〈표3〉에서 ⑥의 '선행절 주어 생략'이 이 기준을 보인 것인데, 다음 (40나)가 그 핵심적인 차이점을 드러내 준다.

(40) 가. 철호가 담배를 피우고 (철호가) 술도 마셨다.
　　　나. *(철호가) 담배를 피우고 철호가 술도 마셨다.
(41) 가. 나는 공부를 하려고 (나는) 도서관으로 향했다.
　　　나. (나는) 공부를 하려고 나는 도서관으로 향했다.

남기심(1985)에서는 후행절 주어에 따라 선행절 주어가 생략되는 (41나)와 같은 현상은 선행절이 내포절의 하나인 부사절이기 때문에 실현 가능한 것이라고 보았다. 이는 다음에서 내포절인 관형절이나 명사절의 주어가 주절의 주어에 따라 생략되는 것과 같은 현상이라는 것이다.

(42) 가. 순철이는 어제 순호에게 (순철이가) 전에 빌렸던 책을 돌려주었다.
　　　나. 그는 오늘도 (그가) 회의에 참석하기를 거부하고 있다. (남기심 1985)
(42)' 가. (순철이가) 전에 빌렸던 책을 순철이는 어제 순호에게 돌려주었다.
　　　나. (그가) 회의에 참석하기를 그는 오늘도 거부하고 있다.

(40)과 (41)의 대비가 진정한 통사적 적격성/부적격성의 대비라고 가정해 보자. 그 경우에도 '-고' 연결어미 절은 IP의 부가어로, '-으려고' 연결어미 절은 VP의 부가어로 상정하여 두 접속문의 문법성의 차이를 설명할 수 있다는 것을 증명할 수 있다.

'-으려고' 문장과는 달리, '-고' 문장은 선행절의 주어가 생략되는 일이 불가능하다(43). '-으려고' 문장과 같이, 선행절만 주어를 가지고 후행절은 그것을 갖지 않은 형식은 적격하다(44).

(43) *담배를 피우고 철호가 술도 마셨다. cf. 공부를 하려고 나는 도서관으로 향했다.
(44) 철호가 담배를 피우고 술도 마셨다. cf. 나는 공부를 하려고 도서관으로 향했다.

남기심(1985) 이래의 연구에서 이 차이를 이론적으로 포착하기 위하여 사용한 방법은

　　속의 구분에 관한 남기심(1985)의 논점이 성립하지 않는다는 점을 보이고, 다음으로 담화화용론적 대안을 간략히 설명한다.

'-고'류의 연결어미들이 대등접속의 구조를 형성한다고 전제하는 것이었다.[494] 그러나 뒤의 〈표3〉에 제시하는 통사적 특성들을 전반적으로 고찰해 보면 이 전제에 결함이 있음을 발견하게 된다.

(45)는 이제까지 대등접속으로 믿어져 왔던 '-고' 부류의 연결어미 문장들이며, (46)는 이들과 함께 IP 부가어를 취하는 연결어미 문장으로 분류된 것이다. (47)은 VP 부가어와 I' 부가어의 예들로서, 후행절에 선행절 CP의 흔적을 가지는 구조로 기술된다. (48)은 명시어 구조의 예들이다.

(45) 가. *대규모 댐을 건설하며 중국이 인공위성을 띄워올린다.
　　 나. *공원을 걷거나 노인들이 정원을 가꾼다.
　　 다. *화투를 치든지 할일 없는 사람들이 잡담을 나누었다.
(46) 가. ?말을 잘 하니까 철수가 변호사가 될 것이다.
　　 나. ?친구를 믿어도 철수가 돈을 꾸어주지는 않는다.
　　 다. ?고장을 잘 일으키므로 이 기계가 생산성을 저하시킨다.
　　 라. ?산길을 가는데 철수가 친구를 만났다. ('-는데²')
(47) 가. 할일이 없어서 사람들이 화투를 쳤다.
　　 나. 서울에 도착하고서 철수가 집에 전화를 했다.
　　 다. 짐을 푸느라고 철수가 몹시 애를 먹었다.
　　 라. 할일이 없으면 철수가 우리 집에 놀러 왔다.
　　 마. 할일이 없어야 철수가 나에게 전화를 했다.
(48) 가. ?서울에 도착하거든 네가 우리 집에 전화를 해라.
　　 나. ?바빴지만/?바빴으나 철수가 우리의 초대에 응해 주었다.
　　 다. ?공부도 잘 하거니와 철수가 마음씨도 착하다.
　　 라. ?집을 팔 결심을 하자 철수가 복덕방에 전화를 걸었다.
　　 마. ?어제는 기운이 없어하더니 철수가 오늘은 얼굴에 화색이 돌았다.
　　 바. ?아무리 왜소하기로서니 철수가 그 가방쯤 못 들겠느냐?
　　 사. ?*소리쳐 말하기를 철수가 "그러면 안돼!"라고 하였다.
　　 아. ?아들을 낳았는데 순희가 아무에게도 귀여움을 못 받았다. ('-는데¹')
　　 자. ?왜소한들 철수가 그 정도 힘이 없겠느냐?
　　 차. ?*그 일을 혼자 다 했지, 철수가 누구의 힘을 빌렸나?

---

[494] 이 점에서 대등접속문을 표준이론의 '평판 구조(flat structure)'로 기술하는 유현경(1986), 김영희(1988, 1991), 최재희(1991) 등은 물론, 핵계층 이론적 분석인 김지홍(1998), 김정대(1999, 2005)도 일치한다고 할 수 있다.

'대등접속문'으로 알려져 온 연결어미 문장들, 즉 (45)는 이러한 형식으로 실현되는 것이 배제된다. 그러나 '종속접속문'으로 알려져 온 (46)의 문장들도 (47)의 예들만큼 완전히 자연스럽지는 않다. 또, (48)은 종래의 대부분의 연구에서 대등접속의 연결어미로 분류해 온 '-지만, -으나'를 포함하고 있다.[495] 이는 '대등'/'종속' 구분의 문제성을 보이는 또 하나의 예인 것이다.

'-지만, -으나' 문장은 명시어 구조를 형성하는 것이다. 명시어 구조에서는, 이와 같은 구조가 불가능하지 않으므로, 맥락에 따라 다소 어색할지라도 (48)과 같은 문장들은 문법적이다. 공범주 대명사(pro)를 선행절의 주어로 가짐으로써, 이것이 후행절의 명사항과 동일지시되어 적격한 통사구조로 허가받을 수 있다.

(46) 중에는 상당히 부자연스러운 예들이 포함되어 있지만, 그렇다고 이들을 (45)처럼 분명히 비문이라고 단정하기는 곤란하다. 이는 (45)이 통사적 요인에 의한 비문인 반면 이 외의 부적격 사례들은 어떤 의미적 요인에 따라 부적격한 것들임을 말해 주는 것이다.

이제, 이상과 같은 관점을 가지고 (40), (41)의 차이를 설명해 보기로 하자. 다음의 구조적 가정들을 이용하여 두 문장의 차이를 형식적으로 포착할 수 있다. (49나)는 이미 앞의 (표3)에서 상정한 것이다.

(49) 가. 주어가 생략된 연결어미 절은 CP의 명시어에 공범주 연산자 O와 그 동지표화된 흔적을 가지고 이차 서술어의 역할을 한다.
　　　나. '-고' 연결어미 절은 IP의 부가어로, '-으려고' 연결어미 절은 VP의 부가어로 표상된다.

(49가)는 (41나)와 같은 연결어미 절에서 주어가 생략되는 현상을, 진정한 의미의 생략이 아니라, 공범주 연산자와 그 흔적을 포함하는 현상이라고 해석하는 것이다. 그리하여 공범주 연산자와 흔적을 포함하는 연결어미 절은 이차 서술어가 된다. 한국어에서 이차 서술어인 연결어미 절은 공범주 연산자(O)와 그 흔적을 가지는 구조로, 또는 CP의 명시어에 공범주 대명사 PRO를 가지는 구조로 표상된다.[496]

---

[495] 김영희(1988나, 2005)에서는 '-지만, -으나' 연결어미의 문장을 종속접속문으로 분류하였다. 이와 함께 '-을망정, -어도, -더라도, -을지라도, -을지언정, -는데, -되' 연결어미 문장들을 종속접속문의 한 부류로서의 '대립접속문'으로 규정하고 있다.
[496] 앞에서는 관형절 중의 하나인 관계관형절을 이와 같이 공범주 연산자와 흔적을 가지는 구조로 표상한 바 있다. 모든 보문소(C) 머리성분은 [-pred] 자질을 갖지 않는 한 공범주 연산자를 가질 수 있는 것으로 본다.

(50) 가. [$_{CP}$ O$_i$ [$_{IP}$ ⋯ t$_i$ ⋯]]
　　 나. [$_{CP}$ PRO [$_{IP}$ ⋯ ⋯]]

(50)에 따라 (43)의 통사구조를 표상하는 가능성은 다음 (43)'의 두 가지 구조이다. 그런데, I'나 VP에 부가되는 부가어와는 달리 IP의 부가어 위치에서는 모체가 되는 IP의 명시어인 주어('철호가')와 상호 성분통어 관계가 성립되지 않으므로, 두 구조 중 어느 것으로도 CP인 '담배를 피우고'는 이차 서술어로 해석될 수 없다. 이에 비해서, (41)의 '-으려고' 절은 (41나)'과 같은 구조로 해석될 수 있다.

(43)' 가. *[$_{IP}$[$_{CP}$ O$_i$ t$_i$ 담배를 피우고] [$_{IP}$ 철호가 술도 마시-었-]]-다.
　　　 나. *[$_{IP}$[$_{CP}$ PRO [$_{IP}$ pro 담배를 피우-]-고] [$_{IP}$ 철호가 술도 마시-었-]]-다.
(41)' 나. [$_{CP}$[$_{CP}$ pro 공부를 하려고]$_j$ [$_{CP}$ 나는 [$_{VP}$ t$_j$ [$_{VP}$ 도서관으로 향하-]]-었다]]

이 설명에는 한 가지 문제점이 존재한다. IP의 부가어를 이루는 연결어미 절 중에서도 '-고' 부류는 선행절 주어의 생략이 불가능한 반면, '-으니까' 부류는 그것이 가능한 것이다. 이 차이는 다음과 같은 방법으로 설명된다. '-으니까' 문장은 (51)의 구조로 허가될 수 있다. 그러나 '-고' 문장에서 선행절인 CP는 (50)의 두 가지 형식 중 하나를 취하여야 한다. 이에 따른 (43가)'의 두 구조는 모두 이차 서술어로 허가받지 못하여 비문이 된다. 마찬가지 이유에서 (42)도 비문으로 판정된다. 그러나, '-고' 문장에서와는 달리, '-으니까' 문장에서는 선행절 명시어가 채워지지 않아도 된다. 따라서 pro를 주어로 가지는 (51)과 같은 구조가 가능한 것이다.

(51) [$_{IP}$[$_{CP}$ [$_{IP}$ pro 담배를 피우고 싶-]-으니까 [$_{IP}$ 철호가 밖으로 나가-었-]]-다.
(52) *[$_{IP}$[$_{CP}$ O$_i$ t$_i$ 담배를 피우고 싶으니까 [$_{IP}$ 철호가 밖으로 나가-었-]]-다.

끝으로, 같은 '-고' 연결어미 문장이 (43)의 형식에 비하여 (44)의 형식으로 문법적 문장이 되는 이유를 살펴보기로 하자. IP 부가어인 연결어미 절들은 그 정의상 후행절의 주어 다음 위치에 나타날 수 없다. 그러나 (44나)'과 (44다)'의 두 구조는 가능하다.[497]

---

[497] (44다)'과 관련하여, (a)와 같이 선행절이 둘 이상인 부가어 구조가 생성될 수도 있다.
　　 a. 철호가 담배를 피우고 술도 마시고 노래도 불렀다.
　　 이 문장의 구조는 다음과 같다. 두 선행절이 이차 서술어로서 '철호가'와 상호 최대통어되어 적격한

(44)' 가. 철호가 담배를 피우고 술도 마셨다.
　　　나. [$_{CP}$ [$_{C'}$[$_{IP}$ [$_{CP}$ 철호가 담배를 피우고][$_{IP}$ pro 술도 마시-었-]]-대]
　　　다. [$_{CP}$ 철호가$_i$ [$_{C'}$[$_{IP}$[$_{CP}$ O$_i$ t$_i$ 담배를 피우고] [$_{IP}$ t$_i$ 술도 마시-었-]]-대]

(44다)'의 구조에서는 CP인 선행절 '담배를 피우고'가 이차 서술어로 해석된다. CP의 명시어 위치에 설정된 '철호가'와 공범주 연산자-흔적을 가지는 선행절 간에는 상호 최대통어 관계가 성립한다. 명시어 구조 이외의 연결어미 문장에서는 모든 연결어미 절이 주어가 생략된 형식으로 통사적 이차 서술어가 될 수 있음을 위 논의는 보여준다.[498]

이상의 논의는 위 (40)과 (41)의 대비가 진정한 통사적 적격성/부적격성의 대비라고 가정하고, 이 대비를 통사론적으로 설명해 본 것이다. '-고' 연결어미 절을 IP의 부가어로, '-으려고' 연결어미 절을 VP의 부가어로 상정하여도 두 문장의 문법성 대비를 설명할 수 있다는 것을 증명하였다. 남기심(1985)에서 제시한 대등접속/종속접속의 구분을 위한 다른 두 가지 검증 방법인 '선행절 옮기기'와 '선행절 내의 재귀대명사화'는 이들의 적용을 거부하는 분명한 반례를 만난다는 점이 4.4.6절과 4.4.7절에서 밝혀지게 된다.

3.3.5절에서 검토한 박승윤(1981)에서는 대등접속문에서 선행절 주어 생략이 제약되는 (43)과 같은 현상을 들고, 이것이 담화화용론적 요인에 의해서 제약된다는 점에 주의한 바 있다. 필자의 궁극적 관점은 이와 같이 '선행절 주어 생략'의 현상을 담화화용론적으로 설명하는 것이다. 양정석(2023나: 1015-1017)에서는 다음과 같은 담화화용론적 원리가 있어서 (43)과 같은 예문의 부적격성을 설명해 준다고 보았다.[499]

(53) 담화상의 문장화제 조건
　　　가. 문장화제를 가지는 문장은 문장화제 'α$_i$'와 그 이후의 내용 P로 이루어지는 순서쌍 ⟨α$_i$, P⟩의 의미를 가지며, 'α$_i$'는 P의 담화상 영역의 개체/개체들의 집합이어야 한다.

　　구조로 판정받는 데에 문제가 없다.
　　　b. [$_{CP}$ 철호가$_i$ [$_{IP}$[$_{CP}$ O$_i$ t$_i$ 담배를 피우고][$_{IP}$[$_{CP}$ O$_k$ t$_k$ 술도 마시고] [$_{IP}$ t$_i$ 노래도 불렀-]]]-대]

[498] '-고' 부류의 연결어미는 지배 능력이 없어서 그 명시어에 PRO의 생성을 허용하나, 그 외의 연결어미는 지배 능력이 있어서 PRO 명시어를 허용하지 않는 것이 두 연결어미 부류의 차이라고 본다. 또, 관계관형절의 보문소(관형사형어미)와 '-고' 부류의 보문소(연결어미)는 그 명시어가 외현적 명사항이 아닐 경우 PRO나 O를 반드시 가져야 한다는 제약이 주어진다고 본다. '-고' 부류 외의 연결어미들은 이러한 제약이 없다고 상정한다.

[499] '⟨α, P⟩'는 명제 P가 문장화제() α에 관한 서술임을 순서쌍으로 나타낸 것으로 Reinhart(1981b)에서 제안한 형식이다. 양정석(2023나: 1016)에는 이 형식에 대한 담화화용론적 정의를 제시하였는데, (53가)는 이를 풀어 서술한 것이다.

나. 연접 ⟨αᵢ, P & P'⟩과 이접 ⟨αᵢ, P ∨ P'⟩에서 P & P'이나 P ∨ P'이 'αᵢ'에 관한 서술이면 P와 P' 모두가 'αᵢ'에 관한 서술이어야 한다.

위 (45)의 문장들은 연접 접속문이나 이접 접속문들이다. 부적격성의 정도가 심한 것으로 관찰된 (48차)도 연접의 접속문으로 보는 것이 타당해 보인다. 대등접속문에서 선행절 주어의 생략이 제약되는 이유를 이처럼 담화화용론적으로 설명하는 것이 가능하다. 그러므로 대등접속과 종속접속의 구분을 위한 남기심(1985)의 세 가지 검증 방법 모두가 진정한 통사적 검증 방법으로서의 효력을 잃어버리게 된다.

4.4.6. 선행절 옮기기의 의의

통사적 검증 기제로서의 선행절 옮기기는 선행절이 주어를 가진 채로 후행절의 일부로 옮길 수 있느냐 여부를 확인하는 것이다. 그러나 앞의 절에서는, 주어가 생략된 형식으로는 사실상 모든 연결어미 절이 후행절의 일부로 나타날 수 있음을 살펴보았다. 심지어 전형적인 '대등접속문'의 '-고' 연결어미 절이 후행절의 주제어 다음 위치에 나타날 수도 있다((44다)' 참조).

선행절 옮기기가 '대등'과 '종속'의 두 연결어미 문장의 차이를 드러내는 기준으로 처음 사용된 것은 김영희(1978)에서이다. 그는 (54)'에서 선행절이던 '봄이 오면', '해가 돋자'가 (54)에서 '삽입절'로 나타날 수 있다고 관찰하였다.[500] 또, 이러한 사실을 바탕으로 (41)과 같은 가설을 설정하고 있다.

(54) 가. 제비는, 봄이 되면, 온다.
　　　나. 그는, 해가 돋자, 길을 떠났다.
(54)' 가. 봄이 되면, 제비는 온다.
　　　나. 해가 돋자, 그는 길을 떠났다.
(55) 가. *소년은, 소는 풀을 뜯고, 잠을 잔다.
　　　나. *영수가, 철호가 그 일을 알거나, 그 일을 안다.
(55)' 가. 소는 풀을 뜯고, 소년은 잠을 잔다.
　　　나. 철호가 그 일을 알거나, 영수가 그 일을 안다.
(56) 가설: 삽입절은 통사적 종속절이다. (김영희 1978: 23)

---

[500] 다음은 모두 김영희(1978)의 예문이다.

여기에서 핵심적인 질문은, IP 부가어를 이루는 연결어미 절인 (55)의 '-고, -거나' 절과는 달리 (54가)의 '-으면' 절이 '선행절 옮기기'가 가능한 까닭은 무엇인가 하는 점이다.[501]

(57) 가. 소년은, 소가 달아나니까, 사람들을 불렀다.
　　 나. 선생님이, 철호가 그 일을 고자질해도, 못 들은 체하셨다.

여기에서도 앞 4.4.5절의 설명 방법을 활용할 수 있다. (55)에서 '소년은', '영수가', (57)에서 '소년은', '선생님이'는 모두 후행절의 주어로서 전체 문장의(후행절의) 명시어 위치로 옮겨가 있다. 각각의 통사구조를 보이면 다음과 같다.

(55)" 가. *소년은, 소는 풀을 뜯고, 잠을 잔다.
　　　 나. [CP소년은ᵢ [C'[IP[CP PRO [IP 소는 풀을 뜯-∅-]-고][IP tᵢ 잠을 자-∅-]]-ㄴ대]
(57)' 가. 소년은, 소가 달아나니까, 사람들을 불렀다.
　　　 나. [CP 소년은ᵢ [C'[IP[CP[IP 소가 달아나-∅-]-니까][IP tᵢ 사람들을 부르-었-]]-대]

'-고'는 CP의 명시어를 지배하지 못하는 연결어미이고, 따라서 이 위치에 PRO가 실현됨에 따라 (55나)"과 같은 구조가 주어졌다. 명시어에 PRO를 가지는 CP는 잠재적 서술어가 되어 서술화 원리를 만족시켜야 하고,[502] '소년은'과 서술어 CP는 상호 최대통어 조건을 만족하므로, 통사적인 견지에서 이 원리는 만족된다. 그러나 그 의미 대응에 있어서는 주어인 '소년은'과 서술어인 '소는 풀을 뜯고'는 의미적 주술관계로 해석되기에 적합하지 않다. 따라서 (55가)의 부적격성은 통사적인 요인과 의미적인 요인이 협동하여 발생한 것이다. 서술화 원리는 그에 대응하는 의미구조의 주술관계만을 제공하나, 그 의미구조는 적합하지 않은 것이다.[503]

이에 비하여, '-고'류 연결어미 외의 연결어미는 CP의 명시어를 지배한다고 가정되므로 그 CP는 PRO 명시어를 갖지 않은 형식으로 실현될 수 있다. 이렇게 통사적 이차 서술어로

501　(54나)의 '-자' 연결어미 문장은 명시어 구조의 예이다. 곧 이어서 명시어 구조에서의 선행절 옮기기에 대해 설명할 것이다.
502　4.1.6절의 (52)로 서술된 '잠재적 서술어의 요건'을 참고하기 바람.
503　다음 예와 비교해 볼 것. (b)와 같은 문장이 현실의 발화와 글에서 어렵지 않게 발견된다. (55가)와 (b)의 적격성의 차이는 통사적인 것이 아니라 의미론적인 것이다.
　　　a. 친구는 떠나고 소년은 운동장에 혼자 남았다.
　　　b. 소년은, 친구는 떠나고, 운동장에 혼자 남았다.

해석되지 않음으로써, 오히려 일반 부가어(IP 부가어)로 해석되기가 수월해진다. 이것이 (57가)가 적격성을 얻게 되는 이유이다.

(55가)의 부적격성은 궁극적으로 의미론적인 것이라고 하였다. 이는, (55나)"의 구조로도 적격한 문장이 있을 수 있다는 뜻이다. 다음이 그러한 예이다.

(58) 가. 철수는 몸이 뚱뚱하고 배가 나왔다.
　　나. [CP 철수는 [C'[IP[CP PRO [IP 몸이 뚱뚱하-Ø-]-고] [IP 배가 나오-았-]]-다]]
(58)' 가. 철수는 씩씩하고 진취적이었다.
　　나. [CP 철수는 [C'[IP[CP Oi [IP ti 씩씩하-Ø-]-고] [IP ti 진취적이-었-]]-다]]

이처럼, IP 부가어를 이루는 연결어미 절들도 둘로 나누어져서 그 적격성의 차이를 드러내는데, 이러한 설명이 가능한 것은 이들을 IP의 부가어로 설정한 바로 그 점으로부터 말미암는 것이다.

앞에서의 예 (54나)는 필자가 '명시어 구조'로 간주하는 것인데, 선행절 옮기기가 가능하다는 점에서 문제로 인식될 가능성이 있다. 그러나 명시어 구조는 이와 같은 문장 형식을 배제하지 않는다. 후행절의 주어가 흔적(t)을 남긴 채로 전체 문장인 CP의 부가어로 나설 수 있기 때문이다. 오히려, 종래 대등적 연결어미로 다루어져 온 '-지만', '-으나'의 절이 '-자' 연결어미의 절과 같이 선행절 옮기기가 가능한 점이야말로 종래의 대등/종속 구분의 전제에서는 설명하기 어렵다. 김영희(2005: 60)에서는 다음 예를 증거의 하나로 삼아 '-지만', '-으나'의 문장을 종속접속문에 귀속시키고 있다.

(59) 가. 식구는, 집이 넓지만, 둘뿐이다.
　　나. 관중들은, 비가 억수같이 퍼부었으나, 꼼짝 않고 앉아 있었다.

그러나 뒤의 (표3)을 미리 보면, '대등적 연결어미'가 아닌 예 중에도 선행절 옮기기가 불가능한 것이 더 있다. 이는 '선행절 옮기기'가 '대등'과 '종속'을 구분하는 통사적 기준으로 사용될 수 없다는 점을 말해주는 것이다.

선행절 옮기기와 관련한 다음 사실은 VP 부가어('-어서' 절)와 IP 부가어('-으니까' 절)의 구분을 정당화해 준다.

(60) 가. 동두천은 어제 비가 와서 도로가 매우 미끄럽겠다.

나. 동두천은 도로가 어제 비가 와서 매우 미끄럽겠다.
(61) 가. 동두천은 어제 비가 왔으니까 도로가 매우 미끄럽겠다.
나. *동두천은 도로가 어제 비가 왔으니까 매우 미끄럽겠다.

CP의 명시어인 '동두천은', IP의 명시어인 '도로가'를 가진 위 구조에서 IP 부가어인 '-으니까' 절이 IP 내부에 위치하는 것이 배제됨을 (61나)는 보여준다.

명시어 구조와 IP 부가어 구조가 중첩되는 예도 가능하다.

(62) 가. 날이 덥거든 수영을 하고 배가 고프거든 식탁의 음식을 먹어라.
나. [CP[CP[CP [C' 날이 덥거든 [IP 수영을 하-∅-]]-고]ᵢ [CP[C' 배가 고프거든]
   [IP tᵢ [IP pro 식탁의 음식을 먹-∅-]]-어래]]

이 문장에는 '-거든'이 둘 나타난다. 앞의 '-거든'은 그 명시어로 IP('수영을 하-∅-')를 취하여 CP를 형성하며, 이 CP는 다시 '-고'의 보충어가 된다. '-고' 연결어미 절은 뒤의 '-거든'에 의해 형성된 명시어 구조에서 명시어인 절의 IP 부가어로서, 그 동지표화된 흔적(t)만을 원래 위치에 남기고 있는 것이다.

4.4.7. 재귀대명사 조응의 의의

선행 연결어미 절 내의 재귀대명사가 후행절의 주어와 조응할 수 있느냐의 여부는 종속접속문, 또는 부사절 내포문을 대등접속문과 구별하는 방법으로 활용되어 왔다(남기심 1985, 유현경 1986, 김영희 1987, 2005, 최재희 1991, 1997). 그러나 '자기' 조응은 연결어미 절의 통사구조의 구별을 위한 기준이 될 수 없다.

(63) 가. 자기가 일을 저질러 놓고서, 돌이가 시치미를 뗀다.
나. 자기가 되게 앓고 나니, 철이가 환자를 이해하겠더란다.
다. 자기의 아들이 합격을 했으나, 김씨는 기쁘지 않았다.
(64) 가. *자기가 웃고, 돌이가 떠든다.
나. *자기가 오든지, 철이가 오든지 할게다.
다. *자기의 아들이 들어왔다가, 김씨가 들어왔다가 한다.
(이상 6개 예문은 김영희 1987에서 취함)

필자는 (64)의 예들이 모두 통사적인 이유보다는 의미적인 이유에 따라 부적격한 것으로 판단한다. 특히 '자기'가 선행절 주어의 관형어로 포함된 (64다)는 그 부적격성이 (64가, 나)만큼 심각하지 않은 것으로 본다. 대표적 '대등적' 연결어미인 '-고'의 문장에서도 같은 점을 확인할 수 있다. (65)의 문장들은 통사론적으로 적격하다.

(65) 가. ?자기 아들이 현재의 규모로 회사를 일으켜 세웠고, 김씨는 처음 시작할 때 자본금만을 대 주었다.
    나. ?자기의 아내는 이사이고, 김씨는 평사원이다.
    다. ?김씨는 평사원이고, 자기의 아내는 이사이다.

또한, (63다)의 '-으나'는 '-지만과 함께 많은 연구자들에 의해서 '대등적' 연결어미로 취급되어 왔지만, 위와 같은 형식으로 자연스러운 문장을 이룬다.[504]

(66) 가. 자기 아버지는 돈이 없지만, 철수는 왠지 씀씀이에 여유가 있다.
    나. 자기 아들이 시험에 낙방했으나 김씨는 승진에 성공했다.

연결어미 절의 '자기'의 실현 기능 여부는 뒤에서 (표3)의 ⑧로 요약된다. 이 외의 구조에서도 한국어의 재귀대명사 '자기'를 통사적 조건 '성분통어'를 통해서 설명하는 것에 근본적인 난점을 제기하는 사실이 있다. 다음에서는 주어를 이루는 절이나 명사항의 일부인 '자기'가 목적어와 조응한다.[505]

---

[504] 김영희(1987, 2005)에서는 '-지만, -으나'를 종속적 연결어미로 취급한다. 그러함에도 불구하고 김영희(2005: 62)에서는 다음과 같은 '자기'의 예는 비문으로 판단한다. 그러나 (63다)와 다음 (b)를 통사적 적격성의 차이로 구별할 방법은 없는 것이다. '-으나' 접속문이 종속접속문의 구조를 가진다는 것은 '-으나' 연결어미 절이 후행절의 한 부가어가 된다고 보는 것인데 그럴 경우 (64다)의 '자기'나 (b)의 '자기'나 후행절 주어에 성분통어되는 점은 마찬가지이다. 왜 (b)만 부적격한지를 설명할 방도가 없다.
  a. *자기가 재물복은 없지만 김씨가 자식복은 있다.
  b. *자기가 승부에는 졌으나 돌이가 경기에는 이겼다.
필자는 (a)와 (b)가 통사적으로는 성립 가능하며, 다만 담화화용론적 원리를 위반함에 따라 부적절한 것뿐이라고 본다. '-지만, -으나'는 명시어 구조를 형성하는 연결어미라고 간주한다. 이 구조를 바탕으로 '자기'에 관한 통사적 조건을 적용하면 위 예들은 통사적으로 부적격하지 않다. '대명사의 동지표화 규칙'에 따른 동지표화가 부여되지 않으므로 '자기'가 결속변항으로 해석될 수는 없으나 담화화용적으로 동지시될 가능성은 있다.

[505] 내포절의 주어와의 조응이 가능함을 보이는 다음의 문장들은 '자기'의 조응에 있어서 통사적 통어/성분통어 조건이 아닌 어떤 의미적 조건이 작용하고 있음을 시사한다. Jackendoff(1992)에서 제안하는 개념의미론적 설명이 한 방안이 될 수 있다. 4.1.4절의 결속 이론에 따르면 이 경우 '자기'는 통사론적으로 '대명사의

(67) 가. 자기가 과거에 실수를 저질렀음이/저질렀다는 것이/저질렀다는 사실이 철수를 괴롭혔다.
나. 자기가 과거에 실수를 저질렀음이/저질렀다는 것이/저질렀다는 사실이 철수를 괴롭게 했다.
(68) 가. 자기의 과거의 실수가 철수를 괴롭혔다.
나. 자기의 과거의 실수가 철수를 괴롭게 했다.

이러한 점들을 근거로 하여, 필자는 '자기'의 존재가 연결어미 문장의 통사구조의 차이로서의 대등접속 구조와 종속접속 구조 여부를 결정하는 기준이 되지 못한다고 결론짓는다. '자기'의 실현에 최소한의 통사적 제약이 존재하기는 하지만, 위 예문들에서의 '자기'에 따른 문법성의 차이는 통사적 요인보다는 의미적 요인에 따르는 것이라고 판단한다.

연결어미 문장에 관한 논의에서 재귀대명사에 대한 통사론적 처리를 어떻게 해 왔는지 살펴보기로 하자. 통사론적 처리의 관점은 1)초기 생성문법의 '통어(command)' 개념에 입각한 접근과, 2)'성분통어(c-command)' 개념에 입각한 접근을 구별할 수 있다. 후자의 성분통어 개념은 다시 (70)과 (71)의 두 가지 다른 정의가 통용되고 있다.

(69) Langacker(1969)의 통어 정의:
A를 관할하는 첫 번째 S 교점이 역시 B를 관할할 때 A가 B를 통어한다.
(70) 성분통어의 정의:
A가 B를 성분통어한다는 것은 A를 관할하는 첫 번째 분지 교점 C가 역시 B를 관할한다는 뜻이다.[506]
(71) Chomsky(1986b)의 성분통어(최대통어) 정의:[507]
A가 B를 성분통어(최대통어)한다는 것은 A를 관할하는 모든 최대투사가 동시에 B를 관할한다는 뜻이다.

(69)의 '통어' 개념을 활용한 예는 유현경(1986), 최재희(1991)에서 볼 수 있다.[508] 이들에

동지표화 규칙'에 따른 동지표를 갖지 못하여 결속변항 해석을 받지 못하고, 결국 담화화용론적 해석을 받게 된다.

[506] 이를 Reinhart(1981a)의 다음 성분통어 정의와 비교하기 바람:
A가 B를 성분통어한다는 것은 A를 관할하는 첫 번째 분지 교점 C가 역시 B를 관할한다는 뜻이다. C와 동일 범주 유형이면서 C를 직접관할하는 교점 C'이 B를 관할하는 경우에도 A는 B를 성분통어한다. 여기에서 '동일 범주 유형'은 S와 S', VP와 VP'(VP에 부가된 성분을 가지는 경우)와 같은 것을 뜻한다.

[507] 이는 흔히 '최대통어'로 지칭되는 정의로서, 여기의 '관할'은 May(1985)에 입각한 개념이다. 이 책에서 지금까지 사용하여 온 '최대통어' 개념이 이것이다.

[508] 유현경(1986: 81)에서는 '대용화의 지배(command) 조건'이라고 하여, 모호하게 표현하고 있으나 '통어

따르면 (63)에서 후행절의 주어는 부가어인 선행절(내포절) 내의 '자기'를 통어하는 반면, (64)에서는 선·후행절이 접속 구조 'S-conj-S'의 각 S 교점이 되므로, 후행절 주어에 의한 선행절 '자기'의 통어는 불가능하다. 이러한 접근의 문제는, 무엇보다도, '통어' 개념과 관련한 다음의 반례를 만난다는 것이다.

(72) 가. [$_S$ 철수$_i$는 언제나 자기$_i$를 내세운다]
    나. *[$_S$ 자기$_i$는 언제나 철수$_i$를 내세운다]
(73) 가. [$_S$ 중대장은 김상병$_i$을 자기$_i$ 내무반으로 보냈다]
    나. *[$_S$ 중대장은 자기$_i$를 김상병$_i$의 내무반으로 보냈다]
    다. [$_S$ 중대장은 자기$_i$ 내무반으로 김상병$_i$을 보냈다]
    라. *[$_S$ 중대장은 김상병$_i$의 내무반으로 자기$_i$를 보냈다]

(72가)에서나, (72나)에서나, '철수'는 물론 '자기'를 통어하지만, 반대로 '자기'도 '철수'를 통어한다. 그러나 두 문장의 문법성은 분명히 다르다. (73)도 같은 점을 예증한다.

'성분통어' 개념을 활용한 예는 최재희(1997), 김지홍(1998), 김정대(1999, 2005), 김영희(2005)에서 볼 수 있다. '성분통어'의 정의도 엄밀하게 보면 다양한 형식들을 구별할 수 있지만, (70)과 (71), 어느 정의를 취하더라도 이늘이 의도하는 것저럼 '자기'의 쓰임을 정확하게 포착할 수는 없다.

먼저, 연결어미 문장에 대해서 (70)의 성분통어의 개념을 활용하는 연구로 김정대(1999, 2005)를 들 수 있다. 김정대(2005)에서는 종속접속문의 선행절이 후행절에 부가되는 다음과 같은 구조를 제시하였는데,[509] 이 구조에서 '철이'는 '자기'를 성분통어한다고 한다((70)과 다른 Reinhart(1981a)의 성분통어 정의를 사용하는 것으로 보인다). 이 조건을 충족하지 못하는 (74나)가 비문임이 정확히 예측된다.

(74) 가. 자기$_i$가 지니까 철이$_i$가 심술을 부린다.
    나. *철이$_i$가 지니까 자기$_i$가 심술을 부린다.
    다. [$_{VP}$ [$_{CONJP}$ [$_{VP}$ 자기가 지-]-니깨 [$_{VP}$ 철이가 심술을 부리-]]

(command)' 개념을 의도하는 것은 분명해 보인다. 최재희(1991: 30)도 같은 개념을 사용하고 있다.
[509] (가)와 (나)는 김정대(2005: 139)의 예이며, (다)는 그의 설명에 따라 구성한 통사구조이다. 그는 시간 선어말어미를 갖지 않은 절을 'VP'로 취급하고 있다.

이에 대해서 자료의 측면과 그 '성분통어' 개념의 측면에서 문제를 지적할 수 있다. (65), (66)은 그가 대등접속 구조로 상정하는 것인데, 그의 예측과는 달리, 통사적으로 부적격하지 않다. 또, (67), (68)은 통사적 조건으로서의 '자기'의 성분통어 조건에 근본적인 문제를 제기하는 것이다.[510]

(71)의 '최대통어' 정의는 (74다)와 같은 구조에서 '철수가'가 '자기가'를 최대통어하는 것을 배제하므로, 이와 같은 구조의 가정 하에서는 (74가) 문장을 비문으로 예측한다. '성분통어' 개념을 활용하는 연구자들은 대개 '종속접속문'의 구조를 (74다)와 같은 부가 구조로 간주하므로,[511] (70)의 정의를 따르거나, (71)의 정의를 따르거나, 이상에서 지적한 문제점들을 피할 수 없다.

필자는 '자기'의 조응이 통사적으로 대등/종속을 가르는 기준이라는 종래의 통념을 부정하는 바이지만, '자기'의 해석과 관련한 일정한 통사론적 조건이 존재한다는 점은 받아들인다. 앞의 4.1.4절에서 설정한 대명사에 관한 통사론의 원리를 다시 들어 보자.[512]

(75) 대명사의 동지표화 조건
  대명사 P가 그것을 성분통어하는 명사구(DP) α를 가지는 경우, P와 α에 동지표를 붙인다.
  조건: (i) α는 논항 위치에 있어야 한다.
   (ii) P가 재귀대명사이면 이 동지표화는 의무적으로 적용되고 P가 그 외의 대명사이면 이 동지표화는 수의적으로 적용된다.

'자기'는 재귀대명사이다. 그러나 이 조건은 재귀대명사라도 그것을 성분통어하는 DP를 가지는 경우에만 동지표화가 의무적으로 적용된다고 서술한다. 가령 (74다)와 같은 구조에서 '자기'는 성분통어하는 DP를 갖지 않으므로 동지표화가 적용되지 않아도 된다. 즉 (74가)와 같은 동지표들은 부여되지 않는다. 동지표를 갖지 않은 구조를 바탕으로 담화화용론적 해석을 통하여 '자기'가 '철이'와 동지시될 수는 있다. 이에 따라 (74가)가 적격한 문장으로

---

510 이들 문장이 가지는 문제는 이정민(1973), 김영주(1990) 등에서 제기한 바 있다. 양동휘(1983)에서는 Chomsky(1986a)의 완전기능복합체(CFC)의 개념을 바탕으로 '자기'의 통사적 해석을 설명하였으나, (67), (68) 유형의 예에 대해서는 동사가 '경험자' 의미역을 가진다고 가정하여 비정규적인 경우로 다루고 있다.
511 절 단위의 범주를 김정대(1999, 2005)는 VP로 상정하나, 다른 연구자들은 이를 S나 IP 등으로 상정하는 차이가 있다.
512 여기에서 '성분통어'는 위 (70)의 개념을 상정하고자 한다. 다음의 통사론적 조건은 '자기'를 비롯한 재귀대명사, '그'를 비롯한 일반 대명사를 적용 대상으로 한다. 이 밖에 교호적 재귀대명사 '서로'도 그 적용 대상으로 포함하지만, '서로'는 부사로서의 어휘항목을 따로 가진다고 본다.

해석되는 것이다.

또 다른 예를 들어 보자. 앞에서는 종래 대등접속문으로 인식되어 온 (65가) 문장에서 선행절의 '자기'가 후행절의 주어와 동지시될 수 있다고 지적하고, 이 사실은 재귀대명사화를 통해서 '-고' 접속문이 대등접속 구조를 이룬다고 증명하는 종래의 주장이 오류임을 증명한다고 하였다. '-고' 접속문은 '-으니까' 접속문 등과 마찬가지로 그 선행절을 IP 부가어로 가지는 문장이다.

(76) 가. ?자기 아들이 이 회사를 현재의 규모로 발전시켰고, 김씨는 자본금만을 대 주었다. (=(65가))
  나. [IP [CP 자기 아들이 이 회사를 현재의 규모로 발전시켰고] [IP [DP 김씨는] [I' 자본금만을 대 주었-]]-다.

이 문장에서 '자기'는 어떻게 '김씨는'과의 동지시 해석을 얻게 되는가? DP인 '김씨는'은 선행절인 CP '-고' 절을 성분통어할 수 없다. 따라서 '자기'도 성분통어할 수 없다. (75)의 '대명사의 동지표화 규칙'는 재귀대명사의 경우에도 성분통어하는 선행사를 가지는 경우에만 동지표화가 가능하다고 규정한다. 그러므로 '김씨는'과 '자기'는 동지표화될 수 없다. 즉 통사론적으로 이 둘이 동지표화될 수는 없다.

그러나 담화화용론적으로 둘이 동지시되는 가능성은 남아 있다. 즉 '자기'가 지시적 대명사 용법으로 해석되는 것이다. 담화화용론적으로 '자기'가 '김철수 씨는'과 동지시되는 것이 가능하다. 통사구조에서 동지표를 갖지 않은 상태로 담화화용론적 동지시 해석을 받는 것이다.

요컨대, (76가) 문장은 문법적인 문장이다. '?' 표시는 연접(&)의 문장이 문장화제 (sentence-topic)에 해당하는 명사항을 문장 앞머리가 아닌, 후행절 앞머리에 배치한 것이 담화화용론적으로 다소 부자연스러운 반응을 유발했음을 표시하는 것이다.

4.4.8. 동일 연결어미의 반복 가능성과 '-는' 주제어

재귀대명사 조응과 관련한 문법성의 차이가 대등접속문과 종속접속문을 획연히 가르는 기준이 되지 못한다는 점을 확인하였다. 종래 이와 함께 대등/종속의 구분을 위한 근거로 논의해 온 동일 연결어미의 반복 가능성, 선행절의 '-는' 주제어 출현 가능성도 같은 성격을 가진다는 점을 확인하기로 한다.

김영희(1987, 1988나)에서는 대등접속문과 종속접속문(부사절 내포문)을 구별하는 통사적 기준의 하나로 동일 연결어미의 반복 가능성을 든 바 있다. 이에 따르면 (77)과 (78), (79)의 차이는 통사적 적격성의 차이인 것이다.

(77) 가. 비는 오고, 날은 춥고, 갈 곳은 없다.
　　　나. 돌이가 오거나, 철이가 오거나, 순이가 온다.
(78) *비가 와서, 날은 추워서, 갈 곳은 없다.
(79) 가. *돌이가 오는데, 철이가 오는데, 순이가 온다. (이상 4개 예문, 김영희 1987)
　　　나. *돌이가 오거든, 철이가 오거든, 나한테 말해라.

그러나 종속접속문의 특징을 가진다고 알려져 온 연결어미의 절들도 적당한 상황맥락을 부여하기만 하면 반복이 가능하다(80). 뿐만 아니라, 명시어 구조를 이루는 연결어미 절도 반복이 가능하다(81).

(80) 그 사람이 오면, 약속된 금액을 안 가져왔으면, 싫은 소리를 좀 해 주어야겠다.
(81) 가. 그이는 나의 기색을 살피더니 그만하면 되었다 하는 듯이 벌떡 일어나 자기가 쓰는 가방을 가져오더니 그 안에서 흰 봉지를 하나 꺼내겠지요.(현진건, 그리운 흘긴 눈)
　　　나. 어제 보았더니, 철수가 들어오더니 집안이 소란해졌어요.

종전에 대등접속문이나 종속접속문에 나뉘어 분류되던 예들이 이 책에서는 부가어 구조 또는 명시어 구조로 분석된다. (77)과 같은 대등적 연결어미 절의 반복은 부가어의 반복 가능성에 따라 자연스럽게 설명된다. (80)의 '-으면' 연결어미 절도 부가어의 성질에 따라 반복될 수 있는 것이다. 또한, 뒤에서 나무그림으로 제시할 명시어 구조에서는 오른쪽의 명시어인 CP 자체가 다시 '[[IP-C]-CP]'와 같은 명시어 구조로 분지될 수 있는 것이다. (81)은 그 한 가지 사례이다. 그러므로 반복 가능성 여부에 의해 구별되는 것은 통사적 차이가 아니라 담화화용적 차이라고 보는 것이 온당하다. (78), (79)에서 부가어 구조, 명시어 구조를 이루는 연결어미 '-어서', '-는데', '-거든'의 절이 반복되기가 불가능한 것도 상황맥락의 제약에 따른 것일 뿐이다.

다음으로 '-는' 주제어의 실현 사실 역시 대등접속문과 종속접속문이 통사적 차이를 가진다는 증거가 되지 못한다.[513] '-는' 주제어를 활용하는 검증법에는 두 가지 방법이 있다. 첫째로, 후행절만 주제어가 가능한지 여부를 대등접속문과 종속접속문을 구분하는 기준으로 사용해 왔다(김영희 1988나). 선행절 주어가 'NP-이' 형식일 때 후행절의 'NP-는' 형식이 불가능한 (83)은 대등접속문의 대칭성으로부터 말미암은 현상이라는 것이 이 검증 기제의 착안점이다. (82)의 선행절은 이 기준에 따라 종속절로 결정된다는 것이다.

(82) 가. 가을이 되니 날은 시원하다.
나. 아들이 상을 탔지만 어머니는 슬펐다.
(83) 가. *몸이 튼튼하고 마음은 올곧다.
나. *함박눈이 내리거나 싸락눈은 내린다. (이상 4개 예문, 김영희 1998)

'NP-는' 명사항의 존재가 그 통사구조상의 지위에 대해 말해 주는 점은, 이것이 내포절의 성분으로 크게 제약되는 점이다. (82)에서 선행절의 주어가 'NP-는' 형식을 가질 수 없는 것은 이 선행절이 내포절이기 때문이다(채완 1976). 그러나 (83)에서 후행절에 'NP-는'이 배제되는 것은 연접(conjunction) 또는 이접(disjunction)의 연결어미가 가지는 특수한 의미적 효과 때문인 것이다.[514] 이러한 특성은 연결어미 절들의 통사적 부류를 나누는 기준이 될 수 없다.

둘째로, 선행절과 후행절 모두에 'NP-는' 형식의 주제어를 설정할 수 있느냐 여부가 선행절의 후행절에 대한 독립성 여부를 검증하는 기준으로 고려되어왔다. 유현경(1986)에서는 이를 대등접속문의 특징으로 간주하였는데, 김영희(1988나)에서는 선·후행절 모두에 'NP-는' 형식이 설정 가능하다는 점이 다음과 같이 대등접속문이라 알려진 구조를 내부적으로 두 부류로 나누는 기준이 된다고 주장한다. '-고, -으며'와 '-거나, -다가'는 모두 대등접속의 연결어미로 알려져왔지만 다음과 같은 대비를 보이는 것이다.

(84) 가. 경찰은 잠을 자고 도둑은 들끓고 한다.
나. 심성은 바르며 행동은 야무지다.
(85) 가. *순이는 기타를 치거나 돌이는 기타를 친다.
나. *소나기는 내리다가 가랑비는 내리다가 한다. (이상 4개 예문, 김영희 1988)

---

513 '-는' 주제어는 'NP-는' 형식이 담화화용론적 '주제/화제'를 표시하는지, 대조 화제의 의미를 나타내는지, 또는 문법기능으로서의 주제어인지에 대한 결정을 유보한, 잠정적인 지칭이다.
514 4.4.5절의 (53)에서 보인 담화상의 문장화제 조건을 참고하기 바람. 이 조건과 관련되는 담화화용론적 요인에 따라 (83) 예문들의 부적격성을 설명하는 것이 타당하다고 본다.

공히 '대등적 연결어미'를 가진 문장들인 (84)와 (85)의 대비는 'NP-는' 형식의 존재가 통사적 차이로서의 대등접속과 종속접속의 구조적 차이를 보이는 것이 아니라는 점을 증명하는 것이다. 더욱이, '종속접속문'으로 간주되어온 문장들도 선·후행절의 '-는' 주제어가 실현 가능하며(86), (85가)의 특징을 보이는 동일한 연결어미가 (87)처럼 상반된 특징을 보이는 것을 관찰할 때, '-는' 주제어가 대등접속문을 두 하위 부류로 나누는 통사적 특성이라고 보는 김영희(1988나)의 생각도 받아들일 수 없다.

(86) 가. 경찰은 경계를 펼지라도 도둑은 들끓는다.
　　　나. 심성은 바르더라도 행동은 굼뜨다.
(87) 그 사람은 무슨 말을 하거나/하든지, 나는 내 일을 하겠다.

우리는 '-고, -으며'와 '-거나, -다가'를 IP에 부가되는 부가어 절을 이끄는 연결어미로 간주한다. 또, '-을지라도, -더라도'는 명시어 구조를 형성하는 연결어미로 간주하였다(뒤의 (표3) 참조). (84), (85)의 차이는 통사적 차이라기보다는, 연결어미의 의미적 차이로부터 말미암는 현상인 것이다.

4.4.9. 통사·의미적 특성들의 종합

시간적 선후관계 해석과 관련한 특징, 후행절의 의미에 대한 선택제약, 선행절의 부정의 영향권 안에 드는지 여부 등의 검증 기준은 연결어미 문장이 명시어 구조 접속문을 이룸을 증명하는 기준으로서의 중요성을 가진다. 이들 특성을 기준으로 하여 분리되는 연결어미들은 앞에서 4.4.1절의 (1)로 정리한 바 있다.

이 외에 '-었-' 부착의 가능성 등 7가지 검증 기제들을 40개의 주요 연결어미들에 대해서 적용한 결과를 다음에 표로써 보이기로 한다.[515] 굵은 선으로 부각시킨 것은 통사구조적 차이를 보이는 통사적 검증 기제의 적용 결과이다.

515　'+'는 해당 기제가 적용됨을, '-'는 그것이 적용되지 않음을 표시하며, '●'은 원리상 불가능함을 표시한다. '+/-' 표시는 뜻에 따라 적용되기도 하고, 적용되지 않기도 하는 경우를 나타낸다.

〈표3〉 연결어미들의 구조적 특성

	① '었' 부착 가능	② 후행절사 건시기준 해석	③ 후행절 선택 제약	④ 선행절이 부정의 영향권에	⑤ 주어의 이차서 술어	⑥ 선행절 주어 생략	⑦ 선행절 옮기기	⑧ 선행절 재귀사 조응	⑨ 연결어 미반복	⑩ 선행절 '는' 주제어	구조적 지위
거든	+	-	+	-	-	?	+	-	-	?-	
거니와	+	-	+	-	-	?	-	-	-	?-	
자	-	-	+	-	-	?	+	+	-	?-	
더니	+	-	+	-	-	?	?-	-	-	?-	
는데1	+	-	+	-	-	?	-	-	-	?-	
지만	+	-	+	-	-	?	+	+	-	?-	
으나	+	-	+	-	-	?	+	-	-	?-	명시어 구조
기를	-	-	+	-	-	?-	-	-	-	?-	
기에	+	-	+	-	-	?	?+	-	-	?-	
은들	-	-	+	-	-	?	?+	+	-	?-	
더라도	+	-	?+	-	-	?	+	+	?-	?-	
을지라도	+	-	?+	-	-	?	+	+	?-	?-	
을망정	+	-	?+	-	-	?	+	+	?-	?-	
기로서니	+	-	+	-	-	?	?+	+	-	?-	
지	+	-	+	-	-	?-	-	+	-	?-	
도록	-	+	-	+	-	●	●	●	-	?-	V' 부가어
게	-	+	-	+	-	●	●	●	-	?-	
고도	-	+	-	+	+	+	?+	-	?-	?-	
고서		+	-	+	+	+	+	-	?-	?-	
고자	-	+	?+	+	+	+	●	+	?-	?	
으러	-	+	?+	+	+	+	●	-	-	?-	
으려고		+	?+	+	+	+	●	-	?-	?-	VP 부가어
어서		+	+/-	+	+	+	+	+	?+	?-	
을수록	-	+	-	+	+	+	+	+	?-	?-	
느라고	-	+	+	+	+	+	+	?+	-	?-	
자마자	-	+	-	+	+	+	+	+	?-	?-	
다가1	+	+	-	+	+	+	●	?-	?-	?-	
으면	+	+	-	+	+	+	+	+	+	?-	I' 부가어
으면서	+	+	-	+	+	?-	?-	+/-	+	?-	
어야	+	+	?+	+	+	+	+	+	?-	?-	
으니까	+	+	-	+	-	?	+	+	?+	?+	
으니	+	+	-	+	-	?	+	+	?+	?+	
으므로	+	+	-	+	-	?	+	+	?+	?+	
어도	+	+	-	+	-	?	+	+	+	?+	
는데2	+	+	-	+	-	?	?	+	+	?+	IP 부가어
고	+	+	-	+	-	-	-	?+	+	?+	
으며	+	+	-	+	-	-	-	?+	+	?+	
거나	+	+	-	+	-	-	-	?+	+	?-	
든지	+	+	-	+	-	-	-	?+	+	?-	
다가2	+	+	-	+	-	-	-	?+	+	?-	

위 표가 보이는 점을 요약하면 다음과 같다.

(88) 가. 명시어 구조는 ②, ③, ④ 특성들의 조합에 의해 변별된다.
　　 나. V' 부가어와 VP 부가어는 ①, ② 특성들의 조합에 의해 변별되며, 이 중 VP 부가어는 ①, ②, ⑤ 특성들의 조합에 의해 변별된다.
　　 다. I' 부가어와 IP 부가어는 ①, ② 특성들의 조합에 의해 변별되며, 이 중 I' 부가어는 ①, ②, ⑤ 특성들의 조합에 의해 변별된다.[516]
　　 라. VP 부가어와 I' 부가어를 한 부류로 묶어주는 것은 ⑤의 주어의 이차 서술어로서의 특성이다.
　　 마. ⑥, ⑦ 특성들의 조합에 따라 IP 부가어 중 일부를 변별할 가능성이 있으나, 다른 부류에도 이 특성을 공유하는 것이 있어 이 가능성은 배제된다.

위에서는 접속문인 연결어미 문장들을 명시어 구조와 부가어 구조로 분류하는 데에 근거로 사용되는 (표3)의 통사적 검증 방법들의 의의를 개별적으로 살펴보았다. 연결어미의 선택제약의 특성, 부정의 영향권은 명시어 구조의 구별 근거로 중요시되는 것들이며, 선행절 주어의 생략과 이차 서술어로서의 특성은 여러 종류의 부가어 구조를 구별하는 근거들이다. ⑥-⑩의 기준들은 개별 연결어미에 따른 의미 차이를 보일 뿐, 통사적 구별 근거로 간주할 수는 없다. 필자는 이들의 통사적 구별 근거로서의 중요성을 종래의 연구들에서만큼 인정하지 않는다.

4.4.10. 비우기 구문의 통사구조

여기에서는 종래 대등접속문과 필연적으로 연관되는 것으로 생각되어 온 비우기 (gapping) 구문이 부가어 절의 서술어가 공범주로 실현되는 현상이라고 해석하고 그 통사구조를 간략히 제시하고자 한다. 아울러 서술어가 생략되는 '비우기' 현상이 '-고' 접속문에만 한하는 현상이 아니라는 점을 보이기로 한다.

(89), (90)에서 서술어가 생략되는 현상을 지칭하는 용어로는 '비우기', '공백화' 등 여러 용어가 쓰이고 있고, 그 가리키는 범위도 연구자에 따라 상당히 다르다. 단적인 예로, 김영희(1997)은 한국어 대등접속문에서의 성분 생략 현상에 대한 이제까지의 연구 중에서 가장

---

[516] (88나)와 (88다)만을 비교해 보면 I' 부가어와 VP 부가어는 동일한 것으로 생각될 수 있으나, ①의 특성에서 둘이 상반됨을 주의해야 한다.

포괄적이고 체계적인 연구인데, 이 논문에서 사용하는 '비우기'라는 용어는 대등접속문에서의 주어 생략, 서술어 생략, 그리고 목적어를 비롯한 중간의 성분들이 생략되는 현상 모두를 지칭하는 것이다. 그러나 여기에서는 다음 (89), (90)과 같이, 문장 끝머리에서 동사(동사+굴절소+보문소)가 생략되는 현상만을 '비우기'라는 용어로 지칭하고자 한다.[517] 서술어가 생략되는 것 외에, 구가 생략되는 현상은 모두 공범주 대명사가 실현되는 현상으로 간주할 수 있다.

(89) 철수는 경애를, 영호는 순희를 좋아했다.
(90) 처음에 철수가, 그리고 나중에 영호가 순희를 사랑했다.

김영희(1997)에서는 첫머리 지우기, 가운데 지우기, 끝머리 지우기의 3가지 현상을 주변성 조건, 한 방향 조건, 필수 성분 조건, 유표격 조건, 평형성 조건, 병렬 접속문 조건의 6가지 조건에 대해서 하나하나 검토하여, 한국어 대등접속문에서의 성분의 생략에 관한 온갖 통사적 조건들, 그리고 여러 규칙들의 상관관계에 대해서 체계화할 수 있는 토대를 세공해 주었다.

김영희(1997)에서 검토한 조건 중 마지막 항목인 '병렬 접속문 조건'은 문제를 세기힌다. 그는 대등접속문 중에서 '-고' 문장만이 끝머리 지우기가 적용된다고 설명하였다. 문제는, '-고'의 경우와 '-으며'의 경우를 통사적으로 구별할 아무런 방도가 없다는 것이다. 다음은 김영희(1988나)에서 제시한 예인데, '-으며' 문장에 끝머리 지우기가 적용된 결과는 (91나)와 같이 비문으로 판정하고 있다.

(91) 가. 남편은 채소를 팔며 아내는 생선을 판다.
     나. *남편은 채소를 Ø, 아내는 생선을 판다. (김영희 1988나)

(91나)의 문법성 판단은 김영희(1988나)에 의한 것이다. 그러나 '-으며' 문장의 경우와는 달리, '-고' 문장의 경우에는 똑같은 형식의 기호열을 문법적인 것으로 판단하고 있다.

---

[517] 김영희(1997)에서의 결론은 한 절에서의 생략되는 위치에 따라 '앞머리 지우기', '가운데 지우기', '끝머리 지우기'라는 세 가지 지우기(삭제) 변형규칙이 적용될 수 있다는 것이다. 필자는 이 중 '끝머리 지우기'만을 '비우기'라고 지칭하는 것이다.

(92) 가. 남편은 채소를 팔고 아내는 생선을 판다.
　　　나. 남편은 채소를 Ø, 아내는 생선을 판다. (김영희 1988나)

(92나)와 (92나)가 서로 다른 형식으로부터 도출되었다는 것을 분간할 방도는 없는 것이다. 심지어 '-고' 자리에 '-으면서', 또는 '-되'가 있었는지도 모른다. 생성문법 연구의 전통에서 복원가능성 원리를 내세우는 것은 이와 같은 실행을 방지하기 위한 것이라고 할 수 있다.

필자의 설명 방안은, 생략된 위치에 기저 생성된 공범주를 설정해야 한다는 것이다.

(92)' 나. 남편은 채소를 Ø, 아내는 생선을 판다.

이 같은 기저 생성된 공범주의 구조는 복원가능성의 문제를 피할 수 있다는 장점을 가진다. 이 설명 방안에 따르면 기저에서 생성되는 V-I-C의 공범주들의 연속은 어휘부의 어휘항목으로 주어진다. 이는 특정 연결어미로서의 '-고'나, '-으며'와 무관한 것이다.

뿐만 아니라, 이와 같은 공범주의 존재가 요구되는 다른 구문이 발견되기도 한다.

(93) 가. 이 곳을 중심으로 하여/해서/해가지고 사방 백리가 수색지역이다.
　　　나. 이 곳을 중심으로 Ø, 사방 백리가 수색지역이다.

필자는 (93나)의 통사구조가 '하여/해서/해가지고'에 상응하는 공범주를 가지며, 이 때의 공범주는 (92나)'의 그것과 다름없는 것이라고 판단한다. 이는 '비우기' 현상이 대등접속에 국한되는 것이 아니라는 주장이 된다.

우리의 설명 방안을 조금 더 자세히 서술해 보기로 한다. (89), (90)이나 (93나)나, 모두 그 통사구조의 형성을 위해서는 맨 처음 단일한 공범주가 도입되는 단계가 실행되어야 한다. (93나)에는 주어 공범주인 pro 가 도입되는 과정이 추가된다.

먼저, (89), (90)을 잠정적으로 '일반 비우기 구문'이라고 지칭하기로 하자. 다음 (94나)와 (95나)는 비워진 성분의 위치에 공범주가 실현된 것을 나타내고 있다.

(94) 가. 철수는 경애를, 영호는 순희를 좋아했다.
　　　나. 철수는 경애를 Ø, 영호는 순희를 좋아했다.
(95) 가. 처음에 철수가, 그리고 나중에 영호가 순희를 사랑했다.

나. 처음에 철수가 Ø, 그리고 나중에 영호가 순희를 사랑했다.

이 현상의 본질은 동사와 굴절소, 그리고 연결어미에 해당하는 보문소가 연달아 공범주로 되어 있는 점이라고 판단된다. 그러나 이 공범주의 연속은 한 단위로 인식된다. (96)과 같은 복합 어휘항목이 어휘부에 주어진다고 가정한다. 이 복합 어휘항목은 그 특유의 의미 정보를 포함하고 있다고 본다.

(96) [$_C$ [$_V$ Ø]$_i$ [$_I$ Ø]$_j$ [$_C$ Ø]]

구체적인 문장에서 이러한 어휘항목이 실현되는 예를 보이면 다음과 같다. (98)은 목적어인 pro가 추가로 도입된 구조를 보인다.

(97) 가. 철수는 경애를, 영호는 순희를 좋아했다.
  나. 철수는 경애를 [$_C$ [$_V$ Ø]$_i$[$_I$ Ø]$_j$[$_C$ Ø]], 영호는 순희를 좋아했다.
  다. 철수는 경애를 t$_i$ t$_{i,j}$ [$_C$[$_V$Ø]$_i$[$_I$Ø]$_j$[$_C$Ø]], 영호는 순희를 좋아했다.
(98) 가. 처음에 철수가, 그리고 나중에 영호가 순희를 사랑했다.
  나. 처음에 철수가 [$_C$ [$_V$ Ø]$_i$[$_I$ Ø]$_j$[$_C$ Ø]], 그리고 나중에 영호가 순희를 사랑했다.
  다. 처음에 철수가 pro t$_i$ t$_{i,j}$ [$_C$ [$_V$ Ø]$_i$[$_I$ Ø]$_j$[$_C$ Ø]], 그리고 나중에 영호가 순희를 사랑했다.

일반 비우기 구문 외에도 비우기 구문으로 해석되어야 할, 위 (93나)와 같은 구문 현상이 한국어에 광범위하게 존재한다. 다음 예들에서는 'NP-를 NP-로' 형식이 한 단위를 이루어 부가어의 기능을 가진다.[518]

(99) 가. 그 영화는 월남전을 배경으로 사랑과 모험을 그렸다.
  나. 그 사건은 증거불충분을 이유로 기각되었다.
  다. 일가족 5명이 국가를 상대로 손해 배상 청구 소송을 냈다.
  라. 그들은 전국을 무대로 장사를 시작했다.
  마. 할아버지의 병세는 오늘을 고비로 호전되었다.

남기심(1993)에서는 이들 문장에서 'NP-를 NP-로' 형식이 임의로 생략될 수 있다는 점,

---

[518] (99가-나)는 유동석(1984나)에서, (99다-마)는 남기심(1993)에서 취한 것이다.

한 단위로 자리옮김을 자유로이 할 수 있다는 점, 'NP-를'과 'NP-로' 사이에 부사가 삽입될 수 없다는 점, 명사구 'NP-를'이 관계관형절의 표제가 될 수 없다는 점, 'NP-를'이나 'NP-로'가 분열문의 초점 위치에 올 수 없다는 점 등을 자세히 보이고 있다. 이와 같은 특징은 'NP-를 NP-로'가 독립된 구성성분으로서 부가어라는 점을 증명하는 것이다.

이와 같은 형식의 통사적 지위를 어떻게 정하느냐 하는 문제에 대해서 두 가지 해결 방안이 더 생각될 수 있다. 첫째, 'NP-를 NP-로'가 기저에 'NP-를 NP-로 하여'로 설정되고, 여기에 '하-' 동사가 탈락되는 것으로 설명하는 방법이 있으나, 'NP-를 NP-로 하여'의 문장 형식은 가능하더라도 여기에서 '하여'가 생략된 형식이 비문이 되는 등, 이러한 설명에 반하는 증거가 나타난다.

(100) 가. 우리는 약속 시간을 4시로 *(하여) 만났다.
    나. 철수가 교무실을 방향으로 *(하여) 갔다.

둘째, 남기심·조은(1993)에서는 'NP-를 NP-로'가 소절(small clause) 단위를 이룬다는 설명 방안을 제시하였다. 그러나 소절을 도입하는 것은 구 구조 이론상 새로운 유형의 절 구조를 특례로 인정해야 한다는 점에서 근본 문제를 제기한다.[519]

필자는 이러한 구문을 비우기 현상의 한 사례로 간주한다. 따라서 앞에서 보인 통사적 해석 과정이 이 구문에도 그대로 적용된다. 의미적으로는, 조사 '-으로'를 취하는 동사 중의 대표적인 동사('삼다', '만들다')들이 가지는 의미와 연결어미 '-어'의 '방편'/'원인'의 의미가 통사구조에 도입된 공범주에 대응되는 의미로 주어진다.

(101) 가. 이곳을 중심으로 사방 백리가 수색 지역이다.
    나. 이곳을 중심으로 Ø, 사방 백리가 수색 지역이다.
    다. 이곳을 중심으로 t$_i$ t$_{i,j}$ [$_C$ [$_V$ Ø]$_i$[$_I$ Ø]$_j$[$_C$ Ø]], 사방 백리가 수색 지역이다.
    라. pro 이곳을 중심으로 t$_i$ t$_{i,j}$ [$_C$ [$_V$ Ø]$_i$[$_I$ Ø]$_j$[$_C$ Ø]], 사방 백리가 수색 지역이다.

비우기 현상의 기술에 대한 필자의 방안은 통사구조의 생성과 함께 의미론적 해석 과정을 통합적으로 고려하는 이 책의 관점에서 자연스럽게 도출되는 방안이다.

---

[519] '소절'을 설정하는 이론들이 가지는 문제점에 대해서는 양정석(2002)의 5.3.2절 및 5.4.3절에서 구체적으로 논의한 바 있다.

제5장

결론

　이상에서는 분류론적 문법과 가설연역적 문법의 언어 연구 방법의 차이에 대한 설명을 시작으로, 가설연역적 문법 이론에 의한 한국어 문법 기술이 필요하다는 점을 증명하고, 구체적으로 필자가 가지고 있는 한국어 문법의 대안적 체계의 전모를 서술하였다.

　한국어 문법에 대한 연구인 한국어 문법론은 그 연구 대상과 그 연구 방법을 가진다. 방법의 차이가 서로 다른 문법론의 이론들의 차이를 만든다. 분류론적 문법, 표준이론의 생성문법, 원리매개변인 이론의 생성문법, 최소주의 통사론의 네 가지 방법론을 구별하여 각각의 방법론을 대표하는 논저들을 비판적으로 검토하는 작업을 보였다.

　전통문법과 구조문법의 분류론적 문법 이론은 한국어를 이루는 여러 층위의 문법단위들의 분류 체계를 세우는 일에 힘써, 문법적 분석에 의하여 형태소와 단어와 구와 절과 문장, 각 층위의 어떤 문법단위라도 포착할 수 있는, 누락됨이 없는 분류 체계의 완성을 추구하였다. 계열적으로 대립하는 단위들의 집합이 문법범주를 이룬다는 원리를 철저히 유지하는 한, 분류론적 문법은 한국어의 내적 질서의 기초를 밝히는 데에 지대한 공헌을 할 수 있었다. 그러나 분류론적 문법은 궁극적으로 귀환성을 명시적으로 포착하는 데에 성공하지 못하였다. 최현배(1937), 이희승(1949), 정인승(1949), 문교부(1985), 허웅(1995, 1999), 정렬모(1946), 이숭녕(1956), 조선문화어문법(1979), 주시경(1910), 김두봉(1916), 김윤경(1948), 홍기문(1947)의 문법을 살펴봄으로써 이들이 귀환성의 인식을 시사한 예가 있음에도 불구하고 그것을 진정한 규칙으로 기술하지 못하는 한계를 가졌음을 드러내었다.

　표준이론의 생성문법 하에서는 송석중(1967), 이홍배(1970), 양인석(1972), 남기심(1973),

박승윤(1981)을 대표적 문법 체계로 검토하여 귀환적 체계로서의 한국어 문법을 포착하는 데에 성공한 점과 실패한 점을 가려내었다. 관찰의 충족성의 만족에 급급하던 초기의 연구에서 한국어 모어 화자의 문법 구조에 대한 직관을 일반화로 기술한다는 뜻에서의, 기술의 충족성의 추구에서 각 이론이 가지는 문제점과 합리적 핵심을 드러내었다.

원리매개변인 이론의 생성문법 하에서는 한학성(1987), 윤종열(1990), 김영주(1990), 최현숙(1988), 임홍빈(1987, 1997), 서정목(1993, 1997), 유동석(1995)를 대표적 연구로 검토하였다. 기술의 충족성보다 설명의 충족성을 추구하는 것이 이 방법론의 특성이다. 이들은 한편으로 한국어의 절 구조를 형성하는 데에 있어서 기능범주들이 행하는 역할을 밝히면서, 다른 한편으로 문장의 의미의 핵심인 논항구조가 통사구조와 연관되는 점을 이론화하는 데에 중대한 공헌을 하였다. 또한 단어 수준의 단위들이 서로 다른 구의 머리성분으로 자리잡으면서 상호작용하는 국면에 대한 중요한 이해에 도달하였다.

최소주의 통사론은 원리매개변인 이론의 기본 추구점, 즉 설명의 충족성의 목표를 최대한으로 달성하기 위한 실험적 시도이다. 이 책에서는 최소주의 통사론의 새 관점 하에서 한국어 기본 절 구조를 조명한 김용하(1998)와 쿠프먼(2005) 두 연구만을 검토하였다. 한국어 절 구조 도출을 위한 이 두 가지 방향의 접근에서 구조의 도출 도중 구성성분됨의 요건을 위반하는 구조가 산출되는 점을 중대한 문제점으로 지적하였다. 이들의 다른 문제점으로, 순수 통사론적 문제의 해결에 몰두하여 문법의 중요한 측면인 합성성에 대해 충분히 고려하지 못한 점을 지적하였다.

4가지 방법론에 따른 문법 연구에 대한 검토 작업에서 비판의 기준으로 사용한 것은 과학의 이론들에 요구되는 명시성, 체계성, 객관성의 요건과 촘스키가 제시한 세 가지 충족성 요건들이 기본적인 것들이다. 이 책의 전반부에 배치해 놓은 한국어학의 기초 논증 ①, ②, ③은 한국어 문법론 논의에서 기본 전제로 삼아야 할 구조적 사실들을 확인해 가는 논증을 보인 것이다. 특히 '-는/느-'를 통사 단위(어미)로 분석하는 오류는 분류론적 문법, 표준이론적 생성문법, 원리매개변인 이론적 생성문법, 최소주의 통사론의 대표적 논저들에서 고쳐지지 않고 이어지는 고질이다. 각 논저들에 대한 비판에서 이 점을 반복적으로 지적함으로써 이 오류를 걷어내고자 하였다.

제4장의 필자의 대안은 최소주의 통사론의 일부 관점과 일부 장치들을 취하면서, 핵계층 이론을 비롯한 원리매개변인 이론의 기본 관점에 바탕을 둔 문법 이론이다. 최소주의 통사론의 연구자들이 스스로 인정하는 최소주의 통사론의 큰 결점은, 부가어의 어순과 부가어 구조 형성에 대해 거의 말해주는 바가 없다는 점이다. 한국어 접속문은 기본적으로 부가어

구조를 형성한다는 것이 제4장에서 상론한 내용이다. 그러므로 원리매개변인 이론으로 한 발짝 후퇴하여, 핵계층 이론에 의한 구 구조 도출의 방식을 기본으로 하고, 어순에 관해서는, 케인(Kayne 1994)의 선형대응공리(LCA) 대신, 보충어-머리성분 어순에 관한 머리성분 매개변인을 유지하고, 부가어 및 명시어의 어순에 관해서는 매개변인 자체를 갖지 않는 구 구조 형성의 방안을 제안하였다. 부가어와 명시어는 한국어에서 인접 구성성분의 왼쪽에도, 오른쪽에도 나타날 수 있는 것이다.

문법 이론의 중요한 목표는 통사구조가 의미와 어떻게 연관되는지를 이론화하는 것이다. 동사와 서술성 명사와 부사의 어휘적 의미구조를 바탕으로 통사구조의 논항구조가 형성되는 과정을 포착하는 논항연결원리를 상정하고, 이것이 의미구조-통사구조 대응의 한 방향을 규율하는 원리가 된다고 보았다. 다른 방향으로, 통사구조를 바탕으로 한 의미 해석 규칙들의 체계가 작용하여 의미구조를 형성한다. 여기에 합성성 원리가 준수된다고 보았다. 후자의 방향에서의 이론화는 독립적 연구인 양정석(2023나)에서 상론한 바 있다.

논항연결원리를 바탕으로 한 격 이론, 연산자 흔적과 논항 흔적으로 나누어지는 흔적의 통사론적 해석을 중심으로 한 한계 이론, 연산자와 흔적의 관계, 논항과 흔적의 관계의 구분을 바탕으로 한 결속 이론을 설정하고, 여기에 서술화 이론과 재구조화 이론을 포함한 진전된 원리매개변인 이론의 체계를 수립하였다.

필자는 주시경(1910)의 '짬듬갈'에 대한 논의를 통하여 주어-목적어-서술어 또는 주어-서술어의 기본 구조가 주어에 대한 한정어, 목적어에 대한 한정어, 서술어에 대한 한정어에 의해 확대되고, 이렇게 형성된 문장이 접속사에 의해 확대됨으로써 무수한 문장 구조가 만들어진다는 주시경의 구상을 포착하였다. 그 후의 분류론적 문법은 최현배(1937)에서 보듯, 문법단위들의 범주 체계를 완성하는 목표에 매진하여 귀환성을 포착하는 생성 체계로의 발전으로 나아가지 못하였다. 인간 언어의 본질적 특성인 귀환성을 과학적 이론으로 실행하는 일은 생성문법 시기에 이르러서야 가능하게 되었다. 114년 전의 분류론적 문법 이론 속에서 생성 체계에 대한 통찰의 씨앗을 발견하고, 그 맥이 이어짐을 손으로 짚어 보듯 되돌아 보는 일은 대단히 보람 있는 작업이었음을 확인한다.

참고문헌

강명윤(1988/1992). 한국어 통사론의 제문제. 서울: 한신문화사.
강명윤(1995). 주격 보어에 관한 소고, 생성문법연구 5-2. 한국생성문법학회.
강영세(Kang, Y. 1986). *Korean Syntax and Universal Grammar*. Ph.D. thesis, Harvard University.
고광주(2000). 예외적 격 표시 구성에서의 격 교체, 시정곤 외(공저), 논항구조란 무엇인가. 서울: 도서출판 월인.
고석주(2001). 국어 격조사에 관한 연구-'이/가'와 '을/를'을 중심으로-. 박사학위논문, 연세대.
고영근(1965). 현대국어의 서법체계에 대한 연구, 국어연구 15. 국어연구회, 서울대.
고영근(1975). 현대국어의 어말어미에 대한 구조적 연구, 응용언어학 7-1. 서울대.
고영근(1983). 국어문법의 연구-그 어제와 오늘. 서울: 탑출판사.
고영근(1987). 보충법과 불완전계열의 문제, 어학연구 23-3. 서울대학교 어학연구소.
고영근(1989). 국어형태론 연구. 서울대 출판부.
고영근(1990). 시제, 국어연구 어디까지 왔나. 서울: 동아출판사.
고영근(1993). 우리말의 총체 서술과 문법 체계. 서울: 일지사.
고영근(1995). 국어의 시제와 동작상, 단어·문장·텍스트. 서울: 한국문화사.
고영근(1981/1998). 중세국어의 시상과 서법(보정판). 탑출판사.
고영근(2004). 한국어의 시제 서법 동작상. 서울: 태학사.
고재설(1999). 주격중출문과 형용사의 내부 주어, 언어 24-4, 한국언어학회.
교육부(2002). 고등학교 문법. 서울대학교 국어교육연구소.
국응도(Cook, E. 1968). *Embedding Transformations in Korean Syntax*. Ph.D. thesis, University of Alberta.
권재일(1985). 국어의 복합문 구성 연구. 서울: 집문당.
권재일(1986). 의존동사의 문법적 성격, 한글 194. 한글학회.
김경학(1986). 국어의 통제 현상, 언어 11권 2호. 한국언어학회.
김경학(2000). 결과 구문의 분석과 의미해석에 대해, 언어 25-1, 한국언어학회.
김귀화(1988/1994). 국어의 격 연구. 서울: 한국문화사.
김기혁(1987). 국어 보조동사 연구. 박사학위논문, 연세대.
김기혁(1995). 국어 문법 연구. 서울: 박이정출판사.
김남길(1982). Subject raising and the verb phrase constituency in Korean, 말 7. 연세대 한국어학당.
김남길(Kim, N. 1986). Predication in Korean, *Korean Linguistics* 4. The International Circle of Korean Linguistics.
김남길(Kim, N. 1988). A note on predication and scrambling in Korean, *Korean Linguistics* 5. The International Circle of Korean Linguistics.
김동식(1988). 선어말어미 '-느-'에 대하여, 언어 13-1. 한국언어학회.

김두봉(1916). 조선말본(역대한국문법대계 제1부 8책. 서울: 탑출판사, 1983).
김두봉(1924). 깁더조선말본(역대한국문법대계 제1부 8책. 서울: 탑출판사, 1983).
김미령(2000). 국어의 예외적 격 표시 구문에 대한 연구, 시정곤 외(공저), 논항구조란 무엇인가. 서울: 도서출판 월인.
김민수(1960). 국어문법론연구. 서울: 통문관.
김석득(1967). 국어형태론-형태류어의 구성요소 분석-, 연세논총 4. 연세대.
김석득(1974). 한국어의 시간과 시상, 한불연구 1. 연세대 한불문화연구회.
김석득(1981). 우리말의 시상, 애산학보 1집. 애산학회.
김석득(1983). 우리말 연구사. 서울: 정음문화사.
김석득(1984). 도움풀이씨와 시상의 부담성, 한불연구 6. 한불문화연구회, 연세대.
김석득(1986). 도움풀이씨의 형태 통어론적 차원, 말 11. 연세대 한국어학당.
김석득(1992). 우리말 형태론-말본론. 서울: 탑출판사.
김영주(Kim, Y. 1990). *The Syntax and Semantics of Korean Case: The Interaction between Lexical and Syntactic Levels of Representation*. Ph.D. thesis, Harvard University.
김영주(1995). Verb lexicalization patterns in Korean and some issues of language acquisition, 어학연구 31-3. 서울대 어학연구소.
김영희(1973). 한국어 격문법 연구. 석사학위논문, 연세대.
김영희(1974가). 대칭관계와 접속조사 '와', 한글 154호. 한글학회.
김영희(1974나). '와'의 양상, 국어국문학 65·66 합병호, 국어국문학회.
김영희(1974다). 한국어 조사류어의 연구, 문법연구 1. 문법연구회.
김영희(1976가). 한국어 수량화 구문의 분석, 언어 1-2. 한국언어학회.
김영희(1976나). 형용사의 부사화 구문, 어학연구 12-2. 서울대 어학연구소.
김영희(1978). 삽입절의 의미론과 통사론, 말 3집. 연세대 한국어학당.
김영희(1981). 간접 명사 보문법과 '하'의 의미 기능, 한글 173·174. 한글학회.
김영희(1984가). '하다'; 그 대동사설의 허실, 배달말 9. 배달말학회.
김영희(1984나). 한국어 셈숱화 구문의 통사론. 서울: 탑출판사.
김영희(1985). 주어 올리기. 국어학 14. 국어학회.
김영희(1986). 복합명사구, 복합동사구 그리고 겹목적어, 한글 193. 한글학회.
김영희(1987가). 목적성 목적어의 통사론, 국어학 16. 국어학회.
김영희(1987나). 국어의 접속문, 국어생활 11. 국립국어연구소.
김영희(1988가). 한국어 통사론의 모색. 서울: 탑출판사.
김영희(1988나). 등위 접속문의 통사 특성, 한글 201·202. 한글학회.
김영희(1991가). 종속접속문의 통사적 양상, 들메 서재극박사 환갑기념논문집.
김영희(1991나). 무표격의 조건, 언어논총 9.
김영희(1993). 의존 동사 구문의 통사 표상, 국어학 23. 국어학회.
김영희(1997). 한국어의 비우기 현상, 국어학 29. 국어학회.
김영희(1998가). '-게 하' 사동 구문의 세 유형, 한국어 통사론을 위한 논의. 서울: 한국문화사.

김영희(1998나). 목적어 올리기, 한국어 통사론을 위한 논의. 서울: 한국문화사.
김영희(1998다). 한국어 통사론을 위한 논의. 서울: 한국문화사.
김영희(1999가). 보족어와 격 표시, 한글 244. 한글학회.
김영희(1999나). 사격 표지와 후치사, 국어학 34. 국어학회.
김영희(2005). 한국어 통사 현상의 의의. 서울: 도서출판 역락.
김완진(1970). 문접속의 '와'와 구접속의 '와', 어학연구 6-2. 서울대 어학연구소.
김용석(1983). 한국어 보조동사 연구. 배달말 8. 배달말학회.
김용하(1998). 한국어 격과 어순의 최소주의 문법. 박사학위논문, 계명대.
김윤경(1938). 조선문자급어학사. 조선기념도서출판관.
김윤경(1948). 나라말본. 서울: 동명사.
김윤경(1963). 새로 지은 국어학사. 서울: 을유문화사.
김정대(1997). 한국어 접속구의 구조, 한국어문학 논고. 서울: 태학사.
김정대(1999). 한국어 접속문에서의 시제구 구조, 언어학 24. 한국언어학회.
김정대(2005). 한국어 접속문의 구조, 국어국문학 138. 국어국문학회.
김종록(1993). 국어 접속문의 통사론적 연구. 박사학위논문, 경북대.
김종복(2004). 한국어 구구조문법. 서울: 한국문화사.
김지은(1991). 국어에서 주어가 조사 없이 나타나는 환경에 대하여, 한글 212. 한글학회.
김지은(1996). 우리말 양태용언 구문에 대한 연구. 박사학위논문, 연세대.
김지은(1999). 조사 '-로'의 의미와 용법에 대한 연구, 국어학 31. 국어학회.
김지홍(1993). 국어 부사형 어미 구문과 논항구조에 대한 연구. 박사학위논문, 서강대.
김지홍(1998). 접속 구문의 형식화 연구, 배달말 23. 배달말학회.
김차균(1980). 국어 시제 형태소의 의미-회상 형태소「더」를 중심으로-, 한글 169. 한글학회.
김차균(1985). {았}과 {었}의 의미와 상, 한글 188. 한글학회.
김차균(1991). /느/의 분포와 형태론적 지위의 분석, 동방학지 71·72 합집. 연세대 국학연구원.
김차균(1999). 우리말의 시제 구조와 상 인식. 서울: 태학사.
김창섭(1981). 현대국어의 복합동사 연구, 국어연구 47. 국어연구회, 서울대.
김창섭(1996). 국어의 단어형성과 단어구조 연구. 서울: 태학사.
김흥수(1989). 현대국어 심리동사 구문 연구. 서울: 탑출판사.
남기심(1969). 문형 'N1-이 N2-이다'의 변형분석적 연구, 계명논총 5. 계명대.
남기심(1972가). 현대국어 시제에 관한 문제, 국어국문학 55-57 합병호. 국어국문학회.
남기심(1972나). 주제어와 주어, 어문학 26: 128-131.
남기심(1973). 국어 완형보문법 연구. 계명대 한국학연구소.
남기심(1975). 이른바 국어 시제의 기준시점 문제에 대하여, 한국학논집 3. 계명대 한국학연구소(남기심(1978다), 45-92쪽에 재수록).
남기심(1976). 관계관형절의 상과 법, 한국어문논총. 한국어문학회(남기심(1978다), 35-43쪽에 재수록).
남기심(1978). 국어문법의 시제 문제에 관한 연구. 서울: 탑출판사.
남기심(1980). 연결어미 '-고'에 의한 접속문에 대하여, 제1회 한국학 국제 학술회의 논문집. 한국정신문화연구원.

남기심(1980). 국어 문법 연구사에서 본 우리말본, 동방학지 25. 연세대 국학연구원.

남기심(1982). 국어의 공시적 기술과 형태소의 분석, 배달말 7: 1-10.

남기심(1985). 접속어미와 부사형 어미, 말 10집. 연세대 한국어학당.

남기심(1986). 서술절의 설정은 타당한가?, 국어학신연구 I. 서울: 탑출판사.

남기심(1987). 국어문법에서 격(자리)는 어떻게 정의되어 왔는가, 애산학보 5. 애산학회.

남기심(1988/1996). 이중주어문 재고, 국어문법의 탐구 I. 서울: 태학사.

남기심(1990). 토씨 '와/과'의 쓰임에 대하여, 동방학지 66집. 연세대 국학연구원.

남기심(1991). 국어의 격과 격조사에 대하여, 겨레문화 5. 한국겨레문화연구원.

남기심(1993). 국어 조사의 용법. 서울: 서광학술자료사.

남기심(1994). 국어 연결어미의 쓰임. 서울: 서광학술자료사.

남기심(2001). 현대국어 통사론. 서울: 태학사.

남기심·고영근(1985). 표준국어문법론. 서울: 탑출판사.

남기심·루코프(1983). 논리적 형식으로서의 '-니까' 구문과 '-어서' 구문, 고영근·남기심 공편(1983). 국어의 통사·의미론. 서울: 탑출판사.

남기심·이정민·이홍배(1977). 언어학개론. 서울: 탑출판사.

남기심·조은(1993). '제한 소절' 논항구조에 대하여, 동방학지 81. 연세대 국학연구원.

남승호(1985). 국어의 접속문 구성과 양상에 대하여. 석사학위논문, 서울대 대학원.

문교부(1985). 문법. 서울: 대한교과서주식회사.

문귀선(Moon, G. 1989). *The Syntax of Null Arguments with Special Reference to Korean*. Ph.D. thesis, University of Texas, Austin.

문숙영(2009). 한국어의 시제 범주. 서울: 태학사.

민현식(1982). 현대국어의 격에 대한 연구-무표격의 정립을 위하여-, 국어연구 49. 국어연구회, 서울대.

박갑영(Park, G. 1992). *Light Verb Constructions in Korean and Japanese*. Ph.D. thesis, University of North Carolina.

박병수(1974가). *Complement structures in Korean*. 서울: 광문사.

박병수(1974나). The Korean verb 'ha' and verb phrase complementation, 어학연구 10-1. 서울대 어학연구소.

박병수(1981). On the double object constructions in Korean, 언어 6-1.

박병수(1983). 문장 술어의 의미론, 말 8. 연세대 한국어학당.

박소영(2001). 결과 부사형 '-게'에 대한 연구, 한글 252. 한글학회.

박순함(Kim, S.-P. 1967). *A Transformational Analysis of Negation in Korean*. Ph.D. thesis, University of Michigan.

박승빈(1931). 조선어학강의요지(역대한국문법대계 제1부 19책. 서울: 탑출판사, 1985).

박승빈(1935). 조선어학(역대한국문법대계 제1부 20책. 서울: 탑출판사, 1985).

박승윤(Bak, S. 1981). *Studies in Korean Syntax: Ellipsis, Topic and Relative Constructions*. Ph.D. thesis, University of Hawaii.

박양규(1975). 소유와 소재, 국어학 3. 국어학회.
박양규(1978). 사동과 피동, 국어학 7. 국어학회.
박양규(1985). 국어의 재귀동사에 대하여, 국어학 14. 국어학회.
박진호(1998). 보조용언, 서태룡 외 공편, 문법 연구와 자료. 서울: 태학사.
박진호(2010). 한국어 문법사에서 조동사 개념의 정립을 위하여, 전정예 외, 새로운 국어사 연구론. 서울: 도서출판 경진.
박진호(2011). 시제, 상, 양태, 국어학 60. 국어학회.
박창해(1962/1990). 한국어 구조론 연구. 서울: 탑출판사.
배주채(2000). '있다'와 '계시다'의 품사에 대한 사전 기술, 성심어문논집 22. 성심여자대학교.
배주채(2008). 국어 음운론의 체계화. 서울: 한국문화사.
배주채(2010). 국어사전 용언 활용표의 음운론적 연구, 한국문화 52. 서울대 규장각 한국학연구원.
서승현(1999). '명사-조사-용언' 긴밀 형식 구문에 관한 연구, 박사학위논문, 연세대.
서정목(1984). 의문사와 WH-의문 보문자의 호응, 국어학 13. 국어학회.
서정목(1985). 접속문의 의문사와 의문보문자, 국어학 14. 국어학회.
서정목(1988). 한국어 청자 대우 등급의 형태론적 해석(1), 국어학 17. 국어학회.
서정목(1993). 한국어의 구절구조와 엑스-바 이론, 언어 18-2. 한국언어학회.
서정목(1998). 문법의 모형과 핵 계층 이론. 서울: 태학사.
서정수(1971). 국어의 이중주어 문제: 변형생성문법적 분석, 국어국문학 52, 1-28.
서정수(1973). 접속어미 '-(ㄴ,는)데'에 관하여, 국어국문학 61. 국어국문학회.
서정수(1975가). 국어 부사류어의 구문론적 연구, 남기심·고영근·이익섭(공편), 현대국어 문법. 계명대 출판부.
서정수(1975나). 동사 '하'의 문법. 서울: 형설출판사.
서정수(1976). 국어 시상 형태의 의미 분석 연구: Ø, 고 있, 었, 었었, 문법연구 3. 문법연구회.
서정수(1978). 국어의 보조동사(토론), 언어 3-2. 한국언어학회.
서정수(1978). '-ㄹ것'에 대하여, 국어학 6. 국어학회.
서정수(1982). 연결어미 {-고}와 {-어(서)}, 언어와 언어학 8집, 한국외국어대.
서정수(1985). 국어의 접속어미 연구(I)-대등접속어미, 한글 189호. 한글학회.
서정수(1988). 어미 '게'와 '도록'의 대비 연구, 말 13. 연세대 한국어학당.
서정수(1989). 분석적 체계와 종합적 체계의 재검토. 주시경학보 4. 주시경연구소.
서정수(1991). 풀이말 '있/계시(다)'에 관하여, 국어의 이해와 인식(갈음 김석득교수 회갑기념논문집). 서울: 한국문화사.
서정수(1991). "하-"와 "되-"에 대하여, 어학연구 27-3. 서울대 어학연구소.
서정수(1994). 국어문법. 서울: 뿌리깊은나무.
서태룡(1982). 국어의 의도·목적형에 대하여, 관악어문연구 7. 서울대 국어국문학과.
성기철(1972). 어미 '-고'와 '-어'에 대하여, 국어교육 18-20 합병호. 한국국어교육연구회.
성기철(1974). 경험의 형태 {-었-}에 대하여, 문법연구 1. 문법연구회.
성기철(1979). 경험과 추정, 문법연구 4. 문법연구회.

성기철(1993). 어미 '-어서'와 '-니까'의 변별적 특성, 주시경학보 11. 주시경연구소.
성낙수(1975). 한국어 회상문 연구, 문법연구 2. 문법연구회.
성낙수(1978가). 이유·원인을 나타내는 접속문 연구(I), 연세어문학 11. 연세대.
성낙수(1978나). 이유·원인을 나타내는 접속문 연구(II), 한글 162호. 한글학회.
손세모돌(1996). 국어 보조용언 연구. 서울: 한국문화사.
손호민(1973). Coherence in Korean 'auxiliary' verb constructions, 어학연구 9-2. 서울대 어학연구소.
손호민(1975). Retrospection in Korean, 어학연구 11-1. 서울대 어학연구소.
손호민(1976). Semantic of compound verbs in Korean, 언어 1-1. 한국언어학회.
손호민(Sohn, H. 1980). Theme-prominence in Korean, *Korean Linguistics* 2. The International Circle of Koren Linguistics.
손호민(1981). Multiple Topic constructions in Korean, 한글 173·174. 한글학회.
손호민(Sohn, H. 1975/1986). Tense in Korean, *Linguistic Expeditions*. Hanshin Publishing Company.
송석중(Song, S. 1967). *Some Transformational Rules in Korean*. Ph.D. thesis, Indiana University.
송석중(1977). 부정의 양상의 부정적 귀결, 국어학 5. 국어학회.
송석중(1981). 한국말의 부정의 범위, 한글 173·174 합병호. 한글학회.
송석중(1993). 한국어 문법의 새 조명. 서울: 지식산업사.
시정곤(1997). 국어의 부정 극어 허가 조건, 언어 22-3. 한국언어학회.
시정곤(2000). 국어 수량사구의 통사구조, 언어 25-1. 한국언어학회.
신언호(2004). '-고 있-'과 부분성, 국어학 44. 국어학회.
안명철(1990). 보조동사, 서울대 국어연구회 편, 국어연구 어디까지 왔나?. 서울: 동아출판사.
안명철(1992). 현대국어의 보문 연구. 박사학위논문, 서울대.
안명철(1995). '이'의 문법적 성격 재고찰, 국어학 25. 국어학회.
안명철(2001). 이중주어 구문과 구-동사, 국어학 38. 국어학회.
안병희(1966). 부정격의 정립을 위하여, 남기심 외(편)(1975). 현대국어문법, 계명대 출판부.
안병희(1968). 중세국어의 속격어미 '-ㅅ'에 대하여, 고영근·남기심(편), 국어의 통사·의미론(서울: 탑출판사, 1983).
안성호(Ahn, S. 1990). *Korean Quantification and Universal Grammar*. Ph.D. thesis, University of Connecticut.
안희돈(1988). Preliminary remarks on Korean NP, E.-J. Baek ed., *Papers from the Sixth International Conference on Korean Linguistics*.
안희돈(Ahn, H. 1991). *Light Verbs, VP-Movement, Negation and Clausal Architecture in Korean and English*. Ph.D. thesis, University of Wisconsin-Madison.
안희돈·윤항진(Ahn, H. & H. Yoon 1989). Functional categories in Korean, S. Kuno et al. eds., *Harvard Studies in Korean Linguistics* III.
양동휘(Yang, D. 1975). *Topicalization and Relativization in Korean*. Pan Korea Book Corporation.
양동휘(1976). On complementizers in Korean, 언어 1-2. 한국언어학회.
양동휘(1978). 국어 관형절의 시제, 한글 162. 한글학회.

양동휘(1983). The extended binding theory of anaphora, 어학연구 19-2. 서울대 어학연구소.
양동휘(1989). 지배-결속이론의 기초. 서울: 신아사.
양인석(Yang, I. 1972가). *Korean Syntax: Case Markers, Delimiters, Complementation, and Relativization.* Ph.D. thesis, University of Hawaii.
양인석(1972나). 한국어의 접속화, 어학연구 7-2. 서울대 어학연구소.
양정석(1986). '이다'의 의미와 통사, 연세어문학 19. 연세대 국어국문학과.
양정석(1987). "이중주어문"과 "이중목적어문"에 대하여, 연세어문학 20. 연세대 국어국문학과.
양정석(1991). 재구조화를 특징으로 하는 문장들, 동방학지 71·72. 연세대 국학연구원.
양정석(1992). 한국어 동사의 어휘구조 연구. 박사학위논문, 연세대.
양정석(1995/1997). 국어 동사의 의미 분석과 연결이론. 서울: 도서출판 박이정.
양정석(1996가). 대칭구문과 상호구문의 의미 해석, 언어 21-1·2 합집. 한국언어학회.
양정석(1996나). '이다' 구문과 재구조화, 한글 232. 한글학회.
양정석(1996다). '이다' 구문의 의미 해석, 동방학지 91. 연세대 국학연구원.
양정석(1996라). '-와/과' 문장의 통사구조, 남기심 엮음, 국어문법의 탐구 III. 태학사.
양정석(1997가). 재구조화 재고, 국어국문학 118. 국어국문학회.
양정석(1997나). 이심적 의미구조: 동사의 논항 연결과 관련하여, 배달말 22. 배달말학회.
양정석(1997다). 어휘잉여규칙과 동사 어휘들의 조직, 유남신석환박사회갑기념논문집. 창원대출판부.
양정석(1998). 국어 '와/과' 문장의 통사론과 의미론-어휘주의적 분석과 프롤로그로의 구현-, 한국언어문학 40. 한국언어문학회.
양정석(2001). '이다'의 문법범주와 의미, 국어학 37. 국어학회.
양정석(2002). 시상성과 논항 연결. 서울: 태학사.
양정석(2003). '이-' 주격조사설에 대한 반론, 형태론 3-1. 형태론 편집위원회.
양정석(2004가). '-고 있-'과 '-어 있-'의 상보성 여부 검토와 구문규칙 기술, 한글 266. 한글학회.
양정석(2004나). 교호성과 '-와', 배달말 35. 배달말학회.
양정석(2005). 국어의 재구조화 구문 연구, 배달말 36. 배달말학회.
양정석(2007가). 보조동사 구문의 구조 기술 문제, 한국어학 35. 한국어학회.
양정석(2007나). 국어 연결어미 절의 통사론: 핵계층 이론적 분석과 프롤로그 구현, 배달말 40. 배달말학회.
양정석(2008가). 한국어 시간요소들의 형태통사론, 언어 33-4. 한국언어학회.
양정석(2008나). 무시제 가설 하에서의 시간 해석 방법, 배달말 43. 배달말학회.
양정석(2010). 한국어 통사구조론(개정판). 서울: 한국문화사.
양정석(2011). 한국어 통사구조와 시간 해석. 서울: 한국문화사.
양정석(2012). '느' 분석론과 '있다', '없다'의 문제, 한글 296. 한글학회.
양정석(2017). 주관적 판단의 문법: 주관성 형용사, 양상, 증거성. 서울: 한국문화사.
양정석(2020). '-더-'의 형식의미론적 기술들에 대한 비판과 대안, 한국어 의미학 69. 한국어의미학회.
양정석(2022). 한국어 의문 구문과 의도 구문의 형식문법: 양상 이론적 접근. 서울: 한국문화사.
양정석(2023가). '-더-'는 통사 단위가 아니다, 한글 84-1(통권 339호): 한글학회.
양정석(2023나). 한국어 형식문법. 서울: 연세대 출판문화원.

엄정호(1990). 종결어미와 보조동사의 통합 구문에 대한 연구. 박사학위논문, 성균관대.
엄정호(1999). 동사구 보문의 범위와 범주, 국어학 33. 국어학회.
오준규(Oh, C. 1971). *Aspects of Korean Syntax: Quantification, Relativization, Topicalization, and Negation*. Ph.D. thesis, University of Hawaii.
우순조(2001). '이다'의 '이'가 조사인 새로운 증거들, 형태론 3-2. 형태론편집위원회.
우형식(1996). 국어 타동구문 연구. 서울: 박이정출판사.
우형식(1998). 국어 동사 구문의 분석. 서울: 태학사.
우형식(2001). 한국어 분류사의 범주화 기능 연구. 서울: 도서출판 박이정.
유길준(1909). 대한문전(역대한국문법대계 제1부 6책, 서울: 탑출판사, 1985).
유동석(1984가). 양태조사의 통보기능에 대한 연구, 국어연구 60. 국어연구회, 서울대.
유동석(1984나). {로}의 이질성 극복을 위하여, 국어학 13. 국어학회.
유동석(1990). 조사 생략, 국어연구 어디까지 왔나. 서울: 동아출판사.
유동석(1995). 국어의 매개변인 문법, 서울: 신구문화사.
유동석(1998). 국어의 격 중출 구성에 대하여, 국어학 31. 국어학회.
유현경(1986). 국어 접속문의 통사적 특질에 대하여, 한글 191호. 한글학회.
유현경(2002). 어미 '-다고'의 의미와 용법, 배달말 31. 배달말학회.
윤정미(Yoon, J. 1989). ECM and multiple subject constructions in Korean, S. Kuno et. al. eds., *Harvard Studies in Korean Linguistics* III. Seoul: Hanshin Publishing Co.
윤종열(Yoon, J. 1990). *Korean Syntax and Generalized X-bar Theory*. Ph.D. thesis, University of Texas, Austin.
윤종열(1992). Functional Categories in Korean clausal and nominal structures, 생성문법연구 2. 생성문법연구회.
윤평현(1988). '-게'와 '-도록'의 의미, 국어국문학 100. 국어국문학회.
윤평현(1989). 국어의 접속 어미 연구-의미론적 기능을 중심으로-. 서울: 한신문화사.
윤평현(1991). 국어의 시간 관계 접속 어미에 대한 연구, 언어 17-1. 한국언어학회.
윤항진(1993). Functional categories and ECM, 생성문법연구 3-1. 생성문법연구회.
윤혜석(Yoon, J. 2009). The distribution of subject properties in multiple subject constructions. In Takubo, Tomohide Kinuhata, Szymon Grizelak, and Kayo Nagai(eds.), *Proceedings of Japaense/Korean Linguistics* 16. Stanford: CSLI publications.
이광호(1980). 접속어미 '-면'의 의미기능과 그 상관성, 언어 5-2. 한국언어학회.
이광호(1988). 국어 격조사 '을/를'의 연구. 서울: 탑출판사.
이기갑(1987). 의도 구문의 인칭 제약, 한글 196호. 한글학회.
이기동(1977가). 동사 '오다', '가다'의 의미 분석, 말 2. 연세대 한국어학당.
이기동(1977나). 대조·양보의 접속어미의 의미 연구, 어학연구 13-2. 서울대 어학연구소.
이기동(1978가). 연결어미 '-는데'의 화용상의 기능, 인문과학 40-41. 연세대 인문과학연구소.
이기동(1978나). 조동사 '지다'의 의미 연구, 한글 161. 한글학회.
이기동(1980). Toward an alternative analysis of the connective '-ko' in Korean, 인문과학 44. 연세대

인문과학연구소.
이길록(1969). 체언의 용언적 기능에 대하여-'이다'의 형태론적 분석-, 국어교육 15호.
이남순(1981). 현대국어의 시제와 상에 대한 연구, 국어연구 46. 국어연구회, 서울대.
이남순(1983). '에'와 '로'의 통사와 의미, 언어 8-2. 한국언어학회.
이남순(1987). '에', '에서'와 '-어 있(다)', '-고 있(다)', 국어학 16. 국어학회.
이남순(1988). 국어의 부정격과 격표지 생략. 서울: 탑출판사.
이남순(1994). '었었' 고, 진단학보 78. 진단학회.
이남순(1998가). 시제·상·서법. 서울: 도서출판 월인.
이남순(1998나). 격과 격표지. 서울: 도서출판 월인.
이상복(1974). 한국어의 인용문 연구, 언어문화 1. 연세대 한국어학당.
이상복(1978). 국어의 연결어미에 대하여, 말 3집. 연세대 한국어학당.
이상복(1981). 연결어미 '-아서, -니까, -느라고, -므로'에 대하여, 배달말 5. 배달말학회.
이상복(1983). 한국어의 인용문 연구, 고영근·남기심(공편), 국어의 통사·의미론. 서울: 탑출판사.
이선웅(1995). 현대국어의 보조용언 연구, 국어연구 133. 국어연구회.
이숭녕(1956). 고등국어문법. 서울: 을유문화사.
이숭녕(1961). 중세국어문법. 서울: 을유문화사.
이승재(1994). '-이-'의 삭제와 생략, 주시경학보 13. 주시경연구소.
이은경(1998). 접속어미의 통사, 서태룡 외, 문법 연구와 자료. 서울: 태학사.
이은경(2000). 국어 연결어미 연구. 서울: 태학사.
이영주(Lee, Y. 2004). *The Syntax and Semantics of Focus Particles*. Ph.D. thesis, MIT.
이영주(Lee, Y. 2005). Exhaustivity as agreement: the case of Korean *man* 'only', *Natural Language Semantics* 13: 169-200.
이익섭(1965). 국어 복합 명사의 IC 분석, 국어국문학 30. 국어국문학회.
이익섭(1973). 국어 수량사구의 통사적 기능에 대하여. 어학연구 9-1. 서울대 어학연구소.
이익섭(1978). 상대 시제에 대하여, 관악어문연구 3. 서울대 국어국문학과.
이익섭(2003). 국어 부사절의 성립. 서울: 태학사.
이익섭·임홍빈(1983). 국어문법론. 서울: 학연사.
이익환(1987). 이중주어 구문에 대한 분석, 말 12. 연세대 한국어학당.
이재성(2000). 국어의 시제와 상에 관한 연구. 박사학위논문, 연세대.
이정노(Lee, J. 1969/1974). *Topics in Korean Syntax with Notes to Japanese*. Yonsei University Press.
이정민(Lee, C. 1973). *Abstract Syntax and Korean with reference to English*. Ph.D. thesis, Indiana University.
이정민(1980). 한국어 조건·원인 구문의 통사론과 의미론, 제1회 한국학 국제학술회의 논문집. 한국정신문화연구원.
이정식(Lee, J. 1992). *Case Alternation in Korean: Case Minimality*. Ph.D. thesis, University of Connecticut.
이정식(Lee, J. 1995). The role of Case in Exceptional Case Marking, 생성문법연구 5-1. 생성문법연구회.
이정훈(2008). 조사와 어미 그리고 통사구조. 서울: 태학사.

이지양(1982). 현대국어의 시상형태에 대한 연구-'-었-', '-고 있-', '-어 있-'을 중심으로-. 국어연구 51. 국어연구회.
이필영(1993). 국어의 인용문 연구. 서울: 탑출판사.
이현희(1990). 보문화, 서울대대학원국어연구회 편, 국어 연구 어디까지 왔나?, 동아출판사.
이호승(2003). 국어 복합서술어 연구: [명사+조사+동사] 구성의 경우, 박사학위논문, 서울대.
이홍배(Lee, H. 1970). *A Study of Korean Syntax: Performatives, Complementation, Negation, and Causation*. Ph.D. thesis, Brown University.
이효상(Lee, H. 1991). *Tense, Aspect and Modality: A Discourse-Pragmatic Analysis of Verbal Affixes in Korean from a Typological Perspective*. Ph.D. thesis, UCLA.
이희승(1949). 초급국어문법. 서울: 박문출판사.
이희승(1956). 존재사 '있다'에 대하여, 서울대학교논문집 3. 서울대.
이희승(1968). 새문법. 서울: 일조각.
임동훈(1991가). 현대국어 형식명사 연구, 국어연구 103. 서울대 국어국문학과.
임동훈(1991나). 격조사는 핵인가?, 주시경학보 8. 서울: 탑출판사.
임동훈(1995). 통사론과 통사 단위, 어학연구 31-1. 서울대 어학연구소.
임동훈(2010). 현대국어 어미 '느'의 범주와 변화, 국어학 59, 국어학회.
임영재(Yim, Y. 1984). *Case-Tropism: The Nature of Phrasal and Clausal Case*. Ph.D. thesis, University of Washington.
임영재(Yim, Y. 1985). Multiple Subject Constructions, S. Kuno et al.(eds.) *Harvard Studies in Korean Linguistics* I.
임칠성(1991). 현대국어의 시제 어미 연구. 박사학위논문, 전남대.
임홍빈(1972). 국어의 주제화 연구, 국어연구 28. 국어연구회.
임홍빈(1974). 주격중출론을 찾아서, 문법연구 1. 문법연구회.
임홍빈(1979). 용언의 어근 분리 현상에 대하여, 언어 4-2.
임홍빈(1980). {을/를}의 의미와 통사, 한국학논총 4. 국민대.
임홍빈(1984). 선어말 {-느-}와 실현성의 양상, 목천유창균박사 환갑기념논문집.
임홍빈(1985). 국어의 '통사적' 공범주에 대하여, 어학연구 2-1.
임홍빈(1987). 국어의 재귀사 연구. 서울: 신구문화사.
임홍빈(1991/1998). 국어 분류사의 성격에 대하여, 국어문법의 심층 3. 서울: 태학사.
임홍빈(1996). 양화 표현과 성분 주제, 이기문교수 정년퇴임기념논총. 서울: 신구문화사.
임홍빈(1997). 굴절의 원리적 성격과 재구조화, 관악어문연구 22. 서울대 국어국문학과.
임홍빈(1999가). 국어의 여·대격 구성에 대하여, 이홍배 외 엮음, 오늘의 문법, 우리를 어디로, 한신문화사.
임홍빈(1999나). 국어 명사구와 조사구의 통사 구조에 대하여, 관악어문연구 24. 서울대 국어국문학과.
임홍빈(2000). 가변 중간 투사론, 21세기 국어학의 과제. 서울: 도서출판 월인.
임홍빈·장소원(1995). 국어문법론 I. 한국방송통신대학교 출판부.
장경희(1985). 현대 국어의 양태 범주 연구. 서울: 탑출판사.
정렬모(1946). 신편고등국어문법. 서울: 한글문화사.

정인승(1949). 표준중등말본. 서울: 아문각.

정인승(1956). 표준고등말본. 서울: 신구문화사.

정인승(1959). 우리말의 씨가름(품사분류)에 대하여, 한글 125. 한글학회.

정주리(1995). 국어 보문동사의 통사·의미론적 연구. 박사학위논문, 고려대.

정태구(1994). '-어 있다'의 의미와 논항구조, 국어학 24. 국어학회.

정희정(1988). '에'를 중심으로 본 토씨의 의미, 국어학 17. 국어학회.

정희정(1997). 국어 명사의 연구. 박사학위논문, 연세대.

조미정(1987). 우리말 형용사의 특징과 문법동사 '하'의 관계, 국어국문학 97. 국어국문학회.

조선문화어문법(1979). 평양: 과학 백과사전 출판사.

주시경(1910). 국어문법. 박문서관(역대한국문법대계 제1부 4책, 서울: 탑출판사, 1985).

주시경(1914). 말의 소리. 신문관(역대한국문법대계 제1부 4책, 서울: 탑출판사, 1985).

채 완(1976). 조사 '는'의 의미, 국어학 4. 국어학회.

채희락(1996). "하-"의 특성과 경술어구문, 어학연구 32-3. 서울대 어학연구소.

채희락(2005). 한국어의 소단위어: 동사류 소단위어를 중심으로. ms. 한국외국어대.

채희락·김일규(Chae, H. & I. Kim 2008). A clausal predicate analysis of Korean multiple nominative constructions, 언어 33-4. 한국언어학회.

채희락·노용균(Chae, H. & Y. No 1998). A survey of morphological issues in Korean: Focusing on Syntactically relevant phenomena, *Korean Linguistics* 9. ICKL.

최경봉(1995). 의존성 단어의 구조 기술 재론, 언어 20-1. 한국언어학회.

최경봉(1996). 국어 명사의 의미 구조 연구. 박사학위논문, 고려대.

최광옥(1908). 대한문전(역대한국문법대계 제1부 5책. 서울: 탑출판사, 1985).

최기용(Choi, K. 1991). *A Theory of Syntactic X0-subcategorization*. Ph.D. thesis, University of Washington.

최기용(1993). On the so-called copular construction in Korean, 언어학 15. 한국언어학회.

최기용(1995). 한국어 특수조사 구성의 구조, 언어 21-1·2. 한국언어학회.

최기용(2000). Korean VP-focus construction: Another case of base adjunction of X^0 to Y^0, 생성문법연구 10-2. 한국생성문법학회.

최기용(2001). '-이다'의 '-이'는 주격조사이다. 형태론 3-1. 형태론편집위원회.

최기용(2002). 한국어의 용언 반복 구문, 생성문법연구 12-1. 한국생성문법학회.

최기용(2009). 한국어 격과 조사의 생성통사론. 서울: 한국문화사.

최동주(1994). 국어 접속문에서의 시제 현상, 국어학 24. 국어학회.

최동주(1995). 국어 시상체계의 통시적 변화에 관한 연구. 박사학위논문, 서울대.

최동주(1996). 현대 국어의 {-느-}에 관한 고찰, 국어국문학 연구 24. 영남대 국어국문학과.

최동주(1998). 시제와 상, 서태룡 외(공편), 문법 연구와 자료. 서울: 태학사.

최재웅(1995). '만'의 작용역 중의성, 언어 21-1·2 합집. 한국언어학회.

최재희(1985가). 국어 명사구 접속의 연구, 한글 188호. 한글학회.

최재희(1985나). '-고' 접속문의 양상, 국어국문학 94. 국어국문학회.

최재희(1991). 국어의 접속문 구성 연구. 서울: 탑출판사.
최재희(1997). 국어 종속접속의 통사적 지위, 한글 238. 한글학회.
최재희(1999). 국어의 격표지 비실현 현상과 의미 해석, 한글 245. 한글학회.
최재희(2000). '-고'에 이끌리는 내포 구문의 의미 해석, 한글 248. 한글학회.
최현배(1930). 조선어의 품사분류론, 연희전문학교 문과 논문집 1집.
최현배(1935). 풀이씨의 줄기 잡기에 관한 문제, 한글 3권 5호. 조선어학회.
최현배(1937/1971). 우리말본. 서울: 정음사.
최현배(1963). 잡음씨에 대하여, 연세논총 3. 연세대.
최현숙(Choe, H. 1987). Syntactic Adjunction, A-chain and the ECP-Multiple Identical Case Construction in Korean, *NELS* 17-1: 100-120.
최현숙(Choe, H. 1988). *Restructuring Parameters and Complex Predicates: A Transformational Approach*. Ph.D. thesis, MIT.
최현숙(1991). 재구성과 굴절 현상, 영어영문학 7. 영남대.
한 길(1991). 국어 종결어미 연구. 강원대 출판부.
한동완(1984). 현대국어 시제의 체계적 연구, 한국어연구 6. 서강대.
한동완(1996). 국어의 시제 연구. 서울: 태학사.
한정한(Han, J. 1999). *Morphosyntactic Coding of Information Structure in Korean(Multi Case Marking, Light Verb Construction, Quantifier Float): A Role & Reference Grammar Account*. Ph.D. thesis, SUNY, Buffalo.
한학성(Han, H. 1987). *The Configurational Structure of the Korean Language*. Ph.D. thesis, University of Texas, Austin.
허 웅(1954). 존대법사, 성균학보 1. 성균관대학교.
허 웅(1963). 언어학개론. 서울: 정음사.
허 웅(1975). 우리옛말본-형태론-. 서울: 샘문화사.
허 웅(1983). 국어학: 우리말의 오늘·어제. 서울: 샘문화사.
허 웅(1987). 국어 때매김법의 변천사. 서울: 샘문화사.
허 웅(1995). 20세기 우리말의 형태론. 서울: 샘문화사.
허 웅(1999). 20세기 우리말의 통어론. 서울: 샘문화사.
허철구(2005). 국어 어미의 형태통사론적 특성과 기능범주의 투사, 우리말 연구 16. 우리말학회.
허철구(2007). 어미의 굴절 층위와 기능범주의 형성, 우리말 연구 21. 우리말학회.
홍기문(1947). 조선문법연구, 서울신문사(역대한국문법대계 제1부 15책, 서울: 탑출판사, 1985).
홍기선(Hong, K. 1994). Subjecthood tests in Korean, 어학연구 30-1. 서울대 어학연구소.
홍기선(1995). 이동동사와 장소명사 표지, 어학연구 31-3. 서울대 어학연구소.
홍성심(Hong, S. 1985). *A and A' Binding in Korean and English: Government-Binding Parameters*. Ph.D. thesis, University of Connecticut.
홍재성(1982). '-러' 연결어미문과 이동동사, 어학연구 18-2. 서울대 어학연구소.
홍재성(1983가). 이동동사와 행로의 보어, 말 8. 연세대 한국어학당.

홍재성(1983나). 이동동사와 여정의 보어, 한글학회 언어학발표회.
홍재성(1984). -부터/-까지의 복합구성에 관한 별견(瞥見), 한불연구 6. 연세대 한불문화연구소.
홍재성(1985). 한국어 자동사적 대칭동사의 통사론적 정의, 인문과학 53. 연세대 인문과학연구소.
홍재성(1986). 현대 한국어 대칭구문 분석의 한 국면, 동방학지 50. 연세대국학연구원.
홍재성(1987). 현대 한국어 동사구문의 연구. 서울: 탑출판사.
Abney, S.(1987). *The English NP in its Sentential Aspects.* Ph.D. thesis, MIT.
Aronoff, M.(1976). *Word Formation in Generative Grammar.* Cambridge: MIT Press.
Belletti, A. & L. Rizzi(1986). Psych-Verbs and Th-theory, *Lexicon Project Working Papers* 13. Center for Cognitive Science, MIT.
Bloomfield, L.(1933). *Language.* London: Allen and Unwin.
Bresnan, J. ed. (1982). *The Mental Representation of Grammatical Relations.* Cambridge: MIT Press.
Brody, M.(1995). *Lexico-Loical Form: A Radically Minimalist Theory.* Cambridge: MIT Press.
Burzio, L.(1986). *Italian Syntax.* Reidel.
Carrier, J. & J. Randall.(1992). The argument structure and syntactic structure of resultatives, *Linguistic Inquiry* 23-2. MIT.
Chierchia, G.(1984). *Topics in the Syntax and Semantics of Infinitives and Gerunds.* Ph.D. thesis, University of Massachusetts, Amherst.
Cho, Y-Y. & P. Sells(1995). A lexical account of inflectional suffixes in Korean, *Journal of East Asian Linguistics* 4: 119-174.
Chomsky, N.(1955/1975). *The Logical Structure of Linguistic Theory.* New York: Plenum.
Chomsky, N.(1957). *Syntactic Structures.* The Hague: Mouton.
Chomsky, N.(1963). Introduction to the formal analysis of natural Languages, Luce, Bush, and Galanter(eds.), *Handbook of Mathematical Psychology* Vol. II.
Chomsky, N.(1964). *Current Issues in Linguistic Theory.* The Hague: Mouton.
Chomsky, N.(1965a). Three models for the description of language, Luce, Bush, and Galanter(eds.), *Readings in Mathematical Psychology* Vol. II(Part II Language).
Chomsky, N.(1965b). *Aspects of the Theory of Syntax.* Cambridge: MIT Press.
Chomsky, N. & M. Halle(1968). *The Sound Pattern of English.* New York: Harper & Row.
Chomsky, N.(1973). Conditions on transformations, Anderson, A. & P. Kiparsky (eds.), *A Festschrift for Morris Halle.* Holt, Rinehart and Winston.
Chomsky, N.(1977). *Language and Responsibility.* Pantheon Books.
Chomsky, N.(1981). *Lectures on Government and Binding.* Foris Publications.
Chomsky, N.(1982). *Some Concepts and Consequences of the Thoery of Government and Binding.* Cambridge: MIT Press.
Chomsky, N.(1986a). *Knowledge of Language.* Praeger.
Chomsky, N.(1986b). *Barriers.* Cambridge: MIT Press.
Chomsky, N.(1989). *Some notes on economy of derivation and representation*, ms. MIT.

Chomsky, N.(1992). A minimalist program for linguistic theory, *MIT Occasional Papers in Linguistics* 1. MIT.

Chomsky, N.(1995). *The Minimalist Program*. Cambridge: MIT Press.

Chomsky, N.(2000). The minimalist inquiries: the framework, Martin, R, D. Michaels & J. Uriagereka(eds.), *Step by Step: Essays on Minimalist Syntax in Honor of Howard Lasnik*: 89-155 Cambridge: MIT Press.

Chomsky, N.(2001). Derivation by phase, Kenstowicz, M.(ed.), *Ken Hale: A Life in Language*: 1-52. Cambridge: MIT Press.

Chomsky, N.(2004). Beyond explanatory adequacy, Bellettti(ed.), *Structures and Beyond: The Cartography of Syntactic Structures* Vol. III: 104-131. Oxford: Oxford University Press.

Chomsky, N. & M. Halle(1968). *The Sound Pattern of English*. New York: Harper & Row.

Chomsky, N., R. Huybreghts, & H. van Riemsdijk(1982). *The Generative Enterprise*. Dordrecht: Foris.

Cinque, G.(1999). *Adverbs and Functional Projections: A Cross-linguistic Perspective*. New York: Oxford University Press.

Culicover, P. & R. Jackendoff(1997). Semantic Subordination despite Syntactic Coordination, *Linguistic Inquiry* 28-2. MIT.

Culicover, P. & W. Wilkins(1984). *Locality in Linguistic Theory*. Academic Press.

Diesing, M.(1992). *Indefinites*. Cambridge: MIT Press.

DiSciullo, A.M. & E. Williams(1987). *On the Definition of Word*. Cambridge: MIT Press.

Dougherty, R.(1970a). A grammar of coordinate conjoined structures: I, *Language* 46-4: 850-898.

Dougherty, R.(1970b). A grammar of coordinate conjoined structures: II, *Language* 47-2: 298-339.

Dowty, D.(1988). On the semantic content of the notion 'thematic role', G. Chierchia et al. eds., *Properties, Types, and Meaning: Vol. 2. Semantic Issues*. Dordrecht: Kluwer.

Dowty, D.(1991). Thematic proto-roles and argument selection, *Language* 67-3: 547-619.

Emonds, J.(1976). *A Transformational Approach to English Syntax: Root, Structure-Preserving, and Local Transformations*. Academic Press.

Enç, M.(1987). Anchoring Conditions for tense, *Linguistic Inquiry* 18. MIT.

Fillmore, C.(1968). The case for case, Bach, E. & R. Harms(eds.), *Universals in Linguistic Theory*: 1-88. New York: Holt, Rinehart and Winston.

Fukui, N. & M. Speas(1986). Specifiers and Projections, *MIT Working Papers in Linguistics* 8.

Gazdar, G.(1981). Unbounded dependencies and coordinate structure, *Linguistic Inquiry* 13. MIT.

Gazdar, G. et. al.(1982). Coordination and transformational grammar, *Linguistic Inquiry* 13-4. MIT.

Gleitman, L.(1965). Coordinating conjunctions in English, reprinted in Reibel & Schane eds.(1969). *Modern Studies in English*. Prentice-Hall.

Goldberg, A.(1995). *Constructions: A Construction Grammar Approach to Argument Structure*. University of Chicago Press.

Goodall, G.(1985). Notes on reanalysis, *MIT Working Papers in Linguistics* 6. MIT.

Goodall, G.(1987). *Parallel Structures in Syntax-Coordination, causatives, and restructuring.* Cambridge University Press.

Grimshaw, J.(1990). *Argument Structure.* Cambridge: MIT Press.

Gruber, J.(1965). *Studies in lexical relations.* Ph.D. thesis, MIT.

Gruber, J.(1976). *Lexical structures in Syntax and Semantics.* North-Holland.

Hale, K. & J. Keyser.(1993). On argument structure and the lexical expression of syntactic relations, *The View from Building 20.* Cambridge: MIT Press.

Heim, I.(1982). *The Semantics of Definite and Indefinite Noun Phrases.* Ph.D. thesis, University of Massachusetts at Amherst.

Heim, I. & A. Kratzer(1998). *Semantics in Generative Grammar.* Oxford: Blackwell.

Higginbotham, J.(1985). On Semantics, *Linguistic Inquiry* 16. MIT.

Hornstein, N. & A. Weinberg(1981). Case theory and preposition stranding, *Linguistic Inquiry* 12-1. MIT.

Hornstein, N.(1990). *As Time Goes By.* Cambridge: MIT Press.

Hornstein, N., J. Nunes & K. Grohmann(2005). *Understanding Minimalism.* Cambridge University Press.

Jackendoff, R.(1971). Gapping and related rules, *Linguistic Inquiry* 2-1. MIT.

Jackendoff, R.(1972). *Semantic Interpretation in Generative Grammar.* Cambridge: MIT Press.

Jackendoff, R.(1975). Morphological and semantic regularities in the lexicon, *Language* 51-3: 639-671.

Jackendoff, R.(1976). Towards an explanatory semantic representation, *Linguistic Inquiry* 7. MIT.

Jackendoff, R.(1977). *X' Syntax: A Theory of Phrase Structure.* Cambridge: MIT Press.

Jackendoff, R.(1983). *Semantics and Cognition.* Cambridge: MIT Press.

Jackendoff, R.(1990). *Semantic Structures.* Cambridge: MIT Press.

Jackendoff, R.(1992). Mme. Tussaud meets the binding theory, *Natural Language and Linguistic Theory* 10: 1-31.

Jackendoff, R.(1997). *The Architecture of the Language Faculty.* MIT.

Jackendoff, R.(1999). The view from the periphery: The English comparative correlative, *Linguistic Inquiry* 30. MIT.

Jackendoff, R.(2002). *Foundations of Language.* Oxford University Press.

Jackendoff, R.(2007). A Parallel Architecture perspective on language processing, *Brain Research* 1146: 2-22.

Kamp, H.(1981). A theory of truth and semantic representation, Groenendijk, J.A.G. et al.(eds.), *Formal Methods in the Study of Language.* Mathematical Centre Tracts 136, Amsterdam, Part I: 277-322.

Kamp, H. & U. Reyle.(1993). *From Discourse to Logic.* Dordrecht: Kluwer.

Kayne, R.(1984). *Connectedness and Binary Branching.* Foris Publications.

Kayne, R.(1994). The Antisymmetry of Syntax. Cambridge: MIT Press.

Koopman, H.(2005). Korean (and Japanese) Morphology from a syntactic perspective, *Linguistic Inquiry*

36-4: 601-633. MIT.

Koster, J.(1978). *Locality Principles in Syntax*. Dordrecht, Foris Publications.

Koster, J.(1986). *Domains and Dynasties: The Radical Autonomy of Syntax*. Dordrecht, Foris Publications.

Krifka, M.(1992). Thematic relations as links between nominal reference and temporal constitution, Sag, I. & A. Szabolcsi(eds.), *Lexical Matters*. CSLI Publications.

Kuhn, T.(1962). *The Structure of Scientific Revolutions*(김명자 옮김, 과학혁명의 구조. 서울: 정음사, 1981).

Kuno(1973). *The Structure of the Japanese Language*. Cambridge: MIT Press.

Lakoff, G. & S. Peters.(1966). Phrasal conjunction and symmetric predicates, reprinted in Reibel & Schane eds.(1969). *Modern Studies in English*. Prentice-Hall.

Langacker, R.(1969). On pronominalization and the chain of command, Reibel, D. & S. Schane eds. *Modern Studies in English*. Prentice-Hall.

Larson, R.(1988). On the double object construction, *Linguistic Inquiry* 19-3. MIT.

Larson, R.(1990). Double objects revisited: reply to Jackendoff, *Linguistic Inquiry* 21-4. MIT.

Larson, R. & G. Segall(1995). *Knowledge of Meaning*. Cambridge: MIT Press.

Lasnik, H., M. Depiante & A. Stepanov(2000). *Syntactic Structures Revisited: Contemporary Lectures on Classic Transformational Theory*. Cambridge: MIT Press.

Lasnik, H. & J. Kupin(1977). A restrictive theory of transformational grammar, *Theoretical Linguistics* 4-3: 173-196.

Levin, B. & T. Rapoport(1988). Lexical subordination, *CLS* 24: 275-289.

Levin, B. & M. Rappaport(1986). The formation of adjectival passives, *Linguistic Inquiry* 17-4. MIT.

Levin, B. & M. Rappaport Hovav(1995). *Unaccusativity: At the Syntax-Lexical Semantics Interface*. Cambridge: MIT Press.

Manzini, M.(1983). *Restructuring and Reanalysis*. Ph.D. thesis, MIT.

Marantz, A.(1984). *On the Nature of Grammatical Relations*. Cambridge: MIT Press.

Marantz, A.(1992). The way-construction and the semantics of direct arguments in English: A reply to Jackendoff, *Syntax and Semantics* 26. Academic Press.

Martin, S.(1954). *Korean Morphophonemics*. Baltimore: Linguistic Society of America.

May, R.(1985). *Logical Form*. Cambridge: MIT Press.

Miyagawa, S.(1989). Structure and Case Marking in Japanese. *Syntax & Semantics* 22. Academic Press.

Moltmann, F.(1992). *Coordination and Comparatives*. Ph.D. thesis, MIT.

Munn, A.(1993). *Topics in the Syntax and Semantics of Coordinate Structures*. Ph.D. thesis, University of Maryland.

Partee, B. H., A. Ter Meulen, & R. Wall(1990). *Mathematical Methods in Linguistics*. Kluwer Academic.

Pollock, J.-Y.(1989). Verb movement, Universal Grammar, and the structure of IP. *Linguistic Inquiry* 20. MIT.

Rappaport, M. & B. Levin.(1988). What to do with θ-roles, *Syntax & Semantics 21*. Academic Press.

Rappaport Hovav, M. & B. Levin.(1999). Building verb meanings, M. Butt & W. Geuder. eds., *The Projection of Arguments: Lexical and Compositional Factors*. Stanford: CSLI Publications.

Reichenbach, H.(1947). *Elements of Symbolic Logic*. New York: The Macmillan Company.

Reinhart, T.(1976). *The Syntactic Domain of Anaphora*. Ph.D. thesis, MIT.

Reinhart, T.(1981a). Definite NP anaphora and c-command domains, *Linguistic Inquiry* 12-4: 605-635.

Reinhart, T.(1981b). Pragmatics and linguistics: an analysis of sentence topic, *Philosophica* 27: 53-93.

Reinhart, T.(1983a). Coreference and bound anaphora: a restatement of the anaphora questions, *Linguistics and Philosophy* 6-1: 47-88.

Reinhart, T.(1983b). *Anaphora and Semantic Interpretation*. Chicago: University of Chicago Press.

Riemsdijk, H. van.(1978). *A Case Study in Syntactic Markedness*. Foris.

Riemsdijk, H. van. & E. Williams(1986). *Introduction to the Theory of Grammar*. Cambridge: MIT Press.

Rizzi, L.(1978). A restructuring rule in Italian syntax, Keyser, S. ed., *Recent Transformational Studies in European Languages*. Cambridge: MIT Press.

Rizzi, L.(1982). *Issues in Italian Syntax*. Foris.

Rizzi, L.(1990). *Relativized Minimality*. MIT.

Ross, J.(1970). On declarative sentences, Jacobs, R. et al.(eds.), *Readings in English Transformational Grammar*. Waltham: Ginn and Co.

Rothstein, S.(1983). *The Syntactic Forms of Predication*. Ph.D. thesis, MIT.

Rothstein, S.(1991). Clausal licensing and subcategorisation, Rothstein, S ed., *Syntax & Semantics* 25. Academic Press.

Rothstein, S.(1995). Small clauses and copular constructions, Cardinaletti, A. & T. Guasti eds., *Syntax & Semantics* 28. Academic Press.

Rothstein, S.(2001). *Predicates and their Subjects*. Kluwer Academic Publishers.

Rouveret, A. & J.-R. Vergnaud(1980). Specifying reference to the subject: French causatives and conditions on representations, *Linguistic Inquiry* 11-1. MIT.

Sag, I. et al.(1985). Coordination and how to distinguish categories, *Natural Language and Linguistic Theory* 3: 117-171.

Saito, M.(1985). Some Asymmetries in Japanese and their Theoretical Implications. Ph.D. thesis, MIT.

Saussure, F. D.(1916). *Cours de linguistique générale*(최승언 옮김. 일반언어학강의. 서울: 민음사, 1990).

Schein, B.(1982/1995). Small clauses and predication, Cardinaletti, A. & T. Guasti eds., *Syntax & Semantics* 28. Academic Press.

Sells, P.(1995). Korean and Japanese morphology from a lexical perspective, *Linguistic Inquiry* 26. MIT.

Shieber, S.(1986). *An Introduction to Unification-Based Approaches to Grammar*. CSLI, Stanford University.

Smith, C.(1991). *The Parameter of Aspect*. Kluwer Academic.

Stabler, E.(1992). *The Logical Approach to Syntax*. Cambridge: MIT Press.

Stowell, T.(1981). *Origins of Phrase Structure*. Ph.D. thesis, MIT.

Stowell, T.(1982). Conditions on reanalysis, *MIT Working Papers in Linguistics* 4. MIT.

Vergnaud, J.-R. & Zubizarreta, M. L.(1982), On virtual categories, *MIT Working Papers in Linguistics* 4. MIT.

Williams, E.(1975). Small clauses in English, J. Kimball ed., *Syntax & Semantics* 4. Academic Press.

Williams, E.(1978). Across-the-board rule application, *Linguistic Inquiry* 9. MIT.

Williams. E.(1980). Predication, *Linguistic Inquiry* 11-1. MIT.

Williams, E.(1981). Argument Structure and Morphology, *The Linguistic Review* 1: 81-114.

Williams. E.(1983). Against small clauses, *Linguistic Inquiry* 14-2. MIT.

찾아보기

ㄱ

가설연역적 문법	16, 19, 217, 218
가설연역적 방법	16
간접인용절	559
감말	117, 120
객관성	227
건전성 요건	228, 239
격 여과 원리	384
격 이론	383, 508
격 표시 규칙	384
객문법	313
결속	387
결속 원리	387
결속 이론	387, 516
계사 '이'	43
계열관계	13, 14, 24, 501
고유지배	391
공범주 경동사	469
공범주 원리	388
공시언어학	15, 30
공시적 기술	15
공시태	15
관계관형절	549
관찰의 충족성	227
관할	389, 391, 396
관형절	549
관형절 내포문	549
관형형어미	552
구	25, 59
구 구조 규칙	231, 241, 243
구성성분됨	393, 501
구조	14
구조문법	36
구조보존 원리	380, 393, 501
구조언어학	17, 29
구조주의 언어학	14
굴절론	13, 30
귀환성	229
귀환적 구조	229
귀환적 규칙	229
기술언어학	17, 29
기술의 충족성	227, 228, 240
기의	13, 16
기표	13, 16
기호	13, 16
기호체계	13, 16
기호학	13, 16
김두봉	179, 185
김영주	423, 428
김용하	476, 484
김윤경	189, 196

ㄴ

남기심	345, 355

낱뜻	117, 119		문법적 최소변별쌍	24
내적 병합	467		문장	61
내포문 구조	547		문장성분	27
논항연결원리	511			
'느' 분석론	246		**ㅂ**	
			박승윤	365, 373
ㄷ			배번집합	468
단어	25		배제	391
담화	23		벌린월	79
대명사의 동지표화 규칙	518		범주중립성	379
동사구 내부 주어	469		변별적 대립	24
동심성	379		변형규칙	237, 241, 244
등거리	470		병렬문	79
			병합	466
ㄹ			보문관형절	549
랑그	15, 16		보조동사 구문	575
			보조어간	69
ㅁ			보조용언	76
마디	60		보충어	378, 380, 504
매개변인	379		보충어 규칙	504
머리성분	378, 380, 504		복사	466
'머리성분-뒤' 매개변인	379		복원가능성 원리	393
명사절 내포문	547		부가어	380, 504
명시성	226		부가어 구조 접속문	606
명시어	378, 380, 504		부가어 규칙	504
명시어 구조 접속문	606		분류론적 문법	16, 18
명시어 규칙	504		분류론적 방법	16
문법기능	23, 27		분석적 체계	37, 169
문법단위	23		비어휘부 요소 배제 조건	470
문법론	12, 30		비우기 구문	640
문법범주	23, 25			
문법의 조직	21		**ㅅ**	
문법적 분석	28		상향(bottom-up) 도출	506
문법적 자연군	27		생성문법	19, 20

생성언어학 혁명	19
서술절설	104
서술화 이론	523
서정목	455
선택	466
설명의 충족성	228
성분통어	388, 389, 396, 517
소쉬르(Ferdinand de Saussure)	13
송석중	271, 286
실체	13

ㅇ

양인석	313, 328
어휘부	233
어휘삽입규칙	234
어휘표시	391
언어학의 하위 영역	12
연결어미 절 내포문	575, 602
연합문	79
완전성 요건	227, 236
외치 구문	570
『우리말본』	52
원리매개변인 이론	20, 375
월	61
유동석	457
유형 판단 구문	572
윤종열	410, 414
음소계열론	13
음소통합론	13
음운론	12, 30
음운론적 자연군	27
음운론적 최소변별쌍	24
의미론	12
의미역 기준	382

의미역 명칭	511
의미역 이론	381, 513
의미역 지배	391
이숭녕	42, 146, 149
이은말	59
이은월	79
이중주어문	73
이홍배	294, 305
이희승	39, 82
인용관형절	565
인용절 내포문	555
일반화 변형규칙	291
일치연산(Agree)	472
임홍빈	447

ㅈ

자연군	27, 34
자질 점검	467
장벽	391
재구조화 규칙	438
재구조화 원리	529
재구조화 이론	528
전통문법	36
절	25, 60
접속문 구조	604
정렬모	41, 42, 116, 137
정인승	39, 90, 94
조선문화어문법	42, 116, 153, 162
조어론	13, 30
조음소 '으'	29
존재사	88
종합적 체계	37, 41, 116, 146
주시경	169, 177
준종합적 체계	37, 39, 52

중간투사	379, 504
지배	388, 390, 438
직접인용절	559

ㅊ

차단범주	391
체계	14
체계성	227
촘스키(Noam Chomsky)	19, 228, 377, 463
최대통어	389, 395, 438
최대투사	379, 504
최소변별쌍	24
최소성 원리	469
최소영역	470
최소주의 기획	20, 463
최소주의 통사론	20, 462, 463
최현배	39, 52
최현숙	433, 443
최후수단 원리	471

ㅋ

쿠프먼(Koopman)	489, 492

ㅌ

통사론	30
통사론적 변별쌍	25
통사적 구성	12, 25
통시 언어학	15
통시태	15
통합관계	13, 14, 24, 501
투사 범주	379
투사 원리	382

ㅍ

파롤	15
파생론	13, 30
포함	396
표준이론	20, 233, 271
풀이마디	73
풀이마디설	104

ㅎ

하위범주화틀	238
하위인접 조건	390, 391
하향(top-down) 도출	506
학교문법	97
한계 이론	388, 521
한국어 구조문법	106
한학성	395, 398
합성론	13, 30
합성성 원리	393, 501
핵계층 도식	504
핵계층 이론	378, 503
핵어	378
허웅	106, 115
형식	13
형태론	13, 30
형태론적 구성	12, 25
형태소	24
형태소계열론	13
형태소통합론	13
형태음운론 규칙	235, 245
홍기문	200, 205
확대 조건	470